Introdução à Ciência da Gestão

H654i Hillier, Frederick S.
         Introdução à ciência da gestão : modelagem e estudos de
      caso com planilhas eletrônicas / Frederick S. Hillier, Mark S.
      Hillier ; casos desenvolvidos por Karl Schmedders, Molly
      Stephens ; tradução: Rodrigo Dubal ; revisão técnica: Jonas
      Cardona Venturini. – 4. ed. – Porto Alegre : AMGH, 2014.
         xvi, 623 p. ; 28 cm + 1 CD-ROM.

         ISBN 978-85-8055-336-9

         1. Administração. 2. Ciência da gestão. 3. Planilhas
      eletrônicas. I. Hillier, Mark S. II. Schmedders, Karl.
      III. Stephens, Molly. IV. Título.

                                                          CDU 658

Catalogação na publicação: Ana Paula M. Magnus – CRB 10/2052

Frederick S. Hillier
Stanford University

Mark S. Hillier
University of Washington

Casos desenvolvidos por
Karl Schmedders
Northwestern University

Molly Stephens
Quinn, Emanuel, Urquhart, Oliver & Hedges LLP

Introdução à Ciência da Gestão

Modelagem e estudos de caso com planilhas eletrônicas

4ª edição

Tradução
Rodrigo Dubal

Revisão Técnica
Professor Dr. Jonas Cardona Venturini
Professor da Universidade do
Vale do Rio dos Sinos – Unisinos

AMGH Editora Ltda.
2014

Obra originalmente publicada sob o título
Introduction to Management Science: A Modeling and Case Studies Approach with Spreadsheets, 4th Edition
ISBN 007809660X / 9780078096600

Original edition copyright (c) 2011, The McGraw-Hill Global Education Holdings, LLC, New York, New York 10020. All rights reserved.

Gerente editorial: *Arysinha Jacques Affonso*

Colaboraram nesta edição:
Editora: *Viviane R. Nepomuceno*
Capa: *Maurício Pamplona (arte sobre capa original)*
Preparação de originais: *Vânia Cavalcanti de Almeida*
Leitura final e editoração: *Know-how Editorial*

Reservados todos os direitos de publicação, em língua portuguesa, à
AMGH Editora Ltda., uma parceria entre GRUPO A EDUCAÇÃO S. A. e McGRAW-HILL EDUCATION.
Av. Jerônimo de Ornelas, 670
90040 340 – Porto Alegre – RS
Fone: (51) 3027 7000 Fax: (51) 3027 7070

É proibida a duplicação ou reprodução deste volume, no todo ou em parte, sob quaisquer formas ou por quaisquer meios (eletrônico, mecânico, gravação, fotocópia, distribuição na Web e outros), sem permissão expressa da Editora.

Unidade São Paulo
Av. Embaixador Macedo Soares, 10.735 – Pavilhão 5 – Cond. Espace Center
Vila Anastácio – 05095-035 – São Paulo – SP
Fone: (11) 3665-1100 Fax: (11) 3667-1333

SAC 0800 703-3444 – www.grupoa.com.br

IMPRESSO NO BRASIL
PRINTED IN BRAZIL

À memória de

Christine Phillips Hillier,
esposa e nora muito amada.

Gerald J. Lieberman,
admirado mentor e um dos verdadeiros
gigantes do nosso campo.

OS AUTORES

FREDERICK S. HILLIER é professor aposentado de pesquisa operacional na Stanford University. Conhecido, principalmente, por seu clássico e premiado livro, *Introdução à pesquisa operacional*, com Gerald J. Lieberman, já falecido, que foi traduzido para diversas línguas e está, atualmente, na 9ª edição. Em sua 6ª edição, a obra ganhou menção honrosa no Lanchester Prize (melhor publicação em língua inglesa na área) e, na 8ª, foi premiada com o INFORMS® Expository Writing Award. Os outros livros do autor incluem *The evaluation of risky interrelated investments, Queueing tables and graphs, Introduction to stochastic models in operations research* e *Introduction to mathematical programming*. Hillier é bacharel em engenharia industrial e doutor com especialização em pesquisa e ciência da gestão da Stanford University. Vencedor de diversos prêmios no ensino médio e no ensino superior por redação, matemática, debates e música. Ficou em primeiro lugar na sua turma de graduação de engenharia e foi premiado com três bolsas de nível nacional (National Science Foundation, Tau Beta Pi e Danforth) para estudos universitários. Depois de obter o título de doutor, juntou-se ao corpo docente da Stanford University, onde tomou posse aos 28 anos e tornou-se professor titular aos 32. Sua pesquisa se estendeu a várias áreas, incluindo programação de número inteiro, teoria de fila e sua aplicação, controle estatístico de qualidade e gerenciamento de produção e de operações. O autor já ganhou um importante prêmio por sua pesquisa na área de orçamento de capital. Eleito duas vezes oficial nacional de sociedades profissionais, atuou em muitas áreas profissionais e editoriais importantes. Por exemplo, foi vice-presidente de reuniões no Institute of Management Sciences, como presidente do comitê de publicações, editor associado da *Management Science* e copresidente-geral de um encontro internacional. Atualmente, é editor da International Series in Operations Research and Management Science da Springer Science + Business Media, da qual foi fundador. Foi professor visitante na Cornell University, na Graduate School of Industrial Administration da Carnegie-Mellon University, na Technical University of Denmark, na University of Canterbury (Nova Zelândia) e na Judge Institute of Management Studies, na University of Cambridge (Inglaterra).

MARK S. HILLIER, filho de Fred Hillier, é professor associado de métodos quantitativos na Michael G. Foster School of Business da University of Washington. Bacharel em engenharia (com ênfase em ciência da computação) pela College Swarthmore, obteve o título de mestre com distinção em pesquisa operacional. Doutor em engenharia industrial e gerenciamento de engenharia pela Stanford University. Antes da graduação, recebeu o McCabe Award por ficar em primeiro lugar na sua turma de engenharia, foi eleito ao Phi Beta Kappa com base no seu trabalho em matemática, além de ter sido recordista na equipe de natação masculina da escola e contemplado com duas bolsas de estudo nacionais (National Science Foundation e Tau Beta Pi) para estudos de graduação. Nessa época, desenvolveu um amplo pacote de tutorial de software, o *OR Courseware*, para o livro de Hillier-Lieberman, *Introdução à pesquisa operacional*. Ainda na graduação, ministrou um seminário em nível de doutorado em gerenciamento de operações em Stanford. Também ganhou um prêmio nacional por seu trabalho baseado na sua tese de doutorado. Atualmente, é professor de ciência da gestão e modelagem de planilha na University of Washington. Ganhador de vários prêmios de ensino de MBA pelo curso central de ciência da gestão e por seu curso eletivo em modelagem de planilha, bem como um prêmio de ensino com abrangência em toda a universidade por seu trabalho de ensino de gerenciamento de operações em turmas não graduadas. Escolhido pelos estudantes de MBA de 2007 como o vencedor do prestigioso prêmio PACCAR de Professor do Ano (conhecido por dar o maior prêmio em dinheiro por ensino de MBA nos Estados Unidos). Também foi premiado com uma posição na Evert McCabe Endowed Faculty Fellowship. Seus interesses de pesquisa incluem a associação de componentes, inventário, fabricação e *design* de sistemas de produção. Um de seus artigos sobre associação de componentes ganhou o prêmio de melhor artigo de 2000-2001 na *IIE Transactions*.

AUTORES DOS CASOS

Karl Schmedders é professor associado no Departamento de Economia Gerencial e Ciências da Decisão na Kellogg School of Management da Northwestern University, onde ministra aulas de métodos quantitativos para tomadas de decisões gerenciais. Seus interesses de pesquisa incluem a aplicação da ciência da gestão na teoria econômica, teoria do equilíbrio geral com mercados incompletos, determinação de preço de ativos, escolha de portfólio e economia computacional. Obteve seu doutorado em pesquisa operacional na Stanford University, onde foi professor de ciência da gestão na graduação e na pós-graduação. Por uma das disciplinas que ministrou, sobre estudos de caso em ciência da gestão, foi convidado para dar uma palestra em uma conferência patrocinada pelo Institute of Operations Research and Management Sciences (INFORMS) a respeito de sua experiência bem-sucedida com esse curso. Recebeu vários prêmios de ensino em Stanford, inclusive o universitário Walter J. Gores Teaching Award, e em outras universidades, como o de Professor do Ano L. G. Lavengoof, na Kellogg School of Management, e durante o período em que trabalhou como professor visitante em WHU Koblenz (importante escola de administração na Alemanha).

Molly Stephens é sócia do escritório Quinn, Emanuel, Urquhart, Oliver & Hedges, LLP, em Los Angeles. Graduada em engenharia industrial pela Stanford e mestre em pesquisa operacional, ministrou aulas de oratória na Stanford's School of Engineering e atuou como professora assistente de um curso de estudos de caso em ciência da gestão. Como assistente técnica, analisou problemas de ciência da gestão encontrados no mundo real e os transformou em estudos de caso para sala de aula. Sua pesquisa foi recompensada ao ganhar uma gratificação para pesquisas de Stanford para continuar seu trabalho, além de ser convidada para palestrar no INFORMS apresentando suas conclusões sobre os estudos de caso usados em sala de aula. Após a graduação, trabalhou na Andersen Consulting como integradora de sistemas, vivenciando casos reais, antes de voltar aos estudos e obter o título de bacharel em direito na University of Texas, em Austin.

PREFÁCIO

Há algum tempo, estamos preocupados com a ideia de que os livros de estudo tradicionais de ciência da gestão não apresentam a melhor abordagem para iniciar os estudantes de administração nesse incrível campo. Ao começarmos a desenvolver este livro, no final da década de 1990, nosso objetivo era romper com o modelo antigo e apresentar formas novas e inovadoras de ensinar ciência da gestão de maneira mais eficaz. Estamos satisfeitos com a resposta favorável a nossos esforços. Muitos leitores críticos, considerando profissionais, professores e estudantes, das primeiras três edições do livro declararam sua satisfação com os diversos recursos especiais encontrados, bem como por sua apresentação clara e no nível exato em relação aos estudantes de administração.

Nosso objetivo para esta 4ª edição foi o de ampliar os pontos fortes das três primeiras. A experiência obtida por Mark Hillier com o uso das primeiras edições, quando ganhou vários prêmios por seus cursos de modelagem de planilhas e ciência da gestão na University of Washington, levou a várias melhorias da edição atual. Também incorporamos muitos comentários e sugestões de leitores.

PLANILHAS

A abordagem moderna de ensino de ciência da gestão faz uso das planilhas como meio principal de instrução. Além disso, hoje elas são usadas por estudantes de administração e gerentes, o que permite dizer que fornecem um confortável e agradável ambiente de aprendizado. Modernos softwares, incluindo o Microsoft Excel® utilizado neste livro, podem ser usados na ciência da gestão do mundo real. As planilhas constituem uma forma muito melhor de implementar modelos de ciência da gestão em comparação aos tradicionais solucionadores algébricos. Isso significa que a cortina algébrica, tão prevalente nos cursos e livros tradicionais que tratam do tema, agora pode ser aprimorada.

Porém, com esse entusiasmo em relação às planilhas, há o risco de passar do controle, já que não são a única ferramenta para realizar a análise de ciência da gestão. Também tem lugar o uso moderado e ocasional de análise algébrica e gráfica. Estaríamos prestando um desserviço aos estudantes se não desenvolvêssemos suas habilidades nessas áreas quando apropriado. Além disso, o livro não deve se concentrar apenas na mecânica das planilhas, como se fosse um livro de receitas. Planilhas são um meio para chegar a um fim, não o fim em si.

USO DE MODELAGEM

A segunda característica fundamental do livro é o *uso de modelagem*. A formulação de modelo está no centro da metodologia da ciência da gestão, portanto enfatizamos bastante a arte da formulação, o papel e a análise dos resultados do modelo. Usamos preferencialmente, mas não exclusivamente, a planilha em vez da álgebra para formular e apresentar modelos.

Muitos professores são experientes no ensino de modelagem por meio de modelos algébricos. No geral, acreditam que os alunos devem realizar suas modelagens dessa forma e depois transferir o modelo a uma planilha, usando o Excel Solver® para solucionar o modelo. Discordamos dessa abordagem. Nossa experiência (e a relatada por muitos outros) é de que a maioria dos alunos de administração admite como mais natural e factível realizar a modelagem diretamente em uma planilha. Além disso, usando as melhores técnicas de modelagem de planilha (como as desta edição), formular um modelo de planilha tende a ser consideravelmente mais eficiente e transparente do que formular um modelo algébrico. Outro benefício é a inclusão de todas as relações que podem ser expressas em todas as formas algébricas, já que muitas vezes resumiremos o modelo também nesse formato.

Outro rompimento com o tradicional neste livro (e com vários outros didáticos contemporâneos) é o fato de praticamente ignorar os algoritmos usados para solucionar os modelos. Consideramos que não há um bom motivo para que os alunos de administração tenham que aprender os detalhes de algoritmos executados por computadores. Nas restrições de tempo de uma disciplina de ciência da gestão de um semestre, há muitas outras lições importantes a serem aprendidas, portanto o foco deste livro é sobre elas. No topo da lista, está a arte da modelagem de problemas gerenciais em uma planilha.

Formular um modelo de planilha de um problema real geralmente envolve muito mais do que projetar a planilha e inserir os dados. Assim, trabalhamos no processo passo a passo: entender o problema não estruturado; desenvolver verbalmente alguma estrutura para o problema; reunir os dados; expressar as relações em termos quantitativos; e esboçar o modelo de planilha. A abordagem estruturada destaca os componentes comuns do modelo (os dados, as decisões a serem tomadas, as restrições e a medida de desempenho) e os diferentes tipos de células de planilha usadas para cada um. Consequentemente, a ênfase está na modelagem, e não na mecânica da planilha.

ESTUDOS DE CASO

Tudo isso seria quase estéril se simplesmente tivéssemos apresentado uma longa série de breves exemplos com suas planilhas. Isso leva à terceira característica importante deste livro – *os estudos de caso*. Além de exemplos, cada capítulo inclui um ou dois estudos de caso que ilustram o processo de aplicação da ciência da gestão e, em algumas situações, o capítulo gira em torno de um desses estudos. Projetamos cada estudo de caso para que levasse a técnica do capítulo para a vida real, em um contexto que ilustra de maneira clara a relevância da técnica na tomada de decisão gerencial. Essa abordagem narrativa e centrada em um caso deve tornar o material mais agradável e estimulante, bem como guiar as considerações práticas, fatores importantes na aplicação da ciência da gestão.

Exceto no Capítulo 1, todos os capítulos contam com casos completos após os problemas ao final. Também com uma narrativa estimulante, esses casos são projetos interessantes e desafiadores. A maioria foi desenvolvida por dois talentosos escritores de caso, Karl Schmedders (professor da Kellogg School of Management, da Northwestern University) e Molly Stephens (ex-consultora de ciência da gestão pela Andersen Consulting). Os autores também adicionaram alguns casos. Além disso, a Ivey School of Business, da University of Western Ontario (a segunda maior produtora de casos de ensino em todo o mundo) tem casos especialmente selecionados para esta edição.

Esses casos estão à venda no *site* da Ivey <**cases.ivey.uwo.ca/case**> (exibido no final de cada capítulo), no segmento da área de CaseMate designada para este livro.

OUTRAS CARACTERÍSTICAS ESPECIAIS

Também devemos mencionar algumas características especiais adicionais a esta 4ª edição.

- Diversos exemplos, problemas e casos expressam a relevância da ciência da gestão.
- Forte perspectiva gerencial.
- Objetivos de aprendizagem no início de cada capítulo.
- Várias notas de margem que esclarecem e destacam pontos principais.
- Dicas de Excel intercaladas entre as notas de margem.
- Questões de revisão ao final de cada seção.
- Glossário ao final de cada seção.
- Respostas parciais de problemas selecionados no Apêndice C (ao final do livro).
- Material de texto complementar no CD-ROM, mantido em inglês.
- Pacote de software com base no Excel (*MS Courseware*) no CD-ROM e um *site* que inclui vários suplementos, modelos e arquivos, mantidos em inglês.
- Outros complementos úteis no CD-ROM e no *site*, mantidos em inglês.

SOFTWARE (EM INGLÊS)

Amplo pacote de software, com base no Excel, chamado *MS Courseware*, no CD-ROM e no *site*, também é fornecido na edição atual.

O pacote inclui arquivos de Excel com planilhas reais para investigar profundamente todos os exemplos e estudos de caso apresentados no livro. Além disso, as planilhas podem ser usadas, tanto pelo aluno como pelo professor, como modelos para formular e solucionar problemas semelhantes aos dos capítulos. Também contém dezenas de modelos de Excel para resolver exemplos do livro. Mas atenção: esse material é fornecido totalmente em inglês.

Outra característica importante no *MS Courseware* é uma coleção de suplementos de Excel integrados aos capítulos correspondentes.

- **Solver Table** para automatizar a análise de sensibilidade em problemas de otimização (usado em vários capítulos, especialmente o Capítulo 5).
- **Evolutionary Solver** para solucionar problemas difíceis de otimização (apresentado na Seção 8.5). (Adicionado ao Solver do Excel 2010, usuários de versões anteriores do Excel também podem acessá-lo por um link no *site* do livro.)
- **TreePlan** para gerar e analisar árvores de decisão para análise de decisão (usado em todo o Capítulo 9).
- **SensIt** para realizar a análise de sensibilidade com sistemas probabilísticos (usado principalmente no Capítulo 9).
- **RiskSim** para realizar simulações por computador básicas (apresentado no Capítulo 12).
- **Crystal Ball** para realizar uma variedade de simulações por computador (usado em todo o Capítulo 13).
- **CB Predictor** (módulo do Crystal Ball) para aplicar vários métodos de previsão de séries temporais (apresentado no complemento ao Capítulo 10).
- **OptQuest** (módulo do Crystal Ball) para combinar a simulação por computador com uma técnica avançada de otimização (apresentado na Seção 13.9).

O *MS Courseware* também inclui outros softwares.

- **Interactive Management Science Modules** para explorar interativamente certas técnicas de ciência da gestão de maneira aprofundada (incluindo as apresentadas nos Capítulos 1, 2, 5, 10, 11, 12 e 18).
- **Queueing Simulator** para realizar as simulações por computador dos sistemas de filas (usado no Capítulo 12).

OUTROS SUPLEMENTOS (EM INGLÊS)

Os professores cadastrados no *site* do Grupo A (www.grupoa.com.br) terão acesso a material exclusivo, protegido por senha. Por favor, procure pela página deste livro no *site* da editora. Os recursos para professores incluem as soluções completas para todos os problemas e casos, um banco de teste com centenas de questões de múltipla escolha e de verdadeiro ou falso e apresentações de PowerPoint. As apresentações incluem os materiais de aulas para praticamente todos os capítulos e todas as figuras (incluindo todas as planilhas) no livro. O CD-ROM que acompanha este livro fornece o pacote MS Courseware. Ele também inclui um tutorial com questões de teste como modelo (diferentes daquelas no banco de teste do professor) para perguntas de autotestes sobre os vários capítulos. Os materiais no CD-ROM também fazem parte do Conteúdo *on-line*, na página do livro, no *site* do Grupo A.

Você pode entrar em contato conosco nos endereços de email abaixo. Esperamos que você goste do livro.

> Pedimos aos leitores da edição brasileira da obra que atentem para o vasto material de apoio deste livro. Grande parte dele encontra-se no *site* do Grupo A (www.grupoa.com.br), como suplemento para professor ou para aluno, devidamente identificado. No entanto, ao longo do texto serão encontradas muitas referências a *sites* de parceiros da editora McGraw-Hill na produção original desta obra. Esses *sites* também oferecem materiais adicionais, gratuitos ou pagos. Todos esses materiais estão disponíveis somente em inglês.

Frederick S. Hillier
Stanford University (fhillier@stanford.edu)

Mark S. Hillier
University of Washington (mhillier@u.washington.edu)

AGRADECIMENTOS

Esta nova edição contou com os sábios conselhos de várias pessoas. Para começar, gostaríamos de expressar nosso profundo apreço aos revisores oficiais da 3ª edição: **Nazim Ahmed** – *Ball State University*; **Bahram Alidaee** – *University of Mississippi*; **Zhi-Long Chen** – *University of Maryland-College Park*; **GG Hegde** – *University of Pittsburgh*; **Anthony Narsing** – *Macon State College;* **Tava Olsen** – *Washington University*; **Stuart Rosenberg** – *Dowling College*; **Tim Urban** – *University of Tulsa*.

Também somos gratos pelas valiosas informações fornecidas por vários dos nossos alunos, bem como por outros estudantes e professores que entraram em contato conosco por e-mail.

Este livro é um esforço de equipe envolvendo mais do que dois coautores. Na condição de terceiro coautor da 1ª edição, o já falecido Gerald J. Lieberman forneceu um importante ímpeto inicial para esse projeto. Também estamos em débito com os autores dos casos, Karl Schmedders e Molly Stephens, por suas inestimáveis contribuições. Ann Hillier, novamente, devotou inúmeros dias e noites para sentar à frente de um Macintosh, realizando processamento de textos e construindo muitas figuras e tabelas.

A equipe editorial e de produção da McGraw-Hill/Irwin, incluindo Richard Hercher (editor executivo), Rebecca Mann (editora de desenvolvimento) e Erin Melloy (gerente de projeto), também foi muito importante. Este livro é um produto muito melhor por causa de sua orientação e trabalho pesado. É um grande prazer trabalhar com uma equipe tão profissional.

SUMÁRIO RESUMIDO

1	Introdução	1
2	Programação linear: conceitos básicos	21
3	Programação linear: formulação e aplicações	58
4	A arte da modelagem com planilhas	118
5	Análise "e se" para programação linear	144
6	Problemas de otimização de rede	189
7	Uso de programação binária com número inteiro em decisões sim-ou-não	228
8	Programação não linear	263
9	Análise de decisão	314
10	Previsão	380
11	Modelos de fila	429
12	Simulação por computador: conceitos básicos	483
13	Simulação por computador com Crystal Ball	520
APÊNDICE A	Como usar o Solver Table	597
APÊNDICE B	Dicas para usar o Microsoft Excel para modelagem	601
APÊNDICE C	Respostas parciais para problemas selecionados	607
ÍNDICE	....	

SUPLEMENTOS NO CD-ROM (material disponível em inglês)

Supplement to Chapter 2	More about the graphical method for linear programming
Supplement to Chapter 5	Reduced costs
Supplement to Chapter 6	Minimum spanning-tree problems
Supplement 1 to Chapter 7	Advanced formulation techniques for binary integer programming
Supplement 2 to Chapter 7	Some perspectives on solving binary integer programming problems
Supplement to Chapter 9	Decision criteria
Supplement to Chapter 10	Time-series forecasting with CB predictor
Supplement to Chapter 11	Additional queueing models
Supplement to Chapter 12	The inverse transformation method for generating random observations

CAPÍTULOS NO CD-ROM (material disponível em inglês)

14	Solution concepts for linear programming
15	Transportation and assignment problems
16	PERT/CPM models for project management
17	Goal programming
18	Inventory management with known demand
19	Inventory management with uncertain demand

SUMÁRIO

1 INTRODUÇÃO **1**
    1.1   Natureza da ciência da gestão... 2
    1.2   Ilustração da abordagem da ciência da gestão: análise de ponto de equilíbrio................. 5
    1.3   Impacto da ciência da gestão.. 11
    1.4   Alguns recursos especiais deste livro.. 15
    1.5   Resumo... 17
            Glossário... 18
            Auxiliares de aprendizagem para este capítulo em seu MS Courseware 18
            Problema solucionado.. 18
            Problemas.. 19

2 PROGRAMAÇÃO LINEAR: conceitos básicos **21**
    2.1   Estudo de caso: problema do *mix* de produtos da Wyndor Glass Co. 22
    2.2   Formulação do problema da Wyndor em uma planilha... 24
    2.3   Modelo matemático na planilha 30
    2.4   Método gráfico para solucionar problemas com duas variáveis... 32
    2.5   Uso do Excel para solucionar problemas de programação linear...................................... 36
    2.6   Exemplo de minimização – Profit & Gambit Co. problema do *mix* de propaganda 42
    2.7   Programação linear a partir de uma ampla perspectiva.. 46
    2.8   Resumo... 48
            Glossário... 48
            Auxiliares de aprendizagem para este capítulo em seu MS Courseware 49
            Problemas solucionados... 49
            Problemas.. 49
            Caso 2-1   Montagem de automóveis... 54
            Caso 2-2   Redução dos gastos da cantina.. 55
            Caso 2-3   Alocação de uma central de atendimento... 56

3 PROGRAMAÇÃO LINEAR: formulação e aplicações... **58**
    3.1   Estudo de caso: problema de *mix* de propaganda da Super Grain Corp. 59
    3.2   Problemas de alocação de recursos.. 65
    3.3   Problema de conflito entre custos e benefícios.. 75
    3.4   Problemas mistos.. 81
    3.5   Problemas de transporte.. 89
    3.6   Problemas de alocação... 93
    3.7   Modelo de formulação a partir de uma perspectiva ampla 96
    3.8   Resumo... 97
            Glossário... 97
            Auxiliares de aprendizagem para este capítulo em seu MS Courseware 98
            Problemas solucionados... 98
            Problemas.. 99
            Caso 3-1   Transporte de madeira para o mercado 108
            Caso 3-2   Preocupações com a capacidade 109
            Caso 3-3   Tecidos e moda outono.. 110
            Caso 3-4   Novas fronteiras.. 112
            Caso 3-5   Alocação de estudantes nas escolas 113
            Caso 3-6   Reciclagem de resíduos sólidos 114
            Caso 3-7   Escolhas de projeto.. 115

4 A ARTE DE MODELAGEM COM PLANILHAS **118**
    4.1   Estudo de caso: problema de fluxo de caixa da Everglade Golden Years Company 119
    4.2   Visão geral do processo de modelagem com planilhas.. 120
    4.3   Algumas orientações para construir "bons" modelos de planilhas 129
    4.4   Depuração de um modelo de planilha 135
    4.5   Resumo... 138
            Glossário... 139

Auxiliares de aprendizagem para este capítulo em seu MS Courseware 139
Problemas solucionados 139
Problemas 140
Caso 4-1 Provisões sensatas para pensões 142

5 ANÁLISE "E SE" PARA PROGRAMAÇÃO LINEAR 144

5.1 Importância da análise "e se" para gerentes 145
5.2 Continuação do estudo de caso da Wyndor 147
5.3 Efeito das alterações em um coeficiente de função objetivo 149
5.4 Efeito de alterações simultâneas em coeficientes de função objetivo 155
5.5 Efeito das mudanças únicas em uma restrição 163
5.6 Efeito das mudanças simultâneas nas restrições 169
5.7 Resumo 174
Glossário 174
Auxiliares de aprendizagem para este capítulo em seu MS Courseware 174
Problema solucionado 175
Problemas 176
Caso 5-1 Venda de sabão 183
Caso 5-2 Controle da poluição do ar 185
Caso 5-3 Gerenciamento da fazenda 186
Caso 5-4 Alocação de estudantes nas escolas (revisitado) 188

6 PROBLEMAS DE OTIMIZAÇÃO DE REDE 189

6.1 Problemas de fluxo de custo mínimo 190
6.2 Estudo de caso: fluxo máximo da BMZ Co. 197
6.3 Problemas de fluxo máximo 200
6.4 Problemas do caminho mais curto 204
6.5 Resumo 213
Glossário 214
Auxiliares de aprendizagem para este capítulo em seu MS Courseware 214
Problemas solucionados 215
Problemas 215
Caso 6-1 Ajuda aos aliados 220
Caso 6-2 Dinheiro em movimento 223
Caso 6-3 Programação da companhia aérea 225
Caso 6-4 Transmissão dos jogos olímpicos 226

7 USO DE PROGRAMAÇÃO BINÁRIA COM NÚMERO INTEIRO EM DECISÕES SIM-OU-NÃO 228

7.1 Estudo de caso: California Manufacturing Co. 229
7.2 Uso da BIP para seleção de projeto: Tazer Corp. 236
7.3 Uso da BIP para a seleção de locais para instalações de serviços de emergência:
Caliente City 238
7.4 Uso da BIP para escala de tripulação: Southwestern Airways 240
7.5 Uso da BIP mista para lidar com custos de configuração do início de produção:
problema revisado da Wyndor 244
7.6 Resumo 250
Glossário 251
Auxiliares de aprendizagem para este capítulo em seu MS Courseware 251
Problemas solucionados 251
Problemas 252
Caso 7-1 Atribuição de arte 257
Caso 7-2 Estocagem de conjuntos 259
Caso 7-3 Alocação de estudantes nas escolas (revisitado) 262
Caso 7-4 Transmissão dos jogos olímpicos (revisitado) 262

8 PROGRAMAÇÃO NÃO LINEAR 263

8.1 Desafios da programação não linear 265
8.2 Programação não linear com retornos marginais decrescentes 273
8.3 Programação separável 283
8.4 Problemas difíceis de programação não linear 293
8.5 Evolutionary solver e algoritmos genéticos 295
8.6 Resumo 302
Glossário 303
Auxiliares de aprendizagem para este capítulo em seu MS Courseware 304

	Problema solucionado	304
	Problemas	304
Caso 8-1	Continuação do estudo de caso da Super Grain	309
Caso 8-2	Escolha experiente de ações	310
Caso 8-3	Investimentos internacionais	311

9 ANÁLISE DE DECISÃO 314

9.1 Estudo de caso: problema da Goferbroke Company 315
9.2 Critérios de decisão 317
9.3 Árvores de decisão 322
9.4 Análise de sensibilidade com árvores de decisão 325
9.5 Verificar se vale a pena obter mais informações 330
9.6 Uso de novas informações para atualizar as probabilidades 333
9.7 Uso de árvore de decisão para analisar o problema com uma sequência de decisões ... 337
9.8 Realização da análise de sensibilidade no problema com uma sequência de decisões .. 343
9.9 Aplicação das utilidades para melhor refletir os valores dos retornos 349
9.10 Aplicação prática da análise de decisão 360
9.11 Resumo 361
Glossário 362
Auxiliares de aprendizagem para este capítulo em seu MS Courseware 363
Problemas solucionados 363
Problemas 364
Caso 9-1 Quem quer ser um milionário? 374
Caso 9-2 A University Toys e os bonecos colecionáveis Business Professor ... 375
Caso 9-3 Negócios inteligentes 375
Caso 9-4 Suporte à direção inteligente 377

10 PREVISÃO 380

10.1 Visão geral das técnicas de previsão 381
10.2 Estudo de caso: problema do Computer Club Warehouse (CCW) 382
10.3 Aplicação de métodos de previsão de séries temporais no estudo de caso ... 387
10.4 Métodos de previsão de séries temporais em perspectiva 406
10.5 Previsão causal com regressão linear 409
10.6 Métodos de previsão de julgamento 414
10.7 Resumo 415
Glossário 416
Resumo das principais fórmulas 417
Auxiliares de aprendizagem para este capítulo em seu MS Courseware 417
Problema solucionado 417
Problemas 418
Caso 10-1 Ludibriar as previsões 425

11 MODELOS DE FILA 429

11.1 Elementos de um modelo de fila 430
11.2 Exemplos de sistemas de fila 436
11.3 Medidas de desempenho para sistemas de filas 438
11.4 Estudo de caso: problema de Dupit Corp. 441
11.5 Alguns modelos de fila de servidor único 444
11.6 Alguns modelos de fila de vários servidores 453
11.7 Modelos de filas de prioridade 458
11.8 Algumas visões sobre como projetar sistemas de fila 464
11.9 Análise econômica do número de servidores a fornecer 468
11.10 Resumo 471
Glossário 472
Símbolos-chave 473
Auxiliares de aprendizagem para este capítulo em seu Ms Courseware 473
Problema solucionado 473
Problemas 474
Caso 11-1 Dilema de fila 480
Caso 11-2 Redução de estoque em processo 481

12 SIMULAÇÃO POR COMPUTADOR: Conceitos básicos 483

12.1 Essência da simulação por computador 484
12.2 Estudo de caso: babearia do Herr Cutter (revisitado) 496
12.3 Análise do estudo de caso 503

12.4	Esboço de um grande estudo de simulação por computador	509
12.5	Resumo	513
	Glossário	514
	Auxiliares de aprendizagem para este capítulo em seu MS Courseware	514
	Problema solucionado	514
	Problemas	515
	Caso 12-1 Planejamento de plainas	518
	Caso 12-2 Redução de estoque em processo (revisitado)	519

13 SIMULAÇÃO POR COMPUTADOR COM CRYSTAL BALL 520

13.1	Estudo de caso: problema de Freddie, o vendedor de jornal	521
13.2.	Licitação para um projeto de construção: prelúdio do estudo de caso da Reliable Construction Co.	531
13.3	Gerenciamento de projeto: retorno ao estudo de caso da Reliable Construction Co.	535
13.4	Gerenciamento do fluxo de caixa: retorno ao estudo de caso da Everglade Golden Years Company	542
13.5	Análise de risco financeiro: retorno ao problema da Think-Big Development Co.	547
13.6	Gestão de receitas na indústria de viagens	552
13.7	Escolha da distribuição certa	557
13.8	Tomada de decisão com tabelas de decisão	569
13.9	Otimização com Optquest	577
13.10	Resumo	588
	Glossário	589
	Auxiliares de aprendizagem para este capítulo em seu MS Courseware	589
	Problema solucionado	589
	Problemas	590
	Caso 13-1 Aventuras de ação	594
	Caso 13-2 Preço sob pressão	595

APÊNDICE A   COMO USAR O SOLVER TABLE 597

APÊNDICE B   DICAS PARA USAR O MICROSOFT EXCEL PARA MODELAGEM 601

APÊNDICE C   RESPOSTAS PARCIAIS PARA PROBLEMAS SELECIONADOS 607

ÍNDICE 611

SUPLEMENTOS NO CD-ROM (material disponível em inglês)

Supplement to Chapter 2	More about the graphical method for linear programming
Supplement to Chapter 5	Reduced costs
Supplement to Chapter 6	Minimum spanning-tree problems
Supplement 1 to Chapter 7	Advanced formulation techniques for binary integer programming
Supplement 2 to Chapter 7	Some perspectives on solving binary integer programming problems
Supplement to Chapter 9	Decision criteria
Supplement to Chapter 10	Time-series forecasting with CB predictor
Supplement to Chapter 11	Additional queueing models
Supplement to Chapter 12	The inverse transformation method for generating random observations

CAPÍTULOS NO CD-ROM (material disponível em inglês)

14	Solution concepts for linear programming
15	Transportation and assignment problems
16	PERT/CPM models for project management
17	Goal programming
18	Inventory management with known demand
19	Inventory management with uncertain demand

INTRODUÇÃO

OBJETIVOS DE APRENDIZAGEM

OA1 Definir o termo ciência da gestão.

OA2 Descrever a natureza da ciência da gestão.

OA3 Explicar o que é um modelo matemático.

OA4 Usar um modelo matemático para realizar uma análise de ponto de equilíbrio.

OA5 Usar um modelo de planilha para realizar uma análise de ponto de equilíbrio.

OA6 Identificar os níveis de economia anual que a ciência da gestão pode oferecer, algumas vezes, às organizações.

OA7 Identificar alguns recursos especiais deste livro.

Bem-vindo ao campo da *ciência da gestão*! Acreditamos que ele é particularmente estimulante e interessante. Estimulante porque a ciência da gestão provoca um impacto drástico na rentabilidade de várias empresas de negócios em todo o mundo. Interessante porque os métodos usados para isso são bastante engenhosos. Estamos ansiosos para oferecer a você um passeio guiado pelos recursos especiais da área.

Alguns estudantes aproximam-se de um livro sobre ciência da gestão com certa dose de ansiedade e de ceticismo. A principal fonte da ansiedade é a reputação do campo de ser altamente matemático, o que gera o ceticismo quanto a essa abordagem teórica ser relevante para lidar com problemas práticos de gestão. Livros mais tradicionais sobre o tema apenas reforçaram essas percepções ao enfatizarem a matemática do campo em vez de sua aplicação prática.

Fique tranquilo. Este não é um livro tradicional de ciência da gestão. Percebemos que a maioria dos leitores aspira tornar-se gerente, não matemático, portanto a ênfase está toda sobre o que um futuro gerente precisa saber sobre ciência da gestão. Sim, isso significa incluir um pouco de matemática aqui e ali, pois trata-se de uma das principais linguagens do campo. A matemática que você realmente verá contempla a álgebra do ensino médio, além de conceitos básicos de teoria elementar de probabilidade (nos capítulos finais). Acreditamos que você ficará agradavelmente surpreendido com a nova avaliação que obterá de quão útil e intuitiva a matemática pode ser nesse nível. No entanto, os gerentes não precisam conhecer nenhuma das teorias matemáticas pesadas que dão base às várias técnicas da ciência da gestão. O uso da matemática cumpre apenas um papel estritamente secundário neste livro.

A ênfase na matemática pode ser menor em razão do uso de poderosas planilhas eletrônicas aplicáveis à ciência da gestão. As planilhas garantem um ambiente confortável e conhecido por formular e analisar problemas de gestão e por cuidar da aplicação automática da matemática necessária com um mínimo de orientação do usuário. Isso revolucionou a ciência da gestão. No passado, eram necessários cientistas tecnicamente preparados para realizar os estudos significativos para a administração. Hoje, as planilhas trazem muitas das ferramentas e conceitos de ciência da gestão para que os gerentes conduzam suas próprias análises. Embora os mais ocupados continuem a apelar para equipes especializadas para conduzir os principais estudos, muitos estão se tornando, progressivamente, usuários diretos de planilhas eletrônicas.

Portanto, sendo este livro voltado para futuros gerentes (e consultores de gestão), enfatizaremos o uso de planilhas para a aplicação da ciência da gestão.

O que um futuro gestor precisa aprender em um curso de ciência da gestão?

1. Avaliar a relevância e o poder da ciência da gestão. Portanto, incluímos várias *vinhetas de aplicação* no livro, que dão exemplos de *aplicações reais* da ciência da gestão e do impacto que elas tiveram sobre as organizações.
2. Reconhecer quando a ciência da gestão pode (e não pode) ser aplicada proveitosamente. Portanto, enfatizaremos os *tipos de problemas* para os quais as várias técnicas da ciência da gestão podem ser aplicadas.
3. Aplicar as principais técnicas da ciência da gestão para analisar a variedade dos problemas gerenciais. Portanto, focaremos amplamente em como as planilhas possibilitam muitas dessas aplicações sem recorrer a conhecimentos em ciência da gestão além dos oferecidos por este livro.
4. Interpretar os resultados de um estudo da ciência da gestão. Portanto, apresentaremos estudos de caso que demonstram resultados da ciência da gestão e como estes dependem das pressuposições e dos dados utilizados.

Esses quatro objetivos representam as metas de ensino principais deste livro.

Começamos este processo nas próximas duas seções, introduzindo a natureza da ciência da gestão e o impacto que ela tem provocado em muitas organizações. Esses temas estarão em todos os outros capítulos. A Seção 1.4 aponta alguns dos recursos especiais deste livro que você pode estar ansioso para ver.

1.1 NATUREZA DA CIÊNCIA DA GESTÃO

O que o nome ciência da gestão (algumas vezes abreviado como MS – *Management Science*) pretende dizer? Envolve gerenciamento e ciência ou, mais precisamente, a ciência da gestão, mas, ainda assim, é muito vago. Aqui, temos uma definição mais sugestiva:

> A ciência da gestão é uma disciplina que tenta *ajudar na tomada de decisões gerenciais* por meio da aplicação de uma *abordagem científica* a problemas gerenciais que envolvem *fatores quantitativos*.

Agora, veremos como o desenvolvimento de cada um dos termos destacados em itálico nessa definição transmitirá muito mais sobre a natureza da ciência da gestão.

Ciência da gestão: uma disciplina

Como uma disciplina, a ciência da gestão é um corpo inteiro de conhecimentos e técnicas fundamentados cientificamente. Por exemplo, é parcialmente análoga ao campo médico. Um médico foi treinado em um corpo inteiro de conhecimentos e técnicas, baseados no campo da medicina, fundamentados cientificamente. Depois de receber esse treinamento e essa prática inicial, ele deve diagnosticar a doença de um paciente e, então, escolher os procedimentos necessários para o tratamento. O paciente, em sequência, toma a decisão final de qual procedimento médico aceitar. Para casos menos sérios, ele pode escolher não consultar um médico e, em vez disso, usar seu próprio conhecimento básico dos princípios médicos para se automedicar. De modo semelhante, um cientista de gestão deve receber um treinamento substancial (embora consideravelmente menor que o de um médico). Esse treinamento se dá em um corpo inteiro de conhecimentos e técnicas da respectiva disciplina cientificamente fundamentados. Depois da prática inicial, o cientista de gestão deve diagnosticar um problema gerencial e, então, escolher a técnica apropriada de ciência da gestão para aplicar na análise do problema. O gerente competente toma, em seguida, a decisão final de quais conclusões dessa análise aceitar. Para problemas gerenciais menos abrangentes em que a ciência da gestão pode ajudar, o gerente pode escolher não consultar um cientista da gestão e usar o seu próprio conhecimento básico dos princípios da teoria para analisar o problema.

Embora tenha raízes consideravelmente longas, o desenvolvimento rápido da disciplina começou nas décadas de 1940 e 1950. O ímpeto inicial se deu no início da Segunda Guerra Mundial, quando muitos cientistas eram chamados para uma abordagem científica da gestão dos esforços de guerra para os aliados.

Outro evento marcante foi a descoberta, em 1947, por George Dantzig, do *método simplex* para resolver problemas de programação linear (a programação linear é o assunto de vários capítulos iniciais). A disciplina também foi impulsionada pelo avanço da revolução informática.

O nome tradicional da disciplina (ainda usado amplamente fora das escolas de negócios) é **pesquisa operacional** (OR – *Operations Research*). Esse nome foi adotado porque as equipes de cientistas da Segunda Guerra Mundial realizavam *pesquisas* sobre como gerenciar *operações* militares. A abreviatura OR é muito utilizada e é combinada, muitas vezes, com a de ciência da gestão (MS), referindo-se à disciplina como OR/MS. Em 2006, o Ministério do Trabalho dos Estados Unidos estimou que existiam 58 mil pessoas trabalhando como analistas de pesquisa operacional no país.

O *Institute for Operations Research and the Management Sciences* (INFORMS), com sede nos Estados Unidos e com mais de 10 mil membros, é uma importante sociedade internacional de profissionais para a disciplina e realiza anualmente as principais conferências nos Estados Unidos, além de conferências ocasionais em outros países. A INFORMS publica vários jornais proeminentes, inclusive o *Management Science*, o *Operations Research*, e o *Interfaces* (artigos descrevendo as aplicações atuais da ciência da gestão são publicados no *Interfaces*, de forma que você verá muitas referências a esse jornal no decorrer do livro). Além disso, alguns países têm suas próprias sociedades nacionais de pesquisa operacional (trataremos mais sobre isso na Seção 1.3). Assim, a pesquisa operacional/ciência da gestão (OR/MS) é uma disciplina verdadeiramente internacional.

Daqui em diante, usaremos apenas a expressão *ciência da gestão* ou a abreviatura MS.

pesquisa operacional
A ciência da gestão iniciou seu rápido desenvolvimento durante a Segunda Guerra Mundial com o nome de pesquisa operacional.

Ciência da gestão ajuda na tomada de decisão gerencial

A palavra-chave aqui é a *ajuda* da ciência da gestão na tomada de decisão gerencial. Cientistas da gestão não tomam decisões gerenciais, os gerentes sim. Um estudo de ciência da gestão apenas fornece análise e recomendações com base nos fatores quantitativos envolvidos no problema, como contribuição aos gerentes competentes. Estes devem levar em conta várias considerações intangíveis fora do domínio da ciência da gestão e, então, usar seu melhor julgamento para decidir. Algumas vezes, os gerentes descobrem que os fatores qualitativos são tão importantes quanto os quantitativos para a tomada de decisão.

Um pequeno estudo informativo sobre ciência da gestão pode ser conduzido por uma única pessoa, como o gerente competente. Contudo, *equipes* de ciência da gestão normalmente atuam em estudos maiores (muitas vezes usaremos o termo *equipe* para tratar de ambos os casos durante o livro). Nessa equipe frequentemente incluem-se alguns membros que não são cientistas da gestão, mas oferecem outros tipos de especialidades necessárias ao estudo. Embora uma equipe de ciência da gestão muitas vezes seja inteiramente interna (colaboradores da empresa), parte ou toda a equipe podem ser, ao contrário, *consultores externos* contratados para um único estudo. As empresas de consultoria que se especializam parcial ou inteiramente em ciência da gestão representam um setor em crescimento.

Ciência da gestão usa abordagem científica

A ciência da gestão é fortemente baseada em alguns campos científicos, como a matemática e a ciência da computação. Também se inspira em ciências sociais, especialmente na economia. Uma vez que o campo preocupa-se com a gestão prática de organizações, um cientista da gestão deve ter um treinamento sólido em gestão de negócios, incluindo suas várias áreas funcionais.

Em uma medida considerável, uma equipe de ciência da gestão tentará usar o *método científico* na condução do seu estudo. Isso quer dizer que a equipe enfatizará a condução de uma *investigação sistemática* contemplando uma reunião cuidadosa de dados, desenvolvendo e testando hipóteses sobre o problema (tradicionalmente na forma de um modelo matemático) e, então, aplicando uma lógica sólida na análise subsequente.

Ao conduzir essa investigação sistemática, a equipe da ciência da gestão seguirá, geralmente, as etapas (sobrepostas) descritas a seguir.

Etapa 1: Definir o problema e reunir os dados. Nesta etapa, a equipe consulta a gerência para identificar claramente o problema e determinar os objetivos apropriados para o estudo. Então, normalmente, gasta muito tempo reunindo dados relevantes sobre o problema com a ajuda de outras pessoas-chave na organização.

Uma frustração comum é que alguns dados-chave ou são de acesso muito difícil ou completamente inacessíveis. Felizmente, nos últimos anos, o rápido desenvolvimento do campo da *tecnologia da informação* (TI) melhorou drasticamente a quantidade e a qualidade dos dados disponíveis à equipe de ciência da gestão (MS). Hoje, em geral, a TI corporativa pode fornecer os recursos e bancos de dados computacionais necessários à equipe de MS, que frequentemente trabalha em estreita colaboração com o grupo de TI.

Etapa 2: Formular modelo (tradicionalmente matemático) para representar o problema. Modelos, ou representações aproximadas, são parte integrante da vida cotidiana. Por exemplo, os modelos de aviões, os retratos, os globos e assim por diante. De maneira semelhante, os modelos cumprem um importante papel na ciência e nos negócios, como os modelos do átomo, os modelos de estrutura genética, as equações matemáticas descrevendo leis físicas de movimento ou reações físicas, os gráficos, os gráficos organizacionais e os sistemas de contabilidade industrial. Esses modelos são inestimáveis por abstrair a essência do assunto sob investigação, mostrando inter-relações e facilitando a análise.

Modelos matemáticos são representações aproximadas, mas são expressos em termos de símbolos e expressões matemáticas. Fórmulas da física como $F = ma$ e $E = mc^2$ são exemplos conhecidos. De maneira semelhante, o modelo matemático de um problema de negócios é o sistema de equações e expressões relacionadas que descreve a essência do problema.

Com o surgimento da poderosa tecnologia de planilha, os **modelos de planilha** agora são amplamente usados para analisar problemas gerenciais. Esses modelos evidenciam em uma planilha os dados relevantes, as medidas de desempenho, as inter-relações e assim por diante, de forma organizada e facilitando uma melhor análise do problema. Também frequentemente incorporam um modelo matemático subjacente, mas a matemática é mantida em segundo plano para que o usuário possa concentrar-se na análise.

O *processo de modelagem* é um processo criativo. Ao lidar com problemas gerenciais reais (opostos a outros rotineiros de livros), geralmente não há apenas um modelo "correto", mas várias maneiras alternativas de abordar o problema. O processo de modelagem é frequentemente um processo evolutivo que começa com um simples "modelo verbal" para definir a essência do problema e, então, desenvolve-se gradualmente em modelos matemáticos progressivamente mais completos (talvez em formato de planilha).

Descreveremos e ilustraremos esses modelos matemáticos na próxima seção.

Etapa 3: Desenvolver procedimento baseado em computador para produzir soluções ao problema a partir do modelo. A beleza de um modelo matemático bem projetado é que ele permite o uso de procedimentos matemáticos para encontrar boas soluções para o problema. Esses procedimentos geralmente são executados em um computador porque os cálculos são muito extensos para serem feitos à mão. Em alguns casos, a equipe de ciência da gestão precisará desenvolver o procedimento; em outros, um pacote de software-padrão estará disponível para solucionar o modelo. Quando o modelo matemático é incorporado em uma planilha, o software inclui um Solver que geralmente o solucionará.

Etapa 4: Testar o modelo e refiná-lo conforme necessidade. Agora que o modelo pode ser solucionado, a equipe precisa checá-lo e testá-lo a fundo para ter certeza de que ele oferece uma representação suficientemente precisa do problema real. Algumas questões devem ser abordadas, talvez com a ajuda de outros que estejam particularmente familiarizados com o problema. Todos os fatores e inter-relações relevantes no problema foram acertadamente incorporados no modelo? Ele oferece soluções razoáveis? Quando aplicado a uma situação passada, a solução supera o que foi feito de fato? Quando suposições sobre custos e receitas são alteradas, as soluções também o são de maneira plausível?

Etapa 5: Aplicar o modelo para analisar o problema e desenvolver recomendações para a gerência. A equipe de ciência da gestão está agora preparada para solucionar o modelo, talvez sob uma variedade de suposições, a fim de analisar o problema. As recomendações resultantes são, então, apresentadas aos gerentes, que devem tomar as decisões para lidar com a situação.

Se o modelo será aplicado repetidamente para ajudar a orientar as decisões em uma base progressiva, a equipe deve desenvolver um **sistema de suporte à decisão**, um sistema interativo baseado em computador que ajuda na tomada de decisão gerencial. O sistema extrai dados atuais de *bancos de dados* ou *sistemas de gestão de informação* e, na sequência, soluciona as várias versões do modelo especificado pelo gerente.

Etapa 6: Ajudar a implementar as recomendações da equipe adotadas pela gerência. Uma vez que a gerência tomou sua decisão, a equipe de ciência da gestão normalmente é chamada para ajudar a supervisionar a implementação dos novos procedimentos. Isso inclui fornecer algumas informações para o gerenciamento operacional e para o pessoal envolvido na justificativa das mudanças que serão feitas. A equipe se certifica de que o novo sistema operacional é consistente com suas recomendações, uma vez que estas foram modificadas e aprovadas pela gerência. Se bem-sucedido, o novo sistema pode ser usado por vários anos. Com isso em mente, a equipe monitora a experiência inicial com o sistema e procura identificar quaisquer modificações que possam ser realizadas no futuro.

Ciência da gestão leva em conta fatores quantitativos

Muitos problemas gerenciais giram em torno de fatores quantitativos, como receitas e custos de produção, quantidade disponível de recursos necessários e assim por diante. Ao incorporar esses fatores em um modelo matemático e, então, aplicar os procedimentos para solucioná-lo, a ciência da gestão fornece uma maneira única e poderosa de analisar esses problemas gerenciais. Embora a ciência da gestão esteja preocupada com o gerenciamento prático das organizações, incluindo levar em conta fatores qualitativos relevantes, sua contribuição especial está na habilidade única de lidar com os fatores quantitativos.

O exemplo da Special Products Company, discutido a seguir, ilustra como a ciência da gestão leva em conta os fatores quantitativos.

Perguntas de revisão

1. Quando começou o rápido desenvolvimento da disciplina da ciência da gestão?
2. Qual o nome tradicional dado a essa disciplina ainda amplamente usado fora das escolas de negócios?
3. O que um estudo de ciência da gestão oferece aos gerentes para apoiá-los na tomada de decisão?
4. A ciência da gestão se baseia especialmente em quais campos científicos e ciências sociais?
5. O que é um *sistema de suporte à decisão*?
6. Cite alguns dos fatores quantitativos em torno dos quais giram os problemas gerenciais.

1.2 ILUSTRAÇÃO DA ABORDAGEM DA CIÊNCIA DA GESTÃO: ANÁLISE DE PONTO DE EQUILÍBRIO

A **Special Products Company** produz presentes caros e incomuns para serem vendidos em lojas que atendem a consumidores abastados, que possuem de tudo. A última proposta de novo produto feita à gerência pelo Departamento de Pesquisa da empresa é uma edição limitada de um relógio de pêndulo. A gerência precisa decidir se fabricará esse novo produto e, caso sim, quantos dele serão produzidos. Antes da decisão final, será elaborada uma previsão de vendas dos relógios. A gerência deseja a opção que maximizará o lucro da empresa.

Se a empresa levasse esse produto adiante, incorreria em um *custo fixo* de $50 mil para a instalação das unidades de produção do relógio (note que *não* haveria esse custo se a gerência decidisse *não* fabricar, uma vez que a estrutura não estaria pronta). Além do custo fixo, há outro custo de produção que varia com o número de relógios produzidos, o *custo variável* de $400 por unidade, o que soma $400 *vezes* o número de relógios produzidos (o custo para cada unidade adicional produzida, $400, é referido como *custo marginal*). Cada relógio vendido geraria uma receita de $900 para a empresa.

Um custo que continua o mesmo, independentemente do volume de produção, é referido como *custo fixo*, enquanto o que varia com o volume de produção é chamado *custo variável*.

FIGURA 1.1
Formulação de planilha do problema da Special Products Company.

	A	B	C	D	E	F
1	Análise do ponto de equilíbrio da Special Products Co.					
2						
3			Dados			Resultados
4		Receita por unidade	$900		Receita total	$180.000
5		Custo fixo	$50.000		Total de custo fixo	$50.000
6		Custo marginal	$400		Total de custo variável	$80.000
7		Previsão de vendas	300		Lucro (perda)	$50.000
8						
9		Quantidade de produção	200			

Nomes de intervalo	Células
CustoFixo	C5
CustoMarginal	C6
QuantidadeProdução	C9
Lucro	F7
PrevisãoVendas	C7
CustoFixoTotal	F5
ReceitaTotal	F4
CustoVariávelTotal	F6
ReceitaUnidade	C4

	E	F
3		Resultados
4	Receita total	=ReceitaUnidade * MIN(PrevisãoVenda, QuantidadeProdução)
5	Custo fixo total	=IF(QuantidadeProdução > 0, CustoFixo, 0)
6	Custo variável total	=CustoMarginal * QuantidadeProdução
7	Lucro (perda)	=ReceitaTotal – (CustoFixoTotal + CustoVariávelTotal)

Modelagem de planilha do problema

Você verá neste livro que planilhas oferecem uma forma bastante conveniente de usar uma abordagem de ciência da gestão para modelar e analisar uma ampla variedade de problemas gerenciais. Certamente isso é verdade para o problema do Special Products Company, como demonstraremos agora.

A Figura 1.1 mostra uma formulação de planilha desse problema depois de obter uma previsão de vendas de 300 relógios de pêndulo. Os dados foram inseridos nas células C4 a C7. A célula C9 é usada para gravar um valor de teste para a decisão de quantos relógios de pêndulo produzir. Como uma das várias possibilidades que podem ser testadas, a Figura 1.1 mostra o valor de teste específico de 200.

As células F4 a F7 dão o resultado total da receita, total de custos e lucro (perda) ao usar as equações de Excel mostradas abaixo da planilha. As equações de Excel poderiam ter sido escritas usando as células de referência (ex.: F6 = C6*C9). Contudo, o modelo de planilha fica mais claro ao dar "nomes de intervalo" para células-chave ou blocos de célula. (**Nome de intervalo** é um nome descritivo de uma célula ou intervalo de células que imediatamente identifica o que está lá. O Apêndice B fornece detalhes sobre como incorporar nomes de intervalo em um modelo de planilha.) Para definir um nome para a célula selecionada (ou intervalo de células), clique na caixa de nome (na esquerda da barra de fórmulas, acima da planilha) e digite um nome. Isso pode ser feito em outras fórmulas para criar uma equação fácil de decifrar (ex.: TotalCustoVariável = CustoMarginal*QuantidadeProdução, em vez da mais enigmática F6 = C6*C9). Note que espaços não são permitidos em nomes de intervalo; quando um intervalo de nomes tem mais de uma palavra, usam-se letras maiúsculas para distinguir o início de cada nova palavra (ex.: QuantidadeProdução).

O canto inferior esquerdo da Figura 1.1 lista os nomes das quantidades na planilha, em ordem alfabética, e, então, dá células de referência em que as quantidades são encontradas. Embora isso não seja particularmente necessário para uma planilha pequena como essa, você pode achá-lo útil para planilhas maiores encontradas mais tarde neste livro.

Essa mesma planilha é fornecida em seu MS Courseware, no CD-ROM (todas as planilhas do livro estão incluídas no MS Courseware). Como você pode ver ao criar e jogar com a planilha, ela fornece uma maneira de realizar uma análise de sensibilidade sobre o problema. O que aconteceria se a previsão de vendas tivesse sido consideravelmente mais baixa? O que aconteceria se algumas das estimativas de custos e de receitas estivessem erradas? Sim-

Dica do Excel: Para atualizar fórmulas em toda a planilha e incorporar um nome de intervalo recém-definido, escolha Aplicar Nomes, do menu Definir Nome, na guia Fórmulas (Excel 2007 ou 2010) ou escolha Nome/Aplicar a partir do menu Inserir (outras versões).

Dica do Excel: Uma lista de todos os nomes definidos e as células de referência correspondentes pode ser colada em uma planilha, escolhendo Colar Nomes no menu de Utilização na guia Fórmulas (Excel 2007 ou 2010) ou escolhendo Nome/Colar no menu Inserir (outras versões) e, em seguida, clicando em Colar Lista.

plesmente insira uma variedade de novos valores para essas quantidades na planilha e veja o que acontece ao lucro mostrado na célula F7.

O canto inferior direito da Figura 1.1 apresenta duas funções de Excel úteis, a MIN(a, b) e a IF (a, b, c). A equação da célula F4 usa a função MIN(a, b), que dá o mínimo de a e b. Nesse caso, o número estimado de relógios de pêndulo que será vendido é o mínimo de vendas previstas e de quantidade de produção, assim

F4 = ReceitaUnidade*MIN(PrevisãoVendas, QuantidadeProdução)

insira a receita de unidade (da célula C4) vezes o mínimo de previsão de vendas (da C7) e da quantidade de produção (da C9) na célula F4.

Note que a equação para a célula F5 usa a função IF(a, b, c), que faz o seguinte: Se o enunciado a é verdadeiro, ela usa b; do contrário, usa c. Portanto,

F5 = IF(QuantidadeProdução > 0, CustoFixo, 0)

diz inserir o custo fixo (C5) na célula F5 se a quantidade de produção (C9) é maior que zero, mas, do contrário, insira 0 (o custo fixo é evitado se a produção não for iniciada).

A planilha na Figura 1.1, com as equações dos resultados da coluna F, constitui um *modelo de planilha* para o problema da Special Products Company. Você verá vários exemplos desses modelos neste livro.

Esse modelo particular de planilha é baseado em um *modelo matemático* subjacente que usa a álgebra para esclarecer as equações nas células F4:F7 e derivar disso algumas informações úteis adicionais. Vamos olhar no modelo matemático a seguir.

Expressar o problema matematicamente

A questão diante da gerência é tomar a seguinte decisão:

Decisão a ser tomada: Número de relógios de pêndulo a produzir (se algum).

Uma vez que esse número não é conhecido ainda, introduz-se uma variável algébrica Q para representar essa quantidade. Portanto,

Q = Número de relógios de pêndulo para produzir,

onde Q é referida como uma **variável de decisão**. Naturalmente, o valor escolhido para Q não deveria exceder a previsão de vendas para o número de relógios que pode ser vendido. Escolher um valor de 0 para Q corresponderia a decidir não fabricar o produto; nesse caso, nenhum dos custos ou receitas descritos no parágrafo anterior seria gerado.

O objetivo é escolher o valor de Q que maximiza o lucro da empresa com o seu novo produto. A abordagem da ciência da gestão é formular um modelo matemático para representar esse problema ao desenvolver uma equação que expresse o lucro em termos da variável de decisão Q. Para chegar lá, é necessário, antes, desenvolver equações em termos de Q para o custo e a receita total gerados pelos relógios de pêndulo.

Se $Q = 0$, nenhum custo é gerado. Contudo, se $Q > 0$, há um custo fixo e um variável.

$$\text{Custo fixo} = \$50.000 \ (\text{se } Q > 0)$$

$$\text{Custo Variável} = \$400 \, Q$$

Portanto, o custo total seria

$$\text{Custo total} = \begin{cases} 0 & \text{se } Q = 0 \\ \$50.000 + \$400Q & \text{se } Q > 0 \end{cases}$$

Uma vez que cada relógio de pêndulo vendido geraria uma receita de 900 dólares para a empresa, a receita total da venda dos relógios Q seria

$$\text{Receita total} = \$900Q$$

Consequentemente, o lucro da produção e da venda dos relógios Q seria

---

Planilha é uma ferramenta conveniente para a realização de uma análise de sensibilidade.

A função do Excel MIN(a, b) fornece o mínimo dos números das células cujos locais são *a* e *b*.

A função do Excel IF(*a, b, c*) testa se *a* é verdadeiro. Se sim, ela usa *b*; do contrário, usa *c*.

$$\text{Lucro} = \text{Receita total} - \text{Custo total}$$

$$= \begin{cases} 0 & \text{se } Q = 0 \\ \$900Q - (\$50.000 + \$400Q) & \text{se } Q > 0 \end{cases}$$

Portanto, uma vez que $\$900Q - \$400Q = \$500Q$

$$\text{Lucro} = -\$50.000 + \$500Q \qquad \text{se } Q > 0$$

Análise do problema

Essa última equação mostra que a atração do novo produto proposto depende muito do valor de Q, ou seja, do número de relógios que podem ser produzidos e vendidos. Um pequeno valor de Q significa uma perda (lucro negativo) para a empresa, enquanto um valor suficientemente grande geraria um lucro positivo. Por exemplo, veja a diferença entre $Q = 20$ e $Q = 200$.

$$\text{Lucro} = -\$50.000 + \$500(20) = -\$40.000 \qquad \text{se } Q = 20$$
$$\text{Lucro} = -\$50.000 + \$500(200) = -\$50.000 \qquad \text{se } Q = 200$$

A Figura 1.2 organiza o custo total e a receita total da empresa para os variados valores de Q. Note que a linha de custo e a linha de receita se cruzam em $Q = 100$. Para cada valor de $Q < 100$, os custos excedem a receita, então a lacuna entre as duas linhas representa *perda* para a empresa. Para qualquer $Q > 100$, a receita excede o custo, portanto a lacuna entre as duas linhas agora mostra um lucro positivo. Em $Q = 100$, o lucro é 0. Uma vez que 100 unidades é o volume de produção e de vendas em que a empresa quebraria ainda sob o novo produto proposto, esse volume é referido como o **ponto de equilíbrio**. Esse é o ponto que deve ser excedido para tornar válida a fabricação do produto. Portanto, a questão crucial é se a previsão de vendas de quantos relógios podem ser vendidos está acima ou abaixo do ponto de equilíbrio.

O *procedimento gráfico* para encontrar um ponto de equilíbrio é ilustrado pela Figura 1.2. Outra alternativa é usar um *procedimento algébrico* para solucionar o ponto. Em de-

FIGURA 1.2
Análise do ponto de equilíbrio para a Special Products Company mostra que a linha de custo e a de receita se cruzam em Q = 100 relógios, então esse é o ponto de equilíbrio do novo produto proposto.

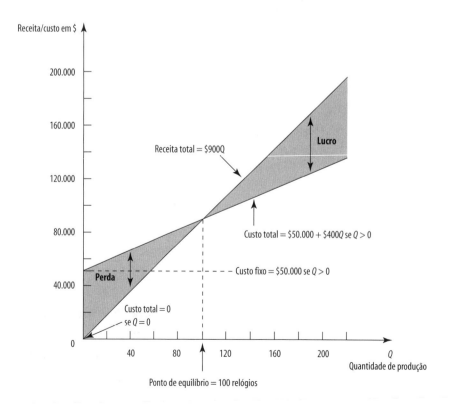

corrência de o lucro ser 0 nesse ponto, o procedimento consiste em solucionar a equação seguinte para o Q desconhecido.

$$\text{Lucro} = -\$50.000 + \$500Q = 0$$

Portanto,

$$\$500Q = \$50.000$$
$$Q = \frac{\$50.000}{\$500}$$
$$Q = 100$$

Modelo matemático completo para o problema

A análise anterior do problema fez uso de um modelo matemático básico que consistiu na equação do lucro expresso em termos de Q. Contudo, estiveram implícitos nessa análise alguns fatores que podem ser incorporados em um modelo matemático completo.

Dois desses fatores concernem às restrições nos valores de Q que podem ser considerados. Um deles é que o número de relógios produzidos não pode ser menor que 0. Portanto,

$$Q \geq 0$$

restrições Em um modelo matemático, é uma desigualdade ou equação que expressa algumas restrições sobre os valores que podem ser atribuídos às variáveis de decisão.

é uma das **restrições** para o modelo matemático completo. Outra restrição sobre o valor de Q é que ele não deve exceder o número de relógios que podem ser vendidos. Uma previsão de vendas ainda não foi obtida, então o símbolo s representa esse valor ainda desconhecido.

s = Previsão de vendas (ainda não disponível) do número de relógios de pêndulo que podem ser vendidos

Consequentemente,

$$Q \leq s$$

parâmetro Restrições, em um modelo matemático, são referidas como *parâmetros* do modelo.

é outra restrição, em que s é um **parâmetro** do modelo cujo valor ainda não foi escolhido.

O fator final que deveria ser explícito no modelo é o fato de que o objetivo da gestão é tomar a decisão que maximiza o lucro da empresa com esse novo produto. Portanto, o modelo matemático completo para esse problema é encontrar o valor da variável de decisão Q de forma que

$$\text{Maximizar o lucro} = \begin{cases} 0 & \text{se } Q = 0 \\ -\$50.000 + \$500Q & \text{se } Q > 0 \end{cases}$$

sujeito a

$$Q \leq s$$
$$Q \geq 0$$

função objetivo Para um modelo matemático, é uma expressão matemática que dá a medida do desempenho de um problema em termos das variáveis de decisão.

onde a expressão algébrica dada para o Lucro é chamada de **função objetivo** para o modelo. O valor de Q que soluciona esse modelo depende do valor que será designado ao parâmetro s (a previsão futura do número de unidades que podem ser vendidas). Uma vez que o ponto de equilíbrio é 100, aqui está como a solução para Q depende do s.

Solução para o modelo matemático

$$\text{Ponto de equilíbrio} = \frac{\text{Custo fixo}}{\text{Receita por unidade} - \text{Custo marginal}} = \frac{\$50.000}{\$900 - \$400} = 100$$

Se $s \leq 100$, então defina $Q = 0$

Se $s > 100$, então defina $Q = s$

Portanto, a empresa deve introduzir o produto e produzir o número de unidades que podem ser vendidas *somente* se esse volume de produção e de vendas exceder o ponto de equilíbrio.

Análise de sensibilidade do modelo matemático

Um modelo matemático é planejado para ser apenas uma representação aproximada do problema. Por exemplo, alguns dos números no modelo inevitavelmente são apenas estimativas de quantidades que não podem ser determinadas precisamente neste momento.

O modelo matemático anterior é baseado em quatro números que são somente estimativas – o custo fixo de 50 mil dólares, o custo marginal de 400 dólares, a receita de 900 dólares por unidade, e a previsão de vendas (depois obtida). Um estudo de ciência da gestão geralmente dedica tempo considerável para investigar o que acontece às recomendações do modelo se qualquer das estimativas vir a perder consideravelmente suas metas. Isso é referido como **análise de sensibilidade**.

análise de sensibilidade Uma vez que as estimativas podem estar erradas, a *análise de sensibilidade* é usada para verificar o efeito nas recomendações de um modelo.

Para ajudá-lo a realizar uma análise de sensibilidade nesse modelo de forma direta e agradável, oferecemos um módulo de *Análise de Ponto de Equilíbrio* nos *Módulos Interativos de Ciência da Gestão* incluídos no CD-ROM. O modelo padrão fornecido lá é um dos modelos para a Special Products Company. Portanto, você verá imediatamente uma réplica da Figura 1.2. Seguindo orientações simples, podem ser arrastadas tanto a linha de custo como a de receita para mudar o custo fixo, o custo marginal ou a receita da unidade. Isso permite imediatamente que você veja o efeito no ponto de equilíbrio se qualquer um desses números de custo ou de receita tiver valores que estão, de alguma forma, diferentes das suas estimativas no modelo. Por exemplo, se um desvio das estimativas é que o custo fixo acaba se tornando 75 mil dólares em vez de 50 mil dólares, então o ponto de equilíbrio torna-se 150, como mostrado na Figura 1.3. Incentivamos você a tentar o módulo de Análise de Ponto de Equilíbrio para ver o efeito de outras mudanças.

Incorporar o ponto de equilíbrio no modelo de planilha

A principal conclusão do modelo matemático anterior é sua fórmula para o ponto de equilíbrio,

$$\text{Ponto de equilíbrio} = \frac{\text{Custos fixos}}{\text{Receita por unidade} - \text{Custo marginal}}$$

Portanto, uma vez que as quantidades nessa fórmula e a previsão de vendas foram estimadas cuidadosamente, a solução para o modelo matemático especifica qual deve ser a quantidade de produção.

Em contrapartida, embora a planilha na Figura 1.1 permita tentar uma variedade de valores de teste para a quantidade de produção, ela não indica diretamente qual deve ser. A Figura 1.4 mostra como essa planilha pode ser expandida para fornecer esse guia adicional. Conforme indicado por sua equação na parte inferior da figura, a célula F9 calcula o ponto de equilíbrio dividindo o custo fixo (50 mil dólares) pela rede de lucro por relógio de pêndulo vendido (500 dólares), em que essa rede de lucro é a receita por unidade (900 dólares)

FIGURA 1.3
Captura de tela do módulo de Análise de Ponto de Equilíbrio nos Módulos Interativos de Ciência da Gestão durante o problema da Special Products Company, após a troca do custo fixo de $ 50.000 para $ 75.000.

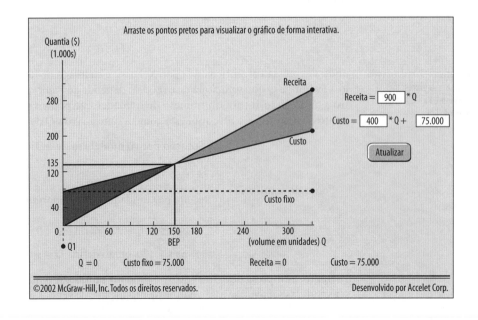

FIGURA 1.4
Expansão da planilha da Figura 1.1 que usa a solução para o modelo matemático para calcular o ponto de equilíbrio.

	A	B	C	D	E	F
1	Análise do ponto de equilíbrio da Special Products Co.					
2						
3			Dados			Resultados
4		Receita por unidade	$900		Receita total	$270,000
5		Custo fixo	$50.000		Custo fixo total	$50,000
6		Custo marginal	$400		Custo variável total	$120.000
7		Previsão de vendas	300		Lucro (perda)	$100.000
8						
9		Quantidade de produção	300		Ponto de equilíbrio	100

Nomes de intervalo	Células
PontoEquilíbrio	F9
CustoFixo	C5
CustoMarginal	C6
QuantidadeProdução	C9
Lucro	F7
PrevisãoVendas	C7
CustoFixoTotal	F5
ReceitaTotal	F4
CustoVariávelTotal	F6
ReceitaUnidade	C4

	E	F
3		Resultados
4	Receita total	=ReceitaUnidade * MIN (PrevisãoVendas, QuantidadeProdução)
5	Custo fixo total	=SE (QuantidadeProdução > 0, CustoFixo, 0)
6	Custo variável total	=CustoMarginal * QuantidadeProdução
7	Lucro (perda)	=ReceitaTotal – (CustoFixoTotal + CustoVariávelTotal)
8		
9	Ponto de equilíbrio	=CustoFixo/ (ReceitaUnidade – CustoMarginal)

menos o custo marginal (400 dólares). Uma vez que a previsão de vendas de 300 excede o ponto de equilíbrio de 100, essa previsão foi inserida na célula C9.

Se desejado, o modelo matemático completo para a análise do ponto de equilíbrio pode ser totalmente incorporado na planilha, requerendo que a solução de modelo para a quantidade de produção seja inserida na célula C9. Isso seria feito usando a equação

C9 = SE(PrevisãoVendas > PontoEquilíbrio, PrevisãoVendas, 0)

Contudo, a desvantagem dessa equação é que ela eliminaria a possibilidade de tentar outras quantidades de produção que poderiam ser interessantes. Por exemplo, se a gerência não tem muita confiança na previsão de vendas e quer minimizar o perigo de produzir mais relógios de pêndulo do que podem ser vendidos, consideraria as quantidades de produção menores que a previsão. Por exemplo, o valor de teste mostrado na célula C9 da Figura 1.1 poderia ser escolhido. Como em qualquer aplicação da ciência da gestão, um modelo matemático pode fornecer orientações úteis, mas a gerência precisa tomar a decisão final depois de considerar fatores que podem não ter sido incluídos no modelo.

Perguntas de revisão

1. Como os volumes de produção e de vendas de um novo produto precisam se comparar ao seu ponto de equilíbrio para que seja válida a introdução do produto?
2. Quais os fatores incluídos no modelo matemático completo para o problema da Special Products Company, além de uma equação para lucro?
3. Qual o propósito da análise de sensibilidade?
4. Como uma planilha pode ser usada para realizar uma análise de sensibilidade?
5. O que a função de Excel MIN(*a, b*) faz?
6. O que a função de Excel IF(*a, b, c*) faz?

1.3 IMPACTO DA CIÊNCIA DA GESTÃO

A ciência da gestão teve um impacto impressionante na melhoria da eficiência de várias organizações em todo o mundo. Contribuiu significativamente para o aumento da produtividade da economia de vários países.

VINHETA DE APLICAÇÃO

A **Federal Express (FedEx)** é a maior companhia de transporte expresso do mundo. Em todos os dias úteis, entrega mais de 6,5 milhões de documentos, pacotes e outros itens nos Estados Unidos e em mais de 220 países e regiões em todo o mundo. Em alguns casos, a missão pode ser garantida com entregas durante a noite até as 10h30 da manhã seguinte.

Os desafios logísticos dessas operações são impressionantes. Esses milhões de remessas diários devem ser classificados e encaminhados individualmente para a central local correta (geralmente por aviões) e, em seguida, entregues ao destino exato (geralmente por veículo motorizado) em um período incrivelmente curto de tempo. Como isso é possível?

A ciência da gestão (normalmente referida como pesquisa operacional dentro da FedEx) é o mecanismo tecnológico que impulsiona essa companhia. Desde a fundação da FedEx, em 1973, a ciência da gestão (MS) tem ajudado na tomada de suas principais decisões de negócio, incluindo o investimento em equipamentos, a estrutura de rotas, a programação, as finanças e a localização das unidades.

Depois que a MS foi reconhecida como salvadora da companhia nos seus primeiros anos, é representada nas reuniões semanais da diretoria; de fato, vários dos vice-presidentes seniores corporativos surgiram do excelente grupo de MS da FedEx.

A FedEx passou a ser reconhecida como uma companhia de classe mundial. Está rotineiramente entre as principais companhias na lista anual das "Empresas Mais Admiradas do Mundo" da revista *Fortune*. Também foi a primeira vencedora (em 1991) do prestigiado Prêmio INFORMS, concedido anualmente para a integração efetiva e repetida da ciência da gestão com a tomada de decisão organizacional de maneiras pioneiras, inovadoras, variadas e duradouras.

Fonte: R. O. Mason, J. L. McKenney, W. Carlson, and D. Copeland, "Absolutely, Positively Operations Research: The Federal Express Story," *Interfaces* 27, no. 2 (March–April 1997), p. 17-36. (Um link para esse artigo é fornecido no *site* **www.mhhe.com/hillier4e**.)

As aplicações mais importantes da ciência da gestão nos negócios e na indústria resultaram na economia anual de centenas de milhões de dólares.

Centenas de cientistas da gestão trabalham para atribuir de forma mais eficiente aeronaves e tripulações para os voos e como desenvolver estruturas tarifárias que maximizem a receita. Por décadas, empresas de serviços financeiros utilizaram técnicas de seleção de portfólio que foram desenvolvidas por cientistas da gestão, que ganharam o Prêmio Nobel de Economia pelo trabalho. Modelos de ciência da gestão se tornaram um componente central da disciplina de marketing. Corporações multinacionais usam a ciência para orientar o gerenciamento de suas cadeias de suprimentos. Existem vários outros exemplos de aplicações da MS que têm um grande impacto sobre as companhias envolvidas.

A ciência da gestão teve um grande impacto na área da saúde, ao orientar políticas-chave governamentais, bem como em aplicações militares.

A ciência da gestão é usada fora da empresa e da indústria. Por exemplo, tem um impacto crescente na área da saúde, com aplicações que envolvem melhor gerenciamento da prestação de saúde e das operações, da modelagem de doenças, do diagnóstico clínico e da tomada de decisão, da terapia de radiação, e assim por diante. Aplicações da MS estão presentes em larga escala em vários níveis de governo, que vão desde lidar com questões de segurança nacional até administrar a prestação de serviços de emergência em nível municipal. Outras aplicações governamentais indispensáveis envolvem o uso de modelagem da MS para ajudar a orientar as políticas de energia, ambientais e do aquecimento global. Algumas das primeiras aplicações da MS foram militares, incluindo o planejamento logístico e jogos de guerra, e estes continuam ainda hoje.

Para dar uma noção melhor da ampla aplicabilidade da ciência da gestão, listamos alguns usos reais na Tabela 1.1. Note a diversidade de organizações e de aplicações nas duas primeiras colunas. A terceira coluna identifica a seção em que uma "vinheta de aplicação" dedica vários parágrafos para descrever a aplicação e faz referência a um artigo que fornece detalhes completos (você pode ver a primeira dessas vinhetas de aplicação nesta seção). A última coluna indica que essas aplicações normalmente resultavam em uma economia anual de milhões de dólares.

Há um link para os artigos em *Interfaces* que detalha essas aplicações no *site* **www.mhhe.com/hillier4e**[*]. Somos gratos à INFORMS pela parceria especial para disponibilizar

---

[*] N. de E.: Este é um endereço mantido pela editora original do livro. Os artigos devem ser adquiridos separadamente. O material está todo em inglês.

TABELA 1.1
Aplicações da ciência da gestão descritas em vinhetas de aplicação

Organização	Área de aplicação	Seção	Economia anual
Federal Express	Planejamento logístico de remessas	1.3	Não estimada
Swift & Company	Melhora do desempenho de vendas e de produção	2.1	$12 milhões
Samsung Electronics	Redução dos tempos de produção e níveis de estoque	2.6	$200 milhões a mais de receita
United Airlines	Plano de horário de trabalho dos funcionários em aeroportos e escritórios de reservas	3.3	$6 milhões
Procter & Gamble	Reestruturação do sistema de produção e distribuição	3.5	$200 milhões
Welch's	Otimização do uso e da movimentação de matérias-primas	4.3	$150.000
Pacific Lumber Company	Gerenciamento a longo prazo dos ecossistemas florestais	5.4	$398 milhões NPV
United Airlines	Redesignação de aviões para voos quando ocorrem interrupções	6.1	Não estimada
Norwegian Companies	Maximização do fluxo de gás natural através da rede de tubulações offshore	6.3	$140 milhões
Canadian Pacific Railway	Plano de roteamento de frete ferroviário	6.4	$100 milhões
Waste Management	Desenvolvimento de um sistema de gestão de rota de eliminação e coleta de lixo	7.1	$100 milhões
Netherlands Railways	Otimização da operação de uma rede ferroviária	7.4	$105 milhões
Continental Airlines	Redesignação de tripulações dos voos quando ocorrerem interrupções no cronograma	7.5	$40 milhões
Bank Hapoalim Group	Desenvolvimento de um sistema de apoio à decisão para os consultores de investimento	8.2	$31 milhões a mais de receita
Workers' Compensation Board	Gerenciamento do alto risco de reclamações de deficiência e reabilitação	9.3	$4 milhões
Westinghouse	Avaliação dos projetos de pesquisa e desenvolvimento	9.7	Não estimada
Conoco-Phillips	Avaliação de projetos de exploração de petróleo	9.9	Não estimada
L. L. Bean	Previsão das necessidades de pessoal nos centros de atendimento	10.2	$300.000
Taco Bell	Previsão do nível de negócios ao longo do dia	10.3	$13 milhões
KeyCorp	Melhora da eficiência do serviço de caixa de banco	11.6	$20 milhões
Federal Aviation Administration	Gerenciamento dos fluxos de tráfego aéreo sob mau tempo	12.2	$200 milhões
AT&T	Projeto e operação de centros de atendimento	12.4	$750 milhões a mais de lucro
Merrill Lynch	Análise de preços para prestação de serviços financeiros	13.5	$50 milhões a mais de receita

esses artigos. Acreditamos que você achará os artigos interessantes e esclarecedores no que diz respeito à ilustração do grande impacto que a ciência da gestão pode ter, algumas vezes, sobre o sucesso de várias de organizações.

As listas de aplicações nas Tabelas 1.1 a 1.4 são apenas uma amostra das várias maneiras importantes de como a ciência da gestão é aplicada em organizações ao redor do mundo.

Não temos espaço suficiente para fornecer uma compilação mais abrangente das aplicações importantes. (Outras aplicações estão incluídas nos capítulos complementares no CD-ROM.) A marca da ciência da gestão é sua grande flexibilidade em lidar com problemas gerenciais assim que surgem.

TABELA 1.2
Estudos de caso e exemplos na área de gestão de operações

Localização	Tipo de aplicação
Seção 2.1 em diante	Estudo de caso: Qual é o *mix* de produtos mais lucrativo?
Caso 2-1	Qual *mix* de modelos de carro deve ser produzido?
Caso 2-2	Qual *mix* de ingredientes deve ser usado no cozido da cantina de uma universidade?
Caso 2-3	Que *mix* de agentes de atendimento ao cliente deve ser contratado para o pessoal de um centro de atendimento?
Seção 3.3	Programação do pessoal de agentes de atendimento ao cliente.
Seção 3.5	Minimizar para os clientes o custo de transporte de um produto das fábricas.
Seção 3.6	Otimizar a designação de tarefas do pessoal.
Caso 3-1	Como um produto deve ser transportado ao mercado?
Caso 3-3	Que *mix* de roupas femininas deve ser produzido para a próxima temporada?
Casos 3-5, 5-4, 7-3	Desenvolver um plano de deslocamento de alunos entre as escolas, de modo a minimizar os custos de transporte escolar.
Caso 3-6	Que *mix* de resíduos sólidos deve ser reunido em graus diferentes de um produto para venda?
Caso 3-7	Como os gestores qualificados devem ser alocados em novos projetos de P&D?
Caso 5-2	Desenvolver e analisar um plano de uma empresa siderúrgica para redução da poluição.
Caso 5-3	Planejar o *mix* de animais e safras em uma fazenda com clima imprevisível.
Seção 6.1	Minimizar o custo de operação de uma rede de distribuição.
Seções 6.2, 6.3	Estudo de caso: Maximizar o fluxo de bens por meio de uma rede de distribuição.
Seção 6.4	Encontrar o caminho mais curto de uma origem para um destino.
Caso 6-1	Planejamento logístico para uma campanha militar.
Caso 6-3	Desenvolver a tabela de voos mais lucrativos para uma companhia aérea.
Casos 6-4, 7-4	Operar e expandir uma rede de computadores privada.
Seção 7.2	Escolher a melhor combinação de projetos de P&D a realizar.
Seção 7.3	Selecionar os melhores locais para instalações de serviços de emergência.
Seção 7.4	Programação da tripulação de avião.
Seção 7.5	Planejamento de produção quando custos de instalação estão envolvidos.
Caso 7-2	Tomar decisões de estoque para um depósito varejista.
Seção 8.3	Planejamento da produção, quando as horas extras são necessárias.
Seção 8.5	Encontrar o caminho mais curto para visitar todos os estádios de beisebol da Liga Americana.
Seção 11.2	Muitos exemplos de sistemas de serviços comerciais, de serviço interno e de serviço de transporte que podem ser analisados com modelos de filas.
Seção 11.4 em diante	Estudo de caso: Análise das propostas dos concorrentes para a prestação de serviços de manutenção para clientes de modo mais rápido.
Casos 11-2, 12-2	Análise de propostas de redução de estoque em processo.
Seção 12.1	Comparação entre a manutenção corretiva e a preventiva.
Seções 12.2, 12.3	Estudo de caso: Seria lucrativo para o proprietário de uma empresa de pequeno porte ter um associado?
Caso 12-1	Análise das propostas para aliviar um gargalo na produção.
Seção 13.1	Estudo de caso: Quanto de um produto perecível deve ser adicionado ao estoque do varejista?
Seção 13.3	Planejar um projeto complexo para assegurar uma alta probabilidade de cumprir o prazo do projeto.

TABELA 1.3
Estudos de caso e exemplos na área de finanças

Localização	Tipo de aplicação
Seção 1.2	Análise de ponto de equilíbrio.
Seção 3.2	Uma companhia aérea que escolhe aviões para comprar.
Seção 3.2	Orçamento de capital de projetos de desenvolvimento imobiliário.
Caso 3-2	Desenvolver uma programação para investir em equipamentos de computação da empresa.
Seção 4.1 em diante	Estudo de caso: Desenvolver um plano financeiro para atender as necessidades futuras de fluxo de caixa.
Caso 4-1	Desenvolver um plano de investimento e de fluxo de caixa para um fundo de pensão.
Seção 6.4	Minimizar o custo de propriedade dos veículos.
Caso 6-2	Encontrar o método mais lucrativo de conversão de várias moedas estrangeiras em dólares.
Seção 7.1	Estudo de caso: Determinar a combinação mais lucrativa de investimentos.
Caso 7-1	Desenvolver um plano de investimento para a compra de arte.
Seção 8.2	Seleção de portfólio que equilibre o retorno e o risco esperados.
Seção 8.5	Seleção de um portfólio para bater o mercado o mais frequentemente possível.
Caso 8-2	Determinar um portfólio de investimento ideal de ações.
Caso 8-3	Desenvolver um plano de longo prazo para compra e venda de títulos internacionais.
Seção 9.1 em diante	Estudo de caso: Escolher entre perfurar a terra em busca de petróleo ou vendê-la.
Caso 9-1	Escolher uma estratégia para o programa "Who Wants to Be a Millionaire?"
Seção 12.1	Análise de um novo jogo de azar.
Seção 13.2	Escolher que oferta fazer em um processo de licitação.
Seção 13.4	Desenvolver um plano financeiro quando os futuros fluxos de caixa são um tanto imprevisíveis.
Seção 13.5	Análise de risco ao avaliar investimentos financeiros.
Seção 13.6	Quanto de *overbooking* deve ser feito na indústria de viagens?
Caso 13-1	Análise de como os fluxos de caixa da empresa podem evoluir ao longo do ano seguinte.
Caso 13-2	Calcular o valor de uma opção de compra europeia.

TABELA 1.4
Estudos de caso e exemplos na área de marketing

Localização	Tipo de aplicação
Seções. 2.6, 3.3	Determinar o melhor *mix* de meios para publicidade.
Caso 2-1	Avaliar se uma campanha publicitária valeria a pena.
Seções 3.1, 3.4	Estudo de caso: Qual plano de publicidade que melhor alcança os objetivos da gestão?
Caso 3-4	Desenvolver uma pesquisa de marketing representativa.
Caso 5-1	Análise do acerto entre os custos de publicidade e o consequente aumento nas vendas de vários produtos.
Seção 6.4	Equilibrar a velocidade de trazer um novo produto para o mercado e os custos associados.
Seção 8.3	Lidar com os custos do marketing não linear.
Caso 8-1	Refinar o plano de publicidade desenvolvido no estudo de caso apresentado nas Seções 3.1 e 3.4.
Caso 9-2	Uma empresa deve lançar imediatamente um novo produto ou fazer um teste de mercado primeiro?
Caso 9-3	Uma empresa deve comprar uma pesquisa adicional de mercado antes de decidir se lança um novo produto?
Caso 9-4	Planejar uma sequência de decisões para um possível novo produto.
Seção 10.2 em diante	Estudo de caso: Gerenciar um centro de atendimento de vendas de equipamentos de informática por telefone.
Caso 10-1	Melhorar as previsões de demanda para um centro de atendimento.
Caso 11-1	Estimar o tempo de espera dos clientes que ligam para um centro de atendimento.

1.4 ALGUNS RECURSOS ESPECIAIS DESTE LIVRO

O foco deste livro é ensinar o que um inteligente futuro gerente precisa aprender com um curso de ciência da gestão, e não tentar treinar analistas técnicos. Esse foco nos levou a incluir uma série de recursos especiais dos quais esperamos que você goste.

Uma característica especial é que o livro inteiro gira em torno da *modelagem* como um auxílio à tomada de decisão gerencial, o que é particularmente relevante para um gerente. Embora não possam usar esse termo, todos os gerentes se envolvem, muitas vezes, ao menos com a modelagem informal (abstrair a essência de um problema para melhor analisá-lo). Assim, aprender mais sobre a arte da modelagem é importante. Uma vez que os gerentes instigam maiores estudos da ciência da gestão feitos por outros, precisam conseguir reconhecer os tipos de problemas gerenciais em que esse estudo pode ser útil. Por isso, um futuro gerente deve adquirir a capacidade tanto de reconhecer quando um modelo de ciência da gestão pode ser aplicável quanto de interpretar corretamente os resultados da análise do modelo.

Portanto, em vez de gastar um tempo considerável neste livro estudando a teoria matemática, a mecânica dos processos de solução ou a manipulação de planilhas, os focos são a arte da formulação de modelo, o papel de um modelo e a análise dos resultados do modelo. Uma grande variedade de tipos de modelo é considerada.

Outra característica especial é a grande ênfase nos *estudos de caso* para transmissão eficiente e interessante dessas ideias, no contexto das aplicações. Cada capítulo subsequente inclui pelo menos um estudo de caso que introduz e ilustra a aplicação de técnicas em um cenário realista. Em alguns casos, todo o capítulo gira em torno de um estudo de caso. Embora consideravelmente menores e mais simples do que a maioria dos estudos reais (para manter a clareza), esses estudos de caso são padronizados depois de aplicações reais exigirem uma análise maior da ciência da gestão. Consequentemente, transmitem todo o processo do estudo em questão, algumas das armadilhas envolvidas e os papéis complementares da equipe da ciência da gestão e do gerente responsável pelas decisões a serem tomadas.

Para complementar esses estudos de caso, cada capítulo inclui casos importantes no final. Esses casos realistas podem ser usados para atribuições individuais, projetos de equipe ou estudos de caso em sala de aula. Além disso, a Ivey School of Business, da University of Western Ontario (a segunda maior produtora de casos de ensino em todo o mundo) tem casos especialmente selecionados a partir de sua coleção que correspondem aos capítulos deste livro. Esse material está disponível no *site* da Ivey: **www.cases.ivey.uwo.ca/case**[*], no segmento da área de CaseMate designada para este livro.

O livro enfatiza a transmissão do impacto impressionante da ciência da gestão na eficiência de várias organizações em todo o mundo. Portanto, você verá muitos exemplos de aplicações reais na forma de *vinhetas de aplicação* em caixas de texto, como mostrado na Seção 1.3. Você, então, aprenderá mais sobre essas aplicações reais por meio da leitura dos artigos que as descrevem totalmente e que podem ser acessados por um link no *site* indicado em cada vinheta. Essas aplicações resultaram, algumas vezes, em uma economia anual de milhões, dezenas ou até mesmo centenas de milhões de dólares.

Além disso, tentamos dar a você uma ampla perspectiva sobre a natureza do mundo real da ciência da gestão na prática. É fácil perder isso de vista ao percorrer os exercícios de livros para dominar a mecânica de uma série de técnicas. Portanto, deslocamos algumas ênfases no domínio dessas mecânicas para ver o quadro como um todo. Os estudos de caso, os casos e as descrições de aplicações reais são parte desse esforço.

Outro recurso é a inclusão de um ou mais *problemas solucionados* em cada capítulo para ajudá-lo a começar sua lição de casa do capítulo em questão. O enunciado de cada problema solucionado é dado logo acima da seção de Problemas do capítulo e a solução completa é dada tanto no CD-ROM quanto no *site* do livro.

O último, mas certamente não o menos importante dos recursos especiais deste livro, é o software que o acompanha. Descreveremos e ilustraremos como usar o principal pacote de planilhas, o Microsoft Excel, para formular vários modelos de ciência da gestão em formato de planilha. O Excel 2007 reestruturou significativamente a interface do usuário. A versão 2010 traz outras mudanças e melhorias notáveis. Quando os passos exigidos mudarem, daremos instruções separadas para Excel 2007, 2010 e outras versões do software. Alguns desses modelos podem ser solucionados usando o Excel padrão. No entanto, suplementos do Excel serão necessários para solucionar alguns dos modelos apresentados neste livro.

No CD, há uma extensa coleção de software que chamamos de **MS Courseware**. Incluídos nessa coleção estão arquivos de planilhas, vários suplementos para o Excel e um pacote de Módulos Interativos de Ciência da gestão. Cada um é brevemente descrito abaixo.

O MS Courseware inclui vários arquivos de planilha para cada capítulo do livro. Para cada exemplo de planilha apresentado, uma planilha viva mostrando a formulação e a solução está disponível no MS Courseware. Isso é uma referência conveniente, ou mesmo modelos úteis, quando você configura planilhas para resolver problemas semelhantes. Além disso, para muitos modelos no livro, são fornecidos arquivos de planilhas-padrão que incluem

---

[*] N. de E.: Nesse endereço, estão disponíveis para compra casos adicionais desenvolvidos exclusivamente para este livro.

todas as equações necessárias para solucionar o modelo. Basta inserir os dados e a solução é imediatamente calculada.

O Solver Table é um suplemento do Excel desenvolvido para automatizar a análise de sensibilidade em problemas de otimização. Ele será usado em vários capítulos, especialmente no Capítulo 5. Uma descrição completa de como usar o Solver Table é fornecida no Apêndice A. De forma semelhante, o Apêndice B fornece um manual sobre o uso de Excel.

Incluído no Excel padrão está o suplemento Solver, usado para resolver a maioria dos modelos de otimização considerados na primeira metade do livro (o Solver padrão e vários de seus pacotes mais poderosos para Excel, disponíveis em **www.solver.com**, foram desenvolvidos pela Frontline Systems, Inc.). Uma das primeiras melhorias no Solver padrão incluído no Excel 2010 é que ele fornece o Evolutionary Solver, que resolve tipos adicionais de modelos de otimização discutidos no Capítulo 8. O Evolutionary Solver está incluído em outro produto anterior da Frontline Systems, chamado Premium Solver para Ensino, que formou a base para o Solver incluído no Excel 2010. Portanto, para o benefício dos usuários de versões antigas do Excel, incluímos um link para o Premium Solver para Ensino, ou para o seu sucessor, no *site* do livro: **www.mhhe.com/hillier4e**.

Também incluídos no MS Courseware estão três suplementos do Excel desenvolvidos pelo professor Michael Middleton. O TreePlan permite que você construa árvores de decisão dentro do Excel, como descrito no Capítulo 9. O SensIt é usado para gerar uma série de gráficos úteis para a análise de sensibilidade. O RiskSim é uma ferramenta usada para uma simulação por computador, o tópico dos Capítulos 12 e 13.

A Oracle fornece vários suplementos poderosos do Excel, também incluídos no MS Courseware. O Crystal Ball simplifica muito a realização de simulação de Monte Carlo dentro do Excel, como descrito no Capítulo 13. O OptQuest permite que você execute otimização dentro de um modelo de simulação. Finalmente, o CB Predictor é uma ferramenta que será útil na previsão, conforme discutido no suplemento do Capítulo 10.

Como mencionado na Seção 1.2, outro auxiliar de estudo que acompanha o livro é o pacote de Módulos Interativos de Ciência da Gestão fornecido no *site* **www.mhhe.com/hillier4e**. Essa ferramenta inovadora inclui vários módulos que lhe permitem explorar, de forma interativa, várias técnicas da ciência da gestão com profundidade. Para sua conveniência, uma versão off-line desse pacote também está incluída no MS Courseware no CD-ROM.

A maior parte dos softwares usados neste livro é compatível tanto com o Excel para Windows PCs quanto com o Excel para computadores Macintosh (Macs). Alguns softwares (ex.: Crystal Ball, da Oracle) não são diretamente compatíveis com Macs (embora possam ser usados com Boot Camp ou software de virtualização). Para obter as informações mais atualizadas sobre compatibilidade de software e diferenças relevantes entre as versões para Windows PC e para Mac, consulte o link de compatibilidade de software (Software Compatibility) no **www.mhhe.com/hillier4e**.

Devemos ressaltar que o Excel não é projetado para lidar com os modelos de ciência da gestão muito grandes que podem surgir na prática. Pacotes de software mais poderosos, que não têm base em planilhas, geralmente são utilizados para solucionar esses modelos. No entanto, as equipes de ciência da gestão, não os gerentes, usam principalmente esses pacotes sofisticados (incluindo o uso de *linguagens de modelagem* para ajudar na entrada dos modelos de grande porte). Sendo este livro destinado principalmente a futuros gerentes, e não a futuros cientistas de gestão, você não precisará usar esses pacotes.

Para alertá-lo sobre o material relevante no MS Courseware, no final de cada capítulo há uma lista intitulada "Auxiliares de aprendizagem para este capítulo em seu MS Courseware".

1.5 RESUMO

A ciência da gestão é uma disciplina que tenta ajudar na tomada de decisões gerenciais por meio da aplicação de uma abordagem científica de problemas gerenciais que envolvem fatores quantitativos. O rápido desenvolvimento dessa disciplina começou nas décadas de 1940 e 1950. O avanço da informática continuou, desde então, a estimular seu crescimento. Um novo impulso veio com o uso generalizado de planilhas eletrônicas, o que facilita muito a aplicação da ciência da gestão por gerentes e outros.

Um estudo da ciência da gestão pressupõe uma investigação sistemática, com reunião cuidadosa de dados, desenvolvimento e teste de hipóteses sobre o problema (tradicionalmente um modelo matemático), e aplicação de uma lógica sólida na análise subsequente. A equipe da ciência da gestão, então, apresenta suas recomendações aos gerentes, que devem tomar as decisões para solucionar o problema. Estudos menores podem ser feitos pelos próprios gerentes com o auxílio de planilhas.

Uma parte importante de um típico estudo da ciência da gestão trata da incorporação dos fatores quantitativos em um modelo matemático (talvez em uma planilha eletrônica), aplicando-se procedimentos matemáticos para solucionar o modelo. Este utiliza *variáveis de decisão* para representar as decisões quantificáveis a serem feitas. Uma *função objetivo* expressa a medida adequada do desempenho em termos dessas variáveis de decisão. As *restrições* do modelo expressam as restrições sobre os valores que podem ser atribuídos às variáveis de decisão. Os *parâmetros* do modelo são as constantes que aparecem na função objetivo e as restrições. Um exemplo envolvendo a *análise de ponto de equilíbrio* foi usado para ilustrar um modelo matemático.

A ciência da gestão teve um impressionante impacto na melhoria da eficiência de várias organizações em todo o mundo. De fato, muitas aplicações premiadas resultaram em uma economia anual de milhões, dezenas ou até mesmo centenas de milhões de dólares.

O foco deste livro é enfatizar o que um futuro gerente inteligente precisa aprender com um curso de ciência da gestão. Portanto, o livro gira em torno da modelagem como um auxílio à tomada da decisão gerencial. Muitos estudos de casos (dentro dos capítulos) e casos (no final dos capítulos) são usados para melhor transmitir essas ideias.

Glossário

análise de sensibilidade Análise de como as recomendações de um modelo podem mudar se qualquer uma das estimativas que fornecem os números precisar ser corrigida. (Seção 1.2), 10

função objetivo Expressão matemática em um modelo que dá a medida do desempenho de um problema em termos das variáveis de decisão. (Seção 1.2), 9

modelo de planilha Representação aproximada de, por exemplo, um problema de negócio que é detalhado em uma planilha de uma forma que facilite sua análise. (Seção 1.1), 4

modelo matemático Representação aproximada de, por exemplo, um problema de negócio que é expresso em termos de símbolos e expressões matemáticas. (Seção 1.1), 4

modelo Representação aproximada de algo. (Seção 1.1), 4

MS Courseware Pacote de software fornecido no CD-ROM que acompanha o livro ou em seu *site*. (Seção 1.4), 16

nome de intervalo Nome descritivo dado a uma célula ou a um intervalo de células que imediatamente identifica o que está lá. (Seção 1.2), 6

parâmetro Uma das constantes de um modelo matemático. (Seção 1.2), 9

pesquisa operacional Nome tradicional para a ciência da gestão ainda amplamente usado fora das escolas de negócios. (Seção 1.1), 3

ponto de equilíbrio Volume de produção e de vendas para um produto que deve ser excedido para chegar ao lucro. (Seção 1.2), 8

restrição Desigualdade ou equação em um modelo matemático que expressa algumas restrições sobre os valores que podem ser atribuídos às variáveis de decisão. (Seção 1.2), 9

sistema de suporte à decisão Sistema interativo baseado em computador que ajuda na tomada de decisão gerencial. (Seção 1.1), 5

variável de decisão Variável algébrica que representa a decisão quantificável a ser tomada. (Seção 1.2), 7

Auxiliares de aprendizagem para este capítulo em seu MS Courseware

Capítulo 1: arquivos de Excel
Exemplo da Special Products Co.

Módulos interativos de ciência da gestão
Módulo para análise de ponto de equilíbrio

Problema solucionado (consulte o CD-ROM ou o *site* para a solução)

1.S1. Fazer ou comprar?
A Power Notebooks, Inc. planeja fabricar uma nova linha de notebooks. A gerência decide entre comprar as telas de LCD para os computadores de um fornecedor externo ou fabricá-las internamente. As telas custam 100 dólares cada no fornecedor externo. Configurar o processo de montagem necessário para produzi-las internamente custa 100 mil dólares. A empresa poderia, então, produzir cada tela por 75 dólares. O número de notebooks que será produzido (Q) é desconhecido nesse momento.

a. Crie uma planilha que exiba o custo total de ambas as opções para qualquer valor de Q. Use o método tentativa e erro com a planilha para determinar para qual intervalo de volumes de produção cada alternativa é melhor.

b. Use um procedimento gráfico para determinar o ponto de equilíbrio para Q (ou seja, a quantidade em que ambas as opções produzem o mesmo custo).

c. Use um procedimento algébrico para determinar o ponto de equilíbrio para Q.

Problemas

1.1. O gerente de uma pequena empresa leva em consideração a possibilidade de fabricar um novo produto, o que exigirá alugar um equipamento especial a um custo de 20 mil dólares por mês. Além desse custo, outro, de produção, de 10 dólares, seria gerado para cada unidade do produto fabricado. Cada unidade vendida renderia 20 dólares em receita.

Desenvolva uma expressão matemática para o lucro mensal gerado por esse produto em termos de número de unidades produzidas e vendidas por mês. Depois, determine o quão maior esse número precisa ser a cada mês para tornar lucrativa sua fabricação.

1.2. Relativo ao Problema 1.1. A previsão de vendas foi obtida e indica que 4 mil unidades do novo produto poderiam ser vendidas. Essa previsão é considerada bastante confiável, mas há uma significativa incerteza sobre a precisão das estimativas dadas para o custo de aluguel de equipamentos, o de produção marginal e a receita unitária.

Use o módulo de Análise do Ponto de Equilíbrio nos Módulos Interativos de Ciência da Gestão para realizar a seguinte análise de sensibilidade sobre essas estimativas:

 a. Qual o custo máximo que o aluguel dos equipamentos pode atingir antes de esse novo produto deixar de ser rentável?
 b. Qual o custo máximo que a produção marginal pode atingir antes de esse novo produto deixar de ser rentável?
 c. Qual a receita mínima unitária antes de esse novo produto deixar de ser rentável?

1.3. A gerência da Toys R4U Company precisa decidir se introduzirá um novo brinquedo para a próxima temporada de Natal, após o qual seria descontinuado. O custo total necessário para produzi-lo e comercializá-lo seria de 500 mil dólares, mais 15 dólares por brinquedo produzido. A empresa receberia uma receita de 35 dólares para cada unidade vendida.

 a. Assumindo que todas as unidades produzidas desse brinquedo foram vendidas, escreva uma expressão para o lucro em termos do número produzido e vendido. Depois, encontre o ponto de equilíbrio que esse número deve exceder para fazer valer a pena sua fabricação.
 b. Agora suponha que o número que pode ser vendido pode ser menor do que o produzido. Escreva uma expressão para o lucro em termos desses dois números.
 c. Formule uma planilha que dará o lucro na parte *b* para quaisquer valores dos dois números.
 d. Escreva uma expressão matemática para a restrição de que o número produzido não deve exceder o número que pode ser vendido.

1.4. Uma previsão de vendas confiável foi obtida indicando que a Special Products Company (ver Seção 1.2) poderia vender 300 relógios de pêndulo de uma edição limitada, o que parece ser o suficiente para justificar a introdução desse novo produto. Contudo, a gestão está preocupada com a possibilidade de essa conclusão mudar caso estimativas mais precisas estivessem disponíveis para o custo da criação de instalações de produção, o custo de produção marginal e a receita unitária. Portanto, antes de uma decisão final ser tomada, a gerência quer que seja feita uma análise de sensibilidade sobre essas estimativas.

Use o módulo de Análise do Ponto de Equilíbrio nos Módulos Interativos de Ciência da Gestão para realizar a seguinte análise de sensibilidade:

 a. Qual o custo máximo que a criação de instalações de produção pode atingir antes de os relógios de pêndulo deixarem de ser rentáveis?
 b. Qual o custo máximo que a produção marginal pode atingir antes de os relógios de pêndulo deixarem de ser rentáveis?
 c. Qual a receita mínima unitária antes de os relógios de pêndulo deixarem de ser rentáveis?

1.5. Reconsidere o problema enfrentado pela gerência da Special Products Company, apresentado na Seção 1.2.

Uma investigação mais detalhada forneceu agora melhores estimativas dos dados para o problema. O custo fixo para iniciar a produção dos relógios de pêndulo de edição limitada ainda é estimado em 50 mil dólares, mas a nova estimativa do custo marginal é de 500 dólares. A receita de cada relógio de pêndulo vendido é agora estimada em 700 dólares.

 a. Use um procedimento gráfico para encontrar o novo ponto de equilíbrio.
 b. Use um procedimento algébrico para encontrar o novo ponto de equilíbrio.
 c. Expresse o modelo matemático para esse problema com os novos dados.
 d. Incorpore esse modelo matemático em uma planilha com uma previsão de vendas de 300 unidades. Use esse modelo de planilha para encontrar o novo ponto de equilíbrio, depois determine a quantidade de produção e o lucro total estimado indicado pelo modelo.
 e. Suponha que a gerência tema que a previsão de vendas possa ser excessivamente otimista e, por isso, não quer considerar a produção de mais de 200 relógios de pêndulo. Use a planilha da parte *d* para determinar qual deve ser a quantidade produzida e qual seria o lucro total estimado.

1.6. A Best-for-Less Corp. abastece os dois pontos de venda das suas duas fábricas. A fábrica A suprirá 30 remessas no próximo mês. A fábrica B ainda não definiu sua programação de produção para o próximo mês, mas tem capacidade de produzir e entregar até um máximo de 50 remessas. O ponto de venda 1 apresentou seu pedido de 40 remessas para o próximo mês. O ponto de venda 2 precisa de um mínimo de 25 remessas no próximo mês, mas ficaria feliz em receber mais. Os custos de produção são os mesmos nas duas fábricas, mas os custos de envio diferem. O custo de envio por remessa de cada fábrica para cada ponto de venda é dado abaixo, com um resumo dos outros dados.

A gerente de distribuição, Jennifer Lopez, agora precisa desenvolver um plano de quantas remessas enviar de cada fábrica para cada um dos pontos de venda no próximo mês. Seu objetivo é minimizar o custo total de remessa.

	Custo de remessa unitária		
	Ponto de venda 1	Ponto de venda 2	Abastecimento
Fábrica A	$700	$400	= 30 remessas
Fábrica B	$800	$600	≤ 50 remessas

Necessárias = 40 remessas ≥ 25 remessas

a. Identifique as decisões individuais que Jennifer precisa tomar. Para cada uma delas, defina uma variável de decisão para representá-la.

b. Escreva uma expressão matemática para o custo total de transporte em termos das variáveis de decisão.

c. Escreva uma expressão matemática para cada uma das restrições sobre as quais os valores das variáveis de decisão podem estar.

d. Expresse um modelo matemático completo para o problema de Jennifer.

e. Como você acha que o plano de remessas de Jennifer deve ser? Explique seu raciocínio. Depois, expresse o seu plano de remessa em termos de variáveis de decisão.

1.7. A Water Sports Company em breve estará produzindo e comercializando um novo modelo de linha de barcos a motor. O gerente de produção, Michael Jensen, está entre *fazer ou comprar* o motor de popa para instalar nos barcos. Com base no custo total envolvido, os motores devem ser produzidos internamente ou comprados de um fornecedor? Produzi-los internamente exigiria um investimento de 1 milhão de dólares em novas instalações, bem como um custo de produção de 1.600 dólares para cada motor produzido. Se comprados de um fornecedor, o preço seria de 2 mil por motor.

Michael obteve uma previsão preliminar da divisão de marketing da empresa de que 3 mil barcos desse modelo de linha serão vendidos.

a. Use planilhas para exibir e analisar as duas opções do Michael. Qual deve ser escolhida?

b. Michael percebe por experiências anteriores que as previsões preliminares de vendas não são muito confiáveis, então ele quer verificar se a sua decisão pode mudar caso uma previsão mais cuidadosa difira significativamente da preliminar. Determine um *ponto de equilíbrio* para o volume de produção e de vendas, abaixo do qual a opção de comprar é melhor e acima do qual a opção de fazer é melhor.

1.8. Reconsidere o problema da Special Products Company apresentado na Seção 1.2.

Embora a empresa seja bem qualificada para fazer a maior parte do trabalho na produção de relógios de pêndulo de edição limitada, ela não dispõe de conhecimentos em uma área-chave, a saber, a construção do mecanismo de medição de tempo para os relógios. Portanto, a gerência está levando em consideração contratar essa parte do trabalho de outra empresa com essa expertise e tem algumas das suas instalações de produção definidas para fazer esse tipo de trabalho. Se isso fosse feito, a Special Products Company não incorreria em qualquer custo fixo para iniciar a produção dos relógios, mas em um custo marginal de 650 dólares (incluindo o seu pagamento para outra empresa), enquanto ainda obtém uma receita de 900 dólares para cada relógio produzido e vendido. No entanto, se a empresa realizar toda a produção, todos os dados apresentados na Seção 1.2 ainda se aplicam. Depois de obter uma análise do potencial de vendas, a gerência acredita que 300 relógios de pêndulo podem ser vendidos.

A gerência quer agora determinar se a *opção de fazer* (realizar toda a produção internamente) ou a *opção de comprar* (contratar a produção do mecanismo de medição de tempo) é melhor.

a. Use uma planilha para mostrar e analisar a opção de comprar. Mostre os dados relevantes e de saída financeira, incluindo o lucro total que seria obtido por produzir e vender 300 relógios de pêndulo.

b. A Figura 1.4 mostra a análise para a opção de fazer. Compare esses resultados com os da parte *a* para determinar qual opção (fazer ou comprar) parece ser a melhor.

c. Outra forma de comparar essas duas opções é encontrar um *ponto de equilíbrio* para o volume de produção e de vendas, abaixo do qual a opção de compra é melhor e acima do qual a opção de fazer é melhor. Inicie esse processo desenvolvendo uma expressão para a *diferença* de lucro entre as opções de fazer e comprar em termos do número de relógios de pêndulo a ser produzido para venda. Assim, essa expressão deve dar o *lucro incremental* ao escolher a opção de fazer em vez da opção de comprar, igual a 0, se 0 relógios de pêndulo são produzidos, mas, caso contrário, é negativo abaixo do ponto de equilíbrio e positivo acima desse ponto. Usando essa expressão como a função objetivo, expresse o modelo matemático global (incluindo restrições) para o problema de determinar se escolherá a opção fazer e, nesse caso, quantas unidades do mecanismo de medição de tempo (um por relógio) produzir.

d. Use um procedimento gráfico para encontrar o ponto de equilíbrio descrito na parte *c*.

e. Use um procedimento algébrico para encontrar o ponto de equilíbrio descrito na parte *c*.

f. Use um modelo de planilha para encontrar o ponto de equilíbrio descrito na parte *c*. Qual é a conclusão sobre o que a empresa deve fazer?

1.9. Selecione uma das aplicações da ciência da gestão listadas na Tabela 1.1. Leia o artigo referenciado na vinheta de aplicação apresentada na seção mostrada na terceira coluna. (Um link para todos estes artigos é fornecido no *site* **www.mhhe.com/hillier4e**.) Escreva um resumo de duas páginas sobre a aplicação e os benefícios (incluindo os não financeiros) que ela ofereceu.

1.10. Selecione três das aplicações da ciência da gestão listadas na Tabela 1.1. Para cada uma, leia o artigo referenciado na vinheta de aplicação apresentada na seção mostrada na terceira coluna. (Um link para todos esses artigos é fornecido no *site* **www.mhhe.com/hillier4e**.) Para cada um, escreva um resumo de uma página sobre a aplicação e os benefícios (incluindo os não financeiros) que ela ofereceu.

1.11. Leia o artigo referenciado que descreve completamente o estudo da ciência da gestão resumido na vinheta de aplicação apresentada na Seção 1.3. Resuma as cinco principais razões dadas do porquê de a ciência da gestão (OR) ter sido tão bem-sucedida.

Caso adicional

Um caso adicional para este capítulo está disponível para compra no *site* da Ivey School of Business, da University of Western Ontario, **cases.ivey.uwo.ca/case**, no segmento da área de CaseMate designada para este livro.

PROGRAMAÇÃO LINEAR
conceitos básicos

2

OBJETIVOS DE APRENDIZAGEM

OA1 Explicar o que é programação linear.

OA2 Identificar as três questões a serem abordadas ao formular qualquer modelo de planilha.

OA3 Nomear e identificar o propósito dos quatro tipos de células usados nos modelos de planilha da programação linear.

OA4 Formular um modelo básico de programação linear em uma planilha a partir da descrição do problema.

OA5 Apresentar a forma algébrica de um modelo de programação linear a partir de sua formulação em uma planilha.

OA6 Aplicar o método gráfico para solucionar um problema de duas variáveis de programação linear.

OA7 Usar o Excel para solucionar um modelo de planilha de programação linear.

A gestão de qualquer organização deve tomar decisões regularmente sobre a alocação de seus recursos entre diversas atividades para melhor atender os objetivos organizacionais. A programação linear é uma ferramenta poderosa para resolver problemas e auxilia a gestão na tomada dessas decisões. Ela é aplicável em organizações com ou sem fins lucrativos, assim como em agências governamentais. Os recursos alocados para as atividades podem ser, por exemplo, dinheiro, diferentes perfis de pessoal e diferentes tipos de maquinário e equipamentos. Em muitos casos, uma grande variedade de recursos deve ser alocada simultaneamente. As atividades que necessitam desses recursos podem ser de produção (ex.: a fabricação de diferentes produtos), atividades de marketing (ex.: a publicidade em diferentes mídias), atividades financeiras (ex.: investimentos de capital) ou outras. Alguns problemas podem até envolver atividades de *todos* esses tipos (e talvez outros) porque elas estão competindo pelos mesmos recursos.

Você verá, à medida que progredirmos, que até mesmo essa descrição do escopo da programação linear não é suficientemente ampla. Algumas de suas aplicações vão além da alocação de recursos. Contudo, atividades sempre estão envolvidas. Portanto, um tema recorrente na programação linear é a necessidade de encontrar o *melhor mix* de atividades: quais buscar e em que níveis.

Como as outras técnicas de ciências da gestão, a programação linear usa um *modelo matemático* para representar o problema que está sendo estudado. *Linear* no nome refere-se à forma de expressões matemáticas nesse modelo. *Programação* não se refere à programação de computadores, mas é essencialmente um sinônimo de planejamento. Assim, programação linear significa o *planejamento de atividades* representado por um modelo matemático *linear*.

Por abranger uma grande parte da ciência da gestão, a programação linear ocupa vários capítulos deste livro. Além disso, muitas das lições aprendidas sobre como aplicar a programação linear também irão transitar na aplicação de técnicas de outras ciências da gestão.

Este capítulo concentra-se nos conceitos básicos da programação linear.

2.1 ESTUDO DE CASO: PROBLEMA DO *MIX* DE PRODUTOS DA WYNDOR GLASS CO.

Jim Baker teve um excelente histórico durante seus sete anos como gerente de desenvolvimento de novos produtos da Wyndor Glass Company. Embora a empresa seja pequena, ela experimenta um crescimento considerável, especialmente com os produtos inovadores desenvolvidos pelo grupo de Jim. O presidente da Wyndor, John Hill, reconhece pública e frequentemente o papel fundamental de Jim no recente sucesso da empresa.

Assim, John sentiu-se bastante confiante, seis meses atrás, em pedir ao grupo de Jim para desenvolver os seguintes novos produtos:

- Uma porta de vidro de 2,4 m com moldura de alumínio.
- Uma janela de 1,2 m x 1,8 m de abertura dupla e moldura de madeira.

Embora várias outras empresas tenham produtos que atendam a essas especificações, John acreditou que Jim apresentaria a sua mágica habitual com empolgantes novas funcionalidades que estabeleceriam novos padrões no setor.

Histórico

A **Wyndor Glass Co.** fabrica produtos de vidro de alta qualidade, incluindo janelas e portas de vidro com trabalho manual e a melhor mão de obra. Embora caros, os produtos preenchem um nicho de mercado, fornecendo a mais alta qualidade disponível na indústria para os compradores mais exigentes. A companhia possui três fábricas.

Fábrica 1 produz esquadrias e ferramentas de alumínio.
Fábrica 2 produz esquadrias de madeira.
Fábrica 3 produz o vidro e monta janelas e portas.

Em função da queda nas vendas de determinados produtos, a alta cúpula da empresa decidiu reformular a linha de produtos. Itens não lucrativos foram descontinuados, liberando a capacidade de produção para lançar os dois novos produtos desenvolvidos pelo grupo de Jim Baker, caso a administração aprove o lançamento.

A porta de vidro de 2,4 m requer uma parte da capacidade de produção das Fábricas 1 e 3, mas não da Fábrica 2. A janela de 1,2 m x 1,8 m de abertura dupla precisa apenas das Fábricas 2 e 3.

A administração agora precisa lidar com duas questões:

1. A empresa deve levar adiante o lançamento desses dois novos produtos?
2. Em caso afirmativo, qual deve ser o *mix de produtos* – o número de unidades fabricadas por semana – para os dois novos produtos?

Discussão da administração sobre os assuntos

Depois de receber o memorando de Jim Baker descrevendo os dois novos produtos, John Hill convocou uma reunião para discutir as questões atuais. Além de John e Jim, a reunião inclui Bill Tasto, vice-presidente de produção, e Ann Lester, vice-presidente de marketing.

Vamos bisbilhotar a reunião.

John Hill (presidente):   Bill, queremos acelerar o início da produção desses produtos para o quanto antes. Quando você estima que conseguiremos produzir?

Bill Tasto (vice-presidente de produção):   Realmente temos uma pequena capacidade de produção disponível por causa dos produtos cuja produção foi interrompida, mas não muita. Talvez atinjamos uma taxa de produção de algumas unidades por semana para cada um dos produtos.

John: Isso é tudo?

Bill: É. São produtos complicados, que exigem um trabalho cuidadoso. E, como eu disse, não temos muita capacidade de produção disponível.

John: Ann, conseguiremos vender várias unidades de cada produto por semana?

Ann Lester (vice-presidente de marketing):   Facilmente.

John: Ótimo. Agora temos mais uma questão para resolver. Com essa capacidade de produção limitada, precisamos decidir como dividir a produção entre os dois produtos. Queremos fabricar o mesmo número dos dois produtos? Ou vamos fabricar mais unidades de um deles? Ou mesmo produzir o máximo possível de um deles e adiar o lançamento do outro?

VINHETA DE APLICAÇÃO

A **Swift & Company** produz proteína diversificada com sede em Greeley, Colorado. Com vendas anuais de mais de 8 bilhões de dólares, carnes e produtos afins concentram, de longe, a maior parte dos negócios da empresa.

Para melhorar as vendas da empresa e o desempenho de produção, a alta gerência concluiu que era necessário atingir três objetivos principais. Um deles foi permitir que os representantes do atendimento ao cliente conversassem com seus mais de 8 mil clientes com informações precisas sobre a disponibilidade de estoque atual e futuro e, ao mesmo tempo, considerando as datas de entrega solicitadas e idade máxima do produto no momento da entrega. Um segundo objetivo foi produzir uma programação de níveis de turnos eficiente para cada fábrica em um horizonte de 28 dias. Um terceiro foi determinar com precisão se uma fábrica pode enviar uma quantidade solicitada de item de linha de pedido na data e no tempo solicitados, dadas a disponibilidade de gado e as restrições sobre a capacidade da fábrica.

Para atender a esses três desafios, uma equipe de ciência da gestão desenvolveu um *sistema integrado de 45 modelos de programação linear* com base em três formulações de modelo para agendar dinamicamente suas operações de fabricação de carne em cinco fábricas em tempo real à medida que recebe os pedidos. *O total de benefícios auditados realizados no primeiro ano* de operação desse sistema foi de **12,74 milhões de dólares**, incluindo 12 milhões de dólares devido à *otimização do mix de produtos*. Outros benefícios incluem uma redução de pedidos perdidos, uma redução no desconto de preço e aumento de entregas no prazo.

Fonte: A. Bixby, B. Downs, and M. Self, "A Scheduling and Capable-to-Promise Application for Swift & Company, *Interfaces* 36, no. 1 (January–February 2006), p. 69-86. (Um link para esse artigo é fornecido no site **www.mhhe.com/hillier4e**.)

A questão é encontrar o mix *mais rentável dos dois novos produtos.*

Jim Baker (gerente de desenvolvimento de novos produtos): Seria perigoso segurar um dos produtos e dar aos nossos concorrentes a chance de passar na nossa frente.

Ann: Concordo. Além disso, lançar os produtos juntos tem algumas vantagens do ponto de vista do marketing. Como eles compartilham várias características especiais, podemos unir a publicidade dos dois produtos. Isso teria um grande destaque.

John: OK. Mas que mistura dos dois produtos vai ser mais rentável para a empresa?

Bill: Tenho uma sugestão.

John: Qual?

Bill: Algumas vezes, nosso Grupo de Ciência da gestão nos ajudou com esse mesmo tipo de decisões de *mix* de produtos, e fizeram um bom trabalho. Esmiuçaram todos os dados relevantes e depois realizaram uma análise pormenorizada do assunto. Achei a contribuição deles de grande ajuda. E essa situação é ideal para eles.

John: É, você está certo. É uma boa ideia. Vamos chamar nosso Grupo de Ciência da gestão para trabalhar com essa questão. Bill, você trabalhará com eles?

Fim da reunião.

O grupo de ciência da gestão começa o trabalho

No início, o grupo de ciência da gestão passa um tempo considerável com Bill Tasto para esclarecer o problema geral e as questões específicas que a administração quer abordar. Uma preocupação em particular é determinar o objetivo apropriado para o problema do ponto de vista da administração. Bill aponta que John Hill propôs a determinação da composição mais rentável dos dois produtos para a empresa.

Portanto, com a cooperação de Bill, o grupo define a questão-chave a ser abordada da seguinte forma.

> **Questão:** Qual combinação de *taxa de produção* (o número de unidades produzidas por semana) para os dois novos produtos iria *maximizar o lucro total* para ambos os produtos?

O grupo também conclui que deve considerar *todas* as possíveis combinações de taxas de produção dos dois novos produtos permitidas pela capacidade de produção das três fábricas. Por exemplo, uma alternativa (apesar das objeções de Jim Baker e Ann Lester) é abrir mão de fabricar um dos produtos agora (definindo, com isso, sua taxa de produção igual a zero), a fim de produzir o máximo possível do outro produto. (Não devemos negligenciar a possibilidade de que o lucro máximo de ambos os produtos possa ser atingido com a produção de nenhuma unidade de um e do máximo possível do outro.)

TABELA 2.1
Dados para o problema da Wyndor Glass Co.

Fábrica	Tempo de produção usado para cada unidade produzida		Disponível por semana
	Portas	Janelas	
1	1 hora	0	4 horas
2	0	2 horas	12 horas
3	3 horas	2 horas	18 horas
Lucro da unidade	$300	$500	

Em seguida, o grupo de ciência da gestão identifica as informações que necessita para esse estudo:

1. Capacidade de produção disponível em cada uma das fábricas.
2. Capacidade de produção em cada unidade necessária para cada produto.
3. Lucratividade de cada produto.

Não há dados concretos para nenhuma dessas quantidades, por isso é preciso fazer estimativas. Para tanto, é necessária a ajuda do pessoal-chave em outras unidades da empresa.

A equipe de Bill Tasto desenvolve as estimativas das capacidades de produção. Especificamente, a equipe estima que as instalações de produção na Fábrica 1 necessárias para o novo tipo de portas estarão disponíveis por volta de quatro horas por semana. (No restante do tempo, a Fábrica 1 continuará com os produtos atuais.) As instalações de produção na Fábrica 2 estarão disponíveis para o novo tipo de janelas cerca de 12 horas por semana. As instalações necessárias para ambos os produtos na Fábrica 3 estarão disponíveis aproximadamente 18 horas por semana.

A capacidade de produção de cada fábrica realmente utilizada por cada produto depende da respectiva taxa de produção. Estima-se que cada porta exigirá uma hora de tempo de produção na Fábrica 1 e três horas na Fábrica 3. Para cada janela, cerca de duas horas serão necessárias na Fábrica 2 e duas horas na Fábrica 3.

Ao analisar os dados de custo e da decisão de preços, o Departamento de Contabilidade estima o lucro dos dois produtos por unidade em 300 dólares para as portas e de 500 dólares para as janelas.

A Tabela 2.1 resume os dados reunidos até agora.

O grupo de ciência da gestão reconhece este como um clássico **problema do *mix* de produtos**. Portanto, o próximo passo é desenvolver um *modelo matemático* – ou seja, um *modelo de programação linear* – que represente o problema para que possa ser resolvido matematicamente. As próximas quatro seções focam em como desenvolver esse modelo e, então, como solucioná-lo para encontrar o *mix* mais rentável entre os dois produtos, supondo que as estimativas da Tabela 2.1 sejam precisas.

Perguntas de revisão

1. Quais são as duas questões abordadas pela administração?
2. Foi pedido para que o grupo de ciência da gestão ajudasse a analisar qual dessas questões?
3. Como o grupo definiu a questão-chave a ser abordada?
4. Quais informações o grupo precisa reunir para o estudo?

2.2 FORMULAÇÃO DO PROBLEMA DA WYNDOR EM UMA PLANILHA

As planilhas fornecem uma ferramenta poderosa e intuitiva para a exibição e análise de muitos problemas de gerenciamento. Agora vamos nos concentrar em como realizar isso para o problema Wyndor com o popular Microsoft Excel.[1]

---

[1] Outros pacotes de planilha com capacidades semelhantes também estão disponíveis, e as ideias básicas aqui apresentadas ainda são aplicáveis.

Formulação de um modelo de planilha para o problema da Wyndor

Dica do Excel: Sombreamento de célula e as bordas podem ser adicionados usando o botão de bordas e o botão cor de preenchimento no Grupo Fonte da guia Início (Excel 2007 ou 2010) ou na barra de ferramentas de formatação (outras versões).

A Figura 2.1 exibe o problema Wyndor transferindo os dados da Tabela 2.1 para uma planilha. (As colunas E e F estão reservadas para entradas posteriores descritas abaixo.) Vamos nos referir às células que mostram os dados como **células de dados**. Para distingui-las de dados de outras células na planilha, elas estão sombreadas em azul claro. (Nas figuras do livro, o sombreamento com azul claro aparece como cinza claro) Fica mais fácil interpretar a planilha usando *nomes de intervalo*. (Como mencionado na Seção 1.2, um **nome de intervalo** é simplesmente um nome descritivo dado a uma célula ou a um intervalo de células que identifica imediatamente o que está lá. O Excel permite que você use nomes de intervalo em vez dos endereços de células correspondentes nas equações de Excel, já que isso geralmente as torna muito mais fáceis de interpretar). Às células de dados no problema da Wyndor Glass Co. são dados os nomes de intervalo LucroUnitário (C4:D4), HorasUsadasPorUnidadeProduzida (C7:D9), e HorasDisponíveis (G7:G9). Para inserir um nome de intervalo, primeiro selecione o intervalo de células, em seguida, clique na caixa de nome no lado esquerdo da barra de fórmulas acima da planilha e digite um nome. (Veja o Apêndice B para mais detalhes sobre como definir e usar nomes de intervalo.)

Dica do Excel: Veja as observações de margem na Seção 1.2 para dicas sobre como adicionar nomes de intervalo.

Três perguntas precisam ser respondidas antes de iniciar o uso da planilha para formular um modelo matemático (nesse caso, um **modelo de programação linear**) para o problema.

Essas são as três questões a serem abordadas ao formular qualquer modelo de planilha.

1. Quais são as *decisões* a serem tomadas?
2. Quais são as *restrições* nessas decisões?
3. Qual é a *medida de desempenho* geral para essas decisões?

A seção anterior descreveu como o grupo de ciência da gestão da Wyndor passou um tempo considerável com Bill Tasto, vice-presidente de produção, para esclarecer a visão da administração sobre o seu problema. Essas discussões resultaram nas seguintes respostas para as questões:

1. As decisões a serem tomadas são as *taxas de produção* (número de unidades produzidas por semana) para os dois novos produtos.
2. As restrições sobre essas decisões são que as horas de produção usadas por semana pelos dois produtos nas respectivas fábricas não podem exceder as horas disponíveis.
3. A medida de desempenho geral para essas decisões é o *lucro total* por semana dos dois produtos.

Alguns alunos acham que é útil organizar seus pensamentos respondendo a estas três perguntas-chave antes de começar a formular o modelo de planilha.

A Figura 2.2 mostra como incorporar essas respostas na planilha. Com base na primeira resposta, as *taxas de produção* dos dois produtos são estabelecidas nas células C12 e D12 para se localizarem nas colunas desses produtos logo abaixo das células dados. Uma vez que não conhecemos ainda essas taxas de produção, elas são apenas inseridas como zeros na Figura 2.2. (Na verdade, qualquer solução de teste pode ser inserida, embora as taxas de produção *negativas* devam ser excluídas, uma vez que são impossíveis.) Mais tarde, esses números serão alterados enquanto se busca o melhor *mix* de taxas de produção. Portanto, essas células contendo as decisões a serem feitas são chamadas de **células variáveis**. Para destacá-las, são sombreadas em amarelo com uma borda clareada. (Nas figuras do livro, o sombreamento com amarelo claro aparece como cinza.) Às células variáveis é dado o nome do intervalo UnidadesProduzidas (C12:D12).

As células variáveis contêm as decisões a serem tomadas.

FIGURA 2.1
Planilha inicial para o problema da Wyndor depois de transferir os dados na Tabela 2.1 para células de dados.

	A	B	C	D	E	F	G
1		Problema de *mix* de produtos da Wyndor Glass Co.					
2							
3			Portas	Janelas			
4		Lucro de unidade	$300	$500			
5							Horas
6			Horas usadas por unidade produzida				disponíveis
7		Fábrica 1	1	0			4
8		Fábrica 2	0	2			12
9		Fábrica 3	3	2			18

FIGURA 2.2
Planilha completa para o problema da Wyndor com uma solução de teste inicial (ambas as taxas de produção iguais a zero) foram inseridas nas células variáveis (C12 e D12).

	A	B	C	D	E	F	G
1		**Problema de** *mix* **de produtos da Wyndor Glass Co.**					
2							
3			**Portas**	**Janelas**			
4		Lucro de unidade	$300	$500			
5					Horas		Horas
6			Horas usadas por unidade produzida		usadas		disponíveis
7		Fábrica 1	1	0	0	≤	4
8		Fábrica 2	0	2	0	≤	12
9		Fábrica 3	3	2	0	≤	18
10							
11			**Portas**	**Janelas**			**Lucro total**
12		Unidades produzidas	0	0			$0

Usando a segunda resposta, o número total de horas de produção usado por semana pelos dois produtos nas respectivas fábricas é inserido nas células E7, E8 e E9, logo à direita das células de dados correspondentes. O número total de horas de produção depende da taxa de produção dos dois produtos, de modo que esse total é zero quando as taxas de produção são zero. Com taxas de produção positivas, o número total de horas de produção usado por semana em uma fábrica é a soma das horas de produção usadas por semana pelos respectivos produtos. As horas de produção usadas por um produto são o número de horas necessárias para *cada* unidade do produto *vezes* o número de unidades sendo produzido. Portanto, quando os números positivos são inseridos nas células C12 e D12 para o número de portas e janelas a produzir por semana, os dados nas células C7:D9 são usados para calcular as horas de produção total por semana, como segue:

Os dois-pontos em C7:D9 são a abreviação do Excel para o intervalo de C7 a D9, ou seja, todo o bloco de células na coluna C ou D e na linha 7, 8 ou 9.

Horas de produção na Fábrica 1 = 1(# de portas) + 0(# de janelas)
Horas de produção na Fábrica 2 = 0(# de portas) + 2(# de janelas)
Horas de produção na Fábrica 3 = 3(# de portas) + 2(# de janelas)

Consequentemente, as equações de Excel para as três células na coluna E são

E7 = C7*C12 + D7*D12
E8 = C8*C12 + D8*D12
E9 = C9*C12 + D9*D12

em que cada asterisco denota multiplicação. Uma vez que cada uma dessas células fornece saída que depende das células variáveis (C12 e D12), elas são chamadas de **células de saída**.

As células de saída mostram as quantidades calculadas a partir das células variáveis.

Observe que cada uma das equações para as células de saída envolve a soma de dois produtos. Existe uma função no Excel chamada SOMARPRODUTO que calcula o produto de cada um dos termos individuais em dois intervalos diferentes de células quando estes tiverem o mesmo número de linhas e o mesmo número de colunas. Cada produto que está sendo somado é o produto de um termo no primeiro intervalo e do termo no local correspondente no segundo intervalo. Por exemplo, considere os dois intervalos, C7:D7 e C12:D12, de modo que cada faixa tem uma linha e duas colunas. Nesse caso, a SOMARPRODUTO (C7:D7, C12:D12) pega cada um dos termos individuais no intervalo C7:D7, multiplica-o pelo termo correspondente no intervalo C12:D12, e depois soma esses produtos individuais, conforme mostrado na primeira equação. Aplicando o nome de intervalo para UnidadesProduzidas (C12:D12), a fórmula se torna SOMARPRODUTO(C7:D7, UnidadesProduzidas). Embora opcional com essas equações pequenas, essa função é especialmente útil como um atalho para a inserção de equações maiores.

A função SOMARPRODUTO é usada extensivamente nos modelos de planilha de programação linear.

As fórmulas nas células de saída E7:E9 são muito semelhantes. Em vez de digitar cada uma delas separadamente nas três células, é mais rápido (e menos sujeito a erros de digitação) digitar a fórmula apenas uma vez em E7 e depois copiá-la nas células E8 e E9. Para isso, primeiro insira a fórmula =SOMARPRODUTO (C7:D7, UnidadesProduzidas) na célula E7. Em seguida, selecione a célula E7 e arraste a alça de preenchimento (a pequena caixa no canto inferior direito do cursor da célula) para baixo pelas células E8 e E9.

Ao copiar fórmulas, é importante entender a diferença entre referências relativas e absolutas. Na fórmula da célula E7, a referência para as células C7:D7 é baseada na posição relativa à célula que contém a fórmula. Nesse caso, isso significa as duas células na mesma linha e imediatamente à esquerda. Isso é conhecido como **referência relativa**. Quando essa fórmula é copiada para novas células usando a alça de preenchimento, a referência é ajustada automaticamente para se referir à(s) nova(s) célula (s) no mesmo local relativo (as duas células na mesma linha e imediatamente à esquerda). A fórmula em E8 torna-se =SOMARPRODUTO(C8:D8, UnidadesProduzidas), e a fórmula em E9 torna-se =SOMARPRODUTO(C9:D9, UnidadesProduzidas). Isso é exatamente o que queremos, uma vez que sempre queremos que as horas usadas em uma determinada fábrica sejam baseadas nas horas usadas por unidade produzida naquela mesma fábrica (as duas células na mesma linha e imediatamente à esquerda).

Em contrapartida, a referência a UnidadesProduzidas em E7 é chamada de **referência absoluta**. Essas referências não mudam quando são preenchidas em outras células, mas sempre se referem aos mesmos locais de célula absoluta.

> Você pode tornar a coluna absoluta e a linha relativa (ou vice-versa), colocando um sinal de $ na frente apenas da letra (ou número) da célula de referência.

Para ciar uma referência relativa, simplesmente insira o endereço da célula (por exemplo: C7:D7). Referências referidas por um nome de intervalo são tratadas como referências absolutas. Outra maneira de criar uma referência absoluta para um intervalo de células é pondo $ em frente à letra e ao número da referência de célula (por exemplo: $C$12:$D$12). Veja o Apêndice B para mais detalhes sobre copiar e sobre referência relativa e absoluta de fórmulas.

> **Dica do Excel:** Depois de inserir uma célula de referência, pressionar repetidamente a tecla F4 (ou comando-T em um Mac) irá rodar entre as quatro possibilidades de referências relativas e absolutas (p. ex., C12, $C$12, C$12, $C12).

Em seguida, sinais de ≤ são inseridos nas células F7, F8, e F9 para indicar que cada valor total para a esquerda não pode ser autorizado a exceder o número correspondente na coluna G. [No computador ≤ (ou ≥) é frequentemente representado como <= (ou >=), já que não há tecla para ≤ (ou ≥) no teclado]. A planilha ainda permitirá que você insira soluções de teste que violam os sinais de ≤. Contudo, os sinais de ≤ servem como um lembrete de que essas soluções de teste precisam ser rejeitadas se nenhuma alteração é feita nos número da coluna G.

Finalmente, já que a resposta à terceira questão é que a medida geral de desempenho é o lucro total dos dois produtos, esse lucro (por semana) é inserido na célula G12. Muito parecido com os números na coluna E é a soma de produtos. Uma vez que as células C4 e D4 dão o lucro para *cada* porta e janela produzida, o total de lucro por semana desses produtos é

Lucro = $300(# de portas) + $500(# de janelas)

> Uma maneira fácil de inserir um ≤ (ou ≥) em uma planilha é digitar < (ou >) com o sublinhando ligado.

Portanto, a equação da célula G12 é

G12 = SOMARPRODUTO (C4:D4, C12:D12)

Utilizando os intervalos de nome de LucroTotal (G12), LucroUnitário (C4:D4) e UnidadesProduzidas (C12:D12), essa equação se torna

LucroTotal = SOMARPRODUTO (LucroUnitário, UnidadesProduzidas)

Esse é um bom exemplo do benefício em utilizar nomes de intervalo para facilitar a interpretação da equação resultante.

LucroTotal (G12) é um tipo especial de célula de saída. É a célula específica que, na tomada de decisões relativas às taxas de produção, deve aumentar o máximo possível. Portanto, o LucroTotal (G12) é referido como uma **célula-alvo**. Essa célula é sombreada na cor laranja, com uma borda mais intensa. (Nas figuras do livro, a cor laranja aparece como cinza e distingue-se das células variáveis pelo sombreado mais escuro e borda grossa.)

> A célula-alvo contém a medida geral de desempenho para as decisões nas células variáveis.

A parte inferior da Figura 2.3 resume todas as fórmulas que devem ser inseridas na coluna de Horas Usadas e na célula Lucro Total. Também é mostrado um resumo do intervalo de nomes (em ordem alfabética) e os endereços de células correspondentes.

Isso completa a formulação do modelo de planilha para o problema da Wyndor.

Essa formulação facilita a análise de qualquer solução de teste para as taxas de produção. Cada vez que as taxas de produção são inseridas nas células C12 e D12, o Excel imediatamente calcula as células de saída por horas usadas e lucro total. Por exemplo, a Figura 2.4 mostra a planilha quando as taxas de produção são definidas como quatro portas e três janelas por semana. A célula G12 mostra que isso rende um lucro total de 2.700 dólares por semana. Observe também que E7 = G7, E8 < G8, e E9 = G9, de forma que os sinais de ≤ na coluna F são todos satisfeitos.

FIGURA 2.3
Modelo de planilha para o problema da Wyndor, incluindo as fórmulas para a célula-alvo LucroTotal (G12) e as outras células de saída na coluna E, onde o objetivo é maximizar a célula-alvo.

	A	B	C	D	E	F	G
1	Problema de *mix* de produtos da Wyndor Glass Co.						
2							
3			Portas	Janelas			
4		Lucro de unidade	$300	$500			
5					Horas		Horas
6			Horas usadas por unidade produzida		Usadas		disponíveis
7		Fábrica 1	1	0	0	≤	4
8		Fábrica 2	0	2	0	≤	12
9		Fábrica 3	3	2	0	≤	18
10							
11			Portas	Janelas			Lucro total
12		Unidades produzidas	0	0			$0

Nomes de Intervalo	Células
HorasDisponíveis	G7:G9
HorasUsadas	E7:E9
HorasUsadasPorUnidadesProduzidas	C7:D9
LucroTotatal	G12
LucroUnitário	C4:D4
UnidadesProduzidas	C12:D12

	E
5	Horas
6	usadas
7	=SOMARPRODUTO(C7:D7, Unidades Produzidas)
8	=SOMARPRODUTO(C8:D8, Unidades Produzidas)
9	=SOMARPRODUTO(C9:D9, Unidades Produzidas)

	G
11	Lucro total
12	=SOMARPRODUTO(LucroUnitário, UnidadesProduzidas)

FIGURA 2.4
Planilha para o problema da Wyndor com uma nova solução de avaliação inserida nas células variáveis, UnidadesProduzidas (C12:D12).

	A	B	C	D	E	F	G
1	Problema de *mix* de produtos da Wyndor Glass Co.						
2							
3			Portas	Janelas			
4		Lucro de unidade	$300	$500			
5					Horas		Horas
6			Horas usadas por unidade produzida		usadas		disponíveis
7		Fábrica 1	1	0	4	≤	4
8		Fábrica 2	0	2	6	≤	12
9		Fábrica 3	3	2	18	≤	18
10							
11			Portas	Janelas			Lucro total
12		Unidades produzidas	4	3			$2,700

Portanto, essa solução de avaliação é *viável*. Contudo, *não* seria viável aumentar mais as taxas de produção dos produtos, uma vez que E7 > G7 e E9 < G9.

Essa solução de teste fornece o melhor *mix* de taxas de produção? Não necessariamente. Deve ser possível aumentar mais o total de lucro ao aumentar uma taxa de produção e diminuir outra simultaneamente. Contudo, não é necessário insistir no método tentativa e erro para explorar essas possibilidades. Vamos descrever na Seção 2.5 como o Excel Solver é usado para encontrar rapidamente a melhor solução (ideal).

Este modelo de planilha é um modelo de programação linear

O modelo de planilha exibido na Figura 2.3 é um exemplo de um modelo de *programação linear* porque ele possui todas as seguintes características.

Características de um modelo de programação linear em uma planilha

1. Decisões devem ser tomadas nos níveis de um número de atividades, assim, as *células variáveis* são usadas para exibi-los. (As duas atividades para o problema da Wyndor são a produção dos dois novos produtos, então, as células variáveis exibem o número de unidades produzidas por semana para cada um desses produtos.)
2. Esses níveis de atividade podem ter qualquer valor (incluindo valores fracionários) que satisfaça uma série de restrições. (As taxas de produção de novos produtos da Wyndor são restritas apenas pelo número de horas de produção disponível nas três fábricas.)
3. Cada **restrição** descreve uma ressalva sobre os valores viáveis para os níveis das atividades, em que uma restrição geralmente é exibida por ter uma célula de saída à esquerda, um sinal matemático ($\leq$, $\geq$ ou =) no meio, e uma célula de dados à direita. (As três restrições da Wyndor envolvendo horas disponíveis nas fábricas são exibidas nas Figuras 2.2 a 2.4 por ter células de saída na coluna E, sinais de $\leq$ na coluna F, e células de dados na coluna G.)
4. As decisões sobre os níveis de atividade devem ser baseadas em uma medida geral de desempenho, que é inserida na *célula-alvo*. O objetivo é *maximizar* ou *minimizar* a célula-alvo, dependendo da natureza da medida de desempenho. (A medida geral de desempenho da Wyndor é o lucro total por semana dos dois novos produtos, assim, essa medida foi inserida na célula-alvo G12, em que o objetivo é maximizar essa célula.)
5. A equação para cada *célula de saída* (incluindo a célula-alvo) pode ser expressa como uma função SOMARPRODUTO[2], em que cada termo da soma é o produto de uma *célula de dados* e de uma *célula variável*. (A parte inferior da Figura 2.3 mostra como uma função SOMARPRODUTO é usada para cada célula de saída para o problema da Wyndor.)

As características 2 e 5 são as características-chave para diferenciar um modelo de programação linear de outros tipos de modelos matemáticos que podem ser formulados em uma planilha.

A característica 2 exclui situações em que os níveis de atividade precisam ter valores *inteiros*. Por exemplo, essa situação surgiria no problema da Wyndor se a decisão a ser tomada fosse o número *total* de portas e janelas a produzir (que deve ser inteiro), em vez dos números por semana (que podem ter valores fracionários, uma vez que a produção de uma porta ou janela pode ser iniciada em uma semana e concluída na outra). Quando os níveis de atividade precisam ter valores inteiros, é usado um tipo semelhante de modelo (chamado de modelo de *programação de número inteiro*), em vez de fazer um pequeno ajuste na planilha, como será ilustrado na Seção 3.2.

A característica 5 proíbe aqueles casos em que a equação de Excel para uma célula de saída que não pode ser expressa como uma função SOMARPRODUTO. Para ilustrá-los, suponha que o lucro semanal da produção de novas janelas da Wyndor possa ser *mais* do que dobrado ao dobrar a taxa de produção por causa das economias nas maiores quantidades de marketing. Isso significa que a equação de Excel para a célula-alvo precisaria ser mais complicada do que uma função SOMARPRODUTO. Considerações para formular esses modelos serão diferidas até o Capítulo 8.

Resumo do procedimento de formulação

O procedimento utilizado para formular um modelo de programação linear em uma planilha para o problema da Wyndor pode ser adaptado a muitos outros problemas. Segue um resumo das etapas envolvidas no procedimento:

1. Reúna os dados para o problema (como resumido na Tabela 2.1 para o problema da Wyndor).
2. Insira os dados nas *células de dados* em uma planilha.
3. Identifique as decisões a serem tomadas nos níveis de atividades e designe as *células variáveis* para exibir essas decisões.

---

[2] Também existem algumas situações especiais em que uma função de SOMA pode ser usada, pois todos os números que teriam sido inseridos nas células de dados correspondentes são 1.

4. Identifique as restrições nessas decisões e introduza as *células de saída* conforme necessário para especificar essas restrições.
5. Escolha a medida de desempenho geral a ser inserida na *célula-alvo*.
6. Use a função SOMARPRODUTO para inserir o valor apropriado em cada célula de saída (incluindo a célula-alvo).

Esse procedimento não esclarece os detalhes de como definir a planilha. Geralmente existem maneiras alternativas de fazê-lo, não apenas uma única maneira "certa". Uma das grandes forças das planilhas é sua flexibilidade para lidar com uma ampla variedade de problemas.

Perguntas de revisão

1. Quais são as três questões que precisam ser respondidas para iniciar o processo de formulação de um modelo de programação linear em uma planilha?
2. Quais são os papéis das células de dados, das células variáveis, das células de saída e da célula-alvo ao formular tal modelo?
3. Qual é a forma da equação do Excel para cada célula de saída (incluindo a célula-alvo) ao formular tal modelo?

2.3 MODELO MATEMÁTICO NA PLANILHA

Existem dois métodos largamente utilizados para formular um modelo de programação linear. Um é fazê-lo diretamente em uma planilha, como descrito na seção anterior. O outro é usar a álgebra para apresentar o modelo. As duas versões do modelo são equivalentes. A única diferença é se a linguagem de planilhas ou a de álgebra é usada para descrever o modelo. Ambas as versões têm suas vantagens, e o bilinguismo pode ser útil. Por exemplo, as duas versões levam a formas diferentes, mas complementares de analisar problemas como o da Wyndor (como discutido nas próximas duas seções). Uma vez que o livro enfatiza a abordagem de planilha, vamos apenas descrever brevemente a abordagem algébrica.

Modelo de programação linear pode ser formulado tanto como um modelo de planilha quanto como um modelo algébrico.

Formulação do modelo da Wyndor algebricamente

O raciocínio da abordagem algébrica é semelhante ao da abordagem de planilha. Na verdade, exceto por inserir entradas em uma planilha, as etapas iniciais são iguais às descritas na seção anterior para o problema da Wyndor.

1. Reunir os dados relevantes (Tabela 2.1 na Seção 2.1).
2. Identificar as decisões a serem tomadas (as taxas de produção para os dois novos produtos).
3. Identificar as restrições nessas decisões (o tempo de produção gasto nas respectivas fábricas não pode exceder a quantia disponível).
4. Identificar a medida de desempenho geral para essas decisões (o lucro total por semana dos dois produtos).
5. Converter a descrição verbal das restrições e da medida de desempenho em expressões quantitativas em termos de dados e decisões (ver abaixo).

Para começar a executar a etapa 5, note que a Tabela 2.1 indica que o número de horas de tempo de produção disponível por semana para os dois novos produtos nas respectivas fábricas é de 4, 12 e 18. Usar os dados nesta tabela para o número de horas usadas por porta ou janela produzida leva às seguintes expressões quantitativas para as restrições:

Fábrica 1	(# de portas)	$\leq$	4
Fábrica 2	2 (# de janelas)	$\leq$	12
Fábrica 3	3(# de portas) + 2(# de janelas)	$\leq$	18

Além disso, taxas de produção negativa são impossíveis, então, as duas outras restrições sobre as decisões são

(# de portas) ≥ 0 (# de janelas) ≥ 0

A medida de desempenho geral para essas decisões foi identificada como o lucro total por semana dos dois produtos. Uma vez que a Tabela 2.1 dá os lucros unitários para portas e janelas como 300 e 500 dólares, respectivamente, a expressão obtida na seção anterior para o lucro total por semana desses produtos é

$$\text{Lucro} = \$300(\text{\# de portas}) + \$500(\text{\# de janelas})$$

O objetivo é tomar as decisões (número de portas e número de janelas) de forma a maximizar esse lucro, sujeito a satisfazer todas as restrições identificadas acima.

Para expressar esse objetivo em um modelo algébrico compacto, introduzimos símbolos algébricos para representar a medida de desempenho e as decisões. Assim

P = Lucro (lucro total por semana dos dois produtos, em dólares)
D = # de portas (número das novas portas especiais a ser produzido por semana)
W = # de janelas (número das novas janelas especiais a ser produzido por semana)

Substituindo esses símbolos nas expressões acima para as restrições e as medidas de desempenho (e tirando os cifrões na última expressão), o modelo de programação linear para o problema da Wyndor agora pode ser escrito em forma algébrica como mostrado a seguir.

Modelo algébrico

Escolha os valores de D e W de forma a maximizar

$$P = 300D + 500W$$

sujeito a satisfazer todas as restrições seguintes:

$$\begin{aligned} D &\leq 4 \\ 2W &\leq 12 \\ 3D + 2W &\leq 18 \end{aligned}$$

e

$$D \geq 0 \qquad W \geq 0$$

Terminologia para modelos de programação linear

Muito da terminologia de modelos algébricos também é, algumas vezes, usado para modelos de planilha. A seguir estão alguns termos-chave para ambos os tipos de modelos no contexto do problema da Wyndor.

1. D e W (ou C12 e D12 na Figura 2.3) são as **decisões variáveis**.
2. $300D + 500W$ [ou SOMARPRODUTO(LucroUnitário, UnidadesProduzidas)] é a **função objetivo**.
3. P (ou G12) é o *valor da função objetivo* (ou *valor objetivo*, para resumir).
4. $D \geq 0$ e $W \geq 0$ (ou C12 $\geq$ 0 e D12 $\geq$ 0) são chamados de **restrições não negatividade** (ou *condições não negatividade*).
5. As outras restrições são referidas como **restrições funcionais** (ou *restrições estruturais*).
6. Os **parâmetros** do modelo são as constantes no modelo algébrico (os números nas células de dados).
7. *Qualquer* escolha de valores para as variáveis de decisão (relativamente a quão desejável ou indesejável é a escolha) é chamada de **solução** para o modelo.
8. Uma **solução viável** é a que satisfaz todas as restrições, enquanto uma **solução inviável** viola ao menos uma restrição.
9. A melhor solução viável, a que maximiza P (ou G12), é chamada de **solução ideal**. (É possível haver um *empate* para a melhor solução viável, caso em que todas as soluções empatadas são soluções ideais.)

> Cientistas da gestão frequentemente usam modelos algébricos, mas os gerentes geralmente preferem modelos de planilha.

Comparações

Então quais são as vantagens relativas dos modelos algébricos e de planilha? Um modelo algébrico fornece um enunciado bastante conciso e explícito do problema. Sofisticados pacotes de software que podem solucionar grandes problemas geralmente têm base em modelos algébricos em função de sua compacidade e sua facilidade de uso em reescalar o tamanho de um problema. Os adeptos da ciência da gestão com um extensivo histórico matemático consideram os modelos algébricos bastante utilizáveis. Para outros, porém, os modelos de planilha são muito mais intuitivos. Muitas pessoas muito inteligentes (incluindo muitos gerentes e estudantes de administração) consideram os modelos algébricos excessivamente abstratos. Planilhas erguem essa "cortina algébrica". Tantos os gerentes quanto os alunos de administração estudando para serem gerentes geralmente convivem com planilhas, não modelos algébricos. Portanto, a ênfase de todo este livro é em modelos de planilha.

Perguntas de revisão

1. Ao formular um modelo de programação linear, quais são as etapas iniciais comuns a uma formulação de planilha e a uma formulação algébrica?
2. Ao formular um modelo de programação linear algebricamente, os símbolos algébricos precisam ser introduzidos para representar que tipos de quantidades no modelo?
3. O que são decisões variáveis para um modelo de programação linear? A função objetivo? Restrições de não negatividade? Restrições funcionais?
4. O que se entende por uma solução viável para o modelo? Uma solução ideal?

2.4 MÉTODO GRÁFICO PARA SOLUCIONAR PROBLEMAS COM DUAS VARIÁVEIS

Os problemas de programação linear com apenas duas decisões variáveis, como o problema da Wyndor, podem ser solucionados por um **método gráfico**.

método gráfico Fornece uma percepção útil para a programação linear.

Embora esse método não possa ser usado para resolver problemas com mais de duas decisões variáveis (e a maioria dos problemas de programação tem bem mais que duas), ainda é válido aprendê-lo. O procedimento dá percepçao geométrica sobre programação linear e sobre o que está tentando se alcançar. Essa percepção é útil na análise de problemas maiores que não podem ser solucionados diretamente pelo método gráfico.

É mais conveniente aplicar o método gráfico na *versão algébrica* do modelo de programação linear do que na versão de planilha. Vamos ilustrar brevemente o método usando o modelo algébrico obtido para o problema da Wyndor na seção anterior. (Uma descrição bem mais detalhada do método gráfico, incluindo sua aplicação ao problema da Wyndor, é fornecida no suplemento deste capítulo no CD-ROM.) Para esse propósito, tenha em mente que

D = Taxa de produção para as novas portas especiais (o número na *célula variável* C12 da planilha)

W = Taxa de produção para as novas janelas especiais (o número na *célula variável* D12 da planilha)

A chave para o método gráfico é o fato de que possíveis soluções podem ser exibidas como pontos em um gráfico bidimensional que tem um eixo horizontal dando o valor de D e um eixo vertical dando o valor de W. A Figura 2.5 mostra alguns pontos de exemplo.

> *Nota:* Tanto $(D, W) = (2, 3)$ ou apenas $(2, 3)$ referem-se à solução $D = 2$ e $W = 3$, bem como ao ponto correspondente no gráfico. De modo semelhante, $(D, W) = (4, 6)$ significa que $D = 4$ e $W = 6$, enquanto a origem $(0, 0)$ significa que $D = 0$ e $W = 0$.

Para encontrar a solução ideal (a melhor solução viável), precisamos antes exibir graficamente onde estão as soluções viáveis. Para isso, devemos considerar cada restrição, identificar as soluções que são permitidas graficamente por essa restrição e combinamos essa informação para identificar as soluções permitidas por todas as restrições. Estas são soluções viáveis e a porção do gráfico bidimensional em que as soluções viáveis situam-se é referida como **região viável**.

região viável Os pontos, na região viável, são os que satisfazem todas as restrições.

O sombreado na Figura 2.6 mostra a região viável para o problema da Wyndor. Agora vamos destacar como foi identificada, considerando as cinco restrições, uma por vez.

FIGURA 2.5
Gráfico mostrando os pontos $(D, W) = (2, 3)$ e $(D, W) = (4, 6)$ para o problema de *mix* de produtos da Wyndor Glass Co.

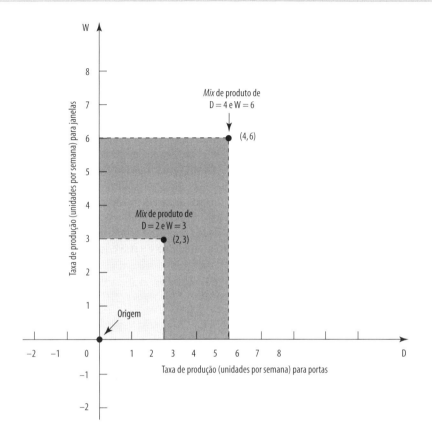

Para começar, a restrição $D \geq 0$ implica que a consideração deve ser limitada a pontos que se situam sobre ou à direita do eixo W. De modo semelhante, a restrição $W \geq 0$ restringe a consideração aos pontos sobre ou acima do eixo D.

FIGURA 2.6
Gráfico mostrando como a região viável é formada pelas linhas de restrição de limite, onde as setas indicam qual lado de cada linha é permitido pela restrição correspondente.

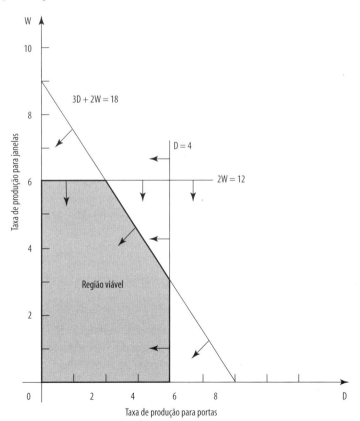

Depois, considere a primeira função de restrição, $D \leq 4$, que limita o uso da Fábrica 1 na produção de novas portas especiais a quatro horas por semana. As soluções permitidas por essa restrição se situam sobre ou à esquerda da linha vertical que intercepta o eixo D em $D = 4$, como indicado pelas setas apontando para a esquerda dessa linha na Figura 2.6.

A segunda restrição funcional, $2W \leq 12$, tem um efeito similar, exceto agora que o limite de sua região permissível é dado por uma linha *horizontal* com a equação $2W = 12$ (ou $W = 6$), como indicado pelas setas apontando para baixo dessa linha na Figura 2.6. A linha formando a fronteira do que é permitido por uma restrição é, por vezes, referida como uma **linha de limite de restrição**, e sua equação pode ser chamada de **equação de limite de restrição**. Frequentemente, uma *linha de limite de constrição* é identificada por sua equação.

> Para qualquer restrição com um sinal de desigualdade, a sua equação de limite de restrição é obtida através da substituição do sinal de desigualdade por um sinal de igualdade.

Para cada uma das duas primeiras restrições funcionais, $D \leq 4$ e $2W \leq 12$, note que a equação para a linha de limite de restrição ($D = 4$ e $2W = 12$, respectivamente) é obtida com a substituição do sinal de desigualdade pelo de igualdade. Para *qualquer* restrição com um sinal de desigualdade (seja uma restrição funcional ou uma restrição de não negatividade), a regra geral para a obtenção de sua equação de limite de restrição é substituir um sinal de igualdade pelo de desigualdade.

Agora precisamos considerar mais uma restrição funcional, $3D + 2W \leq 18$. Sua equação de limite de restrição

$$3D + 2W = 18$$

inclui ambas as variáveis, de forma que a linha de limite que ela representa não é nem uma linha vertical nem horizontal. Portanto, a linha de limite deve interceptar ambos os eixos em algum lugar. Mas onde?

> Quando uma linha de limite de restrição não é nem uma linha vertical nem horizontal, a linha intercepta o eixo no ponto D na linha em que $W = 0$. Da mesma forma, a linha *intercepta* o eixo W no ponto na linha em que $D = 0$.

Portanto, a linha de limite de restrição $3D + 2W = 18$ intercepta o eixo D no ponto em que $W = 0$.

$$\text{Quando } W = 0, \quad 3D + 2W = 18 \quad \text{se torna } 3D = 18$$

$$\text{então a interceptação com o eixo } D \text{ é em} \quad D = 6$$

> A localização de uma linha inclinada de limite de restrição é encontrada com a identificação de onde ela intercepta cada um dos dois eixos.

De forma semelhante, a linha intercepta o eixo W onde $D = 0$.

$$\text{Quando } D = 0, \quad 3D + 2W = 18 \quad \text{se torna } 2W = 18$$

$$\text{então a interceptação com o eixo } D \text{ é em} \quad W = 9$$

Consequentemente, a linha de limite de restrição é a que passa por esses dois pontos de interceptação, como mostrado na Figura 2.6.

> Verificar se (0, 0) satisfaz uma restrição indica o lado da linha de limite de restrição que satisfaz a restrição.

Conforme indicado pelas setas que se originam desta linha na Figura 2.6, as soluções permitidas pela restrição $3D + 2W \leq 18$ são aquelas que se encontram no lado de *origem* da linha de limite de restrição $3D + 2W = 18$. A maneira mais fácil de verificar isso é checar se a *própria* origem, $(D, W) = (0, 0)$, satisfaz a restrição.[3] Se isso ocorre, então a região permissível fica *ao lado da* linha de limite de restrição onde está a origem. Do contrário, ela fica do outro lado. Nesse caso,

$$3(0) + 2(0) = 0$$

então $(D, W) = (0, 0)$ satisfaz

$$3D + 2W \leq 18$$

(Na verdade, a origem satisfaz *qualquer* restrição com o sinal $\leq$ e um lado direito positivo.)

Uma solução viável para um problema de programação linear deve satisfazer *todas* as restrições *simultaneamente*. As setas na Figura 2.6 indicam que as soluções não negativas permitidas

---

[3] O único caso em que usar a origem para ajudar a determinar a região permissível *não* funciona é se a linha de limite de restrição passa pela origem. Nessa situação, qualquer outro ponto que não esteja nessa linha pode ser usado, assim como a origem.

por cada uma dessas restrições estão no lado da linha de limite de restrição onde está a origem (ou na própria linha). Portanto, as soluções viáveis são aquelas que estiverem mais próximas à origem do que *as três* linhas de limite de restrição (ou à linha mais próxima da origem).

Tendo identificado a região viável, a última etapa é descobrir qual dessas soluções viáveis é a melhor - a *solução ideal*. Para o problema da Wyndor, o objetivo passa a ser *maximizar* o lucro total por semana a partir dos dois produtos (denotado por *P*). Portanto, queremos encontrar uma solução viável (*D, W*) que torne o valor da função objetivo

$$P = 300D + 500W$$

o maior possível.

Para conseguir isso, precisamos localizar todos os pontos (*D, W*) no gráfico que dão um valor especificado da função objetivo. Por exemplo, considere um valor de *P* = 1.500 para a função objetivo. Quais pontos (*D, W*) dão 300*D* + 500*W* = 1.500?

Essa é a equação de uma *linha*. Assim como ao traçar linhas de limite de restrição, a localização dessa linha é encontrada com a identificação de suas interceptações com os dois eixos. Quando *W* = 0, essa equação rende *D* = 5, e da mesma forma, *W* = 3 quando *D* = 0, portanto, essas são as duas interceptações, como mostrado pela linha de baixo inclinada que passa pela região viável na Figura 2.7.

P = 1.500 é apenas um valor de amostra da função objetivo. Para qualquer outro valor especificado de *P*, os pontos (*D, W*) que dão esse valor de *P* também se encontram em uma linha chamada de *linha de função objetivo*.

> Uma **linha de função objetivo** é aquela em que todos os pontos têm o mesmo valor da função objetivo.

Para a linha de função objetivo inferior na Figura 2.7, os pontos nesta linha que se encontram na região viável oferecem formas alternativas de alcançar um valor de função objetivo de *P* = 1.500. Podemos fazer melhor? Vamos tentar duplicar o valor de *P* para *P* = 3.000. A linha de função objetivo correspondente

$$300D + 500W = 3.000$$

é mostrada na linha do meio na Figura 2.7. (Ignore a linha superior neste momento). Mais uma vez, essa linha inclui pontos na região viável, então *P* = 3.000 é possível.

Vamos parar para observar duas características interessantes dessas linhas de função objetivo para *P* = 1.500 e *P* = 3.000. Em primeiro lugar, essas linhas são *paralelas*. Segundo, *dobrando* o valor de *P* de 1,5 mil para 3 mil também *dobra* o valor de *W* em que a linha intercepta o eixo *W* de *W* = 3 para *W* = 6. Essas características não são coincidência, como indicado pelas seguintes propriedades.

FIGURA 2.7
Gráfico mostrando três linhas de função objetivo para o problema *mix* de produtos da Wyndor Glass Co., onde a do topo passa pela solução ideal.

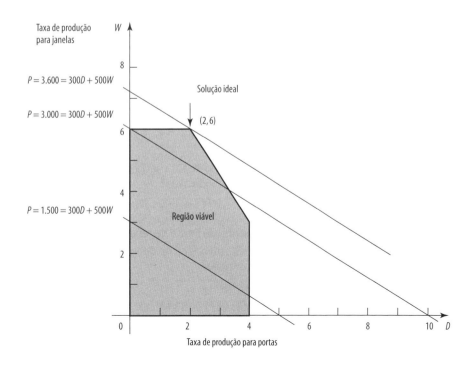

Propriedades-Chave para Linhas de Função Objetivo: Todas as linhas de função objetivo para o mesmo problema são *paralelas*. Além disso, o valor de W em que uma linha de função objetivo intercepta o eixo W é *proporcional* ao valor de P.

Essas propriedades-chave das linhas de função objetivo sugerem a estratégia a seguir para encontrar a solução ideal. Já tentamos $P = 1.500$ e $P = 3.000$ na Figura 2.7 e descobrimos que suas linhas de função objetivo incluem pontos na região viável. Aumentar P irá gerar novamente outra linha de função objetivo paralela mais longe da origem. A linha de função objetivo de especial interesse é uma das mais distantes da origem que ainda inclui um ponto na região viável. Essa é a terceira linha de função objetivo na Figura 2.7. O ponto nessa linha que está na região viável, $(D, W) = (2, 6)$, é a solução ideal, uma vez que nenhuma outra solução viável tem um valor maior de P.

Solução ideal

$D = 2$ (Produz 2 novas portas especiais por semana)

$W = 6$ (Produz 6 novas janelas especiais por semana)

Esses valoes de D e W pode ser substituídos na função objetivo para achar o valor de P.

$$P = 300D + 500W = 300(2) + 500(6) = 3.600$$

Confira este módulo nos Módulos Interativos de Ciência da gestão para saber mais sobre o método gráfico.

Os Módulos Interativos de Ciência da gestão (disponíveis no CD-ROM) incluem um módulo que é projetado para ajudar a aumentar seu entendimento do método gráfico. Chamado de *Programação Linear Gráfica e Análise de Sensibilidade*, ele permite que você veja imediatamente as linhas de limite de restrição e as linhas de função objetivo que resultam de qualquer modelo de programação linear com duas variáveis de decisão. Você também pode ver como as linhas de função objetivo o levam até a solução ideal. Outra característica importante do módulo é a facilidade com que você pode usar o método gráfico para executar a *análise "e se..."* para ver *o que* acontece *se* ocorrerem quaisquer alterações nos dados do problema. (Vamos nos concentrar na análise "e se..." para a programação linear, incluindo o papel do método gráfico para este tipo de análise, no Capítulo 5.)

Resumo do método gráfico

O método gráfico pode ser usado para resolver qualquer problema de programação linear tendo apenas duas variáveis de decisão. Ele usa as seguintes etapas:

1. Traçar a linha de limite de restrição para cada restrição funcional. Usar a origem (ou qualquer ponto que não esteja na linha) para determinar qual lado da linha é permitido pela restrição.
2. Encontrar a região viável determinando onde todas as restrições são satisfeitas simultaneamente.
3. Determinar a inclinação de uma linha de função objetivo. Todas as outras linhas de função objetivo terão a mesma inclinação.
4. Mover uma borda reta com essa inclinação pela região viável para aumentar os valores da função objetivo. Pare no exato momento em que a borda reta ainda passa por um ponto da região viável. Essa linha dada pela borda reta é a linha de função objetivo ideal.
5. Um ponto viável na linha de função objetivo ideal é uma solução ideal.

Perguntas de revisão

1. O método gráfico pode ser usado para resolver problemas de programação linear com quantas variáveis de decisão?
2. O que os eixos representam quando aplicado o método gráfico ao problema da Wyndor?
3. O que é uma linha de limite de restrição? Uma equação de limite de restrição?
4. Qual é a maneira mais fácil de determinar o lado de uma linha de limite de restrição permitido pela restrição?

2.5 USO DO EXCEL PARA SOLUCIONAR PROBLEMAS DE PROGRAMAÇÃO LINEAR

O método gráfico é muito útil para obter percepção geométrica sobre programação linear, mas o seu uso prático é rigorosamente limitado porque resolve apenas problemas pequenos

Dica do Excel: Se você selecionar células com um clique, primeiro elas aparecerão na caixa de diálogo com seus endereços e sinais de dólar (p. ex., $C$9:$D$9). Você pode ignorar os sinais de dólar. Com o tempo, o Solver irá substituir os endereços das células e os sinais de dólar pelo nome de intervalo correspondente (se um nome de intervalo foi definido para os endereços de determinada célula), mas somente após a adição de uma restrição ou após o fechamento e reabertura da caixa de diálogo Solver.

Dica do Solver: Para selecionar as células variáveis, clique e arraste o intervalo de células. Se as células variáveis não forem contíguas, você pode digitar uma vírgula e selecionar outro intervalo de células. Até 200 células variáveis podem ser selecionadas com a versão do Solver que acompanha o Excel.

A caixa de diálogo Adicionar Restrição é usada para especificar todas as restrições funcionais.

Ao resolver um problema de programação linear, certifique-se de especificar quais restrições de não negatividade são necessárias e que o modelo é linear, escolhendo LP Simplex (para Excel 2010) ou Presumir modelo linear (para versões anteriores).

com duas variáveis de decisão. É necessário outro procedimento que resolverá problemas de programação linear de qualquer tamanho razoável. Felizmente, o Excel inclui uma ferramenta chamada **Solver** que fará isso uma vez que o modelo de planilha tenha sido formulado como descrito na Seção 2.2. Para acessar o Solver pela primeira vez, você precisa instalá-lo. Para o Excel 2007 e 2010, clique no botão Office, escolha Opões do Excel, clique em Suplementos no canto esquerdo da janela, selecione Suplementos de Gerenciamento do Excel na parte inferior da janela e aperte no botão Ir. Certifique-se que o Solver esteja selecionado na caixa de diálogo Suplementos, ele deve aparecer na guia Dados. Para Excel 2008 (para Mac), acesse **www.solver.com/mac** para baixar e instalar o aplicativo. Para versões do Excel anteriores a 2007, escolha Suplementos no menu Ferramentas e certifique-se que o Solver esteja selecionado. Ele deve aparecer no menu Ferramentas.

A Figura 2.3 na Seção 2.2 mostra o modelo de planilha para o problema da Wyndor. Os valores das variáveis de decisão (as taxas de produção para os dois produtos) estão nas *células variáveis*, UnidadesProduzidas (C12:D12), e o valor para a função objetivo (o total de lucro por semana dos dois produtos) está no LucroTotal (G12) da *célula de objetivo* ou *de destino*. Para começar, uma solução de teste arbitrária foi inserida colocando-se zeros nas células variáveis. O Solver irá trocá-las para valores ideais depois de solucionar o problema.

Esse procedimento é iniciado escolhendo o Solver na guia Dados (para Excel 2007 ou 2010), ou abrindo o aplicativo Solver (para Excel 2008 para Mac), ou escolhendo o Solver no menu Ferramentas (para as versões do Excel anteriores a 2007). A Figura 2.8 mostra a caixa de diálogo do Solver do Excel 2010 na parte superior e a caixa de diálogo para versões anteriores na parte inferior. Elas são usadas para informar o Solver onde cada componente do modelo está localizado na planilha. Note que a caixa de diálogo do Solver para Excel 2010 parece, de certa forma, diferente das versões anteriores do Excel. Uma diferença notável é a terminologia usada para a primeira entrada. O Excel 2010 se refere a ela como a *célula de objetivo*; enquanto as versões anteriores, como *célula-alvo*. Utilizamos ambos os termos até esse ponto do texto, mas, para simplificar a interpretação, vamos nos referir simplesmente à célula-alvo daqui em diante.

Você tem as opções de digitar os nomes de intervalo e os endereços da célula, ou clicar nas células na planilha. A Figura 2.8 mostra o resultado com a primeira alternativa, assim, o LucroTotal (em vez de G12) foi inserido na célula-alvo. Sendo o objetivo maximizar a célula-alvo, também foi selecionada a opção Max. A próxima entrada na caixa de diálogo do Solver identifica as *células variáveis*, as UnidadesProduzidas (C12:D12) para o problema da Wyndor. (O Excel 2010 refere-se a elas como *células de variação*, mas vamos continuar usando o termo mais curto *células variáveis*, usado por versões anteriores do Excel.)

Depois, as células que contêm as restrições funcionais precisam ser especificadas. Isso é feito clicando-se no botão de Adicionar na caixa de diálogo do Solver, o que traz a caixa de diálogo do Adicionar Restrição mostrada na Figura 2.9. Os sinais ≤ nas células F7, F8, F9 e da Figura 2.3 são um lembrete de que todas as células em HorasUsadas (E7:E9) necessitam ser menores ou iguais às células correspondentes em HorasDisponíveis (G7:G9). Essas restrições são especificadas para o Solver inserindo HorasUsadas (ou E7:E9) no lado esquerdo da caixa de diálogo Adicionar Restrição e HorasDisponíveis (ou G7:G9) no lado direito. Para o sinal entre esses dois lados, há um menu para escolher entre <=, = ou> =, de modo que <= foi o sinal escolhido. Essa escolha é necessária, embora os sinais ≤ foram inseridos anteriormente na coluna F da planilha porque o Solver utiliza apenas as restrições que são especificadas com a caixa de diálogo Adicionar Restrição.

Se houvesse mais restrições funcionais para adicionar, você clicaria em Adicionar para abrir uma nova caixa de diálogo Adicionar Restrição. No entanto, uma vez que elas não existem mais neste exemplo, o próximo passo é clicar em OK para voltar à caixa de diálogo do Solver.

Antes de pedir ao Solver para solucionar o modelo, é preciso realizar mais duas etapas: 1 - dizer ao Solver que as restrições de não negatividade são necessárias para as células variáveis para rejeitar as taxas negativas de produção; 2 - especificar que esse é um problema de programação *linear*, assim, o método simplex (o método padrão utilizado pelo Solver para resolver problemas de programação linear) pode ser usado. Ao usar as versões do Excel antes de 2010, começamos clicando no botão Opções para abrir a caixa de diálogo mostrada na Figura 2.10. Os dois passos são executados verificando as opções *Assumir Não Negativo* e *Assumir Modelo Linear* (como foi feito na Figura 2.10) e, então, clicando em OK para retornar à caixa de diálogo do Solver. Em relação às outras opções (que também estão disponíveis no Excel 2010 Solver clicando no botão

Opções), aceitar os valores padrão mostrados na figura geralmente é bom para pequenos problemas. Ao usar o Excel 2010, não há necessidade de trazer a sua caixa de diálogo de Opções do Solver porque os dois passos são executados agora diretamente na caixa de diálogo do Solver.

Caixa de diálogo incompleta do Solver do Excel 2010

FIGURA 2.8
Caixa de diálogo Solver para o Excel 2010 (acima) e versões anteriores (abaixo) depois de especificar os primeiros componentes do modelo para o problema da Wyndor. Embora seja usada terminologia diferente, as entradas são as mesmas – TotalProfit (LucroTotal) (G12) está sendo maximizado pela mudança em UnitsProduced (UnidadesProduzidas) (C12:D12). A Figura 2.9 demonstra a adição de restrições; e as Figuras 2.10 e 2.11, as alterações necessárias para especificar que o problema em consideração é de programação linear. (O *Método de solução* mostrado aqui – GRG Nonlinear (GRG Não Linear) – não é aplicável a problemas de programação linear.)

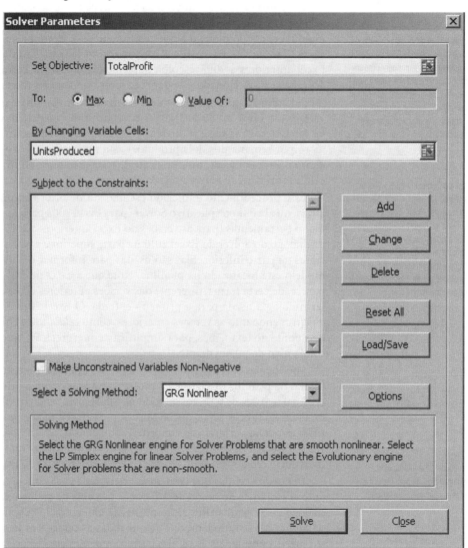

Caixa de diálogo incompleta do Solver de versões anteriores do Excel

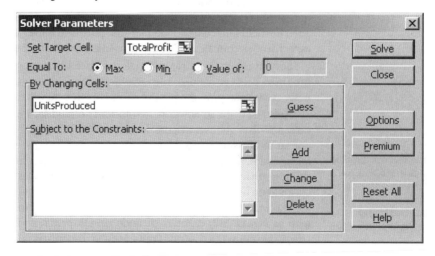

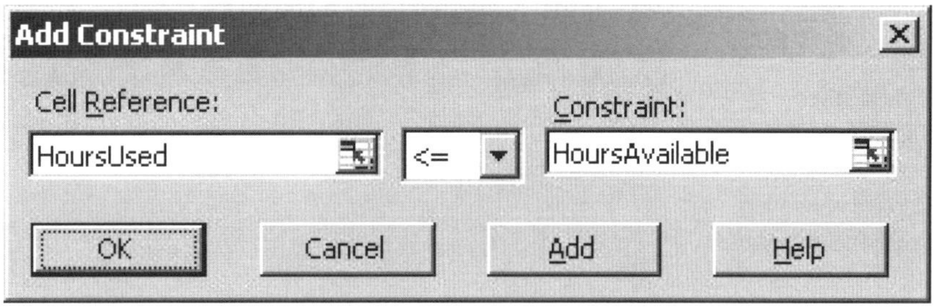

FIGURA 2.9
Caixa de diálogo Add Constraint (Adicionar Restrição) depois de especificar que as células E7, E8 e E9 na Figura 2.3 devem ser obrigatoriamente menores ou iguais às células G7, G8, e G9, respectivamente.

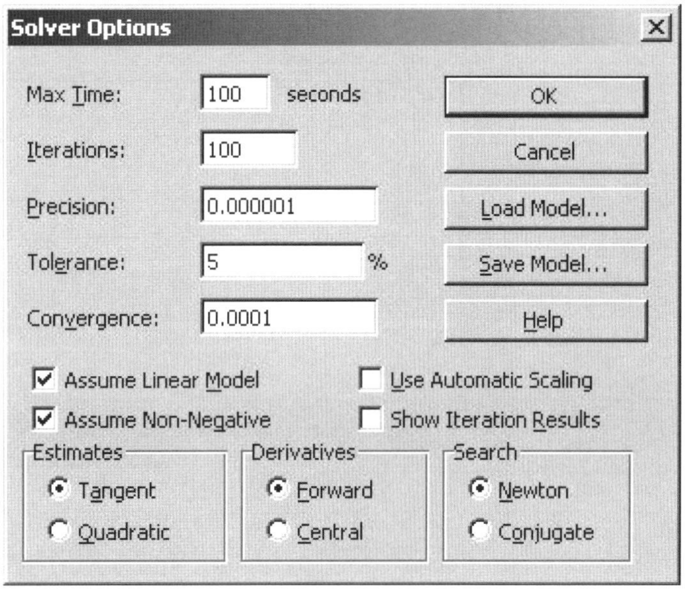

FIGURA 2.10
Caixa de diálogo Solver Options (Opções do Solver) para as versões do Excel anteriores a 2010 depois de verificar as opções Assume Linear Model (Presumir Modelo Linear) e Assume Non-Negative (Assumir Não Negativo) para indicar que queremos solucionar um modelo de programação linear que tem restrições de não negatividade.

Dica do Solver: A mensagem "Solver não conseguiu encontrar uma solução viável" significa que não há soluções que satisfaçam todas as restrições. A mensagem "Os valores da célula objetiva não convergem" significa que o Solver não pôde encontrar a melhor solução, pois soluções melhores sempre estão disponíveis (p. ex., se as restrições não preveem lucro infinito). No Excel 2010, a mensagem "As condições de linearidade exigidas por esse LP Solver não são satisfeitas" significa que o Simplex LP foi escolhido como o Método de solução, mas o modelo não é linear. Em versões anteriores do Excel, a mensagem "As condições para Assumir Modelo Linear não estão satisfeitas" significa que a caixa de seleção Assumir Modelo Linear foi marcada, mas o modelo não é linear.

Isso é demonstrado na metade superior da Figura 2.11, em que a opção *Crie Variáveis de Não Restrição Não Negativas* foi verificada, e o *Método de Solução* escolhido é o *LP Simplex* (em vez de *GRG Não Linear* ou *Evolutionary*, que são usados para resolver problemas não lineares). Com o Excel 2010 ou versões anteriores, as caixas de diálogo do Solver mostradas na Figura 2.11 agora resumem o modelo completo.

Agora você está pronto para clicar em Solucionar na caixa de diálogo do Solver, que irá iniciar a resolução do problema no segundo plano. Depois de alguns segundos (para um problema pequeno), o Solver indicará os resultados. Normalmente, ele informa que foi encontrada uma solução ideal, conforme especificado na caixa de diálogo Solver Results, exibida na Figura 2.12. Se o modelo não tem soluções viáveis ou não tem uma solução ideal, a caixa de diálogo mostrará que "O Solver não conseguiu encontrar uma solução viável" ou que "Os valores das Células Objetivas não convergem". (A Seção 14.1 descreve como essas possibilidades ocorrem.) A caixa de diálogo também apresenta a opção de gerar vários relatórios. Um deles (o Relatório de Sensibilidade) será discutido em detalhes no Capítulo 5.

Depois de solucionar o modelo e clicar em OK na caixa de diálogo Resultados do Solver, o Solver substitui os números originais nas células variáveis pelo número ideal, como na Figura 2.13. Dessa forma, a solução ideal é produzir duas portas e seis janelas por semana, assim como foi encontrado pelo método gráfico na seção anterior. A planilha também indica o número correspondente na célula-alvo (um lucro total de $3.600 por semana), bem como os números nas células de saída HorasUsadas (E7:E9).

As entradas necessárias para a caixa de diálogo Solver estão resumidas na caixa de parâmetros do *Solver* exibida na parte inferior esquerda da Figura 2.13. Em vez de mostrar imagens das duas caixas de diálogo diferentes do Solver (uma para Excel 2010 e outra para versões anteriores), cada uma com a terminologia um pouco diferente, esse resumo fornece as informações que precisam ser inseridas para ambas as caixas de diálogo e combina a terminologia vista em ambas as versões. Um resumo mais compacto dos parâmetros do Solver será exibido para todos os modelos que envolvem o Solver neste livro.

FIGURA 2.11
Caixa de diálogo Solver completa para o Excel 2010 (acima) e versões anteriores (abaixo) depois de especificar o modelo completo em termos da planilha.

Caixa de diálogo completa do Solver do Excel 2010

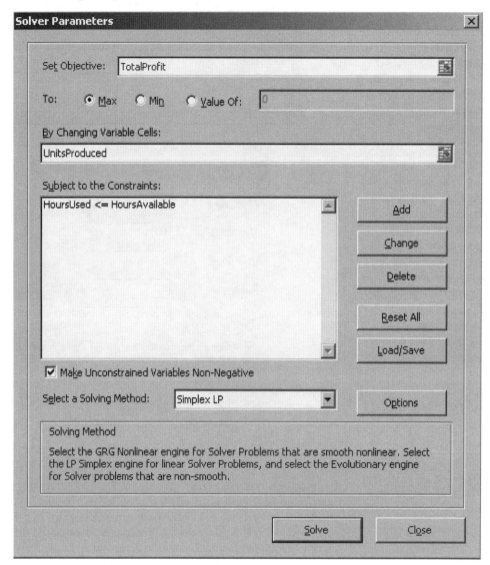

Caixa de diálogo completa do Solver de versões anteriores do Excel

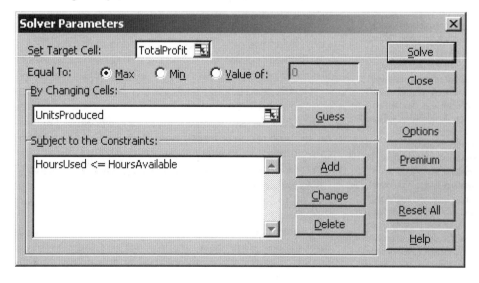

2.5 Uso do Excel para solucionar problemas de programação linear 41

FIGURA 2.12
Caixa de diálogo Solver Results (Resultados Solver) indicando que uma solução ideal foi encontrada.

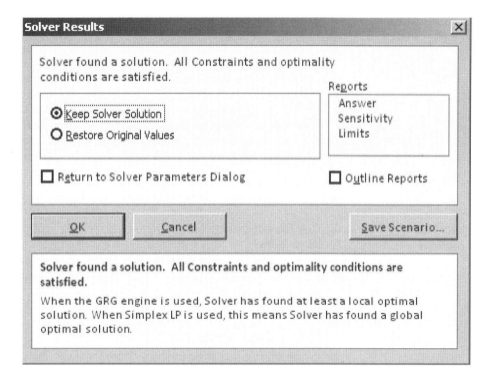

FIGURA 2.13
Planilha obtida depois de solucionado o problema da Wyndor.

	A	B	C	D	E	F	G
1		Problema de *mix* de produtos da Wyndor Glass Co.					
2							
3			**Portas**	**Janelas**			
4		Lucro de unidade	$300	$500			
5					Horas		Horas
6			Horas usadas por unidade produzida		usadas		disponíveis
7		Fábrica 1	1	0	2	≤	4
8		Fábrica 2	0	2	12	≤	12
9		Fábrica 3	3	2	18	≤	18
10							
11			**Portas**	**Janelas**			**Lucro total**
12		Unidades produzidas	2	6			$3.600

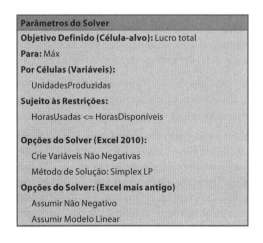

	E
5	Horas
6	usadas
7	=SOMARPRODUTO(C7:D7, UnidadesProduzidas)
8	=SOMARPRODUTO(C8:D8, UnidadesProduzidas)
9	=SOMARPRODUTO(C9:D9, UnidadesProduzidas)

	G
11	Lucro total
12	=SOMARPRODUTO(LucroUnitário, UnidadesProduzidas)

Nomes de Intervalo	Células
HorasDisponíveis	G7:G9
HorasUsadas	E7:E9
HorasUsadasPorUnidadesProduzidas	C7:D9
LucroTotal	G12
LucroUnitário	C4:D4
UnidadesProduzidas	C12:D12

Nesse ponto, talvez você queira verificar o que aconteceria com a solução ideal se qualquer um dos números nas células de dados tivesse de ser alterado para outros valores possíveis. Isso é fácil de fazer porque o Solver salva todos os endereços para a célula-alvo, para as células variáveis, para as restrições e assim por diante quando o arquivo é salvo. Você precisa fazer as alterações desejadas nas células de dados e clicar em Solve, novamente na caixa de diálogo do Solver. (O Capítulo 5 incidirá o tipo de análise "e se", incluindo como usar o Relatório de sensibilidade do Solver para agilizar a análise.)

Para ajudá-lo a experimentar esses tipos de mudanças, o MS Courseware inclui arquivos Excel para o capítulo (assim como para os outros) que oferecem uma completa formulação e a solução dos exemplos aqui (o problema da Wyndor e um na próxima seção) em um formato de planilha. Nós o incentivamos a "brincar" com esses exemplos para ver o que acontece com dados diferentes, soluções diferentes, e assim por diante. Você também pode considerar essas planilhas úteis como modelos para problemas de tema de casa.

Perguntas de revisão

1. Qual caixa de diálogo é usada para inserir os endereços para a célula-alvo e para as células variáveis?
2. Qual caixa de diálogo é usada para especificar as restrições funcionais para o modelo?
3. Quais opções normalmente precisam ser escolhidas para solucionar o modelo de programação linear?

2.6 EXEMPLO DE MINIMIZAÇÃO – PROFIT & GAMBIT CO. PROBLEMA DO *MIX* DE PROPAGANDA

A análise do estudo de caso da Wyndor Glass Co. nas Seções 2.2 e 2.5 ilustrou como formular e solucionar um tipo de modelo de programação linear em uma planilha. A mesma abordagem geral pode ser aplicada a muitos outros problemas também. A grande flexibilidade de programação linear e de planilhas fornece uma variedade de opções de como se adaptar à formulação do modelo de planilha para se ajustar a cada novo problema. O próximo problema ilustra algumas opções não usadas para o problema da Wyndor.

Planejamento de campanha publicitária

A **Profit & Gambit Co.** fabrica produtos de limpeza para o uso doméstico. Esse é um mercado altamente competitivo, e a empresa luta continuamente para melhorar sua pequena cota de mercado. A gestão decidiu encarregar-se de uma forte campanha publicitária nova que terá como foco os seguintes produtos-chave:

- Um *spray* removedor de manchas pré-lavagem.
- Um detergente líquido para lavagem de roupas.
- Um detergente em pó de lavagem de roupas.

A campanha será veiculada na televisão e na mídia impressa. Um comercial foi desenvolvido para ser exibido na rede nacional de televisão e apresentará o detergente líquido. O anúncio para a mídia impressa promoverá os três produtos e contará com cupons de desconto que os consumidores podem usar na compra dos produtos a preços reduzidos. O objetivo geral é aumentar as vendas de cada um desses produtos (mas especialmente as do detergente líquido) durante o próximo ano, com um percentual significativo em relação ao ano passado. Especificamente, a gestão definiu as seguintes metas para a campanha:

- As vendas do removedor de manchas devem aumentar em pelo menos 3%.
- As vendas do detergente líquido devem aumentar em pelo menos 18%.
- As vendas do detergente em pó devem aumentar em pelo menos 4%.

A Tabela 2.2 mostra o aumento estimado em vendas para cada *unidade* de publicidade nas respectivas saídas.[4] (Uma *unidade* é um bloco padrão de publicidade que a Profit & Gambit comumente compra, mas outros valores também são permitidos). A razão para –1% para o detergente em pó na coluna da Televisão deve-se ao fato de que o comercial de TV que apresenta o novo detergente líquido vai tirar algumas vendas do detergente em pó. A linha inferior da tabela mostra o custo por unidade de publicidade para cada uma das duas saídas.

---

[4] Numa hipótese simplificadora, cada unidade adicional de publicidade em uma tomada particular trará o mesmo aumento em vendas, independentemente de quanto de publicidade já está sendo feito. Isso se torna um pressuposto fraco quando os níveis de publicidade em consideração podem alcançar um nível de saturação (como no Caso 8.1), mas é uma aproximação razoável para os níveis pequenos de publicidade a serem considerados neste problema.

TABELA 2.2
Dados para o problema de *mix* de publicidade da Profit & Gambit Co.

Produto	Aumento nas vendas por unidade de publicidade		Aumento mínimo necessário
	Televisão	Mídia impressa	
Removedor de mancha	0%	1%	3%
Detergente líquido	3	2	18
Detergente em pó	1	4	4
Custo unitário	$1 milhão	$2 milhões	

O objetivo da administração é determinar o quanto anunciar em cada mídia para atender as metas de vendas a um custo total mínimo.

Formulação de modelo de planilha para este problema

O procedimento resumido no final da Seção 2.2 pode ser usado para formular o modelo de planilha para este problema. Cada etapa do procedimento é repetida a seguir, seguida por uma descrição de como ele é realizado aqui.

1. Reunir os dados para o problema. Isso foi feito, como apresentado na Tabela 2.2.
2. Inserir os dados nas *células de dados* em uma planilha. A metade de cima da Figura 2.14 mostra essa planilha. As células de dados estão nas colunas C e D (linhas 4 e 8 à 10), bem como nas células G8:G10. Note como essa formatação em particular da planilha facilitou uma transferência direta dos dados da Tabela 2.2.
3. Identificar as decisões a serem tomadas nos níveis de atividades e designar as *células variáveis* para a tomada dessas decisões. Nesse caso, as atividades de preocupação são a *publicidade na televisão* e a *publicidade na mídia impressa*, por isso os *níveis* dessas atividades referem-se à *quantidade* de publicidade nesses meios. Assim, as decisões a serem tomadas são:

    Decisão 1: TV = Número de unidades de propagandas na televisão
    Decisão 2: PM = Número de unidades de propaganda na mídia impressa

    As duas células cinzentas com bordas claras na Figura 2.14 – C14 e D14 – foram designadas como células variáveis para manter esses números:

    TV → célula C14   PM → célula D14

    com UnidadesPublicidade como o nome de intervalo para essas células. (Veja a parte inferior da Figura 2.14 para uma lista de todos os nomes de intervalo). Esses são locais naturais para as células variáveis, pois cada uma está na coluna do veículo publicitário correspondente. Para começar, uma solução de avaliação arbitrária (como todos os zeros) é celebrada nessas células. (A Figura 2.14 mostra a melhor solução depois de já ter se aplicado o Solver.)
4. Identificar as restrições nessas decisões e introduzir as *células de saída* conforme necessário para especificar essas restrições. As três restrições impostas pela administração são as metas para o aumento das vendas dos respectivos produtos, como exibido na coluna mais à direita da Tabela 2.2. Essas restrições são:

    > Diferente do problema da Wyndor, precisamos usar o sinal ≥ para essas restrições.

    Removedor de manchas: Aumento total nas vendas ≥ 3%
    Detergente líquido: Aumento total nas vendas ≥ 18%
    Detergente em pó: Aumento total nas vendas ≥ 4%

    A segunda e a terceira colunas da Tabela 2.2 indicam que o aumento *total* das vendas de ambas as formas de publicidade são:

    Total de removedor de manchas = 1% de PM
    Total de detergente líquido = 3% de TV + 2% de PM
    Total de detergente em pó = –1% de TV + 4% de PM

FIGURA 2.14
Modelo de planilha para o problema da Profit & Gambit, incluindo as fórmulas para a célula-alvo LucroTotal (G14) e as outras células de saída na coluna E, bem como as especificações necessárias para definir o Solver. As células variáveis, UnidadesPublicidade (C14:D14), mostram a solução ideal obtida pelo Solver.

	A	B	C	D	E	F	G
1	Problema de *mix* de publicidade da Profit & Gambit Co.						
2							
3			Televisão	Mídia impressa			
4		Custo unit. ($milhões)	1	2			
5					Aumento		Aumento
6			Aumento nas Vendas por Unid. de Publicidade		nas vendas		mínimo
7		Removedor de mancha	0%	1%	3%	≥	3%
8		Detergente líquido	3%	2%	18%	≥	18%
9		Detergente em pó	−1%	4%	8%	≥	4%
10							
11							**Custo total**
12			Televisão	Mídia impressa			($milhões)
13		Unid. publicidade	4	3			10

Parâmetros do Solver
Objetivo Definido (Célula-alvo): CustoTotal
Para: Mín
Por Células (Variáveis):
  UnidadesPublicidade
Sujeito às Restrições:
  AumentoVendas >= AumentoMínimo

Opções do Solver (Excel 2010):
  Crie Variáveis Não Negativas
  Método de Solução: Simplex LP
Opções do Solver (Excel mais antigo):
  Assumir Não Negativo
  Assumir Modelo Linear

	E
5	Aumento
6	nas vendas
7	=SOMARPRODUTO(C8:D8, UnidadesPublicidade)
8	=SOMARPRODUTO(C9:D9, UnidadesProduzidas)
9	=SOMARPRODUTO(C10:D10, UnidadesPublicidade)

	G
11	Custo total
12	($ milhões)
13	=SOMARPRODUTO(CustoUnitário, UnidadesPublicidade)

Nomes de Intervalo	Células
UnidadesPublicidade	C14:D14
AumentoVendas	E8:E10
AumentoVendasPorUnidadePublicidade	C8:D10
AumentoMínimo	G8:G10
CustoTotal	G14
CustoUnitário	C4:D4

Consequentemente, uma vez que as linhas 8, 9 e 10 na planilha contêm informações sobre os três produtos, as células E8, E9 e E10 são introduzidas como células de saída para mostrar o aumento total das vendas para os respectivos produtos. Além disso, os sinais ≥ foram introduzidos na coluna F para lembrar que o aumento de vendas precisa ser pelo menos tão grande como os números na coluna G. (A utilização dos sinais ≥ aqui em vez dos ≤ é uma diferença fundamental do modelo de planilha para o problema da Wyndor na Figura 2.3.)

Diferente do problema da Wyndor, o objetivo agora é minimizar a célula-alvo.

5. Escolher a medida de desempenho geral a ser inserida na *célula-alvo*. O objetivo da administração é determinar o quanto anunciar em cada mídia para atender as metas de vendas a um *custo total mínimo*. Portanto, o *custo total* da publicidade é inserido na célula-alvo CustoTotal (G14). A G14 é um local natural para essa célula, pois está na mesma linha que as células variáveis. A linha inferior da Tabela 2.2 indica que o número que vai para essa célula é

    Custo = ($1 milhão) TV + ($2 milhões) PM → célula G14

6. Usar a função SOMARPRODUTO para inserir o valor apropriado em cada célula de saída (incluindo a célula-alvo). Com base nas expressões dadas para o custo e aumento do total de vendas, as funções SOMARPRODUTO necessárias aqui para as células de saída são aquelas mostradas abaixo do lado direito da planilha na Figura 2.14. Note que cada uma dessas funções envolve as células de dados relevantes e as células variáveis, UnidadesPublicidade (C14:D14).

Esse modelo de planilha é um modelo de programação linear, uma vez que possui todas as características desses modelos enumerados na Seção 2.2.

VINHETA DE APLICAÇÃO

A **Samsung Electronics Corporation, Ltd. (SEC)**, é uma empresa líder no mercado de dispositivos de memória de acesso aleatório dinâmico e estático e outros circuitos digitais avançados integrados. Sua unidade em Kiheung, Coreia do Sul (provavelmente a maior unidade de fabricação de semicondutores do mundo), fabrica mais de 300 mil wafers de silício por mês e emprega mais de 10 mil pessoas.

Tempo de ciclo é o termo da indústria para o tempo decorrido desde a liberação de um lote de wafers de silício em branco no processo de fabricação até a conclusão dos dispositivos que são fabricados naqueles wafers. Redução dos tempos de ciclo é um objetivo permanente, uma vez que diminui os custos e permite oferecer menor tempo de execução a potenciais clientes, uma verdadeira chave para manter ou aumentar a participação de mercado em um setor muito competitivo.

Três fatores apresentam desafios particularmente importantes para reduzir os tempos de ciclo. Um é que o *mix* de produto muda continuamente. Outro é que muitas vezes a empresa precisa fazer mudanças substanciais na programação de *fab-out* dentro do ciclo de tempo-alvo, uma vez que revisa as previsões de demanda do cliente. O terceiro é que as máquinas de um tipo geral não são homogêneas, então apenas um pequeno número de máquinas está qualificado para executar cada passo do dispositivo.

A equipe da ciência da gestão desenvolveu um *modelo de programação linear enorme com dezenas de milhares de variáveis de decisão e restrições funcionais* para lidar com esses desafios. A função objetivo envolve a minimização de pedidos em espera e estoque de produtos finais.

A implementação em curso do modelo permitiu à empresa reduzir os tempos de ciclo de produção para fabricar dispositivos de memória dinâmica de acesso aleatório de mais de 80 dias para menos de 30. Essa melhoria tremenda e a consequente redução de custos de produção e de preços de venda permitiram a Samsung capturar *um adicional* **de 200 milhões de dólares** *em faturamento anual*.

Fonte: R. C. Leachman, J. Kang, and Y. Lin, "SLIM: Short Cycle Time and Low Inventory in Manufacturing at Samsung Electronics," *Interfaces* 32, n.1 (January–February 2002), p. 61–77. (Um link para esse artigo é fornecido no *site* **www.mhhe.com/hillier4e**.)

Aplicação do Solver nesse modelo

O procedimento para a utilização do Excel Solver para obter uma solução ideal para esse modelo é basicamente o mesmo descrito na Seção 2.5. Os parâmetros do Solver são mostrados abaixo do lado esquerdo da planilha, na Figura 2.14. Além de especificar a célula-alvo e as células variáveis, as restrições que a AumentoVendas ≥ AumentoMínimo especificou nessa caixa usando a caixa de diálogo Adicionar Restrição. Uma vez que o objetivo é *minimizar* o custo total, Min também foi selecionado. (Isso contrasta com a escolha do Max para o problema da Wyndor.)

Duas opções também são especificadas na parte inferior da caixa Solver Parameters, no lado inferior esquerdo da Figura 2.14. As células variáveis precisam de restrições de não negatividade (especificado na caixa de diálogo principal do Solver no Excel 2010 e depois de clicar em Opções em versões anteriores do Excel) porque os valores negativos dos níveis de publicidade não são alternativas possíveis. Escolher o método de resolução Simplex LP (Excel 2010) ou a opção Assumir Modelo Linear (após clicar em Opções em versões anteriores do Excel) especifica que esse é um modelo de programação linear.

Depois de clicar em Solve na caixa de diálogo Solver e clicando em OK na caixa de diálogo Solver Results, a solução ideal exibida nas células variáveis da planilha na Figura 2.14 é obtida.

Solução ideal

C14 = 4 (Empreende 4 unidades de publicidade na televisão)
D14 = 3 (Empreende 3 unidades de publicidade na mídia impressa)

A célula-alvo indica que o custo total desse plano de publicidade seria de 10 milhões de dólares.

Modelo matemático na planilha

Ao executar a etapa 5 do procedimento para a formulação de um modelo de planilha, o custo total da publicidade foi determinado em

$$\text{Custo} = \text{TV} + 2\,\text{PM} \text{ (em milhões de dólares)}$$

em que o objetivo é escolher os valores de TV (número de unidades de publicidade na televisão) e de PM (número de unidades de publicidade na mídia impressa) de modo a minimizar esse custo. O Passo 4 identificou três restrições funcionais:

Removedor de manchas:	1% de PM	≥ 3%
Detergente líquido:	3% de TV + 2% de PM	≥ 18%
Detergente em pó:	–1% de TV = 4% de PM	≥ 4%

Escolher a opção Assumir Não Negativo com o Solver reconheceu que TV e PM não podem ser negativos. Portanto, depois de deixar os sinais de porcentagem das restrições funcionais, o modelo matemático completo na planilha pode ser expresso na forma sucinta a seguir.

$$\text{Minimizar Custo} = TV + 2\,PM \text{ (em milhões de dólares)}$$

sujeito a

Aumento das vendas do removedor de manchas:	PM ≥ 3
Aumento das vendas de detergente líquido:	3 TV + 2 PM ≥ 18
Aumento das vendas de detergente em pó:	–TV + 4 PM ≥ 4

e

$$TV \geq 0 \qquad PM \geq 0$$

Implícita nessa afirmação está "Escolha os valores de TV e PM, de modo a..." O termo "sujeito a" é uma abreviação para "Escolher esses valores *sujeitos à* exigência de que os valores satisfaçam todas as seguintes restrições."

Esse modelo é a versão *algébrica* do modelo de *programação linear* na planilha. Note como os parâmetros (constantes) desse modelo algébrico vêm diretamente a partir dos números na Tabela 2.2. Na verdade, o modelo inteiro poderia ter sido formulado diretamente a partir dessa tabela.

As diferenças entre esse modelo algébrico e o obtido para o problema Wyndor na Seção 2.3 levam a algumas mudanças interessantes na aplicação do método gráfico para resolver o modelo. Para expandir ainda mais a sua percepção geométrica sobre programação linear, descrevemos brevemente essa aplicação do método gráfico a seguir.

Uma vez que esse modelo de programação linear tem apenas duas variáveis de decisão, ele pode ser resolvido pelo método gráfico descrito na Seção 2.4. O método deve ser adaptado de duas maneiras para se ajustar a esse problema particular. Primeiro, por todas as restrições funcionais terem agora um sinal ≥ com um lado direito positivo, após a obtenção das linhas de limite de restrição do modo tradicional, com todas as setas indicando qual lado de cada linha satisfaz essa restrição apontam para *fora* da origem. Segundo, o método é adaptado para a *minimização*, movendo as linhas de função objetivo na direção em que *reduz* o Custo e parando no último instante que uma linha de função objetivo ainda passa por um ponto na região viável, sendo ele, então, uma solução ideal. O suplemento deste capítulo inclui uma descrição de como o método gráfico é aplicado para o problema Profit & Gambit dessa forma.

Perguntas de revisão

1. Que tipo de produto é fabricado pela Profit & Gambit Co.?
2. Quais meios publicitários estão sendo considerados para os três produtos em questão?
3. Qual é o objetivo da administração para o problema abordado?
4. Qual foi a justificativa para a colocação da célula-alvo e das células variáveis no modelo de planilha?
5. Quais os dois principais modos em que a forma algébrica do modelo de programação linear para esse problema difere daquela para o problema da Wyndor Glass Co.?

2.7 PROGRAMAÇÃO LINEAR A PARTIR DE UMA AMPLA PERSPECTIVA

A programação linear é uma ajuda inestimável para a tomada de decisão de gestão em todos os tipos de empresas no mundo todo. O surgimento de poderosos pacotes de planilha tem ajudado a disseminar ainda mais o uso dessa técnica. A facilidade de formulação e de solução de pequenos modelos de programação linear em uma planilha agora permite que alguns gerentes com um histórico muito modesto na ciência da gestão façam isso em seu próprio computador de mesa.

Muitos estudos de programação linear são projetos principais envolvendo decisões nos níveis de muitas centenas ou milhares de atividades. Para esses estudos, sofisticados pacotes de software que vão além de planilhas são usados, geralmente, nos processos de formulação e de solução. Esses estudos normalmente são realizados por equipes tecnicamente treinadas de cientistas da gestão, às vezes chamados de analistas de pesquisa operacional. A gestão tem de manter contato com a equipe de ciência da gestão para assegurar que o estudo reflita os objetivos e as necessidades da gerência. Contudo, geralmente esta não se envolve com os detalhes técnicos do estudo.

Consequentemente, há poucas razões para que um gerente saiba os detalhes de como os modelos de programação linear são resolvidos, além dos rudimentos de usar o Solver do Excel. (Até mesmo a maioria das equipes de ciência da gestão irá utilizar pacotes de software comerciais para a solução de seus modelos em um computador em vez de desenvolver seu próprio software.) De forma semelhante, um gerente não precisa saber os detalhes técnicos para formular modelos complexos, como validar tal modelo, interagir com o computador na formulação e na solução de um modelo de grande porte, desempenhar de maneira eficiente a análise "e se" com tal modelo, e assim por diante. Portanto, esses detalhes técnicos não são enfatizados neste livro. Um estudante que se interessa em realizar análises técnicas como parte de uma equipe de ciência da gestão deve planejar cursos adicionais e mais orientados à técnica em ciência da gestão.

Então, o que um esclarecido gerente precisa saber sobre programação linear? Ele precisa ter uma boa percepção sobre o que é a programação linear. Um dos objetivos deste capítulo é começar a desenvolver essa percepção. Esse é o propósito de estudar o método gráfico para resolver problemas de duas variáveis. É raro ter um problema de programação linear *real* com apenas duas variáveis de decisão. Portanto, o método gráfico, essencialmente, não tem nenhum valor prático para a solução de problemas reais. No entanto, tem grande valor de transmissão da noção básica de programação linear que envolve o aumento em relação aos limites de restrição e de movimento dos valores da função objetivo em uma direção favorável, tanto quanto possível. Você também vai ver no Capítulo 14 que essa abordagem proporciona uma visão geométrica considerável sobre como analisar modelos maiores por outros métodos.

Um gerente também deve ter um apreço pela relevância e pelo poder de programação linear para encorajar a sua utilização quando necessária. Para os *futuros* administradores que utilizam este livro, essa apreciação é promovida por meio das vinhetas de aplicação e dos artigos vinculados para descrever as aplicações *reais* de programação linear e o impacto resultante, além da inclusão (em forma de miniatura) de vários exemplos realistas e estudos de caso que ilustram o que pode ser feito.

Certamente, um gerente deve reconhecer situações em que a programação linear é aplicável. Nós focamos em desenvolver essa habilidade no Capítulo 3, em que você vai aprender a reconhecer os *recursos de identificação* para cada um dos principais tipos de problemas de programação linear (e suas misturas).

Além disso, um gerente precisa reconhecer situações em que a programação linear *não* deve ser aplicada. O Capítulo 8 vai ajudar a desenvolver essa habilidade por meio do exame de certos pressupostos subjacentes de programação linear e das circunstâncias que os violam. Este capítulo também descreve outras abordagens que *podem* ser aplicadas onde a programação linear não deve ser.

Um gerente precisa distinguir entre os estudos competentes e os de má qualidade utilizando programação linear (ou qualquer outra técnica de ciência da gestão). Portanto, outro objetivo dos próximos capítulos é desmistificar o processo global envolvido na realização de um estudo da ciência da gestão desde o primeiro estudo de um problema até a implementação final das decisões gerenciais com base nele. Esse é um objetivo dos estudos de caso ao longo do livro.

Finalmente, um gerente deve entender como interpretar os resultados de um estudo de programação linear. O gerente precisa, especialmente, entender quais tipos de informações podem ser obtidos da análise "e se", bem como as implicações de tais informações para tomada de decisões gerenciais. O Capítulo 5 foca nessas questões.

Perguntas de revisão

1. A gestão geralmente se envolve intensamente com os detalhes técnicos de um estudo de programação linear?
2. Qual é o propósito de estudar o método gráfico para resolver problemas com duas variáveis de decisão quando praticamente todos os problemas reais de programação linear têm mais de duas?
3. Liste o que um gerente esclarecido deve saber sobre a programação linear.

2.8 RESUMO

A programação linear é uma técnica poderosa para ajudar na tomada de decisão de gestão para certos tipo de problemas. A abordagem básica é formular um modelo matemático chamado de modelo de programação linear para representar o problema e, então, analisar esse modelo. Qualquer modelo de programação linear inclui: variáveis de decisão para representar decisões a serem tomadas, restrições para representar as ressalvas sobre os valores possíveis das variáveis de decisão, e uma função objetivo que expressa a medida geral de desempenho para o problema.

Planilhas fornecem uma maneira flexível e intuitiva de formular e solucionar um modelo de programação linear. Os dados são inseridos nas células de dados, as células variáveis exibem os valores das variáveis de decisão, e uma célula-alvo mostra o valor da função objetivo. As células de saída são usadas para ajudar a especificar as restrições. Após a formulação do modelo na planilha e especificá-lo com a caixa de diálogo Solver, o Solver é utilizado para encontrar rapidamente uma solução ideal.

O método gráfico pode ser usado para resolver um modelo de programação linear tendo apenas duas variáveis de decisão. Esse método fornece uma visão considerável sobre a natureza de modelos de programação linear e soluções ideais.

Glossário

células de dados   Células na planilha que mostram os dados do problema. (Seção 2.2), 25

célula-alvo   Célula da planilha que mostra a medida geral do desempenho das decisões. (Seção 2.2), 27

células de saída   Células da planilha que fornecem uma saída que depende das células variáveis. Essas células são usadas frequentemente para ajudar a especificar restrições. (Seção 2.2), 26

células variáveis   Células na planilha que mostram os valores das variáveis de decisão. (Seção 2.2), 25

equação de limite de restrição   Equação para a linha de limite de restrição. (Seção 2.4), 34

função objetivo   Parte de um modelo de programação linear que expressa o que deve ser maximizado ou minimizado, dependendo do objetivo para o problema. O valor da função objetivo aparece em uma célula variável na planilha. (Seção 2.3), 31

linha de função objetivo   Para um problema de programação linear com duas variáveis de decisão, uma linha cujos pontos têm todos o mesmo valor da função objetivo. (Seção 2.4), 35

linha de limite de restrição   Para problemas de programação linear com duas variáveis de decisão, a linha formando o limite das soluções permitidas pela restrição. (Seção 2.4), 34

modelo de programação linear   Modelo matemático que representa uma programação linear do problema. (Seções 2.2 e 2.3), 25

método gráfico   Método para resolver problemas de programação linear com duas variáveis de decisão em um gráfico bidimensional. (Section 2.4), 32

nome de intervalo   Nome descritivo dado a uma célula ou a um intervalo de células que imediatamente identifica o que está lá. (Seção 2.2), 25

objetivo   Outro nome para a célula-alvo definida a seguir. (Seção 2.2), 27

parâmetro   Parâmetros de um modelo de programação linear são as constantes (coeficientes ou lados direitos) nas restrições funcionais e na função objetivo. Cada parâmetro representa uma quantidade (p. ex., a quantidade disponível de um recurso) importante para a análise do problema. (Seção 2.3), 31

problema do *mix* de produtos   Tipo de problema de programação linear, em que o objetivo é encontrar a combinação mais lucrativa dos níveis de produção para os produtos em consideração. (Seção 2.1), 24

referência absoluta   Referência a uma célula (ou uma coluna, ou uma linha) com um endereço fixo, como indicado tanto ao usar um intervalo de nome quanto ao colocar um sinal de $ em frente da letra e do número da referência de célula. (Seção 2.2), 27

referência relativa   Referência a uma célula cujo endereço é baseado em sua posição relativa à célula que contém a fórmula. (Seção 2.2), 27

região viável   Região geométrica que consiste em todas as soluções viáveis. (Seção 2.4), 32

restrição   Restrição dos valores viáveis das variáveis de decisão. (Seções 2.2 e 2.3), 29

restrição de não negatividade   Restrição que expressa a limitação de que uma variável de decisão particular não deve ser negativa (maior ou igual a zero). (Seção 2.3), 31

restrição funcional   Restrição com uma função das variáveis de decisão sobre o lado esquerdo. Todas as restrições em um modelo de programação linear que não são restrições de não negatividade são chamadas restrições funcionais. (Seção 2.3), 31

solução   Qualquer atribuição única de valores para as variáveis de decisão, independentemente de ser uma atribuição boa ou até mesmo possível. (Seção 2.3), 31

solução ideal   Melhor solução viável de acordo com a função objetivo. (Seção 2.3), 31

solução não viável   Solução que viola ao menos uma das restrições no modelo de programação linear. (Seção 2.3), 31

solução viável   Solução que satisfaz simultaneamente todas as restrições no modelo de programação linear. (Seção 2.3), 31

Solver   Ferramenta de planilha usada para especificar o modelo da planilha e obter uma solução ideal para ele. (Seção 2.5), 37

variável de decisão   Variável algébrica que representa uma decisão quanto ao nível de uma atividade particular. O valor da variável de decisão aparece em uma célula variável na planilha. (Seção 2.3), 31

Auxiliares de aprendizagem para este capítulo em seu MS Courseware

Capítulo 2: arquivos de Excel
Exemplo da Wyndor
Exemplo da Profit & Gambit
Módulos interativos de ciência da gestão
Módulo de programação linear gráfica e análise de sensibilidade

Suplemento do Excel:
Premium Solver para ensino
Suplemento para o Capítulo 2 no CD-ROM:
Mais sobre o método gráfico para a programação linear

Problemas solucionados (consulte o CD-ROM ou o *site* para a Solução)

2.S1. Problema de produção da Back Savers

A Back Savers é uma empresa que produz mochilas essencialmente para estudantes. A empresa está pensando em oferecer uma combinação de dois diferentes modelos, o Collegiate e o Mini. Ambos são feitos do mesmo tecido: nylon resistente a rasgos. A Back Savers tem um contrato de longo prazo com um fornecedor de nylon e recebe um carregamento de 5 mil m² do material por semana. Cada mochila Collegiate requer 3 m², enquanto cada mochila Mini requer, 2 m². As previsões de vendas indicam que, no máximo, mil e 1.200 Collegiates e Minis podem ser vendidas por semana. Cada Collegiate exige 45 minutos de trabalho para ser produzida e gera um lucro unitário de 32 dólares. Cada Mini exige 40 minutos de trabalho e gera um lucro unitário de 24 dólares. A empresa tem 35 trabalhadores, cada um trabalha 40 horas por semana. A gestão quer saber qual a quantidade de cada tipo de mochila a produzir por semana.

a. Formule e solucione um modelo de programação linear para este problema em uma planilha.
b. Formule este mesmo modelo algebricamente.
c. Use o método gráfico à mão para resolver esse modelo.

2.S2. Condução de uma pesquisa de marketing

O grupo de marketing para um fabricante de telefone celular planeja conduzir uma pesquisa por telefone para determinar as atitudes dos consumidores em relação a um novo telefone celular em desenvolvimento. A fim de ter um tamanho de amostra suficiente para conduzir a análise, eles precisam entrar em contato com pelo menos 100 jovens do sexo masculino (com idade inferior a 40), 150 homens mais velhos (com idade acima de 40), 120 jovens do sexo feminino (com idade inferior a 40), e 200 mulheres mais velhas (com idade acima de 40). Custa 1 dólar para fazer um telefonema durante o dia e 1,50 dólar à noite (por causa do aumento dos custos de trabalho). Esse custo é gerado se alguém atender ou não o telefone. A tabela a seguir mostra a probabilidade de um tipo determinado de cliente responder a cada telefonema. Suponha que a pesquisa seja feita com o primeiro que atender o telefone. Além disso, por causa do pessoal limitado à noite, no máximo 1/3 das chamadas de telefone realizadas pode ser de telefonemas noturnos. Como o grupo de marketing deve realizar a pesquisa, de modo a satisfazer as exigências do tamanho da amostra com o menor custo possível?

a. Formule e solucione um modelo de programação linear para este problema em uma planilha.
b. Formule este mesmo modelo algebricamente.

Quem atende?	Ligações de dia	Ligações à noite
Homens jovens	10%	20%
Homens mais velhos	15%	30%
Mulheres jovens	20%	20%
Mulheres mais velhas	35%	25%
Sem resposta	20%	5%

Problemas

Inserimos o símbolo E* (para Excel) à esquerda de cada problema ou parte em que o Excel deve ser utilizado. Um asterisco no número do problema indica que pelo menos uma resposta parcial é dada no Apêndice C.

2.1. Leia o artigo de referência que descreve completamente o estudo da ciência da gestão resumido na vinheta de aplicação apresentada na Seção 2.1. Descreva brevemente como a programação linear foi aplicada no estudo. Em seguida, liste os vários benefícios financeiros e não financeiros que resultaram dele.

2.2. Reconsidere o estudo de caso da Wyndor Glass Co. introduzido na Seção 2.1. Suponha que as estimativas dos lucros da unidade para os dois novos produtos foram corrigidas para 600 dólares para as portas e 300 dólares para as janelas.

E* *a.* Formule e solucione o modelo de programação linear corrigido para este problema em uma planilha.
b. Formule o mesmo modelo algebricamente.
c. Use o método gráfico para resolver o modelo corrigido.

2.3. Reconsidere o estudo de caso da Wyndor Glass Co. introduzido na Seção 2.1. Suponha que Bill Tasto (vice-presidente de produção da Wyndor) tenha encontrado agora uma maneira de proporcionar mais tempo de produção na Fábrica 2 para os novos produtos.

a. Use o método gráfico para encontrar a nova solução ideal e o lucro total resultante se *uma* hora adicional por semana é fornecida.
b. Repita a parte *a*, se *duas* horas adicionais por semana forem fornecidas.
c. Repita a parte *a*, se *três* horas adicionais por semana forem fornecidas.
d. Use os resultados para determinar o quanto cada hora adicional por semana valeria em termos de aumento do lucro total dos dois novos produtos.

E*2.4. Use o Excel Solver para fazer o Problema 2.3.

2.5. A tabela a seguir resume os fatos-chave sobre os dois produtos, A e B, e os recursos, Q, R e S, necessários para produzi-los.

	Uso de recurso por unidade produzida		
Recurso	Produto A	Produto B	Quantidade de recurso disponível
Q	2	1	2
R	1	2	2
S	3	3	4
Lucro/unidade	$3.000	$2.000	

Todas as hipóteses da programação linear são válidas.

E* a. Formule e solucione um modelo de programação linear para este problema em uma planilha.
   b. Formule o mesmo modelo algebricamente.

2.6.* Hoje é o seu dia de sorte. Você acabou de ganhar um prêmio de 10 mil dólares. Você está destinando 4 mil para despesas com impostos e festas, mas decidiu investir o restante. Ao ouvir essa notícia, dois amigos diferentes ofereceram-lhe uma oportunidade de parceria em dois diferentes empreendimentos, um de cada amigo. Em ambos, o investimento abrange um pouco do seu tempo no próximo verão e dinheiro. Tornar-se um parceiro *completo* no empreendimento do primeiro amigo exigiria um investimento de 5 mil dólares e 400 horas, e seu lucro estimado (ignorando o valor do seu tempo) seria de 4.500 dólares. Os valores correspondentes para o empreendimento do segundo amigo são 4 mil dólares e 500 horas, com um lucro estimado de 4.500 dólares. No entanto, ambos os amigos são flexíveis e permitiriam que você entrasse com qualquer *fração* que quisesse em uma parceria completa. Se você escolhesse uma fração de uma parceria completa, todos os valores citados (investimento de dinheiro, de tempo e seu lucro) seriam multiplicados por essa fração.

Como estava à procura de um emprego interessante de verão de qualquer forma (máximo de 600 horas), você decidiu participar em um ou ambos os empreendimentos dos amigos em qualquer combinação que maximize o seu lucro total estimado. Agora você precisa solucionar o problema de encontrar a melhor combinação.

   a. Descreva a analogia entre esse problema e o problema da Wyndor Glass Co. discutido na Seção 2.1. Em seguida, construa e preencha uma tabela como a Tabela 2.1 para o seu problema, identificando as atividades e os recursos.
   b. Identifique verbalmente as decisões a serem feitas, as restrições sobre essas decisões e a medida geral de desempenho para as decisões.
   c. Converta essas descrições verbais das restrições e da medida de desempenho em expressões quantitativas em termos dos dados e das decisões.
E* d. Formule um modelo de planilha para seu problema. Identifique as células de dados, as variáveis e as de destino. Mostre também a equação de Excel para cada célula de saída expressa como uma função SOMARPRODUTO. Em seguida, use o Excel Solver para solucionar este modelo.
   e. Indique por que este modelo de planilha é um modelo de programação linear.
   f. Formule esse mesmo modelo algebricamente.
   g. Identifique as variáveis de decisão, a função objetivo, as restrições de não negatividade, as restrições funcionais e os parâmetros tanto na versão algébrica quanto na versão de planilha do modelo.
   h. Use o método gráfico à mão para resolver este modelo. Qual é o seu lucro total estimado?
   i. Use o módulo de Programação Linear Gráfica e de Análise de Sensibilidade em seus Módulos Interativos de Ciência da gestão para aplicar o método gráfico para o modelo.

2.7. É dado a você o modelo de programação linear a seguir em forma algébrica, em que x_1 e x_2 são as variáveis de decisão e Z é o valor da medida geral de desempenho.

$$\text{Maximizar} \quad Z = x_1 + 2x_2$$

sujeito a

Restrição no recurso 1: $x_1 + x_2 \leq 5$ (quantia disponível)
Restrição no recurso 2: $x_1 + 3x_2 \leq 9$ (quantia disponível)

e

$$x_1 \geq 0 \quad x_2 \geq 0$$

   a. Identifique a função objetivo, as limitações funcionais e as restrições de não negatividade no modelo.
E* b. Incorpore o modelo em uma planilha.
   c. $(x_1, x_2) = (3, 1)$ é uma solução viável?
   c. $(x_1, x_2) = (1, 3)$ é uma solução viável?
E* e. Em seguida, use o Excel Solver para solucionar o modelo.

2.8. É dado a você o modelo de programação linear a seguir em forma algébrica, em que x_1 e x_2 são as variáveis de decisão e Z é o valor da medida geral de desempenho.

$$\text{Maximizar} \quad Z = 3x_1 + 2x_2$$

sujeito à

Restrição no recurso 1: $3x_1 + x_2 \leq 9$ (quantia disponível)
Restrição no recurso 2: $x_1 + 2x_2 \leq 8$ (quantia disponível)

e

$$x_1 \geq 0 \quad x_2 \geq 0$$

   a. Identifique a função objetivo, as limitações funcionais e as restrições de não negatividade no modelo.
E* b. Incorpore o modelo em uma planilha.
   c. $(x_1, x_2) = (2, 1)$ é uma solução viável?
   d. $(x_1, x_2) = (2, 3)$ é uma solução viável?
   e. $(x_1, x_2) = (0, 5)$ é uma solução viável?
E* f. Use o Excel Solver para solucionar o modelo.

2.9. A Whitt Window Company é uma empresa com apenas três funcionários que faz dois tipos diferentes de janelas artesanais: uma com moldura de madeira e outra com alumínio. Eles ganham 60 dólares de lucro para cada janela do primeiro tipo e de 30 dólares para cada janela do segundo. Doug faz as molduras de madeira e pode produzir 6 por dia. Linda faz as molduras de alumínio e pode produzir 4 por dia. Bob fabrica e corta o vidro e pode produzir 48 m² quadrados de vidro por dia. Cada janela de madeira usa 6 m² de vidro e cada janela de alumínio usa 8 m² de vidro.

A empresa pretende determinar quantas janelas de cada tipo deve-se produzir por dia para maximizar o lucro total.

   a. Descreva a analogia entre esse problema e o problema da Wyndor Glass Co. discutido na Seção 2.1. Em seguida, construa e preencha uma tabela como a 2.1 para este problema, identificando as atividades e os recursos.

b. Identifique verbalmente as decisões a serem tomadas, as restrições sobre elas e a medida geral de desempenho para as decisões.

c. Converta as descrições verbais das restrições e da medida de desempenho em expressões quantitativas em termos dos dados e das decisões.

E* d. Formule um modelo de planilha para o problema. Identifique as células de dados, as variáveis e as de destino. Mostre também a equação de Excel para cada célula de saída expressa como uma função SOMARPRODUTO. Em seguida, use o Excel Solver para solucionar o modelo.

e. Indique por que o modelo de planilha é um modelo de programação linear.

f. Formule o mesmo modelo algebricamente.

g. Identifique as variáveis de decisão, a função objetivo, as restrições de não negatividade, as restrições funcionais e os parâmetros tanto na versão algébrica quanto na versão de planilha do modelo.

h. Use o método gráfico para resolver o modelo.

i. Um novo concorrente na cidade também começou a fazer janelas com moldura em madeira. Isso pode forçar a empresa a baixar o preço cobrado e, assim, diminuir o lucro obtido para cada janela de moldura de madeira. De que forma a solução ideal mudaria (se mudasse) se o lucro por janela com moldura de madeira diminuísse de 60 para 40 dólares? E de 60 para 20 dólares?

j. Doug está considerando reduzir suas horas de trabalho, o que diminuiria o número diário de molduras de madeira que ele faz. De que forma a solução ideal mudaria se ele só fizesse 5 molduras de madeira por dia?

2.10. A Companhia de Televisão Apex tem que decidir sobre o número de séries de 27" e 20" a serem produzidas em uma de suas fábricas. A pesquisa de mercado indica que no máximo 40 da série de 27" e 10 da série de 20" podem ser vendidas por mês. O número máximo de horas de trabalho disponíveis é de 500 por mês. Uma 27" requer 20 horas de trabalho e uma 20" requer 10. Cada 27" vendida produz um lucro de 120 dólares e cada 20" produz um lucro de 80. Um atacadista concordou em comprar todas as séries de televisões produzidas se os números não ultrapassarem os máximos indicados pela pesquisa de mercado.

E* a. Formule e solucione um modelo de programação linear para este problema em uma planilha.

b. Formule o mesmo modelo algebricamente.

c. Solucione o modelo de Programação Linear Gráfica e de Análise de Sensibilidade em seus Módulos Interativos de Ciência da gestão para aplicar o método gráfico para o modelo.

2.11. A WorldLight Company produz duas luminárias (produtos 1 e 2) que requerem as partes metálicas de armação e componentes elétricos. A gestão quer determinar quantas unidades de cada produto serão fabricadas de forma a maximizar o lucro. Para cada unidade do produto 1, uma unidade de peças de armação e duas unidades de componentes elétricos são necessárias. Para cada unidade do produto 2, três unidades de peças de armação e duas unidades de componentes elétricos são necessárias. A empresa tem 200 unidades de peças de armação e 300 unidades de componentes elétricos. Cada unidade do produto 1 dá um lucro de 1 dólar, e cada unidade do produto 2, até 60 unidades, dá um lucro de 2 dólares. Qualquer excesso acima de 60 unidades do produto 2 não traz lucro, assim, tal excesso foi descartado.

a. Identifique verbalmente as decisões a serem tomadas, as restrições sobre elas e a medida geral de desempenho para as decisões.

b. Converta as descrições verbais das restrições e da medida de desempenho em expressões quantitativas em termos dos dados e das decisões.

E* c. Formule e solucione um modelo de programação linear para este problema em uma planilha.

d. Formule o mesmo modelo algebricamente.

e. Solucione o modelo usando a Programação Linear Gráfica e de Análise de Sensibilidade em seus Módulos Interativos de Ciência da gestão para aplicar o método gráfico. Qual é o lucro total resultante?

2.12. A Primo Insurance Company está introduzindo duas novas linhas de produtos: seguro de risco especial e hipotecas. O lucro esperado é de 5 dólares por unidade de seguros de riscos especiais e 2 dólares por unidade de hipotecas.

A gestão quer estabelecer cotas de vendas para as linhas de novos produtos para maximizar o lucro total esperado. As exigências de trabalho são mostradas a seguir:

a. Identifique verbalmente as decisões a serem tomadas, as restrições sobre elas e a medida geral de desempenho para as decisões.

b. Converta essas descrições verbais das restrições e da medida de desempenho em expressões quantitativas em termos dos dados e das decisões.

Departamento	Risco especial	Hipoteca	Horas de trabalho disponíveis
Subscrição	3	2	2.400
Administração	0	1	800
Reclamações	2	0	1.200

E* c. Formule e solucione um modelo de programação linear para este problema em uma planilha.

d. Formule o mesmo modelo algebricamente.

2.13.* O modelo de programação linear a seguir é dado a você em forma algébrica, com x_1 e x_2 como as variáveis de decisão e restrições sobre o uso de quatro recursos:

Maximizar   Lucro = $2x_1 + x_2$

sujeito a

$$x_2 \leq 10 \quad \text{(recurso 1)}$$
$$2x_1 + 5x_2 \leq 60 \quad \text{(recurso 2)}$$
$$x_1 + x_2 \leq 18 \quad \text{(recurso 3)}$$
$$3x_1 + x_2 \leq 44 \quad \text{(recurso 4)}$$

e

$$x_1 \geq 0 \quad x_2 \geq 0$$

a. Use o método gráfico para resolver este modelo.

E* b. Incorpore o modelo em uma planilha e, então, use o Excel Solver para solucioná-lo.

2.14. Devido a seu conhecimento de ciência da gestão, o seu chefe lhe pediu para analisar um problema de *mix* de produtos envolvendo dois produtos e dois recursos. O modelo é mostrado abaixo na forma algébrica, em que x_1 e x_2 são as taxas de produção para os dois produtos e P é o lucro total.

$$\text{Maximizar} \quad P = 3x_1 + 2x_2$$

sujeito a

$$x_1 + x_2 \leq 8 \quad \text{(recurso 1)}$$
$$2x_1 + x_2 \leq 10 \quad \text{(recurso 2)}$$

e

$$x_1 \geq 0 \quad x_2 \geq 0.$$

a. Use o método gráfico para resolver este modelo.

E* b. Incorpore o modelo em uma planilha e, então, use o Excel Solver para solucioná-lo.

2.15. Weenies e Buns é uma fábrica de processamento de alimentos que produz cachorros-quentes e pães de cachorro-quente. Eles moem sua própria farinha para os pães a uma taxa máxima de 200 libras por semana. Cada pão de cachorro-quente requer 0,1 libra de farinha. Atualmente, eles têm um contrato com a Pigland, Inc., que especifica que uma entrega de 800 libras de carne de porco é feita toda segunda-feira. Cada cachorro-quente requer 1/4 libra de carne de porco. Todos os outros ingredientes no cachorro-quente e nos pães são abundantes. Finalmente, a força de trabalho na Weenies e Buns consiste em cinco funcionários de tempo integral (40 horas semanais cada). Cada cachorro-quente requer três minutos de trabalho, e cada pão requer dois. Cada cachorro-quente rende um lucro de 0,20 dólares, e cada pão rende um lucro de 0,10.

Weenies e Buns gostaria de saber quantos cachorros-quentes e quantos pães a empresa deve produzir a cada semana para alcançar o maior lucro possível.

a. Identifique verbalmente as decisões a serem tomadas, as restrições sobre elas e a medida geral de desempenho para as decisões.

b. Converta as descrições verbais das restrições e da medida de desempenho em expressões quantitativas em termos dos dados e das decisões.

E* c. Formule e solucione um modelo de programação linear para o problema em uma planilha.

d. Formule o mesmo modelo algebricamente.

e. Use o método gráfico para resolver o modelo. Decida-se se você prefere fazer isso à mão ou usando a Programação Linear Gráfica e módulo de Análise de Sensibilidade em seus Módulos Interativos de Ciência da gestão.

2.16. A Oak Works é uma empresa familiar que faz mesas e cadeiras artesanais para sala de jantar. Eles obtêm o carvalho de uma fazenda de árvores local, que lhes entrega 2.500 libras de carvalho por mês. Cada mesa consome 50 libras de carvalho e cada cadeira, 25. A família constrói todos os móveis sozinha e tem 480 horas de trabalho disponíveis por mês. Cada mesa ou cadeira exige seis horas de trabalho. Cada mesa da Oak Works dá 400 dólares de lucro, enquanto cada cadeira, 100. Uma vez que as cadeiras são frequentemente vendidas com as mesas, eles querem produzir *no mínimo* duas vezes mais cadeiras do que mesas.

A Oak Works gostaria de decidir quantas mesas e cadeiras produzir para maximizar o lucro.

a. Formule e solucione um modelo de programação linear para este problema em uma planilha.

b. Formule o mesmo modelo algebricamente.

2.17. Leia o artigo de referência que descreve completamente o estudo da ciência da gestão, resumido na vinheta de aplicação apresentada na Seção 2.6. Descreva brevemente como a programação linear foi aplicada neste estudo. Em seguida, liste os vários benefícios financeiros e não financeiros que resultaram deste estudo.

2.18. A Nutri-Jenny é um centro de controle de peso. Ela produz uma grande variedade de refeições congeladas. As entradas são rigorosamente monitoradas quanto ao conteúdo nutricional para assegurar que os clientes façam uma dieta equilibrada. Uma nova entrada será um "jantar de ponta de filé", composto de carne e molho, além de uma combinação de ervilhas, cenouras e um pãozinho. A Nutri-Jenny precisa determinar a quantidade de cada item incluir no prato principal para atender as necessidades nutricionais, e custando o menos possível. As informações nutricionais de cada item e seu custo são dados na tabela a seguir.

Item	Calorias (por oz.)	Calorias de gordura (por oz.)	Vitamina A (IU por oz.)	Vitamina C (mg por oz.)	Proteína (gr por oz.)	Custo (por oz.)
Ponta de filé bife	54	19	0	0	8	40¢
Molho	20	15	0	1	0	35¢
Ervilhas	15	0	15	3	1	15¢
Cenouras	8	0	350	1	1	18¢
Pãozinho	40	10	0	0	1	10¢

As exigências nutricionais para a entrada são as seguintes: (1) deve ter entre 280 e 320 calorias, (2) calorias provenientes de gordura não devem ter mais de 30% do número total de calorias, e (3) que deve ter pelo menos 600 IUs de vitamina A, 10 miligramas de vitamina C, e 30 gramas de proteína. Além disso, por razões práticas, a entrada deve incluir pelo menos 2 onças* de carne bovina, e deve ter pelo menos meia onça para cada onça de molho.

E* a. Formule e solucione um modelo de programação linear para este problema em uma planilha.

b. Formule o mesmo modelo algebricamente.

2.19 Ralph Edmund adora bifes e batatas. Assim, ele decidiu entrar em uma dieta com esses dois alimentos apenas (além de alguns líquidos e suplementos vitamínicos) para todas as suas refeições. Ralph nota que essa não é a dieta mais saudável, por isso quer ter certeza de que comerá a quantidade certa dos dois alimentos para satisfazer alguns requisitos nutricionais fundamentais. Ele obteve as seguintes informações nutricionais e de custo:

*N. de R.: 1 onça equivale a 28,34 gramas.

	Gramas de ingrediente por porção		
Ingrediente	Bife	Batatas	Necessidade diária (gramas)
Carboidratos	5	15	≥ 50
Proteína	20	5	≥ 40
Gordura	15	2	≥ 60
Custo por porção	$4	$2	

Ralph quer determinar o número de porções diárias (pode ser fracionado) de bife e batatas que atenderá a esses requisitos, a um custo mínimo.

a. Identifique verbalmente as decisões a serem tomadas, as restrições sobre essas decisões e a medida geral de desempenho para as decisões.
b. Converta as descrições verbais das restrições e da medida de desempenho em expressões quantitativas em termos dos dados e das decisões.
c. Formule e solucione um modelo de programação linear para o problema em uma planilha.
d. Formule o mesmo modelo algebricamente.
e. Use o método gráfico à mão para resolver o modelo.
f. Use o módulo de Programação Linear Gráfica e de Análise de Sensibilidade em seus Módulos Interativos de Ciência da gestão para aplicar o método gráfico para o modelo.

2.20. Dwight é um professor de escola primária que também cria suínos para renda suplementar e está tentando decidir com o que alimentar seus porcos. Ele considera usar uma combinação de rações para porcos disponíveis de fornecedores locais. Ele gostaria de alimentar os porcos com um custo mínimo e, ao mesmo tempo, certificando-se de que cada porco receba um suprimento adequado de calorias e vitaminas. O custo, o conteúdo de calorias e o teor de vitamina de cada alimento é dado na tabela abaixo.

Conteúdos	Alimento tipo A	Alimento tipo B
Calorias (por libra)	800	1,000
Vitaminas (por libra)	140 unidades	70 unidades
Custo (por libra)	$0.40	$0.80

Cada porco necessita de pelo menos 8 mil calorias por dia e pelo menos 700 unidades de vitaminas. Outra restrição é que não mais que 1/3 da dieta (em peso) pode consistir do Tipo de Alimentação A, pois contém um ingrediente que é tóxico se consumido em quantidade muito grande.

a. Identifique verbalmente as decisões a serem tomadas, as restrições sobre essas decisões e a medida geral de desempenho para elas.
b. Converta as descrições verbais das restrições e da medida de desempenho em expressões quantitativas em termos dos dados e das decisões.

E* c. Formule e solucione um modelo de programação linear para este problema em uma planilha.
d. Formule o mesmo modelo algebricamente.

2.21. Reconsidere o problema da Profit & Gambit Co. descrito na Seção 2.6. Suponha que os dados estimados apresentados na Tabela 2.2 foram alterados, como mostrado na tabela que acompanha este problema.

E* a. Formule e solucione um modelo de programação linear para o problema corrigido em uma planilha.
b. Formule o mesmo modelo algebricamente.
c. Use o método gráfico para resolver o modelo.
d. Quais foram as principais alterações nos dados que ensejaram sua resposta para a solução ideal de mudar desta versão para a versão original do problema?
e. Escreva um parágrafo para a gestão da Profit & Gambit Co. apresentando suas conclusões a partir dos itens anteriores. Inclua o efeito potencial de um maior refinamento dos dados-chave na tabela abaixo. Também aponte a possível influência dos resultados na negociação da gestão para reduzir o custo unitário para qualquer um dos meios de publicidade.

	Crescimento nas vendas por unidade de publicidade		
Produto	Televisão	Mídia impressa	Aumento mínimo necessário
Removedor de mancha	0%	1,5%	3%
Detergente líquido	3	4	18
Detergente em pó	-1	2	4
Custo unitário	$1 milhão	$2 milhões	

2.22. O modelo de programação linear a seguir é dado em forma algébrica, com x_1 e x_2 como as variáveis de decisão:

Minimizar   Custo = $40x_1 + 50x_2$

sujeito à

Restrição 1: $2x_1 + 3x_2 \geq 30$
Restrição 2: $x_1 + x_2 \geq 12$
Restrição 3: $2x_1 + x_2 \geq 20$

e

$x_1 \geq 0$ $x_2 \geq 0$

Elizabeth planeja o que fazer para o almoço das crianças. Ela gostaria de manter os custos ao mínimo, mas também quer ter certeza que satisfará as necessidades nutricionais dos pequenos. Elizabeth decidiu usar manteiga de amendoim e sanduíches de geleia, e uma combinação de maçãs, leite e/ou suco de amora. O conteúdo nutricional de cada escolha de alimentos e seu custo são dados na tabela que acompanha este problema.

Cada criança deve receber entre 300 e 500 calorias, mas não mais de 30% dessas calorias devem vir da gordura.

Alimentos	Calorias de gordura	Total calorias	Vitamina C (mg)	Fibras (g)	Custo (¢)
Pão (1 fatia)	15	80	0	4	6
Manteiga de amendoim (1 porção)	80	100	0	0	5
Geleia (1 porção)	0	70	4	3	8
Maçã	0	90	6	10	35
Leite (1 copo)	60	120	2	0	20
Suco de amora (1 copo)	0	110	80	1	40

a. Use o método gráfico para resolver este modelo.
b. Como a solução ideal muda se a função objetivo for alterada para Custo = $40x_1 + 70x_2$?
c. De que forma a solução ideal muda se a função objetivo for alterada para $2x_1 + x_2 \geq 15$?
E* d. Incorpore este modelo em uma planilha e, então, use o Excel Solver para solucioná-lo.
E* e. Use o Excel para fazer as partes *b* e *c*.

2.23. O *Learning Center* promove *day camp* para crianças de 6-10 anos de idade durante o verão. A gerente, Elizabeth Reed, tenta reduzir os custos operacionais do centro para evitar a elevação da taxa de matrícula. Cada criança deve receber pelo menos 60 miligramas (mg) de vitamina C e pelo menos 10 gramas (g) de fibra.

Para garantir sanduíches saborosos, Elizabeth quer que cada criança tenha um mínimo de 2 fatias de pão, 1 colher (sopa) de manteiga de amendoim, e 1 colher de sopa de geleia, junto com pelo menos 1 copo de leite ou suco de amora).

Elizabeth gostaria de selecionar as escolhas alimentares que minimizassem o custo, enquanto cumpre todos esses requisitos.

E* a. Formule e solucione um modelo de programação linear para este problema em uma planilha.
b. Formule o mesmo modelo algebricamente.

Caso 2-1
Montagem de automóveis

Automobile Alliance, uma grande fábrica de automóveis, organiza em três famílias os veículos que fabrica: uma família de caminhões, outra de carros pequenos e última de carros de médio porte e de luxo. Uma fábrica fora de Detroit, Michigan, monta dois modelos da família de carros de médio porte e de luxo. O primeiro modelo, o Family Thrillseeker, é um sedã de quatro portas com bancos de vinil, interior de plástico, características padrão e consumo de combustível excelente. É comercializado como uma compra inteligente para famílias de classe média com orçamentos apertados. Cada Family Thrillseeker vendido gera um lucro modesto de 3.600 dólares para a empresa. O segundo modelo, o Classy Cruiser, é um sedã de luxo de duas portas com bancos de couro, interior de madeira, recursos personalizados de navegação. É comercializado como um privilégio de riqueza para famílias de classe média alta. Cada Cruiser Classy vendido gera um lucro saudável de 5.400 dólares para a empresa.

Rachel Rosencrantz, a gerente da montadora, está decidindo o cronograma de produção para o próximo mês. Especificamente, ela deve determinar quantos Family Thrillseekers e quantos Cruisers Classy serão montados na fábrica para maximizar o lucro. Ela sabe que a fábrica possui capacidade de 48 mil horas de trabalho durante o mês, que leva seis horas de trabalho para montar uma Family Thrillseeker e 10,5 horas de trabalho, para um Cruiser Classy.

Porque a fábrica é simplesmente para montagem, as peças necessárias para montar os dois modelos não são produzidas no local, mas entregues por outras fábricas ao redor da área de Michigan. Por exemplo, pneus, volantes, janelas, cadeiras e portas chegam todos de diversos fornecedores. Para o mês seguinte, Rachel sabe que só poderá obter 20 mil portas do fornecedor. A recente greve forçou o fechamento da fábrica do fornecedor por vários dias e ele não poderá cumprir o cronograma de produção. Tanto o Family Thrillseeker quanto o Cruiser Classy usam o mesmo modelo de porta.

Além disso, uma previsão recente da empresa sobre a demanda mensal para os modelos de automóveis diferentes sugere que a demanda para o Cruiser Classy se limite a 3.500 carros. Não há limite na demanda para o Family Thrillseeker, dentro das possibilidades da capacidade da fábrica de montagem.

a. Formule e solucione um modelo de programação linear para determinar o número de Family Thrillseekers e o número de Classy Cruisers que devem ser montados.

Antes de tomar decisões finais de produção, Rachel planeja explorar as seguintes questões independentemente, exceto quando indicado ao contrário.

b. O departamento de marketing sabe que pode buscar uma campanha publicitária direcionada de 500 mil dólares que aumentará a demanda para o Cruiser Classy no próximo mês em 20%. A campanha deve ser realizada?

c. Rachel sabe que pode aumentar a capacidade das fábricas em 25% no próximo mês usando horas extras. Com a nova capacidade de montagem, quantos Family Thrillseekers e quantos Cruisers Classy devem ser montados?

d. Rachel sabe que o trabalho de horas extras não vem sem um custo adicional. Qual é o valor máximo que ela deve estar disposta a pagar por todo o trabalho de horas extras, além do custo deste trabalho em taxas regulares de tempo? Expresse sua resposta como um montante fixo.

e. Rachel explora a opção de usar tanto a campanha de publicidade direcionada, como as horas de trabalho extra. A campanha de publicidade aumenta a demanda para o Cruiser Classy em 20%, e as horas extras de trabalho aumentam a capacidade de trabalho por hora da fábrica em 25%. Quantas Family Thrillseekers e quantos Cruisers Classy devem ser montados utilizando a campanha publicitária e as horas extras de trabalho se o lucro de cada Cruiser Classy vendido continua a ser de 50% a mais do que para cada Family Thrillseekers vendido?

f. Sabendo que a campanha publicitária custa 500 mil dólares e o uso máximo de horas de trabalho extra custa 1.600 milhão dólares, além das taxas regulares de tempo, a solução encontrada na parte *e* é uma decisão sábia comparada à solução encontrada na parte *a*?

g. A Automobile Alliance determinou que as concessionárias estão realmente praticando altos descontos no preço do Family Thrillseekers para tirá-los do lote. Por causa de um acordo de participação nos lucros com os seus revendedores, a empresa, em vez de ter um lucro de 3.600 dólares na Family Thrillseekers, tem um lucro de 2.800 dólares. Determine o número de Family Thrillseekers e o número de Cruisers Classy que devem ser montados dado esse novo e menor lucro.

h. A empresa descobriu problemas de qualidade com o Family Thrillseeker em testes randômicos no final da linha de montagem. Os inspetores descobriram que em mais de 60% dos casos, duas das quatro portas em um Thrillseeker não selam corretamente. Pelo alto percentual de Thrillseekers defeituosos detectado no teste aleatório, o supervisor decidiu realizar testes de controle de qualidade em todos os Thrillseeker no final da linha. Isso aumentou o tempo de montagem de um Family Thrillseeker de 6 para 7,5 horas. Determine o número de unidades de cada modelo que deve ser montado, levando em conta esse novo tempo de montagem.

i. O conselho de administração da Automobile Alliance deseja capturar uma fatia maior do mercado de sedã de luxo e, portanto, gostaria de atender a demanda total do Classy Cruisers. Eles pedem para que Rachel determine em quanto o lucro de sua fábrica de montagem diminuiria em comparação com o lucro encontrado na parte *a* e que atenda a demanda total do Cruisers Classy se o lucro não diminuir mais de de 2 milhões de dólares.

j. Agora a Rachel faz sua decisão final por meio da combinação de todas as novas considerações descritas nas partes *f*, *g*, e *h*. Quais são as suas decisões finais sobre a possibilidade de lançar a campanha publicitária, sobre usar as horas extras e o número de Family Thrillseekers e de Cruisers Classy a montar?

Caso 2-2
Redução dos gastos da cantina

A cantina na **All-State University** tem um prato especial servido pontualmente toda quinta-feira ao meio-dia. Esse prato saboroso é supostamente um cozido de cebola sautéed, batatas, feijão verde e creme de cogumelo. Infelizmente, os alunos não conseguem ver a qualidade especial desse prato referem-se com nojo a ele como o Cozido Assassino. Os estudantes o comem relutantemente, no entanto, porque a cantina fornece apenas uma seleção limitada de pratos para o almoço de quinta-feira (ou seja, o cozido).

Maria Gonzalez, a gerente, pensa em cortar custos para o próximo ano e acredita que uma maneira de fazê-lo é comprar ingredientes mais baratos e talvez de menor qualidade. Sendo uma opção semanal do menu da cafeteria, ela conclui que, se ela conseguir reduzir os custos dos ingredientes comprados para cozido, poderá reduzir significativamente os custos operacionais gerais da cantina. Maria decide, portanto, investir tempo na determinação de minimizar os custos do cozido, mantendo as exigências nutricionais e de sabor.

Ela se concentra na redução dos custos dos dois principais ingredientes da caçarola, as batatas e o feijão verde, são responsáveis pelos maiores custos, conteúdo nutricional e sabor do prato.

Maria compra as batatas e os feijões verdes de um atacadista toda a semana. As batatas custam 0,40 dólares por libra (lb), e os feijões verdes custam 1 dólar.

A Universidade All-State estabeleceu as exigências nutricionais que cada prato principal da cantina deve suprir. Especificamente, o prato deve conter 180 g de proteína, 80 mg de ferro, e 1.050 mg de vitamina C. (São 454g em uma lb e mil mg em um g.)

Para simplificar o planejamento, Maria assume que apenas as batatas e os feijões verdes contribuem para o conteúdo nutricional da caçarola.

Trabalhado em uma universidade tecnológica de ponta, Maria tem sido exposta a inúmeros recursos da internet. Ela decide navegar para encontrar o conteúdo nutricional de batatas e feijão verde. Sua pesquisa rendeu as seguintes informações nutricionais sobre os dois ingredientes:

	Batatas	Feijões verdes
Proteínas	1,5 g por 100 g	5,67 g por 10 onças*
Ferro	0,3 mg por 100 g	3,402 mg per 10 onças
Vitamina C	12 mg por 100 g	28,35 mg per 10 onças

* São 28,35 g em uma onça.

Edson Branner, o cozinheiro da cafeteria que está surpreendentemente preocupado com o sabor, informa Maria que um cozido comestível deve conter pelo menos uma proporção de seis a cinco vezes o peso de batatas para o feijão verde.

Dado o número de alunos que comem na cantina, Maria sabe que ela deve comprar batatas e feijão verde o suficiente para preparar um mínimo de 10 kg de cozido por semana. (São mil g em um kg). Novamente, para simplificar o planejamento, ela assume que apenas as batatas e o feijão verde determinem a quantidade de cozido que pode ser preparada. Maria não estabelece um limite máximo para a quantidade de cozido a preparar, uma vez que ela sabe que todas as sobras podem ser servidas por muitos dias depois disso ou podem ser usadas criativamente na elaboração de outros pratos.

a. Determine a quantidade de batatas e de feijão verde que Maria deve comprar por semana para o cozido minimizando os custos dos ingredientes enquanto atende as exigências nutricionais, de sabor e de demanda.

Antes de tomar as decisões finais, Maria planeja explorar as seguintes questões independentemente, exceto quando indicado ao contrário.

b. Maria não está muito preocupada com o sabor do cozido, mas em atender as exigências nutricionais e a redução de custos. Portanto, força Edson a mudar a receita para permitir apenas, pelo menos, uma proporção de um para dois no peso de batatas para o feijão verde. Dada a nova receita, determine a quantidade de batatas e de feijão verde que Maria deve comprar a cada semana.

c. Maria decide diminuir a exigência de ferro para 65 mg, uma vez que ela determina que os outros ingredientes, tais como a cebola e o creme de cogumelo, também fornecem ferro. Determine a quantidade de batatas e de feijão verde que Maria deve comprar cada semana dada essa nova exigência de ferro.

d. Maria descobre que o atacadista tem um excedente de feijão verde que está vendendo por um preço menor, de 0,50 dólares por lb. Usando a mesma exigência de ferro da parte *c* e o novo preço do feijão verde, determine a quantidade de batatas e de feijão verde que Maria deve comprar por semana.

e. Maria decide comprar feijão-de-lima em vez de feijão verde porque aquele é mais barato e fornece uma quantidade maior de proteína e de ferro do que o feijão verde.

Maria mais uma vez exerce o seu poder absoluto e força Edson a mudar a receita para incluir feijão-de-lima em vez de feijão verde. Ela sabe que pode comprar feijões-de-lima por 0,60 dólares por lb do atacadista e que estes contêm 22,68 g de proteína e 6,804 mg de ferro a cada 10 onças e nenhuma vitamina C. Usando o novo custo e o conteúdo nutricional do feijão, determine a quantidade de batatas e feijões-de-lima que Maria deve comprar por semana para minimizar os custos dos ingredientes enquanto atende as exigências nutricionais, de sabor e de demanda. As exigências nutricionais incluem o ferro reduzido do item c.

f. Edson ficará feliz com a solução da parte e? Por quê?
g. Um força-tarefa de estudantes da All-State se reúne durante a Semana de Conscientização Corporal e determina que as exigências nutricionais de ferro da Universidade são muito baixas e as da vitamina C são muito rigorosas. A força-tarefa pede à universidade que adote uma política exigindo que cada porção de um prato principal contenha pelo menos 120 mg de ferro e pelo menos 500 mg de vitamina C. Usando batatas e feijões-de-lima como os ingredientes para o prato e as novas exigências nutricionais, determine a quantidade de batatas e de feijões-de-lima que Maria deve comprar por semana.

Caso 2-3
Alocação de uma central de atendimento

O **Hospital Infantil da Califórnia** recebe inúmeras reclamações de clientes por causa de suas consultas e processo de registro descentralizados e confusos. Quando os clientes querem marcar consultas ou registrar pacientes crianças, eles devem contatar a clínica ou a ala que pretende visitar. Há muitos problemas com esse método. Os pais nem sempre conhecem a clínica ou a ala mais apropriada que devem visitar para tratar as doenças de seus filhos. Assim, eles gastam um tempo significativo ao telefone sendo transferidos de clínica para clínica, até chegarem à mais apropriada para suas necessidades. O hospital também não divulga os números de telefone de todas as clínicas e departamentos, e os pais devem, então, investir muito tempo no trabalho de detetive para descobrir o telefone correto. Finalmente, as várias clínicas e alas não se comunicam entre si. Por exemplo, quando um médico agenda um encaminhamento com um colega localizado em outra ala ou clínica, o local quase nunca recebe a notícia do encaminhamento. Os pais devem contatar a ala ou clínica correta e fornecer as informações de encaminhamento necessárias.

Nos esforços para reestruturar e melhorar a consulta e o registro, o hospital infantil decidiu centralizar os processos criando uma central de atendimento exclusivo que está no meio da fase de planejamento. Lenny Davis, o gerente do hospital, planeja operar a central das 7h00 às 21h00 durante a semana.

Há vários meses, o hospital contratou uma empresa ambiciosa de consultoria de gestão, a Creative Chaos Consultants, para prever o número de chamadas que a central de atendimento receberia a cada hora. Uma vez que todas as ligações relacionadas a consultas e aos registros seriam recebidas pela central, os consultores podeeriam prever as chamadas da central de atendimento somando o número de consultas e de registros recebidos por todas as clínicas e alas. A equipe visitou todas elas, onde diligentemente gravaram todas as chamadas relacionadas a consultas e registros. Eles somaram todas e alteraram os totais para contabilizar chamadas perdidas durante a coleta de dados. Eles também alteraram os totais para contabilizar as chamadas repetidas que ocorreram quando o mesmo pai telefonou para o hospital várias vezes por causa da confusão em torno do processo descentralizado. A Creative Chaos Consultants determinou o número médio de chamadas que a central de atendimento deve esperar em cada hora do dia. A tabela a seguir fornece as previsões.

Turno de trabalho	Número médio de chamadas
7h00 às 9h00	40 chamadas por hora
9h00 às 11h00	85 chamadas por hora
11h00 às 13h00	70 chamadas por hora
13h00 às 15h00	95 chamadas por hora
15h00 às 17h00	80 chamadas por hora
17h00 às 19h00	35 chamadas por hora
19h00 às 21h00	10 chamadas por hora

Após os consultores apresentarem essas previsões, Lenny se interessou pelo percentual de chamadas de falantes de espanhol, uma vez que o hospital atende muitos pacientes espanhóis. Lenny sabe que tem que contratar alguns operadores que falem espanhol para cuidar dessas ligações. Os consultores realizaram a coleta de dados adicionais e determinaram que, em média, 20% das chamadas eram de falantes de espanhol.

Dadas essas previsões de chamadas, Lenny agora deve decidir como alocar pessoal na central de atendimento durante cada turno de duas horas de um dia de semana. Durante o projeto de previsão, a Creative Chaos Consultants observou com atenção os operadores trabalhando nas clínicas e alas particulares e determinou o número de chamadas que eles processam por hora. Os consultores informaram a Lenny que um operador pode processar uma média de seis chamadas por hora. Lenny também sabe que tem funcionários de tempo integral e de tempo parcial disponíveis para alocar na central de atendimento. Um funcionário em tempo integral trabalha oito horas por dia, mas, por causa da papelada que também deve ser preenchida, o funcionário passa apenas quatro horas por dia ao telefone. Para equilibrar a programação, ele alterna os turnos de duas horas entre atender telefones e preencher papelada. Funcionários de tempo integral podem começar o dia seja atendendo telefones, seja preenchendo a papelada no primeiro turno. Os empregados em tempo integral falam espanhol ou inglês, mas nenhum deles é bilíngue. Tanto para os funcionários que falam espanhol quanto para os que falam inglês são pagos 10 dólares por hora para o trabalho antes das 17h00 e 12 dólares depois das 17h00. Os funcionários de tempo integral podem começar a trabalhar nos turnos das 7h00 às 9h00, das 9h00 às 11h00, das 11h00 às 13h00 ou das 13h00 às 15h00. Aqueles de tempo parcial trabalham por quatro horas, só atendem chamadas e só falam inglês. Eles podem começar a trabalhar nos turnos das 15h00 às 17h00 ou das 17h00 às 19h00, e, como funcionários de tempo integral, recebem 10 dólares por hora antes das 17h00 e 12 dólares das 17h00.

Para a análise a seguir, considere apenas o custo do trabalho para os funcionários que atendem o telefone. O custo para o tempo de preenchimento da papelada é cobrado de outros centros de custo.

a. Quantos operadores de língua espanhola e quantos de língua inglesa o hospital precisa para alocar o pessoal da central de atendimento durante cada turno de duas horas a fim de atender todas as chamadas? Por favor, forneça um número inteiro uma vez que meio operador humano não faz sentido.

b. Lenny precisa determinar quantos funcionários de tempo integral que falam espanhol e que falam inglês e quantos funcionários em tempo parcial ele deve contratar para começar em cada turno. A Creative Chaos Consultants aconselha que a programação linear pode ser usada para isso minimizando os custos operacionais ao atender todas as chamadas. Formule um modelo de programação linear desse problema.

c. Obtenha uma solução ideal para o modelo de programação linear formulado na parte *b* para orientar a decisão de Lenny.

d. Porque muitos trabalhadores em tempo integral não querem trabalhar até tarde da noite, Lenny pode encontrar apenas um operador falante de inglês qualificado disposto a começar a trabalhar às 13h00. Dada essa nova restrição, quantos operadores em tempo integral falantes de inglês, quantos falantes de espanhol e quantos operadores em tempo parcial Lenny deve contratar para cada turno para minimizar os custos operacionais e, ao mesmo tempo, atender a todas as chamadas?

e. Lenny agora decidiu investigar a opção de contratar operadores bilíngues em vez de operadores monolíngues. Se todos os operadores são bilíngues, quantos operadores devem trabalhar durante cada turno de duas horas para atender a todas as chamadas de telefone? Como na parte *a*, forneça uma resposta inteira.

f. Se todos os funcionários são bilíngues, quantos funcionários de tempo integral e quantos de tempo parcial Lenny deve contratar para começar em cada turno para minimizar os custos operacionais e, ao mesmo tempo, atender a todas as chamadas? Como na parte *b*, formule uma programação linear para orientar a decisão de Lenny.

g. Qual é o aumento percentual máximo da taxa de salário por hora que Lenny pode pagar aos funcionários bilíngues em relação aos funcionários monolingues sem aumentar os custos operacionais totais?

h. Que outras características da central de atendimento Lenny deve explorar para melhorar o serviço ou minimizar os custos operacionais?

Fonte: Este caso é baseado em um projeto real concluído por uma equipe de estudantes de mestrado onde hoje é o Departamento de Ciência e Engenharia da gestão da Universidade de Stanford.

Casos adicionais

Casos adicionais para este capítulo estão disponíveis para compra no *site* da Ivey School of Business, da University of Western Ontario, **cases.ivey.uwo.ca/case**, no segmento da área de CaseMate designada para este livro.

PROGRAMAÇÃO LINEAR
formulação e aplicações

3

OBJETIVOS DE APRENDIZAGEM

OA1 Reconhecer vários tipos de problemas gerenciais nos quais a programação linear pode ser aplicada.

OA2 Descrever as cinco principais categorias de problemas de programação linear, incluindo recursos de identificação.

OA3 Formular um modelo de programação linear a partir de uma descrição de um problema em qualquer dessas categorias.

OA4 Descrever a diferença entre restrições de recursos e restrições de benefícios, incluindo a diferença em como surgem.

OA5 Identificar restrições a exigências fixadas e onde surgem.

OA6 Identificar os tipos de funções de Excel que os modelos de planilha de programação linear usam para as células de saída, incluindo a célula-alvo.

OA7 Identificar os quarto componentes de qualquer modelo de programação linear e o tipo de células de planilha usado para cada componente.

OA8 Reconhecer os problemas gerenciais que podem ser formulados e analisados como problemas de programação linear.

OA9 Entender a flexibilidade que os gerentes têm ao prescrever considerações-chave que podem ser incorporadas em um modelo de programação linear.

Os problemas de programação linear surgem de vários modos e seus modelos adotam várias formas. Essa diversidade pode ser confusa para os alunos e para os gerentes, dificultando reconhecer quando à programação linear pode-se aplicar a um problema gerencial. Uma vez que os gerentes instigam os estudos científicos da gestão, a capacidade de reconhecer a aplicabilidade da programação linear é uma habilidade gerencial importante. Este capítulo se concentra amplamente no desenvolvimento dessa habilidade.

Para ensiná-la, este livro apresenta uma série de exemplos de aplicações de programação linear. O ponto fraco dessa abordagem é a ênfase nas diferenças em vez da linha comum entre as aplicações. Nossa abordagem será a de enfatizar essas linhas comuns – os **recursos de identificação** – que ligam os problemas de programação linear, mesmo quando surgem em contextos muito diferentes. Descrevemos algumas categorias gerais de problemas de programação linear e os recursos de identificação que as caracterizam. E utilizamos diversos exemplos com o objetivo de ilustrar e enfatizar as linhas comuns entre eles.

Nós nos concentramos em cinco categorias-chave dos problemas de programação linear: problemas de alocação de recursos, de conflito entre custos e benefícios, problemas mistos, de transporte e de atribuição. Em cada caso, um recurso de identificação importante é a natureza das restrições sobre as quais as decisões podem ser tomadas e, assim, a natureza das limitações funcionais resultantes no modelo de programação linear. Para cada categoria, você verá como os dados básicos para um problema levam diretamente a um modelo de programação linear de uma maneira distinta. Assim, a formulação do modelo torna-se um subproduto da formulação adequada do problema.

O capítulo começa com um estudo de caso que envolve inicialmente um problema de alocação de recursos. Voltamos, então, para o estudo de caso na Seção 3.4, em que as considerações gerenciais adicionais transformam o problema em um problema misto.

As Seções 3.2 a 3.6, por sua vez, se concentram em cinco categorias de problemas de programação linear. A Seção 3.7 dá uma visão mais ampla na formulação de modelos de programação linear a partir de uma perspectiva gerencial. Essa seção (juntamente com a 3.4) destaca a importância de ter o modelo refletindo perfeitamente a visão gerencial do problema. Essas (e outras seções) também descrevem a flexibilidade disponível aos gerentes para ter o modelo estruturado que melhor atenda suas necessidades.

3.1 ESTUDO DE CASO: PROBLEMA DE *MIX* DE PROPAGANDA DA SUPER GRAIN CORP.

Claire Syverson, vice-presidente de marketing da **Super Grain Corporation**, enfrenta um grande desafio: como entrar, de forma grandiosa, em um mercado saturado de cereais matinais. Felizmente, o novo cereal matinal da empresa – *Crunchy Start* – tem um trunfo importante: ótimo sabor, nutritivo, crocante do início ao fim. Esses atributos embalam os sonhos de Claire, soando melodiosamente. O produto tem os requisitos de uma campanha promocional vitoriosa.

No entanto, Claire sabe que terá de evitar os erros que cometeu em sua última campanha de cereais matinais. Aquela foi a primeira grande missão desde sua promoção, e que desastre! Ela pensou ter desenvolvido uma campanha realmente boa. Mas, de alguma forma, a campanha não conseguiu se conectar com os segmentos mais importantes do mercado – crianças pequenas e seus pais. Ela também concluiu que foi um erro não incluir cupons de descontos na publicidade de revistas e jornais. Bem, vivendo e aprendendo.

Mas é melhor acertar desta vez, especialmente após esse grande tropeço. O presidente da empresa, David Sloan, enfatizou a ela o quão importante é o sucesso do Crunchy Start para o futuro da empresa. Claire se lembra exatamente de como David concluiu a conversa. "Os acionistas da empresa não estão felizes. Precisamos dar aos lucros a direção certa desta vez". Claire ouvira isso antes, mas ela viu nos olhos de David que ele falara muito sério desta vez.

Claire geralmente usa planilhas em seu planejamento. Seu curso de ciência da gestão na escola de administração mostrou-lhe o quão valioso o modelo de planilha pode ser. Ela lamenta não ter confiado muito na modelagem de planilhas na última campanha. Esse foi um erro que está determinada a não repetir.

Agora é hora de Claire revisar e formular cuidadosamente o problema na formulação de um novo modelo de planilha.

Problema

Claire contratou uma empresa líder em publicidade, a Giacomi & Jackowitz, para ajudar a projetar uma campanha de promoção nacional que conseguirá a maior exposição possível para o Crunchy Start. A Super Grain pagará a essa empresa uma taxa baseada nos serviços prestados (sem ultrapassar 1 milhão de dólares) e alocou mais 4 milhões para gastos com publicidade.

A Giacomi & Jackowitz identificou as três mídias de propaganda mais efetivas para o produto:

Mídia 1:   Comercial de televisão nos programas infantis nos sábados pela manhã.
Mídia 2:   Anúncios em revistas direcionadas a alimentos e à família.
Mídia 3:   Anúncios em cadernos dos principais jornais aos domingos.

TABELA 3.1
Dados de custo e de exposição para o problema de *mix* de propaganda da Super Grain Corp.

Categoria do custo	Custos		
	Cada comercial de TV ($)	Cada anúncio de revista ($)	Cada anúncio dominical ($)
Orçamento de anúncio	300.000	150.000	100.000
Orçamento de planejamento	90.000	30.000	40.000
Número esperado de exposições	1.300.000	600.000	500.000

O problema agora é determinar quais *níveis* devem ser escolhidos para essas *atividades de propaganda* para obter o *mix* mais eficaz.

Para determinar o *melhor mix de níveis de atividade* para esse problema particular de publicidade, é necessário (como sempre) identificar a *medida geral de desempenho* para o problema e, em seguida, a contribuição de cada atividade em relação a essa medida. Um objetivo final para a Super Grain é maximizar os lucros, mas é difícil fazer uma conexão direta entre a exposição de publicidade e lucros. Portanto, como um substituto bruto para o lucro, Claire decide usar o *número esperado de exposições* como medida geral de desempenho, em que cada visualização de um anúncio por alguns indivíduos conta como uma única exposição.

A Giacomi & Jackowitz fez planos preliminares para anúncios nas três mídias. A empresa também estimou o número esperado de exposições para cada anúncio em cada mídia, como mostrado na última linha da Tabela 3.1.

O número de anúncios que pode ser executado em diferentes mídias é restrito tanto pelo orçamento da propaganda (um limite de 4 milhões de dólares), quanto pelo orçamento de planejamento (um limite de 1 milhão de dólares para a taxa da Giacomi & Jackowitz). Outra restrição é que existem apenas cinco pontos comerciais disponíveis para a execução de comerciais diferentes (um comercial por ponto) nos programas de televisão para crianças na manhã de sábado (mídia 1) durante o tempo da campanha promocional. (As outras duas mídias possuem um amplo número de pontos disponíveis.)

Consequentemente, os três *recursos* para esse problema são:

Recurso 1: Orçamento de propaganda (4 milhões de dólares).
Recurso 2: Orçamento de planejamento (1 milhão de dólares).
Recurso 3: Pontos comerciais de TV disponíveis (5).

A Tabela 3.1 mostra quanto do orçamento de propaganda e de planejamento seria usado em cada propaganda na mídia respectiva.

- A primeira linha dá o custo por propaganda em cada mídia.
- A segunda linha dá as estimativas da Giacomi & Jackowitz do seu custo total (incluindo despesas e lucros) para o projeto e o desenvolvimento de cada mídia respectiva.[1] (Esse custo representa a taxa a cobrar da Super Grain.)
- A última linha dá o número esperado de exposições por propaganda.

Análise do problema

Claire decide formular e solucionar um modelo de programação linear para o problema em uma planilha. O procedimento de formulação resumido no final da Seção 2.2 orienta esse processo. Como qualquer modelo de programação, esse terá quatro componentes:

1. Dados
2. Decisões
3. Restrições
4. Medida de desempenho.

---

[1] Ao apresentar suas estimativas nessa forma, a empresa está fazendo duas suposições simplificadas. Uma delas é que seu custo para o projeto e desenvolvimento de cada anúncio adicional em uma mídia é praticamente o mesmo que para o primeiro anúncio nessa mídia. A segunda é que seu custo ao trabalhar com uma mídia não é afetado pela quantidade de trabalho que está fazendo (se houver) com a outra mídia.

3.1 Estudo de caso: problema de *mix* de propaganda da Super Grain Corp. 61

A planilha precisa ser formatada para oferecer os seguintes tipos de células para os componentes:

Quatro tipos de células são necessários para esses quatro componentes de um modelo de planilha.

Dados → células de dados
Decisões → células variáveis
Restrições → células de saída
Medida de desempenho → célula-alvo

A Figura 3.1 mostra o modelo de planilha formulado por Claire. Vamos ver como ela fez isso, considerando cada um dos componentes do modelo individualmente.

FIGURA 3.1
Modelo de planilha para o problema da Super Grain (Seção 3.1), incluindo as fórmulas para a célula-alvo ExposiçõesTotais (H13) e as outras células de saída OrçamentoGasto (F8:F9), bem como as especificações necessárias para definir o Solver. As células variáveis NúmeroDeAnúncios (C13:E13) mostram a solução ideal obtida pelo Solver.

	A	B	C	D	E	F	G	H
1		**Problema de *mix* de Propaganda: Super Grain Corp**						
2								
3			Pontos de TV	Anúncios em revista	Anúncios dominicais			
4		Exposições por anúncio	1.300	600	500			
5		(milhares)						
6						Orçamento		Orçamento
7			Custo por anúncio ($ milhares)			gasto		disponível
8		Orçamento de propaganda	300	150	100	4.000	≤	4.000
9		Orçamento de planejamento	90	30	40	1.000	≤	1.000
10								
11								Exposições totais
12			Pontos de TV	Anúncios em revista	Anúncios dominicais			(milhares)
13		Número de anúncios	0	20	10			17.000
14			≤					
15		Máximo de pontos de TV	5					

Parâmetros do Solver
Objetivo Definido (Célula-alvo): ExposiçõesTotais
Para: Maximizar
Por Células (Variáveis):
  NúmeroDeAnúncios
Sujeito às Restrições:
  OrçamentoGasto <= OrçamentoDisponível
  PontosDeTV <= MáxPontosTV

Opções do Solver (Excel 2010):
  Criar Variáveis Não Negativas
  Método de Solução: Simplex LP
Opções do Solver (Excel mais antigo):
  Assumir Não Negativo
  Assumir Modelo Linear

	F
6	Orçamento
7	gasto
8	=SOMARPRODUTO(C8:E8,NúmeroDeAnúncios)
9	=SOMARPRODUTO(C9:E9,NúmeroDeAnúncios)

	H
11	Exposições totais
12	(milhares)
13	=SOMARPRODUTO(ExposiçãoPorAnúncio,NúmeroDeAnúncios)

Nomes de Intervalo	Células
OrçamentoDisponível	H8:H9
OrçamentoGasto	F8:F9
CustoPorAnúncio	C8:E9
ExposiçãoPorAnúncio	C4:E4
MáxPontosTV	C15
NúmeroDeAnúncios	C13:E13
ExposiçõesTotais	H13
PontosDeTV	C13

Dados

Um tipo importante de dado é a informação fornecida anteriormente sobre os montantes disponíveis dos três recursos para o problema (o orçamento de propaganda, o de planejamento e os pontos comerciais disponíveis). A Tabela 3.1 fornece os outros dados-chave para o problema. Usando unidades de milhares de dólares, esses dados foram transferidos diretamente para as células de dados na planilha na Figura 3.1 e foram atribuídos esses nomes de intervalo: ExposiçãoPorAnúncio (C4:E4), CustoPorAnúncio (C8:E9), OrçamentoDisponível (H8:H9) e MáxPontosTV (C15).

Decisões

O problema tem sido definido como a determinação do *mix* de propaganda mais eficaz entre as três mídias selecionadas pela Giacomi & Jackowitz. Portanto, existem três decisões:

Decisão 1: TV = Número de comerciais por pontos separados na televisão.
Decisão 2: M = Número de propagandas em revistas.
Decisão 3: SS = Número de propagandas em cadernos dominicais.

As células variáveis para manter esses números foram colocadas na linha 13 nas colunas para essas mídias:

$$TV \rightarrow \text{célula C13} \quad M \rightarrow \text{célula D13} \quad SS \rightarrow \text{célula E13}$$

Essas células variáveis são referidas coletivamente pelo intervalo de nomes NúmeroDeAnúncios (C13:E13).

Restrições

Essas células variáveis precisam ser não negativas. Além disso, as restrições são necessárias para os três recursos. Os dois primeiros recursos são os orçamentos de anúncio e de planejamento. Os montantes disponíveis para eles são mostrados no intervalo OrçamentoDisponível (H8:H9). Como sugerido pelos sinais ≤ inseridos na coluna G, as restrições correspondentes são

Gasto total em propaganda ≤ 4.000   (Orçamento de anúncio em mil dólares)

Custo total de planejamento ≤ 1.000   (Orçamento de planejamento em mil dólares)

Usando os dados nas colunas C, D e E para os recursos, esses totais são

Gasto total em propaganda $= 300TV + 150M + 100SS$

Custo total de planejamento $= 90TV + 30M + 40SS$

Essas somas de produtos no lado direito são inseridas nas células de saída OrçamentoGasto (F8:F9) usando as funções SOMARPRODUTO, mostradas na parte inferior do lado direito da Figura 3.1. Embora os sinais ≤ inseridos na coluna G sejam apenas cosméticos (soluções de avaliação ainda podem ser inseridas nas células variáveis que violam essas desigualdades), eles servirão como um lembrete posterior para usar esses mesmos sinais ≤ ao inserir as restrições na caixa de diálogo Solver.

O terceiro recurso são os pontos na TV para comerciais diferentes. Cinco pontos estão disponíveis para compra. O número de pontos usados é uma das células variáveis (C13). Uma vez que essa célula será usada em uma restrição, nós designamos à célula seu próprio intervalo de nome: PontosDeTV (C13). O número máximo de pontos de TV disponíveis está na célula de dados MáxPontosTV (C15). Assim, a restrição necessária é PontosDeTV ≤ MáxPontosTV.

Dica do Excel: Intervalos de nomes podem se sobrepor. Por exemplo, usamos o NúmeroDeAnúncios para referir o intervalo total de células variáveis, C13:E13, e PontosDeTV para referir a célula única C13.

Medida de desempenho

Claire Syverson está utilizando o *número esperado de exposições* como a medida geral de desempenho, então

Exposição = Número esperado de exposições (em milhares) de todas as propagandas

As células de dados ExposiçõesPorAnúncio (C4:E4) fornecem o número esperado de exposições (em milhares) por propaganda nas mídias respectivas, e as células variáveis NúmeroDeAnúncios (C13:E13) dão o número de cada tipo de anúncio. Portanto,

$$\text{Exposição} = 1.300TV + 600M + 500SS$$
$$= \text{SOMARPRODUTO (ExposiçãoPorAnúncio, NúmeroDeAnúncios)}$$

é a fórmula que precisa ser inserida na célula-alvo ExposiçõesTotais (H13).

Resumo da formulação

A análise acima dos quatro componentes do modelo formulou o modelo de programação linear a seguir (em forma algébrica) na planilha:

$$\text{Maximizar} \quad \text{Exposição} = 1.300TV + 600M + 500SS$$

sujeito a

$$\begin{aligned}
\text{Gasto com anúncios:} & \quad 300TV + 150M + 100SS \leq 4.000 \\
\text{Custos de planejamento:} & \quad 90TV + 30M + 40SS \leq 1.000 \\
\text{Número de pontos de televisão:} & \quad TV \leq 5
\end{aligned}$$

e

$$TV \geq 0 \quad M \geq 0 \quad SS \geq 0$$

O difícil trabalho de definir o problema e reunir todos os dados relevantes na Tabela 3.1 leva diretamente a essa formulação.

Solução do modelo

Dica do Excel: A caixa de diálogo Solver é usada para informar ao Solver a localização na planilha de vários dos elementos do modelo: as células variáveis, a célula-alvo e as restrições.

Para resolver o modelo de planilha formulado, algumas informações-chave precisam ser inseridas na caixa de diálogo Solver. O lado inferior esquerdo da Figura 3.1 mostra as entradas necessárias: na célula-alvo (ExposiçõesTotais), as células variáveis (NúmeroDeAnúncios), o objetivo de maximizar a célula-alvo e as restrições OrçamentoGasto ≤ OrçamentoDisponível e PontosDeTV ≤ MáxPontosTV. Duas opções também são especificadas na parte inferior da caixa Parâmetros do Solver, no lado inferior esquerdo da Figura 3.1. As células variáveis precisam de restrições de não negatividade (especificado na caixa de diálogo principal do Solver no Excel 2010 e depois de clicar em Opções, em versões anteriores do Excel) porque os valores negativos dos níveis de propaganda não são alternativas possíveis. Escolha o método de resolução Simplex LP (Excel 2010) ou a opção Assumir Modelo Linear (após clicar em Opções em versões anteriores do Excel) porque esse é um modelo de programação linear. Clicar no botão Solucionar ordena ao Solver encontrar uma solução ideal para o modelo e a exibe nas células variáveis.

A solução ideal informada na linha 13 da planilha fornece o seguinte plano para a campanha promocional:

Não executar nenhum comercial de televisão.
Execução de 20 anúncios em revistas.
Execução de 10 anúncios em cadernos dominicais.

Uma vez que ExposiçõesTotais (H13) dá o número esperado de exposições em milhares, esperar-se-ia que esse plano fornecesse 17 milhões de exposições.

Avaliação da adequação do modelo

Quando Claire optou por utilizar um modelo de programação linear para representar esse problema de *mix* de propaganda, ela reconheceu que esse tipo de modelo não fornece uma combinação perfeita para o problema. Contudo, um modelo matemático é planejado para ser apenas uma representação aproximada do problema real. Exige-se geralmente que as aproximações e as hipóteses simplificadoras tenham um modelo praticável. Tudo o que é necessário é que haja uma correlação razoavelmente alta entre a previsão do modelo e o que realmente aconteceria no problema real. A equipe agora precisa verificar se esse critério é satisfeito.

Modelos de programação linear permitem soluções fracionadas.

Um pressuposto de programação linear é que as soluções *fracionadas* sejam permitidas. Para o problema atual, isso significa que um número fracionário (p. ex., $3\frac{1}{2}$) de comerciais de televisão (ou de anúncios em revistas ou cadernos dominicais) deveria ser permitido. Isto é tecnicamente verdadeiro, uma vez que um comercial pode ser expresso por menos de uma execução normal, ou um anúncio pode ser executado em apenas uma fração das revistas habituais ou cadernos dominicais. No entanto, um defeito do modelo é ele assumir que o custo Giacomi & Jackowitz para o planejamento e desenvolvimento de um comercial ou anúncio que recebe apenas uma fração de sua execução normal é apenas uma fração de seu custo habitual, mesmo que o custo real fosse o mesmo de uma execução completa. Felizmente, a solução ideal obtida foi uma solução de número *inteiro* (0 comerciais de televisão, 20 anúncios em revistas e 10 anúncios em cadernos dominicais), então a suposição de que as soluções fracionadas são permitidas nem era necessária.

Embora seja possível ter um número fracionário de uma execução normal de comerciais ou anúncios, uma execução normal tende a ser muito mais eficaz do que uma execução fracionada. Portanto, teria sido razoável para Claire desistir da suposição segundo a qual as soluções fracionárias são permitidas. Se Claire tivesse feito isso, e se a solução ideal para o modelo de programação linear não fosse um número inteiro, as restrições poderiam ser adicionadas para exigir as células variáveis na forma de número inteiro. (O exemplo da TBA Airlines na próxima seção fornece uma ilustração desse tipo de restrição.) Após a adição dessas restrições, o modelo é chamado de um *modelo de programação com número inteiro*, em vez de um modelo de programação linear, mas ainda pode ser facilmente resolvido pelo Solver do Excel.

> Modelos de programação linear devem usar as funções SOMA ou SOMARPRODUTO para as células de saída, incluindo a célula-alvo.

Outro pressuposto chave da programação linear é que a equação adequada para cada uma das células de saída, incluindo a de destino, é aquela que pode ser expressa como um SOMARPRODUTO de células de dados e células variáveis (ou, ocasionalmente, apenas uma SOMA de células variáveis). Para a célula-alvo (célula H13) na Figura 3.1, isso implica que o número esperado de exposições a ser obtido em cada mídia de propaganda seja *proporcional* ao número de anúncios nessa mídia. Essa proporcionalidade parece verdadeira, uma vez que cada visualização dos anúncios por alguns indivíduos conta como outra exposição. Outra implicação do uso de uma função SOMARPRODUTO é que o número esperado de exposições a ser obtido a partir de uma mídia publicitária não é afetado pelo número de anúncios em outras mídias. Mais uma vez, essa implicação parece válida, já que visualizações de anúncios em diferentes mídias contam como exposições separadas.

Embora uma função SOMARPRODUTO seja apropriada para calcular o número esperado de exposições, a escolha desse número para a medida geral de desempenho é um pouco questionável. O verdadeiro objetivo da gestão é maximizar o lucro gerado como resultado da campanha publicitária, mas isso é difícil de medir, então o *número esperado de exposições* foi selecionado para ser um substituto para o lucro. Isso seria válido se o lucro fosse proporcional ao número esperado de exposições. No entanto, a proporcionalidade é apenas uma aproximação nesse caso porque muitas exposições para o mesmo indivíduo alcançar um nível de saturação em que o impacto (potencial de lucro) de mais uma exposição seja substancialmente menor do que para a primeira exposição. (Quando a proporcionalidade não for uma aproximação razoável, o Capítulo 8 descreve modelos não lineares que podem ser usados no lugar.)

Para verificar quão razoável é usar o número esperado de exposições como um substituto para o lucro, Claire se encontra com Sid Jackowitz, um dos sócios seniores da Giacomi & Jackowitz. Sid indica que a campanha promocional contemplada (20 anúncios em revistas e 10 em cadernos dominicais) é relativamente modesta, bem abaixo dos níveis de saturação. A maioria dos leitores só vai perceber esses anúncios uma ou duas vezes, uma segunda vez é muito útil para reforçar a primeira. Além disso, os leitores de revistas e de cadernos dominicais são suficientemente diferentes, e a interação do impacto da propaganda nessas duas mídias deve ser pequena. Consequentemente, Claire conclui que usar o número esperado de exposições para a célula-alvo na Figura 3.1 fornece uma aproximação razoável. (A continuação deste estudo de caso no Caso 8-1 aprofundará a análise mais complicada, necessária para usar o lucro diretamente como medida de desempenho a ser registrado na célula-alvo, em vez de fazer essa aproximação.)

Em seguida, Claire pergunta a Sid sobre os custos de sua empresa para o planejamento e desenvolvimento de anúncios nesses meios. É razoável supor que o custo em dada mídia é proporcional ao número de anúncios publicado? É razoável supor que o custo de desenvolvimento de anúncios em uma mídia não seria substancialmente reduzido se a empresa tivesse desenvolvido os anúncios em outra mídia com temas similares? Sid reconhece que há alguma transição no planejamento do anúncio de uma mídia para outra, especialmente se ambas são mídias de impressão (p. ex., revistas e cadernos dominicais), mas que a transição é bastante limitada devido às diferenças marcantes nesses meios. Além disso, ele intui que a suposição de proporcionalidade é bastante razoável para qualquer mídia dada, uma vez que a quantidade de trabalho envolvida no planejamento e no desenvolvimento de cada anúncio adicional na mídia é quase a mesma que para a primeira na mídia. A taxa total que a Super Grain pagará para a Giacomi & Jackowitz acabará por ser baseada em uma contabilidade detalhada da quantidade de trabalho feita pela empresa. No entanto, Sid acha que as estimativas de custo fornecidas anteriormente pela empresa (como inseridas nas células C9, D9 e E9 em unidades de milhares de dólares) dão uma base razoável para projetar aproximadamente qual será a taxa para qualquer plano de dados (as entradas nas células variáveis) para a campanha promocional.

Com base nessas informações, Claire conclui que o uso de uma função SOMARPRODUTO para a célula F9 fornece uma aproximação razoável. Fazer o mesmo para a célula F8 é claramente justificado. Dadas também as suas conclusões anteriores, Claire decide que o modelo de programação linear incorporado na Figura 3.1 (mais quaisquer expansões do modelo necessárias mais tarde para o planejamento detalhado) é uma representação suficientemente precisa do problema real de *mix* de propaganda. Não vai ser necessário refinar os resultados desse modelo voltando-se, depois, a um tipo mais complicado de modelo matemático (como aqueles a ser descritos no Capítulo 8).

Por isso, Claire envia um memorando ao presidente da empresa, David Sloan, descrevendo uma campanha promocional que corresponde à solução ideal do modelo de programação linear (sem comerciais de TV, 20 anúncios em revistas e 10 anúncios em cadernos dominicais). Ela também solicita uma reunião para avaliar esse plano e discutir se algumas modificações devem ser feitas.

Vamos voltar a essa história na Seção 3.4.

Perguntas de revisão

1. Qual problema é abordado nesse estudo de caso?
2. Qual medida geral de desempenho é usada?
3. Quais pressuposições de programação linear devem ser verificadas para avaliar o uso de um modelo que represente o problema em consideração?

3.2 PROBLEMAS DE ALOCAÇÃO DE RECURSOS

No parágrafo de abertura do Capítulo 2, descrevemos os problemas gerenciais que envolvem a alocação de recursos de uma organização para suas várias atividades produtivas. Eram problemas de *alocação de recursos*

> **Problemas de alocação de recursos** são problemas de programação linear envolvendo a *alocação de recursos para atividades*. O *recurso de identificação* de qualquer problema desse tipo é que cada restrição funcional no modelo de programação linear é uma **restrição de recursos**, que tem a forma,
>
> Quantidade de recurso usado ≤ Quantidade de recurso disponível
>
> para um dos recursos.

A quantidade de recursos utilizados depende de quais atividades são realizadas, dos níveis dessas atividades e do patamar da necessidade dos recursos para as atividades. Assim, as restrições de recursos impõem limites sobre os níveis das atividades. O objetivo é escolher os níveis das atividades de modo a maximizar alguma medida geral de desempenho (como o lucro total) das atividades enquanto satisfaz todas as restrições de recursos.

Começando com o estudo de caso e, em seguida, o problema de *mix* de produto familiar da Wyndor Glass Co., vamos observar quatro exemplos que ilustram as características de problemas de alocação de recursos. Esses exemplos demonstram também como esse tipo de problema pode surgir em contextos variados.

Problema de *mix* de propaganda da Super Grain Corp.

O modelo de programação linear formulado na Seção 3.1 para o estudo de caso da Super Grain é um exemplo de um problema de alocação de recursos. As três *atividades* em consideração são a propaganda nos três tipos de meios de comunicação escolhidos pela Giacomi & Jackowitz.

Atividade 1: comerciais de TV.
Atividade 2: anúncios em revista.
Atividade 3: anúncios dominicais.

Um passo inicial na formulação de qualquer problema de alocação de recursos é identificar as atividades e os recursos.

As decisões tomadas são os *níveis* dessas atividades, ou seja, o *número* de comerciais de TV, anúncios em revistas e anúncios dominicais a ser executado.

Os *recursos* a serem alocados para essas atividades são

Recurso 1:   Orçamento de propaganda (4 milhões de dólares).
Recurso 2:   Orçamento de planejamento (1 milhão de dólares).
Recurso 3:   Pontos de TV disponíveis para diferentes comerciais (5).

em que as *quantidades disponíveis* desses recursos são dadas em parênteses. Portanto, esse problema tem três restrições de recursos:

Orçamento de propaganda usado	≤ 4 milhões de dólares
Orçamento de planejamento usado	≤ 1 milhão de dólares
Pontos de TV usados	≤ 5

As linhas 8-9 e as células C13:C15 na Figura 3.1 mostram essas restrições em uma planilha. As células C8:E9 dão o montante do orçamento de propaganda e o orçamento de planejamento usado por *cada unidade* de cada atividade, ou seja, o montante utilizado por um ponto de TV, um anúncio de revista e um anúncio dominical, respectivamente.

As células C4, D4 e E4 nessa planilha dão a *contribuição por unidade de cada atividade* para a medida geral de desempenho (número esperado de exposições).

Características dos problemas de alocação de recursos

Outros problemas de alocação de recursos têm características semelhantes às do problema da Super Grain. Em cada caso, há atividades em que as decisões a serem tomadas são os *níveis* dessas atividades. A contribuição de cada atividade para a medida geral de desempenho é proporcional ao nível dessa atividade. Geralmente, essa medida de desempenho é o *lucro total* das atividades, mas ocasionalmente é outra coisa (como no problema de Super Grain).

Todos os problemas desse tipo têm uma restrição de recursos para cada recurso. As quantidades de recursos utilizados dependem dos níveis das atividades. Para cada recurso, a quantidade utilizada em cada atividade é proporcional ao nível dessa atividade.

Para cada atividade proposta, é preciso decidir quanto da atividade deve ser executado. Em outras palavras, qual deve ser o nível da atividade?

O gerente ou a equipe de ciência da gestão, estudando um problema de alocação de recursos, precisa reunir (com uma ajuda considerável) três tipos de dados:

1. A *quantia disponível* de cada recurso.
2. A quantidade de cada recurso necessária para cada atividade. Especificamente, para cada combinação de recurso e de atividade, a *quantidade de um recurso utilizado por unidade da atividade* deve ser estimada.
3. A *contribuição por unidade de cada atividade* à medida geral de desempenho.

Esses três tipos de dados são necessários para qualquer problema de alocação de recursos.

Geralmente, há um trabalho considerável envolvido no desenvolvimento desses dados. São necessárias extensas pesquisas e consultas para obter as melhores estimativas disponíveis em tempo hábil. Essa etapa é fundamental. Estimativas bem informadas são necessárias para obter um modelo válido de programação linear para orientar decisões gerenciais. Os perigos envolvidos em estimativas imprecisas são uma razão pela qual a *análise e-se...* (Capítulo 5) é uma parte tão importante da maioria dos estudos de programação linear.

Problema de *mix* de produtos da Wyndor Glass Co.

O problema de *mix* de produtos para a gestão da Wyndor Glass Co. na Seção 2.1 é determinar as taxas mais lucrativas de *mix* de produção para os dois novos produtos, considerando a disponibilidade limitada da capacidade de produção extra nas três fábricas da companhia. Esse é um problema de alocação de recursos.

As *atividades* em consideração são

Atividade 1:   Produzir as novas portas especiais.
Atividade 2:   Produzir as novas janelas especiais.

As decisões a serem tomadas são os *níveis* dessas atividades, ou seja, as taxas de produção para as portas e janelas. A taxa de produção está sendo medida como o número de unidades (portas ou janelas) produzidas por semana. O objetivo da gestão é maximizar o lucro total gerado pelos dois novos produtos, por isso a medida geral de desempenho é o lucro total. A contribuição de cada produto para o lucro é proporcional à sua taxa de produção.

Os *recursos* a serem alocados para essas atividades são

Recurso 1: Capacidade de produção na Fábrica 1.
Recurso 2: Capacidade de produção na Fábrica 2.
Recurso 3: Capacidade de produção na Fábrica 3.

Cada uma das três restrições funcionais no modelo de programação linear formulado na Seção 2.2 (ver linhas 7-9 da planilha na Figura 2.3 ou 2.4) é uma *restrição de recursos* para um desses três recursos. A coluna E mostra a quantidade de capacidade de produção utilizada em cada fábrica, e a coluna G dá a quantidade disponível.

A Tabela 2.1 na Seção 2.1 fornece os dados para o problema da Wyndor. Você já viu como os números na Tabela 2.1 se tornam os parâmetros do modelo de programação linear, tanto na formulação de planilha (Seção 2.2) quanto na forma algébrica (Seção 2.3).

Problema da TBA Airlines

A **TBA Airlines** é uma pequena empresa regional especializada em voos curtos com aviões de passageiros de pequeno porte. A empresa vai bem e a gestão decidiu expandir as operações.

Problema

A questão da gestão agora é entre comprar mais aviões de pequeno porte para adicionar alguns novos voos curtos ou começar a se mover no mercado nacional através da compra de alguns aviões de grande porte para novos voos pelo país (ou ambos). Muitos fatores entrarão na decisão final da gestão, mas o mais importante é qual estratégia tende a ser a mais rentável.

A primeira linha da Tabela 3.2 mostra o lucro líquido anual estimado (inclusive dos custos de recuperação de capital) de cada tipo de avião comprado. A segunda linha dá o custo de compra por avião e também alerta que o montante total de capital disponível para a compra de avião é de 250 milhões de dólares. A terceira linha registra que a gestão não quer comprar mais de cinco aviões de pequeno porque as possibilidades de adicionar voos curtos lucrativos são limitadas, considerando que não foi especificado um número máximo de aviões de grande porte (a não ser o imposto pelo capital limitado disponível).

Quantos aviões de cada tipo devem ser comprados para maximizar o lucro líquido total anual?

Formulação

Esse é um *problema de alocação de recursos*. As *atividades* em consideração são

Atividade 1: Comprar aviões de pequeno porte.
Atividade 2: Comprar aviões de grande porte.

As decisões a serem tomadas são os níveis dessas atividades, isto é,

S = Número de aviões de pequeno porte para comprar
L = Número de aviões de grande porte para comprar

O recurso a ser alocado para essas atividades é

Recurso: Capital de investimento (250 milhões de dólares).

Portanto, existe uma única restrição de recurso:

Capital de investimento gasto ≤ 250 milhões de dólares

Além disso, a gestão especificou uma restrição lateral,

Número de aviões de pequeno porte comprado ≤ 5

A Figura 3.2 mostra a formulação de um modelo de planilha para esse problema, em que os dados na Tabela 3.2 foram transferidos para os dados de células – LucroUnitário (C4:D4), CapitalPorUnidadeComprada (C8:D8), CapitalDisponível (G8) e MáxAviõesPequenos (C14).

TABELA 3.2
Dados para o problema da TBA Airlines

	Avião pequeno	Avião grande	Capital disponível
Lucro líquido anual por avião	$7 milhões	$22 milhões	
Custo de compra por avião	$25 milhões	$75 milhões	$250 milhões
Quantidade máxima de compra	5	Sem máximo	

FIGURA 3.2
Modelo de planilha para o problema de programação de número inteiro da TBA Airlines, em que as células variáveis, UnidadesProduzidas (C12:D12), mostram as compras ideais de avião obtidas pelo Solver; e a célula-alvo, LucroTotal (G12), dá o lucro total resultante em milhões de dólares.

	A	B	C	D	E	F	G
1		Problema de compra de aviões da TBA Airlines					
2							
3			Avião de pequeno porte	Avião de grande porte			
4		Lucro unitário ($ milhões)	7	22			
5							
6						Capital	Capital
7			Capital por unidade comprada		gasto	disponível
8		Capital ($milhões)	25	75	250	<=	250
9							
10							Lucro total
11			Avião de pequeno porte	Avião de grande porte			($milhões)
12		Número de compras	1	3			73
13			<=				
14		Máximo de aviões de pequeno porte	5				

Parâmetros do Solver
Objetivo Definido (Célula-alvo): LucroTotal
Para: Máx
Por Células (Variáveis):
  NúmeroComprado
Sujeito às Restrições:
  CapitalGasto <= CapitalDisponível
  NúmeroComprado = número inteiro
  AviõesPequenos <= MáxAviõesPequenos

Opções do Solver (Excel 2010):
  Criar Variáveis Não Negativas
  Método de Solução: Simplex LP
Opções do Solver (Excel antigo):
  Assumir Não Negativo
  Assumir Modelo Linear

	E
6	Capital
7	Gasto
8	=SOMARPRODUTO(CapitalPorUnidadeComprada,NúmeroComprado)

	G
10	Lucro Total
11	($milhões)
12	=SOMARPRODUTO(LucroUnitário,NúmeroComprado)

Nomes de Intervalo	Células
CapitalDisponível	G8
CapitalPorUnidadeComprada	C8:D8
CapitalGasto	E8
MáxAviõesPequenos	C14
NúmeroComprado	C12:D12
AviõesPequenos	C12
LucroTotal	G12
LucroUnitário	C4:D4

A restrição de recurso, então, aparece nas células C8:G8, enquanto as células C12:C14 mostram a restrição lateral. O objetivo para este problema é maximizar o lucro líquido total anual, de modo que a equação para a célula-alvo é

LucroTotal (G12) = SOMARPRODUTO (LucroUnitário, UnidadesCompradas)

Uma vez que o problema da TBA Airlines é um problema de alocação de recursos, esse modelo de planilha tem essencialmente a mesma forma que os problemas da Super Grain e da Wyndor, exceto por uma pequena diferença. As células variáveis, neste caso, devem ter valores de *números inteiros*, pois não é viável para a empresa comprar e operar uma fração de um avião. Portanto, as restrições que as células variáveis precisam para serem números inteiros são adicionadas na caixa de diálogo Adicionar Restrição. Escolha o intervalo dessas células (C12:D12) como o lado esquerdo e escolha *int* a partir do menu pop-up entre os lados esquerdo e direito.[2]

---
[2] Na maioria das versões do Excel, o Solver preenche automaticamente com "inteiro" no lado direito da caixa de diálogo Adicionar Restrição, depois de escolher int a partir do menu pop-up. As versões do Macintosh anteriores ao Excel 2008 deixam em branco o lado direito da caixa de diálogo Adicionar Restrição e dão uma mensagem de erro se você clicar em OK. Digitar "inteiro" no lado direito antes de clicar em OK é uma alternativa.

Dica do Excel: Para restringir um invervalo de células variáveis para um número inteiro, escolha o intervalo de células do lado esquerdo do Adicionar Restrição na caixa de diálogo e escolha int do menu pop-up. Clique em OK e insira as restrições das células de número inteiro na caixa de diálogo do Solver.

Essas células variáveis na Figura 3.2 mostram a solução ideal, $(S, L) = (1, 3)$, obtida depois de clicar no botão Solve.

Uma das suposições de programação linear é que as células variáveis podem ter *qualquer* valor, incluindo os *fracionados*, que satisfazem as restrições funcionais e de não negatividade. Portanto, tecnicamente falando, o problema da TBA não é um problema de programação linear por causa da adição das restrições,

$$\text{UnidadesProduzidas} = \text{Inteiro}$$

que são exibidas na caixa Parâmetros do Solver na Figura 3.2. Um problema que se encaixa na programação linear, exceto por adicionar tais restrições, é chamado de um **problema de programação de número inteiro**. O método utilizado pelo Solver para resolvê-lo é muito diferente daquele para resolver problemas de programação linear. Na verdade, os problemas de programação de número inteiro tendem a ser muito mais difíceis de resolver do que os de programação linear, de forma que há uma limitação consideravelmente maior sobre o tamanho do problema. No entanto, isso não importa para um modelador de planilha lidando com pequenos problemas. De seu ponto de vista, não há praticamente nenhuma distinção entre problemas de programação linear e os de programação inteira. Eles são formulados exatamente da mesma maneira. Então, no final, uma decisão precisa ser tomada para saber se qualquer uma das células variáveis precisa ser restrita a valores de números inteiros. Se assim for, essas restrições são adicionadas como descrito. Tenha essa opção em mente enquanto continuamos a discutir a formulação de vários tipos de problemas de programação linear ao longo do capítulo.

Resumo da formulação

Dica do Excel: Mesmo quando uma célula variável é restrita para ser um número inteiro, os erros de arredondamento ocasionalmente farão com que o Excel retorne a um valor de número não inteiro muito perto de um número inteiro (p. ex., 1.23E-10, ou seja, 0,000000000123). Para deixar a planilha mais limpa, você pode substituir essas representações "feias" por seus valores de números inteiros adequados nas células variáveis.

A formulação anterior de um modelo com uma restrição de recursos e uma restrição lateral para o problema da TBA Airlines agora pode ser resumida (em forma algébrica) como segue.

$$\text{Maximizar} \quad \text{Lucro} = 7S + 22L$$

sujeito a

$$25S + 75L \leq 250$$
$$S \quad\quad\, \leq 5$$

e

$$S \geq 0 \quad L \geq 0$$

Orçamento de capital

O *planejamento financeiro* é uma das mais importantes áreas de aplicação para os problemas de alocação de recursos. Os recursos alocados nessa área são bastante diferentes daqueles para aplicações na área de *planejamento de produção* (como o problema do *mix* de produtos da Wyndor Glass Co.), em que os recursos tendem a ser *instalações de produção* de vários tipos. Para o planejamento financeiro, os recursos tendem a ser *ativos financeiros*, tais como dinheiro, títulos, contas a receber, linhas de crédito e assim por diante. Nosso exemplo específico envolve *orçamento de capital*, em que os recursos são montantes de capital de investimento disponíveis em diferentes pontos no tempo.

Problema

A **Think-Big Development Co.** é um dos principais investidores em projetos comerciais de desenvolvimento imobiliário. A empresa tem a oportunidade de compartilhar três grandes projetos de construção:

Projeto 1:   Construir um edifício de escritórios de muitos andares.
Projeto 2:   Construir um hotel.
Projeto 3:   Construir um shopping center.

Cada projeto exige que cada parceiro faça investimentos em quatro pontos diferentes no tempo: um pagamento inicial agora, e um capital adicional depois de um, dois e três anos. A Tabela 3.3 mostra, para cada projeto, o montante *total* de investimento de capital exigido de todos os parceiros nesses quatro pontos no tempo. Assim, um parceiro que adquire certa porcentagem de cota de um projeto é obrigado a investir essa porcentagem de cada um dos montantes apresentados na tabela para o projeto.

TABELA 3.3
Dados financeiros para os projetos em consideração para investimento parcial pela Think-Big Development Co.

Ano	Exigências do capital de investimento		
	Prédio comercial	Hotel	Shopping center
0	$40 milhões	$80 milhões	$90 milhões
1	60 milhões	80 milhões	50 milhões
2	90 milhões	80 milhões	20 milhões
3	10 milhões	70 milhões	60 milhões
Valor líquido atual	$45 milhões	$70 milhões	$50 milhões

Espera-se que todos os três projetos sejam muito rentáveis a longo prazo. Assim, a gestão da Think-Big quer investir tanto quanto possível em alguns ou em todos eles. A gestão está disposta a empenhar todo o capital de investimento disponível da empresa, bem como todo o capital de investimento adicional disponível nos próximos três anos. O objetivo é determinar o *mix de investimento* que será mais rentável, com base em estimativas atuais de rentabilidade.

Uma vez que levarão alguns anos para que cada projeto comece a gerar renda, que continuará por muitos anos depois, precisamos levar em conta o *valor temporário do dinheiro* para avaliar o quão lucrativo ele poderia ser. Isso é feito mediante o *desconto* dos fluxos de saída de caixa futuros (capital investido) e fluxos de entrada de caixa (renda), adicionando o fluxo de caixa líquido descontado para calcular o *valor líquido atual* do projeto.

Baseado em estimativas atuais de fluxos de caixa futuros (não incluído aqui, exceto para as saídas), o valor líquido atual estimado para cada projeto é mostrado na linha inferior da Tabela 3.3. Todos os investidores, incluindo a Think-Big, irão dividir esse valor líquido atual em proporção à sua quota no investimento total.

Para cada projeto, as *ações de participação* estão sendo vendidas para grandes investidores, como a Think-Big, que se tornam parceiros no projeto, investindo suas ações proporcionais nos quatro pontos específicos no tempo. Por exemplo, se a Think-Big tem uma quota de 10% do prédio comercial, ela terá de fornecer 4 milhões de dólares agora e, depois, 6 milhões, 9 milhões e 1 milhão de dólares em um, dois e três anos, respectivamente.

A empresa possui atualmente 25 milhões dólares disponíveis para investimento de capital. As projeções são de que outros 20 milhões de dólares serão disponibilizados após um ano, 20 milhões de dólares a mais depois de dois anos, e outros 15 milhões de dólares depois de três anos. Que parte deve a Think-Big adquirir nos respectivos projetos para maximizar o valor líquido atual total desses investimentos?

Formulação

Esse é um *problema de alocação de recursos*. As atividades em consideração são

Atividade 1:   Investir na construção de um prédio comercial
Atividade 2:   Investir na construção de um hotel.
Atividade 3:   Investir na construção de um shopping center.

Assim, as decisões a serem tomadas são os níveis que essas atividades possuem, ou seja, que cota de participação adotar para investir em cada um deles. Uma cota de participação pode ser expressa como uma fração ou uma porcentagem de todo o projeto, de forma que todo o projeto é considerado uma "unidade" daquela atividade.

Os recursos a serem alocados para essas atividades são os fundos disponíveis nos quatro pontos de investimento. Os fundos não utilizados em um ponto estão disponíveis no seguinte. (Para simplificar, vamos ignorar qualquer juro ganho sobre esses fundos.) Portanto, a *restrição de recurso* para cada ponto deve refletir os fundos acumulados até esse ponto.

Recurso 1:   Capital de investimento total disponível atualmente.
Recurso 2:   Capital de investimento acumulado disponível no final de um ano.
Recurso 3:   Capital de investimento acumulado disponível no final de dois anos.
Recurso 4:   Capital de investimento acumulado disponível no final de três anos.

TABELA 3.4
Dados de recurso para o problema do *mix* de investimento da Think-Big Development Co.

	Capital de investimento cumulativo necessário para um projeto inteiro			
Recurso	**Prédio comercial**	**Hotel**	**Shopping center**	**Quantia de recurso disponível**
1 (Agora)	$40 milhões	$ 80 milhões	$ 90 milhões	$25 milhões
2 (Fim do ano 1)	100 milhões	160 milhões	140 milhões	45 milhões
3 (Fim do ano 2)	190 milhões	240 milhões	160 milhões	65 milhões
4 (Fim do ano 3)	200 milhões	310 milhões	220 milhões	80 milhões

Uma vez que a quantidade de investimento de capital disponível é de 25 milhões de dólares agora, mais 20 milhões de em um ano, mais 20 milhões em dois e mais 15 milhões em três, os montantes disponíveis dos recursos são os seguintes:

Montante do recurso 1 disponível = 25 milhões de dólares

Montante do recurso 2 disponível = (25 + 20) milhões de dólares = 45 milhões de dólares

Montante do recurso 3 disponível = (25 + 20 + 20) milhões de dólares = 65 milhões de dólares

Montante do recurso 4 disponível = (25 + 20 + 20 + 15) milhões de dólares = 80 milhões de dólares

A Tabela 3.4 mostra todos os dados que envolvem esses recursos. A coluna mais à direita dá a quantidade de recursos disponíveis calculada. As colunas do meio mostram as quantias *acumuladas* das exigências do capital de investimento listadas na Tabela 3.3. Por exemplo, na coluna Prédio Comercial da Tabela 3.4, o segundo número (100 milhões de dólares) é obtido pela soma dos dois primeiros números (40 e 60 milhões de dólares), na coluna Prédio Comercial da Tabela 3.3.

Dados Como acontece com qualquer problema de alocação de recursos, três tipos de dados precisam ser reunidos. Um deles é a quantidade disponível de recursos, como fornecido na coluna da direita da Tabela 3.4. O segundo é a quantidade de cada recurso necessária para cada projeto, fornecida nas colunas do meio dessa tabela. O terceiro é a contribuição de cada projeto para a medida geral de desempenho (valor líquido atual), como determinado na linha inferior da Tabela 3.3.

A primeira etapa na formulação do modelo de planilha é inserir esses dados em células de dados na planilha. Na Figura 3.3, as células de dados (e seus nomes de intervalo) são ValorLíquidoAtual (C5:E5), CapitalNecessário (C9:E12) e CapitalDisponível (H9:H12). Para economizar espaço na planilha, esses números são inseridos em unidades de milhões de dólares.

Decisões Com três atividades em consideração, existem três decisões a serem tomadas.

Decisão 1: OB = Cota de participação no prédio comercial
Decisão 2: H = Cota de participação no hotel
Decisão 3: SC = Cota de participação no shopping center

Por exemplo, se a gestão da Think-Big decidisse pegar um décimo de cota de participação (ou seja, uma quota de participação de 10%) em cada um desses projetos, então

$OB = 0,1 = 10\%$
$H = 0,1 = 10\%$
$SC = 0,1 = 10\%$

No entanto, pode não ser desejável ter a mesma cota de participação (expressa como uma fração ou uma porcentagem) em cada um dos projetos, então a ideia é escolher a melhor combinação dos valores de OB, H e SC. Na Figura 3.3, as quotas de participação (expressas em porcentagem) foram colocadas em células variáveis abaixo das células de dados (linha 16) nas colunas para os três projetos, de forma que

$OB \to$ célula C16 $H \to$ D16 $SC \to$ célula E16

em que essas células são referidas coletivamente pelo nome de intervalo CotaParticipação (C16:E16).

Restrições Os números nessas células variáveis só fazem sentido se forem não negativos, então a opção *Assumir Não Negativo* terá de ser selecionada na caixa de diálogo do Solver. Além disso, os quatro recursos requerem restrições de recursos:

Total investido agora	≤ 25	(milhões de dólares disponíveis)
Total investido em um ano	≤ 45	(milhões de dólares disponíveis)
Total investido em dois anos	≤ 65	(milhões de dólares disponíveis)
Total investido em três anos	≤ 80	(milhões de dólares disponíveis)

Os dados nas colunas C, D e E indicam que (em milhões de dólares)

$$\text{Total investido agora} = 40\,OB + 80\,H + 90\,SC$$
$$\text{Total investido em um ano} = 100\,OB + 160\,H + 140\,SC$$
$$\text{Total investido em dois anos} = 190\,OB + 240\,H + 160\,SC$$
$$\text{Total investido em três anos} = 200\,OB + 310\,H + 220\,SC$$

Esses totais são calculados nas células de saída CapitalGasto (F9:F12), utilizando a função SOMARPRODUTO, como mostrado abaixo da planilha na Figura 3.3. Finalmente, os sinais ≤ são inseridos na coluna G para indicar as restrições de recursos que precisarão ser inseridas na caixa de diálogo do Solver.

FIGURA 3.3
Modelo de planilha para o problema da Think-Big, incluindo as fórmulas para a célula-alvo TotalNPV (H16) e as outras células de saída CapitalGasto (F9:F12), bem como as especificações necessárias para definir o Solver. As células variáveis CotaParticipação (C16:E16) mostram a solução ideal obtida pelo Solver.

	A	B	C	D	E	F	G	H
1		Programa de orçamento de capital da Think-Big Development Co.						
2								
3			Prédio		Shopping			
4			comercial	Hotel	center			
5		Valor líquido atual	45	70	50			
6		($milhões)				Capital		Capital
7			Capital cumulativo necessário ($ milhões)			cumulativo		cumulativo
8						gasto		disponível
9		Disponível	40	80	90	25	≤	25
10		Fim do ano 1	100	160	140	44,76	≤	45
11		Fim do ano 2	190	240	160	60,58	≤	65
12		Fim do ano 3	200	310	220	80	≤	80
13								
14			Prédio		Shopping			Total NPV
15			comercial	Hotel	center			($milhões)
16		Cota de participação	0,00%	16,50%	13,11%			18,11

Parâmetros do Solver
Objetivo Definido (Célula-alvo): TotalNPV
Para: Maximizar
Por Células (Variáveis):
  CotaParticipação
Sujeito às restrições:
  CapitalGasto <= CapitalDisponível
Opções do Solver (Excel 2010):
  Crie Variáveis Não Negativas
  Método de Solução: Simplex LP
Opções do Solver (Excel mais antigo):
  Assumir não negativo
  Assumir Modelo Linear

Nomes de Intervalo	Células
CapitalDisponível	H9:H12
CapitalNecessário	C9:E12
CapitalGasto	F9:F12
CotaParticipação	C16:E16
ValorLíquidoAtual	C5:E5
TotalNPV	H16

	F
6	Capital
7	cumulativo
8	gasto
9	=SOMARPRODUTO(C9:E9,CotaParticipação)
10	=SOMARPRODUTO(C10:E10,CotaParticipação)
11	=SOMARPRODUTO(C11:E11,CotaParticipação)
12	=SOMARPRODUTO(C12:E12,CotaParticipação)

	H
14	Total NPV
15	($milhões)
16	=SOMARPRODUTO(ValorLíquidoAtual, CotaParticipação)

Medida de desempenho O objetivo é

Maximizar NPV = *valor líquido atual* total dos investimentos

O ValorLíquidoAtual (C5:E5) mostra o valor líquido atual de cada projeto inteiro, enquanto CotaParticipação (C16:E16) mostra a cota de participação para cada um dos projetos. Portanto, o valor líquido atual total de todas as cotas de participação adquiridas em todos os três projetos é (em milhões de dólares)

$$NPV = 45\ OB + 70\ H + 50\ SC$$
$$= \text{SOMARPRODUTO (ValorLíquidoAtual, CotaParticipação)}$$
$$\rightarrow \text{célula H16}$$

Resumo da formulação Isso completa a formulação do modelo de programação linear na planilha, conforme resumido a seguir (em forma algébrica).

$$\text{Maximizar}\quad NPV = 45\ OB + 70\ H + 50\ SC$$

sujeito a

Total investido agora: $\quad 40\ OB + 80\ H + 90\ SC \leq 25$
Total investido em um ano: $\quad 100\ OB + 160\ H + 140\ SC \leq 45$
Total investido em dois anos: $\quad 190\ OB + 240\ H + 160\ SC \leq 65$
Total investido em três anos: $\quad 200\ OB + 310\ H + 220\ SC \leq 80$

e

$$OB \geq 0 \quad H \geq 0 \quad SC \geq 0$$

em que todos esses números estão em unidade de união de dólares.

Observe que esse modelo possui o importante *recurso de identificação* para os problemas de alocação de recursos, ou seja, cada restrição funcional é uma *restrição a recursos* que tem a forma

Quantidade de recurso usada ≤ Quantidade de recurso disponível

Solução do modelo O lado inferior esquerdo da Figura 3.3 mostra as entradas necessárias na caixa de diálogo do Solver para especificar o modelo, juntamente com a seleção das duas opções habituais. A planilha mostra a solução ideal resultante na linha 16, ou seja,

Investir nada no prédio comercial.
Investir 16,50% do hotel.
Investir 13,11% do shopping center.

TotalNPV (H16) indica que esse programa de investimento proporcionaria um valor líquido atual total de 18,11 milhões dólares.

Essa quantidade, na verdade, é apenas uma estimativa do que o valor líquido atual total viria a ser, dependendo da precisão dos dados financeiros apresentados na Tabela 3.3. Existe alguma incerteza sobre os custos de construção para os três projetos imobiliários, assim, as exigências reais de capital para investimento para os anos 1, 2 e 3 podem divergir um pouco das quantidades especificadas nessa tabela. Por causa do risco envolvido nesses projetos, o valor líquido atual para cada um também pode desviar-se dos montantes indicados na parte inferior da tabela. O Capítulo 5 descreve uma abordagem para analisar o efeito de tais desvios. Os Capítulos 12 e 13 apresentam outra técnica, chamada de *simulação por computador*, para levar sistematicamente futuras incertezas em conta. A Seção 13.5 focará na análise mais aprofundada desse mesmo exemplo.

Outro olhar sobre as restrições de recursos

Esses exemplos de problemas de alocação de recursos ilustram uma variedade de recursos: alocações financeiras para fins publicitários e de planejamento, pontos de comerciais de TV disponíveis para compra, capacidades de produção disponíveis de diferentes fábricas, o montante total de capital disponível para investimento e capital de investimento cumulativo disponível em determinados momentos. No entanto, essas ilustrações apenas arranham a superfície da riqueza de recursos possíveis que precisam ser alocados para atividades em problemas de alocação de recursos. Na verdade, ao interpretar *recursos* suficientemente amplos, *qualquer* restrição sobre as decisões a serem feitas que têm a forma

$$\text{Quantidade usada} \leq \text{Quantidade disponível}$$

pode ser pensada como uma *restrição de recursos*, em que o item cujo valor está sendo medido é o "recurso" correspondente. Uma vez que *qualquer* restrição funcional com um sinal ≤ em um modelo de programação linear (incluindo a restrição lateral no exemplo da TBA Airlines) pode ser expressa dessa forma, qualquer restrição desse tipo pode ser pensada como uma restrição de recursos.

> Daqui em diante, usaremos a **restrição de recursos** para referir *qualquer* restrição funcional com um sinal ≤ em um modelo de programação linear. A constante no lado direito representa a *quantidade disponível* de um recurso. Portanto, o lado esquerdo representa a *quantidade utilizada* desse recurso. Na forma algébrica da restrição, o coeficiente (positivo ou negativo) de cada variável de decisão é o *uso de recurso por unidade* da atividade correspondente.

Resumo do procedimento de formulação de problemas de alocação de recursos

Os quatro exemplos ilustram que as etapas a seguir são usadas para qualquer problema de alocação de recursos para definir o problema específico, reunir os dados relevantes e, então, formular o modelo de programação linear.

1. Uma vez que qualquer problema de programação linear envolve encontrar o *melhor mix* de níveis de várias atividades, identifique essas *atividades* para o problema em questão. As decisões a serem tomadas são os níveis dessas atividades.
2. Do ponto de vista da gestão, identifique uma adequada *medida do desempenho geral* (geralmente, o *lucro*, ou um substituto para ele) para solução do problema.
3. Para cada atividade, estime a *contribuição por unidade da atividade* para essa medida geral de desempenho.
4. Identifique os *recursos* que devem ser alocados nas atividades.
5. Para cada recurso, identifique a *quantidade disponível* e, em seguida, *a quantidade usada por unidade de cada atividade*.
6. Insira os dados reunidos nas etapas 3 e 5 nas *células de dados* em uma planilha. Um formato conveniente é ter os dados associados a cada atividade em uma coluna separada, os dados para o lucro da unidade e cada restrição em uma linha separada, e deixar duas colunas em branco entre as colunas de *atividade* e da *quantidade de recursos disponíveis*. A Figura 3.4 mostra um modelo do formato geral de um modelo de planilha para problemas de alocação de recursos.
7. Designe *células variáveis* para exibir as decisões sobre os níveis de atividade.
8. Para as duas colunas em branco criadas na etapa 6, use a da esquerda como uma coluna para os *Totais* para as *células de saída* e insira sinais de ≤ na da direita para todos os recursos. Na linha de cada recurso, use a função SOMARPRODUTO para entrar na *quantidade total utilizada* na coluna Totais.

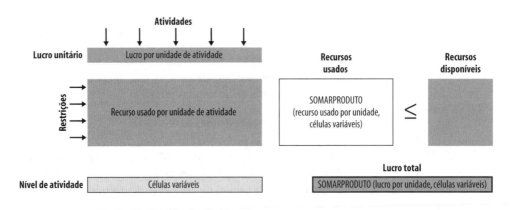

FIGURA 3.4
Modelo de planilha padrão para problemas puros de alocação de recursos.

9. Designe uma *célula-alvo* para exibir a medida geral de desempenho. Use uma função SOMARPRODUTO para inserir essa medida de desempenho.

Todas as restrições funcionais no modelo de programação linear em uma planilha são *restrições de recursos*, ou seja, restrições com um sinal de ≤. Esse é o *recurso de identificação* que classifica o problema como de alocação de recursos.

Perguntas de revisão

1. O que é recurso de identificação de um problema de alocação de recursos?
2. Qual é a forma de uma restrição de recursos?
3. Quais são os três tipos de dados que precisam ser reunidos para um problema de alocação de recursos?
4. Compare os tipos de atividades para os quatro exemplos de problemas de alocação de recursos.
5. Compare os tipos de recursos para os quatro exemplos de problemas de alocação de recursos.

3.3 PROBLEMA DE CONFLITO ENTRE CUSTOS E BENEFÍCIOS

Os problemas de conflito entre custos e benefícios têm uma forma que é muito diferente dos problemas de alocação de recursos. A diferença surge dos *objetivos gerenciais* que são muito diferentes para os dois tipos de problemas.

Por problemas de alocação de recursos, limites são estabelecidos sobre o uso de vários recursos (incluindo recursos financeiros) e, então, o objetivo é fazer o uso mais eficaz (de acordo com alguma medida geral de desempenho) desses recursos disponíveis.

Para problemas de conflito entre custos e benefícios, a gestão assume uma postura mais agressiva, escrevendo quais *benefícios* devem ser alcançados pelas atividades em consideração (independentemente do uso do recurso resultante) e o objetivo é alcançar todos esses benefícios com *custo mínimo*. Ao prescrever um *nível mínimo aceitável* para cada tipo de benefício, e, em seguida, minimizar o custo necessário para alcançar esses níveis, a gestão espera obter um *conflito* adequado entre custo e benefícios. (Você verá no Capítulo 5 que a *análise e-se* desempenha um papel fundamental na prestação da informação adicional necessária para a gestão de escolher o melhor *conflito* entre custo e benefício.)

> Formulação de um conflito entre custo e benefício permite à gestão especificar metas mínimas para os benefícios que precisam ser alcançados pelas atividades.

Os **problemas de conflito entre custo e benefício** são de programação linear, em que a mistura de níveis de várias atividades é escolhida para alcançar níveis mínimos aceitáveis para diversos benefícios a um custo mínimo. O *recurso de identificação* é que cada restrição funcional é uma **restrição de benefícios**, que tem a forma

Nível atingido ≥ Nível mínimo aceitável

para um dos benefícios.

Ao interpretar o *benefício* amplamente, podemos pensar em *qualquer* restrição funcional com um sinal ≥ como uma *restrição de benefício*. Na maioria dos casos, o *nível mínimo aceitável* será prescrito pela administração como uma decisão política, mas ocasionalmente esse número será ditado por outras circunstâncias.

Para qualquer problema de conflito entre custo e benefício, uma parte importante do estudo consiste em identificar todas as atividades e benefícios que devem ser considerados e, em seguida, reunir os dados relevantes para essas atividades e benefícios.

> Estes três tipos de dados são necessários para qualquer problema de conflito entre custos e benefícios.

Três tipos de dados são necessários:

1. O *nível mínimo aceitável* para cada benefício (a decisão política gestacional).
2. Para cada benefício, a *contribuição de cada atividade* para aquele benefício (por unidade de atividade).
3. O *custo* por unidade de cada atividade.

Vamos examinar dois exemplos de problemas de conflito entre custos e benefícios.

Problema de *mix* de publicidade da Profit & Gambit Co.

Conforme descrito na Seção 2.6, a Profit & Gambit Co. realizará uma importante campanha publicitária focando em três novos produtos de limpeza. Os dois tipos de propaganda a serem utilizados são para a televisão e a mídia impressa. A gestão estabeleceu metas mínimas – o aumento mínimo aceitável em vendas para cada produto – a serem obtidas pela campanha.

O problema é determinar o quanto anunciar em cada mídia para atender as metas de vendas a um custo total mínimo.

> Um passo inicial na formulação de qualquer problema de conflito entre custo e benefício é identificar as atividades e os benefícios.

As atividades nesse problema de conflito entre custo e benefício são:

Atividade 1:   Anunciar na televisão.
Atividade 2:   Anunciar na mídia impressa.

Os benefícios almejados por essas atividades são:

Benefício 1:   Aumento de vendas para um removedor de manchas pré-lavagem em spray.
Benefício 2:   Aumento de vendas para um detergente líquido para lavagem de roupas.
Benefício 3:   Aumento de vendas para um detergente em pó para lavagem de roupas.

A gestão quer esse aumento de vendas em pelo menos 3%, 18% e 4%, respectivamente. Como mostrado na Seção 2.6, cada benefício leva a uma *restrição de benefício* que incorpora o objetivo da gestão para o *nível mínimo aceitável* de aumento nas vendas para o produto correspondente, a saber,

Nível de benefício 1 atingido $\geq 3\%$
Nível de benefício 2 atingido $\geq 18\%$
Nível de benefício 3 atingido $\geq 4\%$

Os dados para este problema são apresentados na Tabela 2.2 (Seção 2.6). A Seção 2.6 descreve como o modelo de programação linear é formulado diretamente a partir dos números nessa tabela.

Esse exemplo fornece um contraste interessante com o estudo de caso da Super Grain Corp. na Seção 3.1, o que levou a uma formulação como um problema de alocação de recursos. Ambos são problemas de *mix* de propaganda, ainda que levem a modelos inteiramente diferentes de programação linear. Eles diferem por causa das diferenças na visão gerencial das questões-chave em cada caso:

- Como a vice-presidente de marketing de Super Grain, Claire Syverson focou primeiro em quanto gastar com a campanha publicitária e em estabelecer os limites (um orçamento de propaganda de 4 milhões e um orçamento de planejamento de 1 milhão de dólares), que levou a restrições de recurso.
- A gestão da Profit & Gambit, ao contrário, focou primeiro no que desejava que a campanha publicitária realizasse e, então, definiu as metas (aumento mínimo necessário nas vendas) que levou a restrições de benefícios.

A partir dessa comparação, vemos que não é a natureza da *aplicação* que determina a classificação da formulação de programação linear resultante. Pelo contrário, é a natureza das *restrições* impostas nas decisões sobre o *mix* de níveis de atividade. Se as restrições envolvem *limites* sobre o uso de recursos, isso identifica um problema de alocação de recursos. Se as restrições envolvem *metas* sobre os níveis de benefícios, isso caracteriza um problema de conflito de custo e benefício. Frequentemente, a natureza das restrições surge de como a gestão formula o problema.

No entanto, não queremos que você tenha a ideia de que todos os problemas de programação linear encaixam-se inteira e perfeitamente em um ou outro tipo de problema. Na seção anterior e nesta, estamos observando problemas *puros* de alocação de recursos e problemas puros de conflito entre custo e benefício. Apesar de muitos problemas *reais* tenderem a ser um tipo ou outro, é bastante comum ter tanto restrições de recurso quanto restrições de benefícios, mesmo que um tipo possa predominar. (Na próxima seção, você verá um exemplo de como ambos os tipos de restrições podem surgir no mesmo problema quando a gestão da Super Grain Corporation introduz considerações adicionais na análise de seu problema de *mix* de propaganda.) Além disso, ainda precisamos considerar outras categorias de problemas de programação linear nas demais seções deste capítulo.

Agora, outro exemplo de um problema puro de conflito entre custo e benefício.

Escala de pessoal

Uma das aplicações comuns da análise da relação de conflito entre custo e benefício envolve a escala de pessoal para uma empresa que fornece algum tipo de serviço, em que o objetivo é fazer

VINHETA DE APLICAÇÃO

O controle de custos é essencial para a sobrevivência no setor aéreo. Portanto, a gestão superior da **United Airlines** iniciou um estudo da ciência da gestão para melhorar a utilização de pessoal nos escritórios de reservas da companhia e em aeroportos, criando um melhor ajuste entre os horários de trabalho e as necessidades dos clientes. O número de funcionários necessários em cada local para fornecer o nível exigido de serviço varia muito ao longo de 24 horas e pode variar consideravelmente de uma hora e meia para a próxima.

Tentar projetar a escala de trabalho para todos os funcionários em um determinado local para atender a essas exigências de serviço de modo mais eficiente é um pesadelo de considerações combinatórias. Depois que um funcionário chega, ele estará lá continuamente durante todo o turno (2 a 10 horas, dependendo do funcionário), exceto nos intervalos para refeição ou descanso curto a cada duas horas.

Dado o número *mínimo* de funcionários necessários em serviço para cada intervalo de meia hora ao longo de 24 horas (esse mínimo muda de um dia para outro durante uma semana de sete dias), *quantos* funcionários de *cada turno* devem começar a trabalhar e *a que horas* ao longo do tempo a *cada* dia de 24 horas de uma semana de sete dias? Felizmente, a programação linear prospera em tais pesadelos combinatórios. O modelo de programação linear para alguns dos locais escalados envolve mais de 20 mil decisões!

A essa aplicação de programação linear foi atribuída a economia para a United Airlines de mais de **6 milhões de dólares** *por ano* apenas em salário direto e custos com benefícios. Outros efeitos positivos foram o melhor atendimento ao cliente e redução na carga de trabalho do pessoal de apoio.

Fonte: T. J. Holloran and J. E. Bryne, "United Airlines Station Manpower Planning System," *Interfaces* 16, no. 1 (January–February1986), pp. 39-50. (Um link para esse artigo é fornecido no *site* www.mhhe.com/hillier4e).

a escala da hora de trabalho dos funcionários de forma a minimizar o custo do fornecimento do nível de serviço especificado pela gestão. O exemplo a seguir ilustra como isso pode ser feito.

Problema

A **Union Airways** está acrescentando mais voos de e para seu aeroporto central e, assim, precisa contratar mais agentes de atendimento ao cliente. No entanto, não está claro quantos mais deverão ser contratados. A gestão reconhece a necessidade de controle de custos ao mesmo tempo em que oferece um consistente e satisfatório atendimento. Assim, busca-se um equilíbrio desejável entre esses dois fatores. Portanto, uma equipe de ciência da gestão está estudando como alocar os agentes para prestar um atendimento satisfatório com o menor custo de pessoal.

Com base na nova programação de voos, foi feita uma análise do número *mínimo* de agentes de atendimento ao cliente que precisa estar em serviço em momentos diferentes do dia para fornecer um nível de atendimento satisfatório. (Os modelos de filas apresentados no Capítulo 11 podem ser usados para determinar o número mínimo de agentes necessários para manter o tempo de espera dos clientes razoáveis.) Esses números são mostrados na última coluna da Tabela 3.5 para os períodos de tempo dados na primeira coluna. As outras entradas nessa tabela refletem uma das disposições do contrato atual da empresa com o sindicato que representa os agentes de atendimento ao cliente. A condição é que cada agente trabalhe um turno de oito horas. Os turnos autorizados são

Turno 1: 6h às 14h
Turno 2: 8h às 16h
Turno 3: 12h às 20h
Turno 4: 16h às 0h
Turno 5: 22h às 6h

TABELA 3.5
Dados para o problema de escala de pessoal da Union Airways

Período	1	2	3	4	5	Número mínimo de agentes necessários
6:00 às 8:00	✓					48
8:00 às 10:00	✓	✓				79
10:00 às 12:00	✓	✓				65
12:00 às 14:00	✓	✓	✓			87
14:00 às 16:00		✓	✓			64
16:00 às 18:00			✓	✓		73
18:00 às 20:00			✓	✓		82
20:00 às 22:00				✓		43
22:00 às 00:00				✓	✓	52
00:00 às 6:00					✓	15
Custo diário por agente	$170	$160	$175	$180	$195	

As marcas de verificação no corpo principal da Tabela 3.5 mostram os períodos cobertos pelos respectivos turnos. Porque alguns turnos são menos desejáveis do que outros, os salários especificados no contrato diferem por turno. Para cada turno, a compensação diária (incluindo benefícios) para cada agente é mostrada na linha inferior. O problema é determinar quantos agentes devem ser atribuídos aos respectivos turnos a cada dia para minimizar o custo *total* com pessoal dos agentes, com base na linha inferior, enquanto atende (ou ultrapassa) os requisitos de atendimento dados na última coluna.

Formulação

Este problema é, de fato, um problema puro de conflito entre custos e benefícios. Para formulá-lo, precisamos identificar as *atividades* e os *benefícios* envolvidos.

As *atividades* correspondem aos turnos.

O *nível* de cada atividade é o número de agentes designados para esse turno.

Uma *unidade* de cada atividade é um agente designado para esse turno.

Assim, a descrição geral de um problema de programação linear em relação a encontrar o *melhor mix de níveis de atividade* pode ser expressa para essa aplicação específica em relação a encontrar o *melhor mix de durações de turno*.

Os *benefícios* correspondem a períodos de tempo.

Para cada período, o *benefício* proporcionado pelas atividades é o atendimento que os agentes fornecem aos clientes durante esse período.

O *nível* de um benefício é medido pelo número de agentes de plantão durante o período.

Mais uma vez, uma formulação cuidadosa do problema, incluindo a reunião de todos os dados relevantes, leva diretamente a um modelo de planilha. Esse modelo é mostrado na Figura 3.5 e descrevemos a respectiva formulação abaixo.

Dados Como indicado nessa figura, todos os dados na Tabela 3.5 foram inseridos diretamente nas células de dados CustoPorTurno (C5:G5), PeríodoTurnoTrabalho (C8:G17), e MínimoNecessário (J8:J17). Para os dados PeríodoTurnoTrabalho (C8:G17), uma entrada de 1 indica que o turno correspondente inclui esse período, enquanto 0 indica que não. Como qualquer problema de conflito entre custos e benefícios, esses números indicam a contribuição de cada atividade para cada benefício. Cada agente que trabalha um turno contribui com 0 ou 1 para o número mínimo de agentes necessários em um período de tempo.

Decisões Uma vez que as atividades, neste caso, correspondem aos cinco turnos, as decisões a serem tomadas são

S_1 = Número de agentes a alocar ao Turno 1 (começa às 6h)
S_2 = Número de agentes a alocar ao Turno 2 (começa às 8h)
S_3 = Número de agentes a alocar ao Turno 3 (começa às 12h)
S_4 = Número de agentes a alocar ao Turno 4 (começa às 16h)
S_5 = Número de agentes a alocar ao Turno 5 (começa às 22h)

As células variáveis para manter esses números foram colocadas nas colunas de atividade na linha 21, assim

$S_1 \to$ célula C21 $S_2 \to$ célula D21   ... $S_5 \to$ célula G21

em que essas células são referidas coletivamente pelo nome de intervalo NúmeroTrabalhando (C21:G21).

Restrições Essas células variáveis precisam ser não negativas. Além disso, precisamos de 10 *restrições de benefícios*, em que cada uma especifica que o número *total* de agentes atendendo no período de tempo correspondente listado na coluna B não deve ser inferior ao número mínimo aceitável na coluna J. Assim, essas restrições são

Número total de agentes trabalhando das 6h-8h   ≥ 48 (mín. aceitável)
Número total de agentes trabalhando das 8h-10h   ≥ 79 (mín. aceitável)

.
.
.

Número total de agentes trabalhando das 0h-6h   ≥ 15 (mín. aceitável)

FIGURA 3.5
Modelo de planilha para o problema da Union Airways, incluindo as fórmulas para a célula-alvo CustoTotal (J21) e as outras células de saída TotalTrabalhado (H8:H17), bem como as especificações necessárias para definir o Solver. As células variáveis, NúmeroTrabalhando (C21:G21) mostram a solução ideal obtida pelo Solver.

	A	B	C	D	E	F	G	H	I	J
1		Problema de escala de pessoal da Union Airways								
2										
3			6h–14h	8h–16h	12h–20h	16h–0h	22h–6h			
4			Turno	Turno	Turno	Turno	Turno			
5		Custo por turno	$170	$160	$175	$180	$195			
6								Total		Mínimo
7		Período	Perído por Turno de Trabalho? (1=sim, 0=não)					trabalhado		necessário
8		6h–8h	1	0	0	0	0	48	≥	48
9		8h–10h	1	1	0	0	0	79	≥	79
10		10h–12h	1	1	0	0	0	79	≥	65
11		12h–14h	1	1	1	0	0	118	≥	87
12		14h–16h	0	1	1	0	0	70	≥	64
13		16h–18h	0	0	1	1	0	82	≥	73
14		18h–20h	0	0	1	1	0	82	≥	82
15		20h–22h	0	0	0	1	0	43	≥	43
16		22h–0h	0	0	0	1	1	58	≥	52
17		0h–6h	0	0	0	0	1	15	≥	15
18										
19			6h–14h	8h–16h	12h–20h	16h–0h	22h–6h			
20			Turno	Turno	Turno	Turno	Turno			Custo total
21		Número trabalhando	48	31	39	43	15			$30.610

Parâmetros do Solver
Objetivo Definido (Célula-alvo):
  CustoTotal
Para: Minimizar
Por Células (Variáveis):
  NúmeroTrabalhando
Sujeito às Restrições:
  NúmeroTrabalhando = número inteiro
  TotalTrabalhado >= MínimoNecessário

Opções do Solver (Excel 2010): Criar Variáveis Não Negativas
  Método de solução: Simplex LP
Opções do Solver (Excel mais antigo):
  Assumir Não Negativo
  Assumir Modelo Linear

Nomes de Intervalo	Células
CustoPorTurno	C5:G5
MínimoNecessário	J8:J17
NúmeroTrabalhando	C21:G21
PeríodoTurnoTrabalho	C8:G17
CustoTotal	J21
TotalTrabalhado	H8:H17

	H
6	Total
7	trabalhado
8	=SOMARPRODUTO(C8:G8,NúmeroTrabalhando)
9	=SOMARPRODUTO(C9:G9,NúmeroTrabalhando)
10	=SOMARPRODUTO(C10:G10,NúmeroTrabalhando)
11	=SOMARPRODUTO(C11:G11,NúmeroTrabalhando)
12	=SOMARPRODUTO(C12:G12,NúmeroTrabalhando)
13	=SOMARPRODUTO(C13:G13,NúmeroTrabalhando)
14	=SOMARPRODUTO(C14:G14,NúmeroTrabalhando)
15	=SOMARPRODUTO(C15:G15,NúmeroTrabalhando)
16	=SOMARPRODUTO(C16:G16,NúmeroTrabalhando)
17	=SOMARPRODUTO(C17:G17,NúmeroTrabalhando)

	J
20	Custo total
21	=SOMARPRODUTO(CustoPorTurno,NúmeroTrabalhando)

Uma vez que as colunas C a G indicam quais os turnos satisfazem cada um dos períodos de tempo, esses totais são

Número total de agentes trabalhando das 6h-8h = S_1
Número total de agentes trabalhando das 8h-10h = $S_1 + S_2$

.
.
.

Número total de agentes trabalhando das 0h-6h = S_5

Esses totais são calculados nas células de saída TotalTrabalhado (H8:H17), utilizando as funções SOMARPRODUTO mostradas abaixo da planilha na Figura 3.5.

Outro tipo de restrição é que o número de agentes designados para cada turno deve ter um valor de número inteiro. Essas restrições para os cinco turnos devem ser adicionadas da mesma maneira como descrito para o problema da TBA Airlines na Seção 3.2. Em particular, elas são adicionadas na caixa de diálogo Adicionar Restrição digitando o Número Trabalhando sobre o lado esquerdo e depois escolher int (inteiro) a partir do menu pop-up entre o lado esquerdo e o lado direito. O conjunto de restrições, NúmeroTrabalhando = número inteiro, aparece então na caixa de diálogo do Solver, como mostrado na Figura 3.5.

Medida de desempenho O objetivo é

Minimizar   Custo = Custo total diário de pessoal para todos os agentes

Uma vez que CustoPorTurno (C5:G5) dá o custo diário por agente em cada turno e NúmeroTrabalhando (C21:G21) dá o número de agentes trabalhando a cada turno,

Custo = $170S_1 + 160S_2 + 175S_3 + 180S_4 + 195S_5$ (em dólares)
= SOMARPRODUTO (CustoPorTurno, NúmeroTrabalhando)
→ célula J21

Resumo da formulação Essas etapas fornecem a formulação completa do modelo de programação linear em uma planilha, conforme resumido abaixo (em forma algébrica).

Minimizar   Custo = $170S_1 + 160S_2 + 175S_3 + 180S_4 + 195S_5$ (em dólares)

sujeito a

Total de agentes 6h–8h: S_1 ≥ 48
Total de agentes 8h–10h: $S_1 + S_2$ ≥ 79

.
.
.

Total de agentes 0h–6h: $S_5 \geq 15$

e

$S_1 \geq 0$ $S_2 \geq 0$ $S_3 \geq 0$ $S_4 \geq 0$ $S_5 \geq 0$

Solucionando o modelo O lado inferior esquerdo da Figura 3.5 mostra as entradas necessárias na caixa de diálogo do Solver, juntamente com a seleção das duas opções habituais. Depois de solucionar, o NúmeroTrabalhando (C21:G21) na planilha mostra a solução resultante ideal para o número de agentes que deve ser atribuído a cada turno. O CustoTotal (J21) indica que este plano custaria 30.610 dólares por dia.

FIGURA 3.6
Modelo de planilha padrão para um problema puro de conflito entre custos e benefícios.

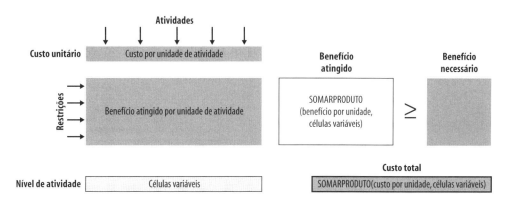

Resumo do procedimento de formulação de problemas de conflito entre custos e benefícios

As nove etapas na formulação de qualquer problema de conflito entre custos e benefícios seguem o mesmo padrão apresentado no final da seção anterior para os problemas de alocação de recursos, por isso não vamos repeti-las aqui. As principais diferenças são que a medida geral de desempenho agora é o custo total das atividades (ou algum substituto do custo total escolhido pela gestão) nas etapas 2 e 3, os benefícios agora substituem os recursos nas etapas 4 e 5, e os sinais ≥ são inseridos à direita das células de saída para benefícios na etapa 8. A Figura 3.6 mostra um modelo do formato de um modelo de planilha de problemas de conflito entre custos e benefícios.

Todas as restrições funcionais no modelo resultante são *restrições de benefícios*, isto é, restrições com um sinal de ≥. Esse é o *recurso de identificação* de um problema puro de conflito entre custos e benefícios.

Perguntas de revisão

1. Qual é a diferença de objetivos gerenciais entre os problemas de alocação de recursos e os problemas de conflito entre custos e benefícios?
2. Qual é o recurso de identificação de um problema de conflito entre custos e benefícios?
3. Qual é a forma de uma restrição de benefício?
4. Quais são os três tipos de dados que precisam ser reunidos para um problema de conflito entre custos e benefícios?
5. Compare os tipos de atividades para os dois exemplos de problemas de conflito entre custos e benefícios.
6. Compare os tipos de benefícios para os dois exemplos de problemas de conflito entre custos e benefícios.

3.4 PROBLEMAS MISTOS

As Seções 3.2 e 3.3 descrevem uma ampla categoria de problemas de programação linear – problemas de alocação de recursos e de conflito entre custos e benefícios. Conforme resumido na Tabela 3.6, cada um apresenta um dos dois primeiros tipos de restrições funcionais mostrados lá. Na verdade, o *recurso de identificação* de um problema *puro* de alocação de recursos é que *todas* as suas restrições funcionais são as *restrições de recursos*. E o *recurso de identificação* de um problema *puro* de conflito entre custos e benefícios é que *todas* as suas restrições funcionais são *restrições de benefício*. (Tenha em mente que as restrições funcionais incluem *todas* as restrições de um problema, *exceto* suas restrições de não negatividade.)

A linha inferior da Tabela 3.6 mostra o último dos três tipos de restrições funcionais, ou seja, **restrições de exigências fixadas**, as quais exigem que o lado esquerdo de cada restrição desse tipo deve ser exatamente igual à certa quantidade fixa. Assim, uma vez que o lado esquerdo representa o montante previsto de alguma quantidade, a forma de uma restrição de exigências fixadas é

$$\text{Quantidade fornecida} = \text{Quantidade necessária}$$

TABELA 3.6
Tipos de restrições funcionais

Tipo	Forma*	Interpretação típica	Uso principal
Restrições a recurso	LHS ≤ RHS	Para algum recurso, Quantidade usada ≤ Quantidade disponível	Problema de alocação de recursos e problemas mistos
Restrições de benefícios	LHS ≥ RHS	Para algum benefício, Nível atingido ≥ Nível mínimo aceitável	Problemas de conflito entre custos e benefícios e problemas mistos
Restrições a exigências fixadas	LHS = RHS	Para alguma quantidade, Quantidade fornecida = Quantidade necessária	Problemas de exigências fixadas e problemas mistos

* LHS = Lado esquerdo (uma função SOMARPRODUTO).
RHS = Lado direito (uma constante).

O *recurso de identificação* de um **problema de exigências fixadas** *puro* é o fato de ser um problema de programação linear em que *todas* as suas restrições funcionais são restrições a exigências fixadas. As próximas duas seções descreverão dois tipos particularmente proeminentes de problemas de exigências fixadas chamados *problemas de transporte* e *problemas de alocação*.

No entanto, antes de abordá-los, vamos usar uma continuação do estudo de caso da Super Grain da Seção 3.1 para ilustrar quantos problemas de programação linear caem em outra categoria geral chamada de *problemas mistos*.

> Muitos problemas de programação linear não se encaixam completamente em nenhuma das categorias anteriormente discutidas (problemas puros de alocação de recursos, problemas de conflito entre custos e benefícios e problemas de exigências fixadas), porque as restrições funcionais do problema incluem mais de um dos tipos apresentados na Tabela 3.6. Tais problemas são chamados **problemas mistos**.

Agora vamos ver como uma análise mais cuidadosa do estudo de caso da Super Grain transforma o problema de alocação de recursos em um problema misto, que inclui todos os três tipos de restrições funcionais mostrados na Tabela 3.6.

A gestão da Super Grain discute seu problema de *mix* de propaganda

A descrição do estudo de caso da Super Grain na Seção 3.1 termina com Claire Syverson (vice-presidente de marketing da Super Grain) enviando um memorando ao presidente da empresa, David Sloan, solicitando uma reunião para avaliar sua campanha promocional proposta para o novo cereal matinal da empresa.

Logo depois, Claire Syverson e David Sloan se reúnem para discutir planos para a campanha.

David Sloan (presidente): Obrigado pelo memorando, Claire. O plano que você esboçou para a campanha promocional parece razoável. No entanto, estou surpreso que ele não inclua nenhum comercial de TV. Por que isso?

Claire Syverson (vice-presidente de marketing): Bem, como descrevi no memorando, usei um modelo de planilha para ver como maximizar o número de exposições da campanha, e o plano acabou fazendo isso. Eu também fiquei surpresa que não inclua comerciais de TV, mas o modelo indicou que a introdução de comerciais proporcionaria menos exposições em uma base dólar por dólar do que anúncios em revistas e em cadernos dominicais. Você não acha que faz sentido usar o plano que maximiza o número de exposições?

David: Não necessariamente. Algumas exposições são muito menos importantes do que outras. Por exemplo, sabemos que os adultos de meia-idade não são grandes consumidores de nossos cereais, de modo que não nos importamos muito com quantas dessas pessoas verão nossos anúncios. Por outro lado, as crianças pequenas são grandes consumidores. Ter comerciais de TV nos programas da manhã de sábado para crianças é o nosso principal método para atingi-las. Você sabe o quão importante será conseguir que as crianças pequenas peçam Crunchy Start aos seus pais. Essa é a nossa melhor maneira de gerar as primeiras vendas. Aqueles comerciais também são vistos por muitos pais que estão assistindo aos programas com seus filhos. O que precisamos é um comercial que seja atraente para ambos, pais e filhos, e que faça com que as crianças imediatamente incomodem seus pais para comprar o Crunchy Start. Acho que essa é a verdadeira chave para uma campanha bem-sucedida.

Claire: Sim, isso faz muito sentido. Na verdade, defini algumas metas quanto ao número de crianças e o número de pais que precisam ser atingidos por essa campanha promocional.

David: Ótimo. Você incluiu essas metas em seu modelo de planilha?

Claire: Não, não incluí.

David: Bem, sugiro que você as incorpore diretamente em seu modelo. Acredito que maximizar as exposições ao mesmo tempo em que suas metas são cumpridas nos dará um plano de alto impacto, que inclui alguns comerciais de TV.

Claire: Boa ideia. Vou tentar isso.

David: Existem outros fatores que o plano em seu memorando não leva em conta como você gostaria?

Claire: Bem, sim. Tem um. O plano não leva em conta o meu orçamento para cupons de descontos em revistas e jornais.

David: Você deve acrescentar isso ao seu modelo também. Por que você não volta e vê o que acontece quando você incorpora essas considerações adicionais?

Claire: OK, vou fazer isso. Você parece ter tido muita experiência com a modelagem de planilhas.

David: Sim. É uma grande ferramenta se você mantiver algum ceticismo saudável sobre o que sai do modelo. Nenhum modelo pode levar em conta tudo o que devemos considerar quando lidamos com problemas gerenciais. Isto é especialmente verdade na primeira ou segunda vez que você executa o modelo. Você precisa continuar perguntando: quais são as considerações quantitativas que ainda devo adicionar ao modelo? Então, depois de ter feito o modelo da forma mais completa possível e de ter obtido uma solução, você ainda precisa usar seu melhor julgamento gerencial para pesar considerações intangíveis que não podem ser incorporadas ao modelo.

Incorporação de considerações gerenciais adicionais no modelo da Super Grain

Portanto, David e Claire concluíram que o modelo de planilha precisa ser ampliado para incorporar algumas considerações adicionais. Particularmente, uma vez que a campanha promocional é para um cereal matinal que deve ter apelo especial para crianças pequenas, eles sentem que dois públicos devem ser buscados – *crianças pequenas* e *pais de crianças pequenas*. (É por isso que um dos três meios de publicidade recomendado pela Giacomi & Jackowitz são comerciais para crianças nos programas de televisão nas manhãs de sábado.) Consequentemente, Claire definiu agora duas novas metas para a campanha.

Meta 1: O anúncio deve ser visto por pelo menos cinco milhões de crianças pequenas.

Meta 2: O anúncio deve ser visto por pelo menos cinco milhões de pais de crianças pequenas.

De fato, essas duas metas são *níveis mínimos aceitáveis* para dois *benefícios* especiais a serem atingidos pelas atividades de propaganda.

Benefício 1: Promover o novo cereal matinal para crianças pequenas.

Benefício 2: Promover o novo cereal matinal para pais de crianças pequenas.

Devido à forma como as metas têm sido articuladas, o *nível* de cada um desses benefícios é medido pelo *número de pessoas* na categoria especificada que são atingidas pelo anúncio.

Para habilitar a construção das *restrições de benefício* correspondentes (conforme descrito na Seção 3.3), Claire pede à Giacomi & Jackowitz para estimar o quanto cada anúncio em cada uma das mídias contribuirá para cada benefício, como medido pelo número de pessoas atingidas na categoria especificada. Essas estimativas são apresentadas na Tabela 3.7.

É interessante observar que a gestão quer atenção especial a esses dois tipos de benefícios, embora o modelo de planilha original (Figura 3.1) já os leve em conta até certo ponto.

TABELA 3.7
Dados de benefício para o problema revisado do *mix* de propaganda da Super Grain Corp.

Categoria de destino	Número atingido na categoria de destino (em milhões)			
	Cada comercial de TV	Cada anúncio em revista	Cada anúncio dominical	Nível mínimo aceitável
Crianças pequenas	1,2	0,1	0	5
Pais de crianças pequenas	0,5	0,2	0,2	5

Conforme descrito na Seção 3.1, o *número esperado de exposições* é a medida geral de desempenho a ser maximizada. Essa medida conta todas as vezes que um anúncio é visto por qualquer pessoa, incluindo todos os indivíduos do público-alvo. No entanto, maximizar essa medida *geral* de desempenho *não* assegura que as duas *metas específicas* prescritas pela gestão (Claire Syverson) serão atingidas. Claire acredita que alcançar essas metas é essencial para uma campanha de sucesso promocional. Portanto, ela complementa o objetivo geral com restrições de benefícios específicos que *asseguram* que os objetivos serão alcançados. Ter restrições de benefício adicionadas para incorporar metas gerenciais para o modelo é uma prerrogativa da gestão.

Restrições de benefício são úteis para incorporar metas gerenciais para o modelo.

Claire tem mais uma consideração que quer incorporar no modelo. Ela acredita muito no valor promocional de *cupons de descontos* (cupons que os clientes podem destacar de anúncios impressos para obter um reembolso de uma quantia designada ao comprar o item anunciado). Consequentemente, ela sempre reservou uma grande parte de seu orçamento anual de marketing para o resgate desses cupons. Deste, ela ainda tem 1.490.000 dólares restantes de atribuição deste ano. Devido à importância do Crunchy Start para a empresa, ela decidiu usá-los integralmente na campanha de promoção deste cereal.

Essa *quantia fixada* de resgate de cupom é uma *exigência fixada* que precisa ser expressa como uma *restrição de exigência fixada*. Como descrito no início desta seção, a forma de uma restrição de exigência fixada é que, para certo tipo de quantidade,

Quantidade fornecida = Quantidade necessária

Nesse caso, a quantidade envolvida é a quantidade de dinheiro prevista para o resgate de cupons de descontos. Para especificar essa restrição na planilha, precisamos estimar quanto cada anúncio em cada uma das mídias irá contribuir para o cumprimento da quantia necessária para a quantidade. Tanto a mídia 2 (anúncios em alimentos e em revistas direcionadas a famílias) quanto a mídia 3 (anúncios nos cadernos dominicais dos principais jornais) contarão com cupons de descontos. As estimativas da quantia de resgate de cupons por anúncio em cada uma são apresentadas na Tabela 3.8.

Formulação do modelo revisado da planilha

A Figura 3.7 mostra uma maneira de formatar a planilha para expandir o modelo de planilha original na Figura 3.1 para incorporar as considerações gerenciais adicionais. Esboçamos os quatro componentes do modelo revisado a seguir.

Dados

As células de dados adicionais em NúmeroAtingidoPorAnúncio (C11:E12), MínimoAceitável (H11:H12), ResgateCupomPorAnúncio (C15:E15) e QuantiaNecessária (H15) apresentam os dados nas Tabelas 3.7 e 3.8.

TABELA 3.8
Dados para a restrição de exigência fixada para o problema de *mix* de propaganda revisado da Super Grain Corp.

Requisito	Contribuição em direção à quantidade exigida			
	Cada ponto de TV	Cada anúncio em revista	Cada anúncio dominical	Quantidade necessária
Resgate de cupons	0	$40.000	$120.000	$1.490.000

FIGURA 3.7

Modelo de planilha para o problema da Super Grain, incluindo as fórmulas para a célula-alvo ExposiçõesTotais (H19) e as outras células de saída na coluna F, bem como as especificações necessárias para definir o Solver.
As células variáveis, NúmeroDeAnúncios (C19:E19) mostram a solução ideal obtida pelo Solver.

	A	B	C	D	E	F	G	H
1		**Problema de *mix* de propaganda: Super Grain Corp.**						
2								
3			Pontos de TV	Anúncios em revista	Anúncios dominicais			
4		Exposições por anúncio	1.300	600	500			
5		(milhares)						
6			Custo por anúncio ($milhares)			Orçamento gasto		Orçamento disponível
7		Orçamento por propaganda	300	150	100	3.775	≤	4.000
8		Orçamento de planejamento	90	30	40	1.000	≤	1.000
9								
10			Número atingido por anúncio (milhões)			Total atingido		Mínimo aceitável
11		Crianças pequenas	1,2	0,1	0	5	≥	5
12		Pais de crianças pequenas	0,5	0,2	0,2	5,85	≥	5
13								
14			Pontos de TV	Anúncios em revista	Anúncios dominicais	Total resgatado		Quantidade necessária
15		Resgate de cupons	0	40	120	1.490	=	1.490
16		por anúncio ($milhares)						
17								Exposições totais
18			Pontos de TV	Anúncios em revista	Anúncios dominicais			(milhares)
19		Número de anúncios	3	14	7,75			16.175
20			≤					
21		Máximo de pontos de TV	5					

Parâmetros do Solver
Objetivo Definido (Célula-alvo):
  ExposiçõesTotais
Para: Maximizar
Por Células (Variáveis):
  NúmeroDeAnúncios
Sujeito às Restrições:
  OrçamentoGasto <= OrçamentoDisponível
  PontosDeTV <= MáxPontosTV
  TotalAtingido >= MínimoAceitável
  TotalResgatado = QuantiaNecessária

Opções do Solver (Excel 2010): Criar Variáveis Não Negativas
  Método de Solução: Simplex LP
Opções do Solver (Excel mais antigo):
  Assumir Não Negativo
  Assumir Modelo Linear

Nomes de Intervalo	Células
OrçamentoDisponível	H7:H8
OrçamentoGasto	F7:F8
CustoPorAnúncio	C7:E8
ResgateCupomPorAnúncio	C15:E15
ExposiçãoPorAnúncio	C4:E4
MáxPontosTV	C21
MínimoAceitável	H11:H12
NúmeroDeAnúncios	C19:E19
NúmeroAtingidoPorAnúncio	C11:E12
QuantiaNecessária	H15
ExposiçõesTotais	H19
TotalAtingido	F11:F12
TotalResgatado	F15
PontosDeTV	C19

	F
6	Orçamento gasto
7	=SOMARPRODUTO(C7:E7, NúmeroDeAnúncios)
8	=SOMARPRODUTO(C8:E8, NúmeroDeAnúncios)
9	
10	Total atingido
11	=SOMARPRODUTO(C11:E11, NúmeroDeAnúncios)
12	=SOMARPRODUTO(C12:E12, NúmeroDeAnúncios)
13	
14	Total resgatado
15	=SOMARPRODUTO(ResgateCupomPorAnúncio, NúmeroDeAnúncios)

	H
17	Exposições totais
18	(milhares)
19	=SOMARPRODUTO(ExposiçõesPorAnúncio, NúmeroDeAnúncios)

Decisões

Lembre-se de que, como antes, as decisões a serem tomadas são

TV = Número de comerciais na televisão
M = Número de anúncios em revistas
SS = Número de anúncios em cadernos dominicais

As células variáveis para manter esses números continuam a ser em NúmeroDeAnúncios (C19:E19).

Restrições

Além das restrições originais, agora temos duas restrições de benefício e uma restrição de exigência fixada. Conforme especificado nas linhas 11 e 12, colunas F a H, as restrições de benefícios são

Número total de crianças pequenas atingidas ≥ 5 (meta 1 em milhões)
Número total de pais atingidos ≥ 5 (meta 2 em milhões)

Usando os dados nas colunas C a E dessas linhas,

Número total de crianças pequenas atingidas $= 1{,}2TV + 0{,}1M + 0SS$
$=$ SOMARPRODUTO (C11:E11, NúmeroDeAnúncios)
$\rightarrow$ célula F11

Número total de pais atingidos $= 0{,}5TV + 0{,}2M + 0{,}2SS$
$=$ SOMARPRODUTO (C12:E12, NúmeroDeAnúncios)
$\rightarrow$ célula F12

Essas células de saída são dadas com o nome de intervalo TotalAtingido (F11:F12).

A restrição de exigência fixada indicada na linha 15 é

Resgate total de cupons = 1.490 (atribuição e $1.000s)

ResgateCupomPorAnúncio (C15:E15) dá o número de cupons resgatado por anúncio, assim

Resgate total de cupons $= 0TV + 40M + 120SS$
$=$ SOMARPRODUTO (ResgateCupomPorAnúncio, NúmeroDeAnúncios)
$\rightarrow$ célula F15

Essas mesmas restrições são especificadas para o Solver na caixa de diálogo Solver, juntamente com as restrições originais, na Figura 3.7.

Medida de desempenho

A medida de desempenho continua

Exposição $= 1{.}300TV + 600M + 500SS$
$=$ SOMARPRODUTO (ExposiçõesPorAnúncio, NúmeroDeAnúncios)
$\rightarrow$ célula H19

assim, a célula-alvo é novamente ExposiçõesTotais (H19).

Resumo da formulação

As etapas acima resultaram na formulação do modelo de programação linear, a seguir (em forma algébrica), em uma planilha.

Maximizar Exposição $= 1{.}300TV + 600M + 500SS$

sujeito às restrições seguintes:

1. *Restrições de recurso:*

   $300TV + 150M + 100SS \leq 4.000$ (orçamento de anúncios em mil dólares)
   $90TV + 30M + 40SS \leq 1.000$ (orçamento de planejamento em mil dólares)
   $TV \leq 5$ (pontos de televisão disponíveis)

2. *Restrições de benefícios:*

   $1.2TV + 0.1M \geq 5$ (milhões de crianças pequenas)
   $0,5TV + 0,2M + 0,2SS \geq 5$ (milhões de pais)

3. *Restrições de exigências fixadas:*

   $40M + 120SS = 1.490$ (orçamento de cupom em mil dólares)

4. *Restrições de não negatividade:*

   $$TV \geq 0 \quad M \geq 0 \quad SS \geq 0$$

Solução do modelo

O lado inferior esquerdo da Figura 3.7 mostra as entradas necessárias na caixa de diálogo do Solver, juntamente com a seleção das duas opções habituais. O Solver, em seguida, encontra a solução ideal dada na linha 19. Essa solução ideal fornece o seguinte plano para a campanha promocional:

Execução de 3 comerciais de televisão.

Execução de 14 anúncios em revistas.

Execução de 7,75 anúncios em cadernos dominicais (de forma que o oitavo anúncio apareceria somente em 75% dos jornais).

Embora o número esperado de exposições com este plano seja de apenas 16.175 milhões contra os 17 milhões com o primeiro plano mostrado na Figura 3.1, Claire Syverson e David Sloan sentem que o novo plano faz um trabalho muito melhor de atendimento de todas as metas da gestão para a campanha. Eles decidiram adotar o novo plano.

> Um modelo pode precisar ser modificado várias vezes antes de incorporar adequadamente todas as considerações importantes.

Este estudo de caso ilustra um tema comum em aplicações reais de programação linear – a evolução contínua do modelo de programação linear. É comum fazer ajustes posteriores na versão inicial do modelo, talvez muitas vezes até com a experiência adquirida na utilização do modelo. Frequentemente, esses ajustes são feitos para refletir mais adequadamente algumas considerações gerenciais importantes. Isso pode resultar em um problema misto porque as novas restrições funcionais necessárias para incorporar as considerações gerenciais podem ser de um tipo diferente daquelas no modelo original.

Resumo do procedimento de formulação dos problemas mistos de programação linear

O procedimento para a formulação de problemas mistos é semelhante ao descrito no final da Seção 3.2 para problemas de alocação de recursos. No entanto, problemas puros de alocação de recursos só têm restrições de recursos enquanto os problemas mistos podem incluir os três tipos de restrições funcionais (restrições de recursos, de benefícios, de exigências fixadas). Portanto, o resumo a seguir para a formulação de problemas mistos inclui etapas distintas para lidar com esses diferentes tipos de restrições. Também veja a Figura 3.8 para um modelo de planilha padrão para problemas mistos. (Esse modelo funciona bem para a maioria dos problemas mistos, incluindo aqueles encontrados neste capítulo, mas ocasionalmente mais flexibilidade é necessária, como será ilustrado no próximo capítulo.)

1. Uma vez que qualquer problema de programação linear envolve encontrar o *melhor mix* de níveis de várias atividades, identifique essas *atividades* para o problema em questão. As decisões a serem tomadas são os *níveis* dessas atividades.

FIGURA 3.8
Modelo de planilha padrão para problemas mistos.

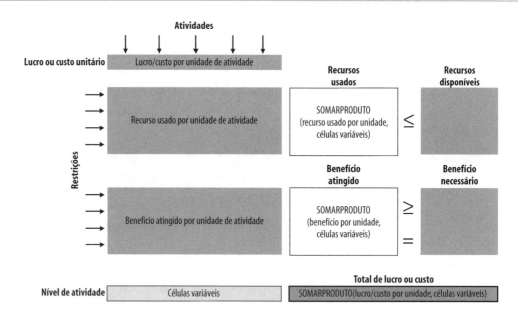

2. Do ponto de vista da gestão, identifique uma adequada *medida geral de desempenho* para soluções do problema.
3. Para cada atividade, estime a *contribuição por unidade* da atividade a essa medida geral de desempenho.
4. Identifique todos os *recursos* que devem ser alocados para as atividades (conforme descrito na Seção 3.2). Para cada recurso, identifique a *quantia disponível* e, em seguida, a *quantia usada por unidade de cada atividade*.
5. Identifique quaisquer *benefícios* que devem ser obtidos para as atividades (conforme descrito na Seção 3.3). Para cada um, identifique o *nível mínimo aceitável* prescrito pela gestão e, em seguida, a *contribuição do benefício por unidade de cada atividade*.
6. Identifique quaisquer *exigências fixadas* que, para certo tipo de quantidade, a quantia fornecida deve ser igual a uma quantia necessária (conforme descrito na Seção 3.4). Para cada exigência fixada, identifique a *quantia necessária* e, em seguida, a *contribuição em direção a essa quantia necessária por unidade de cada atividade*.
7. Digite os dados reunidos nas etapas 3-6 dentro das *células de dados* em uma planilha.
8. Designe as *células variáveis* para a exibição das decisões sobre os níveis de atividade.
9. Use as *células de saída* para especificar as restrições de recursos, de benefícios e de exigências fixadas.
10. Designe uma *célula-alvo* para a exibição da medida geral de desempenho.

Perguntas de revisão

1. Quais tipos de restrições funcionais podem aparecer em um problema misto de programação linear?
2. Quais as metas gerenciais necessárias a serem incorporadas no modelo de programação linear expandido para o problema da Super Grain Corp?
3. Quais as categorias de restrições funcionais incluídas no novo modelo de programação linear?
4. Por que a gestão adotou o novo plano, mesmo ele proporcionando um número esperado de exposições menor que o plano recomendado pelo modelo de programação linear original?

3.5 PROBLEMAS DE TRANSPORTE

Uma das aplicações mais comuns de programação linear envolve a otimização de um plano de remessa para o transporte de mercadorias. Em uma aplicação típica, uma empresa tem diversas fábricas produzindo um determinado produto que precisa ser enviado para os clientes (ou talvez para centros de distribuição). Quanto cada fábrica deve enviar para cada cliente, a fim de minimizar o custo total? A programação linear pode fornecer a resposta. Esse tipo de problema de programação linear é chamado de **problema de transporte**.

Tal tipo de aplicação normalmente precisa de dois tipos de restrições funcionais. Um especifica que a quantidade de produtos produzidos em cada fábrica deve ser igual à quantidade total enviada aos clientes. O outro tipo especifica que a quantidade total recebida das fábricas por cada cliente deve ser igual à quantidade encomendada. São *restrições de exigências fixadas*, o que torna o problema um *problema de exigências fixadas*. No entanto, há também variações desse problema, em que as restrições de recursos ou as de benefícios são necessárias.

Os problemas de transporte e de alocação (descritos na próxima seção) são tipos tão importantes de problemas de programação linear que o Capítulo 15 inteiro no CD-ROM é dedicado a detalhar ainda mais esses dois tipos de problemas relacionados e a fornecer exemplos de uma ampla variedade de aplicações.

Nós fornecemos abaixo um exemplo de um problema de transporte típico.

Problema de transporte da Big M Company

A **Big M Company** produz uma variedade de máquinas pesadas em duas fábricas. Um de seus produtos é um grande torno semiautomático. Foram recebidos pedidos de três clientes para comprar alguns desses tornos semiautomáticos no próximo mês. Os produtos serão enviados individualmente, e a Tabela 3.9 mostra qual será o custo para o transporte de cada torno de cada fábrica para cada cliente. Essa tabela também mostra quantos tornos foram encomendados por cada cliente e quantos serão produzidos por cada fábrica. O gerente de distribuição da empresa agora quer determinar quantas máquinas enviar de cada fábrica para cada cliente para minimizar o custo total de transporte.

A Figura 3.9 mostra a rede de distribuição para esse problema. A rede ignora o *layout* geográfico das fábricas e clientes e, ao contrário, alinha duas fábricas em uma coluna à esquerda e os três clientes em uma coluna à direita. Cada seta mostra uma das rotas de envio por essa rede de distribuição.

Formulação do problema em termos de programação linear

Precisamos identificar as *atividades* e as *exigências* do presente problema de transporte para formulá-lo como um problema de programação linear. Nesse caso, dois tipos de atividades têm sido mencionados – a *produção* de tornos semiautomáticos nas duas fábricas e o *transporte* desses tornos ao longo da várias rotas de transporte. No entanto, sabemos as quantidades específicas a serem produzidas em cada fábrica, de modo que nenhuma decisão precisa ser tomada sobre as atividades de produção. As decisões a serem tomadas dizem respeito aos níveis de *atividades de transporte* – quantos tornos a serem enviados em cada rota de transporte. Portanto, temos de nos concentrar nas atividades de transporte para a formulação da programação linear.

As *atividades* correspondem às rotas de transporte, representadas por setas na Figura 3.9.

O *nível* de cada atividade é o número de tornos enviados pela rota de transporte correspondente.

TABELA 3.9
Alguns dados para o problema de rede de distribuição da Big M Company

Para		Custo de transporte para cada torno		
	Cliente 1	Cliente 2	Cliente 3	Saída
De				
Fábrica 1	$700	$900	$800	12 tornos
Fábrica 2	800	900	700	15 tornos
Tamanho do pedido	10 tornos	8 tornos	9 tornos	

FIGURA 3.9
Rede de distribuição para o problema da Big M Company.

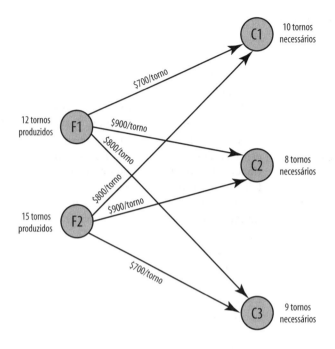

Assim como qualquer problema de programação linear pode ser descrito em relação a encontrar o melhor *mix* de níveis de atividade, este envolve encontrar o *melhor mix de quantidade de transporte* para as rotas de navegação diferentes. Assim, as decisões a serem tomadas são

S_{F1-C1} = Número de tornos transportados da Fábrica 1 para o Consumidor 1
S_{F1-C2} = Número de tornos transportados da Fábrica 1 para o Consumidor 2
S_{F1-C3} = Número de tornos transportados da Fábrica 1 para o Consumidor 3
S_{F2-C1} = Número de tornos transportados da Fábrica 2 para o Consumidor 1
S_{F2-C2} = Número de tornos transportados da Fábrica 2 para o Consumidor 2
S_{F2-C3} = Número de tornos transportados da Fábrica 2 para o Consumidor 3

assim, seis células variáveis serão necessárias na planilha.

O objetivo é

Minimizar   Custo = Custo total de transporte dos tornos

Utilizando os custos de transporte apresentados na Tabela 3.9,

Custo = $700S_{F1-C1} + 900S_{F1-C2} + 800S_{F1-C3} + 800S_{F2-C1} + 900S_{F2-C2} + 00S_{F2-C3}$

é a quantidade em dólares a ser inserida na célula-alvo. (Nós vamos usar uma função SOMARPRODUTO para fazer isso um pouco mais tarde.)

O modelo de planilha também vai precisar de cinco restrições envolvendo *exigências fixadas*. A Tabela 3.9 e a Figura 3.9 mostram essas exigências.

Exigência 1:   A Fábrica 1 deve transportar 12 tornos.
Exigência 2:   A Fábrica 2 deve transportar 15 tornos.
Exigência 3:   O Cliente 1 deve receber 10 tornos.
Exigência 4:   O Cliente 2 deve receber 8 tornos.
Exigência 5:   O Cliente 3 deve receber 9 tornos.

Assim, há um requisito específico associado a cada um dos cinco locais na rede de distribuição mostrada na Figura 3.9.

Todos os cinco requisitos podem ser expressos na forma de restrição como

Quantidade fornecida = Quantidade necessária

Por exemplo, a Exigência 1 pode ser expressa algebricamente como

$S_{F1-C1} + S_{F1-C2} + S_{F1-C3} = 12$

VINHETA DE APLICAÇÃO

A Procter & Gamble (P & G) fabrica e comercializa mais de 300 marcas de bens de consumo no mundo todo. A empresa tem crescido continuamente ao longo de sua longa história que remonta a 1830. Para manter e acelerar o crescimento, um importante estudo de ciência da gestão foi realizado reforçando a eficácia global da P & G. Antes do estudo, a cadeia de suprimentos da empresa consistia em centenas de fornecedores, mais de 50 categorias de produtos, mais de 60 fábricas, 15 centros de distribuição e mais de mil zonas de clientes. No entanto, como a empresa passou para marcas globais, a gestão percebeu que precisava consolidar fábricas para reduzir custos de produção, melhorar a velocidade para o mercado e reduzir o investimento de capital. Portanto, o estudo focou em reprojetar o sistema de produção e de distribuição da empresa para suas operações na América do Norte.

O resultado foi uma redução no número de fábricas da América do Norte de quase 20%, *economizando mais de* **200 milhões** em custos antes da cobrança dos impostos *por ano*.

Uma parte importante do estudo girava em torno de *formular e resolver problemas de transporte* para categorias individuais de produtos. Para cada opção sobre como manter certas fábricas abertas e solucionar o problema de transporte correspondente a uma categoria de produto mostrou-se qual seria o custo de distribuição para o envio da categoria do produto a partir dessas fábricas aos centros de distribuição e regiões de clientes.

Fonte: J. D. Camm, T. E. Chorman, F. A. Dill, J. R. Evans, D. J. Sweeney, and G. W. Wegryn, "Blending OR/MS, Judgment, and GIS: Restructuring P & G's Supply Chain," *Interfaces* 27, no. 1 (January–February 1997), pp. 128–142. (Um link para esse artigo é fornecido no *site* **www.mhhe.com/hillier4e**).

---

onde o lado esquerdo dá o número total de tornos enviados da Fábrica 1, e 12 é a quantidade necessária a ser transferida da Fábrica 1. Portanto, essa restrição limita S_{F1-C1}, S_{F1-C2}, e S_{F1-C3} a valores que somam a quantidade necessária de 12. Em contraste com a forma $\leq$ para as restrições de recursos e com a forma $\geq$ para restrições de benefícios, as restrições expressam as *exigências fixadas* que devem se manter com igualdade, de modo que esse problema de transporte caia na categoria dos chamados problemas de exigências fixadas introduzidos na seção anterior. No entanto, o Capítulo 15 (no CD-ROM) dá vários exemplos que ilustram como as variantes de problemas de transporte podem ter restrições de recursos ou restrições de benefícios. Por exemplo, se 12 tornos representam a capacidade de produção da Fábrica 1 (o número máximo que pode ser transportado) em vez de uma exigência de quantos devem ser transportados, a restrição recém-dada para o Requisito 1 se tornaria, ao contrário, uma $\leq$ restrição de recursos. Essas variações podem ser incorporadas facilmente no modelo de planilha.

Formulação do modelo de planilha

Uma cuidadosa formulação do *problema* precisa preceder a formulação do *modelo*.

Em preparação para a formulação do *modelo*, o *problema* foi formulado anteriormente, identificando as decisões a serem tomadas, as restrições sobre essas decisões e a medida geral de desempenho, bem como reuniu todos os dados importantes apresentados na Tabela 3.9. Todas essas informações conduzem ao modelo de planilha mostrado na Figura 3.10. As células de dados incluem CustoTransporte (C5:E6), Saída (H11:H12), e TamanhoPedido (C15:E15), incorporando todos os dados da Tabela 3.9. As células variáveis são UnidadesTransportadas (C11:E12), que dão as decisões sobre as quantidades a serem enviadas por meio das respectivas rotas de transporte. As células de saída são TotalSaídaDeTransporte (F11:F12) e TotalAoCliente (C13:E13), em que as funções SOMA inseridas nessas células são mostradas abaixo da planilha na Figura 3.10. As restrições são que o TotalSaídaDeTransporte é necessário para igualar a Saída e que o TotalAoCliente é necessário para igualar o TamanhoPedido. Essas restrições foram especificadas na planilha e inseridas na caixa de diálogo do Solver. A célula alvo é CustoTotal (H15), em que sua função SOMARPRODUTO dá o custo total de transporte. O lado inferior esquerdo da Figura 3.10 mostra as entradas necessárias na caixa de diálogo do Solver, juntamente com a seleção das duas opções habituais.

Aqui está um exemplo em que as funções SOMA são usadas para as células de saída, em vez de funções SOMARPRODUTO.

O *layout* da planilha é diferente de todos os exemplos anteriores de programação linear no livro. Em vez de uma coluna separada para cada atividade e uma linha separada para cada restrição, os dados de custo e as células variáveis são dispostas em um formato de tabela. Esse formato fornece uma maneira mais natural e compacta de exibir as restrições e os resultados.

FIGURA 3.10
Modelo de planilha para o problema da Big M Company, incluindo as fórmulas para a célula-alvo CustoTotal (H15) e as outras células de saída TotalSaídaDeTransporte (F11:F12) e TotalAoCliente (C13:E13), bem como as especificações necessárias para definir o Solver. As células variáveis, UnidadesTransportadas (C11:E12) mostram a solução ideal obtida pelo Solver.

	A	B	C	D	E	F	G	H
1		Problema de distribuição da Big M Company						
2								
3		Custo de transporte						
4		(por torno)	Cliente 1	Cliente 2	Cliente 3			
5		Fábrica 1	$700	$900	$800			
6		Fábrica 2	$800	$900	$700			
7								
8						Total		
9						saída de		
10		Unidades transportadas	Cliente 1	Cliente 2	Cliente 3	transporte		Saída
11		Fábrica 1	10	2	0	12	=	12
12		Fábrica 2	0	6	9	15	=	15
13		Total ao cliente	10	8	9			
14			=	=	=			**Custo total**
15		Tamanho do pedido	10	8	9			$20.500

Parâmetros do Solver
Objetivo Definido (Célula-alvo):
  CustoTotal
Para: Minimizar
Por Células (Variáveis):
  UnidadesTransportadas
Sujeito às Restrições:
  TotalSaídaDeTransporte = Saída
  TotalAoCliente = TamanhoPedido
Opções do Solver (Excel 2010):
  Criar Variáveis Não Negativas
  Método de Solução: Simplex LP
Opções do Solver (Excel mais antigo):
  Assumir Não Negativo
  Assumir Modelo Linear

Nomes de Intervalo	Células
TamanhoPedido	C15:E15
Saída	H11:H12
CustoTransporte	C5:E6
CustoTotal	H15
TotalSaídaDeTransporte	F11:F12
TotalAoCliente	C13:E13
UnidadesTransportadas	C11:E12

	F
8	Total
9	saída de
10	transporte
11	=SOMA(C11:E11)
12	=SOMA(C12:E12)

	B	C	D	E
13	Total ao cliente	=SOMA(C11:C12)	=SOMA(D11:D12)	=SOMA(E11:E12)

	H
14	Custo total
15	=SOMARPRODUTO(CustoTransporte,UnidadesTransportadas)

UnidadesTransportadas (C11:E12) na planilha da Figura 3.10 mostra o resultado da aplicação do Solver para obter uma solução ideal para o número de tornos para enviar em cada rota de navegação. CustoTotal (H15) indica que o custo total de transporte para este plano de transporte é de 20.500 dólares.

Uma vez que qualquer problema de transporte é um tipo especial de problema de programação linear, ele assume a pressuposição padrão de que as soluções fracionadas são permitidas. No entanto, realmente não queremos essa pressuposição para esta aplicação em particular uma vez que apenas *números inteiros* de tornos podem ser enviados a partir de uma fábrica para um cliente. Felizmente, mesmo fazendo a suposição padrão, os números na solução ideal mostrada na UnidadesTransportadas (C11:E12) só tem valores de números inteiros. Isso não é coincidência. Por causa da forma de seu modelo, quase todo o problema de transporte (incluindo este) é garantido com antecedência a ter uma solução ideal que contempla apenas valores de números inteiros, apesar do fato de que as soluções fracionadas também são permitidas. Em particular, enquanto os dados para o problema incluírem apenas valores de números inteiros para todas as ofertas e demandas (que são as saídas e tamanhos de pedidos no problema da Big M Company), qualquer problema de transporte com soluções viáveis é a garantia de ter uma solução ideal com valores de números inteiros para todas as variáveis de decisão. Portanto, não é necessário adicionar restrições ao modelo que exigem que essas variáveis tenham apenas valores de números inteiros.

Para resumir, aqui está a forma algébrica do modelo de programação linear formulado na planilha.

$$\text{Minimizar} \quad \text{Custo} = 700S_{F1\text{-}C1} + 900S_{F1\text{-}C2} + 800S_{F1\text{-}C3} + 800S_{F2\text{-}C1}$$
$$+ 900S_{F2\text{-}C2} + 700S_{F2\text{-}C3}$$

sujeito às seguintes restrições:

1. *Restrições a exigências fixadas:*

$$
\begin{array}{llll}
S_{F1\text{-}C1} + S_{F1\text{-}C2} + S_{F1\text{-}C3} & & = 12 & (\text{Fábrica 1}) \\
& S_{F2\text{-}C1} + S_{F2\text{-}C2} + S_{F2\text{-}C3} & = 15 & (\text{Fábrica 2}) \\
S_{F1\text{-}C1} \quad\quad + S_{F2\text{-}C1} & & = 10 & (\text{Cliente 1}) \\
\quad S_{F1\text{-}C2} \quad\quad + S_{F2\text{-}C2} & & = 8 & (\text{Cliente 2}) \\
\quad\quad S_{F1\text{-}C3} \quad\quad + S_{F2\text{-}C3} & & = 9 & (\text{Cliente 3})
\end{array}
$$

2. *Restrições de não negatividade:*

$$S_{F1\text{-}C1} \geq 0 \quad S_{F1\text{-}C2} \geq 0 \quad S_{F1\text{-}C3} \geq 0 \quad S_{F2\text{-}C1} \geq 0 \quad S_{F2\text{-}C2} \geq 0 \quad S_{F2\text{-}C3} \geq 0$$

Perguntas de revisão

1. Por que os problemas de transporte são chamados assim?
2. Qual é o recurso de identificação de problemas de transporte?
3. Como a forma de uma restrição de exigência fixada difere de uma restrição de recursos? E de uma restrição de benefícios?
4. Quais são as quantidades com as exigências fixadas no problema da Big M Company?

3.6 PROBLEMAS DE ALOCAÇÃO

Passemos agora para outro tipo especial de problema de programação linear chamado **problema de alocação**. Como o nome sugere, esse tipo de problema envolve a realização de *alocações*. Frequentemente, são alocações de pessoas em empregos. Assim, muitas aplicações do problema de alocação envolvem o auxílio a gerentes na seleção de seu pessoal para tarefas. Outras aplicações podem envolver a alocação de máquinas, veículos, ou fábricas em tarefas.

Aqui está um exemplo típico.

Exemplo: problema da Sellmore Company

O gerente de marketing da **Sellmore Company** vai realizar a conferência anual de vendas da empresa, em breve, para gerentes regionais e pessoal de vendas. Para auxiliar na administração da conferência, ele está contratando quatro funcionários temporários (Ann, Ian, Joan e Sean), e cada um vai lidar com uma das quatro tarefas seguintes:

1. Processamento de texto de apresentações escritas.
2. Computação gráfica para apresentações orais e escritas.
3. Preparação de pacotes de conferências, incluindo copiar e organizar materiais escritos.
4. Cuidar das inscrições antecipadas e no local para a conferência.

Ele agora precisa decidir qual pessoa alocar em cada tarefa.

Decisões precisam ser tomadas em relação a qual pessoa alocar para cada tarefa.

Embora cada funcionário temporário tenha pelo menos o mínimo de requisitos necessários para realizar qualquer uma das quatro tarefas, eles diferem consideravelmente na eficiência que podem ter nos diferentes tipos de trabalho. A Tabela 3.10 mostra quantas horas cada um precisaria para cada tarefa. A coluna mais à direita dá o salário por hora com base na formação de cada funcionário.

Formulação de um modelo de planilha

Usando Custo (D15:G18), o objetivo é minimizar o custo total das alocações.

A Figura 3.11 mostra um modelo de planilha para este problema. A Tabela 3.10 é introduzida na parte superior. Combinando os tempos e salários exigidos dá o custo (células D15:G18) para cada alocação possível de um profissional temporário numa tarefa, usando equações exibidas na parte inferior da Figura 3.11. A *tabela de custo* é apenas a maneira como qualquer

TABELA 3.10
Dados para o problema da Sellmore Co.

Funcionário temporário	Tempo necessário por tarefa (horas)				Salário por hora
	Processamento de palavra	Gráficos	Pacotes	Inscrições	
Ann	35	41	27	40	$14
Ian	47	45	32	51	12
Joan	39	56	36	43	13
Sean	32	51	25	46	15

Um valor de 1 em uma célula variável indica que a atribuição correspondente está sendo feita, enquanto 0 significa que a atribuição não está sendo feita.

Dica do Excel: Ao resolver um problema de alocação, erros de arredondamento ocasionalmente farão com que o Excel retorne um valor não inteiro muito próximo a 0 (p. ex., 1,23 E-10, ou seja, 0,000000000123) ou muito próximo de 1 (por exemplo, 0,9999912). Para deixar a planilha mais limpa, você pode substituir essas representações "feias" por seus valores adequados de 0 ou 1 nas células variáveis.

problema de alocação é exibido. O objetivo é determinar quais tarefas devem ser alocadas para minimizar a soma dos custos associados.

Os valores de 1 em Abastecimento (J24:J27) indicam que cada pessoa (alocada) listada na coluna C deve executar exatamente uma tarefa. Os valores de 1 em Demanda (D30:G30) indicam que cada tarefa deve ser realizada por exatamente uma pessoa. Esses requisitos são, então, especificados nas restrições dadas na caixa de diálogo do Solver.

Para cada uma das células variáveis Alocação (D24:G27) é dado um valor de 1 quando a alocação correspondente está sendo feita, e um valor de 0 caso contrário. Portanto, a equação de Excel para a célula-alvo, CustoTotal = SOMARPRODUTO (Custo, Alocação), dá o custo total para as alocações sendo feitas. A caixa Parâmetros do Solver especifica que o objetivo é minimizar essa célula-alvo.

As células variáveis na Figura 3.11 mostram a solução ideal obtida após clicar no botão Solucionar. A solução é

Alocar Ann para preparar os pacotes da conferência.
Alocar Ian para fazer os gráficos de computador.
Alocar Joan para cuidar das inscrições.
Alocar Sean para fazer o processamento de texto.

O custo total dado na célula J30 é $1.957.

Características dos problemas de alocação

Note que todas as restrições funcionais do problema da Sellmore Co. (como mostrado nas células H24:J27 e D28:G30 da Figura 3.11) são restrições de exigências fixadas que determinam que cada pessoa execute exatamente uma tarefa e que cada tarefa seja executada por exatamente uma pessoa. Assim, como o problema de transporte da Big M Company, o da Sellmore Co. é um problema de exigências fixadas. Essa é uma característica de todos os problemas de alocação pura. Contudo, o Capítulo 15 (no CD-ROM) dá alguns exemplos de variantes de problemas de alocação em que não é esse o caso.

Como as células variáveis Alocação (D24:G27) na Figura 3.11, as células variáveis no modelo de planilha para qualquer problema de alocação pura dá um valor de 1 quando a alocação correspondente está sendo feita, e um valor de 0 caso contrário. Uma vez que as restrições de exigência fixada requerem apenas que cada linha ou coluna de células variáveis adicione 1 (o que poderia acontecer, por exemplo, se duas das células variáveis na mesma linha ou coluna tivessem um valor de 0,5 e o resto 0), parece que precisaria acrescentar a restrição de que cada uma das células variáveis seja um *número inteiro*. Depois de escolher a opção do Solver para transformar as células variáveis em não negativas, isso forçará cada uma das células variáveis a ser 0 ou 1. Contudo, acabou por ser desnecessário acrescentar as restrições que exigem que as células variáveis tenham valores de 0 ou 1 na Figura 3.11 porque o Solver deu uma solução ideal que teve apenas valores de 0 ou 1 de qualquer maneira. Na verdade, uma característica geral dos problemas de alocação pura é que o Solver sempre fornece uma solução tão ideal que não há necessidade de acrescentar essas restrições adicionais.

Perguntas de revisão

1. Por que os problemas de alocação são chamados assim?
2. Problemas de alocação pura têm quais tipos de restrições funcionais?
3. Qual é a interpretação das células variáveis no modelo de planilha de um problema de alocação pura?

FIGURA 3.11

Formulação de planilha do problema da Sellmore Co como um problema de alocação, incluindo a célula-alvo CustoTotal (J30) e as outras células de saída Custo (D15:G18), AlocaçõesTotais (H24:H27), e TotalAlocado (D28:G28), bem como as especificações necessárias para definir o modelo. Os valores de 1 nas células variáveis Alocação (D24:G27) mostram o plano ideal obtido pelo Solver para alocar as pessoas nas tarefas.

	A	B	C	D	E	F	G	H	I	J
1		Problema de alocação da Sellmore Co.								
2										
3					Tarefa					
4		Tempo necessário		Processamento					Salário	
5		(horas)		de palavra	Gráficos	Pacotes	Inscrições		por hora	
6			Ann	35	41	27	40		$14	
7		Alocado	Ian	47	45	32	51		$12	
8			Joan	39	56	36	43		$13	
9			Sean	32	51	25	46		$15	
10										
11										
12					Tarefa					
13				Processamento						
14		Custo		de palavra	Gráficos	Pacotes	Inscrições			
15			Ann	$490	$574	$378	$560			
16		Alocado	Ian	$564	$540	$384	$612			
17			Joan	$507	$728	$468	$559			
18			Sean	$480	$765	$375	$690			
19										
20										
21					Tarefa					
22		Alocação		Processamento				Total de		
23				de palavra	Gráficos	Pacotes	Inscrições	alocações		Abastecimento
24			Ann	0	0	1	0	1	=	1
25		Alocado	Ian	0	1	0	0	1	=	1
26			Joan	0	0	0	1	1	=	1
27			Sean	1	0	0	0	1	=	1
28			Total alocado	1	1	1	1			
29				=	=	=	=			Custo total
30			Demanda	1	1	1	1			$1.957

	B	C	D	E	F	G
13			Processamento			
14	Custo		de palavra	Gráficos	Pacotes	Inscrições
15		Ann	=D6*I6	=E6*I6	=F6*I6	=G6*I6
16	Alocado	Ian	=D7*I7	=E7*I7	=F7*I7	=G7*I7
17		Joan	=D8*I8	=E8*I8	=F8*I8	=G8*I8
18		Sean	=D9*I9	=E9*I9	=F9*I9	=G9*I9

		H
22		Total de
23		alocações
24		=SOMA(D24:G24)
25		=SOMA(D25:G25)
26		=SOMA(D26:G26)
27		=SOMA(D27:G27)

Parâmetros do Solver
Objetivo Definido (Célula-alvo):
  CustoTotal
Para: Minimizar
Por Células (Variáveis):
  Alocação
Sujeito às Restrições:
  TotalAlocado = Demanda
  TotalAlocações = Abastecimento

Opções do Solver (Excel 2010):
  Criar Variáveis Não Negativas
  Método de Solução: Simplex LP
Opções do Solver (Excel mais antigo):
  Assumir Não Negativo
  Assumir Modelo Linear

		J
29		Custo total
30		=SOMARPRODUTO(Custo,Alocação)

Nomes de Intervalo	Células
Alocação	D24:G27
Custo	D15:G18
Demanda	D30:G30
SalárioHora	I6:I9
TempoNecessário	D6:G9
Suprir	J24:J27
TotalAlocado	D28:G28
TotalAlocações	H24:H27
CustoTotal	J30

	C	D	E	F	G
28	Total alocado	=SOMA(D24:D27)	=SOMA(E24:E27)	=SOMA(F24:F27)	=SOMA(G24:G27)

3.7 MODELO DE FORMULAÇÃO A PARTIR DE UMA PERSPECTIVA AMPLA

A formulação e a análise de um modelo de programação linear fornecem informações para ajudar os gerentes a tomar decisões. Isso significa que o modelo deve refletir com precisão o ponto de vista gerencial do problema:

- A *medida geral de desempenho* deve captar o que a gestão quer realizar.
- Quando a gestão limita a quantidade de recursos que serão disponibilizados para as atividades em consideração, essas limitações devem ser expressas como *restrições a recursos*.
- Quando a gestão estabelece níveis mínimos aceitáveis para os benefícios a serem obtidos com as atividades, essas metas gerenciais devem ser incorporadas ao modelo como *restrições de benefício*.
- Se a gestão fixou exigências para certas quantidades, então as *restrições* de *exigências fixadas* são necessárias.

> Tanto a medida de desempenho quanto as restrições em um modelo precisam refletir a visão gerencial do problema.

Com a ajuda de planilhas, alguns gerentes agora são capazes de formular e solucionar pequenos modelos de programação linear. Contudo, maiores modelos de programação linear podem ser formulados pelas *equipes de ciência da gestão*, não gerentes. Quando isso for feito, a equipe de ciência da gestão deve entender completamente a visão gerencial do problema. Isso exige uma comunicação clara com a gestão desde o início do estudo e manter uma comunicação eficaz à medida que novas questões que requerem orientação gerencial sejam identificadas. A gestão tem de transmitir claramente sua visão do problema e as questões importantes envolvidas. O gerente não pode esperar obter um estudo de programação linear útil sem deixar claro exatamente de qual ajuda precisa.

Como é necessário em qualquer livro, os exemplos nesse capítulo são muito menores, mais simples e mais claramente explicados do que o comum de aplicações reais. Muitos estudos reais exigem a formulação de modelos de programação linear complicados envolvendo centenas ou milhares de decisões e restrições. Nesses casos, normalmente há muitas ambiguidades sobre o que deve ser incorporado ao modelo. Entrada e suporte gerencias fortes são vitais para o sucesso de um estudo de programação linear para problemas tão complexos.

> Estudos de programação linear precisam de entrada e suporte gerenciais fortes.

Ao lidar com grandes problemas reais, não há algo como "o" modelo de programação linear certo para o problema. O modelo evolui continuamente durante todo o estudo. No início, várias técnicas são usadas para testar versões iniciais do modelo para identificar os erros e as omissões que inevitavelmente ocorrem na criação de um modelo tão grande. Esse processo de teste é referido como **validação do modelo**.

Uma vez validada a formulação básica, há muitas variações razoáveis do modelo que podem ser usadas. A escolha depende de fatores como as pressuposições sobre o problema que parecem mais razoáveis, as estimativas dos parâmetros do modelo que parecem mais confiáveis e o grau de detalhe desejado no modelo.

Em grandes estudos de programação linear, uma boa abordagem é começar com uma versão relativamente simples do modelo e, em seguida, usar a experiência obtida com esse modelo para evoluir para modelos mais elaborados que refletem mais de perto a complexidade do problema real. Esse processo de **enriquecimento do modelo** continua somente enquanto o modelo continua a ser razoavelmente fácil de solucionar. Ele deve ser encurtado quando os resultados do estudo são necessários à gestão. Os gerentes, muitas vezes, precisam frear o instinto natural das equipes de ciência da gestão de continuar adicionando "enfeites" ao modelo, em vez de concluir o estudo em tempo hábil com um modelo menos elegante, mas adequado.

Quando os gerentes estudam a saída do modelo atual, muitas vezes detectam algumas características indesejáveis que apontam para necessários enriquecimentos do modelo. Esses enriquecimentos frequentemente tomam a forma de novas *restrições de benefício* para satisfazer algumas metas gerenciais não previamente articuladas. (Lembre-se de que isso é o que aconteceu no estudo de caso da Super Grain.)

> A análise e-se aborda algumas questões-chave que permanecem após a formulação e solução de um modelo.

Mesmo que muitas variações razoáveis do modelo possam ser usadas, uma *solução ideal* pode ser resolvida apenas com relação a uma versão específica do modelo de cada vez. É por isso que a *análise e-se* é uma parte tão importante de um estudo de programação linear. Depois de obter uma solução ideal em relação a um modelo específico, a gestão terá muitas questões e-se:

- E se as estimativas dos parâmetros no modelo estiverem incorretas?
- Como as conclusões mudam se diferentes hipóteses plausíveis são feitas sobre o problema?
- O que acontece quando determinadas opções de gestão são buscadas e não estão incorporadas ao modelo atual?

O Capítulo 5 é dedicado principalmente à descrição de como a análise e-se aborda essas e outras questões relacionadas, assim como a maneira de os gerentes usarem essa informação.

Por *instigarem* estudos de ciência da gestão, os gerentes precisam saber o suficiente sobre modelos de programação linear e sobre sua formulação para reconhecerem problemas gerenciais nos quais a programação linear pode ser aplicada. Além disso, uma vez que a entrada gerencial é tão importante para os estudos de programação linear, os gerentes precisam entender os tipos de preocupações gerenciais que podem ser incorporadas ao modelo. Desenvolver essas duas habilidades têm sido os objetivos mais importantes do capítulo.

Perguntas de revisão

1. Um modelo de programação linear precisa refletir com precisão a visão de quem?
2. Qual o significado de *validação do modelo*?
3. O que significa o processo de *enriquecimento do modelo*?
4. Por que a análise e-se é parte importante de um estudo de programação linear?

3.8 RESUMO

Restrições funcionais, com um sinal ≤ são chamadas de *restrições de recursos*, pois eles exigem que a *quantidade utilizada* de algum recurso deve ser *menor ou igual* à *quantidade disponível* desse recurso. O recurso de identificação de um *problema de alocação de recursos* é que todas as suas restrições funcionais são as restrições de recursos.

Restrições funcionais, com um sinal ≥ são chamadas de *restrições de benefícios*, uma vez que sua forma é que o *nível atingido* por algum benefício deve ser *maior ou igual* ao *nível mínimo aceitável* para esse benefício. Frequentemente, as restrições de benefício expressam metas prescritas pela gestão. Se cada restrição funcional é uma restrição de benefícios, então o problema é um *problema de conflito entre custos e benefícios*.

Restrições funcionais com um sinal = são chamadas *restrições de exigências fixadas* porque expressam a exigência fixada que, para alguma quantidade, a *quantidade fornecida* deve ser *igual* à *quantidade necessária*. O recurso de identificação dos *problemas de exigências fixadas* é que as suas restrições funcionais são restrições de exigências fixadas. Um tipo proeminente de problema de exigências fixadas são os problemas de transporte, que normalmente envolvem encontrar um plano de transporte que minimize o custo total de transporte de um produto de um número de fábricas para um número de clientes. Outro tipo proeminente são os problemas de alocação, que geralmente envolvem a alocação de pessoas em tarefas de forma a minimizar o custo total de sua execução.

Problemas de programação linear que não se enquadram em qualquer uma dessas três categorias são chamados de *problemas mistos*.

Em muitas aplicações reais, as equipes de ciência da gestão formulam e analisam grandes modelos de programação linear para ajudar na tomada de decisão gerencial. Tais equipes necessitam de entrada de gestão forte e apoio para ajudar a garantir que o seu trabalho realmente atenda as necessidades da administração.

Glossário

enriquecimento do modelo Processo de utilização da experiência com um modelo para identificar e acrescentar detalhes importantes que irão proporcionar uma melhor representação do problema real. (Seção 3.7), 96

problema de alocação Tipo de problema de atribuição que geralmente envolve alocar pessoas em tarefas de forma a minimizar o custo total de sua execução. (Seção 3.6), 93

problema de alocação de recursos Tipo de problema de programação linear preocupado com a alocação de recursos nas atividades. Seu recurso de identificação é que cada restrição funcional no seu modelo é uma restrição de recursos. (Seção 3.2), 65

problema de conflito entre custos e benefícios Tipo de problema de programação linear envolvendo o conflito entre o custo total das atividades em questão e os benefícios a serem alcançados por elas. Seu recurso de identificação é que cada restrição funcional no modelo de programação linear é uma restrição de benefício. (Seção 3.3), 75

problema de exigências fixadas Tipo de problema de programação linear preocupado com a otimização de como atender uma série de exigências fixadas. Seu recurso de identificação é que cada restrição funcional no modelo de programação linear é uma restrição de benefício. (Seção 3.4), 82

problema de programação de número inteiro Variação de um problema de programação linear que tem a restrição adicional de que algumas ou todas as variáveis de decisão devem ter valores de números inteiros. (Seção 3.2), 69

problema de transporte Tipo de problema de programação linear que contempla a descoberta de um plano de transporte que minimiza o custo total de transporte de um produto de um número de fábricas a um número de clientes. (Seção 3.5), 89

problema misto Qualquer problema de programação linear que inclui pelo menos dois dos três tipos de restrições funcionais (restrições de recursos, de benefícios e de exigência fixada). (Seção 3.4), 82

recurso de identificação Característica de um modelo que identifica a categoria de problema de programação linear que representa. (Capítulo de introdução), 58

restrição de benefício Restrição funcional com um sinal ≥. O lado esquerdo é interpretado como o nível de algum benefício obtido pelas atividades em consideração, e o lado direito é o nível mínimo aceitável para esse benefício. (Seção 3.3), 75

restrição de exigência fixada Restrição funcional com um sinal de =. O lado esquerdo representa a quantidade fornecida de algum tipo de quantidade, e o lado direito representa a quantidade necessária. (Seção 3.4), 81

restrição de recurso Restrição funcional com um sinal ≤. O lado esquerdo representa a quantidade de algum recurso que é usada pelas atividades em consideração, e o lado direito representa a quantidade disponível desse recurso. (Seção 3.2), 74

validação do modelo Processo de verificação e teste de um modelo para desenvolver um modelo válido. (Seção 3.7), 96

Auxiliares de aprendizagem para este capítulo em seu MS Courseware

Capítulo 3: arquivos do Excel
Exemplo da Super Grain
Exemplo da TBA Airlines
Exemplo da Think-Big
Exemplo da Union Airways
Exemplo da Big M
Exemplo Revisado da Super Grain
Exemplo da Sellmore

Problemas solucionados (consulte o CD-ROM ou o *site* para as soluções)

3.S1. Gestão de fazenda

Dwight e Hattie administram a fazenda da família há mais de 30 anos. Neste momento, eles estão planejando o *mix* de cultivo na propriedade de 120 acres para a próxima temporada. A tabela abaixo dá as horas de trabalho e os fertilizantes necessários por acre, bem como o lucro total esperado por acre para cada um dos potenciais cultivos em consideração. Dwight, Hattie e seus filhos podem trabalhar, no máximo, um total de 6.500 horas durante a próxima temporada. Eles têm 200 toneladas de fertilizantes disponíveis. Qual o *mix* de cultivos deve ser feito para maximizar o lucro total da família?

a. Formule e solucione um modelo de programação linear para este problema em uma planilha.
b. Formule o mesmo modelo algebricamente.

Cultivo	Trabalho necessário (horas por acre)	Fertilizante exigido (toneladas por acre)	Lucro esperado (por acre)
Aveia	50	1,5	$500
Trigo	60	2	$600
Milho	105	4	$950

3.S2. Problema de dieta

A gerente de cozinha da prisão Sing Sing está tentando decidir com o que vai alimentar os seus prisioneiros. Ela gostaria de oferecer uma combinação de leite, feijão e laranjas. O objetivo é minimizar o custo, satisfazendo as exigências mínimas nutricionais impostas por lei.

O custo e o conteúdo nutricional de cada alimento, juntamente com os requisitos mínimos nutricionais, são mostrados a seguir. Que dieta deve ser dada para cada prisioneiro?

a. Formule e solucione um modelo de programação linear para este problema em uma planilha.
b. Formule o mesmo modelo algebricamente.

	Leite (galões)	Feijões brancos (copos)	Laranjas (grande Califórnia, Valencia)	Requisito diário mínimo
Niacina	3,2	4,9	0,8	13,0 (mg)
Tiamina	1,12	1,3	0,19	1,5 (mg)
Vitamina C	32,0	0,0	93,0	45,0 (mg)
Custo ($)	2,00	0,20	0,25	

3.S3. Problema de redução de estoque

A Decora Accessories fabrica uma variedade de acessórios para banheiro, incluindo hastes de toalha de decoração e as hastes de cortina do chuveiro. Cada um dos acessórios inclui uma haste feita de aço inoxidável. No entanto, são necessários muitos comprimentos diferentes: 12, 18, 24, 40 e 60 polegadas. A Decora compra hastes de 60 polegadas de um fornecedor externo e as corta conforme necessário para seus produtos. Cada haste de 60 polegadas pode ser usada para fazer uma série de hastes menores. Por exemplo, uma vara de 60 polegadas pode ser usada para fazer uma haste de 40 e uma de 18 polegadas (com 2 polegadas de resíduo), ou cinco hastes de 12 polegadas (sem desperdício). Para o próximo período de produção, a Decora precisa de 25 hastes de 12 polegadas, 52 de 18 polegadas, 45 de 24 polegadas, 30 de 40 polegadas e 12 de 60 polegadas. Qual é o menor número de hastes de 60 polegadas que pode ser comprado para atender as necessidades de produção? Formule e resolva um modelo de programação de número inteiro em uma planilha.

3.S4. Produção e distribuição de DEAs na Heart Start

A Heart Start produz desfibriladores externos automáticos (DEAs) em cada uma das duas fábricas diferentes (A e B). Os custos unitários de produção e a capacidade de produção mensal das duas fábricas são indicados na tabela abaixo. Os desfibriladores externos automáticos são vendidos por três atacadistas. O custo de transporte de cada fábrica para o depósito de cada atacadista junto com a demanda mensal de cada atacadista também está indicado na tabela. A gestão da Heart Start agora pediu que seu principal cientista de gestão (você) aborde duas questões: Quantos desfibriladores externos automáticos devem ser produzidos em cada fábrica? Como devem ser distribuídos para cada um dos três depósitos dos atacadistas de modo a minimizar o custo combinado de produção e transporte? Formule e solucione um modelo de programação linear em uma planilha.

3.S5. Lances para turmas

No programa de MBA de uma universidade de prestígio no Pacific Northwest, os estudantes dão lances por disciplinas eletivas no segundo ano do seu programa. Cada aluno tem 100 pontos para usar como lance (total) e deve pegar duas disciplinas eletivas. Há quatro disponíveis: Ciência da Gestão (MS), Finanças (Fin), Gestão de Operações (OM) e Marketing (Mkt). Cada turma é limitada a 5 estudantes. Os lances apresentados por cada um dos 10 estudantes são mostrados na tabela a seguir.

Lances dos estudantes por turma				
Estudante	MS	Fin	OM	Mkt
George	60	10	10	20
Fred	20	20	40	20
Ann	45	45	5	5
Eric	50	20	5	25
Susan	30	30	30	10
Liz	50	50	0	0
Ed	70	20	10	0
David	25	25	35	15
Tony	35	15	35	15
Jennifer	60	10	10	20

a. Formule e solucione um modelo de planilha para determinar uma alocação de alunos nas aulas de forma a maximizar o total de pontos de lances das alocações.
b. Será que a solução resultante parece uma alocação justa?
c. Quais objetivos alternativos poderiam levar a uma alocação justa?

	Custo por unidade transportada			Custo por unidade de produção	Capacidade mensal de produção
	Depósito 1	Depósito 2	Depósito 3		
Fábrica A	$22	$14	$30	$600	100
Fábrica B	$16	$20	$24	$625	120
Demanda mensal	80	60	70		

Problemas

Temos inserido o símbolo E* à esquerda de cada problema (ou suas partes), onde o Excel deve ser utilizado (a menos que seu instrutor lhe diga o contrário). Um asterisco no número do problema indica que pelo menos uma resposta parcial é dada no Apêndice C.

3.1. Reconsidere o estudo de caso da Super Grain Corp. conforme apresentado na Seção 3.1. A empresa de publicidade Giacomi & Jackowitz agora sugeriu uma quarta mídia de publicidade promissora – comerciais de rádio – para promover o novo cereal matinal da empresa, Crunchy Start. As crianças pequenas são potencialmente os maiores consumidores do produto, mas os pais das crianças pequenas (principais compradores em potencial) muitas vezes estão ocupados demais para fazer muita leitura (assim, podem perder anúncios da empresa em revistas e cadernos dominicais) ou mesmo para assistir aos programas infantis na manhã de sábado, quando os comerciais da empresa de televisão são transmitidos.

No entanto, esses pais tendem a ouvir rádio no trajeto para o trabalho. Portanto, para melhor alcançar esses pais, a Giacomi & Jackowitz sugere levar em consideração executar comerciais para o Crunchy Start em programas de rádio transmitidos nacionalmente que atraem os adultos jovens durante as horas de deslocamento comuns.

A Giacomi & Jackowitz estima que o custo de desenvolvimento de cada novo comercial de rádio será de 50 mil dólares, e que o número esperado de exposições por comercial será de 900 mil. A empresa determinou que 10 pontos estão disponíveis para comerciais diferentes de rádio, e cada um custará 200 mil dólares para uma execução normal.

E* a. Formule e solucione um modelo de planilha para o problema revisado de *mix* de propaganda que inclua essa quarta mídia de propaganda. Identifique as células de dados, as variáveis e as de destino. Mostre também a equação de Excel para cada célula de saída expressa como uma função SOMARPRODUTO.
b. Indique por que este modelo de planilha é um modelo de programação linear.
c. Expresse o modelo em forma algébrica.

3.2.* Considere um problema de alocação de recursos com os seguintes dados:

Recurso	Uso de recurso por unidade de cada atividade 1	2	Quantidade de recurso disponível
1	2	1	10
2	3	3	20
3	2	4	20
Contribuição por unidade	$20	$30	

Contribuição por unidade = lucro por unidade da atividade.

E* a. Formule e solucione um modelo de programação linear para este problema em uma planilha.
E* b. Use a planilha para verificar as seguintes soluções: $(x_1, x_2) = (2, 2), (3, 3), (2, 4), (4, 2), (3, 4), (4, 3)$. Quais dessas soluções são viáveis? Qual dessas soluções viáveis tem o melhor valor da função objetivo?
E* c. Use o Solver para encontrar uma solução ideal.
d. Expresse o modelo em forma algébrica.
e. Use o método gráfico para solucioná-lo.

3.3. Considere um problema de alocação de recursos com os seguintes dados:

Recurso	Uso de recurso por unidade de cada atividade 1	2	3	Quantidade de recurso disponível
A	30	20	0	500
B	0	10	40	600
C	20	20	30	1.000
Contribuição por unidade	$50	$40	$70	

Contribuição por unidade = lucro por unidade da atividade.

E* a. Formule e solucione um modelo de programação linear para este problema em uma planilha.
b. Expresse o modelo em forma algébrica.

E*3.4. Considere um problema de alocação de recursos com os seguintes dados:

Recurso	Uso de recurso por unidade de cada atividade 1	2	3	4	Quantidade de recurso disponível
P	3	5	-2	4	400
Q	4	-1	3	2	300
R	6	3	2	-1	400
S	-2	2	5	3	300
Contribuição por unidade	$11	$9	$8	$9	

Contribuição por unidade = lucro por unidade da atividade

a. Formule e solucione um modelo de programação linear para este problema em uma planilha.
b. Faça cinco suposições de sua própria escolha para a solução ideal. Use a planilha para verificar a viabilidade de cada uma e, se possível, para o valor da função objetivo. Qual suposição viável tem o melhor valor de função objetivo?
c. Use o Solver para encontrar uma solução ideal.

3.5.* A Omega Manufacturing Company interrompeu a produção de certe linha de produto não lucrativa. Isso gerou considerável excesso na capacidade de produção. A gestão está considerando direcioná-lo para um ou mais dos três produtos (produtos 1, 2 e 3). A capacidade disponível das máquinas que pode limitar a produção está resumida na tabela a seguir:

Tipo de máquina	Tempo disponível (em horas-máquina por semana)
Máquina fresadora	500
Torno mecânico	350
Triturador	150

O número de horas-máquina necessário para cada unidade dos respectivos produtos é o seguinte:

Tipo de máquina	Coeficiente de produtividade (em horas-máquina por unidade) Produto 1	Produto 2	Produto 3
Máquina fresadora	9	3	5
Torno mecânico	5	4	0
Triturador	3	0	2

O Departamento de Vendas indica que o potencial de vendas para os produtos 1 e 2 excede a taxa máxima de produção e que o potencial de vendas para o produto 3 é de 20 unidades por semana. O lucro unitário seria de 50, 20 e 25 dólares, respectivamente, para os produtos 1, 2 e 3. O objetivo é determinar quanto de cada produto a Omega deve produzir para maximizar o lucro.

a. Indique por que este é um problema de alocação de recursos, identificando as atividades e os recursos limitados a serem alocados nessas atividades.
b. Identifique as decisões a serem feitas, as restrições sobre essas decisões e a medida geral de desempenho para as decisões.
c. Converta essas descrições e a medida de desempenho em expressões quantitativas em termos dos dados e das decisões.
E* d. Formule um modelo de planilha para este problema. Identifique as células de dados, as variáveis, as alvo e as outras células de saída. Mostre também a equação de Excel para cada célula de saída expressa como uma função SOMARPRODUTO. Em seguida, use o Excel Solver para solucionar o modelo.
e. Resuma este modelo em forma algébrica.

3.6. Ed Butler é o gerente de produção da Bilco Corporation, que produz três tipos de peças de reposição para automóveis. A fabricação de cada peça requer processamento em cada uma das duas máquinas, com os seguintes tempos de processamento (em horas):

Máquina	Parte A	Parte B	Parte C
1	0,02	0,03	0,05
2	0,05	0,02	0,04

Cada máquina está disponível 40 horas por mês. Cada peça fabricada renderá um lucro unitário como segue:

	Parte A	Parte B	Parte C
Lucro	$50	$40	$30

Ed quer determinar o *mix* de peças de reposição a produzir para maximizar o lucro total.

a. Identifique as atividades e os recursos para este problema de alocação de recursos.

E* b. Formule um modelo de programação linear para este problema em uma planilha.

c. Fazer três suposições de sua própria escolha para a solução ideal. Use a planilha para verificar a viabilidade de cada uma e, se possível, para o valor da função objetivo. Entre as viáveis, qual tem o melhor valor da função objetivo?

E* d. Use o Solver para encontrar uma solução ideal.

e. Expresse este modelo em forma algébrica.

E*3.7. Considere a seguinte formulação algébrica de um problema de alocação de recursos com três recursos, em que as decisões a serem tomads são os níveis de três atividades (A_1, A_2 e A_3).

Maximizar   Lucro = $20A_1 + 40A_2 + 30A_3$

sujeito a

Recurso 1: $3A_1 + 5A_2 + 4A_3 \leq 400$ (quantidade disponível)

Recurso 2: $A_1 + A_2 + A_3 \leq 100$ (quantidade disponível)

Recurso 3: $A_1 + 3A_2 + 2A_3 \leq 200$ (quantidade disponível)

e

$A_1 \geq 0 \quad A_2 \geq 0 \quad A_3 \geq 0$

Formule e solucione um modelo de planilha para este problema.

3.8. Leia o artigo de referência que descreve completamente o estudo da ciência da gestão resumido na vinheta de aplicação apresentada na Seção 3.3. Descreva brevemente como a programação linear foi aplicada nesse estudo. Em seguida, liste os vários benefícios financeiros e não financeiros que resultaram dele.

3.9. Considere um problema de conflito entre custos e benefícios com os seguintes dados:

	Contribuição de benefício por unidade de cada atividade		
Benefício	1	2	Nível mínimo aceitável
1	5	3	60
2	2	2	30
3	7	9	126
Custo unitário	$60	$50	

E* a. Formule um modelo de programação linear para este problema em uma planilha.

E* b. Use a planilha para verificar as seguintes soluções: (x_1, x_2) = (7, 7), (7, 8), (8, 7), (8, 8), (8, 9), (9, 8). Quais dessas soluções são viáveis? Entre as viáveis, qual tem o melhor valor da função objetivo?

E* c. Use o Solver para encontrar uma solução ideal.

d. Expresse este modelo em forma algébrica.

e. Use o método gráfico para solucioná-lo.

E*3.10. Considere um problema de conflito entre custos e benefícios com os seguintes dados:

	Contribuição de benefício por unidade de cada atividade				
Benefício	1	2	3	4	Nível mínimo aceitável
P	2	−1	4	3	80
Q	1	4	−1	2	60
R	3	5	4	−1	110
Custo unitário	$400	$600	$500	$300	

a. Formule um modelo de programação linear para este problema em uma planilha.

b. Faça cinco suposições de sua própria escolha para a solução ideal. Use a planilha para verificar a viabilidade de cada uma e, se possível, para o valor da função objetivo. Qual suposição viável tem o melhor valor de função objetivo?

c. Use o Solver para encontrar uma solução ideal.

3.11.* Fred Jonasson gerencia uma fazenda de propriedade familiar. Para suplementar vários produtos alimentares lá cultivados, Fred também cria porcos para venda. Ele agora deseja determinar as quantidades dos tipos disponíveis de ração (milho, tancagem e alfafa) que devem ser dadas a cada porco. Uma vez que os animais comem qualquer *mix* desses tipos de ração, o objetivo é determinar quais *mix* vão atender certos requisitos nutricionais, a um *custo mínimo*. O número de unidades de cada tipo de ingrediente nutricional básico contido em um quilo de cada tipo de alimento é dado na tabela a seguir, juntamente com as exigências nutricionais diárias e custos de alimentação:

Ingrediente nutricional	Quilograma de milho	Quilograma de tancagem	Quilograma de alfafa	Requisitos mínimos diários
Carboidratos	90	20	40	200
Proteína	30	80	60	180
Vitaminas	10	20	60	150
Custo (¢)	84	72	60	

E* a. Formule um modelo de programação linear para este problema em uma planilha.

E* b. Use a planilha para verificar se $(x_1, x_2, x_3) = (1, 2, 2)$ é uma solução viável e, em caso afirmativo, qual seria o custo diário para essa dieta. Quantas unidades de cada ingrediente nutricional essa dieta forneceria diariamente?

E* c. Dedique alguns minutos para usar uma abordagem de tentativa e erro com a planilha para desenvolver a sua melhor suposição para a solução ideal. Qual é o custo diário para a sua solução?

E* d. Use o Solver para encontrar uma solução ideal.

e. Expresse este modelo em forma algébrica.

3.12. Maureen Laird é a diretora financeira da Alva Electric Co., uma empresa de utilidade pública no Centro-Oeste. A empresa programou a construção de novas usinas hidrelétricas daqui a 5, 10, e 20 anos para atender as necessidades da crescente população da região. Para cobrir os custos de construção, Maureen precisa investir parte do dinheiro da empresa agora para atender essas necessidades de fluxo de caixa futuro. Maureen pode comprar apenas três tipos de ativos financeiros, cada um custa $1 milhão por unidade. Unidades fracionárias podem ser compradas. Os ativos produzem renda em 5, 10 e 20 anos a partir de agora, e ela é necessária para cobrir as necessidades mínimas de fluxo de caixa naqueles anos, como mostrado na tabela a seguir.

	Renda por unidade de ativo			
Ano	Ativo 1	Ativo 2	Ativo 3	Fluxo de caixa mínimo necessário
5	$2 milhões	$1 milhão	$0,5 milhão	$400 milhões
10	0,5 milhão	0,5 milhão	1 milhão	100 milhões
20	0	1,5 milhão	2 milhões	300 milhões

Maureen pretende determinar o *mix* de investimentos nesses ativos que irão cobrir as necessidades de fluxo de caixa, minimizando a quantia total investida.

E* a. Formule um modelo de programação linear para este problema em uma planilha.

E* b. Use a planilha para verificar a possibilidade de comprar 100 unidades do ativo 1, 100 unidades do ativo 2 e 200 unidades do ativo 3. Quanto de fluxo de caixa esse *mix* de investimentos geraria em 5, 10 e 20 anos a partir de agora? Qual seria o valor total investido?

E* c. Reserve alguns minutos para uma abordagem de tentativa e erro com a planilha para desenvolver seus melhores palpites para uma solução ideal. Qual o montante total investido na sua solução?

E* d. Use o Solver para encontrar uma solução ideal.

e. Expresse este modelo em forma algébrica.

3.13. A Web Mercantile vende muitos produtos domésticos por meio de um catálogo online. A empresa precisa de espaço substancial para armazenar seus produtos. Agora estão sendo feitos planos para alugar espaço num depósito ao longo dos próximos cinco meses. Somente o quanto espaço será necessário em cada um desses meses é conhecido. No entanto, uma vez que essas necessidades de espaço são bastante diferentes, pode ser mais econômico alugar apenas a quantidade necessária a cada mês. Por outro lado, o custo adicional para alugar o espaço por meses adicionais é muito menor que para o primeiro mês, por isso pode ser menos dispendioso alugar a quantidade máxima necessária para todos os cinco meses. Outra opção é a abordagem intermediária de alterar a quantidade total do espaço alugado (adicionando um novo aluguel e/ou tendo um aluguel antigo expirado) pelo menos uma vez, mas não todos os meses.

A necessidade de espaço e os custos de aluguel para os vários períodos de aluguel são os seguintes:

Mês	Espaço necessário (pés quadrados)
1	30.000
2	20.000
3	40.000
4	10.000
5	50.000

Período de aluguel (meses)	Custo por pé quad. alugado
1	$ 65
2	100
3	135
4	160
5	190

O objetivo é minimizar o custo total de aluguel para atender as necessidades de espaço.

a. Indique por que este é um problema de conflito entre custos e benefícios, identificando as atividades e os benefícios almejados por elas.

b. Identifique as decisões a serem tomadas, as restrições sobre essas decisões e a medida geral de desempenho para elas.

c. Converta essas descrições das restrições e da medida de desempenho em expressões quantitativas em termos dos dados e das decisões.

E* d. Formule um modelo de planilha para este problema. Identifique as células de dados, as variáveis, as de destino e as de saída. Mostre também a equação de Excel para cada célula de saída expressa como uma função SOMARPRODUTO. Em seguida, use o Excel Solver para solucionar o modelo.

e. Expresse o modelo em forma algébrica.

E*3.14. Considere a seguinte formulação algébrica de um problema de conflito entre custos e benefícios envolvendo três benefícios, em que as decisões a serem tomadas são os níveis de quatro atividades (A_1, A_2, A_3 e A_4):

Minimizar   Custo = $2 A_1 + A_2 - A_3 + 3 A_4$

sujeito a

Benefício 1: $3 A_1 + 2 A_2 - 2 A_3 + 5 A_4 \geq 80$ (nível mínimo aceitável)

Benefício 2: $A_1 - A_2 + A_4 \geq 10$ (nível mínimo aceitável)

Benefício 3: $A_1 + A_2 - A_3 + 2 A_4 \geq 30$ (nível mínimo aceitável)

e

$A_1 \geq 0$ $A_2 \geq 0$ $A_3 \geq 0$ $A_4 \geq 0$

Formule e solucione um modelo de planilha para este problema.

Dois tipos de consultores de informática podem ser contratados: de tempo integral e de tempo parcial. Os consultores em tempo integral trabalham por oito horas consecutivas em qualquer dos turnos seguintes: manhã (8h–16h), tarde (12h–20h) e noite (16h–0h). Aos consultores em tempo integral são pagos 14 dólares por hora.

Os consultores de tempo parcial podem ser contratados para trabalhar em qualquer um dos quatro turnos listados na tabela. Aos consultores de tempo parcial são pagos 12 dólares por hora.

Um requisito adicional é que, durante cada período de tempo, deve haver pelo menos dois consultores de tempo integral em serviço para cada consultor de tempo parcial em serviço.

Larry gostaria de determinar quantos consultores de tempo integral e de tempo parcial devem trabalhar cada turno para atender esses requisitos com o menor custo possível.

a. Em qual categoria de problema de programação linear esse problema se encaixa? Por quê?

E* b. Formule e solucione um modelo de programação linear para este problema em uma planilha.

c. Resuma o modelo em forma algébrica.

3.16.* A Medequip Company produz equipamentos de precisão de diagnóstico médico em duas fábricas. Três centros médicos fizeram pedidos para a saída de produção deste mês. A tabela a seguir mostra qual seria o custo para o transporte de cada unidade de cada fábrica para cada um desses clientes. Também são mostrados o número de unidades que serão produzidas em cada fábrica e o número de unidades encomendadas por cada cliente.

Uma decisão agora precisa ser tomada sobre o plano de transporte de quantas unidades enviar de cada fábrica para cada cliente.

De \ Para	Custo de transporte por unidade			Saída
	Cliente 1	Cliente 2	Cliente 3	
Fábrica 1	$600	$800	$700	400 unidades
Fábrica 2	400	900	600	500 unidades
Tamanho do pedido	300 unidades	200 unidades	400 unidades	

3.15. Larry Edison é o Diretor do Centro de Informática da Faculdade Buckly. Agora ele precisa alocar o respectivo pessoal. O centro funciona das 8h até a meia-noite, Larry tem monitorado seu movimento em vários momentos do dia e determinou que o seguinte número de consultores de informática é necessário:

Hora do dia	Número mínimo de consultores necessário para estar em serviço
8–12h	6
12–16h	8
16–20h	12
20–0h	6

a. Em qual categoria de problema de programação linear esse problema se encaixa? Por quê?

E* b. Formule e solucione um modelo de programação linear para este problema em uma planilha.

c. Resuma o modelo em forma algébrica.

3.17. A Fagersta Steelworks atualmente está trabalhando em duas minas para obter minério de ferro, enviado para uma das duas instalações de armazenamento. Quando necessário, é enviado para a usina siderúrgica da empresa.

O diagrama a seguir ilustra essa rede de distribuição, em que M1 e M2 são as duas minas, S1 e S2 são as duas instalações de armazenamento, e P é a usina siderúrgica. O diagrama mostra também os valores mensais produzidos nas minas e necessários na usina, bem como o custo de transporte e a quantidade máxima que pode ser transportada por mês em cada rota de transporte.

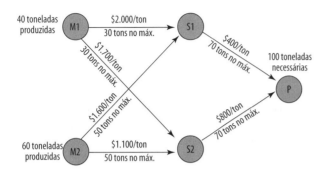

A gestão quer agora determinar o plano mais econômico para o transporte do minério de ferro das minas pela rede de distribuição para a usina siderúrgica.

    a. Identifique todos os requisitos que deverão ser expressos em restrições de exigências fixadas.

E* *b.* Formule e solucione um modelo de programação linear para este problema em uma planilha.

    c. Expresse o modelo em forma algébrica.

3.18.* Al Ferris tem 60 mil dólares que deseja investir agora para usar o acumulado na compra de uma anuidade de aposentadoria em cinco anos. Depois de consultar seu agente financeiro, conheceu quatro tipos de investimentos de renda fixa, os quais vamos chamar de investimentos A, B, C e D.

Os investimentos A e B estão disponíveis no início de cada um dos próximos cinco anos (vamos chamá-los de anos 1 a 5). Cada dólar investido em A, no início de um ano retorna 1,40 dólares (um lucro de 0,40 dólares) dois anos depois (em tempo para reinvestimento imediato). Cada dólar investido em B no início do ano retorna 1,70 dólares três anos depois.

Os investimentos C e D estarão disponíveis, cada um, em um momento futuro. Cada dólar investido em C no início do ano 2 retorna 1,90 dólares no final do ano 5. Cada dólar investido em D no início do ano 5 retorna 1,30 dólares no final do ano 5.

Al quer saber qual plano de investimentos maximiza o dinheiro que pode ser acumulado até o início do ano 6.

    a. Para este problema, todas as suas restrições funcionais podem ser expressas como restrições de exigências fixadas. Para fazer isso, deixe A_t, B_t, C_t e D_t serem as quantias investidas em A, B, C e D, respectivamente, no início do ano t para cada t em que o investimento está disponível e terão vencimento até o final de cinco anos. Também deixe R_t ser o número de dólares disponíveis *não* investidos no início do ano t (e, assim, disponíveis para o investimento em um próximo ano). Assim, a quantia investida no início do ano, t mais R_t deve ser igual ao número de dólares disponíveis para investimento nesse momento. Escreva essa equação em termos das variáveis relevantes para o início de cada um dos cinco anos para obter as cinco restrições de exigências fixadas para este problema.

    b. Formule e solucione um modelo completo de programação linear para este problema em forma algébrica.

E* *c.* Formule e solucione o modelo em uma planilha.

3.19. A Metalco Company quer fundir uma nova liga de 40% de estanho, 35% de zinco e 25% de chumbo de várias ligas disponíveis com as seguintes propriedades:

Propriedade	Liga 1	2	3	4	5
Porcentagem de estanho	60	25	45	20	50
Porcentagem de zinco	10	15	45	50	40
Porcentagem de chumbo	30	60	10	30	10
Custo ($/lb)	22	20	25	24	27

O objetivo é determinar as proporções dessas ligas que devem ser misturadas na produção da nova liga a um custo mínimo.

    a. Identifique todos os requisitos que deverão ser expressos em restrições de exigências fixadas.

E* *b.* Formule e solucione um modelo de programação linear para este problema em uma planilha.

    c. Expresse o modelo em forma algébrica.

3.20. A Weigelt Corporation tem três usinas filiais com excesso de capacidade de produção. Felizmente, ela tem um novo produto pronto para a produção, e todas as três usinas têm essa capacidade, então, parte do excesso de capacidade pode ser usada dessa maneira. Esse produto pode ser feito em três tamanhos – grande, médio e pequeno – que geram um lucro líquido unitário de 420, 360 e 300 dólares, respectivamente. As usinas 1, 2 e 3 têm o excesso de capacidade para produzir de 750, 900 e 450 unidades por dia do produto, respectivamente, independentemente do tamanho ou combinação de tamanhos envolvidos.

A quantidade de espaço de armazenamento disponível em andamento também impõe uma limitação nas taxas de produção do novo produto. As usinas 1, 2 e 3 têm 13 mil, 12 mil e 5 mil pés quadrados, respectivamente, de espaço de armazenamento em andamento disponível para a produção de um dia desse produto. Cada unidade dos tamanhos grande, médio e pequeno produzidos por dia necessita de 20, 15 e 12 pés quadrados, respectivamente.

As previsões de vendas indicam que, se disponíveis, 900, 1.200 e 750 unidades dos tamanhos grande, médio e pequeno, respectivamente, seriam vendidas por dia.

Em cada usina, alguns funcionários terão de ser demitidos, a menos que a maioria da capacidade de produção em excesso da usina possa ser usada no novo produto. Para evitar demissões, se possível, a gestão decidiu que as usinas devem usar o mesmo percentual de seu excesso de capacidade para produzir o novo item.

A gestão quer saber quanto de cada um dos tamanhos deve ser produzido por cada uma das usinas para maximizar o lucro.

E* *a.* Formule e solucione um modelo de programação linear para este problema em uma planilha.

    b. Expresse este modelo em forma algébrica.

3.21.* Um avião de carga tem três compartimentos para armazenagem: frontal, central e traseiro, com limites de capacidade de *peso* e *espaço*, como resumido a seguir:

Compartimento	Capacidade de peso (toneladas)	Capacidade de espaço (pé cúbico)
Frente	12	7.000
Centro	18	9.000
Traseiro	10	5.000

Além disso, o peso da carga nos respectivos compartimentos deve ter a mesma proporção da capacidade de peso do compartimento para manter o equilíbrio do avião.

As quatro cargas a seguir foram oferecidas para o embarque em um próximo voo já que o espaço está disponível:

Carga	Peso (toneladas)	Volume (pé cúbico/ tonelada)	Lucro ($/tonelada)
1	20	500	320
2	16	700	400
3	25	600	360
4	13	400	290

Qualquer parte desses carregamentos pode ser aceita. O objetivo é determinar o quanto (se houver) de cada carga deve ser aceito e como distribuir cada uma entre os compartimentos para maximizar o lucro total para o voo.

E* a. Formule e solucione um modelo de programação linear para este problema em uma planilha.

b. Expresse o modelo em forma algébrica.

3.22. A Comfortable Hands é uma empresa que possui uma linha de produtos de luvas de inverno para toda a família – homens, mulheres e crianças. Eles estão tentando decidir qual *mix* desses três tipos de luvas produzir.

A mão de obra da Comfortable Hands é sindicalizada. Cada funcionário em tempo integral trabalha uma semana de 40 horas. Além disso, por contrato com o sindicato, o número de empregados em tempo integral nunca pode ficar abaixo de 20. Trabalhadores não sindicalizados e de tempo parcial também podem ser contratados com as seguintes restrições impostas pelo sindicato: (1) cada trabalhador em tempo parcial trabalha 20 horas por semana e (2) deve haver pelo menos dois funcionários em tempo integral para cada trabalhador em tempo parcial.

Todos os três tipos de luvas são feitas do mesmo tipo de couro 100% genuíno. A Comfortable Hands tem um contrato de longo prazo com um fornecedor do couro e recebe um carregamento de 5 mil pés quadrados do material por semana. O material e o trabalho necessários, juntamente com o *lucro bruto* por luva vendida (não considerando os custos de trabalho), são fornecidos na tabela a seguir.

Luva	Material necessário (pé quadrado)	Trabalho necessário (minutos)	Lucro bruto (por par)
Masculina	2	30	$8
Feminina	1,5	45	10
Infantil	1	40	6

Cada funcionário em tempo integral ganha 13 dólares por hora, enquanto cada trabalhador em tempo parcial ganha 10. A gestão quer saber qual o *mix* de cada um dos três tipos de luvas a produzir por semana, bem como quantos trabalhadores em tempo integral e em tempo parcial empregar. A empresa gostaria de maximizar o *lucro líquido* – o lucro bruto das vendas menos seus custos de trabalho.

E* a. Formule e solucione um modelo de programação linear para este problema em uma planilha.

b. Resuma o modelo em forma algébrica.

E*3.23. A Universidade Oxbridge mantém um poderoso computador central para uso de pesquisa de seu corpo docente, estudantes de pós-graduação e associados de pesquisa. Durante todo o horário de trabalho, um monitor deve estar disponível para operar e manter o computador, bem como executar alguns serviços de programação. Beryl Ingram, diretora da unidade de informática, supervisiona a operação.

Agora é o início do semestre de outono e Beryl é confrontada com o problema da alocação de diferentes horários de trabalho para seus monitores. Por todos já estarem atualmente matriculados na universidade, eles têm disponibilidade para trabalhar apenas um número limitado de horas por dia.

Há seis monitores (quatro estudantes de graduação e dois estudantes de pós-graduação). Todos têm salários diferentes por causa de diferenças em sua experiência com computadores e na habilidade de programação. A tabela a seguir mostra as taxas de salário, junto com o número máximo de horas que cada um pode trabalhar por dia.

Operadores	Taxa de salário	Máximo de horas disponíveis				
		Seg.	Ter.	Qua.	Qui.	Sex.
K. C.	$10,00/hora	6	0	6	0	6
D. H.	$10,10/hora	0	6	0	6	0
H. B.	$9,90/hora	4	8	4	0	4
S. C.	$9,80/hora	5	5	5	0	5
K. S.	$10,80/hora	3	0	3	8	0
N. K.	$11,30/hora	0	0	0	6	2

A cada monitor é garantido um número mínimo de horas por semana em que manterá um conhecimento apropriado da operação. Esse nível é definido arbitrariamente em 8 horas por semana para os alunos de graduação (K. C., D. H., H. B., e S. C.) e 7 horas por semana para os alunos de pós-graduação (K. S. e N. K.).

O computador deve estar disponível das 8h–22h, de segunda à sexta, com exatamente um monitor em serviço durante o período. Aos sábados e domingos, o computador deve ser operado por outros funcionários.

Por causa de um orçamento apertado, Beryl tem que minimizar o custo. Ela quer determinar o número de horas que deve alocar para cada monitor e a cada dia. Formule e solucione um modelo de planilha para este problema.

3.24. A Slim-Down Manufacturing produz uma linha de bebidas nutricionalmente completa e para redução de peso. Um dos seus produtos é um *shake* de morango elaborado como refeição completa. Ele possui vários ingredientes, dos quais algumas informações são dadas a seguir.

Ingrediente	Calorias da gordura (por csp)	Total de calorias (por csp)	Conteúdo de vitamina (mg/csp)	Espessantes (mg/csp)	Custo (¢/csp)
Aromatizante de morango	1	50	20	3	10
Creme	75	100	0	8	8
Suplemento de vitamina	0	0	50	1	25
Adoçante artificial	0	120	0	2	15
Agente espessante	30	80	2	25	6

As necessidades nutricionais são as seguintes. A bebida deve ter um total entre 380 e 420 calorias (inclusivo). Não mais de 20% do total de calorias devem vir da gordura. Deve haver, pelo menos, 50 miligramas (mg) de conteúdo de vitaminas. Para favorecer o sabor, deve haver pelo menos duas colheres de sopa (csp) de aromatizantes de morango para cada csp de adoçante artificial. Finalmente, para manter a espessura adequada, deve haver exatamente 15 mg de espessantes na bebida.

A gestão gostaria de selecionar a quantidade de cada ingrediente para a bebida que minimizaria os custos ao mesmo tempo que atendam os requisitos acima.

    a. Identifique os requisitos que levam a restrições de recursos, de benefício e de exigência fixada.

E* *b.* Formule e solucione um modelo de programação linear para este problema em uma planilha.

    c. Resuma o modelo em forma algébrica.

3.25. Joyce e Marvin administram uma creche. Eles estão tentando decidir o que dar às crianças no almoço. Eles gostariam de manter seus custos baixos, mas também precisam atender as exigências nutricionais dos pequenos. Já decidiram usar manteiga de amendoim e sanduíches de geleia, e uma combinação de biscoitos, leite e suco de laranja. O conteúdo nutricional de cada escolha de alimentos e seu custo são dados na tabela a seguir.

Item de alimento	Calorias da gordura	Total de calorias	Vitamina C (mg)	Proteína (g)	Custo (¢)
Pão (1 fatia)	10	70	0	3	5
Manteiga de amendoim (1 csp)	75	100	0	4	4
Geleia de morango (1 csp)	0	50	3	0	7
Biscoito (1 biscoito)	20	60	0	1	8
Leite (1 copo)	70	150	2	8	15
Suco (1 copo)	0	100	120	1	35

Os requisitos nutricionais são os seguintes: cada criança deve receber entre 400 e 600 calorias. Não mais de 30% do total de calorias devem vir de gordura. Cada criança deve receber pelo menos 60 miligramas (mg) de vitamina C e pelo menos 12 gramas (g) de proteína. Além disso, por razões práticas, cada criança precisa de exatamente 2 fatias de pão (para fazer o sanduíche), pelo menos duas vezes mais manteiga de amendoim do que geleia e pelo menos um copo de líquido (leite e/ou suco).

Joyce e Marvin gostariam de selecionar as escolhas alimentares de cada criança que minimizassem o custo e, ao mesmo tempo, atendessem todos esses requisitos.

    a. Identifique os requisitos que levam a restrições de recursos, de benefícios e de exigência fixada.

E* *b.* Formule e solucione um modelo de programação linear para este problema em uma planilha.

    c. Expresse o modelo em forma algébrica.

3.26. Leia o artigo de referência que descreve completamente o estudo da ciência da gestão resumido na vinheta de aplicação apresentada na Seção 3.5. Descreva brevemente como o modelo para o problema de transporte foi aplicado nesse estudo. Em seguida, liste os vários benefícios financeiros e não financeiros que resultaram deste estudo.

E*3.27. A Cost-Less Corp. abastece os seus quatro pontos de venda a partir de suas quatro fábricas. O custo de envio por transporte de cada fábrica para cada ponto de venda é dado a seguir.

| Ponto de venda: | Custo de transporte por unidade ||||
	1	2	3	4
Fábrica				
1	$500	$600	$400	$200
2	200	900	100	300
3	300	400	200	100
4	200	100	300	200

As fábricas 1, 2, 3 e 4 fazem 10, 20, 20, e 10 transportes por mês, respectivamente. Os pontos de venda 1, 2, 3 e 4 recebem 20, 10, 10, e 20 transportes por mês, respectivamente.

O gerente de distribuição, Randy Smith, agora precisa desenvolver o melhor plano de quantas remessas enviar de cada fábrica para cada um dos pontos de venda por mês. Seu objetivo é minimizar o custo total do transporte.

Formule este problema como um problema de transporte em uma planilha e depois use o Excel Solver para obter uma solução ideal.

E*3.28. A Childfair Company tem três fábricas produzindo carrinhos de bebê que devem ser enviados para quatro centros de distribuição. As fábricas 1, 2, e 3 produzem 12, 17 e 11 transportes por mês, respectivamente. Cada centro de distribuição precisa receber 10 remessas por mês. A distância entre cada fábrica até o centro de distribuição respectivo é dada a seguir:

| | Distância até centro de distribuição (milhas) ||||
	1	2	3	4
Fábrica				
1	800	1.300	400	700
2	1.100	1.400	600	1.000
3	600	1.200	800	900

O custo do frete para cada envio é de 100 dólares mais 50 centavos/milha.

Quanto deve ser enviado de cada fábrica para cada um dos centros de distribuição para minimizar o custo total de transporte?

Formule este problema como um problema de transporte em uma planilha e depois use o Excel Solver para obter uma solução ideal.

E*3.29. A Onenote Co. fabrica um único produto em três fábricas para quatro clientes. Elas vão produzir 60, 80 e 40 unidades, respectivamente, durante a próxima semana. A empresa assumiu o compromisso de vender 40 unidades para o cliente 1, 60 unidades para o cliente 2 e pelo menos 20 unidades para o cliente 3. Os clientes 3 e 4 também querem comprar o maior número de unidades restantes possível. O lucro líquido associado com transporte de uma unidade da fábrica i para venda ao cliente j é dado pela tabela a seguir:

| | Cliente ||||
	1	2	3	4
Fábrica				
1	$800	$700	$500	$200
2	500	200	100	300
3	600	400	300	500

A gestão quer saber quantas unidades vender aos clientes 3 e 4 e quantas unidades enviar de cada uma das fábricas para cada um dos clientes para maximizar o lucro. Formule e solucione um modelo de planilha para este problema.

E*3.30. A Move-It Company tem duas fábricas de construção de empilhadeiras que envia para três centros de distribuição. Os custos de produção são os mesmos nas duas fábricas, e os custos de envio de cada empilhadeira são mostrados a seguir para cada combinação de fábrica e centro distribuição:

| | Centro de distribuição |||
	1	2	3
Fábrica			
A	$800	$700	$400
B	600	800	500

60 empilhadeiras são produzidas e enviadas por semana. Cada fábrica pode produzir e enviar qualquer quantia até um máximo de 50 empilhadeiras por semana, então há uma flexibilidade considerável sobre como dividir a produção total entre as duas fábricas de modo a reduzir os custos de transporte. No entanto, cada centro de distribuição deve receber exatamente 20 empilhadeiras por semana.

O objetivo da gestão é determinar quantas empilhadeiras devem ser produzidas em cada fábrica e qual deve ser o padrão geral de transporte para minimizar custo total de transporte. Formule e solucione um modelo de planilha para este problema.

E*3.31. Reconsidere o Problema 3.30 quando qualquer centro de distribuição podia receber qualquer quantidade entre 10 e 30 empilhadeiras por semana, a fim de reduzir ainda mais o custo total de transporte, contanto que o total enviado para os três centros de distribuição ainda seja igual a 60 caminhões por semana.

E*3.32. Considere o problema de alocação a partir da tabela a seguir:

| | Trabalho |||
	1	2	3
Pessoa			
A	$5	$7	$4
B	3	6	5
C	2	3	4

A solução ideal é A-3, B-1, C-2, com um custo total de 10 dólares.

Formule este problema em uma planilha e depois use o Excel Solver para obter a solução ideal.

3.33. Quatro navios de carga serão utilizados para o transporte de mercadorias de um porto para quatro outros portos (identificados como 1, 2, 3, 4). Qualquer navio pode ser usado para realizar qualquer uma dessas quatro viagens. No entanto, devido a diferenças nos navios e cargas, o custo total do carregamento, transporte e descarregamento das mercadorias para as diferentes combinações entre navio-porto varia consideravelmente, conforme demonstrado na tabela a seguir:

| | Porto ||||
	1	2	3	4
Navio				
1	$500	$400	$600	$700
2	600	600	700	500
3	700	500	700	600
4	500	400	600	600

O objetivo é alocar os quatro navios para os quatro portos diferentes de tal forma a minimizar o custo total de transporte.

   a. Descreva como este problema se encaixa no formato de um problema de alocação.

E* *b.* Formule e solucione o modelo em uma planilha.

E*3.34. Reconsidere o Problema 3.30. Agora os centros de distribuição 1, 2 e 3 devem receber exatamente 10, 20 e 30 unidades por semana, respectivamente. Por conveniência administrativa, a gestão decidiu que cada centro de distribuição será abastecido totalmente por uma única fábrica, de modo que uma fábrica abastecerá um centro de distribuição e a outra fábrica abastecerá os outros dois. A escolha dessas alocações das fábricas em centros de distribuição deve ser feita exclusivamente com o objetivo de minimizar o custo total de transporte.

Formule e solucione um modelo de planilha para este problema.

3.35. Vincent Cardoza é o proprietário e gerente de uma loja de máquinas que realiza trabalhos personalizados por encomenda. Esta quarta-feira à tarde, ele recebeu telefonemas de dois clientes que gostariam de fazer encomendas urgentes. Um deles é uma empresa de engate de reboque que gostaria de algumas barras personalizadas de reboque para carga pesada. O outro é uma empresa de minicarro transportador que precisa de algumas barras estabilizadoras personalizadas. Ambos os clientes gostariam do maior número possível até o final da semana (dois dias úteis). Uma vez que ambos os produtos exigiriam o uso das mesmas duas máquinas, Vincent precisa decidir e informar os clientes, esta tarde, sobre a quantidade de cada produto que ele vai concordar em fazer nos próximos dois dias.

Cada barra de reboque requer 3,2 horas na máquina 1 e 2 horas na máquina 2. Cada barra estabilizadora requer 2,4 horas na máquina 1 e 3 horas na máquina 2. A máquina 1 estará disponível por 16 horas durante os próximos dois dias e a máquina 2 estará disponível por 15 horas. O lucro para cada barra de reboque produzida seria de 130 dólares e o lucro para cada barra estabilizadora produzida seria de 150 dólares.

Vincent agora quer determinar o *mix* dessas quantidades de produção que maximizará o lucro total.

  a. Formule um modelo de programação de número inteiro em forma algébrica para este problema.

E* *b.* Formule e solucione o modelo em uma planilha.

3.36. A Universidade Pawtucket está planejando comprar novas máquinas copiadoras para sua biblioteca. Três membros do respectivo Departamento de Ciência da Gestão estão analisando o que comprar. Eles estão considerando dois modelos diferentes: O Modelo A, uma copiadora de alta velocidade, e o Modelo B, uma velocidade inferior, mas uma copiadora menos cara. O Modelo A pode lidar com 20 mil exemplares por dia e custa 6 mil dólares. O Modelo B pode lidar com 10 mil cópias por dia, mas custa apenas 4 mil. Eles gostariam de ter pelo menos seis copiadoras para que possam espalhá-las por toda a biblioteca. Eles também gostariam de ter, pelo menos, uma copiadora de alta velocidade. Finalmente, as copiadoras precisam ter uma capacidade de pelo menos 75 mil exemplares por dia. O objetivo é determinar o *mix* dessas duas copiadoras com todos estes requisitos com um custo mínimo.

E* *a.* Formule e solucione um modelo de planilha para este problema.

  b. Formule o modelo em forma algébrica.

3.37. A Nordeste Airlines está considerando a compra de novos aviões a jato de passageiros de longa, média e curta distância. O preço de compra seria de 67 milhões de dólares para cada avião de longa distância, 50 milhões para cada avião de média distância, e 35 milhões para cada avião de curta distância. O conselho de administração autorizou um comprometimento máximo de 1,5 bilhão de dólares para as compras. Independentemente de quais aviões sejam comprados, são esperadas viagens grandes o suficiente, de todas as distâncias, para que esses aviões sejam utilizados na capacidade máxima. Estima-se que o lucro líquido anual (depois que os custos de recuperação de capital são subtraídos) seria de 4,2 milhões de dólares por avião de longa distância, 3 milhões por avião de média distância, e 2,3 milhões de aviões de curta distância.

Prevê-se que um número suficiente de pilotos treinados estará disponível para tripular 30 novos aviões. Se apenas aviões de curta distância fossem comprados, as instalações de manutenção poderiam lidar com 40 novos aviões. Contudo, cada avião de média distância é equivalente a 11/3 aviões de curta distância, e cada avião de longo alcance é equivalente a 12/3 aviões de curta distância em termos de utilização das instalações de manutenção.

As informações dadas aqui foram obtidas por uma análise preliminar do problema. Uma análise mais detalhada vai ser conduzida posteriormente. No entanto, utilizando os dados anteriores como uma primeira aproximação, a gestão quer saber quantos aviões de cada tipo devem ser comprados para maximizar o lucro.

E* *a.* Formule e solucione um modelo de planilha para este problema.

  b. Formule o modelo em forma algébrica.

Caso 3-1
Transporte de madeira para o mercado

A **Alabama Atlantic** é uma empresa madeireira que tem três fontes de madeira e cinco mercados a serem abastecidos. A disponibilidade anual de madeira em fontes 1, 2 e 3 é de 15, 20 e 15 milhões de pés de tábua, respectivamente. A quantidade que pode ser vendida anualmente nos mercados 1, 2, 3, 4 e 5 é 11, 12, 9, 10, e 8 milhões de pés de tábua, respectivamente.

No passado, a empresa transportava a madeira de trem. No entanto, como os custos de transporte vêm aumentando, a alternativa de usar navios para fazer algumas das entregas está sendo investigada. Esta alternativa exigiria que a empresa investisse em alguns navios. Exceto por esses custos de investimento, os custos de transporte em milhares de dólares por milhão de pés de tábua por via férrea e por via aquática (quando viável) seriam o seguinte para cada rota:

O investimento de capital (em milhares de dólares) em navios necessário para cada milhão de pés de tábua a ser transportado anualmente por via marítima ao longo de cada percurso é dado da seguinte forma:

Fonte	Investimento unitário de navios ($1.000s) para o mercado				
	1	2	3	4	5
1	275	303	238	–	285
2	293	318	270	250	265
3	–	283	275	268	240

Fonte	Custo unitário por via férrea ($1.000s) para o mercado					Custo unitário por via aquática ($1.000s) para o mercado				
	1	2	3	4	5	1	2	3	4	5
1	61	72	45	55	66	31	38	24	—	35
2	69	78	60	49	56	36	43	28	24	31
3	59	66	63	61	47	—	33	36	32	26

Considerando a vida útil esperada dos navios e do valor do dinheiro, o custo uniforme equivalente anual desses investimentos é um décimo da quantidade dada na tabela. O objetivo é determinar o plano de navegação geral que minimiza o custo total anual uniforme equivalente (incluindo custos de envio).

Você é o chefe da equipe de ciência da gestão que foi alocado na tarefa de determinar o plano de transporte para cada uma das três opções a seguir.

Opção 1: Continuar o transporte exclusivamente por via férrea.

Opção 2: Mudar para o transporte exclusivamente hidrovia (exceto onde só o ferroviário é viável).

Opção 3: Transportar por ferrovia ou hidrovia, dependendo de qual for mais barato para a rota em questão.

Apresente seus resultados para cada opção. Compare.

Finalmente, considere o fato de que estes resultados são baseados nos custos atuais de transporte e de investimento, de modo que a decisão sobre a opção a adotar deve agora levar em conta a projeção da gestão de como esses custos podem mudar no futuro. Para cada opção, descreva um cenário de mudanças futuras de custo que justificaria adotar essa opção agora.

Caso 3-2
Preocupações com a capacidade

Bentley Hamilton joga a seção de negócios do *The New York Times* sobre a mesa da sala de conferências e observa seus associados tremerem em suas cadeiras estofadas.

O Sr. Hamilton quer causar determinada sensação.

Ele joga a primeira página do *The Wall Street Journal* em cima do *The New York Times* e observa seus associados entediados arregalarem os olhos.

O Sr. Hamilton quer causar determinada sensação.

Ele então joga a primeira página do *Financial Times* em cima da pilha de jornais e observa seus associados tocarem as gotas finas de suor da testa.

O Sr. Hamilton quer essa sensação indelevelmente gravada na mente dos seus associados.

"Acabo de apresentar a você três principais jornais financeiros com as a principal história empresarial de hoje", o Sr. Hamilton declara com uma voz firme e irritada. "Meus queridos companheiros, nossa empresa está indo para o inferno em uma sacola! Devo ler pra vocês as manchetes? Do *The New York Times*, 'As ações da **CommuniCorp** têm o nível mais baixo em 52 semanas'. Do *The Wall Street Journal*, 'CommuniCorp perde 25% do mercado de pager em apenas um ano'. Ah, e minha favorita, do *Financial Times*, 'CommuniCorp não pode se comunicar: as ações da CommuniCorp caem por causa da bagunça nas comunicações internas'. Como a nossa empresa chegou a uma situação tão precária?"

O Sr. Hamilton exibe uma transparência mostrando uma linha inclinada ligeiramente para cima sobre o retroprojetor. "Este é um gráfico de nossa produtividade nos últimos 12 meses. Como se pode ver, a produtividade em nossa unidade de produção de pager aumentou ao longo do ano passado. Claramente, a produtividade não é a causa do nosso problema."

O Sr. Hamilton exibe uma transparência mostrando uma linha inclinada ligeiramente para cima sobre o retroprojetor. "Este é um gráfico dos nossos pedidos perdidos ou atrasados nos últimos 12 meses." O Sr. Hamilton ouve um suspiro de seus associados.

"Como vocês podem ver, nossos pedidos não atendidos ou atrasados aumentaram de forma constante e significante nos últimos 12 meses. Acho que essa tendência explica por que temos perdido cota de mercado, fazendo com que nosso estoque caísse para o nível mais baixo em 52 semanas. Nós temos irritado e perdido os negócios dos varejistas, os nossos clientes que dependem de entregas no prazo para atender a demanda dos consumidores. Por que perdemos nossos prazos de entrega quando o nosso nível de produtividade deveria ter nos permitido cumprir todos os pedidos?" O Sr. Hamilton pergunta. "Eu liguei para vários departamentos para fazer essa pergunta."

"Acontece que temos produzido pagers até o inferno!" O Sr. Hamilton diz exasperado. "Os departamentos de marketing e de vendas não se comunicam com o departamento de produção, assim, os executivos de produção não sabem quais pagers produzir para atender os pedidos. Os executivos de produção querem manter a fábrica funcionando para que produzam pagers independentemente de quais foram encomendados. Os pagers finalizados são enviados para o depósito, mas os executivos de marketing e vendas não sabem o número e estilos de pagers no depósito. Eles tentam se comunicar com os executivos do depósito para determinar se os pagers no inventário podem atender as encomendas, mas eles raramente recebem respostas às suas perguntas."

O Sr. Hamilton faz uma pausa e olha diretamente para seus associados. "Senhoras e senhores, parece-me que temos um grave problema de comunicação interna. Tenho a intenção de corrigi-lo imediatamente. Quero começar instalando uma rede de computadores na empresa para garantir que todos os departamentos tenham acesso a documentos importantes e possam se comunicar facilmente uns com os outros por e-mail. Como essa intranet irá representar uma grande mudança da infraestrutura de comunicações atual, espero alguns bugs no sistema e alguma resistência dos funcionários. Quero, portanto, iniciar a instalação da intranet."

O Sr. Hamilton passa a linha do tempo a seguir e o gráfico de requisitos para seus associados (IN = intranet).

Mês 1	Mês 2	Mês 3	Mês 4	Mês 5
Informação para usar a IN	Instalar a IN no depto. de vendas	Instalar a IN na produção	Instalar a IN no depósito	Instalar a IN no depto. de marketing

Departamento	Número de funcionários
Vendas	60
Produção	200
Depósito	30
Marketing	75

O Sr. Hamilton passa a explicar a linha do tempo e o gráfico de requisitos. "No primeiro mês, não quero instalar a intranet em nenhum departamento, simplesmente quero divulgar informações sobre o assunto e obter a adesão dos funcionários. No segundo mês, quero instalar a intranet no departamento de vendas uma vez que ele recebe todas as informações importantes dos clientes. No terceiro mês, quero instalar a intranet no departamento de produção. No quarto mês, no depósito e, no quinto mês, no departamento de marketing. O gráfico de requisitos dado relaciona o número de funcionários que necessitam do acesso à intranet em cada departamento."

O Sr. Hamilton vira-se para Emily Jones, chefe da Gestão da Informação Corporativa. "Preciso da ajuda de vocês no planejamento para a instalação da intranet. Especificamente, a empresa precisa comprar servidores para a rede interna. Os funcionários irão se conectar a servidores da empresa e baixar informações para seus próprios computadores de mesa."

O Sr. Hamilton passa para Emily o gráfico a seguir, que detalha os tipos de servidores disponíveis, o número de funcionários que cada servidor suporta e o custo de cada servidor.

Tipo de servidor	Número de funcionários que o servidor suporta	Custo do servidor
Standard Intel Pentium PC	Até 30 funcionários	$ 2.500
Enhanced Intel Pentium PC	Até 80 funcionários	5.000
SGI Workstation	Até 200 funcionários	10.000
Sun Workstation	Até 2.000 funcionários	25.000

"Emily, preciso que você decida quais servidores comprar e quando comprá-los para minimizar o custo e garantir que a empresa possua capacidade suficiente de servidores para seguir o cronograma de implementação da intranet," diz o Sr. Hamilton. "Por exemplo, você pode optar por comprar um servidor de grande porte durante o primeiro mês para suportar todos os funcionários, ou comprar vários pequenos servidores durante o primeiro mês para apoiar todos os funcionários, ou comprar um pequeno servidor a cada mês para apoiar cada novo grupo de funcionários com acesso à intranet."

"Há vários fatores que complicam a sua decisão", Hamilton continua. "Dois fabricantes de servidores estão dispostos a oferecer descontos para CommuniCorp. A SGI está disposta a dar-lhe um desconto de 10% em cada servidor comprado, mas só se você comprar servidores no primeiro ou segundo mês. A Sun está disposta a lhe dar um desconto de 25% de todos os servidores comprados nos dois primeiros meses. Você também tem um limite na quantidade de dinheiro que pode gastar durante o primeiro mês. A CommuniCorp já alocou a maior parte do orçamento para os próximos dois meses, assim, você só tem um total de 9.500 dólares disponíveis para compra de servidores nos meses 1 e 2. Finalmente, o departamento de produção requer pelo menos um dos três servidores mais poderosos. Quero sua decisão na minha mesa no final da semana".

a. Emily primeiro decide avaliar o número e o tipo de servidores para comprar mensalmente. Para cada mês, formule um modelo de planilha determinando quais servidores ela deve comprar naquele mês para minimizar os custos no mês e apoiar os novos usuários conforme seus resultados para os meses anteriores. Quantos e quais tipos de servidores ela deve comprar em cada mês? Qual é o custo total do plano?

b. Emily percebe que poderia economizar se comprasse um servidor maior nos meses iniciais para suportar os usuários nos meses finais. Portanto, ela decide avaliar o número e o tipo de servidores ao longo de todo o período planejado. Formule a planilha-padrão a fim de determinar quais servidores Emily deveria comprar para quais meses na esperança de minimizar o custo total e suportar todos os novos usuários. Quantos e quais tipos de servidores ela deveria comprar em cada mês? Qual será o custo total do planejamento?

c. Por que a resposta usando o primeiro método é diferente daquela usando o segundo método?

d. Há outros custos que Emily não está considerando em sua formulação do problema? Se sim, quais?

e. Quais outras preocupações os vários departamentos da CommuniCorp ainda podem ter quanto à intranet?

Caso 3-3
Tecidos e moda outono

Do 10º andar de seu prédio comercial, Katherine Rally observa a multidão de nova-iorquinos lutando no seu caminho de ruas infestadas de táxis amarelos e de calçadas cheias de barracas de cachorro-quente. Neste sufocante dia de julho, ela dá atenção especial para a moda usada por várias mulheres e se pergunta o que elas vão escolher para usar no outono. Seus pensamentos não são simplesmente reflexões aleatórias, eles são fundamentais para seu trabalho, uma vez que ela é dona e administradora da **TrendLines**, uma empesa de elite de vestuário feminino.

Hoje é um dia especialmente importante porque ela deve se encontrar com Ted Lawson, o gerente de produção, para decidir sobre o plano de produção do próximo mês para a linha outono. Especificamente, ela deve determinar a quantidade de cada item do vestuário que deve produzir dados a capacidade de produção da fábrica, os recursos limitados e as previsões de demanda. O planejamento preciso para a produção do próximo mês é fundamental para as vendas de outono, uma vez que os itens produzidos no mês seguinte vão aparecer nas lojas em setembro, e as mulheres geralmente compram a maior parte das roupas de outono quando elas aparecem pela primeira vez nesse mês.

Ela volta para sua mesa de vidro e olha para os numerosos artigos cobrindo o móvel. Seus olhos vagam entre os padrões de roupas desenhadas quase seis meses atrás, as listas de requisitos de material para cada padrão e as listas de previsões de demanda para cada padrão determinado por pesquisas com clientes em desfiles de moda. Ela se lembra dos dias agitados e, às vezes, terríveis para projetar a linha de outono e apresentá-la em desfiles de moda em Nova York, Milão e Paris. Em última instância, ela pagou para sua equipe de seis estilistas um total de 860 mil dólares pelo trabalho na linha de outono. Com o custo de contratação de modelos de passarela, de cabeleireiros e maquiadores, de costura e montagem de roupas, construção do local, coreografia e ensaio da apresentação, e de aluguel do salão de conferências, cada um dos três desfiles de moda custou-lhe um adicional de 2,7 milhões de dólares.

Ela estuda os padrões de vestuário e os requisitos de material. Sua linha de outono consiste nos estilos profissional e casual. Katherine determinou o preço de cada item de vestuário levando em conta a qualidade e o custo do material, o custo de mão de obra e o trabalho em máquina, a demanda para o item e o prestígio da marca TrendLines.

A moda outono profissional inclui:

Qualquer material que não usado na produção pode ser enviado de volta para o atacadista têxtil para um reembolso total, apesar de as sobras não poderem ser enviadas de volta para o atacadista.

Katherine sabe que a produção da blusa de seda e do suéter de algodão deixa sobras de material. Especificamente para a produção de uma blusa de seda ou de suéter de algodão, 2 jardas de seda e de algodão, respectivamente, são necessárias. A partir dessas 2 jardas, 1,5 jardas são usadas para a blusa de seda ou para o suéter de algodão, e 0,5 jardas são deixadas como material de sobra. Ela não quer desperdiçar o material, de modo que planeja usar o retalho retangular de seda ou de algodão para produzir uma camisola de seda ou uma minissaia de algodão, respectivamente. Portanto, sempre que uma blusa de seda é produzida, uma camisola de seda também é. Da mesma forma, sempre que uma camisola de algodão é produzida, uma minissaia de algodão também. Observe que é possível produzir uma camisola de seda sem produzir uma blusa de seda e uma minissaia de algodão sem produzir um suéter de algodão.

Item de vestuário	Requisitos de material	Preço	Custo de trabalho e de maquinário
Calças de lã sob medida	3 jardas de lã	$300	$160
	2 jardas de acetato para forro		
Suéter de cashmere	1,5 jardas de cashmere	450	150
Blusa de seda	1,5 jardas de seda	180	100
Camisola de seda	0,5 jardas de seda	120	60
Saia sob medida	2 jardas de viscose	270	120
	1,5 jardas de acetato para forro		
Blazer de lã	2,5 jardas de lã	320	140
	1,5 jardas de acetato para forro		

A moda outono casual inclui:

Item de vestuário	Requisitos de material	Preço	Custo de trabalho e de maquinário
Calças de veludo	3 jardas de veludo	$350	$175
	2 jardas de acetato para forro		
Suéter de algodão	1,5 jardas de algodão	130	60
Minissaia de algodão	0,5 jardas de algodão	75	40
Saia de veludo	1,5 jardas de veludo	200	160
Blusa convencional	1,5 jardas de viscose	120	90

Ela encomendou para o mês seguinte 45 mil jardas de lã, 28 mil jardas de acetato, 9 mil jardas de cashmere, 18 mil metros de seda, 30 mil metros de viscose, 20 mil metros de veludo e 30 mil metros de algodão para a produção. Os preços dos materiais estão listados a seguir.

Material	Preço por metro/jarda
Lã	$ 9,00
Acetato	1,50
Cashmere	60,00
Seda	13,00
Viscose	2,25
Veludo	12,00
Algodão	2,50

As previsões de demanda indicam que alguns itens têm demanda limitada. Especificamente, uma vez que as calças de veludo e camisas de veludo são caprichos da moda, a TrendLines previu que pode vender apenas 5.500 pares de calças e 6 mil camisas de veludo. A empresa não quer produzir mais do que a demanda prevista já que, quando as calças e camisas saírem de moda, não pode vendê-las. A TrendLines pode produzir menos do que a demanda prevista, no entanto, desde que a empresa não seja obrigada a atender a demanda. O suéter de cashmere também tem demanda limitada porque é muito caro, e a TrendLines sabe que pode vender no máximo 4 mil do produto. As blusas de seda e camisolas têm demanda limitada porque muitas mulheres pensam que a seda é muito difícil de cuidar, e a TrendLines projeta que pode vender no máximo 12 mil blusas de seda e 15 mil camisolas de seda.

As previsões de demanda também indicam que a calças de lã, saias sob medida e blazers de lã têm uma grande demanda porque são itens básicos necessários em todos os guarda-roupas dos profissionais. Especificamente, a demanda é de 7 mil calças de lã e de 5 mil blazers de lã. Katherine quer reunir pelo menos 60% da demanda desses dois itens para manter os clientes leais e não perder negócios no futuro. Embora a demanda por saias sob medida não possa ser estimada, Katherine avalia que deve fazer pelo menos 2.800 delas.

a. Ted está tentando convencer Katherine a não produzir nenhuma camisa de veludo já que a demanda por essa tendência de moda é bastante baixa. Ele argumenta que essa tendência sozinha é responsável por 500 mil dólares do projeto fixo e de outros custos. A contribuição líquida (preço do item de vestuário – custo de material – custo de trabalho) da venda dessa tendência deve cobri-los. Cada camisa de veludo gera uma contribuição líquida de 22 dólares. Ele argumenta que, dada a contribuição líquida, mesmo satisfazendo a demanda máxima, não haverá lucro. O que você acha do argumento de Ted?

b. Formule e solucione um problema de programação linear para maximizar o lucro, dados a produção, os recursos e as restrições de demanda.

Antes que tome a decisão final, Katherine planeja explorar as seguintes questões de forma independente, exceto quando indicado.

c. O atacadista têxtil informa a Katherine que o veludo pode não ser enviado de volta porque as previsões mostram que a demanda de veludo vai diminuir no futuro. Portanto, Katherine corre o risco de não obter nenhum reembolso para o veludo. Como esse fato muda o plano de produção?

d. O que é uma explicação intuitiva econômica para a diferença entre as soluções encontradas nas partes *b* e *c*?

e. A equipe de costura encontra dificuldades na fixação dos braços e do forro do blazer de lã, já que seu molde tem um desenho incomum e o tecido de lã grossa é difícil de cortar e costurar. O maior tempo de trabalho para costurar um blazer de lã aumenta o custo da mão de obra e da máquina de cada blazer em 80 dólares. Dado esse novo custo, quanto de cada item de vestuário a TrendLines deve produzir para maximizar o lucro?

f. O atacadista têxtil informa a Katherine que já que outro cliente têxtil cancelou seu pedido, ela pode obter um extra de 10 mil jardas de acetato. Quanto de cada item de vestuário a TrendLines deve produzir agora para maximizar o lucro?

g. A TrendLines assume que pode vender, em uma grande venda em novembro a 60% do preço original, cada item que não foi vendido durante setembro e outubro. Portanto, ela pode vender todos os itens em quantidade ilimitada durante a venda de novembro. (Os limites superiores mencionados anteriormente na demanda apenas dizem respeito às vendas durante setembro e outubro.) Qual deve ser o novo plano de produção para maximizar o lucro?

Caso 3-4
Novas fronteiras

Rob Richman, presidente da **AmeriBank**, tira os óculos, exausto, esfrega e aperta os olhos para ver o relógio enquanto estuda. Ele vê que são 3h. Nas últimas horas, Rob debruçou-se sobre as demonstrações financeiras do AmeriBank dos últimos três trimestres de operação. AmeriBank, um banco de médio porte com filiais em todo os Estados Unidos, vai em direção a uma situação econômica difícil. O banco, que fornece transação, poupança, investimento e serviços de empréstimo, teve um declínio constante em sua renda líquida ao longo do ano passado, e as tendências mostram que a situação vai continuar. O banco está simplesmente perdendo clientes para concorrentes não bancários e bancos estrangeiros.

O AmeriBank não está sozinho em sua luta para ficar fora do vermelho. De suas leituras diárias sobre o setor, Rob sabe que muitos bancos americanos têm sofrido perdas significativas por causa da crescente concorrência de instituiçãos não bancárias e de bancos estrangeiros que oferecem serviços no domínio dos bancos americanos. Como esses concorrentes se especializam em serviços específicos, são capazes de capturar melhor o mercado respectivo, oferecendo serviços mais baratos, mais eficientes e mais convenientes. Por exemplo, as grandes corporações agora voltam-se aos bancos estrangeiros e às ofertas de título comercial para empréstimos, e os americanos ricos voltam-se agora para fundos do mercado monetário para investimento. Os bancos enfrentam o desafio de distinguir-se dos concorrentes não bancários e dos bancos estrangeiros.

Rob concluiu que uma estratégia para o AmeriBank distinguir-se dos seus concorrentes é melhorar os serviços que tais concorrentes não fornecem facilmente: serviços de transação. Ele decidiu que um método mais conveniente de transações deve logicamente suceder a máquina de caixa automático e acredita que o banco electrônico na internet permite esse método de operação conveniente. Pela internet, os clientes podem realizar transações em seus *desktops* em casa ou no trabalho. A explosão da internet significa que muitos potenciais clientes entendem e usam a rede mundial de computadores. Ele considera, portanto, que se o AmeriBank oferecer o banco eletrônico (como a prática de *internet banking* é comumente chamada), o banco atrairá muitos novos clientes.

Antes que Rob realize o projeto de tornar o banco eletrônico possível, porém, ele precisa entender esse mercado e os serviços que o AmeriBank deve oferecer pela inernet. Por exemplo, o banco deve permitir apenas que os clientes acessem saldos de contas e informações de histórico de transação na internet, ou deve desenvolver uma estratégia para permitir que façam depósitos e saques? O banco deve tentar recuperar uma parte do mercado de investimento com a administração contínua dos preços das ações permitindo que os clientes façam transações com ações na internet a uma taxa mínima?

Já que o AmeriBank não está no negócio de realizar pesquisas, Rob decidiu terceirizar o projeto de pesquisa para uma empresa especializada. Ele abriu o projeto para licitação para várias empresas de pesquisa e escolherá aquela disposta a realizar o trabalho pelo menor custo. Rob deu para cada empresa de pesquisa uma lista de requisitos de pesquisa para garantir que o AmeriBank receba as informações necessárias para o planejamento do projeto de banco eletrônico.

Como os grupos de idade diferentes requerem diferentes serviços, o AmeriBank está interessado em pesquisar quatro faixas etárias. O primeiro grupo engloba os clientes entre 18 e

25 anos de idade. O banco presume que essa faixa etária tem renda anual limitada e realiza transações mínimas. O segundo grupo contempla os clientes entre 26 e 40 anos. Esse grupo etário tem fontes importantes de renda, realiza muitas transações, requer numerosos empréstimos para novas casas e carros, e investe em diversos títulos. O terceiro grupo reúne os clientes entre 41 a 50 anos de idade. Estes normalmente têm o mesmo nível de renda e realizam o mesmo número de transações do segundo grupo etário, mas o banco assume que estão menos propensos a usar serviços bancários na Web, uma vez que não ficaram tão confortáveis com a explosão de computadores ou da internet. Finalmente, o quarto grupo abrange os clientes com 51 anos de idade ou mais. Esses clientes normalmente desejam segurança e exigem informações contínuas sobre os fundos de aposentadoria. O banco acredita que é altamente improvável que os clientes nessa faixa etária utilizem serviços bancários eletrônicos, mas o banco deseja entender suas necessidades para o futuro. O AmeriBank quer entrevistar 2 mil clientes com pelo menos 20% do primeiro grupo etário, pelo menos 27,5% do segundo, pelo menos 15% do terceiro e pelo menos 15% do quarto.

Rob entende que alguns clientes se sentem desconfortáveis com o uso da internet. Ele, portanto, quer garantir que a pesquisa inclua um *mix* de clientes que conhecem bem a internet e aqueles que têm menor exposição a ela. Para garantir que o AmeriBank obtenha o *mix* correto, ele quer entrevistar pelo menos 15% dos clientes do Vale do Silício, onde o uso da internet é alto, pelo menos 35% dos clientes de grandes cidades, onde o uso da internet é médio, e pelo menos 20% dos clientes de pequenas cidades, onde o uso de internet é baixo.

A Sophisticated Surveys é uma das três empresas de pesquisa concorrentes no projeto. Ela realizou uma análise inicial desses requisitos de pesquisa para determinar o custo de pesquisa de diferentes populações. Os custos por pessoa pesquisada estão listados na tabela a seguir:

Região	Grupo etário			
	18 a 25	26 a 40	41 a 50	51 ou mais
Vale do Silício	$4,75	$6,50	$6,50	$5,00
Grandes cidades	5,25	5,75	6,25	6,25
Pequenas cidades	6,50	7,50	7,50	7,25

A Sophisticated Surveys explora as seguintes opções cumulativamente.

a. Formular um modelo de programação linear para minimizar os custos enquanto atende todas as restrições de pesquisa impostas pelo AmeriBank.
b. Se a margem de lucro da Sophisticated Surveys é de 15% do custo, qual oferta ela vai apresentar?
c. Depois de apresentar a sua oferta, a Sophisticated Surveys foi informada que tem o menor custo, mas que o AmeriBank não gosta da solução. Especificamente, Rob sente que a amostra selecionada para pesquisa não é suficientemente representativa da população de clientes do banco. Rob quer pelo menos 50 pessoas de cada grupo etário pesquisadas em cada região. Qual é a nova oferta feita pela Sophisticated Surveys?
d. Rob acha que a Surveys Sophisticated utilizou demais a população de 18 a 25 anos e a população do Vale do Silício para a pesquisa. Ele impõe uma nova restrição de que não mais de 600 indivíduos podem ser pesquisados dessa faixa etária e não mais de 650 indivíduos podem ser pesquisados na população do Vale do Silício. Qual é a nova oferta?
e. Quando a Surveys Sophisticated calculou o custo de alcançar e pesquisar indivíduos específicos, a empresa pensou que a obtenção de indivíduos em populações jovens seria mais fácil. Em uma pesquisa concluída recentemente, porém, a Sophisticated Surveys descobriu que esse pressuposto estava errado. Os novos custos para a pesquisa da população de 18 a 25 anos de idade estão listados a seguir:

Região	Custo por pessoa
Vale do Silício	$6,50
Grandes cidades	6,75
Pequenas cidades	7,00

Dados os novos custos, qual é a nova oferta?

f. Para garantir a amostragem de indivíduos desejada, Rob impõe requisitos mais rigorosos. Ele fixa o percentual exato de pessoas que devem ser pesquisadas a partir de cada população. Os requisitos são listados a seguir.

População	Porcentagem de pessoas pesquisadas
18 a 25	25%
26 a 40	35
41 a 50	20
51 ou mais	20
Vale do Silício	20
Grandes cidades	50
Pequenas cidades	30

Em quanto essas novas exigências aumentariam o custo de pesquisa da Sophisticated Surveys? Dada a margem de lucro de 15%, qual seria a oferta da Sophisticated Surveys?

Caso 3-5
Alocação de estudantes nas escolas

A **Springfield School Board** tomou a decisão de fechar uma de suas escolas de ensino médio (sexta, sétima e oitava séries) no final deste ano letivo e transferir todos os alunos que irão para o ensino médio no próximo ano para as três escolas restantes de ensino médio. O distrito escolar oferece transporte de ônibus para todos os estudantes do ensino médio que têm que se deslocar mais de um quilômetro aproximadamente, assim, a diretoria da escola quer um plano para alocar os alunos que irão minimizar o custo total de transporte. O custo anual de transporte por estudante de cada uma das seis áreas residenciais da cidade até cada uma das escolas é mostrado na tabela a seguir (juntamente com outros dados básicos para o próximo ano), em que 0 indica que o transporte não é necessário e um traço indica uma alocação inviável.

Quanto custa esse aumento do custo total do transporte? (Essa linha de análise será seguida com mais rigor no Caso 7-3.)

A diretoria da escola está considerando eliminar alguns ônibus para reduzir custos. A Opção 1 é eliminar apenas o transporte para estudantes que se deslocam de 1 a 1,5 quilômetros, em que o custo por aluno é dado na tabela como 200 dólares. A Opção 2 também é eliminar o transporte para estudantes que se deslocam de 1,5 a 2 quilômetros, em que o custo estimado por aluno é de 300 dólares.

					Custo de transporte por estudante		
Área	Número de estudantes	Porcentagem na 6ª série	Porcentagem na 7ª série	Porcentagem na 8ª série	Escola 1	Escola 2	Escola 3
1	450	32	38	30	$300	$0	$700
2	600	37	28	35	—	400	500
3	550	30	32	38	600	300	200
4	350	28	40	32	200	500	—
5	500	39	34	27	0	—	400
6	450	34	28	38	500	300	0
				Capacidade da escola:	900	1.100	1.000

A diretoria da escola também impôs a restrição de que cada série deve constituir entre 30 e 36% da população de cada escola. A tabela mostra a porcentagem da população do ensino médio de cada área para o próximo ano, que cai em cada um das três séries. As margens da zona de atendimento da escola podem ser desenhadas de forma a dividir qualquer área entre mais de uma escola, mas assumem que os percentuais apresentados na tabela se manterão para qualquer alocação parcial de uma área para uma escola.

Você foi contratado como consultor de ciência da gestão para ajudar a diretoria da escola a determinar quantos alunos de cada área devem ser alocados em cada escola.

a Formule e solucione um modelo de programação linear para este problema.

b. Qual é a sua recomendação resultante para a diretoria da escola?

Depois de ver a sua recomendação, a diretoria manifesta preocupação com toda a divisão de áreas residenciais entre várias escolas. Eles indicam que "gostariam de manter cada bairro junto".

c. Ajuste a sua recomendação da melhor maneira possível para permitir que cada área seja alocada para apenas uma escola. (Adicionando esta restrição, pode forçar você a fraudar algumas outras restrições.)

d. Revise o modelo da parte *a* para atender a Opção 1, e solucione. Compare esses resultados com os da parte *b*, incluindo a redução do custo total de transporte.

e. Repita a parte *d* para a Opção 2.

A diretoria da escola precisa, agora, escolher entre os três planos alternativos de transporte (o atual ou a Opção 1 ou a Opção 2). Um fator importante são os custos de transporte. No entanto, a diretoria da escola também quer colocar o mesmo peso em um segundo fator: os problemas de inconveniência e de segurança causados por forçar os alunos a se deslocar a pé ou de bicicleta por uma distância substancial (mais de um quilômetro e, especialmente, mais de 2 quilômetros). Portanto, a escola quer escolher um plano que ofereça o melhor acerto entre esses dois fatores.

f. Use seus resultados das partes *b*, *d*, e *e* para resumir as principais informações relacionadas a esses dois fatores sobre os quais a diretoria da escola precisa para tomar essa decisão.

g. Qual decisão você acha que deve ser tomada? Por quê?

Observação: Esse caso continuará em capítulos posteriores (Casos 5-4 e 7-3), por isso sugerimos que você salve sua análise, incluindo o seu modelo básico de planilha.

Caso 3-6
Reciclagem de resíduos sólidos

A **Companhia Save-A** opera um centro de reciclagem que recolhe quatro tipos de materiais de resíduos sólidos e, em seguida, os trata para que possam ser reunidos (tratamento e amalgamento são processos separados) em um produto vendável. Três graus diferentes deste produto podem ser feitos, dependendo da combinação dos materiais utilizados. (Veja a tabela em primeiro lugar.) Embora haja alguma flexibilidade no *mix* para cada grau, padrões de qualidade especificam a quantidade mínima ou máxima dos materiais permitidos em cada grau do produto. (Este montante mínimo ou máximo é o peso do material, expresso em porcentagem do peso total para essa categoria de produto.) Para cada uma das duas notas mais altas, uma porcentagemporcentagem fixa é especificada para um dos materiais. Estas especificações são dadas na primeira tabela, juntamente com o custo de fusão e o preço de venda para cada grau.

O centro de reciclagem recolhe seus materiais de resíduos sólidos a partir de algumas fontes regulares e, por isso, normalmente consegue manter um ritmo constante para tratá-los. A segunda tabela dá as quantidades disponíveis para coleta e tratamento a cada semana, bem como o custo do tratamento, para cada tipo de material.

Série	Especificação	Combinação de custo por libra	Preço de venda por libra
A	Material 1: Não mais que 30% do total Material 2: Não menos que 40% do total Material 3: Não mais que 50% do total Material 4: Exatamente 20% do total	$3,00	$8,50
B	Material 1: Não mais que 50% do total Material 2: Não menos que 10% do total Material 4: Exatamente 10% do total	2,50	7,00
C	Material 1: Não mais que 70% do total	2,00	5,50

Material	Libras/semana disponíveis	Custo de tratamento por libra	Restrições adicionais
1	3.000	$3,00	
2	2.000	6,00	1. Para cada material, pelo menos metade das libras por semana disponíveis deveriam ser coletadas e tratadas
3	4.000	4,00	2. $30.000 por semana deveriam ser usados para tratar esses materiais
4	1.000	5,00	

A Companhia Save-It é de propriedade exclusiva Green Earth, uma organização que se dedica às questões ambientais; os lucros da Save-It são usados para ajudar atividades de apoio da Green Earth que levantou contribuições e subvenções, no valor de 30 mil dólares por semana, para usar exclusivamente na cobertura dos custos no tratamento completo de resíduos sólidos. O conselho de administração da Green Earth instruiu a gestão da Save-It para dividir o dinheiro entre os materiais de tal forma que *pelo menos metade* do montante disponível de cada material seja recolhido e tratado. Essas restrições adicionais são listados na segunda tabela.

Nessas restrições, a gestão quer alocar os materiais para classes de produtos, de modo a maximizar o lucro total semanal (renda total das vendas *menos* o custo fusão total).

a. Formule este problema em termos de programação linear, identificando todas as atividades, recursos, benefícios e requisitos fixos que se escondem dentro dele.
b. Formule e solucione um modelo de planilha para esse problema de programação linear.
c. Expresse o modelo de programação linear na planilha em forma algébrica.

Caso 3-7
Escolhas de projeto

Tazer, uma empresa de fabricação de produtos farmacêuticos, entrou no mercado há 15 anos com a introdução de seis novos medicamentos. Cinco deles foram simplesmente permutações de medicamentos existentes e, portanto, não venderam muito. O sexto medicamento, no entanto, destinou-se à hipertensão e foi um enorme sucesso. Uma vez que a Tazer tinha uma patente sobre ele, a empresa não teve nenhuma concorrência, e os lucros do medicamento para hipertensão sozinho mantiveram a Tazer no negócio. As patentes farmacêuticas permanecem em vigor por 20 anos, então, esse medicamento tem mais cinco anos antes de expirar.

Durante os últimos 15 anos, a Tazer continuou com uma quantidade moderada de pesquisa e desenvolvimento, mas nunca se deparou com um medicamento tão bem-sucedido quanto o de hipertensão. Uma razão é que a empresa nunca teve a motivação para investir pesadamente em pesquisa e desenvolvimento inovadores. Ela se limitou a viver da onda de lucros gerada por seu medicamento de hipertensão e não sentiu a necessidade de comprometer recursos significativos para encontrar novos medicamentos revolucionários.

Agora a Tazer está começando a temer a pressão da concorrência. A empresa sabe que uma vez que a patente expira em cinco anos, os fabricantes de medicamentos genéricos vão entrar no mercado como abutres. Tendências históricas mostram que os medicamentos genéricos diminuem as vendas daqueles de marca em 75%.

A Tazer está, portanto, pensando em investir quantias significativas de dinheiro em pesquisa e desenvolvimento neste ano para iniciar a busca por um medicamento novo que propicie o mesmo sucesso que o medicamento para hipertensão. A Tazer acredita que começar uma extensa pesquisa e desenvolvimento agora, a probabilidade de encontrar um medicamento bem-sucedido logo após a expiração da patente do de hipertensão será alta.

Como chefe de pesquisa e desenvolvimento da Tazer, você é responsável por escolher projetos em potencial e por alocar diretores para liderá-los. Depois de pesquisar as necessidades do mercado, analisar as deficiências atuais de medicamentos e entrevistar vários cientistas a respeito das áreas promissoras de pesquisa médica, você decidiu que seu departamento buscará cinco projetos distintos, listados a seguir:

Projeto Entusiasmo: Desenvolver um antidepressivo mais eficaz que não cause alterações graves de humor.

Projeto Estável: Desenvolver um medicamento voltado para maníaco-depressivo.

Projeto Escolha: Desenvolver um método contraceptivo menos invasivo para as mulheres.

Projeto Esperança: Desenvolver uma vacina para prevenir a infecção pelo HIV.

Projeto Libertação: Desenvolver um medicamento mais eficaz para reduzir a pressão arterial.

Para cada um dos cinco projetos, você só consegue especificar a doença médica à qual a pesquisa deve se dirigir, uma vez que você não sabe, sem pesquisas, quais compostos existirão e serão eficazes.

Você também tem cinco cientistas seniores para liderar os cinco projetos. Você sabe que os cientistas são pessoas muito temperamentais e só trabalham bem se desafiados e motivados pelo projeto. Para garantir que os cientistas seniores sejam alocados para projetos que achem motivadores, você estabeleceu um sistema de leilão para os projetos. Você deu mil pontos de lance para cada um dos cinco cientistas. Eles determinam os lances para cada projeto, dando um maior número de pontos para projetos que a maioria deles prefere liderar.

A tabela a seguir apresenta os lanes dos cinco cientistas seniores para os cinco projetos individuais:

Sob essas novas condições com apenas quatro cientistas seniores, quais cientistas liderarão quais projetos para maximizar as preferências?

e. Você apoia as alocações encontradas na parte *d*? Por quê?

f. Agora você considera novamente todos os cinco cientistas. Você decide, no entanto, que alguns não podem liderar determinados projetos. Particularmente, o Dr. Mickey não tem experiência com pesquisa do sistema imunológico, então ele não pode liderar o Projeto Esperança. A família dele também tem um histórico de psicose maníaco-depressiva, e você sente que ele ficaria muito envolvido pessoalmente no Projeto Estável para servir como um líder de projeto eficaz. Dr. Mickey, portanto, pode não liderar o Projeto Estável. Dr. Kvaal também não tem experiência com a pesquisa sobre o sistema imunológico e não pode liderar o Projeto Esperança. Além disso, Dr. Kvaal não pode liderar o Projeto Libertação porque não tem experiência com pesquisa sobre o sistema cardiovascular. Finalmente, Dra. Rollins não pode liderar o Projeto Entusiasmo porque sua família tem um histórico de depressão, e você sente que ela ficaria

Project	Dr. Kvaal	Dra. Zuner	Dr. Tsai	Dr. Mickey	Dra. Rollins
Projeto Entusiasmo	100	0	100	267	100
Projeto Estável	400	200	100	153	33
Projeto Escolha	200	800	100	99	33
Projeto Esperança	200	0	100	451	34
Projeto Libertação	100	0	600	30	800

Você decide avaliar uma variedade de cenários que acha prováveis.

a. Dados os lances, é necessário alocar um cientista sênior para cada um dos cinco projetos para maximizar as preferências dos cientistas. Quais são as alocações?

b. A Dra. Rollins está sendo cortejada pela Harvard Medical School para aceitar um cargo de professor. Você está lutando desesperadamente para mantê-la na Tazer, mas o prestígio de Harvard pode capturá-la. Se isso vier a acontecer, a empresa desistiria do projeto que menos entusiasma. Qual projeto não seria feito?

c. Você não quer sacrificar nenhum projeto, uma vez que pesquisar apenas quatro projetos diminui a probabilidade de encontrar um medicamento novo e revolucionário. Você decide que tanto a Dra. Zuner quanto o Dr. Mickey poderiam liderar dois projetos. Sob essas novas condições, com apenas quatro cientistas seniores, quais cientistas liderarão quais projetos para maximizar as preferências?

d. Depois que a Dra. Zuner foi informada que ela e o Dr. Mickey estão sendo levados em consideração para dois projetos, ela decidiu mudar seus lances. Os novos lances da Dra. Zuner para cada um dos projetos são os seguintes:

Projeto Entusiasmo: 20

Projeto Estável: 450

Projeto Escolha: 451

Projeto Esperança: 39

Projeto Libertação: 40

muito envolvida pessoalmente no projeto para servir como uma líder eficaz. Como Dr. Mickey e Dr. Kvaal não podem liderar dois dos cinco projetos, cada um tem apenas 600 pontos de lance. Dra. Rollins tem apenas 800 pontos porque ela não pode liderar um dos cinco projetos. A tabela a seguir apresenta as novas propostas do Dr. Mickey, Dr. Kvaal e Dra. Rollins:

Projeto	Dr. Mickey	Dr. Kvaal	Dra. Rollins
Projeto Entusiasmo	300	86	Não pode liderar
Projeto Estável	Não pode liderar	343	50
Projeto Escolha	125	171	50
Projeto Esperança	Não pode liderar	Não pode liderar	100
Projeto Libertação	175	Não pode liderar	600

Quais cientistas devem liderar quais projetos para maximizar as preferências?

g. Você decide que o Projeto Esperança e o Projeto Libertação são complexos demais para serem conduzidos por apenas um cientista. Portanto, cada um desses projetos será alocado a dois cientistas como líderes de projeto. Você decide contratar mais dois cientistas a fim de suprir todos os projetos: Dr. Arriaga e Dr. Santos. Por motivos religiosos, nenhum deles quer liderar o Projeto Escolha, assim, eles oferecem 0 ponto de licitação para esse projeto. A tabela a seguir lista todos os projetos,

Projeto	Kvaal	Zuner	Tsai	Mickey	Rollins	Arriaga	Santos
Entusiasmo	86	0	100	300	Não pode liderar	250	111
Estável	343	200	100	Não pode liderar	50	250	1
Escolha	171	800	100	125	50	0	0
Esperança	Não pode liderar	0	100	Não pode liderar	100	250	333
Libertação	Não pode liderar	0	600	175	600	250	555

cientistas e seus lances. Quais cientistas devem liderar quais projetos para maximizar as preferências?

h. Você acha que é sensato basear sua decisão na parte g apenas em uma solução ideal para uma variante de um problema de alocação?

Casos adicionais

Casos adicionais para este capítulo estão disponíveis para compra no *site* da Ivey School of Business, da University of Western Ontario, **cases.ivey.uwo.ca/case**, no segmento da área de CaseMate designada para este livro.

A ARTE DA MODELAGEM COM PLANILHAS

OBJETIVOS DE APRENDIZAGEM

OA1 Descrever o processo geral de modelagem com planilhas.

OA2 Descrever algumas diretrizes para a boa elaboração de modelos de planilha.

OA3 Aplicar o processo geral para a modelagem com planilhas e as orientações deste capítulo para desenvolver o seu próprio modelo de planilha a partir de uma descrição do problema.

OA4 Identificar algumas deficiências em um modelo de planilha mal formulado.

OA5 Aplicar várias técnicas para a depuração de um modelo de planilha.

Atualmente, a maioria dos gerentes faz uso extensivo de planilhas para analisar problemas de negócios. O uso dessa técnica é chamado de *modelagem* com planilhas.

A modelagem de planilha tem grande ênfase ao longo deste livro. A Seção 1.2 do Capítulo 1 apresentou um modelo de planilha para a realização da análise de ponto de equilíbrio. A Seção 2.2 do Capítulo 2 descreveu como usar planilhas para formular modelos de programação linear. O Capítulo 3 concentrou-se em modelos de planilha para cinco categorias principais de problemas de programação linear, problemas de alocação de recursos, de conflito entre custos e benefícios, mistos, de transporte e problemas de atribuição. Também são examinados vários tipos de modelos de planilha nos capítulos posteriores, no entanto, as apresentações se concentram principalmente nas características dos modelos de planilha que combinam com as técnicas da ciência da gestão (como programação linear) que serão discutidas nesses capítulos. Dessa forma, dedicamos este capítulo ao *processo* geral de construção de modelos com planilhas.

A modelagem em planilhas é mais uma arte que uma ciência. Não existe um procedimento sistemático que leve invariavelmente a um único modelo correto de planilha. Por exemplo, se dois gerentes receberam exatamente o mesmo problema de negócio para analisar com modelagem em planilha, seus modelos provavelmente terão aspectos completamente diferentes. No entanto, alguns modelos serão melhores que outros. Apesar de não haver disponível nenhum procedimento completamente sistemático para a modelagem em planilhas, há um processo geral que deve ser seguido.

Ele tem quatro etapas principais: (1) *planejar* o modelo de planilha, (2) *construir* o modelo, (3) *testar* o modelo e (4) *analisar* o modelo e seus resultados. Depois de apresentar um estudo de caso na Seção 4.1, a seção seguinte descreverá este processo de planejamento-construção-teste--análise com algum detalhe e vai ilustrá-lo no contexto do estudo de caso. Em seguida, a Seção 4.2 discutirá algumas maneiras de superar obstáculos comuns no processo de modelagem.

Infelizmente, apesar de sua abordagem lógica, não há garantia de que o processo de planejamento-construção-teste-análise resultará em um "bom" modelo de planilha, fácil de entender, de depurar e de modificar. A Seção 4.3 apresenta algumas diretrizes para a construção desses modelos e também utiliza o estudo de caso da Seção 4.1 para ilustrar a diferença entre as formulações adequadas e formulações defeituosas de um modelo.

Mesmo com uma fórmula apropriada, as versões iniciais dos grandes modelos de planilha geralmente incluirão alguns pequenos, mas importantes erros, como referências imprecisas a endereços de células ou erros de digitação de equações nas células. De fato, alguns estudos mostram que um número surpreendentemente grande de erros geralmente ocorre nas primeiras versões desses modelos. Muitas vezes, pode ser difícil detectar esse tipo de erro e a Seção 4.4 apresenta algumas formas úteis para depurar um modelo de planilha e erradicar erros dessa natureza.

O objetivo primordial deste capítulo é fornecer uma base sólida para o modelador de planilha bem-sucedido, no entanto, este capítulo por si só não o transformará em um modelador altamente qualificado. Em última instância, para chegar a esse ponto é preciso estudar vários exemplos de bons modelos de planilhas nas diferentes áreas da ciência da gestão e, posteriormente, adquirir muita prática na formulação de seus próprios modelos.

4.1 ESTUDO DE CASO: PROBLEMA DE FLUXO DE CAIXA DA EVERGLADE GOLDEN YEARS COMPANY

A **Everglade Golden Years Company** gere comunidades de luxo para aposentados em algumas localidades do sul da Flórida. A empresa foi fundada em 1946 por Alfred Lee, que estava no lugar certo no momento certo para desfrutar de muitos anos de sucesso durante o *boom* econômico da Flórida, quando muitos aposentados de alto poder aquisitivo surgiam no mercado. Hoje, a empresa continua a ser gerida pela família Lee, tendo o neto de Alfred, Sheldon Lee, como CEO (Chief Executive Officer), ou Presidente.

Os últimos anos foram difíceis para a Everglade. A demanda por habitação comunitária de aposentados foi pequena, e a empresa não conseguiu manter a ocupação total. No entanto, este mercado passa por um aquecimento, e o futuro parece promissor. A Everglade inaugurou a construção de uma nova comunidade para aposentados e conta com novas construções planejadas entre 2011 e 2020.

Com apenas 1 milhão de dólares em reservas de caixa e fluxos de caixa negativos surgindo em breve, os empréstimos serão necessários para observar a política da empresa de manter um saldo de pelo menos 500 mil dólares.

Julie Lee, diretora financeira da Everglade, passou a última semana em frente ao computador lidando com o iminente problema de fluxo de caixa da empresa e projetando fluxos de caixa líquidos para os próximos 10 anos, como mostrado na Tabela 4.1. Com menos dinheiro entrando atualmente do que haveria com a ocupação completa e com todos os custos de construção da nova estrutura, a Everglade terá fluxo de caixa negativo nos próximos anos. Com apenas 1 milhão de dólares de reservas em dinheiro, parece que a Everglade precisará tomar alguns empréstimos, a fim de cumprir com suas obrigações financeiras. Além disso, para proteção contra incertezas, a política da empresa determina a manutenção permanente de um saldo de pelo menos 500 mil dólares em reservas de caixa.

O banco da empresa ofereceu dois tipos de empréstimos para a Everglade, sendo o primeiro com prazo de 10 anos, para pagamentos anuais apenas de juros e, em seguida, o reembolso total do empréstimo em um pagamento único, após esse período. A taxa de juros deste empréstimo de longo prazo é conveniente: 7% ao ano. A segunda opção é uma série de empréstimos de um ano, podendo ser sacados a cada ano, conforme necessário, mas cada um deve ser reembolsado (com juros) no ano seguinte. Cada novo empréstimo pode ser usado para ajudar a pagar o empréstimo do ano anterior, caso necessário.

A taxa de juros para esses empréstimos a curto prazo, atualmente, está prevista em 10% ao ano.

Equipada com suas projeções de fluxo de caixa e as opções de empréstimo bancário, Julie marca uma reunião com o CEO Sheldon Lee. A conversa dos dois é a seguinte:

Julie: Bem, parece que realmente estamos em apuros. Não há nenhuma maneira de resolver nossos problemas de fluxo de caixa sem pedir dinheiro emprestado.

TABELA 4.1
Fluxo de caixa líquido projetado para a Everglade Golden Years Company para os próximos 10 anos

Ano	Fluxo de caixa projetado (milhões de dólares)
2011	− 8
2012	− 2
2013	− 4
2014	3
2015	6
2016	3
2017	− 4
2018	7
2019	− 2
2020	10

Sheldon: Temia isso. Quais são as nossas opções?

Julie: Conversei com o banco, e podemos tomar um empréstimo de 10 anos com uma taxa de juros de 7%, ou uma série de empréstimos de 1 ano, com taxa projetada de 10%.

Sheldon: Essa taxa de 7% parece boa. Podemos simplesmente pegar emprestado toda a quantia de que precisamos nesse empréstimo de 10 anos?

Julie: Essa também foi a minha reação inicial. No entanto, depois de examinar as projeções de fluxo de caixa, não tenho certeza de que a resposta seja tão clara. Embora tenhamos fluxo de caixa negativo previsto para os próximos anos, a situação parece muito mais favorável a longo prazo. Com um empréstimo de 10 anos, somos obrigados a manter o empréstimo e efetuar os pagamentos de juros relativos a esse período. Os empréstimos anuais são mais flexíveis. Podemos tomar emprestado o dinheiro apenas no ano em que precisarmos. Dessa forma, podemos economizar em pagamentos de juros no futuro.

Sheldon: Ok. Percebo que com a flexibilidade dos empréstimos anuais poderíamos economizar algum dinheiro. Esses empréstimos também serão melhores se os juros baixarem nos próximos anos.

Julie: Ou, ao contrário, eles poderiam aumentar ainda mais. As futuras taxas de juros são imprevisíveis, por isso também poderíamos traçar um plano com base na projeção atual de 10% ao ano.

Sheldon: Sim, você está certa. Então, o que você recomenda? Um empréstimo de 10 anos ou uma série de empréstimos de um ano?

Julie: Bem, na verdade também há outra opção. Poderíamos considerar uma combinação dos dois tipos de empréstimos. Poderíamos pedir algum dinheiro a longo prazo para obter a menor taxa de juros e algum dinheiro de curto prazo para manter a flexibilidade.

Sheldon: Parece complicado. O que queremos é um plano que nos manterá solvente ao longo dos 10 anos e, depois, deixar-nos com o maior saldo em caixa possível ao final desse período, após liquidarmos todos os empréstimos. Você pode colocar isso em uma planilha para descobrirmos qual é o melhor plano?

> O objetivo é desenvolver um plano financeiro para manter a empresa solvente e, em seguida, maximizar o saldo em caixa em 2021, depois que todos os empréstimos forem pagos.

Julie: Claro. Tentarei fazer isso.

Sheldon: Ótimo. Vamos marcar uma nova reunião na semana que vem, quando estiver com o seu relatório.

Você verá nas próximas duas seções o modo como Julie cuidadosamente desenvolve seu modelo de planilha para o problema de fluxo de caixa.

Perguntas de revisão

1. Qual a vantagem do empréstimo de longo prazo para a Everglade?
2. Qual a vantagem dos empréstimos de curto prazo para a Everglade?
3. Qual objetivo precisa ser desenvolvido para o plano financeiro?

4.2 VISÃO GERAL DO PROCESSO DE MODELAGEM COM PLANILHAS

Você verá que um modelo de programação linear pode ser incorporado a uma planilha eletrônica para resolver esse problema. No entanto, você também verá que o formato desse modelo de planilha não se encaixa facilmente em nenhuma das categorias de modelos de programação linear descritas no Capítulo 3. Mesmo o modelo dado na Figura 3.8 que mostra o formato de um modelo de planilha de *problemas mistos* (a mais ampla categoria de problemas de programação linear) não ajuda na formulação do modelo para o problema atual. Isso acontece porque o problema de fluxo de caixa da Everglade é um exemplo de um tipo mais complicado de problema de programação linear (um *problema dinâmico*, com muitos períodos de tempo) que requer começar do zero a cuidadosa formulação do modelo de planilha. Portanto, esse exemplo ilustra bem o processo de modelagem com planilhas quando se lida com problemas complicados de qualquer tipo, inclusive aqueles discutidos adiante no livro que não se encaixam na programação linear.

> *Código espaguete* é um termo com origem na programação de computadores. Refere-se ao código de computador que não é logicamente organizado e, portanto, salta por todos os lugares, confuso como um prato de espaguete.

Quando surge um problema como o da Everglade, a tentação é começar de imediato, iniciar o Excel e começar a formular um modelo. Resista a esse impulso. Desenvolver um modelo de planilha sem planejamento adequado leva inevitavelmente a um modelo que é mal organizado e repleto de "códigos espaguetes".

FIGURA 4.1
Diagrama de fluxo para o processo geral de planejamento-construção--teste-análise para modelagem com planilhas.

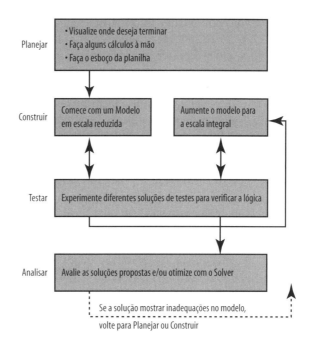

Parte do desafio de planejamento e desenvolvimento de um modelo de planilha é que não há um procedimento padrão a seguir.

É mais uma arte que uma ciência. Todavia, para fornecer a você um pouco de estrutura no início do aprendizado dessa arte, sugerimos seguir o processo de modelagem mostrado na Figura 4.1.

Como sugerido pela figura, as quatro etapas principais nesse processo são (1) planejar, (2) construir, (3) testar e (4) analisar o modelo de planilha. O processo funciona basicamente nessa ordem. Entretanto, as setas duplas entre Construir e Testar indicam um processo bidirecional, em que testes frequentemente resultam no retorno à etapa Construir para correção de alguns problemas descobertos durante a etapa de Teste. Esse movimento para frente e para trás entre Construir e Testar pode ocorrer várias vezes, até que o modelador esteja satisfeito com o modelo. Ao mesmo tempo que esse movimento bidirecional ocorre, o modelador pode estar envolvido com a construção adiantada do modelo. Uma estratégia é começar com uma versão reduzida do modelo para estabelecer sua lógica básica e, depois, testar para verificar sua precisão, expandindo-o para um modelo em escala integral. Mesmo depois de concluir os testes e analisar o modelo, o processo pode retornar à etapa Construir ou mesmo Planejar, se a etapa Analisar revelar inadequações no modelo.

Um modelador pode ir e voltar entre as etapas Construir e Testar várias vezes.

Cada uma dessas quatro etapas principais também pode incluir algumas etapas detalhadas. Por exemplo, a Figura 4.1 lista três etapas detalhadas dentro da etapa Planejar. Ao lidar com um problema bastante complicado, é útil dedicar algum tempo para executar cada uma dessas etapas detalhadas manualmente, uma por vez. Entretanto, na medida em que se torna mais experiente com modelagem em planilhas, você poderá fundir algumas etapas detalhadas e realizá-las com rapidez mentalmente. Um modelador experiente frequentemente pode executar algumas dessas etapas mentalmente, sem trabalhá-las explicitamente no papel. Entretanto, se houver algum problema, é provável que esteja faltando um elemento-chave de uma das etapas detalhadas anteriores. Você deve, então, retornar a uma ou duas etapas e certificar-se de haver concluído completamente aquelas etapas anteriores.

Descreveremos agora os vários componentes do processo de modelagem no contexto do problema de fluxo de caixa da Everglade. Ao mesmo tempo, também mostraremos algumas dificuldades comuns encontradas na construção de um modelo de planilha – e como elas podem ser superadas.

Planejar: visualize onde deseja terminar

Um obstáculo comum no processo modelagem aparece logo no começo. Dada uma situação complicada como a enfrentada por Julie na Everglade, às vezes pode ser difícil decidir até mesmo como começar. Nesse ponto, pode ser útil pensar sobre onde você desejar terminar.

Por exemplo, que informações Julie deve fornecer para Sheldon no seu relatório? Como a "resposta" deve ser ao apresentar a abordagem recomendada ao problema?

Quais tipos de números precisam ser incluídos na recomendação? As respostas a estas perguntas podem levar você rapidamente ao núcleo do problema e ajudar a dar início ao processo de modelagem.

A pergunta de Julie é *qual empréstimo*, ou combinação de empréstimos, usar e em *quais montantes*. O empréstimo a longo prazo é tomado em um único montante fixo. Portanto, a "resposta" deve incluir um número único indicando o valor do empréstimo, com a taxa de longo prazo. O empréstimo de curto prazo pode ser tomado em qualquer um ou em todos os 10 anos, então a "resposta" deve incluir 10 números indicando o valor do empréstimo com a taxa de curto prazo em cada ano. Serão essas as células variáveis no modelo de planilha.

Quais outros números Julie deve fornecer no seu relatório para Sheldon? Os números principais devem ser o saldo em caixa projetado de cada ano, o montante dos pagamentos de juros e a data dos pagamentos dos empréstimos. Serão essas as células de saída no modelo de planilha.

É importante distinguir entre os números que representam decisões (células variáveis) e aqueles que representam resultados (células de saída). Por exemplo, pode ser tentador incluir os saldos em caixa como células variáveis. Essas células claramente mudam de acordo com as decisões tomadas. Entretanto, os saldos em caixa são *resultado* de quanto é tomado emprestado, quanto é pago e de todos os demais fluxos de caixa. Eles não podem ser escolhidos independentemente, e são, em vez disso, uma função dos outros números na planilha. A característica distintiva de células variáveis (os montantes do empréstimo) é que não dependem de qualquer outra coisa. Representam decisões independentes sendo tomadas. Elas causam impacto nos outros números, mas o contrário não acontece.

> Neste ponto, você deve saber quais células variáveis e de saída são necessárias.

Nesta fase no processo, você deve ter uma ideia clara de como será a resposta, incluindo quais e quantas células variáveis serão necessárias, e que tipo de resultados (células de saída) deverão ser obtidos.

Planejar: faça alguns cálculos à mão

Ao construir um modelo, outro obstáculo comum pode surgir quando se tenta inserir uma fórmula em uma das células de saída. Por exemplo, como Julie acompanha os saldos em caixa no problema de fluxo de caixa da Everglade? Quais fórmulas precisam ser informadas? Existem muitos fatores que entram neste cálculo, por isso é fácil ficar sobrecarregado.

Se você estiver emperrado nesse ponto, pode ser um exercício muito útil fazer alguns cálculos à mão. Basta escolher alguns números para as células variáveis e determinar, com uma calculadora ou lápis e papel, quais devem ser os resultados. Por exemplo, escolha algumas quantias de empréstimo para a Everglade e calcule o saldo em caixa resultante da empresa no final dos dois primeiros anos. Digamos que a Everglade faça um empréstimo de longo prazo de 6 milhões de dólares e outros empréstimos de curto prazo de 2 milhões, em 2011, e 5 milhões, em 2012. Quanto dinheiro a empresa teria no final de cada ano?

Essas duas quantias podem ser calculadas à mão, do seguinte modo: em 2011, a Everglade tinha um pouco de dinheiro inicial no banco (1 milhão de dólares), um fluxo de caixa negativo das operações empresariais (-8 milhões) e uma entrada de dinheiro dos empréstimos de longo e curto prazo (6 milhões e 2 milhões, respectivamente). Portanto, o saldo final de 2011 seria:

Saldo final (2011) = Saldo inicial	$1 milhão
+ Fluxo de caixa (2011)	– $8 milhões
+ Empréstimo LP (2011)	+ $6 milhões
+ Empréstimo CP (2011)	+ $2 milhões
	$1 milhão

Os cálculos para 2012 são um pouco mais complicados. Além do saldo inicial residual de 2011 (1 milhão de dólares), fluxo de caixa das operações empresariais para 2012 (-2 milhões) e um novo empréstimo de curto prazo para 2012 (5 milhões), a empresa vai precisar fazer pagamentos de seus empréstimos de 2011, bem como pagar o empréstimo de curto prazo de 2011. Assim, o saldo final para 2012 é:

Saldo final (2012) = Saldo inicial (do final de 2011)	$1 milhão
+ Fluxo de caixa (2012)	– $2 milhões
+ Empréstimo CP (2012)	+ $5 milhões

– pagamento juro LP	– (7%)($6 milhões)
– pagamento juro CP	– (10%)($2 milhões)
– pagamento empréstimo CP (2011)	– $2 milhões
	$1,38 milhão

Fazer os cálculos à mão pode ajudar de mais de uma maneira. Primeiramente, no esclarecimento de que fórmula deve ser digitada em uma célula de saída. Por exemplo, olhando os cálculos à mão, parece que a fórmula para o saldo final para um determinado ano deve ser

Saldo final = Saldo inicial + Fluxo de caixa + Empréstimos
– Pagamentos de juros – Pagamentos de empréstimo

Cálculos à mão podem esclarecer quais fórmulas são necessárias para as células de saída.

Agora, será um exercício simples informar, na fórmula para o saldo final no modelo da planilha, as referências adequadas de célula. Em segundo lugar, os cálculos à mão podem ajudar a verificar o modelo de planilha. Ao relacionar um empréstimo de longo prazo de 6 milhões de dólares, junto com empréstimos de curto prazo de 2 milhões em 2011 e 5 milhões em 2012, em uma planilha completa, os saldos finais devem ser iguais ao calculado anteriormente. Se não forem, isso indica um erro no modelo de planilha (desde que os cálculos à mão estejam corretos).

Planejar: fazer um esboço da planilha

Qualquer modelo normalmente tem muitos elementos diferentes que precisam ser incluídos na planilha. Para o problema da Everglade, isso inclui algumas células de dados (taxas de juros, saldo inicial, saldos mínimos e fluxos de caixa), algumas células variáveis (montantes de empréstimos) e um número de células de saída (pagamentos de juros, pagamentos de empréstimo e saldos finais). Portanto, pode surgir um obstáculo potencial quando se tenta organizar e desenhar o modelo de planilha. Onde todas as peças devem se encaixar na planilha? Como você começa a montar a planilha?

Antes de iniciar o Excel e digitar às cegas os vários elementos, pode ser útil fazer um esboço do *layout* da planilha. Existe uma maneira lógica de organizar os elementos? Um pouco de planejamento, nesta fase, pode ser muito útil para a construção de uma planilha bem organizada. Não se preocupe com os números neste momento. Simplesmente faça o esboço de blocos em um pedaço de papel para as várias células de dados, células variáveis e células de saída, e nomeie todas elas. Concentre-se no *layout*. Um bloco de números deve ser definido em uma linha ou coluna, ou como uma tabela bidimensional? Há uma linha comum ou títulos de coluna para diferentes blocos de células? Se houver, tente organizar os blocos em linhas ou colunas consistentes para que eles possam utilizar um único conjunto de títulos. Tente organizar a planilha de modo que comece com os dados na parte superior e avance logicamente em direção à célula-alvo na parte inferior. Isso será mais fácil de entender e seguir do que se as células de dados, células variáveis, células de saída e células de destino estiverem espalhadas por toda a planilha.

Planeje onde os vários blocos de células de dados, células variáveis e células de saída devem estar na planilha, esboçando em papel suas ideias de layout.

Um esboço de um potencial *layout* de planilha para o problema da Everglade é mostrado na Figura 4.2. As células de dados para taxas de juros, saldo inicial e saldo mínimo de caixa estão no topo da planilha. Todos os elementos restantes da planilha seguem a mesma estrutura.

FIGURA 4.2
Esboço de planilha para o problema de fluxo de caixa da Everglade.

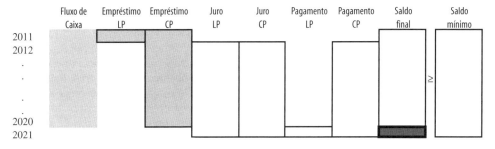

As linhas representam os diferentes anos (de 2011 até 2021). Todas as várias entradas e saídas de caixa são, em seguida, divididas em colunas, começando com o fluxo de caixa projetado das operações de negócios (com os dados para cada um dos 10 anos), continuando com as entradas de empréstimos, pagamentos de juros e pagamentos de empréstimos, e culminando com o saldo final (calculado para cada ano). O empréstimo de longo prazo é um empréstimo de um só ano (2011), por isso está esboçado como uma célula única. Os empréstimos de curto prazo podem ocorrer em qualquer um dos 10 anos (de 2011 a 2020), por isso estão esboçados como um bloco de células. Os pagamentos de juros começam um ano após os empréstimos. O empréstimo de longo prazo é pago 10 anos depois (2021).

Organizar os elementos com uma estrutura consistente, como na Figura 4.2, não só evita ter de redigitar os rótulos de ano para cada elemento, mas também torna o modelo mais fácil de entender. Tudo o que acontece em um determinado ano é organizado em conjunto em uma única linha.

Geralmente é mais fácil para começar a esboçar o *layout* com os dados. A estrutura do restante do modelo deve seguir a das células de dados. Por exemplo, uma vez que os fluxos de dados de caixa projetados são esboçados como coluna vertical (com cada ano em uma fileira), presume-se que os outros fluxos de caixa devem ser estruturados da mesma maneira.

Há também uma progressão lógica para a planilha. Os dados para o problema estão localizados na parte superior e no canto esquerdo da planilha. Então, já que o fluxo de caixa, os montantes dos empréstimos, os pagamentos de juros e os pagamentos de empréstimo fazem parte do cálculo para o saldo final, as colunas são dispostas dessa forma, com o saldo final diretamente localizado à direita de todos os outros elementos. Uma vez que Sheldon indicou que o objetivo é maximizar o saldo final em 2021, essa célula é designada para ser a célula-alvo.

> O esboço de uma planilha na Figura 4.2 tem uma progressão lógica, começando com os dados no canto superior esquerdo e, em seguida, avançando dos cálculos para a célula-alvo, no canto inferior direito.

A cada ano o saldo deve ser maior que o saldo mínimo exigido (500 mil dólares). Uma vez que esta será uma restrição no modelo, é lógico organizar o blocos de números de saldo e saldo mínimo adjacentes uns aos outros na planilha. Você pode colocar o sinal ≥ no esboço para lembrar-se de que serão as restrições.

Construir: comece com uma versão reduzida da planilha

Uma vez que você imaginou um *layout* lógico para a planilha, chegou a hora de abrir uma nova planilha no Excel e começar a construir o modelo. Se for um modelo complicado, você pode começar pela construção de uma versão reduzida e facilmente administrável. A ideia é primeiramente certificar-se de que você fez a lógica do modelo funcionar corretamente para a versão reduzida antes de expandir o modelo para a escala integral.

> Teste a lógica com uma versão reduzida do modelo de planilha antes de expandir para o tamanho máximo.

Por exemplo, no problema da Everglade, poderíamos começar por construir um modelo para os dois primeiros anos (2011 e 2012) apenas, como a planilha mostrada na Figura 4.3.

Esta planilha é criada para acompanhar o *layout* sugerido no esquema da Figura 4.2. Os montantes de empréstimos estão nas colunas D e E. Uma vez que os pagamentos de juros não são devidos até o ano seguinte, as fórmulas nas colunas F e G referem-se aos montantes de empréstimos em relação ao ano anterior (EmpréstimoLP, ou D11, para o empréstimo a longo prazo, e E11 para o empréstimo de curto prazo). Os pagamentos do empréstimo são calculados nas colunas H e I. A coluna H está em branco porque o empréstimo de longo prazo não precisa ser reembolsado até 2021. O empréstimo de curto prazo é reembolsado um ano mais tarde, então a fórmula na célula I12 refere-se ao empréstimo de curto prazo tomado no ano anterior (célula E11). O saldo final em 2011 é o saldo inicial mais a soma de todos os vários fluxos de caixa de 2011 (células C11:I11). O saldo final em 2012 é o saldo final em 2011 (célula J11), mais a soma de todos os vários fluxos de caixa de 2012 (células C12:I12). Todas essas fórmulas estão resumidas após a planilha da Figura 4.3.

Construir uma versão reduzida da planilha funciona muito bem para planilhas que têm uma dimensão de tempo. Por exemplo, em vez de tratar inicialmente de um problema de planejamento de 10 anos, podemos começar com um problema mais simples para acompanhar por apenas dois anos. Assim que esse modelo reduzido estiver funcionando corretamente, é possível expandi-lo para 10 anos.

É possível aplicar o mesmo conceito de começar com um modelo reduzido, ainda que o modelo de planilha não tenha dimensão de tempo. Por exemplo, se certas restrições complicarem consideravelmente um problema, comece a trabalhar em outro mais simples, sem restrições intrincadas. Pegue o modelo simples que funciona e avance para enfrentar restrições difíceis. Se o modelo tiver vários conjuntos de células de saída, você poderá construir um modelo aos poucos trabalhando em um conjunto de células de saída por vez, certificando-se de que cada conjunto funciona corretamente antes de passar para o próximo.

Testar: teste a versão reduzida do modelo

Se você realmente começar com uma versão reduzida do modelo, teste cuidadosamente essa versão para ter certeza de que toda a lógica está correta. É muito melhor corrigir um problema no início, enquanto a planilha ainda tem um tamanho razoável, em vez de corrigi-la após a propagação de um erro por uma planilha de dimensão muito maior.

> Tente digitar números nas células variáveis para as quais você conhece os valores das células de saída.

Para testar a planilha, tente digitar valores nas células variáveis para as quais você conhece os valores das células de saída, e depois veja se a planilha dá os resultados que você espera. Por exemplo, na Figura 4.3, se zeros forem digitados nos montantes do empréstimo, então os montantes de pagamentos de juros e pagamentos de empréstimos também deverão ser zero. Se 1 milhão dólares for tomado emprestado a longo prazo e a curto prazo, então o pagamento de juros no ano seguinte deve ser de 70 mil e 100 mil dólares, respectivamente. (Lembre-se de que as taxas de juros são de 7% e 10%, respectivamente.) Se a Everglade receber um empréstimo de longo prazo de seis milhões de dólares e outro, de curto prazo, de dois milhões de dólares em 2011, além de um empréstimo de curto prazo de cinco milhões de dólares em 2012, então os saldos finais devem ser de um milhão para 2011 e 1,38 milhão de dólares para 2012 (com base nos cálculos feitos à mão anteriormente). Todos esses testes funcionam corretamente para a planilha na Figura 4.3, de modo que podemos ter certeza de que o cálculo está correto.

Se as células de saída não derem os resultados que você espera, examine cuidadosamente as fórmulas para ver se você pode determinar e corrigir o problema. A Seção 4.4 dará mais orientações sobre algumas maneiras para depurar o modelo de planilha.

Construir: expandir o modelo para escala integral

Depois de testar a versão reduzida da planilha para garantir que todas as fórmulas estão corretas e tudo funciona bem, o modelo pode ser expandido para escala integral. Os comandos de preenchimento do Excel podem, muitas vezes, ser usados para copiar rapidamente as fórmulas para o restante do modelo. Para a Figura 4.3, as fórmulas das colunas F, G, I, J e L podem ser copiadas utilizando o comando Preencher Abaixo no grupo Edição da guia Início (para Excel 2007 ou 2010), ou no menu Editar (para outras versões de Excel) para obter todas

FIGURA 4.3
Versão reduzida (apenas anos 2011 e 2012) da planilha do problema de gestão de fluxo de caixa da Everglade.

	A	B	C	D	E	F	G	H	I	J	K	L
1		Problema de gestão de fluxo de caixa da Everglade (anos 2011 e 2012)										
2												
3		Taxa LP	7%									
4		Taxa CP	10%									
5					(todos os valores em milhões de dólares)							
6		Saldo inicial	1									
7		Caixa mínimo	0,5									
8												
9			Fluxo	Empréstimo	Empréstimo	Juros	Juros	Pagamento	Pagamento	Saldo		Saldo
10		Ano	caixa	LP	CP	LP	CP	LP	CP	final		mínimo
11		2011	−8	6	2					1,00	≥	0,50
12		2012	−2		5	−0,42	−0,20		−2,00	1,38	≥	0,50

	F	G	H	I	J	K	L
9	Juros	Juros	Pagamento	Pagamento	Saldo		Saldo
10	LP	CP	LP	CP	final		mínimo
11					=StartBalance+SOMAR(C11:I11)	≥	=SaldoMínimo
12	=−TaxaLP*EmpréstimoLP	=−TaxaCP*E11		=−E11	=J11+SOMAR(C12:I12)	≥	=SaldoMínimo

Nomes de intervalo	Células
EmpréstimoLP	D11
TaxaLP	C3
CaixaMínimo	C7
SaldoInicial	C6
TaxaCP	C4

Dica do Excel: Um atalho para o preenchimento para baixo ou para a direita é selecionar a célula que deseja copiar, clicar sobre a alça de preenchimento (a pequena caixa no canto inferior do lado direito do retângulo de seleção) e arrastar até as células que deseja preencher.

Dica do Excel: Um atalho para alterar uma referência de célula de relativa para absoluta é pressionar a tecla F4 em um PC ou o comando T no Mac.

as fórmulas mostradas na Figura 4.4. Por exemplo, selecionar as células G12:G21 e escolher Preencher Abaixo levará a fórmula na célula G12 e a copiará (depois de ajustar o endereço da célula na coluna E para a fórmula) para as células de G13 a G21.

Antes de usar os comandos de preenchimento para copiar fórmulas, certifique-se de que as referências relativa e absoluta foram utilizadas adequadamente. (O Apêndice B fornece detalhes sobre referências relativas e absolutas.) Por exemplo, no G12 (=− TaxaCP* E11), utilizar um nome de intervalo para TaxaCP torna essa referência absoluta. Quando copiada para as células G13:G21, a taxa de empréstimo de curto prazo utilizada terá sempre o valor de TaxaCP (C4). A referência a E11 (o montante de empréstimo do ano anterior) é uma referência relativa. E11 está duas células à esquerda e uma célula para cima. Quando a fórmula for copiada de G12 para G13:G21, a referência em cada uma dessas células continuará a ser duas células para a esquerda e uma célula para cima. Isso é exatamente o que queremos, pois queremos sempre que o pagamento de juros seja baseado no empréstimo de curto prazo que foi tomado um ano atrás (duas células para a esquerda e uma célula para cima).

Depois de usar o comando Preencher Abaixo para copiar as fórmulas nas colunas F, G, I, J e L e digitar o pagamento de empréstimo de LP na célula H21, o modelo completo aparece como mostrado na Figura 4.4.

Testar: teste a versão integral do modelo

Assim como foi importante testar a versão reduzida do modelo, é necessário testá-la novamente depois de expandi-la para a versão integral. O procedimento é o mesmo seguido para testar a versão reduzida, incluindo as ideias que serão apresentadas na Seção 4.4 para depuração de modelo de planilha.

Analisar: analise o modelo

Antes de usar a caixa de diálogo para se preparar para aplicar o Solver, a planilha na Figura 4.4 é apenas um modelo de avaliação para a Everglade. Pode ser usada para avaliar qualquer solução proposta, incluindo determinar rapidamente quais pagamentos de juros e empréstimo serão necessários e quais serão os saldos resultantes no final de cada ano. Por exemplo, EmpréstimoLP (D11) e EmpréstimoCP (E11:E20) na Figura 4.4 mostram um plano possível, que passa a ser inaceitável porque o SaldoFinal (J11:J21) indica que haveria um saldo final negativo como resultado em quatro dos anos.

Para otimizar o modelo, a caixa de diálogo Solver é utilizada como mostrado na Figura 4.5 para especificar a célula-alvo, as células variáveis e as restrições. A gestão da Everglade quer encontrar uma combinação de empréstimos que mantenha a empresa solvente ao longo dos próximos 10 anos (2011-2020) e deixe o maior saldo em caixa possível em 2021, após o pagamento de todos os empréstimos. Portanto, a célula-alvo a ser maximizada é SaldoFinal (J21) e as células variáveis são os montantes de empréstimo. EmpréstimoLP (D11) e EmpréstimoCP (E11:E20). Para assegurar que a Everglade mantenha um saldo mínimo de pelo menos 500 mil dólares ao final de cada ano, as restrições para o modelo são SaldoFinal (J11:J21) ≥ SaldoMínimo (L11:L21).

Depois de executar o Solver, a solução ideal será mostrada na Figura 4.5. As células variáveis, EmpréstimoLP (D11) e EmpréstimoCP (E11:E20) dão os montantes do empréstimo nos vários anos. A célula-alvo SaldoFinal (J21) indica que o saldo final em 2021 será de 2,92 milhões de dólares.

Conclusão do estudo de caso

O modelo de planilha desenvolvido pela diretora financeira da Everglade, Julie Lee, é aquele mostrado na Figura 4.5. O próximo passo de Julie é apresentar o relatório ao CEO, Sheldon Lee, que recomenda o plano obtido por este modelo.

Pouco tempo depois, Sheldon e Julie se reúnem para discutir o relatório.

Sheldon: Obrigado pelo seu relatório, Julie. Excelente trabalho. Sua planilha realmente coloca tudo de forma muito compreensível.

Julie: Obrigada. Demorou um pouco para organizar a planilha de forma adequada e para ter certeza de que estava funcionando bem, mas acho que o tempo gasto valeu a pena.

Sheldon: Certamente. Você não pode apressar as coisas. Mas uma coisa ainda está me incomodando.

Julie: O que é?

Sheldon: É sobre nossas previsões para os fluxos de caixa da empresa no futuro. Consideramos que os fluxos de caixa nos próximos anos serão os mostrados na coluna C da planilha.

FIGURA 4.4

Modelo de planilha completo para o problema de gestão do fluxo de caixa da Everglade, incluindo as equações digitadas na célula-alvo SaldoFinal (J21) e todas as outras células de saída, a ser usado antes de executar o Solver do Excel. As entradas nas células variáveis EmpréstimoLP (D11) e EmpréstimoCP (E11:E20) são apenas uma solução provisória desta fase.

	A	B	C	D	E	F	G	H	I	J	K	L
1		Problema de fluxo de caixa da Everglade										
2												
3		Taxa LP	7%									
4		Taxa CP	10%									
5					(todos os valores em milhões de dólares)							
6		Saldo inicial	1									
7		Saldo mínimo	0,5									
8												
9			Fluxo	Empréstimo	Empréstimo	Juros	Juros	Pagamento	Pagamento	Saldo		Saldo
10		Ano	caixa	LP	CP	LP	CP	LP	CP	final		mínimo
11		2011	-8	6	2					1,00	≥	0,5
12		2012	-2		5	-0,42	-0,20		-2	1,38	≥	0,5
13		2013	-4		0	-0,42	-0,50		-5	-8,54	≥	0,5
14		2014	3		0	-0,42	0		0	-5,96	≥	0,5
15		2015	6		0	-0,42	0		0	-0,38	≥	0,5
16		2016	3		0	-0,42	0		0	2,20	≥	0,5
17		2017	-4		0	-0,42	0		0	-2,22	≥	0,5
18		2018	7		0	-0,42	0		0	4,36	≥	0,5
19		2019	-2		0	-0,42	0		0	1,94	≥	0,5
20		2020	10		0	-0,42	0		0	11,52	≥	0,5
21		2021				-0,42	0	-6	0	5,10	≥	0,5

EMPRÉSTIMO

	F	G	H	I	J	K	L
9	Juros	Juros	Pagamento	Pagamento	Saldo		Saldo
10	LP	CP	LP	CP	final		mínimo
11					=SaldoInicial+SOMAR(C11:I11)	≥	=CaixaMínimo
12	=-TaxaLP*EmpréstimoLP	=-TaxaCP*E11		=-E11	=J11+SOMAR(C12:I12)	≥	=CaixaMínimo
13	=-TaxaLP*EmpréstimoLP	=-TaxaCP*E12		=-E12	=J12+SOMAR(C13:I13)	≥	=CaixaMínimo
14	=-TaxaLP*EmpréstimoLP	=-TaxaCP*E13		=-E13	=J13+SOMAR(C14:I14)	≥	=CaixaMínimo
15	=-TaxaLP*EmpréstimoLP	=-TaxaCP*E14		=-E14	=J14+SOMARC15:I15)	≥	=CaixaMínimo
16	=-TaxaLP*EmpréstimoLP	=-TaxaCP*E15		=-E15	=J15+SOMAR(C16:I16)	≥	=CaixaMínimo
17	=-TaxaLP*EmpréstimoLP	=-TaxaCP*E16		=-E16	=J16+SOMAR(C17:I17)	≥	=CaixaMínimo
18	=-TaxaLP*EmpréstimoLP	=-TaxaCP*E17		=-E17	=J17+SOMAR(C18:I18)	≥	=CaixaMínimo
19	=-TaxaLP*EmpréstimoLP	=-TaxaCP*E18		=-E18	=J18+SOMAR(C19:I19)	≥	=CaixaMínimo
20	=-TaxaLP*EmpréstimoLP	=-TaxaCP*E19		=-E19	=J19+SOMAR(C20:I20)	≥	=CaixaMínimo
21	=-TaxaLP*EmpréstimoLP	=-TaxaCP*E20	=-EmpréstimoLP	=-E20	=J20+SOMAR(C21:I21)	≥	=CaixaMínimo

Nomes de intervalo	Células
FluxoCaixa	C11:C20
SaldoFinal	J21
SaldoFinal	J11:J21
EmpréstimoLP	D11
TaxaLP	C3
SaldoMínimo	L11:L21
CaixaMínimo	C7
SaldoInicial	C6
EmpréstimoCP	E11:E20
TaxaCP	C4

FIGURA 4.5

Modelo de planilha completo para o problema de gestão de fluxo de caixa da Everglade após executar o Solver do Excel para obter a solução ideal mostrado nas células variáveis, EmpréstimoLP (D11) e EmpréstimoCP (E11:E20). A célula-alvo SaldoFinal (J21) indica que o saldo em caixa resultante em 2021 será de 2,92 milhões de dólares se todas as células de dados estiverem precisas.

	A	B	C	D	E	F	G	H	I	J	K	L
1		**Problema de fluxo de caixa da Everglade**										
2												
3		Taxa LP	7%									
4		Taxa CP	10%									
5						(todos os valores em milhões de dólares)						
6		Saldo inicial	1									
7		Saldo mínimo	0,5									
8												
9			Fluxo	Empréstimo	Empréstimo	Juros	Juros	Pagamento	Pagamento	Saldo		Saldo
10		Ano	caixa	LP	CP	LP	CP	LP	CP	final		mínimo
11		2011	–8	6,65	0,85					0,50	≥	0,50
12		2012	–2		3,40	–0,47	–0,09		–0,85	0,50	≥	0,50
13		2013	–4		8,21	–0,47	–0,34		–3,40	0,50	≥	0,50
14		2014	3		6,49	–0,47	–0,82		–8,21	0,50	≥	0,50
15		2015	6		1,61	–0,47	–0,65		–6,49	0,50	≥	0,50
16		2016	3		0	–0,47	–0,16		–1,61	1,27	≥	0,50
17		2017	–4		3,70	–0,47	0		0	0,50	≥	0,50
18		2018	7		0	–0,47	–0,37		–3,70	2,97	≥	0,50
19		2019	–2		0	–0,47	0		0	0,50	≥	0,50
20		2020	10		0	–0,47	0		0	10,03	≥	0,50
21		2021				–0,47	0	–6,65	0	2,92	≥	0,50

	F	G	H	I	J	K	L
9	Juros	Juros	Pagamento	Pagamento	Saldo		Saldo
10	LP	CP	LP	CP	final		mínimo
11					=SaldoInicial+SOMAR(C11:I11)	≥	=CaixaMínimo
12	=–TaxaLP*EmpréstimoLP	=–TaxaCP*E11		=–E11	=J11+SOMAR(C12:I12)	≥	=CaixaMínimo
13	=–TaxaLP*EmpréstimoLP	=–TaxaCP*E12		=–E12	=J12+SOMAR(C13:I13)	≥	=CaixaMínimo
14	=–TaxaLP*EmpréstimoLP	=–TaxaCP*E13		=–E13	=J13+SOMAR(C14:I14)	≥	=CaixaMínimo
15	=–TaxaLP*EmpréstimoLP	=–TaxaCP*E14		=–E14	=J14+SOMARC15:I15)	≥	=CaixaMínimo
16	=–TaxaLP*EmpréstimoLP	=–TaxaCP*E15		=–E15	=J15+SOMAR(C16:I16)	≥	=CaixaMínimo
17	=–TaxaLP*EmpréstimoLP	=–TaxaCP*E16		=–E16	=J16+SOMAR(C17:I17)	≥	=CaixaMínimo
18	=–TaxaLP*EmpréstimoLP	=–TaxaCP*E17		=–E17	=J17+SOMAR(C18:I18)	≥	=CaixaMínimo
19	=–TaxaLP*EmpréstimoLP	=–TaxaCP*E18		=–E18	=J18+SOMAR(C19:I19)	≥	=CaixaMínimo
20	=–TaxaLP*EmpréstimoLP	=–TaxaCP*E19		=–E19	=J19+SOMAR(C20:I20)	≥	=CaixaMínimo
21	=–TaxaLP*EmpréstimoLP	=–TaxaCP*E20	=–EmpréstimoLP	=–E20	=J20+SOMAR(C21:I21)	≥	=CaixaMínimo

Parâmetros do Solver

Definir Objetivo (Célula-alvo): SaldoFinal
Para: Máx
Pela Células Variáveis:
  EmpréstimoLP, EmpréstimoCP
Sujeito a Restrições:
  SaldoFinal >= SaldoMínimo
Opções Solver (Excel 2010):
  Tranformar Variáveis em Não Negativas
  Método Solver: LP Simplex
Opções Solver (Excel v. mais antiga):
  Assumir Não Negativa
  Assumir Modelo Linear

Nomes de intervalo	Células
FluxoCaixa	C11:C20
SaldoFinal	J21
SaldoFinal	J11:J21
EmpréstimoLP	D11
TaxaLP	C3
SaldoMínimo	L11:L21
CaixaMínimo	C7
SaldoInicial	C6
EmpréstimoCP	E11:E20
TaxaCP	C4

São boas estimativas, mas sabemos que são apenas estimativas. Várias mudanças que não podemos prever agora podem ocorrer nos próximos 10 anos. Quando há uma mudança na economia, ou quando ocorrem outros acontecimentos inesperados e causam impacto na empresa, esses fluxos de caixa podem mudar muito. Como você sabe se o seu plano continuará bom ainda que ocorram mudanças desses tipos?

Julie: Muito boa pergunta. Para respondê-la, devemos fazer uma *análise e se* e ver o que aconteceria se ocorressem mudanças desse tipo. Agora que a planilha está configurada corretamente, será muito fácil fazer isso simplesmente mudando alguns dos fluxos de caixa na coluna C e ver o que aconteceria com o plano atual. Você pode tentar qualquer mudança ou mudanças que deseja e ver imediatamente o efeito. Cada vez que muda um fluxo de caixa futuro, você também tem a opção de experimentar mudanças nos montantes de empréstimos a curto prazo e ver quais os ajustes necessários para manter um saldo mínimo de 500 mil dólares a cada ano.

OK, você está pronto? Vamos fazer algumas análises e se agora?

Sheldon: Vamos.

> Atribuir uma célula para cada dado evidencia o que aconteceria se o valor correto do dado for diferente da estimativa inicial.

Felizmente, Julie tinha criado a planilha corretamente (fornecendo uma célula de dados para o fluxo de caixa para cada um dos próximos 10 anos) para permitir a realização de *análise e se* imediatamente, bastando experimentar números diferentes em algumas dessas células de dados. (O próximo capítulo se concentrará em descrever a importância das análises e se e maneiras alternativas de realizá-las.) Depois de passar meia hora experimentando números diferentes, Sheldon e Julie concluem que o plano na Figura 4.5 será um plano inicial seguro para os próximos 10 anos, mesmo que futuros fluxos de caixa divirjam um pouco das previsões atuais. Se ocorrerem desvios, serão necessários ajustes de curso nos montantes do empréstimo de curto prazo. Em qualquer momento Julie também terá a opção de volta ao banco da empresa para tentar arranjar outro empréstimo de longo prazo para o restante dos 10 anos a uma taxa de juros mais baixa do que a oferecida para os empréstimos de curto prazo. Se for assim, o mesmo modelo de planilha da Figura 4.5 poderá ser usado, junto com o Solver do Excel, para descobrir o plano financeiro ideal ajustado para o restante dos 10 anos.

A técnica científica de gestão chamada *simulação por computador* fornece outra maneira eficaz de levar em conta a incerteza de fluxos de caixa futuros. Os Capítulos 12 e 13 descreverão essa técnica e a seção 13.4 será dedicada à continuação da análise deste mesmo estudo de caso.

Perguntas de revisão

1. Qual a maneira ideal de iniciar um modelo de planilha quando você não sabe por onde começar?
2. Quais as duas maneiras pelas quais fazer cálculos à mão pode ajudá-lo?
3. Descreva uma forma útil de começar a organizar e esboçar uma planilha.
4. Que tipos de valores devem ser colocados nas células variáveis para testar o modelo?
5. Qual a diferença entre uma referência de célula absoluta e uma de célula relativa?

4.3 ALGUMAS ORIENTAÇÕES PARA CONSTRUIR "BONS" MODELOS DE PLANILHAS

Há muitas maneiras de configurar modelos em uma planilha. Embora um dos benefícios das planilhas seja a flexibilidade que oferecem, essa flexibilidade também pode ser perigosa. Ainda que o Excel forneça vários recursos (como nomes de intervalo, sombreamento, bordas etc.) que permitem criar "bons" modelos de planilha, fáceis de entender, de depurar e de modificar, também é fácil de criar modelos de planilha "ruins", que são difíceis de entender, de depurar e de modificar. O objetivo desta seção é dar algumas orientações que irão ajudá-lo a criar "bons" modelos de planilha.

Informe os dados em primeiro lugar

Todos os modelos de planilha são orientados pelos dados na planilha. O formato do modelo completo é construído em torno da estrutura dos dados. Portanto, é sempre uma boa ideia informar e fazer cuidadosamente o esboço de todos os dados antes de começar a configurar o restante do modelo. A estrutura do modelo poderá, então, estar o mais próxima possível do *layout* dos dados.

> Todos os dados devem ser definidos na planilha antes de começar a formular o restante do modelo.

VINHETA DE APLICAÇÃO

A **Welch Inc.** é a maior processadora mundial de uvas concord e niágara, com vendas anuais superiores a 550 milhões dólares. Produtos como a geleia e o suco de uva da Welch são apreciados por consumidores americanos há gerações.

Todo mês de setembro, os produtores começam a entrega das uvas às unidades de processamento que transformam a fruta bruta em suco. Há um período antes que o suco de uva esteja pronto para a conversão em compotas, geleias, sucos e concentrados finalizados.

Decidir como utilizar a colheita da uva é uma tarefa complexa, dadas a demanda cambiante e a qualidade e quantidade incertas da safra. As decisões geralmente incluem quais receitas usar para os grandes grupos de produtos, a transferência de suco de uva entre as instalações e o modo de transporte dessas transferências.

Faltava à Welch um sistema formal para otimização de transporte de matérias-primas e as receitas utilizadas para produção. Por isso, uma equipe da ciência da gestão desenvolveu um modelo de programação linear preliminar. Foi desenvolvido um modelo de grande porte, com 8 mil variáveis de decisões que incidiam sobre o nível de componente em detalhe. Os testes em pequena escala provaram que o modelo funcionava.

Para tornar o modelo mais útil, a equipe o revisou, agregando a demanda por grupos de produtos, em vez de por componente. Isso reduziu o tamanho para 324 variáveis de decisões e 361 restrições funcionais. *O modelo, então, foi incorporado em uma planilha.*

A empresa tem executado uma versão continuamente atualizada desse *modelo de planilha* a cada mês desde 1994 a fim de fornecer à alta administração informações sobre o plano ideal de logística gerado pelo Solver. A *economia* em usar e otimizar o modelo foi de *aproximadamente* **$150mil** dólares *somente no primeiro ano*. Uma grande vantagem de incorporar o modelo de programação linear em uma planilha tem sido a facilidade de explicar o modelo a gerentes com diferentes níveis de compreensão da matemática. Isso levou a uma apreciação generalizada da abordagem da ciência da gestão para esta e outras aplicações.

Fonte: E. W. Schuster and S. J. Allen, "Raw Material Management at Welch's, Inc.," *Interfaces* 28, no. 5 (setembro – outubro, 1998), pp. 13–24. (Um link para esse artigo é fornecido no *site* **www.mhhe.com/hillier4e**.)

Muitas vezes, é mais fácil configurar o restante do modelo quando os dados já estiverem na planilha. No problema da Everglade (ver Figura 4.5), os dados para os fluxos de caixa foram definidos nas primeiras colunas da planilha (B e C), com os rótulos dos anos na coluna B e os dados nas células C11:C20. Depois que os dados estão no lugar, o *layout* para o resto do modelo rapidamente se coloca em torno da estrutura dos dados. É lógico esboçar células variáveis e células de saída usando a mesma estrutura, com cada um dos vários fluxos de caixa nas colunas que utilizam os mesmos rótulos de linha da coluna B.

Agora reconsidere o modelo de planilha desenvolvido na Seção 2.2 para o problema da Wyndor Glass Co. A planilha é repetida aqui na Figura 4.6. Os dados para HorasUsadasPorUnidadeProduzida foram estabelecidos no centro da planilha, nas células C7:D9. As células de saída, HorasUsadas (E7:E9), em seguida foram colocadas imediatamente à direita dos dados e à esquerda dos dados em HorasDisponíveis (G7:G9), onde os rótulos de linha para essas células de saída são os mesmos que para todos esses dados. Isto facilita a interpretação das três restrições que estão sendo colocadas nas linhas 7-9 do modelo de planilha. Em seguida, as células variáveis e a célula-alvo foram reunidas na linha 12 abaixo dos dados, onde os rótulos de coluna para células variáveis são iguais aos das colunas de dados acima.

A localização dos dados terá de ser alterada ocasionalmente para melhor acomodar o modelo geral. No entanto, apesar dessa ressalva, a estrutura do modelo deve estar o máximo possível de acordo com os dados.

Organize e identifique claramente os dados

Dados relacionados devem ser agrupados em um formato conveniente e digitados na planilha com rótulos que os identifiquem com clareza. Para dados dispostos em formato de tabela, esta deve ter um título com uma descrição geral dos dados e, em seguida, cada linha e coluna deve ter um rótulo que identificará cada entrada na tabela. As unidades dos dados também devem ser identificadas. Diferentes tipos de dados devem ser bem separados na planilha. No entanto, se duas tabelas precisarem usar os mesmos rótulos para suas linhas ou colunas, então é preciso ser consistente ao fazê-lo, com linhas ou colunas em ambas as tabelas.

Atribua rótulos na planilha que identifiquem claramente todos os dados.

No problema da Wyndor Glass Co. (Figura 4.6), os três conjuntos de dados foram agrupados em tabelas e claramente identificados: Lucro da Unidade, Horas Usadas por Unidade Produzida e Horas Disponíveis. As unidades de dados são identificadas (cifrões são incluídos

FIGURA 4.6
Modelo de planilha formulado na Seção 2.2 para o problema do *mix* de produtos da Wyndor Glass Co.

	A	B	C	D	E	F	G
1		Problema de *mix* de produtos da Wyndor Glass Co.					
2							
3			Portas	Janelas			
4		Lucro de unidade	$300	$500			
5					Horas		Horas
6			Horas usadas por unidade produzida		usadas		disponíveis
7		Fábrica 1	1	0	2	≤	4
8		Fábrica 2	0	2	12	≤	12
9		Fábrica 3	3	2	18	≤	18
10							
11			Portas	Janelas			Lucro total
12		Unidades produzidas	2	6			$3.600

Parâmetros do Solver
Definir Objetivo (Célula-alvo): LucroTotal
Para: Máx.
Pelas Células Variáveis:
  UnidadesProduzidas
Sujeito a Restrições:
  HorasUsadas <= HorasDisponíveis

Opções Solver (Excel 2010):
  Transformar Variáveis em Não Negativas
  Método Solver: LP Simplex
Opções Solver (Excel v. mais antiga):
  Assumir Não Negativa
  Assumir Modelo Linear

	E
5	Horas
6	usadas
7	=SOMARPRODUTO(C7:D7,UnidadesProduzidas)
8	= SOMARPRODUTO (C8:D8, UnidadesProduzidas)
9	=SOMARPRODUTO(C9:D9, UnidadesProduzidas)

	G
11	Lucro total
12	= SOMARPRODUTO(Lucro de Unidade, UnidadesProduzidas)

Nomes de intervalo	Células
HorasDisponíveis	G7:G9
HorasUsadas	E7:E9
HorasUsadasPorUnidadeProduzida	C7:D9
LucroTotal	G12
LucroUnidade	C4:D4
UnidadesProduzidas	C12:D12

nos dados de lucro por unidade e as horas são indicadas nos rótulos dos dados de tempo). Por fim, as três tabelas de dados fazem uso consistente de linhas e colunas. Uma vez que os dados de Lucro por Unidade têm seus rótulos de produtos (Portas e Janelas) nas colunas C e D, os dados das Horas Usadas por Unidade Produzida utilizam esta mesma estrutura. Essa estrutura também é levada a efeito nas células variáveis (Unidades Produzidas). Do mesmo modo, os dados de cada instalação (linhas 7-9) estão nas linhas para os dados Horas Utilizadas por Unidade Produzida *e* para os dados Horas Disponíveis. Manter os dados orientados da mesma forma não é apenas menos confuso, mas também permite usar a função SOMARPRODUTO. Lembre-se de que a função SOMARPRODUTO assume que as duas faixas tenham exatamente o mesmo formato (ou seja, o mesmo número de linhas *e* colunas). Se os dados de Lucro por Unidade e de Unidades Produzidas não tivessem sido orientados da mesma maneira (p. ex., os primeiros dados em uma coluna e os outros em uma linha), não teria sido possível usar a função SOMARPRODUTO no cálculo do lucro total.

Da mesma forma, para o problema da Everglade (Figura 4.5), os cinco conjuntos de dados foram agrupados em células e tabelas, recebendo os rótulos de Taxa CP, Taxa Ip, Saldo Inicial, Fluxo de Caixa e Saldo Mínimo. As unidades de dados são identificadas (as células F5:I5 especificam que todos os valores em dinheiro são em milhões de dólares), e todas as tabelas fazem uso consistente de linhas e colunas (anos nas linhas).

Digite cada parte de dados em apenas uma célula

Todas as fórmulas que usem a mesma parte de dados devem se referir à mesma célula única de dados.

Se for necessário um segmento de dados em mais de uma fórmula, refira a célula de dados original, em vez de repetir os dados em lugares adicionais. Isso torna o modelo muito mais fácil de modificar. Se o valor desse segmento de dados mudar, ele precisará ser mudado em um só lugar. Você não precisa procurar em todo o modelo para encontrar todos os locais onde o valor dos dados é exibido.

Por exemplo, no problema da Everglade (Figura 4.5), há uma política da empresa de manter um saldo de caixa de pelo menos 500 mil dólares sempre. Isso se traduz em uma restrição para o saldo mínimo de 500 mil dólares ao final de cada ano. Em vez de informar 0,5 (em milhões de dólares) na posição de saldo mínimo em todas as células da coluna L, isso é inserido uma vez em SaldoMínimo (C7) e, em seguida, referido pelas células em SaldoMínimo (L11:L21). Então, se essa política tivesse de mudar para, digamos, um mínimo de 200 mil dólares em caixa, o valor teria de ser mudado em um só lugar.

Separar dados de fórmulas

As fórmulas devem fazer referência a células de dados para todos os números necessários.

Evite o uso de números diretamente nas fórmulas. Em vez disso, digite quaisquer números necessários para as células de dados e, em seguida, refira às células de dados, conforme necessário. Por exemplo, no problema da Everglade (Figura 4.5), todos os dados (taxas de juros, saldo inicial, saldo mínimo e fluxos de caixa projetados) são inseridos em células de dados separadas na planilha. Quando esses números forem necessários para calcular os encargos de juros (nas colunas F e G), pagamentos de empréstimo (nas colunas H e I), saldos finais (coluna J) e saldos mínimos (coluna L), as células de dados serão referidas em vez de haver a digitação desses números diretamente nas fórmulas.

Separar os dados das fórmulas tem algumas vantagens. Primeiramente, todos eles estão visíveis na planilha, em vez de enterrados em fórmulas. Ver todos os dados facilita a interpretação do modelo. Em segundo lugar, o modelo fica mais fácil de ser modificado, uma vez que a alteração de dados requer apenas modificar as células correspondentes. Você não precisa modificar fórmula alguma. Isso prova ser muito importante quando chega a hora de realizar a análise e se e verificar os resultados quando alguma das estimativas nas células de dados for alterada.

Faça fácil

Faça a planilha com a interpretação mais fácil possível.

Evite o uso de funções poderosas do Excel quando outras mais simples e mais fáceis de interpretar estiverem disponíveis. Mantenha ao máximo as funções SOMARPRODUTO ou SOMAR. Isso deixa o modelo mais fácil de entender e também ajuda a garantir que seja linear, pois modelos lineares são consideravelmente mais fáceis de resolver do que os outros. Tente manter as fórmulas curtas e simples; se for necessário uma fórmula complicada, divida-a em cálculos intermediários com subtotais. Por exemplo, na planilha da Everglade, cada elemento dos pagamentos do empréstimo é dividido de forma explícita: Empréstimo LP, Empréstimo CP, Pagamento LP e Pagamento CP. Algumas dessas colunas poderiam ter sido combinadas (p. ex., em duas colunas com Pagamentos LP e Pagamentos CP, ou mesmo em uma coluna para todos os Pagamentos de Empréstimo). No entanto, isso complica as fórmulas e também deixa o modelo mais difícil de testar e depurar. Tal como previsto, as fórmulas individuais para pagamentos de empréstimo são tão simples que seus valores podem ser previstos com facilidade sem sequer olharmos para a fórmula. Isso simplifica o teste e a depuração do modelo.

Use nomes de intervalos

Nomes de intervalo tornam as fórmulas muito mais fáceis de interpretar.

Uma maneira de referir a um bloco de células relacionadas (ou mesmo a uma única célula) em uma fórmula de planilha é usar seu endereço de células (p. ex., L11:L21 ou C3). No entanto, ler a fórmula requer examinar aquela parte da planilha para ver que tipo de informação está dada lá. Como mencionado anteriormente nas Seções 1.2 e 2.2, a melhor alternativa é atribuir um **nome de intervalo** descritivo para o bloco de células que identifica imediatamente o que está lá. (Isso é feito com a seleção do bloco de células, clicando na caixa de nome no lado esquerdo da barra de fórmulas acima da planilha e digitando um nome.) Isso é especialmente útil quando se escreve uma fórmula para uma célula de saída. Escrever a fórmula em termos de nomes de intervalo, em vez de endereços de células, facilita a interpretação da célula. Os nomes de intervalo também tornam a descrição do modelo na caixa de diálogo Solver muito mais fácil de entender.

A Figura 4.5 ilustra o uso de nomes de intervalo para o modelo de planilha da Everglade. Por exemplo, pense na fórmula para juros de longo prazo na célula F12. Como a taxa de longo prazo é dada na célula C3 e o montante de empréstimo a longo prazo está na célula D11, a fórmula para os juros de longo prazo poderia ter sido escrita como = −C3*D11. No entanto, usando o nome de intervalo TaxaLP para a célula C3 e o nome de intervalo EmpréstimoLP para a célula D11, a fórmula é = −TaxaLP*EmpréstimoLP, muito mais fácil de interpretar à primeira vista.

Por outro lado, saiba que é fácil se deixar levar com a definição de nomes de intervalo. A excessiva definição de nomes de intervalo pode ser mais problemática do que útil. Por exemplo, quando dados relacionados são agrupados em uma tabela, recomendamos dar um nome de intervalo para a tabela inteira, em vez de fazê-lo para linhas e colunas, individualmente. Em geral, sugerimos a definição de nomes de intervalo apenas para cada grupo de células de dados, células variáveis, célula-alvo, e para os dois lados de cada grupo de restrições (lados esquerdo e direito).

> Não são permitidos espaços em nomes de intervalo. Quando um intervalo de nomes tem mais de uma palavra, usamos letras maiúsculas para distinguir o início de cada nova palavra no nome de intervalo (ex.: SaldoMínimo). Outro modo é usar um caracter sublinhado (p. ex., Saldo_Final).

Também deve haver cuidado para garantir a rápida e fácil identificação de quais as células serão referenciadas por um nome de intervalo específico. Use um nome que corresponda exatamente ao rótulo na planilha. Por exemplo, na Figura 4.5, as colunas J e L têm o rótulo Saldo Final e Saldo Mínimo, por isso usamos os nomes de intervalo SaldoFinal e SaldoMínimo. Usar exatamente o mesmo nome como rótulo da planilha facilita e agiliza encontrar as células que são referidas por um nome de intervalo.

Quando desejado, uma lista de todos os nomes de intervalo e suas células de referências correspondentes pode ser colada em uma planilha, basta escolher Colar no menu de Utilização na Fórmula na guia Fórmulas (Excel 2007 ou 2010) ou escolhendo Nome\Colar no menu Inserir (outras versões) e, em seguida, clicando em Colar Lista. Essa lista (após a reformatação) é incluída abaixo de todas as planilhas apresentadas nesse texto.

Ao modificar um modelo existente que utiliza nomes de intervalo, é preciso cuidado para garantir que estes continuem a referir o intervalo correto de células. Ao inserir uma linha ou coluna em um modelo de planilha, é útil inseri-la no meio do intervalo, em vez de fazê-lo no final. Por exemplo, para adicionar outro produto a um modelo de *mix* de produtos com quatro produtos, adicione uma coluna entre os produtos 2 e 3, em vez de depois do produto 4. Isso estende automaticamente os nomes de intervalos relevantes para abranger todas as cinco colunas, pois esses nomes de intervalo continuarão a referir tudo que há entre o produto 1 e o produto 4, incluindo a coluna recém-inserida para o quinto produto. Da mesma forma, excluir uma linha ou coluna do meio de um intervalo restringirá adequadamente a extensão dos nomes de intervalo relevantes. Você pode verificar as células que são referidas por um nome de intervalo ao escolhê-lo na caixa de nome (à esquerda da barra de fórmulas, acima da planilha). Isso ressaltará as células que são referidas pelo nome de intervalo escolhido.

Use referências relativas e absolutas para simplificar o processo de copiar fórmulas

Sempre que forem necessárias várias fórmulas relacionadas, tente inserir a fórmula apenas uma vez e depois use os comandos de preenchimento do Excel para replicá-la. Isso não só é mais rápido do que digitá-la novamente, mas é também menos propenso a erros.

> Comandos de preenchimento do Excel são uma maneira rápida e confiável para replicar uma fórmula em várias células.

Vimos um bom exemplo disso ao discutir a expansão do modelo para escala integral do tamanho na seção anterior. Começando com a planilha de dois anos na Figura 4.3, os comandos de preenchimento eram usados para copiar as fórmulas nas colunas F, G, I, J e L para os anos restantes a fim de criar a planilha de escala integral de 10 anos na Figura 4.4.

Usar referências relativas e absolutas para as fórmulas relacionadas não só ajuda na construção de um modelo, mas também facilita a modificação de um já existente ou de um *template*. Por exemplo, suponha que você tenha formulado um modelo de planilha para um problema de *mix* de produtos, mas agora deseja modificar o modelo para adicionar outro recurso. Isso requer a inserção de uma linha na planilha. Se as células de saída forem escritas com referências relativas e absolutas adequadas, então será simples copiar as fórmulas existentes para a linha inserida.

Use bordas, sombreamento e cores para distinguir os tipos de células

É importante distinguir facilmente entre as células de dados, as variáveis, as de saída e a de destino em uma planilha. Uma maneira de fazer isso é usar diferentes bordas e sombreamento de célula para cada um dos tipos de células. No texto, as células de dados aparecem levemente sombreadas, as variáveis são sombreadas em quantidade média com uma borda clara, as de saída aparecem sem sombreamento e de destino tem sombreado escuro com uma borda sólida.

> Facilite a exibição de todas as células do mesmo tipo.

Nos arquivos de planilha do MS Courseware, as células de dados são azul-claras, as variáveis são amarelas e a de destino é laranja. Obviamente, você pode utilizar qualquer esquema que prefira. O importante é ser consistente para que você possa rapidamente reconhecer os tipos de células. Então, quando você desejar examinar as células de um determinado tipo, a cor irá imediatamente guiá-lo até elas.

Mostre todo o modelo na planilha

O Solver usa uma combinação da planilha e caixa de diálogo Solver para especificar o modelo a ser resolvido. Assim, é possível incluir certos elementos do modelo (como os sinais $\geq$, $\leq$ e =, ou as laterais do lado direito das restrições) na caixa de diálogo do Solver sem exibi-

134 A ARTE DA MODELAGEM COM PLANILHAS

Mostre todos os elementos do modelo na planilha em vez de contar apenas com a caixa de diálogo do Solver para incluir determinados elementos.

-los na planilha. No entanto, recomendamos enfaticamente que *todos* os elementos do modelo sejam exibidos *na planilha*. Todos que usarem ou adaptarem o modelo, ou referi-lo outra vez mais tarde, precisam conseguir interpretá-lo. Isso é muito mais fácil de se fazer pela visualização do modelo na planilha do que tentar decifrá-lo na caixa de diálogo do Solver. Além disso, a impressão da planilha não inclui as informações da caixa de diálogo do Solver.

Em particular, todos os elementos de uma restrição devem ser exibidos na planilha. Para cada restrição, devem ser utilizadas três células adjacentes para o total do lado esquerdo, os sinais ≤, = ou ≥ no meio, e o lado direito. (Note que na Figura 4.5, isso foi feito nas colunas J, K e L da planilha para o problema da Everglade.) Como mencionado anteriormente, as células variáveis e a de destino devem ser destacadas de alguma maneira (p. ex., com bordas e/ou sombreamento de células). Um bom teste é que você não precisa ir até a caixa de diálogo do Solver para determinar qualquer elemento do modelo. Você deve conseguir identificar as células variáveis, a célula-alvo e todas as restrições no modelo apenas ao examinar a planilha.

Modelo de planilha insuficiente

Certamente é possível criar um modelo de planilha de programação linear sem a utilização de qualquer uma dessas ideias. A Figura 4.7 mostra uma formulação de planilha alternativa para o problema da Everglade que viola praticamente todas essas orientações. A formulação também pode ser resolvida com o Solver, que na verdade produz a mesma solução ideal, como na Figura 4.5, no entanto, tem muitos problemas. Não está claro quais células produzem

FIGURA 4.7
Formulação insuficiente do modelo de planilha para o problema de gestão de fluxo de caixa da Everglade.

	A	B	C	D	E	F
1		Formulação insuficiente do problema de fluxo de caixa da Everglade				
2						
3			Empréstimo	Empréstimo	Saldo	
4		Ano	LP	CP	final	
5		2011	6,65	0,85	0,50	
6		2012		3,40	0,50	
7		2013		8,21	0,50	
8		2014		6,49	0,50	
9		2015		1,61	0,50	
10		2016		0	1,27	
11		2017		3,70	0,50	
12		2018		0	2,97	
13		2019		0	0,50	
14		2020		0	10,03	
15		2021			2,92	

Parâmetros do Solver

Definir Objetivo (Célula-alvo): E15
Para: Máx.
Por Células Variáveis:
   C5, D5:D14.
Sujeito a Restrições:
   E5:E15 >= 0.5
Opções do Solver (Excel 2010):
   Transformar Variáveis em Não Negativas
   Método do Solver: LP Simplex
Opções do Solver (Excel mais antigo):
   Assumir Não Negativa
   Assumir Modelo Linear

	E
3	Saldo
4	final
5	=1_8+C5+D5
6	=E5_2+D6_$C$5*(0,07)_D5*(1,1)
7	=E6_4+D7_$C$5*(0,07)_D6*(1,1)
8	=E7+3+D8_$C$5*(0,07)_D7*(1,1)
9	=E8+6+D9_$C$5*(0,07)_D8*(1,1)
10	=E9+3+D10_$C$5*(0,07)_D9*(1,1)
11	=E10_4+D11_$C$5*(0,07)_D10*(1,1)
12	=E11+7+D12_$C$5*(0,07)_D11*(1,1)
13	=E12_2+D13_$C$5*(0,07)_D12*(1,1)
14	=E13+10+D14_$C$5*(0,07)_D13*(1,1)
15	=E14+D15_$C$5*(1,07)_D14*(1,1)

a solução (as bordas e/ou o sombreamento não são usados para realçar as células variáveis e a célula-alvo). Sem ir até a caixa de diálogo do Solver, as restrições no modelo não podem ser identificadas (a planilha não mostra todo o modelo). A planilha também não mostra a maioria dos dados. Por exemplo, para determinar os dados utilizados para os fluxos de caixa projetados, as taxas de juros ou o saldo inicial, você precisa cavar as fórmulas na coluna E (os dados não estão separados das fórmulas). Se qualquer um desses dados mudar, as fórmulas reais precisarão ser modificadas em vez de simplesmente mudar um número na planilha. Além disso, as fórmulas e o modelo na caixa de diálogo do Solver são difíceis de interpretar (os nomes de intervalo não são utilizados).

Compare as Figuras 4.5 e 4.7. Aplicar as orientações para bons modelos de planilha (como foi feito na Figura 4.5) resulta em um modelo mais fácil de entender, depurar e modificar. Isso é especialmente importante para os modelos que terão longa vida útil. Se esse modelo for reutilizado meses mais tarde, o modelo "bom" da Figura 4.5 poderá ser imediatamente entendido, modificado e reaplicado conforme necessário, ao passo que decifrar o modelo de planilha da Figura 4.7 novamente seria um grande desafio.

Perguntas de revisão

1. Que parte do modelo deve ser inserida primeiro na planilha?
2. Os números devem ser incluídos em fórmulas ou digitados separadamente nas células de dados?
3. Como os nomes de intervalo tornam as fórmulas e o modelo na caixa de diálogo do Solver mais fáceis de interpretar? Como devem ser escolhidos?
4. Enumere algumas maneiras de distinguir células de dados, variáveis, de saída e de destino em uma planilha?
5. Quantas células são necessárias para especificar completamente uma restrição em uma planilha?

4.4 DEPURAÇÃO DE UM MODELO DE PLANILHA

A depuração de um modelo de planilha é, às vezes, tão desafiadora quanto a de um programa de computador.

Não importa o cuidado que houve no planejamento e construção de um modelo: mesmo aquele moderadamente complicado geralmente não estará livre de erros na primeira vez que for executado. Muitas vezes os erros são óbvios e rapidamente corrigidos. No entanto, às vezes um erro é mais difícil de extirpar. Seguir as orientações na Seção 4.3 para o desenvolvimento de um bom modelo de planilha pode facilitar sua depuração. Mesmo assim, de modo bastante semelhante à depuração de um programa de computador, a depuração de um modelo de planilha pode ser uma tarefa difícil. Esta seção apresenta algumas dicas e uma variedade de recursos do Excel que podem facilitar o trabalho.

O primeiro passo é testar o modelo usando os princípios discutidos na primeira subseção de teste da Seção 4.2. Experimente diferentes valores para as células variáveis, das quais você pode prever o resultado correto nas células de saída, e veja se ele é como esperado. Valores de 0 são bons para tentar inicialmente porque geralmente fica evidente o que deve haver nas células de saída. Experimente outros valores simples, como todos os 1, em que os resultados corretos nas células de saída são razoavelmente óbvios. Para valores mais complicados, deixe a calculadora de lado e faça alguns cálculos manuais para verificar as várias células de saída. Inclua alguns valores muito grandes para as células variáveis a fim de garantir que os cálculos estejam se comportando de modo razoável nesses casos extremos.

Se você adicionou linhas ou colunas na planilha, certifique-se de que cada um dos nomes de intervalo ainda se refere às células corretas.

Se você definiu nomes de intervalo, certifique-se de que eles ainda se referem às células corretas, pois eles podem ser incoerentes quando você adiciona linhas ou colunas na planilha. Para testar nomes de intervalo, você pode selecionar os vários nomes de intervalo na caixa de nome, o que destacará o intervalo selecionado na planilha, ou cole toda a lista de nomes de intervalo e suas referências na planilha.

alternar O recurso alternar no Excel é uma ótima maneira de verificar as fórmulas para as células de saída.

Estude cuidadosamente cada fórmula para ter certeza de que foram digitadas corretamente. Um recurso muito útil no Excel para verificar fórmulas é a função **alternar** para revezar entre exibir as fórmulas na planilha e visualizar os valores resultantes em células de saída. Por padrão, o Excel mostra os valores que são calculados pelas várias células de saída no modelo. Pressionar control-~ alterna a planilha atual para exibir as fórmulas nas células de saída, como mostrado na Figura 4.8. Pressionar control-~ mais uma vez alterna de volta para a visualização padrão de exibição dos valores nas células de saída (como na Figura 4.5).

FIGURA 4.8
Planilha obtida alternando a planilha na Figura 4.5 uma vez para substituir os valores nas células de saída pelas fórmulas digitadas nessas células. Usar o recurso alternar no Excel mais uma vez restaurará a visualização da planilha mostrada na Figura 4.5.

	A	B	C	D	E	F	G	H	I	J	K	L
1		**Problema gestão do fluxo de caixa da Everglade**										
2												
3		Taxa LP	0,07									
4		Taxa CP	0,1									
5					(todos os valores em milhões de dólares)							
6		Saldo inicial	1									
7		Saldo mínimo	0,5									
8												
9			Fluxo	Emp.	Emp.	Juros	Juros	Pag.	Pag.	Saldo		Saldo
10		Ano	caixa	LP	CP	LP	CP	LP	CP	final		final
11		2011	−8	6,64945	0,85054					=SaldoInicial+SOMAR(C11:I11)	≥	=SaldoMínimo
12		2012	−2		3,40105	=−TaxaLP*EmpréstimoLP	=−TaxaCP*E11		=−E11	=J11+ SOMAR(C12:I12)	≥	=SaldoMínimo
13		2013	−4		8,20662	=−TaxaLP*EmpréstimoLP	=−TaxaCP*E12		=−E12	=J12+ SOMAR(C13:I13)	≥	=SaldoMínimo
14		2014	3		6,49274	=−TaxaLP*EmpréstimoLP	=−TaxaCP*E13		=−E13	=J13+ SOMAR(C14:I14)	≥	=SaldoMínimo
15		2015	6		1,60748	=−TaxaLP*EmpréstimoLP	=−TaxaCP*E14		=−E14	=J14+ SOMAR(C15:I15)	≥	=SaldoMínimo
16		2016	3		0	=−TaxaLP*EmpréstimoLP	=−TaxaCP*E15		=−E15	=J15+ SOMAR(C16:I16)	≥	=SaldoMínimo
17		2017	−4		3,69915	=−TaxaLP*EmpréstimoLP	=−TaxaCP*E16		=−E16	=J16+ SOMAR(C17:I17)	≥	=SaldoMínimo
18		2018	7		0	=−TaxaLP*EmpréstimoLP	=−TaxaCP*E17		=−E17	=J17+ SOMAR(C18:I18)	≥	=SaldoMínimo
19		2019	−2		0	=−TaxaLP*EmpréstimoLP	=−TaxaCP*E18		=−E18	=J18+ SOMAR(C19:I19)	≥	=SaldoMínimo
20		2020	10		0	=−TaxaLP*EmpréstimoLP	=−TaxaCP*E19		=−E19	=J19+ SOMAR(C20:I20)	≥	=SaldoMínimo
21		2021				=−TaxaLP*EmpréstimoLP	=−TaxaCP*E20	=−EmpréstimoCP	=−E20	=J20+ SOMAR(C21:I21)	≥	=SaldoMínimo

Dica do Excel: Pressionar *control*-~ no PC (ou *command*-~ no Mac) alterna a planilha entre visualizar valores e visualizar fórmulas em todas as células de saída.

Outro conjunto útil de recursos incorporados ao Excel são as **ferramentas de auditoria** e estão disponíveis no grupo Auditoria de Fórmulas da Guia Fórmulas (Excel 2007 e 2010) ou no menu Ferramentas/Auditoria (outras versões do Excel).

As ferramentas de auditoria podem ser usadas para mostrar graficamente quais células estabelecem vínculos diretos com uma determinada célula. Por exemplo, selecionar EmpréstimoLP (D11) na Figura 4.5 e, em seguida, Rastrear Dependentes gera as setas na planilha mostrada na Figura 4.9.

Agora você pode ver imediatamente que EmpréstimoLP (D11) foi usado no cálculo de EmpréstimoLP para cada ano da coluna F, no cálculo do PagamentoLP (H21) e no cálculo do saldo final de 2011 (J11). Isso pode ser muito esclarecedor. Pense no que pode sofrer impacto direto das células de saída EmpréstimoLP. Deve haver uma seta para cada uma dessas células. Se, por exemplo, estiver faltando EmpréstimoLP em qualquer das fórmulas da coluna F, o erro será imediatamente revelado pela seta em falta. Da mesma forma, se EmpréstimoLP for erroneamente digitado em qualquer das células de saída de empréstimo de curto prazo, isso será mostrado por setas adicionais.

As ferramentas de auditoria do Excel permitem rastrear para frente e para trás a fim de verificar os vínculos entre as células.

Você também pode rastrear para trás para ver quais células fornecem dados para uma determinada célula. Essas células podem ser apresentadas graficamente com a escolha de Rastrear Precedentes. Por exemplo, escolher Rastrear Precedentes para a célula de empréstimo de curto prazo de 2012 (G12) exibirá as setas mostradas na Figura 4.10. Elas indicam que a célula de empréstimo de curto prazo para 2012 (G12) se refere ao empréstimo de curto prazo em 2011 (E11) e à célula TaxaLP (C4). Ao terminar, escolha Remover Setas.

Perguntas de revisão

1. Qual seria o primeiro passo ideal para a depuração de um modelo de planilha?
2. Como é possível alternar entre a visualização de fórmulas e a visualização de valores nas células de saída?
3. Qual ferramenta do Excel pode ser usada para rastrear os dependentes ou precedentes para determinada célula?

FIGURA 4.9
Planilha obtida com a utilização das ferramentas de auditoria do Excel para rastrear os dependentes do valor Empréstimo LP, na célula D11 da planilha na Figura 4.5.

	A	B	C	D	E	F	G	H	I	J	K	L
1		Problema de gestão do fluxo de caixa da Everglade										
2												
3		Taxa LP	7%									
4		Taxa CP	10%									
5					(todos os valores em milhões de dólares)							
6		Saldo inicial	1									
7		Saldo mínimo	0,5									
8												
9			Fluxo	Empréstimo	Empréstimo	Juro	Juro	Pagamento	Pagamento	Saldo		Saldo
10		Ano	caixa	LP	CP	LP	CP	LP	CP	final		mínimo
11		2011	−8	6,65	0,85					0,50	≥	0,5
12		2012	−2		3,40	−0,47	−0,09		−0,85	0,50	≥	0,5
13		2013	−4		8,21	−0,47	−0,34		−3,40	0,50	≥	0,5
14		2014	3		6,49	−0,47	−0,82		−8,21	0,50	≥	0,5
15		2015	6		1,61	−0,47	−0,65		−6,49	0,50	≥	0,5
16		2016	3		0	−0,47	−0,16		−1,61	1,27	≥	0,5
17		2017	−4		3,70	−0,47	0		0	0,50	≥	0,5
18		2018	7		0	−0,47	−0,37		−3,70	2,97	≥	0,5
19		2019	−2		0	−0,47	0		0	0,50	≥	0,5
20		2020	10		0	−0,47	0		0	10,03	≥	0,5
21		2021		−0,47		−0,47	0	−6,65	0	2,92	≥	0,5

FIGURA 4.10
Planilha obtida ao utilizar as ferramentas de auditoria do Excel para rastrear os precedentes do cálculo de Juro de CP (2012) na célula G12 da planilha na Figura 4.5

	A	B	C	D	E	F	G	H	I	J	K	L
1		Problema de gestão do fluxo de caixa da Everglade										
2												
3		Taxa LP	7%									
4		Taxa CP	10%									
5					(todos os valores em milhões de dólares)							
6		Saldo inicial	1									
7		Saldo mínimo	0,5									
8												
9			Fluxo	Empréstimo	Empréstimo	Juro	Juro	Pagamento	Pagamento	Saldo		Saldo
10		Ano	caixa	LP	CP	LP	CP	LP	CP	final		mínimo
11		2011	−8	6,65	0,85					0,50	≥	0,5
12		2012	−2		3,40	−0,47	−0,09		−0,85	0,50	≥	0,5
13		2013	−4		8,21	−0,47	−0,34		−3,40	0,50	≥	0,5
14		2014	3		6,49	−0,47	−0,82		−8,21	0,50	≥	0,5
15		2015	6		1,61	−0,47	−0,65		−6,49	0,50	≥	0,5
16		2016	3		0	−0,47	−0,16		−1,61	1,27	≥	0,5
17		2017	−4		3,70	−0,47	0		0	0,50	≥	0,5
18		2018	7		0	−0,47	−0,37		−3,70	2,97	≥	0,5
19		2019	−2		0	−0,47	0		0	0,50	≥	0,5
20		2020	10		0	−0,47	0		0	10,03	≥	0,5
21		2021		−0,47			0	−6,65	0	2,92	≥	0,5

4.5 RESUMO

Este capítulo visa fornecer uma base para aprender a arte de modelar bem com planilhas.

O processo geral de modelagem em planilhas tem quatro etapas principais: 1) *planejar* o modelo de planilha, (2) *construir*, (3) *testar* e (4) *analisar* o modelo e seus resultados. Durante a etapa de planejamento, é útil começar por visualizar onde você quer terminar e depois fazer alguns cálculos à mão para esclarecer os cálculos necessários antes de começar a esboçar um *layout* lógico para a planilha. Em seguida, quando você estiver pronto para realizar a etapa de construção, é uma boa ideia começar a construção de uma versão reduzida e facilmente administrável do modelo antes de expandir o modelo para a escala integral. Isso permite que você teste primeiramente a versão reduzida a fim de conceber toda a lógica a ser resolvida corretamente, antes de expandir para um modelo em escala integral e realizar um teste final. Após completar tudo isso, você estará pronto para a etapa de análise, que envolve a aplicação do modelo para avaliar soluções propostas e, talvez, usar o Solver para otimizar o modelo.

Usar esse processo de planejar-construir-testar-analisar deve produzir um modelo de planilha, mas não garante que você obterá um bom exemplar. A Seção 4.3 descreve em detalhes as seguintes diretrizes para a construção de "bons" modelos de planilha:

- Informe os dados em primeiro lugar.
- Organize e identifique claramente os dados.
- Digite cada parte de dados em apenas uma célula.
- Separe dados de fórmulas.
- Faça fácil.
- Use nomes de intervalo.
- Use referências relativas e absolutas para simplificar o processo de copiar fórmulas.
- Use bordas, sombreamento e cores para distinguir os tipos de células.
- Mostre todo o modelo na planilha.

Mesmo que todas essas orientações sejam seguidas, um processo de depuração completo pode ser necessário para eliminar os erros que se escondem na versão inicial do modelo. É importante verificar se as células de saída estão dando resultados corretos para os vários valores das células variáveis. Outros itens a verificar incluem se os nomes de intervalo se referem às células adequadas e se as fórmulas foram inseridas corretamente nas células de saída. O Excel fornece vários recursos úteis para ajudar no processo de depuração. Um deles é a capacidade de alternar a planilha entre exibir os resultados nas células de saída e as fórmulas digitadas nessas células de saída. Vários outros recursos úteis estão disponíveis com as ferramentas de auditoria do Excel.

Glossário

alternar Ação de alternar para frente e para trás entre a visualização dos resultados nas células de saída e as fórmulas digitadas nessas células de saída. (Seção 4.4), 135

ferramentas de auditoria Conjunto de ferramentas fornecidas pelo Excel para auxiliar na depuração do modelo de planilha. (Seção 4.4), 137

nome de intervalo Nome descritivo dado a um intervalo de células que identifica imediatamente o que há nelas. (Seção 4.3), 132

Auxiliares de aprendizagem para este capítulo em seu MS Courseware

Capítulo 4: arquivos do Excel
Estudo de caso da Everglade
Exemplo da Wyndor

Problema da Everglade 4.12
Problema da Everglade 4.13

Problemas solucionados (consulte o CD-ROM ou o *site* para as soluções)

4.S1. Modelo de planejamento de produção e estoque

A Surfs Up fabrica pranchas de surfe de ponta. Um desafio enfrentado pela Surfs Up é a sazonalidade de sua demanda que excede a capacidade de produção durante os meses quentes de verão, mas é muito baixa nos meses de inverno. Para atender a alta demanda durante o verão, a Surfs Up normalmente produz mais pranchas de surfe do que o necessário nos meses de inverno e depois mantém o estoque para os meses do verão. Sua fábrica pode produzir, no máximo, 50 pranchas por mês utilizando mão de obra, a um custo de 125 dólares cada. É possível produzir até 10 pranchas adicionais com a utilização de horas extras de trabalho, a um custo de 135 dólares cada. As pranchas são vendidas por 200 dólares. O custo de armazenamento e o de oportunidade do capital fazem cada prancha mantida no estoque de um mês para o outro custar 5 dólares por unidade. Como a demanda é incerta, a Surfs Up gostaria de manter um estoque final (estoque de segurança) de pelo menos 10 prancha durante os meses quentes (maio a setembro) e pelo menos cinco pranchas durante os outros meses (outubro a abril). Estamos no início de janeiro e a Surfs Up tem 5 pranchas em estoque. A previsão de demanda nos próximos 12 meses é mostrada na tabela a seguir. Formule e explique um modelo de programação linear em planilha para determinar quantas pranchas devem ser produzidas a cada mês para maximizar o lucro total.

4.S2. Contratação/demissão/treinamento da mão-de-obra

A Cool Power produz aparelhos de ar condicionado para grandes edificações comerciais. Graças ao baixo custo e eficiência de seus produtos, a empresa cresce ano a ano. Além disso, a sazonalidade na indústria da construção e as condições climáticas criam requisitos que variam de mês para mês. A Cool Power tem atualmente 10 funcionários bem treinados, trabalhando na produção. Cada funcionário treinado pode trabalhar 160 horas por mês e recebe salário mensal de 4 mil dólares. Funcionários novatos podem ser contratados no início de qualquer mês. Por conta das habilidades iniciais e treinamento exigido, um novato fornece apenas 100 horas de trabalho no primeiro mês, mas mesmo assim recebe o salário integral mensal de 4 mil dólares. Além disso, por causa de entrevistas e treinamento necessários, há um custo de contratação de 2.500 dólares para cada funcionário que começa a trabalhar. Após um mês, considera-se que o novato está totalmente treinado. Um funcionário pode ser demitido no começo de qualquer mês, mas deve receber duas semanas de indenização (2 mil dólares). Ao longo dos próximos 12 meses, a Cool Power prevê os requisitos de trabalho mostrados na tabela a seguir. Uma vez que a gerência prevê requisitos mais elevados no próximo ano, a Cool Power gostaria de terminar o ano com pelo menos 12 funcionários bem treinados. Quantos novatos deverão ser contratados e/ou funcionários demitidos a cada mês para atender as exigências de trabalho ao mínimo custo possível? Formule e explique um modelo de planilha de programação linear.

Demanda prevista											
Jan.	Fev.	Mar.	Abr.	Mai.	Jun.	Jul.	Ago.	Set.	Out.	Nov.	Dez.
10	14	15	20	45	65	85	85	40	30	15	15

Requisitos de trabalho (horas)											
Jan.	Fev.	Mar.	Abr.	Mai.	Jun.	Jul.	Ago.	Set.	Out.	Nov.	Dez.
1.600	2.000	2.000	2.000	2.800	3.200	3.600	3.200	1.600	1.200	800	800

Problemas

Inserimos o símbolo E* (para Excel) à esquerda de cada problema ou parte em que o Excel deve ser utilizado. Um asterisco no número do problema indica que pelo menos uma resposta parcial é dada no Apêndice C.

E*4.1 Considere o problema de fluxo de caixa da Everglade discutido neste capítulo. Suponha que o dinheiro extra é mantido em uma conta poupança com juros. Considere que qualquer soma restante no final de um ano rende 3% de juros no ano seguinte. Faça as modificações necessárias para a planilha e resolva. (A planilha original para este problema está disponível no CD-ROM.)

4.2.* A empresa de móveis Pine Furniture fabrica mobiliário estilo *country*. As atuais linhas de produtos da empresa consistem em mesas de canto, de centro e de jantar. A fabricação de cada tipo requer 8, 15 e 80 libras de madeira de pinho, respectivamente. As mesas são feitas à mão e exigem uma hora, duas horas e quatro horas, respectivamente. Cada mesa vendida gera $50, $100 e $220 de lucro, respectivamente. A empresa tem 3 mil libras de madeira de pinho e 200 horas de trabalho disponível para a produção da próxima semana. O diretor operacional pediu a você para fazer alguns modelos de planilha com esses dados a fim de analisar como deve ser o *mix* de produtos para a próxima semana e dar uma sugestão.

    a. Visualise onde deseja terminar. Quais são os números de que o diretor operacional precisará? Quais são as decisões a serem tomadas? Qual deve ser o objetivo?

    b. Suponha que a Pine Furniture tivesse de produzir três mesas de canto e três mesas de jantar. Calcule à mão a quantidade de madeira de pinho e trabalho que seria necessário, bem como o lucro gerado pelas vendas.

    c. Fazer um esboço de modelo de planilha, com blocos estabelecidos para células de dados, células variáveis, células de saída e a célula-alvo.

    E* *d.* Construa um modelo de planilha e resolva-o.

4.3. A Reboot, Inc. fabrica botas de passeios. A demanda pelo produto é extremamente sazonal. Em particular, a demanda nos próximos anos deverá ser de 3 mil, 4 mil, 8 mil e 7 mil pares de botas nos semestres 1, 2, 3 e 4, respectivamente. Com sua unidade de produção atual, a empresa pode produzir mais 6 mil pares de botas em qualquer trimestre. A Reboot gostaria de atender toda a demanda esperada, por isso vai precisar manter estoque nos últimos semestres. Cada par de botas vendido gera um lucro de 20 dólares. Cada par de botas em estoque no final do semestre acarreta 8 dólares de custos de armazenamento e recuperação de capital. A Reboot tem mil pares de botas em estoque no início do 1º trimestre. A alta gerência da empresa deu-lhe a atribuição de fazer alguns modelos de planilha para analisar como deve ser o cronograma de produção para os próximos quatro trimestres e dar uma sugestão.

    a. Visualise onde deseja terminar. Quais são os números de que a alta gerência precisará? Quais são as decisões a serem tomadas? Qual deve ser o objetivo?

    b. Suponha que a Reboot fosse produzir 5 mil pares de botas em cada um dos dois primeiros trimestres. Calcule à mão o estoque final, o lucro das vendas e os custos de estoque para os trimestres 1 e 2.

    c. Fazer um esboço de modelo de planilha, com blocos estabelecidos para células de dados, variáveis, de saída e a de destino.

    E* *d.* Construa um modelo de planilha para os trimestres 1 e 2, e depois teste exaustivamente esse modelo.

    E* *e.* Expanda o modelo para escala integral e resolva-o.

E*4.4.* A Fairwinds Development Corporation considera participar de três diferentes projetos de desenvolvimento (A, B e C) que estão prestes a ser lançados. Cada projeto requer um investimento significativo ao longo dos próximos anos e será vendido após a conclusão. Os fluxos de caixa projetados (em milhões de dólares) associados a cada projeto são mostrados na tabela abaixo.

Ano	Projeto A	Projeto B	Projeto C
1	−4	−8	−10
2	−6	−8	−7
3	−6	−4	−7
4	24	−4	−5
5	0	30	−3
6	0	0	44

A Fairwinds tem 10 milhões de dólares disponíveis agora e espera receber 6 milhões de outros projetos até o final de cada ano (de 1 a 6) que estariam disponíveis para os investimentos em curso no ano seguinte nos projetos A, B e C. Ao agir agora, a empresa pode participar de cada projeto na íntegra, de modo fracionado (com outros parceiros de desenvolvimento), ou não participar. Se Fairwinds participar com menos de 100%, então todos os fluxos de caixa associados ao projeto serão reduzidos proporcionalmente. A política da empresa exige terminar cada ano com um saldo em caixa de pelo menos 1 milhão de dólares.

    a. Visualise onde deseja terminar. Quais números são necessários? Quais são as decisões a serem tomadas? Qual deve ser o objetivo?

    b. Suponha que a Fairwinds fosse participar do projeto A integralmente e do projeto C em 50%. Calcule à mão quais seriam as posições de caixa finais após 1 ano e após 2 anos.

    c. Fazer um esboço de modelo de planilha, com blocos estabelecidos para células de dados, células variáveis, de saída e de destino.

    E* *d.* Construa um modelo de planilha para os anos 1 e 2 e teste-o exaustivamente.

    E* *e.* Expanda o modelo para escala integral e resolva-o.

4.5. Leia o artigo de referência que descreve completamente o estudo da ciência da gestão resumido na vinheta de aplicação apresentada na Seção 4.3. Descreva brevemente como a programação linear foi aplicada neste estudo. Em seguida, liste os vários benefícios financeiros e não financeiros que resultaram deste estudo.

4.6. A Decorum, Inc. fabrica ventiladores de teto de última geração. Suas vendas são sazonais, com maior demanda nos meses quentes do verão. Geralmente as vendas médias são de 400 unidades por mês, no entanto, no verão (junho, julho e agosto), o pico de vendas atinge até 600 unidades por mês. A empresa pode produzir até 500 unidades por mês a um custo de 300 dólares cada. Com trabalhadores temporários, pode produzir até 75 unidades adicionais a um custo de 350 dólares cada. A Decorum vende os ventiladores de teto a 500 dólares por unidade. A empresa pode manter o estoque de um mês para o outro, mas a um custo mensal de 20 dólares por ventilador de teto. No início de janeiro, a Decorum tem 25 unidades em estoque. Tendo em mente que ela deve produzir ventiladores de teto em quantidade suficiente para atender a demanda, quantos devem ser fabricados a cada mês (usando mão de obra regular e/ou temporária) ao longo do próximo ano, de modo a maximizar o seu lucro total?

    a. Visualise onde deseja terminar. De quais números a Decorum precisará? Quais são as decisões a serem tomadas? Qual deve ser o objetivo?

    b. Suponha que a Decorum fabrique 450 ventiladores de teto em janeiro e 550 (usando trabalhadores temporários) em fevereiro. Calcule à mão os custos totais para janeiro e fevereiro.

    c. Faça um esboço de modelo de planilha, com blocos estabelecidos para células de dados, variáveis, de saída e a de destino.

E* *d.* Construa um modelo de planilha para janeiro e fevereiro e teste-o exaustivamente.

E* *e.* Construa e resolva um modelo de planilha de programação linear para maximizar o lucro nos 12 meses.

4.7. A Allen Furniture produz móveis feitos à mão. No início de janeiro, a empresa conta com 20 artesãos treinados. A previsão de trabalho necessário para os próximos 12 meses é mostrada na tabela a seguir. Cada artesão treinado fornece 200 horas de trabalho por mês e recebe salário mensal de 3 mil dólares. Contratar novos artesãos exige anúncios, entrevistas e treinamento posterior, a um custo unitário de 2.500 dólares. Os novos contratados são chamados de aprendizes no primeiro mês. Eles passam o primeiro mês observando e aprendendo. Recebem 2 mil dólares pelo mês, mas não fornecem nenhum trabalho. No segundo mês, os aprendizes são reclassificados como artesãos treinados. O contrato do sindicato permite demitir um artesão no início do mês, mas deve-se pagar uma indenização de 1.500 dólares. Além disso, no máximo 10% dos artesãos treinados podem ser despedido em qualquer mês. A Allen gostaria de iniciar o próximo ano com pelo menos 25 artesãos treinados. Quantos aprendizes deverão ser contratados e quantos artesãos treinados deverão ser demitidos a cada mês para atender as exigências de trabalho, ao menor custo possível?

    a. Visualise onde deseja terminar. De quais números a Allen precisará? Quais são as decisões a serem tomadas? Qual deve ser o objetivo?

    b. Suponha que um aprendiz seja contratado em janeiro. Calcule à mão quantas horas de trabalho estariam disponíveis em janeiro e fevereiro e os custos totais para estes meses.

    c. Faça um esboço de modelo de planilha, com blocos estabelecidos para células de dados, variáveis, de saída e a de destino.

E* *d.* Construa um modelo de planilha para janeiro e fevereiro e teste-o exaustivamente.

E* *e.* Construa e resolva um modelo de planilha de programação linear para maximizar o lucro nos 12 meses.

4.8. Consulte o cenário descrito no Problema 3.13 (Capítulo 3), mas ignore as instruções dadas lá. Concentre-se no uso de modelagem de planilhas para tratar do problema da Web Mercantile fazendo o seguinte:

    a. Visualise onde deseja terminar. De quais números a Web Mercantile precisará? Quais são as decisões a serem tomadas? Qual deve ser o objetivo?

    b. Suponha que a Web Mercantile fosse alugar 30 mil pés quadrados para todos os cinco meses e, em seguida, 20 mil adicionais para os últimos três meses. Calcule à mão os custos finais.

    c. Faça um esboço de modelo de planilha, com blocos estabelecidos para células de dados, variáveis, de saída e a célula-alvo.

E* *d.* Construa um modelo de planilha para os meses 1 e 2 e teste-o exaustivamente.

E* *e.* Expanda o modelo para escala integral e resolva-o.

4.9.* Consulte o cenário descrito no Problema 3.15 (Capítulo 3), mas ignore as instruções dadas lá. Concentre-se no uso de modelagem de planilhas para tratar do problema de Larry Edison fazendo o seguinte:

    a. Visualise onde deseja terminar. De quais números Larry precisará? Quais são as decisões a serem tomadas? Qual deve ser o objetivo?

    b. Suponha que Larry fosse contratar três funcionários em tempo integral para o turno da manhã, dois para o turno da tarde, quatro para o turno da noite e três trabalhadores de meio-período para cada um dos quatro turnos. Calcule à mão quantos trabalhadores estariam trabalhando em cada hora do dia e qual seria o custo total para o dia inteiro.

    c. Faça um esboço de modelo de planilha, com blocos estabelecidos para células de dados, variáveis, de saída e a de destino.

E* *d.* Construa um modelo de planilha e resolva-o.

4.10. Consulte o cenário descrito no Problema 3.18 (Capítulo 3), mas ignore as instruções dadas lá. Concentre-se no uso de modelagem de planilhas para tratar do problema de Al Ferris fazendo o seguinte:

Requisitos de trabalho (horas)												
Jan.	Fev.	Mar.	Abr.	Mai.	Jun.	Jul.	Ago.	Set.	Out.	Nov.	Dez.
4.000	4.000	4.200	4.200	3.000	2.800	3.000	4.000	4.500	5.000	5.200	4.800

a. Visualise onde deseja terminar. De quais números Al precisará? Quais são as decisões a serem tomadas? Qual deve ser o objetivo?

b. Suponha que Al fosse investir 20 mil dólares, por projeto, no investimento A (ano 1), no investimento B (ano 2) e no investimento C (ano 2). Calcule à mão quais seriam as posições de caixa finais após cada ano.

c. Fazer um esboço de modelo de planilha, com blocos estabelecidos para células de dados, variáveis, de saída e a de destino.

E* *d.* Construa um modelo de planilha para os anos 1 a 3 e teste-o exaustivamente.

E* *e.* Expanda o modelo para escala integral e resolva-o.

4.11. Em contraste com o modelo de planilha para o problema do *mix* de produtos da Wyndor Glass Co. mostrado na Figura 4.6, a planilha a seguir é um exemplo de um modelo de planilha mal formulado para esse mesmo problema. Consultando a Seção 4.3, identifique as diretrizes violadas pelo modelo abaixo. Em seguida, explique como cada diretriz foi violada e por que o modelo na Figura 4.6 é uma alternativa melhor.

	A	B	C	D
1		**Wyndor Glass Co. (fomulação insuficiente)**		
2				
3		Portas fabricadas	2	
4		Janelas fabricadas	6	
5		Horas usadas (Fáb. 1)	2	
6		Horas usadas (Fáb. 2)	12	
7		Horas usadas (Fáb. 3)	18	
8		Lucro total	US$ 3.600	

Parâmetros do Solver
Definir Objetivo (Célula-alvo): C8
Para: Máx.
Por Células Variáveis:
  C3:C4
Sujeito a Restrições:
  C5 <= 4
  C6 <= 12
  C7 <= 18

Opções do Solver (Excel 2010):
  Transformar Variáveis em Não Negativas
  Método do Solver: LP Simplex
Opções do Solver (Excel mais antigo):
  Assumir Não Negativa
  Assumir Modelo Linear

	B	C
5	Horas usadas (Fáb. 1)	=1*C3+0*C4
6	Horas usadas (Fáb. 2)	=0*C3+2*C4
7	Horas usadas (Fáb. 3)	=3*C3+2*C4
8	Lucro total	=300*C3+500*C4

E*4.12. Consulte o arquivo de planilha "Problema 4.12 da Everglade" no CD-ROM. Esse arquivo contém uma formulação do problema Everglade considerado neste capítulo. No entanto, três erros foram incluídos nela. Use as ideias apresentadas na Seção 4.4 para depurar um modelo de planilha a fim de encontrar os erros. Experimente, especificamente, usar valores de teste diferentes para os quais você pode prever resultados corretos, use o alternar para examinar todas as fórmulas e também use as ferramentas de auditoria para verificar relações de precedência e dependência entre as várias células variáveis, de dados e de saída. Descreva os erros encontrados e como você os localizou.

E*4.13. Consulte o arquivo de planilha "Problema 4.13 da Everglade" no CD-ROM. Esse arquivo contém uma formulação do problema Everglade considerado neste capítulo. No entanto, três erros foram incluídos nela. Use as ideias apresentadas na Seção 4.4 para depurar um modelo de planilha a fim de encontrar os erros. Experimente, especificamente, usar valores de teste diferentes para os quais você pode prever resultados corretos, use o alternar para examinar todas as fórmulas e também use as ferramentas de auditoria para verificar relações de precedência e dependência entre as várias células variáveis, de dados e de saída. Descreva os erros encontrados e como você os localizou.

Caso 4-1
Provisões sensatas para pensões

Entre seus vários produtos financeiros, a Prudent Financial Services Corporation (geralmente chamada PFS) gerencia um fundo de pensão bem-conceituado, usado por várias empresas para o pagamento de pensões a seus funcionários. A administração da PFS orgulha-se dos rigorosos padrões profissionais utilizados na operação do fundo. Desde o colapso dos mercados financeiros que quase aconteceu durante a grande recessão de 2008 e 2009, a PFS redobrou seus esforços para proporcionar uma gestão prudente do fundo.

Estamos em dezembro de 2010. Os pagamentos totais de pensão que terão de ser feitos pelo fundo ao longo dos próximos 10 anos são mostrados na tabela a seguir.

Ano	Pagamento de pensões (em milhões de dólares)
2011	8
2012	12
2013	13
2014	14
2015	16
2016	17
2017	20
2018	21
2019	22
2020	24

Usando também os juros, a PFS atualmente dispõe de ativos líquidos suficientes para atender a todos pagamentos de pensão. Portanto, para garantir os fundos de pensão, a PFS gostaria de fazer uma série de investimentos cujos pagamentos corresponderiam a pagamentos de pensões ao longo dos próximos 10 anos. Os únicos investimentos em que a PFS confia para o fundo de pensão são um fundo do mercado monetário e títulos. O fundo do mercado monetário paga uma taxa de juros de 5% a.a. As características de cada unidade dos quatro títulos em questão são mostradas na tabela seguinte.

	Preço atual	Taxa do cupom	Data de vencimento	Valor nominal
Título 1	US$ 980	4%	1º, jan., 2012	US$ 1.000
Título 2	920	2	1º, jan., 2014	1.000
Título 3	750	0	1º, jan., 2016	1.000
Título 4	800	3	1º, jan., 2019	1.000

Todos esstes títulos estarão disponíveis para compra em 1º de janeiro de 2011, com tantas unidades disponíveis quanto desejado. A taxa de cupom é o percentual do valor nominal que será pago em juros em 1º de janeiro de cada ano, começando um ano após a compra e continuando (e incluindo) até a data de vencimento. Assim, esses pagamentos de juros em 1º de janeiro de cada ano estão prontos para serem usados para o pagamento das pensões do ano. Qualquer pagamento de juros em excesso será depositado no fundo do mercado monetário. Para ser conservadora em seu planejamento financeiro, a PFS considera que todos os pagamentos de pensões para o ano ocorrem no início do ano, imediatamente após os juros (incluindo juros de um ano do fundo de mercado monetário) serem recebidos.

Todo o valor nominal de um título também será recebido na data de seu vencimento. Uma vez que o preço atual de cada título é inferior ao seu valor nominal, o rendimento real do título é superior à sua taxa de cupom. O título 3 é um título de cupom zero, por isso não paga juros, mas um valor nominal na data de vencimento que excede em muito o preço de compra.

A PFS gostaria de fazer o menor investimento possível (incluindo qualquer depósito no fundo de mercado monetário) no dia 1º de janeiro de 2011 para cobrir todos os seus pagamentos de pensão requeridos até 2020. São necessários alguns modelos de planilha para descobrir como fazê-lo.

a. Visualise onde deseja terminar. De quais números a administração da PFS precisará? Quais são as decisões a serem tomadas? Qual deve ser o objetivo?

b. Suponha que a PFS fosse investir 28 milhões de dólares no fundo de mercado monetário e comprar 10 mil unidades de cada um dos títulos 1 e 2 em 1º de janeiro de 2011. Calcule à mão os pagamentos recebidos pelos títulos 1 e 2 em 1º de janeiro de 2012 e 2013. Também calcule o saldo resultante no fundo de mercado monetário em 1º de janeiro de 2011, 2012 e 2013 após o recebimento desses pagamentos, o pagamento de pensões para o ano e o depósito de qualquer excesso no fundo de mercado monetário.

c. Faça um esboço de modelo de planilha, com blocos estabelecidos para células de dados, variáveis, de saída e a de destino.

d. Construa um modelo de planilha para os anos 2011 a 2013 e teste-o exaustivamente.

e. Expanda o modelo para levar em conta todos os anos até 2020 e resolva-o.

Casos adicionais

Casos adicionais para este capítulo estão disponíveis para compra no *site* da Ivey School of Business, da University of Western Ontario, **cases.ivey.uwo.ca/case**, no segmento da área de Case-Mate designada para este livro.

ANÁLISE "E SE" PARA PROGRAMAÇÃO LINEAR

5

OBJETIVOS DE APRENDIZAGEM

OA1 Explicar o que se entende por análise "e se".

OA2 Resumir os benefícios da análise "e se".

OA3 Enumerar os diferentes tipos de mudanças no modelo que pode ser considerado pela análise "e se".

OA4 Descrever como a formulação da planilha do problema pode ser usada para executar qualquer um desses tipos de análise "e se".

OA5 Usar o Solver Table para investigar sistematicamente o efeito de mudar uma ou duas células de dados para vários outros valores de avaliação.

OA6 Descobrir quanto qualquer coeficiente na função objetivo pode mudar sem alterar a solução ideal.

OA7 Avaliar as mudanças simultâneas nos coeficientes da função objetivo para determinar se as mudanças são pequenas o suficiente para que a solução ideal original deva continuar ideal.

OA8 Prever como o valor na célula-alvo mudaria se uma pequena mudança fosse feita no lado direito de uma ou mais das restrições funcionais.

OA9 Encontrar quanto o lado direito de uma única restrição funcional pode mudar antes de essa previsão deixar de ser válida.

OA10 Avaliar as mudanças simultâneas nos lados direitos para determinar se as mudanças são pequenas o suficiente para que essa previsão ainda seja válida.

Os Capítulos 2 ao 4 descreveram e ilustraram como formular um modelo de programação linear em uma planilha para representar uma variedade de problemas gerenciais e, depois, como usar o Solver para encontrar uma solução ideal para esse modelo. Você pode pensar que isso encerraria nossa história sobre programação linear: uma vez que a gestão aprende a solução ideal, ela imediatamente a implementaria e depois voltaria sua atenção para outros assuntos. No entanto, esse não é o caso. A gestão esclarecida exige muito mais da programação linear, e esta tem muito mais a oferecer– como você descobrirá neste capítulo.

Uma solução ideal só é ideal em relação a um determinado modelo matemático que fornece apenas uma representação aproximada do problema real. Um gerente se interessa em muito mais do que apenas encontrar essa solução. O propósito de um estudo de programação linear é ajudar a guiar a decisão final da gestão, fornecendo percepções sobre as prováveis consequências de buscar várias opções gerenciais sob uma variedade de hipóteses a respeito das condições futuras. A maioria das percepções importantes é obtida durante a realização da análise *depois* de encontrar uma solução ideal para a versão original do modelo básico. Essa análise é comumente referida como **análise "e se"** porque envolve abordar algumas questões sobre *o que* aconteceria com a solução ideal *se* diferentes pressuposições foram feitas sobre as condições futuras. Planilhas desempenham um papel central na resolução destas *perguntas "e se"*.

Este capítulo se concentra nos tipos de informações fornecidas pela análise "e se" e em por que ela é valiosa para os gerentes. A primeira seção fornece uma visão geral. A Seção 5.2 retorna ao estudo de caso de produtos da Wyndor Glass Co. (Seção 2.1) para descrever a análise "e se" necessária naquela situação. As seções subsequentes executam essa análise "e se" usando uma variedade de procedimentos aplicáveis a qualquer problema de programação linear.

5.1 IMPORTÂNCIA DA ANÁLISE "E SE" PARA GERENTES

Os exemplos e problemas nos capítulos anteriores sobre a programação linear forneceram os dados necessários para determinar com precisão todos os números que devem ser inseridos nas células de dados para a formulação de planilha do modelo de programação linear. (Lembre-se de que esses números são referidos como os **parâmetros do modelo**.) Aplicações reais raramente são diretas assim. Muitas vezes, tempo e esforço substanciais são necessários para rastrear os dados necessários. Mesmo assim, pode ser possível desenvolver apenas estimativas dos parâmetros do modelo.

> Em aplicações reais, muitos dos números no modelo podem ser apenas estimativas aproximadas.

Por exemplo, no estudo de caso Wyndor, dois parâmetros-chave do modelo são os coeficientes na função objetivo que representam os lucros da unidade dos dois novos produtos. Esses parâmetros foram estimados em 300 dólares para as portas e 500 para as janelas. No entanto, esses lucros unitários dependem de muitos fatores – os custos de matérias-primas, produção, transporte, publicidade, e assim por diante, bem como a recepção do mercado aos novos produtos e a competição encontrada. Alguns desses fatores não podem ser estimados com precisão real até muito tempo depois de o estudo de programação linear ter sido concluído, e os novos produtos terem entrado no mercado há algum tempo.

> O que acontece com a solução ideal se um erro for cometido ao estimar um parâmetro do modelo?

Portanto, antes de a gestão da Wyndor tomar uma decisão sobre o *mix* de produtos, vai querer saber qual seria o efeito se os lucros unitários acabassem diferindo significativamente das estimativas. Por exemplo, a solução ideal mudaria se o lucro unitário para as portas acabasse sendo de 200 em vez da estimativa de 300 dólares? Quão imprecisa a estimativa pode ser em qualquer direção antes que a solução ideal mude?

Essas questões são abordadas na Seção 5.3, quando apenas uma estimativa é imprecisa. A Seção 5.4 abordará questões semelhantes quando várias estimativas são imprecisas.

Se a solução ideal permanecer a mesma em uma ampla faixa de valores para um determinado coeficiente na função objetivo, então a gestão se contentará com uma estimativa bastante aproximada para esse coeficiente. Por outro lado, se até mesmo um pequeno erro na estimativa mudaria a solução ideal, a gestão terá um cuidado especial para refinar essa estimativa. A gestão, por vezes, vai se envolver diretamente no ajuste dessas estimativas para satisfazê-las.

Aqui está um resumo do primeiro benefício de análise "e se":

1. Tradicionalmente, muitos dos parâmetros de um modelo de programação linear são apenas *estimativas* de quantidades (p. ex., os lucros unitários) que não podem ser determinados com precisão neste momento. A análise "e se" revela o quão próxima cada uma dessas estimativas deve ser para evitar a obtenção de uma solução ideal errônea, e, portanto, aponta os **parâmetros sensitivos** (aqueles em que é necessário cuidado extra para refinar as estimativas porque pequenas mudanças em seus valores podem mudar a solução ideal).

Várias seções descrevem como a análise "e se" fornece esse benefício para os parâmetros mais importantes. As Seções 5.3 e 5.4 fazem isso para os coeficientes na função objetivo (esses números geralmente aparecem na planilha na linha para a contribuição por unidade de cada atividade para a medida geral de desempenho). As Seções 5.5 e 5.6 fazem o mesmo para os *lados direitos das restrições funcionais* (esses são os números que normalmente estão na coluna da direita da planilha, logo à direita dos sinais ≤, ≥, ou =).

As empresas operam em um ambiente dinâmico. Mesmo quando a gestão está satisfeita com as estimativas atuais e implementa a solução correspondente ideal, as condições podem mudar mais tarde. Por exemplo, suponha que a gestão da Wyndor está satisfeita com 300 dólares como estimativa do lucro unitário para as portas, mas o aumento da concorrência força uma redução de preço que reduz também esse lucro unitário. Isso muda o *mix* ideal de produtos? A análise "e se" mostrada na Seção 5.3 indica antecipadamente quais novos lucros unitários deixariam inalterado o *mix* ideal de produtos, o que pode ajudar a guiar o gerenciamento na sua nova decisão de preços. Além disso, se o *mix* ideal de produtos é imutável, não há neces-

O que acontece com a solução ideal se as condições mudarem no futuro?

sidade de solucionar o modelo novamente com o novo coeficiente. Evitá-lo não é nada muito importante para o pequeno problema de duas variáveis da Wyndor, mas é extremamente bem-vindo para aplicações reais que podem ter centenas ou milhares de restrições e variáveis. De fato, para tais modelos grandes, talvez não seja nem prático ressolucionar o modelo repetidamente para considerar as muitas possíveis mudanças de interesse.

Assim, eis o segundo benefício de análise "e se":

2. Se a mudança das condições foi concluída depois do estudo (uma ocorrência comum), a análise "e se" deixa sinais que indicam (sem resolver o modelo novamente) se uma mudança resultante em um parâmetro do modelo muda a solução ideal.

Mais uma vez, várias seções subsequentes descrevem como a análise "e se" faz isso.

Elas se concentram em estudar como as mudanças nos parâmetros de um modelo de programação linear afetam a solução ideal. Esse tipo de análise "e se" geralmente é referido como **análise de sensibilidade** porque envolve verificar quão *sensitiva* é a solução ideal para o valor de cada parâmetro. A análise de sensibilidade é uma parte vital da análise "e se".

No entanto, em vez de se contentar com a abordagem passiva da análise de sensibilidade de verificar o efeito das estimativas imprecisas de parâmetros, a análise "e se" vai mais longe, adotando uma abordagem proativa. Uma análise pode ser feita de várias decisões gerenciais possíveis que resultariam em mudanças no modelo.

Um bom exemplo da abordagem proativa surge quando certos parâmetros do modelo representam *decisões de política de gestão* em vez de quantidades que estão, em grande parte, fora do controle da gestão. Por exemplo, para o problema do *mix* de produtos da Wyndor, os lados direitos das três restrições funcionais (4, 12, 18) representam o número de horas do tempo de produção nas três respectivas fábricas disponibilizados por semana para a produção dos dois novos produtos. A gestão pode mudar essas três quantidades de recursos alterando os níveis de produção dos produtos antigos nessas fábricas. Portanto, depois de aprender a solução ideal, a gestão vai querer saber o impacto dos novos produtos sobre o lucro se essas quantidades de recursos são alteradas de determinadas maneiras. Uma questão-chave é o quanto esse lucro pode ser aumentado com o aumento do tempo de produção disponível para os novos produtos em apenas uma das fábricas. Outra é quanto esse lucro pode ser aumentado fazendo mudanças úteis e simultâneas nos tempos de produção disponíveis em todas as fábricas. Se o lucro dos novos produtos pode ser aumentado além do suficiente para compensar o lucro perdido por meio da diminuição dos níveis de produção para determinados produtos antigos, então, provavelmente a gestão vai querer fazer a mudança.

O que acontece se as decisões de política de gerenciamento mudarem?

Agora podemos resumir o terceiro benefício de análise "e se":

3. Quando certos parâmetros do modelo representam decisões de política de gestão, a análise "e se" lhe fornece orientações valiosas quanto ao impacto de alterar essas decisões.

As Seções 5.5 e 5.6 explorararão melhor esse benefício.

A análise "e se", por vezes, vai ainda mais longe ao fornecer orientações úteis para a gestão, como quando analisa cenários alternativos de como as condições de negócio podem evoluir. No entanto, este capítulo se concentrará nos três benefícios resumidos.

Perguntas de revisão

1. Quais são os *parâmetros* de um modelo de programação linear?
2. Como podem surgir imprecisões nos parâmetros de um modelo?
3. O que a análise "e se" revela sobre os parâmetros de um modelo que são apenas estimativas?
4. Sempre é apropriado fazer apenas uma estimativa bastante aproximada para o parâmetro de um modelo? Por quê?
5. Como é possível os parâmetros de um modelo serem precisos inicialmente e tornarem-se imprecisos posteriormente?
6. Como a análise "e se" ajuda a gestão a se preparar para condições variáveis?
7. O que significa *análise de sensibilidade*?
8. Para quais tipos de decisões de política de gerenciamento a análise "e se" fornece orientação?

5.2 CONTINUAÇÃO DO ESTUDO DE CASO DA WYNDOR

Voltamos agora para o estudo de caso introduzido na Seção 2.1 envolvendo o problema de *mix* de produtos da Wyndor Glass Co.

Para uma breve revisão, lembre que a empresa está se preparando para apresentar dois novos produtos:

- Uma porta de vidro de 8 pés com moldura de alumínio.
- Uma janela de 4 × 6 pés de abertura dupla e moldura de madeira.

Para analisar qual o *mix* dos dois produtos seria o mais rentável, o grupo de ciência da gestão da empresa introduziu duas variáveis de decisão:

D = Taxa de produção deste novo tipo de porta

W = Taxa de produção deste novo tipo de janela

em que essa taxa mede o número de unidades produzidas por semana. Três fábricas as produzirão. Com base em decisões gerenciais a respeito de quanto será mantido da produção atual, as horas de produção disponibilizadas por semana nas fábricas 1, 2, e 3 para os novos produtos são 4, 12 e 18, respectivamente. Depois de obter estimativas aproximadas de que o lucro unitário será de 300 dólares para as portas e de 500 para as janelas, o grupo de ciência da gestão formulou o modelo de programação linear mostrado na Figura 2.13 e repetido aqui na Figura 5.1, em que o objetivo é escolher os valores de D e W nas células variáveis UnidadesProduzidas (C12:D12), de modo a maximizar o lucro total (por semana) dado na célula-alvo LucroTotal (G12). Aplicar o Solver para esse modelo rendeu a solução ideal mostrada nesta planilha e resumida como segue.

Solução ideal

D	=	2	(Produzir 2 portas por semana.)
W	=	6	(Produzir 6 janelas por semana.)
Lucro	=	3.600	(Lucro semanal total estimado de 3.600 dólares.)

No entanto, essa solução ideal assume que todas as estimativas que fornecem os parâmetros do modelo [como mostrado nas células de dados LucroUnitário (C4:D4), HorasUsadasPorUnidadeProduzida (C7:D9), e HorasDisponíveis (G7:G9)] são precisas.

A líder do grupo de ciência da gestão, Lisa Taylor, agora está pronta para se reunir com os gerentes para discutir a recomendação do grupo de que o *mix* de produtos determinado deve ser usado.

Discussão da gestão do *mix* de produtos recomendado

Lisa Taylor (líder do grupo de ciência da gestão): Pedi esta reunião para que pudéssemos explorar as questões que vocês dois gostariam a que nós nos dedicássemos mais. Particularmente, estou preocupada com o fato de que não pudemos fixar melhor os números exatos para entrar em nosso modelo. Quais estimativas vocês acham que são as mais instáveis?

Bill Tasto (vice-presidente de produção): Sem dúvida, as estimativas dos lucros unitários para os dois produtos. Uma vez que os produtos não entraram em produção ainda, tudo o que podíamos fazer era analisar os dados de produtos atuais similares e, em seguida, tentar projetar as mudanças para esses novos produtos. Nós temos alguns números, mas muito grosseiros. Precisamos trabalhar muito mais para defini-los melhor.

John Hill (presidente): Talvez precisemos fazer isso. Lisa, você sabe uma maneira de verificar até onde uma dessas estimativas pode chegar sem alterar o *mix* de produtos ideal?

Lisa: Sim, nós sabemos. Podemos encontrar rapidamente o que chamamos de *faixa permitida* para cada lucro unitário. Enquanto o verdadeiro valor do lucro unitário estiver dentro desse intervalo permitido, e o outro lucro unitário estiver correto, o *mix* ideal de produtos não vai mudar. Se essa faixa for bastante ampla, você não precisa se preocupar com o refino da estimativa do lucro unitário. No entanto, se a faixa for muito estreita, é importante fixar a estimativa mais de perto.

> O intervalo permitido para um lucro unitário indica até que ponto a estimativa pode ser imprecisa sem afetar o *mix* de produtos ideal.

FIGURA 5.1
Modelo de planilha e sua solução ideal para o problema original da Wyndor antes de começar a análise "e se".

	A	B	C	D	E	F	G
1	Problema de *mix* de produto da Wyndor Glass Co.						
2							
3			Portas	Janelas			
4		Lucro unitário	$300	$500			
5					Horas		Horas
6			Horas usadas por unidade produzida		usadas		disponíveis
7		Fábrica 1	1	0	2	≤	4
8		Fábrica 2	0	2	12	≤	12
9		Fábrica 3	3	2	18	≤	18
10							
11			Portas	Janelas			Lucro total
12		Unidades produzidas	2	6			$3.600

Parâmetros do Solver
Definir objetivo (célula-alvo): LucroTotal
Para: Maximizar
Por Células Variáveis:
  UnidadesProduzidas
Sujeito a Restrições:
  HorasUsadas <= HorasDisponíveis

Opções do Solver (Excel 2010):
  Fazer variáveis não negativas
  Solucionando o método: simples LP
Opções do Solver (Excel mais antigo):
  Assumir não negativo
  Assumir modelo linear

	E
5	Horas
6	usadas
7	=SOMARPRODUTO(C7:D7, UnidadesProduzidas)
8	=SOMARPRODUTO(C8:D8, UnidadesProduzidas)
9	=SOMARPRODUTO(C9:D9, UnidadesProduzidas)

	G
11	Lucro total
12	=SOMARPRODUTO(LucroUnitário, UnidadesProduzidas)

Nomes de intervalo	Células
PortasProduzidas	C12
HorasDisponíveis	G7:G9
HorasUsadas	E7:E9
HorasUsadasPorUnidadesProduzidas	C7:D9
LucroTotal	G12
LucroUnitário	C4:D4
UnidadesProduzidas	C12:D12
JanelasProduzidas	D12

John: O que acontece se ambas as estimativas estiverem fora?

Lisa: Podemos fornecer uma maneira de verificar se o *mix* ideal de produtos pode mudar para qualquer nova combinação de lucros unitário que você acha que pode ser a verdadeira.

John: Ótimo. É disso que precisamos. Tem também mais uma coisa. Bill deu a você os números de quantas horas de produção disponibilizamos por semana nas três fábricas para esses novos produtos. Notei que usou esses números na sua planilha.

Lisa: É. Eles são os lados direitos das nossas restrições. Algo errado com esses números?

John: Não, nada. Queria apenas que soubesse que ainda não tomamos uma decisão final se esses são os números que desejamos usar. Gostaríamos que seu grupo nos fornecesse uma análise de qual seria o efeito se mudássemos qualquer um desses números. Quanto a mais de lucro poderíamos obter com os novos produtos para cada hora adicional de produção por semana fornecida em uma das fábricas? Esse tipo de coisa.

Lisa: Sim, podemos passar essa análise para você imediatamente também.

John: Talvez queiramos mudar o horário de produção disponível para duas ou três das fábricas.

Lisa: Sem problemas. Daremos a você informações sobre isso também.

Resumo das perguntas "e se" da gestão

Aqui está um resumo das perguntas "e se" de John Hill que Lisa e seu grupo abordarão nas próximas seções.

1. O que acontece se a estimativa do lucro unitário de um dos novos produtos da Wyndor estiver incorreta? (Seção 5.3)
2. O que acontece se as estimativas dos lucros unitários de ambos os novos produtos Wyndor forem imprecisas? (Seção 5.4)
3. O que acontece se for feita uma alteração nas horas de produção por semana disponibilizadas para os novos produtos da Wyndor em uma das fábricas? (Seção 5.5)
4. O que acontece se as alterações são feitas simultaneamente nas horas de produção por semana disponibilizadas para os novos produtos Wyndor em todas as fábricas? (Seção 5.6)

Perguntas de revisão

1. Quais estimativas dos parâmetros do modelo de programação linear para o problema da Wyndor são mais questionáveis?
2. Quais números nesse modelo representam decisões experimentais que o gerenciamento pode querer mudar depois de receber a análise do grupo de ciência da gestão?

5.3 EFEITO DAS ALTERAÇÕES EM UM COEFICIENTE DE FUNÇÃO OBJETIVO

A Seção 5.1 começou discutindo o fato de que muitos dos parâmetros de um modelo de programação linear normalmente são apenas *estimativas* de quantidades que não podem ser determinadas com precisão no momento. A análise "e se" (ou *análise de sensibilidade*, em particular) revela o quão próxima cada uma dessas estimativas deve ficar para evitar a obtenção de uma solução errônea ideal.

Vamos nos concentrar nesta seção sobre como a análise de sensibilidade faz isso quando os parâmetros envolvidos são *coeficientes na função objetivo*. (Lembre-se de que cada um desses coeficientes dá a *contribuição por unidade* de uma das atividades para a medida geral de desempenho.) No processo, iremos abordar a primeira das perguntas "e se" colocadas pela gestão da Wyndor na seção anterior.

Pergunta 1: O que acontece se a estimativa do lucro unitário de um dos novos produtos da Wyndor estiver incorreta?

Para iniciar esse processo, primeiro considere a questão do que acontece se a estimativa de 300 dólares de lucro unitário para o novo tipo de porta da Wyndor for imprecisa. Para abordar essa questão, temos

P_D = Lucro unitário para o novo tipo de porta
  = Célula C4 na planilha (ver Figura 5.1)

Apesar de P_D = 300 dólares na versão atual do modelo de programação linear Wyndor, agora queremos descobrir o quão maior ou menor P_D pode ser e ainda conservarmos $(D, W) = (2, 6)$ como a solução ideal. Em outras palavras, o quanto a estimativa de 300 dólares para o lucro unitário para essas portas pode estar fora antes de o modelo dar uma solução errônea ideal?

Uso da planilha para fazer a análise de sensibilidade

Um dos pontos fortes de uma planilha é a facilidade com que ela pode ser usada interativamente para realizar vários tipos de análise "e se", incluindo a análise de sensibilidade considerada nesta seção. Uma vez que o Solver foi criado para obter uma solução ideal, você pode imediatamente descobrir o que aconteceria se um dos parâmetros do modelo fosse mudado para algum outro valor. Tudo que você tem a fazer é realizar essa mudança na planilha e clicar no botão Solve novamente.

Clicando no botão Solve novamente, a planilha revela imediatamente o efeito da mudança de qualquer valor nos dados das células.

A Figura 5.2 mostra o que aconteceria se o lucro unitário para portas diminuísse de P_D = $300 para P_D = $200. Comparando com a Figura 5.1, não há mudança alguma na solução ideal. Na verdade, as *únicas* mudanças na nova planilha são o novo valor do P_D na célula C4 e uma diminuição de $ 200 no lucro total mostrado na célula G12 (porque cada uma das duas portas produzidas por semana prevê $100 a menos de lucro). Como a solução ideal não muda, sabemos agora que a estimativa original do P_D = $300 pode ser consideravelmente *alta demais*, sem invalidar a solução ideal do modelo.

FIGURA 5.2
Problema revisado da Wyndor em que a estimativa do lucro unitário para portas foi diminuída de $P_D = \$300$ para $P_D = \$200$, mas nenhuma mudança ocorre na solução ideal.

	A	B	C	D	E	F	G
1		**Problema de *mix* de produto da Wyndor Glass Co.**					
2							
3			Portas	Janelas			
4		Lucro unitário	$200	$500			
5					Horas		Horas
6			Horas usadas por unidade produzida		usadas		disponíveis
7		Fábrica 1	1	0	2	≤	4
8		Fábrica 2	0	2	12	≤	12
9		Fábrica 3	3	2	18	≤	18
10							
11			Portas	Janelas			Lucro total
12		Unidades produzidas	2	6			$3.400

FIGURA 5.3
Problema revisado da Wyndor em que a estimativa do lucro unitário para portas foi aumentada de $P_D = \$300$ a $P_D = \$500$, mas nenhuma mudança ocorre na solução ideal.

	A	B	C	D	E	F	G
1		**Problema de *mix* de produto da Wyndor Glass Co.**					
2							
3			Portas	Janelas			
4		Lucro unitário	$500	$500			
5					Horas		Horas
6			Horas usadas por unidade produzida		usadas		disponíveis
7		Fábrica 1	1	0	2	≤	4
8		Fábrica 2	0	2	12	≤	12
9		Fábrica 3	3	2	18	≤	18
10							
11			Portas	Janelas			Lucro total
12		Unidades produzidas	2	6			$4.000

Mas o que acontece se essa estimativa for *muito baixa*? A Figura 5.3 mostra o que aconteceria se P_D fosse aumentado para $P_D = \$500$. Novamente, não há nenhuma mudança na solução ideal.

Como o valor original do $P_D = \$300$ pode ser mudado consideravelmente em qualquer direção sem alterar a solução ideal, diz-se que P_D *não é um parâmetro sensitivo*. Não é necessário medir essa estimativa com grande precisão para acreditar que o modelo está fornecendo a solução ideal correta.

Essa pode ser toda a informação necessária sobre P_D. No entanto, se há uma boa possibilidade de que o verdadeiro valor do P_D acabe fora desta vasta faixa de 200 a 500 dólares, uma investigação mais aprofundada seria desejável. Quanto maior ou menor P_D pode ser antes de a solução ideal mudar?

A Figura 5.4 demonstra que a solução ideal mudaria, de fato, se P_D fosse aumentado até $P_D = \$ 1.000$. Assim, sabemos agora que essa mudança ocorre em algum lugar entre 500 e mil dólares durante o processo de P_D crescente.

Uso da planilha para fazer a análise de sensibilidade sistematicamente

Para fixar apenas quando a solução ideal será alterada, poderíamos continuar selecionando novos valores de P_D de forma aleatória. No entanto, uma melhor abordagem é considerar sistematicamente uma faixa de valores de P_D. Um suplemento de Excel desenvolvido pelos autores, chamado de *Solver Table*, é projetado para executar exatamente esse tipo de análise. Ele está disponível para você em seu MS Courseware. Instruções completas para o uso do Solver Table são apresentadas no Apêndice A.

FIGURA 5.4
Problema revisado da Wyndor em que a estimativa do lucro unitário para portas foi aumentada de $P_D = \$300$ para $P_D = \$1.000$, o que resulta em uma mudança na solução ideal.

	A	B	C	D	E	F	G
1		Problema de *mix* de produto da Wyndor Glass Co.					
2							
3			Portas	Janelas			
4		Lucro unitário	$1.000	$500			
5						Horas		Horas
6			Horas usadas por unidade produzida		usadas		disponíveis
7		Fábrica 1	1	0	4	≤	4
8		Fábrica 2	0	2	6	≤	12
9		Fábrica 3	3	2	18	≤	18
10							
11			Portas	Janelas			Lucro total
12		Unidades produzidas	4	3			$5.500

O Solver Table ressoluciona o problema para todo um intervalo de valores de uma célula de dados.

O Solver Table é utilizado para mostrar os resultados nas células variáveis e/ou certas células de saída para vários valores de análise em uma célula de dados. Para cada valor de análise na célula de dados, o Solver é chamado para ressolucionar o problema.

Para usar o Solver Table, primeiro expanda a planilha original (Figura 5.1) criando uma tabela com título, como mostrado na Figura 5.5. Na primeira coluna da tabela (células B19:B28), liste os valores de análise para a célula de dados (o lucro unitário de portas), sem deixar a primeira linha (célula B18) em branco. Os títulos das próximas colunas especificam qual saída será avaliada. Para cada uma dessas colunas, use a primeira linha da tabela (células C18:E18) para escrever uma equação que se refira à célula variável ou de saída relevante. Nesse caso, as células de interesse são PortasProduzidas (C12), JanelasProduzidas (D12), e LucroTotal (G12), então as equações para C18:E18 são aquelas mostradas na Figura 5.5.

Dica do Excel: Ao preencher a primeira coluna de um Solver Table com os valores da avaliação para a célula de dados de interesse, pule a primeira linha deixando espaço nas outras colunas para as equações referindo-se às células variáveis e/ou células de saída de interesse.

Em seguida, selecione a tabela inteira clicando e arrastando a partir da célula B18, através de E28, e depois escolha o Solver Table na guia Suplementos (para Excel 2007 ou 2010) ou no menu Ferramentas (para outras versões do Excel). Na caixa de diálogo Solver Table (como mostrado na parte inferior da Figura 5.5), indique a célula de entrada da coluna (C4) que se refere à célula de dados que está sendo alterada na primeira coluna da tabela. Nada é inserido na linha da célula de entrada, pois nenhuma linha está sendo usada para listar os valores de análise de uma célula de dados nesse caso.

Clicar no botão OK gera o Solver Table automaticamente. Um de cada vez, os valores de análise listados na primeira coluna da tabela são colocados na célula de entrada da coluna e, em seguida, o Solver Table chama o Solver para ressolucionar o problema. Então, uma vez que a primeira linha do Solver Table tem equações apontando para as células de saída que agora detêm a nova solução ideal, a primeira linha do Solver Table também vai mostrar os resultados ideais para aquele valor de análise particular da célula de entrada da coluna. O Solver Table copia esses resultados da primeira linha da tabela para a linha correspondente da tabela para o valor de avaliação. Esse processo é repetido automaticamente para cada valor de análise restante na primeira coluna da tabela. O resultado final quando o Solver Table está finalizado (o que acontece muito rapidamente para pequenos problemas) é que o Solver Table está completamente preenchido (como mostrado na Figura 5.6) e mostra os melhores resultados para todos os valores de análise da célula de entrada da coluna. (Os números exibidos atualmente na primeira linha da tabela na Figura 5.6 vêm da solução original na planilha antes de alterar o valor original da célula de entrada da coluna.)

Faixa permitida para um coeficiente na função objetivo é o intervalo de valores para esse coeficiente sobre o qual a solução ideal para o modelo original permanece ideal.

A tabela revela que a solução ideal permanece sempre a mesma desde $P_D = \$100$ (e talvez mais baixo) até $P_D = \$700$, mas que ocorre uma alteração em algum lugar entre \$700 e \$800. A seguir, sistematicamente poderíamos considerar os valores de P_D entre \$700 e \$800 para determinar de forma mais próxima onde a solução ideal muda. No entanto, aqui vai um atalho. O intervalo de valores de P_D sobre o qual $(D, W) = (2, 6)$ permanece, uma vez que a solução ideal é referida como a **faixa permitida para um coeficiente de função objetivo**, ou apenas a **faixa permitida** para resumir. Mediante pedido, o Excel Solver apresentará um relatório chamado *relatório de sensibilidade* que revela exatamente o que é essa faixa permitida.

FIGURA 5.5
Expansão da planilha na Figura 5.1 prepararando para o uso de um Solver Table para mostrar o efeito de variar sistematicamente a estimativa do lucro unitário de portas e janelas no problema da Wyndor.

	A	B	C	D	E	F	G
1		Problema de *mix* de produto da Wyndor Glass Co.					
2							
3			Portas	Janelas			
4		Lucro unitário	$300	$500			
5					Horas		Horas
6			Horas usadas por unidade produzida		usadas		disponíveis
7		Fábrica 1	1	0	2	≤	4
8		Fábrica 2	0	2	12	≤	12
9		Fábrica 3	3	2	18	≤	18
10							
11			Portas	Janelas			Lucro total
12		Unidades produzidas	2	6			$3.600
13							
14							
15							
16		Lucro unitário	Unidades ideais produzidas		Lucro		
17		para portas	Portas	Janelas	total		Selecione essas células (B18:E28) antes de escolher o Solver.
18			2	6	$3.600		
19		$100					
20		$200					
21		$300					
22		$400					
23		$500					
24		$600					
25		$700					
26		$800					
27		$900					
28		$1.000					

	C	D	E
16	Unidades ideais produzidas		Lucro
17	Portas	Janelas	total
18	=PortasProduzidas	=JanelasProduzidas	=LucroTotal

Nomes de intervalo	Células
PortasProduzidas	C12
LucroTotal	G12
JanelasProduzidas	D12

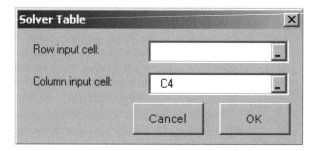

Uso do relatório de sensibilidade para encontrar a faixa permitida

Como foi mostrado na Figura 2.12, quando o Solver dá a mensagem de que encontrou uma solução, também dá, à direita, uma lista de três relatórios que podem ser fornecidos. Ao selecionar o segundo (chamado Sensitivo), você irá obter o relatório de sensibilidade.

FIGURA 5.6
Aplicação do Solver Table que mostra o efeito da variação da estimativa sistemática do lucro unitário para portas no problema da Wyndor.

	B	C	D	E
16	Lucro unitário	Unidades ideais produzidas		Lucro
17	das portas	Portas	Janelas	total
18		2	6	$3.600
19	$100	2	6	$3.200
20	$200	2	6	$3.400
21	$300	2	6	$3.600
22	$400	2	6	$3.800
23	$500	2	6	$4.000
24	$600	2	6	$4.200
25	$700	2	6	$4.400
26	$800	4	3	$4.700
27	$900	4	3	$5.100
28	$1.000	4	3	$5.500

FIGURA 5.7
Parte do relatório de sensibilidade gerado pelo Excel Solver para o problema original da Wyndor (Figura 5.1), em que as últimas três colunas permitem identificar os intervalos permitidos para os lucros unitários para portas e janelas.

Células variáveis					
Células	Nome	Valor final	Custo reduzido	Coeficiente objetivo	Aumento permitido	Diminuição permitida
$C$12	PortasProduzidas	2	0	300	450	300
$D$12	JanelasProduzidas	6	0	500	1E+30	300

Os *custos reduzidos* são descritos no suplemento deste capítulo no CD-ROM. Não se preocupe com esse assunto relativamente técnico (a menos que seu instrutor indique esse suplemento).

O relatório de sensibilidade gerado pelo Solver Excel revela o intervalo permitido para cada coeficiente na função objetivo.

A Figura 5.7 mostra a parte relevante desse relatório para o problema da Wyndor. A coluna Valor Final indica a solução ideal. A próxima coluna mostra os *custos reduzidos*, o que pode fornecer algumas informações úteis quando qualquer das células variáveis é igual a zero na solução ideal, o que não é o caso aqui. (Para uma célula variável de valor zero, o *custo reduzido* correspondente pode ser usado para determinar qual seria o efeito de aumentar a célula variável ou criar uma mudança em seu coeficiente na função objetivo. Devido à natureza relativamente técnica dessas interpretações de custos reduzidos, não vamos discuti-los mais profundamente aqui, mas vamos fornecer uma explicação completa no suplemento deste capítulo no CD-ROM.) As próximas três colunas fornecem as informações necessárias para identificar a *faixa permitida* para cada coeficiente na função objetivo. A coluna Coeficiente Objetivo dá o valor atual de cada coeficiente, e as próximas duas colunas dão o *aumento permitido* e a *diminuição permitida*, a partir desse valor, para permanecer no intervalo permitido.

Por exemplo, considere P_D, o coeficiente de D na função objetivo. Uma vez que D é a taxa de produção para essas portas especiais, a linha Portas na tabela fornece as seguintes informações (sem o cifrão) sobre P_D:

Valor atual do P_D: 300
Aumento permitido em P_D: 450   Assim, $P_D \leq 300 + 450 = 750$
Diminuição permitida em P_D: 300   Assim, $P_D \leq 300 + 300 = 0$
Faixa permitida para P_D: $0 \leq P_D \leq 750$

Portanto, se P_D tem seu valor atual alterado (sem fazer nenhuma outra mudança no modelo), a solução atual $(D, W) = (2, 6)$ continuará a ser ideal, desde que o novo valor de P_D esteja dentro da faixa permitida.

A Figura 5.8 fornece uma visão gráfica nessa faixa permitida. Para o valor original de P_D = 300, a linha sólida na figura mostra a inclinação da linha da função objetivo passando por (2, 6). No extremo inferior da faixa permitida, quando $P_D = 0$, a linha função objetivo que passa por (2, 6) agora é a linha B na figura, assim, cada ponto no segmento de linha entre (0, 6) e (2, 6) é uma solução ideal. Para qualquer valor de $P_D < 0$, a linha de função objetivo terá girado ainda mais para que (0, 6) se torne a única solução ideal. Na extremidade superior da faixa permitida, quando $P_D = 750$, a linha função objetivo que passa por (2, 6) se torna a linha C, assim, cada ponto no segmento de linha entre (2, 6) e (4, 3) se torna uma solução ideal.

FIGURA 5.8
As duas linhas tracejadas que passam pelas linhas de limite de restrição sólidas são as linhas função objetivo quando P_D (o lucro unitário das portas) está em um ponto final de sua faixa permitida, $0 \leq P_D \leq 750$, uma vez que a linha ou qualquer linha de função objetivo no meio ainda rende frutos $(D, W) = (2, 6)$ como uma solução ideal para o problema da Wyndor.

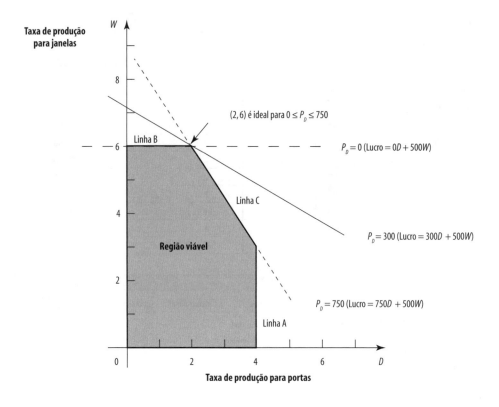

Verifique esse módulo nos Módulos Interativos de Ciência da Gestão para algumas ideias gráficas no intervalo permitido.

Para qualquer valor de $P_D > 750$, a linha de função objetivo é ainda mais inclinada do que a linha C, então (4, 3) se torna a única solução ideal.

O módulo *Análise de Sensibilidade em seus Módulos Interativos de Ciência da Gestão* (disponível no CD-ROM) é projetado para ajudá-lo a realizar esse tipo de análise gráfica. Depois de introduzir o modelo para o problema Wyndor original, o módulo lhe fornece o gráfico mostrado na Figura 5.8 (sem linhas tracejadas). Então, você pode simplesmente arrasta uma extremidade da linha função objetivo para cima ou para baixo para ver o quão longe você pode aumentar ou diminuir P_D antes de $(D, W) = (2, 6)$ deixarem de ser ideais.

> *Conclusão:* O intervalo permitido para P_D é $0 \leq P_D \leq 750$, porque $(D, W) = (2, 6)$, continua ideal acima dessa faixa, mas não além. (Quando $P_D = 0$ ou $P_D = 750$, existem múltiplas soluções ideias, mas $(D, W) = (2, 6)$ ainda é um delas). Com a faixa dessa largura em torno da estimativa inicial de \$300 ($P_D = 300$) para o lucro unitário das portas, podemos ficar bastante confiantes em obter a solução ideal correta para o verdadeiro lucro unitário, mesmo que a discussão na Seção 5.2 indique que essa estimativa é bastante difícil.

O relatório de sensibilidade também pode ser usado para encontrar a faixa permitida para o lucro unitário de outro produto da Wyndor. Particularmente, temos

P_W = Lucro unitário para o novo tipo de janela da Wyndor
    = Célula D4 da planilha

Relativamente à linha de janelas do relatório de sensibilidade (Figura 5.7), ela indica que a diminuição permitida no P_W é de 300 (então $P_W \geq 500 - 300 = 200$) e o aumento permitido é de 1E+30. O que significa 1E+30? Um atalho no Excel para 10^{30} (1 com 30 zeros depois dele). Esse número tremendamente grande é usado pelo Excel para representar o *infinito*. Portanto, o intervalo permitido de P_W é obtido a partir do relatório de sensibilidade da seguinte forma:

Valor corrente de P_W:	500	
Aumento permitido em P_W:	Ilimitado	Então P_W não tem limite superior
Diminuição permitida em P_W:	300	Então $P_W \geq 500 - 300 = 200$
Intervalo permitido:	$PW \geq 200$	

A faixa permitida é bastante ampla para os dois coeficientes de função objetivo. Assim, mesmo que $P_D = \$300$ e $P_W = \$500$ fossem apenas estimativas aproximadas do lucro unitário válido para as portas e janelas, respectivamente, ainda podemos estar confiantes de que obtivemos a solução ideal correta.

> Um parâmetro é considerado sensível se mesmo uma pequena mudança em seu valor puder mudar a solução ideal.

Nem sempre temos essa sorte. Para alguns problemas de programação linear, mesmo uma pequena mudança no valor de coeficientes determinados na função objetivo pode alterar a solução ótima. Tais coeficientes são referidos como parâmetros sensíveis. O relatório de sensibilidade indicará imediatamente qual dos coeficientes de função objetivo (se houver) são parâmetros sensíveis. Estes são os que tiverem um pequeno aumento permitido e/ou uma pequena diminuição permitida. Portanto, cuidados extras devem ser tomados para refinar essas estimativas.

Uma vez que isso tenha sido feito e a versão final do modelo tenha sido resolvida, as faixas permitidas continuam a servir a um propósito importante. Como indicado na Seção 5.1, o segundo benefício da análise "e se" é que, se as condições mudam após o estudo ser concluído (uma ocorrência comum), ela deixa sinais que indicam (sem resolver o modelo novamente) se uma mudança resultante em um parâmetro do modelo altera a solução ideal. Assim, se semanas, meses ou mesmo anos mais tarde, o lucro da unidade para uma das novas alterações Wyndor de produtos mudar substancialmente, a sua faixa permitida indica imediatamente se o antigo *mix* ideal de produtos ainda é o mais adequado para usar. Poder tirar uma conclusão afirmativa sem reconstruir e resolver o modelo de revista é extremamente útil para qualquer problema de programação linear, mas especialmente quando o modelo é grande.

Perguntas de revisão

1. O que significa *faixa permitida* para um coeficiente na função objetivo?
2. O que significa quando o valor verdadeiro para um coeficiente na função objetivo passa a ser tão diferente de sua estimativa que ela se encontra fora de sua faixa permitida?
3. No relatório de sensibilidade do Excel, qual é a interpretação das colunas Coeficiente Objetivo, Aumento Permitido e Diminuição Permitida?

5.4 EFEITO DE ALTERAÇÕES SIMULTÂNEAS EM COEFICIENTES DE FUNÇÃO OBJETIVO

Os coeficientes na função objetivo normalmente representam quantidades (p. ex., lucros unitários) que só podem ser estimadas em razão da considerável incerteza sobre o que seus verdadeiros valores se tornarão. As faixas permitidas descritas na seção anterior lidam com essa incerteza concentrando-se em apenas um coeficiente de cada vez. Na verdade, a faixa permitida para um determinado coeficiente assume que as estimativas originais para todos os outros coeficientes são completamente precisas, de forma que esse coeficiente é o único cujo verdadeiro valor pode diferir de sua estimativa original.

Na realidade, as estimativas para *todos* os coeficientes (ou pelo menos mais de um deles) podem ser simultaneamente imprecisas. A questão crucial é se isso pode resultar na obtenção da solução ideal errada. Em caso afirmativo, deve ser tomado um cuidado maior para refinar essas estimativas tanto quanto possível, pelo menos para os coeficientes mais cruciais. Por outro lado, se a análise "e se" revelar que é improvável que os erros previstos na estimativa dos coeficientes afetem a solução ideal, então a gestão pode confirmar novamente que o modelo de programação linear atual e seus resultados estão fornecendo a orientação adequada.

Esta seção se concentra em como determinar, sem resolver o problema novamente, se a solução ideal pode mudar se certas alterações ocorrerem simultaneamente nos coeficientes da função objetivo (devido aos seus verdadeiros valores diferirem das suas estimativas). No processo, vamos abordar a segunda parte das perguntas "e se" do gerenciamento da Wyndor.

> **Pergunta 2:** O que acontece se as estimativas dos lucros unitários de ambos os novos produtos Wyndor forem imprecisas?

Utilização da planilha para esta análise

Mais uma vez, uma maneira rápida e fácil para abordar esse tipo de pergunta é simplesmente testar diferentes estimativas da formulação da planilha do modelo e ver o que acontece cada vez que clicar no botão Solve.

VINHETA DE APLICAÇÃO

A **Pacific Lumber Company (PALCO)** é uma grande empresa de madeira com sede em Scotia, na Califórnia. Ela tem mais de 200 mil acres de terras de florestas altamente produtivas que comportam cinco fábricas no condado de Humboldt, no norte da Califórnia. As terras incluem alguns dos mais espetaculares bosques de sequoias no mundo, que foram doados ou vendidos a baixo custo para serem preservados como parques. A PALCO gerencia as terras restantes para a produção de madeira sustentável, sujeita às rigorosas leis florestais. Uma vez que as florestas da PALCO são o lar de muitas espécies de vida selvagem, incluindo algumas ameaçadas de extinção, como corujas-pintadas e da ave *marbled murrelets*, a Lei Federal de Espécies Ameaçadas também precisa ser cuidadosamente observada.

Para obter um plano de rendimento sustentado para toda a extensão da terra, a gestão da PALCO contratou uma equipe de consultores da ciência da gestão para desenvolver um plano de gerenciamento dos ecossistemas florestais de 120 anos, e 12 períodos, a longo prazo. A equipe realizou essa tarefa formulando e aplicando um modelo de programação linear para otimizar as operações florestais gerais da empresa, bem como a lucratividade depois de satisfazer várias restrições. O modelo foi enorme, com cerca de 8.500 restrições funcionais e 353 mil variáveis de decisão.

Um dos principais desafios na aplicação do modelo foram as muitas incertezas para estimar quais devem ser os parâmetros do modelo. Os principais fatores que causam essas incertezas são as contínuas flutuações no abastecimento e na demanda do mercado, os custos de registro e os regulamentos ambientais. Portanto, a equipe de ciência da gestão fez uso extensivo da *análise de sensibilidade detalhada*. O plano de rendimento sustentado resultante *aumentou o valor líquido atual da empresa em mais de* **398 milhões dólares** enquanto gerava um melhor *mix* de acres do habitat da vida selvagem.

Fonte: L. R. Fletcher, H. Alden, S. P. Holmen, D. P. Angelis, and M. J. Etzenhouser, "Long-Term Forest Ecosystem Planning at Pacific Lumber," *Interfaces* 29, no. 1 (January–February 1999), pp. 90–112. (Um link para este artigo é oferecido no site **www.mhhe.com/hillier4e**.)

Nesse caso, o *mix* ideal de produtos indicado pelo modelo intensamente sobrecarregado para a produção de janelas (6 por semana) em vez de portas (apenas 2 por semana). Uma vez que há o mesmo entusiasmo para ambos os novos produtos, a gestão está preocupada com esse desequilíbrio. Portanto, a gerência levantou uma pergunta "e se". O que aconteceria se a estimativa do lucro unitário para as portas ($300) fosse muito baixa, e a estimativa correspondente para as janelas ($500) fosse demasiadamente elevada? A gestão sente que as estimativas poderiam facilmente estar fora nessa situação. Se esse fosse o caso, isso conduziria a um *mix* de produtos mais equilibrado, sendo o mais rentável?

Essa questão pode ser respondida em segundos simplesmente substituindo as novas estimativas dos lucros unitários na planilha original na Figura 5.1 e clicando no botão Solve. A Figura 5.9 mostra que as novas estimativas de $450 para portas e de $400 para janelas não produz nenhuma mudança na solução para o *mix* ideal de produtos ideal. (O lucro total muda, mas isso só ocorre por causa das mudanças nos lucros unitários.) Mesmo mudanças maiores nas estimativas de lucros unitários finalmente conduziriam a uma mudança no *mix* ideal de produtos? A Figura 5.10 mostra que isso não acontece, rendendo um *mix* de produtos relativamente equilibrado de $(D, W) = (4, 3)$, quando as estimativas de $600 para portas e de $300 para janelas são usadas.

FIGURA 5.9
Problema revisado da Wyndor em que as estimativas dos lucros unitários para portas e janelas foram alteradas para $P_D = \$450$ e $P_W = \$400$, respectivamente, mas nenhuma mudança ocorre na solução ideal.

	A	B	C	D	E	F	G
1		Problema de *mix* de produto da Wyndor Glass Co.					
2							
3			Portas	Janelas			
4		Lucro unitário	$450	$400			
5					Horas		Horas
6			Horas usadas por unidade produzida		usadas		disponíveis
7		Fábrica 1	1	0	2	≤	4
8		Fábrica 2	0	2	12	≤	12
9		Fábrica 3	3	2	18	≤	18
10							
11			Portas	Janelas			Lucro total
12		Unidades produzidas	2	6			$3.300

FIGURA 5.10
Problema revisado da Wyndor em que as estimativas dos lucros unitários para portas e janelas foram alteradas para $600 e $300, respectivamente, o que resulta em uma mudança na solução ideal.

	A	B	C	D	E	F	G
1		Problema de *mix* de produto da Wyndor Glass Co.					
2							
3			Portas	Janelas			
4		Lucro unitário	$600	$300			
5					Horas		Horas
6			Horas usadas por unidade produzida		usadas		disponíveis
7		Fábrica 1	1	0	4	≤	4
8		Fábrica 2	0	2	6	≤	12
9		Fábrica 3	3	2	18	≤	18
10							
11			Portas	Janelas			Lucro total
12		Unidades produzidas	4	3			$3.300

Utilização das tabelas Solver bidirecionais para esta análise

O Solver Table *bidirecional* oferece uma forma de investigar sistematicamente o efeito se as estimativas de ambos os lucros unitários estiverem imprecisas. Esse tipo de Solver Table mostra os resultados em uma única célula de saída para diversos valores de análise em duas células de dados. Portanto, ele pode ser usado para mostrar como o LucroTotal (G12) na Figura 5.1 varia em um intervalo de valores e análise nas duas células de dados, a LucroUnitário (C4:D4). Para cada par de valores de análise nessas células de dados, o Solver é chamado para ressolucionar o problema.

Para criar um Solver Table bidirecional para o problema da Wyndor, expanda a planilha original (Figura 5.1) para fazer uma tabela com cabeçalhos de coluna e de linha, como mostrado nas linhas 16-21 da planilha na Figura 5.11. No canto superior esquerdo da tabela (C17), insira uma equação que se refira à célula-alvo (=LucroTotal). Na primeira coluna da tabela (coluna C, abaixo da equação na célula C17), insira diversos valores de análise para a primeira célula de dados de interesse (o lucro unitário de portas). Na primeira linha da tabela (linha 17, à direita da equação na célula C17), insira diferentes valores de análise para a segunda célula de dados de interesse (o lucro unitário de janelas).

Ao contrário de um Solver Table *unidirecional* (como na Figura 5.6) que mostra os resultados para valores de análise em uma *única* célula de dados, um Solver Table *bidirecional* mostra os resultados para valores de análise em duas células de dados.

Em seguida, selecione a tabela inteira (C17:H21) e escolha Solver Table do guia Suplementos (para Excel 2007 ou 2010) ou no menu Ferramentas (para outras versões do Excel). Na caixa de diálogo Solver Table (mostrada na parte inferior da Figura 5.11), indique quais células de dados estão sendo alteradas simultaneamente. A célula de entrada da coluna C4 refere-se à célula de dados cujos diferentes valores de análise são listados na primeira coluna da tabela (C18:C21), enquanto a célula de entrada da linha refere-se à célula de dados cujos diferentes valores de análise são listados na primeira linha da tabela (D17:H17).

O Apêndice A descreve esse mesmo procedimento e fornece um resumo útil dos passos necessários para criar um Solver Table bidirecional.

Clicar no botão OK gera o Solver Table automaticamente. Um de cada vez, um par de valores de análise listado na primeira coluna e na primeira linha da tabela é colocado na célula de entrada da coluna e na célula de entrada da linha, respectivamente, e então o Solver Table ativa o Solver para ressolucionar o problema. Assim, uma vez que a célula no canto superior esquerdo do Solver Table (C17 para esse exemplo) tem uma equação referindo-se à célula de saída de interesse (a célula-alvo para este exemplo) que agora detém a nova solução ideal, a célula no canto superior esquerdo agora também mostra o resultado ideal para esse determinado par de valores de análise. O Solver Table copia esse resultado para a entrada correspondente na linha e, na coluna da tabela, para esse par de valores de análise. Esse processo é repetido automaticamente para cada par restante de valor de análise. O resultado final quando o Solver Table está finalizado é que este fica completamente preenchido (como mostrado na Figura 5.12) e mostra o resultado ideal para todos os pares de valores de análise. (O número exibido atualmente na C17 vem da solução original na planilha antes de alterar os valores originais nas células de entrada de coluna e de linha.)

Apesar de um Solver Table bidirecional ser limitado a mostrar resultados em uma única célula da tabela para cada combinação de valores de julgamento em duas células de dados, o símbolo & pode ser usado para mostrar os resultados de várias células da planilha original nesta única célula.

Ao contrário de um Solver Table unidirecionado, que pode mostrar os resultados de *múltiplas* células variáveis e/ou células de saída para diferentes valores de análise de uma única célula de dados, um Solver Table bidirecional é limitado a mostrar os resultados em uma *única* célula para cada par de valores de análise nas duas células de dados de interesse.

FIGURA 5.11

Expansão da planilha na Figura 5.1 para se preparar para usar um Solver Table bidimensional para mostrar o efeito sobre o lucro total de variar sistematicamente as estimativas dos lucros unitários de portas e janelas para o problema da Wyndor.

	A	B	C	D	E	F	G	H	I
1		Problema de *mix* de produto da Wyndor Glass Co.							
2									
3			Portas	Janelas					
4		Lucro unitário	$300	$500					
5					Horas		Horas		
6			Horas usadas por unidade produzida		usadas		disponíveis		
7		Fábrica 1	1	0	2	≤	4		
8		Fábrica 2	0	2	12	≤	12		
9		Fábrica 3	3	2	18	≤	18		
10									
11			Portas	Janelas			Lucro Total		
12		Unidades produzidas	2	6			$3.600		Selecione essas células (B18:E28) antes de escolher o Solver.
13									
14									
15									
16		**Lucro total**		Lucro unitário para janelas					
17			$3.600	$100	$200	$300	$400	$500	
18			$300						
19		Lucro unitário	$400						
20		para portas	$500						
21			$600						

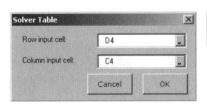

	C
17	=LucroTotal

Nome de intervalo	Célula
Lucro Total	G12

FIGURA 5.12

Aplicação do Solver Table bidimensional que mostra o efeito sobre o lucro total de variar sistematicamente as estimativas dos lucros unitários de portas e janelas para o problema da Wyndor.

	B	C	D	E	F	G	H
16	**Lucro total**		Lucro unitário para janelas				
17		$3.600	$100	$200	$300	$400	$500
18		$300	$1.500	$1.800	$2.400	$3.000	$3.600
19	Lucro unitário	$400	$1.900	$2.200	$2.600	$3.200	$3.800
20	para portas	$500	$2.300	$2.600	$2.900	$3.400	$4.000
21		$600	$2.700	$3.000	$3.300	$3.600	$4.200

No entanto, há um truque usando o símbolo & que permite que o Solver Table mostre os resultados de múltiplas células variáveis e/ou células de saída dentro de uma única célula da tabela. Utilizamos esse truque no Solver Table mostrado na Figura 5.13 para mostrar os resultados para *ambas* as células variáveis PortasProduzidas (C12) e JanelasProduzidas (D12) para cada par de valores de análise por LucroUnitários (C4:D4). A fórmula-chave está na célula C25:

C25 = "(" & PortasProduzidas & "," & JanelasProduzidas & ")"

O caractere & diz ao Excel para concatenar, assim, o resultado será um parêntese esquerdo seguido pelo valor do PortasProduzidas (C12), então uma vírgula e o conteúdo em JanelasProduzidas (D12) e, finalmente, um parêntese direito. Se PortasProduzidas = 2 e JanelasProduzidas = 6, o resultado é (2, 6). Portanto, os resultados de *ambas* as células variáveis são exibidos dentro de uma *única* célula da tabela.

Dica do Excel: Qualquer texto que você gostaria de ter para exibir uma fórmula (como os parênteses e as vírgulas na fórmula em C25 da Figura 5.13) deve estar entre aspas.

FIGURA 5.13
Aplicação do Solver Table bidimensional que mostra o efeito sobre a solução ideal de variar sistematicamente as estimativas dos lucros unitários de portas e janelas para o problema da Wyndor.

	B	C	D	E	F	G	H
24	Unidades produzidas (portas, janelas)				Lucro unitário para janelas		
25		(2,6)	$100	$200	$300	$400	$500
26		$300	(4,3)	(4,3)	(2,6)	(2,6)	(2,6)
27	Lucro Unitário	$400	(4,3)	(4,3)	(2,6)	(2,6)	(2,6)
28	para portas	$500	(4,3)	(4,3)	(4,3)	(2,6)	(2,6)
29		$600	(4,3)	(4,3)	(4,3)	(4,3)	(2,6)

	C
25	= "(" & PortasProduzidas & "," & JanelasProduzidas & ")"

Nomes de intervalo	Células
PortasProduzidas	C12
JanelasProduzidas	D12

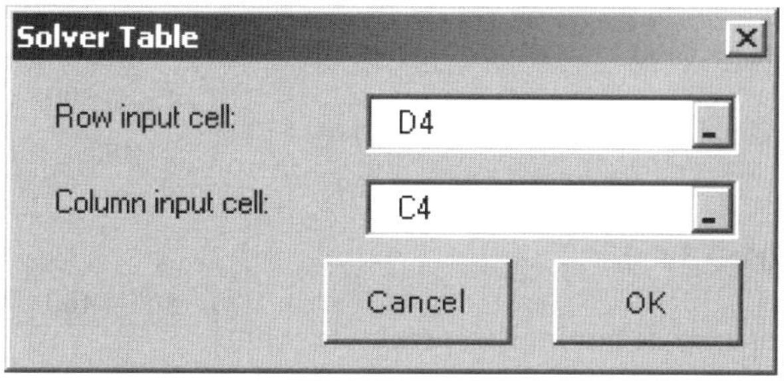

Solver Table
Row input cell: D4
Column input cell: C4

Após as preliminares usuais de entrada de informações mostradas nas linhas 24-25 e nas colunas B-C da Figura 5.13, juntamente com a fórmula em C25, clicar no botão OK gera automaticamente o Solver Table inteiro. As células D26:H29 mostram a solução ideal para as diversas combinações de valores de análise dos lucros unitários de portas e janelas. O canto direito superior (célula H26) do Solver Table dá a solução ideal de $(D, W) = (2, 6)$ quando se usa as estimativas originais de lucro unitário de $300 para portas e $500 para janelas. Mover-se para baixo a partir desta célula corresponde a aumentar essa estimativa para as portas, enquanto se mover para as quantias da esquerda diminui-se a estimativa das janelas. (As células quando se deslocam para cima ou para a direita de H26 não são mostradas porque essas mudanças só iriam aumentar a atratividade de $(D, W) = (2, 6)$ como a solução ideal). Note que $(D, W) = (2, 6)$ continua a ser a solução ideal para todas as células próximas a H26. Isso indica que as estimativas originais do lucro unitário precisariam ser muito imprecisas antes do *mix* de produtos ideal mudar. Embora as estimativas sejam bastante ásperas, a gestão está confiante de que não sejam tão imprecisas. Portanto, não há necessidade de um esforço considerável que seria exigido para refinar as estimativas.

A análise "e se" mostra que não há necessidade de refinar as estimativas da Wyndor dos lucros unitários de portas e janelas.

Nesse ponto, continua a parecer que $(D, W) = (2, 6)$ é a melhor combinação de produtos para iniciar a produção dos dois novos (embora as perguntas "e se" adicionais continuem sendo abordadas nas próximas seções). No entanto, também já sabemos a partir da Figura 5.13 que como as condições mudam no futuro, se os lucros unitários para ambos os produtos mudam o suficiente, pode ser aconselhável alterar o *mix* de produtos mais tarde. Ainda precisamos deixar sinais claros para indicar quando uma futura mudança no *mix* de produtos deve ser considerada, como descrito a seguir.

Compilação de informações adicionais do relatório de sensibilidade

A soma ≤ 100% garante que a solução ideal original ainda seja ideal.

A seção anterior descreveu como os dados no relatório de sensibilidade permitem encontrar a faixa permitida para um coeficiente individual na função objetivo, quando esse coeficiente é o único que muda a partir do seu valor original. Esses mesmos dados (o aumento e a diminuição permitidos em cada coeficiente) também podem ser usados para analisar o efeito de mudanças *simultâneas* nos coeficientes. Veja como.

> *A Regra de 100% para Mudanças Simultâneas nos Coeficientes de Função Objetivo:* Se as alterações são feitas simultaneamente nos coeficientes da função objetivo, calcule, para cada mudança, a porcentagem da variação permitida (aumento ou redução) para permanecerem dentro de sua faixa permitida. Se a *soma* das variações percentuais *não* exceder 100%, definitivamente a solução ideal original ainda será ideal. (Se a soma *exceder* 100%, então não podemos ter certeza).

Essa regra não esclarece o que acontece se a soma das variações percentuais *exceder* 100%. A consequência depende da direção das mudanças nos coeficientes. Exceder 100% pode ou não mudar a solução ideal, mas enquanto os 100% não são excedidos, a solução ideal original ainda será ideal.

Tenha em mente que só podemos usar com segurança todo o aumento ou diminuição permitidos em um único coeficiente de função objetivo se nenhum dos outros coeficientes mudou. Com mudanças simultâneas nos coeficientes, focamos na *porcentagem* de aumento ou diminuição permitidos que está sendo usada para cada coeficiente.

Para ilustrar, considere o problema da Wyndor outra vez, juntamente com as informações fornecidas pelo relatório de sensibilidade na Figura 5.7. Suponha que as condições mudaram após o estudo inicial e que o lucro unitário das portas (P_D) aumentou de $300 para $450, enquanto o lucro unitário das janelas (P_W) diminuiu de $500 para $400. Os cálculos para a regra de 100% são

PD: $300 → $450

$$\text{Porcentagem de aumento permitido} = 100\left(\frac{450-300}{450}\right)\% = 33\ 1/3\%$$

PW: $500 → $400

$$\text{Porcentagem de diminuição permitida} = 100\left(\frac{500-400}{300}\right)\% = 33\ 1/3\ \%$$
$$\text{Soma} = \overline{66\ 2/3\%}$$

Uma vez que a soma dos percentuais não excede 100%, a solução ideal original $(D, W) = (2, 6)$ definitivamente ainda é ideal, assim como descobrimos anteriormente na Figura 5.9.

Agora suponha que as condições mudaram ainda mais, então P_D aumentou de $300 para $600, enquanto P_W diminuiu de $500 para $300. Os cálculos para a regra de 100% agora são

PD: $300 → $600

$$\text{Porcentagem de aumento permitido} = 100\left(\frac{600-300}{450}\right)\% = 66\ 2/3\%$$

PW: $500 → $300

$$\text{Porcentagem de diminuição permitida} = 100\left(\frac{500-300}{300}\right)\% = 66\ 2/3\%$$
$$\text{Soma} = \overline{133\ 1/3\%}$$

Uma vez que a soma das porcentagens agora ultrapassa 100%, a regra de 100% diz que não podemos mais garantir que $(D, W) = (2, 6)$ ainda seja ideal. Na verdade, descobrimos anteriormente, em ambas as Figuras 5.10 e 5.13, que a solução ideal mudou para $(D, W) = (4, 3)$.

Esses resultados sugerem como identificar exatamente onde a solução ideal muda, enquanto P_D está sendo aumentado e P_W está sendo diminuído dessa forma. Uma vez que 100% está no meio do caminho entre 66 2/3% e 133 1/3%, a soma das variações percentuais será igual a 100% quando os valores de P_D e P_W estiverem no meio do caminho entre os seus valores nos casos expostos. Em particular, P_D = $525 está no meio do caminho entre $450 e $600 e P_W = $350 está no meio do caminho entre $400 e $300. Os cálculos correspondentes para a regra de 100% são

PD: $300 → $525

$$\text{Porcentagem de aumento permitida} = 100\left(\frac{525-300}{450}\right)\% = 50\%$$

PW: $500 → $350

$$\text{Porcentagem de diminuição permitida} = 10\left(\frac{500-350}{300}\right)\% = 50\%$$
$$\text{Soma} = \overline{100\%}$$

FIGURA 5.14

Quando as estimativas dos lucros unitários para portas e janelas mudam para $P_D = \$525$ e $P_W = \$350$, que estão no limite do que é permitido pela regra de 100%, o método gráfico mostra que $(D, W) = (2, 6)$ ainda é uma solução ideal, mas agora todos os outros pontos sobre o segmento da linha entre esta solução e $(4, 3)$ também são ideais.

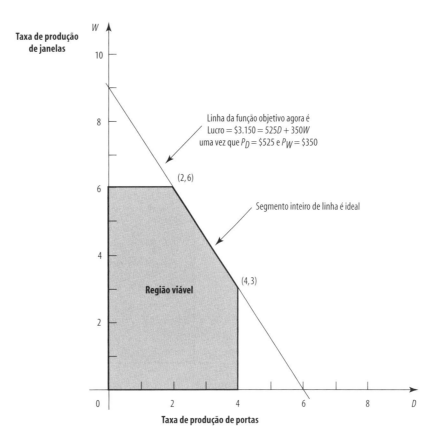

Embora a soma das percentagens seja igual a 100%, o fato de ela não *exceder* 100% garante que $(D, W) = (2, 6)$ ainda é ideal. A Figura 5.14 mostra graficamente que *ambos* $(2, 6)$ e $(4, 3)$ agora estão ideais, assim como todos os pontos no segmento de linha ligando esses dois pontos. No entanto, se P_D e P_W fossem ser mudados ainda mais de seus valores originais (de modo que a soma das porcentagens ultrapasse 100%), a linha de função objetivo seria voltada, até o momento, para a vertical, de forma que $(D, W) = (4, 3)$ se tornaria a única solução ideal.

Aqui está um exemplo em que a solução ideal original ainda é ideal, embora a soma seja superior a 100%.

Ao mesmo tempo, tenha em mente que se a soma das porcentagens de alterações permitidas ultrapassarem os 100% não significa, automaticamente, que a solução ideal vai mudar. Por exemplo, suponha que as estimativas de ambos os lucros unitários são reduzidas pela metade. Os cálculos resultantes para a regra de 100% são

PD: $\$300 \rightarrow \$150$

$$\text{Porcentagem de diminuição permitida} = 100\left(\frac{300-150}{300}\right)\% = 50\%$$

P_W: $\$500 \rightarrow \$250$

$$\text{Porcentagem de diminuição permitida} = 100\left(\frac{500-250}{300}\right)\% = 83\%$$

$$\text{Soma} = \overline{133\%}$$

Mesmo que essa soma seja superior a 100%, a Figura 5.15 mostra que a solução ideal original ainda é a ideal. Na verdade, a linha de função objetivo tem a mesma inclinação que a linha original de função objetivo (a linha sólida na Figura 5.8). Isso acontece sempre que as *mudanças proporcionais* são feitas para todos os lucros unitários, o que conduzirá automaticamente à mesma solução ideal.

Comparações

Até agora você viu três abordagens para investigar o que acontece se ocorrerem mudanças simultâneas nos coeficientes da função objetivo: (1) experimente as mudanças diretamente em uma planilha, (2) use um Solver Table bidirecional, e (3) aplique a regra dos 100%.

FIGURA 5.15
Quando as estimativas dos lucros unitários de portas e janelas mudar para $P_D = \$150$ e $P_W = \$250$ (metade de seus valores originais), o método gráfico mostra que a melhor solução ainda é $(D, W) = (2, 6)$, mesmo que a regra de 100% diga que a solução ideal pode mudar.

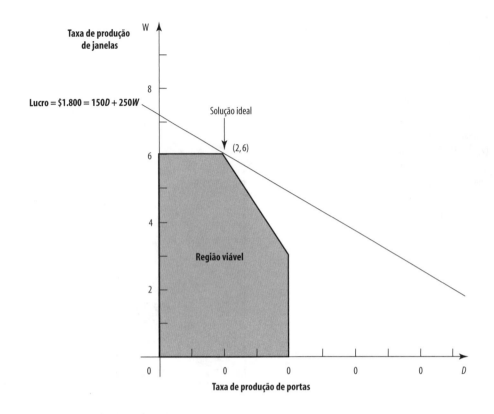

A abordagem da planilha é um bom lugar para começar, especialmente para os modeladores menos experientes, pois é simples e rápida. Se estiver interessado apenas em verificar um conjunto específico de mudanças nos coeficientes, você pode ver imediatamente o que acontece depois de fazer as mudanças na planilha.

Mais frequentemente, haverá inúmeras possibilidades para os verdadeiros valores dos coeficientes, por causa da incerteza nas estimativas originais desses coeficientes. O Solver Table é útil para verificar sistematicamente uma variedade de possíveis mudanças em um ou dois coeficientes da função objetivo. Testar possibilidades representativas na planilha pode fornecer toda a percepção necessária. Talvez a solução ideal para o modelo original permaneça a mesma em quase todas essas possibilidades, assim, essa solução pode ser usada com confiança. Ou, talvez, fique claro que as estimativas originais precisam ser refinadas antes de selecionar uma solução.

Quando a abordagem de planilha e/ou Solver Table não fornece uma conclusão clara, a regra dos 100% pode ser um complemento útil dessa abordagem das seguintes maneiras:

- A regra dos 100% pode ser usada para determinar o quão grande as mudanças nos coeficientes de função objetivo precisam ser antes que a solução ideal original não possa mais ser a ideal.
- Quando o modelo tem muitas variáveis de decisão (comum em problemas reais), a utilização da abordagem de planilha pode ser impraticável para testar sistematicamente uma variedade de mudanças simultâneas em muitos ou em todos os coeficientes na função objetivo em razão das inúmeras possibilidades representativas. O Solver Table só pode ser usado para verificar sistematicamente as possíveis alterações em, no máximo, dois coeficientes de cada vez. No entanto, ao dividir cada aumento ou diminuição permitidos do coeficiente pelo número de variáveis de decisão, a regra de 100% imediatamente indica o quanto cada coeficiente pode ser alterado com segurança, sem invalidar a solução ideal atual.
- Depois de completar o estudo, se as condições mudarem no futuro, alterando alguns ou todos os coeficientes na função objetivo, a regra dos 100% rapidamente indica se a solução ideal original deve permanecer ideal. Se a resposta for afirmativa, não há necessidade de usar todo o tempo reservado para reconstruir o modelo (revisado) da planilha. O tempo economizado pode ser substancial para modelos de grande porte.

Perguntas de revisão

1. Na regra dos 100% para mudanças simultâneas nos coeficientes da função objetivo, quais são as variações de porcentagem consideradas?
2. Na regra dos 100%, se a soma das variações de porcentagem não excede 100%, o que isso diz sobre a solução ideal original?
3. Na regra dos 100%, se a soma das variações percentuais excede 100%, isso significa que a solução ideal original não é mais ideal?

5.5 EFEITO DAS MUDANÇAS ÚNICAS EM UMA RESTRIÇÃO

Agora tiramos nossa atenção dos coeficientes na função objetivo e a voltamos para o efeito de mudar as restrições funcionais. As mudanças podem ocorrer tanto nos coeficientes nos lados esquerdos das restrições quanto nos valores dos lados direitos.

O efeito de tais mudanças poderiam nos interessar pela mesma razão que estamos interessados nesse efeito para os coeficientes da função objetivo, ou seja, esses parâmetros do modelo são apenas *estimativas* de quantidades que não podem ser determinadas com precisão neste momento, por isso queremos determinar o efeito caso essas estimativas sejam imprecisas.

Quando os lados direitos representam decisões de política de gestão, a análise "e se" fornece orientações sobre o efeito de alterar essas decisões.

No entanto, uma razão mais comum para esse interesse é a discutida no final da Seção 5.1, ou seja, que os lados direitos das restrições funcionais podem representar bem as *decisões de política de gestão* em vez de quantidades que estão, em grande parte, fora de seu controle. Portanto, após o modelo ter sido resolvido, a gerência vai querer analisar o efeito de alterar essas decisões políticas de diferentes maneiras para ver se essas decisões podem ser melhoradas. A análise "e se" fornece orientações valiosas para a gerência na determinação do efeito de alterar essas decisões políticas. (Lembre-se de que isso foi citado como o terceiro benefício da análise "e se" na Seção 5.1.)

Esta seção descreve como realizar a análise "e se" ao fazer alterações em apenas um ponto (um coeficiente ou um lado direito) de uma única restrição. A próxima seção lida com mudanças simultâneas nas restrições.

O procedimento para determinar o efeito caso uma única alteração seja feita em uma restrição é o mesmo independentemente de a mudança estar em um coeficiente sobre o lado esquerdo ou em um valor do lado direito. (A única exceção é que o relatório de sensibilidade do Excel fornece informações sobre as mudanças no lado direito, mas não o faz no lado esquerdo). Portanto, vamos ilustrar o procedimento fazendo mudanças em um lado direito.

Em particular, voltamos para o estudo de caso da Wyndor para abordar a terceira pergunta "e se" proposta pelo gerenciamento da Wyndor na Seção 5.2.

Pergunta 3: O que acontece se for feita uma mudança nas horas de produção por semana disponibilizadas para novos produtos Wyndor em uma das fábricas?

As horas disponíveis em cada fábrica é o valor do lado direito para a restrição correspondente, por isso queremos investigar o efeito de mudar esse lado direito para uma das fábricas. Com a solução ideal original, $(D, W) = (2, 6)$, apenas duas das quatro horas disponíveis na fábrica 1 são utilizadas, então, alterar esse número de horas disponíveis (exceto em uma grande diminuição) não teria nenhum efeito sobre a solução ideal ou sobre o lucro total resultante dos dois novos produtos. No entanto, não está claro o que aconteceria se o número de horas disponíveis nas fábricas 2 ou 3 fosse alterado. Vamos começar com a fábrica 2.

Uso da planilha para esta análise

Voltando à Seção 5.2, a Figura 5.1 mostra o modelo de planilha para o problema original da Wyndor antes de começar a análise "e se". A solução ideal é $(D, W) = (2, 6)$ com um lucro total de $3.600 por semana dos dois novos produtos. A célula G8 mostra que 12 horas de produção por semana são disponibilizadas para os novos produtos na fábrica 2.

Para ver o que acontece se uma mudança específica é feita nesse número de horas, tudo que você precisa fazer é substituir o novo número na célula G8 e clicar no botão Solve novamente. Por exemplo, a Figura 5.16 mostra o resultado se o número de horas é aumentado de 12 para 13. A solução ideal correspondente C12:D12 dá um lucro total de $3.750. Assim, a mudança resultante do lucro seria

$$\text{Lucro incremental} = \$3.750 - \$3.600$$
$$= \$150$$

FIGURA 5.16
Problema revisado da Wyndor em que as horas disponíveis por semana na fábrica 2 foram aumentadas de 12 (como na Figura 5.1) para 13, o que resulta em um aumento de $150 no lucro total por semana com os dois novos produtos.

	A	B	C	D	E	F	G
1		**Problema de *mix* de produto da Wyndor Glass Co.**					
2							
3			Portas	Janelas			
4		Lucro unitário	$300	$500			
5					Horas		Horas
6			Horas usadas por unidade produzida		usadas		disponíveis
7		Fábrica 1	1	0	1,66667	≤	4
8		Fábrica 2	0	2	13	≤	13
9		Fábrica 3	3	2	18	≤	18
10							
11			Portas	Janelas			Lucro total
12		Unidades produzidas	1,667	6,5			$3.750

FIGURA 5.17
Nova revisão do problema Wyndor na Figura 5.16 para aumentar ainda mais as horas disponíveis na planta 2 13-18, o que resulta em um aumento do lucro total de $750 (que são os $150 por hora adicionado na fábrica 2).

	A	B	C	D	E	F	G
1		**Problema de *mix* de produto da Wyndor Glass Co.**					
2							
3			Portas	Janelas			
4		Lucro unitário	$300	$500			
5					Horas		Horas
6			Horas usadas por unidade produzida		usadas		disponíveis
7		Fábrica 1	1	0	0	≤	4
8		Fábrica 2	0	2	18	≤	18
9		Fábrica 3	3	2	18	≤	18
10							
11			Portas	Janelas			Lucro total
12		Unidades produzidas	0	9			$4.500

Uma vez que esse aumento do lucro é obtido pela adição de apenas uma hora na fábrica 2, seria interessante ver o efeito da adição de mais algumas horas. A Figura 5.17 mostra o efeito da adição de mais cinco horas. Comparando a Figura 5.17 à Figura 5.16, o lucro adicional ao fornecer cinco horas a mais seria

Até agora, cada hora adicional trabalhada na fábrica 2 adiciona $150 ao lucro.

$$\text{Lucro incremental} = \$4.500 - \$3.750$$
$$= \$750 \text{ por adicionar 5 horas}$$
$$= \$150 \text{ por hora adicionada}$$

Acrescentar mais horas aumentaria ainda mais o lucro? A Figura 5.18 mostra o que aconteceria se um total de 20 horas por semana fosse disponibilizado para os novos produtos na fábrica 2. Tanto a solução ideal quanto o lucro total são os mesmos que na Figura 5.17, assim, aumentando de 18 para 20 horas não ajudaria. (A razão é que as 18 horas disponíveis em três fábricas evitam a produção de mais de 9 janelas por semana, portanto, apenas 18 horas podem ser utilizadas na fábrica 2.) Assim, parece que 18 horas é o máximo que deve ser considerado para a fábrica 2.

Agora a gestão precisa considerar o ajuste entre a adição de tempo de produção para os novos produtos e a diminuição para outros.

No entanto, o fato de o lucro total dos dois novos produtos poder aumentar substancialmente, aumentando o número de horas por semana disponíveis para os novos produtos de 12 para 18, não significa que essas horas adicionais devam ser fornecidas automaticamente. O tempo de produção disponível para esses dois novos produtos pode ser aumentado se o de outros produtos for diminuído. Portanto, a gestão terá de avaliar as desvantagens de diminuir o tempo de produção de quaisquer outros produtos (incluindo lucro perdido e desvantagens menos tangíveis) antes de decidir aumentar o tempo de produção para os novos produtos. Essa análise também pode levar à *diminuição* do tempo de produção disponibilizado para os dois novos produtos em uma ou mais fábricas.

FIGURA 5.18
Nova revisão do problema Wyndor na Figura 5.17 para aumentar ainda mais as horas disponíveis na planta 2 de 18 para 20, o que não resulta em nenhuma mudança no lucro total, pois a solução ideal não pode fazer uso destas horas adicionais.

	A	B	C	D	E	F	G
1		Problema de *mix* de produto da Wyndor Glass Co.					
2							
3			Portas	Janelas			
4		Lucro unitário	$300	$500			
5					Horas		Horas
6			Horas usadas por unidade produzida		usadas		disponíveis
7		Fábrica 1	1	0	0	≤	4
8		Fábrica 2	0	2	18	≤	20
9		Fábrica 3	3	2	18	≤	18
10							
11			Portas	Janelas			Lucro total
12		Unidades produzidas	0	9			$4.500

Uso do Solver Table para esta análise

Instruções completas para o uso do Solver Table são apresentadas no Apêndice A.

O Solver Table pode ser usado sistematicamente para determinar o efeito de fazer várias mudanças em um dos parâmetros em uma restrição. Na Figura 5.19, usamos o Solver Table para mostrar como as células variáveis e o lucro total mudam à medida que o número de horas disponíveis na fábrica 2 se estende entre 4 e 20. Os valores de avaliação considerados para esse número estão listados na primeira coluna da tabela (B19:B35). As células de saída de interesse são PortasProduzidas (C12), JanelasProduzidas (D12), e LucroTotal (G12), assim, as equações que se referem a essas células são inseridas na primeira linha da tabela (C18:E18). Executando o Solver Table (com a célula de entrada de coluna como G8, as horas disponíveis na fábrica 2), então, preenchem os valores no corpo da tabela (C19:E35). Calculamos também, na coluna F, o lucro incremental, ou seja, o lucro adicional que foi obtido pela adição da última hora com o tempo disponível na fábrica 2.

Um padrão interessante é aparente na coluna de lucro incremental. A partir de 12 horas disponíveis na fábrica 2 (a atribuição atual), cada hora a mais alocada rende um adicional de $150 de lucro (até 18 horas). Da mesma forma, se as horas são retiradas da fábrica 2, cada hora perdida provoca uma perda de lucro de $150 (até seis horas). Essa taxa de variação no lucro para aumentos ou diminuições no lado direito de uma restrição é conhecida como o *preço-sombra*.

> Dados uma solução ideal e o valor correspondente da função objetivo para um modelo de programação linear, o **preço-sombra** para a restrição funcional é a *taxa* pela qual o valor da função objetivo pode ser aumentado mediante o aumento do lado direito da restrição por uma pequena quantidade.

Em geral, o preço-sombra para a restrição revela a taxa na qual a célula-alvo pode ser aumentada pelo aumento do lado direito dessa restrição. Isso permanece válido, uma vez que o lado direito está dentro de sua faixa permitida.

No entanto, o preço-sombra de $150 para a restrição da fábrica 2 só é válido dentro de uma faixa de valores próximos a 12 (particularmente, entre 6 e 18 horas). Se o número de horas disponíveis é aumentado para mais de 18, o lucro incremental cai para zero. Se as horas disponíveis são reduzidas abaixo de seis horas, então o lucro cai rapidamente em $250 por hora. Portanto, deixando o RHS denotar o valor do lado direito, o preço-sombra de $150 é válido para

$$6 \leq RHS \leq 18$$

Esse intervalo é conhecido como a **faixa permitida para o lado direito** (ou apenas **faixa permitida**, para resumir).

Essa faixa permitida foca em um lado direito e no preço-sombra correspondente. Em contraste à faixa permitida para os coeficientes da função objetivo, descrita na Seção 5.3, ela *não* indica se a solução original ainda é ideal, só se o preço-sombra permanece válido.

> A **faixa permitida para o lado direito** de uma restrição funcional é o intervalo de valores para esse lado sobre o qual o preço-sombra dessa restrição permanece válido.

FIGURA 5.19
Aplicação do Solver Table que mostra o efeito de variar do número de horas de tempo de produção a ser disponibilizado por semana na fábrica 2 para os novos produtos da Wyndor.

	A	B	C	D	E	F	G
1		**Problema de *mix* de produto da Wyndor Glass Co.**					
2							
3			Portas	Janelas			
4		Lucro unitário	$300	$500			
5					Horas		Horas
6			Horas usadas por unidade produzida		usadas		disponíveis
7		Fábrica 1	1	0	2	≤	4
8		Fábrica 2	0	2	12	≤	12
9		Fábrica 3	3	2	18	≤	18
10							
11			Portas	Janelas			Lucro total
12		Unidades produzidas	2	6			$3.600
13							
14							
15							
16		Tempo disponível na	Unidades ideais produzidas		Lucro	Lucro	
17		Fábrica 2 (horas)	Portas	Janelas	total	incremental	
18			2	6	$3.600		
19		4	4	2	$2.200		
20		5	4	2,5	$2.450	$250	
21		6	4	3	$2.700	$250	
22		7	3,667	3,5	$2.850	$150	
23		8	3,333	4	$3.000	$150	
24		9	3	4,5	$3.150	$150	
25		10	2,667	5	$3.300	$150	Selecione
26		11	2,333	5,5	$3.450	$150	essas células
27		12	2	6	$3.600	$150	(B18:E35) antes
28		13	1,667	6,5	$3.750	$150	de escolher o
29		14	1,333	7	$3.900	$150	Solver.
30		15	1	7,5	$4.050	$150	
31		16	0,667	8	$4.200	$150	
32		17	0,333	8,5	$4.350	$150	
33		18	0	9	$4.500	$150	
34		19	0	9	$4.500	$0	
35		20	0	9	$4.500	$0	

	C	D	E
16	Unidades ideais produzidas		Lucro
17	Portas	Janelas	total
18	=PortasProduzidas	=JanelasProduzidas	=LucroTotal

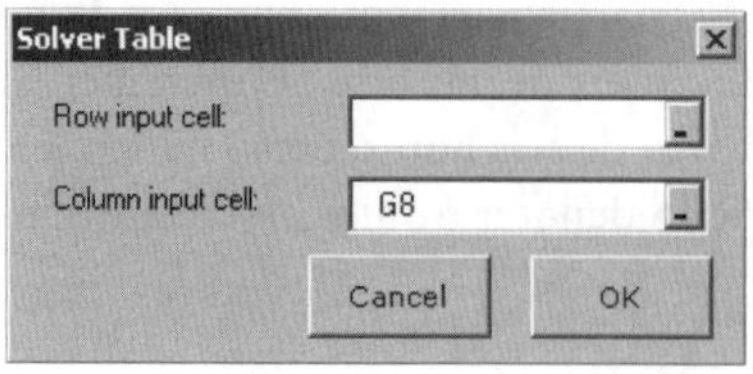

Nomes de intervalo	Células
PortasProduzidas	C12
LucroTotal	G12
JanelasProduzidas	D12

	F
16	Lucro
17	incremental
18	
19	
20	=E20−E19
21	=E21−E20
22	=E22−E21
23	=E23−E22

Solver Table
Row input cell:
Column input cell: G8
Cancel OK

Ao contrário da faixa permitida para os coeficientes da função objetivo descrita na Seção 5.3, uma mudança que está dentro da faixa permitida para o lado direito *não* significa que a solução original ainda é ideal. Na verdade, sempre que o preço-sombra não é zero, uma mudança para o lado direito leva a uma mudança na solução ideal. O preço-sombra indica o quanto o valor da função objetivo mudará à medida que a solução ideal muda.

Utilização do relatório de sensibilidade para obter as informações principais

Como ilustrado anteriormente, é fácil usar o Solver Table para calcular o *preço-sombra* da restrição funcional, bem como para encontrar (ou pelo menos se aproximar bastante) a *faixa permitida* para o lado direito dessa restrição sobre a qual o preço-sombra continua a ser válido. No entanto, essa mesma informação também pode ser obtida imediatamente a partir do relatório de sensibilidade do Solver para todas as restrições funcionais. A Figura 5.20 mostra o relatório de sensibilidade completo fornecido pelo Solver para o problema original da Wyndor, após a obtenção da solução ideal dada na Figura 5.1. A metade superior é a parte já mostrada na Figura 5.7 para encontrar faixas permitidas para os coeficientes da função objetivo. A metade inferior foca nas restrições funcionais, incluindo o fornecimento de preços-sombra para essas restrições na quarta coluna. As três primeiras colunas lembram que (1) as células de saída para essas restrições na Figura 5.1 vão de E7 a E9, (2) essas células dão o número de horas de produção utilizadas por semana nas três fábricas, e (3) os valores finais dessas células são 2, 12, e 18 (como mostrado na coluna E da Figura 5.1). (Vamos discutir as últimas três colunas um pouco mais tarde.)

O preço-sombra dado na quarta coluna para cada restrição nos diz quanto o valor da função objetivo [célula-alvo (G12) na Figura 5.1] aumentaria se o lado direito dessa restrição (célula G7, G8 ou G9) aumentasse em 1. Por outro lado, ele também nos diz o quanto o valor da função objetivo *diminuiria* se o lado direito diminuísse em 1. O preço-sombra para a restrição da fábrica 1 é 0, pois ela já está usando menos horas (2) do que as disponíveis (4), de modo que não haveria benefício para criar mais uma hora disponível. Entretanto, as fábricas 2 e 3 estão usando todas as horas disponíveis para os dois novos produtos (com o *mix* de produtos dado pelas células variáveis). Assim, não surpreende que os preços-sombra indiquem que a célula-alvo aumentaria se as horas disponíveis nas fábricas 2 ou 3 fossem aumentadas.

> Os preços-sombra revelam a relação entre o lucro e o tempo de produção disponível nas fábricas.

Para expressar essa informação na linguagem da gestão, o valor da função objetivo para esse problema [célula-alvo (G12) na Figura 5.1] representa o *lucro total* em dólares por semana a partir dos dois novos produtos em consideração. O lado direito de cada restrição funcional representa o número de horas de produção a ser disponibilizado por semana para esses produtos na fábrica que corresponde a essa restrição. Portanto, o preço-sombra para uma restrição funcional informa a gestão sobre quanto o lucro total dos dois novos produtos pode ser aumentado para cada hora adicional de tempo de produção disponibilizada a esses produtos por semana na fábrica correspondente. Por outro lado, o preço-sombra indica quanto esse lucro diminuiria para cada redução de uma hora de produção nessa fábrica. Essa interpretação permanece válida desde que aquela redução não seja muito grande.

FIGURA 5.20
Relatório de sensibilidade completo gerado pelo Excel Solver para o problema original da Wyndor como formulado na Figura 5.1.

Células variáveis

Célula	Nome	Valor final	Custo reduzido	Coeficiente objetivo	Aumento permitido	Diminuição permitida
$C$12	PortasProduzidas	2	0	300	450	300
$D$12	JanelasProduzidas	6	0	500	1E+30	300

Restrições

Célula	Nome	Valor final	Preço-sombra	Restrição lado direito	Aumento permitido	Diminuição permitida
$E$7	Uso Fábrica 1	2	0	4	1E+30	2
$E$8	Uso Fábrica 2	12	150	12	6	6
$E$9	Uso Fábrica 3	18	100	18	6	6

Aqui está como encontrar os intervalos permitidos para os lados direitos a partir do relatório de sensibilidade.

Especificamente, essa interpretação do preço-sombra permanece válida desde que o número de horas de tempo de produção permaneça dentro de sua *faixa permitida*. O relatório de sensibilidade do Solver fornece todos os dados necessários para identificar a faixa permitida de cada restrição funcional. Volte para a parte inferior do relatório apresentado na Figura 5.20. As três últimas colunas permitem o cálculo desse intervalo. A coluna "Restrição Lado Direito" indica o valor original do lado direito antes de alguma alteração ser feita. Acrescentar o número na coluna "Aumento Permitido" para esse valor original dá o limite superior da faixa permitida. De forma semelhante, subtrair o número na coluna "Diminuição Permitida" a partir desse valor original dá o limite inferior. Pensando no fato de que 1E+30 representa o infinito (∞), esses cálculos das faixas permitidas são mostrados a seguir, onde um índice foi adicionado a cada RHS para identificar a restrição envolvida.

Restrição Fábrica 1 $4 - 2 \leq RHS_1 \leq 4 + \infty$, então $2 \leq RHS_1$ (sem limite superior)
Restrição Fábrica 2 $12 - 6 \leq RHS_2 \leq 12 + 6$, então $6 \leq RHS_2 \leq 18$
Restrição Fábrica 3 $18 - 6 \leq RHS_3 \leq 18 + 6$, então $12 \leq RHS_3 \leq 24$

No caso da restrição da fábrica 2, a Figura 5.21 fornece uma visão gráfica de por que $6 \leq RHS \leq 18$ é o intervalo de validade para o preço-sombra. A melhor solução para o problema original, $(D, W) = (2, 6)$, encontra-se na intersecção das linhas B e C. A equação para a linha B é $2W = 12$ porque essa é a linha de limite de restrição para a restrição da fábrica 2 ($2W \leq 12$). No entanto, se o valor deste lado direito ($RHS_2 = 12$) é alterado, a linha B vai se deslocar para cima (para um valor maior de RHS_2) ou para baixo (para um valor menor de RHS_2). Como a linha B se desloca, o limite da região viável se desloca em conformidade, e a solução ideal continua na intersecção das linhas B e C deslocadas – desde que o deslocamento da linha B não seja tão grande a ponto de inviabilizar essa intersecção. Cada vez que o RHS_2 é aumentado (ou diminuído) por 1, essa intersecção se desloca o suficiente para aumentar (ou diminuir) o Lucro pelo montante do preço-sombra ($150). A Figura 5.21 indica que essa intersecção permanece viável (e por isso ideal) à medida que o RHS_2 aumenta de 12 para 18 porque a região viável se expande para cima conforme a linha B se desloca para cima. No entanto, para valores de RHS_2 maiores que 18, essa intersecção não é mais viável porque dá um valor negativo de D (a taxa de produção de portas). Assim, cada aumento de 1 acima

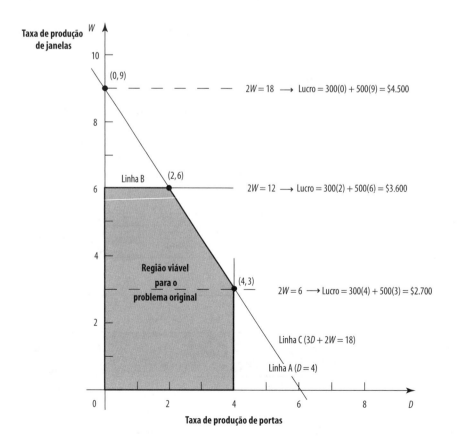

FIGURA 5.21
Interpretação gráfica da faixa permitida, $6 \leq RHS2 \leq 18$, para o lado direito da restrição da fábrica 2 da Wyndor.

de 18 não aumenta mais o lucro pela quantia do preço-sombra. Da mesma forma, como RHS$_2$ diminui de 12 para 6, essa intersecção permanece viável (e, portanto, ideal) à medida que a linha B se desloca para baixo em conformidade. No entanto, para valores de RHS2 menores que 6, essa intersecção não é mais viável porque viola a restrição da fábrica 1 ($D \leq 4$), cuja linha de limite é a linha A. Assim, cada diminuição de 1 abaixo de 6 não diminui o lucro pela quantidade do preço-sombra. Consequentemente, $6 \leq RHS \leq 18$ é a faixa permitida sobre a qual o preço-sombra é válido.

Resumo

O lado direito de cada restrição funcional representa o número de horas de produção por semana na fábrica correspondente disponibilizado para os dois novos produtos. O *preço-sombra* para cada restrição revela quanto o lucro total desses novos produtos aumentaria para cada hora adicional de produção disponível na fábrica correspondente para eles. Essa interpretação do preço-sombra permanece válida enquanto o número de horas de produção permanecer dentro de sua *faixa permitida*. Portanto, cada preço-sombra pode ser aplicado pela gestão para avaliar uma mudança na sua decisão original em relação ao número de horas enquanto o novo número estiver dentro da faixa permitida correspondente. Essa avaliação também precisaria levar em conta como a mudança no número de horas disponibilizadas para os novos produtos impactaria as taxas de produção e os lucros para outros produtos da empresa.

Perguntas de revisão

1. Por que pode ser interessante investigar o efeito de fazer mudanças em uma restrição funcional?
2. Por que pode ser possível alterar o lado direito de uma restrição funcional?
3. O que significa *preço-sombra*?
4. Como um preço-sombra é encontrado com a utilização da planilha? Com o Solver Table? Com o relatório de sensibilidade Solver?
5. Por que os preços-sombra interessam aos gerentes?
6. Os preços-sombra podem ser usados para determinar o efeito de *diminuir* em vez de aumentar o lado direito de uma restrição funcional?
7. O que um preço-sombra de 0 diz a um gerente?
8. Quais colunas do relatório de sensibilidade Solver são usadas para encontrar a faixa permitida para o lado direito de uma restrição funcional?
9. Por que essa faixa interessa aos gerentes?

5.6 EFEITO DAS MUDANÇAS SIMULTÂNEAS NAS RESTRIÇÕES

A seção anterior descreveu como realizar uma análise "e se" para investigar o efeito de alterações em um único ponto de uma restrição. Agora voltamos nossa atenção ao efeito de mudanças simultâneas nas restrições.

Decisões de política de gestão envolvendo lados direitos são frequentemente inter-relacionadas, portanto, mudanças nessas decisões devem ser consideradas simultaneamente.

A necessidade de considerar essas mudanças simultâneas surge com frequência. Talvez haja uma incerteza considerável sobre as estimativas de uma série de parâmetros nas restrições funcionais, assim, perguntas surgirão quanto ao efeito de se os verdadeiros valores dos parâmetros se afastam simultânea e significativamente das estimativas. Uma vez que os lados direitos das restrições muitas vezes representam decisões de política de gestão, perguntas surgirão sobre o que aconteceria se algumas dessas decisões devessem ser mudadas. Essas decisões frequentemente são inter-relacionadas e, assim, precisam ser consideradas simultaneamente.

Esboçamos, a seguir, como os três métodos usuais para a realização de análise "e se" podem ser aplicados para considerar mudanças simultâneas nas restrições. O terceiro (usando Solver relatório de sensibilidade) só é útil para mudar lados direitos. Para os dois primeiros (utilizando a planilha e usando Solver Table), o procedimento é o mesmo, independentemente de que lado das restrições estejam os coeficientes alterados. Uma vez que mudar os lados direitos é o caso mais importante, vamos nos concentrar nele.

Particularmente, agora vamos lidar com a última parte das perguntas "e se" do gerenciamento da Wyndor.

Pergunta 4: O que acontece se as mudanças simultâneas forem feitas no número de horas de produção por semana disponibilizado para os novos produtos Wyndor em todas as fábricas?

Particularmente, depois de ver que a restrição da fábrica 2 tem o maior preço-sombra (150), contra um preço-sombra de 100 para a restrição da fábrica 3, a gestão agora está interessada em explorar um tipo específico de mudança simultânea nessas horas de produção. Ao transferir a produção de um dos produtos atuais da empresa da fábrica 2 para a fábrica 3, é possível aumentar o número de horas de produção disponíveis para os novos produtos na fábrica 2, diminuindo o número de horas de produção disponíveis na fábrica 3 na mesma quantidade. A gestão quer saber o que aconteceria se essas mudanças simultâneas quanto às horas de produção fossem feitas.

Utilização da planilha para esta análise

De acordo com os preços-sombra, o efeito da transferência de uma hora de produção por semana da fábrica 3 para a fábrica 2 seria o seguinte.

RHS_2: 12 → 13 Mudança no lucro total =   Preço-sombra = $150
RHS_3: 18 → 17 Mudança no lucro total = – Preço-sombra = –100
Aumento líquido no lucro total = $50

Agora estamos verificando se os preços-sombra permanecem válidos para analisar mudanças simultâneas nos lados direitos.

No entanto, não sabemos se esses preços-sombra permanecem válidos caso *ambos* os lados direitos sejam alterados por essa quantia.

Uma maneira rápida de verificar isso é substituir os novos lados direitos na planilha original na Figura 5.1 e clicar no botão Solve novamente. A folha de cálculo, resultando na Figura 5.22 mostra que o aumento líquido do lucro total (de $3.600 para $ 3.650) é de fato $50, os preços-sombra são válidos para essas mudanças simultâneas, em especial dos lados direitos.

Quanto tempo esses preços-sombra permanecerão válidos se continuarmos transferindo horas de produção da fábrica 3 para a fábrica 2? Poderíamos continuar verificando isso substituindo outras combinações dos lados direitos na planilha e ressolucionando cada vez. No entanto, uma forma mais sistemática de fazer isso é usar o Solver Table conforme descrito a seguir.

Utilização do Solver Table para esta análise

Instruções completas para o uso do Solver Table são apresentadas no Apêndice A.

Uma vez que é tedioso ou mesmo impraticável usar a planilha para investigar várias mudanças simultâneas nos lados direitos, vamos ver como um Solver Table (fornecido no seu MS Courseware) pode ser usado sistematizar essa análise.

Nós poderíamos usar um Solver Table bidirecional para investigar como as taxas de lucro e de produção ideal variam para diferentes combinações do número de horas disponíveis nas fábricas 2 e 3. No entanto, nesse caso não estamos interessados em *todas* as combinações de horas nas duas fábricas, mas apenas naquelas combinações que envolvem uma simples *transferência* de horas disponíveis da fábrica 3 para a 2. Para essa análise, veremos que um Solver Table unidirecional é suficiente.

FIGURA 5.22
Problema revisado da Wyndor em que a coluna G na Figura 5.1 foi alterada, deslocando-se uma das horas disponíveis da fábrica 3 para a fábrica 2, e depois sendo feita a ressolução.

	A	B	C	D	E	F	G
1		**Problema de *mix* de produto da Wyndor Glass Co.**					
2							
3			Portas	Janelas			
4		Lucro unitário	$300	$500			
5					Horas		Horas
6			Horas usadas por unidade produzida		usadas		disponíveis
7		Fábrica 1	1	0	1,33333	≤	4
8		Fábrica 2	0	2	13	≤	13
9		Fábrica 3	3	2	17	≤	17
10							
11			Portas	Janelas			Lucro total
12		Unidades produzidas	1,333	6,5			$3.650

Para cada hora reduzida na fábrica 3, uma hora adicional é disponibilizada na fábrica 2. Assim, o número de horas disponíveis na fábrica 2 é uma função do número de horas disponíveis na fábrica 3. Em particular, uma vez que existem 30 horas totais disponíveis para as duas fábricas ($RHS_2 + RHS_3 = 30$), o número de horas disponíveis na fábrica 2 (RHS_2) é

$$RHS_2 = 30 - RHS_3$$

> Com a introdução de uma fórmula em uma célula de dados em termos de outra, o Solver Table unidirecionado pode investigar os valores de análise inter-relacionados em ambas as células de dados.

A Figura 5.23 mostra a planilha da Wyndor Glass Co. com a célula de dados para o número de horas disponíveis na fábrica 2 substituída pela fórmula dada. Devido a essa fórmula, sempre que o número de horas disponíveis na fábrica 3 é reduzido, o número de horas disponíveis na fábrica 2 irá aumentar automaticamente na mesma quantidade. Agora um Solver Table unidirecionado pode ser usado para investigar vários números de horas disponíveis na fábrica 3 (com o ajuste correspondente automático feito para as horas disponíveis na fábrica 2). Os valores de análise para o número de horas disponíveis na fábrica 3 são mostrados no Solver Table na parte inferior da planilha na Figura 5.23 (C20:C26). Estamos interessados nas células de saída PortasProduzidas (C12), JanelasProduzidas (D12) e LucroTotal (G12), assim, equações referindo essas células são inseridas na primeira linha da tabela (D19:F18). Executando o Solver Table (com a célula de entrada de coluna sendo a G9, as horas disponíveis na fábrica 3), preencha os valores no corpo da tabela (D20:F26). Calculamos o lucro incremental (na coluna G) para cada hora transferida da fábrica 3 à fábrica 2.

Novamente, há um padrão para o lucro incremental. Para cada hora transferia da fábrica 3 para a 2 (até 3 horas), um lucro adicional de $50 é atingido. No entanto, se mais de 3 horas são transferidas, o lucro incremental se torna –$250. Assim, parece que vale a pena deslocar até 3 horas disponíveis da fábrica 3 para a 2, mas não mais.

Apesar de um Solver Table unidirecional ser limitado a enumerar valores de análise para apenas uma célula de dados, você acabou de ver como esse Solver Table ainda pode investigar sistematicamente várias mudanças simultâneas em duas células de dados, inserindo uma fórmula para a segunda célula de dados em termos dessas duas. Ambas acabaram sendo o lado direito das restrições, mas tanto uma como as duas poderiam ter sido coeficientes do lado esquerdo. É até mesmo possível introduzir fórmulas para várias células de dados em termos daquela cujos valores de análise estão sendo enumerados. Além disso, usando o Solver Table bidirecionado, os valores de análise podem ser enumerados simultaneamente para duas células de dados, com a possibilidade de inserir fórmulas para células de dados adicionais em termos desses dois.

Compilação de informações adicionais do relatório de sensibilidade

Apesar da versatilidade do Solver Table, ele não pode lidar com alguns casos importantes. O mais importante é onde a gestão quer explorar várias possibilidades para mudar suas decisões políticas que correspondem a várias mudanças do lado direito de várias e simultâneas maneiras. Embora a planilha possa ser usada para ver o efeito de qualquer combinação de mudanças simultâneas, ela pode ocupar um tempo exorbitante para investigar sistematicamente muitas delas nos lados direitos. Felizmente, o relatório de sensibilidade do Solver fornece informações valiosas para orientar tal investigação. Particularmente, há a *regra de 100%* (análoga à apresentada na Seção 5.4) que usa essas informações para realizar esse tipo de investigação.

Lembre-se de que a regra de 100% descrita na Seção 5.4 é utilizada para investigar mudanças simultâneas nos *coeficientes da função objetivo*. A nova regra de 100% apresentada a seguir investiga mudanças simultâneas nos *lados direitos* de forma semelhante.

Os dados necessários para aplicar a nova regra de 100% para o problema da Wyndor são fornecidos pelas últimas três colunas na parte inferior do relatório de sensibilidade na Figura 5.20. Tenha em mente que só podemos usar com segurança todo aumento ou diminuição permitidos do valor atual dos lados direitos se nenhum lado direito mudou. Com mudanças simultâneas nos lados direitos, focamos, para cada mudança, na *porcentagem* de aumento ou diminuição permitidos usada. Como detalhado a seguir, a regra de 100% basicamente diz que nós podemos seguramente fazer mudanças simultâneas somente se a *soma* dessas porcentagens não exceder 100%.

FIGURA 5.23

Ao inserir uma fórmula na célula G8 que mantém o número total de horas disponíveis nas fábricas 2 e 3 igual a 30, essa aplicação unidimensional do Solver Table mostra o efeito de transferir mais e mais as horas disponíveis da fábrica 3 para a 2.

	A	B	C	D	E	F	G	H
1		**Problema de *mix* de produto da Wyndor Glass Co.**						
2								
3			Portas	Janelas				
4		Lucro unitário	$300	$500				
5					Horas		Horas	
6			Horas usadas por unidade produzida		usadas		disponíveis	
7		Fábrica 1	1	0	2	≤	4	Total (Fábricas 2 & 3)
8		Fábrica 2	0	2	12	≤	12	30
9		Fábrica 3	3	2	18	≤	18	
10								
11			Portas	Janelas			Lucro total	
12		Unidades produzidas	2	6			$3.600	
13								
14								
15								
16								
17		Tempo disponível na	Tempo disponível na	Unidades ideais produzidas		Lucro	Lucro	
18		fábrica 2 (horas)	fábrica 3 (horas)	Portas	Janelas	total	incremental	
19				2	6	$3.600		
20		12	18	2	6	$3.600	←	Selecione essas
21		13	17	1,333	6,5	$3.650	$50	células (C19:F26)
22		14	16	0,667	7	$3.700	$50	antes de escolher o
23		15	15	0	7,5	$3.750	$50	Solver Table.
24		16	14	0	7	$3.500	–$250	
25		17	13	0	6,5	$3.250	–$250	
26		18	12	0	6	$3.000	–$250	

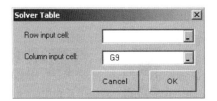

Nomes de intervalo	Células
PortasProduzidas	C12
LucroTotal	G12
JanelasProduzidas	D12

	G	H
5	Horas	
6	disponíveis	
7	4	Total (Fábricas 2 & 3)
8	=H8–G9	30
9	18	

	B	C	D	E	F	G
17	Tempo disponível na	Tempo disponível na	Unidades ideais produzidas		Lucro	Lucro
18	fábrica 2 (horas)	fábrica 3 (horas)	Portas	Janelas	total	incremental
19			=PortasProduzidas	=JanelasProduzidas	=LucroTotal	
20	=$H$8–C20	18	2	6	$3.600	
21	=$H$8–C21	17	1,333	6,5	$3.650	=F21–F20
22	=$H$8–C22	16	0,667	7	$3.700	=F22–F21
23	=$H$8–C23	15	0	7,5	$3.750	=F23–F22
24	=$H$8–C24	14	0	7	$3.500	=F24–F23
25	=$H$8–C25	13	0	6,5	$3.250	=F25–F24
26	=$H$8–C26	12	0	6	$3.000	=F26–F25

Essa regra de 100% revela se as mudanças simultâneas nos lados direitos são pequenas o suficiente para garantir que os preços-sombra ainda sejam válidos.

A Regra de 100% para Mudanças Simultâneas nos Lados Direitos: Os preços-sombra permanecerão válidos para prever o efeito de mudar simultaneamente os lados direitos de algumas das restrições funcionais, desde que as alterações não sejam muito grandes. Para verificar se as mudanças são pequenas o suficiente, calcule, para cada mudança, a porcentagem da variação permitida (diminuição ou aumento) para o lado direito para que este permaneça dentro de sua faixa permitida. Se a *soma* das variações de porcentagem *não* exceder 100%, definitivamente os preços-sombra ainda serão válidos. (Se a soma *exceder* 100%, então não podemos ter certeza.)

Para ilustrar essa regra, considere novamente as mudanças simultâneas (transferir uma hora de produção por semana da fábrica 3 para a 2) que levou à Figura 5.22. Os cálculos para a regra de 100%, nesse caso, são

RHS_2: 12 → 13

$$\text{Porcentagem de aumento permitida} = 100\left(\frac{13-12}{6}\right) = 16\ 2/3\%$$

RHS_3: 18 → 17

$$\text{Porcentagem de diminuição permitida} = 100\left(\frac{18-17}{6}\right) = 16\ 2/3\%$$

$$\text{Soma} = \overline{33\ 1/3\%}$$

Uma vez que a soma de 33 1/3% é menor do que 100%, os preços-sombra definitivamente são válidos para prever o efeito das mudanças, como foi ilustrado na Figura 5.22.

O fato de 33 1/3% ser um terço de 100% sugere que as mudanças podem ser três vezes maiores que as anteriores sem invalidar os preços-sombra. Para verificar isso, vamos aplicar a regra de 100% com essas mudanças maiores.

RHS_2: 12 → 15

$$\text{Porcentagem de aumento permitida} = \left(\frac{15-12}{6}\right)\% = 50\%$$

RHS_3: 18 → 15

$$\text{Porcentagem de diminuição permitida} = \left(\frac{18-15}{6}\right)\% = 50\%$$

$$\text{Soma} = \overline{100\%}$$

Porque a soma *não excede* 100%, os preços-sombra ainda são válidos, mas essas são as maiores alterações nos lados direitos que podem garantir isso. Na verdade, a Figura 5.23 demonstra que os preços-sombra se tornam inválidos para mudanças maiores.

Perguntas de revisão

1. Por que pode ser interessante investigar o efeito de fazer mudanças simultâneas na restrição funcional?
2. Como a planilha pode ser usada para investigar mudanças simultâneas nas restrições funcionais?
3. Quais são as habilidades do Solver Table para investigar mudanças simultâneas nas restrições funcionais?
4. Por que um gerente pode estar interessado em considerar mudanças simultâneas nos lados direitos?
5. O que é a regra de 100% para mudanças simultâneas em lados direitos?
6. Quais são os dados necessários para aplicar a regra de 100% para mudanças simultâneas em lados direitos?
7. O que é garantido caso a soma das porcentagens de variações permitidas nos lados direitos não exceda 100%?
8. Qual é a conclusão caso a soma das porcentagens de variações permitidas nos lados direitos exceda 100%?

5.7 RESUMO

A análise "e se" é aquela feita *depois* de encontrar uma solução ideal para a versão original do modelo básico. Essa análise fornece discernimentos importantes para ajudar a orientar a tomada de decisão gerencial. Este capítulo descreve como isso é feito quando o modelo básico é de programação linear. A planilha para o modelo, o Solver Table fornecido no seu MS Courseware e o relatório de sensibilidade gerado pelo Excel Solver desempenham um papel central nesse processo.

Os coeficientes na função objetivo normalmente representam quantidades que só podem ser estimadas de maneira aproximada quando o modelo é formulado. A solução ideal obtida a partir do modelo será a correta se o verdadeiro valor de um desses coeficientes for significativamente diferente da estimativa usada no modelo? A planilha pode ser usada para verificar rapidamente mudanças específicas no coeficiente. O Solver Table permite a investigação sistemática de valores de análise para esse coeficiente. Para uma investigação mais ampla, a *faixa permitida* para cada coeficiente identifica o intervalo dentro do qual o verdadeiro valor deve ser compatível para que essa solução ainda seja a solução ideal correta. Essas faixas são facilmente calculadas a partir dos dados no relatório de sensibilidade fornecido pelo Excel Solver.

O que acontece se houver imprecisões significativas nas estimativas de dois ou mais coeficientes na função objetivo? Mudanças específicas e simultâneas podem ser verificadas com a planilha. O Solver Table bidirecionado pode investigar sistematicamente várias mudanças simultâneas em dois coeficientes. Para ir mais longe, a *regra de 100% para mudanças simultâneas nos coeficientes da função objetivo* fornece uma maneira conveniente de verificar intervalos inteiros de mudanças simultâneas, novamente usando os dados do relatório de sensibilidade do Solver.

A análise "e se" geralmente se estende para considerar o efeito das mudanças também nas restrições funcionais. Ocasionalmente, as mudanças nos coeficientes dessas restrições serão consideradas devido à incerteza nas suas estimativas originais. Mais frequentemente, as mudanças consideradas estarão nos lados direitos das restrições. Estes frequentemente representam decisões de política da gerência. Nesses casos, os *preços-sombra* fornecem orientações valiosas para a gerência em relação aos efeitos potenciais de alterar essas decisões políticas. O preço-sombra para cada restrição é facilmente encontrado usando a planilha, o Solver Table ou o relatório de sensibilidade.

A análise dos preços-sombra pode ser aplicada validamente para investigar possíveis alterações nos lados direitos, desde que essas mudanças não sejam muito grandes. A *faixa permitida* para cada lado direito indica o quanto ele pode ser alterado, assumindo que não foram feitas outras mudanças. Se elas ocorreram, a *regra de 100% para mudanças simultâneas em lados direitos* permite verificar se não são muito grandes. O relatório de sensibilidade do Solver fornece as informações-chave necessárias para encontrar cada faixa permitida ou para aplicar a regra de 100%. A planilha e o Solver Table também podem, às vezes, ser usados para ajudar a investigar essas mudanças simultâneas.

Glossário

análise "e se" Análise que aborda questões sobre o que aconteceria com a solução ideal se diferentes pressuposições fossem feitas sobre condições futuras. (Capítulo de introdução), 144

análise de sensibilidade Parte da análise "e se" que foca nos parâmetros individuais do modelo. Envolve a verificação de quão sensível é a solução ideal para o valor de cada parâmetro. (Seção 5,1), 146

faixa permitida para o lado direito Intervalo de valores para o lado direito de uma restrição funcional sobre qual o preço-sombra da restrição permanece válido. (Seção 5.5), 165

faixa permitida para um coeficiente de função objetivo Intervalo de valores para um determinado coeficiente na função objetivo, sobre o qual a solução ideal para o modelo original permanece ideal. (Seção 5,3), 151

parâmetro sensitivo Um parâmetro é considerado sensitivo se até mesmo uma pequena mudança em seu valor possa alterar a solução ideal. (Seção 5,1), 145

parâmetros do modelo São as constantes (coeficientes ou lados direitos) nas restrições funcionais e na função objetivo. (Seção 5.1), 145

preço-sombra Para a restrição funcional é a taxa na qual o valor ideal da função objetivo pode ser aumentado com o aumento do lado direito da restrição por uma pequena quantia. (Seção 5.5), 165

Auxiliares de aprendizagem para este capítulo em seu MS Courseware

Capítulo 5: arquivos do Excel
Exemplo da Wyndor
Exemplo da Profit & Gambit
Suplemento do Excel:
Solver Table

Módulos interativos de ciência da gestão:
Módulo de programação linear gráfica e análise de sensibilidade
Suplemento para este capítulo no CD-ROM:
Custos reduzidos

Problema solucionado (consulte o CD-ROM ou o *site* para a solução)

5.S1. Análise de sensibilidade na Stickley Furniture

A Stickley Furniture é fabricante de móveis finos artesanais. Durante o próximo período de produção, a gestão está considerando produzir mesas e cadeiras para sala de jantar e/ou estantes. O tempo necessário para cada item passar pelas duas fases de produção (montagem e acabamento), a quantidade de madeira necessária (em madeira de cerejeira fina) e os lucros unitários correspondentes são dados na tabela a seguir, juntamente com a quantidade de cada recurso disponível no próximo período de produção.

	Mesas	Cadeiras	Estantes	Disponível
Montagem (minutos)	80	40	50	8.100
Acabamento (minutos)	30	20	30	4.500
Madeira (libras)	80	10	50	9.000
Lucro unitário	$360	$125	$300	

Após a formulação de um modelo de programação linear para determinar os níveis de produção que maximizariam o lucro, o modelo solucionado e o relatório de sensibilidade correspondentes são mostrados a seguir.

a. Suponha que o lucro por mesa aumente em $100. Isso mudará as quantidades de produção ideal? O que pode ser dito sobre a mudança no lucro total?
b. Suponha que o lucro por cadeira diminua em $100. Isso mudará as quantidades de produção ideal? O que pode ser dito sobre a mudança no lucro total?
c. Suponha que o lucro por mesa aumente em $90 e o lucro por estante diminua em $50. Isso vai mudar a quantidade de produção ideal? O que pode ser dito sobre a mudança no lucro total?
d. Suponha que um trabalhador no departamento de montagem avise que está doente, então há oito horas a menos agora disponíveis naquele departamento. Quanto isso afetaria o lucro total? Isso mudaria as quantidades de produção ideal?
e. Explique por que o preço-sombra para a restrição de madeira é zero.
f. Uma nova funcionária foi contratada e ela é treinada para fazer duas coisas: montagem e acabamento. Ela dividirá seu tempo entre as duas áreas, de modo que agora são quatro horas adicionais disponíveis na montagem e no acabamento. Quanto isso afetaria o lucro total? Isso mudaria as quantidades de produção ideal?

		C	D	E	F	G	H
3		Mesas	Cadeiras	Estantes			
4	Lucro total	$360	$125	$300			
5							
6		Recursos necessários por unidade			Usado		Disponível
7	Montagem (minutos)	80	40	50	8.100	<=	8.100
8	Acabamento (minutos)	30	20	30	4.500	<=	4.500
9	Madeira (libras)	80	10	50	8.100	<=	9.000
10							
11		Mesas	Cadeiras	Estantes			Lucro total
12	Produção	20	0	130			$46.200

Células variáveis

Célula	Nome	Valor final	Custo reduzido	Coeficiente objetivo	Aumento permitido	Diminuição permitida
$C$12	Produção de mesas	20	0	360	120	60
$D$12	Produção de cadeiras	0	–88,333	125	88,333	1E+30
$E$12	Produção de estantes	130	0	300	60	75

Restrições

Célula	Nome	Valor final	Preço-sombra	Restrição lado direito	Aumento permitido	Diminuição permitida
$F$7	Uso da montagem (minutos)	8.100	2	8.100	900	600
$F$8	Uso do acabamento (minutos)	4.500	6,67	4.500	360	1.462,5
$F$9	Uso de madeira (libras)	8.100	0	9.000	1E+30	900

g. Com base no relatório de sensibilidade, é inteligente a nova funcionária da parte *f* dividir seu tempo igualmente entre montagem e acabamento ou algum outro plano seria melhor?

h. Use o Solver Table para determinar como as quantidades de produção ideal e lucro total mudarão dependendo de como a nova funcionária da parte *f* alocar seu tempo entre a montagem e o acabamento. Particularmente, assuma que 0, 1, 2, . . . , ou 8 horas são adicionadas à montagem, com correspondentes 8, 7, 6, . . . , ou 0 hora adicionada ao acabamento. (A planilha original está no CD que acompanha o livro).

Problemas

Inserimos o símbolo E* à esquerda de cada problema (ou suas partes), onde o Excel deve ser utilizado (a menos que seu instrutor lhe dê instruções contrárias). Um asterisco no número do problema indica que pelo menos uma resposta parcial é dada no Apêndice C.

5.1.* Um dos produtos da G. A. Tanner Company é um tipo especial de brinquedo que proporciona um lucro unitário estimado de $3. Devido à grande demanda, a gestão gostaria de aumentar a produção dos atuais mil por dia. No entanto, um fornecimento limitado de dois subconjuntos (A e B) de fornecedores torna isso difícil. Cada brinquedo exige dois subconjuntos do tipo A, mas o respectivo fornecedor só poderia aumentar o fornecimento de dois mil diários para o máximo de três mil. Cada brinquedo requer apenas um subconjunto do tipo B, mas o respectivo fornecedor não poderia aumentar o fornecimento de mil por dia.

Como não há outros fornecedores disponíveis, a gestão está considerando iniciar processo interno que produziria, simultaneamente, um número igual de subconjuntos dos dois tipos para complementar o abastecimento dos dois fornecedores. Estima-se que o custo da empresa para a produção de um subconjunto de cada tipo seria de 2,50 dólares a mais do que o custo de aquisição desses subconjuntos dos dois fornecedores. A gestão quer determinar a taxa de produção do brinquedo e a taxa de produção de cada par de subconjunto (um A e um B) que maximize o lucro total.

Vendo esse problema como de alocação de recursos, um dos gerentes da empresa organizou os dados da seguinte forma:

Recurso	Uso de recursos por unidade de cada atividade		Quantidade de recurso disponível
	Produção de brinquedos	Produção	
Subconjunto A	2	– 1	3.000
Subconjunto B	1	– 1	1.000
Lucro unitário	$3	– $2,50	

E* a. Formule e solucione um modelo de planilha para esse problema.

E* b. Uma vez que os lucros da unidade indicada para as duas atividades são apenas estimativas, a gestão quer saber o quanto cada uma dessas estimativas pode estar fora antes que a solução ideal mude. Comece explorando essa questão para a primeira atividade (produção de brinquedos), usando a planilha e o Solver para gerar manualmente uma tabela que dê a solução ideal e o lucro total à medida que o lucro unitário para essa atividade aumente em 500 incrementos de $2,00 a $4,00. Que conclusão pode ser tirada do quanto a estimativa do lucro unitário pode diferir, em cada direção, de seu valor original de $3,00 antes que a solução ideal mude?

E* c. Repita a parte *b* para a segunda atividade (produção de subconjuntos), gerando uma tabela à medida que o lucro unitário para essa atividade aumente em 500 incrementos de –$ 3,50 para –$1,50 (com o lucro da unidade para a primeira atividade fixado em $3).

E* e. Use o Solver Table para gerar sistematicamente todos os dados solicitados nas partes *b* e *c*, exceto o uso de 250 em vez de 500 incrementos. Use esses dados para refinar suas conclusões nas partes *b* e *c*.

E* d. Use o relatório de sensibilidade do Excel para encontrar a faixa permitida para o lucro unitário de cada atividade.

E* f. Use um Solver Table bidirecional para gerar sistematicamente o lucro total à medida que os lucros unitários das duas atividades sejam alterados simultaneamente, como descrito nas partes *b* e *c*.

g. Use as informações fornecidas pelo relatório de sensibilidade do Excel para descrever o máximo que os lucros unitários das duas atividades podem mudar simultaneamente, antes que a solução ideal deva mudar.

5.2. Considere um problema de alocação de recursos com os seguintes dados:

Recurso	Uso de recursos por unidade de cada atividade		Quantidade de recurso disponível
	1	2	
1	1	2	10
2	1	3	12
Lucro unitário	$2	$5	

O objetivo é determinar o número de unidades de cada atividade a ser realizada de modo a maximizar o lucro total.

Ao fazer análise "e se", você aprende que as estimativas dos lucros unitários são precisos apenas dentro de ± 50%. Em outras palavras, os intervalos de *valores prováveis* para esses lucros unitários são de $1 a $3 para a atividade 1 e de $2,50 a $7,50 para a atividade 2.

E* a. Formule um modelo de planilha para esse problema com base nas estimativas originais dos lucros unitários. Depois, use o Solver para encontrar uma solução ideal e para gerar o relatório de sensibilidade.

E* *b.* Use a planilha e o Solver para verificar se essa solução ótima assim continuará se a unidade de lucro para a atividade 1 mudar de $2 para $1 e de $2 para $3.

E* *c.* Além disso, verifique se a solução ótima assim continuará se o lucro unitário para a atividade 1 ainda for de $2, mas o lucro da unidade para a atividade 2 mudar de $5 para $2,50 e de $5 para $7,50.

E* *d.* Use o Solver Table para gerar sistematicamente a solução ideal e o lucro total à medida que o lucro unitário da atividade 1 aumente em 200 incrementos, de $1 a $3 (sem alterar o lucro unitário da atividade 2). Em seguida, faça o mesmo à medida que o lucro unitário da atividade 2 aumente em 500 incrementos, de $2,50 até $7,50 (sem alterar o lucro unitário da atividade 1). Use esse relatório de sensibilidade do Excel para encontrar o intervalo permitido para o lucro unitário de cada atividade.

e. Use o módulo de Programação Linear Gráfica e Análise de Sensibilidade em seus Módulos Interativos de Ciência da Gestão para estimar a faixa permitida para o lucro unitário de cada atividade.

E* *f.* Use o relatório de sensibilidade do Excel para encontrar a faixa permitida para o lucro unitário de cada atividade. Depois, use essas faixas para verificar os resultados nas partes *b–e*.

E* *g* Use um Solver Table bidirecionado para gerar sistematicamente o lucro total à medida que os lucros unitários das duas atividades mudem simultaneamente, como descrito na parte *d*.

h. Use o módulo de Programação Linear Gráfica e Análise de Sensibilidade em seus Módulos Interativos de Ciência da Gestão para interpretar os resultados na parte *g* graficamente.

E*5.3. Considere o problema da Big M Co. apresentado na Seção 3.5, incluindo a planilha na Figura 3.10 mostrando sua formulação e sua solução ideal.

Existe alguma incerteza sobre os custos unitários para o envio pelas várias rotas de transporte. Portanto, antes de adotar a solução ideal na Figura 3.10, a gestão quer obter informações adicionais sobre o efeito de imprecisões na estimativa desses custos unitários.

Use o Excel Solver para gerar o relatório de sensibilidade preparatório para abordar as seguintes questões.

a. Qual dos custos unitários de transporte dados na Tabela 3.9 tem a menor margem de erro sem invalidar a solução ideal dada na Figura 3.10? Onde o maior esforço deve ser colocado para estimar os custos de transporte da unidade?

b. Qual é a faixa permitida para cada um dos custos de transporte da unidade?

c. Como a faixa permitida deve ser interpretada pela gestão?

d. Se as estimativas mudam para mais do que um dos custos de transporte da unidade, como você pode usar o relatório de sensibilidade para determinar se a solução ideal pode mudar?

E *5.4 .* Considere o problema da Union Airways apresentado na Seção 3.3, incluindo a planilha na Figura 3.5 mostrando a sua formulação e sua solução ideal.

A gestão está prestes a começar as negociações de um novo contrato com o sindicato que representa os agentes da empresa de atendimento ao cliente. Isso pode resultar em algumas pequenas mudanças no custo diário por agente, dadas na Tabela 3.5, para os diferentes turnos. Várias mudanças possíveis listadas a seguir estão sendo consideradas separadamente. Em cada caso, a gestão gostaria de saber se a mudança pode resultar na solução da Figura 3.5 como não mais a ideal. Responda essa pergunta nas partes *a* até *e* usando a planilha e o Solver diretamente. Se a solução ideal mudar, registre a nova solução.

a. O custo diário por agente para o turno 2 muda de $160 para $165.

b. O custo diário por agente para o turno 4 muda de $180 a $170.

c. As mudanças nas partes *a* e *b* ocorrem.

d. O custo diário por agente aumenta em $4 para os turnos 2, 4 e 5, mas diminui em $4 para os turnos 1 e 3.

e. O custo diário por agente aumenta em 2% para cada turno.

f. Use o Solver para gerar o relatório de sensibilidade para esse problema. Suponha que as alterações anteriores vão ser consideradas mais tarde sem ter o modelo de planilha disponível. Mostre, em cada caso, como o relatório de sensibilidade pode ser usado para verificar se a solução ideal original assim permanece.

g. Para cada um dos cinco turnos, use o Solver Table para gerar sistematicamente a solução ideal e o custo total quando a única mudança é que o custo diário por agente no turno aumenta em $3 de incrementos para $15 a menos do que o custo atual até $15 a mais do que o custo atual.

E*5.5 Considere o problema da Think-Big Development Co. apresentado na Seção 3.2, incluindo a planilha na Figura 3.3 mostrando a sua formulação e sua solução ideal. Nas partes *a-g*, use a planilha e o Solver para verificar se a solução ideal mudaria e, em caso afirmativo, qual seria a nova solução ideal se as estimativas na Tabela 3.3 dos valores líquidos atuais dos projetos devessem ser mudadas em cada uma das seguintes formas. (Considere cada parte por si só.)

a. O valor líquido atual do projeto de 1 (um prédio de escritórios de muitos andares) aumenta em 200 mil.

b. O valor líquido atual do projeto 2 (um hotel) aumenta em 200 mil.

c. O valor líquido atual de um projeto diminui em 5 milhões.

d. O valor líquido atual do projeto 3 (um shopping center) diminui em 200 mil.

e. Todas as três alterações nas partes *b*, *c*, e *d* ocorrem simultaneamente.

f. Os valores líquidos atuais dos projetos 1, 2 e 3 mudam para 46, 84 e 60 milhões, respectivamente.

g. Os valores líquidos atuais dos projetos 1, 2 e 3 mudam para 54, 84 e 60 milhões, respectivamente.

h. Use o Solver para gerar o relatório de sensibilidade para esse problema. Para cada uma das partes anteriores, suponha que a mudança ocorra mais tarde, sem ter o modelo de planilha disponível. Mostre, em cada caso, como o relatório de sensibilidade pode ser usado para verificar se a solução ideal original ainda deve ser mantida.

i. Para cada um dos cinco turnos, use o Solver Table para sistematicamente gerar a solução ideal e o custo total quando a única mudança é que o custo diário por agente no turno aumenta em 1 milhão de incrementos para 5 milhões a menos do que o custo atual até 5 milhões a mais do que o custo atual.

5.6. Leia o artigo de referência que descreve completamente o estudo da ciência da gestão resumido na vinheta de aplicação apresentada na Seção 5.4. Descreva brevemente como a análise "e se" foi aplicada. Em seguida, liste os vários benefícios financeiros e não financeiros resultantes.

5.7. A University Ceramics fabrica pratos, xícaras e canecos com o nome e o logotipo do *campus* para venda em livrarias do *campus*. O tempo necessário para cada item passar pelas duas fases de produção (moldagem e acabamento), o material necessário (argila) e os lucros unitários correspondentes são dados na tabela a seguir, juntamente com a quantidade de cada recurso disponível no próximo período de produção.

	Pratos	Xícaras	Canecos	Disponível
Moldagem (minutos)	4	6	3	2.400
Acabamento (minutos)	8	14	12	7.200
Argila (onças)	5	4	3	3.000
Lucro Unitário	$3,10	$4,75	$4	

Um modelo de programação linear foi formulado em uma planilha para determinar os níveis de produção que maximizariam o lucro. O modelo de planilha resolvido e o relatório de sensibilidade correspondente são mostrados abaixo.

Para cada uma das seguintes partes, responda a pergunta da maneira mais específica e completa possível, sem ressolucionar o problema com o Excel Solver. *Observação*: Cada parte é independente (ou seja, qualquer alteração feita em uma parte não se aplica a nenhuma das outras).

a. Suponha que o lucro por prato diminua de $3,10 para $2,80. Isso mudará as quantidades de produção ideal? O que pode ser dito sobre a mudança no lucro total?

b. Suponha que o lucro por caneco *aumente* em $0,30 e o lucro por prato *diminua* em $0,25. Isso mudará as quantidades de produção ideais? O que pode ser dito sobre a mudança no lucro total?

c. Suponha que um trabalhador do departamento de moldagem avise que está doente. Agora menos oito horas estão disponíveis naquele dia no departamento de moldagem. Quanto isso afetaria o lucro total? Isso mudaria as quantidades de produção ideais?

d. Suponha que um dos trabalhadores do departamento de montagem também é treinado para fazer acabamento. Seria uma boa ideia que esse trabalhador passasse parte

	A	B	C	D	E	F	G
1		Pratos	Xícaras	Canecos			
2	Lucro unitário	$3,10	$4,75	$4			
3							
4		Recursos necessários por unidade			Usado		Disponível
5	Moldagem (minutos)	4	6	3	2.400	<=	2.400
6	Acabamento (minutos)	8	14	12	7.200	<=	7.200
7	Argila (onças)	5	4	3	2.700	<=	3.000
8							
9		Pratos	Xícaras	Canecos			Lucro total
10	Produção	300	0	400			$2.530

Células variáveis

Célula	Nome	Valor final	Custo reduzido	Coeficiente objetivo	Aumento permitido	Diminuição permitida
$B$10	Produção de pratos	300	0	3,10	2,23	0,37
$C$10	Produção de xícaras	0	−0,46	4,75	0,46	0,46
$D$10	Produção de canecos	400	0	4	0,65	1,37

Restrições

Célula	Nome	Valor final	Preço-sombra	Restrição lado direito	Aumento permitido	Diminuição permitida
$E$5	Uso moldagem (minutos)	2.400	0,22	2.400	200	600
$E$6	Uso acabamento (minutos)	7.200	0,28	7.200	2.400	2.400
$E$7	Uso argila (onças)	2.700	0	3.000	1E+30	

de seu tempo do departamento de moldagem para departamento o de acabamento? Indique a velocidade com que isso aumentaria ou diminuiria o lucro total por minuto transferido. Quantos minutos podem ser transferidos antes que essa taxa possa mudar?

e. A diminuição permitida para o coeficiente objetivo das canecas e para a restrição de argila disponível está faltando no relatório de sensibilidade. Quais números deveriam estar lá? Explique como você deduziu cada número.

5.8. A Ken and Larry, Inc. abastece suas sorveterias com três sabores de sorvete: chocolate, baunilha e banana. Devido ao clima extremamente quente e à alta demanda por seus produtos, a empresa tem pouca quantidade de ingredientes: leite, açúcar e creme de leite. Assim, não poderá cumprir todas as encomendas enviadas por seus pontos de venda, as sorveterias. Por isso, a empresa decidiu escolher a quantidade de cada sabor a produzir que maximizará o lucro total, dadas as restrições no fornecimento dos ingredientes básicos.

Os sabores chocolate, baunilha e banana geram, respectivamente, $1,00, $0,90 e $0,95 de lucro por galão vendido. A empresa tem apenas 200 galões de leite, 150 libras de açúcar e 60 galões de creme em estoque. A formulação de programação linear para este problema é mostrada abaixo na forma algébrica.

Assim

C = Galões de sorvete de chocolate produzidos
V = Galões de sorvete de baunilha produzidos
B = Galões de sorvete de banana produzidos
Maximizar Lucro = $1C + 0,90V + 0,95B$

sujeito a

Leite: $0,45C + 0,50V + 0,40B \leq 200$ galões
Açúcar: $0,50C + 0,40V + 0,40B \leq 150$ libras
Creme: $0,10C + 0,15V + 0,20B \leq 60$ galões

e

$$C \geq 0 \quad V \geq 0 \quad B \geq 0$$

O problema foi solucionado utilizando o Excel Solver. A planilha (já solucionada) e o relatório de sensibilidade são mostrados a seguir. (Observação: Os números no relatório de sensibilidade para a restrição de leite estão faltando de propósito, já que você será solicitado a preencher esses números na parte *f*.)

Para cada uma das seguintes partes, responda a pergunta da maneira mais específica e completa possível, sem solucionar o problema com o Excel Solver. Observação: cada parte é independente (ou seja, qualquer alteração feita no modelo em uma parte não se aplica a nenhuma outra).

	A	B	C	D	E	F	G
1		Chocolate	Baunilha	Banana			
2	Lucro unitário	$1	$0,90	$0,95			
3							
4	Recurso	Recursos usados por galão produzido			Usado		Disponível
5	Leite	0,45	0,5	0,4	180	≤	200
6	Açúcar	0,5	0,4	0,4	150	≤	150
7	Creme	0,1	0,15	0,2	60	≤	60
8							
9		Chocolate	Baunilha	Banana			Lucro total
10	Galões produzidos	0	300	75			$341,25

Células variáveis

Célula	Nome	Valor final	Custo reduzido	Coeficiente objetivo	Aumento permitido	Diminuição permitida
$B$10	Galões produzidos de chocolate	0	−0,0375	1	0,0375	1E+30
$C$10	Galões produzidos de baunilha	300	0	0,9	0,05	0,0125
$D$10	Galões produzidos de banana	75	0	0,95	0,0214	0,05

Restrições

Célula	Nome	Valor final	Preço-sombra	Restrição lado direito	Aumento permitido	Diminuição permitida
$E$5	Leite usado					
$E$6	Açúcar usado	150	1,875	150	10	30
$E$7	Creme usado	60	1	60	15	3,75

a. Quais são a solução ideal e o lucro total?
b. Suponha que o lucro por galão de banana mude para $1,00. A solução ideal mudará? E o que pode ser dito sobre o efeito sobre o lucro total?
c. Suponha que o lucro por galão de banana mude para 0,92. A solução ideal mudará? E o que pode ser dito sobre o efeito sobre o lucro total?
d. Suponha que a empresa descubra que três galões de creme estragaram e devem ser jogados fora. A solução ideal mudará? E o que pode ser dito sobre o efeito sobre o lucro total?
e. Suponha que a empresa tenha a oportunidade de comprar um adicional de 15 libras de açúcar a um custo total de $15. Ela deve fazê-lo? Explique.
f. Preencha todas as informações do relatório de sensibilidade para a restrição de leite, dada apenas a solução ideal para o problema. Explique como você deduziu cada número.

5.9. A Colonial Furniture produz mobílias artesanais de estilo colonial. Os planos estão sendo feitos para a produção de cadeiras de balanço, mesas de sala de jantar e/ou armários na próxima semana. Esses produtos passam por dois estágios de produção (montagem e acabamento). A tabela a seguir dá o tempo necessário para cada item passar pelas duas fases, a quantidade de madeira necessária (em cerejeira fina) e os lucros da unidade correspondente, juntamente com a quantidade de cada recurso disponível na próxima semana.

	Cadeira de balanço	Mesa de sala de jantar	Armário	Disponível
Montagem (minutos)	100	180	120	3.600
Acabamento (minutos)	60	80	80	2.000
Madeira (libras)	30	180	120	4.000
Lucro unitário	$240	$720	$600	

Um modelo de programação linear foi formulado em uma planilha para determinar os níveis de produção que maximizem o lucro. O modelo de planilha resolvido e o relatório de sensibilidade correspondente são mostrados a seguir.

Para cada uma das seguintes partes, responda a pergunta o mais específica e completamente possível, sem ressolucionar o problema com o Solver. *Observação*: Cada parte é independente (ou seja, qualquer alteração feita em uma parte do problema não se aplica a nenhuma outra).

	A	B	C	D	E	F	G
1		Cadeira	Mesa de sala				
2		de balanço	de jantar	Armários			
3	Lucro unitário	$240	$720	$600			
4							
5		Recursos necessários por unidade			Usado		Disponível
6	Montagem (minutos)	100	180	120	3.600	<=	3.600
7	Acabamento (minutos)	60	80	80	2.000	<=	2.000
8	Madeira (libras)	30	180	120	3.600	<=	4.000
9							
10		Cadeira	Mesa de sala				
11		de balanço	de jantar	Armário			Lucro total
12	Produção	0	10	15			$16.200

Células variáveis

Célula	Nome	Valor final	Custo reduzido	Coeficiente objetivo	Aumento permitido	Diminuição permitida
$B$12	Produção de cadeira	0	−230	240	230	1E+30
$C$12	Produção de mesa	10	0	720	180	120
$D$12	Produção de armário	15	0	600	120	120

Restrições

Célula	Nome	Valor final	Preço-sombra	Restrição lado direito	Aumento permitido	Diminuição permitida
$E$6	Uso de montagem (minutos)	3.600	2	3.600	400	600
$E$7	Uso de acabamento (minutos)	2.000	4,50	2.000	400	400
$E$8	Uso de madeira (libras)	3.600		4.000		

a. Suponha que o lucro por armário diminua em $50. Isso mudará as quantidades ideais de produção? O que pode ser dito sobre a mudança no lucro total?

b. Suponha que o lucro por mesa diminua em $60 e o lucro por armário aumente em $90. Isso vai mudar as quantidades ideais de produção? O que pode ser dito sobre a mudança no lucro total?

c. Suponha que um funcionário de meio período do departamento de montagem avise que está doente, de modo que agora há menos quatro horas disponíveis naquele dia naquele departamento. Quanto isso afetaria o lucro total? Isso mudaria as quantidades ideais de produção?

d. Suponha que um dos funcionários do departamento de montagem também é treinado para fazer acabamento. Seria uma boa ideia ele transferir parte de seu tempo do seu departamento para o de acabamento? Indique a taxa com que isso aumentaria ou diminuiria o lucro total por minuto transferido. Quantos minutos podem ser transferidos antes que essa taxa possa mudar?

e. O preço-sombra e a faixa permitida para a restrição de madeira estão faltando no relatório de sensibilidade. Quais números deveriam estar lá? Explique como você deduziu cada número.

5.10. David, LaDeana e Lydia são os únicos sócios e funcionários de uma empresa que produz relógios finos. David e LaDeana estão disponíveis para trabalhar, no máximo, 40 horas por semana cada um, enquanto Lydia está disponível para trabalhar um máximo de 20.

A empresa fabrica dois tipos de relógios: um de pêndulo e outro de parede. Para fazer um relógio, David (um engenheiro mecânico) monta as partes mecânicas internas, enquanto LaDeana (um carpinteiro) produz as armações de madeira esculpidas à mão. Lydia é responsável por tirar pedidos e enviar os relógios. A quantidade de tempo necessária para cada uma dessas tarefas é mostrada a seguir.

Tarefa	Tempo necessário Relógio de pêndulo	Relógio de parede
Montagem do mecanismo do relógio	6 horas	4 horas
Armação em madeira trabalhada	8 horas	4 horas
Transporte	3 horas	3 horas

Cada relógio de pêndulo montado e enviado gera lucro de $300, enquanto o lucro de cada relógio de parede é $200.

Os três sócios agora querem determinar quantos relógios de cada tipo devem ser produzidos por semana para maximizar o lucro total.

a. Formule um modelo de programação linear na forma algébrica para esse problema.

b. Use a Programação Linear Gráfica e o módulo de Análise de Sensibilidade em seus Módulos Interativos de Ciência da Gestão para solucionar o modelo. Depois use esse módulo para verificar se a solução ideal mudaria caso o lucro unitário de relógios de pêndulo fosse alterado de $300 para $375 (sem outras alterações no modelo). Em seguida, verifique se a solução ideal mudaria caso, além dessa mudança no lucro unitário de relógios de pêndulo, o lucro unitário estimado para os relógios de parede também mudasse de $200 para $175.

E* c. Formule e solucione a versão original desse modelo em uma planilha.

E* d. Use o Excel Solver para verificar o efeito das mudanças especificadas na parte b.

E* e. Use o Solver Table para gerar sistematicamente a solução ideal e lucro total à medida que o lucro unitário de relógios de pêndulo aumente em incrementos de $20 de $150 até $450 (sem mudança no lucro unitário para relógios de parede). Em seguida, faça o mesmo à medida que o lucro unitário dos relógios de parede aumente em incrementos de $20 de $50 até $350 (sem mudança no lucro unitário para relógios de pêndulo). Use essa informação para estimar a faixa permitida para o lucro unitário de cada tipo de relógio.

E* f. Use um Solver Table bidirecionado para gerar sistematicamente a solução ideal (semelhante à Figura 5.13) à media que os lucros unitários para os dois tipos de relógios mudem simultaneamente, como definido na parte e, exceto pelo uso de incrementos de $50 em vez de incrementos de $20.

E* g. Para cada um dos três sócios, use o Excel Solver para determinar o efeito sobre a solução ideal e o lucro total se aquele sócio sozinho aumentasse em 5 horas o seu número máximo de horas de trabalho disponíveis por semana.

E* h. Use o Solver Table para gerar sistematicamente a solução ideal e o lucro total quando a única mudança é que o número máximo de horas disponíveis do David para trabalhar por semana muda para os seguintes valores: 35, 37, 39, 41, 43, 45. Em seguida, faça o mesmo quando a única mudança é que o número máximo de horas disponíveis de LaDeana para trabalhar por semana muda da mesma forma. Em seguida, faça o mesmo quando a única mudança é que o número máximo de horas disponíveis da Lydia para trabalhar por semana muda para os seguintes valores: 15, 17, 19, 21, 23, 25.

E* i. Gere o relatório de sensibilidade do Excel e use-o para determinar a faixa permitida para lucro unitário para cada tipo de relógio e da faixa permitida para o número máximo de horas que cada sócio oferece por semana.

j. Para aumentar o lucro total, os três sócios decidiram que um deles vai aumentar ligeiramente suas horas semanais. A escolha de quem o fará será baseada sobre qual poderia aumentar o lucro total máximo. Use o relatório de sensibilidade para fazer esta escolha. (Suponha que não haja mudança nas estimativas originais dos lucros da unidade.)

k. Explique por que um dos preços-sombra é igual a zero.

l. Os preços-sombra no relatório de sensibilidade podem ser validamente utilizados para determinar o efeito se Lydia mudasse suas horas semanais de 20 para 25? Em caso afirmativo, qual seria o aumento do lucro total?

m. Repita a parte *l* se, além da mudança para Lydia, David também mudar suas horas semanais de 40 para 35.

n. Use a análise gráfica para verificar a sua resposta na parte *m*.

E*5.11.* Reconsidere o Problema 5.1. Depois de mais negociações com cada fornecedor, a gestão da G.A. Tanner Company compreendeu que qualquer um deles estaria disposto a aumentar a oferta de seus respectivos subconjuntos sobre a máxima referida anteriormente (3 mil subconjuntos do tipo A e mil do tipo B por dia) se a empresa pagasse um pequeno prêmio sobre o preço normal para os subconjuntos extras. O tamanho do prêmio para cada tipo de subconjunto continua a ser negociado. A demanda para o brinquedo a ser produzido é suficientemente alta a ponto de 2.500 por dia poderem ser vendidos se o fornecimento de subconjuntos pudesse aumentar o suficiente para suportar essa taxa de produção. Suponha que as estimativas originais de lucros unitários determinadas no Problema 5.1 são precisas.

a. Formule e solucione um modelo de planilha para esse problema com os níveis máximos de suprimentos originais e com a restrição adicional de que não mais do que 2.500 brinquedos devam ser produzidos por dia.

b. Sem considerar o prêmio, use a planilha e o Solver para determinar o preço-sombra para restrição do subconjunto A solucionando o modelo novamente depois de aumentar o fornecimento máximo em um. Utilize este preço-sombra para determinar o prêmio máximo que a empresa deve estar disposta a pagar para cada subconjunto desse tipo e se este preço-sombra para determinar o prêmio máximo que cada empresa deverá ganhar para pagar cada subconjunto deste tipo.

c. Repita a parte *b* para a restrição do subconjunto B.

d. Estime quanto o fornecimento máximo de subconjuntos do tipo A poderia ser aumentado antes que o preço-sombra (e o prêmio correspondente) encontrado na parte *b* não seja mais válido usando o Solver Table para gerar a solução ideal e o lucro total (excluindo o prêmio) à medida que o fornecimento máximo aumente em incrementos de 100 de 3 mil para 4 mil.

e. Repita a parte *d* para subconjuntos do tipo B usando o Solver Table à medida que o fornecimento máximo aumente, em incrementos de 100, de mil para 2 mil.

f. Use o relatório de sensibilidade do Solver para determinar o preço-sombra para cada uma das restrições dos subconjuntos e da faixa permitida para o lado direito de cada uma dessas restrições.

E*5.12. Reconsidere o modelo dado no Problema 5.2. Ao fazer a análise "e se", você descobre que as estimativas dos lados direitos das duas restrições funcionais são precisas apenas para ± 50%. Em outras palavras, os intervalos de *valores prováveis* para esses parâmetros são de 5 a 15 para o primeiro lado direito primeiro e de 6 a 18 para o segundo lado direito.

a. Depois de solucionar o modelo original de planilha, determine o preço-sombra para a primeira restrição funcional, aumentando seu lado direito por um e solucionando novamente.

b. Use o Solver Table para gerar a solução ideal e o lucro total à media que o lado direito da primeira restrição funcional seja incrementado por 1, de 5 a 15. Use a tabela para estimar a faixa permitida para esse lado direito, isto é, o intervalo em que o preço-sombra obtido na parte *a* é válido.

c. Repita a parte *a* para a segunda restrição funcional.

d. Repita a parte *b* para a segunda restrição funtional em que o lado direito é incrementado em 1 de 6 a 18.

e. Use o relatório de sensibilidade do Solver para determinar o preço-sombra para cada restrição funcional e a faixa permitida para o lado direito de cada uma dessas restrições.

5.13. Considere um problema de alocação de recursos com os seguintes dados:

Recurso	Uso de recurso por unidade de cada atividade 1	2	Quantidade de recurso disponível
1	1	3	8
2	1	1	4
Lucro unitário	$1	$2	

O objetivo é determinar o número de unidades de cada atividade a realizar, de modo a maximizar o lucro total.

a. Use o método gráfico para solucionar esse modelo.

b. Use a análise gráfica para determinar o preço-sombra de cada um dos recursos solucionando novamente depois de acrescentar 1 ao número de recursos disponíveis.

E* *c.* Use o modelo de planilha e o Solver, em vez de fazer as partes *a* e *b*.

E* *d.* Para cada recurso, use o Solver Table para gerar sistematicamente a solução ideal e o lucro total quando a única mudança é que a quantidade de recurso disponível aumenta em incrementos de 1 de 4 a menos que o valor original até 6 a mais do que o valor original. Use esses resultados para estimar a faixa permitida para a quantidade disponível de cada recurso.

E* *e.* Use o relatório de sensibilidade do Solver para obter os preços-sombra. Também use esse relatório para encontrar o intervalo para o valor de cada recurso disponível sobre o qual o preço-sombra correspondente permanece válido.

f. Descreva por que esses preços-sombra são úteis quando a gestão tem a flexibilidade para alterar os valores dos recursos disponibilizados.

5.14. Siga as instruções do Problema 5.13 para um problema de alocação de recursos que novamente tem o objetivo de maximizar o lucro total e que tem os seguintes dados:

	Uso de recurso por unidade de cada atividade		
Recurso	1	2	Quantidade de recurso disponível
1	1	0	4
2	1	3	15
3	2	1	10
Lucro unitário	$3	$2	

E*5.15.* Considere o estudo de caso da Super Grain Corp. conforme apresentado na Seção 3.1, incluindo a planilha na Figura 3.1 mostrando a sua formulação e solução ideal. Use o Excel Solver para gerar o relatório de sensibilidade. Depois, use esse relatório para abordar de forma independente cada uma das seguintes questões.

  a. Em quanto o número total esperado de exposições poderia ser aumentado para cada $1.000 adicionais ao orçamento de propaganda?
  b. Sua resposta na parte *a* permaneceria válida para que aumento do orçamento de propaganda?
  c. Em quanto o número total esperado de exposições poderia ser aumentado para cada $1.000 adicionais ao orçamento de planejamento?
  d. Sua resposta na parte *c* permaneceria válida para que aumento no orçamento de planejamento?
  e. Suas respostas nas partes *a* e *c* continuariam a ser definitivamente válidas se tanto o orçamento de propaganda quanto o orçamento de planejamento fossem aumentados em $100 mil cada?
  f. Se apenas $100 mil pudessem ser adicionados a *qualquer* orçamento de propaganda ou o orçamento de planejamento, onde seria melhor adicioná-los?
  g. Se $100 mil devem ser *removidos* do orçamento de propaganda e/ou do orçamento de planejamento, de onde deve ser removido para o menor dano?

E*5.16. Siga as instruções do Problema 5.15 para a continuação do estudo de caso da Super Grain Corp. conforme apresentado na Seção 3.4, incluindo a planilha na Figura 3.7 mostrando a sua formulação e solução ideal.

E*5.17. Considere o problema da Union Airways apresentado na Seção 3.3, incluindo a planilha na Figura 3.5 mostrando a sua formulação e solução ideal.

A gestão agora está considerando aumentar o nível de serviços prestados aos clientes mediante o aumento de um ou mais dos números na coluna mais à direita da Tabela 3.5 para o número mínimo de agentes necessários em períodos de tempo diferentes. Para orientá-los na tomada dessa decisão, eles gostariam de saber qual o impacto que essa mudança teria no custo total.

Use o Excel Solver para gerar o relatório de sensibilidade para abordar as seguintes questões.

  a. Qual dos números na coluna mais à direita da Tabela 3.5 pode ser aumentado sem aumentar o custo total? Em cada caso, indique quanto ele pode ser aumentado (se for o único a ser alterado) sem aumentar o custo total.
  b. Para cada um dos outros números, quanto seria o aumento do custo total por aumento de 1 no número? Para cada resposta, indique o quanto número pode ser aumentado (se for o único a ser mudado) antes que a resposta não seja mais válida.
  c. Suas respostas na parte *b* permanecem definitivamente válidas se todos os números considerados na parte *b* forem simultaneamente aumentados de 1?
  d. Suas respostas na parte *b* permanecem definitivamente válidas se todos os 10 números forem simultaneamente aumentados de 1?
  e. Até que ponto todos os 10 números podem ser simultaneamente aumentados na mesma proporção antes que suas respostas na parte *b* deixem de ser mais válidas?

Caso 5-1
Venda de sabão

Reconsidere o problema de *mix* de propaganda da **Profit & Gambit Co.** apresentado na Seção 2.6. Lembre-se de que uma forte campanha publicitária está sendo planejada e que irá se concentrar em três produtos principais: um removedor de mancha, um detergente líquido e um detergente em pó. A gestão tomou as seguintes decisões políticas sobre o que precisa ser alcançado por essa campanha.

- Vendas do removedor de manchas devem aumentar em pelo menos 3%.
- Vendas do detergente líquido devem aumentar em pelo menos 18%.
- Vendas do detergente em pó devem aumentar em pelo menos 4%.

A planilha na Figura 2.14 mostra o modelo de programação linear formulado para este problema. O aumento mínimo exigido nas vendas dos três produtos é dado na MinimumIncrease células de dados (G8:G10). A mudança nas células Unidades de Propaganda (C14:D14) indica que uma solução ótima para o modelo consiste em proceder a quatro unidades de publicidade na televisão e três na mídia impressa. O CustoTotal célula-alvo (G14) mostra que o custo total para a campanha seria de R$ 10 milhões.

Depois de receber essa informação, a gestão da Profit & Gambit Co. quer analisar o trade-off entre o custo total da publicidade e os benefícios obtidos com o aumento das vendas dos três produtos. Portanto, a uma equipe da ciência da gestão (você) foi dada a tarefa de desenvolver a informação que a administração terá de analisar este trade-off e decidir se ele deve alterar alguma das decisões políticas sobre os aumentos mínimo exigido nas vendas dos três produtos. Em particular, a gestão precisa de algumas informações detalhadas sobre como o custo total da publicidade mudaria se for alterada uma ou todas estas decisões políticas.

a. Para cada um dos três produtos, use a análise gráfica para determinar o quanto o custo total da publicidade mudaria se o aumento mínimo exigido nas vendas desse produto aumentasse em 1% (sem alterar o aumento mínimo necessário para os outros dois produtos).
b. Use a planilha mostrada na Figura 2.14 (disponível no CD-ROM) para obter as informações solicitadas na parte *a*.
c. Para cada um dos três produtos, use o Solver Table (disponível no CD-ROM) para determinar como a solução ideal para o modelo e os custos totais de propaganda resultantes mudariam se o aumento mínimo exigido nas vendas desse produto devesse variar sistematicamente em uma faixa de valores (sem alterar o aumento mínimo necessário para os outros dois produtos). Em cada caso, inicie o intervalo de valores em 0% e aumente em incrementos de 1% até o dobro do aumento mínimo original requerido.
d. Use o Solver para gerar o relatório de sensibilidade e indicar como o relatório pode fornecer as informações solicitadas na parte *a*. Também use o relatório para obter o intervalo permitido para o aumento mínimo exigido nas vendas de cada produto. Interpretar como cada uma dessas faixas permissíveis se relaciona com os resultados obtidos na parte *c*.
e. Suponha que todos os números originais em MinimumIncrease (G8:G10) aumentaram simultaneamente na mesma quantidade. Quão grande pode ser esse montante antes que os preços-sombra fornecidos pelo relatório de sensibilidade se invalidem?
f. Abaixo é o começo de um memorando da equipe de ciência da gestão da Profit & Gambit Co. informando à direção do que precisa para realizar sua análise trade-off. Escreva o resto deste memorando com base em um resumo dos resultados obtidos nas partes anteriores. Apresente suas informações em termos claros e simples usando a linguagem da gestão. Evite termos técnicos como preços-sombra, faixas permissíveis, e assim por diante.

MEMORANDO

Para: Diretoria da Profit & Gambit
De: Equipe de ciência da gestão
Assunto: Conflito entre as despesas com propaganda e o aumento das vendas

Conforme instruções, continuamos com nossa análise dos planos para a nova campanha publicitária principal que terá como foco o nosso spray removedor de mancha para pré-lavagem e ambos os detergentes para lavagem de roupa: o de formulação líquida e em pó.

Nosso recente relatório apresentou nossas conclusões preliminares sobre o quanto de propaganda a se fazer nas diferentes mídias para atender as metas de vendas a um custo mínimo total:

Alocar 4 milhões de dólares para propaganda na televisão.

Alocar 6 milhões de dólares para propaganda na mídia impressa.

Custo total da publicidade: $10 milhões

Estimamos que os aumentos de vendas resultantes serão

Removedor de manchas: aumento de 3% em vendas

Detergente líquido: aumento de 18% em vendas

Detergente em pó: aumento de 8% em vendas.

Vocês tinham especificado que esses aumentos deveriam ser de pelo menos 3, 18 e 4%, respectivamente, de modo que atingimos os níveis mínimos para os dois primeiros produtos e ultrapassamos consideravelmente o terceiro.

No entanto, vocês também indicaram que suas decisões sobre esses aumentos mínimos exigidos em vendas (3, 18 e 4%) foram experimentais. Agora que temos informações mais específicas sobre quais serão os custos de publicidade e os aumentos resultantes de vendas, vocês planejam reavaliar essas decisões para ver se pequenas mudanças podem melhorar o conflito entre custos de publicidade e aumento de vendas.

Para ajudá-los a reavaliar suas decisões, agora analisamos esse conflito para cada um dos três produtos. Nossas melhores estimativas são as seguintes.

Caso 5-2
Controle da poluição do ar

A **Noni & Co. Leets** é um dos principais produtores de aço da região. Está localizada na cidade de Steeltown e é a única grande empregadora de lá. Steeltown cresceu e prosperou juntamente com a empresa, que hoje emprega cerca de 50 mil moradores. Portanto, o lema das pessoas da cidade sempre foi "o que é bom para a Nori & Leets é bom para a cidade". No entanto, isso está mudando. A poluição do ar descontrolada dos fornos da empresa está arruinando a aparência da cidade e pondo em risco a saúde dos moradores.

Uma recente revolta dos acionistas resultou na eleição de uma nova e inteligente diretoria para a empresa. Esses diretores estão determinados a seguir as políticas socialmente responsáveis e têm discutido com as autoridades de Steeltown e com grupos de cidadãos o que fazer sobre a poluição do ar. Juntos, elaboraram padrões rigorosos de qualidade do ar para a região.

Os três principais tipos de poluentes são as partículas, óxidos de enxofre e hidrocarbonetos. As novas normas exigem que a empresa reduza as emissões anuais desses poluentes para os valores apresentados na tabela a seguir.

Poluente	Redução necessária na taxa de emissão anual (milhão de libras)
Partículas	60
Óxidos de enxofre	150
Hidrocarbonetos	125

A diretoria instruiu a gestão para que a equipe de engenharia esteja determinada em como alcançar essas reduções da forma mais econômica possível.

A siderurgia tem duas fontes principais de poluição: os altos-fornos para fazer ferro gusa e os fornos Siemens-Martin para transformar ferro em aço. Em ambos os casos, os engenheiros decidiram que os métodos mais eficazes de redução são: (1) aumentar a altura das chaminés,[1] (2) usar dispositivos filtrantes (incluindo armadilhas de gás) nas chaminés e (3), incluir materiais de limpeza de alta qualidade entre os combustíveis para os fornos. Cada um desses métodos tem um limite tecnológico para uso (p. ex., um aumento máximo possível na altura das chaminés), mas há também uma considerável flexibilidade para a utilização do método em uma fração do seu limite tecnológico.

A próxima tabela mostra a quantidade de emissões (em milhões de libras por ano) que pode ser eliminada a partir de cada tipo de forno com a plena utilização de qualquer método de redução e seu limite tecnológico.

Para fins de análise, supõe-se que cada método também possa ser usado aquém do respectivo limite para alcançar qualquer fração das capacidades de redução apresentadas nessa tabela. Além disso, as frações podem ser diferentes para altos-fornos e fornos Siemens-Martin. Para qualquer tipo de forno, a redução de emissões atingida por cada método não é substancialmente afetada pelo uso de outros métodos.

Obtidos esses dados, ficou claro que nenhum método usado isoladamente poderia alcançar todas as reduções exigidas. Por outro lado, combinar todos os três métodos em plena capacidade em ambos os tipos de fornos (o que seria proibitivamente caro caso os produtos da empresa devam permanecer com preços competitivos) supera o necessário. Portanto, os engenheiros concluíram que teriam que usar alguma combinação dos métodos, talvez com capacidade fracionada, com base em seus custos relativos. Além disso, por causa das diferenças entre os altos-fornos e os fornos Siemens-Martin, os dois tipos provavelmente não devem usar a mesma combinação.

Uma análise foi realizada para estimar o custo total anual de cada método de redução. Um custo anual de um método inclui o aumento de despesas com operação e manutenção, bem como diminuição de lucro devido a alguma perda na eficiência do processo de produção causada pelo uso do método. Outro custo importante é o custo inicial (o capital inicial desembolsado) necessário para instalar o método. Para tornar esse custo único

	Redução na emissão do uso viável máximo de um método de abatimento					
	Chaminés mais altas		Filtros		Combustíveis melhores	
Poluente	Altos-Fornos	Fornos Siemens-Martin	Altos-Fornos	Fornos Siemens-Martin	Altos-Fornos	Fornos Siemens-Martin
Partículas	12	9	25	20	17	13
Óxidos de enxofre	35	42	18	31	56	49
Hidrocarbonetos	37	53	28	24	29	20

[1] Após o estudo, esse método de redução tornou-se especialmente polêmico. Como o seu efeito é reduzir a poluição ao nível do solo, espalhando as emissões a uma distância maior, os grupos ambientais argumentam que isso provoca mais chuvas ácidas, mantendo os óxidos de enxofre no ar por mais tempo. Consequentemente, a Agência de Proteção Ambiental dos EUA adotou novas regras para eliminar os incentivos à utilização de chaminés altas.

comensurável com os custos anuais, o valor de tempo do dinheiro foi usado para calcular as despesas anuais que seriam equivalentes em valor a esse custo inicial.

Essa análise levou às estimativas do custo anual total dadas na próxima tabela por utilizar os métodos em suas capacidades totais de redução.

Custo total anual do uso viável máximo de um método de abatimento		
Método de abatimento	Altos-fornos	Fornos Siemens-Martin
Chaminés mais altas	$8 milhões	$10 milhões
Filtros	7 milhões	6 milhões
Melhores combustíveis	11 milhões	9 milhões

Também foi determinado que o custo de um método utilizado em um nível inferior é aproximadamente proporcional à fração da capacidade de redução (dada na tabela anterior) alcançada. Assim, para qualquer fração alcançada dada, o custo total anual seria, aproximadamente, essa fração da quantidade correspondente na tabela de custos.

O palco agora está montado para desenvolver o quadro geral do plano da empresa para a redução da poluição. Esse plano tem que especificar quais tipos de métodos de redução serão usados e em que frações de suas capacidades de redução para (1) os altos-fornos e (2) fornos Siemens-Martin.

Você foi convidado para chefiar uma equipe de ciência da gestão para analisar esse problema. a gestão quer que você comece determinando qual plano minimizaria o custo total anual para atingir as reduções necessárias nas taxas de emissão anual para os três poluentes.

a. Identifique oralmente os componentes de um modelo de programação linear para esse problema.
b. Apresente o modelo em uma planilha.
c. Obtenha uma solução ideal e gere o relatório de sensibilidade.

Agora, a gestão quer realizar algumas análises "e se" com a sua ajuda. Uma vez que a companhia não tem muita experiência com os métodos de redução de poluição considerados, as estimativas de custo apresentadas na terceira tabela são bastante aproximadas, e cada um poderia facilmente passar em 10% em qualquer direção. Há também alguma incerteza sobre os valores dados na segunda tabela, mas menos do que na terceira. Por outro lado, os valores da primeira tabela são normas políticas e, assim, são constantes aconselháveis.

No entanto, ainda há um importante debate sobre onde incluir essas normas políticas nas reduções exigidas nas taxas de emissão de vários poluentes. Os números na primeira tabela, na verdade, são valores preliminares, acordados anteriormente, antes de se saber qual seria o custo total para atender a essas normas. Tanto os representantes da cidade quanto os da empresa concordam que a decisão final sobre essas normas políticas deve se basear no *conflito* entre custos e benefícios. Com isso em mente, chegou-se à conclusão de que cada aumento de 10% nas normas políticas sobre os valores atuais (todos os números da primeira tabela) valeria 3,5 milhões de dólares para a cidade. Portanto, a cidade concordou em reduzir os pagamentos fiscais da empresa para a prefeitura em 3,5 milhões de dólares para *cada* aumento de 10% nas normas políticas (até 50%), o que foi aceito pela empresa.

Finalmente, houve algum debate sobre os valores *relativos* às normas políticas para os três poluentes. Como indicado na primeira tabela, a redução necessária para as partículas agora é menos da metade do que para qualquer óxido de enxofre ou hidrocarboneto. Alguns têm pedido para diminuir essa disparidade. Outros alegam que uma discrepância ainda maior se justifica porque os óxidos de enxofre e os hidrocarbonetos causam muito mais danos do que as partículas. Acordou-se que essa questão será reexaminada após obtida a informação sobre quais conflitos com as normas políticas (aumentando um enquanto diminui outro) estão disponíveis sem aumentar o custo total.

d. Identifique os parâmetros do modelo de programação linear que devem ser classificados como *parâmetros sensitivos*. Faça uma recomendação resultante sobre quais parâmetros devem ser estimados mais de perto, se possível.
e. Analise o efeito de uma imprecisão na estimativa de cada parâmetro de custo dado na terceira tabela. Se o valor real foi de 10% a menos do que o valor estimado, isso mudaria a solução ideal? Isso mudaria se o valor real fosse de 10% a mais do que o valor estimado? Faça uma recomendação resultante sobre onde concentrar um maior trabalho para estimar os parâmetros de custo mais de perto.
f. Para cada poluente, especifique a taxa em que o custo total de uma solução ideal mudaria com qualquer pequena mudança na redução exigida da taxa de emissão anual do poluente. Também especifique o quanto essa redução exigida pode ser mudada (para mais ou para menos) sem afetar a taxa de variação no custo total.
g. Para cada mudança de unidade na norma política para partículas dada na primeira tabela, determine a mudança na direção oposta de óxidos de enxofre que manteria o custo total de uma solução ideal inalterada. Repita esse procedimento para hidrocarbonetos em vez de óxidos de enxofre. Depois faça o mesmo para uma mudança simultânea e igual dos óxidos de enxofre e dos hidrocarbonetos na direção oposta das partículas.
h. Deixando θ denotar o aumento percentual em todas as normas políticas dadas na primeira tabela, use o Solver Table para encontrar uma solução ideal e o custo total para o problema de programação linear revisado para cada θ = 10, 20, 30, 40, 50 . Considerando o incentivo fiscal oferecido pela cidade, use esses resultados para determinar qual valor de 0 (incluindo a opção de θ = 0) deve ser escolhido pela empresa para minimizar o custo total de redução da poluição e de impostos.
i. Para o valor de 0 escolhido na parte *h*, gere o relatório de sensibilidade e repita as partes *f* e *g* de modo que possa ser tomada uma decisão final sobre os valores relativos às normas política para os três poluentes.

Caso 5-3
Gerenciamento da fazenda

A **família Ploughman** é proprietária e opera uma fazenda de 640 acres há várias gerações. Os Ploughmans sempre tiveram que trabalhar duro para ter uma vida decente e enfrentaram alguns anos difíceis. Histórias sobre as gerações anteriores superando dificuldades devido a secas, inundações, e assim por diante, são uma parte importante da memória da família. No entanto, os Ploughmans desfrutam de seu estilo de vida autossuficiente e obtêm satisfação considerável em continuar a tradição familiar de sucesso vivendo da terra durante uma época em que muitos agricultores familiares estão sendo abandonados ou arrebatados por grandes empresas agrícolas.

John Ploughman é o atual gerente da fazenda, enquanto sua esposa Eunice administra a casa e gerencia as finanças da fazenda. O pai de John, o avô Ploughman, vive com eles e ainda trabalha muitas horas na fazenda. Os filhos mais velhos de John e Eunice, Frank, Phyllis e Carl também cumprem pesadas tarefas antes e depois da escola.

A família inteira pode produzir um total de 4mil horas de trabalho por pessoa durante o inverno e a primavera e 4.500 durante o verão e o outono. As horas não necessárias são usados por Frank, Phyllis e Carl para trabalhar em uma fazenda vizinha, a 5 dólares por hora durante o inverno e a primavera e 5,50 dólares no verão e no outono.

A fazenda tem dois tipos de animais, vacas leiteiras e galinhas poedeiras, bem como três tipos de cultura: soja, milho e trigo. (Todos são comercializados, mas o milho também é alimento para as vacas, e o trigo também é usado para alimentar os frangos). As culturas são colhidas durante o verão e o outono. Durante os meses de inverno, John, Eunice e o avô tomam uma decisão sobre o *mix* de animais e colheitas para o próximo ano.

A família acaba de ter uma colheita particularmente bem-sucedida, proporcionando um fundo de investimento de 20 mil dólares que pode ser usado para comprar mais animais. (O dinheiro está disponível para outras despesas correntes, incluindo o plantio das próximas culturas.) A família tem 30 vacas no valor de 35 mil dólares e 2 mil galinhas no valor de 5 mil dólares. Eles desejam manter todos esses animais e talvez comprar mais. Cada vaca nova custaria 1.500 dólares, e cada galinha nova custaria 3 dólares.

Durante um ano, o valor de um rebanho de vacas diminui em cerca de 10%, e o valor de um grupo de galinhas vai diminuir em cerca de 25% devido ao envelhecimento.

Cada vaca precisará de dois acres de terra para pastar e de 10 horas de trabalho por pessoa por mês, enquanto produz um lucro líquido anual de 850 dólares para a família. O correspondente para cada galinha não é medido em acres significantes, 0,05 horas por pessoa por mês e um lucro líquido anual de 4,25 dólares. O galinheiro pode acomodar um máximo de 5 mil galinhas e o tamanho do celeiro limita o rebanho em um máximo de 42 vacas.

Para cada acre plantado em cada uma das três culturas, a próxima tabela dá o número de horas de trabalho por pessoa necessárias durante o primeiro e segundo semestres do ano, bem como uma estimativa aproximada do valor líquido da cultura (tanto quanto à renda quanto à economia na compra de alimento para os animais).

Para fornecer a maior parte do alimento para os animais, John quer plantar pelo menos um acre de milho para cada vaca no rebanho do próximo ano e, pelo menos, 0,05 acres de trigo para cada galinha para o grupo do próximo ano.

John, Eunice e o avô estão discutindo quantos acres devem ser plantadas de cada uma das culturas e quantas vacas e galinhas ter para o próximo ano. O objetivo deles é maximizar o valor monetário da família no final do próximo ano (a *soma* do lucro líquido dos animais para o próximo ano, *mais* o valor líquido das colheitas para o próximo ano, *mais* o que resta do fundo de investimento, *mais* o valor dos animais no final do próximo ano, *mais* o lucro do trabalho em uma fazenda vizinha, *menos* o custo de vida de 40 mil para o ano).

Dados por acre plantado			
	Soja	Milho	Trigo
Inverno e primavera, horas por pessoa	1	0,9	0,6
Verão e outono, horas por pessoa	1,4	1,2	0,7
Valor líquido	$70	$60	$40

a. Identifique oralmente os componentes de um modelo de programação linear para esse problema.
b. Apresente o modelo em uma planilha.
c. Obtenha uma solução ideal e gere o relatório de sensibilidade. O que o modelo prevê sobre valor monetário para a família no final do próximo ano?
d. Encontre a faixa permitida para o valor líquido por acre plantado para cada uma das três culturas.

As estimativas do valor líquido por acre plantado em cada uma das três culturas presumem boas condições climáticas. Se adversas, prejudicariam as culturas e reduziriam o valor resultante. Os cenários particularmente temidos pela família são uma seca, uma inundação, uma geada precoce, uma seca junto com uma geada precoce, e uma inundação junto com uma geada precoce. Os valores líquidos estimados para o ano sob esses cenários são mostrados a seguir.

	Valor líquido por acre plantado		
Cenário	Soja	Milho	Trigo
Seca	– $10	–$15	0
Inundação	15	20	$10
Geada precoce	50	40	30
Seca e geada precoce	– 15	– 20	– 10
Inundação e geada precoce	10	10	5

e. Encontre uma solução ideal em cada cenário depois de fazer os ajustes necessários para o modelo de programação linear formulado na parte b. Em cada caso, qual é a previsão quanto ao valor monetário da família no final do ano?
f. Para a solução ideal obtida em cada um dos seis cenários (incluindo o cenário com bom tempo considerado nas partes a-d), calcule qual seria o valor monetário da família no final do ano se cada um dos outros cinco cenários ocorresse em seu lugar. Em sua opinião, qual a solução que oferece o melhor equilíbrio entre desfrutar de um grande valor monetário sob boas condições climáticas e evitar um valor excessivamente pequeno em condições meteorológicas adversas?

O avô pesquisou as condições meteorológicas nos últimos anos, incluindo todos os registros meteorológicos, e obteve os dados mostrados na página seguinte. Com esses dados, a família decidiu usar a seguinte abordagem para tomar as decisões quanto ao seu plantio e quanto aos animais. Em vez de uma abordagem otimista presumindo que as condições de tempo bom vão prevalecer (como feito nas partes a-d), o valor líquido *médio* em todas as condições meteorológicas será utilizado para cada cultura (ponderando os valores líquidos sob os diversos cenários por meio da frequência na tabela seguinte).

Cenário	Frequência
Tempo bom	40%
Seca	20
Inundação	10
Geada precoce	15
Seca e geada precoce	10
Inundação e geada precoce	5

g. Modifique o modelo de programação linear formulado na parte *b* para ajustar a nova abordagem.

h. Repita a parte *c* para o modelo modificado.

i. Use um preço-sombra obtido na parte *h* para analisar se valeria a pena para a família obter um empréstimo bancário com uma taxa de juros de 10% para comprar mais animais agora, além do que pode ser obtido com os 20 mil dólares do fundo de investimento.

j. Para cada uma das três culturas, use o relatório de sensibilidade obtido na parte *h* para identificar quanto de latitude de erro está disponível na estimativa do valor líquido por acre plantado para essa cultura sem alterar a solução ideal. Quais dois valores líquidos precisam ser estimados mais cuidadosamente? Se ambas as estimativas estão incorretas simultaneamente, o quão próximo as estimativas devem estar para garantir que a solução ideal não mude? Use um Solver Table bidimensional para gerar sistematicamente o valor monetário ideal conforme esses dois valores líquidos variem simultaneamente em faixas que vão até duas vezes mais longe das estimativas, conforme necessário para garantir que a solução ideal não mude.

Esse problema ilustra um tipo de situação que é frequentemente enfrentada por vários tipos de empresas. Para descrever a situação em termos gerais, uma empresa se depara com um futuro incerto, em que qualquer um de uma série de cenários pode acontecer. Qual ocorrerá depende de condições que estão fora de seu controle. A empresa precisa escolher os níveis de várias atividades, mas a contribuição da unidade de cada atividade para a medida geral de desempenho é muito afetada por qualquer cenário. Nessas circunstâncias, qual é o melhor *mix* de atividades?

k. Pense em situações específicas fora da gestão da fazenda que se encaixam nessa descrição. Descreva uma.

Caso 5-4
Alocação de estudantes nas escolas (revisitado)

Reconsidere o Caso 3-5. A diretoria da Escola Springfield ainda tem a política de fornecer transporte de ônibus para todos os estudantes do ensino médio que precisam se deslocar mais de um quilômetro aproximadamente. Outra política é a de permitir a divisão de áreas residenciais entre várias escolas, se isso reduzir o custo total de transporte. (Essa política será revertida no Caso 7-3.) No entanto, antes de adotar um plano de transporte com base na parte *a* do Caso 3-5, a diretoria da escola quer realizar algumas análises "e se".

a. Se você não tiver feito isso para a parte *a* do Caso 3-5, formule e solucione um modelo de programação linear para esse problema em uma planilha.

b. Use o Excel Solver para gerar o relatório de sensibilidade.

Uma preocupação da diretoria da escola são as obras de uma estrada na área 6. Isso tem atrapalhado o tráfego consideravelmente e tende a afetar o custo do transporte dos alunos da área, talvez aumentando em 10%.

c. Use o relatório de sensibilidade para verificar quanto o custo do transporte da área de 6 para a escola 1 pode aumentar (assumindo que não há mudança nos custos para as outras escolas) antes da atual solução ideal deixar de sê-lo. Se o aumento permitido é inferior a 10%, use o Solver para encontrar a nova solução ideal com um aumento de 10%.

d. Repita a parte *c* para a escola 2 (assumindo que não há mudança nos custos para as outras escolas).

e. Agora vamos supor que o custo de transporte da área 6 aumentaria na mesma porcentagem para todas as escolas. Use o relatório de sensibilidade para determinar quão grande essa porcentagem pode ser antes da atual solução ideal deixar de sê-lo. Se o aumento permitido é inferior a 10%, use o Solver para encontrar a nova solução ideal com um aumento de 10%.

A diretoria tem a opção de adicionar salas de aula portáteis para aumentar a capacidade de uma ou mais das escolas de ensino médio por alguns anos. No entanto, esse é um movimento caro que a diretoria só consideraria se fosse diminuir significativamente os custos de transporte. Cada sala de aula portátil detém 20 alunos e tem um custo de locação de $ 2.500 por ano. Para analisar essa opção, a diretoria da escola decide assumir que a construção da estrada na área 6 perderá o ritmo sem aumentar os respectivos custos de transporte significativamente.

f. Para cada escola, use o preço-sombra correspondente do relatório de sensibilidade para determinar se valeria a pena acrescentar salas de aula portáteis.

g. Para cada escola em que vale a pena adicionar salas de aula portáteis, use o relatório de sensibilidade para determinar quantas poderiam ser adicionadas antes que o preço-sombra deixe de ser válido (assumindo que essa é a única escola a receber as salas de aula portáteis).

h. Se valer a pena acrescentar salas de aula portáteis para mais de uma escola, use o relatório de sensibilidade para determinar as combinações do número a acrescentar para as quais os preços-sombra ainda seriam válidos definitivamente. Depois, use os preços-sombra para determinar qual dessas combinações é a melhor para minimizar o custo total de transporte e de aluguel de salas de aula portáteis. Use o Solver para encontrar a solução ideal correspondente para a alocação de alunos nas escolas.

i. Se a parte *h* for aplicável, modifique a melhor combinação de salas de aula portáteis encontradas nessa parte por meio da adição de mais uma para a escola com o preço-sombra mais favorável. Use o Solver para encontrar a solução ideal correspondente para a alocação de alunos nas escolas e para gerar o relatório de sensibilidade correspondente. Use essas informações para avaliar se o plano desenvolvido na parte *h* é a melhor opção disponível para minimizar o custo total de transporte de alunos e de aluguel de salas de aula portáteis. Se não, encontre o melhor plano.

Casos adicionais

Casos adicionais para este capítulo estão disponíveis para compra no site da School of Business, da University of Western Ontário, **cases.ivey.uwo.ca/case**, no segmento da área de CaseMate designada para este livro.

PROBLEMAS DE OTIMIZAÇÃO DE REDE

6

OBJETIVOS DE APRENDIZAGEM

OA1 Formular modelos de rede para vários tipos de problemas de otimização de rede.

OA2 Descrever as características dos problemas de fluxo de custo mínimo, problemas de fluxo máximo e problemas de caminho mais curto.

OA3 Identificar algumas áreas de aplicação para esses tipos de problemas.

OA4 Identificar várias categorias de problemas de otimização de rede que são tipos especiais de problemas de fluxo de custo mínimo.

OA5 Formular e resolver um modelo de planilha para problema de fluxo de custo mínimo, um problema de fluxo máximo ou um problema de menor caminho a partir de uma descrição do problema.

As redes surgem em várias configurações e em inúmeros aspectos: redes de transporte, elétricas e de comunicação permeiam nosso cotidiano. As representações de rede são muito utilizadas para problemas em diversas áreas, como produção, distribuição, planejamento de projetos, localização de instalações, gestão de recursos e planejamento financeiro, apenas para citar alguns exemplos. Na verdade, uma representação de rede fornece um auxílio visual e conceitual tão poderoso para retratar a relação entre os componentes dos sistemas que é usada em praticamente todos os campos do esforço científico, social e econômico.

Um dos mais incríveis desenvolvimentos em ciência da gestão nos últimos anos foi o avanço surpreendentemente rápido da metodologia e da aplicação de problemas de otimização de rede. Várias descobertas de algoritmos tiveram grande impacto, assim como ideias da ciência da computação sobre estruturas de dados e manipulação de dados eficiente. Consequentemente, algoritmos e software já estão disponíveis e sendo usados para resolver grandes problemas rotineiramente, o que teria sido totalmente espinhoso algumas décadas atrás.

Este capítulo apresenta os problemas de otimização da rede que têm sido particularmente úteis em lidar em questões gerenciais. O foco é na natureza destes problemas e suas aplicações, em vez de detalhes técnicos e algoritmos usados para resolver os problemas.

Você já viu alguns exemplos de problemas de otimização de rede no Capítulo 3. Em particular, os problemas de transporte (descritos na Seção 3.5) têm uma representação de rede como ilustrado na Figura 3.9, e os problemas de atribuição (Seção 3.6) têm uma representação de rede semelhante (como descrito no Capítulo 15 do CD-ROM). Desse modo, ambos os problemas de transporte e de atribuição são problemas de otimização de rede do tipo simples.

Da mesma maneira, vários outros problemas de otimização de rede (incluindo todos os tipos considerados neste capítulo) também são tipos especiais de problemas de *programação linear*. Consequentemente, depois de formular um modelo de planilha para esses problemas, eles podem ser prontamente resolvidos pelo Solver do Excel.

A Seção 6.1 examina um tipo especialmente importante de problema de otimização de rede chamado *problema de fluxo de custo mínimo*. Uma aplicação típica envolve a minimização do custo do transporte de mercadorias por meio de uma rede de distribuição.

A Seção 6.3 apresenta *problemas de fluxo máximo*, que estão relacionados a questões como a forma de maximizar o fluxo de mercadorias por meio de uma rede de distribuição. A Seção 6.2 estabelece os fundamentos pela apresentação de um estudo de caso de um problema de fluxo máximo.

A Seção 6.4 leva em consideração os *problemas de caminho mais curto*. Em sua forma mais simples, o objetivo é encontrar a rota mais curta entre dois locais.

O suplemento para este capítulo no CD-ROM discute os *problemas da árvore de extensão mínima*, relacionados para minimizar o custo de estabelecer ligações entre todos os usuários de um sistema. Este é o único problema de otimização de rede examinado neste livro que não é, de fato, um tipo especial de problema de programação linear.

6.1 PROBLEMAS DE FLUXO DE CUSTO MÍNIMO

Antes de descrever as características gerais dos problemas de fluxo de custo mínimo, vamos primeiro olhar para um exemplo típico.

Exemplo: Problema da Distribution Unlimited Co.

A **Distribution Unlimited Co.** tem duas fábricas produzindo um produto que precisa ser enviado para dois depósitos. Aqui estão alguns detalhes.

A fábrica 1 produz	80 unidades
A fábrica 2 produz	70 unidades
O depósito 1 precisa de	60 unidades
O depósito 2 precisa de	90 unidades

(Cada unidade corresponde a uma carga completa do produto.)

A Figura 6.1 mostra a rede de distribuição disponível para o transporte deste produto, onde F1 e F2 são as duas fábricas, D1 e D2 são os dois depósitos e CD é um centro de distribuição. Especificamente, há uma ligação ferroviária da fábrica 1 para o armazém 2 e outro da fábrica 1 para o depósito 2. (Qualquer quantidade pode ser enviada pelas ferrovias.) Além disso, há caminhoneiros independentes disponíveis para transportar até 50 unidades de cada fábrica para o centro de distribuição e depois enviar até 50 unidades do centro de distribuição para cada depósito. (Tudo que for enviado para o centro de distribuição deve ser posteriormente enviado para os depósitos.) O objetivo da administração é estabelecer o plano de envio (quantas unidades enviar em cada rota) que minimize o custo de transporte total.

> O objetivo é minimizar o custo total de envio pela rede de distribuição.

Os custos de envio diferem consideravelmente entre essas rotas. O custo por unidade enviada em de cada rota é mostrado acima da seta correspondente na *rede* na Figura 6.2.

Para tornar a rede menos congestionada, o problema normalmente é apresentado de modo mais compacto, como mostrado na Figura 6.3. O número entre colchetes ao lado do local de cada fábrica indica a quantidade líquida de unidades (entrada menos saída) gerada lá.

FIGURA 6.1
Rede de distribuição para o problema da Distribuition Unlimited Co., onde cada rota viável é representada por uma seta.

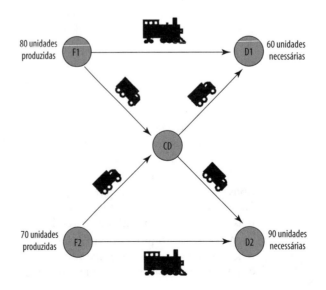

FIGURA 6.2
Dados da rede de distribuição para o problema da Distribuition Unlimited Co.

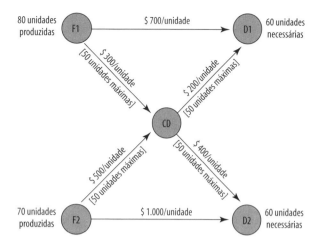

Assim, o número de unidades que acaba em cada depósito é mostrado como um número negativo. O número no centro de distribuição é 0, uma vez que o número de unidades saindo *menos* o de unidades chegando deve ser igual a 0. O número no topo de cada seta mostra o custo de transporte em determinada rota de transporte. Qualquer número entre colchetes debaixo de uma seta resulta no número máximo de unidades que pode ser enviado por aquela rota. (A falta de um número na praça entre colchetes abaixo de uma seta implica que não há limite na quantidade de envio por lá.) A rede fornece uma representação completa do problema, incluindo todos os dados necessários, constituindo, assim, um *modelo de rede* para este problema de fluxo de custo mínimo.

A Figura 6.3 ilustra como um problema de fluxo de custo mínimo pode ser completamente representado por uma rede.

Uma vez que este é um problema muito pequeno, você provavelmente pode ver qual deve ser a melhor solução. (Experimente fazê-lo). Essa solução é mostrada na Figura 6.4, onde o valor de envio em cada rota é dado entre parênteses. (Para evitar confusão, eliminamos os custos unitários e as capacidades de envio nesta figura.) Combinando esses valores de transporte com os custos de envio por unidade dados nas Figuras 6.2 e 6.3, o custo de transporte total desta solução (ao iniciar listando os custos de F1, depois de F2 e, então, do CD) é

$$\text{Custo de transporte total} = 30(\$700) + 50(\$300) + 30(\$500)2 + 40(\$1.000)$$
$$+ 30(\$200) + 50(\$400)$$
$$= \$117.000$$

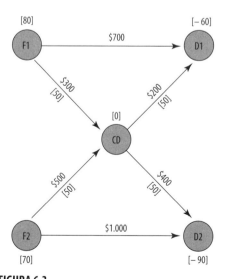

FIGURA 6.3
Modelo de rede para o problema da Distribuition Unlimited Co. como problema de fluxo de custo mínimo.

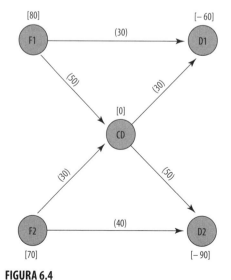

FIGURA 6.4
Solução ideal para o problema da Distribuition Unlimited Co. em que os valores de transporte estão entre parênteses sobre as setas.

VINHETA DE APLICAÇÃO

Um problema especialmente desafiador enfrentado diariamente por qualquer grande companhia aérea é a forma eficaz de compensar pelos problemas de horários de voo da empresa. O mau tempo pode atrapalhar as chegadas e partidas. O mesmo acontece em relação a problemas mecânicos. Cada atraso ou cancelamento pode causar atrasos ou cancelamentos posteriores, já que o avião envolvido não estará disponível a tempo para seu próximo voo programado.

Uma companhia aérea tem duas maneiras principais de compensar atrasos ou cancelamentos. Uma delas é a troca de aeronaves, quando um avião reservado para um voo posterior pode tomar o lugar daquele atrasado. A outra é usar um avião de reposição (geralmente depois de um voo) para substituição. No entanto, é um verdadeiro desafio tomar boas decisões desse tipo rapidamente, uma vez que um número considerável de atrasos ou cancelamentos ocorre ao longo do dia.

A **United Airlines** tem mostrado como aplicar a ciência da gestão neste problema. Isto é feito mediante a formulação e solução do problema como *problema de fluxo de custo mínimo*, em que cada nó da rede representa um aeroporto e cada arco representa a rota de um voo. O objetivo do modelo é, pois, manter os aviões fluindo pela rede de forma a minimizar o custo incorrido por conta de atrasos ou cancelamentos. Quando o subsistema de monitoramento de status alerta um controlador de operações sobre atrasos ou cancelamentos iminentes, o controlador fornece as informações necessárias para o modelo e depois o resolve, a fim de providenciar o plano operacional atualizado em questão de minutos. Essa aplicação do problema de fluxo de custo mínimo resultou em *redução dos atrasos de passageiros de cerca de 50%*.

Fonte: A. Rakshit, N. Krishnamurthy, e G. Yu, "System Operations Advisor: A Real-Time Decision Support System for Managing Airline Operations at United Airlines," *Interfaces* 26, n°. 2 (março – abril de 1996), pp. 50–58. Um link para esse artigo é fornecido no *site* **www.mhhe.com/hillier4e.**)

Características gerais

Este exemplo possui todas as características gerais de qualquer problema de fluxo de custo mínimo. Antes de resumi-las, aqui está a terminologia de que você irá precisar.

Terminologia

1. O modelo para qualquer problema de fluxo de custo mínimo é representado por uma *rede* com fluxo, que passa por ela.
2. Os círculos na rede são chamados de **nós**.
3. Cada nó em que o valor líquido do fluxo gerado (saída menos entrada) for um número fixo *positivo* será um **nó de fornecimento**. (Assim, F1 e F2 são os nós fonte na Figura 6.3).
4. Cada nó em que o valor líquido do fluxo gerado for um número fixo *negativo* será um **nó de demanda**. (Consequentemente, D1 e D2 são os nós de demanda no exemplo.)
5. Cada nó em que o valor líquido do fluxo gerado for fixado em *zero* será um **nó de baldeamento**. (Assim, DC é o nó de baldeamento no exemplo.) Ter a quantidade de fluxo fora do nó igual à quantidade de fluxo dentro do nó é chamado **conservação de fluxo**.
6. As setas na rede são chamadas **arcos**.
7. A quantidade máxima de fluxo permitido em um arco é chamada **capacidade** desse arco.

Um nó de fornecimento tem fluxo líquido saindo, enquanto um nó de demanda tem fluxo líquido entrando.

Usando esta terminologia, as características gerais dos problemas de fluxo de custo mínimo (o modelo para este tipo de problema) podem ser descritas nos termos das seguintes premissas.

Premissas do problema de fluxo de custo mínimo

1. *Pelo menos um* dos nós é um *nó de fornecimento*.
2. *Pelo menos um* dos outros nós é um *nó de demanda*.
3. Todos os nós restantes são *nós de baldeamento*.
4. Fluir por um arco só é permitido na direção indicada pela seta, onde a quantidade máxima de fluxo é dada pela *capacidade* desse arco. (Se o fluxo puder correr nos dois sentidos, isso será representado por dois arcos apontando em direções opostas.)
5. A rede tem arcos em quantidade satisfatória com capacidade suficiente para permitir que todo o fluxo gerado nos *nós fonte* chegue a todos os *nós de demanda*.
6. O custo do fluxo em cada arco é *proporcional* à quantidade desse fluxo, em que o custo por fluxo de unidade é conhecido.

Uma vez que a ponta da seta sobre um arco indica a direção em que o fluxo é permitido, usam-se dois arcos apontando em direções opostas, caso o fluxo possa correr nas duas direções.

O objetivo é minimizar o custo total de fornecimento de nós de demanda.	7. O objetivo é minimizar o custo total de envio do fornecimento disponível pela rede para satisfazer a demanda dada. (Outro objetivo seria maximizar o lucro total de fazer isso.)

A *solução* para este tipo de problema precisa especificar a quantidade de fluxo que está passando por cada arco. Para ser uma solução *viável*, a quantidade de fluxo em cada arco não pode exceder a capacidade desse arco e o montante líquido do fluxo gerado em cada nó deve ser igual ao valor especificado para esse nó. A propriedade a seguir indica que o problema terá soluções viáveis.

> **A propriedade das soluções viáveis:** Sob as premissas listadas, um problema de fluxo de custo mínimo terá soluções viáveis se e somente se a soma das fontes dos seus nós fonte *for igual* à soma das demandas em seus nós de demanda.

Note que essa propriedade vale para o problema da Distribuition Unlimited Co. porque a soma de suas fontes é de 80 + 70 = 150 e a soma de suas demandas é de 60 + 90 = 150.

Para muitas aplicações de problemas de fluxo de custo mínimo, a administração dejesa uma solução com valores *inteiros* para todas as quantidades de fluxo (p. ex., números inteiros de caminhões *carregados* em cada rota de envio). O modelo não inclui todas as restrições para soluções viáveis. Felizmente, essas restrições não são necessárias por causa da propriedade a seguir.

> **Propriedade de soluções de número inteiro:** Uma vez que todas as fontes, demandas e capacidades de arco têm valores inteiros, qualquer problema de fluxo de custo mínimo com soluções viáveis tem uma solução ideal garantida com valores inteiros para todas as quantidades de seu fluxo.

Veja nas Figuras 6.2 e 6.4 que esta propriedade vale para o problema da Distribution Unlimited Co. Todos as fontes (80 e 70), demandas (60 e 90) e capacidades de arco (50) têm valores inteiros. Portanto, todas as quantidades de fluxo na solução ideal dada na Figura 6.4 (3 vezes 30, 2 vezes 50 e 40) têm valores inteiros. Isso garante que somente caminhões totalmente carregados serão enviados para dentro e para fora do centro de distribuição. (Lembre que cada unidade corresponde a uma carga completa do produto.)

Agora vamos ver como obter uma solução ideal para o problema da Distribution Unlimited Co. mediante a formulação de um modelo de planilha e, em seguida, aplicando o Solver do Excel.

Uso do Excel para formular e resolver problemas de custo de fluxo mínimo

A Figura 6.5 mostra um modelo de planilha que se baseia diretamente na representação de rede do problema na Figura 6.3. Os arcos são listados nas colunas B e C, juntamente com as suas capacidades (a menos que ilimitada) na coluna F e seu custo por fluxo de unidade na coluna G. As células variáveis Carga (D4:D9) mostram os valores de fluxo nestes arcos e a célula-alvo CustoTotal (D11) fornece o custo total desse fluxo, usando a equação

$$D11 = \text{SOMARPRODUTO (Frete,CustoUnitário)}$$

Restrições de capacidade como estas são necessárias em todos os problemas de fluxo de custo mínimo com arcos de capacidade limitada.	O primeiro conjunto de restrições na caixa Parâmetros do Solver, D5:D8 ≤ Capacidade (F5:F8), garante que as capacidades de arco não sejam excedidas.
	Da mesma forma, a Coluna I lista os nós, a coluna J calcula o fluxo líquido real gerado em cada nó (dados os fluxos nas células variáveis) e a coluna L especifica a quantidade líquida de fluxo que precisa ser gerada em cada nó. Assim, o segundo conjunto de restrições na caixa Parâmetros do Solver é FluxoLíquido (J4:J8) = FornecimentoDemanda (L4:L8), exigindo que o valor líquido atual do fluxo gerado em cada nó deve ser igual ao valor especificado.
Qualquer problema de fluxo de custo mínimo precisa de restrições de fluxo líquido como esta para cada nó.	As equações digitadas em FluxoLíquido (J4:J8) usam a diferença de duas funções SOMASE para calcular o fluxo líquido (saída menos entrada) gerado em cada nó. Em cada caso, a primeira função SOMASE calcula o fluxo deixando o nó e a segunda calcula o fluxo que entra no nó. Por exemplo, considere o nó Fl (I4). A SOMASE (De, I4, Frete) soma cada entrada individual em Carga (D4:D9) se cada entrada estiver em uma linha onde a entrada no De (B4:B9) for a mesma que em I4, uma vez que I4 = Fl e as únicas linhas que têm Fl na coluna "De" são as linhas 4 e 5, a soma na coluna Carga fica apenas sobre estas mesmas linhas, pelo que esta soma é D4 + D5. Igualmente, a SOMASE (Para, I4, Frete) soma cada entrada individual em Carga (D4:D9) se cada entrada estiver em uma linha onde a entrada no Para (C4:C9) for a mesma que em I4. No entanto, Fl jamais aparece na coluna Para, então a soma é 0. Portanto, a equação geral para J4 resulta em J4 = D4 + D5 = 30 + 50 = 80, que é o fluxo líquido gerado no nó Fl.
Dica do Excel: SOMASE(A, B, C) acrescenta cada entrada no intervalo C para o qual a entrada correspondente no intervalo A é igual a B. Tal função é especialmente útil em problemas de rede para o cálculo do fluxo líquido gerado em um nó.	

FIGURA 6.5
Modelo de planilha para o problema de fluxo de custo mínimo da Distribution Unlimited Co., incluindo a célula-alvo CustoTotal (D11) e as outras células de saída FluxoLíquido (J4:J8), bem como as equações digitadas nessas células e as outras especificações necessárias para configurar o modelo. As células variáveis Carga (D4:D9) mostram as quantidades ideais de envio pela rede de distribuição obtida pelo Solver.

	A	B	C	D	E	F	G	H	I	J	K	L
1		Problema do fluxo de custo mínimo da Distribution Unlimited Co.										
2												
3		De	Para	Carga		Capacidade	Custo unitário		Nós	Fluxo líquido		Fornecimento/Demanda
4		F1	D1	30			$700		F1	80	=	80
5		F1	CD	50	≤	50	$300		F2	70	=	70
6		CD	D1	30	≤	50	$200		CD	0	=	0
7		CD	D2	50	≤	50	$400		D1	−60	=	−60
8		F2	CD	30	≤	50	$500		D2	−90	=	−90
9		F2	D2	40	≤	50	$1.000					
10												
11			Custo Total	$117.000								

Parâmetros do Solver
Definir objetivo (célula-alvo): CustoTotal
Para: Minimizar
Pelas células variáveis: Carga
Sujeito a restrições:
  D5:D8 <= Capacidade
  FluxoLíquido = FornecimentoDemanda
Opções Solver (Excel 2010):
  Transformar variáveis em Não Negativo
  Método Solver: LP Simplex
Opções Solver (Excel mais antigo):
  Assumir Não Negativa
  Assumir Modelo Linear

Nomes de intervalo	Células
Capacidade	F5:F8
De	B4:B9
FluxoLíquido	J4:J8
Nós	I4:I8
Carga	D4:D9
FornecimentoDemanda	L4:L8
Para	C4:C9
CustoTotal	D11
CustoUnitário	G4:G9

	J
3	Fluxo líquido
4	=SOMASE(De,I4,Carga)-SOMASE(Para,I4,Carga)
5	=SOMASE(De,I5,Carga)-SOMASE(Para,I5,Carga)
6	=SOMASE(De,I6,Carga)-SOMASE(Para,I6,Carga)
7	=SOMASE(De,I7,Carga)-SOMASE(Para,I7,Carga)
8	=SOMASE(De,I8,Carga)-SOMASE(Para,I8,Carga)

	C	D
11	Custo total	=SOMARPRODUTO(Frete,CustoUnitário)

Embora pareça mais complicado usar a função SOMASE em vez de apenas digitar J4 = D4 + D5, J5 = D8 + D9, J6 = D6 + D7 − D5 − D8, e assim por diante, na verdade é mais simples. A fórmula SOMASE só precisa ser digitada uma única vez (na célula J4). Ela pode, em seguida, ser copiada para dentro das células remanescentes em FluxoLíquido (J5:J8). Para um problema com muitos nós, isso é muito mais rápido e (talvez mais importante) menos propenso a erros. Em um problema grande, é muito fácil errar um arco ao determinar quais células na coluna Frete adicionar e subtrair para calcular o fluxo líquido de um determinado nó.

A primeira opção Solver especifica que as quantidades de fluxo não podem ser negativas. A segunda reconhece que este ainda é um problema de programação linear.

Clicando no botão Solve obtém-se a solução ideal mostrada em Frete (D4:D9). Essa é a mesma solução exibida na Figura 6.4.

Resolução mais eficiente de grandes problemas de fluxos de custo mínimo

O método simplex de rede pode resolver problemas muito maiores de custo mínimo de fluxo (às vezes com milhões de nós e arcos) do que o método simplex utilizado pelo Solver do Excel. Isso funciona bem para pequenos problemas, como o problema da Distribution Unlimited Co. e para problemas consideravelmente maiores também. Portanto, a abordagem ilustrada na Figura 6.5 irá atendê-lo bem para qualquer problema de fluxo de custo mínimo encontrado neste livro e para muitos que você vai encontrar posteriormente.

No entanto, devemos mencionar que uma abordagem diferente às vezes é necessária na prática para resolver problemas realmente grandes. Devido à forma especial de problemas

Método simplex de rede
Como os problemas de fluxo de custo mínimo são um tipo especial de problema de programação linear e o método simplex pode resolver qualquer problema de programação linear, também é possível resolver qualquer problema de fluxo de custo mínimo no modo padrão. Por exemplo, o Solver do Excel usa o método simplex para resolver este tipo (ou qualquer outro tipo) de problema de programação linear.

de fluxo de custo mínimo, é possível *agilizar* bastante o método simplex para resolvê-los muito mais rapidamente. Em particular, em vez de passar por toda a álgebra do método simplex, é possível executar os mesmos passos muito mais rapidamente, trabalhando diretamente com a rede para o problema.

Esta versão agilizada do método simplex é chamada **método simplex de rede**. O método simplex de rede pode resolver alguns problemas enormes que são demasiado grandes para o método simplex.

Como o método simplex, o método simplex de rede não apenas encontra uma solução ideal, mas também pode ser uma ajuda valiosa para gerentes na condução dos tipos de análises "e se" descritas no Capítulo 5.

Muitas empresas já utilizam o método simplex de rede para resolver seus problemas de fluxo de custo mínimo. Alguns desses problemas são enormes, com muitas dezenas de milhares de nós e arcos. Ocasionalmente, o número de arcos é, de fato, muito maior, talvez em milhões.

Embora o Solver do Excel não o faça, outros pacotes de software comercial para programação linear geralmente incluem o método simplex de rede.

Um avanço importante nos últimos anos foi o desenvolvimento de excelentes *interfaces gráficas* para a modelagem de problemas de fluxo de custo mínimo. Elas tornam o design do modelo e a interpretação da saída do método simplex de rede completamente visuais e intuitivos, sem qualquer matemática envolvida. Isso é muito útil para a tomada de decisão gerencial.

Algumas aplicações

Provavelmente o tipo mais importante de aplicação de problemas de fluxo de custo mínimo é a operação de uma rede de distribuição, como a retratada nas Figuras 6.1-6.4 para o problema da Distribution Unlimited Co. Conforme resumido na primeira linha da Tabela 6.1, este tipo de aplicação envolve determinar um plano para o transporte de mercadorias de suas *fontes* (fábricas etc.) até as *instalações de armazenamento intermediário* (quando necessário) e depois para os *clientes*.

Para algumas aplicações de problemas de fluxo de custo mínimo, todos os nós de baldeamento são *instalações de processamento* em vez de instalações de armazenamento intermediário. É o caso da *gestão de resíduos sólidos*, como indicado na Tabela 6.1. Aqui, o fluxo de materiais pela rede começa nas fontes dos resíduos sólidos, que seguem para processamento em um formato adequado para aterro e envia-os para os diversos locais de aterros. No entanto, o objetivo ainda é o de determinar o plano de fluxo que minimize o custo total, e este diz respeito tanto ao transporte quanto ao processamento.

Em outras aplicações, os *nós de demanda* podem ser instalações de processamento. Por exemplo, na terceira linha da Tabela 6.1, o objetivo é encontrar o plano de custo mínimo para o abastecimento de vários possíveis fornecedores, armazenar esses produtos em depósito (conforme necessário) e depois enviá-los para as instalações de processamento da empresa (fábricas etc.).

O próximo tipo de aplicação na Tabela 6.1 (coordenar o *mix* de produto nas fábricas) mostra quais arcos podem representar algo diferente de uma rota de envio para o fluxo físico de

TABELA 6.1
Tipos comuns de aplicações de problemas de fluxo de custo mínimo.

Tipo de aplicação	Nós de fornecimento	Nós de baldeamento	Nós de demanda
Funcionamento de uma rede de distribuição	Fornecimento de produtos	Intermediação de instalações de armazenamento	Clientes
Gestão de resíduos sólidos	Fornecimento de resíduos sólidos	Instalações de processamento	Locais de aterros
Funcionamento de uma rede de fornecimento	Vendedores	Depósitos intermediários	Instalações de processamento
Coordenar *mix* de produtos em instalações	Instalações	Produção de produto específico	Mercado para produto específico
Gestão do fluxo de caixa	Fontes de dinheiro em períodos específicos	Opções de investimento de curto prazo	Necessidade de dinheiro em períodos específicos

materiais. Esta aplicação envolve uma empresa com várias instalações (os nós de abastecimento) que podem produzir os mesmos produtos, mas com custos diferentes. Cada arco de um nó de fornecimento representa a produção de um dos produtos possíveis na fábrica, em que este arco conduz ao nó de baldeamento que corresponde a este produto. Assim, este nó de baldeamento tem um arco vindo de cada fábrica capaz de produzir este produto e, em seguida, os arcos que saem deste nó vão para aos respectivos clientes (os nós de demanda) em busca deste produto. O objetivo é determinar como dividir a capacidade de produção de cada instalação entre os produtos de forma a minimizar o custo total de atendimento da demanda dos diversos produtos.

A última aplicação da Tabela 6.1 (gestão de fluxo de caixa) ilustra quais nós diferentes podem representar algum evento que ocorre em momentos diferentes. Neste caso, cada nó de fornecimento representa um momento específico (ou período de tempo) quando algum dinheiro estará disponível para a empresa (por meio de contas por vencer, notas a receber, vendas de títulos, empréstimos etc.) A fonte em cada um desses nós é a quantidade de dinheiro que estará disponível naquele momento. Da mesma forma, cada nó de demanda representa um momento específico (ou período de tempo) em que a empresa terá de recorrer a suas reservas financeiras. A demanda em cada um dos nós é o dinheiro necessário naquele momento. O objetivo é maximizar a renda da empresa a partir do investimento do dinheiro entre o momento que ele se torna disponível e quando será utilizado. Portanto, cada nó de baldeamento representa a escolha de uma opção específica de investimento a curto prazo (p. ex., a compra de um certificado de depósito de um banco) durante um intervalo de tempo específico. A rede resultante terá uma sucessão de fluxos representando um cronograma para o dinheiro disponível, investido e, depois, usado após a maturação do investimento.

Tipos especiais de problemas de fluxo de custo mínimo

Há cinco categorias importantes de problemas de rede que acabam por ser tipos especiais de problemas de fluxo de custo mínimo.

Um deles são os **problemas de transporte** examinados na seção 3.5. A Figura 3.9 mostra a representação de rede de um típico problema de transporte. Em nossa terminologia atual, as fontes e os destinos de um problema de transporte são os nós de abastecimento e nós de demanda, respectivamente. Assim, um problema de transporte é apenas um problema de fluxo de custo mínimo, sem quaisquer nós de baldeamento e sem restrições de capacidade dos arcos (todos que vão diretamente de um nó de abastecimento para um nó de demanda).

O segundo tipo são **problemas de atribuição** discutidos na Seção 3.6. Lembre-se de que este tipo de problema envolve a atribuição de um grupo de pessoas (ou outras unidades operacionais) para um grupo de tarefas, em que cada pessoa deve realizar uma única tarefa. Um problema de atribuição pode ser visto como um tipo especial de problema de transporte, cujas fontes são os alocados e cujos destinos são as tarefas. Isso, então, torna o problema de atribuição também um tipo especial de problema de fluxo de custo mínimo com as características descritas no parágrafo anterior. Além disso, cada pessoa é um nó de fornecimento com o fornecimento de 1 e cada tarefa é um nó de demanda com uma demanda de 1.

Um terceiro tipo especial de problema de fluxo de custo mínimo são os **problemas de baldeamento**. Esse tipo de problema é como um problema de transporte, exceto pela característica adicional de que os envios das fontes (nós de abastecimento) para os destinos (nós de demanda) também podem passar por pontos de transferência intermediários (nós de baldeamento), como centros de distribuição. Da mesma forma que acontece com um problema de transporte, não há restrições de capacidade nos arcos. Consequentemente, qualquer problema de fluxo de custo mínimo em que cada arco pode levar qualquer quantidade desejada de fluxo é um problema de baldeamento. Por exemplo, se os dados na Figura 6.2 forem alterados de modo que quaisquer valores (dentro dos limites de ofertas e demandas) possam ser enviados para dentro e fora do centro de distribuição, a Distribution Unlimited Co. teria apenas um problema de baldeamento[1].

Por causa da estreita relação com problemas gerais de fluxo de custo mínimo, não vamos discutir mais os problemas de baldeamento.

Os outros dois importantes tipos especiais de problemas de fluxo de custo mínimo são os **problemas de fluxo máximo** e os **problemas de caminho mais curto**, descritos nas Seções 6.3 e 6.4, depois do estudo de caso de um problema de fluxo máximo na próxima seção.

> **Problema de baldeamento**
> Um problema de baldeamento é apenas um problema de fluxo de custo mínimo com capacidade ilimitada para todos os arcos.

---

[1] Observe que um problema de fluxo de custo mínimo que não tem restrições de capacidade nos arcos é muitas vezes denominado *problema de baldeamento capacitado*. Essa terminologia não será usada.

O método simplex de rede pode ser usado para resolver grandes problemas de qualquer um dos cinco tipos especiais.

Caso você esteja se perguntando por que ressaltamos que os cinco tipos de problemas são tipos especiais de problemas de fluxo de custo mínimo, aqui está uma razão muito importante: isso significa que o *método simplex de rede* pode ser usado para resolver grandes problemas de qualquer um desses tipos cuja resolução pelo método simples pode ser difícil ou impossível. É verdade que outros *algoritmos de propósito especial* eficazes também estão disponíveis para cada um desses tipos de problemas. No entanto, as implementações recentes do método simplex de rede tornaram-se tão poderosas que agora oferecem uma excelente alternativa para outros algoritmos na maioria dos casos. Isso é especialmente valioso quando o pacote de software disponível inclui o método simplex de rede, mas não um outro algoritmo de propósito especial relevante. Além disso, mesmo depois de encontrar uma solução ideal, o método simplex de rede pode continuar a ser útil em auxiliar sessões "e se" de administração juntamente com as linhas discutida no Capítulo 5.

Perguntas de revisão

1. Nomeie e descreva os três tipos de nós em um problema de fluxo de custo mínimo.
2. O que significa a *capacidade* de um arco?
3. Qual o objetivo mais comum para um problema de fluxo de custo mínimo?
4. Qual propriedade é necessária para um problema de fluxo de custo mínimo ter soluções viáveis?
5. Qual a propriedade de soluções inteiras para problemas de fluxo de custo mínimo?
6. Qual o nome da versão simplificada do método simplex projetada para resolver problemas de fluxo de custo mínimo de forma mais eficiente?
7. Apresente alguns tipos de aplicações características de problemas de fluxo de custo mínimo.
8. Nomeie cinco categorias importantes de problemas de rede que configuram tipos especiais de problemas de fluxo de custo mínimo.

6.2 ESTUDO DE CASO: FLUXO MÁXIMO DA BMZ CO.

Que dia! Primeiro, chamado ao escritório do chefe e depois de receber um telefonema urgente do presidente da empresa. Felizmente, ele conseguiu assegurar-lhes que tem a situação sob controle.

Apesar de seu título oficial ser Gerente da Cadeia de Fornecimento da BMZ Co., Karl Schmidt costuma dizer a seus amigos que é, na verdade, o *gerente de crise* da empresa. Uma crise após outra. Os artigos necessários para manter as linhas de produção em funcionamento ainda não chegaram. Ou os suprimentos chegaram, mas são inutilizáveis porque são do tamanho errado. Ou um envio urgente a um grande cliente foi adiado. A crise atual é costumeira. Um dos centros de distribuição mais importantes da empresa – o de Los Angeles – precisa urgentemente de um aumento do fluxo de envios da empresa.

Karl foi escolhido para esta posição-chave por ser considerado um jovem em ascensão. Tendo recebido seu diploma de MBA de uma grande faculdade de administração dos Estados Unidos há quatro anos, ele é o membro mais jovem do nível superior de administração de toda a empresa. Sua formação superior de negócios com as mais recentes técnicas de ciência da gestão provou ser inestimável na melhoria da administração da cadeia de fornecimento da empresa. As crises continuam a ocorrer, mas o caos frequente dos últimos anos foi eliminado.

Karl tem um plano para lidar com a crise atual. Isso significa apelar à ciência da gestão mais uma vez.

Histórico

A **BMZ Co.** é um fabricante europeu de automóveis de luxo. Embora seus carros vendam bem em todos os países desenvolvidos, as exportações para os Estados Unidos são especialmente importantes para a empresa.

A BMZ tem uma sólida reputação de oferecer excelentes serviços. Um fator importante para manter essa reputação é ter oferta abundante de peças sobressalentes de automóveis prontamente disponíveis para as inúmeras concessionárias da empresa e oficinas de assistência autorizadas. Essas peças são armazenadas principalmente nos centros de distribuição da empresa e, de lá, prontamente entregues quando necessário. Uma das prioridades de Karl Schmidt é evitar a escassez nesses centros de distribuição.

A empresa tem vários centros de distribuição nos Estados Unidos. No entanto, o mais próximo ao centro de Los Angeles fica a mais de 1.600 quilômetros de distância, em Seattle. Como os carros BMZ estão se tornando muito populares na Califórnia, é importante manter a central de Los Angeles bem-abastecida. Portanto, a diminuição atual do fornecimento é uma preocupação real para a alta gerência da BMZ, como Karl forçosamente aprendeu hoje.

A maioria das peças automotivas sobressalentes é produzida na fábrica principal da empresa, em Stuttgart, Alemanha, juntamente com a fabricação de carros novos. É essa fábrica que fornece à central de Los Angeles as peças de reposição. Algumas delas são volumosas, e é necessário um número muito grande de certas peças, de modo que o volume total das entregas tem sido relativamente grande – mais de 300 mil metros cúbicos de mercadorias que chegam mensalmente. Agora, uma quantidade muito maior será necessária durante o próximo mês para repor o estoque que está se esgotando.

Problema

Karl precisa executar rapidamente um plano para o envio, do ponto mais próximo possível, da fábrica principal para o centro de distribuição em Los Angeles durante o próximo mês. Ele já reconheceu que este é um *problema de fluxo máximo* – um problema de maximizar o fluxo de peças de reposição da fábrica para esse centro de distribuição.

A fábrica está produzindo muito mais do que pode ser enviado para lá. Portanto, o fator limitante de quanto pode ser enviado é a capacidade limitada da rede de distribuição da empresa.

Essa rede de distribuição é mostrada na Figura 6.6, onde os nós rotulados ST e LA são a fábrica de Stuttgart e o centro de distribuição em Los Angeles, respectivamente. Há um centro ferroviário na fábrica, por isso o envio vai primeiramente de trem para um dos três portos europeus: Roterdã (nó RO), Bordeaux (nó BO) e Lisboa (nó LI). A carga vai, então, até os portos nos Estados Unidos: Nova York (nó NY) ou Nova Orleans (nó NO). Por fim, os itens são enviados de caminhão desses portos para o centro de distribuição em Los Angeles.

As organizações que operam essas ferrovias, navios e caminhões são empresas independentes que transportam bens para várias companhias. Devido a compromissos anteriores com clientes regulares, essas empresas não podem aumentar drasticamente a repartição de espaço para qualquer cliente em curto prazo. Desse modo, a BMZ Co. pode garantir apenas uma quantidade limitada de espaço de carga em cada rota de transporte durante o próximo mês. Os valores disponíveis são apresentados na Figura 6.6, usando unidades de *centenas de metros cúbicos*. (Uma vez que cada unidade de 100 metros cúbicos é um pouco mais de 3.500 pés cúbicos, vê-se que são grandes volumes de mercadorias que precisam ser deslocados.)

O problema é maximizar o fluxo de peças automotivas de reposição em Stuttgart, Alemanha, para o centro de distribuição em Los Angeles.

FIGURA 6.6
Rede de distribuição da BMZ Co. da sua fábrica principal em Stuttgart, na Alemanha, para um centro de distribuição em Los Angeles.

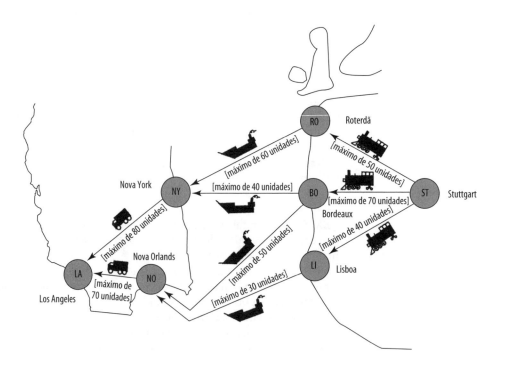

FIGURA 6.7
Modelo de rede para o problema da BMZ Co. Como problema de fluxo máximo, em que o número entre colchetes abaixo de cada arco é a capacidade desse arco.

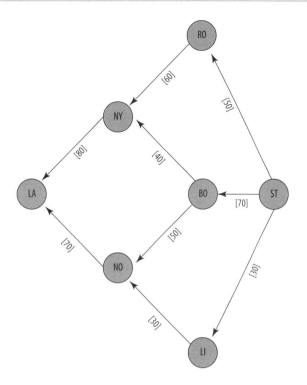

Formulação do modelo

A Figura 6.7 mostra o *modelo de rede* para o problema de fluxo máximo. Em vez de mostrar a disposição geográfica da rede de distribuição, a rede simplesmente liga os nós (representando as cidades) em colunas uniformemente espaçadas. Os arcos representam as rotas de transporte, em que a capacidade de cada arco (dada entre parênteses, sob o arco) é o espaço de envio disponível nessa rota de transporte. O objetivo é determinar quanto fluxo enviar em cada arco (quantas unidades enviar em cada linha de transporte) para maximizar o número total de unidades que flui da fábrica em Stuttgart para o centro de distribuição em Los Angeles.

A Figura 6.8 mostra o modelo de planilha correspondente para esse problema usando o formato apresentado na Figura 6.5. A principal diferença do modelo na Figura 6.5 é a mudança no objetivo. Uma vez que já não estamos minimizando o custo total do fluxo pela rede, a coluna G da Figura 6.5 pode ser excluída da Figura 6.8. A célula-alvo FluxoMáximo (D14) na Figura 6.8 tem agora de dar o número total de unidades que fluem de Stuttgart para Los Angeles. Assim, as equações na parte inferior da figura incluem D14 = 14, onde 14 dá o fluxo líquido que sai de Stuttgart para Los Angeles. Como na Figura 6.5, as equações na Figura 6.8 digitadas em FluxoLíquido (I4:I10) usam novamente a diferença de duas funções SOMASE para calcular o fluxo líquido gerado em cada nó. Dado que o objetivo é maximizar o fluxo mostrado na FluxoMáximo (D14), a caixa de parâmetros do Solver especifica se esta célula-alvo deve ser maximizada. Depois de clicar no botão Solve, a solução ideal mostrada nas células variáveis Carga (D4:D12) é obtida para a quantidade que a BMZ deve enviar em cada rota de transporte.

Ao contrário do modelo de planilha da Figura 6.5, que *minimiza* o CustoTotal (D11), o modelo de planilha na Figura 6.8 *maximiza* a célula-alvo FluxoMáximo (D14).

No entanto, Karl não está totalmente satisfeito com esta solução. Ele tem uma ideia para melhorá-la. Isso exigirá a formulação e resolução de outro problema de fluxo máximo. (Esta história continua na metade da próxima seção.)

Perguntas de revisão

1. Qual crise a BMZ Co. enfrenta atualmente?
2. Ao formular este problema em termos de rede, o que flui pela rede de distribuição da BMZ? De onde para onde?
3. Qual o objetivo do problema de fluxo máximo resultante?

FIGURA 6.8
Modelo de planilha para o problema de fluxo máximo da BMZ Co., incluindo as fórmulas digitadas na célula-alvo FluxoMáximo (D14) e as outras células de saída FluxoLíquido (14:110), bem como as especificações necessárias para definir o modelo. As células variáveis Carga (D4:D12) mostram as quantidades ideais de envio pela rede de distribuição obtida pelo Solver.

	A	B	C	D	E	F	G	H	I	J	K
1	Problema do fluxo máximo da BMZ Co.										
2									Fluxo líquido		Fonecimento/ demanda
3		De	Para	Carga		Capacidade		Nós			
4		Stuttgart	Roterdã	50	≤	50		Stuttgart	150		
5		Stuttgart	Bordeaux	70	≤	70		Roterdã	0	=	0
6		Stuttgart	Lisboa	30	≤	40		Bordeaux	0	=	0
7		Roterdã	Nova York	50	≤	60		Lisboa	0	=	0
8		Bordeaux	Nova York	30	≤	40		Nova York	0	=	0
9		Bordeaux	Nova Orleans	40	≤	50		Nova Orleans	0	=	0
10		Lisboa	Nova Orleans	30	≤	30		Los Angeles	–150		
11		Nova York	Los Angeles	80	≤	80					
12		Nova Orleans	Los Angeles	70	≤	70					
13											
14			Fluxo máximo	150							

Parâmetros do Solver

Definir objetivo (célula-alvo):
 FluxoMáximo
Para: Máx.
Pelas células variáveis: Carga
Sujeito a restrições:
 I5:I9 = FornecimentoDemanda
 Carga <= Capacidade
Opções Solver (Excel 2010):
 Transformar variáveis em não negativas
 Método Solver: LP Simplex
Opções Solver (Excel mais antigo):
 Assumir não negativa
 Assumir modelo linear

Nomes de intervalo	Células
Capacidade	F4:F12
De	B4:B12
FluxoMáximo	D14
FluxoLíquido	I4:I10
Nós	H4:H10
Carga	D4:D12
FornecimentoDemanda	K5:K9
Para	C4:C12

	I
3	**Fluxo líquido**
4	=SOMASE(De,H4,Carga)-SOMASE(Para, H4,Carga)
5	=SOMASE(De,H5,Carga)-SOMASE(Para, H5,Carga)
6	=SOMASE(De,H6,Carga)-SOMASE(Para, H6,Carga)
7	=SOMASE(De,H7,Carga)-SOMASE(Para, H7,Carga)
8	=SOMASE(De,H8,Carga)-SOMASE(Para, H8,Carga)
9	=SOMASE(De,H9,Carga)-SOMASE(Para, H9,Carga)
10	=SOMASE(De,H10,Carga)-SOMASE(Para, H10,Carga)

	C	D
14	Fluxo máximo	=I4

6.3 PROBLEMAS DE FLUXO MÁXIMO

Do mesmo modo que os problemas de fluxo de custo mínimo, o problema de fluxo máximo diz respeito ao *fluxo por uma rede*. No entanto, o objetivo agora é diferente. Ao contrário de minimizar o custo do fluxo, o objetivo agora é encontrar um plano de fluxo que maximize a quantidade que flui pela rede. É desse modo que Karl Schmidt pôde encontrar um plano de fluxo que maximiza o número de unidades de peças automotivas sobressalentes que flui pela rede de distribuição da BMZ e sua fábrica em Stuttgart até o centro de distribuição em Los Angeles.

Características gerais

Exceto pela diferença de objetivo (maximizar o fluxo x minimizar o custo), as características do problema de fluxo máximo são bastante semelhantes àquelas do probema de fluxo de custo mínimo. Como sempre, há algumas pequenas diferenças, como veremos após resumir as premissas.

Premissas do problema de fluxo máximo

1. Todo o fluxo pela rede se origina em um nó, chamado **fonte**, e termina em um outro nó, chamado **sumidouro**. (A fonte e o sumidouro no problema da BMZ são a fábrica e o centro de distribuição, respectivamente.)

VINHETA DE APLICAÇÃO

A rede de transporte de gás natural na plataforma continental norueguesa, com cerca de 8 mil quilômetros de dutos submarinos, é o maior gasoduto *offshore* do mundo. É a **Gassco**, uma empresa de propriedade do Estado norueguês, que a opera. Outra empresa majoritariamente estatal é a **StatoilHydro**, o principal fornecedor norueguês de gás natural aos mercados da Europa e a outros.

A Gassco e a StatoilHydro usam conjuntamente técnicas de ciência da gestão para otimizar a configuração da rede e a condução do gás natural. O principal modelo utilizado para isso é um modelo de fluxo de rede de *multicommodity*, em que os diversos hidrocarbonetos e contaminantes do gás natural constituem as commodities. A função objetivo do modelo é maximizar o fluxo total de gás natural a partir dos pontos de fornecimento (as plataformas de perfuração *offshore*) até os pontos de demanda (geralmente terminais de importação). No entanto, além das habituais restrições de oferta e demanda, o modelo também inclui restrições envolvendo relações pressão-fluxo, pressões de entrega máxima e os limites técnicos de pressão sobre as tubulações. Portanto, esse modelo é uma generalização do modelo para o problema de fluxo máximo descrito nesta seção.

Esta aplicação-chave da ciência da gestão, juntamente com algumas outras, teve um impacto tremendo na eficiência operacional dessa rede de dutos *offshore*. A *economia acumulada* resultante foi estimada em aproximadamente **2 bilhões** de dólares no período de 1995 a 2008.

Fonte: F. Rømo, A. Tomasgard, L. Hellemo, M. Fodstad, B. H. Eidesen e B. Pedersen, "Optimizing the Norwegian Natural Gas Production and Transport," *Interfaces* 39, no. 1 (janeiro-fevereiro, 2009), pp. 46–56. (Um *link* para esse artigo é fornecido no *site* **www.mhhe.com/hillier4e**.)

O objetivo é maximizar a quantidade total de fluxo a partir da fonte para o sumidouro.

2. Todos os nós restantes são *nós de baldeamento* (são os nós RO, BO, LI, NY e NO no problema da BMZ).
3. Fluir por um arco só é permitido na direção indicada pela seta, em que a quantidade máxima de fluxo é dada pela *capacidade* desse arco. Na *fonte*, todos os arcos têm de se afastar do nó. No *sumidouro*, todos os arcos têm de apontar para o nó.
4. O objetivo é maximizar a quantidade total de fluxo a partir da fonte para o sumidouro. Esse montante é medido de duas maneiras equivalentes, ou seja, tanto a quantidade *deixando a fonte* ou a quantidade *que entra no sumidouro*. (As células D14 e I4 e na Figura 6.8 usam a quantidade que deixa a fonte.)

A fonte e o sumidouro de um problema de fluxo máximo são análogos aos nós de fornecimento e de demanda de um problema de fluxo de custo mínimo. Esses são os únicos nós nos dois problemas que não têm conservação de fluxo (o fluxo que sai é igual ao fluxo que entra). Do mesmo modo que os nós de fornecimento, a fonte *gera o fluxo*. Do mesmo modo que os nós de demanda, o sumidouro *absorve o fluxo*.

No entanto, existem duas diferenças entre esses nós em um problema de fluxo de custo mínimo e os nós correspondentes em um problema de fluxo máximo.

Uma diferença é que, enquanto os nós de fornecimento se fixaram em fornecimentos e os de demanda se fixaram em demandas, a fonte e o sumidouro não o fizeram. A razão é que o objetivo é maximizar o fluxo que deixa a fonte e entra no sumidouro, em vez de fixar esse montante.

Apesar de um problema de fluxo máximo ter apenas uma única fonte e um único sumidouro, variações com múltiplas fontes e sumidouros também podem ser resolvidas, como mostrado na próxima subseção.

A segunda diferença é que, enquanto o número de nós de fornecimento e o de nós de demanda em um problema de fluxo de custo mínimo podem ser *mais do que um*, pode haver *somente uma* fonte e *apenas um* sumidouro em um problema de fluxo máximo. No entanto, variações de problemas de fluxo máximo que têm várias fontes e sumidouros ainda podem ser resolvidas pelo Solver do Excel, como você vai ver agora no estudo de caso da BMZ apresentado na seção anterior.

Continuação do estudo de caso com múltiplos pontos de fornecimento e múltiplos pontos de demanda

Eis a ideia de Karl Schmidt para saber como aperfeiçoar o plano de fluxo obtido no final da Seção 6.2 (conforme indicado na coluna D da Figura 6.8).

A empresa tem uma segunda fábrica, que é menor, em Berlim, ao norte de sua fábrica de Stuttgart, para a fabricação de peças de automóveis. Embora essa fábrica normalmente seja usada no fornecimento aos centros de distribuição no norte da Europa, Canadá e norte dos Estados Unidos (incluindo um em Seattle), ela também pode forncecer para o centro de

FIGURA 6.9
Modelo de rede para o problema expandido da BMZ Co. como variação do problema de fluxo máximo, em número entre colchetes abaixo de cada arco é a capacidade desse arco.

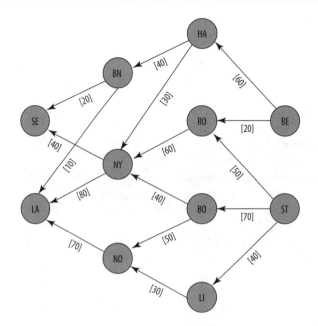

distribuição de Los Angeles. Além disso, o centro de distribuição em Seattle pode fornecer peças para os clientes do centro de distribuição de Los Angeles, quando houver escassez no último centro.

Perante essa situação, Karl desenvolveu um plano melhor para enfrentar a atual escassez de estoque em Los Angeles. Ao contrário de simplesmente maximizar remessas da fábrica de Stuttgart para Los Angeles, ele decidiu maximizar os envios das duas fábricas para os centros de distribuição em Los Angeles e em Seattle.

A Figura 6.9 mostra o modelo de rede que representa a rede de distribuição expandida que engloba as duas fábricas e os dois centros de distribuição. Além dos nós mostrados nas Figuras 6.6 e 6.7, o nó BE é a segunda fábrica menor de Berlim; os nós HA e BN são portos adicionais usados por essa fábrica em Hamburgo e Boston, respectivamente; e o nó SE é o centro de distribuição de Seattle. Como antes, os arcos representam as rotas de transporte, em que o número entre colchetes abaixo de cada arco é a capacidade desse arco, isto é, o número máximo de unidades que podem ser enviadas por essa rota de transporte durante o mês seguinte.

O modelo de planilha correspondente será exibido na Figura 6.10. O formato é o mesmo da Figura 6.8. No entanto, a célula-alvo FluxoMáximo (D21) agora dá o fluxo total de Stuttgart e Berlim, de modo que D21 = I4 + I5 (como mostrado pela equação para essa célula-alvo dada na parte inferior da figura).

As células variáveis Carga (D4:D19) na figura mostram a solução ideal obtida para o número de unidades a enviar em cada rota de transporte durante o próximo mês. Comparar essa solução com a da Figura 6.8 mostra o impacto da decisão Karl Schmidt de expandir a rede de distribuição para incluir a segunda fábrica e o centro de distribuição de Seattle. Como indicado na coluna I das duas figuras, o número de unidades indo para Los Angeles diretamente aumentou de 150 para 160, além das 60 unidades indo para Seattle como *backup* para a escassez de estoque em Los Angeles. Esse plano resolveu a crise em Los Angeles e Karl ganhou elogios da alta gerência.

Algumas aplicações

As aplicações de problemas de fluxo máximo e suas variações são semelhantes aos problemas de fluxo de custo mínimo descritos na seção anterior, quando o objetivo de gestão é o de *maximizar o fluxo* ao contrário de *minimizar o custo*. Aqui estão alguns tipos comuns de aplicações.

1. Maximizar o fluxo por uma rede de distribuição, como no problema da BMZ Co.
2. Maximizar o fluxo pela rede de fornecimento de uma empresa – de seus fornecedores até suas instalações de processamento.
3. Maximizar o fluxo de petróleo por um sistema de dutos.
4. Maximizar o fluxo de água por um sistema de aquedutos.
5. Maximizar o fluxo de veículos por uma rede de transporte.

FIGURA 6.10
Modelo de planilha para o problema expandido da BMZ Co. como variação de um problema de fluxo máximo com fontes em Stuttgart e Berlim e sumidouros em Los Angeles e Seattle. Usando a célula-alvo FluxoMáximo (D21) para maximizar o fluxo total das duas fontes até os dois sumidouros, o Solver gera o plano de transporte ideal mostrado nas células variáveis Carga (D4:D19).

	A	B	C	D	E	F	G	H	I	J	K
1		Problema do fluxo máximo expandido da BMZ Co.									
2											
3		De	Para	Carga		Capacidade		Nós	Fluxo líquido		Fornecimento/Demanda
4		Stuttgart	Roterdã	40	≤	50		Stuttgart	140		
5		Stuttgart	Bordeaux	70	≤	70		Berlim	80		
6		Stuttgart	Lisboa	30	≤	40		Hamburgo	0	=	0
7		Berlim	Roterdã	20	≤	20		Roterdã	0	=	0
8		Berlim	Hamburgo	60	≤	60		Bordeaux	0	=	0
9		Roterdã	Nova York	60	≤	60		Lisboa	0	=	0
10		Bordeaux	Nova York	30	≤	40		Boston	0	=	0
11		Bordeaux	Nova Orleans	40	≤	50		Nova York	0	=	0
12		Lisboa	Nova Orleans	30	≤	30		Nova Orleans	0	=	0
13		Hamburgo	Nova York	30	≤	30		Los Angeles	−160		
14		Hamburgo	Boston	30	≤	40		Seattle	−60		
15		Nova Orleans	Los Angeles	70	≤	70					
16		Nova York	Los Angeles	80	≤	80					
17		Nova York	Seattle	40	≤	40					
18		Boston	Los Angeles	10	≤	10					
19		Boston	Seattle	20	≤	20					
20											
21			Fluxo máximo	220							

Parâmetros do Solver

Definir objetivo (célula-alvo): CustoTotal
Para: Máx.
Pelas células variáveis: Carga
Sujeito a restrições:
  I6:I12 = FornecimentoDemanda
  Carga <= Capacidade
Opções Solver (Excel 2010):
  Transformar variáveis em não negativas
  Método Solver: LP Simplex
Opções Solver (Excel mais antigo):
  Assumir não negativa
  Assumir modelo linear

Nomes de intervalo	Células
Capacidade	F4:F19
De	B4:B19
FluxoMáximo	D21
FluxoLíquido	I4:I14
Nós	H4:H14
Carga	D4:D19
FornecimentoDemanda	K6:K12
Para	C4:C19

	I
3	**Fluxo líquido**
4	=SOMASE(De,H4,Carga)-SOMASE(Para, H4,Carga)
5	=SOMASE(De,H5,Carga)-SOMASE(Para, H5,Carga)
6	=SOMASE(De,H6,Carga)-SOMASE(Para, H6,Carga)
7	=SOMASE(De,H7,Carga)-SOMASE(Para, H7,Carga)
8	=SOMASE(De,H8,Carga)-SOMASE(Para, H8,Carga)
9	=SOMASE(De,H9,Carga)-SOMASE(Para, H9,Carga)
10	=SOMASE(De,H10,Carga)-SOMASE(Para, H10,Carga)
11	=SOMASE(De,H11,Carga)-SOMASE(Para, H11,Carga)
12	=SOMASE(De,H12,Carga)-SOMASE(Para, H12,Carga)
13	=SOMASE(De,H13,Carga)-SOMASE(Para, H13,Carga)
14	=SOMASE(De,H14,Carga)-SOMASE(Para, H14,Carga)

	C	D
21	Fluxo máximo	=I4+I5

Resolução de problemas muito grandes

A rede expandida da BMZ na Figura 6.9 tem 11 nós e 16 arcos. No entanto, as redes para a maioria das aplicações reais são maiores e, ocasionalmente, muito maiores. À medida que o número de nós e arcos aumenta para centenas ou milhares, a abordagem de formulação e de solução mostrada nas Figuras 6.8 e 6.10 logo se torna impraticável.

Felizmente, os cientistas da gestão têm outras técnicas disponíveis para formular e resolver os enormes problemas com várias dezenas de milhares de nós e arcos. Uma técnica é reformular uma variante de um problema de fluxo máximo de modo que um algoritmo de propósito especial extremamente eficiente para problemas de fluxo máximo ainda possa ser aplicado. Outra é reformular o problema para adaptar o formato a um problema de fluxo de custo mínimo, de maneira que o método simplex de rede possa ser aplicado. Esses algoritmos especiais estão disponíveis em alguns pacotes de software, mas não no Solver do Excel. Assim, se você nunca encontrar um problema de fluxo máximo ou uma variante que esteja além do escopo do Solver do Excel (o que não vai acontecer neste livro), fique seguro de que, provavelmente, ele poderá ser formulado e resolvido de outra maneira.

Perguntas de revisão

1. Qual a diferença entre o objetivo de um problema de fluxo máximo e o de um problema de fluxo de custo mínimo?
2. O que são a *fonte* e o *sumidouro* para um problema de fluxo máximo? Em que direção apontam todos os arcos de cada um?
3. Cite duas maneiras equivalentes pelas quais o montante total de fluxo pode ser medido da fonte até o sumidouro.
4. Quais as duas maneiras pelas quais a fonte e o sumidouro de um problema de fluxo máximo diferem dos nós de fornecimento e de demanda de um problema de fluxo de custo mínimo?
5. Apresente alguns tipos de aplicações características de problemas de fluxo máximo?

6.4 PROBLEMAS DO CAMINHO MAIS CURTO

As aplicações mais comuns de problemas de caminho mais curto são para aquilo que o nome sugere: achar o *caminho mais curto* entre dois pontos. Eis um exemplo.

Problema do posto de bombeiros de Littletown (exemplo)

Littletown é uma pequena cidade em uma área rural. O respectivo corpo de bombeiros serve uma área geográfica relativamente grande, que inclui muitas comunidades agrícolas. Uma vez que existem numerosas estradas em toda a área, muitas rotas possíveis podem estar disponíveis até qualquer comunidade agrícola a partir do posto de bombeiros. Como o tempo é um dado crucial para atender incêndios, o chefe dos bombeiros quer determinar antecipadamente o *caminho mais curto* do posto até cada uma das comunidades agrícolas.

O objetivo é encontrar o caminho mais curto do posto de bombeiros até a comunidade agrícola.

A Figura 6.11 mostra o sistema de estradas que liga o posto de bombeiros a uma das comunidades agrícolas, incluindo a milhagem ao longo de cada estrada. Você pode descobrir qual rota a partir do posto até a comunidade agrícola minimiza o número total de milhas?

Formulação do modelo para o problema de Littletown

A Figura 6.12 dá a representação da rede desse problema, que ignora a disposição geográfica e as curvas nas estradas. Esse modelo de rede é a forma tradicional de representar um problema de caminho mais curto. Os entroncamentos são agora nós da rede, onde o posto de bombeiros e a comunidade agrícola são dois nós adicionais rotulados como O (para a *origem*) e D (para o *destino*), respectivamente. Já que o trajeto (fluxo) pode seguir em qualquer direção entre os nós, as linhas que ligam os nós são chamadas de **links**[2] em vez de arcos. O link entre dois nós permite viajar em qualquer direção, enquanto um arco permite viajar

FIGURA 6.11
Sistema de estradas entre o posto de bombeiros de Littletown e determinada comunidade agrícola, onde A, B, ..., H são entroncamentos e o número junto a cada estrada mostra a distância em milhas.

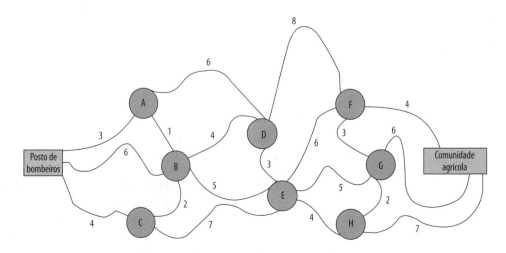

[2] Outro nome usado às vezes é *arco indireto*, mas não utilizaremos essa terminologia.

VINHETA DE APLICAÇÃO

Canadian Pacific Railway (CPR) foi a primeira ferroviária transcontinental da América do Norte. CPR transporta mercadorias por uma rede 14 mil quilômetros que se estende de Montreal até Vancouver e em todo o noroeste e meio oeste dos EUA. As alianças com outras companhias também ampliam o alcance de mercado da CPR para os principais centros de negócios do México.

Todos os dias a CPR recebe cerca de 7 mil novos carregamentos de clientes para destinos na América do Norte e para exportação. A empresa deve enviar e transportar esses carregamentos em vagões pela rede de trilhos, onde um vagão pode ser mudado várias vezes de uma locomotiva para outra antes de chegar a seu destino. A CPR deve coordenar os carregamentos com seus planos operacionais para 1.600 locomotivas, 65 mil vagões, mais de 5 mil funcionários e 250 pátios de trens.

A direção da CPR apelou a uma consultoria de ciência da gestão, a MultiModal Applied Systems, para trabalhar com os funcionários da CPR no desenvolvimento de uma abordagem científica da gestão para este problema. Várias técnicas de gestão foram utilizadas para criar uma nova estratégia operacional. No entanto, o fundamento da abordagem foi representar o fluxo de blocos de vagões como o fluxo por uma rede onde cada nó corresponde a uma localização e a um ponto no tempo. Esta representação, em seguida, permitia a aplicação de técnicas de otimização de rede. Por exemplo, muitos problemas de *caminho mais curto* são resolvidos todos os dias como parte da abordagem global.

Essa aplicação da ciência da gestão está *economizando para a CPR aproximadamente* **100 milhões de dólares** *por ano*. A produtividade do trabalho e das locomotivas, consumo de combustível e velocidade dos vagões têm melhorado substancialmente. Além disso, a CPR agora oferece a seus clientes prazos de entrega confiáveis, além de receber diversos prêmios pela melhoria do serviço. Essa aplicação de técnicas de otimização de rede conquistou para a CPR o primeiro prêmio internacional Franz Edelman de 2003 por conquistas em Pesquisa Operacional e Ciências da Gestão.

Fonte: P. Ireland, R. Case, J. Fallis, C. Van Dyke, J. Kuehn e M. Meketon, "The Canadian Pacific Railway Transforms Operations by Using Models to Develop Its Operating Plans," *Interfaces* 34, no. 1 (janeiro – fevereiro de February 2004), pp. 5–14. (Um link para esse artigo é fornecido no *site* **www.mhhe.com/hillier4e**.)

Links
Em um problema de caminho mais curto, a viagem vai da origem até o destino por uma série de links (como estradas) que conectam pares de nós (entroncamentos) na rede.

em uma única direção indicada pela seta. Assim, as linhas na Figura 6.12 precisam ser links em vez de arcos. (Note que os links não têm pontas em cada extremidade.)

Você já encontrou o caminho mais curto da origem até o destino? (Tente fazer isso agora antes de continuar a ler.) É

$$0 \rightarrow A \rightarrow B \rightarrow E \rightarrow F \rightarrow T$$

com distância total de 19 milhas.

Este problema (como qualquer problema de caminho mais curto) pode ser considerado um tipo especial de problema de fluxo de custo mínimo (Seção 6.1), em que as *milhas percorridas* são interpretadas como o *custo* do fluxo pela rede. A viagem do posto de bombeiros até a comunidade agrícola é interpretada como um fluxo de 1 no caminho escolhido pela rede, de modo que minimizar o custo desse fluxo é equivalente a minimizar o número de milhas percorridas. O posto de bombeiros é considerado o nó de fornecimento único, com fornecimento de 1 para representar o início dessa viagem. A comunidade agrícola é o único nó de demanda, com uma demanda de 1 para representar a conclusão da viagem. Todos os outros nós na Figura 6.12 são de baldeamento, de modo que o fluxo líquido gerado em cada é 0.

A Figura 6.13 mostra o modelo de planilha que resulta dessa interpretação. O formato é basicamente o mesmo do problema de fluxo de custo mínimo formulado na Figura 6.5, só que agora não há restrições de capacidade de arco e a coluna de custo unitário foi substituída

FIGURA 6.12
Representação de rede da Figura 6.11 como problema do caminho mais curto.

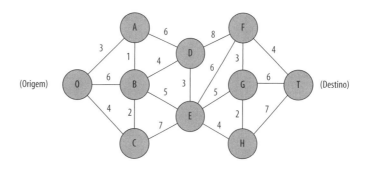

FIGURA 6.13

Modelo de planilha para o problema do caminho mais curto do Corpo de Bombeiros de Littletown, incluindo as equações informadas na célula-alvo DistânciaTotal (D29) e as células de saída FornecimentoDemanda (K4:K13). Os valores de 1 nas células variáveis EmRota (D4:D27) revelam a solução ideal obtida pelo Solver para o caminho mais curto (19 milhas) do corpo de bombeiros até a comunidade agrícola.

	A	B	C	D	E	F	G	H	I	J	K
1		Problema do caminho mais curto do posto de bombeiros de Littletown									
2											
3		De	Para	Em rota		Distância		Nós	Fluxo líquido		Fornecimento/demanda
4		Posto bomb.	A	1		3		Posto bomb.	1	=	1
5		Posto bomb.	B	0		6		A	0	=	0
6		Posto bomb.	C	0		4		B	0	=	0
7		A	B	1		1		C	0	=	0
8		A	D	0		6		D	0	=	0
9		B	A	0		1		E	0	=	0
10		B	C	0		2		F	0	=	0
11		B	D	0		4		G	0	=	0
12		B	E	1		5		H	0	=	0
13		C	B	0		2		Com. agr.	–1	=	–1
14		C	E	0		7					
15		D	E	0		3					
16		D	F	0		8					
17		E	D	0		3					
18		E	F	1		6					
19		E	G	0		5					
20		E	H	0		4					
21		F	G	0		3					
22		F	Com. agr.	1		4					
23		G	F	0		3					
24		G	H	0		2					
25		G	Com. agr.	0		6					
26		H	G	0		2					
27		H	Com. agr.	0		7					
28											
29			Distância total	19							

Parâmetros do Solver
Definir objetivo (célula-alvo):
DistânciaTotal
Para: Mín.
Pelas células variáveis: EmRota
Sujeito a restrições:
FluxoLíquido = FornecimentoDemanda
Opções Solver (Excel 2010):
Transformar variáveis em não negativas
Método Solver: LP Simplex
Opções Solver (Excel mais antigo):
Assumir não negativa
Assumir modelo linear

Nomes de intervalo	Células
Distância	F4:F27
De	B4:B27
FluxoLíquido	I4:I13
Nós	H4:H13
EmRota	D4:D27
FornecimentoDemanda	K4:K13
Para	C4:C27
DistânciaTotal	D29

	I
3	**Fluxo líquido**
4	=SOMASE(De,H4,EmRota)-SOMASE(Para,H4,EmRota)
5	=SOMASE(De,H5,EmRota)-SOMASE(Para,H5,EmRota)
6	=SOMASE(De,H6,EmRota)-SOMASE(Para,H6,EmRota)
7	=SOMASE(De,H7,EmRota)-SOMASE(Para,H7,EmRota)
8	=SOMASE(De,H8,EmRota)-SOMASE(Para,H8,EmRota)
9	=SOMASE(De,H9,EmRota)-SOMASE(Para,H9,EmRota)
10	=SOMASE(De,H10,EmRota)-SOMASE(Para,H10,EmRota)
11	=SOMASE(De,H11,EmRota)-SOMASE(Para,H11,EmRota)
12	=SOMASE(De,H12,EmRota)-SOMASE(Para,H12,EmRota)
13	=SOMASE(De,H13,EmRota)-SOMASE(Para,H13,EmRota)

	C	D
29	**Distância total**	=SOMARPRODUTO(EmRota,Distância)

> Este modelo de planilha é como um para um problema de fluxo de custo mínimo, sem restrições de capacidade de arco, exceto que as distâncias substituem os custos unitários e a viagem em um caminho escolhido interpretado como um fluxo de 1 por esse caminho.

por uma de distâncias em milhas. As quantidades de fluxo dadas pelas células variáveis EmRota (D4:D27) são de 1 para cada arco que está no caminho escolhido a partir do posto de bombeiros até a comunidade agrícola e 0 do modo inverso. A célula-alvo DistânciaTotal (D29) dá a distância total desse caminho em milhas. (Veja a equação para essa célula na parte inferior da figura.) As colunas B e C juntas listam todos os links verticais na Figura 6.12 duas vezes, uma como um arco para baixo e outra como um arco para cima, já que qualquer direção pode estar no caminho escolhido. Os outros links somente são listados como arcos da esquerda para a direita, uma vez que essa é a única direção de interesse para escolher um caminho mais curto da origem até o destino.

A coluna K mostra o fluxo líquido que precisa ser gerado em cada um dos nós. Utilizando as equações na parte inferior da figura, cada célula da coluna I, então, calcula o fluxo líquido *real* naquele nó, adicionando o fluxo que sai e subtraindo o fluxo que entra. As restrições correspondentes, Nós (H4:H13) = FornecimentoDemanda (K4:K13), são especificados na caixa de parâmetros do Solver.

A solução exibida em EmRota (D4:D27) é a solução ideal obtida após clicar no botão Solve. É exatamente a mesma daquela do caminho mais curto dado anteriormente.

Assim como para problemas de fluxo de custo mínimo e problemas de fluxo máximo, há algoritmos especiais disponíveis para a solução de grandes problemas de caminho mais curto de forma muito eficiente, mas esses algoritmos não estão incluídos no Solver do Excel. Usar uma formulação de planilha e o Solver é bom para problemas do tamanho do problema de Littletown e um pouco maiores, mas você deve estar ciente de que problemas muito maiores também podem ser resolvidos por outros meios.

Características gerais

Exceto para variações mais complicadas que ultrapassam o âmbito deste livro, todos os problemas de caminho mais curto compartilham as características mostradas no problema de Littletown. As premissas básicas são as seguintes.

Premissas do problema do caminho mais curto

1. Você precisa escolher um caminho pela rede que comece em um determinado nó, chamado de **origem**, e termina em outro determinado nó, chamado **destino**.
2. As linhas que ligam certos pares de nós geralmente são *links* (que permitem o percurso em qualquer direção), apesar de os arcos (que só permitem o percurso em uma direção) também ser permitidos.
3. Associado a cada link (ou arco) há um número não negativo chamado **comprimento.** (Observe que o desenho de cada link na rede normalmente não mostra verdadeiramente o seu comprimento; apenas informa o número correto ao lado do link.)
4. O objetivo é encontrar o caminho mais curto (o caminho com o comprimento mínimo total) da origem até o destino.

> O objetivo é encontrar o caminho mais curto da origem até o destino.

Algumas aplicações

Nem todas as aplicações de problemas de caminho mais curto envolvem minimizar a distância percorrida da origem até o destino. Na verdade, podem até não envolver qualquer tipo de percurso. Os links (ou arcos) podem representar atividades de outro tipo, por isso escolher um caminho da rede corresponde a selecionar a melhor sequência de atividades. Os números que informam o "comprimento" dos links podem ser, por exemplo, os custos das atividades, no caso de o objetivo ser o de determinar que sequência de atividades minimiza o custo total.

Aqui estão três categorias de aplicações.

1. Minimizar a *distância* total percorrida, como no exemplo de Littletown.
2. Minimizar o *custo* total de uma sequência de atividades, como no exemplo na subseção seguinte.
3. Minimizar o *tempo* total de uma sequência de atividades, como no exemplo envolvendo a Quick Company, no final desta seção.

Exemplo de minimização do custo total

Sarah acabou de se formar no colegial. Como um presente de formatura, seus pais lhe deram o financiamento de um carro no valor de 21 mil dólares para ajudar a comprar e manter um

Sarah precisa de uma programação para trocar seu carro usado de modo a minimizar o custo líquido total que ela terá.

carro usado de três anos para a faculdade. Como os custos de funcionamento e manutenção sobem rapidamente com a idade do carro, os pais de Sarah dizem que ela deverá trocar o carro usado por outro de três anos uma ou mais vezes durante os próximos três verões se ela perceber que isso minimizará o custo líquido total. Eles também disseram que vão lhe dar um carro novo em quatro anos, como presente de formatura da faculdade quando, então, ela deverá ter um plano definitivo de venda para o carro. (Os pais dela são ótimos!)

A Tabela 6.2 apresenta os dados relevantes para *cada* vez que Sarah comprar um carro de três anos de uso. Por exemplo, se ela negociar seu carro depois de dois anos, o próximo carro estará no ano de propriedade 1 durante seu primeiro ano da faculdade, e assim por diante.

Quando Sarah deve negociar seu carro (se o fizer) durante os próximos três verões para minimizar seu custo líquido total de aquisição, funcionamento e manutenção do veículo(s) ao longo de seus quatro anos de faculdade?

A Figura 6.14 mostra a formulação de rede deste problema como problema de caminho mais curto. Os nós 1, 2, 3 e 4 são o fim do primeiro, segundo, terceiro e quarto anos de faculdade de Sarah, respectivamente. O nó 0 é agora, antes de começar a faculdade. Cada arco de um nó para um segundo nó corresponde à atividade de compra de um carro no momento indicado pelo primeiro desses dois nós e, depois, a negociação do veículo no momento indicado pelo segundo nó. Sarah começa comprando um carro agora e termina por negociar outro no final do ano 4, de modo que o nó 0 é a *origem* e o nó 4 é o *destino*.

O número de arcos no caminho escolhido da origem até o destino indica quantas vezes Sarah comprará e venderá um carro. Por exemplo, considere o caminho

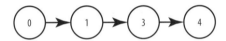

Isso corresponde a comprar um carro agora, depois negociá-lo no fim do ano 1 para comprar um segundo carro, depois vender o segundo carro no final do ano 3 para comprar um terceiro carro, e depois vender esse terceiro carro no final do ano 4.

Já que Sarah quer minimizar seu custo líquido total a partir de agora (nó 0) até o final do ano 4 (nó 4), cada comprimento de arco precisa medir o custo líquido do ciclo de compra, manutenção e venda de um carro daquele arco. Portanto,

Comprimento do arco = Preço de compra + Custos de funcionamento e manutenção − Valor de revenda

Por exemplo, considere o arco do nó 1 ao nó 3. Esse arco corresponde à compra de um carro no final do ano 1, seu funcionamento e manutenção durante os anos 1 e 2 de propriedade, e depois a venda do veículo no fim do ano de propriedade 2. Consequentemente,

Comprimento do arco de ① a ③ = 12.000 + 2.000 + 3.000 − 6.500
= 10.500   (em dólares)

TABELA 6.2
Dados de Sarah sempre que ela compra um carro de três anos.

Preço de compra	Custos de funcionamento e manutenção por ano de propriedade				Valor de revenda no final do ano de propriedade			
	1	2	3	4	1	2	3	4
$12.000	$2.000	$3.000	$4.500	$6.500	$8.500	$6.500	$4.500	$3.000

FIGURA 6.14
Formulação do problema de quando Sarah deve vender seu carro como problema de caminho mais curto. Em cada nó, a medida do número de anos a partir de agora. Cada arco representa comprar um carro e depois vendê-lo.

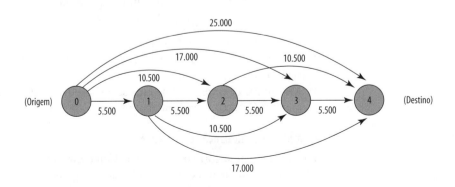

A soma dos comprimentos de arco em qualquer caminho desta rede dá o custo líquido total do plano correspondente para negociação dos carros.

Célula-alvo agora é CustoTotal em vez de DistânciaTotal.

Os comprimentos de arco calculados dessa forma são mostrados ao lado dos arcos na Figura 6.14. A soma dos comprimentos dos arcos em qualquer caminho do nó 0 ao nó 4 nó dá o custo total líquido para o plano especial de venda dos carros ao longo dos próximos quatro anos. Portanto, encontrar o caminho mais curto desde a origem até o destino identifica o plano que minimizará o custo líquido total de Sarah.

A Figura 6.15 mostra o modelo de planilha correspondente, formulado da mesma maneira como na Figura 6.13, exceto que as distâncias agora são os custos. Assim, a célula-alvo CustoTotal (D23) agora dá o custo total que deve ser minimizado. As células variáveis EmRota (D12:D21) da figura mostram a solução ideal obtida após clicar no botão Solve. Uma vez que os valores de 1 indicam o caminho a ser seguido, o caminho mais curto acaba por ser

Venda do primeiro carro ao final do ano 2.
Venda do segundo carro ao final do ano 4.

O comprimento desse caminho é 10.500 + 10.500 = 21.000, de modo que o custo líquido total de Sarah é de $21 mil, como dado pela célula-alvo. Lembre-se que esse é exatamente o montante do financiamento que os pais de Sarah lhe deram. (Os pais dela são ótimos *mesmo*!)

Exemplo de minimização do tempo total

A **Quick Company** ficou sabendo que um concorrente está planejando lançar um novo tipo de produto com grande potencial de vendas. A Quick vem trabalhando em um produto similar que tinha sido programado para chegar ao mercado em vinte meses. No entanto, a pesquisa está quase completa e a administração da Quick agora quer apressar o lançamento do produto para enfrentar a concorrência.

Há quatro fases não sobrepostas a serem realizadas, incluindo a pesquisa restante (primeira fase) que está sendo empreendida em ritmo normal. No entanto, cada fase pode ser conduzida em nível de prioridade ou de falha para agilizar a conclusão. Esses são os únicos níveis que serão considerados durante as últimas três fases, ao passo que o nível normal e esses dois níveis serão considerados para a primeira fase. Os períodos necessários para esses níveis são apresentados na Tabela 6.3.

A administração alocou 30 milhões de dólares para as quatro fases. O custo de cada uma nos níveis em consideração é mostrado na Tabela 6.4.

O objetivo é minimizar o tempo total do projeto.

A administração pretende determinar em que nível conduzir cada uma das quatro fases para minimizar o tempo total até que o produto possa ser comercializado, com restrição de orçamento de 30 milhões de dólares.

A Figura 6.16 mostra a formulação de rede deste problema como problema de caminho mais curto. Cada nó indica a situação naquele momento do tempo. Exceto no destino, um nó é identificado por dois números:

1. O número de fases concluídas.
2. O número de milhões de dólares que sobra para as fases remanescentes.

A origem é *agora*, quando 0 fases estiverem concluídas e todo o orçamento de 30 milhões de dólares, intacto. Cada arco representa a escolha de um determinado nível de esforço (identificados entre parênteses abaixo do arco) para esta fase. [Não há arcos de falha emanando dos nós (2, 12) e (3, 3), pois esse nível de esforço exigiria exceder o orçamento de 30 milhões de dólares para as quatro fases.] O *tempo* (em meses) necessário para executar a fase com esse nível de esforço é, então, o *comprimento* do arco (mostrado acima do arco). O tempo foi escolhido como a medida do comprimento do arco porque o objetivo é minimizar o tempo total para todas as quatro fases. Somar os comprimentos de arco para qualquer caminho particular da rede dá o tempo total para o plano correspondente a esse caminho. Portanto, o caminho mais curto da rede identifica o plano que minimiza o tempo total.

A soma dos comprimentos de arco em qualquer caminho da rede dá o tempo total do plano correspondente para a preparação do novo produto.

FIGURA 6.15

Modelo de planilha que formula o problema de Sarah como problema de caminho mais curto em que o objetivo é minimizar o custo total em vez da distância total. A parte inferior da figura mostra as equações digitadas na célula-alvo CustoTotal (D23) e as outras células de saída Custo (E12:E21) e FluxoLíquido (H12:H16). Depois de aplicar o Solver, os valores de 1 nas células variáveis EmRota (D12:D21) identificam o menor (mais barato) caminho para o agendamento da revenda.

	A	B	C	D	E	F	G	H	I	J
1		Problema de compra de carro de Sarah								
2										
3			Custos de funcionamento e manutenção	Valor de revenda ao final do ano	Preço de compra					
4										
5		Ano 1	$2.000	$8.500	$12.000					
6		Ano 2	$3.000	$6.500						
7		Ano 3	$4.500	$4.500						
8		Ano 4	$6.500	$3.000						
9										
10										
11		De	Para	Em rota	Custo		Nós	Fluxo líquido		Fornecimento/demanda
12		Ano 0	Ano 1	0	$5.500		Ano 0	1	=	1
13		Ano 0	Ano 2	1	$10.500		Ano 1	0	=	0
14		Ano 0	Ano 3	0	$17.000		Ano 2	0	=	0
15		Ano 0	Ano 4	0	$25.000		Ano 3	0	=	0
16		Ano 1	Ano 2	0	$5.500		Ano 4	–1	=	–1
17		Ano 1	Ano 3	0	$10.500					
18		Ano 1	Ano 4	0	$17.000					
19		Ano 2	Ano 3	0	$5.500					
20		Ano 2	Ano 4	1	$10.500					
21		Ano 3	Ano 4	0	$5.500					
22										
23			Custo total	$21.000						

Parâmetros do Solver

Definir objetivo (célula-alvo): CustoTotal
Para: Mín.
Pelas células variáveis:
EmRota
Sujeito a restrições:
FluxoLíquido = FornecimentoDemanda
Opções Solver (Excel 2010):
Transformar variáveis em não negativas
Método Solver: LP Simplex
Opções Solver (Excel mais antigo):
Assumir não negativa
Assumir modelo linear

Nomes de intervalo

Nomes de intervalo	Células
Custo	E12:E21
De	B12:B21
FluxoLíquido	H12:H16
Nós	G12:G16
EmRota	D12:D21
FunMan1	C5
FunMan 2	C6
FunMan 3	C7
FunMan 4	C8
PreçoCompra	E5
FornecimentoDemanda	J12:J16
Para	C12:C21
CustoTotal	D23
Revenda1	D5
Revenda2	D6
Revenda3	D7
Revenda4	D8

	E
11	Custo
12	=PreçoCompra+FunMan1 – Revenda1
13	=PreçoCompra+FunMan1 + FunMan2 – Revenda2
14	=PreçoCompra+FunMan1 + FunMan2 + FunMan3 – Revenda3
15	=PreçoCompra+FunMan1 + FunMan2 + FunMan3 + FunMan4 – Revenda4
16	=PreçoCompra+FunMan1 – Revenda1
17	=PreçoCompra+FunMan1 + FunMan2 – Revenda2
18	=PreçoCompra+FunMan1 + FunMan2 + FunMan3 – Revenda3
19	=PreçoCompra+FunMan1 – Revenda1
20	=PreçoCompra+FunMan1 + FunMan2 – Revenda2
21	=PreçoCompra+FunMan1 – Revenda1

	H
11	Fluxo líquido
12	=SOMASE(De,G12,EmRota) – SOMASE(Para,G12,EmRota)
13	=SOMASE(De,G13,EmRota) – SOMASE(Para,G13,EmRota)
14	=SOMASE(De,G14,EmRota) – SOMASE(Para,G14,EmRota)
15	=SOMASE(De,G15,EmRota) – SOMASE(Para,G15,EmRota)
16	=SOMASE(De,G16,EmRota) – SOMASE(Para,G16,EmRota)

	C	D
23	Custo total	=SOMAPRODUTO(EmRota,Custo)

TABELA 6.3
Tempo necessário para as fases de preparação do novo produto da Quick Co.

Nível	Pesquisa restante	Desenvolvimento	Projeto do sistema de fabricação	Iniciar fabricação e distribuição
Normal	5 meses	—	—	—
Prioritário	4 meses	3 meses	5 meses	2 meses
Falha	2 meses	2 meses	3 meses	1 meses

TABELA 6.4
Custo das fases de preparação do novo produto da Quick Co.

Nível	Pesquisa restante	Desenvolvimento	Projeto do sistema de fabricação	Iniciar fabricação e distribuição
Normal	$3 milhões	—	—	—
Prioritário	$6 milhões	$6 milhões	$9 milhões	$3 milhões
Falha	$9 milhões	$9 milhões	$12 milhões	$6 milhões

FIGURA 6.16
Formulação do problema da Quick Co. como problema do caminho mais curto Exceto para o destino fictício, os rótulos de arcos indicam, primeiro, o número de fases completas e, segundo, o montante de dinheiro que sobra (em milhões de dólares) para as fases remanescente. Cada comprimento de arco dá o tempo (em meses) para realizar essa fase.

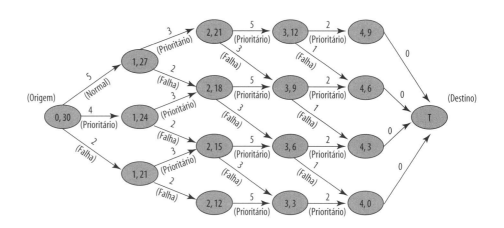

Todas as quatro fases foram concluídas assim que qualquer um dos quatro nós com uma primeira etiqueta de 4 foi alcançado. Então, por que a rede apenas não termina com esses quatro nós em vez de ter um arco que sai de cada um? A razão para isso é que um problema de caminho mais curto é obrigado a ter apenas um único destino. Consequentemente, um destino fictício é adicionado no lado direito.

> Quando a viagem real por uma rede pode acabar em mais de um nó, um arco com comprimento 0 é inserido a partir de cada um desses nós até um **destino fictício** para que a rede tenha apenas um único destino.

Uma vez que cada um dos arcos para o destino fictício tem comprimento 0, essa adição à rede não afeta o comprimento total de um caminho da origem até seu ponto final.

A Figura 6.17 mostra um modelo de planilha para esse problema. Mais uma vez, o formato é o mesmo das Figuras 6.13 e 6.15, só que agora a preocupação na coluna F e na célula-alvo TempoTotal(D32) é o tempo em vez da distância ou do custo. Uma vez que o botão Solve já foi clicado, as células variáveis EmRota (D4:D30) indicam que os arcos estão no caminho que minimiza o tempo total. Assim, o caminho mais curto é

A célula-alvo agora é TempoTotal em vez de DistânciaTotal.

com um comprimento total de 2 + 3 + 3 + 2 + 0 = 10 meses, como dado pelo TempoTotal (D32). O plano resultante para as quatro fases é mostrado na Tabela 6.5. Embora o plano consuma todo o orçamento de 30 milhões de dólares, ele reduz o tempo de lançamento do produto no mercado do período originalmente previsto de 20 meses para apenas 10.

Dada essa informação, a administração da Quick agora deve decidir se esse plano oferece o melhor conflito de escolha entre tempo e custo. Qual seria o efeito no tempo total com o gasto de alguns milhões de dólares a mais? Em vez disso, qual seria o efeito de reduzir os gastos um pouco? É fácil informar a administração sobre isso, bem como por meio de uma rápida resolução de alguns problemas de caminho mais curto que correspondem a orçamentos com valor diferente de 30 milhões de dólares. A decisão final sobre qual plano prevê o melhor conflito entre tempo e custos é, na verdade, uma decisão que somente a administração pode tomar.

FIGURA 6.17
Modelo de planilha que formula o problema da Quick Co. como problema de caminho mais curto em que o objetivo é minimizar o tempo total em vez da distância total, de forma que a célula-alvo seja TempoTotal (D32). As outras células de saída são FluxoLíquido (I4:I20). Os valores de 1 nas células variáveis EmRota (D4:D30) revelam o caminho mais curto (mais rápido) obtido pelo Solver.

	A	B	C	D	E	F	G	H	I	J	K
1	Problema de escala de desenvolvimento de produto da Quick Co.										
2											
3		De	Para	Em rota		Tempo		Nós	Fluxo líquido		Fornecimento/demanda
4		(0, 30)	(1, 27)	0		5		(0, 30)	1	=	1
5		(0, 30)	(1, 24)	0		4		(1, 27)	0	=	0
6		(0, 30)	(1, 21)	1		2		(1, 24)	0	=	0
7		(1, 27)	(2, 21)	0		3		(1, 21)	0	=	0
8		(1, 27)	(2, 18)	0		2		(2, 21)	0	=	0
9		(1, 24)	(2, 18)	0		3		(2, 18)	0	=	0
10		(1, 24)	(2, 15)	0		2		(2, 15)	0	=	0
11		(1, 21)	(2, 15)	1		3		(2, 12)	0	=	0
12		(1, 21)	(2, 12)	0		2		(3, 12)	0	=	0
13		(2, 21)	(3, 12)	0		5		(3, 9)	0	=	0
14		(2, 21)	(3, 9)	0		3		(3, 6)	0	=	0
15		(2, 18)	(3, 9)	0		5		(3, 3)	0	=	0
16		(2, 18)	(3, 6)	0		3		(4, 9)	0	=	0
17		(2, 15)	(3, 6)	0		5		(4, 6)	0	=	0
18		(2, 15)	(3, 3)	1		3		(4, 3)	0	=	0
19		(2, 12)	(3, 3)	0		5		(4, 0)	0	=	0
20		(3, 12)	(4, 9)	0		2		(T)	−1	=	−1
21		(3, 12)	(4, 6)	0		1					
22		(3, 9)	(4, 6)	0		2					
23		(3, 9)	(4, 3)	0		1					
24		(3, 6)	(4, 3)	0		2					
25		(3, 6)	(4, 0)	0		1					
26		(3, 3)	(4, 0)	1		2					
27		(4, 9)	(T)	0		0					
28		(4, 6)	(T)	0		0					
29		(4, 3)	(T)	0		0					
30		(4, 0)	(T)	1		0					
31											
32			Tempo total	10							

(continua)

FIGURA 6.17
(continuação)

Parâmetros do Solver
Definir objetivo (célula-alvo): TempoTotal
Para: Mín.
Pelas células variáveis:
EmRota
Sujeito a restrições:
FluxoLíquido
FornecimentoDemanda
Opções Solver (Excel 2010):
Transformar variáveis em não negativas
Método Solver: LP Simplex
Opções Solver (Excel mais antigo):
Assumir não negativa
Assumir modelo linear

Nomes de intervalo	Células
De	B4:B30
FluxoLíquido	I4:I20
Nós	H4:H20
EmRota	D4:D30
FornecimentoDemanda	K4:K20
Tempo	F4:F30
Para	C4:C30
TempoTotal	D32

	J
3	**Fluxo líquido**
4	=SOMASE(De,H4,EmRota) − SOMASE(Para,H4,EmRota)
5	=SOMASE(De,H5,EmRota) − SOMASE(Para,H5,EmRota)
6	=SOMASE(De,H6,EmRota) − SOMASE(Para,H6,EmRota)
7	=SOMASE(De,H7,EmRota) − SOMASE(Para,H7,EmRota)
8	=SOMASE(De,H8,EmRota) − SOMASE(Para,H8,EmRota)
9	=SOMASE(De,H9,EmRota) − SOMASE(Para,H9,EmRota)
10	=SOMASE(De,H10,EmRota) − SOMASE(Para,H10,EmRota)
11	=SOMASE(De,H11,EmRota) − SOMASE(Para,H11,EmRota)
12	=SOMASE(De,H12,EmRota) − SOMASE(Para,H12,EmRota)
13	=SOMASE(De,H13,EmRota) − SOMASE(Para,H13,EmRota)
14	=SOMASE(De,H14,EmRota) − SOMASE(Para,H14,EmRota)
15	=SOMASE(De,H15,EmRota) − SOMASE(Para,H15,EmRota)
16	=SOMASE(De,H16,EmRota) − SOMASE(Para,H16,EmRota)
17	=SOMASE(De,H17,EmRota) − SOMASE(Para,H17,EmRota)
18	=SOMASE(De,H18,EmRota) − SOMASE(Para,H18,EmRota)
19	=SOMASE(De,H19,EmRota) − SOMASE(Para,H19,EmRota)
20	=SOMASE(De,H20,EmRota) − SOMASE(Para,H220,EmRota)

	C	D
32	**Tempo total**	=SOMAPRODUTO(EmRota,Custo)

TABELA 6.5
Solução ideal obtida pelo Solver do Excel para o problema de caminho mais curto da Quick Co.

Fase	Nível	Tempo (meses)	Custo (milhões)
Pesquisa remanescente	Falha	2	$ 9
Desenvolvimento	Prioritário	3	6
Projeto do sistema de fabricação	Falha	3	12
Iniciar fabricação e distribuição	Prioritário	2	3
Total		10	$30

Perguntas de revisão

1. Quais são a origem e o destino no exemplo do corpo de bombeiros de Littletown?
2. Qual a diferença entre um arco e um link?
3. Quais são o nó de fornecimento e o nó de demanda quando um problema de caminho mais curto é interpretado como problema de fluxo de custo mínimo? Com qual fornecimento e demanda?
4. Quais são as três medidas do comprimento de um link (ou arco) que levam a três categorias de aplicações de problemas de caminho mais curto?
5. Qual o objetivo do problema de caminho mais curto de Sarah?
6. Quando um destino fictício precisa ser adicionado à formulação de um problema de caminho mais curto?
7. Que tipo de conflito a administração da Quick Co. precisa considerar em sua decisão final sobre como colocar rapidamente seu novo produto no mercado?

6.5 RESUMO

Redes de algum tipo surgem em uma ampla variedade de contextos. Representações de rede são muito úteis para retratar as relações e conexões entre os componentes dos sistemas. Cada componente é representado por um ponto na rede chamado de *nó*, e as conexões entre os componentes (nós) são representadas por linhas denominadas *arcos* (para percursos *one--way*) ou links (para percursos de via dupla).

Frequentemente, um fluxo de algum tipo deve ser enviado por uma rede, por isso uma decisão precisa ser tomada quanto à melhor maneira de fazer isso. Os tipos de modelos de otimização de rede apresentados neste capítulo fornecem uma poderosa ferramenta para a tomada dessas decisões.

O modelo para os problemas de fluxo de custo mínimo desempenha um papel central entre esses modelos de otimização de rede, pois é amplamente aplicável e pode ser facilmente resolvido. O Solver do Excel resolve formulações de planilha de tamanho razoável, e o método simplex de rede pode ser usado para resolver problemas maiores, incluindo enormes problemas com dezenas de milhares de nós e arcos. Um problema de fluxo de custo mínimo geralmente lida com a otimização do fluxo de bens por uma rede a partir de seus pontos de origem (os *nós de fornecimento*) até onde são necessários (os *nós de demanda*). O objetivo é minimizar o custo total de envio do fornecimento disponível pela rede para satisfazer a demanda dada. Uma aplicação frequente (entre várias) é otimizar o funcionamento de uma rede de distribuição.

Tipos especiais de problemas de fluxo de custo mínimo abrangem problemas de transporte e problemas de atribuição (examinados no Capítulo 3), bem como dois tipos de destaque apresentados neste capítulo: problemas de fluxo máximo e problemas de caminho mais curto.

Dada a capacidade limitada dos arcos da rede, o objetivo de um problema de fluxo máximo é maximizar a quantidade total de fluxo de um determinado ponto de origem (a *fonte*) até um determinado ponto terminal (o *sumidouro*). Por exemplo, isso envolve maximizar o fluxo de itens pela rede de fornecimento de uma empresa – de seus fornecedores até suas instalações de processamento.

Um problema de caminho mais curto também tem um ponto de partida (a *origem*) e um ponto final (o *destino*), mas agora o objetivo é encontrar um caminho desde a origem até o destino que tenha o mínimo *comprimento* total. Para algumas aplicações, o comprimento se refere à distância, de modo que o objetivo é minimizar a distância total percorrida. No entanto, algumas aplicações envolvem minimizar o custo total ou o tempo total de uma sequência de atividades.

Glossário

arco Canal pelo qual pode ocorrer o fluxo de um nó para outro, representado por uma seta entre os nós apontando na direção permitida para o fluxo. (Seção 6.1), 192

capacidade de um arco Quantidade máxima de fluxo permitido no arco. (Seção 6.1), 192

comprimento de link ou arco Número (geralmente distância, custo ou tempo) associado a incluir o link ou arco no caminho selecionado para o problema de caminho mais curto. (Seção 6.4), 207

conservação de fluxo Quantidade de fluxo fora do nó igual à quantidadade de fluxo para dentro daquele nó. (Seção 6.1), 192

destino Nó no qual o percurso pela rede deve ser o fim do problema de caminho mais curto. (Seção 6.4), 207

destino fictício Destino inventado apresentado na formulação do problema de caminho mais curto com múltiplos pontos de término para satisfazer a necessidade de haver um único destino. (Seção 6.4), 211

fonte Nó para o problema de fluxo máximo no qual todo o fluxo da rede começa. (Seção 6.3), 200

link Canal pelo qual pode ocorrer o fluxo em qualquer direção entre um par de nós, representado com uma linha entre os nós. (Seção 6.4), 204

método simplex de rede Versão simplificada do método simplex para resolução muito eficaz de problemas de fluxo de custo mínimo. (Seção 6.1), 195

nó Entroncamento da rede, representado como um círculo rotulado. (Seção 6.1), 192

nó de baldeamento Nó em que o total de fluxo que sai é igual ao total de fluxo que entra (Seção 6.1), 192.

nó de demanda Nó em que o valor líquido do fluxo gerado (saída menos entrada) é estabelecido como número fixo *negativo*, de modo a ser absorvido lá. (Seção 6.1), 192

nó de fornecimento Nó em que o valor líquido do fluxo gerado (saída menos entrada) é um número fixo positivo. (Seção 6.1), 192

origem Nó no qual o percurso pela rede deve ser o início do problema de caminho mais curto. (Seção 6.4), 207

problema de baldeamento Tipo especial de problema de fluxo de custo mínimo em que não há restrições de capacidades nos arcos. (Seção 6.1), 196

sumidouro Nó para o problema de fluxo máximo no qual todo o fluxo da rede termina. (Seção 6.3), 200

Auxiliares de aprendizagem para este capítulo em seu MS Courseware

Capítulo 6: arquivos do Excel
Exemplo da Distribution Unlimited
Exemplo da BMZ
Exemplo expandido da BMZ
Exemplo do corpo de bombeiros de Littletown

Exemplo de Sarah
Exemplo da Quick

Suplemento para este capítulo no CD-ROM:
Problemas da árvore de extensão mínima

Problemas solucionados (consulte o CD-ROM ou o *site* para as soluções)

6.S1. Distribuição na Heart Beats

A Heart Beats é uma fabricante de equipamentos médicos. O principal produto da empresa é um dispositivo usado para monitorar o coração durante procedimentos médicos. O equipamento é fabricado em duas fábricas e enviado para dois depósitos, daí é, então, enviado sob demanda para quatro atacadistas terceirizados. Todo o transporte é feito por caminhão. A rede de distribuição do produto é mostrada logo a seguir. A capacidade anual das fábricas 1 e 2 é de 400 e 250, respectivamente. A demanda anual dos atacadistas 1, 2, 3 e 4 é de 200, 100, 150 e 200, respectivamente. O custo do envio de uma unidade em cada rota de transporte é mostrado nos arcos. Devido à capacidade limitada do caminhão, podem ser enviados no máximo 250 unidades da fábrica 1 ao armazém 1 a cada ano. Formule e resolva um modelo de otimização de rede em planilha para determinar como distribuir o produto com o menor custo anual possível.

6.S2. Avaliando a capacidade de uma rede de oleodutos

A Exxo 76 é uma empresa petrolífera que opera a rede de oleodutos mostrada a seguir, onde cada oleoduto é identificado com a respectiva taxa de fluxo máximo em milhões de pés cúbicos (MMcf) por dia. Um novo poço de petróleo foi construído perto de A. A empresa gostaria de transportar o petróleo do poço perto de A até sua refinaria em G. Formule e resolva um modelo de otimização de rede para determinar a vazão máxima de A até G.

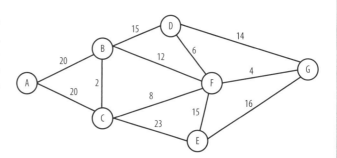

6.S3. Dirigindo até Mile-High City

Sarah e Jennifer acabaram de se formar na Universidade de Washington de Seattle e querem viajar. As duas sempre quiseram visitar a *Mile-High City* de Denver. O mapa rodoviário mostra o tempo de condução (em horas) entre diversos pares de cidades, como a seguir. Formule e resolva um modelo de otimização da rede para encontrar o percurso mais rápido de Seattle a Denver.

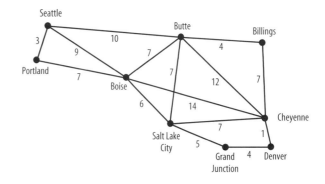

Problemas

Inserimos o símbolo E* à esquerda de cada problema (ou suas partes) onde o Excel deve ser utilizado (a menos que seu instrutor lhe dê instruções contrárias). Um asterisco no número do problema indica que pelo menos uma resposta parcial é dada no Apêndice C.

6.1. Leia o artigo referenciado que descreve o estudo de ciência da gestão resumido na vinheta da Seção 6.1. Descreva brevemente como o modelo para o problema de fluxo de custo mínimo foi aplicado neste estudo. Em seguida, liste os vários benefícios financeiros e não financeiros que resultaram deste estudo.

6.2.* Examine o problema de transporte considerando os dados a seguir.

	Destino 1	Destino 2	Destino 3	Fornecimento
Fonte				
1	6	7	4	40
2	5	8	6	60
Demanda	30	40	30	

a. Formule um modelo de rede para este problema como problema de fluxo de custo mínimo, desenhando uma rede semelhante à Figura 6.3.

E* b. Formule e solucione um modelo de planilha para este problema.

6.3. A Makonsel Company é uma empresa totalmente integrada que produz mercadorias e as vende em suas lojas de varejo. Após a fabricação, as mercadorias são armazenadas nos dois depósitos da companhia até serem enviadas para as lojas. São usados caminhões para transportar os bens das duas fábricas até os depósitos e, depois, dos depósitos para os três pontos de venda.

Usando unidades de caminhões cheios, a primeira tabela abaixo mostra a produção mensal de cada fábrica, o custo de transporte por caminhão enviado para cada depósito e a quantidade mensal máxima de envio para cada depósito.

Para cada ponto de venda (PV), a segunda tabela abaixo mostra a respectiva demanda mensal, custo de transporte por caminhão de cada depósito, bem como o montante máximo que pode ser enviado mensalmente de cada armazém.

A administração agora quer determinar um plano de distribuição (quantidade de caminhões enviados por mês de cada fábrica para cada depósito e de cada depósito para cada ponto de venda) que minimize o custo total de transporte.

a. Desenhe uma rede que descreva a rede de distribuição da empresa. Identifique os nós de fornecimento, de baldeamento e os nós de demanda dessa rede.

b. Formule um modelo de rede para este problema como problema de fluxo de custo mínimo, inserindo todos os dados necessários para a rede traçada na parte *a*. (Use o formato mostrado na Figura 6.3 para exibir esses dados.)

E* c. Formule e solucione um modelo de planilha para este problema.

6.4. A Audiofile Company fabrica *boomboxes* (aparelhos de som portáteis). No entanto, a administração decidiu subcontratar a fabricação dos alto-falantes necessários para os aparelhos. Três fornecedores estão disponíveis para fornecê-los. O preço para cada envio de mil alto-falantes é mostrado a seguir.

Fornecedor	Preço
1	$22.500
2	22.700
3	22.300

Cada carga iria para um dos dois armazéns da empresa. Além do preço de cada envio, cada fornecedor cobraria um custo de transporte para o qual eles têm sua própria fórmula, baseado na distância (em milhas) até o depósito. As fórmulas e os dados de milhagem são mostrados a seguir.

Fornecedor	Taxa por envio	Depósito 1	Depósito 2
1	$300 + 40 c/milha	1.600 milhas	400 milhas
2	$200 + 50 c/milha	500 milhas	600 milhas
3	$500 + 20 c/milha	2.000 milhas	1.000 milhas

	Custo de envio p/ unidade		Capacidade de carga		
De / Para	**Depósito 1**	**Depósito 2**	**Depósito 1**	**Depósito 2**	**Saída**
Fábrica 1	$425	$560	125	150	200
Fábrica 2	510	600	175	200	300

	Custo de envio p/ unidade			Capacidade de carga		
De / Para	**PV1**	**PV 2**	**PV 3**	**PV 1**	**PV 2**	**PV 3**
Depósito 1	$470	$505	$490	100	150	100
Depósito 2	390	410	440	125	150	75
Demanda	150	200	150	150	200	150

Sempre que uma das duas fábricas da companhia precisa de um carga de alto-falantes para os *boomboxes*, a empresa contrata um caminhoneiro para levar a encomenda até um dos depósitos. O custo por envio é dado a seguir, juntamente com o número de envios necessários a cada mês por fábrica.

	Custo de envio por unidade	
	Fábrica 1	**Fábrica 2**
Depósito 1	$200	$700
Depósito 2	400	500
Demanda mensal	10	6

Cada fornecedor pode entregar até 10 envios por mês. No entanto, devido às limitações de transporte, cada fornecedor só consegue enviar um máximo de seis carregamentos por mês para cada depósito. Da mesma forma, cada depósito só pode enviar um máximo de seis carregamentos por mês para cada fábrica.

A administração agora quer desenvolver um plano para cada mês em relação a quantos carregamentos (se for necessário) pedir de cada fornecedor, quantos desses envios devem seguir para cada depósito e, então, quantos envios cada depósito deve fazer para cada fábrica. O objetivo é minimizar a soma dos custos de compra (incluindo a taxa de envio) e os custos de transporte dos depósitos para as fábricas.

a. Desenhe uma rede que descreva a rede de distribuição da empresa. Identifique os seus nós de fornecimento, de baldeamento e de demanda.

b. Este problema é apenas uma *variação* de um problema de fluxo de custo mínimo porque o fornecimento de cada fornecedor é um *máximo* de 10 em vez de uma quantia fixa de 10. No entanto, isso pode ser convertido em um problema de fluxo de custo mínimo de pleno direito, adicionando um nó de demanda fictício que recebe (a custo zero) toda a capacidade de oferta não utilizada dos fornecedores. Formule um modelo de rede para este problema de fluxo de custo mínimo, inserindo todos os dados necessários para a rede desenhada na parte *a* complementada por este nó de demanda fictício. (Use o formato mostrado na Figura 6.3 para exibir esses dados.)

E* *c.* Formule e solucione um modelo de planilha para o problema da empresa.

6.5.* Examine a Figura 6.9 (na Seção 6.3), que retrata a rede de distribuição da BMZ Co. a partir de suas fábricas em Stuttgart e Berlim até os centros de distribuição em Los Angeles e Seattle. Essa figura também dá entre parênteses a quantidade máxima que pode ser enviada em cada rota de transporte.

Nas semanas seguintes à crise descrita na Seção 6.2, o centro de distribuição de Los Angeles reabasteceu com sucesso seus estoques. Desse modo, Karl Schmidt (o gerente da cadeia de suprimentos da BMZ) concluiu que de hoje em diante será suficiente enviar 130 unidades por mês para Los Angeles e 50 unidades por mês para Seattle. (Uma unidade são cem metros cúbicos de peças automotivas sobressalentes.) A fábrica de Stuttgart (ST, no nó da figura) destinará 130 unidades por mês e a fábrica de Berlim (nó BE) colocará 50 unidades por mês do seu total fabricado para cobrir essas transferências. No entanto, em vez de retomar a prática anterior de fornecer para o centro de distribuição de Los Angeles somente a partir da fábrica de Stuttgart e abastecer o centro de distribuição de Seattle somente da fábrica de Berlim, Karl decidiu permitir que tanto a fábrica quanto o centro de distribuição forneçam. Ele pressente que esta flexibilidade adicional deve reduzir o custo total de transporte.

A tabela a seguir apresenta o custo de transporte por unidade em cada uma dessas rotas de transporte.

Karl quer determinar o plano de transporte que minimize o custo total de transporte.

a. Formule um modelo de rede para este problema como problema de fluxo de custo mínimo, inserindo todos os

De \ Para	Custo de envio por unidade para o nó								
	LI	BO	RO	HA	NO	NY	BN	LA	SE
Nós									
ST	$3.200	$2.500	$2.900	—	—	—	—	—	—
BE	—	—	$2.400	$2.000	—	—	—	—	—
LI	—	—	—	—	$6.100	—	—	—	—
BO	—	—	—	—	$6.800	$5.400	—	—	—
RO	—	—	—	—	—	$5.900	—	—	—
HA	—	—	—	—	—	$6.300	$5.700	—	—
NO	—	—	—	—	—	—	—	$3.100	—
NY	—	—	—	—	—	—	—	$4.200	$4.000
BN	—	—	—	—	—	—	—	$3.400	$3.000

dados necessários na rede de distribuição mostrada na Figura 6.9. (Use o formato mostrado na Figura 6.3 para exibir os dados.)

E* *b.* Formule e solucione um modelo de planilha para este problema.

c Qual é o custo total de transporte para esta solução ideal?

6.6. Reexamine o Problema 6.5. Suponha agora que, por conveniência, a administração decidiu que todas as 130 unidades mensais necessárias no centro de distribuição de Los Angeles devem vir da fábrica de Stuttgart (nó ST) e todas as 50 unidades mensais necessárias no centro de distribuição de Seattle devem vir da fábrica de Berlim (nó BE). Para cada um desses centros de distribuição, Karl Schmidt quer determinar o plano de transporte que minimize o custo total de transporte.

a. Para o centro de distribuição de Los Angeles, formule um modelo de rede para este problema como um problema de fluxo de custo mínimo inserindo todos os dados necessários na rede de distribuição mostrada na Figura 6.6. (Use o formato da Figura 6.3 para mostrá-los.)

b. Formule e solucione um modelo de planilha para este problema formulado na parte *a*.

c. Para o centro de distribuição em Seattle, desenhe sua rede de distribuição que se origina da fábrica de Berlim no nó BE.

d. Repita a parte *a* para o centro de distribuição de Seattle, usando a rede desenhada na parte *c*.

E* *e.* Formule e resolva um modelo de planilha para o problema formulado em parte *d*.

f. Adicione os custos totais de transporte obtidos nas partes *b* e *e*. Compare essa soma ao custo total de transporte obtido na parte *c* do Problema 6.5 (como dado no fim do livro).

6.7. Examine o problema de fluxo máximo formulado nas Figuras 6.7 e 6.8 para o estudo de caso da BMZ. Redesenhe a Figura 6.7 e insira as quantidades ideais de transporte (células D4:D12 na figura 6.8) entre parênteses acima dos arcos respectivos. Explique por que essas capacidades de arco asseguram que as quantidades de envio entre parênteses devem ser a solução ideal porque o fluxo máximo não pode exceder 150.

6.8. Leia o artigo de referência que descreve completamente o estudo de ciência da gestão resumido na vinheta de aplicação apresentada na Seção 6.3. Descreva brevemente como o modelo para o problema de transporte foi aplicado neste estudo. Em seguida, liste os vários benefícios financeiros e não financeiros que resultaram deste estudo.

E*6.9. Formule e resolva um modelo de planilha para o problema de fluxo máximo mostrado no topo da próxima coluna, onde o nó A é a fonte, o nó F é o sumidouro e as capacidades de arco são os números entre colchetes mostrados ao lado dos arcos.

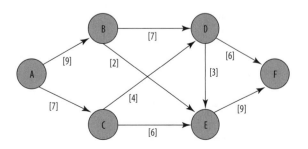

6.10. O diagrama mostra um sistema de aquedutos com origem nos três rios (nós R1, R2 e R3) e termina em uma grande cidade (nó T), onde os outros nós são pontos de entroncamento do sistema.

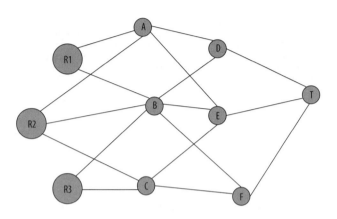

Usando milhares de acres como medida, as tabelas seguintes mostram o máximo de água que pode ser bombeado por cada aqueduto diariamente.

De \ Para	A	B	C
R1	75	65	—
R2	40	50	60
R3	—	80	70

De \ Para	D	E	F	De \ Para	T
A	60	45	—	D	120
B	70	55	45	E	190
C	—	70	90	F	130

O gerente de recursos hídricos da cidade quer determinar um plano de fluxo que maximizará o fluxo de água para a cidade.

a. Formule este problema como de fluxo máximo mediante a identificação de uma fonte, um sumidouro e os nós de baldeamento. Depois desenhe a rede completa mostrando a capacidade de cada arco.

E* *b.* Formule e solucione um modelo de planilha para este problema.

6.11. A Texago Corporation tem quatro campos de petróleo, quatro refinarias e quatro centros de distribuição nos locais identificados nas tabelas a seguir. Uma grande greve envolvendo os setores de transporte reduziu drasticamente a capacidade da Texago de enviar o produto a partir dos quatro campos de petróleo para as quatro refinarias e enviar produtos petrolíferos das refinarias aos centros de distribuição. Usando unidades de milhares de barris de petróleo (e seu equivalente em produtos refinados), as tabelas a seguir mostram o número máximo de unidades que podem ser enviadas diariamente de cada campo de petróleo a cada refinaria e de cada refinaria a cada centro de distribuição.

Refinaria	Centro de distribuição			
	Nova Orleans	Charleston	Seattle	St. Louis
Texas	11	7	2	8
California	5	4	8	7
Alaska	7	3	12	6
Middle East	8	9	4	15

Refinaria	Centro de distribuição			
	Pittsburgh	Atlanta	Kansas City	São Francisco
Nova Orleans	5	9	6	4
Charleston	8	7	9	5
Seattle	4	6	7	8
St. Louis	12	11	9	7

A administração da Texago agora quer determinar um plano de quantas unidades enviar de cada campo de petróleo a cada refinaria e de cada refinaria a cada centro de distribuição para maximizar o número total de unidades para os centros de distribuição.

   a. Desenhe um mapa preliminar mostrando a localização dos campos de petróleo, refinarias e centros de distribuição da Texago. Adicione setas para mostrar o fluxo de petróleo bruto e, depois, produtos petrolíferos por esta rede de distribuição.
   b. Redesenhe a rede de distribuição, alinhando todos os nós que representam campos de petróleo em uma coluna, todos os nós que representam as refinarias em uma segunda coluna e todos os nós que representam os centros de distribuição em uma terceira. Em seguida, adicione os arcos para mostrar o fluxo possível.
   c. Use a rede de distribuição da parte *b* para formular um modelo de rede para o problema da Texago como variação de problema de fluxo máximo.
E* d. Formule e solucione um modelo de planilha para este problema.

6.12. Leia o artigo de referência que descreve completamente o estudo de ciência da gestão resumido na vinheta de aplicação apresentada na Seção 6.4. Descreva brevemente como os modelos de otimização de rede (inclusive para problemas de caminho mais curto) foram aplicados nele. Em seguida, liste os vários benefícios financeiros e não financeiros que resultaram do estudo.

E*6.13. Reexamine o problema do corpo de bombeiros de Littletown apresentado na Seção 6.4 e ilustrado na Figura 6.11. Devido a trabalhos de manutenção na estrada de uma milha entre os nós A e B, há um desvio atual que aumenta a viagem e se estende entre esses nós em quatro milhas.

Formule e resolva um modelo de planilha para este problema revisto para encontrar o novo caminho mais curto a partir do corpo de bombeiros até a comunidade agrícola.

6.14. Você precisa fazer uma viagem de carro para outra cidade que nunca visitou antes. Portanto, você deve estudar um mapa para determinar o caminho mais curto. Dependendo de qual rota que escolher, há cinco outras cidades (A, B, C, D e E) pelas quais você pode passar. O mapa mostra a milhagem de cada estrada que conecta diretamente duas cidades, sem outras cidades no caminho. Esses números estão resumidos na tabela a seguir, onde um traço indica que não há nenhuma estrada ligando diretamente essas duas cidades sem passar por qualquer outra.

Cidade	Milhas entre as cidades adjacentes					
	A	B	C	D	E	Destino
Origem	40	60	50	—	—	—
A		10	—	70	—	—
B			20	55	40	—
C				—	50	—
D					10	60
E						80

   a. Formule um modelo de rede para este problema como problema de caminho mais curto, desenhando uma rede onde os nós representam as cidades, os links representam estradas e os números indicam o comprimento de cada link em milhas.
E* b. Formule e solucione um modelo de planilha para este problema.
   c. Use a parte *b* para identificar seu caminho mais curto.
   d. Se cada número na tabela representa o custo (em dólares) para dirigir de uma cidade para outra, a resposta na parte *c* daria o seu percurso de custo mínimo?
   e. Se cada número na tabela representa o *tempo* (em minutos) para dirigir de uma cidade para outra, a resposta na parte *c* daria o seu percurso de custo mínimo?

6.15.* Em um aeroporto pequeno, mas em expansão, a companhia aérea local está comprando um novo trator para um trem de trator-reboque para levar bagagens de e para os aviões. Um novo sistema mecanizado de bagagens será instalado em três anos, de modo que o trator não será necessário depois disso. No entanto, como ele vai ser muito usado - tanto que os custos de operação e manutenção aumentarão rapidamente à medida que o trator envelhece –, ainda pode ser mais econômico substituir o trator após um ou dois anos. A tabela a seguir apresenta o custo total líquido descontado o custo associado à compra do trator (preço de compra menos o subsídio de venda, acrescido de custos de operação e manutenção) no final do ano *i* e sua negociação no final do ano *j* (em que o ano 0 é agora).

	j		
	1	2	3
i			
0	$8.000	$18.000	$31.000
1		10.000	21.000
2			12.000

A administração pretende determinar em que momentos (se houver) o trator deve ser substituído para minimizar o custo total de trator(es) ao longo de três anos.

  a. Formule um modelo de rede para este problema como problema de caminho mais curto.

E* b. Formule e solucione um modelo de planilha para este problema.

6.16. Um dos aviões da Speedy Airlines está prestes a decolar de Seattle para um voo sem escalas até Londres. Há alguma flexibilidade na escolha do trajeto, dependendo das condições meteorológicas. A rede a seguir ilustra as possíveis rotas em consideração, onde SE e LN são Seattle e Londres, respectivamente, e os outros nós representam vários pontos intermédios.

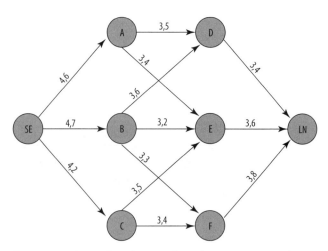

Os ventos ao longo de cada arco afetam bastante o tempo de voo (e, igualmente, o consumo de combustível). Com base em relatórios meteorológicos atuais, os tempos de voo (em horas) para esta viagem específica são mostrados ao lado dos arcos. Como o combustível consumido é muito caro, a administração da Speedy Airlines estabeleceu uma política de escolher a rota que minimize o tempo total de voo.

  a. Qual o papel das distâncias na interpretação deste problema como problema de caminho mais curto?

E* b. Formule e solucione um modelo de planilha para este problema.

Caso 6-1
Ajuda aos aliados

O comandante Votachev adentrou na fria noite de outubro e inalou profundamente a fumaça do cigarro, saboreando seu calor. Ele examina a destruição ao seu redor – vidraças quebradas, prédios em chamas, estradas em ruínas – e sorri. Seus dois anos de trabalho formando revolucionários a leste dos Montes Urais foram bem-sucedidos. Suas tropas agora ocupam sete cidades estrategicamente importantes da Federação Russa: Kazan, Perm, Yekaterinburg, Ufa, Samara, Saratov e Orenburg. No entanto, o cerco ainda não acabou. Ele olha para o oeste. Dada a confusão política e econômica na Federação Russa neste momento, ele sabe que suas tropas logo serão capazes de conquistar São Petersburgo e Moscou. O comandante Votachev, então, poderá governar com a sabedoria e controle exibidos por seus antecessores comunistas Lênin e Stálin.

Do outro lado do Oceano Pacífico, uma reunião de assessores de segurança máxima e política externa dos **Estados Unidos** está em andamento na Casa Branca. O presidente recentemente foi informado sobre a revolução comunista idealizado por Votachev e vai determinar um plano de ação. O presidente reflete sobre um longínquo outubro semelhante, em 1917, e teme a possibilidade de uma nova era de regime comunista radical acompanhada pelo caos, derramamento de sangue, tensões crescentes e guerra – possivelmente nuclear. Assim, decide que os Estados Unidos precisam reagir rapidamente. Moscou pediu ajuda militar dos Estados Unidos, e o presidente planeja enviar tropas e suprimentos imediatamente.

O presidente pede ao General Lankletter para descrever os preparativos em andamento nos Estados Unidos para o envio de tropas e suprimentos necessários à Federação Russa.

O General Lankletter informa que, juntamente com tropas, armas, munição, combustível e suprimentos, estão sendo montados aeronaves, navios e veículos em duas cidades portuárias com pistas de decolagem: Boston e Jacksonville. Os aviões e navios irão transferir todas as tropas e cargas pelo Atlântico até o continente eurasiano. O general entrega ao presidente uma lista dos tipos de aeronaves, navios e veículos que estão sendo montados, juntamente com uma descrição de cada tipo. A lista é exibida a seguir.

Tipo de transporte	Nome	Capacidade	Velocidade
Avião	C-141 Starlifter	150 toneladas	400 milhas por hora
Navio	Navio de transporte	240 toneladas	35 milhas por hora
Veículo	Caminhão com sistema de carga paletizado	16.000 quilogramas	60 milhas por hora

Todas as aeronaves, navios e veículos transportam tropas e carga. Uma vez que uma aeronave ou navio chegue à Europa, permanece lá para apoiar as Forças Armadas.

O presidente, então, se vira para Tabitha Neal, que esteve negociando com os países da OTAN durante as últimas horas para usar seus portos e aeroportos como paradas para reabastecer e recarga antes de seguir para a Federação Russa. Ela informa ao presidente que os portos e aeroportos nos países da OTAN a seguir serão disponibilizados para os militares dos EUA.

Portos	Aeroportos
Nápoles	Londres
Hamburgo	Berlim
Roterdã	Istambul

O presidente se levanta e caminha até um mapa-múndi projetado em uma grande tela no meio da sala. Ele projeta o progresso das tropas e da carga dos Estados Unidos até as três cidades estratégicas da Federação Russa que ainda não estão sob o poder do Comandante Votachev. As três cidades são Rostov, São Petersburgo e Moscou. Ele explica que as tropas e a carga serão usadas para defender as cidades russas e lançar um contra-ataque a Votachev para recapturar as cidades ocupadas. (O mapa é apresentado no final do caso.)

O presidente também explica que todas as aeronaves Starlifter e os navios de transporte sairão de Boston ou Jacksonville. Todos os navios de transporte que percorrerem o Atlântico devem atracar em um dos portos da OTAN para descarregar. Os caminhões com sistema de carga paletizado trazidos pelos navios farão o transporte de todas as tropas e materiais desembarcados nos portos da OTAN para as três cidades russas estratégicas ainda não apreendidas por Votachev. Todos os Starlifters que percorrerem o Atlântico devem pousar em um dos aeroportos da OTAN para reabastecer. Os aviões, então, levarão todas as tropas e as carga dos aeroportos da OTAN até as três cidades russas.

   a. Desenhe uma rede mostrando as diferentes rotas que as tropas e os suprimentos podem usar para chegar à Federação Russa a partir dos Estados Unidos.
   b. Moscou e Washington não sabem quando o Comandante Votachev lançará seu próximo ataque. Os líderes dos dois países decidiram, assim, que as tropas devem chegar a cada uma das três cidades russas estratégicas o mais rápido possível. O presidente determinou que a situação é tão calamitosa que o custo é problema – serão utilizados tantos Starlifters, navios de transporte e caminhões quantos forem necessários para levar tropas e cargas dos Estados Unidos a São Petersburgo, Moscou e Rostov. Portanto, não há limitações quanto ao contingente de tropas e à quantidade de carga que podem ser transferidos entre todas as cidades.

O presidente informou a extensão das rotas disponíveis entre as cidades na tabela a seguir.

Dadas a distância e a velocidade do transporte utilizado entre cada duas cidades, como é possível para o presidente mover mais rapidamente as tropas dos Estados Unidos para cada uma das três cidades estratégicas russas? Quanto tempo as tropas e suprimentos demorarão para chegar a São Petersburgo? E a Moscou? Rostov?

De	Para	(Quilômetros)
Boston	Berlim	7.250
Boston	Hamburgo	8.250
Boston	Istambul	8.300
Boston	Londres	6.200
Boston	Roterdã	6.900
Boston	Nápoles	7.950
Jacksonville	Berlim	9.200
Jacksonville	Hamburgo	9.800
Jacksonville	Istambul	10.100
Jacksonville	Londres	7.900
Jacksonville	Roterdã	8.900
Jacksonville	Nápoles	9.400
Berlim	São Petersburgo	1.280
Hamburgo	São Petersburgo	1.880
Istambul	São Petersburgo	2.040
Londres	São Petersburgo	1.980
Roterdã	São Petersburgo	2.200
Nápoles	São Petersburgo	2.970
Berlim	Moscou	1.600
Hamburgo	Moscou	2.120
Istambul	Moscou	1.700
Londres	Moscou	2.300
Roterdã	Moscou	2.450
Nápoles	Moscou	2.890
Berlim	Rostov	1.730
Hamburgo	Rostov	2.470
Istambul	Rostov	990
Londres	Rostov	2.860
Roterdã	Rostov	2.760
Nápoles	Rostov	2.800

   c. O presidente encontra apenas um problema com seu primeiro plano: tem de fazer a operação militar passar no Congresso, o presidente é obrigado a consultá-lo antes de enviar tropas em batalha ou situações em que haverá batalha. Se o Congresso não autorizar o uso das tropas, ele deve retirá-las após 60 dias. O Congresso também tem o poder de diminuir o período de 60 dias, promulgando uma resolução alternativa.

O presidente sabe que o Congresso não vai autorizar grandes gastos para a guerra de um outro país, especialmente quando os eleitores têm dado muita atenção à diminuição da dívida nacional. Ele, portanto, decide que precisa encontrar uma maneira de enviar as tropas e suprimentos necessários a São Petersburgo, Moscou e Rostov pelo custo mínimo.

Cada cidade russa entrou em contato com Washington para informar o número de tropas e suprimentos de que a cidade precisa para um mínimo reforço. Depois de analisar as solicitações, o General Lankletter converteu os pedidos de números de tropas, galões de gasolina, e assim por diante, para toneladas de carga, a fim de facilitar o planejamento. As solicitações estão listadas a seguir.

Cidade	Solicitações
São Petersburgo	320.000 toneladas
Moscou	440.000 toneladas
Rostov	240.000 toneladas

Em Boston e Jacksonville existem 500 mil toneladas de carga necessárias disponíveis. Quando os Estados Unidos decidir enviar um avião, navio ou caminhão entre duas cidades, surgirão vários custos: com combustível, trabalhistas, de manutenção e os impostos ou tarifas relacionados a portos ou aeroportos, listados a seguir.

De	Para	Custo
Boston	Berlim	$50.000 por Starlifter
Boston	Hamburgo	$30.000 por transporte
Boston	Istambul	$55.000 por Starlifter
Boston	Londres	$45.000 por Starlifter
Boston	Roterdã	$30.000 por transporte
Boston	Nápoles	$32.000 por transporte
Jacksonville	Berlim	$57.000 por Starlifter
Jacksonville	Hamburgo	$48.000 por transporte
Jacksonville	Istambul	$61.000 por Starlifter
Jacksonville	Londres	$49.000 por Starlifter
Jacksonville	Roterdã	$44.000 por transporte
Jacksonville	Nápoles	$56.000 por transporte
Berlim	São Petersburgo	$24.000 por Starlifter
Hamburgo	São Petersburgo	$3.000 por caminhão
Istambul	São Petersburgo	$28.000 por Starlifter
Londres	São Petersburgo	$22.000 por Starlifter
Roterdã	São Petersburgo	$3.000 por caminhão
Nápoles	São Petersburgo	$5.000 por caminhão
Berlim	Moscou	$22.000 por Starlifter
Hamburgo	Moscou	$4.000 por caminhão
Istambul	Moscou	$25.000 por Starlifter
Londres	Moscou	$19.000 por Starlifter
Roterdã	Moscou	$5.000 por caminhão
Nápoles	Moscou	$5.000 por caminhão
Berlim	Rostov	$23.000 por Starlifter
Hamburgo	Rostov	$7.000 por caminhão
Istambul	Rostov	$2.000 por Starlifter
Londres	Rostov	$4.000 por Starlifter
Roterdã	Rostov	$8.000 por caminhão
Nápoles	Rostov	$9.000 por caminhão

O presidente enfrenta várias restrições ao tentar atender às solicitações. O início do inverno no norte da Rússia trouxe temperaturas congelantes, com muita neve. Desse modo, o General Lankletter se opõe ao envio de comboios de caminhões na área. Ele convence o presidente a abastecer São Petersburgo somente por via aérea. Além disso, as rotas de caminhão em Rostov são bastante limitadas, de modo que, de cada porto, no máximo 2.500 caminhões podem ser enviados para Rostov. O governo ucraniano fica extremamente preocupado com aviões americanos voando em seu espaço aéreo. Assim, restringe as Forças Armadas dos EUA a enviar, no máximo, 200 voos de Berlim para Rostov e, no máximo, 200 voos de Londres para Rostov. (Os militares dos EUA não querem voar ao largo da Ucrânia e, portanto, aceitam as limitações do país.)

Como pode o presidente satisfazer as solicitações militares de cada cidade russa a custo mínimo? Assinale na rede o caminho a ser usado entre os Estados Unidos e a Federação Russa.

d. Assim que o presidente libera o número de aviões, navios e caminhões que irão dos Estados Unidos para a Federação Russa, Tabitha Neal entra em contato com cada uma das cidades americanas e países da OTAN para indicar o número de aviões a esperar nos aeroportos, a quantidade de navios a esperar no cais e quantos caminhões esperar rodando pelas estradas. Infelizmente, Tabitha descobre que há várias restrições adicionais que não podem ser eliminadas de imediato. Por causa de congestionamento de pistas de pouso e horários de voo inalteráveis, apenas um número limitado de aviões pode ser enviado entre duas cidades quaisquer. Essas limitações para os aviões são dadas a seguir.

De	Para	Número máximo de aviões
Boston	Berlim	300
Boston	Istambul	500
Boston	Londres	500
Jacksonville	Berlim	500
Jacksonville	Istambul	700
Jacksonville	Londres	600
Berlim	São Petersburgo	500
Istambul	São Petersburgo	0
Londres	São Petersburgo	1.000
Berlim	Moscou	300
Istambul	Moscou	100
Londres	Moscou	200
Berlim	Rostov	0
Istambul	Rostov	900
Londres	Rostov	100

Além disso, alguns países temem que os cidadãos fiquem nervosos com muitos caminhões militares percorrendo as estradas públicas, e por isso se opõem a muitos veículos viajando por seus países. Essas objeções significam que um número limitado de caminhões pode viajar entre determinados portos e cidades russas. Essas limitações estão listadas a seguir.

De	Para	Número máximo de caminhões
Roterdã	Moscou	600
Roterdã	Rostov	750
Hamburgo	Moscou	700
Hamburgo	Rostov	500
Nápoles	Moscou	1.500
Nápoles	Rostov	1.400

Tabitha descobre que nenhuma das rotas de transporte tem limites de capacidade devido ao controle americano sobre o Oceano Atlântico.

O presidente percebe que, com todas essas restrições, não será poderá satisfazer todas as exigências de reforço das três cidades russas. Ele decide ignorar a questão dos custos e maximizar a quantidade total de carga que pode chegar às cidades russas. Como o presidente vai maximizar a quantidade total de carga para a Federação Russa? Assinale na rede o(s) caminho(s) a ser(em) usado(s) entre os Estados Unidos e a Federação Russa.

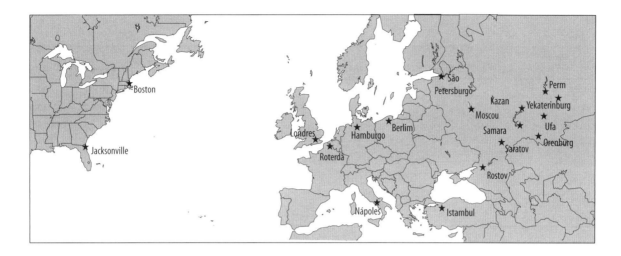

Caso 6-2
Dinheiro em movimento

Jake Nguyen passa a mão trêmulo pelo cabelo que finamente está penteado. Ele afrouxa a gravata de seda, cujo nó estava perfeito. E esfrega as mãos suadas em sua calça outrora imaculadamente passadas. Hoje certamente não foi um bom dia.

Ao longo dos últimos meses, Jake ouviu sussurros de Wall Street – murmúrios dos lábios de banqueiros de investimento e corretores famosos por sua franqueza. Contavam histórias sobre um futuro colapso da economia japonesa – em voz baixa, porque acreditavam que externar seus temores apressaria a ruína.

Hoje seus medos se tornaram uma realidade palpável. Jake e seus colegas se reuniram em torno de uma pequena televisão sintonizada permanentemente no canal Bloomberg. Jake expressa sua descrença enquanto ouve os horrores que ocorrem no mercado japonês que está causando um turbilhão de emoções em todos os demais mercados financeiros de países do leste asiático. Ele está sem ação. Como gerente de investimentos estrangeiros na Ásia da **Grant Hill Associates**, uma pequena boutique de investimentos da Costa Oeste especializada em câmbio, Jake tem responsabilidade pessoal nos impactos negativos do colapso. E a Grant Hill Associates vai sofrer os impactos negativos.

Jake não tinha dado ouvidos às advertências sussurradas de um colapso japonês. Em vez disso, ele empreendeu um grande aumento da participação da Grant Hill Associates naquele mercado que teve um desempenho melhor que o esperado no ano passado. Por isso Jake aumentou os investimentos no país de 2,5 milhões de dólares para 15 milhões apenas um mês atrás. Naquela época, um dólar valia 80 ienes.

Não mais. Jake percebe que a desvalorização do iene de hoje significa que um dólar vale 125 ienes. Ele será capaz de liquidar esses investimentos sem qualquer perda em ienes, mas agora a perda em dólar ao converter de volta para a moeda dos EUA será enorme. Ele respira fundo, fecha os olhos e mentalmente se prepara para empreender um sério controle de danos.

A meditação de Jake é interrompida por uma voz que o chama, vindo de um grande escritório. Grant Hill, o presidente da Grant Hill Associates, grita: "Nguyen, venha logo para cá!"

Jake se ergue e parece relutante andando em direção ao escritório principal onde está o furioso Grant Hill. Ele alisa os cabelos, aperta o nó da gravata e caminha rapidamente para lá.

Grant Hill encara Jake logo na entrada e continua a gritar: "Não quero escutar um pio seu, Nguyen! Sem desculpas: apenas arrume essa bagunça! Tire todo nosso dinheiro do Japão! Meu instinto diz que isso é apenas o começo! Coloque o dinheiro em títulos seguros dos EUA! AGORA! E não se esqueça de também retirar nossas posições em caixa da Indonésia e Malásia o mais rápido possível!"

Jake tem bom senso suficiente para não dizer nada. Ele acena com a cabeça, gira sobre os calcanhares e praticamente sai correndo do escritório.

De volta em segurança para sua mesa, Jake começa a formular um plano para retirar os investimentos do Japão, Indonésia e Malásia. Sua experiência de investir em mercados estrangeiros o ensinou que quando se joga com milhões de dólares, *como* conseguir o dinheiro de um mercado externo é quase tão importante quanto *quando* tirar o dinheiro do mercado. Os parceiros bancários da Grant Hill Associates cobram diferentes taxas de transação para converter uma moeda em outra e transmitir grandes somas de dinheiro ao redor do globo.

E agora, para piorar a situação, os governos do Leste da Ásia têm imposto limites muito rigorosos para as quantias que um indivíduo ou uma empresa pode trocar a partir do câmbio doméstico em determinada moeda estrangeira e retirá-las do país. O objetivo dessa medida drástica é reduzir a saída de investimentos estrangeiros desses países para evitar um colapso total das economias da região. Por conta das participações em caixa de 10,5 bilhões de rúpias indonésias da Grant Hill Associates (além dos 28 milhões de ringgits malaios), juntamente com as ações em ienes, não está claro como essas participações devem ser convertidas de volta para dólares.

Jake quer encontrar o método de melhor custo-benefício para convertê-las em dólares. No site da empresa, ele sempre pode encontrar as taxas de câmbio atualizadas da maioria das moedas do mundo (ver Tabela 1).

TABELA 1
Taxas de câmbio

De \ Para	Iene	Rúpia	Ringgit	Dólar americano	Dólar canadense	Euro	Libra	Peso
Iene japonês	1	50	0,04	0,008	0,01	0,0064	0,0048	0,0768
Rúpia indonésia		1	0,0008	0,00016	0,0002	0,000128	0,000096	0,001536
Ringgit malaio			1	0,2	0,25	0,16	0,12	1,92
Dólar americano				1	1,25	0,8	0,6	9,6
Dólar canadense					1	0,64	0,48	7,68
Euro europeu						1	0,75	12
Libra inglesa							1	16
Peso mexicano								1

TABELA 2
Custo da transação (%)

De \ Para	Iene	Rúpia	Ringgit	Dólar americano	Dólar canadense	Euro	Libra	Peso
Iene	—	0,5	0,5	0,4	0,4	0,4	0,25	0,5
Rúpia		—	0,7	0,5	0,3	0,3	0,75	0,75
Ringgit			—	0,7	0,7	0,4	0,45	0,5
Dólar americano				—	0,05	0,1	0,1	0,1
Dólar canadense					—	0,2	0,1	0,1
Euro						—	0,05	0,5
Libra							—	0,5
Peso								—

A tabela indica, por exemplo, que 1 iene japonês equivale a 0,008 dólar americano. Ao dar alguns telefonemas, ele descobre os custos de transação que sua empresa deve pagar por grandes transações em moeda durante esse período difícil (ver Tabela 2).

Jake observa que a troca de uma moeda por outra resulta nos mesmos custos de transação de uma conversão inversa. Por fim, Jake descobre as quantidades máximas de moedas nacionais que sua empresa tem permissão para converter em outras moedas no Japão, Indonésia e Malásia (ver Tabela 3).

a. Formule o problema de Jake como de fluxo de custo mínimo e desenhe a rede para o problema. Identifique os nós de oferta e demanda para a rede.
b. Quais transações de moeda Jake deve realizar para converter os investimentos provenientes de ienes, rúpias e ringgits em dólares americanos a fim de garantir que a Grant Hill Associates tenha a máxima quantidade em dólar após todas as operações? Quanto dinheiro Jake tem de investir em títulos dos EUA?
c. A Organização Mundial do Comércio proíbe limites de transação porque promovem o protecionismo. Se não houver limites de transação, qual método Jake deve usar para converter as participações asiáticas de suas respectivas moedas em dólares?
d. Em resposta ao mandato da Organização Mundial do Comércio proibindo limites de transação, o governo indonésio lança um novo imposto para proteger a sua moeda, aumentando em 500% os custos para as transações de rúpias. Tendo em conta os novos custos mas sem limites de transação, quais transações em moeda Jake deve realizar para converter as participações da Ásia das respectivas moedas em dólares?
e. Jake percebe que sua análise está incompleta porque não incluiu todos os aspectos que podem influenciar as suas trocas de moeda planejadas. Descreva outros fatores que Jake deve examinar antes de tomar a decisão final.

TABELA 3
Limites de transação em equivalentes de mil dólares

De \ Para	Iene	Rúpia	Ringgit	Dólar americano	Dólar canadense	Euro	Libra	Peso
Iene	—	5.000	5.000	2.000	2.000	2.000	2.000	4.000
Rúpia	5.000	—	2.000	200	200	1.000	500	200
Ringgit	3.000	4.500	—	1.500	1.500	2.500	1.000	1.000

Caso 6-3
Programação da companhia aérea

Richard Cook está muito preocupado. Até recentemente, ele sempre teve um toque de Midas, tendo lançado com sucesso duas empresas *start-up* que fizeram dele um homem muito rico. No entanto, o *timing* não poderia ter sido pior para a sua mais recente *start-up*: uma companhia aérea regional chamada Northwest Commuter, que opera na costa oeste dos Estados Unidos. Tudo transcorreu bem no início. Quatro aviões foram arrendados e a empresa tornou-se razoavelmente bem estabelecida como companhia aérea que oferece voos habituais de baixo custo entre as cidades de Seattle, Portland e São Francisco, na costa leste. Alcançar períodos de mudança rápidos entre os voos tinha dado a Northwest Commuter uma importante vantagem competitiva. Mas o custo de combustível começou a subir vertiginosamente e a empresa afundou no vermelho (assim como muitas outras companhias aéreas no período). Embora alguns dos voos continuassem rentáveis, outros estavam perdendo muito dinheiro. Felizmente, os custos de combustível de avião estão começando a baixar agora, mas tornou-se claro para Richard que ele precisa encontrar novas formas para que a Northwest Commuter se torne uma companhia aérea mais eficiente. Ele quer, especialmente, começar cancelando voos deficitários e, depois, identificar a combinação mais lucrativa de voos (incluindo alguns novos) para o próximo ano, que poderiam ser feitos pelos quatro aviões.

Pouco mais de dez anos atrás, Richard tinha se formado com louvor em um excelente curso de MBA. Tinha gostado do curso de ciências da gestão feito na ocasião e decidiu aplicar a modelagem de planilhas para analisar o seu problema.

O custo de *leasing* de cada avião é de 30 mil dólares por dia. No final do dia, um avião pode permanecer na cidade onde fez o último pouso. Outra opção é voar sem passageiros durante a noite até outra cidade para estar pronto para voar de lá na manhã seguinte. O custo desta última opção é de 5 mil dólares.

A próxima tabela mostra os 22 possíveis voos considerados para o próximo ano. A última coluna dá a receita líquida estimada (em milhares de dólares) para cada voo, de acordo com o número médio de passageiros previstos para aquele voo.

a. Para simplificar a análise, considere que praticamente não há tempo de mudança entre os voos; logo, o próxi-

Número do voo	De	Para	Partida	Chegada	Receita esperada (em milhares de dólares)
1257	Seattle	São Francisco	8:00 AM	10:00 AM	37
2576	Seattle	Portland	9:30 AM	10:30 AM	20
8312	Seattle	São Francisco	9:30 AM	11:30 AM	25
1109	Seattle	São Francisco	12:00 PM	2:00 PM	27
3752	Seattle	São Francisco	2:30 PM	4:30 PM	23
2498	Seattle	Portland	3:00 PM	4:00 PM	18
8787	Seattle	São Francisco	5:00 PM	7:00 PM	29
8423	Seattle	Portland	6:30 PM	7:30 PM	27
7922	Portland	Seattle	9:00 AM	10:00 AM	20
5623	Portland	São Francisco	9:30 AM	11:00 AM	23
2448	Portland	São Francisco	11:00 AM	12:30 PM	19
1842	Portland	Seattle	12:00 PM	1:00 PM	21
3487	Portland	Seattle	2:00 PM	3:00 PM	22
4361	Portland	São Francisco	4:00 PM	5:30 PM	29
4299	Portland	Seattle	6:00 PM	7:00 PM	27
1288	São Francisco	Seattle	8:00 AM	10:00 AM	32
3335	São Francisco	Portland	8:30 AM	10:00 AM	26
9348	São Francisco	Seattle	10:30 AM	12:30 PM	24
7400	São Francisco	Seattle	12:00 PM	2:00 PM	27
7328	São Francisco	Portland	12:00 PM	1:30 PM	24
6386	São Francisco	Portland	4:00 PM	5:30 PM	28
6923	São Francisco	Seattle	5:00 PM	7:00 PM	32

mo voo pode começar assim que terminar aquele em andamento. (Se o próximo voo imediato não estiver disponível, o avião irá esperar o próximo voo programado vindo daquela cidade.) Desenvolva uma rede mostrando algumas das rotas viáveis dos voos. (*Dica:* inclua nós separados para cada meia hora entre 8:00 AM e 7:30 PM em cada cidade.) Em seguida, desenvolva e aplique o modelo de planilha correspondente que encontra a possível combinação de voos que maximiza o lucro total.

b. Richard está considerando o arrendamento de aviões adicionais para realizar as economias de escala. O custo de locação de cada novo avião seria de 30 mil dólares por dia. Realize a análise "e se" para determinar se valeria a pena ter 5, 6 ou 7 aviões em vez de 4.

c. Agora repita a parte *a* sob o pressuposto mais realista de que há um tempo mínimo de espera de 30 minutos no solo para desembarque e embarque de passageiros entre a chegada de um voo e a partida do voo seguinte no mesmo avião. (A maioria das companhias aéreas usa um tempo de espera consideravelmente maior). Isso altera o número de voos que podem operar?

d. Richard agora está pensando em fazer cada um dos quatro aviões transportar mercadorias em vez de partir vazio se houver voos durante a noite para outra cidade antes de começar o voo de lá na manhã seguinte. Em vez de um custo de 5 mil dólares, isso resultaria em uma receita líquida do mesmo valor. Adapte o modelo de planilha usada na parte *c* para encontrar a combinação de voos viável que maximiza o lucro total. Isso altera o número de aviões que voam durante a noite para outra cidade?

Caso 6-4
Transmissão dos jogos olímpicos

A direção da rede de televisão WBC comemorou por dias a fio. Que jogada! Após várias tentativas infrutíferas nas últimas décadas, eles finalmente tiraram a sorte grande. Ganharam a guerra de lances para obter os direitos de transmissão dos Jogos Olímpicos no próximo verão!

O preço foi muito alto. No entanto, a receita de publicidade também será enorme. Mesmo que a rede perca um pouco de dinheiro no processo, o ganho de prestígio deve fazer tudo valer a pena. Afinal, o mundo todo acompanha de perto os jogos a cada quatro anos. Agora o mundo inteiro que recebe a transmissão da WBC vai saber o que é uma rede superior.

No entanto, a realidade também está se mostrando à administração da WBC. Transmitir todos os Jogos Olímpicos será uma tarefa extremamente complexa. Muitos eventos esportivos diferentes estarão ocorrendo simultaneamente em locais distantes. Uma quantidade sem precedentes de cobertura dos diversos eventos esportivos ao vivo pela televisão e pela internet precisa ser planejada.

Devido à grande faixa de largura de banda que será necessária para a transmissão dos jogos aos estúdios da emissora, a WBC precisa atualizar sua rede de computadores. A empresa opera uma rede privativa de computadores, como mostrado no diagrama de rede na coluna à direita. Os jogos serão realizados perto do nó A. Os estúdios da sede da WBC estão localizados no nó G. Nos horários de pico, a cobertura dos jogos vai exigir 35 GBIs (GB por segundo) para a transmissão pela rede do nó A ao nó G. A capacidade de cada link da rede é mostrada no diagrama abaixo (em GBIs). A WBC pode dividir a transmissão e encaminhá-la pelos vários caminhos da rede de A a G, desde que a largura de banda total exigida em cada link não exceda a capacidade desse link.

a. Utilizando-se totalmente a rede de computadores, qual é a máxima largura de banda disponível (em GBIs) para a transmissão a partir da sede geral dos Jogos Olímpicos (nó A) até os estúdios da sede (nó G)? Formule e resolva o modelo de planilha de programação linear.

b. A WBC gostaria de expandir a capacidade da rede para que possa lidar com a exigência de pico de 35 GBIs desde o local dos Jogos Olímpicos (A) até os estúdios da sede (G). A WBC pode aumentar a capacidade de cada elo da rede de computadores por meio da instalação de cabos de fibra óptica adicionais. A tabela da próxima página mostra a capacidade existente em cada segmento de rede (em GBIs), a capacidade adicional máxima que pode ser adicionada (em GBIs) e o custo para aumentar a capacidade (em milhões de dólares por unidade de GBIs acrescentada). Faça uma cópia do modelo de planilha utilizado para resolver a parte *a* e elabore as revisões necessárias para resolver este novo problema.

Observação: Este caso continua no próximo capítulo (Caso 7-4), por isso sugerimos que você salve o seu modelo de planilha da parte *b*.

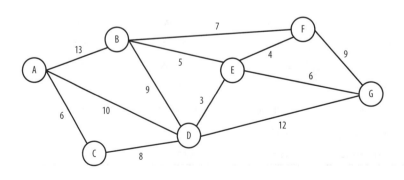

Segmento da rede		Capacidade existente (GBIs)	Capacidade máxima adicional (GBIs)	Custo por GBIs de capacidade adicional (em milhões de dólares)
De	Para	---	---	---
A	B	13	6	2,8
A	C	6	4	2,5
A	D	10	3	2,8
B	D	9	4	2,5
B	E	5	5	3,1
B	F	7	3	1,6
C	D	8	5	3,9
D	E	3	2	2,8
D	G	12	5	1,6
E	F	4	2	4,6
E	G	6	4	2,9
F	G	9	5	1,8

Casos adicionais

Casos adicionais para este capítulo estão disponíveis para compra no *site* da School of Business, da University of Western Ontario, **cases.ivey.uwo.ca/case**, no segmento da área de Case Mate designada para este livro.

USO DE PROGRAMAÇÃO BINÁRIA COM NÚMERO INTEIRO EM DECISÕES SIM-OU-NÃO

OBJETIVOS DE APRENDIZAGEM

OA1 Descrever como as variáveis binárias de decisão são usadas para representar decisões sim-ou-não.

OA2 Usar variáveis binárias de decisão na formulação de restrições para alternativas mutuamente excludentes e para as decisões contingentes.

OA3 Formular um modelo de programação binária com número inteiro para a seleção de projetos.

OA4 Formular um modelo de programação binária com número inteiro para a seleção de locais para instalações.

OA5 Formular um modelo de programação binária com número inteiro para escala de tripulação na indústria de viagens.

OA6 Formular outros modelos básicos de programação binária com número inteiro de uma descrição dos problemas.

OA7 Usar a programação binária mista com número inteiro para lidar com os custos de instalação no início da fabricação de um produto.

Os capítulos anteriores consideraram vários tipos de problemas em que as decisões precisam ser tomadas sobre *o quanto fazer* de várias atividades. Assim, as variáveis de decisão no modelo resultante representam o *nível* das atividades correspondentes.

Passemos agora a um tipo comum de problema em que, em vez de *decisões "quanto"*, as decisões a serem tomadas são do tipo **sim-ou-não**. Uma decisão sim-ou-não surge quando uma determinada opção está sendo considerada e as únicas escolhas possíveis são, "sim, vá em frente com essa opção", ou "não, recuse essa opção".

A escolha natural de uma variável de decisão para uma decisão sim-ou-não é uma *variável binária*. **Variáveis binárias** são aquelas cujos valores possíveis são apenas 0 e 1. Assim, ao representar uma decisão sim-ou-não, a uma **variável binária de decisão** é atribuído um valor de 1 para a escolha "sim" e um valor de 0 para a escolha "não".

Modelos que se encaixam em programação linear, exceto aqueles em que usam variáveis binárias de decisão, são chamados modelos de **programação binária com número inteiro (BIP)**. (Daqui em diante, nós usaremos a abreviatura **BIP**.) Um **modelo de BIP puro** é aquele em que todas as variáveis são binárias, enquanto um **modelo de BIP misto** é um em que apenas algumas das variáveis são binárias.

Um modelo de BIP pode ser considerado um tipo especial de *modelo de programação com número inteiro*. Um modelo de programação geral inteiro é simplesmente um modelo de programação linear, exceto quando houver restrições de que algumas ou todas as variáveis de decisão devam ter valores com números inteiros (0, 1, 2,...). Um modelo de BIP restringe ainda mais esses valores com números inteiros a serem *apenas* 0 ou 1.

No entanto, os problemas de BIP são muito diferentes dos problemas gerais de programação com número inteiro pela natureza diferente das decisões envolvidas. Como os problemas de programação linear, problemas de programação em geral envolvem *decisões quanto*, mas onde essas decisões só fazem sentido se tiverem valores com números inteiros. Por exemplo, o problema da TBA Airlines apresentado na Seção 3.2 é um problema geral de programação com número inteiro porque é essencialmente um problema de programação linear, exceto que a suas decisões "quanto" (quantos aviões de pequeno porte e quantos aviões de grande porte a comprar) só fazem sentido se tiverem valores com números inteiros. Por outro lado, os problemas de BIP envolvem decisões sim-ou-não em vez de decisões "quanto".

Os capítulos anteriores já focaram em problemas com decisões "quanto" e como tais técnicas como programação linear ou programação de número inteiro podem ser usadas para analisar esses problemas. Portanto, este capítulo será dedicado a problemas envolvendo decisões sim-ou-não e como modelos de BIP podem ser usados para analisar essa categoria especial de problemas.

Os problemas de BIP surgem com frequência considerável em uma ampla variedade de aplicações. Para ilustrá-lo, começamos com um estudo de caso e, em seguida, apresentamos mais alguns exemplos nas seções subsequentes. Um dos suplementos para este capítulo no CD-ROM também fornece exemplos de formulação adicional para problemas de BIP.

Você verá, ao longo deste capítulo, que os problemas de BIP podem ser formulados numa planilha tão prontamente quanto os problemas de programação lineares. O Excel Solver também pode resolver problemas de BIP de tamanho modesto. Você normalmente não terá nenhum problema em solucionar os pequenos problemas de BIP encontrados neste livro, mas o Solver pode falhar em problemas um pouco maiores. Para fornecer alguma perspectiva sobre esse assunto, incluímos outro suplemento no CD-ROM que intitulado "Algumas Perspectivas sobre Solução de Problemas de Programação Binária com Número Inteiro". Os algoritmos disponíveis para resolver problemas de BIP (incluindo o utilizado pelo Excel Solver) não são tão eficientes como os de programação linear, de modo que esse suplemento discute algumas das dificuldades e das armadilhas envolvidas na solução de grandes problemas de BIP. Uma opção com qualquer problema grande que se encaixe na programação linear, exceto se tiver variáveis de decisão restritas a valores com números inteiros (mas não necessariamente apenas 0 e 1), é ignorar as restrições de número inteiro e, em seguida, completar a solução obtida para valores de números inteiros. Essa é uma opção razoável em alguns casos, mas não em outros. O suplemento enfatiza que esse é um atalho particularmente perigoso para problemas de BIP.

7.1 ESTUDO DE CASO: CALIFORNIA MANUFACTURING CO.

"Certo, Steve, esta é a situação. Com nosso negócio em crescimento, pensamos seriamente em construir uma nova fábrica. Talvez até duas. Ela tem de ser perto de uma grande e qualificada força de trabalho, por isso cogitamos Los Angeles e São Francisco como locais potenciais. Também construiremos um novo depósito, não mais de um. Ele teria sentido para a economia de custos de transporte só se estivesse na mesma cidade da nova fábrica. Ou seja, Los Angeles ou São Francisco. Se decidirmos não construir nenhuma fábrica nova, tampouco construiremos o depósito. Está claro até aqui?"

"Está, Armando, eu entendo", Steve Chan responde. "Quais são seus critérios para tomar essas decisões?"

"Bom, todos os outros membros da alta gestão se juntaram a mim para abordar essa questão", responde Armando Ortega. "Concluímos que esses dois locais potenciais são muito comparáveis por motivos não financeiros. Portanto, sentimos que essas decisões devem se basear principalmente em considerações financeiras. Temos 10 milhões dólares de capital disponível para essa expansão e queremos ir o mais longe possível na melhoria do nosso lucro final. Qual combinação possível de investimentos em fábricas e depósitos e em que locais será mais rentável para a empresa a longo prazo? Na sua língua, queremos maximizar o total de valor líquido atual desses investimentos."

Qual é a combinação mais lucrativa de investimentos?

"Isso está muito claro. Parece ser um problema clássico de ciência da gestão."

"É por isso que chamei você, Steve. Gostaria que conduzisse um estudo rápido para determinar a combinação mais lucrativa de investimentos. Também que você desse uma olhada na quantidade de capital a ser disponibilizada e seu efeito sobre a quantidade de lucro que podemos obter a partir desses investimentos. A decisão de disponibilizar 10 milhões de dólares é apenas experimental. Tendo em consideração esse valor para investimento, também pensamos e investigamos outras propostas de projetos interessantes que exigiriam um pouco de capital. Dessa maneira, a recomendação é para usemos menos de 10 milhões de dólares nas possíveis construções das fábricas e depósitos para restar recursos necessários

VINHETA DE APLICAÇÃO

Com sede em Houston, Texas, a **Waste Management, Inc.** (uma empresa da Fortune 100), é o principal fornecedor de abrangentes serviços de gestão de resíduos na América do Norte. Sua rede de operações inclui 293 aterros sanitários ativos, 16 fábricas de transformação de lixo em energia, 72 instalações de transformação de gás de aterro em energia, 146 estações de reciclagem, 346 estações de transferência e 435 operações de coleta (depósitos) para prestar serviços a cerca de 20 milhões de clientes residenciais e 2 milhões de clientes comerciais nos Estados Unidos e no Canadá.

Os veículos de coleta e transferência da empresa precisam seguir cerca de 20 mil rotas diárias. Com um custo operacional anual de aproximadamente 120 mil dólares por veículo, a gestão queria ter um sistema abrangente para gerenciar as rotas que as tornasse o mais rentável e eficiente possível. Portanto, uma equipe da ciência da gestão, que incluiu um número de consultores, foi formada para enfrentar esse problema.

O coração do sistema de gestão de rotas desenvolvido por essa equipe é um *grande modelo misto de BIP* que otimiza as rotas alocadas nos respectivos veículos de coleta e transferência. Embora a função objetivo leve vários fatores em conta, o principal objetivo é a minimização do tempo total de viagem. As principais variáveis de decisão são binárias iguais a 1 se a rota alocada a um determinado veículo incluir uma fase possível em especial, e iguais a 0 em caso contrário. Um sistema de informação geográfica (GIS) fornece os dados sobre a distância e o tempo necessários para deslocamento entre dois pontos quaisquer. Tudo isso está embutido em uma aplicação Java com base na Web, integrada com outros sistemas da empresa.

Estima-se que a recente implementação desse abrangente sistema de gestão de rota *aumentará o fluxo de caixa da empresa em* **648 milhões de dólares** *ao longo de um período de cinco anos*, principalmente por causa da *economia de* **498 milhões de dólares** em despesas operacionais ao longo desse mesmo período. Também está fornecendo um melhor atendimento ao cliente.

Fonte: S. Sahoo, S. Kim, B.-I. Kim, B. Krass, and A. Popov, Jr., "Routing Optimization for Waste Management," Interfaces 35, no. 1 (January–February 2005), p. 24-36. (Um link para esse artigo é fornecido no *site* **www.mhhe.com/hillier4e**).

para outras investidas de crescimento. Por outro lado, essa expansão em Los Angeles ou em São Francisco, ou talvez em ambas essas cidades-chave, é a nossa prioridade número um. Isso terá um impacto realmente positivo sobre o futuro da empresa. Por isso, nossa disposição em investir até mais do que o previsto ou menos, se isso nos proporcionar uma relação custo-benefício bastante favorável. Portanto, gostaríamos que você fizesse algumas análises "e se" para nos dizer qual seria o efeito se tivéssemos que alterar o capital oferecido para qualquer coisa entre 5 milhões e 15 milhões de dólares."

"Claro, Armando, nós fazemos esse tipo de análise "e se" o tempo todo. Nós nos referimos a ela como análise de sensibilidade porque envolve a verificação de quão sensitivo é o resultado para a quantidade de capital a ser disponibilizada".

"Bom. Agora, Steve, preciso de sua contribuição dentro das próximas duas semanas. Você consegue fazer isso?" "Bem, Armando, como sempre, a pergunta é se conseguimos reunir todos os dados necessários tão rapidamente. Vamos precisar obter boas estimativas do valor líquido atual de cada um dos possíveis investimentos. Vou precisar de muita ajuda para descobrir essas informações."

"Achei que você diria isso. Já tenho minha equipe trabalhando duro no desenvolvimento dessas estimativas. Posso levá-lo até eles esta tarde."

"Ótimo. Começarei a trabalhar imediatamente."

Como presidente da California Manufacturing Co., Armando Ortega teve muitas conversas semelhantes no passado com Steve Chan, o principal cientista da gestão da empresa. Armando está confiante que Steve se sairá bem novamente.

Histórico

A **California Manufacturing Co.** é uma empresa diversificada, com várias fábricas e depósitos em toda a Califórnia, mas nenhum ainda em Los Angeles ou São Francisco. Como está aproveitando o aumento das vendas e dos lucros, a gestão acha que o momento pode ser propício para expandir-se para um ou ambos os locais principais. A questão básica é sobre construir uma nova fábrica em Los Angeles ou em São Francisco, ou talvez até em ambas as cidades. A gestão também está considerando construir ao menos mais um novo depósito, mas na mesma cidade em que a nova fábrica está sendo construída.

As decisões a serem tomadas estão listadas na segunda coluna da Tabela 7.1 na forma de questões sim-ou-não. Em cada caso, responder "sim" à pergunta corresponde à decisão de fazer o investimento para construir a instalação indicada (uma fábrica ou um depósito) no local indicado (Los Angeles ou São Francisco). O capital necessário para o investimento é dado na coluna mais à direita, em que a gestão tomou a decisão experimental de que a quantia total de capital a ser disponibilizada para todos os investimentos é de 10 milhões de dólares. (Note que essa quantia é insuficiente para algumas das combinações de investimentos.) A quarta coluna mostra o *valor líquido atual* estimado (lucro a longo prazo considerando o valor temporário do dinheiro) se o investimento correspondente é feito. (O valor líquido atual é 0 se o investimento não for feito). Grande parte do trabalho de estudo de ciência da gestão de Steve Chan (com a ajuda importante da equipe do presidente) entra no desenvolvimento dessas estimativas dos valores líquidos atuais. Conforme especificado pelo presidente da empresa, Armando Ortega, o objetivo agora é encontrar a combinação viável de investimentos que maximize o valor líquido atual total.

TABELA 7.1
Dados para o problema da California Manufacturing Co.

Número da decisão	Questão sim-ou-não	Variável de decisão	Valor líquido atual (milhões)	Capital exigido (milhões)
1	Construir uma fábrica em Los Angeles?	x_1	$8	$6
2	Construir uma fábrica em São Francisco?	x_2	5	3
3	Construir um depósito em Los Angeles?	x_3	6	5
4	Construir um depósito em São Francisco?	x_4	4	2
				Capital disponível: $10 milhões

Introdução de variáveis binárias de decisão para decisões sim-ou-não

Conforme resumido na segunda coluna da Tabela 7.1, o problema da gestão é tomar quatro *decisões sim-ou-não* inter-relacionadas. Para formular um modelo matemático para esse problema, Steve Chan precisa introduzir uma variável de decisão para cada uma dessas decisões. Uma vez que cada decisão tem apenas duas alternativas, escolher sim ou não, a variável de decisão correspondente só precisa ter dois valores (um para cada alternativa). Assim, Steve usa uma *variável binária*, cujos únicos valores possíveis são 0 e 1, onde 1 corresponde à decisão de escolher "sim", e 0 corresponde a escolher "não".

Essas variáveis são mostradas na segunda coluna da Tabela 7.2. As duas últimas colunas apresentam a interpretação de um valor de 1 e 0, respectivamente.

TABELA 7.2
Variáveis binárias de decisão para o problema da California Manufacturing Co.

Número da decisão	Variável de decisão	Valor possível	Interpretação de um valor 1	Interpretação de um valor 0
1	x_1	0 ou 1	Construir uma fábrica em Los Angeles	Não construir essa fábrica
2	x_2	0 ou 1	Construir uma fábrica em São Francisco	Não construir essa fábrica
3	x_3	0 ou 1	Construir um depósito em Los Angeles	Não construir esse depósito
4	x_4	0 ou 1	Construir um depósito em São Francisco	Não construir esse depósito

Trabalho com inter-relacionamentos entre as decisões

Lembre-se que a gestão não quer que mais do que um novo depósito seja construído. Em termos das variáveis de decisão correspondentes, x_3 e x_4, isso significa que não mais que uma dessas variáveis pode ter o valor 1. Portanto, essas variáveis devem satisfazer a restrição

$$x_3 + x_4 \leq 1$$

como parte do modelo matemático para o problema.

Com um grupo de alternativas mutuamente excludentes, apenas uma das variáveis binárias de decisão correspondentes pode ser igual a 1.

Essas duas alternativas (construir um depósito em Los Angeles ou em São Francisco) são referidas como **alternativas mutuamente excludentes**, pois escolher uma dessas alternativas exclui a outra. Grupos de duas ou mais alternativas mutuamente excludentes geralmente surgem em problemas de BIP. Para cada um desses grupos, em que, no máximo, uma das alternativas pode ser escolhida, a restrição sobre as variáveis binárias de decisão correspondentes têm a forma mostrada acima, a saber, a soma dessas variáveis deve ser *menor ou igual a* 1. Para alguns grupos de alternativas mutuamente excludentes, o gerenciamento excluirá a possibilidade de escolher *nenhuma* das alternativas, caso em que a restrição definirá a soma das variáveis binárias de decisão correspondentes *iguais* a 1.

O problema da California Manufacturing Co. também tem um outro tipo importante de restrição. A gerência permitirá que um depósito seja construído em uma determinada cidade apenas se uma fábrica também estiver sendo construída lá. Por exemplo, considere a situação de Los Angeles (LA).

Se decidir não, não construir uma fábrica em LA (ou seja, se escolher $x_1 = 0$),
então não pode construir um depósito em LA (ou seja, deve escolher $x_3 = 0$).

Se decidir sim, construir uma fábrica em LA (ou seja, se escolher $x_1 = 1$),
então pode construir um depósito em LA ou não (ou seja, pode optar por $x_3 = 1$ ou 0).

Como essas inter-relações entre as decisões da fábrica e do depósito para LA podem ser expressas em uma restrição para um modelo matemático? A chave é observar que, para qualquer valor de x_1, os valores permitidos de x_3 são menores ou iguais a x_1. Uma vez que x_1 e x_3 são variáveis binárias, a restrição

$$x_3 \leq x_1$$

força x_3 a assumir um valor permitido, dado o valor de x_1.

Exatamente o mesmo raciocínio leva a

$$x_4 \leq x_2$$

como a restrição correspondente para São Francisco. Assim como para Los Angeles, essa restrição força não ter depósito em São Francisco ($x_4 = 0$) se uma fábrica não for construída lá ($x_2 = 0$), enquanto ir adiante com a fábrica de lá ($x_2 = 1$) deixa em aberto a decisão para a construção do depósito ($x_4 = 0$ ou 1).

Uma decisão sim-ou-não depende de outra decisão do mesmo tipo, sendo a primeira permitida a ser sim apenas se a outra for sim.

Para qualquer cidade, a decisão do depósito é referida como uma **decisão contingente** porque ela depende de uma decisão prévia a respeito de construir uma fábrica lá. Em geral, diz-se que uma decisão sim-ou-não é contingente de outra decisão do mesmo tipo, sendo permitida ser sim *apenas se* a outra também for sim. Como acima, a restrição matemática expressando essa relação requer que a variável binária para a decisão anterior seja menor ou igual à variável binária da última decisão.

A coluna mais à direita da Tabela 7.1 revela mais uma inter-relação entre as quatro decisões, a saber, que a quantidade de capital gasta nas quatro instalações em consideração não pode exceder a quantidade disponível (10 milhões de dólares). Portanto, o modelo deve incluir uma restrição que exige

$$\text{Capital gasto} \leq \$10 \text{ milhões}$$

Como a quantidade de capital gasto pode ser expressa em termos das quatro variáveis binárias de decisão? Para iniciar esse processo, considere a primeira decisão sim-ou-não (construir uma fábrica em Los Angeles?). Combinando as informações na coluna mais à direita da Tabela 7.1 e na primeira linha da Tabela 7.2,

$$\text{Capital gasto na fábrica em Los Angeles} = \begin{cases} \$6 \text{ milhões} & \text{se } x_1 = 1 \\ 0 & \text{se } x_1 = 0 \end{cases}$$

$$= \$6 \text{ milhões } vezes\ x_1$$

Dica do Excel: Cuidado, pois podem ocorrer erros de arredondamento com o Excel. Portanto, mesmo quando você adicionar uma restrição em que uma célula variável tem de ser binária, o Excel, ocasionalmente, retornará um valor de número não inteiro muito perto de um inteiro (p. ex., 1,23E-10, ou seja, 0,000000000123). Quando isso acontece, você pode substituir o valor de número não inteiro pelo valor de número inteiro apropriado.

Pelo mesmo raciocínio, a quantidade de capital gasto em outras três oportunidades de investimento (em unidades de milhões de dólares) é $3x_2$, $5x_3$, e $2x_4$, respectivamente. Consequentemente,

$$\text{Capital gasto} = 6x_1 + 3x_2 + 5x_3 + 2x_4 \text{ (em milhões de dólares)}$$

Portanto, a restrição torna-se

$$6x_1 + 3x_2 + 5x_3 + 2x_4 \leq 10$$

Modelo de BIP

Como indicado por Armando Ortega em sua conversa com Steve Chan, o objetivo da gestão é encontrar a combinação possível dos investimentos que *maximize* o valor líquido atual total desses investimentos. Assim, o valor da função objetivo deve ser

FIGURA 7.1

Formulação do modelo de planilha BIP para o estudo de caso California Manufacturing Co., em que as células variáveis ConstruirFábrica? (C18:D18) e ConstruirDepósito? (C16:D16) dão a solução ideal usando o Excel Solver.

	A	B	C	D	E	F	G
1		Problema do local da instalação da California Manufacturing Co.						
2							
3		NPV ($milhões)	LA	SF			
4		Depósito	6	4			
5							
6		Fábrica	8	5			
7							
8		Capital necessário					
9		($milhões)	LA	SF			
10		Depósito	5	2	Capital		Capital
11					gasto		disponível
12		Fábrica	6	3	9	?	10
13							
14					Total de		Máximo de
15		Construir?	LA	SF	depósitos		depósitos
16		Depósito	0	0	0	?	1
17			?	?			
18		Fábrica	1	1			
19							
20		Total NPV ($milhões)	$13				

Parâmetros do Solver

Definir objetivo (célula-alvo): TotalNPV
Para: Maximizar
Por células variáveis:
ConstruirDepósito?, ConstruirFábrica?
Sujeito a restrições:
ConstruirFábrica? = binário
ConstruirDepósito? = binário
ConstruirDepósito? <= ConstruirFábrica?
CapitalGasto <= CapitalDisponível
TotalDepósitos <= MáxDepósitos
Opções do Solver (Excel 2010):
Criar variáveis não negativas
Método de solução: Simplex LP
Opções do Solver (Excel mais antigo):
Assumir não negativo
Assumir modelo linear

Nomes de intervalo	Células
Construir?	C16:D18
ConstruirDepósito?	C16:D16
ConstruirFábrica?	C18:D18
CapitalDisponível	G12
CapitalNecessário	C10:D12
CapitalGasto	E12
MáxDepósitos	G16
NPV	C4:D6
TotalNPV	D20
TotalDepósitos	E16

	E
10	Capital
11	gasto
12	=SOMARPODUTO(CapitalNecessário,Construir?)
13	
14	Total de
15	depósitos
16	=SOMAR(ConstruirDepósito?)

	C	D
20	Total NPV ($milhões)	=SOMARPRODUTO(NPV,Construir?)

Dica do Excel: Nas Opções do Solver do Excel 2010, a configuração da *Otimalidade de Número Inteiro (%)* (1 % por padrão) faz o Solver parar de solucionar um problema de programação com número inteiro quando encontra uma solução viável cujo valor da função objetivo está dentro da porcentagem especificada como ideal. (Nas versões anteriores do Excel, essa opção era referida como Tolerância, e o padrão é 5%). Isso é útil para problemas de BIP muito grandes, uma vez que pode permitir encontrar uma solução próxima da ideal quando não for possível encontrar uma solução ideal em um período razoável de tempo. Para problemas menores (p. ex., todos os problemas deste livro), essa opção deve ser definida como 0 para garantir que se encontre uma solução ideal.

NPV = Valor líquido atual total

Se o investimento é feito para construir uma instalação em especial (de modo que a variável de decisão correspondente tem um valor de 1), o valor líquido atual estimado desse investimento é dado na quarta coluna da Tabela 7.1. Se o investimento não for feito (então a variável de decisão é igual a 0), o valor líquido atual é 0. Portanto, continuando a utilizar unidades de milhões de dólares,

$$\text{NPV} = 8x_1 + 5x_2 + 6x_3 + 4x_4$$

é a quantidade a inserir na célula-alvo a ser maximizada.

Incorporando as restrições desenvolvidas na subseção anterior, o modelo completo de BIP é mostrado na Figura 7.1. O formato é basicamente o mesmo para os modelos de programação linear. A diferença principal surge ao usar a caixa de diálogo Solver. Cada uma das variáveis de decisão (células C18:D18 e C16:D16) é restrita a ser binária. Isso é realizado na caixa de diálogo Adicionar Restrição escolhendo cada série de variáveis como o lado esquerdo e depois escolhendo bin no menu pop-up. As outras restrições mostradas na caixa de diálogo do Solver (ver o lado inferior esquerdo da Figura 7.1) foram bastante intuitivas usando os nomes de intervalo sugestivos dados na parte inferior direito da figura. Por con-

Note como são úteis os nomes de intervalo para interpretar esse modelo de planilha de BIP.

veniência, as equações inseridas nas células de saída em E12 e D20 usam uma função SOMARPRODUTO que inclui C17:D17 e tanto C11:D11 quanto C5:D5 porque os espaços em branco ou sinais ≤ nessas linhas são interpretados como zero pelo Solver.

O Excel Solver dá a solução ideal mostrada em C18:D18 e C16:D16 da planilha, ou seja, construir fábricas em *ambas* as cidades Los Angeles e São Francisco, mas não construir nenhum depósito. A célula-alvo (D20) indica que o valor líquido atual total da construção dessas duas fábricas é estimado em 13 milhões de dólares.

Realização da análise de sensibilidade

Agora que Steve Chan usou o modelo de BIP para determinar o que deve ser feito quando o capital a ser disponibilizado para esses investimentos é de 10 milhões de dólares, sua próxima tarefa é realizar uma *análise e se* sobre essa quantia. Lembre-se que Armando Ortega quer que Steve determine *qual* seria o efeito *se* ela fosse alterada para qualquer outro valor entre 5 e 15 milhões de dólares.

No Capítulo 5, descrevemos três métodos diferentes de realizar a análise "e se" em um modelo de planilha de programação linear quando há uma mudança em uma restrição: usando tentativa e erro com a planilha, aplicando o Solver Table, ou referindo ao relatório de sensibilidade do Excel. Os dois primeiros podem ser usados em problemas de programação com número inteiro exatamente da mesma maneira como para problemas de programação linear. O terceiro método, no entanto, não funciona. O relatório de sensibilidade do Excel não está disponível para problemas de programação de número inteiro. Isso ocorre porque o conceito de preço-sombra e de faixa permitida não se aplica mais. Em contraste com a programação linear, os valores da função objetivo para um problema de programação com número inteiro não mudam de uma maneira previsível quando o lado direito de uma restrição é alterado.

É simples determinar o impacto da alteração da quantidade de capital disponível por tentativa e erro. Simplesmente tente valores diferentes nas células de dados CapitalDisponível (G12) e clique em Solucionar no Solver. No entanto, uma forma mais sistemática para realizar essa análise é a utilização de um suplemento do Excel no seu MS Courseware chamado *Solver Table*. O Solver Table funciona para os modelos de programação com número inteiro exatamente da mesma maneira como funciona para modelos de programação linear (como descrito na Seção 5.3 na subseção intitulada *Usando o Solver Table para Fazer a Análise de Sensibilidade Sistematicamente*). O Apêndice A descreve o uso do Solver Table em detalhes.

O relatório de sensibilidade do Excel não *está disponível para problemas de programação com número inteiro.*

Tentativa e erro e/ou o Solver Table podem ser usados para realizar análise de sensibilidade para os problemas de programação com número inteiro. Consulte a Seção 5.3 e o Apêndice A para obter mais detalhes sobre o uso do Solver Table.

Depois de expandir a planilha original (Figura 7.1) para criar espaço, o Solver Table tem sido utilizado para gerar os resultados mostrados na Figura 7.2, executando uma série de etapas descritas na Seção 5.3 e no Apêndice A. Observe como a Figura 7.2 mostra o efeito sobre a solução ideal e o valor líquido atual total resultante da variação de capital a ser disponibilizado.

A análise "e se" também poderia ser realizada em qualquer uma das outras células de dados — NPV (C4:D6), CapitalNecessário (C10:D12), e MáxDepósitos (G16) — de uma forma semelhante com o Solver Table (ou usando tentativa e erro com a planilha). No entanto, um trabalho cuidadoso foi feito no desenvolvimento de boas estimativas do valor líquido atual de cada um dos possíveis investimentos, e há pouca incerteza nos valores inseridos em outras células de dados, assim, Steve Chan decide que uma maior análise "e se" não é necessária.

Conclusão da gestão

O relatório de Steve Chan é entregue a Armando Ortega no prazo de duas semanas, recomendando o plano apresentado na Figura 7.1 (construir uma fábrica em Los Angeles e em São Francisco, mas nenhum depósito) se a gestão decidir manter sua decisão provisória para ter 10 milhões de dólares de capital disponível para esses investimentos. Uma vantagem desse plano é que ele só usa 9 milhões de dólares do capital, o que libera até 1 milhão de dólares para outras propostas de projetos pesquisadas. O relatório também destaca os resultados mostrados na Figura 7.2, enfatizando dois pontos. Um é que uma multa pesada seria paga (uma redução do valor líquido atual total de 13 milhões a 9 milhões de dólares) se o capital a ser disponibilizado fosse reduzido abaixo de 9 milhões de dólares. O outro é que o *aumento* do capital a ser disponibilizado de apenas 1 milhão de dólares (de 10 milhões para 11 milhões de dólares) permitiria um aumento substancial de 4 milhões no valor líquido atual total (de 13 milhões para 17 milhões de dólares). No entanto, um aumento muito maior no capital a ser disponibilizado (de 11 milhões a 14 milhões de dólares) seria necessário para permitir um aumento consideravelmente menor no valor líquido atual total (de 17 milhões a 19 milhões de dólares).

Armando Ortega delibera com outros membros da alta gerência antes de tomar uma decisão. É rapidamente concluído que o aumento do capital a ser disponibilizado até 14 milhões de dólares estariam tomando os recursos financeiros da empresa de maneira muito perigosa para justificar o retorno relativamente pequeno. No entanto, há uma importante discussão dos prós e contras das duas opções de usar 9 milhões ou 11 milhões de dólares de capital. Por causa do grande retorno da última opção (um adicional de 4 milhões de dólares no valor líquido atual total), a gestão decide adotar o plano apresentado na linha 32 da Figura 7.2. Assim, a empresa vai construir novas fábricas em Los Angeles e em São Francisco, bem como um novo depósito em São Francisco, com uma estimativa de valor líquido atual total de 17 milhões de dólares. Contudo, por causa das grandes exigências de capital desse plano, a gestão também decide adiar a construção do depósito até que as duas fábricas estejam concluídas, para que os seus lucros possam ajudar a financiar a construção do depósito.

FIGURA 7.2
Aplicação do Solver Table que mostra o efeito sobre a solução ideal e o valor líquido atual total resultante da variação sistemática da quantia de capital a ser disponibilizada para esses investimentos.

	B	C	D	E	F	G
23	Capital disponível	Depósito	Depósito	Fábrica	Fábrica	Total NPV
24	($milhões)	em LA?	em SF?	em LA?	em SF?	($milhões)
25		0	0	1	1	13
26	5	0	1	0	1	9
27	6	0	1	0	1	9
28	7	0	1	0	1	9
29	8	0	1	0	1	9
30	9	0	0	1	1	13
31	10	0	0	1	1	13
32	11	0	1	1	1	17
33	12	0	1	1	1	17
34	13	0	1	1	1	17
35	14	1	0	1	1	19
36	15	1	0	1	1	19

Selecione a tabela inteira (B25:G36), antes de escolher Solver Table do menu Ferramentas.

	B	C	D	E	F	G
23	Capital disponível	Depósito	Depósito	Fábrica	Fábrica	Total NPV
24	($milhões)	em LA?	em SF?	em LA?	em SF?	($milhões)
25		=C16	=D16	=C18	=D18	=TotalNPV

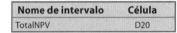

Nome de intervalo	Célula
TotalNPV	D20

Perguntas de revisão

1. Quais as quatro decisões inter-relacionadas que precisam ser tomadas pela gestão da California Manufacturing Co.?
2. Por que as variáveis binárias de decisão são apropriadas para representar essas decisões?
3. Qual o objetivo especificado pela gestão para esse problema?
4. Quais as alternativas mutuamente excludentes nesse problema? Qual a forma da restrição resultante do modelo de BIP?
5. Quais as decisões contingentes nesse problema? Para cada uma, qual a forma de restrição resultante do modelo de BIP?
6. Em qual decisão gerencial provisória a análise de sensibilidade precisa ser realizada?

7.2 USO DA BIP PARA SELEÇÃO DE PROJETO: TAZER CORP.

O estudo de caso da California Manufacturing Co. focou em quatro projetos propostos: (1) construir uma fábrica em Los Angeles, (2) construir uma fábrica em São Francisco, (3) construir um depósito em Los Angeles, e (4) construir um depósito em São Francisco. A gerência precisou fazer decisões sim-ou-não sobre quais desses projetos selecionar. Isso é comum em muitas aplicações de BIP. No entanto, a natureza dos projetos pode variar consideravelmente de uma aplicação a outra. Em vez de os projetos de construção propostos no estudo de caso, nosso próximo exemplo envolve a seleção de projetos de pesquisa e desenvolvimento.

Esse exemplo é adaptado de ambos os Casos 3-7 e sua continuação no suplemento ao Capítulo 13, mas todas as informações relevantes são repetidas a seguir.

Problema da Tazer Corp.

Tazer Corp., uma fábrica de produtos farmacêuticos, está começando a buscar um novo medicamento importante. Os cinco projetos em potencial de pesquisa e desenvolvimento a seguir foram identificados na tentativa de desenvolver esse medicamento.

Projeto estabelecimento: Desenvolver um antidepressivo mais eficaz que não cause alterações graves de humor.

Projeto estável: Desenvolver um medicamento voltado para o maníaco-depressivo.

Projeto escolha: Desenvolver um método contraceptivo menos invasivo para as mulheres.

Projeto esperança: Desenvolver uma vacina para prevenir a infecção pelo HIV.

Projeto libertação: Desenvolver um medicamento mais eficaz para reduzir a pressão arterial.

Em contraste ao Caso 3-7, a gestão da Tazer concluiu que a empresa não pode dedicar dinheiro suficiente para pesquisa e desenvolvimento para realizar todos esses projetos. Apenas 1,2 bilhões de dólares estão disponíveis, o que será suficiente para apenas dois ou três dos projetos. A primeira linha da Tabela 7.3 mostra a quantidade necessária (em milhões de dólares) para cada um deles. A segunda linha estima a probabilidade de cada projeto ser bem-sucedido. Se um projeto for bem-sucedido, estima-se que o medicamento resultante geraria as receitas mostradas na terceira linha. Assim, a *receita esperada* (no sentido estatístico) de um medicamento em potencial é o produto de seus números nas segunda e terceira linhas, ao passo que seu *lucro esperado* é essa receita esperada menos o investimento apresentado na primeira linha. Esses lucros esperados são mostrados na segunda coluna da Tabela 7.3.

> O objetivo é escolher os projetos que maximizarão o lucro esperado enquanto satisfazem a restrição orçamentária.

A gerência da Tazer agora quer determinar quais desses projetos devem ser realizados para maximizar o seu lucro total esperado.

Formulação com variáveis binárias

Como a decisão de cada um dos cinco projetos propostos de pesquisa e desenvolvimento é uma decisão sim-ou-não, as variáveis de decisão correspondentes são binárias. Assim, a variável de decisão para cada projeto tem a seguinte interpretação.

$$\text{Variável de decisão} = \begin{cases} 1, & \text{se aprovar o projeto} \\ 0, & \text{se rejeitar o projeto} \end{cases}$$

Deixe x_1, x_2, x_3, x_4 e x_5 denotarem as variáveis de decisão para os respectivos projetos na ordem em que estão listados na Tabela 7.3.

Se um projeto é rejeitado, não há nem lucro nem perda, enquanto o lucro esperado se um projeto for aprovado é dado na linha inferior da Tabela 7.3. Usando unidades de milhões de dólares, o lucro total esperado é

$$P = 300x_1 + 120x_2 + 170x_3 + 100x_4 + 70x_5$$

TABELA 7.3
Dados para o problema de seleção de projeto da Tazer.

	Projeto 1 (Entusiasmo)	Projeto 2 (Estável)	Projeto 3 (Escolha)	Projeto 4 (Esperança)	Projeto 5 (Libertação)
Investimento em P&D ($milhões)	400	300	600	500	200
Taxa de sucesso	50%	35%	35%	20%	45%
Receita se bem-sucedido ($milhões)	1.400	1.200	2.200	3.000	600
Lucro esperado ($milhões)	300	120	170	100	70

O objetivo é escolher os projetos a aprovar que maximizarão o lucro total esperado enquanto satisfazem a restrição orçamentária.

Além de exigir que as variáveis de decisão sejam binárias, a restrição orçamentária limitando o investimento total em não mais de 1,2 bilhão de dólares é a única restrição que foi imposta pela gerência da Tazer sobre a seleção desses projetos de pesquisa e de desenvolvimento. Referindo à primeira linha da Tabela 7.3, essa restrição pode ser expressa em termos das variáveis de decisão como

$$400x_1 + 300x_2 + 600x_3 + 500x_4 + 200x_5 \leq 1.200$$

Com esse pano de fundo, o palco agora está montado para a formulação de um modelo de planilha de BIP para esse problema.

Modelo de planilha de BIP para o problema da Tazer

A Figura 7.3 mostra um modelo de planilha de BIP para esse problema. Os dados da Tabela 7.3 foram transferidos para as células C5:G8. As células variáveis são RealizarProjeto? (C10:G10) e a célula-alvo é LucroTotalEsperado (H8). A restrição funcional é descrita nas células H5:J5. A caixa de diálogo Adicionar Restrição tem sido usada para inserir oficialmente tanto essa restrição quanto a restrição RealizarProjeto? = binário no modelo, como mostrado na caixa Solver Parameters.

FIGURA 7.3
Formulação do modelo de planilha de BIP para o problema de seleção de projeto da Tazer Corp. em que as células variáveis RealizarProjeto (C10:G10) dão a solução ideal obtida pelo Excel Solver.

	A	B	C	D	E	F	G	H	I	J
1		Problema de seleção de projeto da Tazer Corp.								
2										
3										
4			Entusiasmo	Estável	Escolha	Esperança	Libertação	Total		Orçamento
5		Investimento em P&D ($milhões)	400	300	600	500	200	1.200	<=	1.200
6		Taxa de sucesso	50%	35%	35%	20%	45%			
7		Receita se bem-sucedido ($milhões)	1.400	1.200	2.200	3.000	600			
8		Lucro esperado ($milhões)	300	120	170	100	70	540		
9										
10		Realizar projeto?	1	0	1	0	1			

	B	C	D	E	F	G
8	Lucro esperado ($milhões)	=C7*C6-C5	=D7*D6-D5	=E7*E6-E5	=F7*F6-F5	=G7*G6-G5

Nomes de intervalo	Células
Orçamento	J5
RealizarProjeto?	C10:G10
LucroEsperado	C8:G8
InvestimentoBordaD	C5:G5
Receita	C7:G7
TaxaDeSucesso	C6:G6
LucroTotalEsperado	H8
TotalBordaD	H5

Parâmetros do Solver
Definir objetivo (célula-alvo):
  LucroTotalEsperado
Para: Maximizar
Por células variáveis:
  RealizarProjeto?
Sujeito a restrições:
  RealizarProjeto? = binário
  TotalBordaD <= orçamento
Opções do Solver (Excel 2010):
  Criar variáveis não negativas
  Método de solução: Simplex LP
Opções do Solver (Excel mais antigo):
  Assumir não negativo
  Assumir modelo linear

	H
4	Total
5	=SOMARPRODUTO(InvestimentoBordaD,RealizarProjeto?)
6	
7	
8	=SOMARPRODUTO(LucroEsperado,RealizarProjeto?)

As células variáveis RealizarProjeto? (C10:G10) na Figura 7.3 mostram a solução ideal que tem sido obtida pelo Excel Solver, a saber,

Escolher Projeto Entusiasmo, Projeto Escolha e Projeto Libertação.

A célula-alvo indica que o lucro total esperado resultante é de 540 milhões de dólares.

Perguntas de revisão

1. Como as variáveis binárias são utilizadas para representar decisões gerenciais em que um grupo de projetos propostos deve ser selecionado para aprovação?
2. Que tipos de projetos estão em consideração no problema da Tazer Corp.?
3. Qual o objetivo para esse problema?

7.3 USO DA BIP PARA A SELEÇÃO DE LOCAIS PARA INSTALAÇÕES DE SERVIÇOS DE EMERGÊNCIA: CALIENTE CITY

Embora o problema encontrado no estudo de caso da California Manufacturing Co. possa ser descrito como de *seleção de projeto* (como foi feito no início da seção anterior), ele poderia muito bem ter sido chamado de um problema de *seleção de local*. Lembre-se que a gestão da empresa precisava selecionar um local (Los Angeles ou São Francisco) para sua nova fábrica, bem como para o seu possível novo depósito. Para qualquer um dos locais possíveis para a nova fábrica (ou o depósito), há uma *decisão sim-ou-não* para saber se esse qual deve ser selecionado, por isso torna-se natural representar cada decisão por uma variável binária de decisão.

Vários tipos de problemas escolha de local são os mais comuns de aplicações de BIP. Os tipos de instalações para as quais os lugares precisam ser selecionados podem ser qualquer um. Em alguns casos, vários locais devem ser selecionados para diversas instalações de um determinado tipo, enquanto em outros, apenas um local.

Aqui, vamos focar na seleção de locais para instalações de serviços de emergência. Essas instalações podem ser postos de bombeiros, delegacias, centros de ambulância e assim por diante. Em todos esses casos, geralmente a preocupação é oferecer instalações perto o suficiente de cada parte da área a ser servida para que o tempo de resposta a uma emergência em toda a área seja suficientemente curto. A forma do modelo de BIP, portanto, será basicamente a mesma, independentemente do tipo específico de serviço de emergência a ser considerado.

Para ilustrar, vamos considerar um exemplo em que os locais estão sendo selecionados para postos de bombeiro. Para simplificar, esse dividirá a área a ser servida em apenas oito setores em vez das várias dezenas ou centenas, frequente em aplicações reais.

Problema da Caliente City

Caliente City está localizada em uma região particularmente quente e árida dos Estados Unidos, por isso é especialmente propensa à ocorrência de incêndios. A cidade se tornou um lugar popular para cidadãos aposentados, por isso tem crescido rapidamente e está se expandindo para além de suas fronteiras originais. No entanto, tem apenas um posto de bombeiros, localizado no congestionado centro original da cidade. O resultado são alguns atrasos para caminhões de bombeiros chegarem aos incêndios nas partes distantes da cidade. Os moradores estão muito insatisfeitos com isso, assim, a câmara municipal orientou a administração da cidade a desenvolver um plano para a localização de múltiplos postos de bombeiros em todo o município (incluindo, talvez, mudar o corpo de bombeiros atual), o que reduziria bastante o tempo de resposta para qualquer incêndio. Particularmente, a câmara adotou a seguinte política sobre o tempo máximo de resposta aceitável para caminhões de bombeiros atenderem a uma notificação.

Tempo de resposta ≤ 10 minutos

Tendo feito um curso de ciência da gestão na faculdade, a administradora da cidade reconhece que a BIP fornece a ela uma ferramenta poderosa para analisar esse problema. Para começar, ela divide a cidade em oito setores e depois reúne dados sobre o tempo de resposta

TABELA 7.4
Tempo de resposta e dados de custo para o problema de Caliente City.

		\multicolumn{8}{c}{Posto de bombeiros no setor}
		1	2	3	4	5	6	7	8
Tempos de resposta (minutos) para um incêndio	1	2	8	18	9	23	22	16	28
	2	9	3	10	12	16	14	21	25
	3	17	8	4	20	21	8	22	17
	4	10	13	19	2	18	21	6	12
	5	21	12	16	13	5	11	9	12
	6	25	15	7	21	15	3	14	8
	7	14	22	18	7	13	15	2	9
	8	30	24	15	14	17	9	8	3
Custos do setor ($milhares)		350	250	450	300	50	400	300	200

estimado para um incêndio em cada setor para uma estação de incêndio em cada um dos oito setores. Esses dados são apresentados na Tabela 7.4. Por exemplo, se uma decisão fosse tomada para localizar um posto de bombeiros no setor 1, e se esse posto fosse usado para responder a um incêndio em qualquer um dos setores, a segunda coluna da Tabela 7.4 mostra qual seria o tempo de resposta (estimado). (Uma vez que o tempo de resposta excederia 10 minutos para um incêndio nos setores 3, 5, 6, 7 ou 8, o posto de bombeiros realmente precisaria estar localizado mais próximo a cada um desses setores para satisfazer a nova política da câmara municipal). A linha inferior da Tabela 7.4 mostra qual seria o custo para adquirir o terreno e construir um posto de bombeiros em qualquer um dos oito setores. (O custo é muito menor para o setor 5 porque o posto de bombeiros atual já está lá, assim, é necessária apenas uma reforma modesta se a decisão for a de manter um posto de bombeiros lá.)

O objetivo é minimizar o custo total da garantia de um tempo de resposta de não mais que 10 minutos.

O objetivo agora é determinar quais setores devem receber um posto de bombeiros para minimizar o custo total dos postos enquanto assegura-se que cada setor tenha, pelo menos, um posto perto o suficiente para responder a um incêndio em não mais que 10 minutos.

Formulação com variáveis binárias

Para cada um dos oito setores, há uma decisão sim-ou-não para saber se esse aparelho deve receber um posto de bombeiros. Portanto, deixemos $x_1, x_2, \ldots, x_8$ denotar as variáveis binárias de decisão correspondentes, em que

$$x_j = \begin{cases} 1, & \text{se o setor } j \text{ for selecionado para receber um posto de bombeiros} \\ 0, & \text{se não} \end{cases}$$

para j 1, 2, ..., 8.

Uma vez que o objetivo é minimizar o custo total dos postos de bombeiros que satisfarão a nova política da câmara municipal quanto aos tempos de resposta, o custo total tem que ser expresso em termos dessas variáveis de decisão. Usando unidades de milhares de dólares para referir à linha inferior da Tabela 7.4, o custo total é

$$C = 350x_1 + 250x_2 + 450x_3 + 300x_4 + 50x_5 + 400x_6 + 300x_7 + 200x_8$$

Também precisamos formular restrições em termos dessas variáveis de decisão que garantirão que nenhum tempo de resposta exceda 10 minutos. Por exemplo, considere o setor 1. Quando ocorre um incêndio lá, a linha para o setor 1 na Tabela 7.4 indica que os únicos setores perto o suficiente para que um posto de bombeiros ofereça um tempo de resposta não superior a 10 minutos são o próprio setor 1 e os setores 2 e 4. Assim, pelo menos um desses precisa ter um posto de bombeiros. Essa exigência é expressa pela restrição

$$x_1 + x_2 + x_4 \geq 1$$

Essa restrição garante que o tempo de resposta para um incêndio no setor 1 será menor que 10 minutos.

Casualmente, essa restrição é chamada de **restrição de cobertura de conjunto** porque *abrange* a exigência de ter um posto de bombeiros localizado em pelo menos um membro do *conjunto* de setores (1, 2 e 4) que está a menos de 10 minutos do setor 1. Em geral, qualquer restrição em que se exige que uma soma de variáveis binárias seja maior ou igual a um é referida como uma restrição à cobertura de conjunto.

Aplicando o raciocínio do setor 1 para todos os setores, chega-se às seguintes restrições.

Setor 1:	x_1	$+ x_2$		$+ x_4$					≥ 1
Setor 2:	x_1	$+ x_2$	$+ x_3$						≥ 1
Setor 3:		x_2	$+ x_3$			$+ x_6$			≥ 1
Setor 4:	x_1			$+ x_4$			$+ x_7$		≥ 1
Setor 5:					$+ x_5$		$+ x_7$		≥ 1
Setor 6:			x_3			$+ x_6$		$+ x_8$	≥ 1
Setor 7:				x_4			$+ x_7$	$+ x_8$	≥ 1
Setor 8:						x_6	$+ x_7$	$+ x_8$	≥ 1

Essas *restrições de cobertura de conjunto* (juntamente com a exigência de as variáveis serem binárias) são tudo o que é necessário para garantir que cada setor tenha pelo menos um posto de bombeiros perto o suficiente para responder a um incêndio em não mais que 10 minutos.

Esse tipo de modelo de BIP (minimizando o custo total, em que todas as restrições funcionais são definidas como restrições de cobertura) é chamado de **problema de cobertura de conjunto**. Eles surgem com bastante frequência. Na verdade, você vai ver outro exemplo de um problema de cobertura de conjunto na Seção 7.4.

Tendo identificado a natureza das restrições para o problema da Caliente City, agora é bastante simples formular seu modelo de planilha de BIP.

Modelo de planilha de BIP para o problema da Caliente City

A Figura 7.4 mostra um modelo de planilha de BIP para esse problema. As células de dados TempoDeResposta (D5:K12) mostram todos os tempos de resposta apresentados na Tabela 7.4 e as CustoDoPosto (D14:K14) fornecem os dados de custo na linha inferior da tabela. Há um sim-ou-não de decisão para cada setor para saber se um posto de bombeiros deve estar localizado lá, então as células variáveis são PostoNoSetor? (D29:K29). O objetivo é minimizar o custo total, então a célula-alvo é CustoTotal (N29). As restrições à cobertura de conjunto são exibidas nas células L17:N24. A caixa de diálogo Adicionar Restrição tem sido usada para inserir oficialmente tanto essas restrições quanto as restrições PostoNoSetor? = binário no modelo, como mostrado na caixa Parâmetros do Solver.

Depois de clicar em Solucionar, a solução ideal mostrada nas células variáveis PostoNoSetor? (D29:K29) na Figura 7.4 é obtida, a saber,

Selecionar setores 2, 7 e 8 como os locais para os postos de bombeiros.

A célula-alvo CustoTotal (N29) indica que o custo total resultante é de 750 mil dólares.

Perguntas de revisão

1. Como as variáveis binárias são utilizadas para representar as decisões gerenciais sobre qual(is) local(is) deve(m) ser selecionado(s) para as novas instalações?
2. Cite alguns tipos de instalações de serviços de emergência para o(s) local(is) a ser(em) selecionado(s).
3. Qual o objetivo para o problema da Caliente City?
4. O que é uma restrição de cobertura de conjunto e o que é um problema de cobertura de conjunto?

7.4 USO DA BIP PARA ESCALA DE TRIPULAÇÃO: SOUTHWESTERN AIRWAYS

Em toda a indústria de viagens (companhias aéreas, transporte ferroviário, navios de cruzeiro, empresas de turismo etc.), um dos problemas mais desafiadores para manter uma operação eficiente é a escala das suas tripulações que servem os clientes durante as viagens. Dadas muitas sequências sobrepostas viáveis de viagens para uma tripulação, para quais delas uma tripulação deve ser alocada de forma a cobrir todas as viagens a um custo mínimo? Assim, para cada sequência viável de viagens, há uma *decisão sim-ou-não* sobre se uma tripulação deve ser alocada para aquela sequência, então uma variável binária de decisão pode ser usada para representar essa decisão.

Por muitos anos, as companhias aéreas vêm utilizando modelos de BIP para determinar como fazer a sua escala de tripulação de forma mais eficiente em termos de custo. Algumas delas economizaram muitos milhões de dólares anualmente em razão da aplicação de BIP.

FIGURA 7.4
Formulação do modelo de BIP para o problema de seleção de local da Caliente City em que as células variáveis são PostoNoSetor? (D29:K29) mostra a solução ideal obtida pelo Excel Solver.

	A	B	C	D	E	F	G	H	I	J	K	L	M	N
1		Problema de local do posto de bombeiros de Caliente City												
2														
3							Posto de bombeiros no setor							
4				1	2	3	4	5	6	7	8			
5			1	2	8	18	9	23	22	16	28			
6		Tempos de	2	9	3	10	12	16	14	21	25			
7		Resposta	3	17	8	4	20	21	8	22	17			
8		(minutos)	4	10	13	19	2	18	21	6	12			
9		para um incêndio	5	21	12	16	13	5	11	9	12			
10		no setor	6	25	15	7	21	15	3	14	8			
11			7	14	22	18	7	13	15	2	9			
12			8	30	24	15	14	17	9	8	3			
13														
14		Custo do posto		350	250	450	300	50	400	300	200			
15		($milhares)										Número		
16												cobrindo		
17			1	1	1	0	1	0	0	0	0	1	>=	1
18		Tempo de	2	1	1	1	0	0	0	0	0	1	>=	1
19		resposta	3	0	1	1	0	0	1	0	0	1	>=	1
20		<=	4	1	0	0	1	0	0	1	0	1	>=	1
21		10	5	0	0	0	0	1	0	1	0	1	>=	1
22		Minutos?	6	0	0	1	0	0	1	0	1	1	>=	1
23			7	0	0	0	1	0	0	1	1	2	>=	1
24			8	0	0	0	0	0	1	1	1	2	>=	1
25														
26														Custo
27						Posto de bombeiros no setor								total
28				1	2	3	4	5	6	7	8			($milhares)
29		Posto no setor?		0	1	0	0	0	0	1	1			750

	J	K	L
15			Número
16			cobrindo
17	=SE(J5<=TempoMáxDeResposta,1,0)	=SE(K5<=TempoMáxDeResposta,1,0)	=SOMAPRODUTO(D17:K17,PostoNoSetor?)
18	=SE(J6<=TempoMáxDeResposta,1,0)	=SE(K6<=TempoMáxDeResposta,1,0)	=SOMAPRODUTO(D18:K18,PostoNoSetor?)
19	=SE(J7<=TempoMáxDeResposta,1,0)	=SE(K7<=TempoMáxDeResposta,1,0)	=SOMAPRODUTO(D19:K19,PostoNoSetor?)

Parâmetros do Solver

Definir objetivo (célula-alvo): CustoTotal
Para: Minimizar
Por células variáveis: PostoNoSetor?
Sujeito a restrições:
  PostoNoSetor? = binária
  NúmeroCobrindo >= Um
Opções do Solver (Excel 2010):
  Criar variáveis não negativas
  Método de solução: Simplex LP
Opções do Solver (Excel mais antigo):
  Assumir não negativo
  Assumir modelo linear

Nomes de intervalo	Células
CustoDoPosto	D14:K14
TempoMáxDeResposta	B21
NúmeroCobrindo	L17:L24
Um	N17:N24
TempoDeResposta	D5:K12
PostoNoSetor?	D29:K29
CustoTotal	N29

	N
26	Custo
27	total
28	($milhares)
29	=SOMARPRODUTO(CustoDoPosto,PostoNoSetor?)

VINHETA DE APLICAÇÃO

A **Netherlands Railways** (Nederlandse Spoorwegen Reizigers) é a principal operadora ferroviária holandesa de trens de passageiros. Nesse país densamente povoado, cerca de 5.500 trens de passageiros transportam atualmente cerca de 1,1 milhão de passageiros em um dia útil normal. As receitas operacionais da empresa são de cerca de 1,5 bilhão de euros (aproximadamente 2 bilhões de dólares) por ano.

A quantidade de transporte de passageiros na rede ferroviária holandesa tem aumentado constantemente ao longo dos anos e um estudo nacional em 2002 concluiu que três extensões importantes de infraestrutura devem ser realizadas. Como resultado, teria que ser desenvolvida uma nova tabela de horários nacional para o sistema ferroviário holandês, especificando a partida prevista e a hora de chegada de cada trem em cada estação. Portanto, a gestão da Netherlands Railways determinou que um abrangente estudo de ciência da gestão deve ser realizado ao longo dos próximos anos para desenvolver um plano ideal geral para a nova tabela de horários e para o uso dos recursos disponíveis (unidades de material circulante e tripulações dos trens) para cumprir a tabela horária referida. Uma força-tarefa foi formada para conduzir esse estudo, composta por vários membros do Departamento de Logística da empresa e por vários estudiosos proeminentes da ciência da gestão de universidades europeias ou de uma empresa de software.

A nova tabela de horários foi lançada em dezembro de 2006, juntamente com um novo sistema de escala de alocação de unidades de material circulante (vários tipos de carros de passageiros e outras unidades do trem) para os trens cumprindo esse calendário. Um novo sistema também foi implantado para agendar a alocação das tripulações (com um motorista e um número de condutores em cada equipe) para os trens. A programação binária com número inteiro e as técnicas relacionadas foram usadas para fazer tudo isso. Por exemplo, o modelo de BIP usado para a escala da tripulação se assemelha (exceto pelo seu tamanho muito maior) à escala mostrada nesta seção para o problema da Southwestern Airlines.

Essa aplicação de ciência da gestão imediatamente resultou em um *lucro anual adicional de aproximadamente* **60 milhões de dólares** para a empresa, e espera-se que esse lucro adicional aumente para **105 milhões de dólares** anuais nos próximos anos. Esses resultados expressivos conquistaram para a Netherlands Railways o primeiro lugar de 2008 no prestigiado Prêmio Franz Edelman pelo Sucesso na Pesquisa Operacional e nas Ciências da gestão.

Fonte: L. Kroon, D. Huisman, E. Abbink, P.-J. Fioole, M. Fischetti, G. MarOti, A. Schrijver, A. Steenbeck, and R. Ybema, "The New Dutch Timetable: The OR Revolution," Interfaces 39, no. 1 (January–February 2009), pp. 6-17. (Um link para esse artigo é fornecido no *site* www.mhhe.com/hillier4e).

Consequentemente, outros segmentos da indústria de viagens agora também estão usando a BIP. Por exemplo, a vinheta aplicação nesta seção descreve como a Netherlands Railways atingiu um expressivo aumento nos lucros em razão da aplicação da BIP (e técnicas relacionadas) de diferentes maneiras, incluindo a escala de tripulação.

Para ilustrar a abordagem, considere o seguinte exemplo em miniatura da escala de tripulação.

Problema da Southwestern Airways

A **Southwestern Airways** precisa alocar suas tripulações para cobrir todos os seus voos futuros. Vamos nos concentrar no problema da alocação de três tripulações com sede em São Francisco (SFO) para os 11 voos mostrados na Figura 7.5, listados na primeira coluna da Tabela 7.5.

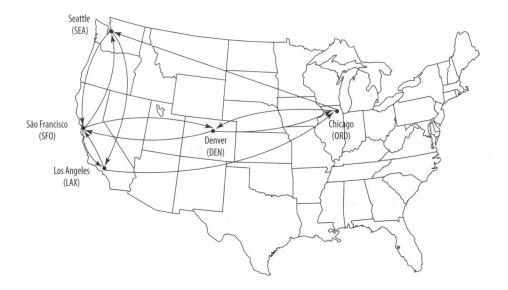

FIGURA 7.5
As setas indicam os 11 voos da Southwestern Airways que precisam ser cobertos pelas três tripulações com sede em São Francisco.

TABELA 7.5
Dados para o Problema da Airways Southwestern.

Voo		Sequência viável de voos											
		1	2	3	4	5	6	7	8	9	10	11	12
1.	São Francisco a Los Angeles (SFO-LAX)	1			1			1			1		
2.	São Francisco a Denver (SFO-DEN)		1			1			1			1	
3.	São Francisco a Seattle (SFO-SEA)			1			1			1			1
4.	Los Angeles a Chicago (LAX-ORD)				2			2		3	2		3
5.	Los Angeles a São Francisco (LAX-SFO)	2					3				5	5	
6.	Chicago a Denver (ORD-DEN)				3	3				4			
7.	Chicago a Seattle (ORD-SEA)							3	3		3	3	4
8.	Denver a São Francisco (DEN-SFO)		2		4	4				5			
9.	Denver a Chicago (DEN-ORD)					2			2			2	
10.	Seattle a São Francisco (SEA-SFO)			2				4	4				5
11.	Seattle a Los Angeles (SEA-LAX)						2				2	4	4	2
Custo, $1.000s		2	3	4	6	7	5	7	8	9	9	8	9

As outras 12 colunas mostram as 12 sequências viáveis de voos para uma tripulação. (Os números em cada coluna indicam a ordem dos voos.) No máximo, três das sequências precisam ser escolhidas (uma por equipe), de tal maneira que todos os voos sejam cobertos. (É permitido ter mais de uma tripulação em um voo, em que as tripulações extras viajaram como passageiros, mas os acordos sindicais exigem que elas sejam pagas por esse tempo como se estivessem trabalhando.) O custo de alocar uma tripulação para uma determinada sequência de voos é dado (em milhares de dólares) na linha inferior da tabela. O objetivo é minimizar o custo total das alocações da tripulação para que se cubram todos os voos.

Formulação com variáveis binárias

Com 12 sequências viáveis de voos, temos 12 decisões sim-ou-não:

A sequência j deve ser alocada a uma tripulação? ($j = 1, 2, \ldots, 12$)

Portanto, usamos 12 variáveis binárias para representar essas respectivas decisões:

$$x_j = \begin{cases} 1, & \text{se a sequência } j \text{ é alocada a uma tripulação} \\ 0, & \text{de outra forma} \end{cases}$$

Uma vez que o objetivo é minimizar o custo total das alocações das três tripulações, precisamos expressar o custo total em termos dessas variáveis binárias de decisão. Referindo à linha inferior da Tabela 7.5, esse custo total (em unidades de milhões de dólares) é

$$C = 2x_1 + 3x_2 + 4x_3 + 6x_4 + 7x_5 + 5x_6 + 7x_7 + 8x_8 + 9x_9 + 9x_{10} + 8x_{11} + 9x_{12}$$

Com apenas três tripulações disponíveis para cobrir os voos, precisamos também da restrição

$$x_1 + x_2 + \cdots + x_{12} \leq 3$$

A parte mais interessante dessa formulação é a natureza de cada restrição que assegura que um voo correspondente seja coberto. Por exemplo, considere o último voo na Tabela 7.5 (Seattle a Los Angeles). Cinco sequências (a saber, 6, 9, 10, 11 e 12) incluem esse voo. Portanto, pelo menos uma delas deve ser escolhida. A restrição resultante é

$$x_6 + x_9 + x_{10} + x_{11} + x_{12} \geq 1$$

Para cada um dos 11 voos, a restrição que assegura que o voo está coberto é construída da mesma forma da Tabela 7.5, ao exigir-se que pelo menos uma das sequências de voo que inclui esse voo seja alocada para uma tripulação. Assim, 11 restrições da seguinte forma são necessárias.

Voo 1: $x_1 + x_4 + x_7 + x_{10} \geq 1$
Voo 2: $x_2 + x_5 + x_8 + x_{11} \geq 1$

.
.
.

Voo 11: $x_6 + x_9 + x_{10} + x_{11} + x_{12} \geq 1$

> Essas são restrições de cobertura de conjunto, assim como as restrições no problema da Caliente City na Seção 7.3.

Note que essas restrições têm a mesma forma que as restrições para o problema da Caliente City na Seção 7.3 (a soma de certas variáveis binárias ≥ 1), assim, essas também são restrições de cobertura de conjunto. Portanto, esse problema de escala de tripulação é outro exemplo de um *problema de cobertura de conjunto* (em que esse problema de cobertura de conjunto, em especial, também inclui a restrição a recurso que $x_1 + x_2 + \cdots + x_{12} \leq 3$).

Tendo identificado a natureza das restrições, o palco agora está montado para a formulação de um modelo de planilha de BIP para esse problema.

Modelo de planilha de BIP para o problema da Southwestern Airways

A Figura 7.6 mostra um modelo de planilha de BIP para esse problema. As células variáveis SequênciaDeVoo? (C22:N22) contêm os valores das 12 variáveis binárias de decisão. Os dados em IncluiSegmento? (C8:N18) e Custo (C5:N5) vêm diretamente da Tabela 7.5. As três últimas colunas da planilha são usadas para mostrar as restrições de cobertura de conjunto, Total ≥ AoMenosUma, e a restrição de recurso, TotalDeSequências ≤ NúmeroDeTripulações. A caixa de diálogo Adicionar Restrição foi usada para inserir oficialmente essas restrições, além das restrições SequênciaDeVoo? = binária no modelo, como mostrado na caixa Solver Parameters.

O Excel Solver fornece a solução ideal mostrada na SequênciaDeVoo? (C22:N22). Em termos das variáveis x_j, essa solução é

$x_3 = 1$ (alocar a sequência 3 a uma tripulação)
$x_4 = 1$ (alocar a sequência 4 a uma tripulação)
$x_{11} = 1$ (alocar a sequência 11 a uma tripulação)

e todos os outros $x_j = 0$, para um custo total de 18mil dólares como dado por CustoTotal (Q24). (Outra solução ideal é $x_1 = 1$, $x_5 = 1$, $x_{12} = 1$, e todos os outros $x_j = 0$.)

Devemos ressaltar que esse modelo de BIP é minúsculo em comparação com os normalmente utilizados na prática. Os problemas de escala de tripulação envolvendo milhares de sequências de voos possíveis agora estão sendo solucionados por modelos semelhantes ao mostrado, mas com milhares de variáveis binárias em vez de apenas uma dúzia.

> Muitas companhias aéreas estão solucionando grandes modelos de BIP desse tipo.

Perguntas de revisão

1. Qual o problema de escala de tripulação encontrado pelas companhias aéreas?
2. Quais as decisões sim-ou-não que precisam ser tomadas quando se trata de um problema de escala de tripulação?
3. Para o problema da Southwestern Airways, há uma restrição para cada voo para assegurar que este tenha uma tripulação. Descreva a forma matemática dessa restrição. Depois, explique o que ela significa.

7.5 USO DA BIP MISTA PARA LIDAR COM CUSTOS DE CONFIGURAÇÃO DO INÍCIO DE PRODUÇÃO: PROBLEMA REVISADO DA WYNDOR

Todos os exemplos considerados até o momento neste capítulo foram *problemas puros de BIP* (problemas em que todas as variáveis de decisão são binárias). No entanto, *problemas mistos de BIP* (problemas em que apenas algumas das variáveis de decisão são binárias) também surgem com bastante frequência, pois apenas algumas das decisões a serem tomadas são sim-ou-não, e as decisões restantes são do tipo "quanto".

FIGURA 7.6
Formulação da planilha do modelo de BIP para o problema de escala de tripulação da Southwestern Airways em que SequênciaDeVoo (C22:N22) mostra a solução ideal obtida pelo Excel Solver. A lista de sequências de voo em consideração é dada nas células A25:D37.

	A	B	C	D	E	F	G	H	I	J	K	L	M	N	O	P	Q
1	Problema de alocação de tripulação Southwestern Airways																
2																	
3							Sequência de voo										
4			1	2	3	4	5	6	7	8	9	10	11	12			
5		Custo ($milhares)	2	3	4	6	7	5	7	8	9	9	8	9			No
6																	mínimo
7		Inclui segmento?													Total		um
8		SFO–LAX	1	0	0	1	0	0	1	0	0	1	0	0	1	≥	1
9		SFO–DEN	0	1	0	0	1	0	0	1	0	0	1	0	1	≥	1
10		SFO–SEA	0	0	1	0	0	1	0	0	1	0	0	1	1	≥	1
11		LAX–ORD	0	0	1	0	0	1	0	1	1	1	0	1	1	≥	1
12		LAX–SFO	1	0	0	0	0	1	0	0	0	1	1	0	1	≥	1
13		ORD-DEN	0	0	0	1	1	0	0	0	1	0	0	0	1	≥	1
14		ORD-SEA	0	0	0	0	0	0	1	1	0	1	1	1	1	≥	1
15		DEN-SFO	0	1	0	1	1	0	0	0	1	0	0	0	1	≥	1
16		DEN-ORD	0	0	0	0	1	0	0	1	0	0	1	0	1	≥	1
17		SEA-SFO	0	0	1	0	0	0	1	1	0	0	0	1	1	≥	1
18		SEA-LAX	0	0	0	0	0	1	0	0	1	1	1	1	1	≥	1
19																	
20															Total de		Número de
21			1	2	3	4	5	6	7	8	9	10	11	12	sequências		tripulações
22		SequênciaDeVoo?	0	0	1	1	0	0	0	0	0	0	1	0	3	≤	3
23																	
24															Custo total ($milhares)		18

25	Principal sequência de voo
26	1	SFO-LAX
27	2	SFO-DEN-SFO
28	3	SFO-SEA-SFO
29	4	SFO-LAX-ORD-DEN-SFO
30	5	SFO-DEN-ORD-DEN-SFO
31	6	SFO-SEA-LAX-SFO
32	7	SFO-LAX-ORD-SEA-SFO
33	8	SFO-DEN-ORD-SEA-SFO
34	9	SFO-SEA-LAX-ORD-DEN-SFO
35	10	SFO-LAX-ORD-SEA-LAX-SFO
36	11	SFO-DEN-ORD-SEA-LAX-SFO
37	12	SFO-SEA-LAX-ORD-SEA-SFO

Parâmetros do Solver

Definir objetivo (célula-alvo):
CustoTotal
Para: Minimizar
Por células variáveis:
SequênciaDeVoo?
Sujeito a restrições:
SequênciaDeVoo? = binária
Total >= NoMínimoUm
TotalDeSequências <= NúmeroDeTripulações
Opções do Solver (Excel 2010):
Criar variáves não negativas
Método de solução: Simplex LP
Opções do Solver (Excel mais antigo):
Assumir não negativo
Assumir modelo linear

	O
7	Total
8	=SOMARPRODUTO(C8:N8,SequênciaDeVoo?)
9	=SOMARPRODUTO(C9:N9,SequênciaDeVoo?)
10	=SOMARPRODUTO(C10:N10,SequênciaDeVoo?)
11	=SOMARPRODUTO(C11:N11,SequênciaDeVoo?)
12	=SOMARPRODUTO(C12:N12,SequênciaDeVoo?)
13	=SOMARPRODUTO(C13:N13,SequênciaDeVoo?)
14	=SOMARPRODUTO(C14:N14,SequênciaDeVoo?)
15	=SOMARPRODUTO(C15:N15,SequênciaDeVoo?)
16	=SOMARPRODUTO(C16:N16,SequênciaDeVoo?)
17	=SOMARPRODUTO(C17:N17,SequênciaDeVoo?)
18	=SOMARPRODUTO(C18:N18,SequênciaDeVoo?)
19	
20	Total de
21	sequências
22	=SOMA(SequênciaDeVoo?)

Nomes de intervalo	Células
NoMínimoUm	Q8:Q18
Custo	C5:N5
SequênciaDeVoo?	C22:N22
IncluiSegmento?	C8:N18
NúmeroDeTripulações	Q22
Total	O8:O18
CustoTotal	Q24
TotalDeSequências	O22

	P	Q
24	Custo total ($milhares)	=SOMARPRODUTO(Custo,SequênciaDeVoo?)

Um exemplo importante desse tipo é o *problema de mix de produto* apresentado no Capítulo 2, mas, agora, com a complicação adicional de que um custo de configuração deve ser gerado para iniciar a produção de cada produto. Portanto, além das *decisões "quanto"* de quanto produzir de cada produto, há também uma prévia decisão sim-ou-não para cada produto sobre sua configuração que permita iniciar a produção.

Para ilustrar esse tipo de problema, vamos considerar uma versão revisada do problema de *mix* de produto da Wyndor Glass Co., descrito na Seção 2.1 e analisado durante a maior parte do Capítulo 2.

Problema Wyndor revisado com custos de configuração

Suponha agora que a **Wyndor Glass Co.** só vai dedicar uma semana a cada mês para a produção de portas e janelas especiais descritas na Seção 2.1, então a questão agora é saber *quantas* portas e janelas produzir durante cada uma dessas semanas de produção. Uma vez que as decisões a serem tomadas não são mais as *taxas* de produção de portas e janelas, mas *quantas* portas e janelas produzir em ciclos de produção individual, agora que essas quantidades são de *números inteiros*.

Cada vez que uma fábrica da Wyndor converte a produção de outros produtos na produção dessas portas e janelas durante uma semana, seriam gerados os custos de configuração seguintes para iniciar a produção.

Custo de configuração para a produção de portas = $700

Custo de configuração para a produção de janelas = $ 1.300

Caso contrário, todos os dados originais dados na Tabela 2.2 ainda se aplicam, incluindo um lucro unitário de 300 dólares para portas e 500 dólares para janelas, desconsiderados os custos de instalação.

A Tabela 7.6 mostra o lucro líquido resultante da produção de qualquer quantidade viável para qualquer produto. Note que o grande custo de configuração para qualquer produto inviabiliza produzir menos de três unidades desse produto.

Os pontos na Figura 7.7 mostram as soluções viáveis para esse problema. Ao adicionar as entradas apropriadas na Tabela 7.6, a figura também mostra o cálculo do lucro líquido total P de cada um dos pontos do canto. A solução ideal passa a ser

$$(P, J) = (0, 6) \quad \text{com} \quad L = 1.700$$

Por outro lado, a solução original

$$(P, J) = (2, 6) \quad \text{com} \quad L = 1.600$$

agora dá um valor menor de L. A razão para que essa solução original (que deu $L = 3.600$ para o problema original) não seja mais a ideal é que os custos de configuração reduzem muito o lucro líquido total:

$$L = 3.600 - 700 - 1.300 = 1.600$$

TABELA 7.6
Lucro líquido ($) para o problema revisado da Wyndor.

Número de unidades produzidas	Lucro líquido ($) Portas	Lucro líquido ($) Janelas
0	0 (300) – 0 = 0	0 (500) – 0 = 0
1	1 (300) – 700 = – 400	1 (500) – 1.300 = – 800
2	2 (300) – 700 = – 100	2 (500) – 1.300 = – 300
3	3 (300) – 700 = 200	3 (500) – 1.300 = 200
4	4 (300) – 700 = 500	4 (500) – 1.300 = 700
5	Não viável	5 (500) – 1.300 = 1.200
6	Não viável	6 (500) – 1.300 = 1.700

FIGURA 7.7
Pontos são as soluções viáveis para o problema revisado da Wyndor. Também é mostrado o cálculo do lucro líquido total L (em dólares) para cada ponto dos cantos a partir do lucro líquido apresentado na Tabela 7.6.

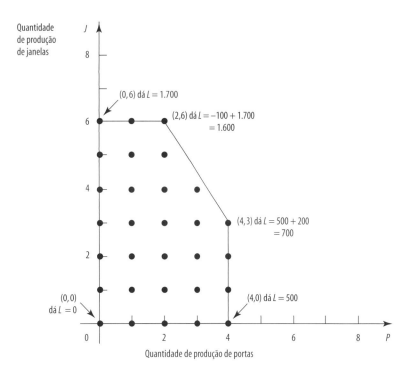

Portanto, o método gráfico para programação linear não pode mais ser usado para encontrar a solução ideal para esse novo problema com os custos de instalação.

Como podemos formular um modelo para esse problema para que ele se encaixe em um tipo padrão de modelo que pode ser solucionado pelo Excel Solver? A Tabela 7.6 mostra que o lucro líquido para qualquer produto não é mais *diretamente proporcional* ao número de unidades produzidas. Logo, tal como está, o problema já não se encaixa nem na programação linear nem na BIP. Antes, para o problema original sem custos de configuração, a função objetivo foi simplesmente $L = 300P + 500J$. Agora precisamos subtrair dessa expressão cada custo de configuração *se* o produto correspondente for produzido, mas não devemos fazê-lo se o produto não for produzido. É nesse momento que as *variáveis binárias* vêm para o resgate.

Formulação com variáveis binárias

Para cada produto, há uma *decisão um sim-ou-não* quanto a realizar ou não a configuração que permitiria iniciar a fabricação do produto, portanto, o custo de instalação é gerado somente se a decisão for *sim*. Portanto, podemos introduzir uma *variável binária* para cada custo de configuração e associar cada valor da variável binária com uma das duas possibilidades para o custo de configuração. Em particular, temos

$$y_1 = \begin{cases} 1, & \text{se realizar a configuração para produzir as portas} \\ 0, & \text{se não} \end{cases}$$

Essas variáveis binárias permitem subtrair cada custo de configuração somente se a configuração for realizada.

$$y_2 = \begin{cases} 1, & \text{se realizar a configuração para produzir as portas} \\ 0, & \text{se não} \end{cases}$$

Portanto, a função objetivo agora pode ser escrita como

$$L = 300P + 500J - 700y_1 - 1{,}300y_2$$

que se encaixa no formato de BIP misto.

Uma vez que uma configuração é necessária para produzir o produto correspondente, essas variáveis binárias podem ser diretamente relacionadas com as quantidades de produção da seguinte forma.

VINHETA DE APLICAÇÃO

A **Continental Airlines** é uma grande transportadora aérea dos Estados Unidos de passageiros, carga e correio. Ela opera mais de 2mil partidas diárias para mais de 100 destinos domésticos e cerca de 100 estrangeiros.

Companhias aéreas como a Continental enfrentam interrupções nas programações diariamente por causa de acontecimentos inesperados, incluindo clima rigoroso, problemas mecânicos nas aeronaves e indisponibilidade da tripulação. Essas interrupções podem causar atrasos e cancelamentos de voos. A vinheta de aplicação na Seção 6.1 descreve como a United Airlines liderou o caminho na aplicação da ciência da gestão para determinar como realocar aviões para voos de maneira mais eficaz quando essas interrupções ocorrerem. No entanto, uma outra consequência dessas interrupções é que as equipes podem não estar preparadas para servir seus voos programados restantes. As companhias aéreas devem voltar a escalar tripulações rapidamente para cobrir os voos em aberto e para fazê-los voltar à sua programação original de uma forma mais eficiente na relação custo-benefício, honrando todos os regulamentos do governo, as obrigações contratuais e os requisitos de qualidade de vida.

Para lidar com esses problemas, uma equipe de ciência da gestão da Continental Airlines desenvolveu um detalhado *modelo de BIP misto* para reescalar tripulações os voos logo que surgirem tais emergências. Como a companhia aérea tem milhares de tripulações e de voos diários, o modelo precisa ser grande para considerar todos os emparelhamentos possíveis de tripulações com voos. Portanto, o modelo tem *milhões de variáveis de decisão e milhares de restrições*. (A maioria dessas variáveis de decisão é de variáveis binárias, e o restante, em geral, é de variáveis com números inteiros.) Em seu primeiro ano de uso (principalmente em 2001), o modelo foi aplicado quatro vezes para recuperar a companhia de interrupções importantes na programação (duas tempestades de neve, uma inundação e os ataques terroristas de 11 de setembro). Isso levou à *economia de aproximadamente* **40 milhões de dólares**. Aplicações posteriores se estenderam a muitas interrupções diárias menores também.

Embora outras companhias aéreas tenham lutado, posteriormente, para aplicar a ciência da gestão de uma maneira similar, essa vantagem inicial sobre as outras companhias aéreas de poder se recuperar mais rapidamente das interrupções de programação, com menos atrasos e voos cancelados, deixou a Continental Airlines em uma posição relativamente forte enquanto o setor aéreo passava por um período difícil nos primeiros anos do século XXI. Essa iniciativa levou a Continental a ganhar o prestigioso primeiro lugar na competição internacional de 2002, o Prêmio Franz Edelman, pelo Sucesso na Pesquisa Operacional e nas Ciências de Gerenciamento.

Fonte: G. Yu, M. Arguello, C. Song, S. M. McGowan, and A. White, "A New Era for Crew Recovery at Continental Airlines," Interfaces 33, n. 1 (January–February 2003), pp. 5–22. (Um link para esse artigo é fornecido no *site* **www.mhhe.com/hillier4e**).

$$y_1 = \begin{cases} 1, & \text{se } P > 0 \text{ pode manter (pode produzir portas)} \\ 0, & \text{se } P = 0 \text{ deve manter (não pode produzir portas)} \end{cases}$$

$$y_2 = \begin{cases} 1, & \text{se } J > 0 \text{ pode manter (pode produzir janelas)} \\ 0, & \text{se } J = 0 \text{ deve manter (não pode produzir janelas)} \end{cases}$$

Precisamos incluir restrições no modelo que garantirá que essas relações se mantenham. (Um algoritmo solucionando o modelo só reconhece a função objetivo e as restrições, não as definições das variáveis.)

Então, quais são as restrições do modelo? Ainda precisamos de todas as restrições do modelo original. Precisamos também das restrições que P e J sejam números inteiros, e que y_1 e y_2 sejam binários. Além disso, precisamos de algumas restrições comuns de programação linear que garantirão as seguintes relações:

$$\text{Se } y_1 = 0, \quad \text{então } P = 0.$$

$$\text{Se } y_2 = 0, \quad \text{então } J = 0.$$

(Se $y_1 = 1$ ou $y_2 = 1$, nenhuma restrição é inserida em J ou P além das já impostas).

É possível, com o Excel, usar a função SE para representar essa relação entre y_1 e P e entre y_2 e J. Infelizmente, a função SE não se encaixa nas pressuposições de programação linear. Consequentemente, o Excel Solver tem dificuldade para resolver modelos de planilha que usam essa função. É por isso que outra formulação com restrições comuns de programação linear é necessária, em vez de expressar essas relações.

7.5 Uso da BIP mista para lidar com custos de configuração do início de produção: problema revisado da Wyndor

FIGURA 7.8
Modelo de planilha para o problema revisado da Wyndor, em que o Excel Solver dá a solução ideal mostrada nas células variáveis, UnidadesProduzidas (C14:D14) e Configuração? (C17:D17).

	A	B	C	D	E	F	G	H
1		*Mix* de produtos da Wyndor Glass Co. com custos de configuração						
2								
3			Portas	Janelas				
4		Lucro unitário	$300	$500				
5		Custo de configuração	$700	$1.300				
6								
7					Horas		Horas	
8			Horas usadas por unidade produzida		usadas		disponíveis	
9		Fábrica 1	1	0	0	?	4	
10		Fábrica 2	0	2	12	?	12	
11		Fábrica 3	3	2	12	?	18	
12								
13			Portas	Janelas				
14		Unidades produzidas	0	6				
15			?	?			Lucro de produção	$3.000
16		Apenas se configurado	0	99			– Total custo configuração	$1.300
17		Configuração?	0	1			Lucro total	$1.700

Nomes de intervalo	Células
HorasDisponíveis	G9:G11
HorasUsadas	E9:E11
HorasUsadasPorUnidadeProduzida	C9:D11
ApenasSeConfigurado	C16:D16
LucroDeProdução	H15
Configuração?	C17:D17
CustoDeConfiguração	C5:D5
LucroTotal	H17
TotalCustoConfiguração	H16
LucroUnitário	C4:D4
UnidadesProduzidas	C14:D14

Parâmetros do Solver

Definir objetivo (célula-alvo): LucroTotal
Para: Maximizar
Por células variáveis:
 UnidadesProduzidas, Configuração?
Sujeito a restrições:
 Configuração? = binária
 UnidadesProduzidas = num. inteiro
 HorasUsadas <= HorasDisponíveis
 UnidadesProduzidas <= ApenasSeConfigurado
Opções do Solver (Excel 2010):
 Criar variáveis não negativas
 Método de solução: Simplex LP
Opções do Solver (Excel mais antigo):
 Assumir não negativo
 Assumir modelo linear

	E
7	Horas
8	usadas
9	=SOMARPRODUTO(C9:D9,UnidadesProduzidas)
10	=SOMARPRODUTO(C10:D10,UnidadesProduzidas)
11	=SOMARPRODUTO(C11:D11,UnidadesProduzidas)

	B	C	D
16	Apenas se configurado	=99*C17	=99*D17

	G	H
15	Lucro de produção	=SOMARPRODUTO(LucroUnitário, UnidadesProduzidas)
16	– Total custo config.	=SOMARPRODUTO(CustoConfiguração,Configuração?)
17	Lucro total	=LucroDeProdução – TotalCustoConfiguração

Uma vez que a outras restrições impõem limites sobre P e J de $0 \leq P \leq 4$ e $0 \leq J \leq 6$, aqui estão algumas restrições comuns de programação linear que asseguram essas relações.

$$P \leq 4y_1$$
$$J \leq 6y_2$$

Essas restrições forçam o modelo a recusar a produção se a configuração correspondente não for realizada.

Note que a definindo $y_1 = 0$ dá $P \leq 0$, o que força o P não negativo a ser $P = 0$, enquanto definindo $y_1 = 1$ dá $P \leq 4$, o que permite todos os valores de P já permitidos pelas outras restrições. Em seguida, verifique se as mesmas conclusões se aplicam para J ao definir $y_2 = 0$ e $y_2 = 1$.

Se uma decisão "quanto" x só pode ser tomada (ou seja, $x > 0$) se a decisão sim-ou-não correspondente y estiver tomada (ou seja, $y = 1$), isso pode ser forçado com uma restrição de número grande, como $x \leq 99y$. Se $y = 0$, torna-se $x \leq 0$. Se $y = 1$, então, torna-se $x \leq 99$. O grande número (99 nesse exemplo) é escolhido para ser grande o suficiente para que seja seguramente maior do que x jamais poderia ser.

Não foi necessário escolher 4 e 6 para os respectivos coeficientes de y_1 e y_2 nessas duas restrições. Quaisquer coeficientes *maiores* do que 4 e 6 teriam o mesmo efeito. Você só precisa evitar coeficientes *menores*, uma vez que isso imporia restrições indesejáveis em P e J quando $y_1 = 1$ e $y_2 = 1$.

Em problemas maiores, às vezes é difícil determinar os menores coeficientes aceitáveis para essas variáveis binárias. Portanto, é comum formular o modelo usando apenas um número razoavelmente grande (digamos, 99, nesse caso) que é seguramente maior do que o menor coeficiente aceitável.

Com esse plano de fundo, agora estamos prontos para formular um modelo de planilha de BIP misto para esse problema que usa o número 99 nessas restrições.

Modelo de planilha de BIP mista para o problema revisado da Wyndor

A Figura 7.8 mostra uma maneira de formular esse modelo. O formato para as primeiras 14 linhas é o mesmo do problema original da Wyndor, então a diferença surge nas linhas 15-17 da planilha. Os valores das variáveis binárias, y_1 e y_2, aparecem nas novas células variáveis, Configuração? (C17:D17). A parte inferior da figura identifica as equações inseridas nas células de saída na linha 16, C16 = 99*C17 e D16 = 99*D17. Consequentemente, as restrições UnidadesProduzidas (C14:D14) $\leq$ ApenasSeConfigurado (C16:D16) impõem as relações $P \leq 99y_1$ e $J \leq 99y_2$.

As células variáveis nessa planilha mostram a solução ideal obtida após a aplicação do Excel Solver. Assim, essa solução é a de não produzir quaisquer portas ($y_1 = 0$ e $P = 0$), mas para realizar a configuração permitindo a produção de 6 janelas ($y_2 = 1$ e $J = 6$) para obter um lucro líquido de 1.700 dólares.

Note que essa solução ideal, de fato, satisfaz os requisitos que $P = 0$ deve manter quando $y_1 = 0$ e que $J > 0$ pode manter quando $y_2 = 1$. As restrições permitem executar uma configuração para produzir um produto e depois não produzir quaisquer unidades ($y_1 = 1$ com $P = 0$ ou $y_2 = 1$ com $J = 0$), mas a função objetivo força uma solução ideal a automaticamente evitar que essa opção imprudente gere custo de configuração sem nenhum propósito.

Perguntas de revisão

1. Como um problema de BIP misto difere de um problema de BIP puro?
2. Por que uma formulação de programação linear deixa de ser válida para um problema de *mix* de produtos quando há custos de configuração para iniciar a produção?
3. Como uma variável binária pode ser definida em termos de saber se uma configuração é realizada para iniciar a produção de determinado produto?
4. O que fez com que a solução ideal para o problema revisado da Wyndor diferisse daquela para o problema original?

7.6 RESUMO

Os gerentes frequentemente tomam decisões sim-ou-não, em que as duas únicas escolhas possíveis são: sim, vá em frente com uma determinada opção, ou não, desista dessa opção. Um modelo de programação binária com número inteiro (BIP) considera várias opções simultaneamente, com uma variável binária de decisão para cada uma. Modelos de BIP mistos também incluem algumas variáveis de decisão contínuas.

O estudo de caso da California Manufacturing Co. envolve decisões sim-ou-não sobre se uma nova fábrica deve ser construída em certas cidades e, em seguida, se um novo depósito também deve ser construído em determinadas cidades. Esse estudo de caso também introduziu a modelagem de alternativas mutuamente excludentes e as decisões contingentes, bem como o desempenho de análise de sensibilidade para os modelos de BIP.

Muitas empresas economizaram milhões de dólares por meio da formulação e solução de modelos de BIP para uma ampla variedade de aplicações. Descrevemos e ilustramos alguns dos tipos mais importantes, incluindo a seleção de projetos (p. ex., projetos de pesquisa e desenvolvimento), a seleção de locais para instalações (p. ex., instalações para serviços de emergência, tais como postos de bombeiros) e escala de tripulação na indústria de viagem (p. ex., companhias aéreas). Também discutimos como usar a BIP mista para lidar com os custos de configuração para iniciar a produção quando se trata de problemas de *mix* de produtos.

Glossário

alternativas mutuamente excludentes Grupo de alternativas em que escolher qualquer alternativa exclui escolher qualquer uma das outras. (Seção 7.1), 231

BIP Abreviação de programação binária de número inteiro. (Introdução), 228

decisão contingente Decisão contingente sim-ou-não é uma decisão contingente se ela puder ser sim somente se uma outra determinada decisão sim-ou-não for sim. (Seção 7.1), 232

decisão sim-ou-não Decisão para a qual as únicas escolhas possíveis são (1) sim, vá em frente com uma determinada opção, ou (2) não, desista dessa opção. (Introdução), 228

modelo de BIP misto Modelo em que apenas algumas das variáveis são restritas a ser variáveis binárias. (Introdução), 228

modelo de BIP puro Modelo em que todas as variáveis são restritas a ser variáveis binárias. (Introdução), 228

problema de cobertura de conjunto Tipo de modelo de BIP em que o objetivo é minimizar alguma quantidade, como o custo total, e todas as restrições funcionais são de cobertura de conjunto. (Seção 7.3), 240

programação binária de número inteiro Tipo de problema ou modelo que se encaixa na programação linear, exceto se ele usar variáveis binárias de decisão. (Introdução), 228

restrição de cobertura de conjunto Restrição que exige que a soma de determinadas variáveis binárias seja maior ou igual a 1. (Seção 7.3), 239

variável binária Variável cujos únicos valores possíveis são 0 e 1. (Introdução), 228

variável binária de decisão Representa uma decisão sim-ou-não por meio da atribuição de um valor de 1 para a escolha de sim e um valor de 0 para a escolha de não. (Introdução), 228

Auxiliares de aprendizagem para este capítulo em seu MS Courseware

Capítulo 7: arquivos do Excel

Estudo de caso da California Mfg.

Exemplo da Tazer Corp.

Exemplo da Caliente City

Exemplo da Southwestern Airways

Exemplo revisado da Wyndor

Suplemento do Excel:

Solver Table

Suplementos para este capítulo no CD-ROM:

Técnicas avançadas de formulação de programação binária com número inteiro

Algumas perspectivas sobre a solução de problemas de programação binária de número inteiro

Problemas solucionados (consulte o CD-ROM ou o *site* para as soluções)

7.S1. Orçamento de capital com restrições contingentes

A empresa está planejando o orçamento de capital ao longo dos próximos anos. Há oito projetos em consideração. Um cálculo foi feito do valor líquido presente esperado de cada um, juntamente com a saída de dinheiro que seria necessária nos próximos quatro anos. Esses dados, juntamente com o dinheiro que está disponível a cada ano, são mostrados na próxima tabela. Há também as restrições contingentes a seguir: (a) pelo menos um dos projetos 1, 2 ou 3 deve ser feito, (b) os projetos 6 e 7 não podem se excluem, e (c) o projeto 5 só pode ser feito se o projeto 6 for feito. Formule e solucione um modelo de BIP em uma planilha para determinar quais projetos devem ser mantidos para maximizar o total esperado do valor líquido atual.

7.S2. Posicionamento de equipes de busca e resgate

O Poder Legislativo do Estado de Washington está tentando decidir em quais locais basear as equipes de busca e resgate. As equipes são caras, por isso o Legislativo gostaria que fossem o menor possível mantendo o nível de serviço desejado. Particularmente, uma vez que o tempo de resposta é importante, o Legislativo gostaria que cada condado tivesse uma equipe situada no local ou em um condado vizinho. (Os locais e os nomes dos condados são mostrados no topo da próxima página.) Formule e solucione um modelo de BIP em uma planilha para determinar onde as equipes devem ser situadas.

	\multicolumn{8}{c	}{Saída de caixa exigida ($milhões)}	Dinheiro disponível ($milhões)
	\multicolumn{8}{c	}{Projeto}	
	1	2	3	4	5	6	7	8	
Ano 1	1	3	0	3	3	7	2	5	20
Ano 2	2	2	2	2	2	3	3	4	20
Ano 3	2	3	4	2	3	3	6	2	20
Ano 4	2	1	0	5	4	2	1	2	20
NPV ($mil)	10	12	11	15	24	17	16	18	

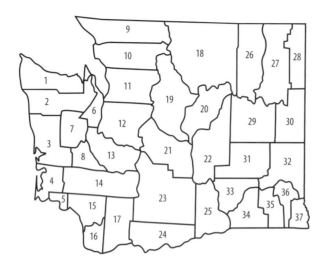

7.S3. Seleção do local do depósito

Considere uma pequena empresa que produz um único produto em duas fábricas e atende clientes em cinco regiões diferentes.

A empresa tem uma política de produção sob encomenda, produzindo apenas as quantidades necessárias para cumprir os pedidos que vieram de várias regiões. No entanto, devido a problemas com a programação de produção esporádica, a gestão decidiu suavizar a taxa de produção e enviar o produto para um ou mais depósitos, os quais depois usarão o estoque para preencher a entrada de encomendas regionais. A gerência agora precisa decidir onde instalar o(s) novo(s) depósito(s) da empresa. Há três locais em consideração. Para cada um, há um custo fixo mensal associado com locação e operação do depósito. Além disso, cada local de depósito em potencial tem uma capacidade máxima para remessas mensais restritas basicamente pelo número de plataformas de caminhões no local.

O produto custa 400 dólares para produção na fábrica 1 e 300 dólares para produção na fábrica 2. O custo de transporte de cada fábrica para cada localização em potencial do depósito é mostrado na primeira tabela abaixo. O custo fixo de locação e de operação (se aberto), os custos de transporte e a capacidade (máximo de envios mensais) de cada localização potencial do depósito são mostrados na segunda tabela abaixo. Espera-se que a demanda mensal em cada uma das regiões do cliente seja de 200, 225, 100, 150 e 175 unidades, respectivamente. Formule e solucione um modelo de BIP em uma planilha para determinar qual(s) depósito(s) deve(m) ser usado(s) e como o produto deve ser distribuído a partir das fábricas para o(s) depósito(s) para o cliente.

Custos de transporte e capacidade das fábricas

	Custo de transporte (por unidade) Dep. 1	Dep. 2	Dep. 3	Capacidade (unidade/mês)
Fábrica 1	$25	$50	$75	500
Fábrica 2	$50	$75	$25	400

Custo fixo, custos de transporte e capacidade dos depósitos

	Custo fixo (por mês)	Região 1	Região 2	Região 3	Região 4	Região 5	Capacidade (unidade/mês)
Dep. 1	$50.000	$30	$70	$75	$55	$40	700
Dep. 2	$30.000	$55	$30	$45	$45	$70	500
Dep. 3	$70.000	$70	$30	$50	$60	$55	1.000

Problemas

À esquerda dos problemas (ou suas partes), inserimos *E sempre que o Excel deva ser utilizado (a menos que seu instrutor lhe dê instruções contrárias). Um asterisco no número do problema indica que uma resposta parcial é dada no Apêndice C.

7.1. Leia o artigo de referência que descreve completamente o estudo da ciência da gestão resumido na vinheta de aplicação apresentada na Seção 7.1. Descreva brevemente como a BIP mista foi aplicada no estudo. Em seguida, liste os vários benefícios financeiros e não financeiros que resultaram dele.

7.2. Reconsidere o estudo de caso da California Manufacturing Co. apresentado na Seção 7.1. O prefeito de San Diego contatou o presidente da empresa, Armando Ortega, para tentar persuadi-lo a construir uma fábrica e, talvez, um depósito na cidade. Com os incentivos fiscais oferecidos à empresa, a equipe de Armando estima que o valor líquido atual da construção de uma fábrica em São Diego seria de 7 milhões de dólares e o capital necessário para fazer isso seria de 4 milhões. O valor líquido atual da construção de um depósito lá seria de 5 milhões de dólares e o capital necessário seria de 3 milhões. (Essa opção só será considerada se uma fábrica também estiver sendo construída lá.)

Armando pediu a Steve Chan para rever seu estudo de ciência da gestão anterior para incorporar essas novas alternativas no problema geral. O objetivo ainda é encontrar a combinação possível dos investimentos que maximize o valor líquido atual total, dado que a quantidade de capital disponível para esses investimentos é de 10 milhões de dólares.

 a. Formule um modelo de BIP em forma algébrica para esse problema.

E* *b.* Formule e solucione esse modelo em uma planilha.

7.3.* Um jovem casal, Eva e Steven, quer dividir suas principais tarefas domésticas (compras no mercado, cozinhar, lavar louça e lavar roupa) de forma que cada um tenha duas tarefas, mas que o tempo total gasto nelas seja reduzido ao mínimo. A eficiência deles difere e o tempo que cada um precisaria para realizá-las é dado pela tabela a seguir:

	Tempo necessário por semana (horas)			
	Fazer as compras	Cozinhar	Lavar a louça	Lavar a roupa
Eve	4,5	7,8	3,6	2,9
Steven	4,9	7,2	4,3	3,1

 a. Formule um modelo de BIP em forma algébrica para esse problema.

E* *b.* Formule e solucione esse modelo em uma planilha.

7.4. Uma empresa de desenvolvimento imobiliário, Peterson e Johnson, considera cinco projetos de desenvolvimento possíveis. Usando unidades de milhões de dólares, a tabela a seguir mostra o lucro estimado a longo prazo (valor líquido atual) que cada projeto poderia gerar, bem como o investimento necessário para realizá-lo.

	Projeto de desenvolvimento				
	1	2	3	4	5
Lucro estimado (milhões)	$1	$ 1,8	$ 1,6	$0,8	$1,4
Capital necessário (milhões)	6	12	10	4	8

Os proprietários da empresa, Dave Peterson e Ron Johnson, levantaram 20 milhões de dólares de capital de investimento para esses projetos. Dave e Ron querem selecionar a combinação de projetos que maximizará o seu lucro total estimado a longo prazo (valor líquido atual), sem investir mais de 20 milhões de dólares.

 a. Formule um modelo de BIP em forma algébrica para esse problema.

E* *b.* Formule e solucione esse modelo de BIP em uma planilha.

E* *c.* Realize análises sensitivas sobre o capital de investimento disponibilizado para os projetos de desenvolvimento usando o Solver Table para solucionar o modelo com as seguintes quantias de capital de investimento (em milhões de dólares): 16, 18, 20, 22, 24, 26, 28 e 30. Inclua as células variáveis e as de destino como células de saída no Solver Table.

E*7.5. A diretoria da General Wheels Co. está considerando sete grandes investimentos de capital. Cada um pode ser feito apenas uma vez. Esses investimentos diferem no lucro estimado a longo prazo (valor líquido atual) que irão gerar, bem como no capital necessário, como mostrado na tabela a seguir:

Oportunidade de investimento	Lucro estimado (milhões)	Capital necessário (milhões)
1	$17	$43
2	10	28
3	15	34
4	19	48
5	7	17
6	13	32
7	9	23

O capital disponível para esses investimentos é de 10 milhões de dólares. As oportunidades de investimento 1 e 2 são mutuamente exclusivas, assim como as 3 e 4. Além disso, nem a 3 e nem a 4 podem ser realizadas a menos que uma das duas primeiras oportunidades seja realizada. Não existem essas restrições nas oportunidades de investimento 5, 6 e 7. O objetivo é selecionar a combinação de investimentos de capital que maximizará o total estimado de lucro a longo prazo (valor líquido atual).

 a. Formule um modelo de BIP em uma planilha para esse problema.

 b. Realize análises sensitivas sobre a quantidade de capital disponível para as oportunidades de investimento usando o Solver Table para resolver o modelo com as seguintes quantidades de capital (em milhões de dólares): 80, 90, 100, 110, . . . , e 200. Inclua as células variáveis e as de destino como células de saída no Solver Table.

E*7.6. A companhia aérea Fly-Right constrói e vende pequenos aviões a jato para as empresas para uso de seus executivos. A fim atender as necessidades desses executivos, algumas vezes, os clientes da empresa encomendam um projeto personalizado dos aviões. Quando isso ocorre, um custo inicial substancial é gerado para iniciar a produção desses aviões.

Recentemente, a Fly Right recebeu pedidos de compra de três clientes com prazos curtos. No entanto, como as instalações de produção da empresa já estão quase completamente ocupadas cumprindo pedidos anteriores, ela não poderá aceitar todos os três novos pedidos. Portanto, uma decisão precisa ser tomada sobre o número de aviões que a empresa vai concordar em produzir (se houver) para cada um dos três clientes.

Os dados relevantes são apresentados na próxima tabela. A primeira linha dá o custo inicial necessário para começar a produção dos aviões para cada cliente. Com a produção em andamento, a receita marginal líquida (que é o preço de compra menos o custo marginal de produção) de cada avião produzido é mostrada na segunda linha. A terceira linha indica a porcentagem da capacidade de produção disponível que seria usada para cada avião produzido. A última linha indica o número máximo de aviões solicitados por cada cliente (mas serão aceitos menos).

	Cliente		
	1	2	3
Custo inicial	$3 milhões	$2 milhões	0
Receita líquida marginal	$2 milhões	$3 milhões	$0,8 milhão
Capacidade usada por avião	20%	40%	20%
Pedido máximo	3 aviões	2 aviões	5 aviões

A Fly-Right agora quer determinar quantos aviões produzir para cada cliente (se algum) para maximizar o lucro total da empresa (receita líquida total menos os custos iniciais). Formule e solucione um modelo de planilha com as variáveis de número inteiro e as variáveis binárias para esse problema.

E*7.7. Considere o seguinte tipo especial de problema de caminho mais curto (discutido na Seção 6.4) em que os nós estão em colunas e os únicos caminhos considerados sempre avançam uma coluna de cada vez.

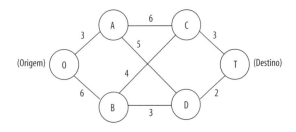

Os números ao longo das ligações representam as distâncias (em milhas), e o objetivo é encontrar o caminho mais curto da origem até o destino.

Esse problema também pode ser formulado como um modelo de BIP, envolvendo alternativas mutuamente excludentes e decisões contingentes. Formule e solucione esse modelo de BIP em uma planilha. Identifique as restrições para (1) alternativas mutuamente excludentes e (2) decisões contingentes.

7.8. Leia o artigo de referência que descreve completamente o estudo de ciência da gestão resumido na vinheta de aplicação apresentada na Seção 7.4. Descreva brevemente como a BIP mista foi aplicada nesse estudo. Em seguida, liste os vários benefícios financeiros e não financeiros que resultaram dele.

7.9. A Speedy Delivery faz entregas em prazo de dois dias de encomendas grandes nos Estados Unidos. Todas as manhãs, em cada centro de coleta, as encomendas que chegaram durante a noite são carregadas em vários caminhões para entrega em toda a área. Uma vez que o campo de batalha nesse negócio é a velocidade de entrega, as encomendas são divididas entre os caminhões de acordo com seus destinos para minimizar o tempo médio necessário para as entregas.

Nessa manhã em particular, a despachante para o Centro de Coleta do Blue River Valley, Sharon Lofton, está trabalhando duro. Seus três motoristas chegarão em menos de uma hora para fazer as entregas do dia. Há nove encomendas para serem entregues, todas em locais com muitas milhas de distância entre si. Como de costume, Sharon carregou esses locais em seu computador. Ela está usando o pacote de software especial da empresa, um sistema de apoio à decisão chamado Dispatcher. A primeira coisa que o Dispatcher faz é usar esses locais para gerar um número considerável de rotas atrativas possíveis para os caminhões de entrega. Essas rotas são mostradas na tabela abaixo (em que os números em cada coluna indicam a ordem das saídas), juntamente com o tempo necessário estimado para percorrer a rota.

O Dispatcher é um sistema interativo que mostra as rotas para Sharon aprová-las ou modificá-las. (p. ex., o computador pode não saber que uma inundação tenha inviabilizado uma rota específica). Depois de Sharon aprovar essas rotas como possibilidades atrativas com estimativas de tempo razoáveis, o Dispatcher formula e soluciona um modelo de BIP para a seleção de três rotas que minimizem o tempo total, enquanto inclui cada local de entrega em exatamente uma rota.

Local de entrega	Possíveis rotas atrativas										
	1	2	3	4	5	6	7	8	9	10
A	1				1				1	
B		2		1	2				2	2
C			3	3			3		3	
D	2					1		1		
E			2	2		3				
F		1			2					
G	3						1	2		3
H			1		3					1
I		3		4		2				
Tempo (em horas)	6	4	7	5	4	6	5	3	7	6

E* a. Usando os dados na tabela, demonstre como o Dispatcher pode formular e solucionar esse modelo de BIP em uma planilha.

b. Descreva como o problema abordado na parte a é análogo ao problema de escala de tripulação descrito na Seção 7.4.

E*7.10. Um número crescente de americanos estão se mudando para regiões de clima mais quente quando se aposentam. Para tirar proveito dessa tendência, a Sunny Skies Ilimitada está realizando um grande projeto imobiliário com o desenvolvimento de uma comunidade de aposentados completamente nova (a ser chamada de Pilgrim Haven) que terá vários quilômetros quadrados. Uma das decisões a serem tomadas é onde instalar os dois postos de paramédicos alocados para a comunidade para atender as emergências médicas. Para fins de planejamento, a Pilgrim Haven foi dividida em cinco setores, com não mais do que um posto de paramédico a ser instalado em qualquer setor determinado. Cada posto deve atender *todas* as emergências médicas do setor em que estiver localizado, bem como dos outros setores atribuídos para esse posto. Assim, as decisões a serem tomadas consistem em (1) os setores a receber um posto de paramédicos e (2) a designação de cada um dos outros setores a um dos postos de paramédicos. O objetivo é minimizar a média geral dos *tempos de resposta* a emergências médicas.

A tabela abaixo apresenta o tempo médio de resposta a uma emergência médica em cada setor (as linhas) se esse setor for atendido por um posto em um determinado setor (as colunas). A última coluna dá o número médio previsto de emergências médicas que ocorrerão em cada um dos setores por dia.

		\multicolumn{5}{c	}{Posto de médico do setor}	Frequência média de emergências médicas por dia
		1	2	3	4	5	
Tempos de resposta (min.) a emergências médicas no setor	1	5	20	15	25	10	2
	2	12	4	20	15	25	1
	3	30	15	6	25	15	3
	4	20	10	15	4	12	1
	5	15	25	12	10	5	3

Formule um modelo de BIP em uma planilha para esse problema. Identifique eventuais restrições que correspondam a alternativas mutuamente excludentes ou decisões contingentes.

7.11. Reconsidere o Problema 7.10. A gestão da Sunny Skies Ilimitada determinou que a decisão sobre a localização dos postos de paramédicos deve ser baseada principalmente nos custos.

O custo de alocação de um posto de paramédicos é de 200 mil dólares para o setor 1, 250 mil para o setor 2, 400 mil para o setor 3, 300 mil para o setor 4 e 500 mil para o setor 5. O objetivo da gestão agora é determinar quais setores devem receber um posto para minimizar o custo total de postos ao mesmo tempo garantindo que cada setor tenha pelo menos um posto perto o suficiente para responder a uma emergência médica em não mais do que 15 minutos (em média). Em contraste com o problema original, note que o número total de postos de paramédicos não é mais fixado. Além disso, se um setor sem posto tem mais de um posto dentro de 15 minutos, já não é necessário designar esse local a um desses postos.

a. Formule a forma algébrica de um modelo de BIP puro com cinco variáveis binárias para esse problema.

E* *b.* Apresente e solucione esse modelo em uma planilha.

7.12. Reconsidere o problema de escala da tripulação da Southwestern Airways apresentado na Seção 7.4. Por causa de uma nevasca na região de Chicago, todos os voos chegando e saindo de Chicago (incluindo os voos 4, 6, 7 e 9 na Tabela 7.5) foram cancelados por enquanto, assim, um novo plano de escala de tripulação precisa ser desenvolvido para cobrir os sete voos restantes na Tabela 7.5.

As 12 sequências viáveis de voos ainda são as mostradas na Tabela 7.5 após a exclusão dos voos cancelados. Quando os voos chegando e partindo de Chicago tinham sido originalmente parte de uma sequência, uma tripulação viajaria como passageiros de um voo da Airways Southwestern até a próxima cidade na sequência para cobrir os voos restantes da sequência. Por exemplo, a sequência de voo 4 agora seria de São Francisco a Los Angeles a Denver a São Francisco, onde uma tripulação viajaria como passageiros em um voo de Los Angeles a Denver (não mostrado na tabela) para poder trabalhar como a tripulação de Denver a São Francisco. (Uma vez que a sequência original 5 incluiu uma viagem de ida e volta de Denver a Chicago e vice-versa, uma tripulação escalada para essa sequência agora simplesmente faria uma parada curta em Denver para esperar pelo voo de Denver a São Francisco). O custo de escala de uma tripulação para qualquer sequência ainda seria o mesmo mostrado na linha inferior da Tabela 7.5.

O objetivo ainda é minimizar o custo total das escalas da tripulação que cobrem todos os voos. O fato de apenas sete voos hoje precisarem ser cobertos em vez de 11 aumenta a chance de menos de três tripulações terem de ser escaladas para uma sequência de voo nesse momento. (Os voos em que essas tripulações viajam como passageiros não precisam ser abordados, uma vez que já são designados às tripulações que não estão baseadas em São Francisco.)

a. Formule um modelo de BIP em forma algébrica para esse problema.

E* *b.* Formule e solucione esse modelo em uma planilha.

7.13. A Yakima Construction Corporation (YCC) está considerando uma série de projetos de desenvolvimento. As saídas de caixa que seriam necessárias para concluir cada projeto estão indicadas na tabela abaixo, juntamente com o valor líquido atual esperado de cada projeto (todos os valores em milhões de dólares).

	\multicolumn{5}{c	}{Projeto}
	1	2	3	4	5
Ano 1	$8	$10	$12	$4	$14
Ano 2	6	8	6	3	6
Ano 3	3	7	6	2	5
Ano 4	0	5	6	0	7
NPV	$12	$15	$20	$9	$23

Cada projeto deve ser feito na íntegra (com os fluxos de caixa correspondentes para todos os quatro anos) ou não deve ser feito. Além disso, existem as seguintes considerações adicionais. O projeto 1 não pode ser feito a menos que o projeto 2 também o seja, e os projetos 3 e 4 competiriam um com o outro, então não devem ser escolhidos ao mesmo tempo. A YCC espera ter a seguinte quantia disponível para investir nesses projetos: 40 milhões de dólares para o ano 1, 25 milhões para o ano 2, 16 milhões para o ano 3 e 12 milhões para o ano 4. Qualquer dinheiro disponível não gasto em um determinado ano é, então, disponibilizado para ser gasto no ano seguinte. A política da YCC é escolher projetos de forma a maximizar seu total de NPV esperado.

  a. Formule um modelo de BIP em forma algébrica para esse problema.

E* b. Formule e solucione esse modelo em uma planilha.

7.14. Leia o artigo de referência que descreve completamente o estudo de ciência da gestão resumido na vinheta de aplicação apresentada na Seção 7.5. Descreva brevemente como a BIP mista foi aplicada nesse estudo. Em seguida, liste os vários benefícios financeiros e não financeiros que resultaram dele.

7.15. Uma concessionária de energia elétrica precisa gerar 6.500 megawatts de eletricidade atualmente. Ela possui cinco geradores. Se a eletricidade é gerada por um determinado gerador, este deve ser ligado, e um custo inicial fixo é produzido. Há um custo adicional para cada megawatt fornecido por um gerador. Esses custos, bem como a capacidade máxima de cada gerador, são mostrados na tabela a seguir. O objetivo é determinar o plano de custo mínimo que atenda as necessidades elétricas atuais.

	Gerador				
	A	B	C	D	E
Custo fixo inicial	$3.000	$2.000	$2.500	$1.500	$1.000
Custo por megawatt gerado	$5	$4	$6	$6	$7
Capacidade máxima (MW)	2.100	1.800	2.500	1.500	3.000

  a. Formule um modelo de BIP em forma algébrica para esse problema.

E* b. Formule e solucione esse modelo em uma planilha.

7.16. A diretoria da Bellevue School District tomou a decisão de comprar 1.350 computadores Macintosh adicionais para os laboratórios de informática em todas as suas escolas. Com base na experiência passada, a diretoria da escola também determinou que esses computadores devam ser comprados a partir de uma combinação de três empresas: Educomp, Macwin e McElectronics. Nos três casos, as empresas cobram um custo reduzido variável por computador e um custo fixo de entrega e instalação para essas grandes vendas para distritos escolares. A tabela abaixo mostra essas cobranças e também a capacidade (o número máximo de computadores que podem ser vendidos do estoque limitado) de cada uma das empresas.

	Educomp	Macwin	McElectronics
Capacidade	700	700	1.000
Custo fixo	$45.000	$35.000	$50.000
Custo variável	$750	$775	$700

A diretoria da escola quer determinar o plano de custo mínimo para atender suas necessidades de informática.

  a. Formule um modelo de BIP em forma algébrica para esse problema.

E* b. Formule e solucione esse modelo em uma planilha.

E* c. Agora suponha que a Macwin não apresentou sua proposta final ainda, assim, o custo por computador não é conhecido com precisão. Gere um Solver Table para mostrar as quantidades ideais de encomenda e o custo total da solução ideal quando o custo por computador da Macwin for de 680, 690, 700, 710, ..., 790 ou 800 dólares.

E*7.17. A Noble Amazon vende livros on-line. A gestão está tentando determinar os melhores locais para os depósitos da empresa. Cinco locais em potencial estão em consideração. A maioria das vendas vem de clientes nos Estados Unidos. A demanda média semanal de cada região do país, o custo médio de transporte de cada local de depósito para cada região, o custo fixo por semana de cada depósito se em operação e a capacidade máxima de cada depósito (se em operação) são mostrados na tabela abaixo. Formule e solucione um modelo de BIP misto em uma planilha para determinar em quais locais de depósito a Noble Amazon deve operar e como os livros devem ser distribuídos de cada depósito para cada região do país para minimizar o custo total.

Local do depósito	Custo médio de transporte ($/livro)					Custo fixo (por semana)	Capacidade do depósito (livros/semana)
	Noroeste	Sudoeste	Meio-oeste	Sudeste	Nordeste		
Spokane, WA	$2,40	$3,50	$4,80	$6,80	$5,75	$40.000	20.000
Reno, NV	$3,25	$2,30	$3,40	$5,25	$6,00	$30.000	20.000
Omaha, NE	$4,05	$3,25	$2,85	$4,30	$4,75	$25.000	15.000
Harrisburg, PA	$5,25	$6,05	$4,30	$3,25	$2,75	$40.000	25.000
Jacksonville, FL	$6,95	$5,85	$4,80	$2,10	$3,50	$30.000	15.000
Demanda do cliente (por semana)	8.000	12.000	9.000	14.000	17.000		

E*7.18. A Aberdeen Computer Corp (ACC) está situada em Aberdeen, Washington. A empresa desenvolveu o WebSurfer, um e-mail de baixo custo e ferramenta de navegação na internet. Esse produto é fabricado em quatro fábricas situadas em Atlanta, Kansas City, Aberdeen e Austin. Após a produção, os WebSurfers são enviados para três depósitos em Nashville, São José e Houston. A ACC vende os WebSurfers no varejo. Particularmente, cinco varejistas diferentes vendem hoje o WebSurfer: Sears, Best Buy, Fry's, Comp USA e Office Max. A ACC faz remessas semanais para os principais depósitos desses cinco varejistas. O custo de transporte de cada fábrica para cada depósito, o custo de produção e a capacidade de produção semanal em cada fábrica são apresentados na tabela a seguir.

Fábrica	Custo fixo ($/semana)
Atlanta	$8.000
Kansas City	$9.000
Aberdeen	$9.000
Austin	$10.000

Depósito	Custo fixo ($/semana)
Nashville	$4.000
San Jose	$5.000
Houston	$5.000

Fábrica	Custo de transporte ($/unidade) Nashville	Custo de transporte ($/unidade) São José	Custo de transporte ($/unidade) Houston	Custo de produção ($/unidade)	Capacidade (unidades/semana)
Atlanta	$30	$40	$50	$208	200
Kansas City	$25	$45	$40	$214	300
Aberdeen	$45	$30	$55	$215	300
Austin	$30	$50	$30	$210	400

O custo de transporte de cada depósito para cada cliente, o custo variável (custo por unidade que passa pelo depósito), a capacidade (número máximo de unidades que pode passar pelo depósito por semana) para cada depósito e a demanda semanal de cada cliente são apresentados na tabela a seguir.

Depósito	Sears	Best Buy	Fry's	Comp USA	Office Max	Custo variável ($/unidade)	Capacidade (unidades/semana)
Nashville	$40	$45	$30	$25	$20	$4	300
San Jose	$15	$50	$25	$15	$40	$5	500
Houston	$50	$35	$15	$40	$50	$5	500
Demanda por cliente (por semana)	100	50	75	300	150		

a. Formule e solucione um modelo de programação linear em uma planilha para determinar o plano de produção semanal e a distribuição do WebSurfer a partir de várias fábricas, passando pelos depósitos, até os clientes que minimizarão os custos totais.

b. Agora suponha que a ACC está pensando em economizar dinheiro fechando algumas das suas instalações de produção e /ou depósitos. Suponha que há um custo fixo para operar cada fábrica e cada armazém, conforme indicado nas tabelas anteriores. Adicione variáveis binárias para o seu modelo na parte a, para incorporar a decisão de quais fábricas e depósitos manter abertos para minimizar o custo total (incluindo os custos fixados de qualquer fábrica ou depósito que for operado).

Caso 7-1
Atribuição de arte

Foi um sonho se tornando realidade para Ash Briggs, um aspirante a artista que vive na área da Baía de São Francisco. Ele foi ao armazém da esquina no final da tarde de sexta-feira para comprar leite, e, num impulso, também comprou um bilhete de loteria da Califórnia. Uma semana depois, era um multimilionário.

Ash não queria desperdiçar seu prêmio com itens materialistas e triviais. Em vez disso, pretendia usar o dinheiro para sustentar sua verdadeira paixão: a arte. Ele conhecia muito bem as dificuldades para ser reconhecido como um artista nessa sociedade pós-industrial e tecnológica, em que a apreciação artística é rara e o apoio financeiro, mais raro ainda. Assim, decidiu usar o dinheiro para fazer uma exibição de promissores artistas modernos no **Museu de Arte Moderna de São Francisco**.

Ash mostrou a ideia aos diretores do museu, e estes ficaram animados imediatamente quando ele informou que financiaria a exposição toda, além de doar 1 milhão de dólares para o museu. Celeste McKenzie, diretora do museu, foi designada para trabalhar com Ash no planejamento da exposição, programada para abertura um ano depois de Ash ter se reunido com os diretores, e as peças permaneceriam em exposição durante dois meses.

Ele iniciou o projeto vasculhando a comunidade de arte moderna à procura de artistas e peças em potencial e apresentou uma lista (mostrada a seguir) de artistas, suas peças e o preço da exibição de cada uma[1] para Celeste.

Ash possui certos requisitos para a exposição. Ele acredita que a maioria dos americanos não tem conhecimento adequado de arte e estilos artísticos, e quer que a exposição os eduque. A proposta da exposição é que os visitantes se conscientizem que a colagem é uma forma de arte ao contrário do senso comum que define colagens como trabalhos que exigem pouco talento.

Então, decidiu incluir apenas uma colagem. Além disso, Ash quer que os espectadores comparem as linhas delicadas em uma escultura tridimensional com arame com as linhas delicadas em um desenho bidimensional gerado em computador. Ele quer, pelo menos, uma escultura de arame exibida se for exibido um desenho gerado por computador. Alternativamente, quer pelo menos um desenho gerado por computador exibido se uma escultura de arame for exibida. Além disso, Ash pretende mostrar aos espectadores todos os estilos de pintura, mas quer limitar o número de pinturas expostas para alcançar um equilíbrio na exibição entre pinturas e outras formas de arte. Assim, decide incluir, no mínimo: uma pintura fotorrealista, uma pintura cubista, uma pintura expressionista, uma em aquarela e uma a óleo. Ao mesmo tempo, quer que o número de quadros não seja maior do que o dobro de outras formas de arte.

Ash quer que todas as suas próprias pinturas sejam incluídas na exposição, uma vez que o patrocínio é dele, e que elas celebram a área da Baía de São Francisco, a casa da exposição.

[1] O preço de exposição inclui o pagamento do artista pelo aluguel da peça ao museu, o trasporte da peça, o seguro enquanto ela estiver exposta, e o transporte de volta.

Artista	Peça	Descrição da peça	Preço
Colin Zweibell	*Perfection*	Escultura de arame de corpo humano	$300.000
	Burden	Escultura de arame de mula	250.000
	The Great Equalizer	Escultura de arame de arma	125.000
Rita Losky	*Chaos Reigns*	Série de desenhos gerados em computador	400.000
	Who Has Control?	Desenho gerado em computador combinado com linhas de código de computador	500.000
	Domestication	Desenho de casa com nanquim	400.000
	Innocence	Desenho de criança com nanquim	550.000
Norm Marson	*Aging Earth*	Escultura de lixo cobrindo o globo maior	700.000
	Wasted Resources	Colagem de vários materiais de embalagem	575.000
Candy Tate	*Serenity*	Pintura em aquarela toda azul	200.000
	Calm before the Storm	Pintura em aquarela com o fundo todo azul e centro em aquarela preto	225.000
Robert Bayer	*Void*	Pintura a óleo toda preta	150.000
	Sun	Pintura a óleo toda amarela	150.000
David Lyman	*Storefront Window*	Pintura foto-realista de vitrine de joalheria	850.000
	Harley	Pintura foto-realista de moto Harley-Davidson	750.000
Angie Oldman	*Consumerism*	Colagem de propagandas de revista	400.000
	Reflection	Espelho (considerado escultura)	175.000
	Trojan Victory	Escultura de preservativo feita com madeira	450.000
Rick Rawls	*Rick*	Autorretrato foto-realista (pintura)	500.000
	Rick II	Autorretrato cubista (pintura)	500.000
	Rick III	Autorretrato expressionista (pintura)	500.000
Bill Reynolds	*Beyond*	Pintura a óleo de ficção científica retratando a colonização em Marte	650.000
	Pioneers	Pintura a óleo de três astronautas a bordo de ônibus espacial	650.000
Bear Canton	*Wisdom*	Desenho de chefe Apache feito com nanquim	250.000
	Superior Powers	Desenho com nanquim de tradicional dança da chuva de nativo estadunidense	350.000
	Living Land	Pintura a óleo do Grande Canyon	450.000
Helen Row	*Study of a Violin*	Pintura cubista de violino	400.000
	Study of a Fruit Bowl	Pintura cubista de tigela de frutas	400.000
Ziggy Lite	*My Namesake*	Colagem de desenhos de Ziggy	300.000
	Narcissism	Colagem de fotografias de Ziggy Lite	300.000
Ash Briggs	*All That Glitters*	Pintura em aquarela da Ponte Golden Gate	50.000*
	The Rock	Pintura em aquarela de Alcatraz	50.000*
	Winding Road	Pintura em aquarela da Lombard Street	50.000*
	Dreams Come True	Pintura em aquarela do Museu de Arte Moderna de São Francisco	50.000*

* Ash não quer compensação pessoal, e o custo de transporte de suas peças da sua casa, em São Francisco, até o museu é mínimo. O custo de exposição de suas peças, portanto, só inclui a montagem e o seguro.

Ash tem opinião pessoal a favor e contra alguns artistas. Ele tem um caso agitado com Candy Tate, e quer as duas pinturas dela exibidas. Ash considera David Lyman e Rick Rawls seus melhores amigos, e não quer favorecer só um deles. Decide, então, exibir o mesmo número de peças de David Lyman e de Rick Rawls, bem como exibir pelo menos uma peça de cada um. Embora Ziggy Lite seja muito popular nos círculos de arte, Ash acredita que ele faz uma arte de escárnio, portanto só aceita exibir uma peça desse artista, se houver alguma.

Celeste também possui seu próprio plano para a exposição. Como diretora do museu, está interessada em representar um grupo diversificado de artistas, fazendo apelo a um público amplo e criando uma exposição politicamente correta. Para promover o feminismo, decide incluir pelo menos uma peça de uma artista para cada duas peças de um artista. Para promover o ambientalismo, decide incluir uma ou ambas peças *Aging Earth* e *Wasted Resources*. Para promover os direitos do artista local, decide incluir pelo menos uma peça de Bear Canton. Para promover a ciência, decide incluir pelo menos uma das seguintes peças: *Chaos Reigns*, *Who Has Control?*, *Beyond*, e *Pioneers*. Ela também entende que o espaço no museu é limitado, suficiente para quatro esculturas e 20 pinturas, colagens e desenhos.

Finalmente, Celeste decide que, se *Narcissism* for exibido, *Reflection* também deve ser exibida, pois esta também sugere o narcisismo.

Explore as seguintes perguntas de forma independente, exceto quando indicado o contrário.

a. Ash decide alocar 4 milhões de dólares para financiar a exposição. Dados as peças disponíveis e os requisitos específicos de Ash e de Celeste, formule e solucione um problema de programação binária com número inteiro para maximizar o número de peças exibidas na exposição sem exceder o orçamento. Quantas peças são exibidas? Quais?

b. Para garantir que a exposição chame atenção do público, Celeste decide que ela deve incluir pelo menos 20 peças. Formule e solucione um problema de programação binária com número inteiro para minimizar o custo da exposição durante a exibição de pelo menos 20 peças e satisfazer os requisitos estabelecidos por Ash e Celeste. Quanto custa a exposição? Quais peças são exibidas?

c. Um influente patrocinador do trabalho de Rita Losky que preside o conselho de diretores do museu fica sabendo que Celeste requer pelo menos 20 peças na exposição. Ele se oferece para pagar o valor mínimo exigido além dos 4 milhões de dólares de Ash para garantir que exatamente 20 peças sejam exibidas na exposição com todas as peças de Rita. Quanto o patrocinador tem que pagar? Quais peças são exibidas?

Caso 7-2
Estocagem de conjuntos

Daniel Holbrook, um despachante no depósito local da **Furniture City**, suspirou quando moveu caixas e caixas do estoque para o lado para chegar à prateleira onde estava o item de que ele precisava. Ele se abaixou, ficando com as mãos e os joelhos no chão e deu uma olhada na quantidade de estoque na última prateleira. Não encontrando a quantidade de que precisava, buscou em cima da prateleira, até encontrar a quantidade correspondente à do recibo de pedido. Que sorte a dele! O item estava na prateleira superior da estante! Daniel voltou pelo depósito para encontrar uma escada, tropeçando nas caixas em seu caminho. Quando finalmente subiu a escada para alcançar a prateleira, seu rosto se enrugou de frustração. De novo não! O item de que precisava não estava no estoque! Tudo o que ele viu acima do número de inventário foi um espaço vazio coberto de poeira!

Daniel voltou, andando com dificuldade pelo depósito para fazer o temido telefonema. Discou o número de Brenda Sims, a vendedora no piso do *showroom* de cozinha da Furniture City e informou que aquela luminária solicitada pelo cliente não estava em estoque. Perguntou se ela queria que ele procurasse entre o restante dos itens do conjunto de cozinha. Brenda respondeu que conversaria com o cliente e ligaria de volta. Ela desligou o telefone e franziu as sobrancelhas para o Sr. Davidson, seu cliente não iria ficar muito feliz. Pedir e receber a luminária correta do depósito regional levaria pelo menos duas semanas.

Brenda fez uma pausa para refletir sobre negócios durante o último mês e percebeu que mais de 80% dos pedidos de conjuntos de cozinha não poderiam ser cumpridos porque os itens necessários não estavam em estoque no depósito local. Ela também percebeu que a Furniture City estava perdendo a confiança dos clientes, além de negócios, por faltas de estoque. A megastore de móveis estava ganhando a reputação de serviço lento e entregas atrasadas, fazendo os clientes procurarem pequenos concorrentes que vendem móveis diretamente do piso do *showroom*.

Brenda decidiu investigar a situação do estoque no depósito local. Caminhou a curta distância até a porta do prédio ao lado e suspirou quando pisou dentro do depósito. O que viu só poderia ser descrito como caos. Espaços alocados para alguns itens estavam transbordando para os corredores do depósito, enquanto outros lugares estavam completamente vazios. Caminhou até um dos espaços abarrotados para determinar qual era o item em excesso. Não podia acreditar em seus olhos! O depósito tinha pelo menos 30 rolos de papel de parede verde-ervilha! Nenhum cliente encomendava papel de parede verde-ervilha desde 1973!

Exigiu uma explicação de Daniel. Ele disse que o depósito estava nesse estado caótico desde a sua chegada, há um ano, e que os problemas de estoque ocorreram porque a gestão tinha uma política de estocar todos os móveis do piso do *showroom* no depósito local. a gestão só repõe o estoque a cada três meses e, quando o estoque foi reposto, ela encomendou todos os itens, independentemente de terem sido vendidos. Daniel também disse que tentou avisar a gestão sobre os problemas com excesso de estoque de itens sem saída e com baixo estoque de itens de muita saída, mas não quiseram ouvi-lo porque ele era simplesmente um despachante.

Brenda entendeu que a Furniture City precisava de uma nova política de estoque. Não só a megastore estava perdendo dinheiro ao deixar os clientes insatisfeitos com atrasos na entrega, mas também por desperdiçar espaço do depósito. Alterando a política de estoque para manter apenas os itens populares e substituí-los imediatamente quando vendidos, a Furniture City garantiria que a maioria dos clientes receberia seus móveis imediatamente e que o espaço valioso de armazenamento seria utilizado eficazmente.

Brenda precisava vender a ideia para a gestão. Usando sua grande experiência de vendas, decidiu que a estratégia mais eficaz de vendas seria usar seu departamento de cozinha como um modelo para a nova política de estoque. Ela identificaria todos os conjuntos de cozinha compreendendo por 85% dos pedidos dos clientes. Dada a quantidade fixa de espaço alocado no depósito para o departamento de cozinha, ela identificaria os itens que a Furniture City deve estocar para satisfazer o maior número de pedidos. Ela, então, calcularia as receitas advindas da satisfação dos pedidos no âmbito da nova política de estoque, usando o lucro final para persuadir a gerência a aceitar sua política.

Brenda analisou seus registros ao longo dos últimos três anos e identificou que 20 conjuntos de cozinha foram responsáveis por 85% dos pedidos. Esses 20 conjuntos reuniam até oito componentes em uma variedade de estilos. Brenda listou cada componente e seus estilos populares nas tabelas a seguir.

Ela criou uma tabela (apresentada na próxima página) mostrando os 20 conjuntos de cozinha e os componentes particulares que compõem cada conjunto. A fim de simplificar a tabela, usou os códigos entre parênteses a seguir para representar a característica e o estilo em especial. Por exemplo, o conjunto de cozinha 1 consiste em um ladrilho de T2, papel de parede W2, luminária L4, armário C2, bancada O2, máquina de lavar louça D2, pia S2 e fogão R2. Observe que os conjuntos 14 a 20 não contêm máquinas de lavar louça.

Brenda sabia que tinha apenas uma quantidade limitada de espaço de armazenagem alocada para o departamento de cozinha. O depósito pode armazenar 50 metros quadrados de ladrilho e 12 rolos de papel de parede no depósito. As prateleiras do estoque poderiam conter duas luminárias, dois armários, três bancadas e duas pias. As máquinas de lavar louça e os fogões são semelhantes em tamanho, então a Furniture City armazenou-os em locais semelhantes. O chão do depósito pode armazenar um total de quatro máquinas de lavar louça e fogões.

Cada conjunto de cozinha sempre inclui exatamente 20 m^2 de ladrilho e exatamente cinco rolos de papel de parede. Portanto, é necessário que haja em estoque 20 m^2 de um estilo particular de ladrilho e cinco rolos de um papel de parede específico.

a. Formule e solucione um problema de programação binária de número inteiro para maximizar o número total de conjuntos de cozinha (e, portanto, o número de pedidos) estocados pela Furniture City no depósito local. Suponha que quando um cliente pede um conjunto de cozinha, todos os itens específicos que o compõem são reabastecidos no depósito local imediatamente.

b. Quantos de cada componente e estilo a Furniture City deve estocar no depósito local? Quantos conjuntos de cozinha diferentes estão no estoque?

c. A Furniture City decide interromper a manutenção em estoque de conjuntos de berçário, e o respectivo espaço do depósito previamente alocado é dividido entre os departamentos existentes na Furniture City. O departamento de cozinha recebe bastante espaço adicional para permitir o estoque de ambos os estilos de máquina de lavar e três dos quatro estilos de fogões. Como a política de estoque ideal para o departamento de cozinha muda com esse espaço de armazenamento adicional?

d. Brenda convence a gestão que o departamento de cozinha deve funcionar como um campo de testes para as políticas de estoque futuras. Para proporcionar um espaço adequado para testes, a gestão decide alocar todo o espaço liberado pelo departamento de berçário para o departamento de cozinha. O espaço extra significa que o departamento de cozinha pode armazenar não apenas as máquinas de lavar louça e fogões da parte *c*, mas também todas as pias, todas as bancadas, três das quatro luminárias e três dos quatro armários. Como o espaço adicional ajuda?

e. Como a política de estoque seria afetada se os itens compondo um conjunto de cozinha não pudessem ser repostos imediatamente? Sob quais condições a suposição de reposição imediata é, no entanto, justificada?

Ladrilho	Papel de parede	Luminárias	Armários
(T1) Ladrilho branco texturizado	(W1) Papel simples marfim	(L1) Luminária grande e retangular de vidro fosco	(C1) Armários de madeira sólida clara
(T2) Ladrilho marfim texturizado	(W2) Papel marfim com listras marrom-escuro	(L2) Três pequenas luminárias quadradas de vidro fosco	(C2) Armários de madeira sólida escura
(T3) Ladrilho branco quadriculado com adorno azul	(W3) Papel azul com textura mármore	(L3) Grande luminária oval de vidro fosco	(C3) Armários de madeira clara com portas de vidro
(T4) Ladrilho branco quadriculado com adorno amarelo claro	(W4) Papel amarelo claro com textura mármore	(L4) Três pequenas luminárias em globo de vidro fosco	(C4) Armários de madeira escura com portas de vidro

Bancadas	Máquinas de lavar louça	Pias	Fogões
(O1) Bancadas de madeira	(D1) Lavadora de louça branca de baixo consumo de eletricidade	(S1) Pia com torneira de água quente e fria separadas	(R1) Fogão elétrico branco
(O2) Bancadas de madeira clara e manchada	(D2) Lavadora de louça branca de baixo consumo de eletricidade	(S2) Pia dividida com torneiras separadas de água quente e fria e triturador de lixo	(R2) Fogão elétrico marfim
(O3) Bancadas brancas pré-lacadas		(S3) Pia com uma torneira de água quente e fria	(R3) Fogão a gás branco
(O4) Bancadas marfim pré-lacadas		(S4) Pia dividida com uma torneira de água quente e fria e triturador de lixo	(R4) Fogão a gás marfim

Caso 7-2 Estocagem de conjuntos

	T1	T2	T3	T4	W1	W2	W3	W4	L1	L2	L3	L4	C1	C2	C3	C4	O1	O2	O3	O4	D1	D2	S1	S2	S3	S4	R1	R2	R3	R4
Conjunto 1		×				×						×		×						×	×	×	×	×	×			×		
Conjunto 2		×			×				×											×	×	×	×	×		×	×	×		
Conjunto 3	×						×	×		×	×		×			×	×				×				×				×	
Conjunto 4			×				×		×	×	×		×		×						×	×	×		×		×			
Conjunto 5				×			×	×	×		×		×					×	×		×	×	×	×			×			
Conjunto 6		×				×				×		×	×			×		×	×	×	×	×		×	×			×		×
Conjunto 7	×						×				×	×	×		×		×		×			×			×		×		×	
Conjunto 8		×			×																							×	×	×
Conjunto 9		×			×					×					×			×				×		×		×				
Conjunto 10	×				×				×				×				×		×		×		×						×	
Conjunto 11			×		×						×				×		×				×	×							×	
Conjunto 12		×				×			×					×				×			×		×	×		×		×		
Conjunto 13			×				×	×			×						×								×		×		×	
Conjunto 14				×			×	×	×		×	×	×		×				×				×	×		×				
Conjunto 15			×									×	×														×		×	
Conjunto 16			×				×	×				×	×		×				×	×						×				
Conjunto 17	×						×	×		×				×					×	×								×	×	
Conjunto 18		×					×				×					×				×			×	×						
Conjunto 19		×						×				×								×				×						×
Conjunto 20		×				×	×		×				×					×							×					×

Caso 7-3
Alocação de estudantes nas escolas (revisitado)

Reconsidere o Caso 3-5. A Springfield School Board tomou a decisão de proibir a divisão de áreas residenciais entre várias escolas. Assim, cada uma das seis áreas deve ter atribuída a uma única escola.

a. Formule e solucione um modelo de BIP para esse problema no âmbito da política atual de fornecimento de transporte de ônibus para todos os estudantes do ensino médio que têm que se deslocar mais de uma milha, aproximadamente.

b. Referindo à parte *c* do Caso 3-5, determine quanto o custo total de transporte aumenta por causa da proibição de dividir áreas residenciais entre várias escolas.

c, d, e, f. Repita as partes *d, e, f, g* do Caso 3-5 no âmbito da nova decisão da diretoria de proibir a divisão de áreas residenciais entre várias escolas.

Caso 7-4
Transmissão dos jogos olímpicos (revisitado)

Reconsidere a parte *b* do Caso 6-4. Use o modelo de planilha desenvolvido lá para incorporar a seguinte consideração.

Uma preocupação adicional não considerada no Caso 6-4 é que os roteadores nos nós C e F estão, cada um, já no limite da capacidade. Se qualquer capacidade adicional for construída dentro ou fora dos nós C ou F, então os roteadores nessas estações deverão ser atualizados. Isso custaria um total de 2 milhões de dólares no nó C ou um total de 3 milhões de dólares no nó F. Quais segmentos de rede devem ter a capacidade aumentada e em que quantidade para ampliar a capacidade total da rede o suficiente para transmitir a exigência de pico de 35 GB/s do *site* dos Jogos Olímpicos (A) aos estúdios de casa (G) com o menor custo possível?

Caso adicional

Um caso adicional para este capítulo está disponível para compra no *site* da Ivey School of Business, da University of Western Ontario, **cases.ivey.uwo.ca/case**, no segmento da área de Case-Mate designada para este livro.

PROGRAMAÇÃO NÃO LINEAR

8

OBJETIVOS DE APRENDIZAGEM

OA1 Descrever como um modelo de programação não linear difere de um linear.

OA2 Reconhecer quando é necessário um modelo de programação não linear para representar um problema.

OA3 Formular um modelo de programação não linear a partir da descrição do problema.

OA4 Elaborar fórmulas não lineares necessárias para modelos de programação não linear.

OA5 Distinguir entre problemas de programação não linear que devem ser fáceis de resolver e aqueles que podem ser difíceis (senão impossíveis) de resolver.

OA6 Usar o Solver não linear do Excel para resolver tipos simples de problemas de programação não linear.

OA7 Combinar o Solver não linear do Excel com o Solver Table como tentativa de resoluções para alguns problemas mais difíceis de programação não linear.

OA8 Usar o Evolutionary Solver para resolver alguns problemas difíceis de programação não linear.

OA9 Reconhecer quando a técnica de programação separável se aplica no uso de programação linear com uma função objetivo não linear.

OA10 Aplicar a técnica de programação separável quando possível.

Os capítulos anteriores mostraram uma grande variedade de modelos de ciência da gestão, incluindo muitos tipos de modelos de programação linear e programação com número inteiro, todos *modelos lineares*, isto é, modelos cujas funções (relações matemáticas) envolvidas são lineares.

Ao formular-se um modelo linear em uma planilha, as funções do Excel usadas para expressar as fórmulas nas células de saída incluem apenas somas (p. ex., C1 + C2, ou SOMAR(C1:C2), ou C1 – C2) ou produtos de um número (ou célula de dados) e uma célula variável (p. ex., 2*C4 ou SOMARPRODUTO de células de dados com células variáveis). Se alguma célula de saída incluir a multiplicação ou a divisão das células variáveis (p. ex., C4*C5 ou C3/C6 ou C4^2) ou usar quase qualquer função do Excel além de SOMAR ou SOMARPRODUTO (como ARREDONDAR, ABS, SE, MAX, MIN, RAIZ etc), o modelo resultante não será necessariamente linear.

A Tabela 8.1 dá vários exemplos de fórmulas que podem ser digitadas nas células de saída quando as células de dados estiverem na coluna D e as variáveis, na coluna C. Todas as fórmulas à esquerda são lineares, enquanto as da direita não. Os quatro primeiros exemplos em cada coluna são bastante semelhantes. Você percebe por que as fórmulas à esquerda são lineares, enquanto as da direita não são? A chave para se entender essa distinção é que uma fórmula linear permite fazer todos os cálculos que envolvem apenas as células de dados, mas restringe todas as células variáveis para efetuar apenas as operações aritméticas básicas: adição ou subtração e multiplicação ou divisão por uma constante. Por outro lado,

Uma fórmula torna-se não linear automaticamente se houver multiplicação ou divisão de uma célula variável por outra ou se atribuir um exponente (além de 1) a qualquer célula variável

note como cada uma das fórmulas do lado direito da Tabela 8.1 envolve operações mais complicadas em células variáveis, incluindo as operações do Excel com ARREDONDAR, MAX, MIN e ABS, bem como as operações SE e SOMASE, em que a parcela "Se" envolve células variáveis.

TABELA 8.1
Exemplos de fórmulas lineares e não lineares em uma planilha em que as células de dados estão na coluna D e as células variáveis estão na coluna C.

Fórmulas lineares	Fórmulas não lineares
SOMARPRODUTO(D4:D6, C4:C6)	SOMARPRODUTO(C4:C6, Cl:C3)
[(Dl + D2)/D3]* C4	[(Cl + C2)/C3]* D4
SE(D2 > = 2, 2*C3, 3*C4)	SE(C2 > = 2, 2*C3, 3*C4)
SOMASE(Dl:D6, 4, Cl:C6)	SOMASE(Cl:C6, 4, Dl:D6)
SOMAR(D4:D6)	ARREDONDAR(Cl)
2*Cl + 3*C4 + C6	MAX(Cl, 3)
Cl + C2 + C3	MIN(Cl, C2)
	ABS(Cl)
	RAIZ(Cl)
	Cl* C2
	Cl / C2
	Cl ^ 2

Obs.: As células de dados estão em D1:D6; as células variáveis estão em C1:C6.

Apesar da versatilidade dos modelos lineares, os gerentes ocasionalmente encontram problemas quando esses modelos não são precisos o bastante porque pelo menos uma das fórmulas que precisam ser digitadas nas células de saída não é linear. Na maioria dos casos, isso ocorre porque a fórmula para a célula-alvo precisa ser não linear, embora também haja casos ocasionais em que uma fórmula não linear seja necessária para uma ou mais células de saída que representem o lado esquerdo de uma restrição funcional. Se o modelo for de programação linear, exceto por ter pelo menos uma fórmula não linear para uma célula de saída (uma célula-alvo, por exemplo), então ele é chamado de *modelo de programação não linear*.

Para simplificar, este capítulo vai se concentrar no caso comum em que a única fórmula não linear é para a célula-alvo. No entanto, esteja ciente de que esta abordagem também pode se estender a outras células de saída em que as restrições não lineares são necessárias ao modelo.

Formular e resolver modelos de programação não linear é, muitas vezes, muito mais desafiante do que a formulação e solução de modelos de programação linear. No entanto, os desafios frequentemente podem ser superados, às vezes com certa facilidade. Fique tranquilo. Este capítulo enfoca os tipos relativamente simples de programação não linear, que exigem apenas a modelagem de planilhas comum e a aplicação do Solver não linear do Excel. Isso é tudo que um gerente (ou futuro gerente) precisa saber sobre programação não linear. Um especialista em ciência da gestão deve ser instado a lidar com tipos mais difíceis de programação não linear.

Devido à estreita relação entre programação linear e não linear, às vezes não é evidente qual técnica deve ser usada para analisar um problema de gestão. Isso acontece graças a problemas cuja fórmula adequada para a célula-alvo não é linear, mas é razoavelmente próxima de ser linear. Nesse caso, uma alternativa é usar uma aproximação linear para a fórmula, de modo que a programação linear possa ser aplicada. A vantagem é a maior facilidade de formulação e solução do modelo. Uma vez que um modelo é destinado a ser apenas a representação idealizada de um problema real, essa alternativa é razoável se a aproximação linear for boa. No entanto, a grande vantagem do uso de programação não linear é a maior precisão que proporciona na busca da melhor solução para o problema real. Quando o modelo de programação não linear apropriado não é de formulação e solução muito difíceis, faz todo sentido usá-lo. Se for preferível, um modelo de programação linear ainda pode ser usado para executar uma análise rápida preliminar, incluindo uma análise "e se", mas a maior precisão de programação não linear não deve ser nem um pouco precipitada para a análise final.

A programação não linear geralmente proporciona maior precisão que a programação linear para a análise de problemas gerenciais.

A Seção 8.1 examina os desafios de se utilizar a programação não linear. Felizmente, existem alguns tipos "fáceis" de problemas de programação não linear. Dois deles são apresentados nas Seções 8.2 e 8.3. Em seguida, a Seção 8.4 descreve como alguns problemas "difíceis" de programação não linear também podem ser resolvidos pela aplicação repetida do Solver não linear do Excel com diferentes soluções de partida. No entanto, o Solver não linear do Excel é incapaz de resolver alguns outros problemas de programação não linear. Felizmente, o Excel 2010 fornece um recurso adicional chamado *Evolutionary Solver* para lidar com eles. (Para versões anteriores do Excel, o Evolutionary Solver está disponível no link em **www.mhhe.com/hillier4e**.) Há uma descrição do Evolutionary Solver na Seção 8.5.

8.1 DESAFIOS DA PROGRAMAÇÃO NÃO LINEAR

Um modelo de programação não linear tem a mesma aparência de um modelo de programação linear, exceto por abrigar uma fórmula não linear em pelo menos uma célula de saída (geralmente a célula-alvo).

Em quase todos os aspectos, um modelo de programação não linear é indistinguível de um modelo de programação linear. Em ambos os casos, as decisões precisam ser tomadas em relação aos níveis de várias atividades que podem ter qualquer valor (incluindo valor fracionário) que satisfaça uma série de restrições. As decisões sobre os níveis de atividade devem ser baseadas em uma medida geral de desempenho. Quando o modelo é formulado em uma planilha, as células variáveis exibem os níveis de atividade, as de saída ajudam a representar as restrições e a célula-alvo mostra a medida geral de desempenho.

A única maneira de distinguir um modelo de programação não linear de um linear é examinar as fórmulas inseridas nas células de saída. Será um modelo de programação não linear se uma ou mais dessas fórmulas for não linear em vez de linear. Em muitas aplicações, esse modelo tem apenas uma fórmula não linear, a única digitada na célula-alvo. (Esse é o caso que enfocamos neste capítulo.)

Apesar dessa diferença tão pequena na *aparência* dos dois tipos de modelos, a sua *aplicação* difere em três maneiras principais.

- A programação não linear é usada para modelar as *relações não proporcionais* entre os níveis de atividade e a medida geral de desempenho, enquanto a programação linear assume um relacionamento proporcional.
- Elaborar a(s) fórmula(s) não linear(es) necessária(s) para um modelo de programação não linear é consideravelmente mais difícil do que desenvolver as fórmulas lineares usadas na programação linear.
- Resolver um modelo de programação não linear é muitas vezes muito mais difícil (se realmente possível) que resolver um modelo de programação linear.

Como essas comparações indicam, usar a programação não linear em vez de programação linear levanta novos desafios. Vamos examiná-los um pouco mais de perto.

Desafio das relações não proporcionais

Quando um modelo de programação linear ou não linear é formulado em planilha, a célula-alvo precisa mostrar a medida geral de desempenho que resulta dos níveis de atividade exibidos nas células variáveis. No entanto, a programação não linear usa uma relação mais complicada entre os níveis de atividade e a medida geral de desempenho do que a programação linear.

No caso da programação linear, essa relação é tida como especialmente simples. Para ilustrar, examine novamente o problema da Wyndor Glass Co. apresentado na Seção 2.1 e formulado na Seção 2.2. As atividades para o problema são a produção de novas portas e janelas especiais, cujos níveis são

P = Número de portas a serem fabricadas por semana

J = Número de janelas a serem fabricadas por semana

A medida geral de desempenho é o lucro semanal total obtido da fabricação e venda dessas portas e janelas. O lucro unitário foi estimado em 300 dólares para cada porta e 500 dólares para cada janela. Os gráficos na Figura 8.1 mostram a relação resultante entre o nível de cada atividade (P e J) e de sua contribuição para a medida geral de desempenho. A linha reta em cada gráfico mostra uma **relação proporcional**, pois o lucro semanal de cada produto é *proporcional* à taxa da respectiva fabricação. Essas linhas retas também indicam que a função objetivo

$$\text{Lucro} = \$\,300P + \$\,500J$$

é *linear*. O fato de essa fórmula digitada na célula-alvo ser linear ajuda a transformar o modelo geral em um modelo de programação linear.

Como mostrado pelo problema da Wyndor Glass Co., *todos* os problemas de programação linear assumem uma relação proporcional entre cada atividade e a medida geral de desempenho. Essa pressuposição pode ser resumida como segue.

FIGURA 8.1
Gráficos de lucro para a Wyndor Glass Co. que mostram o lucro semanal de cada produto em relação à respectiva taxa de fabricação.

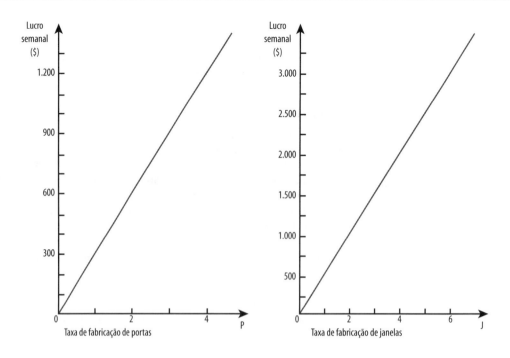

Pressuposição de proporcionalidade da programação linear: A contribuição de cada atividade para o valor da função objetivo é *proporcional* ao nível de atividade[1]. Em outras palavras, o termo na função objetivo envolvendo essa atividade consiste em um coeficiente vezes uma variável de decisão, em que o coeficiente é a contribuição por unidade dessa atividade e variável de decisão é o nível dessa atividade. (P. ex., para cada produto do problema da Wyndor Glass Co., o coeficiente é o lucro unitário do produto e a variável de decisão é a taxa de fabricação dele.)

Problemas de programação não linear surgem quando a pressuposição de proporcionalidade da programação linear é violada.

Os problemas de programação não linear surgem quando essa pressuposição é violada. Isso ocorre sempre que qualquer atividade tiver uma **relação não proporcional** com a medida geral de desempenho, pois a contribuição da atividade para essa medida de desempenho *não é proporcional* ao nível da atividade.

A Figura 8.2 mostra quatro exemplos de diferentes tipos de relações não proporcionais. (Por definição, esses gráficos consideram que a medida geral de desempenho é o lucro, mas qualquer outra medida a ser maximizada também poderia ser usada.)

O primeiro desses exemplos, mostrado na Figura 8.2 (a), ilustra um gráfico de lucro com *retornos marginais decrescentes*.

> Considere qualquer atividade em que um gráfico de seu lucro em relação ao nível de atividade é traçado. Suponha que a *inclinação* do gráfico aumente, mas às vezes diminua à medida que o nível de atividade aumente. Diz-se, assim, que a atividade tem **retornos marginais decrescentes**.

Da mesma forma, em problemas em que o objetivo é minimizar o custo total das atividades, diz-se que uma atividade tem retornos marginais decrescentes se a inclinação de seu *gráfico de custos* diminui, mas às vezes *aumenta* à medida que o nível da atividade aumenta[2].

Muitas atividades têm retornos marginais decrescentes.

Uma vez que frequentemente é difícil continuar a aumentar o lucro na mesma proporção que o nível de uma atividade aumenta, as atividades com retornos marginais decrescentes são

---

[1] A mesma pressuposição também é feita sobre a contribuição de cada atividade ao lado esquerdo de cada restrição funcional, mas neste capítulo estamos lidando com a falta de proporcionalidade na função objetivo.

[2] Na Matemática, um gráfico de lucro com retornos marginais decrescentes é identificado como uma função côncava, enquanto um gráfico de custos com retornos marginais decrescentes é identificado como uma função convexa. Preferimos utilizar um termo da área econômica – retornos marginais decrescentes – em ambos os casos (mesmo em funções com múltiplas variáveis decisórias).

FIGURA 8.2
Exemplos de gráficos de lucro com as relações não proporcionais: *(a)* retornos marginais decrescentes; *(b)* linear por partes com retornos marginais decrescentes; *(c)* retornos marginais decrescentes com exceção de descontinuidades; e *(d)* retornos marginais crescentes.

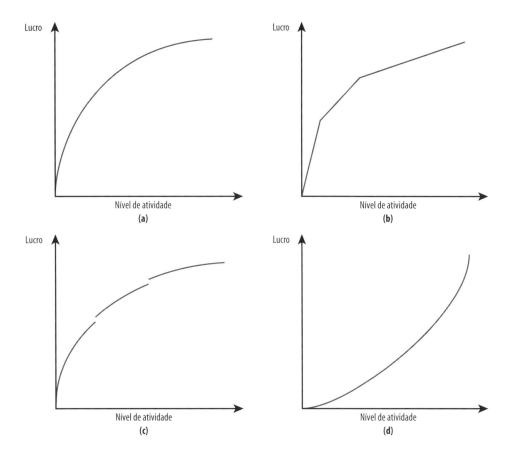

bastante comuns. Por exemplo, pode ser necessário diminuir o preço de um produto para aumentar suas vendas. Por outro lado, se o preço for mantido constante, os custos de marketing podem ter de subir mais do que proporcionalmente para resultar em aumentos do nível de vendas. (A próxima seção começa com um exemplo no qual os custos de marketing se comportam dessa maneira.) Retornos marginais também decrescem quando instalações e pessoal menos eficientes precisam ser usados para aumentar o nível de uma atividade.

A Figura 8.2 (b) ilustra um gráfico de lucro **linear por partes**, pois consiste em uma sequência de segmentos de linha conectados. À medida que o nível de atividade aumenta, a inclinação do gráfico de lucro permanece igual dentro de cada segmento de linha, mas depois diminui na dobra onde começa o segmento de linha seguinte. Uma vez que a inclinação jamais aumenta à medida que o nível da atividade aumenta, mas não diminui nas dobras, este gráfico de lucro também se encaixa na definição de ter retornos marginais decrescentes. Este tipo de gráfico pode ocorrer, por exemplo, porque há necessidade de horas extras para aumentar o nível da atividade além da primeira dobra, e, depois, há necessidade de horas extras ainda mais caras no fim de semana para aumentar o nível para além da segunda dobra.

A Figura 8.2 (c) dá um exemplo de relação não proporcional que não chega a ter retornos marginais decrescentes. A razão para isso é haver pontos chamados **descontinuidades,** em que o gráfico de lucro é desconectado porque, de repente, salta para cima ou para baixo. Essas descontinuidade podem ocorrer, por exemplo, porque os descontos de quantidade para compra de um componente de produto ficam disponíveis quando o nível de produção do produto ultrapassa determinados limiares.

Uma atividade tem retornos marginais crescentes se sua eficiência aumenta conforme aumenta o nível da atividade.

Ter atividades com retornos marginais decrescentes não é a única maneira pela qual a pressuposição de proporcionalidade pode ser violada. Por exemplo, outra maneira é ter atividades com retornos marginais *crescentes*, como ilustrado pela Figura 8.2 (d). Nesse caso, a inclinação do gráfico de lucro jamais diminui, mas às vezes aumenta à medida que o nível de atividade aumenta. (Do mesmo modo, um *gráfico de custo* apresenta retornos marginais crescentes se sua inclinação jamais aumenta, mas às vezes *diminui* à medida que o nível de atividade aumenta.) Isso pode ocorrer por causa da maior eficiência por vezes alcançada em níveis mais altos de uma atividade.

Gráficos de lucro são usados quando o objetivo global é maximizar o lucro total de todas as atividades. No entanto, os *gráficos de custo* são necessários quando o objetivo geral é minimizar o custo total de todas as atividades. Uma atividade pode violar a pressuposição de proporcionalidade das mesmas formas que são mostradas na Figura 8.2, se seu gráfico de custos tiver qualquer um dos formatos mostrados na Figura 8.3. Para cada caso, observe como este gráfico de custo pende no sentido oposto ao do gráfico de lucro correspondente da Figura 8.2. Assim, uma inclinação cada vez maior no gráfico de custo reflete retornos marginais decrescentes, ao passo que uma inclinação que diminui reflete retornos marginais crescentes. (A mesma conclusão se aplica aos gráficos cujo objetivo é *minimizar* alguma medida geral de desempenho além do custo total.)

FIGURA 8.3
Exemplos de gráficos de custo com as relações não proporcionais: *(a)* retornos marginais decrescentes; *(b)* linear por partes com retornos marginais decrescentes; *(c)* retornos marginais decrescentes com exceção de descontinuidades; e *(d)* retornos marginais crescentes. Cada gráfico de custo pende no sentido oposto ao do gráfico de lucro correspondente da Figura 8.2.

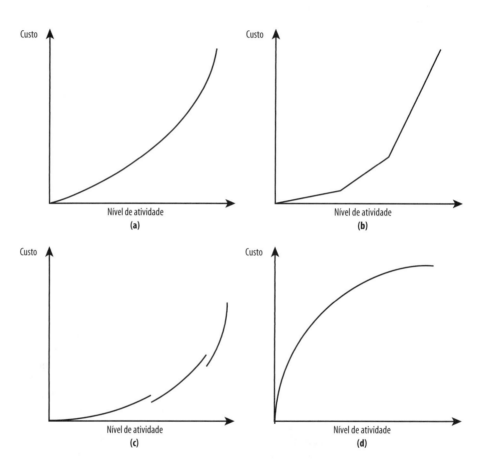

As Figuras 8.2 e 8.3 ilustram apenas algumas das possíveis relações não proporcionais. Por exemplo, uma atividade pode *não* ter retornos marginais decrescentes, nem retornos marginais crescentes, porque a inclinação de seu gráfico, por vezes, diminui e, por vezes, aumenta, conforme aumenta o nível de atividade.

Além disso, às vezes há interações entre as atividades que transformam (ou ajudam a transformar) a função objetivo em não linear. Para ilustrar, examine novamente o problema da Wyndor Glass Co. Suponha agora que uma grande campanha publicitária será necessária para a comercialização de um novo produto, se for fabricado pela empresa, mas que a mesma campanha pode ser usada para promover de maneira eficaz os dois produtos, se ambos forem fabricados. Como há uma economia maior com o segundo produto, o seu lucro conjunto é um pouco maior do que a soma de seus lucros individuais quando cada um em avulso. Nomeadamente, a função objetivo apropriada é, digamos,

$$\text{Lucro} = \$300P + \$500J + \$100PJ$$

onde *PJ* denota o *produto* de *P* e *J*. Por causa do termo de produto cruzado $100*PJ*, esta função objetivo não é linear, embora quando *P* ou *J* sejam fixados em algum valor a pressuposição de proporcionalidade ainda valha para o outro produto.

Quando houver interação entre as atividades, o lucro total de todas as atividades por vezes ainda terá retornos marginais decrescentes. (O termo técnico geral para isso é função objetivo

Mesmo quando a pressuposição de proporcionalidade é atendida, as interações entre atividades ainda podem resultar em um modelo de programação não linear.

côncava.) A interpretação intuitiva de retornos marginais decrescentes (um gráfico de lucro que nunca se curva para cima, mas às vezes se inclina para baixo) continua a se aplicar aqui. Não vamos nos preocupar com a complexa definição técnica necessária nesse caso.

Desafio de elaborar fórmulas não lineares

Para um modelo de programação linear, é relativamente simples elaborar a fórmula que precisa ser digitada na célula-alvo ao se usar uma função SOMARPRODUTO. Por exemplo, quando a célula-alvo dá o lucro total de todas as atividades (como no problema da Wyndor Glass Co.), cada produto que está sendo somado é simplesmente o produto do lucro unitário de uma atividade (como dado em uma célula de dados) e o nível daquela atividade (como dado em uma célula variável).

> Esta forma quadrática para gráfico de lucro (ou de custo) é amplamente utilizada.

Um problema de programação não linear dá muito mais trabalho. Mesmo quando não há interações entre as atividades, é necessário elaborar uma fórmula não linear para cada atividade que represente sua contribuição para a função objetivo que precisa ser digitada na célula-alvo. Por exemplo, quando o objetivo é maximizar o lucro total, a fórmula não linear para cada atividade tem de corresponder ao gráfico de lucro dessa atividade.

Um método útil para a montagem de uma fórmula não linear em um gráfico começa por pressupor um formato geral para a fórmula. Para um gráfico de lucro com retornos marginais decrescentes, é comum pressupor uma forma quadrática, como

$$\text{Lucro de uma atividade} = a x^2 + b x + c$$

> A ordem de um polinômio é o maior expoente utilizado na polinomial. Para uma equação quadrática, a ordem é 2.

onde x é o nível da atividade e a é uma constante *negativa*. Outra possibilidade é supor uma forma logarítmica, como

$$\text{Lucro de uma atividade} = a \ln(x) + b$$

onde $\ln(x)$ é chamado logaritmo natural de x.

Em ambos os casos, o próximo passo é encontrar os valores adequados dos parâmetros (p. ex., a, b e c). O Excel tem um **método de ajuste de curva** integrado para encontrar os valores dos parâmetros que melhor se ajustam aos dados. Por exemplo, suponha que os dados prévios (ou ao menos as estimativas) estejam disponíveis no lucro que seria obtido em vários níveis da atividade, como mostrado na planilha na Figura 8.4.

O primeiro passo na aplicação do método de ajuste de curva no Excel é representar graficamente os dados de lucro (lucro *versus* nível da atividade), usando um gráfico de dispersão X-Y. Em seguida, selecione o gráfico clicando nele e escolha "Mais opções de linha de tendência" no menu Linha de Tendência na guia Layout de Ferramentas de Gráfico (para o Excel 2007 ou 2010) ou "Adicionar linha de tendência" no menu Gráfico (para outras versões do Excel). Isso mostra a caixa de diálogo mostrada na Figura 8.5. (A caixa de diálogo tem um *layout* diferente nas versões do Excel anteriores à de 2007.) Use essa caixa de diálogo para escolher a *forma* da equação que você quer que o Excel ajuste aos dados. Por exemplo, para ajustar uma equação quadrática aos dados, escolha Polinomial com Ordem 2.

Em seguida, escolha a opção "Exibir equação no gráfico" e clique em OK. (Para versões do Excel anteriores à de 2007, essa opção está disponível clicando primeiro na guia Opções.) O Excel, em seguida, escolhe os parâmetros para a equação da forma escolhida que mais se ajusta aos dados gráficos. Por exemplo, a equação quadrática que mais se aproxima dos dados na Figura 8.4 é

$$\text{Lucro} = 0{,}3002\, x^2 + 5{,}661\, x + 6{,}1477$$

FIGURA 8.4
Exemplo de uma atividade para a qual estão disponíveis dados anteriores sobre o lucro *versus* o nível da atividade, de modo que o método de ajuste da curva do Excel possa ser aplicado.

	A	B	C
1	Elaboração de uma fórmula não linear		
2			
3		Nível de atividade	Lucro
4		2	$16
5		4	$24
6		5	$28
7		7	$30
8		10	$33

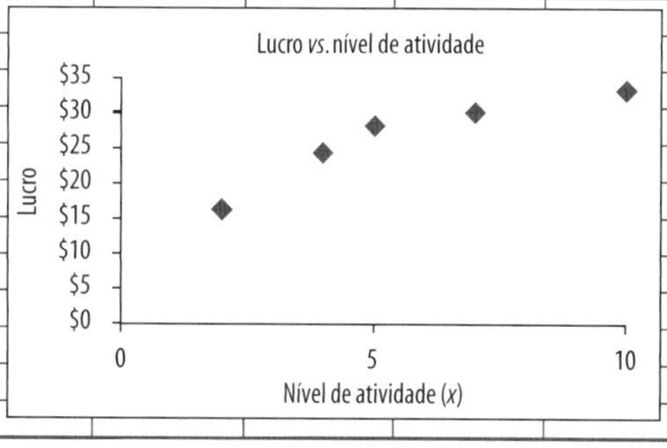

FIGURA 8.5
Caixa de diálogo Format Trendline (Formatar Linha de Tendência) usada para executar o método de ajuste de curvas no Excel. Para este exemplo, é escolhida a opção Polinomial de Ordem 2 (uma equação quadrática) para o tipo de regressão. É selecionada a opção de exibir a equação no gráfico.

FIGURA 8.6
Equação quadrática encontrada pelo Excel que mais se aproxima dos dados de lucro *versus* nível de atividade para o exemplo apresentado na Figura 8.4.

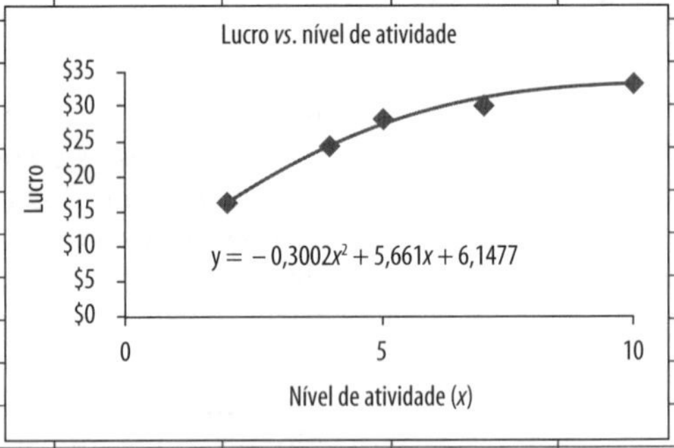

Esta equação é mostrada e plotada diretamente sobre o gráfico de lucro *versus* nível de atividade, conforme mostrado na Figura 8.6.

A forma quadrática oferece pelo menos uma aproximação razoável para muitos gráficos de lucro, por isso é usada com frequência. No entanto, é sensato verificar se a aproximação é de fato razoável para alguma atividade determinada. Isso é feito calculando o lucro que seria obtido pela atividade em vários níveis diferentes, além de os dados serem usados pelo método de ajuste de curvas, e depois verificando se o lucro nesses outros níveis está razoavelmente próximo do que é dado pela fórmula. Se não estiver, uma alternativa é recolher mais dados e reaplicar o método de ajuste de curva para buscar um melhor ajuste geral. Outra alternativa é adotar uma forma diferente para a fórmula (p. ex., logarítmica ou um polinômio com ordem maior que 2) e, em seguida, aplicar o método de ajuste de curva correspondente.

Desafio de resolver modelos de programação não linear

Resolver modelos de programação linear com o Solver do Excel ou com vários outros pacotes de software é fácil. Todos os dias, são resolvidos problemas muito grandes. Na verdade, os pacotes de software mais avançados atualmente são bem-sucedidos na solução de problemas incrivelmente grandes, além disso, a solução obtida tem a garantia de ser a ideal.

Apesar do progresso excelente dos últimos anos, a situação nem se compara quando se trata de modelos de programação não linear. Frequentemente, eles são muito mais difíceis de resolver do que modelos de programação linear. Além disso, mesmo quando uma solução é obtida, às vezes não há garantia de que seja a ideal.

Embora alguns modelos de programação não linear possam ser muito difíceis de resolver, aqueles que têm retornos marginais decrescentes são, em geral, relativamente fáceis.

Felizmente, alguns tipos de modelos de programação não linear são relativamente fáceis de resolver. Os casos (*a*) e (*b*) da Figura 8.2 (quando maximizados) ou da Figura 8.3 (quando minimizados) são exemplos disso, ou seja, tipos em que as atividades têm retornos marginais decrescentes. Enquanto todas as atividades se ajustarem a ambos os casos (exceto aquela que continuar a satisfazer o pressuposto da proporcionalidade), formular o modelo em uma planilha não será especialmente difícil e o Solver do Excel poderá facilmente resolver o modelo, se este não for extraordinariamente grande. A próxima seção enfoca o caso (*a*) e Seção 8.3 examina o caso (*b*).

Infelizmente, outros tipos de programação não linear tendem a ser mais difíceis. Por exemplo, apesar de o caso (*c*) das Figuras 8.2 e 8.3 ter retornos marginais decrescentes, exceto nas descontinuidades do gráfico, a presença dessas descontinuidades para qualquer uma das atividades torna incerto que o Solver do Excel resolva exitosamente o modelo. Ter retornos marginais crescentes, como no caso (*d*), também pode criar sérias complicações.

Podem ser elaborados modelos de programação não linear bem mais complicados do que qualquer um dos sugeridos pelas Figuras 8.2 e 8.3. Por exemplo, considere o seguinte modelo em forma algébrica.

$$\text{Maximizar Lucro} = 0{,}5x^5 - 6x^4 + 24{,}5x^3 - 39x^2 + 20x$$

sujeito a

$$x \leq 5$$
$$x \geq 0$$

Nesse caso, há uma única atividade, onde *x* representa o seu nível. Adicionalmente, há uma única restrição funcional ($x \leq 5$), além da restrição de não negatividade. No entanto, a Figura 8.7 demonstra a dificuldade do Solver do Excel na tentativa de lidar com este problema. O modelo é simples de formular em planilha, com *x* (C5) como célula variável e o Lucro (C8) como célula-alvo, onde a fórmula para o Lucro é digitada, conforme mostrado no canto inferior esquerdo da Figura 8.7. Observe que na caixa Parâmetros do Solver, mostrada no canto inferior direito da Figura 8.7, *GRG não linear* é escolhido como Método de Solução (para o Excel 2010) ou equivalente (para versões anteriores do Excel), a opção Assumir Modelo Linear *não* está selecionada. Isso faz com Solver não linear do Excel seja usado na resolução do modelo. Tentar usar o método de resolução LP Simplex (para o Excel 2010) ou acionar a opção Assumir Modelo Linear (para versões anteriores) resultará em mensagem erro se, como neste exemplo, o modelo não for linear.

FIGURA 8.7
Exemplo de um modelo de programação não linear complexo em que o Solver do Excel obtém três diferentes soluções definitivas quando começa com três diferentes soluções iniciais.

	A	B	C	D	E
1		Solução do Solver			
2		(Começando com *x* = 0)			
3					
4					Máximo
5		*x* =	0,371	?	5
6					
7		Lucro = 0,5*x*⁵−6*x*⁴+24,5*x*³−39*x*²+20*x*			
8			=	$3,19	

	A	B	C	D	E
1		Solução do Solver			
2		(Começando com *x* = 3)			
3					
4					Máximo
5		*x* =	3,126	?	5
6					
7		Lucro = 0,5*x*⁵−6*x*⁴+24,5*x*³−39*x*²+20*x*			
8			=	$6,13	

	A	B	C	D	E
1		Solução do Solver			
2		(Começando com *x* = 4,7)			
3					
4					Máximo
5		*x* =	5,000	?	5
6					
7		Lucro = 0,5*x*⁵−6*x*⁴+24,5*x*³−39*x*²+20*x*			
8			=	$0,00	

	B	C
1	Lucro =	Lucro = 0,5*x*⁵−6*x*⁴+24,5*x*³−39*x*²+20*x*
2	=	=0,5* x^5−6*x^4+24,5*x^3−39*x^2+20*x

Nomes de intervalo	Célula
Máximo	E5
x	C5
Lucro	C8

Parâmetros do Solver
Definir objetivo (célula-alvo): Lucro
Para: Máx.
Pelas células variáveis: x
Sujeito a restrições: x <= Máximo
Opções Solver (Excel 2010):
  Transformar variáveis em não negativas
  Método Solver: GRG Não linear
Opções Solver (Excel mais antigo):
  Assumir não negativa

FIGURA 8.8
Gráfico de lucro para o exemplo considerado na Figura 8.7.

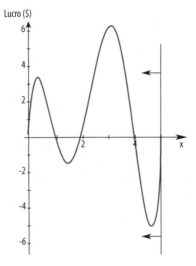

Quando $x = 0$ é digitado como o valor inicial na célula variável, a planilha à esquerda na Figura 8.7 mostra que o Solver, em seguida, indica que $x = 0{,}371$ é a solução ideal com Lucro = \$3,19. No entanto, se $x = 3$ for inserido como o valor inicial, como na planilha intermediária da Figura 8.7, o Solver obtém $x = 3{,}126$ como a solução ideal com Lucro = \$6,13. Tentando ainda outro valor inicial de $x = 4{,}7$ na planilha da direita, o Solver agora indica uma solução ideal de $x = 5$ com Lucro de \$0. O que está acontecendo aqui?

Traçar o gráfico de lucro para uma função objetivo tão complicada é uma tarefa difícil, mas fazer isso na Figura 8.8 ajuda a explicar as dificuldades do Solver com este problema. A partir de $x = 0$, o gráfico de lucro de fato atinge um pico em $x = 0{,}371$, conforme relatado na planilha à esquerda da Figura 8.7. Começando, em vez disso, com $x = 3$, o gráfico sobe a um pico em $x = 3{,}126$, que é a solução encontrada na planilha intermediária. Usando a solução inicial da planilha direita de $x = 4.7$, o gráfico sobe até atingir o limite imposto pela restrição $x \leq 5$, de modo que $x = 5$ é o pico nessa direção. Esses três picos são referidos como **máximos locais** (ou *ideais locais*) porque cada um é o máximo do gráfico dentro de um ponto próximo desse ponto. No entanto, apenas o maior desses máximos locais é o **máximo global**, isto é, o ponto mais alto no gráfico inteiro. Assim, a planilha intermediária da Figura 8.7 teve êxito em encontrar a solução ideal em $x = 3{,}126$ com Lucro = \$6,13.

Quando há a maximização, o Solver não linear do Excel sobe apenas até um local máximo e para. Este local pode ou não ser o máximo global.

O algoritmo usado pelo Solver não linear do Excel pode ser pensado como o ato de escalar uma montanha. Começa na solução inicial digitada nas células variáveis e, em seguida, começa escalando a montanha até chegar ao pico (ou é impedido de subir ainda mais por atingir o limite imposto pelas restrições). O procedimento termina quando se atinge o pico (ou limite) e esta solução é informada. Não há modo algum de detectar se existe uma montanha mais alta em algum outro lugar no gráfico de lucro.

Quando a célula-alvo for minimizada em vez de maximizada, este algoritmo inverte a direção e desce até atingir o ponto mais baixo do vale (ou é bloqueado por um limite). Outra vez, não há modo algum de detectar se existe um vale mais baixo em algum outro lugar no gráfico de lucro.

Um problema de programação não linear precisa ter retornos marginais decrescentes para garantir que a solução obtida pelo Solver do Excel seja realmente a ideal.

A razão pela qual ter retornos marginais decrescentes para todas as atividades (exceto as com relação proporcional) seja um tipo fácil de problema de programação não linear é que o gráfico de lucro (quando da maximização) tem apenas uma montanha. Portanto, um máximo local no pico da montanha (ou um limite) também é um máximo global, de modo que a solução obtida pelo Solver não linear do Excel será realmente a ideal. Por exemplo, o gráfico de lucro baseado em forma quadrática da Figura 8.6 tem retornos marginais decrescentes, por isso tem apenas uma única montanha e seu pico (que passa a ser em $x = 9{,}43$) é o máximo global. Da mesma forma, ao se minimizar um gráfico de custos com retornos marginais decrescentes, há apenas um vale, de forma que o mínimo local na parte inferior (ou um limite) também é o mínimo global.

A Figura 8.7 sugere que uma forma de lidar com problemas mais difíceis que podem ter várias ideais locais é aplicar o Solver não linear do Excel repetidamente com uma variedade de soluções de partida e, então, adotar a melhor das soluções finais obtidas. Embora isso não garanta encontrar uma solução ideal globalmente, proporcionará muitas vezes uma boa chance de encontrar, pelo menos, uma solução muito boa. Portanto, esta é uma abordagem razoável para alguns problemas relativamente pequenos, especialmente quando um procedimento sistemático for usado para fornecer uma área de seção transversal extensa de soluções de partida. O Solver do Excel 2010 fornece uma opção para fazer isso de forma automática (como será descrito na Seção 8.4). O Solver Table do seu MS Courseware também pode ser usado para sistematicamente fornecer soluções de partida quando apenas uma ou duas variáveis de decisão estiverem sendo alteradas simultaneamente. A Seção 8.4 descreve esse tipo de abordagem para problemas que podem ter vários ideais locais.

No entanto, tal abordagem não é muito prática para problemas com grande número de variáveis de decisão, pois seriam necessárias várias soluções de partida para proporcionar uma seção transversal abrangente para esses problemas. É necessário um algoritmo que ocasionalmente irá "saltar" da montanha atual para outra mais promissora no gráfico de lucro, de modo que o algoritmo consiga alcançar a montanha mais alta por conta própria, qualquer que seja a solução inicial digitada nas células variáveis. O Solver do Excel 2010 fornece esse algoritmo, chamado *Evolutionary Solver* que, embora também tenha suas limitações, proporciona um excelente complemento ao Solver do Excel para tentar lidar com muitos problemas de programação não linear. O Evolutionary Solver e seu uso são descritos na Seção 8.5.

Perguntas de revisão

1. Quais são as características dos modelos de programação linear compartilhadas pelos de programação não linear?
2. Como a aparência de um modelo de programação não linear difere da de um modelo de programação linear?
3. Quais as três principais maneiras pelas quais a aplicação de modelos de programação não linear diferem dos modelos de programação linear?
4. Qual pressuposição de proporcionalidade de programação linear é violada por problemas de programação não linear?
5. Quando uma atividade tem retornos marginais decrescentes, como a inclinação de seu gráfico de lucro se comporta?
6. O que poderia fazer o gráfico de lucro de uma atividade ser linear por partes com retornos marginais decrescentes?
7. Cite uma pressuposição comum quanto ao formato da fórmula do lucro de uma atividade ao se aplicar um método de ajuste de curva.
8. Quais são os modelos de programação não linear relativamente fáceis de resolver?
9. Quando é dada uma solução de partida, como o Solver não linear do Excel procede à tentativa de resolver um problema de maximização com vários máximos locais?
10. O que pode ser feito para dar ao Solver não linear do Excel uma chance maior de obter uma solução ideal (ou pelo menos uma solução muito boa) para um problema de maximização com vários máximos locais?

8.2 PROGRAMAÇÃO NÃO LINEAR COM RETORNOS MARGINAIS DECRESCENTES

Nesta seção, vamos nos concentrar em problemas de programação não linear com as seguintes características:

1. As mesmas restrições de um modelo de programação linear.
2. Uma função objetivo não linear.
3. Cada atividade que viola a pressuposição de proporcionalidade da programação linear tem *retornos marginais decrescentes* (como definido na seção anterior e ilustrado pelas Figuras 8.2 [a] e 8.3 [a]).

O Solver não linear do Excel pode facilmente resolver tais problemas porque a solução que obtém é a ideal para este tipo de problema.

Este é um tipo particularmente simples de problema de programação não linear. O Solver não linear do Excel pode facilmente resolver esses problemas se não forem extraordinariamente grandes. Além disso, há a garantia de que a solução obtida seja a ideal para este tipo de problema.

Para alguns deles, a função objetivo incluirá temos de produtos cruzados envolvendo o produto de duas ou mais variáveis de decisão. Nesse caso, sempre que todas, exceto uma das variáveis de decisão, forem fixadas em valores particular, o efeito sobre o valor da função objetivo de aumentar a variável de decisão ainda deverá satisfazer a proporcionalidade ou os retornos marginais decrescentes para a terceira característica a ser mantida. (A descrição matemática precisa da terceira característica é que uma função objetivo a ser maximizada e deverá ser *côncava*, enquanto uma função objetivo a ser minimizada deverá ser *convexa*.)

Como discutido na seção anterior, é bastante comum para uma atividade fornecer cada vez menos retornos enquanto aumenta o nível da atividade, de modo que a atividade tenha retornos marginais decrescentes. Consequentemente, problemas de programação não linear com retornos marginais decrescentes surgem com bastante frequência. Vamos passar por dois exemplos para ilustrar como isso acontece e, em seguida, descrever como formular e resolver esses problemas.

Em alguns casos, quando a função objetivo não linear estiver razoavelmente perto de ser linear, um modelo de programação linear será usado como aproximação para realizar a análise preliminar e, em seguida, um modelo de programação não linear mais preciso será usado para fazer a análise detalhada. É isso que acontece a seguir enquanto a história do estudo de caso da Wyndor Glass Co. continua a se desenrolar.

Continuação do estudo de caso da Wyndor Glass Co.

Conforme descrito na Seção 2.1, a **Wyndor Glass Co.** fabrica produtos de vidro de alta qualidade, realizando em três fábricas diferentes partes da produção. A empresa agora está lançando dois novos produtos (um tipo especial de porta e de janela), e o lucro esperado foi estimado em $300 por porta e $500 por janela. A Seção 2.2 discute como essas estimativas de lucro unitário, juntamente com informações sobre restrições, levaram à formulação de um modelo de programação linear cuja função objetivo a ser maximizada é Lucro = 300P$ + 500J$, onde P e J são o número de portas e janelas a serem fabricados por semana, respectivamente.

Para refrescar sua memória, a Figura 8.9 mostra o modelo de planilha formulado na Seção 2.2 para o problema. Depois de clicar no botão Resolver, as células variáveis Unidades-Produzidas (C12:D12) dão a solução ideal, (P, J) = (2, 6), e a célula-alvo LucroTotal (G12) indica que isso produzirá um lucro semanal de $3.600, conforme o modelo.

Este modelo supõe que o lucro de um dos produtos seria *proporcional* à taxa de fabricação do produto. No entanto, trata-se de uma suposição questionável. Portanto, antes de tomar uma decisão final sobre as taxas de fabricação, a administração da Wyndor desejar fazer uma análise mais precisa, como descrito na conversa a seguir entre dois membros da gerência.

John Hill (presidente da Wyndor): Como estão seus planos de marketing para o lançamento dos nossos dois novos produtos, Ann? Será que vai ser muito caro?

Ann Lester (vice-presidente de marketing da Wyndor): Isso depende do volume de vendas que precisamos gerar. Nossa pesquisa de mercado indica que podemos vender pequenas quantidades de novas portas e janelas com praticamente nenhuma publicidade. No entanto, isso também significa que seria preciso uma ampla campanha publicitária se nossa produção chegasse perto da capacidade das nossas fábricas. Já há uma decisão final quanto às taxas de produção?

John: Não, ainda não. Na verdade, é por isso que eu lhe pedi para vir falar comigo. Gostaríamos de pedir sua ajuda.

Ann: Claro. O que devo fazer?

John: Bem, basicamente o que queremos é informação atualizada sobre que custos semanais de marketing seriam necessários para vender cada produto, se a taxa de fabricação fosse fixada em cada um dos vários valores alternativos.

Ann: Claro, posso fazer isso. Antes, quando a análise começou, me pediram para estimar o custo de marketing por porta e por janela. Informei que seria de $75 por porta e $200 dólares por janela. Na ocasião, pareciam boas estimativas.

FIGURA 8.9
Modelo de planilha que foi formulado na Seção 2.2 para o problema original da Wyndor apresentado na Seção 2.1.

	A	B	C	D	E	F	G
1	Problema do *mix* de produtos da Wyndor Glass Co.						
2							
3			Portas	Janelas			
4		Lucro unitário	$300	$500			
5					Horas		Horas
6			Horas usadas por unidade produzida		usadas		disponíveis
7		Fábrica 1	1	0	2	≤	4
8		Fábrica 2	0	2	12	≤	12
9		Fábrica 3	3	2	18	≤	18
10							
11			Portas	Janelas			Lucro total
12		Unidades produzidas	2	6			$3.600

Parâmetros do Solver
Definir objetivo (célula-alvo): Lucro
Para: Máx.
Pelas células variáveis:
  UnidadesProduzidas
Sujeito a restrições:
  HorasUsadas <= HorasDisponíveis
Opções do Solver (Excel 2010):
  Transformar variáveis em não negativas
  Método Solver: LP Simplex
Opções do Solver (Excel mais antigo):
  Assumir não negativa
  Assumir modelo linear

	E
5	Horas
6	usadas
7	=SOMARPRODUTO(C7:D7,UnidadesProduzidas)
8	=SOMARPRODUTO(C8:D8,UnidadesProduzidas)
9	=SOMARPRODUTO(C9:D9,UnidadesProduzidas)

	G
11	Lucro total
12	=SOMARPRODUTO(LucroUnitário,UnidadesProduzidas)

Nomes de intervalo	Células
HorasDisponíveis	G7:G9
HorasUsadas	E7:E9
HorasUsadasPorUnidadeProduzida	C7:D9
LucroTotal	G12
LucroUnitário	C4:D4
UnidadesProduzidas	C12:D12

John: Sim. Essas estimativas de custos foram levadas em conta quando os lucros foram estimados em $300 por porta e $500 por janela. Sua estimativa de custo continua bem perto?

Ann: Na verdade, não. Acho que não faz mais sentido projetar os nossos custos de marketing por porta ou por janela. Como estava dizendo antes, nossos custos seriam muito pequenos com baixas taxas de produção, mas precisariam ser bem grandes com altas taxas. Assim, imaginar $75 por porta e $200 por janela é demais com taxas de produção baixas, quase ideal com taxas de produção médias e muito pouco com altas taxas.

A fórmula linear não é mais adequada para estimar os custos de marketing.

John: Sim, era disso que eu suspeitava. É por isso que quero que agora você deixe de fazer a estimativa por porta ou janela e calcule seus custos semanais de marketing para cada produto se a taxa de produção for fixada em cada um dos vários valores alternativos. Isso permitirá que o grupo de ciência da gestão realize uma análise mais precisa sobre quais devem ser as taxas de fabricação.

Ann: Faz sentido. Vou fazer as novas estimativas imediatamente.

Depois de receber as estimativas, o grupo de ciência da gestão traçou o custo de marketing semanal para cada produto *versus* a taxa de produção. Cada um desses *plots* mostrou que o custo de marketing aumenta aproximadamente com o *quadrado* da taxa de fabricação à medida que aumenta esta taxa. Portanto, uma *forma quadrática* foi pressuposta para aplicação do método de ajuste de curva do Excel a cada um desses *plots*.

Esse método de ajuste de curva calculou que os custos semanais de marketing necessários para sustentar uma taxa de fabricação de P portas por semana seria mais ou menos

$$\text{Custo de marketing para portas} = \$25P^2$$

para qualquer valor fracionário ou inteiro de D permitido pelas restrições de fabricação. Excluindo os custos de marketing, o lucro bruto por porta vendida é de cerca de $375.

$$\text{Lucro líquido p/ portas} = \$375P - \$25P^2$$

As novas estimativas de custos de marketing fazem com que as portas e janelas tenham retornos marginais decrescentes.

As estimativas correspondentes por semana para as janelas são

$$\text{Custo de marketing para janelas} = \$66\tfrac{2}{3} J^2$$
$$\text{Lucro bruto para janelas} = \$700J$$
$$\text{Lucro líquido para janelas} = \$700J - \$66\tfrac{2}{3} J^2$$

A Figura 8.10 mostra os gráficos de lucros resultantes para os dois produtos. Observe que ambas as curvas mostram retornos marginais decrescentes, em que isso se torna particularmente pronunciado para os valores maiores de J.

Um problema de programação quadrática tem restrições lineares e uma função objetivo que tem forma quadrática e retornos marginais decrescentes.

Combinando o lucro líquido para portas e janelas, a nova função objetivo a ser maximizada para este problema é

$$\text{Lucro} = \$375P - \$25P^2 + \$700J - \$66\tfrac{2}{3} J^2$$

sujeita às mesmas restrições anteriores. Como os termos que envolvem P^2 e J^2 têm expoente diferentes de 1 para estas variáveis de decisão, esta função objetivo é uma função *não linear*. Portanto, o problema geral é um problema de *programação não linear*. Além disso, como esta função objetivo tem uma *forma quadrática* (e o problema tem todas as três características listadas no início desta seção), o problema geral é um tipo especial de problema de programação não linear chamado de problema de **programação quadrática**, um tipo particularmente conveniente para formular e resolver. Algoritmos especiais foram desenvolvidos apenas para resolver problemas de programação quadrática de forma muito eficiente, de modo que os pacotes de software de gerenciamento comercial muitas vezes incluem esse algoritmo para possibilitar a resolução de enormes problemas assim. (No entanto, o Solver não linear do Excel usa apenas um algoritmo geral para resolver problemas de programação não linear com retornos marginais decrescentes.)

Formulação em planilha

A Figura 8.11 mostra a formulação de um modelo de planilha para este problema. É interessante compará-lo com o original do problema da Wyndor na Figura 8.9. À primeira vista, parecem ser praticamente a mesma coisa. Um exame mais detalhado revela quatro diferenças importantes.

Em primeiro lugar, os lucros unitários na linha 4 da Figura 8.9 foram ali substituídos pelos lucros unitários *brutos*, que excluem os custos de marketing.

FIGURA 8.10
Curvas suaves são os gráficos de lucro de portas e janelas da Wyndor para a versão do problema da empresa em que os custos não lineares de marketing devem ser considerados.

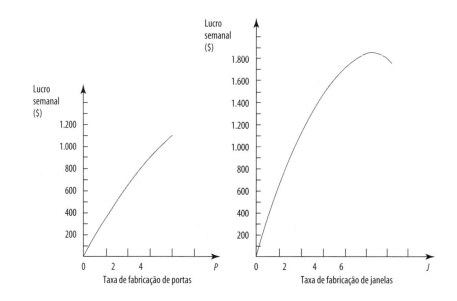

8.2 Programação não linear com retornos marginais decrescentes 277

FIGURA 8.11
Modelo de planilha para o problema de programação não linear da Wyndor com custos não lineares de marketing, em que as células variáveis UnidadesProduzidas (C12:D12) mostram as taxas ideais de fabricação e a célula-alvo LucroTotal (H16) dá o lucro semanal total resultante.

	A	B	C	D	E	F	G	H
1		Problema da Wyndor com custos não lineares de marketing						
2								
3			Portas	Janelas				
4		Lucro unitário (bruto)	$375	$700				
5					Horas		Horas	
6			Horas usadas por unidade produzida		usadas		disponíveis	
7		Fábrica 1	1	0	3.214	≤	4	
8		Fábrica 2	0	2	8.357	≤	12	
9		Fábrica 3	3	2	18	≤	18	
10								
11			Portas	Janelas				
12		Unidades produzidas	3,214	4,179			Lucro bruto das vendas	$4.130
13								
14		Custo de marketing	$258	$1.164			Custo total de marketing	$1.422
15								
16							Lucro total	$2.708

Parâmetros do Solver
Definir objetivo (célula-alvo): Lucro
Para: Máx.
Pelas células variáveis:
  UnidadesProduzidas
Sujeito a restrições:
  HorasUsadas <= HorasDisponíveis
Opções Solver (Excel 2010):
  Transformar variáveis em não negativas
  Método Solver: GRG não linear
Opções Solver (Excel mais antigo):
  Assumir não negativa

	E
5	Horas
6	usadas
7	=SOMARPRODUTO(C7:D7, UnidadesProduzidas)
8	=SOMARPRODUTO(C8:D8, UnidadesProduzidas)
9	=SOMARPRODUTO(C9:D9, UnidadesProduzidas)

	G	H
11	Lucro bruto das vendas	=SOMARPRODUTO(LucroUnitário,UnidadesProduzidas)
12		
13	Custo total de marketing	=SOMAR(CustoMarketing)
14		
15	Lucro total	= Lucro Bruto das Vendas–CustoTotalMarketing

	B	C	D
14	Custo de marketing	=25*(PortasProduzidas^2)	=66.667*(JanelasProduzidas^2)

Nomes de intervalo	Células
PortasProduzidas	C12
LucroBrutoDasVendas	H12
HorasDisponíveis	G7:G9
HorasUsadas	E7:E9
HorasUsadasPorUnidadeProduzida	C7:D9
CustoMarketing	C14:D14
CustoTotalMarketing	H14
LucroTotal	H16
LucroUnitário	C4:D4
UnidadesProduzidas	C12:D12
JanelasProduzidas	D12

Dica do Excel: Quando uma célula variável precisa ser elevada a alguma potência em uma fórmula, o símbolo ^ é colocado entre a célula variável e o expoente.

Em segundo lugar, para considerar os custos de marketing no cálculo da célula-alvo Lucro-Total (H16), a planilha da Figura 8.11 adicionou várias células de saída: LucroBrutoDeVendas (H12), CustosMarketing (C14:D14) e CustoTotalMarketing (H14).

Terceiro, há uma diferença fundamental nas equações digitadas em determinadas células de saída. Na Figura 8.9, a fórmula para LucroTotal (G12) é expressa em termos da função SOMARPRODUTO, característica da programação linear, em que cada produto é o produto de uma célula de dados e uma célula variável. Na Figura 8.11, há mais elementos necessários para o cálculo da parcela de custos de marketing do lucro total, pois essa parcela da função objetivo é não linear. Por exemplo, considere o termo envolvendo P^2 na função objetivo. Uma vez que o valor de P aparece em PortasProduzidas (C12), o Excel expressa P^2 como PortasProduzidas^2, em que o símbolo ^ indica que o número depois deste símbolo (2) é o expoente do número em PortasProduzidas (C12). A mesma abordagem é usada para expressar J^2. Assim, a fórmula para o custo total de marketing é

Custo total de marketing = SOMAR(CustoMarketing)
= 25 * (PortasProduzidas^2) + 66,667 * (JanelasProduzidas^2)

A fórmula para a célula-alvo torna-se então

LucroTotal (H16)=LucroBrutoDeVendas (H12) − CustoTotalMarketing 1H14)

A quarta diferença surge na seleção das opções do Solver na parte inferior das Figuras 8.9 e 8.11. Ao contrário da Figura 8.9, é escolhido o GRG não linear como método de resolução (para o Excel 2010) ou a opção Assumir Modelo Linear *não* é selecionada (para versões anteriores do Excel). Essas configurações (ou o método Evolutionary Solver examinado na Seção 8.5) são necessárias quando se tenta resolver qualquer modelo de programação não linear.

Para este modelo em particular, clicar no botão Solve oferece a solução ideal mostrada em UnidadesProduzidas (C12:D12), ou seja,

$P = 3,214$ (fabrica uma média de 3,214 portas por semana)

$J = 4,179$ (fabrica uma média de 4,179 janelas por semana)

em que LucroTotal (H16) mostra um lucro semanal resultante de $2.708. Estes valores estranhos de P e J certamente não são intuitivos. A Figura 8.12 mostra uma certa intuição gráfica do motivo pelo qual esta resposta foi obtida. A região viável é a mesma do problema original da Wyndor do Capítulo 2. No entanto, em vez de ter *linhas* da função objetivo com as quais buscar uma solução ideal, traçar os pontos que dão qualquer valor constante para a nossa função objetivo não linear agora resulta em uma *curva* de função objetivo em seu lugar.

FIGURA 8.12
Representação gráfica da formulação de programação não linear do problema Wyndor com custos não lineares de marketing. As curvas são curvas de função objetivo de alguns valores de amostra de Lucro e aquela (Lucro = $2.708) que passa pela solução ideal, $(P, J) = (3\ ^{3}/_{14}, 4\ ^{5}/_{28})$.

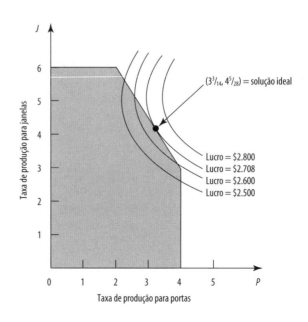

Assim, ao se usar a função objetivo para calcular o Lucro para vários valores viável e inviável de (P, J), cada uma das quatro curvas na figura mostra todos os valores de (P, J) que dão o valor fixo de Lucro indicado para aquela curva. (A plotagem destes pontos é um processo tedioso e difícil, por isso não vamos nos preocupar com os detalhes de como isso é feito.) A figura mostra que o Lucro crescente move a curva de função objetivo para a direita. O maior valor de Lucro pelo qual a curva de função objetivo passa por alguns pontos da região viável é Lucro = $2.708. Portanto, ao se usarem frações, o único ponto possível pelo qual a curva de Lucro = $ 2.708 passa,

$$(P, J) = (3\ ^{3}/_{14}, 4\ ^{5}/_{28})$$

é a solução ideal.

Uma vez que não são frações particularmente convenientes com as quais planejar a fabricação, elas devem ser ajustadas ligeiramente. A curva para o Lucro = $2.708 na Figura 8.12 indica que qualquer ponto sobre a linha oblíqua no limite da região viável que estiver perto da solução ideal proporcionará um lucro semanal bastante próximo de $2.708. Por exemplo,

$$(P, J) = (3\ ^{1}/_{3}, 4)$$

dá um lucro semanal de $2.706, de maneira que a administração prefere esta programação de fabricação mais conveniente.

Por outro lado, examine a solução de programação linear da Figura 8.9, (P, J) = (2, 6), que não leva em conta as não linearidades nos custos de marketing. Ao usar a função objetivo atual que incorpora essas não linearidades, (P, J) = (2, 6) resulta em um lucro semanal de apenas $2.450. Isso ilustra o tipo de melhoria que pode ser obtido pela substituição de um modelo de programação linear aproximada por um modelo de programação não linear mais preciso.

Aplicação da programação não linear à carteira de investimentos

Atualmente é uma prática comum de gestores profissionais de grandes carteiras de ações usar modelos de computador baseados parcialmente em programação não linear para orientá-los. Como os investidores estão preocupados com o *retorno esperado* (ganho) e o *risco* associado aos seus investimentos, a programação não linear é usada para determinar uma carteira que, sob certas hipóteses, provê uma relação ideal entre esses dois fatores. Esta abordagem é baseada em grande parte na pesquisa pioneira feita por Harry Markowitz e William Sharpe que os ajudou a ganhar o Nobel de Economia de 1990.

Este modelo foca a relação entre risco e retorno esperado da carteira de investimentos.

Uma maneira de formular a abordagem é como uma versão não linear dos *problemas da relação entre custos e benefícios* examinados na Seção 3.3. Neste caso, o custo envolvido é o risco associado aos investimentos. O benefício é o retorno esperado da carteira de investimentos. Desse modo, a forma geral do modelo é

Minimizar Risco

sujeito a

Retorno esperado ≥ Nível mínimo aceitável

A medida de risco utilizada aqui é uma quantidade básica da teoria da probabilidade chamada *variação* do retorno. Utilizando fórmulas padronizadas da teoria da probabilidade, a função objetivo pode ser expressa como uma função não linear das variáveis de decisão (as frações do investimento total a se investir nas respectivas ações) que dá *retornos marginais decrescentes* para as ações. Ao adicionar a restrição de retorno esperado, bem como restrições não negativas e uma restrição para que as frações do investimento total investido nas respectivas ações somem 1, obtemos um tipo simples de modelo de programação não linear para otimizar a seleção da carteira.

Para ilustrar a abordagem, agora vamos nos concentrar em um pequeno exemplo numérico em que apenas três ações (títulos) são consideradas para inclusão na carteira. Assim, as variáveis de decisão são

A_1 = Fração do investimento total investido na ação 1

A_2 = Fração do investimento total investido na ação 2

A_3 = Fração do investimento total investido na ação 3

VINHETA DE APLICAÇÃO

O **Bank Hapoalim Group** é o maior grupo bancário de Israel, prestando serviços no país por meio de uma rede de 327 agências, nove centros de negócios regionais e várias filiais nacionais. Também opera no mundo todo com 37 filiais, escritórios e subsidiárias nos maiores centros financeiros da América do Norte, da América do Sul e da Europa.

A maior parte dos negócios do Hapoalim envolve a disponibilização de conselheiros de investimentos aos clientes. Para ficar à frente dos concorrentes, a administração realizou um programa de reestruturação para fornecer este serviço com metodologia e tecnologia de ponta. Foi formada uma equipe de ciência da gestão para isso.

A equipe concluiu que era necessário desenvolver um sistema de apoio à decisão flexível para os assessores de investimentos que pudesse ser adaptado para atender às diversas necessidades de cada cliente. Este deve fornecer informações completas sobre suas necessidades, incluindo a escolha, entre várias alternativas, em relação a seus objetivos de investimento, horizonte de investimento, escolha de um índice para ultrapassar, preferência em termos de liquidez e de moeda e assim por diante. Também é feita uma série de perguntas para verificar a classificação da aceitação de riscos pelo cliente.

A escolha natural do modelo para conduzir o sistema resultante de apoio à decisão (o *Opti-Money System*) foi o *clássico modelo de programação não linear para seleção de carteiras* descrita nesta seção do livro, com modificações para incorporar todas as informações sobre as necessidades do cliente individual. Esse modelo gera uma ponderação ideal de 60 possíveis tipos de ativos possíveis de ações e títulos em carteira, e o conselheiro de investimentos, em seguida, trabalha com o cliente para escolher as ações e títulos específicos desses tipos.

Em um ano recente, os conselheiros de investimentos do banco realizaram cerca de 133 mil sessões de consulta com 63 mil clientes usando o sistema de apoio à decisão. O *lucro anual* dos benchmarks para os clientes que seguem os conselhos de investimentos prestados pelo sistema *totalizou cerca de* **244 milhões de dólares**, *acrescentando mais de* **31 milhões** *ao rendimento anual do banco.*

Fonte: M. Avriel, H. Pri-Zan, R. Meiri e A. Peretz, "Opti-Money at Bank Hapoalim: A Model-Based Investment Decision-Support System for Individual Customers," *Interfaces* 34, no. 1 (janeiro – fevereiro de 2004), pp. 39–50. (Um link para esse artigo é fornecido no *site* **www.mhhe.com/hillier4e.**)

Uma vez que essas frações precisam somar 1,

$$A_1 + A_2 + A_3 = 1$$

será incluído como uma das restrições do modelo.

A Tabela 8.2 fornece os dados para essas três ações. A segunda coluna fornece o retorno esperado para cada uma delas, de modo que o retorno esperado para a carteira total é

$$\text{Retorno esperado} = (21A_1 + 30A_2 + 8A_3)\%$$

A escolha atual do investidor do nível mínimo aceitável para essa quantidade é

$$\text{Retorno mínimo aceitável esperado} = 18\%$$

Uma vez que o retorno esperado de ações 1 e 2 superam 18%, este nível mínimo aceitável será alcançado se essas ações incluírem uma parte suficientemente grande da carteira.

O desafio é encontrar o equilíbrio entre o retorno alto, mas de alto risco, das ações 1 e 2 e o de baixo risco, mas baixo retorno, da ação 3.

No entanto, as ações 1 e 2 são muito mais arriscadas do que a ação 3. Não há certeza de que os retornos esperados mostrados na Tabela 8.2 serão de fato alcançados, mas a incerteza é consideravelmente menor para as ações 1 e 2 do que para a 3. Cada ação possui uma *distribuição de proporcionalidade* subjacente de quanto resultará seu retorno. Em cada caso, o *desvio padrão* (ou seja, a raiz quadrada da variação) desta distribuição fornece uma medida do quanto essa distribuição é espalhada, uma vez que há uma probabilidade aproximada de 2/3 de que o retorno resultante estará no limite do desvio padrão do retorno esperado. Esta medida do risco de uma ação é dada na terceira coluna da Tabela 8.2.

No entanto, o risco para a carteira não pode ser obtido exclusivamente a partir da terceira coluna, já que ela só dá o risco de cada ação considerada isoladamente. O risco para a carteira também é afetado pelo fato de determinadas ações tenderem a subir e descer juntas (maior risco) ou tenderem a se mover em direções opostas (risco menor). Na coluna mais à direita da

TABELA 8.2
Dados das ações do exemplo de escolha de carteira.

Ação	Retorno esperado	Risco (desvio-padrão)	Par de ações	Risco conjunto por ação (covariância)
1	21%	25%	1 e 2	0,040
2	30	45	1 e 3	– 0,005
3	8	5	2 e 3	– 0,010

Tabela 8.2, o risco conjunto *positivo* para as ações 1 e 2 indica que elas têm alguma tendência a se mover na mesma direção. No entanto, o risco conjunto *negativo* para os outros dois pares de ações mostra que a ação 3 tende a subir quando a ação 1 ou 2 desce, e vice-versa. (Na terminologia da teoria da probabilidade, o risco conjunto para *cada uma* de duas ações é a *covariância* dos seus retornos, como dado na coluna da direita da Tabela 8.2, de modo que o risco conjunto total das duas ações é duas vezes esta covariância.)

Os dados na Tabela 8.2 normalmente são obtidos por amostras dos retornos das ações de uma série de anos anteriores e, em seguida, com o cálculo das médias, desvios-padrão e covariâncias desses exemplos. Ajustes na estimativa resultante do retorno esperado de pelo menos uma ação também podem ser feitos se parecer que as perspectivas atuais para a ação, de alguma forma, são diferentes do que foram em anos anteriores. Usando-se a fórmula da teoria da probabilidade para o cálculo da variância total de variâncias individuais e covariâncias, o risco para toda a carteira é

$$\text{Risco} = (0{,}25A_1)^2 + (0{,}45A_2)^2 + (0{,}05A_3)^2 + 2(0{,}04)A_1A_2 + 2(-0{,}005)A_1A_3 + 2(-0{,}01)A_2A_3$$

Portanto, a forma algébrica do modelo de programação não linear para este exemplo é

$$\text{Minimizar Risco} = (0{,}25A_1)^2 + (0{,}45A_2)^2 + (0{,}05A_3)^2 + 2(0{,}04)A_1A_2$$
$$+ 2(-0{,}005)A_1A_3 + 2(-0{,}01)A_1A_2$$

sujeito a

$$21A_1 + 30A_2 + 8A_3 \geq 18$$
$$A_1 + A_2 + A_3 = 1$$

e

$$A_1 \geq 0 \quad A_2 \geq 0 \quad A_3 \geq 0$$

> Esse tipo de modelo de programação quadrática é amplamente usado por gerentes de carteiras.

Felizmente, a função objetivo para este modelo tem retornos marginais decrescentes. (Isto não é óbvio, mas tem-se verificado que o Risco, medido pela variância do retorno para a carteira inteira, *sempre* tem retornos marginais decrescentes para qualquer carteira.) Além disso, este é um modelo de *programação quadrática*, pois a função objetivo é quadrática (que consiste em um coeficiente vezes o produto de duas variáveis que são permitidas em uma função quadrática) e o modelo tem as três características listadas no início desta seção. Consequentemente, este é um tipo particularmente simples de problema de programação não linear a ser resolvido.

A Figura 8.13 mostra o modelo de planilha correspondente depois de aplicado o Solver. Para facilitar a interpretação, as células variáveis Carteira (C14:E14) dão os valores de A1, A2 e A3 como porcentagens em vez de frações. Estas células indicam que a solução ideal é

$A_1 = 40{,}2\%$:   Alocar 40,2% da carteira para a ação 1
$A_2 = 21{,}7\%$:   Alocar 21,7% da carteira para a ação 2
$A_3 = 38{,}1\%$:   Alocar 38,1% da carteira para a ação 3

Assim, apesar de seu retorno relativamente baixo, incluir uma quantidade substancial de ações 3 na carteira vale a pena para neutralizar o elevado risco associado às ações 1 e 2. O RetornoEsperado (C19) indica que essa carteira ainda alcança um retorno esperado de 18%, que é igual ao nível mínimo aceitável. A célula-alvo Variação (C21) dá o risco da carteira, ou seja, a variação do retorno para toda a carteira, como 0,0238. Para ajudar a interpretar essa quantidade, a VarPadrão (C23) calcula o desvio padrão correspondente do retorno para a carteira como $\sqrt{0{,}0238} = 0{,}154 = 15{,}4\%$. O fato de este desvio padrão ser menor do que o retorno esperado é encorajador porque isso indica ser bastante improvável que o retorno real que alcançado pela carteira vá passar a ser negativo. O desvio padrão é bem pequeno, apesar dos desvios padrão muito maiores dos retornos para as ações 1 e 2 dados em DesPadrãoAção (C6:E6), por causa do desvio padrão muito pequeno para a ação 3 e os valores negativo em Covar13 (E9) e Covar23 (E10).

> Há uma boa chance de que o retorno para a carteira não vá se desviar do retorno esperado mais que o desvio padrão do retorno.

Este é um exemplo de problema da relação entre custo e benefício, uma vez que envolve encontrar a melhor relação entre o custo (risco) e um benefício (retorno esperado). Exceto para a forma da função objetivo, isso é análogo aos problemas da relação entre custo e benefício examinados na Seção 3.3. Conforme discutido no Capítulo 5, a análise desse tipo de problema raramente termina com a descoberta de uma solução ideal para a versão original do modelo. O nível mínimo aceitável indicado no modelo para o benefício (ou benefícios) envol-

282 PROGRAMAÇÃO NÃO LINEAR

O investidor precisa do tipo de tabela e gráfico da Figura 8.14 para decidir qual carteira fornece a melhor relação entre retorno esperado e risco.

vido é uma decisão política hesitante. Depois de saber qual é o custo resultante, é necessária uma análise mais aprofundada para descobrir a melhor relação entre custos e benefícios. Esta análise envolve variar o nível mínimo aceitável para o benefício e ver qual é o efeito sobre o custo. Se muito mais benefício puder ser obtido por um custo relativamente pequeno, isso provavelmente deverá ser feito. Por outro lado, se uma mínima diminuição do benefício economizar muito em custos, o nível mínimo aceitável, provavelmente, deverá ser diminuído.

FIGURA 8.13
Modelo de planilha para o exemplo de seleção de carteira de programação não linear em que as células variáveis Carteira (C14:E14) dão a carteira ideal e a célula-alvo Variação (C21) mostra o risco resultante.

	A	B	C	D	E	F	G	H
1	Problema de seleção de carteira (Programação não linear)							
2								
3			Ação 1	Ação 2	Ação 3			
4		Retorno esperado	21%	30%	8%			
5								
6		Risco (desvio-padrão)	25%	45%	5%			
7								
8		Risco conj. (Covar.)	Ação 1	Ação 2	Ação 3			
9		Ação 1		0,040	−0,005			
10		Ação 2			−0,010			
11		Ação 3						
12								
13			Ação 1	Ação 2	Ação 3	Total		
14		Carteira	40,2%	21,7%	38,1%	100%	=	100%
15								
16					Retorno			
17					mínimo			
18			Carteira		esperado			
19		Retorno esperado	18%	≥	18%			
20								
21		Risco (variação)	0,0238					
22								
23		Risco (desvio-pad.)	15,4%					

Nomes de intervalo	Células
Covar12	D9
Covar13	E9
Covar23	E10
Covariância	C9:E11
RetornoEsperado	C19
RetornoMínimoEsperado	E19
100%	H14
Carteira	C14:E14
SD1	C6
SD2	D6
SD3	E6
DesvioPadrão	C23
Ação1	C14
Ação2	D14
Ação3	E14
RetornoEsperadoDaAção	C4:E4
DesvioPadrãoDaAção	C6:E6
Total	F14
Variância	C21

Parâmetros do Solver
Definir objetivo (célula-alvo)
Para: Mínimo
Pelas células (variáveis):
 Carteira
Sujeito às restrições:
 RetornoEsperado >= MínRetornoEsperado
 Total = 100%
Opções do Solver (Excel 2010):
 Criar variáveis não negativas
 Método de solução: GRG Não Linear
Opções do Solver (Excel antigo):
 Assumir não negativa

	F
13	Total
14	=SOMAR(carteira)

	B	C
19	Retorno esperado	=SOMARPRODUTO(RetornoEsperadoAção,Carteira)
20		
21	Risco (variação)	=((SD1*Ação1)A2)+((SD2*Ação2)A2)+((SD3*Ação3)A2)+2*Covar12*Ação1*Ação2+2*Covar13*Ação1*Ação3+2*Covar23*Ação2*Ação3
22		
23	Risco (desvio pad.)	=RAIZ(Variação)

Uma forma de aplicar essa abordagem para o exemplo atual é usar o Solver Tablet (do seu MS Courseware), conforme descrito no Capítulo 5 e Apêndice A para gerar uma tabela que dê o retorno esperado e o risco fornecido por uma solução ideal para o modelo de uma faixa de valores do retorno mínimo aceitável esperado. A Figura 8.14 mostra essa tabela. No jargão financeiro, os pares de valores nas colunas F e G são chamados de pontos da *fronteira eficiente*. Na verdade, o lado direito da Figura 8.14 mostra um *plot* desta fronteira eficiente. Depois de examinar esses pontos, o investidor poderá tomar uma decisão pessoal sobre qual deles oferece a melhor relação entre retorno esperado e risco.

Perguntas de revisão

1. Quais as três características de um tipo simples de problema de programação não linear que pode ser facilmente resolvido pelo Solver não linear do Excel?
2. Para este tipo simples de problema de programação não linear, o que difere a exibição gráfica de um problema de duas variáveis de um problema de programação linear de duas variáveis?
3. Que característica adicional este tipo de problema de programação não linear deve ter para ser de programação quadrática?
4. Ao aplicar a programação não linear à seleção de carteiras, está sendo procurada uma relação entre quais dois fatores?

FIGURA 8.14
Aplicação do Solver Tablet que mostra a relação entre retorno esperado e risco quando o modelo da Figura 8.13 é alterado pela variação do retorno mínimo aceitável esperado.

	A	B	C	D	E	F	G
25		Tabela do Solver para o problema de seleção de carteira					
26							
27		Retorno					
28		mínimo				Risco	Retorno
29		esperado	Ação 1	Ação 2	Ação 3	(desvio-padrão)	esperado
30			40,20%	21,70%	38,10%	15,40%	18,00%
31		8%	7,10%	3,70%	89,10%	3,90%	9,70%
32		10%	8,10%	4,30%	87,60%	3,90%	10,00%
33		12%	16,20%	8,60%	75,20%	5,60%	12,00%
34		14%	24,20%	13,00%	62,80%	8,60%	14,00%
35		16%	32,20%	17,30%	50,50%	12,00%	16,00%
36		18%	40,20%	21,70%	38,10%	15,40%	18,00%
37		20%	48,20%	26,10%	25,70%	18,90%	20,00%
38		22%	56,20%	30,40%	13,40%	22,50%	22,00%
39		24%	64,20%	34,80%	1,00%	26,10%	24,00%
40		26%	44,40%	55,60%	0,00%	30,80%	26,00%
41		28%	22,20%	77,80%	0,00%	37,30%	28,00%
42		30%	0,00%	100,00%	0,00%	45,00%	30,00%

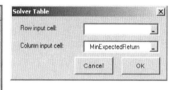

	C	D	E	F	G
28				Risco	Retorno
29	Ação 1	Ação 2	Ação 3	(desvio-padrão.)	esperado
30	=Ação1	=Ação2	=Ação3	=DesvioPadrão	=RetornoEsperado

Nomes de intervalo	Células
RetornoEsperado	C19
RetornoMínEsperado	E19
DesvioPadrão	C23
Ação1	C14
Ação2	D14
Ação3	E14

8.3 PROGRAMAÇÃO SEPARÁVEL

A Seção 8.1 descreveu vários tipos de relações não proporcionais entre uma atividade e a medida geral de desempenho para um problema. Esse tipo de relação são *retornos marginais decrescentes* e a Seção 8.2 focalizou problemas de programação não linear em que esta relação é válida para todas as atividades. Agora voltamos nossa atenção para um tipo semelhante de relação não proporcional em que as atividades mais uma vez apresentam retornos marginais decrescentes. No entanto, a diferença é que o gráfico de lucro ou de custo para cada atividade agora é *linear por partes* porque consiste em uma sequência de segmentos de linha conectados. A Figura 8.2 (b) na Seção 8.1 mostrou esse gráfico de lucro (ou o gráfico para qualquer outra medida de desempenho a ser maximizada) e a Figura 8.3 (c) fez o mesmo com um gráfico de custo (ou qualquer gráfico relacionado com a minimização).

Existe uma técnica especial chamada *programação separável*, projetada para lidar com este tipo de problema de programação não linear. Assim, o lucro (ou custo) total é simplesmente a soma dos lucros (ou custos) obtidos diretamente a partir desses gráficos de lucro (ou custo) linear por partes para as atividades individuais. (Não são permitidos termos de produtos cruzados e cada gráfico deve ter retornos marginais decrescentes.) Por causa dos segmentos de linha em cada gráfico de lucro ou custo, esta técnica converte a formulação do modelo em um modelo de *programação linear*. Isso permite resolver o modelo de forma extremamente eficiente e, em seguida, aplicar as poderosas ferramentas de análise "e se" para programação linear.

O próximo episódio da saga do problema da Wyndor Glass Co. ilustra esta técnica.

Para problemas de programação não linear com retornos marginais decrescentes, em que os gráficos de lucros ou de custos também são lineares por partes, a técnica de programação separável converte o problema em um de programação linear equivalente.

Problema da Wyndor Glass Co.: quando há necessidade de horas extras

A empresa agora está pronta para iniciar a produção de suas novas portas e janelas especiais, de acordo com o planejamento descrito no Capítulo 2, Capítulo 5 e Seção 8.2. Devido aos custos não lineares de marketing discutidos na Seção 8.2, o plano atual é usar taxas de produção de

$$(P, J) = (3\,\tfrac{1}{3}, 4)$$

onde P e J são o número de portas e janelas produzidas por semana, respectivamente.

284 PROGRAMAÇÃO NÃO LINEAR

Sem se preocupar com as novas estimativas de custos não lineares de marketing, como o modelo original da Wyndor deve ser modificado para considerar as horas extras?

No entanto, há agora um novo fator que poder alterar este plano de produção durante os quatro primeiros meses.

A empresa aceitou um pedido especial para artigos artesanais a serem produzidos nas fábricas 1 e 2 nos próximos quatro meses. Atender a esse pedido vai exigir a alocação de determinados funcionários das equipes de trabalho para os produtos regulares, de modo que os funcionários restantes terão de trabalhar horas extras para utilizar a capacidade plena de produção de máquinas e equipamentos de cada instalação para aqueles produtos.

Devido a este novo fator, a administração solicitou ao grupo de ciência da gestão para atualizar rapidamente seu modelo e verificar se o plano de produção atual ainda seria o mais rentável para uso durante os primeiros quatro meses. Para examinar o problema rapidamente, o grupo decide ignorar as não linearidades dos custos de marketing por enquanto e simplesmente modificar o modelo de planilha original mostrado na Figura 8.9 (na seção anterior) para levar as horas extras em consideração. (Depois do exame dessa versão mais simples do problema, as não linearidades dos custos de marketing serão reconsideradas na análise posterior desta seção.)

As restrições deste modelo original, HorasUsadas (E7:E9) ≤ HorasDisponíveis (G7:G9), ainda são válidas e as horas extras seriam usadas para preencher algumas horas do tempo de fabricação disponível nas fábricas 1 e 2, conforme dado pelas células G7 e G8. No entanto, a função objetivo não é mais válida porque o custo adicional do uso de horas extras reduz o lucro obtido em cada unidade de produto obtida desta forma.

Para a parte do trabalho realizada nas fábricas 1 e 2, a Tabela 8.3 mostra o número máximo de unidades de cada produto que pode ser fabricado semanalmente durante o horário normal e nas horas extras. A fábrica 3 não precisa de horas extras, e por isso sua restrição inalterada é dada entre parênteses na parte inferior. A quarta coluna é a soma da segunda e terceira colunas, em que esses montantes são indicados pelas restrições originais para as fábricas 1 e 2 (P ≤ 4 e 2J ≤ 12, então J ≤ 6). As duas últimas colunas mostram o lucro estimado para cada unidade produzida no horário normal e nas horas extras (nas fábricas 1 e 2), com base nas estimativas iniciais de custos de marketing e não naquelas desenvolvidas na Seção 8.2.

A Figura 8.15 traça o lucro semanal de cada produto em relação à sua taxa de fabricação. Note-se que a *inclinação* de cada gráfico de lucro diminui quando a taxa de fabricação aumenta o suficiente a ponto de exigir horas extras porque o lucro por unidade fabricada mostrado na Tabela 8.3 é menor com horas extras do que no horário regular. Assim, esses dois produtos têm *retornos marginais decrescentes*.

A gerência havia pensado em contratar alguns trabalhadores temporários para evitar o custo adicional das horas extras. No entanto, isso significaria incorrer em alguns custos de treinamento, bem como na possível ineficiência de funcionários inexperientes. Portanto, como se trata de uma situação temporária em que a produção regular pode ser retomada em quatro meses, a administração decidiu ir em frente e usar horas extras.

O modelo precisa fornecer uma solução que use as horas extras para um único produto, se o horário normal disponível para este tiver sido totalmente utilizado.

No entanto, a gerência insiste que a equipe de trabalho de cada produto seja utilizada plenamente durante o horário normal antes de se usar qualquer hora extra. Além disso, considera que os planos atuais para as taxas de fabricação devem ser mudados temporariamente se essa medida melhorar a rentabilidade geral.

Aplicação da programação separável a este problema

Uma vez que cada gráfico de lucro da Figura 8.15 não é uma linha reta, o lucro de cada produto *não* é proporcional à sua taxa de fabricação. Consequentemente, a pressuposição de proporcionalidade de programação linear (examinado na Seção 8.1) é violada. No entanto, cada gráfico de lucro consiste em *duas* retas (segmentos de linha) que são ligadas entre si no ponto onde muda a inclinação. Assim, dentro de cada segmento de linha, o gráfico de lucro aparenta como a pressuposição de proporcionalidade ainda se mantivesse. Isso sugere a seguinte ideia-chave.

TABELA 8.3
Dados para o problema original da Wyndor quando são necessárias horas extras.

	Fabricação semanal máxima			Lucro por unidade fabricada	
Produto	Horário normal	Hora extra	Total	Horário normal	Hora extra
Portas	3	1	4	$300	$200
Janelas	3	3	6	500	100
		(e 3P + 2J ≤ 18)			

FIGURA 8.15
Gráficos de lucro para a Wyndor Glass Co. que mostram o lucro semanal de cada produto em relação à taxa de fabricação desse produto quando forem necessárias horas extras para ultrapassar a taxa de três unidades por semana. Neste ponto, esses gráficos de lucro são baseados nas estimativas originais dos custos de marketing, e não nas estimativas de custos não lineares de marketing desenvolvidas na Seção 8.2.

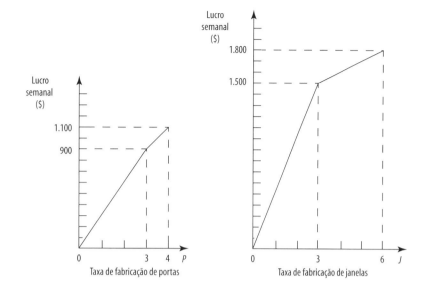

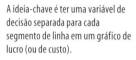

A ideia-chave é ter uma variável de decisão separada para cada segmento de linha em um gráfico de lucro (ou de custo).

Técnica de programação separável: Para cada atividade que viole a pressuposição de proporcionalidade, separe seu gráfico de lucro em partes, com um segmento de linha em cada parte. Depois, em vez de usar uma única variável de decisão para representar o nível de cada atividade, introduza uma variável de decisão separada para cada novo segmento de linha no gráfico de lucro daquela atividade. Uma vez que a pressuposição de proporcionalidade vale para essas novas variáveis de decisão, formule um modelo de programação linear em termos dessas variáveis.

Para o problema da Wyndor, essas novas variáveis de decisão são

P_N = Número de portas fabricadas por semana no horário normal
P_{Ex} = Número de portas fabricadas por semana durante as horas extras
J_N = Número de janelas fabricadas por semana no horário normal
J_{Ex} = Número de janelas fabricadas por semana durante as horas extras

Os lucros unitários associados a essas variáveis são dados nas duas últimas colunas da Tabela 8.3, de modo que esses números se tornam os coeficientes da função objetivo. A segunda e terceira colunas dão os valores máximos dessas variáveis, de modo que as restrições correspondentes são introduzidas no modelo. As três restrições funcionais do modelo para o problema original da Wyndor também precisam ser mantidas, mas com P substituído por $(P_N + P_{Ex})$ e J substituído por $(J_N + J_{Ex})$. A Seção 2.3 mostra a forma algébrica do modelo para o problema original da Wyndor (onde L indica o lucro total por semana dos dois produtos, em dólares). Agora que estamos considerando separadamente as taxas de fabricação dos dois produtos no horário normal e nas horas extras, este modelo se expande para escolher os valores das quatro novas variáveis de nova decisão, a fim de

$$\text{Maximizar} \quad L = 300P_N + 200P_{Ex} + 500J_N + 100J_N, \text{ sujeito a}$$

sujeito a

$$P_N \leq 3, P_{Ex} \leq 1, J_N \leq 3, J_P \leq 3$$
$$P_N + J_{Ex} \leq 4$$
$$2(J_N + J_{Ex}) \leq 12$$
$$3(P_N + P_{Ex}) + 2(J_N + J_{Ex}) \leq 18$$

e

$$P_N \geq 0 \; P_{Ex} \geq 0 \; J_N \geq 0 \; J_P \geq 0$$

(A segunda e terceira fileiras de restrições poderiam ser excluídas, pois são asseguradas pela primeira linha de restrições.) O principal da técnica de programação separável é que este é um *modelo de programação linear* que corresponde ao que era originalmente um problema de programação não linear.

FIGURA 8.16
Modelo de planilha para o problema de programação separável da Wyndor quando são necessárias horas extras, em que as células variáveis UnidadesProduzidas (C14:D15) fornecem as taxas ideais de fabricação obtidas pelo Solver e a célula-alvo LucroTotal (D18) mostra o lucro semanal total resultante. Este modelo é baseado nos gráficos de lucro da Figura 8.15 e, assim, não incorpora os custos não lineares de marketing desenvolvidos na Seção 8.2.

	A	B	C	D	E	F	G
1	Problema da Wyndor com horas extras (programação separada)						
2							
3		Unidade de produção	Portas	Janelas			
4		Regular	$300	$500			
5		Horas extras	$200	$100			
6					Horas		Horas
7			Horas usadas por unidade produzida		usadas		disponíveis
8		Fábrica 1	1	0	4	≤	4
9		Fábrica 2	0	2	6	≤	12
10		Fábrica 3	3	2	18	≤	18
11							
12			Unidades produzidas			Máximo	
13			Portas	Janelas		Portas	Janelas
14		Regular	3	3	≤	3	3
15		Horas extras	1	0	≤	1	3
16		Total produzido	4	3			
17							
18			Lucro total	$2.600			

Parâmetros do Solver
Definir objetivo: Total/lucro
Para: Máx
Pelas células (variáveis):
    UnidadesProduzidas
Sujeito às restrições:
    HorasUsadas <= HorasDisponíveis
    UnidadesProduzidas <= Máximo
Opções do Solver (Excel 2010):
    Criar variáveis não negativas
    Método de resolução: Simplex LP
Opções do Solver Excel antigo):
    Assumir não negativa
    Assumir modelo linear

	E
6	Horas
7	usadas
8	=SOMARPRODUTO(C8:D8,TotalProduzido)
9	=SOMARPRODUTO(C9:D9,TotalProduzido)
10	=SOMARPRODUTO(C10:D10,TotalProduzido)

	B	C	D
16	TotalProduzido	=SOMA(C14:C15)	=SOMA(D14:D15)

	C	D
18	Lucro total	=SOMARPRODUTO(LucroUnidade,UnidadesProduzidas)

Nomes de intervalo	Células
HorasDisponíveis	G8:G10
HorasUsadas	E8:E10
HorasUsadasPorUnidadeProduzida	C8:D10
Máximo	F14:G15
TotalProduzido	C16:D16
LucroTotal	D18
LucroUnidade	C4:D5
UnidadesProduzidas	C14:D15

Agora temos formulado um modelo de programação linear que corresponde ao que era originalmente um problema de programação não linear.

O modelo de planilha resultante para esta formulação de programação linear do problema é mostrado na Figura 8.16. As células variáveis UnidadesProduzidas (C14:D15) incluem células separadas para cada uma das quatro variáveis de decisão. As novas restrições, UnidadesProduzidas (C14:D15) ≤ Máximo (F14:G15), aplicam os limites superiores sobre essas variáveis de decisão indicadas pela segunda e terceira colunas da Tabela 8.3. As novas células de saída TotalProduzido (C16:D16) soma as quantidades de fabricação no horário normal e nas horas extras para cada um dos produtos. Isso permite, então, calcular as horas utilizadas com a equação HorasUsadas (E8:E10) = SOMARPRODUTO (HorasUsadasPorUnidadeProduzida, TotalProduzido). Caso contrário, o modelo será basicamente o mesmo de programação linear original da Figura 8.9. Note-se que LP Simplex foi escolhido como o método de resolução (para Excel 2010) ou que a opção Assumir Modelo Linear foi selecionada (para versões anteriores) porque o novo modelo também foi formulado para se tornar de programação linear. O pressuposto da proporcionalidade agora é observado para as variáveis de nova decisão. Desse modo, o modelo pode ser resolvido de forma muito eficiente. Essa capacidade de reformular o modelo original para ajustá-lo à programação linear é o que torna a programação separável uma técnica valiosa.

No entanto, há um fator importante que não é levado em conta explicitamente nesta formulação. Lembre-se de que a administração insiste que a fabricação no horário normal seja plenamente utilizada antes de se usar qualquer hora extra para cada produto. Esta restrição não está imposta no modelo. Consequentemente, é realmente viável que o modelo tenha $J_{Ex} > 0$ quanto $P_N < 3$, ou que tenha $J_{Ex} > 0$ quando $J_N < 3$.

Felizmente, mesmo que essa solução seja viável no modelo, ela não pode ser ideal. Isso porque as atividades (fabricação dos dois produtos) têm *retornos marginais decrescentes*, já que o lucro unitário nas horas extras é menor do que no horário normal para cada produto. Portanto, para maximizar o lucro total, uma solução ideal automaticamente irá utilizar todo o horário normal para um produto antes de começar a horas extras.

A chave é ter retornos marginais decrescentes. Sem isso, o modelo de programação linear com esta abordagem pode não fornecer uma solução ideal legítima. Esta é a razão pela qual a programação separável só é aplicável quando as atividades têm retornos marginais decrescentes (exceto para aquelas atividades que satisfazem a pressuposição de proporcionalidade).

A Figura 8.16 mostra as células variáveis UnidadesProduzidas (C14:D15) depois de usar o Solver do Excel para obter uma solução ideal. A solução ideal é

$P_N = 3, P_{Ex} = 1$:   Produz 4 portas por semana
$J_N = 3, J_{Ex} = 0$:   Produz 3 janelas por semana

para um lucro total de $2.600 por semana dado pela célula-alvo LucroTotal (D18). Isso se compara com um lucro total de $2.567 por semana para o plano anterior (produção de 3 $\frac{1}{3}$ portas e 4 janelas por semana) que tinha sido aprovado antes de surgir a necessidade de utilização de horas extras.

Aplicação da programação separável com gráficos de lucro liso

Em algumas aplicações de programação separável, os gráficos de lucro serão *curvas* em vez de uma série de segmentos de linha. Isso acontece quando o retorno marginal de uma atividade diminui continuamente e não apenas em determinados pontos.

Por exemplo, a curva uniforme da Figura 8.17 mostra esse tipo de gráfico de lucro para uma atividade. Para aplicar a programação separável, esta curva pode ser aproximada de uma série de segmentos de linha, como aqueles tracejados da figura. Ao introduzir uma nova variável de decisão a cada um dos segmentos de linha (e repetindo isso para outras atividades com esses gráficos de lucro), a abordagem mostrada pelo exemplo da Wyndor pode voltar a ser usada para converter o problema geral em um problema de programação linear.

Esta não é a única maneira de resolver problemas em que as atividades têm gráficos de lucro com formas semelhantes ao mostrado na Figura 8.17. A Seção 8.2 examina problemas deste mesmo tipo. O Solver não linear do Excel pode facilmente resolver esses problemas usando um modelo de programação não linear que emprega as fórmulas para gráficos de lucro. A vantagem é que não é necessária nenhuma aproximação, uma vez que a programação separável usa o tipo de aproximação ilustrada na Figura 8.17.

São necessários retornos marginais decrescentes para utilizar a técnica de programação separável.

FIGURA 8.17
A curva uniforme mostra um gráfico de lucro para uma atividade cujo retorno marginal diminui continuamente. Os segmentos de linha tracejada mostram o tipo de aproximação usada pela programação separável.

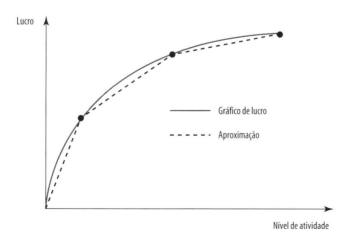

A aproximação na Figura 8.17 requer apenas estimar o lucro nos três pontos em vez de calcular uma fórmula para todo o gráfico de lucro.

No entanto, a abordagem de programação separável também tem certas vantagens. Uma delas é converter o problema em um problema de programação linear, acelerando sua solução, o que pode ser muito útil para grandes problemas. Outra vantagem é que uma formulação de programação linear disponibiliza o Sensitivy Report do Solver, o que é de grande ajuda para a análise "e se", visto que as informações sensíveis fornecidas quando se utiliza um modelo de programação não linear não são tão úteis. Uma terceira vantagem importante é que a abordagem de programação separável requer apenas calcular o lucro de cada atividade em alguns pontos, como os pontos da Figura 8.17. Portanto, não é necessário usar um método de ajuste de curva para calcular a fórmula para o gráfico de lucro, em que esta estimativa teria apresentado uma aproximação para o processo.

O final da história da Wyndor (a seguir) mostra a aplicação de ambas as abordagens.

Problema da Wyndor com custos de hora extra e custos não lineares de marketing

O modelo de planilha da Figura 8.16 fornece uma boa estimativa de quanto deveriam ser aproximadamente as taxas de fabricação para os novos produtos ao longo dos próximos quatro meses. Isso é útil para fins de planejamento, mas o modelo é um tanto grosseiro, pois não leva em conta as novas estimativas de custos não lineares de marketing que foram desenvolvidas na Seção 8.2. Portanto, o próximo passo para o grupo de ciência da gestão da Wyndor é melhorar o modelo, incorporando as novas estimativas.

Lembre-se de que Ann Lester, vice-presidente de marketing da Wyndor, está agora calculando que os custos de marketing terão de ser de $25P^2$ e $66\frac{2}{3}J^2$ (dólares) para sustentar as vendas de P portas e J janelas por semana. Esses custos teriam de ser subtraídos do lucro bruto de cada produto (o lucro excluindo os custos de marketing) para obter o lucro desse produto. Uma vez que as estimativas originais de custos de marketing foram de $75 por porta e $200 ao calcular os lucros unitários apresentados na Tabela 8.3, o grupo agora precisa usar os dados mostrados na Tabela 8.4.

Com base nesses dados, a quarta coluna da Tabela 8.5 mostra o lucro semanal que seria obtido com a fabricação de P portas por semana para vários valores de P. Este lucro é calculado subtraindo-se os custos de marketing da terceira coluna do lucro bruto da segunda coluna. A coluna mais à direita dá o lucro incremental do último aumento de 1 no valor de P. Assim, o lucro incremental é calculado com base no lucro da mesma linha e subtraindo o lucro da linha anterior. Observe a grande queda no lucro incrementá-lo em $P = 4$, pois as horas extras devem ser usadas para aumentar P sobre 3.

A Tabela 8.6 fornece os cálculos correspondentes para janelas. Nesse caso, o lucro incremental em $J = 4$, $J = 5$ e $J = 6$ é, na verdade, negativo devido aos vultosos custos adicionais das horas extras necessárias para aumentar J sobre 3.

As curvas uniformes da Figura 8.18 mostram todos os gráficos de lucro das portas e janelas. A inclinação de cada gráfico sempre é decrescente enquanto aumenta a taxa de fabricação, por isso ambas as atividades têm retornos marginais decrescentes. Essa diminuição da inclinação é quase imperceptível com pequenas taxas de fabricação para, em seguida, tornar-se mais pronunciada com taxas maiores. Há também uma dobra em cada gráfico em $P = 3$ ou $J = 3$ porque são necessárias horas extras para aumentar a taxa de produção.

TABELA 8.4
Dados para o problema de custos de horas extras e custos não lineares de marketing da Wyndor.

Produto	Produção máxima semanal			Unidade de produção bruta		Custos de marketing
	Horas normais	Horas extras	Total	Horas normais	Horas extras	
Portas	3	1	4	$375	$275	$25P^2$
Janelas	3	3	6	700	300	$66\frac{2}{3}J^2$

TABELA 8.5
Cálculos do lucro semanal da Wyndor com a produção P de portas.

P	Lucro bruto	Custos de marketing	Lucro	Crescimento do lucro
0	0	0	0	—
1	$ 375	$ 25	$ 350	$350
2	750	100	650	300
3	1.125	225	900	250
4	1.400	400	1.000	100

TABELA 8.6
Cálculo do lucro semanal da Wyndor pela produção de J janelas.

J	Lucro bruto	Custos de marketing	Lucro	Crescimento do lucro
0	0	0	—	—
1	$ 700	$ 66 $\frac{2}{3}$	$ 633 $\frac{1}{3}$	$633 $\frac{1}{3}$
2	1.400	266 $\frac{2}{3}$	1.133 $\frac{1}{3}$	500
3	2.100	600	1.500	366 $\frac{2}{3}$
4	2.400	1.066 $\frac{2}{3}$	1.333 $\frac{1}{3}$	− 166 $\frac{2}{3}$
5	2.700	1.666 $\frac{2}{3}$	1.033 $\frac{1}{3}$	− 300
6	3.000	2.400	600	− 433 $\frac{1}{3}$

Usar a programação separável é bastante razoável quando os gráficos lineares por partes se aproximarem bastante dos gráficos de lucro reais.

O grupo de ciência da gestão agora quer usar a programação separável para determinar quais as taxas de fabricação para maximizar o lucro total. Para esse fim, o grupo utiliza os segmentos de linha tracejada da Figura 8.18 para obter gráficos lineares por partes que se aproximem dos gráficos de lucro reais. O único lugar onde a aproximação não é realmente acentuada é quando o gráfico de lucro de janelas vai de $1.500, em $J = 3$, para $600, em $J = 6$ (uma diminuição média de $300 por unidade de J). Uma vez que o lucro diminui quando J é aumentada acima de $J = 3$, parece indesejável aumentar J tanto assim. Desse modo, não é necessária uma aproximação particularmente estreita nesta parte do gráfico, e apenas um único segmento de linha é usado entre $J = 3$ e $J = 6$

FIGURA 8.18
As curvas uniformes mostram os gráficos de lucro de portas e janelas da Wyndor quando os custos de horas extras e os custos não lineares de marketing são incorporadas ao problema. Os segmentos em linha tracejada mostram a aproximação utilizada pelo modelo de programação separável da Figura 8.19.

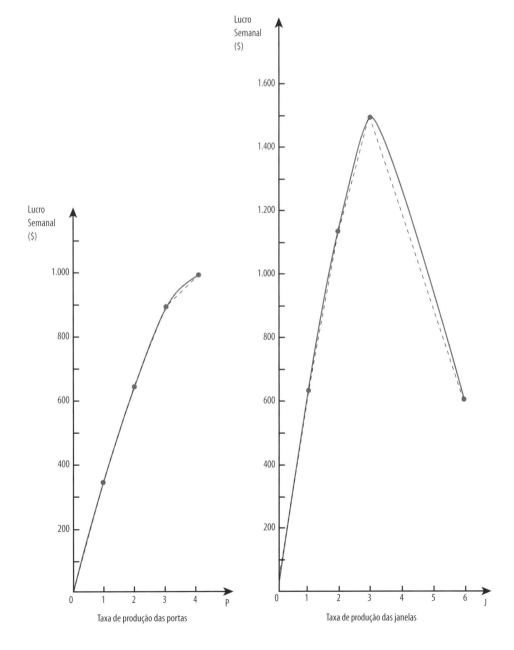

FIGURA 8.19
Modelo de planilha para a formulação de programação separável do problema da Wyndor quando são necessárias horas extras e os custos não lineares de marketing também são incorporados ao problema. Somando-se as colunas das células variáveis UnidadesProduzidas (C17:D20) e TotalProduzido(C21:D21), o Solver forneceas taxas ideais de fabricação. Devido a um erro de arredondamento, a célula-alvo LucroTotal (D23) mostra um lucro semanal resultante de $2.501, em vez da quantia correta de $2.500.

	A	B	C	D	E	F	G
1		Wyndor com horas extras e custos de marketing (separáveis)					
2							
3		Lucro unitário	Portas	Janelas			
4		Regular (0–1)	$350,00	$633,33			
5		Regular (1–2)	$300,00	$500,00			
6		Regular (2–3)	$250,00	$367,67			
7		Horas extras	$100,00	–$300,00			
8							
9					Horas		Horas
10			Horas usadas por unidade produzida		usadas		disponíveis
11		Fábrica 1	1	0	4	≤	4
12		Fábrica 2	0	2	6	≤	12
13		Fábrica 3	3	2	18	≤	18
14							
15			Unidades produzidas		Máximo		
16			Portas	Janelas		Portas	Janelas
17		Regular (0–1)	1	1	≤	1	1
18		Regular (1–2)	1	1	≤	1	1
19		Regular (2–3)	1	1	≤	1	1
20		Horas extras	1	0	≤	1	3
21		Total produzido	4	3			
22							
23			Lucro total	$2.501			

	E
9	Horas
10	usadas
11	=SOMARPRODUTO(C11:D11,TotalProduzido)
12	=SOMARPRODUTO(C12:D12,TotalProduzido)
13	=SOMARPRODUTO(C13:D13,TotalProduzido)

	B	C	D
21	Total Produzido	=SOMA(C17:C20)	=SOMA(D17:D20)

	C	D
23	Lucro total	=SOMARPRODUTO(LucroUnitário,UnidadesProduzidas)

Nomes de intervalo	Células
HorasDisponíveis	G11:G13
HorasUsadas	E11:E13
HorasUsadasPorUnidadeProduzida	C11:D13
Máximo	F17:G20
TotalProduzido	C21:D21
LucroTotal	D23
LucroUnitário	C4:D7
UnidadesProduzidas	C17:D20

Parâmetros do Solver

Definir objetivo (célula-alvo):
LucroTotal
Para: Máx
Pelas células (variáveis):
UnidadesProduzidas
Sujeito às restrições:
HorasUsadas <= HorasDisponíveis
UnidadesProduzidas <= Máximo
Opções do Solver (Excel 2010):
Criar variáveis não negativas
Método de resolução: Simplex LP
Opções do Solver (Excel antigo):
Assumir não negativa
Assumir modelo linear

A Figura 8.19 mostra o modelo de planilha de programação separável que se baseia nos gráficos de lucro linear por partes da Figura 8.18. Este modelo é muito semelhante ao de planilha de programação separável da Figura 8.16, que não incorpora as novas estimativas de custos não lineares de marketing. O último modelo é baseado nos gráficos de lucro linear por partes da Figura 8.15, cada um dos quais com apenas dois segmentos de linha. Portanto, cada um dos conjuntos de células, LucroUnitário (C4:D5) e UnidadesProduzidas (C14:D15), tem apenas duas linhas. Como cada um dos gráficos de lucro linear por partes da Figura 8.18 tem quatro segmentos de linha, cada um dos conjuntos de células correspondentes da Figura 8.19, LucroUnitário (C4:D7) e UnidadesProduzidas (C17:D20), tem quatro linhas. Os números em LucroUnitário (C4:D7) são as inclinações dos segmentos de linha correspondentes da Figura 8.18. Essas inclinações vêm diretamente do lucro incremental dado nas Tabelas 8.5 e 8.6, exceto pela célula D7. Essa célula é baseada no segmento de linha de $J = 3$ e $J = 6$ da Figura 8.18, que tem uma inclinação de –300, uma vez que o lucro está diminuindo a uma taxa de $300 por aumento unitário em J. Essa inclinação de –300 é a média dos últimos três lucros incrementais da Tabela 8.6. Todos os demais segmentos de linha da Figura 8.18 correm sobre uma unidade de P ou J, então a inclinação de cada um desses segmentos de linha é igual ao lucro incremental correspondente da Tabela 8.5 ou 8.6.

As células variáveis da Figura 8.19, UnidadesProduzidas (C17:D20), dão a solução ideal obtida pelo Solver. TotalProduzido (C21:D21), que é = SOMA(UnidadesProduzidas), dá as taxas totais de fabricação correspondentes, ou seja,

$P = 4$:   Produz 4 portas por semana, inclusive 1 em horas extras
$J = 3$:   Produz 3 janelas por semana

A célula-alvo LucroTotal (D23) indica que o lucro semanal resultante seria de $2.501. (Na verdade, o Solver está incorrendo em erro de arredondamento aqui, uma vez que o lucro semanal correto é de $2.500.)

Para verificar esses resultados, o grupo de ciência da gestão também formula e executa o modelo de programação não linear correspondente, que emprega as fórmulas para o gráficos de lucro liso da Figura 8.18. Esse modelo de planilha é mostrado na Figura 8.20. É quase o mesmo que o da Figura 8.11, que não inclui custos de horas extras. A diferença é que aquela linha única para LucroUnitário (C4:D4) e para UnidadesProduzidas (C12:D12) da Figura 8.11 agora se divide em duas linhas, (C4:D5) e (C15:D16), para diferenciar entre o horário normal e a hora extra. Por causa da dobra dos gráficos de lucro em $P = 3$ e $J = 3$, os pares de linhas são necessárias para fornecer fórmulas distintas para as duas partes de cada gráfico de lucro nos dois lados da dobra. O TotalProduzido (C17:D17) fornece a mesma solução ideal, $(P, J) = (4, 3)$, do modelo de programação separável da Figura 8.19, com um lucro total de $2.500.

Com base nesses resultados, a administração da Wyndor agora adotará taxas de fabricação de $(P, J) = (4, 3)$ para os próximos quatro meses, enquanto as horas extras forem necessárias. Após esse período, o plano é mudar para $(P, J) = (3 \frac{1}{3}, 4)$ por causa dos resultados obtidos na Seção 8.2.

Isso conclui o estudo de caso da Wyndor. Uma lição primordial é que um estudo de ciência da gestão pode envolver o desenvolvimento de mais de um único modelo para representar um problema. À medida que o estudo avança e considerações relevantes vêm à luz, o modelo original pode evoluir por uma série de melhorias até tornar-se uma espécie bastante diferente do modelo. Por exemplo, o que começou como um modelo de programação linear pode acabar precisando ser um modelo de programação não linear.

Perguntas de revisão

1. Para cada atividade que viola a pressuposição de proporcionalidade, qual deve ser a forma do seu gráfico de lucro (ou pelo menos uma aproximação do gráfico de lucro) para que a programação separável seja aplicada?
2. Que tipo de modelo matemático será formulado ao se aplicar a técnica de programação separável?
3. Para problemas em que as atividades têm gráficos de lucro com formatos semelhantes ao mostrado na Figura 8.17, cite algumas vantagens da utilização do tipo de aproximação exibido para habilitar a aplicação da programação separável?
4. Para esses mesmos problemas, qual é a vantagem de usar um modelo de programação não linear que emprega diretamente as fórmulas para os gráficos de lucro?

FIGURA 8.20
Modelo de planilha para a formulação de programação não linear do problema da Wyndor quando são necessárias horas extras e os custos não lineares de marketing também são incorporados ao problema. O TotalProduzido (C17:D17) dá as taxas ideais de fabricação obtidas pelo Solver e a célula-alvo LucroTotal (H20) mostra o lucro semanal resultante. Note que esta formulação de programação não linear dá os mesmos resultados (exceto pelo erro de arredondamento) da formulação de programação separável da Figura 8.19.

	A	B	C	D	E	F	G	H
1		**Wyndor com horas extras e custos de marketing (programação não linear)**						
2								
3		Lucro unitário (Bruto)	Portas	Janelas				
4		Regular	$375	$700				
5		Horas extras	$275	$300				
6								
7					Horas		Horas	
8			Horas usadas por unidade produzida		usadas		disponíveis	
9		Fábrica 1	1	0	4	≤	4	
10		Fábrica 2	0	2	6	≤	12	
11		Fábrica 3	3	2	18	≤	18	
12								
13							Máximo	
14		Unidades produzidas	Portas	Janelas			Portas	Janelas
15		Regular	3	3	≤		3	3
16		Horas extras	1	0	≤		1	3
17		Total produzido	4	3				
18							Lucro bruto das vendas	$3.500
19		Custo de marketing	$400	$600			Custo total de marketing	$1.000
20							Lucro total	$2.500

	E
7	Horas
8	usadas
9	=SOMARPRODUTO(C9:D9,TotalProduzido)
10	=SOMARPRODUTO(C10:D10,TotalProduzido)
11	=SOMARPRODUTO(C11:D11,TotalProduzido)

	B	C	D
17	Total produzido	=SOMA(C15:C16)	=SOMA(D15:D16)
18			
19	Custo de marketing	=25*(PortasProduzidas^2)	=66.667*(JanelasProduzidas^2)

	G	H
18	Lucro bruto das vendas	=SOMARPRODUTO(LucroUnitário,UnidadesProduzidas)
19	Custo total de marketing	=SOMA(CustoMarketing)
20	Lucro total	=LucroBrutoVendas−CustoTotalMarketing

Parâmetros do Solver
Definir objetivo (célula-alvo): LucroTotal
Para: Máx
Pelas células (variáveis):
  UnidadesProduzidas
Sujeito às restrições:
  HorasUsadas <= HorasDisponíveis
  UnidadesProduzidas <= Máximo
Opções do Solver (Excel 2010):
  Criar variáveis não negativas
  Método de resolução: GRG não linear
Opções do Solver (Excel antigo):
  Assumir não negativa

Nomes de intervalo	Células
PortasProduzidas	C17
LucroBrutoVendas	H18
HorasDisponíveis	G9:G11
HorasUsadas	E9:E11
HorasUsadasPorUnidadeProduzida	C9:D11
CustoMarketing	C19:D19
Máximo	F15:G16
CustoTotalMarketing	H19
TotalProduzido	C17:D17
LucroTotal	H20
LucroUnitário	C4:D5
UnidadesProduzidas	C15:D16
JanelasProduzidas	D17

8.4 PROBLEMAS DIFÍCEIS DE PROGRAMAÇÃO NÃO LINEAR

Vimos na Seção 8.2 que ainda que um modelo tenha uma função objetivo não linear, desde que o modelo tenha certas propriedades (p. ex., restrições lineares e maximizar uma função objetivo com retornos marginais decrescentes), o Solver não linear pode facilmente encontrar uma solução ideal. Além disso, vimos na Seção 8.3 que em alguns casos a programação separável pode ser usada para modelar (ou aproximar) um problema não linear de tal forma que a programação *linear* possa ser usada para encontrar de forma eficiente uma solução ideal.

No entanto, os problemas de programação não linear têm várias formas e aspectos. Por exemplo, para problemas em que o objetivo é maximizar o lucro total, alguns podem ter retornos marginais *crescentes* para o lucro de certas atividades. Alguns podem ter funções não lineares nas restrições. Outros podem ter gráficos de lucro com várias curvas desconectadas. Esses outros tipos de problemas de programação não linear geralmente são muito mais difíceis, se não impossíveis, de resolver. A razão para isso é que pode haver muitas soluções localmente ideais que não o são globalmente. Vimos nas Figuras 8.7 e 8.8 como o Solver pode ficar preso a essas soluções localmente ideais sem nunca encontrar a solução ideal global.

O Solver muitas vezes tem dificuldade para resolver modelos de programação não linear se as restrições forem não lineares ou se os gráficos de lucro para qualquer atividade forem lisos ou tiverem retornos marginais crescentes.

Uma abordagem para tentar resolver problemas que podem ter vários ideais locais é executar o Solver diversas vezes, cada vez começando com uma solução inicial diferente digitada nas células variáveis da planilha. Para cada execução, o Solver irá iniciar a sua pesquisa na solução inicial dada (o ponto de partida) e se mover em uma direção que melhore a função objetivo até encontrar um ideal local. Ao experimentar vários pontos de partida, o objetivo será encontrar a maioria ou todos os ideais locais. Em seguida, escolhemos a melhor solução encontrada em todas as tentativas. No mínimo, é provável acabar com uma solução que é melhor se tomarmos a primeira ideal local que o Solver encontrar. Com sorte, um dos pontos de partida trará a solução ideal global.

Se houver vários ideais locais, a execução do Solver várias vezes com diferentes pontos de partida pode, por vezes, obter o ideal global.

Por exemplo, considere o modelo na Figura 8.7 com o gráfico de lucro correspondente na Figura 8.8. Para qualquer ponto de partida x menor que 1,5, a função objetivo aumenta movendo-se para o máximo local em $x = 0,371$ (Lucro = 3,19). Assim, para qualquer ponto de partida x menor que 1,5 (incluindo o ponto de partida $x = 0$ tentado na planilha mais à esquerda da Figura 8.7), a pesquisa do Solver irá se mover nessa direção e convergir para essa máxima local. Da mesma forma, para qualquer ponto de partida x entre 1,5 e 4,6 (como $x = 3$ tentado na planilha do meio da Figura 8.7), o Solver irá convergir para o máximo local (e global) em $x = 3,126$ (Lucro = 6,13). Finalmente, para qualquer ponto de partida x maior que 4,6 (como $x = 4,7$ tentado na planilha mais à direita da Figura 8.7), o Solver irá convergir para o máximo local em $x = 5$ (Lucro = 0). Ao experimentar vários pontos de partida, três diferentes ideais locais serão encontrados. O melhor deles é $x = 3,126$, com um lucro correspondente de \$6,13.

Se houver apenas uma ou duas células variáveis, esta abordagem poderá ser feita de forma mais sistemática, utilizando-se o suplemento Solver Table fornecido com seu MS Courseware. Para demonstrar, vamos continuar a usar o modelo de planilha exibido na Figura 8.7. A Figura 8.21 mostra como o Solver Table é usado para experimentar seis diferentes pontos de partida (0, 1, 2, 3, 4 e 5) para este modelo, executando os seguintes passos. (O Apêndice A também fornece uma descrição mais completa do procedimento geral.) Na primeira linha da tabela, digite as fórmulas que se referem à célula variável, x (C5), e à célula-alvo, Lucro (C8). Os diversos pontos de partida são informados na primeira coluna da tabela (G8:G13). Em seguida, selecione a tabela inteira (G7:I13) e escolha Solver Table do guia Suplementos (para Excel 2007 ou 2010) ou no menu Ferramentas (para outras versões do Excel). A célula de entrada de coluna digitada na caixa de diálogo do Solver Table é a célula variável, x (C5), uma vez que este é o lugar onde queremos que os diferentes pontos de partida da primeira coluna da tabela sejam digitados. (Nenhuma célula de entrada de linha é digitada nesta caixa de diálogo, uma vez que apenas uma coluna está sendo usada para listar os pontos de partida.) Clicar em OK, em seguida, fará o Solver Table resolver o problema de todos estes pontos de partida na primeira coluna e preencher os resultados correspondentes (o máximo local para x e o Lucro referido na primeira fila) nas outras colunas da tabela.

O Solver Table pode ser usado para resolver sistematicamente um pequeno modelo de programação não linear com diversos pontos de partida diferentes.

Este exemplo tem apenas uma célula variável. No entanto, o Solver Table também pode ser usado para experimentar múltiplos pontos de partida em problemas com duas células variáveis. Isso é feito usando-se a primeira linha e primeira coluna da tabela para especificar diferentes pontos de partida para as duas células variáveis. Digite uma equação referindo-se à célula-alvo, no canto superior esquerdo da tabela. Selecione toda a tabela e escolha Solver Table em Suplementos ou Ferramentas, com as duas células variáveis selecionadas como célula de entrada da coluna e célula de entrada de linha. O Solver Table, então, resolve o problema de cada combinação de pontos de partida das duas células variáveis e preenche o corpo da tabela com o valor da função objetivoa da solução encontrada (o ideal local) para cada uma dessas combinações (Veja a Seção 5.4 e o Apêndice A para obter mais detalhes sobre a configuração do Solver Table bidimensional.)

FIGURA 8.21
Aplicação do Solver Table (suplemento do Excel fornecido no seu MS Courseware) para o exemplo examinado das Figuras 8.7 e 8.8.

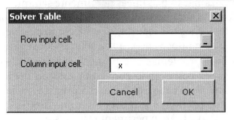

Para problemas com mais de duas células variáveis, essa mesma abordagem ainda pode ser usada para experimentar múltiplos pontos de partida para qualquer uma das duas células variáveis de cada vez. No entanto, é mais complicado experimentar uma ampla gama de pontos de partida para todas as células variáveis quando houver mais de três ou quatro dessas células.

O Solver no Excel 2010 inclui uma forma mais automatizada de experimentar vários pontos de partida. Clicando no botão Opções no Solver e, em seguida, escolhendo a guia GRG Não Linear abre a caixa de diálogo Opções do Solver mostrada na Figura 8.22. Selecionar a opção Usar Início Múltiplo faz o Solver selecionar aleatoriamente 100 pontos de partida diferentes. (O número de pontos de partida pode variar ao se alterar a opção Tamanho da População.) O Solver, em seguida, fornece a melhor solução encontrada depois da resolução com cada um dos diferentes pontos de partida.

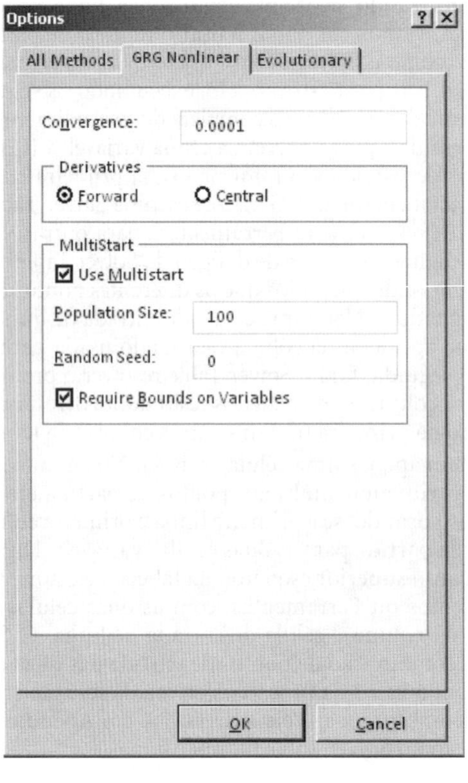

FIGURA 8.22
A caixa de diálogo Options (Opções) do Solver Não Linear fornece vários parâmetros para o Solver não linear. A opção Multistart (Início Múltiplo) faz o Solver experimentar vários pontos de partida aleatórios. O número de pontos de partida pode variar ao se alterar a opção Population Size (Tamanho da População).

Infelizmente, não há nenhuma garantia, em geral, de encontrar uma solução globalmente ideal, não importa quantos pontos de partida diferentes sejam tentados. Além disso, se os gráficos de lucro não forem lisos (se, por exemplo, tiverem descontinuidades ou dobras), como geralmente é o caso quando funções como SE, ABS, MAX, ou ARREDONDAR são usadas, o Solver pode até mesmo ser incapaz de encontrar ideais locais. Felizmente, há outra abordagem disponível para tentar resolver esses difíceis problemas não lineares. Vamos explorar esta nova abordagem na próxima seção.

Esta abordagem tem algumas limitações importantes.

Perguntas de revisão

1. O Solver tem dificuldade para resolver problemas de programação não linear com determinadas propriedades. Liste três delas.
2. Qual o método para resolver problemas com múltiplas soluções localmente ideais?

8.5 EVOLUTIONARY SOLVER E ALGORITMOS GENÉTICOS

Um importante recurso recente do Excel 2010 é a nova e superior versão do Solver. Além dos métodos de solução linear e não linear (chamados LP Simplex e GRG Não Linear no Excel 2010), que também foram incluídos com o Solver nas versões antigas do Excel, o Excel 2010 conta com um novo método de pesquisa **Evolutionary Solver**, que também está disponível no link em **www.mhhe.com/hillier4e**, de modo que os usuários de versões anteriores do Excel também podem usar este método de pesquisa.

O Evolutionary Solver utiliza os princípios da genética, evolução e sobrevivência do mais apto.

O Evolutionary Solver utiliza uma abordagem totalmente diferente da abordagem padrão do Solver para procurar uma solução ideal para o modelo. Sua filosofia é baseada em genética, evolução e sobrevivência do mais apto. Assim, este tipo de algoritmo é às vezes chamado de **algoritmo genético**.

Ao lidar com um problema de programação não linear, o Solver Não Linear começa com uma única solução (o ponto de partida) e depois se move em direções que irão melhorá-la. Em qualquer momento, o Solver padrão apenas mantém o controle de uma única solução (a melhor encontrada até então). Em contraste, o Evolutionary Solver começa gerando aleatoriamente um grande conjunto de soluções candidatas, chamado de **população**. Ao longo de todo o processo de resolução, o Evolutionary Solver mantém o controle de toda a população de soluções candidatas. Bastante semelhante a experimentar pontos de partida diferentes com o Solver Não Linear, essa atenção às várias soluções candidatas pode ajudar a evitar uma armadilha em um ideal local.

Os filhos se assemelham aos pais.

Depois de gerar a população, o Evolutionary Solver cria uma nova **geração** da população. A população existente de soluções candidatas forma casais que procriarão. Influenciado a partir dos princípios da genética, nesse procedimento a prole combina alguns elementos de cada pai. Por exemplo, um descendente pode combinar alguns dos valores das células variáveis de cada um de seus progenitores, enquanto outras células variáveis podem ser uma média de ambos.

Apenas os pais que se adaptam têm permissão para gerar vários filhos.

Entre a população de soluções de qualquer geração, algumas serão boas (ou "aptas") e outras, más (ou "inaptas"). O nível de aptidão é determinado pela avaliação da função objetivo em cada uma das soluções candidatas da população. Subtrai-se uma penalidade de qualquer solução que não satisfaça uma ou mais das restrições. Então, a partir dos princípios da evolução e da sobrevivência do mais apto, os membros "aptos" da população têm permissão para reproduzir com frequência (gerando muitos filhos), enquanto os membros "inaptos" não a recebem. Desta forma, a população evolui para se tornar cada vez mais apta.

Ocasionalmente ocorrem mutações aleatórias na prole.

Outra característica importante dos algoritmos genéticos é a **mutação**. Do mesmo modo que a mutação genética em biologia, o Evolutionary Solver irá ocasionalmente fazer uma mudança aleatória em um membro da população. Por exemplo, o valor de uma célula variável pode ser substituído por um novo valor aleatório. Esta mutação enseja a segregação de alguns descendentes do resto da população. Isto é importante, pois pode ajudar o algoritmo a conseguir se livrar, caso fique preso perto de um ideal local.

O Evolutionary Solver continuará criando novas gerações de soluções até que não haja melhorias em várias gerações consecutivas. O algoritmo termina e a melhor solução encontrada até o momento é relatada.

Agora vamos examinar um exemplo em que o Evolutionary Solver é necessário para resolver o problema.

Escolha de uma carteira para vencer o mercado

Na Seção 8.2, foi desenvolvido um modelo para encontrar uma carteira de ações que minimizasse o risco (variação do retorno da carteira) implicado para alcançar pelo menos um pouco do retorno mínimo esperado. O Solver padrão poderia ser usado para esse problema porque as restrições eram lineares e a função objetivo era lisa e tinha retornos marginais decrescentes.

FIGURA 8.23

Modelo de planilha (antes de usar o Solver) para a seleção de uma carteira que vence o mercado frequentemente nos últimos trimestres. A solução inicial foi digitada nas células variáveis Carteira (D31:H31). A célula-alvo é NúmeroVenceOMercado (J36).

	A	B	C	D	E	F	G	H	I	J	K
1	Vencendo o mercado (Evolutionary Solver)										
2										Mercado	Mercado
3		Trimestre	Ano	DIS	BA	GE	PG	MCD	Retorno	vencido?	(NYSE)
4		T4	2008	−24,97%	−25,05%	−35,26%	−10,73%	1,68%	−18,86%	Sim	−23,57%
5		T3	2008	−1,63%	−12,19%	−3,17%	15,33%	10,42%	1,75%	Sim	−13,02%
6		T2	2008	−0,58%	−11,22%	−27,07%	−12,72%	1,47%	−10,02%	Não	−1,56%
7		T1	2008	−2,77%	−14,55%	0,74%	−4,08%	−4,69%	−5,07%	Sim	−9,68%
8		T4	2007	−5,13%	−16,40%	−9,70%	4,90%	11,01%	−3,06%	Não	−2,98%
9		T3	2007	0,72%	9,56%	8,88%	15,61%	7,30%	8,41%	Sim	1,68%
10		T2	2007	−0,83%	8,56%	9,05%	−2,60%	12,66%	5,37%	Não	6,60%
11		T1	2007	0,48%	0,47%	−4,21%	−2,63%	1,62%	−0,85%	Não	1,34%
12		T4	2006	11,86%	13,06%	6,18%	5,69%	16,09%	10,58%	Sim	7,90%
13		T3	2006	3,04%	−3,36%	7,88%	12,10%	16,44%	7,22%	Sim	3,68%
14		T2	2006	7,57%	5,47%	−4,54%	−2,98%	−2,21%	0,66%	Sim	−0,78%
15		T1	2006	12,39%	4,05%	−13,25%	−7,51%	−7,41%	−2,35%	Não	6,18%
16		T4	2005	0,38%	3,77%	4,85%	−2,15%	2,74%	1,92%	Sim	1,59%
17		T3	2005	−4,17%	3,34%	−2,21%	13,29%	20,71%	6,19%	Sim	5,75%
18		T2	2005	−12,35%	13,36%	−3,31%	0,04%	−10,88%	−2,63%	Não	0,70%
19		T1	2005	3,34%	13,45%	−0,57%	−3,33%	−2,90%	2,00%	Sim	−1,14%
20		T4	2004	24,37%	0,67%	9,32%	2,26%	16,50%	10,62%	Sim	10,35%
21		T3	2004	−11,52%	1,45%	4,26%	−0,13%	7,84%	0,38%	Sim	−0,50%
22		T2	2004	2,00%	24,99%	6,80%	4,31%	−9,02%	5,81%	Sim	0,06%
23		T1	2004	7,12%	−2,17%	−0,89%	5,49%	15,07%	4,93%	Sim	2,09%
24		T4	2003	16,79%	23,28%	4,61%	8,12%	7,13%	11,99%	Não	14,53%
25		T3	2003	2,08%	0,55%	4,60%	4,64%	6,70%	3,71%	Sim	2,52%
26		T2	2003	16,09%	37,76%	13,17%	0,60%	52,55%	24,03%	Sim	16,38%
27		T1	2003	4,36%	−23,61%	5,59%	4,11%	−10,05%	−3,92%	Sim	−5,40%
28											
29				0%	0%	0%	0%	0%			
30				<=	<=	<=	<=	<=	Soma		
31			Carteira	20,0%	20,0%	20,0%	20,0%	20,0%	100%	=	100%
32				<=	<=	<=	<=	<=			
33				100%	100%	100%	100%	100%			
34										Nº de trimestres	
35										vencendo o mercado	
36										17	

	I	J
2		Mercado
3	Retorno	vencido?
4	=SOMARPRODUTO(Carteira,D4:H4)	=SE(Retorno>mercado,"Sim","Não")
5	=SOMARPRODUTO(Carteira,D5:H5)	=SE(Retorno>mercado,"Sim","Não")
6	=SOMARPRODUTO(Carteira,D6:H6)	=SE(Retorno>mercado,"Sim","Não")
7	=SOMARPRODUTO(Carteira,D7:H7)	=SE(Retorno>mercado,"Sim","Não")
8	:	:
9	:	:

	I
30	Soma
31	=SOMA(Carteira)

34	Nº de trimestres
35	Vencendo o mercado
36	=CONTASE(MercadoVencido,"Sim")

Nomes de intervalo	Células
MercadoVencido?	J4:J27
Mercado	K4:K27
NúmeroVenceOMercado	J36
100%	D33:H33
100%2	K31
Carteira	D31:H31
Retorno	I4:I27
DadosAções	D4:H27
Soma	I31
0%	D29:H29

Agora examine outro objetivo comum de gestores de carteira: vencer o mercado. A Figura 8.23 mostra um modelo de planilha para alcançá-lo ao escolher uma carteira de ações de cinco grandes empresas negociadas na Bolsa de Valores de Nova Iorque (NYSE): Disney (DIS), Boeing (BA), General Electric (GE), Procter & Gamble (PG) e McDonald's (MCD). O desempenho trimestral (retorno) de cada uma dessas ações em um período de seis anos (2003-2008) é mostrado em DadosAção (D4:H27). O desempenho do mercado como um todo, medido pelo NYSE Composite Index, é mostrado na coluna K.

O objetivo é encontrar a carteira que vença o mercado com mais frequência.

Se admitirmos que o desempenho passado é de algum modo um indicador do futuro, então a escolha de uma carteira que tenha vencido o mercado com mais frequência ao longo desses seis anos poderia produzir uma carteira que provavelmente vencerá ainda mais no futuro. Assim, o modelo da Figura 8.23 usa o objetivo de escolher a carteira que vença o mercado durante o maior número de trimestres durante esse período.

As células variáveis deste modelo são Carteira (D31:H31), representando a porcentagem da carteira a se investir em cada ação individual. O retorno da carteira dada para cada trimestre é calculado na coluna I. A coluna J, em seguida, compara o retorno da carteira ao do mercado e determina se a carteira venceu o mercado usando as funções SE, mostradas abaixo da planilha na Figura 8.23. O número de trimestres em que a carteira vence o mercado é, então, calculado na célula-alvo, NúmeroVenceOMercado (J36). Como pôde ser visto na figura, uma carteira que foi igualmente dividida entre as cinco ações (20% em cada uma) teria vencido o mercado em 17 dos 24 trimestres durante aquele período de seis anos.

O Solver Não Linear não consegue lidar com este tipo de problema.

O Solver Não Linear teria pouca ou nenhuma chance de resolver este modelo. A função objetivo não é lisa, uma vez que as mudanças na Carteira podem causar saltos instantâneos (não lisos) na célula-alvo (o número de trimestres em que a carteira vence o mercado). No entanto, a célula-alvo permanece constante para pequenas alterações nas células variáveis até que a mudança seja significativa o suficiente para que um trimestre da coluna J mude de Sim para Não (ou de Não para Sim). Uma infeliz consequência disso é que praticamente todas as soluções serão uma máxima local, uma vez que mudanças muito pequenas na carteira não resultarão em nenhuma melhoria na célula-alvo. Assim, o Solver geralmente vai parar sua busca imediatamente e comunicar a solução inicial como uma máxima local. Já que o Solver Não Linear não pode resolver este modelo, vamos experimentar o Evolutionary Solver.

Aplicação do Evolutionary Solver na seleção de carteira para vencer o mercado

A Figura 8.24 mostra as entradas para a caixa de diálogo do Solver que são necessárias para resolver o modelo mostrado na Figura 8.23. A célula-alvo é NúmeroVenceOMercado (célula J36) e as células variáveis são Carteira (D31:H31). Também deve incluir que (1) a carteira tenha de somar 100% e (2) cada ação individual deve representar entre 0 e 100 % da carteira.

O Excel 2010 inclui o Evolutionary Solver, o Solver padrão das versões mais antigas do Excel não, mas está disponível no link no site do livro na internet.

No Solver para Excel 2010, há um menu suspenso para escolher qual método de resolução empregar. As alternativas são LP Simplex, GRG Não Linear e Evolutionary. A primeira (LP Simplex) é equivalente a usar a opção *Assumir Modelo Linear* do Solver padrão de versões mais antigas do Excel; a segunda (GRG Não Linear) é equivalente a *não* usar a opção *Assumir Modelo Linear* do Solver padrão em versões antigas do Excel; a terceira (Evolutionary) não está disponível com o Solver padrão em versões mais antigas do Excel – só está disponível com o Excel 2010 ou no link em **www.mhhe.com/hillier4e**.

Ao usar o Excel 2010, clique no botão Opções e depois na guia Evolutionary para exibir a caixa de diálogo Opções do Evolutionary Solver mostrada na Figura 8.25. Isso permite alterar vários parâmetros da pesquisa, como o tempo máximo sem melhoras permitido para a continuação da pesquisa, o tamanho da população e a taxa de mutação. Os valores-padrão para os parâmetros exibidos na Figura 8.25 são aqueles razoáveis para a maioria das aplicações de pequeno porte. No entanto, sinta-se à vontade para testar esses parâmetros. Por exemplo, aumentar o tamanho da população ou a taxa de mutação pode ajudar nas as pesquisas emperradas.

Use o Limites Necessários na opção Variáveis sempre que possível.

O Limites Necessários na opção Variáveis é selecionado por padrão. Isso obriga todas as células variáveis a serem constrangidas com limites inferiores e superiores. Recomendamos expressamente que você use essa opção para colocar limites nas células variáveis, sempre que possível. Isso estreita consideravelmente a área na qual o Evolutionary Solver precisa pesquisar e pode aumentar as chances de encontrar uma boa solução.

FIGURA 8.24
Caixa de diálogo do Solver usada para preencher o modelo de planilha apresentado na Figura 8.23. Selecionar Evolutionary no menu suspenso especifica que o Evolutionary Solver será usado para resolver o problema.

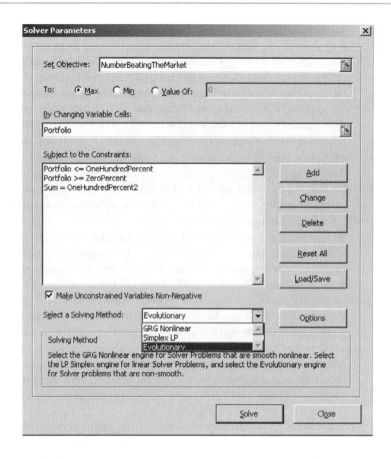

FIGURA 8.25
A caixa de diálogo Options (Opções) do Evolutionary Solver fornece vários parâmetros. Os valores-padrão mostrados aqui são escolhas razoáveis para a maioria das aplicações de pequeno porte.

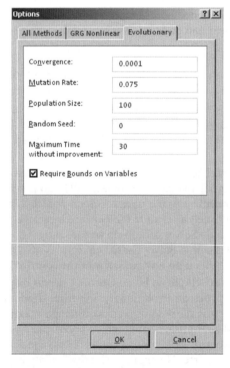

Esta solução encontrada pelo Evolutionary Solver não é garantidamente a ideal, mas, provavelmente, está pelo menos próxima desta.

Clicar em Resolver faz o Evolutionary Solver iniciar a pesquisa. Em cerca de um minuto, a solução mostrada na Figura 8.26 foi encontrada. Isso representa uma carteira que vence o mercado em 19 dos 24 trimestres ao longo do período de seis anos. É a solução ideal? Talvez não. Infelizmente, não há nenhuma maneira de garantir que encontramos uma solução ideal. No entanto, é provável que seja uma boa solução (próxima ao ideal).

Aplicação do Evolutionary Solver ao problema do caixeiro viajante

Becky Thomas acaba de concluir seu MBA na University of Washington Business School, em Seattle, e gostaria de comemorar durante o verão com uma viagem de carro pelos Estados Unidos, incluindo visitas para assistir a um grande jogo da liga de beisebol em todas as cidades da Liga Americana. Depois, ela quer voltar para casa em Seattle e começar a trabalhar no outono. Becky gostaria de planejar sua rota para minimizar as distâncias.

Este é o exemplo de um problema bem conhecido em ciência da gestão, chamado *problema do caixeiro viajante*. Na versão genérica do problema, um vendedor precisa planejar uma viagem de vendas para um determinado conjunto de cidades em alguma ordem. A partir de um determinado local (casa) e depois voltando para casa no final, o objetivo é encontrar a rota que minimiza a distância total da viagem (ou o tempo).

A Figura 8.27 exibe um mapa dos Estados Unidos com as 14 cidades da Liga Americana. Becky vai começar e terminar sua viagem em Seattle. Depois de listar em ordem alfabética as cidades que visitará, cada uma foi marcada por um número inteiro entre 1 e 13 e um código de letras, como dado nas células B6:C18 e E3:Q4 da Figura 8.28. As células de dados são Distância (D5:Q18), informando a distância de viagem entre cada par de cidades. É preciso tomar uma decisão quanto à ordem de visita às outras cidades antes de voltar para Seattle. Portanto, as respectivas células variáveis Rota (D22:P22) indicam qual cidade (indicada por seu número) será visitada a cada etapa da rota. Em outras palavras, a primeira cidade visitada após Seattle terá seu número em D22, a segunda em E22, e assim por diante. A planilha da Figura 8.28 mostra a rota caso as visitas sejam em ordem alfabética (Anaheim 1, Baltimore 2, Boston 3, etc.). A distância total do percurso é de 18.962 milhas.

FIGURA 8.26
Após clicar no botão Resolver da caixa de diálogo do Solver, o Evolutionary Solver encontrou a solução mostrada nas células variáveis Carteira (D31:H31) para o modelo formulado nas Figuras 8.23 e 8.24. A célula-alvo NúmeroVenceOMercado (J36) indica que esta carteira vence o mercado em 19 dos 24 trimestres. Clicar novamente em Resolver provavelmente levaria a pelo menos uma solução um pouco diferente para a carteira.

	A	B	C	D	E	F	G	H	I	J	K
1		Vencendo o mercado (Evolutionary Solver)								
2										Mercado	Mercado
3		Trimestre	Ano	DIS	BA	GE	PG	MCD	Retorno	vencido?	(NYSE)
4		T4	2008	–24,97%	–25,05%	–35,26%	–10,73%	1,68%	–12,77%	Sim	–23,57%
5		T3	2008	–1,63%	–12,19%	–3,17%	15,33%	10,42%	4,58%	Sim	–13,02%
6		T2	2008	–0,58%	–11,22%	–27,07%	–12,72%	1,47%	–6,48%	Não	–1,56%
7		T1	2008	–2,77%	–14,55%	0,74%	–4,08%	–4,69%	–4,83%	Sim	–9,68%
8		T4	2007	–5,13%	–16,40%	–9,70%	4,90%	11,01%	1,27%	Sim	–2,98%
9		T3	2007	0,72%	9,56%	8,88%	15,61%	7,30%	8,05%	Sim	1,68%
10		T2	2007	–0,83%	8,56%	9,05%	–2,60%	12,66%	7,21%	Sim	6,60%
11		T1	2007	0,48%	0,47%	–4,21%	–2,63%	1,62%	–0,14%	Não	1,34%
12		T4	2006	11,86%	13,06%	6,18%	5,69%	16,09%	12,12%	Sim	7,90%
13		T3	2006	3,04%	–3,36%	7,88%	12,10%	16,44%	10,01%	Sim	3,68%
14		T2	2006	7,57%	5,47%	–4,54%	–2,98%	–2,21%	–0,13%	Sim	–0,78%
15		T1	2006	12,39%	4,05%	–13,25%	–7,51%	–7,41%	–3,66%	Não	6,18%
16		T4	2005	0,38%	3,77%	4,85%	–2,15%	2,74%	2,04%	Sim	1,59%
17		T3	2005	–4,17%	3,34%	–2,21%	13,29%	20,71%	10,39%	Sim	5,75%
18		T2	2005	–12,35%	13,36%	–3,31%	0,04%	–10,88%	–5,33%	Não	0,70%
19		T1	2005	3,34%	13,45%	–0,57%	–3,33%	–2,90%	0,41%	Sim	–1,14%
20		T4	2004	24,37%	0,67%	9,32%	2,26%	16,50%	12,57%	Sim	10,35%
21		T3	2004	–11,52%	1,45%	4,26%	–0,13%	7,84%	2,29%	Sim	–0,50%
22		T2	2004	2,00%	24,99%	6,80%	4,31%	–9,02%	1,21%	Sim	0,06%
23		T1	2004	7,12%	–2,17%	–0,89%	5,49%	15,07%	8,02%	Sim	2,09%
24		T4	2003	16,79%	23,28%	4,61%	8,12%	7,13%	10,52%	Não	14,53%
25		T3	2003	2,08%	0,55%	4,60%	4,64%	6,70%	4,60%	Sim	2,52%
26		T2	2003	16,09%	37,76%	13,17%	0,60%	52,55%	31,73%	Sim	16,38%
27		T1	2003	4,36%	–23,61%	5,59%	4,11%	–10,05%	–5,26%	Sim	–5,40%
28											
29				0%	0%	0%	0%	0%			
30				<=	<=	<=	<=	<=	Soma		
31			Carteira	15,8%	12,8%	13,4%	15,3%	42,9%	100%	=	100%
32				<=	<=	<=	<=	<=			
33				100%	100%	100%	100%	100%			
34										Nº de trimestres	
35										vencendo o mercado	
36											19

FIGURA 8.27
Mapa dos Estados Unidos com as 14 cidades (incluindo Toronto, no Canadá) da Liga Americana.

FIGURA 8.28
Modelo de planilha para determinar a rota de distâncias mínimas de Seattle para as outras 13 cidades da Liga Americana e a volta para Seattle. As células variáveis são Rota (D22:P22) e a célula-alvo é MilhasTotaisPercorridas (Q26).

	A	B	C	D	E	F	G	H	I	J	K	L	M	N	O	P	Q
1	Viagem da American League Ballparks																
2																	
3		Distância		1	2	3	4	5	6	7	8	9	10	11	12	13	
4		(milhas)		SEA	ANA	BAL	BOS	CHI	CLE	DET	KC	MIN	NY	OAK	TB	TEX	TOR
5			SEA	0	1134	2708	3016	2052	2391	2327	1858	1653	2841	810	3077	2131	2564
6		1	ANA	1134	0	2647	3017	2048	2382	2288	1577	1857	2794	387	2490	1399	2523
7		2	BAL	2708	2647	0	427	717	358	514	1070	1113	199	2623	950	1357	457
8		3	BOS	3016	3017	427	0	994	657	799	1435	1390	222	3128	1293	1753	609
9		4	CHI	2052	2048	717	994	0	348	279	542	410	809	2173	1160	921	515
10		5	CLE	2391	2382	358	657	348	0	172	819	758	471	2483	1108	1189	296
11		6	DET	2327	2288	514	799	279	172	0	769	685	649	2399	1184	1156	240
12		7	KC	1858	1577	1070	1435	542	819	769	0	443	1233	1861	1171	505	1006
13		8	MIN	1653	1857	1113	1390	410	758	685	443	0	1217	1979	1573	949	906
14		9	NY	2841	2794	199	222	809	471	649	1233	1217	0	2930	11580	1559	516
15		10	OAK	810	387	2623	3128	2173	2483	2399	1861	1979	2930	0	2823	1752	2627
16		11	TB	3077	2490	950	1293	1160	1108	1184	1171	1573	1150	2823	0	1079	1348
17		12	TEX	2131	1399	1357	1753	921	1189	1156	505	949	1559	1752	1079	0	1435
18		13	TOR	2564	2523	457	609	515	296	240	1006	906	513	2627	1348	1435	0
19																		
20																		
21		Circuito	Início	1º	2º	3º	4º	5º	6º	7º	8º	9º	10º	11º	12º	13º	Fim
22		Rota		1	2	3	4	5	6	7	8	9	10	11	12	13	
23		Cidade	SEA	ANA	BAL	BOS	CHI	CLE	DET	KC	MIN	NY	OAK	TB	TEX	TOR	SEA
24	Milhas percorridas			1134	2647	427	994	348	172	769	443	1217	2930	2823	1079	1435	2564
25																		
26															Milhas totais percorridas		18.982

	B	C	D	E	P	Q
23	Cidade	SEA	=ÍNDICE($C$6:$C$18,D22)	=ÍNDICE($C$6:$C$18,E22)	=ÍNDICE($C$6:$C$18,P22)	SEA
24	Milhas percorridas		=ÍNDICE(D6:D18,D22)	=ÍNDICE($E$6:$Q$18,D22,E22)	=ÍNDICE($E$6:$Q$18,O22,P22)	=ÍNDICE(D6:D18,P22)

	P	Q
26	Milhas totais percorridas	=SOMA(D24:Q24)

A linha 23 exibe a letra do código para cada cidade com base no número da linha 22, usando a função ÍNDICE do Excel. A linha 24 usa a função ÍNDICE para procurar a distância a percorrer para cada cidade a partir da cidade anterior na rota. A célula-alvo MilhasTotaisPercorridas (Q26) acrescenta o total de milhas percorridas na rota.

ÍNDICE(*Intervalo, i*) retorna o elemento na posição *i* em *Intervalo*, onde *Intervalo* é um bloco de células.
ÍNDICE(*Intervalo, a, b*) retorna o elemento em uma linha *a* e coluna *b* do *Intervalo*.

Como cada cidade tem de ser visitada exatamente uma vez, a única restrição necessária neste modelo é que todas as células variáveis devam ser números inteiros *exclusivos* de 1 a 13. O Solver incluído no Excel 2010 fornece um novo tipo de restrição, chamado *TudoDiferente*, que faz exatamente o que precisamos. (Este tipo de restrição não está disponível no Solver padrão em versões mais antigas do Excel.) Quando *n* células variáveis estão escolhendo números inteiros de 1 a *n*, restringir essas células variáveis a serem *TudoDiferente* as força a ser números inteiros exclusivos de 1 a *n*. Para implementar a restrição *TudoDiferente*, pressione o botão Adicionar do Solver para abrir a caixa de diálogo Adicionar Restrição. Selecione as células variáveis (Rota) do lado esquerdo da caixa de diálogo e escolha *dif* no menu suspenso do centro da caixa de diálogo, como mostrado na Figura 8.29.

O modelo resultante não é linear por causa da função ÍNDICE usada para calcular as distâncias e a restrição *TudoDiferente*. No entanto, o Evolutionary Solver pode ser usado para tentar encontrar uma boa rota. Depois da resolução com o Evolutionary Solver, a solução resultante é mostrada em D22:D23 e P22:P23, da Figura 8.30. Esta rota é bastante melhorada em relação àquela mostrada na Figura 8.28, com uma distância total de 9.040 milhas em vez de 18.962 milhas. Nesse caso, o Evolutionary Solver conseguiu encontrar a solução ideal.

FIGURA 8.29
Caixa de diálogo Add Constraint (Adicionar Restrição) mostrando a restrição AllDifferent (TudoDiferente).

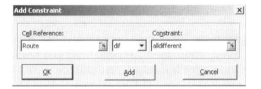

FIGURA 8.30
Depois de adicionar a restrição TudoDiferente, Rota (D22:P22) e C23:Q23 mostram a rota de Seattle para as outras 13 cidades da Liga Americana e de volta a Seattle obtida pelo Evolutionary Solver.

	A	B	C	D	E	F	G	H	I	J	K	L	M	N	O	P	Q
1		Viagem da American League Ballparks															
2																	
3		Distância			1	2	3	4	5	6	7	8	9	10	11	12	13
4		(milhas)		SEA	ANA	BAL	BOS	CHI	CLE	DET	KC	MIN	NY	OAK	TB	TEX	TOR
5			SEA	0	1134	2708	3016	2052	2391	2327	1858	1653	2841	810	3077	2131	2564
6		1	ANA	1134	0	2647	3017	2048	2382	2288	1577	1857	2794	387	2490	1399	2523
7		2	BAL	2708	2647	0	427	717	358	514	1070	1113	199	2623	950	1357	457
9		3	BOS	3016	3017	427	0	994	657	799	1435	1390	222	3128	1293	1753	609
10		4	CHI	2052	2048	717	994	0	348	279	542	410	809	2173	1160	921	515
11		5	CLE	2391	2382	358	657	348	0	172	819	758	471	2483	1108	1189	296
12		6	DET	2327	2288	514	799	279	172	0	769	685	649	2399	1184	1156	240
13		7	KC	1858	1577	1070	1435	542	819	769	0	443	1233	1861	1171	505	1006
14		8	MIN	1653	1857	1113	1390	410	758	685	443	0	1217	1979	1573	949	906
15		9	NY	2841	2794	199	222	809	471	649	1233	1217	0	2930	1150	1559	516
16		10	OAK	810	387	2623	3128	2173	2483	2399	1861	1979	2930	0	2823	1752	2627
17		11	TB	3077	2490	950	1293	1160	1108	1184	1171	1573	1150	2823	0	1079	1348
18		12	TEX	2131	1399	1357	1753	921	1189	1156	505	949	1559	1752	1079	0	1435
19		13	TOR	2564	2523	457	609	515	296	240	1006	906	516	2627	1348	1435	0
20																	
21		Circuito	Início	1º	2º	3º	4º	5º	6º	7º	8º	9º	10º	11º	12º	13º	Fim
22		Rota		10	1	12	11	2	9	3	13	5	6	4	7	8	
23		Cidade	SEA	OAK	ANA	TEX	TB	BAL	NY	BOS	TOR	CLE	DET	CHI	KC	MIN	SEA
24		Milhas percorridas		810	387	1399	1079	950	199	222	609	296	172	279	542	443	1653
25																	
26														Milhas totais percorridas	9,040

Parâmetros do Solver

Definir objetivo (célula-alvo): MilhasTotaisPercorridas
Para: Mín
Pelas células (variáveis): Rota
Sujeito às restrições:
    Rota = TudoDiferente
Opções do Solver (Excel 2010):
    Método de resolução: Evolutionary

Nomes de intervalo	Células
NomedaCidade	C5:C18
Distância	D5:Q18
MilhasPercorridas	D24:Q24
Rota	D22:P22
MilhasTotaisPercorridas	Q26

Vantagens e desvantagens do Evolutionary Solver

O Evolutionary Solver pode lidar com problemas com funções objetivas complicadas e vários ideais locais.

O Evolutionary Solver tem duas vantagens significativas sobre o Solver Não Linear para resolver difíceis problemas de programação não linear. Em primeiro lugar, a complexidade da função objetivo não afeta o Evolutionary Solver. Enquanto a função possa ser avaliada por uma solução candidata determinada (a fim de estabelecer o nível de aptidão), não importa que a função tenha dobras, descontinuidades ou vários ideais locais. Segundo, ao avaliar populações inteiras de soluções candidatas que não estão necessariamente na mesma vizinhança da melhor solução atual, o Evolutionary Solver evita ficar preso em um ideal local. Além disso, mesmo se toda a população evoluir para uma solução que é apenas localmente ideal, a mutação permite a possibilidade de se libertar. Na verdade, por conta do caráter aleatório das mutações, o Evolutionary Solver de fato encontrará uma solução ideal para qualquer problema de otimização se for executado para sempre, mas isso é, obviamente, impraticável.

No entanto, o Evolutionary Solver também tem várias limitações.

Por outro lado, deve ser salientado que o Evolutionary Solver não é uma panaceia. Primeiro, ele pode demorar *muito mais* tempo do que o Solver Não Linear para encontrar uma solução final. Com certas escolhas de opções, a busca de melhores soluções pode continuar por horas ou mesmo dias. Em segundo lugar, o Evolutionary Solver não funciona bem em modelos que têm muitas restrições. Por exemplo, ele não teria um desempenho muito bom em muitos dos modelos examinados nos capítulos 2 a 6, apesar de o Solver Linear poder resolvê-los quase instantaneamente. Terceiro: o Evolutionary Solver é um processo aleatório. Executar o Evolutionary Solver novamente no mesmo modelo geralmente resultará em uma solução final diferente. Por fim, a melhor solução encontrada normalmente não é a ideal (embora possa estar muito próxima de ser). O Evolutionary Solver não é um otimizador no mesmo sentido que o são os outros métodos de resolução do Solver. Ele não se move continuamente em direção às melhores soluções, até atingir um ideal local. Pelo contrário, ele é mais parecido a mecanismo de busca inteligente, experimentando diferentes soluções aleatórias. Assim, embora seja bastante provável que acabe com uma solução que é muito próxima da ideal, ele quase nunca retorna a solução ideal exata na maioria dos tipos de problemas de programação não linear. (No entanto, suas chances de encontrar uma solução ideal são muito melhores em problemas como o exemplo de vencer o mercado, em que apenas a célula-alvo assume valores inteiros.) Consequentemente, muitas vezes pode ser vantajoso executar o Solver Não Linear após o Evolutionary Solver, começando com a solução final obtida pelo Evolutionary Solver, para ver se pode ser melhorada pela pesquisa na vizinhança.

Perguntas de revisão

1. Por que o algoritmo usado pelo Evolutionary Solver costuma ser chamado de algoritmo genético?
2. Cite os critérios que o Evolutionary Solver usa para decidir quais membros de uma geração são aptos e quais são inaptos?
3. Como a mutação ajuda o Evolutionary Solver?
4. Quais são as duas vantagens que o Evolutionary Solver tem sobre outros métodos de resolução do Solver para resolver problemas difíceis de programação não linear?
5. Quais são as três desvantagens do Evolutionary Solver em comparação com os outros métodos de resolução do Solver?

8.6 RESUMO

Um modelo de programação não linear tem as mesmas características de um modelo de programação linear, com uma exceção importante; todas as expressões matemáticas (incluindo a função objetivo) são lineares em um modelo de programação linear, mas pelo menos uma dessas expressões (muitas vezes apenas a função objetivo) é não linear em um modelo de programação não linear. Ao formular o modelo em uma planilha, isso significa que o modelo torna-se um modelo de programação não linear se uma fórmula não linear deve ser inserida na célula-alvo (e talvez em algumas outras células de saída). Este capítulo centra-se no caso comum em que apenas a célula-alvo precisa de uma fórmula não linear. Essa célula precisa de uma fórmula não linear sempre que houver uma relação não proporcional entre o nível de qualquer uma das atividades e a medida geral de desempenho para o problema. Esse tipo de relacionamento viola a pressuposição de proporcionalidade da programação linear.

Formular e resolver um modelo de programação não linear tende a ser mais difícil do que formular e resolver um modelo de programação linear. Por exemplo, alguns modelos de programação não linear têm um número de soluções localmente ótimas, em que apenas uma dessas soluções é globalmente ideal e a maioria das outras é muito inferior. Infelizmente, depois que uma solução de partida é introduzida na planilha, o Solver padrão do Excel vai encontrar apenas uma dessas soluções localmente ideais, sem indicação de que esta seja a única que também é globalmente ideal ou talvez uma que esteja longe de ser ideal. A solução localmente ideal encontrada depende da escolha da solução de partida.

No entanto, quando um modelo de programação não linear tem retornos marginais decrescentes, geralmente é fácil de resolver. Para esse tipo de problema, uma solução localmente ideal automaticamente também é uma solução globalmente ideal. Portanto, a solução encontrada pelo Solver do Excel é de fato a melhor para o modelo (ou pelo menos uma daquelas tidas como as melhores).

Alguns problemas de programação não linear com retornos marginais decrescentes podem ser resolvidos de uma forma ainda mais fácil. Isso ocorre quando os gráficos de lucro (ou gráficos de custo) das atividades são lineares por partes (ou pelo menos podem ser bastante aproximados de gráficos lineares por partes). Nesse caso, a técnica de programação separável pode ser aplicada para converter o problema em um problema de programação linear, o tipo de problema mais fácil para o Solver do Excel.

Para problemas de programação não linear mais difíceis que podem ter várias soluções localmente ideais, uma abordagem é executar o Solver diversas vezes, cada uma começando com uma solução inicial diferente digitada nas células variáveis da planilha. Se houver apenas uma ou duas células variáveis, esta abordagem poderá ser feita de forma mais sistemática, utilizando-se o suplemento Solver Table fornecido com seu MS Courseware. O Solver do Excel 2010 inclui uma opção experimentar automaticamente diversos pontos de partida aleatórios.

Contudo, este método de lidar com problemas difíceis tem duas grandes limitações. Em primeiro lugar, é impraticável para problemas com mais do que algumas células variáveis. Segundo: não funciona para os problemas com funções objetivas complicadas para as quais o Solver não é sequer capaz de encontrar as ideais locais. Se esses problemas não tiverem restrições em demasia, há a possibilidade de outro procedimento de busca, o Evolutionary Solver, apresentar um bom desempenho. Usando os conceitos da genética, evolução e sobrevivência do mais apto, este método avança gradualmente na direção da melhor ótima local. Com tempo de pesquisa suficiente (que pode ser muito longo), ele frequentemente consegue encontrar uma solução que é muito próxima à ideal.

Glossário

algoritmo genético Tipo de algoritmo que utiliza conceitos da genética. (Seção 8.5), 295

descontinuidade Ponto em um gráfico em que ele é desconectado porque, de repente, salta para cima ou para baixo. (Seção 8.1), 267

Evolutionary Solver Método de busca do Solver Premium que usa conceitos de genética, evolução e sobrevivência do mais apto. (Seção 8.5), 295

geração novo conjunto de soluções candidatas criadas pelo Evolutionary Solver que forma casais entre elas para criar a "prole" para a próxima geração. (Seção 8.5), 295

linear por partes Um gráfico é linear por partes se consiste em uma sequência de segmentos de linha conectados. (Seção 8.1), 267

máximo global Ponto mais alto de um gráfico. (Seção 8.1), 272

máximo local Ponto em que um gráfico atinge o seu máximo dentro de uma zona local desse ponto. (Seção 8.1), 272

método de ajuste de curva Método para usar valores conhecidos em um gráfico de lucro ou de custo para encontrar a equação para o gráfico que melhor se encaixa naqueles dados. (Seção 8.1), 269

mutação Semelhante à mutação genética em biologia, esta é uma mudança aleatória que o Evolutionary Solver faz ocasionalmente em um membro da população atual. (Seção 8.5), 295

população Grande conjunto de soluções candidatas que é gerado aleatoriamente pelo Evolutionary Solver. (Seção 8.5), 295

pressuposição de proporcionalidade Pressuposição básica de programação linear que requer a contribuição de cada atividade para o valor da função objetivo a ser proporcional ao nível dessa atividade. (Seção 8.1), 266

programação quadrática Tipo especial de programação não linear em que a função objetivo tem simultaneamente uma forma quadrática e retornos marginais decrescentes e todas as restrições são lineares. (Seção 8.2), 276

relação não proporcional Uma atividade tem relação não proporcional com a medida geral de desempenho de um problema se a sua contribuição para esta medida *não* for proporcional ao nível da atividade. (Seção 8.1), 266

relação proporcional Uma atividade tem relação proporcional com a medida geral de desempenho de um problema se a sua contribuição para esta medida for proporcional ao nível da atividade. (Section 8.1), 265

retornos marginais decrescentes A atividade com gráfico de lucro tem retornos marginais decrescentes se sua inclinação de lucro jamais aumentar mas, às vezes, diminuir à medida que o nível de atividade aumentar. (Seção 8.1), 266

Auxiliares de aprendizagem para este capítulo em seu MS Courseware

Capítulo 8: arquivos do Excel
Elaboração de uma fórmula não linear
Exemplo com várias máximas locais
Problema original da Wyndor
Problema da Wyndor com custos não lineares de marketing
Exemplo de seleção de carteira
Problema da Wyndor com horas extras

Problema da Wyndor com horas extras e custos de marketing (programação separável)
Problema da Wyndor com hora extras custos de marketing (programação não linear)
Exemplo de vencer o mercado
Turnê pelos estádios da Liga Americana

Suplemento do Excel:
Solver Table

Problema solucionado (consulte o CD-ROM ou o *site* para a solução)

8.S1. Modelo de precificação de passagem de companhia aérea

Quem viaja a negócios tende a importar-se menos com o custo do que quem viaja por lazer. Sabendo disso, as companhias aéreas descobriram que é possível gerar um lucro extra ao usar preços diferentes para esses dois tipos de clientes. Por exemplo, elas geralmente cobram mais para voos no meio da semana (maioria de viajantes de negócios) do que para viagens que incluem uma noite de sábado (viajantes de lazer, em sua maioria).

Suponha que uma companhia aérea calculou a demanda em relação ao preço para viagens no meio da semana e, para viagens que incluem uma noite de sábado, como mostrado na tabela a seguir. Esse voo é feito num Boeing 777 com capacidade para 300 passageiros. O custo fixo de operação do voo é de $30 mil. O custo variável por passageiro (alimentação e combustível) é de $30.

Preço	Demanda Meio da semana	Estadia noturna no sábado	Total
$200	150	465	615
$300	105	210	315
$400	82	127	209
$500	63	82	145
$600	49	60	109
$700	35	45	80
$800	27	37	64

a. Uma função que pode ser usada para calcular a demanda (D) em relação ao preço (P) é uma função de demanda *linear*, em que $D = a - bP$. Para valores positivos de a e b, isso dará menor demanda quando o preço for mais elevado. No entanto, uma função *não linear* de demanda geralmente pode proporcionar um melhor ajuste aos dados. Por exemplo, uma função assim é uma função de demanda da constante elasticidade, em que $D = aP^b$. Para valores positivos de a e negativos de b, isso dará menor demanda quando o preço for mais elevado. Represente graficamente esses dados e use a ferramenta *Adicionar Linha de Tendência* do Excel para encontrar a função de demanda da constante elasticidade que melhor se ajuste aos dados na tabela dada para a demanda no meio da semana, demanda com estadia noturna no sábado e a demanda total.

b. Para esta parte, suponha que a companhia aérea cobra um preço único para todos os clientes. Usando a função de demanda para a demanda total determinada na parte *a*, formule e resolva um modelo de programação não linear em uma planilha para determinar o preço de modo a obter o lucro mais alto para a companhia aérea.

c. Agora suponha que a companhia aérea cobra preços separados para passagens do meio da semana e para estadia no sábado à noite. Usando as duas funções de demanda para passagens de meio de semana e de estadia no sábado determinadas na parte *a*, formule e resolva um modelo de planilha de programação não linear para estabelecer os preços dos dois tipos de passagem de modo a maximizar o lucro para a companhia aérea.

d. Quanto lucro extra a companhia aérea pode obter cobrando preços mais altos para as passagens de meio da semana do que para as passagens de estadia no sábado à noite?

Problemas

À esquerda dos problemas (ou suas partes), inserimos *E sempre que o Excel deva ser utilizado (a menos que seu instrutor lhe dê instruções contrárias). Um asterisco no número do problema indica que pelo menos uma resposta parcial é dada no Apêndice C.

8.1. A J. P. Atkins Company em breve estará lançando um novo produto. Foram feitas estimativas do lucro mensal que seria gerado por este produto para cada um dos quatro valores alternativos da taxa de fabricação mensal, como mostrado à direita.

a. Desenhe um gráfico de lucro deste produto, marcando os lucros dos quatro índices de produção e, em seguida, desenhando à mão uma curva pelos quatro pontos. (Comece o gráfico com um lucro de 0 a uma taxa de fabricação de 0.)

Taxa de fabricação	Lucro
200	$ 9.500
500	22.500
800	34.000
1.000	40.000

b. A pressuposição de proporcionalidade da programação linear parece ser razoavelmente satisfeita para este produto?

c. Na medida em que o lucro não é estritamente proporcional à taxa de fabricação, ele tem retornos marginais decrescentes, crescentes ou nenhum dos dois?

E* d. Use o método de ajuste de curva do Excel para (1) obter uma fórmula não linear com forma quadrática para o gráfico de lucro e, depois, (2) elabore o gráfico.

8.2. Considere os três casos a seguir para ver o quanto varia o lucro de uma atividade de acordo com o respectivo nível.

Nível de atividade	Lucro ($)		
	Caso 1	Caso 2	Caso 3
0	0	0	0
1	9	6	5
2	16	14	6
3	21	24	3
4	24	36	4
5	25	50	7

a. Para cada caso, desenhe o gráfico de lucro por meio da representação gráfica dos lucros dos vários níveis de atividade e, em seguida, desenhando à mão uma curva uniforme pelos pontos.

b. Para cada caso, indique se a atividade tem retornos marginais decrescentes, crescentes ou nenhum dos dois.

c. Como suas respostas na parte *b* se alteram se os gráficos da parte *a* forem de custos em vez de gráficos de lucro?

E* d. Para cada caso, use o método de ajuste de curva do Excel para (1) obter uma fórmula não linear com forma quadrática para o gráfico de lucro e, depois, (2) elabore o gráfico. Para qualquer caso em que a atividade não tenha retornos marginais decrescentes nem crescentes marginal, comente a qualidade do ajuste fornecido pelo uso de uma forma quadrática.

8.3. A Chiplet Corporation está prestes a lançar a fabricação e comercialização de um novo microchip mais poderoso do que qualquer produto atualmente no mercado. Não é surpresa que a rentabilidade deste microchip vai depender muito da sua recepção neste mercado altamente competitivo e veloz. Se as vendas forem muito fracas, a empresa ainda poderá obter lucros razoáveis, pois terá capacidade de produção suficiente para fabricar o microchip em suas instalações atuais. No entanto, se as vendas forem um pouco mais elevadas, a empresa precisará expandir suas instalações de produção, o que provocará uma diminuição do lucro com o microchip se as vendas atingirem um nível apenas moderado. (Atender a esta demanda totalmente ainda seria interessante porque um dos objetivos principais da alta gerência é continuar a aumentar a participação da empresa no mercado enquanto realça as futuras gerações de microchips já em desenvolvimento.) Felizmente, se as vendas chegarem a um nível relativamente elevado, o lucro com o microchip será bastante substancial. A tabela a seguir mostra os lucros estimados para vários níveis de vendas durante a curta vida útil deste microchip.

a. Desenhe um gráfico de lucro deste microchip, traçando os lucros dos vários níveis de vendas e, depois, traçando uma curva uniforme que passe por (ou muito perto) esses pontos.

b. O microchip tem retornos marginais decrescentes, crescentes ou nenhum dos dois?

E* c. Use o método de ajuste de curva do Excel para (1) obter uma fórmula não linear com forma quadrática (polinomial do pedido 2) para o gráfico de lucro e, depois, (2) elabore o gráfico.

E* d. Repita a parte *c* ao usar a opção do Excel de polinomial do pedido 3 em vez do pedido 2.

e. Qual das opções Excel usadas nas partes *c* e *d* faz um melhor trabalho de ajuste do gráfico de lucro aos dados?

Vendas	Lucro (milhões de dólares)
0	0
100.000	15
200.000	18
300.000	13
400.000	4
500.000	1
600.000	6
700.000	30
800.000	70

8.4. A tabela a seguir mostra o lucro diário estimado de um novo produto para várias escolhas alternativas de taxas de fabricação.

Taxa de fabricação (F)	Lucro diário (L)
0	0
1	$ 95
2	184
3	255
4	320

Como o lucro sobe menos que proporcionalmente com a taxa de fabricação (retornos marginais decrescentes), a equipe de ciência da gestão, ao analisar qual deve ser a taxa de fabricação (e as taxas de fabricação de outros produtos), decidiu aproximar o lucro (L) por meio de uma *função não linear* simples da taxa de fabricação F.

a. Essa aproximação é $L = \$100F - \$5F^2$. O quanto essa função não linear aproxima os cinco valores de L apresentados na tabela?

b. Repita a parte *a* para a aproximação $L = \$104F - \$6F^2$.

c. Qual dessas duas funções não lineares fornece o melhor ajuste para todos os dados?

E* d. Use o método de ajuste de curva do Excel para (1) obter uma fórmula não linear com forma quadrática para o gráfico de lucro e, depois, (2) elabore o gráfico.

8.5. Leia o artigo de referência que descreve completamente o estudo da ciência da gestão resumido na vinheta de aplicação apresentada na Seção 8.2. Descreva brevemente como a programação linear foi aplicada neste estudo. Em seguida, liste os vários benefícios financeiros e não financeiros que resultaram deste estudo.

E*8.6. Reexamine o exemplo da seleção de carteira, incluindo o modelo de planilha na Figura 8.13, dado na Seção 8.2. Observe na Tabela 8.2 que a ação 2 tem maior retorno esperado e a ação 3 tem, visivelmente, o menor. No entanto, as células variáveis Carteira (C14:E14) fornecem uma solução ideal que orienta para a compra de muito mais ações 3 do que de ações 2. Embora tamanha compra de ações 3 reduza o risco da carteira, um investidor agressivo pode não estar disposto a reter tantas ações com retorno esperado tão baixo.

Pelo bem desse investidor, adicione uma restrição ao modelo que especifica que o percentual da ação 3 na carteira não pode exceder o montante especificado pelo investidor. Em seguida, compare o retorno esperado e o risco (desvio padrão do retorno) da carteira ideal com aquele da Figura 8.13, quando o limite superior sobre o percentual ação 3 permitido na carteira é fixado nos valores a seguir.

    a. 20%
    b. 0%
    c. Use o Solver Tablet para testar regularmente todos os percentuais, com intervalos de 5%, de 0% a 50%.

8.7.* O corretor da bolsa Richard Smith acaba de receber um telefonema de Ann Hardy, sua cliente mais importante. Ann tem $50 mil para investir e quer usá-los para comprar duas ações. A ação 1 é uma sólida e segura *blue chip*, com potencial de crescimento respeitável e pouco risco envolvido. A ação 2 é muito mais especulativa. É elogiada em dois boletins de investimento pelo potencial de crescimento excepcional, mas também é considerada muito arriscada. Ann gostaria de um grande retorno de seu investimento, mas também tem considerável aversão ao risco. Desse modo, ela pediu a Richard para analisar qual a combinação de investimentos nas duas ações que seria apropriada para ela. Ann também informa que seu plano é manter a ação a ser comprada agora por três anos antes de vendê-la.

Após fazer algumas pesquisas sobre o desempenho histórico das duas ações e as perspectivas atuais das empresas envolvidas, Richard fez as seguintes estimativas. Se os todos os $50 mil forem investidos na ação 1 agora, o lucro na venda em três anos deverá ser de um valor esperado de $12.500 e o desvio padrão, $5 mil. Se o valor total de $50 mil for investido na ação 2 agora, o lucro na venda em três anos deverá ser de $20 mil, com um desvio padrão de $30 mil. As duas ações se comportam de forma independente em diferentes setores do mercado, de modo que o cálculo de Richard a partir de dados históricos aponta que a covariância dos lucros das duas ações é 0.

Agora Richard está pronto para usar um modelo de planilha para determinar como alocar os $50 mil para as duas ações, de modo a minimizar o risco de Ann, proporcionando um lucro esperado que seja pelo menos tão grande quanto o valor mínimo aceitável por ela. Ele pede a Ann que decida qual é o valor mínimo aceitável.

    a. Sem atribuir ainda um valor numérico específico para o lucro mínimo aceitável esperado, formule um modelo de programação quadrática na forma algébrica para este problema.
    E* *b.* Apresente o modelo em uma planilha.
    E* *c.* Resolva este modelo para os quatro casos: Mínimo lucro esperado aceitável = $13.000, $15.000, $17.000 e $19.000.
    d. Ann foi uma estatística importante na faculdade e assim entende bem que o *retorno esperado* e o *risco* deste modelo representam estimativas da *média* e do *desvio padrão* da distribuição de probabilidade do lucro da carteira correspondente. Ann usa a notação μ e σ para a média e o desvio-padrão. Ela lembra que, para distribuições de probabilidade normais, a probabilidade é bastante alta (cerca de 0,8 ou 0,9) de que o retorno será superior a $\mu - \sigma$, e a probabilidade é extremamente alta (muitas vezes perto de 0,999) de que o lucro será superior a $\mu - 3\sigma$. Calcule $\mu - \sigma$ e $\mu - 3\sigma$ para as quatro carteiras obtidas na parte *c*. Qual carteira dará a Ann o maior μ entre aqueles que também dão $\mu - \sigma \geq 0$?

8.8. Reexamine o exemplo de seleção de carteiras dado na Seção 8.2. Uma quarta ação (ação 4) que foi encontrada agora dá um bom equilíbrio entre retorno esperado e risco. Usando as mesmas unidades da Tabela 8.2, o retorno esperado da ação é de 17% e seu risco é de 18%. Seu risco conjunto por ação com as ações 1, 2 e 3 é -0,015, -0,025 e 0,003, respectivamente.

    a. Ainda usando um retorno mínimo esperado aceitável de 18%, formule o modelo de programação quadrática revisto em forma algébrica para este problema.
    E* *b.* Apresente e solucione o modelo em uma planilha.
    E* *c.* Desenvolva uma revisão do Solver Table mostrado na Figura 8.14 para o problema revisto.

8.9. A administração da Albert Hanson Company está tentando determinar a melhor combinação para os dois novos produtos. Como irão partilhar as mesmas instalações de fabricação, o número total de unidades produzidas de ambos combinados não pode exceder dois por hora. Por causa da incerteza quanto ao desempenho de venda dos produtos, o lucro da fabricação de cada um proporciona retornos marginais decrescentes enquanto a taxa de fabricação aumenta. Particularmente, com uma taxa de fabricação de F_1 unidades por hora, estima-se que o produto 1 irá gerar um lucro de $200F_1 - 100F_1^2$ por hora. Se a taxa de fabricação do produto 2 for F_2 por hora, estima-se que a taxa de lucro será de $300F_2 - 100F_2^2$ por hora.

    a. Formule um modelo de programação quadrática em forma algébrica para determinar o *mix* de produtos que maximiza o lucro total por hora.
    E* *b.* Formule e solucione esse modelo em uma planilha.

8.10. A B. J. Jensen Company é especializada na fabricação de serras elétricas e furadeiras para uso doméstico. As vendas são relativamente estáveis ao longo do ano, exceto por aumento durante a época de Natal. Uma vez que a fabricação requer trabalho e experiência consideráveis, a empresa mantém um nível de emprego estável e usa horas extras para aumentar a produção em novembro. Os trabalhadores também apreciam esta oportunidade de ganhar dinheiro extra para as férias.

B. J. Jensen, Jr., o atual presidente da empresa, está supervisionando os planos de produção para o próximo mês de novembro. Ele obteve os dados no topo da próxima página.

No entanto, Jensen sabe agora que, além do número limitado de horas disponíveis de trabalho, dois outros fatores vão limitar os níveis de fabricação possíveis de novembro deste ano. Um deles é que o fornecedor de unidades de suprimento de energia poderá entregar apenas 10 mil delas em novembro (2 mil a mais do que o envio mensal costumeiro). Cada serra elétrica e cada furadeira requer uma dessas unidades. Segundo: o fornecedor de uma peça fundamental para as engrenagens entregará somente 15 mil itens para novembro (4 mil a mais do que para os outros meses). Cada serra elétrica requer duas destas peças e cada furadeira, uma.

	Produção mensal máxima*		Lucro por unidade fabricada	
	Horário normal	Hora extra	Horário normal	Hora extra
Serras Elétricas	3.000	2.000	$150	$50
Furadeiras	5.000	3.000	100	75

*Supondo que um fornecimento adequado de materiais dos fornecedores da empresa.

Jensen agora quer determinar quantas serras elétricas e furadeiras podem ser fabricadas em novembro, para maximizar o lucro total da empresa.

a. Desenhe o gráfico de lucro para cada um destes dois produtos.

E* b. Use a programação separável para formular um modelo de programação linear em planilha para este problema. Em seguida, resolva o modelo. Qual é a informação sobre a quantidade de serras elétricas e furadeiras que podem ser fabricadas em novembro?

8.11.* A Dorwyn Company tem dois novos produtos (tipos especiais de portas e janelas) que irão competir com os dois novos produtos da Wyndor Glass Co. (descritos na Seção 2.1). Usando unidades de centenas de dólares para a função objetivo, o modelo de programação linear da forma algébrica mostrado a seguir foi formulado para determinar o *mix* de produtos mais rentável.

$$\text{Maximizar} \quad \text{Lucro} = 4P + 6J$$

$$P + 3J \leq 8$$

sujeito a

$$5P + 2J \leq 14$$

e

$$P \geq 0 \quad J \geq 0$$

No entanto, devido à forte concorrência da Wyndor, a administração da Dorwyn percebeu que a empresa terá de fazer um grande esforço de marketing para gerar vendas substanciais desses produtos. Particularmente, estima-se que atingir uma taxa de fabricação e vendas de P portas por semana acarretará custos de marketing de P^3 $100 (de modo que $100 para $D = 1$, $800 para $D = 2$, $2.700 para $D = 3$, etc.). Os custos de marketing correspondentes para janelas são estimados em $2J^2$ $100.

Desse modo, a função objetivo do modelo deve ser

$$\text{Lucro} = 4P + 6J - P^3 - 2J^2$$

A administração da Dorwyn agora quer usar o modelo revisto para determinar o *mix* de produtos mais rentável.

E* a. Formule e solucione esse modelo de programação não linear em uma planilha.

b. Elabore tabelas para mostrar os dados de lucro para cada produto, quando a taxa de produção for de 0, 1, 2, 3.

c. Desenhe uma figura que marque os pontos de lucro semanal para cada produto, quando a taxa de produção for de 0, 1, 2, 3. Una os pares de pontos consecutivos com segmentos de linha (tracejado).

E* d. Use a programação separável baseada nesta figura para formular um modelo de programação linear aproximado em planilha para este problema. Em seguida, resolva o modelo. O que isso informa à administração da Dorwyn sobre qual *mix* de produto usar?

e. Compare a solução baseada em uma aproximação de programação separável na parte *d* com a solução obtida na parte *a* para o modelo de programação não linear exato.

8.12. A MFG Corporation está planejando produzir e comercializar três produtos. x_1, x_2 e x_3 indicam o número de unidades de cada um a ser fabricado. As estimativas preliminares da rentabilidade potencial são as seguintes.

Para as primeiras 15 unidades fabricadas do produto 1, o lucro unitário seria de aproximadamente $360. O lucro unitário seria de apenas $30 para todas as unidades adicionais do produto 1. Para as primeiras 20 unidades do produto 2, o lucro unitário é estimado em $240. O lucro unitário seria de $120 para cada uma das próximas 20 unidades e 90 para quaisquer unidades adicionais. Para as primeiras 10 unidades do produto 3, o lucro unitário seria de $450. O lucro unitário seria de $300 para cada uma das 5 unidades seguintes e $180 para as unidades adicionais.

Certas limitações do uso de recursos necessários impõem as seguintes restrições quanto à produção dos três produtos:

$$x_1 + x_2 + x_3 \leq 60$$
$$3x_1 + 2x_2 \leq 200$$
$$x_1 + 2x_3 \leq 70$$

A gerência quer saber que valores de x_1, x_2 e x_3 devem ser escolhidos para maximizar o lucro total.

a. Marque o gráfico de lucro para cada um dos três produtos.

E* b. Use a programação separável para formular um modelo de programação linear em planilha para este problema. Em seguida, resolva o modelo. Qual é a recomendação resultante para a administração quanto ao uso dos valores de x_1, x_2 e x_3?

8.13. Suponha que a programação separável foi aplicada a um determinado problema (o "problema original") para convertê-lo ao seguinte modelo de programação linear equivalente na forma algébrica:

$$\text{Maximizar} \quad \text{Lucro} = 5x_{11} + 4x_{12} + 2x_{13} + 4x_{21} + x_{22}$$

sujeito a

$$3x_{11} + 3x_{12} + 3x_{13} + 2x_{21} + 2x_{22} \leq 25$$
$$2x_{11} + 2x_{12} + 2x_{13} - x_{21} - x_{22} \leq 10$$

e

$$0 \leq x_{11} \leq 2 \quad 0 \leq x_{21} \leq 3$$
$$0 \leq x_{12} \leq 3 \quad 0 \leq x_{22} \leq 1$$
$$0 \leq x_{13}$$

Qual foi o modelo matemático para o problema original? Responda traçando o gráfico de lucro para cada uma das atividades originais e, em seguida, escrevendo as restrições para o problema original em termos das variáveis de decisão originais.

8.14. Jim Matthews, vice-presidente de marketing da J. R. Nickel Company, está planejando campanhas publicitárias para dois produtos não relacionados. As duas campanhas precisam usar alguns dos mesmos recursos. Portanto, Jim sabe que suas decisões sobre os níveis das duas campanhas precisam ser tomadas em conjunto, após considerar a limitação de recursos. Notadamente, deixando que x_1 e x_2 indiquem os níveis das campanhas 1 e 2, respectivamente, essas restrições serão $4x_1 + x_2 \leq 20$ e $x_1 + 4x_2 \leq 20$.

Ao enfrentar essas decisões, Jim também está ciente de que há um ponto de retornos decrescentes ao elevar muito o nível da campanha publicitária. Nesse ponto, o custo de publicidade adicional fica maior que o aumento da receita líquida (exceto custos de publicidade) gerada pela publicidade. Após cuidadosa análise, ele e sua equipe calculam que o lucro líquido do primeiro produto (incluindo custos publicitários) ao empreender a primeira campanha no nível x_1 seria de $3x_1 - (x_1 - 1)^2$ em milhões de dólares. A estimativa correspondente para o segundo produto é de $3x_2 - (x_2 - 2)^2$.

Com L sendo o lucro líquido total, esta análise leva ao seguinte modelo de programação não linear para determinar os níveis das duas campanhas publicitárias:

Maximizar $P = 3x_1 - (x_1 - 1)2^2 + 3x_2 - (x_2 - 2)^2$

sujeito a

$$4x_1 + x_2 \leq 20$$
$$x_1 + 4x_2 \leq 20$$

e

$$x_1 \geq 0 \quad x_2 \geq 0$$

a. Monte tabelas para mostrar os dados de lucro para cada produto, quando o nível de sua campanha publicitária for $x_1 = 0, 1, 2, 2.5, 3, 4, 5$ (para o primeiro produto) ou $x_2 = 0, 1, 2, 3, 3.5, 4, 5$ (para o segundo produto).

b. Utilize esses dados para desenhar à mão um gráfico de lucro líquido para cada produto. (Observe que esses gráficos de lucro começam com valores negativos quando $x_1 = 0$ ou $x_2 = 0$, pois os produtos perderão dinheiro se não houver apoio publicitário.)

c. No gráfico de lucro do primeiro produto, desenhe uma aproximação deste gráfico, inserindo uma segmento de linha tracejada entre o lucro em $x_1 = 0$ e $x_1 = 2$, entre o lucro em $x_1 = 2$ e $x_1 = 4$ e entre o lucro em $x_1 = 4$ e $x_1 = 5$. Depois faça o mesmo no gráfico de lucro do segundo produto com $x_2 = 0, 2, 4, 5$.

E* d. Use a programação separável com a aproximação dos gráficos lucro obtidos na parte C para formular um modelo de programação linear aproximado em uma planilha para o problema de Jim Matthews. Em seguida, resolva o modelo. O que esta solução informa quanto aos níveis das campanhas publicitárias? Qual deve ser o lucro líquido total dos dois produtos?

E* e. Repita as partes C e d, exceto usando $x_1 = 0, 2, 2.5, 3, 5$ e $x_2 = 0, 3, 3.5, 4, 5$ para as aproximações dos gráficos de lucro na parte C. (Estas aproximações determinadas levam, na verdade, à exata solução ideal do problema de Jim Matthews.)

E* f. Use o Excel e seu Solver para formular e resolver o modelo de programação não linear original diretamente. Compare com as respostas obtida após concluir a parte e.

g. Use os cálculos para encontrar o valor de x_1 que maximiza $3x1 - (x1 - 1)^2$, o lucro líquido do primeiro produto. Também use os cálculos para encontrar o valor de x_2 que maximiza $3x_2 - (x_2 - 2)^2$, o lucro líquido do segundo produto. Demonstre que estes valores satisfazem as restrições do modelo de programação não linear. Em seguida, compare esses valores com as repostas obtidas nas partes e e f.

E*8.15. Considere o seguinte problema de programação não linear.

Maximizar   Lucro $= x^5 - 13x^4 + 59x^3 - 107x + 61x$

sujeito a

$$\leq x \leq 5$$

a. Formule o problema em uma planilha e, em seguida, use o Solver Table para resolvê-lo com os seguintes pontos de partida: $x = 0, 1, 2, 3, 4$ e 5. Inclua o valor de x e o lucro como células de saída no Solver Table.

b. Use o Evolutionary Solver para resolver o problema.

E*8.16. Considere o seguinte problema de programação não linear.

Maximizar   Profit $= 100x^6 - 1{,}359x^5 + 6{,}836x^4 - 15{,}670x^3 + 15{,}870x^2 - 5{,}095x$

sujeito a

$$0 \leq x \leq 5$$

a. Formule o problema em uma planilha e, em seguida, use o Solver Table para resolvê-lo com os seguintes pontos de partida: $x = 0, 1, 2, 3, 4$ e 5. Inclua o valor de x e o lucro como células de saída no Solver Table.

b. Use o Evolutionary Solver para resolver o problema.

E*8.17. Devido ao crescimento populacional, o estado de Washington recebeu um assento adicional na Câmara dos Representantes, perfazendo um total de dez. O legislativo estadual, controlado pelos republicanos, precisa desenvolver um plano para redistritamento do Estado. Há 18 cidades principais do estado de Washington que precisam ser atribuídas a um dos dez distritos congressionais. A próxima tabela dá o número de democratas e republicanos registrados em cada cidade. Cada distrito deve conter entre 150 mil e 350 mil desses eleitores registrados. Use o Evolutionary Solver para atribuir cada cidade a um dos dez distritos eleitorais, a fim de maximizar o número de distritos que têm mais republicanos que democratas registrados. (*Dica:* Use a função SOMASE.)

Cidade	Democratas (milhares)	Republicanos (milhares)
1	152	62
2	81	59
3	75	83
4	34	52
5	62	87
6	38	87
7	48	69
8	74	49
9	98	62
10	66	72
11	83	75
12	86	82
13	72	83
14	28	53
15	112	98
16	45	82
17	93	65
18	72	98

8.18. Reexamine o problema de otimização de carteira visto na Seção 8.5, em que o objetivo foi selecionar a que vence o mercado no maior número de trimestres ao longo dos últimos seis anos.

E* *a.* Utilizando a solução naive (20% em cada ação) como ponto de partida, aplique o Evolutionary Solver para otimizar a carteira novamente ao considerar os dados somente para os três primeiros anos (T1 de 2003 até T4 de 2005).

b. Durante quantos trimestres esta mesma carteira vence o mercado nos próximos três anos (T1 de 2006 até T4 de 2008)?

c. Comente os resultados das partes *a* e *b*.

E*8.19. Reexamine o problema de otimização de carteira visto na Seção 8.5, em que o objetivo foi selecionar a que vence o mercado no maior número de trimestres ao longo dos últimos seis anos.

a. Use o Evolutionary Solver para encontrar uma carteira que não perdeu dinheiro no maior número de trimestres.

b. Use o Evolutionary Solver para encontrar uma carteira que gerou um retorno de pelo menos 10% no maior número de trimestres.

8.20. Reconsidere o estudo de caso da Wyndor Glass Co. apresentado na Seção 2.1.

E* *a.* Resolva o problema usando o Solver padrão.

E* *b.* Começando com uma solução inicial de fabricar 0 portas e 0 janelas, resolva o problema usando o Evolutionary Solver.

c. Comente o desempenho dos dois métodos.

Caso 8-1
Continuação do estudo de caso da Super Grain

Reexamine o estudo de caso da Super Grain apresentado na Seção 3.1 e continuado na Seção 3.4. Lembre-se de que Claire Syverson, vice-presidente de marketing da **Super Grain Corporation**, está planejando uma campanha publicitária do novo cereal para refeições rápidas da empresa (Start Crunchy) com a ajuda de uma empresa líder em publicidade, a Giacomi & Jackowitz. A campanha vai usar três mídia de publicidade: comerciais de televisão em programas infantis nas manhãs de sábado, anúncios em revistas de alimentação e para a família, e anúncios em suplementos dominicais dos principais jornais. O problema a ser abordado é o de determinar a melhor combinação destes suportes publicitários.

A planilha na Figura 3.7 mostra o modelo de programação linear revisado que foi formulado para o problema. O modelo inclui restrições de gastos de publicidade, despesas de planejamento e utilização de cupons de descontos, bem como das metas de gerenciamento envolvendo as quantidades de crianças pequenas e seus pais que devem ser alcançadas pela campanha. As células variáveis NúmeroDeAnúncios (C19:E19) mostram a quantidade ideal de anúncios para se colocar em cada uma das três mídias de acordo com o modelo. A célula-alvo ExposiçõesTotais (H19) dá uma estimativa do número total de exposições resultantes, em que cada visualização de anúncio por algum indivíduo conta como uma só exposição.

O objetivo final da campanha de propaganda é maximizar os lucros da companhia obtidos das vendas resultantes. No entanto, é difícil fazer uma conexão direta entre a exposição de propaganda e os lucros. Portanto, o número total de exposições foi escolhido como substituto irregular para o lucro. Por isso, a célula-alvo da Figura 3.7 (e da Figura 3.1) fornece o número total de exposições em vez do lucro total.

Claire se sente desconfortável por ter feito isso. Ela percebe que sua suposição – de que o lucro total do lançamento do Crunchy Start é proporcional ao número total de exposições da campanha publicitária – é apenas uma aproximação grosseira. A razão mais importante é que a veiculação de vários anúncios em um meio de propaganda atinge um nível de saturação em que o impacto de outra propaganda é substancialmente menor do que o primeiro anúncio nesse meio. No entanto, quando a célula-alvo informa o número total de exposições, quem vê o anúncio mais uma vez depois de ser saturado informa o mesmo dado (mais uma exposição) de ter visto o o anúncio pela primeira vez.

Para verificar os resultados da Figura 3.7, Claire decide tentar usar o lucro diretamente como medida de desempenho a ser registrada na célula-alvo. Ela define cuidadosamente lucro como lucro total obtido a partir das primeiras vendas de Crunchy Start que ocorrem por causa da campanha publicitária. Excluídos da consideração ficam os lucros de compras por impulso de Crunchy Start – por clientes que não viram nenhum anúncio, mas são atraídos para o novo cereal de embalagem brilhante que alardeia suas virtudes, colocado em uma prateleira da loja –, uma vez que estas vendas não têm nenhuma relevância para a avaliação da campanha publicitária. Compras repetidas de Crunchy Start também são excluídas do exame, pois dependem principalmente da reação ao cereal a partir da primeira compra, em vez da reação à campanha publicitária.

Claire pede a Jackowitz Sid, um dos sócios seniores da Giacomi & Jackowitz, para desenvolver estimativas sobre o número de primeiras compras de Crunchy Start que devem ser resultado dos vários anúncios em cada meio. A estimativas de Sid são mostradas nas tabelas a seguir.

Sid também relata que é razoável supor que as vendas resultantes da publicidade em um dos meios não são substancialmente afetadas pela quantidade de publicidade em outras mídias, uma vez que o público das variadas mídias é um pouco diferente.

Estima-se que o lucro bruto da empresa proveniente do Crunchy Start será de $0,75 por venda. No entanto, este lucro bruto exclui os custos com propaganda e os custos de planejamento da campanha publicitária. Por isso, Claire quer incluí-los na definição do lucro total que deve ser considerado para determinar a melhor combinação de propaganda.

a. Para cada um dos três meios de publicidade, desenhe um gráfico do número de vendas em relação ao número de anúncios publicitários, marcando as vendas para os cinco pontos fornecidos por Sid Jackowitz e depois desenhe uma curva uniforme por (ou muito perto) esses pontos. (Anúncios parciais são permitidos, usando-se apenas uma parte dos pontos de venda disponíveis.)

b. Para cada meio publicitário, use o método de ajuste de curva do Excel para (1) obter uma fórmula não linear para o gráfico de lucro e, depois, (2) elabore o gráfico. Em cada caso, teste três opções do Excel para a forma do gráfico – um polinomial do pedido 2 (forma quadrática), um polinomial do pedido 3 e a forma logarítmica – e, depois, escolha a opção que fornece o melhor ajuste.

c. Usando os resultados da parte *b*, escreva uma expressão para o lucro total (conforme definido pela Claire) em termos de quantidade de anúncios de cada tipo.

d. Usando o seu resultado da parte *c*, revise o modelo de planilha da Figura 3.7 (disponível no CD-ROM), de modo que ele maximize o lucro total em vez de o número total de exposições, e depois resolva.

e. Use as tabelas de vendas fornecidas por Sid Jackowitz para aplicar a programação separável para o problema quando maximizar o lucro total.

f. Compare os resultados das partes *d* e *e* com aqueles da Figura 3.7 e, em seguida, dê sua recomendação (com uma breve explicação) para o melhor *mix* de publicidade. Você percebeu que valeu a pena introduzir uma função não linear de lucro no modelo, a fim de refinar o modelo de programação linear utilizado na Figura 3.7?

Quantidade de anúncios na TV	Número de vendas
1	1.000.000
2	1.750.000
3	2.450.000
4	2.800.000
5	3.000.000

Quantidade de anúncios em revistas	Número de vendas
5	700.000
10	1.200.000
15	1.550.000
20	1.800.000
25	2.000.000

Número de anúncios em suplementos dominicais	Número de vendas
2	1.200.000
4	2.200.000
6	3.000.000
8	3.500.000
10	3.750.000

Caso 8-2
Escolha experiente de ações

Desde o primeiro dia de aula de economia, **Lydia** refletia sobre as práticas financeiras de seus pais. Eles trabalhavam muito duro para ganhar dinheiro suficiente para uma vida confortável de classe média, mas nunca fizeram o seu dinheiro trabalhar para eles. Apenas depositavam seus suados salários na caderneta de poupança, recebendo um montante nominal de juros. (Felizmente, sempre havia dinheiro suficiente disponível na hora de pagar a faculdade da filha.) Ela prometeu a si mesma que, quando se tornasse adulta, não seguiria as mesmas práticas financeiramente conservadoras de seus pais.

Lydia manteve essa promessa. Ela fez todas as disciplinas de finanças disponíveis em seu curso de administração da faculdade. Tendo conseguido um cobiçado emprego em Wall Street após a formatura, ela agora inicia seus dias assistindo às reportagens sobre finanças da CNN. Participa de jogos de investimento na internet, encontrando carteiras que maximizem seu retorno e minimizem o risco. Além disso, lê o *Wall Street Journal* e o *Financial Times*.

Lydia também lê as colunas de dicas de investimento de revistas sobre finanças. Assim, decidiu seguir o conselho mais recente dado por seus dois colunistas favoritos. Em sua coluna mensal, o editor Jonathan Taylor recomenda três ações que acredita subirão muito acima da média do mercado. Além disso, a conhecida guru de fundos de investimento Donna Carter defende a compra de três ações a mais, considerando-as insuperáveis durante o próximo ano.

Bigbell (símbolo na bolsa de valores: BB), uma das maiores empresas de telecomunicações do país, está negociando em uma relação preço-lucro bem abaixo da média do mercado. Os grandes investimentos nos últimos oito meses têm diminuído os rendimentos consideravelmente. No entanto, com sua tecnologia de ponta, a empresa deverá aumentar significativamente suas margens de lucro. Taylor prevê que a ação vai subir do seu preço atual de $60 por ação para $72, no próximo ano.

A Lotsofplace (LOP) é um dos fabricantes líder de discos rígidos do mundo. O setor sofreu recentemente grandes consolidações, enquanto ferozes guerras de preços ao longo dos últimos anos foram seguidas pela falência de vários concorrentes ou por sua aquisição pela Lotsofplace e seus concorrentes. Devido à redução da concorrência no mercado de discos rígidos, as receitas e os lucros deverão aumentar consideravelmente durante o próximo ano. Taylor prevê um aumento de 42% na ação da Lotsofplace no ano, cujo preço atual é $127.

A Internetlife (ILI) sobreviveu a muitos altos e baixos das empresas de internet. Com o próximo frenesi da internet prestes a acontecer, Taylor espera uma duplicação do preço das ações dessa empresa, de $4 para $8, em um ano.

A Healthtomorrow (HEAL) é uma empresa líder de biotecnologia que está prestes a obter a aprovação de vários novos medicamentos da Food and Drug Administration, o que ajudará no aumento de 20% de seus rendimentos nos próximos anos. Em particular, um novo medicamento para reduzir significativamente o risco de ataques cardíacos deve obter enormes lucros. Além disso, devido a vários novos remédios infantis de sabor agradável, a empresa pôde construir uma excelente imagem na mídia. Este movimento de relações públicas certamente terá um efeito positivo nas vendas de seus medicamentos vendidos sem receita médica. Carter está convencida de que as ações irão subir de $50 para $75 por ação em um ano.

A Quicky (QUI) é uma cadeia de *fast-food* que expandiu enormemente sua rede de restaurantes em todo o país. Carter tem observado de perto a empresa desde que ela começou a chamar a atenção cerca de 15 anos atrás, quando tinha apenas uma dúzia de restaurantes na Costa Oeste dos Estados Unidos. Desde então, a empresa cresceu e hoje tem restaurantes em todos os estados. Graças ao seu foco em alimentos saudáveis, está conquistando uma crescente fatia do mercado. Carter acredita que as ações irão continuar a ter um desempenho bem acima da média do mercado, com um aumento de 46% de seu preço atual de $150, em um ano.

A Automobile Alliance (AUA) é um fabricante líder de automóveis da área de Detroit que acabou de lançar dois modelos. Eles estão obtendo vendas iniciais muito fortes e, portanto, as ações da empresa devem aumentar de $20 para $26 durante o próximo ano.

Na internet, Lydia encontrou dados sobre o risco envolvido nas ações dessas empresas. As variações históricas de retorno das seis ações e suas covariâncias são mostradas na tabela a seguir.

a. Em primeiro lugar, Lydia quer ignorar o risco de todos os investimentos. Dada esta estratégia, qual será sua carteira de investimentos ideal, isto é, qual a fração do seu capital que Lydia deveria investir em cada uma das seis ações? Qual é o risco total de sua carteira?

b. Lydia decide que não quer investir mais de 40% em qualquer ação individual. Com o risco ainda ignorado, qual é a nova carteira de investimentos ideal de Lydia? Qual é o risco total de sua nova carteira?

c. Agora ela quer levar em conta o risco de suas oportunidades de investimento. Para uso nas partes a seguir, formule um modelo de programação quadrática que irá minimizar o risco de Lydia (medido pela variação do retorno de sua carteira), assegurando que o retorno esperado seja pelo menos tão grande quanto a escolha que ela fizer de um valor mínimo aceitável.

d. Lydia quer garantir um retorno esperado de pelo menos 35%, com risco mínimo. Qual carteira de investimentos permite que ela faça isso?

e. Qual é o risco mínimo que Lydia pode obter se quiser um retorno esperado de pelo menos 25%? E de no mínimo 40%?

f. Você vê algum problema ou desvantagem na abordagem de Lídia em relação à sua estratégia de investimento?

Empresa	BB	LOP	ILI	HEAL	QUI	AUA
Variação	0,032	0,1	0,333	0,125	0,065	0,08

Covariâncias	LOP	ILI	HEAL	QUI	AUA
BB	0,005	0,03	−0,031	−0,027	0,01
LOP		0,085	−0,07	−0,05	0,02
ILI			−0,11	−0,02	0,042
HEAL				0,05	−0,06
QUI					−0,02

Caso 8-3
Investimentos internacionais

Charles Rosen está relaxando em uma cadeira reclinável perto da lareira, aproveitando os últimos dias de suas férias de inverno de uma semana. Na condição de analista financeiro de uma grande empresa de investimentos da Alemanha, Charles tem pouquíssimas ocasiões para apreciar estes momentos privados, já que geralmente está viajando pelo mundo todo para avaliar diversas oportunidades de investimento. Ele passa a mão no sossegado golden retriever a seus pés e toma um gole de conhaque, curtindo o calor do líquido. Suspira e percebe que deve começar a cuidar de seus próprios assuntos financeiros, enquanto ainda tem tempo durante a folga. Abre uma pasta no topo de uma grande pilha de papéis. A pasta contém informações sobre um investimento que ele fez quando se formou há quatro anos...

Charles se lembra com carinho do dia da sua formatura. Ele recebeu o diploma de Administração de Empresas e estava cheio de ideias de investimento que nasciam enquanto sonhava nas várias aulas sobre finanças. Charles teve um emprego bem-remunerado durante a faculdade e pôde economizar boa parte do fundo em que seus pais tinham investido para ele.

Após a formatura, decidiu que deveria transferir os fundos da faculdade para uma oportunidade de investimento mais lucrativa. Como havia arranjado um emprego na Alemanha, avaliou as oportunidades de investimento lá. Por fim, decidiu investir 30 mil marcos alemães (DM) nos chamados "títulos B", que deveriam amadurecer em sete anos. Na semana passada, completaram-se quatro anos da data em que Charles comprou os títulos (no início de janeiro do que será chamado de "primeiro ano" neste exame). Ele considerou os títulos uma excelente oportunidade de investimento, pois ofereciam altas taxas de juros (ver Tabela 1) que subiriam ao longo dos sete anos subsequentes e porque poderia vendê-los quando quisesse após o primeiro ano. Calculou o montante que seria pago se vendesse os títulos que originalmente valiam 100 DM no último dia de qualquer um dos sete anos (ver Tabela 2). O valor pago incluía o capital mais os juros. Por exemplo, se ele vendesse os títulos que originalmente valiam 100 DM em 31 de dezembro do sexto ano, receberia 163,51 DM (o capital de 100 DM e os juros de 63,51 DM).

Charles não quis vender nenhum dos títulos durante os primeiros quatro anos. No ano passado, no entanto, o governo federal alemão lançou um imposto sobre a renda de ganhos com juros, determinando que os primeiros 6.100 DM que um único indivíduo ganhasse em juros por ano seriam livres de impostos. Qualquer receita de juros além dos 6.100 DM seria tributada em 30%. Por exemplo, se Charles recebesse juros de 10.100 DM, seria obrigado a pagar 30% dos 4 mil DM (10.100 DM – 6.100 DM) em impostos, ou 1.200 DM. Sua renda depois dos impostos seria, por conseguinte, 8.900 DM.

TABELA 1
Taxas de juros durante os sete anos

Ano	Taxa de juros	Porcentagem anual
1	7,50%	7,50%
2	8,50	8,00
3	8,50	8,17
4	8,75	8,31
5	9,00	8,45
6	9,00	8,54
7	9,00	8,61

TABELA 2
Retorno total em 100 DM

Ano	DM
1	107,50
2	116,64
3	126,55
4	137,62
5	150,01
6	163,51
7	178,23

Por causa do novo imposto, Charles decidiu reavaliar o investimento. Ele sabe que o novo imposto afeta seu potencial de retorno sobre os títulos B, mas também sabe que provavelmente existe uma estratégia para maximizar seu retorno sobre os títulos. Ele pode diminuir o imposto que tem de pagar sobre os juros com a venda de porções de seus títulos em diversos anos. Charles considera sua estratégia viável porque o governo exige que os investidores paguem impostos sobre o rendimento de juros apenas quando vendem seus títulos B. Por exemplo, se Charles vendesse 1/3 de seus títulos B em 31 de dezembro do sexto ano, teria de pagar impostos sobre o rendimento dos juros de DM (6.351 – 6.100).

Ele se pergunta se deve manter todos os títulos até o final do sétimo ano. Se assim for, ele iria ganhar 0,7823 vezes 30 mil DM em receita de juros, mas teria que pagar impostos bastante substanciais nesse ano. Considerando isso, Charles se pergunta se deve vender uma parte dos títulos no final deste ano (quinto ano) e no final do próximo ano.

Se vender seus títulos, sua oportunidade de investimento alternativo fica limitada. Ele poderia comprar um certificado de depósito (CD) pagando 4,0% de juros, por isso ele examina essa alternativa. Ele fala com uma conselheira de investimento da filial local de um banco que lhe diz para manter os títulos B até o final do sétimo ano. Ela argumenta que mesmo que ele tenha de pagar 30% em impostos sobre a taxa de 9,00% de juros que os títulos B estariam pagando no seu último ano (ver Tabela 1), essa estratégia ainda resultaria em uma taxa líquida de 6,30% de juros, que é muito melhor do que os 4,0% de juros que ele poderia obter com um CD.

Charles conclui que vai fazer todas as suas operações em 31 de dezembro, independentemente do ano. Além disso, como pretende ir para a faculdade de administração nos Estados Unidos no outono do sétimo ano e planeja pagar suas mensalidades de seus segundo, terceiro e quarto semestres com o seu investimento, não pretende manter o dinheiro na Alemanha depois de 31 de dezembro do sétimo ano.

(Para as três primeiras partes, suponha que se Charles vender uma parte de seus títulos, ele vai colocar o dinheiro debaixo do colchão, ganhando 0% de juros. Para as partes posteriores, suponha que ele poderia investir os proventos dos títulos em certificados de depósito).

a. Formule um modelo de programação separável para ser usado nas partes a seguir.
b. Qual é a estratégia de investimento ideal para Charles?
c. O que está essencialmente errado no conselho que Charles recebeu do agente de investimento do banco?
d. Agora que Charles está considerando investir em certificados de depósito, qual é a estratégia de investimento ideal dele?
e. Qual seria a estratégia de investimento ideal de Charles para o quinto, sexto e sétimo anos se ele tivesse originalmente investido 50 mil DM?
f. Charles e sua noiva planejavam se casar depois do primeiro ano dele na faculdade de administração. No entanto, ele descobre que, para os casais, o valor do ganhos de juros livres de impostos a cada ano é de 12.200 DM.

Quanto dinheiro Charles poderia poupar de seu investimento de 30 mil DM ao se casar este ano (o quinto ano de seu investimento)?

g. Devido à recessão na Alemanha, as taxas de juros estão baixas e devem permanecer assim. No entanto, como a economia americana está crescendo, as taxas de juros deverão aumentar nos Estados Unidos. Um aumento nas taxas de juros levaria a um aumento do dólar em relação ao marco. Analistas do banco de investimentos de Charles esperam que o dólar permaneça na taxa de câmbio atual de 1,50 DM por dólar até o quinto ano e, em seguida, suba para 1,80 DM por dólar até o final do sétimo ano. Portanto, Charles está considerando investir no início do sexto ano em títulos americanos municipais de dois anos, que pagam 3,6% de juros isentos de impostos, para ajudar a custear suas despesas de educação. Qual montante ele deveria planejar converter em dólares ao vender os títulos B para este investimento?

Casos adicionais

Casos adicionais para este capítulo estão disponíveis para compra no *site* da School of Business, da University of Western Ontario, **cases.ivey.uwo.ca/case**, no segmento da área de CaseMate designada para este livro.

ANÁLISE DE DECISÃO

OBJETIVOS DE APRENDIZAGEM

OA1 Identificar o tipo de ambiente de tomada de decisão para o qual é necessária a análise de decisão.

OA2 Descrever a forma lógica por meio da qual a análise de decisão organiza um problema.

OA3 Formular uma tabela de retorno a partir da descrição do problema.

OA4 Descrever e avaliar vários critérios alternativos para tomar uma decisão com base em tabela de retorno.

OA5 Aplicar a regra de decisão de Bayes para resolver um problema de análise de decisão.

OA6 Formular e resolver uma árvore de decisão para lidar com uma sequência de decisões.

OA7 Usar o TreePlan para elaborar e resolver uma árvore de decisão.

OA8 Realizar a análise de sensibilidade com a regra de decisão de Bayes.

OA9 Considerar se vale a pena obter mais informações antes de tomar uma decisão.

OA10 Adotar novas informações para atualizar as probabilidades dos estados da natureza.

OA11 Usar o SensIT para realizar a análise de sensibilidade ao lidar com uma sequência de decisões.

OA12 Usar utilidades para refletir melhor valores de retornos.

OA13 Descrever algumas características comuns na aplicação prática de análise de decisão.

Os capítulos anteriores se concentraram principalmente na tomada de decisão gerencial quando as consequências de decisões alternativas eram conhecidas com grau razoável de certeza. Este ambiente de tomada de decisão permitiu a formulação de modelos matemáticos úteis (programação linear, programação com números inteiros, programação não linear etc.) com funções objetivo que especificam as consequências estimadas de qualquer combinação de decisões. Embora tais consequências geralmente não possam ser previstas com certeza absoluta, podem ao menos ser estimadas com suficiente precisão para justificar o uso desses modelos (juntamente com a análise de sensibilidade etc.).

No entanto, os gerentes frequentemente devem tomar decisões em ambientes carregados de incertezas. Eis alguns exemplos.

1. Um fabricante está lançando um novo produto no mercado. Qual será a reação dos potenciais clientes? Qual deve ser o volume de fabricação? O produto deve ser testado no mercado de uma pequena região antes de se decidir sobre a distribuição total? Quanta publicidade é necessária para lançar o produto com sucesso?

2. Uma financeira está investindo em títulos. Quais são os segmentos de mercado e os títulos individuais com as melhores perspectivas? Para onde a economia está caminhando? E quanto às taxas de juros? Como esses fatores afetam as decisões de investimento?

3. Um empreiteiro contratado pelo governo está concorrendo a um novo contrato. Quais serão os custos reais do projeto? Quais serão as ofertas das outras empresas? Suas propostas serão semelhantes?

4. Uma empresa agrícola está selecionando a combinação de culturas e animais para a próxima temporada. Quais serão as condições meteorológicas? Como os preços se comportarão? Quais serão os custos?

5. Uma empresa petrolífera está decidindo pela prospecção de petróleo em um determinado local. Qual a probabilidade de haver petróleo no local? Quanto petróleo haverá? Qual a profundidade que eles vão precisar perfurar? Os geólogos devem investigar ainda mais o local antes da perfuração?

Este é o tipo de tomada de decisão em face da grande incerteza para o qual a *análise de decisão* foi projetada para resolver. A análise de decisão fornece estrutura e metodologia para a tomada de decisão racional quando os resultados são incertos.

A primeira seção apresenta um estudo de caso que será realizado ao longo de todo o capítulo para ilustrar as diferentes fases envolvidas na aplicação da análise de decisão. A Seção 9.2 enfoca a escolha de um critério de decisão adequado. A seção seguinte descreve como árvores de decisão podem ser usadas para estruturar e analisar um problema de análise de decisão. A Seção 9.4 discute como a análise de sensibilidade pode ser realizada de forma eficiente, com a ajuda de árvores de decisão. As três seções posteriores lidam com a validade de se obterem mais informações e, em caso afirmativo, a possibilidade de usá-las para a tomada de uma sequência de decisões. A Seção 9.8 apresenta um útil suplemento do Excel chamado SensIT para a realização de análise de sensibilidade, mesmo quando se deve tomar uma sequência de decisões. Em seguida, a Seção 9.9 descreve como analisar o problema enquanto se calibram os resultados possíveis de modo a refletir o seu verdadeiro valor para quem vai tomar a decisão. Por fim, a Seção 9.10 examina as aplicações práticas da análise de decisão.

Além disso, um suplemento a este capítulo no CD-ROM apresenta descrição e avaliação detalhadas de vários critérios de decisão.

9.1 ESTUDO DE CASO: PROBLEMA DA GOFERBROKE COMPANY

Max Flyer é fundador e único proprietário da **Goferbroke Company**, que perfura poços em locais sem comprovação de existência de petróleo. Os amigos de Max o chamam carinhosamente de *wildcatter* (*wildcatter* é um termo norte-americano para quem estabelece poços do tipo *wildcat*, ou seja, poços de petróleo em áreas não conhecidas como campos de petróleo). No entanto, ele prefere se considerar um empreendedor. Max colocou todas as suas economias na empresa, na esperança que ela cresça com uma grande descoberta de petróleo.

Talvez a chance tenha chegado. Sua empresa comprou várias extensões de terra que as grandes empresas petrolíferas rejeitaram como pouco promissoras, embora estejam perto de algumas grandes jazidas de petróleo. Max acabou de receber um animador relatório sobre um desses setores. Um geólogo que lhe presta consultoria informou que há 25% de chance de ter petróleo no local.

Max teve experiências amargas que lhe ensinaram a ser cético quanto a chances de petróleo relatadas por geólogos de consultorias. A perfuração de petróleo neste local exigiria um investimento de cerca de $100 mil. Se a terra estiver seca (sem petróleo), todo o investimento será perdido. Uma vez que a empresa não tem muito capital excedente, esta perda seria muito grave.

Por outro lado, se o local realmente tiver petróleo, o geólogo consultor estima que haveria o suficiente para gerar um rendimento líquido de aproximadamente $800 mil, restando um lucro aproximado de

$$\begin{aligned}
\text{Lucro se houver petróleo} &= \text{Receita se houver petróleo} - \text{Custos de perfuração} \\
&= \$800.000 - \$100.000 \\
&= \$700.000
\end{aligned}$$

Embora isso não seja a grande descoberta pela qual Max tem esperado, seria uma infusão muito bem-vinda de capital na empresa para mantê-la ativa enquanto ele espera por aquela descoberta realmente grande.

Max deve vender a terra em vez de fazer a perfuração em busca de petróleo?

Há uma alternativa. Outra empresa de petróleo ficou sabendo do relatório do geólogo e se ofereceu para comprar a área de Max por $90 mil, o que é muito tentador. Isso também resultaria em uma boa injeção de capital na empresa, mas sem incorrer no grande risco de uma perda substancial de $100 mil.

A Tabela 9.1 resume as alternativas de decisão e recompensas potenciais de Max.

Desse modo, Max enfrenta um dilema sobre o que fazer. Felizmente, a ajuda está à mão. Jennifer, a filha de Max, recentemente recebeu o diploma em ótima faculdade de Administração e foi trabalhar para o orgulhoso pai.

TABELA 9.1
Lucros potenciais para a Goferbroke Company

Estado da terra	Lucro	
Alternativa	Petróleo	Seca
Perfurar p/ petróleo	$700.000	–$100.000
Vender a terra	90.000	90.000
Chance do estado	1 em 4	3 em 4

Ele pede à filha que faça uso de sua formação profissional para ajudá-lo a analisar o problema. Tendo estudado ciência da gestão na faculdade, Jennifer recomenda a aplicação da análise de decisão. Max concorda em conceder-lhe uma tentativa.

Jennifer começa entrevistando seu pai sobre o problema.

Jennifer: Você acredita na avaliação do geólogo consultor de existir uma chance em quatro de haver petróleo naquele terreno?

Max: Não muito. Esses caras às vezes parecem inventar números. Ele me convenceu de que existe alguma chance de haver petróleo lá. Mas poderia muito bem ser uma chance em três, ou uma chance em cinco. Eles não sabem com certeza.

Jennifer: Existe uma maneira de obter mais informações para avaliar essas probabilidades melhor? Esta é uma opção importante para a abordagem da análise de decisão.

Max: Existe. Poderíamos organizar um levantamento sísmico detalhado da terra. Isso daria uma avaliação mais precisa das probabilidades. Mas você não descobre até perfurar de verdade. Além disso, esses levantamentos sísmicos custam uma fortuna. Recebi um orçamento para esse terreno: $30 mil! Com isso, dá para dizer que é provável achar o petróleo, perfurar e não encontrar nada de qualquer modo. E, aí, perco mais $100,mil! Perder 130 mil provavelmente faria com que tivéssemos de fechar a empresa.

Jennifer: Ok. Vamos colocar a pesquisa sísmica em segundo plano por enquanto. Temos outra consideração importante. Parece que precisamos ir além do montante financeiro para examinar as consequências dos resultados possíveis. Perder $130 mil será um prejuízo muito maior do que os benefícios de ganhar $130 mil.

Max: Com certeza!

> A utilidade de um resultado mede o verdadeiro valor daquele resultado para o tomador de decisão.

Jennifer: Bem, a análise de decisão tem um jeito de levar isso em conta, usando as chamadas utilidades. A **utilidade** de um resultado mede o verdadeiro valor para você daquele resultado em vez de medir apenas o valor monetário.

Max: Perfeito.

Jennifer: Isto é o que sugiro que façamos: vamos começar de modo simples, sem considerar a opção do levantamento sísmico e sem entrar em utilidades. Vou mostrar a você como a análise de decisão organiza o nosso problema e as opções que fornece para utilização de critérios na tomada de decisão. Você será capaz de escolher o critério que lhe pareça mais adequado. Depois veremos se esse critério pode ser útil para fazer o levantamento sísmico e, em caso afirmativo, a melhor forma de usar a informação fornecida por ele. Após isso, vamos entrar no âmago da questão de analisar cuidadosamente o problema, incluindo utilidades que serão incorporadas. Acho que quando finalizarmos o processo e você tomar a sua decisão, vai se sentir bastante confortável, sabendo que está fazendo o melhor.

Max: Vamos começar.

Aqui está o tutorial que Jennifer forneceu ao pai sobre a forma lógica por meio da qual a análise de decisão organiza um problema.

Terminologia da análise da decisão

A análise de decisão tem alguns termos especiais.

O **tomador de decisão** é o indivíduo ou grupo responsável por levar a decisão (ou sequência de decisões) em consideração. No problema da Goferbroke Co., o tomador de decisão é Max. Jennifer (a cientista da gestão) pode ajudar a realizar as análises, mas o objetivo é ajudar quem vai decidir a identificar a melhor decisão possível do seu próprio ponto de vista.

As **alternativas** são as opções para a decisão a ser tomada por quem vai decidir. As alternativas de Max neste momento são perfurar em busca de petróleo ou vender o pedaço de terra.

O resultado da decisão a ser tomada será afetado por fatores aleatórios que estão fora do controle de quem vai decidir. Esses fatores aleatórios determinam a situação que será encontrada quando a decisão for executada. Cada uma da situações possíveis é referida como um possível **estado da natureza**. No problema da Goferbroke Co., os possíveis estados da natureza são que o terreno contém petróleo, ou que ele é seco (sem petróleo).

TABELA 9.2
Probabilidades *a priori* do primeiro problema da Goferbroke Co.

Estado da natureza	Probabilidade *a priori*
O terreno contém petróleo	0,25
O terreno está seco (sem petróleo)	0,75

TABELA 9.3
Tabela de retorno (lucro em milhares de $) do primeiro problema da Goferbroke Co.

Alternativa	Estado da natureza Petróleo	Seca
Perfurar p/ petróleo	700	–100
Vender a terra	90	90
Probabilidade *a priori*	0,25	0,75

O tomador de decisão em geral vai ter alguma informação sobre a probabilidade relativa dos possíveis estados da natureza. Esta informação pode vir na forma de estimativas subjetivas com base na experiência ou intuição de um indivíduo, ou pode haver algum grau de prova envolvido (como há no relatório do geólogo consultor).Quando estas estimativas são expressas sob a forma de probabilidades, são referidas como **probabilidades a priori** dos respectivos estados da natureza. Para o problema da Goferbroke Co., o geólogo consultor forneceu as probabilidades *a priori* dadas na Tabela 9.2. Embora possam não ser as verdadeiras probabilidades com base em mais informações (por meio do levantamento sísmico, por exemplo), elas são as melhores estimativas disponíveis das probabilidades *antes* de se obterem mais informações. (Mais adiante, neste capítulo, vamos analisar se valeria a pena realizar um levantamento sísmico, de modo que o problema atual de o que fazer sem um levantamento sísmico será referido a seguir como o *primeiro* problema da Goferbroke Co.)

Cada combinação de uma alternativa de decisão e um estado de natureza resulta em algum resultado. O **retorno** é uma medida quantitativa do valor para o tomador de decisão das consequências do resultado. Na maioria dos casos, o retorno é expresso em valor monetário, como o lucro. Conforme indicado na Tabela 9.1, o retorno para a Goferbroke Co. nesta fase é o lucro. (Na Seção 9.9, os retornos da empresa serão novamente expressos em termos de utilidades.)

Tabela de retorno

Na formulação do problema, é importante identificar *todas* as alternativas de decisão relevantes e os possíveis estados da natureza. Depois de identificar a medida mais adequada para o *retorno* do ponto de vista do tomador de decisão, o próximo passo é estimar o retorno para cada combinação de uma alternativa de decisão e um estado de natureza. Esses retornos são, em seguida, exibidos em uma **tabela de retorno**.

A Tabela 9.3 mostra a tabela de retorno do primeiro problema da Goferbroke Co. Os retornos são dados em unidades de milhares de dólares de lucro. Observe que a linha inferior também mostra as probabilidades a priori dos estados da natureza, como determinado anteriormente na Tabela 9.2.

Perguntas de revisão

1. Quais as alternativas de decisão a serem examinadas por Max?
2. Qual a avaliação do geólogo consultor quanto às chances de haver petróleo no terreno?
3. Em que medida Max deve acreditar na avaliação do geólogo consultor?
4. Qual opção está disponível para se obter mais informações sobre as chances de haver petróleo?
5. O que significa *estados da natureza* possíveis?
6. Qual o significado de *probabilidades a priori*?
7. O que os *retornos* representam na tabela de retorno?

9.2 CRITÉRIOS DE DECISÃO

Dada a tabela de retorno do primeiro problema da Goferbroke Co. mostrada na Tabela 9.3, que critério deve ser usado para se decidir pela prospecção de petróleo ou pela venda do terreno? Não há apenas uma única resposta correta para essa questão que seja apropriada para cada tomador de decisão. A escolha de um critério de decisão depende consideravelmente do temperamento do próprio tomador de decisão e a atitude para a tomada de decisão, bem como das circunstâncias da decisão a ser tomada. Max Flyer, na condição de proprietário da Goferbroke Co., precisa determinar, de seu ponto de vista pessoa, qual critério de decisão é o mais apropriado para esta situação. Durante muitas décadas (e até mesmo séculos), uma quantidade considerável de critérios foi sugerida para se saber como tomar uma decisão mediante a informação dada numa tabela de retornos. Todos esses critérios consideram os retornos sob certo aspecto e alguns também levam em conta as probabilidades a priori dos estados da natureza, embora outros critérios não utilizem probabilidades de modo algum. Cada critério tem alguma razão, bem como alguns inconvenientes. No entanto, nas últimas décadas, a grande maioria dos cientistas da gestão concluiu que um desses critérios (a regra de decisão de Bayes) é particularmente apropriado para a maior parte dos tomadores de decisão na maioria das situações. Portanto, depois de descrever e examinar a regra de decisão de Bayes nesta seção, o restante do capítulo se concentrará em como aplicar este critério específico em vários contextos.

> Não há critério de decisão único ideal para cada situação.

> A regra de decisão de Bayes é o critério de decisão recomendado para a maioria das situações.

No entanto, antes de examinarmos a regra de decisão de Bayes, faremos uma breve introdução dos três critérios de decisão alternativos. Todos eles são particularmente simples e dedutíveis. Ao mesmo tempo, cada critério é bastante superficial no sentido de que se concentra em apenas um pedaço das informações fornecidas pela tabela de retorno e ignora o resto (inclusive os pedaços examinados pelos outros dois critérios). No entanto, muitos indivíduos aplicam informalmente um ou mais destes critérios em vários momentos das suas vidas. Os dois primeiros não fazem uso de probabilidades a priori, que podem ser bastante razoáveis quando é difícil ou impossível obter valores relativamente confiáveis para essas probabilidades. A regra de decisão de Bayes é muito diferente desses critérios alternativos no aspecto que faz pleno uso de todas as informações na tabela de retorno comum a abordagem mais estruturada para a tomada de decisão.

O CD-ROM inclui um suplemento intitulado *Critérios de decisão* que fornece exames e críticas muito mais detalhados desses três critérios de decisão alternativos, bem como outros três um pouco mais complicados. (Estes últimos são o *critério do igualmente provável*, que atribui probabilidades iguais para todos os estados da natureza; o *critério de arrependimento minimax*, que minimiza o arrependimento que pode ser sentido posteriormente caso a decisão não seja boa; e o *critério de realismo*, que utiliza o índice de pessimismo-otimismo do tomador de decisão.)

Tomada de decisão sem probabilidades: critério maximax

O **critério maximax** é o de decisão do eterno otimista. Ele diz para focar apenas no *melhor* que pode nos acontecer e funciona da seguinte maneira:

1. Identificar o *retorno máximo* de qualquer estado de natureza para cada alternativa de decisão.
2. Encontrar o *máximo* desses retornos máximos e escolher a alternativa de decisão correspondente.

A justificativa para esse critério é a oportunidade para o melhor resultado possível (o maior retorno de toda a tabela de retorno) ocorrer. Tudo o que é necessário é a ocorrência do estado da natureza certo, que o eterno otimista acha provável.

> O critério maximax sempre escolhe a alternativa de decisão que pode dar o maior retorno possível.

A Tabela 9.4 mostra a aplicação deste critério para o primeiro problema da Goferbroke. Começa com a tabela de retorno (Tabela 9.3) sem as probabilidades a priori (uma vez que são ignoradas por este critério). Uma coluna extra à direita mostra o retorno máximo para cada alternativa de decisão. Uma vez que o máximo desses valores máximos (700) deve ser o maior retorno em toda a tabela de retorno, a alternativa de decisão correspondente (perfurar em busca de petróleo) é selecionada por este critério.

> Este critério ignora as probabilidades a priori.

O maior inconveniente deste critério é que ele ignora completamente as probabilidades a priori. Por exemplo, ele sempre dirá que a Goferbroke deve perfurar em busca de petróleo, mesmo que a chance de encontrar petróleo seja minúscula. Outra desvantagem é que ele ignora todos os retornos, exceto o maior. Por exemplo, mais uma vez ele diria que a Goferbroke deve procurar petróleo mesmo que o retorno pela venda do terreno seja 699 ($699.000).

Tomada de decisão sem probabilidades: critério maximin

O **critério maximin** é para o completo pessimista. Em contraste com o critério maximax, diz para focar apenas no *pior* que pode acontecer conosco. Funciona da seguinte maneira:

> O critério maximin sempre escolhe a alternativa de decisão que constitui a melhor garantia para o seu mínimo retorno possível.

1. Identificar o *retorno mínimo* de qualquer estado de natureza para cada alternativa de decisão.
2. Encontrar o *mínimo* desses retornos mínimos e escolher a alternativa de decisão correspondente.

TABELA 9.4
Aplicação do critério maximax ao primeiro problema da Goferbroke Co.

	Estado da natureza		
Alternativa	**Petróleo**	**Seca**	**Máxima em linha**
Perfurar p/ petróleo	700	−100	700 → Maximax
Vender o terreno	90	90	90

TABELA 9.5
Aplicação do critério maximin ao primeiro problema da Goferbroke Co.

	Estado da natureza		
Alternativa	**Petróleo**	**Seca**	**Mínima em linha**
Perfurar p/ petróleo	700	−100	−100
Vender o terreno	90	90	90 ← Maximin

A justificativa para este critério é oferecer a melhor proteção possível contra o azar. Mesmo que cada possível escolha de uma alternativa de decisão conduza ao seu pior estado da natureza, que o pessimista completo acha que é provável, a escolha indicada por este critério dá o melhor retorno possível nestas circunstâncias.

Sua aplicação para o primeiro problema da Goferbroke é mostrada na Tabela 9.5. A diferença básica da Tabela 9.4 é que os números na coluna da direita agora são o *mínimo* em vez do máximo em cada linha. Uma vez que 90 é o máximo destes dois números, a alternativa a ser escolhida será vender o terreno.

Os inconvenientes deste critério são semelhantes àqueles do maximax; como ignora completamente as probabilidades anteriores, ele sempre dirá que a Goferbroke deve vender o terreno, mesmo que seja quase certo encontrar petróleo se houver a perfuração. Como ignora todos os retornos, exceto o retorno maximin, mais uma vez diria que a Goferbroke deve vender o terreno, mesmo que o retorno bem-sucedido da perfuração seja de 10.000 ($10 milhões).

Este critério também ignora as probabilidades a priori.

Tomada de decisão com probabilidades: critério da máxima verossimilhança

O **critério da máxima verossimilhança** diz para focar no estado da natureza *mais provável* do seguinte modo.

1. Identificar o estado de natureza com a maior probabilidade a priori.
2. Escolher a alternativa de decisão que tem o maior retorno para esse estado de natureza.

O critério de máxima verossimilhança supõe que o estado da natureza mais provável irá ocorrer e escolhe de acordo.

A justificativa para este critério é que, baseando nossa decisão no pressuposto de que o estado da natureza mais provável ocorrerá, estamos dando a nós mesmos uma chance melhor de obter um resultado favorável do que pressupondo qualquer outro estado da natureza.

A Tabela 9.6 mostra a aplicação deste critério para o primeiro problema da Goferbroke Co. Ela é idêntica à Tabela 9.3, exceto por mostrar também o passo 1 (selecionar o estado natureza *seco*) e o passo 2 (selecionar a alternativa *vender o terreno*) do critério. Como "seco" é o estado da natureza com a maior probabilidade a priori, consideramos apenas os retornos em sua coluna (−100 e 90). O maior desses dois retornos é 90, por isso escolhemos a alternativa correspondente, que é vender o terreno.

Este critério ignora todos os retornos, exceto para o estado da natureza mais provável.

Este critério tem vários inconvenientes; um deles é que com um número considerável de estados da natureza, o mais provável pode ter uma probabilidade a priori bastante baixa, caso em que faria pouco sentido basear a decisão apenas nele. Outra desvantagem mais grave é ignorar completamente todos os retornos (incluindo qualquer retorno extremamente grande e qualquer retorno desastroso) em toda a tabela de retorno, exceto aqueles para o único estado da natureza mais provável. Por exemplo, não importa o quão grande seja o retorno em encontrar petróleo, ele automaticamente dirá que a Goferbroke deve vender a terra em vez de procurar petróleo sempre que o estado "seco" tiver probabilidade a priori ligeiramente maior que o estado de "petróleo".

TABELA 9.6
Aplicação do critério de máxima verossimilhança ao primeiro problema da Goferbroke Co.

	Estado da natureza		
Alternativa	**Petróleo**	**Seca**	
Perfurar p/ petróleo	700	−100	Passo 2:
Vender a terra	90	90	← Máximo
Probabilidade a priori	0,25	0,75	
	Passo 1: Máximo ↑		

Tomada de decisão com probabilidades: regra de decisão de Bayes

A **regra de decisão de Bayes** usa diretamente as *probabilidades a priori* dos estados da natureza possíveis, como resumidos a seguir.

1. Para cada alternativa de decisão, calcular a *média ponderada* dos seus retornos, multiplicando cada um pela probabilidade a priori do estado da natureza correspondente e, em seguida, somando estes produtos. Usando a terminologia estatística, referir-se a esta média ponderada como **retorno esperado** (**EP** – *expected payoff*) para esta alternativa de decisão.
2. A regra de decisão de Bayes diz para escolher a alternativa com o *maior* retorno esperado.

A planilha da Figura 9.1 mostra a aplicação deste critério para o primeiro problema da Goferbroke Co. As colunas B, C, D exibem o retorno dado primeiramente na Tabela 9.3. Em seguida, as células F5 e F6 executam o passo 1 do procedimento, usando as equações digitadas naquelas células, ou seja,

F5 = SOMARPRODUTO (ProbabilidadeAPriori, RetornoPerfurar)

F6 = SOMARPRODUTO (ProbabilidadeAPriori, RetornoVender)

Uma vez que o retorno esperado = 100 para a alternativa Perfurar (célula F5), contra um valor menor de retorno esperado = 90 para a alternativa Vender o terreno (célula F6), este critério diz para buscar o petróleo.

Como todos os outros critérios, este não pode garantir que a alternativa selecionada irá revelar-se a melhor depois de conhecer o verdadeiro estado da natureza. No entanto, ele fornece outra garantia:

> O retorno esperado para uma determinada alternativa de decisão pode ser interpretado como o *retorno médio* se a mesma situação fosse repetida várias vezes. Portanto, *em média*, usar repetidamente a regra de decisão de Bayes para tomar decisões vai levar a retornos maiores a longo prazo do que qualquer outro critério (supondo que as probabilidades a priori sejam válidas).

Na média, a regra de decisão de Bayes prevê retornos maiores a longo prazo do que qualquer outro critério.

Assim, se a Goferbroke Co. fosse proprietária de vários terrenos com esta mesma tabela de retorno, a perfuração de petróleo em todos eles proporcionaria um retorno médio de cerca de 100 ($100 mil), contra apenas 90 ($90 mil) para a venda. Como indicam os cálculos a seguir, este é o retorno médio de perfuração que resulta da existência de petróleo na média de um terreno em cada quatro (como indicado pelas probabilidades a priori).

$$\text{Petróleo encontrado em um terreno:} \quad \text{Retorno} = 700$$
$$\text{Três terrenos estão secos: Retorno} = 3(-100) = -300$$
$$\text{Retorno total} = 400$$
$$\text{Retorno médio} = \frac{400}{4} = 100$$

FIGURA 9.1
Esta planilha mostra a aplicação da regra de decisão de Bayes para o primeiro problema da Goferbroke Co., quando a comparação dos retornos esperados nas células F5:F6 indica que a alternativa Perfurar deve ser escolhida porque tem o maior retorno esperado.

	A	B	C	D	E	F
1	Regra de decisão de Bayes para a Goferbroke Co.					
2						
3		Tabela de retorno	Estado da natureza			Retorno
4		Alternativa	Petróleo	Seca		esperado
5		Perfurar	700	-100		100
6		Vender	90	90		90
7						
8		Probabilidade a priori	0.25	0.75		

Nomes de intervalo	Células
RetornoPerfurar	C5:D5
RetornoEsperado	F5:F6
ProbabilidadeAPriori	C8:D8
RetornoVender	C6:D6

	F
3	Retorno
4	esperado
5	= SOMARPRODUTO(ProbabilidadeAPriori, RetornoPerfurar)
6	= SOMARPRODUTO(ProbabilidadeAPriori, RetornoVender)

No entanto, obter este retorno médio pode exigir passar por uma longa extensão de trechos secos até que a "lei das médias" prevaleça para atingir 25% dos terrenos com petróleo. Sobreviver a um longo período de má sorte pode ser inviável se a empresa não contar com o financiamento adequado.

Este critério também recebe críticas. As principais são as seguintes.

1. Normalmente há uma considerável dose de incerteza envolvida na atribuição de valores a probabilidades a priori, por isso tratar estes valores como possibilidades reais não irá revelar a verdadeira gama de resultados possíveis. (A Seção 9.4 examina como a *análise de sensibilidade* pode resolver esta questão.)
2. As probabilidades a priori são, no mínimo, em grande parte subjetivas, enquanto a tomada de decisão sólida deve ser baseada em dados e procedimentos objetivos. (A Seção 9.6 descreve como informações novas podem, às vezes, ser obtidas para melhorar as probabilidades a priori e torná-las mais objetivas.)
3. Ao concentrar-se nos resultados médios, os retornos (monetários) esperados ignoram o efeito que a quantidade de variabilidade dos resultados possíveis deve ter no processo de decisão. Por exemplo, uma vez que a Goferbroke não tem fundos para sustentar uma grande perda, vender o terreno para assegurar um retorno de 90 ($90 mil) pode ser preferível a um retorno esperado de 100 ($100 mil) pela perfuração. A venda evitaria o risco de uma grande perda no caso de a perfuração revelar que a terra está seca. (A Seção 9.9 examinará como as utilidades podem ser usadas para melhor refletir o valor dos retornos.)

Ao considerar apenas os retornos esperados, a regra de decisão de Bayes deixa de dar atenção especial à possibilidade de perdas desastrosamente grandes.

Então, por que este critério é comumente chamado de regra da decisão de Bayes? Porque ele é frequentemente atribuído ao reverendo Thomas Bayes, um pastor inglês não conformista do século 18 que ganhou notoriedade como filósofo e matemático, embora a mesma ideia básica tenha raízes ainda mais longas no campo da economia. A filosofia de tomada de decisão de Bayes continua muito influente, e alguns cientistas da gestão ainda se referem a si mesmos como bayesianos, por causa de sua devoção a ela.

Mais recentemente, tornou-se popular a denominação **critério do valor monetário esperado** (**EMV** – *expected monetary value*), justificada pelo fato de os retornos da tabela de retorno muitas vezes representarem valores monetários (como a quantidade em dinheiro do lucro), caso em que o retorno esperado para cada alternativa de decisão é o seu valor monetário *esperado*. No entanto, o nome é um termo impróprio para aqueles casos em que a medida do retorno é um tanto diferente do valor monetário (como na Seção 9.9). Portanto, vamos sempre usar uma única denominação, regra da decisão de Bayes, para nos referir a este critério em todas as situações.

Devido à popularidade deste critério, o restante do capítulo se concentra em procedimentos baseados nele.

Reação de Max

Max: Então, onde é que isto nos deixa?

Jennifer: Bem, agora você precisa decidir qual critério lhe parece mais adequado nesta situação.

Max: Bem, não posso dizer que fiquei muito animado com eles. Mas o primeiro me pareceu bem popular.

Jennifer: É verdade.

Max: Por quê?

A regra de decisão de Bayes usa todas as informações fornecidas pela tabela de retorno.

Jennifer: Por duas razões. Em primeiro lugar, este é o critério que usa todos as informações disponíveis. As probabilidades a priori podem não ser tão precisas quanto gostaríamos, mas nos dão informações valiosas sobre a probabilidade de ocorrência de cada um dos possíveis estados da natureza. Vários cientistas da gestão avaliam que essas informações cruciais levam a melhores decisões.

Max: Ainda não estou pronto para concordar com isso. Mas qual é a segunda razão?

Jennifer: Lembre-se de que este é o critério que se concentra no que o retorno médio seria se a mesma situação se repetisse inúmeras vezes. A isso chamamos retorno esperado. Selecionar de modo consistente a alternativa de decisão que oferece o melhor retorno esperado proporcionaria o maior retorno à empresa a longo prazo. Fazer o que é melhor a longo prazo parece ser a decisão racional de um gerente.

Perguntas de revisão

1. Como o critério maximax seleciona uma alternativa de decisão? Que tipo de pessoa pode achá-lo atraente?
2. Cite algumas das críticas ao critério maximax?
3. Como o critério maximin seleciona uma alternativa de decisão? Que tipo de pessoa pode achá-lo atraente?
4. Cite algumas das críticas ao critério maximin?
5. Em que estado da natureza o critério de máxima verossimilhança se concentra?
6. Cite algumas das críticas ao critério de máxima verossimilhança?
7. Como a regra de decisão de Bayes seleciona uma alternativa de decisão?
8. Como é o retorno esperado para uma alternativa de decisão calculada?
9. Cite algumas das críticas à regra de decisão de Bayes?

9.3 ÁRVORES DE DECISÃO

FIGURA 9.2
Árvore de decisão do primeiro problema da Goferbroke, conforme apresentada na Tabela 9.3.

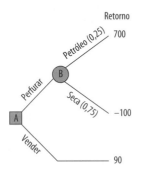

A planilha da Figura 9.1 ilustra uma maneira útil de realizar a análise de decisão com a regra de decisão de Bayes. Outra maneira de aplicá-la é usar uma **árvore de decisão** para exibir e analisar o problema graficamente. A árvore de decisão do primeiro problema da Goferbroke é exibida na Figura 9.2. A partir do lado esquerdo e movendo-se para o lado direito, há a progressão dos eventos. Primeiro, é tomada uma decisão quanto à possibilidade de prospecção de petróleo ou venda do terreno. Se a decisão for perfurar, o próximo passo é saber se o estado da natureza é de terra com petróleo ou seca. Finalmente, é obtido o retorno que resulta desses eventos.

Na terminologia de árvores de decisão, os pontos de junção são chamados de **nós** (ou forquilhas) e as linhas que saem dos nós, **ramos**. Deve-se fazer a seguinte distinção entre os dois tipos de nós.

Um **nó de decisão**, representado por um *quadrado*, indica que esta precisa ser tomada naquele ponto do processo. Um **nó de evento** (ou nó de probabilidade), representado por um *círculo*, indica que um evento aleatório ocorre naquele ponto.

Assim, o nó A da Figura 9.2 é um nó de decisão, já que a decisão de perfurar ou vender ocorre lá. O nó B é um nó de evento já que um evento aleatório, a ocorrência de um dos estados da natureza possíveis, acontece lá. Cada um dos dois ramos que emanam daquele nó corresponde a um dos eventos aleatórios possíveis, em que o número entre parênteses junto ao ramo indica a probabilidade de que este evento irá ocorrer.

Uma árvore de decisão pode ser muito útil para visualizar e analisar um problema. Quando ele é tão pequeno quanto o da Figura 9.2, é opcional utilizar a árvore de decisão no processo de análise. No entanto, uma boa característica de árvores de decisão é que elas também podem ser usadas para problemas mais complicados, em que uma sequência de decisões precisa ser tomada. Você vai ver isto graficamente para todo o problema da Goferbroke Co. nas Seções 9.7 e 9.9, quando uma decisão sobre a realização de um levantamento sísmico for feita antes da decisão de perfurar ou vender.

Software de planilhas para árvores de decisão

Dica do Excel: Para instalar o suplemento TreePlan, basta abrir o arquivo TreePlan no MS Courseware ou usar o instalador incluído no MS Courseware.

Descreveremos e mostraremos como usar o TreePlan, um suplemento do Excel desenvolvido pelo professor Michael Middleton para a elaborar e analisar árvores de decisão em planilhas. A versão acadêmica está disponível para você como shareware em seu MS Courseware. (Se desejar continuar a usá-la após este curso, você precisará registrar-se e pagar a taxa de shareware). Como qualquer suplemento do Excel, este suplemento precisa ser instalado antes de ser exibido no Excel.

Dica do TreePlan: Para alterar o tipo de um nó, adicionar ou remover ramos, clique na célula que contém o nó e escolha Árvore de Decisão na guia Suplementos ou no menu Ferramentas.

Para criar uma árvore de decisão usando o TreePlan, selecione Árvore de Decisão na guia Suplementos (para o Excel 2007 ou 2010) ou no menu Ferramentas (para outras versões do Excel) e clique em Nova Árvore. Isso cria a árvore de decisão padrão mostrada na Figura 9.3, com um único nó de decisão (quadrado) com dois ramos, o que é exatamente o necessário para o primeiro nó do problema da Goferbroke (correspondente ao nó A da Figura 9.2). No entanto, mesmo se algo mais fosse necessário, é fácil fazer alterações em um nó no TreePlan. Basta selecionar a célula que contém o nó (B5 na Figura 9.3) e escolher Árvore de Decisão na guia Suplementos ou no menu Ferramentas. Isso faz surgir uma caixa de diálogo que permite alterar o tipo de nó (p. ex., de um nó de decisão para um nó de evento) ou adicionar mais ramos.

VINHETA DE APLICAÇÃO

A **Workers' Compensation Board (WCB) da Colúmbia Britânica, no Canadá**, é responsável pela saúde ocupacional, segurança, reabilitação e indenização dos funcionários e empregadores da província. A WCB atende a mais de 165 mil empregadores de cerca de 1,8 milhões de trabalhadores na Colúmbia Britânica. Ela gasta cerca de $1 bilhão anualmente em indenizações e reabilitação. Um fator-chave no controle de custos da WCB é identificar as demandas de curto prazo relacionadas à deficiência que apresentam um alto risco financeiro potencial de converter-se em demandas por incapacidade muito mais dispendiosas a longo prazo se não houver uma antecipada *intervenção de gestão de reivindicações* intensiva para fornecer o tratamento médico necessário e a reabilitação. A questão era como identificar com precisão as reivindicações de alto risco, de modo a minimizar o custo total esperado da indenização de indenizações e a intervenção de gestão de reivindicações.

Foi constituída uma equipe da ciência da gestão para estudar este problema por meio da *aplicação de análise de decisão*. Para cada uma das inúmeras categorias de reclamações de lesão com base na natureza da lesão, o sexo e a idade do trabalhador, e assim por diante, foi utilizada uma *árvore de decisão* para avaliar se essa categoria deve ser classificada de baixo risco (não necessitando de intervenção) ou de alto risco (com necessidade de intervenção), dependendo da gravidade da lesão. Para cada categoria, foi feito um cálculo do ponto de corte no número crítico de dias pagos do pedido de incapacidade breve que acionaria a gestão de reivindicações, de forma a minimizar o custo esperado dos pagamentos de reivindicações e de intervenção.

Esta aplicação da análise de decisão com árvores de decisão *está economizando cerca de* **$4 milhões** *ao ano para a WCB*, permitindo também que alguns trabalhadores acidentados retornem ao trabalho mais cedo.

Fonte: E. Urbanovich, E. E. Young, M. L. Puterman e S. O. Fattedad, "Early Detection of High-Risk Claims at the Workers' Compensation Board of British Columbia," *Interfaces* 33, no. 4 (julho-agosto de 2003), pp. 15–26. (Um link para esse artigo é fornecido no *site* **www.mhhe.com/hillier4e.**)

Dica do TreePlan: Para criar um novo nó no final de uma árvore, selecione a célula que contém o nó terminal e escolha Árvore de Decisão na guia Suplementos ou no menu Ferramentas. Isso permite que você altere o nó terminal para um nó de decisão ou um nó de evento com a quantidade de ramos desejada (entre 1 e 5).

Por padrão, os rótulos para as decisões (células D2 e D7 da Figura 9.3) são "Decisão 1", "Decisão 2", etc. Para alterar esses rótulos basta clicar sobre eles e digitar um novo rótulo. Na Figura 9.3, esses rótulos já foram alterados para "Perfurar" e "Vender", respectivamente.

Se a decisão for perfurar, o próximo evento é saber se a terra contém petróleo. Para criar um nó de evento, clique na célula que contém o nó terminal triangular no final do ramo de perfuração (célula F3 da Figura 9.3) e escolha Árvore de Decisão na guia Suplementos ou no menu Ferramentas. Isso faz surgir a caixa de diálogo TreePlan Acad.-Terminal mostrada em segundo lugar a partir do topo da Figura 9.4. Escolha a opção "Alterar nó de evento" à esquerda, selecione a opção dois ramos à direita e clique em OK. Isso resulta em uma árvore de decisão com os nós e ramos mostrados na Figura 9.5 (após a substituição das etiquetas padrão "Evento 1" e "Evento 2" por "Petróleo" e "Seca", respectivamente).

Quando quiser, você também pode clicar em qualquer nó de decisão existente (um quadrado) ou nó de evento (um círculo) e escolher Árvore de Decisão na guia Suplementos ou no menu Ferramentas para abrir a caixa de diálogo correspondente – "TreePlan Acad. – Nó de decisão" ou "TreePlan Acad. – Nó de evento" – para fazer qualquer uma das modificações listadas na Figura 9.4 naquele nó.

Inicialmente, cada ramo deve mostrar um valor padrão de 0 para o fluxo líquido de caixa a ser gerado lá (os números aparecem abaixo das etiquetas dos ramos: D6, D14, H4 e H9 da Figura 9.5). Além disso, cada um dos dois ramos principais a partir do nó de eventos deve exibir valores-padrão de 0,5 para as suas probabilidades a priori (as probabilidades ficam logo acima das etiquetas correspondentes: H1 e H6 da Figura 9.5). Portanto, você deve clicar nesses valores-padrão e substituí-los pelos números corretos, ou seja,

FIGURA 9.3
Árvore de decisão padrão criada pelo TreePlan ao se selecionar Árvore de Decisão na guia Suplementos ou no menu Ferramentas, clicar em nova árvore e depois digitar as etiquetas Perfurar e Vender para as duas alternativas de decisão.

	A	B	C	D	E	F	G
1							
2				Perfurar			
3							0
4				0	0		
5			1				
6	0						
7				Vender			
8							0
9				0	0		

FIGURA 9.4
Caixas de diálogo TreePlan que são usadas para fazer vários tipos de mudanças na árvore de decisão.

FIGURA 9.5
Árvore de decisão construída e resolvida pelo TreePlan para o primeiro problema da Goferbroke Co. como apresentada na Tabela 9.3, em que o 1 da célula B9 indica que o ramo superior (a alternativa Perfurar) deve ser escolhido.

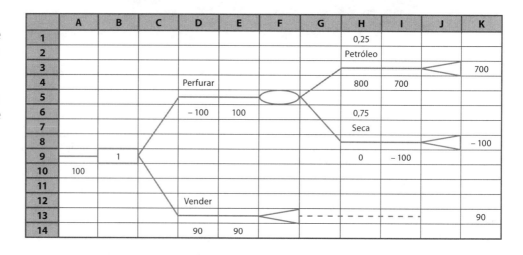

$$D6 = -100 \quad \text{(o custo de perfuração é de \$100.000)}$$
$$D14 = 90 \quad \text{(o lucro da venda é de \$90.000)}$$
$$H1 = 0{,}25 \quad \text{(a probabilidade a priori de petróleo é de 0,25)}$$
$$H4 = 800 \quad \text{(a receita líquida após encontrar petróleo é de \$800.000)}$$
$$H6 = 0{,}75 \quad \text{(a probabilidade a priori de terra seca é de 0,75)}$$
$$H9 = 0 \quad \text{(a receita líquida após encontrar terra seca é de 0)}$$

como mostrado na figura.

O TreePlan sempre identifica a política ideal para a árvore de decisão atual de acordo com a regra de decisão de Bayes.

Em cada etapa da elaboração de uma árvore de decisão, o TreePlan encontra automaticamente a política ideal com a árvore atual ao usar a *regra de decisão de Bayes*. O número dentro de cada nó de decisão indica qual ramo deve ser escolhido (supondo que os ramos que saem daquele nó sejam numerados consecutivamente de cima para baixo). Assim, para a árvore de decisão final da Figura 9.5, o número 1 da célula B9 especifica que o primeiro ramo (a alternativa Perfurar) deve ser escolhido. O número de ambos os lados de cada nó terminal é o retorno, caso esse nó seja alcançado. O número 100 nas células A10 e E6 é o *retorno esperado* (a medida de desempenho da regra de decisão de Bayes) naquelas fases do processo.

Esta descrição do TreePlan pode parecer um pouco complicada. No entanto, pensamos que você considerará o procedimento bastante intuitivo ao executá-lo em um computador. Se dispender tempo suficiente com o TreePlan, você também vai descobrir que ele tem muitas características úteis não descritas nesta breve introdução.

Reação de Max

Max: Gosto dessa coisa de árvore de decisão. Ela coloca tudo em perspectiva.
Jennifer: Ótimo.
Max: Mas uma coisa ainda está me incomodando.
Jennifer: Acho que posso adivinhar.
Max: Deixei bem claro que quero tomar a minha decisão com base nos números do geólogo consultor. Uma chance em quatro para achar petróleo. Rá! Isso é apenas um palpite.
Jennifer: Bem, deixe-me fazer uma pergunta. Qual é o fator-chave para você se decidir pela prospecção de petróleo ou pela venda da terra?
Max A probabilidade de haver petróleo lá.
Jennifer: O geólogo consultor não ajuda a determinar isso?
Max: Com certeza. Provavelmente eu não perfuraria sem essa informação.
Jennifer: Então, o seu critério para decidir se vai ou não perfurar não deve se basear diretamente nessa informação?
Max: Deve, sim.
Jennifer: Mas, então, não entendo por que você fica se opondo a usar os números do geólogo consultor.
Max: Não me oponho a usá-los. Essa informação é vital para a minha decisão. Minha oposição é a de usar os números dele, uma chance em quatro de petróleo, como se fosse a verdade do evangelho. Isso é o que essa regra de decisão de Bayes parece fazer. Nós dois vimos que a decisão é apertada, 100 contra 90. O que acontece se os números dele estiverem um pouco errados, como provavelmente estão? Essa decisão é importante demais para se basear em alguns números que são, em grande parte, tirados do nada.
Jennifer: Compreendo. Agora ele diz que há uma chance em quatro de petróleo, uma chance de 25%. Você acha, ao menos, que essa estimativa está correta? Se não for 25%, é menos que isso? Ou mais?
Max: Costumo somar e subtrair 10% de qualquer coisa que o geólogo consultor diz. Assim, suponho que a chance de haver petróleo provavelmente seja algo entre 15% e 35%.
Jennifer: Ótimo. Agora estamos chegando a algum lugar. Acho que sei exatamente o que devemos fazer em seguida.
Max: O quê?
Jennifer: Existe uma técnica de ciência da gestão que é projetada especialmente para esse tipo de situação. Chama-se *análise de sensibilidade*. Ela nos permite investigar o que acontece se os números do geólogo consultor estiverem incorretos.
Max: Excelente! Vamos fazer isso.

Perguntas de revisão

1. O que é uma *árvore de decisão*?
2. O que é um *nó de decisão* de uma árvore de decisão? E um *nó de evento*?
3. Quais símbolos são usados para representar nós de decisão e nós de evento?

9.4 ANÁLISE DE SENSIBILIDADE COM ÁRVORES DE DECISÃO

A **análise de sensibilidade** (um tipo importante de análise "e se", apresentada na Seção 5.1) é comumente usada com várias aplicações de ciência da gestão para estudar o efeito caso alguns dos números incluídos no modelo matemático não estejam corretos. Neste caso, o modelo matemático é representado pela árvore de decisão mostrada na Figura 9.5. Os números dessa árvore mais questionáveis são as probabilidades a priori nas células H1 e H6, de modo que a análise de sensibilidade se concentrará inicialmente sobre eles.

É útil iniciar este processo consolidando os dados e resultados na planilha abaixo da árvore de decisão, como na Figura 9.6. Como indicado pelas fórmulas na parte inferior da figura, as células que dão os resultados se referem às células de saída correspondentes na árvore de decisão. Do mesmo modo, as células de dados na árvore de decisão agora se referem às células de dados correspondentes abaixo da árvore. Consequentemente, o usuário pode experimentar vários valores alternativos nas células de dados abaixo e os resultados irão simultaneamente mudar, tanto na árvore de decisão quanto na seção de resultados abaixo da árvore, de modo a refletir os novos dados.

FIGURA 9.6
Na preparação para a realização de análise de sensibilidade do primeiro problema da Goferbroke Co., os dados e os resultados foram consolidados na planilha abaixo da árvore de decisão.

	A	B	C	D	E	F	G	H	I	J	K
1								0,25			
2								Petróleo			
3											700
4				Perfurar				800	700		
5											
6				−100	100			0,75			
7								Seca			
8											−100
9			1					0	−100		
10	100										
11											
12				Vender							
13											90
14				90	90						
15											
16											
17					Dados						
18				Custo de perfurar	100						
19			Receita, se houver petróleo		800						
20				Receita, se vender	90						
21			Receita, se a terra estiver seca		0						
22			Probabilidade de haver petróleo		0,25						
23											
24				Ação	Perfurar						
25											
26				Retorno esperado	100						

	D			H
4	Perfurar		1	=ProbabilidadeDePetróleo
5			2	Petróleo
6	=−CustoDePerfurar		3	
			4	=ReceitaSeHouverPetróleo
	D		5	
12	Vender		6	=1− ProbabilidaDePetróleo
13			7	Seca
14	=ReceitaSeVender		8	
			9	=ReceitaSeATerraEstiverSeca

Nomes de intervalo	Células
Ação	E24
CustoDePerfurar	E18
RetornoEsperado	E26
ProbabilidadeDePetróleo	E22
ReceitaSeATerraEstiverSeca	E21
ReceitaSeHouverPetróleo	E19
ReceitaSeVender	E20

	D	E
24	Ação	=SE(B9=1,"Perfurar","Vender")
25		
26	RetornoEsperado	=A10

Dica do Excel: Consolidar os dados e resultados em planilha facilita a análise de sensibilidade e também torna o modelo e os resultados mais fáceis de interpretar.

Consolidar os dados e resultados oferece uma série de vantagens. Primeiro, assegura que cada parte dos dados esteja em um único lugar. Cada vez que um pedaço de dados se faz necessário na árvore de decisão, é feita uma referência para a célula de dados exclusiva abaixo. Isso simplifica muito a análise de sensibilidade.[1] Para alterar um pedaço de dados, ele precisa ser mudado em um único lugar em vez de se procurar por toda a árvore para localizar e alterar todas as ocorrências daquele pedaço de dados. Uma segunda vantagem da consolidação dos dados e resultados é que isso facilita a compreensão do modelo para *qualquer pessoa*. Não é necessário entender o TreePlan ou como ler uma árvore de decisão para ver os dados utilizados no modelo ou que são o plano de ação sugerido e o retorno esperado.

A soma das duas probabilidades a priori deve ser igual a um, de modo que aumentar uma dessas probabilidades diminui automaticamente a outra na mesma quantidade, e vice-versa. Isso é reforçado na árvore de decisão na Figura 9.6 pela equação na células H6 – a probabilidade de terra seca = H6 = 1 – ProbabilidadeDePetróleo (E22). Max concluiu que as chances reais de haver petróleo no terreno podem estar em algum lugar entre 15% e 35%. Em outras palavras, a real probabilidade a priori de haver petróleo deve variar entre 0,15 a 0,35, de modo que a probabilidade a priori correspondente de a terra estar seca deve variar de 0,85 a 0,65.

---

[1] Nesta árvore de decisão bastante simplificada, essa vantagem não é evidente, pois cada pedaço de dados é usado apenas uma vez. Nas seções posteriores, contudo, quando for considerada a possibilidade de testes sísmicos, alguns dados se repetirão na árvore e essa vantagem irá tornar-se mais clara.

Podemos começar a análise de sensibilidade simplesmente experimentando valores diferentes para as probabilidade a priori de haver petróleo. Isso foi feito na Figura 9.7, primeiro com uma probabilidade na extremidade inferior do intervalo (0,15) e, em seguida, com outra probabilidade na extremidade superior (0,35). Quando a probabilidade a priori de haver petróleo é de apenas 0,15, a decisão quanto à venda do terreno oscila por uma larga margem (um retorno esperado de 90 contra apenas 20 para a perfuração). No entanto, quando esta probabilidade é de 0,35, a decisão é para perfurar por uma larga margem (retorno esperado = 180 contra apenas 90 para a venda). Assim, a decisão é muito *sensível* à probabilidade a priori de haver petróleo. Esta análise de sensibilidade revelou que é importante maior aprofundamento, se possível, para definir exatamente qual é o verdadeiro valor da probabilidade de haver petróleo.

Uso das tabelas de dados para fazer a análise de sensibilidade sistematicamente

Para definir exatamente onde muda o curso de ação sugerido, poderíamos continuar selecionando novos valores de análise da probabilidade a priori de haver petróleo de forma aleatória. No entanto, uma melhor abordagem é examinar sistematicamente um intervalo de valores. Há um recurso integrado do Excel, chamado tabelas de dados, projetado para executar exclusivamente esse tipo de análise. Elas são utilizadas para mostrar os resultados de determinadas células de saída para vários valores de análise de uma célula de dados. Funcionam da mesma maneira que o Solver Table, usado na análise de sensibilidade para problemas de programação linear do Capítulo 5. A única diferença é que uma tabela de dados não faz uso do Solver para resolver o problema de cada valor de análise da célula de dados. (O Solver não é necessário em problemas de análise de decisão.)

> Uma tabela de dados mostra os resultados de células de saída selecionados para os diferentes valores de análise de uma célula de dados.

Para usar tabelas de dados, primeiro faça uma tabela na planilha com títulos, como mostrado nas colunas I, J e K da Figura 9.8. Na primeira coluna da tabela (I19:I29), liste os valores de análise para a célula de dados (a probabilidade a priori de haver petróleo), deixe a primeira linha em branco. Os títulos das próximas colunas especificam qual saída será avaliada; para cada uma dessas colunas, use a primeira linha da tabela (células J18:K18) para escrever uma equação que se refira à célula de saída relevante. Neste caso, as células de interesse são Ação (E24) e RetornoEsperado (E26), de modo que as equações para J18:K18 são aquelas mostrados abaixo da planilha da Figura 9.8.

Em seguida, selecione a tabela inteira (I18:K29) e escolha Tabela de Dados no menu Análise E Se da guia Dados (para Excel 2007 ou 2010) ou em Tabela no menu Dados (para outras versões do Excel). Na caixa de diálogo Tabela de Dados (como mostrado na parte inferior esquerda da Figura 9.8), indique a célula de entrada da coluna (E22) referente à célula de dados que está sendo alterada na primeira coluna da tabela. Nada é inserido na linha da célula de entrada, pois nenhuma linha está sendo usada para listar os valores de análise de uma célula de dados nesse caso.

Clicar em OK gera, em seguida, a tabela de dados mostrada na Figura 9.9. Para cada valor de análise para a célula de dados listada na primeira coluna da tabela, os valores das células de saída correspondentes serão calculados e exibidos nas outras colunas da tabela. (As entradas na primeira linha da tabela vêm da solução original da planilha.)

A Figura 9.9 revela que o melhor curso de ação se alterna entre Vender e Perfurar para uma probabilidade a priori de haver petróleo em algum ponto entre 0,23 e 0,25. Pode ser usado o método de tentativa e erro (ou álgebra) para determinar esse número com mais precisão. O número será 0,2375.

Para um problema com mais de dois estados da natureza possíveis, a abordagem mais simples é concentrar a análise de sensibilidade em apenas dois estados de uma só vez, como já descrito. Isso novamente implicaria em investigar o que acontece quando a probabilidade a priori aumenta enquanto a probabilidade a priori de outro estado diminui na mesma proporção, mantendo fixas as probabilidades a priori dos demais estados. Esse procedimento pode, então, ser repetido para tantos outros pares de estados, conforme o desejado.

Reação de Max

Max: A tabela de dados mostra um quadro bastante claro. Acho que estou tendo uma ideia muito melhor sobre o problema.

Jennifer: Ótimo.

Max: Com menos de 23 $\frac{3}{4}$ % de chance de haver petróleo, devo vender. Se for mais, eu deveria perfurar. Isso confirma o que eu suspeitava o tempo todo. É uma decisão apertada, e tudo se resume a escolher o número certo das chances de haver petróleo. Com certeza gostaria de ter mais dados em que confiar além dos números do geólogo consultor.

FIGURA 9.7
Realização de análise de sensibilidade do primeiro problema da Goferbroke Co. por experimentação de valores alternativos (0,15 e 0,35) da probabilidade a priori de haver petróleo.

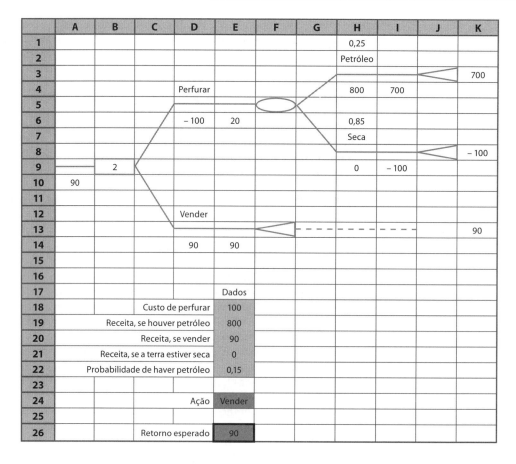

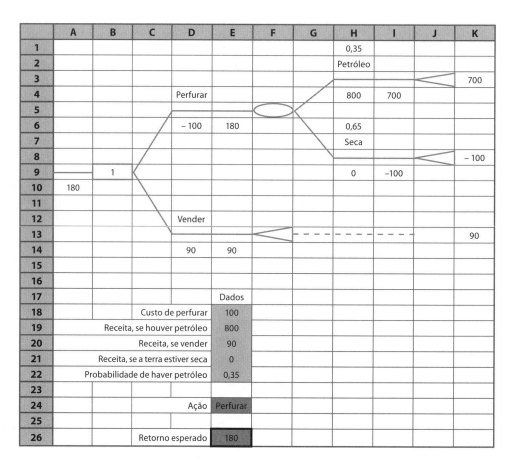

FIGURA 9.8
Expansão da planilha da Figura 9.6 para preparar a geração de uma tabela de dados, em que a escolha de E22 para célula de entrada da coluna na caixa de diálogo Tabela de Dados indica que ela é a célula de dados que está sendo alterada na primeira coluna da tabela de dados.

	A	B	C	D	E	F	G	H	I	J	K	L	M
16									Probabilidade		Retorno		
17					Dados				de petróleo	Ação	esperado		
18				Custo de perfurar	100					Perfurar	100		
19				Receita, se houver petróleo	800				0,15				Selecione
20				Receita, se vender	90				0,17				estas células
21				Receita, se a terra estiver seca	0				0,19				(I18:K29)
22				Probabilidade de haver petróleo	0,25				0,21				antes de
23									0,23				escolher
24				Ação	Perfurar				0,25				Tabela no
25									0,27				menu Dados.
26				Compensação esperada	100				0,29				
27									0,31				
28									0,33				
29									0,35				

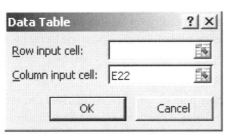

	J	K
16		Retorno
17	Ação	esperado
18	= Ação	=RetornoEsperado

Nomes de intervalo	Células
Ação	E24
RetornoEsperado	E26

FIGURA 9.9
Após a preparação exibida na Figura 9.8, clicar em OK gera esta tabela de dados que mostra a ação ideal e o retorno esperado para os vários valores de ensaio da probabilidade a priori de haver petróleo.

	A	B	C
16	Probabilidade		Retorno
17	de petróleo	Ação	esperado
18		Perfurar	100
19	0,15	Vender	90
20	0,17	Vender	90
21	0,19	Vender	90
22	0,21	Vender	90
23	0,23	Vender	90
24	0,25	Perfurar	100
25	0,27	Perfurar	116
26	0,29	Perfurar	132
27	0,31	Perfurar	148
28	0,33	Perfurar	164
29	0,35	Perfurar	180

A próxima seção descreve como localizar e usar o valor esperado da informação perfeita.

Jennifer: Antes, você mencionou a possibilidade de pagar $30 mil para obter um levantamento sísmico detalhado do terreno.

Max: Sim, eu deveria fazer isso. Mas são $30 mil! Ainda não tenho certeza de que valha a pena gastar tanto.

Jennifer: Há uma maneira rápida de verificar isso. É outra técnica que aprendi no meu curso de ciência da gestão. Chama-se encontrar o **valor esperado da informação perfeita (VEIP)**, que é o aumento do retorno esperado que você receberia se o levantamento sísmico pudesse dizer com certeza se há petróleo lá.

Max: Mas não posso afirmar isso com certeza.

Jennifer: Sim, eu sei. Mas descobrir com certeza se o petróleo está lá é o que chamamos de informação perfeita. Assim, o aumento do retorno esperado se você descobrir isso com certeza é o valor esperado da informação perfeita. Sabemos que isso é o melhor que você pode fazer com um levantamento sísmico.

Max: Certo.

Jennifer: OK, vamos supor que achemos que o valor esperado da informação perfeita é inferior a $30 mil. Já que é o melhor que podemos fazer com um levantamento sísmico, isso nos diz logo de cara que não vale a pena fazer o levantamento sísmico.

Max: OK, compreendo. Mas e se esse valor esperado da informação perfeita for superior a $30 mil?

Jennifer: Então, você não sabe ao certo se a pesquisa sísmica vale a pena até analisar um pouco mais. Esta análise leva algum tempo, ao passo que é muito rápido calcular o valor esperado da informação perfeita. Assim, vale a pena simplesmente verificar se o valor esperado da informação perfeita é inferior a $30 mil e, em caso afirmativo, economizar muito trabalho extra.

Max: OK. Vamos fazer isso.

Perguntas de revisão

1. Por que poderia ser útil usar a análise de sensibilidade com a regra de decisão de Bayes?
2. Na preparação para realizar a análise de sensibilidade, quais são algumas das vantagens de consolidar os dados e os resultados da planilha que a árvore de decisão contém?
3. O que é exibido pela tabela de dados utilizada para realizar a análise de sensibilidade?
4. Que conclusão foi elaborada para o primeiro problema da Goferbroke Co. a respeito de a decisão depender da probabilidade a priori de haver petróleo?

9.5 VERIFICAR SE VALE A PENA OBTER MAIS INFORMAÇÕES

A identificação definitiva do verdadeiro estado da natureza é chamada informação perfeita. Isso representa o melhor resultado da busca de mais informações.

Probabilidades a priori podem fornecer estimativas um tanto imprecisas das verdadeiras probabilidades dos estados da natureza. Seria vantajoso para Max gastar algum dinheiro em um levantamento sísmico a fim de obter estimativas melhores? A maneira mais rápida de verificar isso é imaginar a possibilidade de a mesma quantia de dinheiro servir para determinar realmente qual estado é o verdadeiro estado da natureza ("informação perfeita") e, em seguida, determinar se a despesa de se obter essa informação valeria a pena. Se ter a informação perfeita não valer a pena, então definitivamente não valeria a pena gastar esse dinheiro apenas para saber mais sobre as probabilidades dos estados da natureza.

As quantias-chave para a realização dessa análise são

CE (sem mais informações) = Retorno esperado da aplicação da regra de decisão de Bayes com as probabilidades a priori originais
= 100   (como dado na Figura 9.6)

CE (com informação perfeita) = Retorno esperado se a decisão puder ser tomada após o conhecimento do verdadeiro estado da natureza

VEIP = valor esperado de informações perfeitas

C = Custo de obter mais informações
= 30   (custo do levantamento sísmico em milhares de $)

O **valor esperado da informação perfeita** é calculado como

VEIP = CE (com informação perfeita) − CE (sem mais informações)

Depois de calcular CE (com informação perfeita) e, em seguida, o VEIP, o último passo é comparar o VEIP com C.

Se $C >$ VEIP, então não vale a pena obter mais informações.

Se $C \leq$ VEIP, então pode valer a pena obter mais informações.

Para calcular a CE (com informação perfeita), fingimos que a decisão pode ser tomada *após* o conhecimento do verdadeiro estado da natureza. Dado o verdadeiro estado de natureza, então, automaticamente, escolhemos a alternativa com o maior retorno para ele. Assim, perfuramos se sabemos que há petróleo; e vendemos, se sabemos que o local está seco. A Figura 9.10 encontra a RetornoMáximo (C7:D7) para os dois estados da natureza possíveis. Se o terreno contém petróleo, perfuramos com o retorno máximo de 700. Se o local estiver seco, vendemos com o retorno máximo de 90. As probabilidades a priori ainda dão a nossa melhor estimativa da probabilidade de que cada estado da natureza passe a ser o único e verdadeiro. A CE (com informação perfeita) é, portanto, a média ponderada do retorno

FIGURA 9.10
Cálculo do retorno esperado com informação perfeita na célula D11 como o SOMARPRODUTO de ProbabilidadeAPriori (C9:D9) e RetornoMáximo(C7:D7).

	A	B	C	D	E
1	Retorno esperado com informação perfeita				
2					
3		Tabela de retorno	Estado da natureza		
4		Alternativa	Petróleo	Seca	
5		Perfurar	700	−100	
6		Vender	90	90	
7		Retorno máxima	700	90	
8					
9		Probabilidade a priori	0,25	0,75	
10					
11		CE (c/ informação perfeita)		242,5	

Nomes de intervalo	Células
RetornoSeca	D5:D6
RetornoMáximo	C7:D7
RetornoPetróleo	C5:C6
ProbabilidadeAPriori	C9:D9

	B	C	D
7	Retorno máximo	=MAX(RetornoPetróleo)	=MAX(RetornoSeca)

	C	D
11	CE (c/ informação perfeita)	=SOMARPRODUTO(ProbabilidadeAPriori,RetornoMáximo)

FIGURA 9.11
Ao começar por um nó de evento envolvendo os estados da natureza, o TreePlan usa esta árvore de decisão para obter o retorno esperado com informação perfeita para o primeiro problema da Goferbroke Co.

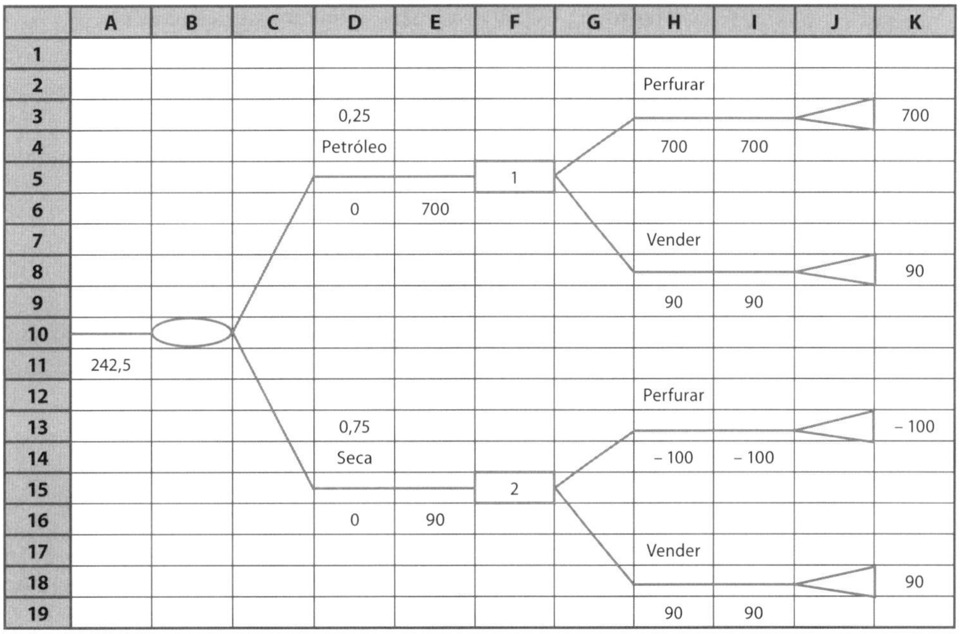

	A	B	C	D	E	F	G	H	I	J	K
1											
2								Perfurar			
3				0,25							700
4				Petróleo				700	700		
5						1					
6				0	700						
7								Vender			
8											90
9								90	90		
10											
11	242,5										
12								Perfurar			
13				0,75							−100
14				Seca				−100	−100		
15						2					
16				0	90						
17								Vender			
18											90
19								90	90		

máximo para cada estado, multiplicando-se cada retorno máximo pela probabilidade a priori do respectivo estado da natureza. Este cálculo é realizado na célula D11 da planilha da Figura 9.10, com a fórmula

$$\begin{aligned}\text{CE (com informação perfeita)} &= \text{SOMARPRODUTO (ProbabilidadeAPriori, RetornoMáxima)} \\ &= (0{,}25)\,(700) + (0{,}75)(90) \\ &= 242{,}5\end{aligned}$$

O TreePlan também pode ser utilizado para calcular a CE (com informação perfeita) com a elaboração e resolução da árvore de decisão mostrada na Figura 9.11. A ideia inteligente aqui

Começar a árvore de decisão por um nó de evento cujos ramos são os vários estados da natureza corresponde a iniciar com informação perfeita quanto ao verdadeiro estado da natureza.

é *começar* a árvore de decisão por um nó de evento cujos ramos sejam os vários estados da natureza (petróleo e seca, neste caso). Uma vez que um nó de decisão segue cada um desses ramos, a decisão está sendo tomada com a informação perfeita quanto ao verdadeiro estado da natureza. Portanto, o retorno esperado de 242,5 obtido pelo TreePlan na célula A11 é o retorno esperado com a informação perfeita.

Uma vez que a CE (com informação perfeita) = $242^1/2$, podemos, agora, calcular o valor esperado da informação perfeita como

$$\text{VEIP} = \text{CE (com informação perfeita)} - \text{CE (sem mais informações)}$$
$$= 242,5 - 100$$
$$= 142,5$$

Conclusão: VEIP > C, desde que 142,5 > 30. Assim, pode valer a pena realizar a análise sísmica.

Reação de Max

Max: Então você está me dizendo que se o levantamento sísmico puder realmente ser definitivo para determinar se há petróleo lá, realizá-lo aumentaria meu retorno médio em cerca de $142.500?

Jennifer: Isso mesmo.

Max: Então, depois de subtrair o custo de $30 mil do levantamento, restariam ainda $112.500. Bem, é uma pena que esses levantamentos não sejam muito bons. Na verdade, não são nem um pouco confiáveis.

Jennifer: Conte-me mais. O quanto eles são confiáveis?

Max: Bem, eles usam sondagens sísmicas. Se elas são favoráveis, então é bastante provável que haja petróleo. Se são desfavoráveis, então é bastante improvável haver petróleo. Mas não se pode afirmar isso com certeza.

Jennifer: OK. Vamos supor que haja petróleo lá. Quantas vezes você obteria sondagens sísmicas favoráveis?

Max: Não sei dizer ao certo. Talvez em 60% dos casos.

Jennifer: Ok, ótimo. Agora, suponha que a terra está seca. Quantas vezes você continuaria a obter sondagens sísmicas favoráveis?

Max: Muitas vezes! Perdi muito dinheiro em perfuração quando o levantamento sísmico disse para fazer isso e, depois, não havia nada. É por isso que não gosto de gastar os $30 mil.

Jennifer: Claro. Então você recebe a informação de perfurar quando não deve fazer isso em cerca de metade das ocorrências?

Max: Não. Não é tão ruim assim. Mas é bastante frequente.

Jennifer: Você pode me dizer uma porcentagem?

Max: OK. Talvez em 20% dos casos.

Jennifer: Certo. Obrigado. Agora acho que podemos analisar um pouco para determinar se realmente vale a pena fazer o levantamento sísmico.

Max: Como você vai fazer a análise?

Jennifer: Bem, vou descrever o processo detalhadamente em breve. Mas a ideia geral é esta: vamos fazer alguns cálculos para determinar as chances de haver petróleo se as sondagens sísmicas forem favoráveis. Depois, vamos calcular as probabilidades, caso as sondagens sejam desfavoráveis. Chamamos os números do geólogo consultor de probabilidades a priori porque elas eram anteriores à obtenção de mais informações. Os números melhorados são referidos como **probabilidades a posteriori**.

Max: OK.

Jennifer: Em seguida, vamos usar essas probabilidades a posteriori para determinar o retorno médio, depois de subtrair o custo de $30 mil, no caso de realizarmos o levantamento sísmico. Se esse retorno for melhor do que o que faríamos sem o levantamento sísmico, então devemos fazê-lo. Caso contrário, não.

Max: Faz sentido.

Probabilidades a posteriori são as probabilidades revistas de estados da natureza depois de feitos testes ou exames para melhorar as probabilidades a priori.

Perguntas de revisão

1. O que se entende por informação perfeita sobre os estados da natureza?
2. Como o retorno esperado com informação perfeita pode ser calculado a partir da tabela de retorno?
3. Como uma árvore de decisão deve ser elaborada para obter o retorno esperado com informação perfeita ao ser resolvida?
4. Qual é a fórmula para calcular o valor esperado da informação perfeita?
5. Qual é a conclusão se o custo de obtenção de mais informações for superior ao valor esperado da informação perfeita?
6. Qual é a conclusão se o custo de obtenção de mais informações for inferior ao valor esperado da informação perfeita?
7. Qual desses dois casos ocorre no problema da Goferbroke Co.?

9.6 USO DE NOVAS INFORMAÇÕES PARA ATUALIZAR AS PROBABILIDADES

As probabilidades a priori dos estados da natureza possíveis muitas vezes são bastante subjetivas, assim, elas podem ser apenas estimativas muito grosseiras das verdadeiras probabilidades. Felizmente, é possível fazer alguns testes ou levantamentos adicionais (com algum custo) para melhorá-las, quando passam a ser chamar **probabilidades a posteriori**.

No caso da Goferbroke Co., as estimativas melhoradas podem ser obtidas ao custo de $30 mil por meio da realização de um levantamento sísmico detalhado da terra. As possíveis conclusões de uma pesquisa dessa natureza estão resumidas a seguir.

Possíveis resultados de um levantamento sísmico

SSF: Sondagens sísmicas favoráveis – é bastante provável haver petróleo.

SSD: Sondagens sísmicas desfavoráveis – é bastante improvável haver petróleo.

Para usar qualquer descoberta para calcular a probabilidade a posteriori de haver petróleo (ou de a terra estar seca), é necessário estimar a probabilidade de obter essa descoberta para cada estado da natureza. Durante a conversa no final da seção anterior, Jennifer recebeu as estimativas de Max, como resumido na Tabela 9.7. (Ele, na verdade, calculou apenas a probabilidade de sondagens sísmicas favoráveis, mas, subtraindo-se este número, resulta na probabilidade de sondagens sísmicas desfavoráveis.) O símbolo usado na tabela para cada uma dessas probabilidades estimadas é

P(descoberta | estado) = probabilidade de que a conclusão indicada irá ocorrer, dado que o estado de natureza é o indicado

Este tipo de probabilidade é referida como uma *probabilidade condicional* porque é condicionada ao estado da natureza ser dado.

Lembre-se de que as probabilidades a priori são

$$P(\text{Petróleo}) = 0{,}25$$
$$P(\text{Seca}) = 0{,}75$$

O próximo passo é usar estas probabilidades e as da Tabela 9.7 para obter uma combinação chamada *probabilidade conjunta*. Cada combinação de um estado de natureza e uma descoberta da pesquisa sísmica terá uma probabilidade conjunta determinada pela seguinte fórmula.

$$P(\text{estado e descoberta}) = P(\text{estado})\,P(\text{descoberta | estado})$$

TABELA 9.7
Probabilidades das possíveis descobertas do levantamento sísmico, dado o estado da natureza, para o problema da Goferbroke Co.

Estado da natureza	P (descoberta | estado)	
	Favorável (SSF)	Desfavorável (SSD)
Petróleo	P(SSF | Petróleo) = 0,6	P(SSD | Petróleo) = 0,4
Seca	P(SSF | Seca) = 0,2	P(SSD | Seca) = 0,8

Por exemplo, a probabilidade conjunta de que o estado de natureza seja Petróleo e a descoberta do levantamento sísmico seja favorável (SSF) é

$$P(\text{Petróleo e SSF}) = P(\text{Petróleo})\,P(\text{SSF} \mid \text{Petróleo})$$
$$= 0,25(0,6)$$
$$= 0,15$$

Cada probabilidade conjunta na terceira coluna do diagrama de árvore de probabilidade é o produto das probabilidades nas primeiras duas colunas.

O cálculo de todas estas probabilidades conjuntas é mostrado na terceira coluna do **diagrama de árvore de probabilidade** dado na Figura 9.12. O caso envolvido é identificado abaixo de cada ramo da árvore e a probabilidade é dada sobre o ramo. A primeira coluna indica as probabilidades a priori, e as probabilidades da Tabela 9.7 são mostradas na segunda coluna. Multiplicar cada probabilidade da primeira coluna por uma probabilidade da segunda dá a probabilidade conjunta correspondente da terceira coluna.

Tendo encontrado cada probabilidade conjunta de um determinado estado da natureza e uma determinada descoberta da sondagem sísmica, o próximo passo é usá-las para encontrar cada probabilidade de apenas uma descoberta determinada, sem especificar o estado de natureza. Uma vez que qualquer descoberta pode ser obtida com qualquer estado da natureza, a fórmula para calcular a probabilidade de apenas uma descoberta determinada é

$$P(\text{descoberta}) = P(\text{Petróleo e descoberta}) + P(\text{Seca e descoberta})$$

Probabilidade de uma descoberta é a soma das probabilidades conjuntas correspondentes na terceira coluna do diagrama de árvore de probabilidade.

Por exemplo, a probabilidade de uma descoberta favorável (SSF) é

$$P(\text{SSF}) = P(\text{Petróleo e SS F}) + P(\text{Seca e SSF})$$
$$= 0,15 + 0,15 = 0,3$$

em que as duas probabilidades conjuntas no lado direito da equação são encontradas nos ramos primeiro e terceiro da terceira coluna do diagrama da árvore de probabilidade. O

FIGURA 9.12
Diagrama da árvore de probabilidade para o problema da Goferbroke Co. mostrando todas as probabilidades que levam ao cálculo de cada probabilidade a posteriori do estado de natureza, dada a descoberta do levantamento sísmico.

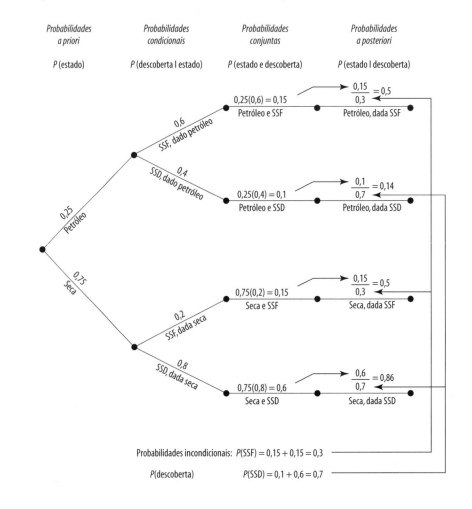

cálculo de P(SSF) e P(SSD) é mostrado embaixo do diagrama. (Referidos como probabilidades *incondicionais* para diferenciá-las das probabilidades *condicionais* de uma descoberta dado o estado de natureza, mostrado na segunda coluna.)

Finalmente, agora estamos prontos para calcular cada *probabilidade a posteriori* de um determinado estado da natureza dada uma descoberta específica da pesquisa sísmica. A fórmula envolve a combinação de probabilidades conjuntas na terceira coluna com as probabilidades incondicionais debaixo do diâmetro, como segue.

$$P(\text{estado} \mid \text{descoberta}) = \frac{P(\text{estado e descoberta})}{P(\text{descoberta})}$$

Por exemplo, a probabilidade a posteriori de que o estado de natureza verdadeiro seja petróleo, dada uma descoberta favorável (SSF) do levantamento sísmico, é

$$P(\text{Petróleo} \mid \text{SSF}) = \frac{P(\text{Petróleo e SSF})}{P(\text{SSF})}$$
$$= \frac{0{,}15}{0{,}3} = 0{,}5$$

> As setas no diagrama da árvore de probabilidade mostram de onde vêm os números para calcular as probabilidades a posteriori.

A quarta coluna do diagrama da árvore de probabilidades mostra o cálculo de todas as probabilidades a posteriori. As setas indicam como cada numerador vem da probabilidade conjunta correspondente da terceira coluna e como o denominador vem da probabilidade incondicional correspondente abaixo do diagrama.

Ao utilizar as fórmulas indicadas anteriormente para as probabilidades conjuntas e incondicionais, cada probabilidade a posteriori também pode ser calculada diretamente das probabilidades a priori (primeira coluna) e probabilidades condicionais (segunda coluna), como se segue.

$$P(\text{estado} \mid \text{descoberta}) = \frac{P(\text{estado})\,P(\text{descoberta} \mid \text{estado})}{P(\text{Petróleo})\,P(\text{descoberta} \mid \text{Petróleo}) + P(\text{Seca})\,P(\text{descoberta} \mid \text{Seca})}$$

Por exemplo, a probabilidade a posteriori de petróleo, dada uma descoberta favorável (SSF), é

$$P(\text{Petróleo} \mid \text{SSF}) = \frac{P(\text{Petróleo})\,P(\text{SSF} \mid \text{Petróleo})}{P(\text{Petróleo})\,P(\text{SSF} \mid \text{Petróleo}) + P(\text{Seca})\,P(\text{SSF} \mid \text{Seca})}$$
$$= \frac{0{,}25(0{,}6)}{0{,}25(0{,}6) + 0{,}75(0{,}2)} = 0{,}5$$

Esta fórmula para probabilidade a posteriori é conhecida como **Teorema de Bayes**, em homenagem ao seu descobridor, o sábio reverendo Bayes. Ele descobriu que uma probabilidade a posteriori pode ser encontrada desta forma para qualquer problema de análise de decisão, independentemente de quantos estados da natureza ele tenha. O denominador da fórmula deve conter um termo para cada um dos estados de natureza. Note-se que o diagrama da árvore de probabilidades também está aplicando o teorema de Bayes, mas em pequenos passos, em vez de em uma única fórmula longa.

A Tabela 9.8 resume todas as probabilidades a posteriori calculadas na Figura 9.12.

Depois de você aprender a lógica do cálculo das probabilidades a posteriori, sugerimos que use o computador para realizar esses cálculos bastante demorados. Fornecemos um modelo Excel (chamado Probabilidades a Posteriori) para esta finalidade, nos arquivos de Excel deste capítulo em seu MS Courseware. A Figura 9.13 ilustra o uso deste modelo para o

TABELA 9.8
Probabilidades a posteriori dos estados da natureza, dada a descoberta do levantamento sísmico, para o problema da Goferbroke Co.

| | P (estado I descoberta) | |
Descoberta	Petróleo	Seca
Favorável (SSF)	P(Petróleo I SSF) = 1/2	P(Seca I SSF) = 1/2
Desfavorável (SSD)	P(Petróleo I SSD) = 1/7	P(Seca I SSD) = 6/7

FIGURA 9.13
Modelo de probabilidades a posteriori de seu MS Courseware permite o cálculo eficiente de probabilidades a posteriori, conforme ilustrado aqui para o problema da Goferbroke Co.

	A	B	C	D	E	F	G	H
1	Modelo de probabilidades a posteriori							
2								
3		Dados:			P(descoberta I estado)			
4		Estado da	Probabilidades		Descoberta			
5		natureza	a priori	SSF	SSD			
6		Petróleo	0,25	0,6	0,4			
7		Seca	0,75	0,2	0,8			
8								
9								
10								
11								
12		Probabilidades		P(estado I descoberta)				
13		a posteriori:		Estado da natureza				
14		Descoberta	P(Descoberta)	Petróleo	Seca			
15		SSF	0,3	0,5	0,5			
16		SSD	0,7	0,14286	0,85714			
17								
18								
19								

	B	C	D
12	Probabilidades		P(estado I descoberta)
13	a posteriori:		Estado da natureza
14	Descoberta	P(Descoberta)	=B6
15	=D5	=SOMARPRODUTO(C6:C10,D6:D10)	=C6*D6/SOMARPRODUTO(C6:C10,D6:D10)
16	=E5	= SOMARPRODUTO(C6:C10,E6:E10)	=C6*E6/SOMARPRODUTO(C6:C10,E6:E10)
17	=F5	=SOMARPRODUTO(C6:C10,F6:F10)	=C6*F6/SOMARPRODUTO(C6:C10,F6:F10)
18	=G5	=SOMARPRODUTO(C6:C10,G6:G10)	=C6*G6/SOMARPRODUTO(C6:C10,G6:G10)
19	=H5	=SOMARPRODUTO(C6:C10,H6:H10)	=C6*H6/SOMARPRODUTO(C6:C10,H6:H10)

problema da Goferbroke Co. Tudo que você precisa fazer é inserir as probabilidades a priori e as probabilidades condicionais das duas primeiras colunas da Figura 9.12 na metade superior do modelo. As probabilidades a posteriori logo em seguida aparecem na metade inferior. (As equações inseridas nas células das colunas E a H são semelhantes àquelas da coluna D, mostrada na parte inferior da figura.)

Reação de Max

Max: Então isto quer dizer que, mesmo com sondagens sísmicas favoráveis, ainda há apenas uma chance em duas de encontrar petróleo. Não admira que eu tenha ficado decepcionado tantas vezes anteriormente, quando fiz a perfuração depois de receber uma sondagem sísmica favorável. Pensava que as pesquisas deveriam ser mais confiáveis do que isso. Então agora estou ainda mais cético quanto a pagar $30 mil por um levantamento.

Jennifer: Mas há uma chance em duas de haver petróleo. São boas chances.

Max: São mesmo. Mas corro o risco de gastar $30 mil e, depois, receber uma pesquisa desfavorável.

Jennifer: Meus cálculos indicam que a chance de isso acontecer é de 70%.

Max: Viu só?

Jennifer: Mas até mesmo uma sondagem desfavorável diz muita coisa. Haveria apenas uma chance em sete de haver petróleo, isso pode excluir a perfuração. Desse modo, um levantamento sísmico realmente aponta as chances de haver petróleo com mais eficiência. Ou uma chance em duas ou uma chance em sete, em vez da estimativa aproximada de uma chance em quatro do geólogo consultor.

Max: Sim, acho que é isso. Realmente gostaria de melhorar os números do geólogo consultor. Parece que você está recomendando que façamos o levantamento sísmico.

Jennifer: Bem, na verdade, ainda não tenho certeza. O que vamos fazer é esboçar uma árvore de decisão, mostrando a decisão de fazer o levantamento sísmico e, em seguida, a decisão de perfurar ou vender. Então, vamos trabalhar com os retornos médios para essas decisões na árvore de decisão.

Max: Ok, vamos fazer isso. Quero tomar uma decisão logo.

Perguntas de revisão

1. Quas são as probabilidades a posteriori dos estados da natureza?
2. Quais são as possíveis descobertas do levantamento sísmico para a Goferbroke Co.?
3. Quais probabilidades devem ser calculadas, além das probabilidades a priori, a fim de se começar a calcular as probabilidades a posteriori?
4. Quais os cinco tipos de probabilidades são levados em conta no diagrama da árvore de probabilidades?
5. Qual é a fórmula para calcular *P*(estado e descoberta)?
6. Qual é a fórmula para calcular *P*(descoberta)?
7. Qual é a fórmula para calcular uma probabilidade a posteriori, *P*(estado | descoberta), a partir de *P*(estado e descoberta) e *P*(descoberta)?
8. Qual é o nome do famoso teorema para calcular as probabilidades a posteriori?

9.7 USO DE ÁRVORE DE DECISÃO PARA ANALISAR O PROBLEMA COM UMA SEQUÊNCIA DE DECISÕES

Agora voltamos nossa atenção à análise do problema *total* da Goferbroke Co., com o auxílio de uma árvore de decisão. Para o problema completo, é necessário tomar duas decisões. Primeiramente, deve haver a realização do levantamento sísmico? Em segundo lugar, após a obtenção dos resultados desse levantamento sísmico (caso seja realizado), a empresa deve extrair o petróleo ou vender o terreno?

Conforme descrito na Seção 9.3, uma **árvore de decisão** fornece uma exibição gráfica da evolução das decisões e eventos aleatórios do problema. A Figura 9.2 desta seção mostra a árvore de decisão do primeiro problema da Goferbroke, em que a única decisão em consideração é extrair o petróleo ou vender o terreno. A Figura 9.5, em seguida, mostra a árvore de decisão que seria elaborada e resolvida com o TreePlan.

Elaboração da árvore de decisão

Agora que uma decisão prévia deve ser tomada quanto à possibilidade de se realizar o levantamento sísmico, esta mesma árvore de decisão precisa ser ampliada, conforme mostrado na Figura 9.14 (antes de incluir qualquer número(s)). Lembre-se de que cada *quadrado* da árvore representa um *nó de decisão*, no qual uma decisão precisa ser tomada, e cada *círculo* representa um *nó de eventos*, em que um evento aleatório irá ocorrer.

Assim, a primeira decisão (devemos realizar o levantamento sísmico?) é representada pelo nó de decisão da Figura 9.14. Os dois ramos que saem deste nó correspondem às duas alternativas para esta decisão. O nó *b* é um nó de evento que representa o evento aleatório do resultado do levantamento sísmico. Os dois ramos que emanam do nó *b* representam os dois possíveis resultados do levantamento. Em seguida, vem a segunda decisão (nós *c*, *d* e *e*) com suas duas escolhas possíveis. Se a decisão for extrair o petróleo, então chegamos a outro nó de evento (nós *f*, *g* e *h*), em que seus dois ramos correspondem aos dois estados da natureza possíveis.

Os números entre parênteses são probabilidades.

O próximo passo é inserir números na árvore de decisão, como mostrado na Figura 9.15. Os números sob ou sobre os ramos que *não* estão entre parênteses são os fluxos de caixa (em milhares de $) que ocorrem nesses ramos. Para cada caminho através da árvore de um nó *a* ao ramo final, esses mesmos números são, em seguida, adicionados para se obter o retorno total resultante mostrado em negrito à direita do referido ramo. O último conjunto de números são as probabilidades de eventos aleatórios. Em particular, uma vez que cada ramo que emana de um nó de evento representa um possível evento aleatório, a probabilidade desse evento ocorrer a partir desse nó foi colocada entre parênteses ao longo deste ramo. Do nó de evento *h*, as probabilidades são as *probabilidades a priori* destes estados da natureza, uma vez que nenhum levantamento sísmico foi realizado para obtenção de mais informações neste caso. No entanto, os nós de evento *f* e *g* levam à decisão de realizar o levantamento sísmico (e, em seguida, perfurar). Portanto, as probabilidades destes nós de eventos são as *probabilidades a posteriori* dos estados de natureza, dado o resultado do levantamento sísmico, em que estes números são obtidos da Tabela 9.8 ou das células D15:E16 da Figura

9.13. Finalmente, temos os dois ramos que emanam do nó de evento b. Os números aqui são as probabilidades destas descobertas da pesquisa sísmica, Favorável (SSF) ou Desfavorável (SSD), como dado abaixo do diagrama da árvore de probabilidade da Figura 9.12 ou nas células C15:C16 da Figura 9.13.

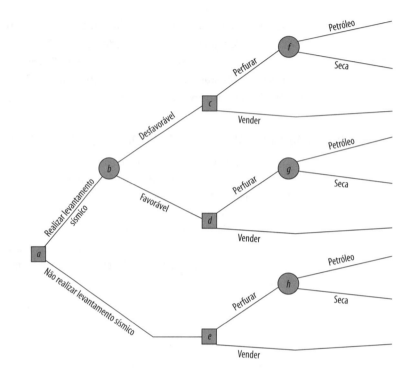

FIGURA 9.14
Árvore de decisão do problema completo da Goferbroke Co.(antes da inclusão de quaisquer números) ao se decidir primeiro pela possibilidade de realização do levantamento sísmico.

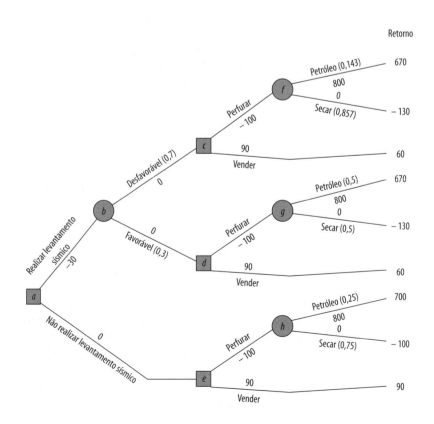

FIGURA 9.15
Árvore de decisão da Figura 9.14, após a adição das probabilidades de eventos aleatórios e os retornos.

VINHETA DE APLICAÇÃO

O **Westinghouse Science and Technology Center** é a principal ramificação de pesquisa e desenvolvimento (P&D) da Westinghouse Electric Corporation para desenvolver novas tecnologias. O processo de avaliação de projetos de P&D para decidir quais devem começar e, em seguida, quais devem continuar à medida que se avança (ou não) é particularmente desafiador para a administração devido às grandes incertezas e os horizontes de longo tempo envolvidos. A data de lançamento real de uma tecnologia embrionária pode levar anos, talvez décadas, sem contar sua criação como modesta proposta de P&D para investigação do potencial da tecnologia.

Como o centro ficou sob crescente pressão para reduzir custos e oferecer tecnologia de alto impacto rapidamente, o seu controlador financiou um projeto de ciência da gestão para melhorar o processo de avaliação. A equipe de ciência da gestão desenvolveu um *método de árvore de decisão* para analisar qualquer proposta de P&D enquanto considerava sua sequência completa de pontos de decisão. O primeiro ponto de decisão se refere ao financiamento ou não do projeto embrionário proposto para o primeiro ano. Se seus primeiros marcos técnicos forem atingidos, o ponto de decisão seguinte se refere à continuidade do financiamento do projeto por algum período. Depois, isso pode ser repetido uma ou mais vezes. Se os marcos técnicos finais forem alcançados, o ponto de decisão seguinte é se o pré-lançamento será realizado no caso de a inovação ainda atender aos objetivos estratégicos de negócios. Se um ajuste estratégico for obtido, o ponto de decisão final é decidir pela comercialização da inovação agora, ou adiar o seu lançamento, ou abandoná-lo completamente. Uma árvore de decisão com uma progressão de nós de decisão e nós de eventos intervenientes fornece uma forma natural de descrever e analisar um projeto de P&D desse tipo.

Fonte: R. K. Perdue, W. J. McAllister, P. V. King e B. G. Berkey, "Valuation of R and D Projects Using Options Pricing and Decision Analysis Models," *Interfaces* 29, no. 6 (novembro a dezembro de 1999), pp. 57–74. (Um link para esse artigo é fornecido no *site* **www.mhhe.com/hillier4e.**)

Realização da análise

Tendo elaborado a árvore de decisão, inclusive seus números, agora estamos prontos para analisar o problema usando o seguinte procedimento.

1. Comece no lado direito da árvore de decisão e vá para a esquerda, uma coluna de cada vez. Para cada coluna, execute a etapa 2 ou 3, dependendo se os nós dessa coluna forem de eventos ou de decisão.

> O retorno esperado precisa ser calculado para cada nó de evento.

2. Para cada nó de evento, calcule o seu *retorno esperado*, multiplicando o retorno esperado de cada ramo (em negrito para a direita do ramo) pela probabilidade daquele ramo e, em seguida, somando os produtos. Anote o retorno esperado para cada nó de evento em negrito ao lado do nó e designe esta quantidade como também o retorno esperado para o ramo que leva a esse nó.

3. Para cada nó de decisão, compare os retornos esperados de seus ramos e escolha a alternativa cujo ramo tem o maior retorno esperado. Em cada caso, anote a escolha na árvore de decisão.

Para iniciar o procedimento, examine a coluna de nós mais à direita, isto é, os nós de evento *f*, *g* e *h*. Aplicando a etapa 2, os seus retornos esperados (CE) são calculados como

$$CE = \frac{1}{7}(670) + \frac{6}{7}(-130) = -15,7 \quad \text{para o nó } f$$

$$CE = \frac{1}{2}(670) + \frac{1}{2}(-130) = 270 \quad \text{para o nó } g$$

$$CE = \frac{1}{4}(700) + \frac{3}{4}(-100) = 100 \quad \text{para o nó } h$$

Estes retornos esperados são, em seguida, colocados acima destes nós, como mostrado na Figura 9.16.

Em seguida, vamos uma coluna para a esquerda, a qual consiste dos nós de decisão *c*, *d* e *e*. O retorno esperado para um ramo que leva a um nó de evento agora é registrado em negrito sobre este nó de evento. Portanto, a etapa 3 pode ser aplicada como segue.

Nó *c*:   Alternativa perfurar tem CE = – 15,7
          Alternativa vender tem CE = 60
          60 > – 15,7, então escolha a alternativa Vender

340 ANÁLISE DE DECISÃO

Nó *d*: Alternativa perfurar tem CE = 270
Alternativa vender tem CE = 60
270 > 60, então escolha a alternativa Perfurar

Nó *e*: Alternativa perfurar tem CE = 100
Alternativa vender tem CE = 90
100 > 90, então escolha a alternativa Perfurar

Traço duplo indica uma decisão rejeitada.

O retorno esperado para cada alternativa escolhida agora deve ser registrado em negrito sobre o seu nó de decisão, como mostrado na Figura 9.16. A alternativa escolhida também é indicada pela inserção de um traço duplo como uma barreira em cada ramo rejeitado.

Em seguida, indo uma uma coluna para a esquerda, chegamos ao nós *b*. Como se trata de um nó de evento, o passo 2 do processo tem de ser aplicado. O retorno esperado para cada um de seus ramos é registrado sobre o nó de decisão seguinte. Desse modo, o retorno esperado é

$$CE = 0{,}7(60) + 0{,}3(270) = 123 \text{ para nó } b$$

como registrado sobre este nó na Figura 9.16.

Por fim, vamos para a esquerda até o nó *a*, um nó de decisão. Aplicar a etapa 3 resulta em

Nó *a*: Realizar o levantamento sísmico tem CE = 123
Não realizar o levantamento sísmico tem CE = 100
123 > 100, então escolha Realizar o levantamento sísmico.

Este retorno esperado de 123 agora deve ser registrado sobre o nó, e um traço duplo, inserido, a fim de indicar o ramo rejeitado, como já mostrado na Figura 9.16.

Caminhos abertos (sem hífens) fornecem a decisão ideal em cada nó de decisão.

Este procedimento passou da direita para a esquerda, para fins de análise. No entanto, ao concluir a árvore de decisão desta forma, o tomador de decisão agora pode ler a árvore da esquerda para a direita para ver a progressão real dos eventos. Os traços duplos fecharam os caminhos indesejáveis. Portanto, dados os retornos para os resultados finais apresentados no lado direito, a *regra de decisão de Bayes* diz para seguir apenas os caminhos abertos a partir da esquerda para a direita, a fim de alcançar o maior retorno esperado possível.

Seguir os caminhos abertos da esquerda para a direita na Figura 9.16 resulta na seguinte política ideal, de acordo com a regra de decisão de Bayes.

FIGURA 9.16
Árvore de decisão final que registra a análise para o problema total da Goferbroke Co. ao se usarem retornos monetários.

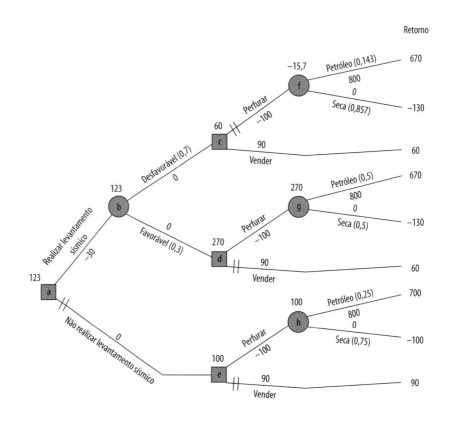

Política ideal

Faça o levantamento sísmico.

Se o resultado for desfavorável, venda o terreno.

Se o resultado for favorável, extraia o petróleo.

O retorno esperado (incluindo o custo do levantamento sísmico) é 123 ($123 mil).

Valor esperado de informações de amostragem

Supomos até agora que o custo do levantamento sísmico para o problema completo da Goferbroke Co é previamente conhecido no valor de $30 mil. No entanto, suponha que há incertezas sobre esse valor. Como isso mudaria a análise descrita?

Neste caso, a análise começaria pela identificação de duas quantidades primordiais,

CE (com mais informações) = Retorno esperado (excluindo o custo do levantamento) quando o levantamento for feito

CE (sem mais informações) = Retorno esperado quando o levantamento não for feito

onde a regra de decisão de Bayes é aplicada para encontrar as duas quantidades. A CE (com mais informações) é obtida usando a metade de cima da árvore de decisão da Figura 9.17, *exceto* que o custo (desconhecido) do levantamento sísmico não está incluído, assim, todos os retornos e retornos esperados teriam 30 a mais do que o mostrado lá. Desse modo, a célula E19 indica que

$$CE \text{ (com mais informações)} = 123 + 30 = 153$$

A CE (sem mais informações) é descrita no início da Seção 9.5 e obtida aqui a partir da metade inferior da árvore de decisão da Figura 9.17, sem nenhuma alteração, de modo que a célula E42 mostra que

$$CE \text{ (sem mais informações)} = 100$$

Agora podemos calcular o **valor esperado de informações de amostragem (EVSI – expected value of sample information)** (em que "informações de amostragem" se refere a informações do levantamento sísmico, neste caso) como

$$\begin{aligned} EVSI &= CE \text{ (com mais informações)} - CE \text{ (sem mais informações)} \\ &= 153 - 100 \\ &= 53 \end{aligned}$$

Assim

C = melhor estimativa disponível do custo do levantamento sísmico (em milhares de $)

O passo final na análise é comparar *C* e EVSI.

Se *C* < EVSI, então realize o levantamento sísmico.

Se *C* ≥ EVSI, então não realize o levantamento sísmico.

Uso do TreePlan

Utilizando os procedimentos descritos na Seção 9.3, o TreePlan pode ser usado para elaborar e resolver esta mesma árvore de decisão em uma planilha. A Figura 9.17 mostra a árvore de decisão obtida com o TreePlan. Embora o formato seja um pouco diferente, observe que esta árvore de decisão é completamente equivalente àquela da Figura 9.16. Além da conveniência de elaborar a árvore diretamente em planilha, o TreePlan também oferece a vantagem principal de resolver automaticamente a árvore de decisão. Em vez de depender de cálculos à mão como na Figura 9.16, o TreePlan instantaneamente calcula todas os retornos esperados em cada fase da árvore, como mostrado abaixo e à esquerda de cada nó, logo que a árvore de decisão é elaborada. Em vez de usar traços duplos, o TreePlan coloca um número dentro de cada nó de decisão, indicando qual ramo deve ser escolhido (supondo que os ramos que saem daquele nó sejam numerados consecutivamente de cima para baixo).

FIGURA 9.17
Árvore de decisão elaborada e resolvida pelo TreePlan para o problema total da Goferbroke Co. que também considera a possibilidade de fazer um levantamento sísmico.

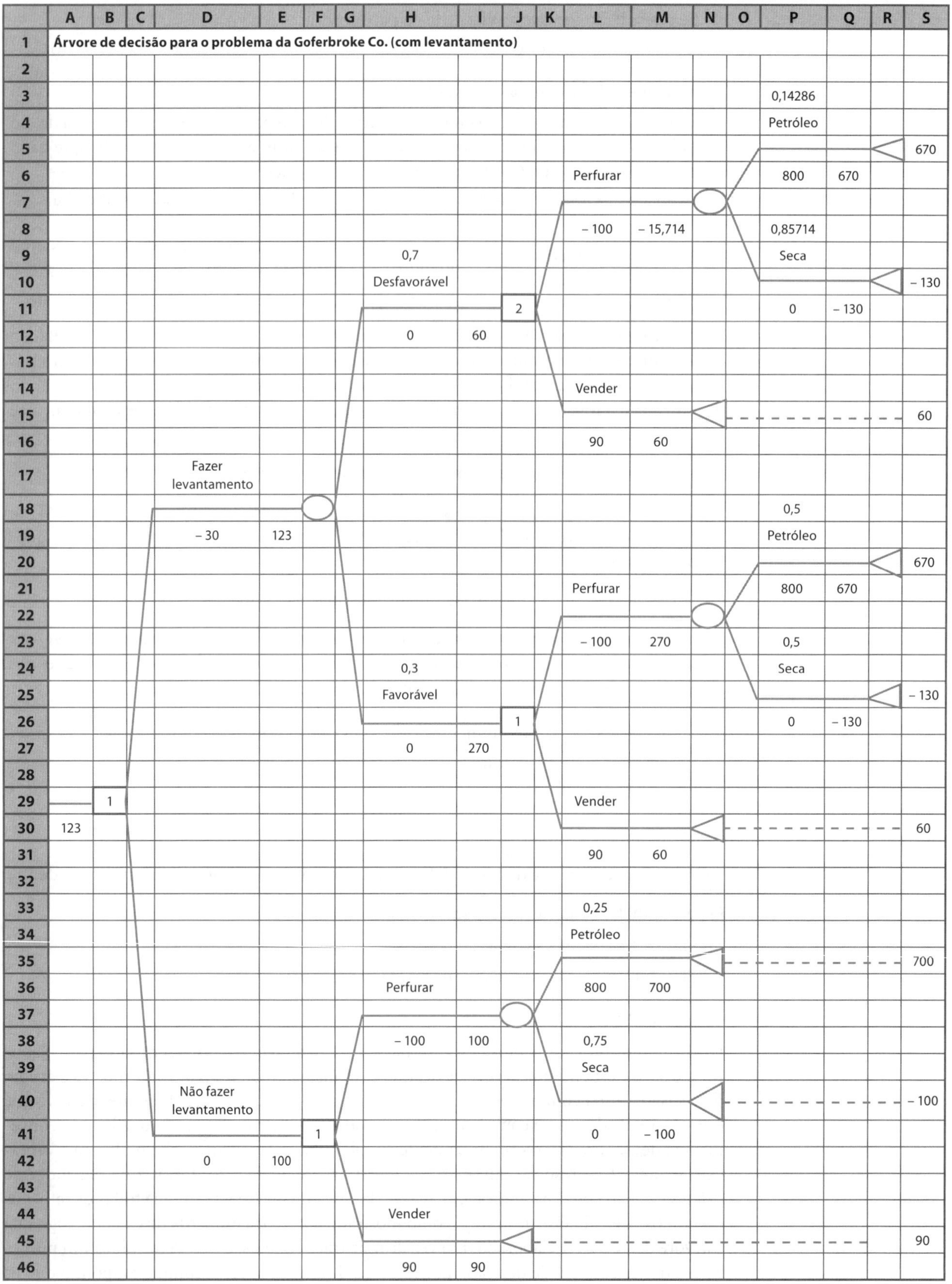

	A	B	C	D	E	F	G	H	I	J	K	L	M	N	O	P	Q	R	S
1	Árvore de decisão para o problema da Goferbroke Co. (com levantamento)																		
2																			
3																0,14286			
4																Petróleo			
5																			670
6												Perfurar				800	670		
7																			
8												−100	−15,714			0,85714			
9							0,7									Seca			
10							Desfavorável												−130
11										2						0	−130		
12								0	60										
13																			
14												Vender							
15																			60
16												90	60						
17			Fazer levantamento																
18																0,5			
19				−30	123											Petróleo			
20																			670
21												Perfurar				800	670		
22																			
23												−100	270			0,5			
24							0,3									Seca			
25							Favorável												−130
26										1						0	−130		
27								0	270										
28																			
29		1										Vender							
30	123																		60
31												90	60						
32																			
33												0,25							
34												Petróleo							
35																			700
36								Perfurar				800	700						
37																			
38								−100	100			0,75							
39												Seca							
40				Não fazer levantamento															−100
41						1						0	−100						
42				0	100														
43																			
44								Vender											
45																			90
46								90	90										

Reação de Max

Max: Percebo que esta árvore de decisão me dá alguns números para comparar alternativas. Mas eles são confiáveis?

Jennifer: Bem, você tem de lembrar que esses retornos médios para as alternativas nos nós de decisão baseiam-se nos retornos à direita e as probabilidades nos nós de eventos. Essas probabilidades são baseadas em usar os números do geólogo consultor e os números que você me deu sobre a frequência com que você recebe sondagens sísmicas favoráveis quando tem ou não petróleo.

Max: Isso não parece tão bom. Você sabe o que penso sobre os números do geólogo consultor. E os números que lhe dei eram estimativas muito grosseiras.

Jennifer: É verdade. Assim, os retornos médios mostrados na árvore de decisão são apenas aproximações. É em ocasiões assim que uma análise de sensibilidade pode ser útil, como fizemos anteriormente, antes de pensarmos em fazer o levantamento sísmico.

Max: OK. Vamos fazer isso.

Perguntas de revisão

1. O que uma árvore de decisão mostra?
2. O que acontece em um nó de decisão?
3. O que acontece em um nó de evento?
4. Quais tipos de números precisam ser inseridos numa árvore de decisão antes do início da análise?
5. Ao realizar a análise, por onde você começa na árvore de decisão e em que direção você vai para lidar com os nós?
6. Qual cálculo deve ser realizado em cada nó de evento?
7. Qual comparação deve ser realizada em cada nó de decisão?
8. O que significa o valor esperado de informações de amostragem e como pode ser usado?

9.8 REALIZAÇÃO DA ANÁLISE DE SENSIBILIDADE NO PROBLEMA COM UMA SEQUÊNCIA DE DECISÕES

A Seção 9.4 descreve como a árvore de decisão criada com o TreePlan (Figuras 9.5 e 9.6) foi utilizada para realizar a análise de sensibilidade do primeiro problema da Goferbroke em que a única decisão a ser tomada era a de extrair o petróleo ou vender o terreno (sem a realização da sondagem sísmica). O foco estava em em dados cruciais – a probabilidade a priori de haver petróleo –, de modo que a análise contemplou se a decisão seria diferente caso o valor original dessa probabilidade a priori (0,25) fosse alterado para vários outros valores de análise. Novos valores de análise foram inicialmente examinados pelo método de tentativa e erro (Figura 9.7) e, em seguida, foram investigados mais sistematicamente por meio da elaboração de uma tabela de dados (Figura 9.9).

Como Max Flyer quer considerar a possibilidade de ter um levantamento sísmico realizado antes da decisão de perfurar ou vender, a árvore de decisão relevante agora é a da Figura 9.17, em vez daquela mostrada na Figura 9.5. Com essa sequência de decisões e a necessidade resultante de obter e aplicar as probabilidades a posteriori, a realização da **análise de sensibilidade** se amplia. Vamos ver como isso é feito.

Organização da planilha

Consolidar os dados e resultados na planilha é importante para a análise de sensibilidade.

Tal como foi feito na Seção 9.4, é útil começar por consolidar os dados e resultados em uma secção da planilha, como mostrado na Figura 9.18. As células de dados na árvore de decisão agora fazem referência àquelas de dados consolidados à direita da árvore de decisão (células V4:V11). Da mesma forma, os resultados resumidos à direita da árvore de decisão fazem referência às células de saída do interior da árvore de decisão (os nós de decisão das células B29, F41, J11 e J26, bem como o retorno esperado da célula A30).

Os dados de probabilidade da árvore de decisão são complicados pelo fato de as probabilidades a posteriori precisarem ser atualizadas a qualquer momento após uma alteração em qualquer um dos dados de probabilidades a priori. Felizmente, o modelo para calcular as probabilidades a posteriori (como mostrado na Figura 9.13) pode ser usado para fazer estes cálculos. A parte relevante desse modelo (B3:H19) foi copiada (usando os comandos Copiar e Colar do menu Editar) para a planilha da Figura 9.18 (agora aparecendo em U30:AA46).

FIGURA 9.18

Na preparação para a realização de análise de sensibilidade do problema completo da Goferbroke Co., os dados e os resultados foram consolidados na planilha à direita da árvore de decisão.

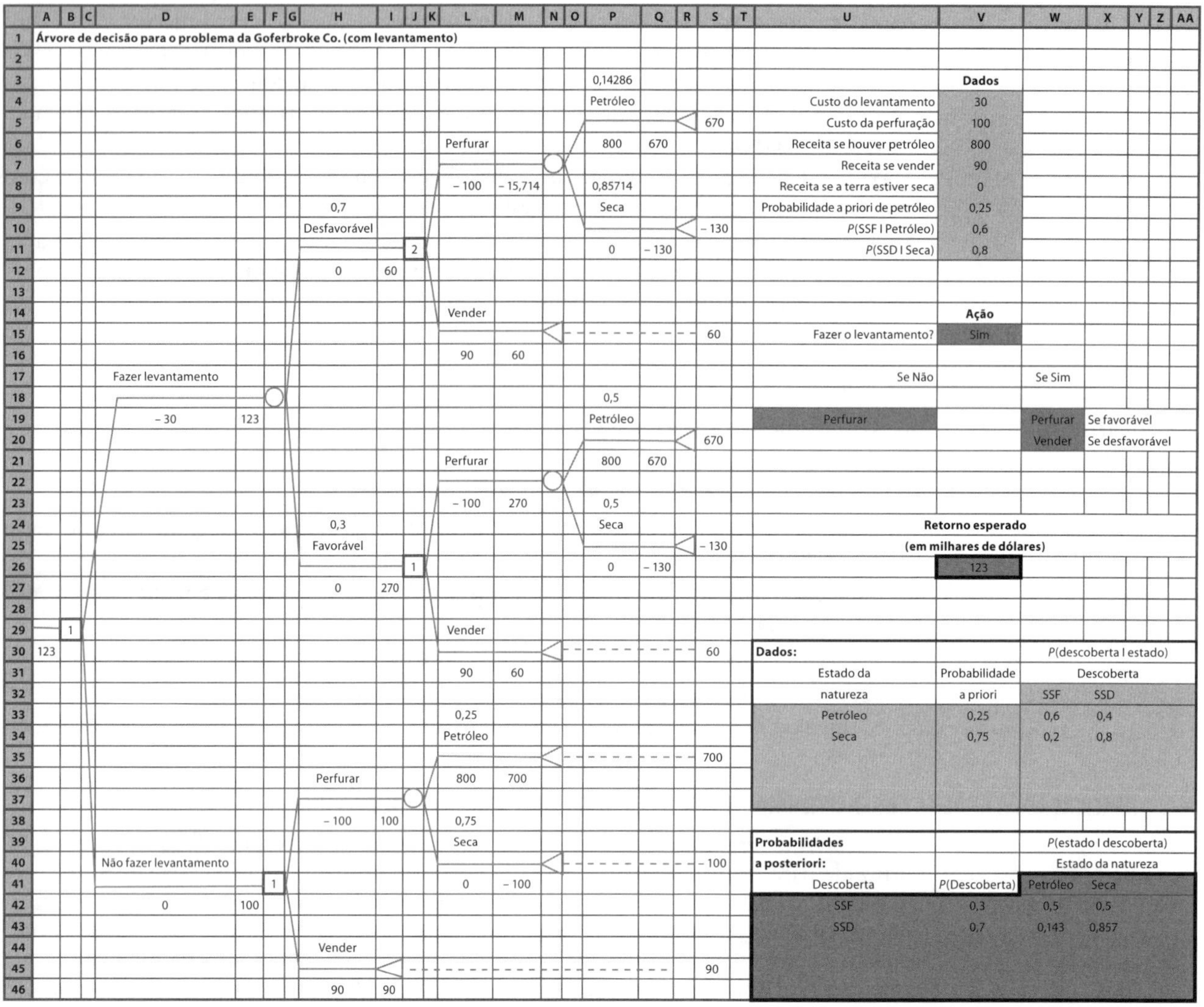

Árvore de decisão para o problema da Goferbroke Co. (com levantamento)

Dados (coluna V):
Custo do levantamento	30
Custo da perfuração	100
Receita se houver petróleo	800
Receita se vender	90
Receita se a terra estiver seca	0
Probabilidade a priori de petróleo	0,25
P(SSF I Petróleo)	0,6
P(SSD I Seca)	0,8

Ação
Fazer o levantamento? **Sim**

Retorno esperado (em milhares de dólares): 123

Dados: P(descoberta I estado)

Estado da natureza	Probabilidade a priori	Descoberta SSF	SSD
Petróleo	0,25	0,6	0,4
Seca	0,75	0,2	0,8

Probabilidades a posteriori: P(estado I descoberta) — Estado da natureza

Descoberta	P(Descoberta)	Petróleo	Seca
SSF	0,3	0,5	0,5
SSD	0,7	0,143	0,857

Nomes de intervalo

Nomes de intervalo	Células
CustoDePerfurar	V5
CustoDoLevantamento	V4
ProbabilideAPrioriDePetróleo	V9
ProbSecaDadaSSF	X42
ProbSecaDadaSSD	X43
ProbSSF	V42
ProbSSFDadoPetróleo	V10
ProbPetróleoDadaSSF	W42
ProbPetróleoDadaSSD	W43
ProbSSD	V43
ProbSSDDadaSeca	V11
ReceitaSeSeca	V8
ReceitaSePetróleo	V6
ReceitaSeVender	V7

	U	V	W	X
14		Ação		
15	Fazer levantamento?	=SE(B29=1,"Sim","Não")		
16				
17	Se não		Se sim	
18				
19	=SE(F41=1,"Perfurar","Vender")		=SE(J26=1," Perfurar"," Vender")	Se favorável
20			=SE(J11=1," Perfurar"," Vender")	Se desfavorável

	P
3	= ProbPetróleoDadaSSD
4	Petróleo
5	
6	= ReceitaSePetróleo
7	
8	= ProbSecaDadaSSD
9	Seca
10	
11	= ReceitaSeSeca

	V
23	Retorno
24	esperado
25	(em milhares de dólares)
26	=A30

	U	V	W	X
30	**Dados:**		P(descoberta I estado)	
31	Estado da	Probabilidade	Descoberta	
32	natureza	a priori	SSF	SSD
33	Petróleo	=ProbabilidadeAPrioriSePetróleo	= ProbSSFDadoPetróleo	=1– ProbSSFDadoPetróleo
34	Seca	=1– ProbabilidadeAPrioriSePetróleo	=1– ProbSSDDadaSeca	= ProbSSDDadaSeca

Os dados para o modelo referem-se aos dados de probabilidade nas células de dados ProbabilidadeAPrioriDePetróleo (V9), ProbSSFDadoPetróleo (V10) e ProbSSDDadaSeca (V11), como mostrado nas fórmulas das células V33:X34, na parte inferior da Figura 9.18. O modelo calcula automaticamente a probabilidade de cada descoberta e as probabilidades a posteriori (nas células V42:X43), com base nesses dados. A seguir, a árvore de decisão refere-se a estas probabilidades calculadas quando necessárias, como mostrado nas fórmulas das células P3:P11 da Figura 9.18.

Embora leve algum tempo e exija certo esforço para a consolidação de dados e resultados, incluindo toda a referência cruzada necessária, esta etapa é realmente essencial para a realização da análise de sensibilidade. Muitos dados são usadas em vários lugares da árvore de decisão. Por exemplo, a receita se a Goferbroke achar petróleo aparece nas células P6, P21 e L36. Realizar a análise de sensibilidade nesses dados agora requer a alteração do seu valor em apenas um local (a célula V6), em vez de três (as células P6, P21 e L36). Os benefícios da consolidação são ainda mais importantes para os dados de probabilidade. A alteração de qualquer probabilidade a priori expõe *todas* as probabilidades a posteriori a alterações. Ao incluir o modelo de probabilidade a posteriori, a probabilidade a priori pode ser alterada em um lugar e, em seguida, todas as outras probabilidades serão calculadas e atualizadas adequadamente.

Organize a planilha de modo que o dado precise ser alterado em um só lugar.

Depois de fazer qualquer alteração nos dados de custos, de receitas ou dados de probabilidade da Figura 9.18, a planilha resume muito bem os novos resultados após o trabalho real para que esses resultados sejam imediatamente obtidos pelo modelo de probabilidade a posteriori e a árvore de decisão. Portanto, experimentar valores alternativos de dados pelo método de tentativa e erro é uma forma útil de realizar a análise de sensibilidade.

No entanto, seria desejável ter outro método de realizar esta análise de sensibilidade mais sistematicamente. Usar uma tabela de dados, como descrita na Seção 9.4, é uma alternativa. No entanto, as tabelas de dados têm suas limitações, especialmente quando lidam com grandes problemas. Por exemplo, uma limitação importante é que cada tabela de dados pode considerar as alterações em apenas uma ou duas células de dados.

Dica do Excel: O suplemento SensItSensIt pode ser usado de forma independente ou em conjunto com o TreePlan e pode ser instalado abrindo o arquivo SensIt no MS Courseware ou usando o instalador incluído no MS Courseware.

Felizmente, o MS Courseware inclui um suplemento do Excel chamado *SensIt* que supera tal limitação, com uma maneira fácil para criar gráficos informativos de análise de sensibilidade que mostram o efeito de mudar *qualquer* número das células de dados. O SensIt foi desenvolvido pelo professor Michael Middleton, que também desenvolveu o TreePlan, de modo que se integra ao TreePlan (embora também possa executar outros tipos de análise de sensibilidade que não requerem a utilização do TreePlan).

Uso do SensIt para criar três tipos de gráficos de análise de sensibilidade

A instalação do SensIt acrescenta o item de menu Análise de Sensibilidade à aba Suplementos (para o Excel 2007 ou 2010) ou ao menu Ferramentas (para outras versões do Excel). Esse item de menu tem um submenu que permite a escolha de dois tipos diferentes de análise de sensibilidade: (1) traçando um gráfico de *saída única* (como retorno esperado) *versus entrada única* (como probabilidade a priori de petróleo) ou (2) gerando gráficos que comparem simultaneamente o efeito de *múltiplas entradas* em uma *saída única*. Vamos agora descrever ambos os tipos de análise de sensibilidade.

Escolher a opção de traçar um gráfico de saída única *versus* entrada única abre a caixa de diálogo exibida na Figura 9.19. A metade superior da caixa de diálogo é usada para especificar a célula de dados que vai ser modificada (a probabilidade a priori de óleo da célula V9) e a célula de saída de lucro (o retorno esperado da célula V26). Para as quais, opcionalmente, as células que contêm os rótulos podem também ser especificadas (células U9 e V24, respectivamente). Os rótulos são utilizados nos eixos do gráfico criado. A metade inferior da caixa de diálogo é usada para especificar o intervalo de valores a ser considerado para a célula de dados única (probabilidade a priori de petróleo). Neste caso, todos os valores entre 0 e 1 (em intervalos de 0,05) serão considerados. Clicar em OK, em seguida, gera o gráfico mostrado na Figura 9.20, que revela que a relação entre a probabilidade a priori de petróleo e o retorno esperado que resulta da utilização da política ideal, dada essa probabilidade.

Este gráfico indica que o retorno esperado começa a aumentar quando a probabilidade a priori é um pouco mais de 0,15 e, em seguida, começa a aumentar mais rapidamente quando ela é de cerca de 0,3. Isso sugere que a política ideal altera de algum modo esses valores de probabilidade a priori. O que se verifica com a planilha da Figura 9.18 que pode ser usada para ver como os resultados mudam quando a probabilidade a priori de óleo aumenta lentamente na proximidade daqueles valores. Este tipo de análise de tentativa e erro logo leva às conclusões a seguir sobre como a política ideal depende dessa probabilidade.

FIGURA 9.19
Caixa de diálogo usada pelo SensIt para desenhar o gráfico One Input, One Output (saída única *versus* entrada única).

FIGURA 9.20
Gráfico gerado pelo SensIt para o problema completo da Goferbroke para mostrar como o retorno esperado (ao usar a regra de decisão de Bayes) depende da probabilidade a priori de petróleo.

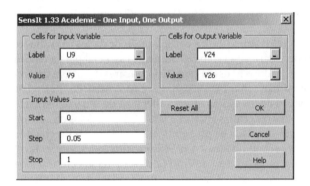

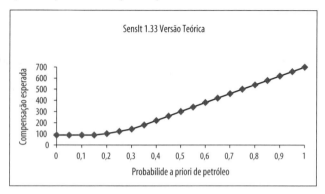

Política ideal

Assim p = Probabilidade a priori de petróleo.

Se $p \leq 0{,}168$, então venda a terra (sem levantamento sísmico).

Se $0{,}169 \leq p \leq 0{,}308$, então faça o levantamento: perfure se favorável e venda se desfavorável.

Se $p \geq 0{,}309$, então extraia o petróleo (sem levantamento sísmico).

Esta análise de sensibilidade concentrou-se até agora em investigar o efeito no caso de a probabilidade verdadeira de encontrar petróleo for diferente da probabilidade a priori original de 0,25. Uma análise semelhante pode ser feita sobre as probabilidades nas células V10:V11 da Figura 9.18. No entanto, uma vez que há uma incerteza significativa sobre alguns dos dados de custos e receitas das células V4:V7, vamos em seguida realizar a análise de sensibilidade com relação a esses dados.

Suponha que desejamos investigar como o retorno esperado mudaria se qualquer um dos custos ou receitas das células V4:V7 estivesse prestes a mudar. Isso requer algumas adições à planilha original (Figura 9.18). Como mostrado na Figura 9,21, as três colunas são adicionadas para cada célula de dados que vai ser modificada, indicando o valor mais baixo, o valor base e valor mais elevado. Suponha que o custo do levantamento e a receita, se o terreno for vendido, sejam bastante previsíveis (variando, assim, em um pequeno intervalo de 28-32 e 85-95, respectivamente), enquanto o custo de perfuração e as receitas, caso se encontre petróleo, sejam mais variáveis (localizando-se em um grande intervalo de 75-140 e 600-1.000, respectivamente).

Uma vez que queremos investigar como o retorno esperado mudaria se qualquer um dos custos ou receitas das células V4:V7 estivessem prestes a mudar, temos agora quatro entradas (os custos e receitas) e uma saída (o retorno esperado). Portanto, depois de expandir a planilha como mostrado na Figura 9.21, o próximo passo é abrir a caixa de diálogo SensIt para "várias entradas, uma saída", exibida na Figura 9.22. (Ela foi aberta para escolher o item correspondente no menu Análise de Sensibilidade da guia Suplemento para o Excel 2007 ou 2010, ou no menu Ferramentas para versões anteriores do Excel) Ela é usada para especificar quais células de dados contíguas serão modificadas, qual célula de saída será examinada e a localização das células que especificam o intervalo (baixo, base e alto) das células de dados.

FIGURA 9.21
Expansão da planilha da Figura 9.18, preparando-se para usar o SensIt para investigar o efeito de alterar quaisquer custos ou valores de receita do retorno esperado.

	U	V	W	X	Y
3		**Dados**	Baixo	Base	Alto
4	Custo do levantamento	30	28	30	32
5	Custo da perfuração	100	75	100	140
6	Receita se houver petróleo	800	600	800	1000
7	Receita se vender	90	85	90	95
8	Receita se a terra estiver seca	0			
9	Probabilidades a prior de petróleo	0,25			
10	P(SSF I Petróleo)	0,6			
11	P(SSD I Seca)	0,8			

FIGURA 9.22
Caixa de diálogo usada pelo SensIt para investigar simultaneamente o efeito de alterar qualquer uma das várias entradas em uma única saída.

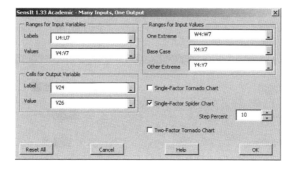

FIGURA 9.23
Gráfico radar gerado pelo SensIt para o problema completo da Goferbroke para mostrar como o retorno esperado (ao usar a regra de decisão de Bayes) varia com as mudanças em qualquer uma das estimativas de custos ou receita.

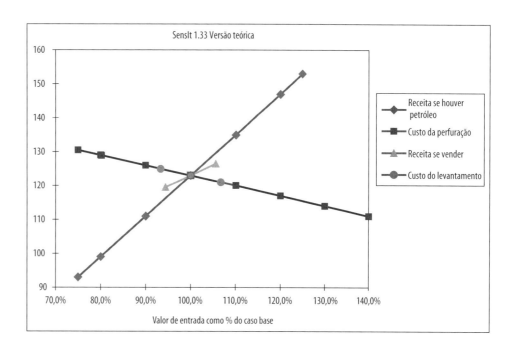

Dica do SensIt: As células de dados que serão modificadas no gráfico de radar precisam estar em células contíguas. Também certifique-se de que as células de dados contenham os valores do caso base.

A caixa Step Percent é usada para especificar o tamanho do passo desejado (como uma porcentagem do valor de base) em cada valor de entrada na qual o retorno esperado será recalculado até que os valores baixo e alto de entrada sejam atingidos. O lado inferior direito da caixa de diálogo apresenta uma escolha de três gráficos para exibir o efeito dos valores alternativos de qualquer uma dessas entradas na saída. Suponhamos que seja escolhida a opção "gráfico radar de fator único" (como mostrado na Figura 9.22). Clicar em OK gera, em seguida, o **gráfico radar** mostrado na Figura 9.23.

Cada linha do gráfico radar da figura mostra o retorno esperado enquanto uma das células de dados selecionadas (V4:V7) é alterada do seu valor original ao ser multiplicada pela porcentagem indicada na parte inferior do gráfico. (A linha *custo do levantamento* fica sobre a linha *custo de perfuração*, mas é muito mais curta do que a linha mais recente, uma vez que só se estende a 93,3% do seu lado esquerdo e a 106,7% do direito.) O fato de a linha *receita se houver petróleo* ser a mais íngreme revela que o retorno esperado é particularmente sensível à estimativa de receita se o petróleo for encontrado, por isso qualquer trabalho adicional no refinamento das estimativas deve concentrar mais atenção nessa linha.

Agora suponhamos que seja escolhida a opção "gráfico tornado de fator único" da Figura 9.22. Clicar em OK gera, em seguida, o **gráfico tornado** mostrado na Figura 9.24. Cada barra no gráfico mostra a gama de variação do retorno esperado enquanto o correspondente custo ou receita é modificado ao longo da gama de valores indicados numericamente nas extremidades de cada barra. A largura de cada barra do gráfico mede o quão sensível é a compensação esperada às mudanças nos custos ou receitas daquela barra. Mais uma vez, a *receita se houver petróleo* se destaca ao ser fonte de muito mais sensibilidade do que os outros custos ou receitas.

Dica do SensIt: As células de dados que serão modificadas no gráfico de tornado devem estar em células contíguas e as colunas adicionais devem ser adicionadas para dar os valores baixo, base e alto para cada célula de dados. Reorganize a planilha desta forma antes de escolher a opção de gráfico de tornado de fator único.

O gráfico radar da Figura 9.23 e o gráfico tornado da Figura 9.24 de fato fornecem a mesma informação de maneiras complementares. Qual deles o faz de forma mais nítida é, em grande parte, questão de opinião.

FIGURA 9.24
Gráfico tornado gerado pelo SensIt para o problema completo da Goferbroke para mostrar quanto o retorno esperado (ao se usar a regra de decisão de Bayes) pode variar ao longo de toda a gama de valores prováveis de qualquer uma das estimativas de custo ou receita.

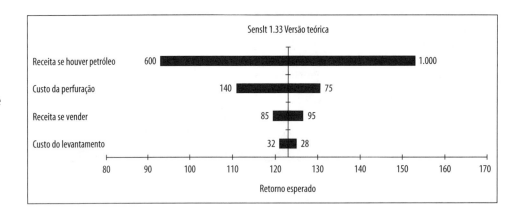

Não examinaremos a terceira opção (o "gráfico tornado de dois fatores") da Figura 9.22. Mais informações e a documentação completa para o SensIt (como para o TreePlan) são fornecidos no Guia do Usuário do CD-ROM.

Reação de Max

Max: Muito interessante. Gostei especialmente de como usamos essa planilha de análise de sensibilidade para ver imediatamente o que iria acontecer quando mudamos alguns números. E havia uma coisa que considerei particularmente animadora.

Jennifer: O que foi?

Max: Quando mudávamos aquela probabilidade a priori de petróleo para quase qualquer outro valor plausível, ela voltava com a mesma resposta. Fazer o levantamento sísmico e, em seguida, perfurar somente se o levantamento fosse favorável. Caso contrário, vender. Assim, os números do geólogo consultor podem estar um pouco defasados e ainda estaríamos fazendo a coisa certa.

Jennifer: É, foi uma descoberta importante, não foi? O que você achou da análise de sensibilidade envolvendo os dados de custos e de receita?

Max: Aqueles gráficos radar e tornado foram muito inteligentes. No entanto, o que eles diziam não me surpreende de modo especial. Claro, o meu retorno vai depender muito mais da receita que teremos se encontrarmos petróleo do que de qualquer outra coisa.

Jennifer: Mas o que aquilo está nos dizendo é que é muito importante tentar determinar melhor de quanto seria a receita. Felizmente, com base na árvore de decisão e nos resultados de sensibilidade já obtidos, posso dizer agora que a planilha da análise de sensibilidade nos dará os mesmos resultados para o que fazer mesmo que façamos mudanças bastante substanciais na estimativa das receitas se encontramos petróleo. O retorno médio com e sem o levantamento (mostrado na células E19 e E42, respectivamente, das Figuras 9.17 e 9.18) na árvore de decisão indica que a política sugerida está longe de ser precisa. Se a receita do petróleo for consideravelmente menor que $800 mil, então a dúvida será fazer o levantamento sísmico ou simplesmente vender o terreno imediatamente. No entanto, o gráfico tornado me diz que a receita se o petróleo for encontrado poderia ser cerca de 25% menor do que a estimativa de $800 mil e nosso retorno médio da política sugerida ainda seria superior a $90 mil que poderíamos obter com a venda da terra imediatamente.

Max: É muito improvável que a receita fosse muito menor que a nossa estimativa. Por isso estou satisfeito para ir em frente com $800 mil como estimativa.

Jennifer: OK. Isso significa que você está confortável agora com a decisão de prosseguir com o levantamento sísmico e depois perfurar ou vender, dependendo do resultado da pesquisa?

Max: Não totalmente. Ainda há uma coisa me incomodando.

Jennifer: O quê?

Max: Suponha que o levantamento sísmico resulte em uma sondagem sísmica favorável e façamos a perfuração. Se a terra estiver seca, então isso significa que perdi $130 mil! Como eu disse no início, isso quase nos coloca fora do negócio. Isso me assusta. Atualmente tenho menos capital de giro do que normalmente tenho. Portanto, a perda de $130 mil agora seria pior do que o normal. Não parece que esta abordagem realmente leva isso em conta.

Jennifer: Não, você está certo. Não leva, realmente. Ela apenas examina valores *monetários médios*. Isso não é o suficiente quando você está lidando com grandes quantias. Você não estaria disposto a descobrir com um cara ou coroa se ganhará ou perderá $130 mil, certo?

Max: Não, claro que não.

Jennifer: OK, essa é a dica. Como mencionei na primeira vez que falamos sobre este problema, acho que as circunstâncias indicam que aqui precisamos ir além da questão monetária e examinar as consequências dos resultados possíveis. Felizmente, a análise de decisão tem um modo de fazer isso mediante o uso de utilidades. A ideia básica é que uma **utilidade** de um resultado mede o verdadeiro valor para você daquele resultado em vez de medir apenas o valor monetário. Assim, ao mostrar os retornos em termos de utilidades, a análise da árvore de decisão encontrará a utilidade média em cada nó, em vez do valor monetário médio. Desse modo, as decisões agora serão baseadas em fornecer a você a utilidade média mais alta possível.

> Considerar os valores *monetários médios* não é suficiente quando podem ocorrer grandes perdas prejudiciais.

Perguntas de revisão

1. No preparo da análise de sensibilidade, como começar a organizar a planilha que contém a árvore de decisão?
2. Ao se realizar a análise de sensibilidade em um determinado conjunto de dados, em quantos lugares da planilha deve-se exigir a alteração do valor?
3. Qual é a limitação importante da utilização de uma tabela de dados para realizar a análise de sensibilidade de um problema grande?
4. Quantas células de dados podem ser modificadas por vez ao se utilizar a opção Plot do SensIt?
5. A opção de Spider do SensIt examina mais células de dados por vez que a opção Plot?
6. Qual a limitação do gráfico radar superada pelo diagrama tornado?

9.9 APLICAÇÃO DAS UTILIDADES PARA MELHOR REFLETIR OS VALORES DOS RETORNOS

Até agora, quando a regra de decisão de Bayes é aplicada, supomos que o retorno esperado em *termos monetários* é a medida adequada das consequências da realização de uma ação. No entanto, em muitas situações em que grandes quantias de dinheiro estão envolvidas, essa suposição é inadequada.

Por exemplo, imagine que a um indivíduo é oferecida a opção de (1) aceitar uma chance de 50-50 de ganhar $100 mil ou (2) receber $40 mil com certeza. Muitas pessoas prefeririam o (2), embora o retorno esperado da chance de ganhar no (1) seja de $50 mil. Uma empresa pode não estar disposta a investir muito dinheiro em um produto novo, mesmo que o lucro seja substancial, se houver risco de perder o seu investimento e, assim, falir. As pessoas compram seguros mesmo que seja um mau investimento do ponto de vista do retorno esperado.

Será que esses exemplos invalidam a regra de decisão de Bayes? Felizmente, a resposta é não, porque não há uma maneira de transformar os valores monetários a uma escala adequada que reflete as preferências do tomador de decisão. Esta escala é chamada *função utilitária para dinheiro*.

Função utilitária para dinheiro

A Figura 9.25 mostra uma **função utilitária U(D) para dinheiro D**. A interpretação intuitiva é que ela indica que um indivíduo com essa função utilitária valorizaria a obtenção de $30 mil duas vezes mais que a de $10 mil e a de $100 mil duas vezes mais que a de $30 mil. Isso reflete o fato de as necessidades de mais alta prioridade de alguém serem satisfeitas com os primeiros $10 mil. Esta inclinação decrescente da função enquanto a quantia de dinheiro aumenta é chamada de *utilidade marginal decrescente para o dinheiro*. Diz-se que indivíduos assim têm **aversão a risco**.

FIGURA 9.25
Função utilitária para dinheiro típica, em que U(D) é a utilidade de obter uma quantia de dinheiro D.

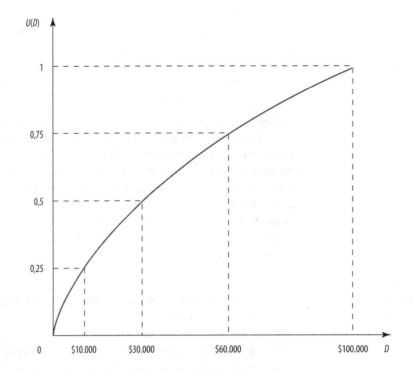

FIGURA 9.26
Formato da função utilitária para dinheiro para três tipos de indivíduos.

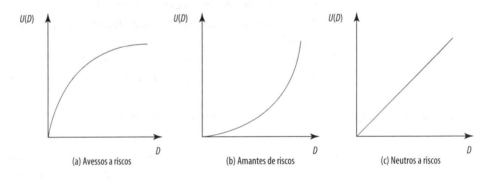

Dois indivíduos diferentes podem ter funções utilitárias muito distintas para dinheiro.

No entanto, nem todos os indivíduos têm uma utilidade marginal decrescente para o dinheiro. Alguns são **amantes de riscos** em vez de *avessos a riscos* e passam a vida procurando a "grande jogada". A inclinação de sua função utilitária *aumenta* à medida que aumenta a quantia de dinheiro, de modo que eles têm uma *utilidade marginal crescente para o dinheiro*.

A Figura 9.26 compara a forma da função utilitária para dinheiro de indivíduos avessos a riscos e de amantes de riscos. Também é mostrado o caso intermediário de indivíduos **neutros a riscos**, que prezam o dinheiro pelo seu valor nominal. A utilidade que estes têm para o dinheiro é simplesmente proporcional à quantia de dinheiro envolvida. Embora algumas pessoas pareçam ser neutras a riscos quando se trata apenas de pequenas quantidades de dinheiro, é incomum ser verdadeiramente neutro ao risco com quantidades muito grandes.

Também é possível exibir uma mistura desses tipos de comportamento. Por exemplo, um indivíduo pode ser essencialmente neutro ao risco com pequenas quantias de dinheiro e tornar-se um amante de riscos com quantidades moderadas e, depois, avesso ao risco com grandes quantidades. Além disso, a atitude de alguém em relação ao risco pode mudar com o tempo, dependendo das circunstâncias.

Os administradores de uma empresa de negócios precisam considerar as circunstâncias da empresa e a filosofia coletiva da alta gerência para determinar a atitude apropriada em relação ao risco na tomada de decisões gerenciais.

O fato de que diferentes pessoas têm diferentes funções utilitárias para o dinheiro tem uma implicação importante para a tomada de decisão face à incerteza.

Quando uma *função utilitária para dinheiro* é incorporada em uma abordagem de análise de decisão para um problema, ela deve ser elaborada para atender às preferências atuais e os valores do tomador de decisão envolvido. (O tomador de decisão pode ser um único indivíduo ou um grupo de pessoas.)

A chave para elaborar uma função utilitária para dinheiro que se ajuste ao tomador de decisão é a seguinte propriedade fundamental das funções utilitárias.

Propriedade fundamental: Com base nos pressupostos da teoria da utilidade, a *função utilitária para dinheiro* do tomador de decisão tem a propriedade de que o tomador de decisão é *indiferente* aos dois cursos de ação alternativos se as duas alternativas tiverem a *mesma utilidade esperada*.

Para ilustrar, suponha que o tomador de decisão tem a função utilitária mostrada na Figura 9.25. Suponha ainda que é oferecida a ele a seguinte oportunidade.

Oferta: Uma oportunidade para obter $ 100 mil (utilidade = 1) com probabilidade p ou nada (utilidade = 0) com probabilidade $(1-p)$.

Assim, ponderando as duas utilidades possíveis (1 e 0) pelas suas probabilidades, a utilidade esperada é

$$E(\text{utilidade}) = p + 0(1-p)$$
$$= p \text{ por essa oferta}$$

Nesses três casos, um tomador de decisão com a função utilitária da Figura 9.25 seria indiferente às duas alternativas, pois ambas têm a mesma utilidade esperada.

Portanto, para *cada* um dos três pares seguintes de alternativas, a propriedade fundamental acima indica que o tomador de decisão é indiferente à primeira e à segunda alternativas.

1. *Primeira alternativa:* A oferta com $p = 0{,}25$, então $E(\text{utilidade}) = 0{,}25$.
   Segunda alternativa: Obter com certeza $10 mil, então utilidade = 0,25.
2. *Primeira alternativa:* A oferta com $p = 0{,}5$, então $E(\text{utilidade}) = 0{,}5$.
   Segunda alternativa: Obter com certeza $30 mil, então utilidade = 0,5.
3. *Primeira alternativa:* A oferta com $p = 0{,}75$, então $E(\text{utilidade}) = 0{,}75$.
   Segunda alternativa: Obter com certeza $60 mil, então utilidade = 0,75.

Este exemplo ilustra também uma maneira pela qual a função utilitária para o dinheiro do tomador de decisão pode ser elaborada primeiramente. O tomador de decisão faria a mesma oferta hipotética para obter uma grande quantia de dinheiro (p. ex., $100 mil) com probabilidade p, ou nada (utilidade = 0) no caso contrário. Então, para cada uma das quantidades um pouco menores de dinheiro (p. ex., $10 mil, $30 mil e $60 mil), o tomador de decisão seria convidado a escolher um valor de p que o tornaria *indiferente* entre a oferta e a obtenção com certeza daquela quantia. A utilidade da menor quantia, então, é p vezes a utilidade da grande quantia. Quando a utilidade da grande quantia foi definida igual a 1, como na Figura 9.25, isso convenientemente torna a utilidade da quantidade menor simplesmente igual a p. Os valores de utilidade da Figura 9.25 significam que o tomador de decisão escolheu $p = 0{,}25$ quando D = 10.000, $p = 0{,}5$ quando D = 30.000 e p = 0,75 quando D = 60.000. (A elaboração da função utilitária desta maneira é um exemplo do *método de loteria equivalente* descrito a seguir nesta seção.)

A *escala* da função utilitária é irrelevante. Em outras palavras, não importa se os valores de $U(D)$ nas linhas tracejadas da Figura 9.25 sejam 0,25, 0,5, 0,75, 1 (como mostrado) ou 10 mil, 20 mil, 30 mil, 40 mil ou o que for. Todas as utilidades podem ser multiplicadas por qualquer constante positiva sem afetar a alternativa de decisão que terá a maior utilidade esperada. Também é possível adicionar a mesma constante (positiva ou negativa) para todas as utilidades sem afetar qual alternativa de decisão terá a maior utilidade esperada.

Por estas razões, temos a liberdade para definir o valor de $U(D)$ arbitrariamente para os dois valores de D, contanto que o maior valor monetário tenha a maior utilidade. É particularmente conveniente definir $U(D) = 0$ para o menor valor de D em consideração e definir $U(D) = 1$ para o maior D, como na Figura 9.25. Ao atribuir uma utilidade de 0 para o pior resultado e uma utilidade de 1 para o melhor, e depois determinar as utilidades dos outros resultados conformemente, é fácil perceber a utilidade relativa de cada resultado ao longo da escala do pior ao melhor.

O objetivo agora é maximizar a utilidade esperada em vez do retorno esperado em termos monetários.

Agora estamos prontos para resumir o papel básico de funções utilitárias na análise de decisão.

Quando a função utilitária para dinheiro do tomador de decisão é usada para medir o valor relativo dos vários resultados monetários possíveis, a *regra de decisão de Bayes* substitui retornos monetários pelas utilidades correspondentes. Desse modo, a decisão (ou série de decisões) ideal será aquela que *maximize a utilidade esperada*.

Apenas as funções utilitárias para *dinheiro* foram examinadas aqui. No entanto, devemos mencionar que as funções utilitárias às vezes podem ser também elaboradas quando algumas ou todas as consequências importantes das alternativas de decisão *não* são de natureza monetária. (P. ex., as consequências de alternativas de decisão de um médico no tratamento de um paciente envolvem o futuro da saúde do paciente.) Isso não é necessariamente fácil, uma vez que pode exigir fazer juízos de valor sobre a conveniência relativa de consequências bastante intangíveis. No entanto, sob tais circunstâncias, é importante incorporar esses juízos de valor ao processo de decisão.

Retorno ao problema da Goferbroke Co.

Lembre-se que a Goferbroke Co. está operando sem muito capital, de modo que a perda de $100 mil seria muito grave. E Max, o proprietário da empresa, já está bastante comprometido com dívidas para continuar a operar. O pior cenário seria o de gastar $30 mil em um levantamento sísmico e depois ainda perder $100 mil em uma perfuração quando não houver petróleo. Este cenário não levaria a empresa à falência neste momento, mas definitivamente iria deixá-la em uma situação financeira precária.

Por outro lado, extrair o petróleo é uma perspectiva interessante, já que ganhar $700 mil finalmente colocaria a empresa em um patamar financeiro bastante sólido.

Max é o tomador de decisão para esse problema. Portanto, para se preparar para usar as utilidades na análise do problema, é necessário elaborar a função utilitária para dinheiro de Max, $U(D)$, em que vamos mostrar a quantia de dinheiro M em unidades de milhares de dólares.

Começamos por atribuir utilidades de 0 e 1, respectivamente, para os retornos menores e maiores. Como o menor retorno possível é $D = -130$ (uma perda de $130 mil) e a maior é $M = 700$ (um ganho de $700 mil), isto resulta em $U(-130) = 0$ e $U(700) = 1$.

Para determinar as utilidades para outros retornos monetários possíveis, é necessário sondar a atitude de Max em relação ao risco. Especialmente importantes são os sentimentos dele quanto às consequências da pior perda possível ($130 mil) e melhor ganho possível ($700 mil), bem como a forma como ele compara essas consequências. Vamos dar uma olhada enquanto Jennifer conversa com Max.

Entrevista com Max

Jennifer: Bem, essas utilidades se destinam a refletir como você se sente quanto ao verdadeiro valor para você dos diversos retornos possíveis. Portanto, para definir o que são as utilidades, precisamos falar um pouco sobre como você se sente quanto aos retornos e suas consequências para a empresa.

Max: Certo.

Jennifer: Um bom ponto por onde começar seriam os casos de melhores e piores cenários possíveis. A possibilidade de ganhar $700 mil ou perder $130 mil.

Max: Sim, essas são as mais importantes.

Jennifer: OK, vamos supor que você perfure sem pagar pelo levantamento sísmico e descubra petróleo, de modo que o lucro seja de cerca de $700 mil. O que isso representaria para a empresa?

Max: Muita coisa. Isso finalmente me traria o capital de que preciso para me tornar um importante participante deste ramo. Eu poderia arriscar para encontrar um grande campo de petróleo. A grande descoberta de que falei para você.

Jennifer: Ok, ótimo. Agora vamos falar sobre as consequências caso você tenha a maior perda possível. Suponha que você pague por um levantamento sísmico, depois perfure e a terra esteja seca. Você perderia cerca de $130 mil. Qual seria a gravidade disso? Que tipo de futuro a empresa enfrentaria?

Max: Bem, deixe-me colocar desta forma: a empresa ficaria em uma posição financeira bastante desconfortável. Eu precisaria trabalhar duro para conseguir mais financiamentos.

Depois, precisaríamos ter cautela para sair do buraco com a formação de algumas parcerias para extrações de baixo risco e com pouco lucro. Mas acho que poderíamos fazer isso. Já estive nessa situação algumas vezes antes e consegui vencê-la. Ficaríamos bem.

Jennifer: Parece que você não ficaria muito preocupado com a perda, desde que tivesse chances razoáveis de um grande retorno para justificar esse risco.

Max: É isso mesmo.

Jennifer: OK, agora vamos falar sobre as probabilidades. O que vou fazer é criar uma situação hipotética mais simples. Suponha que estas são as suas alternativas: uma é perfurar. Se encontrar petróleo, leva $700 mil. Se a terra estiver seca, você perde $130 mil. A única alternativa restante é vender o terreno por $90 mil. Sei que esta não é a sua situação real, pois os $700 mil não incluem o custo do levantamento, enquanto a perda de $130 mil inclui, mas vamos fingir que estas são as suas alternativas.

Max: Não entendo por que você quer falar sobre uma situação que é diferente da que estamos enfrentando.

Jennifer: Confie em mim. Examinar esses tipos de situações hipotéticas vai nos permitir determinar a utilidade que você dá a elas.

Max: OK.

Jennifer: Agora, se você presumivelmente tivesse uma chance de 50-50 de ganhar $700 mil ou $130 mil, você se decidiria pela extração.

Max: Claro.

Jennifer: Se você tivesse uma chance menor – por exemplo, uma em quatro – de ganhar $700 mil contra três chances em quatro de perder $130 mil, você escolheria perfurar ou vender o terreno por $90 mil?

Max: Bem, isso é praticamente a decisão original que estávamos tentando tomar antes de considerar o levantamento sísmico. Mas há uma grande diferença. Agora você está me pedindo para supor que a perda se não houver óleo é de $130 mil em vez de $100 mil. Uma perda maior seria um pouco mais dolorosa. Eu não estaria disposto a assumir esse risco com apenas uma chance em quatro de ganhar $700 mil.

Ponto de indiferença é aquele em que o tomador da decisão é indiferente entre duas alternatias hipotéticas.

Jennifer: OK, então agora sabemos que o ponto em que você seria indiferente entre ir adiante ou não está em algum lugar entre ter uma chance em quatro e uma chance de 50-50 de ganhar $700 mil em vez de perder $130 mil. Vamos ver se podemos determinar exatamente onde está seu **ponto de indiferença** dentro deste intervalo de um em quatro e 50--50. Vamos experimentar uma chance em três. Você iria em frente e perfuraria se tivesse uma chance em três de ganhar $700 mil contra duas chances em três de perder $130 mil, ou escolheria vender o terreno por $90 mil?

Max: Hum... Isso não está muito claro. Qual seria o retorno médio neste caso?

Jennifer: Aproximadamente de $147 mil.

Max: Nada mal. Hum... uma chance em três de ganhar $700 mil. É tentador. Mas duas chances em três de perder $130 mil com todos os problemas envolvidos nisso. Não tenho certeza. Os $90 mil seriam uma coisa certa. Essa é difícil.

Jennifer: Ok, vamos tentar outra. Suponha que suas chances de ganhar $700 mil fossem um pouco melhores do que uma em três. Você tentaria?

Max: Sim, acho que sim.

Jennifer: E se suas chances fossem um pouco menores de que uma em três?

Max: Então acho que não faria isso.

Jennifer: OK. Você me convenceu de que seu ponto de indiferença é um em três. Era exatamente isso de que eu precisa saber.

Encontrar *U*(90)

Max realmente deu a Jennifer as informações de que ela precisa para determinar $U(90)$: a utilidade de Max para um retorno de 90 (um ganho de 90mil). Lembre-se que $U(-130)$ já foi definido em $U(-130) = 0$ e que $U(700)$ já foi definido em $U(700) = 1$. Aqui está o procedimento que Jennifer está usando para encontrar $U(90)$.

O tomador de decisão (Max) recebe duas alternativas, A_1 e A_2.

A_1: Obter um retorno de 700 com probabilidade p.
Obter um retorno de -130 com probabilidade $(1-p)$.

A_2: Obter com certeza um retorno de 90.

A pergunta para o tomador de decisão: Qual valor de p o torna *indiferente* entre essas duas alternativas? Lembre-se de que Max escolheu $p = 1/3$.

Para uma dada escolha de p, a utilidade esperada para A_1 é

$$E(\text{utilidade para } A_1) = pU(700) + (1-p)U(-130)$$
$$= p(1) + (1-p)(0)$$
$$= p$$

Se o tomador de decisão ficar indiferente entre as duas alternativas, a propriedade fundamental das funções utilitárias diz que as duas alternativas devem ter a mesma utilidade esperada. Portanto, a utilidade para A_2 deve também ser p. Desde que Max escolha um *ponto de indiferença* de $p = 1/3$, a utilidade para A_2 deve ser 1/3, portanto $U(90) = 1/3$.

Método da loteria equivalente para a determinação de utilidades

O procedimento descrito para encontrar $U(90)$ mostra que a chave para encontrar a utilidade para qualquer retorno D é que o tomador de decisão tenha selecionado um *ponto de indiferença* entre duas alternativas em que um deles (A_1) envolve uma *loteria* (sorteio) entre o maior e o menor retorno e a outra alternativa (A_2) é receber com certeza um retorno de D. No ponto de indiferença, a loteria é *equivalente* à certeza do retorno no sentido de que eles têm a mesma utilidade esperada, de modo que o procedimento é chamado de **método de loteria equivalente**. Aqui vai um resumo do processo.

Método da loteria equivalente

1. Determine o maior retorno potencial, D = máximo, e atribua-lhe uma utilidade de 1:

$$U(\text{máximo}) = 1$$

2. Determine o menor retorno potencial e atribua-lhe uma utilidade de 0:

$$U(\text{mínimo}) = 0$$

3. Para determinar a utilidade de outro retorno D potencial, o tomador de decisão recebe as duas alternativas hipotéticas seguintes:

   A_1: Obter um retorno do *máximo* com probabilidade p.
   Obter um retorno do *mínimo* com probabilidade $1 - p$.

   A_2: Obter com certeza um retorno de D.

A pergunta para o tomador de decisão: Qual o valor de p o torna *indiferente* entre essas duas alternativas? Assim $U(D) = p$.

Elaboração da função utilitária para dinheiro de Max

Agora descobrimos as utilidades para os três retornos possíveis (-130, 90 e 700) para a Goferbroke. Traçar esses valores em um gráfico da função utilitária $U(D)$ versus o retorno monetário D e, em seguida, desenhar uma curva suave por esses pontos dá a curva mostrada na Figura 9.27.

Esta curva é uma estimativa da função utilitária para o dinheiro de Max. Para encontrar os valores de utilidade para outros retornos possíveis (-100, 60 e 670), Max poderia repetir o passo 3 do método da loteria equivalente para $D = -100$, $D = 60$ e $D = 670$. No entanto, como -100 é muito próximo de -130, 60 é muito próximo de 90 e 670 muito próximo de 700, uma alternativa é calcular essas utilidades nos valores da curva da Figura 9.27 em $D = -100$, $D = 60$ e $D = 670$. Seguir as linhas pontilhadas correspondentes da figura conduz a $U(-100) = 0,05$, $U(60) = 0,30$ e $U(670) = 0,97$. A Tabela 9.9 apresenta a lista completa dos retornos possíveis e suas utilidades.

Para fins comparativos, a linha tracejada da Figura 9.27 mostra a função utilitária que resultaria se Max fosse completamente *neutro ao risco*. Por natureza, ele é um amante do risco. No entanto, as difíceis circunstâncias financeiras de sua empresa que ele mal consegue manter o obrigaram a adotar uma postura de aversão moderada ao risco para tomar suas decisões atuais.

Uso da árvore de decisão para analisar o problema com utilidades

Agora que a função utilitária para o dinheiro de Max foi elaborada na Tabela 9.9 (e na Figura 9.27), esta informação pode ser usada com uma árvore de decisão, como resumido a seguir.

FIGURA 9.27
Função utilitária para o dinheiro de Max como proprietário da Goferbroke Co.

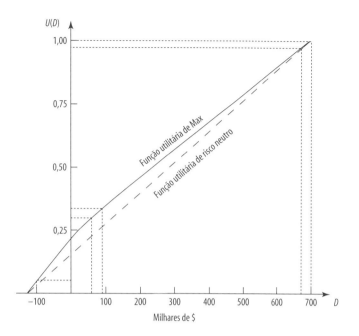

O procedimento para a utilização de uma árvore de decisão na análise do problema agora é *idêntico* ao descrito na Seção 9.7, *exceto* por substituir utilidades por retornos monetários. Portanto, o valor obtido para avaliar cada nó da árvore agora é a *utilidade esperada*, em vez do retorno (monetário) esperado. Consequentemente, a decisão ideal selecionada pela regra de decisão de Bayes maximiza a utilidade esperada para o problema global.

Em cada ramo terminal, digite a utilidade daquele resultado como o "fluxo de caixa" lá e não altere o valor padrão de 0 do "fluxo de caixa" dos ramos anteriores.

Assim, usando o TreePlan mais uma vez, nossa árvore de decisão final com utilidades mostrada na Figura 9.28 se assemelha à da Figura 9.17 dada na Seção 9.7. Os nós e os ramos são exatamente os mesmos, assim como as probabilidades para os ramos que emanam dos nós de eventos. No entanto, a principal diferença da Figura 9.17 é que o retorno monetário em cada nó terminal agora foi substituído pela utilidade correspondente da Tabela 9.9. (Isso foi conseguido com o TreePlan ao se digitar essa mesma utilidade como "fluxo de caixa" no ramo terminal e digitando "fluxos de caixa" de 0 em todos os ramos anteriores.) São essas as utilidades que foram usadas pelo TreePlan para calcular as *utilidades esperadas*, exibidas ao lado de todos os nós.

Essas utilidades esperadas levam às mesmas decisões da Figura 9.17 em todos os nós de decisão, exceto o da parte inferior da célula F41. A decisão neste nó agora é *vender* em vez de *perfurar*. No entanto, o procedimento de solução ainda deixa este nó em um caminho *fechado*, como indicado pelo 1 da célula B29. Por conseguinte, a política ideal global continua a ser a mesma que a obtida na Figura 9.17 (fazer o levantamento sísmico; vender se o resultado for desfavorável; perfurar se o resultado for favorável).

A abordagem anterior de maximizar o retorno monetário esperado supõe haver um tomador de decisão neutro ao risco.

A abordagem de maximizar o retorno monetário esperado utilizado nas seções anteriores foi equivalente a supor que o tomador de decisão é neutro em relação ao risco. Usando a teoria da utilidade com uma função utilitária apropriada, a solução ideal agora reflete a atitude do tomador de decisão quanto ao risco. Como Max adotou uma postura de aversão moderada ao risco, a política ideal não se alterou em relação à situação anterior.

TABELA 9.9
Utilidades para o problema da Goferbroke Co.

Retorno monetário, D	Utilidade, $U(D)$
– 130	0
– 100	0,05
60	0,30
90	0,333
670	0,97
700	1

356 ANÁLISE DE DECISÃO

FIGURA 9.28
Árvore de decisão final elaborada e resolvida pelo TreePlan para o problema total da Goferbroke Co. aplicando a função utilitária para o dinheiro de Max para maximizar a utilidade esperada.

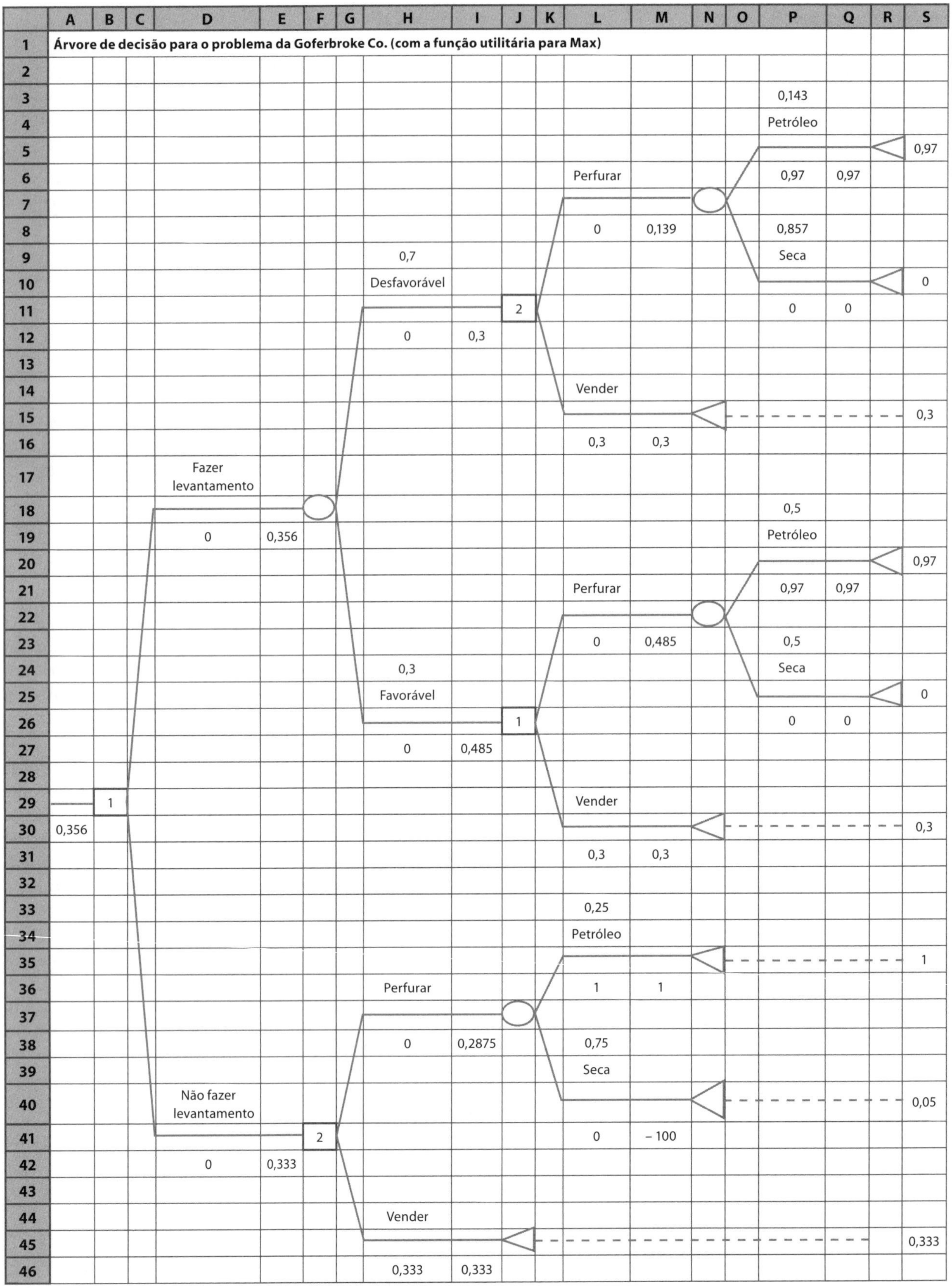

	A	B	C	D	E	F	G	H	I	J	K	L	M	N	O	P	Q	R	S
1	Árvore de decisão para o problema da Goferbroke Co. (com a função utilitária para Max)																		
2																			
3																0,143			
4																Petróleo			
5																			0,97
6												Perfurar				0,97	0,97		
7																			
8												0	0,139			0,857			
9								0,7								Seca			
10								Desfavorável											0
11										2						0	0		
12								0	0,3										
13																			
14												Vender							
15																			0,3
16												0,3	0,3						
17				Fazer levantamento															
18																0,5			
19				0	0,356											Petróleo			
20																			0,97
21												Perfurar				0,97	0,97		
22																			
23												0	0,485			0,5			
24								0,3								Seca			
25								Favorável											0
26										1						0	0		
27								0	0,485										
28																			
29		1										Vender							
30	0,356																		0,3
31												0,3	0,3						
32																			
33												0,25							
34												Petróleo							
35																			1
36								Perfurar				1	1						
37																			
38								0	0,2875			0,75							
39												Seca							
40				Não fazer levantamento															0,05
41							2					0	-100						
42				0	0,333														
43																			
44								Vender											
45																			0,333
46								0,333	0,333										

Para o tomador de decisão um pouco mais avesso ao risco, a solução ideal seria mudar para uma abordagem mais conservadora de vender o terreno imediatamente (sem o levantamento sísmico).

Jennifer e Max estão de parabéns por incorporar as utilidades em uma abordagem de análise de decisão para o problema dele. As utilidades ajudam a ter uma abordagem racional para a tomada de decisão em face da incerteza. No entanto, muitos gestores não se sentem suficientemente confortáveis com a ideia relativamente abstrata de utilidades, ou de trabalhar com probabilidades para elaborar uma função utilitária, para estarem dispostos a usar essa abordagem. Consequentemente, as utilidades não são usadas quase tão amplamente na prática quanto algumas outras técnicas de análise de decisão descritas neste capítulo, incluindo a regra de decisão de Bayes (com retornos monetários) e árvores de decisão.

Outra abordagem para calcular *U(D)*

O procedimento descrito anteriormente para a elaboração de $U(D)$ pede ao tomador de decisão que aplique repetidamente o método da loteria equivalente, o que exige que ele, a cada oportunidade, tome uma decisão difícil sobre qual probabilidade o tornaria indiferente entre duas alternativas. Muitos gestores se sentiriam desconfortáveis ao tomar esse tipo de decisão. Desse modo, a abordagem alternativa é por vezes utilizada em vez de calcular a função utilitária para o dinheiro.

Esta abordagem supõe que a função utilitária tem uma certa forma matemática e, então, ajusta esta forma à atitude do tomador de decisão em relação ao risco, tanto quanto possível. Por exemplo, uma forma particularmente popular de se supor (por causa da sua simplicidade relativa) é a **função de utilidade exponencial**,

$$U(D) = R\left(1 - e^{-\frac{D}{R}}\right)$$

Como *R* mede a *tolerância ao risco* do tomador de decisão, a *aversão* ao risco diminui à medida que *R* aumenta.

onde R é a *tolerância ao risco* do tomador de decisão. Esta função utilitária tem o tipo de formato mostrado na Figura 9.26(a), por isso é projetada para ajustar-se ao indivíduo *avesso ao risco*. Uma grande aversão a risco corresponde a um pequeno valor de R (que faria a curva nesta figura dobrar-se acentuadamente), enquanto uma pequena aversão ao risco corresponde a um valor elevado de R (que dá uma inclinação muito mais gradual na curva).

Uma desvantagem da função de utilidade exponencial é que ela supõe uma aversão constante ao risco (um valor fixo de R), independentemente de quanto (muito ou pouco) dinheiro o tomador de decisão tem atualmente. Isso não se ajusta bem à situação de Max, já que a atual escassez de recursos o deixa muito mais preocupado em sofrer uma perda grande que o habitual. É por isso que Jennifer jamais levantou a possibilidade de utilizar uma função de utilidade exponencial.

Em outras situações em que as consequências das perdas potenciais não são tão graves, presumir uma função de utilidade exponencial pode proporcionar uma aproximação razoável. Nesse caso, aqui está uma maneira fácil de calcular o valor apropriado de R. O tomador de decisão seria instado a escolher o número R que o tornaria indiferente entre as duas alternativas seguintes.

A_1: Uma aposta com 50–50 de chance, em que ele ganharia R doláres com a probabilidade 0,5 e perderia $R$12 doláres com a probabilidade 0,5.

A_2: Sem ganhar ou perder.

Por exemplo, se o tomador de decisão ficasse indiferente entre não fazer nada ou fazer uma aposta com 50-50 de chance, onde ele ganharia $1 mil com a probabilidade 0,5 e perderia $500 com a probabilidade 0,5, então $R = 1.000$.

Uso do TreePlan com a função de utilidade exponencial

O TreePlan também tem a opção de usar a função de utilidade exponencial. Primeiramente, o valor de R deve ser especificado na planilha. A célula que contém esse valor precisa, em seguida, receber um nome de intervalo de TR (O TreePlan refere-se a este termo como tolerância ao risco). Em seguida, clique no botão Opções da caixa de diálogo do TreePlan para abrir a caixa de diálogo mostrada na Figura 9.29. Selecione a opção "Usar função de utilidade exponencial". Clicar em OK vai iniciar a revisão da árvore de decisão que incorporará a função de utilidade exponencial.

VINHETA DE APLICAÇÃO

Após a fusão da Conoco Inc. e da Phillips Petroleum Company em 2002, a **ConocoPhillips** se tornou a terceira maior empresa integrada de energia dos Estados Unidos, com $160 bilhões em ativos e 38 mil funcionários. Como qualquer empresa do setor, a administração da ConocoPhillips precisa abordar continuamente as decisões sobre a alocação de capital de investimento limitado em um conjunto de arriscados projetos de exploração de petróleo. Essas decisões têm grande impacto sobre a rentabilidade da empresa.

No início da década de 1990, a então Phillips Petroleum Company tornou-se líder do setor na aplicação de sofisticada metodologia de ciências da gestão como auxílio a essas decisões por meio do desenvolvimento de um *pacote de software de análise de decisão* chamado DISCOVERY. A interface de usuário permite que um geólogo ou engenheiro modele as incertezas associadas a um projeto para que o software interprete as informações e elabore uma árvore de decisão que mostre todos os nós de decisão (incluindo oportunidades para obter informações sísmicas adicionais) e os nós de evento intermediários. Uma característica chave do software é o uso de uma *função de utilidade exponencial* para incorporar as atitudes da administração quanto ao risco financeiro. Um questionário intuitivo é usado para medir as preferências de risco da empresa, a fim de determinar um valor apropriado do parâmetro de tolerância ao risco para esta função utilitária.

A administração utiliza o software para (1) avaliar os *projetos de exploração de petróleo* com uma política consistente de tomada de risco em toda a empresa, (2) avaliar projetos em termos de preferência geral, (3) identificar o nível apropriado da empresa na participação nesses projetos e (4) permanecer dentro do orçamento.

Fonte: M. R. Walls, G. T. Morahan e J. S. Dyer, "Decision Analy- sis of Exploration Opportunities in the Onshore US at Phillips Petroleum Company," Interfaces 25, no. 6 (novembro a dezembro de 1995), pp. 39–56. (Um link para esse artigo é fornecido no *site* **www.mhhe.com/hillier4e**.)

Dica do TreePlan: A caixa de diálogo Opções permite que você especifique se deseja usar os valores monetários esperados ou a função de utilidade exponencial para a aplicação da regra de decisão de Bayes. Ela também permite que você especifique se o objetivo é maximizar o lucro (como foi usado ao longo deste capítulo) ou minimizar o custo.

Para ilustrar, suponhamos que a função de utilidade exponencial com uma tolerância ao risco de $R = 1.000$ estivesse prestes a ser utilizada como aproximação grosseira para analisar o problema total da Goferbroke Co. (Como este problema expressa os retornos em unidades de milhares de $, $R = 1.000$ aqui é equivalente a usar $R = 1.000.000$ quando os retornos estiverem em unidades de $.) A árvore de decisão resultante é mostrada na Figura 9.30. Existem agora dois retornos esperados calculados abaixo e à esquerda de cada nó. O menor número representa o valor da utilidade esperada naquele estágio da árvore de decisão. O maior número representa o retorno certo que é equivalente a esse valor de utilidade esperado. Por exemplo, a célula A31 indica que o valor esperado da função de utilidade exponencial para essa decisão seria de 0,0932. Isso é o equivalente a um retorno certo de 98 mil, como indicado na célula A30.

A função de utilidade exponencial conduz às mesmas decisões da Figura 9.28. A política ideal global continua indicando a realização do levantamento sísmico; vender se o resultado for desfavorável, perfurar se o resultado for favorável. No entanto, a política ideal muda quando o valor de R diminui o suficiente. Para valores de R inferiores a 728, a política ideal muda para não fazer o levantamento e vender o terreno. Assim, um tomador de decisão mais avesso ao risco tornaria a decisão mais segura para a Goferbroke: vender o terreno e receber os $90 mil garantidos.

FIGURA 9.29
Clicar no botão Options (Opções) da caixa de diálogo do TreePlan faz surgir a caixa de diálogo ao lado, que fornece a opção de usar uma função de utilidade exponencial.

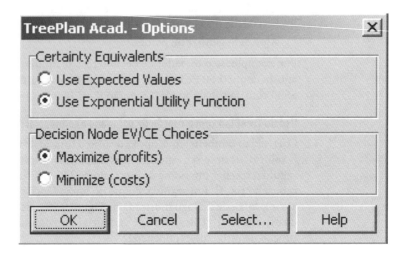

9.9 Aplicação das utilidades para melhor refletir os valores dos retornos 359

FIGURA 9.30
Árvore de decisão final elaborada e resolvida pelo TreePlan para o problema total da Goferbroke Co. utilizando a função de utilidade exponencial com R = 1.000.

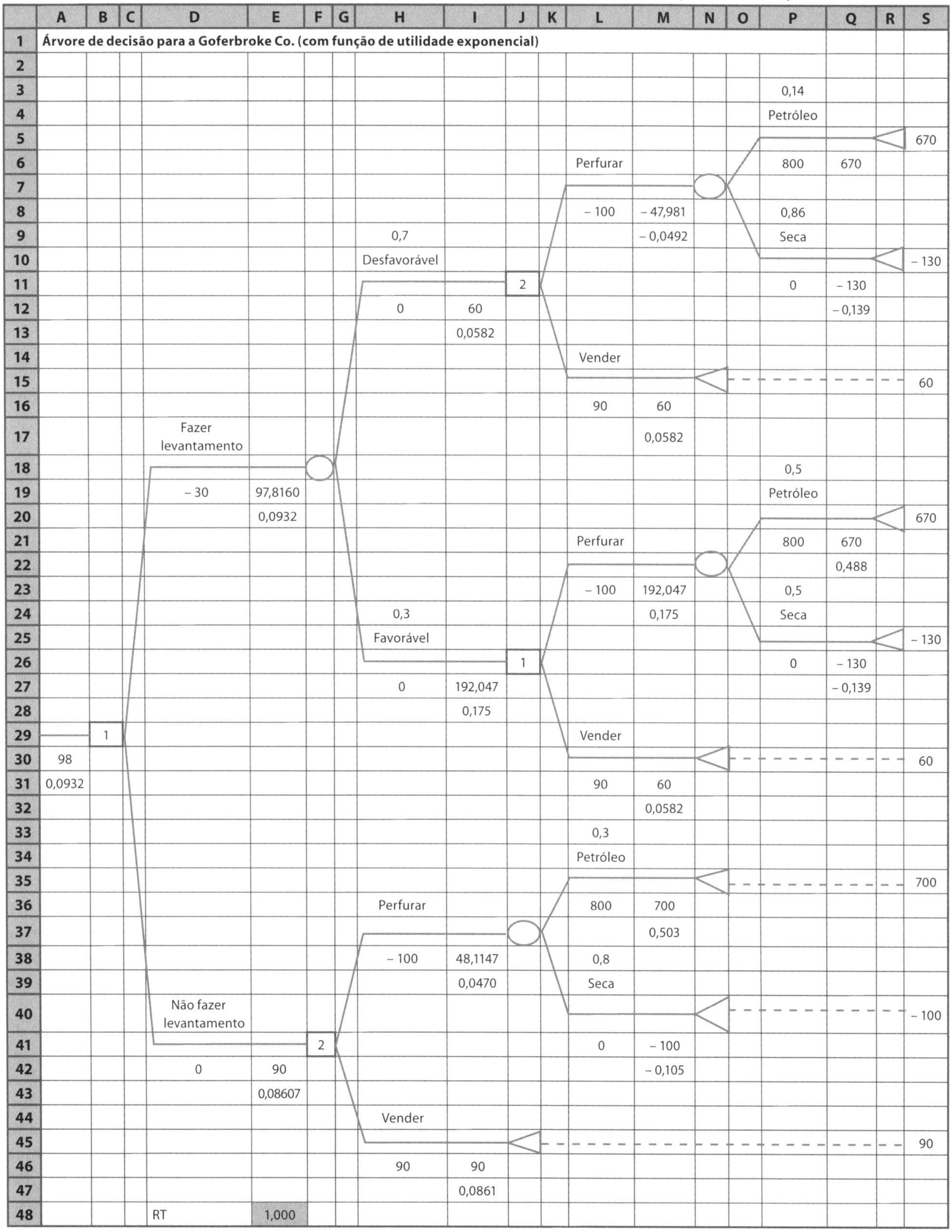

	Petróleo	0,14		
			800	670 → 670
Perfurar				
	−100	−47,981	0,86	
0,7		−0,0492	Seca	
Desfavorável				→ −130
	2		0	−130
0	60			−0,139
0,0582				
		Vender		
				→ 60
		90	60	
Fazer levantamento			0,0582	
			0,5	
−30	97,8160		Petróleo	
0,0932				→ 670
			800	670
		Perfurar		0,488
		−100	192,047	0,5
0,3			0,175	Seca
Favorável				→ −130
	1		0	−130
0	192,047			−0,139
0,175				
1		Vender		
98				→ 60
0,0932		90	60	
			0,0582	
		0,3		
		Petróleo		
				→ 700
			800	700
	Perfurar		0,503	
	−100	48,1147	0,8	
		0,0470	Seca	
Não fazer levantamento				→ −100
	2		0	−100
0	90			−0,105
0,08607				
	Vender			
				→ 90
	90	90		
		0,0861		
RT	1,000			

Nome do intervalo	Célula
TR	E48

Perguntas de revisão

1. O que as utilidades devem refletir?
2. Qual é o formato da função utilitária para dinheiro de um indivíduo avesso a riscos? E de um amante de riscos? E de um indivíduo neutro a riscos?
3. Qual é a propriedade fundamental das funções utilitárias?
4. O que é a loteria ao se utilizar o método da loteria equivalente?
5. Dadas duas alternativas hipotéticas em que uma delas envolve uma probabilidade *p*, o que significa o ponto de indiferença entre elas?
6. Ao usar utilidades com uma árvore de decisão, que tipo de valor é obtido para se avaliar cada nó da árvore?
7. Que decisões Max tomou em relação ao problema total da Goferbroke Co.?

9.10 APLICAÇÃO PRÁTICA DA ANÁLISE DE DECISÃO

Em certo sentido, o problema da Goferbroke Co. é uma aplicação muito típica da análise de decisão. Como outras aplicações, Max precisava tomar suas decisões (Fazer o levantamento sísmico? Procurar petróleo ou vender o terreno?) em face de grandes incertezas. As decisões foram difíceis porque os retornos eram muitos imprevisíveis. O resultado dependia de fatores que estavam fora do controle de Max (a terra tem petróleo ou está seca?). Ele precisava de estrutura e metodologia para a tomada de decisão racional naquele ambiente de incertezas. São essas as características comuns das aplicações da análise de decisão.

No entanto, de outros modos, o problema da Goferbroke não é uma aplicação típica. Foi tremendamente simplificado para incluir apenas dois estados da natureza possíveis (petróleo e seca), enquanto, na verdade, haveria uma quantidade considerável de possibilidades distintas. Por exemplo, o estado real podia ser de terra seca, pequena quantidade de petróleo, quantidade moderada, grande quantidade e quantidade enorme, além de possibilidades diferentes em relação à profundidade do local do petróleo e as condições do solo que causariam impacto nos custos de perfuração para extração. Max também estava examinando apenas duas alternativas para cada uma das duas decisões. As aplicações reais geralmente envolvem mais decisões e mais alternativas a serem examinadas para cada cenário, além de vários estados da natureza possíveis.

Problemas pequenos como o problema da Goferbroke podem ser facilmente analisados e resolvidos à mão. No entanto, as aplicações reais geralmente envolvem grandes árvores de decisão, cuja elaboração e análise requerem o uso de um pacote de software (como o TreePlan, apresentado neste capítulo). Em alguns casos, a árvore de decisão pode crescer desmesuradamente, com milhares e milhares de ramificações terminais. Técnicas algébricas especiais estão sendo desenvolvidas e incorporadas aos solucionadores para lidar com problemas grandes assim.

A análise de sensibilidade também pode se tornar inviável em grandes problemas. Embora normalmente seja suportada pelo software de computador (como acontece com o SensIt), a quantidade de dados gerados pode facilmente sobrecarregar um analista ou tomador de decisão. Portanto, algumas técnicas gráficas, como o gráfico radar e o gráfico tornado apresentados nas Figuras 9.23 e 9.24, têm sido desenvolvidas para organizar os dados de forma facilmente compreensível.

Outros tipos de técnicas gráficas também estão disponíveis para auxiliar a árvore de decisão a representar e resolver os problemas de análise de decisão. Uma que se tornou bastante popular é chamada de **diagrama de influência**, que fornece outra maneira útil de mostrar as inter-relações entre as alternativas, incertezas e valores do tomador de decisão.

Embora o problema da Goferbroke só tenha envolvido um único tomador de decisão (Max) auxiliado por uma única analista (Jennifer), muitas decisões estratégicas de negócios são tomadas coletivamente pela administração. Uma técnica para a tomada de decisão em grupo denomina-se **seminário de decisão**. Trata-se de um processo em que o grupo se reúne para discussões em um seminário de decisão com a ajuda de um analista e um facilitador do grupo. Este trabalha diretamente com o grupo para ajudá-lo a estruturar e dar foco às discussões de TI, pensar criativamente sobre o problema, levantar hipóteses e abordar toda a gama de questões envolvidas. O analista usa a análise de decisão para ajudar o grupo a explorar as implicações das várias alternativas de decisão. Com o auxílio de um *sistema de suporte* *à decisão em grupo* informatizado, o analista elabora e resolve modelos no local e, em seguida, executa a análise de sensibilidade para responder a perguntas "e se" do grupo.

As aplicações da análise de decisão geralmente envolvem uma parceria entre o tomador de decisão gerencial (seja um indivíduo ou um grupo) e um analista (seja um indivíduo ou uma equipe) com formação em ciência da gestão. Alguns gestores não são tão afortunados como Max em ter um membro da equipe (e muito menos uma filha) como Jennifer, que é qualificada para servir como analista. Portanto, uma quantidade considerável de empresas de consultoria de gestão especializadas em análise de decisão foram constituídas para preencher esse papel.

Se você desejar fazer mais leitura sobre a aplicação prática da análise de decisão, um bom lugar por onde começar seria o artigo[2] da primeira edição da revista *Decision Analysis*, que foi fundada em 2004 para se concentrar na pesquisa aplicada em análise de decisão. Esse artigo inicial fornece uma discussão detalhada de várias publicações que apresentam aplicações da análise de decisão.

Perguntas de revisão

1. Como o problema da Goferbroke Co. se compara com as típicas aplicações da análise de decisão?
2. Qual o propósito do diagrama de influência?
3. Quem são os participantes típicos do processo do seminário de decisão?
4. Onde um gestor pode procurar a ajuda de um especialista na aplicação da análise de decisão no caso de um analista qualificado não estar disponível na equipe?

9.11 RESUMO

A análise de decisão é uma técnica valiosa para a tomada de decisão em situações de grande incerteza. Ela fornece estrutura e metodologia para a tomada de decisão racional quando os resultados são incertos.

Em uma aplicação típica, é preciso tomar uma decisão única ou uma breve sequência de decisões (com informações adicionais talvez surgindo no processo). Uma determinada quantidade de alternativas está disponível para cada decisão. Fatores aleatórios incontroláveis afetam o resultado que seria obtido de uma alternativa de decisão. Os resultados possíveis dos fatores aleatórios são chamados de *estados da natureza* possíveis.

Os estado de natureza que ocorrem serão conhecidos somente após a tomada de decisões. No entanto, antes disso, muitas vezes é possível calcular *probabilidades a priori* dos respectivos estados da natureza.

Vários critérios de decisão alternativos estão disponíveis para a tomada de decisão. Um particularmente popular é a *regra de decisão de Bayes*, que usa as probabilidades a priori para determinar o retorno esperado para cada alternativa de decisão e, em seguida, escolher aquela com o maior retorno esperado. Este é o critério (acompanhado da análise de sensibilidade) utilizado principalmente na prática, de modo que é o foco de grande parte do capítulo.

A análise de sensibilidade é muito útil para avaliar o efeito de ter estimativas imprecisas dos dados do problema, incluindo as probabilidades, receitas e custos. Softwares como o SensIt estão disponíveis para auxiliar na realização das análises de sensibilidade.

Às vezes é possível pagar por um teste ou exame para obter informações adicionais sobre as probabilidades dos vários estados da natureza. Calcular o *valor esperado da informação perfeita* possibilita verificar rapidamente se fazer isso pode valer a pena.

Quando mais informações obtidas, as probabilidades atualizadas são chamadas de probabilidades a posteriori. Um *diagrama de árvore de probabilidade* é útil para calcular essas novas probabilidades.

Para problemas envolvendo uma sequência de decisões (incluindo, talvez, uma decisão sobre a possibilidade de obter mais informações), geralmente é usada uma árvore de decisão para mostrar graficamente a evolução das decisões e eventos aleatórios. Após, os cálculos para a aplicação da regra de decisão de Bayes, podem ser realizados diretamente no nó de evento da árvore ou no nó de decisão, a cada vez. Os pacotes de planilhas, como o TreePlan, são muito úteis para a elaboração e resolução de árvores de decisão.

[2] Keefer, D.L., C.W.Kirkwood e J.L.Corner, "Perspective on Decision Analysis Applications", Decision Analysis 1 (2004), p. 4-22.

Quando o problema envolve a possibilidade de perdas desconfortavelmente grandes, as utilidades fornecem uma maneira de incorporar a atitude do tomador de decisão em relação ao risco na análise. A regra de decisão de Bayes é, então, aplicada, expressando retornos em termos de utilidades, em vez de valores monetários.

A análise de decisão é amplamente utilizada. Versáteis pacotes de software para computadores pessoais tornaram-se parte integrante da aplicação prática da análise de decisão.

Glossário

alternativas Opções disponíveis ao tomador de decisão para considerar na decisão a tomar.(Seção 9.1), 316

análise de sensibilidade Estudo de como outros fatores plausíveis para as probabilidades dos estados da natureza (ou para os retornos) podem afetar a alternativa de decisão recomendada. (Seções 9.4 e 9.8), 325, 343

árvore de decisão Exibição gráfica do progresso das decisões e dos eventos aleatórios a serem examinados. (Sections 9.3 and 9.7), 322, 337

critério de máxima verossimilhança Critério para tomada de decisão com probabilidades que focam nos estados da natureza mais prováveis. (Seção 9.2), 319

critério do valor monetário esperado (EMV – expected monetary value) Nome alternativo para a regra de decisão de Bayes, quando os retornos têm valores monetários. (Seção 9.2), 321

critério maximax Critério de decisão muito otimista que não usa probabilidades a priori e simplesmente escolhe a alternativa de decisão que pode resultar no maior retorno possível. (Seção 9.2), 318

critério maximin Critério de decisão muito pessimista que não usa probabilidades a priori apenas escolhe a alternativa de decisão que constitui a melhor garantia para o seu mínimo retorno possível. (Seção 9.2), 318

diagrama da árvore de probabilidades Diagrama útil para calcular as probabilidades a posteriori dos estados da natureza. (Seção 9.6), 334

diagrama de influência Complementa a árvore de decisão para representar e analisar problemas de análise de decisão. (Seção 9.10), 360

estados da natureza Resultados possíveis de fatores aleatórios que afetam o retorno que seria obtido de uma alternativa de decisão. (Seção 9.1), 316

função de utilidade exponencial Função utilitária projetada para se adequar ao indivíduo avesso a riscos. (Seção 9.9), 357

função utilitária para dinheiro, U(D) Ação da utilidade em relação à quantia de dinheiro D sendo recebida. (Seção 9.9), 349

gráfico radar Fornece comparações úteis para a análise de sensibilidade. (Seção 9.8), 347

gráfico tornado Organiza os dados da análise de sensibilidade de modo facilmente compreensível. (Seção 9.8), 347

indivíduo amante de riscos Indivíduo cuja função utilitária para dinheiro tem uma inclinação crescente à medida que a quantia aumenta. (Seção 9.9), 350

indivíduo avesso a riscos Indivíduo cuja função utilitária para dinheiro tem uma inclinação decrescente à medida que a quantia aumenta. (Seção 9.9), 349

indivíduo neutro a riscos Indivíduo cuja função utilitária para dinheiro é proporcional à quantia envolvida. (Seção 9.9), 350

método da loteria equivalente Procedimento para encontrar a utilidade do tomador de decisão para determinada quantia em dinheiro, comparando-se duas alternativas hipotéticas em que uma delas envolve uma aposta. (Seção 9.9), 354

nó Ponto de junção (entroncamento) da árvore de decisão. (Seção 9.3), 322

nó de decisão Ponto da árvore de decisão em que uma decisão precisa ser tomada. (Seção 9.3), 322

nó de evento Ponto da árvore de decisão em que ocorrerá um evento aleatório. (Seção 9.3), 322

ponto de indiferença Ponto em que o tomador de decisão é indiferente entre duas alternativas hipotéticas no método da loteria equivalente. (Seção 9.9), 353

probabilidades a posteriori Probabilidades revisadas de estados da natureza depois de feitos testes ou exames para melhorar as probabilidades a priori. (Seções 9.5 e 9.6), 332, 333

probabilidades a priori Probabilidades estimadas dos estados da natureza antes de obter informações adicionais mediante um teste ou pesquisa. (Seção 9.1), 317

ramos Linha que emana de um nó em uma árvore de decisão. (Seção 9.3), 322

regra de decisão de Bayes Critério popular para a tomada de decisão que usa probabilidades para calcular o retorno esperado para cada alternativa e, em seguida, escolher aquele com o maior retorno esperado. (Seção 9.2), 320

retorno Medida quantitativa do resultado de uma alternativa de decisão e um estado da natureza. (Seção 9.1), 317

retorno esperado (EP – expected payoff) Para uma alternativa de decisão, é a média ponderada dos retornos, usando as probabilidades dos estados da natureza como médias. (Seção 9.2), 320

seminário de decisão Processo usado para a tomada de decisão em grupo. (Seção 9.10), 360

tabela de retorno Tabela com o retorno para cada combinação de uma alternativa de decisão e um estado da natureza. (Seção 9.1), 317

Teorema de Bayes Fórmula para calcular a probabilidade a posteriori de um estado da natureza. (Seção 9.6), 335

tomador de decisão Indivíduo ou grupo responsável pela tomada de decisão em debate. (Seção 9.1), 316

utilidade Mede o verdadeiro valor de um resultado para o tomador de decisão. (Seções 9.1 e 9.9), 316, 349

valor esperado da informação perfeita (VEIP) Aumento do retorno esperado que pode ser obtido se for possível conhecer o real estado da natureza antes da tomada de decisão. (Seções 9.4 e 9.5), 329, 330

valor esperado de informações de amostragem (EVSI – expected value of sample information) Aumento do retorno esperado que pode ser obtido ao se realizar um teste para obter mais informações, exceto o custo do teste. (Seção 9,7), 341

Auxiliares de aprendizagem para este capítulo em seu MS Courseware

Capítulo 9: arquivos do Excel
Regra de decisão de Bayes para o primeiro problema da Goferbroke
Árvore de decisão de Bayes para o primeiro problema da Goferbroke
Tabela de dados para o primeiro problema da Goferbroke
CE com informações perfeitas para o primeiro problema da Goferbroke
Árvore de decisão para VEIP para o primeiro problema da Goferbroke
Modelo para probabilidades a posteriori
Árvore de decisão para o problema completo da Goferbroke (com gráficos SensIt)
Árvore de decisão para o problema completo da Goferbroke com a função utilitária de Max
Árvore de decisão para o problema completo da Goferbroke com a função de utilidade exponencial

Suplementos do Excel:
TreePlan (versão teórica)
SensIt (versão teórica)
Suplementos para este capítulo no CD-ROM:
Critérios de decisão
Arquivos do Excel "Suplemento do capítulo 9":
Modelo para o critério Maximax
Modelo para o critério Maximin
Modelo para o critério de realismo
Modelo para o critério de arrependimento Minimax
Modelo para o critério de máxima verossimilhança
Modelo para o critério do igualmente provável

Problemas solucionados (consulte o CD-ROM ou o *site* para as soluções)

9.S1. Lançamento de um novo veículo

A General Ford Motors Corporation (GFMC) está planejando o lançamento de um SUV, o Vector. Existem duas opções para a fabricação. Uma é a fabricação do Vector na fábrica existente da empresa, em Indiana, compartilhando o tempo de fabricação com a linha de minivans produzidas lá. Se as vendas do Vector não empolgarem, esse plano vai funcionar bem, pois há capacidade suficiente para produzir os dois tipos de veículos na mesma fábrica. No entanto, se as vendas do Vector forem sólidas, esta opção exigiria o funcionamento de um terceiro turno, o que elevaria os custos significativamente.

Uma segunda opção é abrir uma nova fábrica na Geórgia. Essa instalação teria capacidade suficiente para atender até mesmo as maiores projeções de vendas do Vector. No entanto, se as vendas forem apenas moderadas, a fábrica seria subutilizada e, portanto, menos eficiente.

Este é um projeto novo, por isso é difícil fazer uma previsão de vendas. No entanto, a GFMC prevê que haveria uma chance de 60% de fortes vendas (vendas anuais de 100 mil) e uma chance de 40% de vendas moderadas (vendas anuais de 50 mil). A receita média por Vector vendido é de 30 mil dólares. Os custos de produção por veículo para as duas opções de fabricação dependem de vendas, como indicado na tabela abaixo.

Custo de fabricação esperado por veículo para o Vector (em milhares de $)		
	Vendas moderadas	**Vendas fortes**
Fábrica compartilhada em Indiana	16	24
Fábrica dedicada na Geórgia	22	20

O custo amortizado anual da construção da fábrica e outros custos associados fixos para a fábrica da Geórgia totalizam $400 milhões (independentemente do volume de vendas). Os custos fixos para acrescentar a produção do Vector à fábrica de Indiana totalizam $200 milhões anuais (independentemente do volume de vendas).

a. Elabore uma árvore de decisão para determinar qual opção de produção maximiza o lucro anual esperado, considerando os custos fixos, custos de produção e receitas de vendas.

b. Devido à incerteza nas vendas esperadas para o Vector, a GFMC está considerando realizar uma pesquisa de marketing para determinar a atitude dos clientes em relação ao Vector para mais bem prever a probabilidade de fortes vendas. A pesquisa de marketing daria um de dois resultados: uma atitude positiva ou uma atitude negativa em relação ao projeto. A GFMC usou esta pesquisa de mercado para outros veículos. Para veículos com fortes vendas, ela indicava atitudes positivas em relação ao projeto em 70% do tempo e atitudes negativas em 30%. Para veículos com vendas moderadas, a pesquisa indicava atitudes positivas em relação ao projeto em 20% do tempo e atitudes negativas em 80%. Supondo que a GFMC realize essa pesquisa, elabore uma árvore de decisão para determinar como a empresa deve proceder e qual seria o lucro anual esperado (ignorando o custo da pesquisa).

c. Qual é o valor esperado da informação de amostragem da parte *b*? O que isso diz sobre o preço possível da pesquisa de marketing antes que deixasse de valer a pena realizá-la?

9.S2. Liquidar ou ir a julgamento

Meredith Delgado é proprietária de uma pequena empresa que desenvolveu um software para organizar e tocar músicas no computador. Seu software contém características exclusivas que ela patenteou, de modo que o futuro da empresa parece brilhante.

No entanto, surgiu agora um fato ameaçador. Parece que algumas das características patenteadas foram copiadas para um software similar desenvolvido pela MusicMan Software, grande empresa do ramo, com faturamento anual superior a $1 bilhão. Meredith está angustiada. A MusicMan Software roubou suas ideias e é forte o bastante para tirá-la do mercado.

Em resposta, Meredith processou a MusicMan Software por violação de patente. Com honorários advocatícios e outras despesas, o custo de ir a julgamento (ganhando ou perdendo) deverá ser de $1 milhão. Ela pressente ter uma chance de 60% de ganhar a causa, caso em que receberia $5 milhões por danos. Se perder a causa, ela não ganha nada e há uma chance de 50% de o juiz também pedir a Meredith para pagar as despesas judiciais e honorários advocatícios da MusicMan (um custo adicional de $1 milhão). A MusicMan Software ofereceu a Meredith $1,5 milhão para resolver este caso fora do tribunal.

    a. Elabore e use uma árvore de decisão para determinar se Meredith deve ir ao tribunal ou aceitar a oferta de acordo, supondo que ela queira maximizar seu retorno esperado.

    b. Para implementar o método da loteria equivalente a fim de determinar os valores utilitários apropriados para todos os retornos possíveis deste problema, quais perguntas fazer a Meredith?

    c. Suponha que a atitude de Meredith em relação ao risco é ficar indiferente entre fazer nada e arriscar, em que ela teria 50% de chance de ganhar $1 milhão e 50% de chance de perder $500 mil. Use a função de utilidade exponencial para resolver a árvore de decisão da parte *a*.

Problemas

À esquerda dos problemas a seguir (ou suas partes), inserimos o símbolo S (para Suplemento) sempre que for possível usar um dos suplementos do Excel apresentados neste capítulo (TreePlan e SensIt). O símbolo T indica que a planilha do Excel para probabilidades a posteriori pode ser útil. Quase todos os problemas podem ser formulados convenientemente em formato de planilha, de modo que nenhum símbolo especial é usado para designar isso. Um asterisco no número do problema indica que pelo menos uma resposta parcial é dada no Apêndice C.

9.1. Você recebeu a tabela de retorno a seguir (em unidades de milhares de $) para o problema da análise de decisão sem probabilidades.

Alternativa	Estado da natureza		
	E_1	E_2	E_3
A_1	6	2	4
A_2	3	4	3
A_3	8	1	5

    a. Qual alternativa deve ser escolhida pelo critério maximax?

    b. Qual alternativa deve ser escolhida pelo critério maximin?

9.2. Siga as instruções do Problema 9.1 com a tabela de retorno a seguir.

Alternativa	Estado da natureza			
	E_1	E_2	E_3	E_4
A_1	25	30	20	24
A_2	17	14	31	21
A_3	22	22	22	22
A_4	29	21	26	27

9.3. Jean Clark é gerente da Midtown Saveway Grocery Store. Atualmente ela precisa reabastecer seu estoque de morangos. Seu fornecedor regular pode fornecer a quantidade que ela quiser. No entanto, como esses morangos já estão muito maduros, ela terá de vendê-los amanhã e depois descartar qualquer quantidade que restar. Jean estima que será capaz de vender 10, 11, 12 ou 13 caixas de morango amanhã. Ela pode comprar os morangos por $3 a caixa e vendê-los por $8. Agora ela precisa decidir quantas caixas comprar.

Jean verificou os registros da loja das vendas diárias de caixas de morango. Com esses dados, ela calcula que as probabilidades a priori são 0,2, 0,4, 0,3 e 0,1 de vender 10, 11, 12 e 13 caixas de morangos amanhã.

    a. Desenvolva uma formulação de análise de decisão do problema, identificando as alternativas de decisão, os estados da natureza e a tabela de retorno.

    b. Se Jean tiver dúvidas quanto à precisão dessas probabilidades a priori e por isso optar por ignorá-las e usar o critério maximax, quantas caixas de morango ela deve comprar?

    c. Quantas caixas devem ser compradas se ela usar o critério maximin?

    d. Quantas caixas devem ser compradas se ela usar o critério da máxima verossimilhança?

    e. Quantos caixas devem ser compradas de acordo com a regra de decisão de Bayes?

    f. Jean acha que tem as probabilidades a priori certas para a venda de 10 caixas e de 13 caixas, mas não está segura sobre como dividir as probabilidades a priori para 11 e 12 caixas. Reaplique a regra de decisão de Bayes para quando as probabilidades a priori de 11 e 12 caixas forem (*i*) 0,2 e 0,5, (*ii*) 0,3 e 0,4 e (*iii*) 0,5 e 0,2.

9.4.* Warren Buffy é um investidor muito rico que construiu sua fortuna com lendária perspicácia para investir. Atualmente ele recebeu a oferta de três grandes investimentos e gostaria de escolher um. O primeiro é um *investimento conservador* que funcionaria muito bem em uma economia em recuperação e somente sofreria uma pequena perda em caso de piora da economia. O segundo é um *investimento especulativo* que funcionaria extremamente bem em uma economia em recuperação, mas se sairia muito mal com uma piora da economia. O terceiro é um *investimento anticíclico*, que perderia algum dinheiro em uma economia em recuperação, mas teria bom desempenho em uma economia em estagnação.

Warren acredita que há três cenários possíveis para as chances desses investimentos potenciais: (1) uma melhora na economia, (2) economia estável e (3) uma piora na economia. Ele está pessimista com os rumos da economia, e por isso atribuiu as probabilidades a priori de 0,1, 0,5 e 0,4, respectivamente, para esses três cenários. Ele também estima que seus lucros nesses respectivos cenários são os apresentados no quadro seguinte:

	Economia melhorando	Economia estável	Economia piorando
Investimento conservador	$ 30 milhões	$ 5 milhões	$– 10 milhões
Investimento especulativo	40 milhões	10 milhões	– 30 milhões
Investimento anticíclico	– 10 milhões	0	15 milhões
Probabilidade a priori	0,1	0,5	0,4

Qual investimento Warren deve fazer de acordo com cada um dos critérios a seguir?
   a. Critério maximax.
   b. Critério maximin.
   c. Critério da máxima verossimilhança.
   d. Regra de decisão de Bayes.

9.5. Reexamine o Problema 9.4. Warren Buffy decide que a regra de decisão de Bayes é seu critério de decisão mais confiável. Ele acredita que 0,1 é a probabilidade a priori certa para uma economia melhorando, mas tem dúvidas sobre como dividir as probabilidades restantes entre a economia estável e a economia em estagnação. Por isso, Buffy pretende agora fazer uma análise de sensibilidade em relação a essas duas últimas probabilidades a priori.
   a. Reaplique a regra de decisão de Bayes quando a probabilidade a priori de uma economia estável é de 0,3 e a probabilidade a priori da economia em estagnação é de 0,6.
   b. Reaplique regra de decisão de Bayes quando a probabilidade a priori de uma economia estável é de 0,7 e a probabilidade a priori da economia em estagnação é de 0,2.
   c. Elabore uma árvore de decisão à mão para este problema com as probabilidades a priori originais.
A d. Use o TreePlan para elaborar e resolver uma árvore de decisão para este problema com as probabilidades a priori originais.
A e. Na preparação para a realização de análise de sensibilidade, consolide os dados e resultados na mesma planilha como a árvore de decisão elaborada na parte *d* (como foi feito na Figura 9.6 para o estudo de caso).
A f. Use a planilha (incluindo a árvore de decisão) obtida nas partes *d* e *e* para fazer as partes *a* e *b*.
A g. Expandindo a planilha conforme necessário, gere uma tabela de dados que mostre qual investimento Warren deve fazer e o lucro resultante esperado para as seguintes probabilidades a priori de uma economia estável: 0, 0,1, 0,2, 0,3, 0,4, 0,5, 0,6, 0,7, 0,8, 0,9.
   h. Para cada um dos três investimentos, encontre o lucro esperado quando a probabilidade a priori de uma economia estável for 0 e, em seguida, quando for 0,9 (com a probabilidade a priori de uma economia em recuperação fixada em 0,1). Trace esses lucros esperados em um único gráfico que tenha o lucro esperado como eixo vertical e a probabilidade a priori de uma economia estável como eixo horizontal. Para cada um dos três investimentos, desenhe um segmento de linha ligando seus dois pontos no gráfico para mostrar como seus lucros esperados variam de acordo com a probabilidade a priori de uma economia estável. Utilize este gráfico para descrever como a escolha do investimento depende da probabilidade a priori de uma economia estável.

9.6. Leia o artigo de referência que descreve completamente o estudo da ciência da gestão resumido na vinheta de aplicação apresentada na Seção 9.3. Descreva brevemente como a análise de decisão foi aplicada neste estudo. Em seguida, liste os vários benefícios financeiros e não financeiros resultantes do estudo.

9.7.* Examine o problema de análise de decisão cujos retornos (em unidades de milhares de $) são dados pela seguinte tabela de retorno:

	Estado da natureza	
Alternativa	E_1	E_2
A_1	80	25
A_2	30	50
A_3	60	40
Possibilidade a priori	0,4	0,6

   a. Qual alternativa deve ser escolhida pelo critério maximax?
   b. Qual alternativa deve ser escolhida pelo critério maximin?
   c. Qual alternativa deve ser escolhida pelo critério maximin?
   d. Qual alternativa deve ser escolhida de acordo com a regra de decisão de Bayes?
A e. Usar o TreePlan para elaborar e resolver uma árvore de decisão para esse problema.
A f. Expandindo a planilha contendo esta árvore de decisão conforme necessário, realize a análise de sensibilidade, resolvendo quando a probabilidade a priori de E_1 for de 0,2 e novamente quando for de 0,6.
A g. Agora execute sistematicamente esta análise de sensibilidade por meio da geração de uma tabela de dados que mostre a melhor alternativa (de acordo com a regra de decisão de Bayes) e o retorno esperado resultante enquanto a probabilidade a priori do E_1 aumente em incrementos de 0,04 de 0,2 a 0,6.

9.8. Você recebeu a tabela de retorno a seguir (em unidades de milhares de $) para o problema da análise de decisão:

	Estado da natureza		
Alternativa	E_1	E_2	E_3
A_1	220	170	110
A_2	200	180	150
Probabilidade a priori	0,6	0,3	0,1

a. Qual alternativa deve ser escolhida pelo critério maximax?
b. Qual alternativa deve ser escolhida pelo critério maximin?
c. Qual alternativa deve ser escolhida pelo critério da máxima verossimilhança?
d. Qual alternativa deve ser escolhida de acordo com a regra de decisão de Bayes?
e. Elabore uma árvore de decisão à mão para o problema.
A f. Use o TreePlan para elaborar e resolver uma árvore de decisão para o problema.
A g. Realize a análise de sensibilidade com esta árvore de decisão, gerando uma tabela de dados que mostre o que acontece quando a probabilidade a priori de E_1 aumenta em incrementos de 0,05 de 0,3 a 0,7 enquanto a probabilidade a priori de E_3 permanece fixa em seu valor original. Em seguida, utilize a tentativa e erro para calcular o valor da probabilidade a priori de E_1 em que as melhores alternativas mudam à medida que a probabilidade a priori aumenta.
A h. Repita a parte g quando for a probabilidade a priori de E_2 que permanece com o valor original.
A i. Repita a parte g quando for a probabilidade a priori de E_1 que permanece com o valor original, enquanto a probabilidade a priori de E_2 aumenta em incrementos de 0,05 de 0 a 0,4.
j. Se você acha que as verdadeiras probabilidades dos estados da natureza devem estar no limite de 10% das probabilidades a priori dadas, qual alternativa você escolheria?

9.9. Dwight Moody é gerente de uma grande fazenda com mil hectares ou terras aráveis. Para aumentar a eficiência, Dwight sempre cultiva uma colheita por vez na fazenda. Agora ele precisa tomar uma decisão sobre qual das quatro culturas escolher para o próximo plantio. Para cada uma dessas culturas, Dwight obteve as estimativas a seguir sobre a produção agrícola e os rendimentos líquidos por alqueire sob diferentes condições climáticas.

Tempo	Resultado esperado, alqueires/acre			
	Colheita 1	Colheita 2	Colheita 3	Colheita 4
Seco	20	15	30	40
Moderado	35	20	25	40
Úmido	40	30	25	40
Lucro líquido por alqueire ($)	1,00	1,50	1,00	0,50

Depois de consultar os históricos de registros meteorológicos, Dwight também calculou as seguintes probabilidades a priori para o tempo durante o período de cultivo:

Seco 0,3
Moderado 0,5
Úmido 0,2

a. Desenvolva uma formulação de análise de decisão do problema, identificando as alternativas de decisão, os estados da natureza e a tabela de retorno.
A b. Elabore uma árvore de decisão para o problema e use a regra de decisão de Bayes para determinar quais culturas cultivar.
A c. Usando a regra de decisão de Bayes, faça a análise de sensibilidade em relação às probabilidades a priori de tempo moderado e tempo úmido (sem alterar a probabilidade a priori de tempo seco), resolver quando a probabilidade a priori de tempo moderado for de 0,2, 0,3, 0,4 e 0,6.

9.10. Barbara Miller toma decisões de acordo com a regra de decisão de Bayes. Para o seu problema atual, ela desenvolveu a tabela de retorno a seguir (em unidades de centenas de $) e agora deseja maximizar o retorno esperado.

Alternativa	Estado da natureza		
	E_1	E_2	E_3
A_1	2x	50	10
A_2	25	40	90
A_3	35	3x	30
Probabilidade a priori	0,4	0,2	0,4

O valor de x, atualmente, é 50, mas há uma oportunidade de aumentar x ao se gastar certo valor em dinheiro agora.

Qual é a quantia máxima que Barbara deve gastar para aumentar para x para 75?

9.11. Você recebeu a tabela de retorno a seguir (em unidades de milhares de $) para o problema da análise de decisão:

Alternativa	Estado da natureza		
	E_1	E_2	E_3
A_1	4	0	0
A_2	0	2	0
A_3	3	0	1
Probabilidade a priori	0,2	0,5	0,3

a. De acordo com a regra de decisão de Bayes, qual alternativa deve ser escolhida?
b. Encontre o valor esperado da informação perfeita.
A c. Verifique sua resposta na parte b recalculando-a com o auxílio de uma árvore de decisão.
d. Você recebe a oportunidade de gastar $1.000 para obter mais informações sobre qual o estado da natureza mais provável de ocorrer. Dada a sua resposta para a parte b, valeria a pena gastar esse dinheiro?

9.12.* Betsy Pitzer toma decisões de acordo com a regra de decisão de Bayes. Para o seu problema atual, Betsy elaborou a seguinte tabela de retorno (em unidades de $):

Alternativa	Estado da natureza		
	E_1	E_2	E_3
A_1	50	100	−100
A_2	0	10	−10
A_3	20	40	−40
Probabilidade a priori	0,5	0,3	0,2

a. Qual alternativa Betsy deve escolher?
b. Encontre o valor esperado da informação perfeita.
A c. Verifique sua resposta na parte *b* recalculando-a com o auxílio de uma árvore de decisão.
d. O que mais Betsy deve considerar ao pagar para obter mais informações sobre os estado de natureza que irão ocorrer?

9.13. Usando a regra de decisão de Bayes, examine o problema de análise de decisão com a tabela de pagamento a seguir (em unidades de milhares de $):

Alternativa	Estado da natureza		
	E_1	E_2	E_3
A_1	−100	10	100
A_2	−10	20	50
A_3	10	10	60
Probabilidade a priori	0,2	0,3	0,5

a. Qual alternativa deve ser escolhida? Qual é o retorno esperado resultante?
b. Você recebe a oportunidade de obter informações que lhe dirão com certeza se o primeiro estado de natureza E_1 ocorrerá. Qual é o valor máximo que você deve pagar pela informação? Como deve ser usada na escolha de uma alternativa? Qual é o retorno esperado resultante (excluindo o pagamento)?
c. Agora repita a parte *b* se a informação oferecida diz respeito a E_2 em vez de E_1.
d. Agora repita a parte *b* se a informação oferecida diz respeito a E_3 em vez de E_1.
A e. Agora, suponha que há uma oportunidade para receber informações que lhe dirão com certeza qual estado da natureza ocorrerá (informação perfeita). Qual é o valor máximo que você deve pagar pela informação? Como essa informação deve ser usada na escolha de uma alternativa? Qual é o retorno esperado resultante (excluindo o pagamento)?
f. Se você tiver a oportunidade de fazer alguns testes que lhe darão informações parciais adicionais (informação imperfeita) sobre o estado da natureza, qual é o valor máximo que você deve considerar pagar para obtê-las?

9.14. Reexamine o estudo de caso da Goferbroke Co., incluindo a análise do problema das Seções 9.6 e 9.7. Com a ajuda do geólogo consultor, Jennifer Flyer agora obteve alguns dados históricos que fornecem informações mais precisas sobre o que Max poderia fornecer, na probabilidade de obter levantamentos sísmicos favoráveis em terrenos similares. Especificamente, no caso de a terra conter petróleo, são obtidas sondagens sísmicas favoráveis em 80% do tempo. Esta percentagem muda para 40% quando a terra está seca.

a. Revise a Figura 9.12 para encontrar novas probabilidades a posteriori.
T b. Use o modelo de Excel correspondente para verificar suas respostas na parte *a*.
c. Revise a Figura 9.16 para encontrar uma nova árvore de decisão. Qual é a política ideal resultante?
A d. Use o TreePlan para elaborar e resolver essa nova árvore de decisão.

A9.15. Reexamine o Problema 9.14. Max não acredita que suas estimativas (60% e 20%) podem estar tão longe dos percentuais (80% e 40%) obtidos por Jennifer, por isso pede que a análise de sensibilidade seja realizada em relação a esses percentuais.

a. Utilize a planilha mostrada na Figura 9.18 (disponível em um dos arquivos de Excel deste capítulo) para obter os resultados de quando as probabilidades de Jennifer são utilizadas.
b. Use o SensIt para gerar dois gráficos iguais aos da Figura 9.20, em que o eixo horizontal para um é a probabilidade da célula W33, P(SSFIPetróleo), e o eixo horizontal para o outro é a probabilidade da célula W34, P(SSFISeca).
c. Gere o gráfico radar e o diagrama tornado de quando as probabilidades de Jennifer são usadas no lugar das estimativas de Max.

9.16. Leia o artigo de referência que descreve completamente o estudo da ciência da gestão resumido na vinheta de aplicação apresentada na Seção 9.7. Descreva brevemente como a análise de decisão foi aplicada neste estudo. Em seguida, liste os vários benefícios financeiros e não financeiros resultantes.

9.17.* Vincent Cuomo é gerente de crédito da tecelagem Fine Fabrics Mill. Atualmente, ele está analisando a possibilidade de oferecer um crédito de $100 mil a um novo cliente em potencial, uma empresa de confecção. Vincent tem três categorias para a qualidade de crédito das empresas – pouco risco, risco médio e muito risco –, mas não sabe em qual categoria se encaixa o cliente em potencial. A experiência diz que 20% de empresas semelhantes a essa confecção são de pouco risco, 50% são de risco médio e 30% são de alto risco. Se o crédito for prorrogado, o lucro esperado para baixo risco é de $15 mil, para risco médio, $10 mil, e para risco alto, $20 mil. Se o crédito não for estendido, a confecção irá tratar com outra tecelagem. Vincent pode consultar uma organização de avaliação de créditos, pagando uma taxa de $5 mil por empresa avaliada. Para empresas cujos registros de crédito reais com a fábrica se enquadram em uma das três categorias, a tabela a seguir mostra os percentuais atribuídos, a cada uma das três avaliações de crédito possíveis, pela organização de avaliação de crédito.

Avaliação de crédito	Registro de crédito real		
	Baixo	Médio	Bom
Baixo	50%	40%	20%
Médio	40	50	40
Bom	10	10	40

a. Desenvolva uma formulação de análise de decisão do problema, identificando as alternativas de decisão, os estados da natureza e a tabela de retorno, quando a organização de avaliação de crédito não for usada.

b. Supondo que a organização de avaliação de crédito não seja utilizada, use a regra de decisão de Bayes para determinar qual alternativa de decisão deve ser escolhida.

A c. Encontre o valor esperado da informação perfeita. Essa resposta indica o que pensar quanto à utilização da organização de avaliação de crédito?

d. Suponha agora que a organização de avaliação de crédito seja usada. Desenvolva um diagrama de árvore de probabilidade para encontrar as probabilidades a posteriori dos respectivos estados da natureza para cada uma das três avaliações de crédito possíveis do cliente em potencial.

T e. Use o modelo de Excel correspondente para obter as respostas para a parte d.

f. Desenhe à mão a árvore de decisão para o problema completo e use-a para determinar a política ideal de Vincent.

A g. Use o TreePlan para elaborar e resolver a árvore de decisão.

A h. Encontre o valor esperado da informação perfeita. Se a taxa de utilização da organização de avaliação de crédito está aberta à negociação, qual será seu valor máximo para que a utilização desta organização ainda valha a pena?

9.18. Você recebeu a seguinte tabela de retorno (em unidades de $):

Alternativa	Estado da natureza	
	E_1	E_2
A_1	400	–100
A_1	0	100
Probabilidade a priori	0,4	0,6

Você tem a opção de pagar $100 pela pesquisa para prever melhor qual estado da natureza ocorrerá. Quando o verdadeiro estado da natureza for E a pesquisa irá prever acertadamente E_1 em 60% do tempo (mas, E_2 em 40% do tempo). Quando o verdadeiro estado da natureza for E_2, a pesquisa irá prever acertadamente E_2 em 80% do tempo (mas, erroneamente E_1 em 20% do tempo).

a. Dado que a pesquisa não foi feita, use a regra de decisão de Bayes para determinar qual alternativa de decisão deve ser escolhida.

A b. Use uma árvore de decisão como auxílio para encontrar o valor esperado da informação perfeita. Essa resposta indica que talvez valha a pena fazer a pesquisa?

c. Considerando que a pesquisa foi feita, encontre a probabilidade conjunta de cada um dos seguintes pares de resultados: (i) o estado de natureza é E_1 e a pesquisa prevê E_1, (ii) o estado de natureza é E_1 e pesquisa prevê E_2, (iii) o estado de natureza é E_2 e a pesquisa prevê E_1 e (iv) o estado de natureza é E_2 e a pesquisa prevê E_2.

d. Encontre a probabilidade incondicional em que a pesquisa prevê E_1. Encontre também a probabilidade incondicional em que a pesquisa prevê E_1.

e. Dado que a pesquisa foi feita, utilize suas respostas nas partes c e d para determinar as probabilidades a posteriori dos estados de natureza de cada uma das duas possíveis previsões da pesquisa.

T f. Use o modelo de Excel correspondente para obter as respostas para a parte e.

g. Dado que a pesquisa prevê E_1, use a regra de decisão de Bayes para determinar qual alternativa de decisão deve ser escolhida e o retorno esperado resultante.

h. Repita a parte g quando a pesquisa prever E_2.

i. Dado que a pesquisa foi feita, qual é o retorno esperado ao se usar a regra de decisão de Bayes?

j. Utilize os resultados anteriores para determinar a política ideal em se fazer a pesquisa e a escolha da alternativa de decisão.

A k. Elabore e resolva a árvore de decisão para mostrar a análise de todo o problema (o uso do TreePlan é opcional).

9.19. Uma liga esportiva faz testes de drogas em seus atletas, 10% dos quais as usam. Os testes, no entanto, têm confiabilidade de apenas 95%. Ou seja, um usuário de drogas terá a probabilidade de 0,95 de receber positivo no teste e uma probabilidade de 0,05 de receber negativo, enquanto um não usuário terá a probabilidade de 0,95 de dar negativo e 0,05 de dar positivo.

Desenvolva um diagrama de árvore de probabilidade para determinar a probabilidade a posteriori de cada um dos seguintes resultados de teste de um atleta.

a. O atleta é usuário de drogas, dado que o teste é positivo.

b. O atleta não é usuário de drogas, dado que o teste é positivo.

c. O atleta é usuário de drogas, dado que o teste é negativo.

d. O atleta não é usuário de drogas, dado que o teste é negativo.

T e. Use o modelo de Excel correspondente para verificar suas respostas nas partes anteriores.

9.20. A administração da Telemore Company está pensando em desenvolver e comercializar um novo produto. Estima-se que a chance de o produto ser bem-sucedido é duas vezes maior do que de ser malsucedido. Se fosse bem-sucedido, o lucro esperado seria de $1.500 milhão. Se for malsucedido, a perda esperada seria de $1.800 milhão. É possível realizar uma pesquisa de marketing a um custo de $100 mil para prever se o produto poderia ser bem-sucedido. A experiência passada com esse tipo de pesquisa indica que produtos bem-sucedidos confirmaram a previsão em 80% das vezes, enquanto produtos malsucedidos o fizeram em 70% das ocasiões.

a. Desenvolva uma formulação de análise de decisão do problema, identificando as alternativas de decisão, os estados da natureza e a tabela de retorno, quando a pesquisa de marketing não for usada.

b. Supondo que a pesquisa de marketing não seja realizada, use a regra de decisão de Bayes para determinar qual alternativa de decisão deve ser escolhida.

    c. Encontre o valor esperado da informação perfeita. A resposta indica o que pensar quanto à realização da pesquisa de marketing?

T *d.* Agora, suponha que a pesquisa foi realizada. Encontre as probabilidades a posteriori dos respectivos estados da natureza para cada uma das duas previsões possíveis da pesquisa.

A *e.* Use o TreePlan para elaborar e resolver uma árvore de decisão para o problema completo.

A *f.* Use o SensIt para gerar um gráfico radar e um gráfico tornado para dados de lucro, perda e custos em que cada dado possa variar até 25% em qualquer direção a partir de seu valor básico.

9.21. A Hit-and-Miss Manufacturing Company produz itens com uma probabilidade *p* de serem defeituosos. Eles são produzidos em lotes de 150. A experiência passada indica que a *p* de um lote inteiro é de 0,05 ou de 0,25. Além disso, em 80% dos lotes, *p* é igual a 0,05 (assim, *p* é igual a 0,25, em 20% dos lotes). Esses itens são usados em uma montagem e sua qualidade é determinada antes da montagem final deixar a fábrica. Inicialmente, a empresa pode selecionar cada item de um lote a um custo individual de $10 e substituir os defeituosos *ou* usar os itens diretamente, sem triagem. Se esta última opção for a escolhida, o custo final de retrabalho é de $100 por item com defeito. Como a triagem requer o agendamento dos inspetores e do equipamento, a decisão de realizá-la ou não deve ser tomada dois dias antes de o processo ocorrer. No entanto, um item pode ser retirado do lote e enviado ao laboratório para inspeção, e sua qualidade (com defeito ou sem defeito) pode ser registrada antes da tomada de decisão de fazer ou não a triagem. O custo dessa inspeção inicial é de $125.

    a. Desenvolva uma formulação de análise de decisão do problema, identificando as alternativas de decisão, os estados da natureza e a tabela de retorno, no caso de o item avulso não for previamente inspecionado.

    b. Supondo que o item avulso não seja previamente inspecionado, use a regra de decisão de Bayes para determinar qual alternativa de decisão deve ser escolhida.

    c. Encontre o valor esperado da informação perfeita. A resposta indica o que pensar quanto à inspeção prévia do item avulso?

T *d.* Suponha agora que o item avulso é previamente inspecionado. Encontre as probabilidades a posteriori dos respectivos estados da natureza para cada um dos dois resultados possíveis da inspeção.

A *e.* Elabore e resolva uma árvore de decisão para este problema completo.

A *f.* Encontre o valor esperado da informação de amostragem. Se o custo de usar o laboratório para inspecionar previamente o item avulso for negociável, qual será o valor máximo de utilização do laboratório para ainda valer a pena?

9.22.* A Silicon Dynamics desenvolveu um chip de computador que permitirá à empresa começar a produzir e comercializar um computador pessoal, se assim o desejar. A empresa também tem a alternativa de vender os direitos do chip de computador por $15 milhões. Se a empresa optar por fabricar computadores, a rentabilidade do empreendimento depende da capacidade da empresa de comercializar o computador durante o primeiro ano. Ela tem garantidas vendas de 10 mil computadores. Por outro lado, se o computador for um sucesso, a empresa pode vender 100 mil máquinas. Para fins de análise, esses dois níveis de vendas são os dois resultados possíveis de comercialização do computador, mas não está claro quais são suas probabilidades a priori. O custo da criação da linha de montagem é de $6 milhões. A diferença entre o preço de venda e o custo variável de cada computador é de $600.

    a. Desenvolva uma formulação de análise de decisão do problema, identificando as alternativas de decisão, os estados da natureza e a tabela de retorno.

    b. Elabore uma árvore de decisão à mão para o problema.

A *c.* Supondo que as probabilidades a priori dos dois níveis de venda sejam ambas de 0,5, use o TreePlan para elaborar e resolver a árvore de decisão. De acordo com esta análise, qual decisão deve ser tomada?

A *d.* Use o SensIT para desenvolver um gráfico que mostre o retorno esperado (ao se usar a regra de decisão de Bayes) em relação à probabilidade a priori de vender 10 mil computadores.

    e. Desenhar um gráfico que mostre o retorno esperado para cada uma das alternativas de decisão em relação à probabilidade a priori de vender 10 mil computadores.

    f. Consultando esse gráfico, use a álgebra para encontrar o valor da probabilidade a priori de venda de 10 mil computadores no ponto em que as duas linhas do gráfico se cruzam. Explique o significado deste ponto.

9.23.* Reexamine o Problema 9.22. A administração da Silicon Dynamics agora está pensando em fazer uma pesquisa de mercado completa a um custo estimado de $1 milhão para prever qual dos dois níveis de demanda tem probabilidade de ocorrer. A experiência passada indica que uma pesquisa de mercado como essa acerta em dois terços das ocorrências.

    a. Encontre o valor esperado da informação perfeita para o problema.

    b. A resposta na parte *a* indica que pode valer a pena realizar a pesquisa de mercado?

    c. Desenvolva um diagrama de árvore de probabilidade para obter as probabilidades a posteriori dos dois níveis de demanda para cada um dos dois possíveis resultados da pesquisa de mercado.

T *d.* Use o modelo de Excel correspondente para verificar suas respostas na parte *c*.

9.24.* Reexamine o Problema 9.23. A administração da Silicon Dynamics agora quer ver uma árvore de decisão que mostre o problema completo.

    a. Use o TreePlan para elaborar e resolver a árvore de decisão.

    b. Encontre o valor esperado da informação de amostragem. Qual será o valor máximo de se realizar uma pesquisa de mercado completa e ela ainda valer a pena?

    c. Suponha agora que a estimativa de $1 milhão para o custo de se fazer a pesquisa de mercado completa está correto, mas que há alguma incerteza nos dados financeiros ($15 milhões, $6 milhões e $600) do Problema 9.20. Cada um pode variar, a partir de seu valor básico, em até 10%. Para cada um, realize uma análise de sensibilidade para determinar o que aconteceria se seu valor atingisse os extremos de variabilidade (sem mudar os outros dois pedaços de dados). Em seguida, faça o mesmo para os oito casos em que todas os pedaços de dados estão em um ou outro extremo dos seus intervalos de variabilidade.

d. Devido à incerteza descrita na parte *c*, use o SensIt para gerar um gráfico que trace o lucro esperado em toda a gama de variabilidade para cada pedaço de dados financeiros (sem qualquer alteração nas outras duas partes de dados).

e. Gere o gráfico radar e o gráfico tornado correspondentes.

9.25. Está dada a seguinte árvore de decisão, em que os números entre parênteses são as probabilidades e os números à direita são os retornos nos pontos terminais.

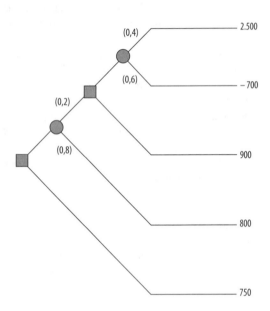

a. Analise esta árvore de decisão para obter a política ideal.

A b. Use o TreePlan para elaborar e resolver a mesma árvore de decisão.

9.26. Dada a seguinte árvore de decisão, com as probabilidades nos nós de eventos entre parênteses e com os retornos nos pontos terminais mostrados à direita. Analise a árvore para obter a política ideal.

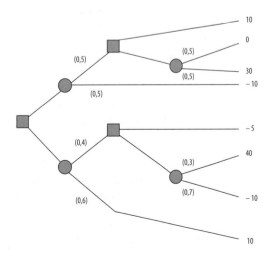

9.27.* O Departamento Atlético da Leland University está considerando a opção de organizar uma ampla campanha para arrecadar fundos para o novo estádio olímpico no próximo ano. A decisão depende muito do sucesso da equipe de futebol nesta temporada. No passado, a equipe teve temporadas vencedoras em 60% do tempo. Se ela tiver uma temporada vitoriosa (V) agora, então vários ex-alunos irão contribuir e a campanha arrecadará $3 milhões. Se tiver uma temporada perdedora (P), poucos contribuirão e a campanha vai perder $2 milhões. Se não houver campanha, não haverá custos. Em 1º de setembro, pouco antes do início da temporada de futebol, o Departamento Atlético precisa tomar sua decisão quanto a realizar a campanha no ano seguinte.

a. Desenvolva uma formulação de análise de decisão do problema, identificando as alternativas de decisão, os estados da natureza e a tabela de retorno.

b. De acordo com a regra de decisão de Bayes, a campanha deveria ser realizada?

c. Qual é o valor esperado da informação perfeita?

d. Um famoso guru de futebol, William Walsh, ofereceu seus serviços para ajudar a avaliar a possibilidade de a equipe ter uma temporada vitoriosa. Por $100 mil, ele irá avaliar cuidadosa e completamente a equipe durante os treinos de primavera e, em seguida, ao longo da pré-temporada. Depois disso, em 1º de setembro, William fará previsões sobre que tipo de temporada, V ou P, a equipe terá. Em situações semelhantes do passado, na avaliação de equipes que tiveram temporadas vencedoras em 50% das ocasiões, suas previsões tiveram 75% de acerto. Considerando-se que esta equipe tem mais que uma tradição vencedora, se William prever uma temporada vencedora, qual é a probabilidade a posteriori de que isso se confirme? Qual é a probabilidade a posteriori de ter uma temporada perdedora? Se William prever uma temporada perdedora em vez disso, qual é a probabilidade a posteriori de que a temporada seja vitoriosa? E perdedora? Mostrar como essas respostas são obtidas de um diagrama de árvore de probabilidades.

T e. Use o modelo de Excel correspondente para obter as respostas para a parte *d*.

f. Desenhe à mão a árvore de decisão para este problema completo. Analise esta árvore para determinar a política ideal no caso da contratação de William e da realização da campanha.

A g. Use o TreePlan para elaborar e resolver esta árvore de decisão.

A h. Encontre o valor esperado da informação de amostragem. Se o valor da contratação de William Walsh for negociável, qual será o valor máximo para ainda valer a pena?

9.28. A administradora da Macrosoft Corporation tem $100 milhões para investir em fundos. Ela foi instruída a investir o valor total de um ano em ações ou títulos (mas não em ambos) e, em seguida, a reinvestir os fundos completo em ações ou títulos (mas não em ambos) por mais um ano. O objetivo é maximizar o valor monetário esperado dos fundo no final do segundo ano.

As taxas anuais de retorno sobre estes investimentos dependem do ambiente econômico, como mostrado na tabela a seguir:

Ambiente econômico	Taxa de retorno	
	Ações	Títulos
Crescimento	20%	5%
Recessão	– 10	10
Depressão	– 50	20

As probabilidades de crescimento, depressão e recessão para o primeiro ano são de 0,7, 0,3 e 0, respectivamente. Se houver crescimento no primeiro ano, elas permanecem as mesmas para o segundo ano. No entanto, se houver recessão no primeiro ano, as probabilidades mudam para 0,2, 0,7 e 0,1, respectivamente, para o segundo ano.

    a. Elabore à mão a árvore de decisão para este problema e, em seguida, faça a respectiva analise para identificar a política ideal.

A *b.* Use o TreePlan para elaborar e resolver a árvore de decisão.

9.29. Na segunda-feira, uma determinada ação fechou em $10 por título. Na terça-feira, você espera que a ação feche em $9, $10 ou $11 por título, com as probabilidades de 0,3, 0,3 e 0,4, respectivamente. Na quarta-feira, você espera que a ação feche 10% mais baixa, inalterada ou 10% mais alta que o fechamento da terça-feira, com as seguintes probabilidades:

Fechamento de hoje	10% mais baixa	Inalterada	10% mais alta
$9	0,4	0,3	0,3
10	0,2	0,2	0,6
11	0,1	0,2	0,7

Na terça-feira, você receberá ordens para comprar 100 títulos da ação antes de quinta-feira. Todas as compras são feitas no final do dia, pelo preço do fechamento conhecido desse dia, de modo que suas únicas opções são comprar no final da terça-feira ou no final da quarta-feira. Você deseja determinar a estratégia ideal para comprar na terça-feira ou adiar a compra até quarta-feira, dado o preço de fechamento da terça-feira, para minimizar o preço de compra esperado.

    a. Desenvolva e avalie à mão uma árvore de decisão para determinar a estratégia ideal.

A *b.* Use o TreePlan para elaborar e resolver a árvore de decisão.

A9.30. José Morales administra uma grande banca de frutas ao ar livre em um dos bairros menos abastados da San Jose, na Califórnia. Para repor seu estoque, ele compra caixas de frutas logo cedo a cada manhã de um produtor ao sul de San Jose. Cerca de 90% das caixas têm qualidade satisfatória, mas os outros 10% revelam-se insatisfatórios. Uma caixa satisfatória contém 80% de frutas excelentes e rende um lucro de $200. Uma caixa insatisfatória contém 30% de frutas excelentes e gera uma perda de $1 mil. Antes de José decidir aceitar uma caixa, ele pode experimentar uma porção de fruta para testar a qualidade. Com base nessa amostra, ele tem a opção de rejeitar a caixa, sem pagar por isso. Jose imagina (1) se deve continuar a comprar deste produtor, (2) em caso afirmativo, se vale a pena experimentar apenas uma porção de fruta de uma caixa, e (3) em caso afirmativo, se deve aceitar ou rejeitar a caixa com base no resultado da presente amostragem.

Use o TreePlan (e a planilha do Excel para probabilidades a posteriori) para elaborar e resolver a árvore de decisão para este problema.

9.31.* A Morton Ward Company está pensando em lançar um produto que acredita ter uma chance de 50-50 de ser bem-sucedido. Uma opção é analisar o produto em um teste de mercado, com custo estimado de $2 milhões, antes da decisão de lançamento. A experiência anterior mostra que produtos bem-sucedidos são aprovados no teste de mercado 80% do tempo, enquanto os produtos malsucedidos em apenas 25% do tempo. Se o produto for bem-sucedido, o lucro líquido da empresa será de $40 milhões; se malsucedido, a perda líquida será de $15 milhões.

    a. Descartando a opção do teste de mercado, desenvolva uma formulação de análise de decisão do problema, identificando as alternativas de decisão, os estados da natureza e a tabela de retorno. Em seguida, aplique a regra de decisão de Bayes para determinar a alternativa de decisão ideal.

    b. Encontre o valor esperado da informação perfeita.

A *c.* Agora incluindo a opção de analisar o produto em um teste de mercado, use o TreePlan (e a planilha do Excel para probabilidades a posteriori) para elaborar e resolver a árvore de decisão para este problema.

A *d.* Encontre o valor esperado da informação de amostragem. De quanto será o custo máximo para experimentar o produto em um teste de mercado e ainda valer a pena fabricá-lo?

A *e.* Agora suponha que a estimativa de $2 milhões para o custo de analisar o produto em um teste de mercado esteja correta. No entanto, há alguma incerteza quanto aos valores declarados de lucro e perdas ($40 milhões e $15 milhões). A variação possível, a partir do valor básico, pode ser de 25% para mais ou para menos. Para cada um destes dois valores financeiros, realize uma análise de sensibilidade para verificar como os resultados da parte *c* mudariam se o valor financeiro atingisse ambas as extremidades da gama de variabilidade (sem qualquer alteração no outro valor). Em seguida, faça o mesmo para os quatro casos em que os dois valores estão em um ou outro extremo dos seus intervalos de variabilidade.

A *f.* Devido à incerteza descrita na parte *e*, use o SensIt para gerar um gráfico que trace o lucro esperado em toda a gama de variabilidade para cada um dos dois valores financeiros (sem qualquer alteração no outro valor).

A g. Gere o gráfico radar e o gráfico tornado correspondentes. Interprete cada um.

A9.32. Chelsea Bush é uma candidata emergente à indicação de seu partido para presidente dos Estados Unidos. No momento, ela está pensando se deseja concorrer nas arriscadas primárias da Super Terça. Se o fizer, Chelsea e seus assessores acreditam que ela se sairá bem (terminar em primeiro ou segundo) ou se sairá mal (terminar em terceiro ou pior) com probabilidades de 0,4 e 0,6, respectivamente. Sair-se bem na Super Terça renderá à sua campanha aproximadamente $16 milhões em contribuições, enquanto um desempenho fraco vai significar uma perda de $10 milhões por conta dos vários comerciais de TV pagos. Ela também pode optar por concorrer na Super Terça e não ter qualquer custo.

Os conselheiros de Chelsea percebem que as chances de sucesso da candidata podem ser afetadas pelo resultado da primária menos significativa de New Hampshire (NH) que ocorre três semanas antes da Super Terça. Analistas políticos consideram que os resultados da primária de New Hampshire estão corretos dois terços das vezes ao prever os resultados das primárias da Super Terça. Entre os conselheiros do Chelsea, há especialista em análise de decisão que utiliza esta informação para calcular as seguintes probabilidades:

P (Chelsea vai bem nas primárias da S.T., dado que ela vai bem em N.H.) = $4/7$

P (Chelsea vai bem nas primárias da S.T., dado que ela vai mal em N.H.) = $1/4$

P(Chelsea vai bem na primária de N.H.) = $7/15$

O custo de entrar e fazer campanha na primária de New Hampshire está estimado em $1,6 milhão.

Chelsea sente que sua chance de ganhar a nomeação depende em grande parte de ter fundos substanciais disponíveis após as primárias da Super Terça a fim de realizar uma campanha vigorosa no restante da disputa. Por isso, ela quer escolher a estratégia (se concorre na primária de New Hampshire e, em seguida, se concorre nas primárias da Super Terça) que irá maximizar seus fundos esperados depois das primárias.

a. Elabore e resolva uma árvore de decisão para o problema completo.

b. Há certo grau de incerteza nas estimativas de um ganho de $16 milhões ou de uma perda de $10 milhões, dependendo do desempenho na Super Terça. A variação possível, a partir da estimativa, pode ser de 25% para mais ou para menos. Para cada um destes dois valores financeiros, realize uma análise de sensibilidade para verificar como os resultados da parte *a* mudariam se o valor financeiro atingisse ambas as extremidades da gama de variabilidade (sem qualquer alteração no outro valor). Em seguida, faça o mesmo para os quatro casos em que os dois valores estão em um ou outro extremo dos seus intervalos de variabilidade.

A c. Devido à incerteza descrita na parte *b*, use o SensIt para gerar um gráfico que trace os fundos esperados de Chelsea após essas primárias em toda a gama de variabilidade para cada um dos dois valores financeiros (sem qualquer alteração no outro valor).

d. Gere o gráfico radar e o gráfico tornado correspondentes. Interprete cada um.

A9.33. A busca por executivos para o Western Bank realizada pela Headhunters Inc. pode finalmente estar dando frutos. O cargo a ser preenchido é muito importante – vice-presidente de processamento de informações – porque seu ocupante tem a responsabilidade de desenvolver um sistema de informação de gerenciamento de ponta que unirá as várias agências do Western. No entanto, a Headhunters pressente que encontrou a pessoa certa, Matthew Fenton, com excelente histórico em um cargo semelhante em um banco de médio porte de Nova York.

Depois de uma rodada de entrevistas, o presidente do Western acredita que Matthew tem uma probabilidade de 0,7 de projetar com sucesso o sistema de informações de gerenciamento. Se Matthew for bem-sucedido, a empresa terá um lucro de $2 milhões (líquido após o desconto do salário, treinamento, custos de recrutamento e despesas de Matthew). Se ele não for bem-sucedido, a perda líquida será de $600 mil.

Por uma taxa adicional de $40 mil, a Headhunters fornecerá um processo detalhado de investigação (incluindo uma extensa verificação dos conhecimentos do candidato, uma bateria de testes acadêmicos e psicológicos, entre outros) que apontará em detalhes o potencial de Matthew para o sucesso. Este processo tem sido considerado confiável em 90% dos casos, ou seja, um candidato que pode desenvolver com êxito o sistema de informação de gerenciamento vai passar no teste com probabilidade de 0,9 e um candidato que não pode fazê-lo falhará no teste com probabilidade de 0,9.

A administração sênior da Western precisa decidir se contrata Matthew e se solicita a Headhunters para realizar o processo de investigação detalhada antes de tomar essa decisão.

a. Elabore e resolva uma árvore de decisão para esse problema para identificar a política ideal.

b. Agora suponha que a taxa da Headhunters para realizar o processo de investigação detalhada é negociável. Qual é o valor máximo que o Western Bank deve pagar?

9.34. Leia o artigo de referência que descreve completamente o estudo da ciência da gestão resumido na vinheta de aplicação apresentada na Seção 9.9. Descreva brevemente como a análise de decisão foi aplicada neste estudo. Em seguida, liste os vários benefícios financeiros e não financeiros resultantes.

9.35. Reexamine o estudo de caso da Goferbroke Co., incluindo a aplicação de utilidades da Seção 9.9. Agora Max Flyer decidiu que, dada a precária situação financeira da empresa, ele precisa ter uma abordagem do problema muito mais avessa ao risco. Por isso, ele reviu as utilidades dadas na Tabela 9.9 da seguinte forma: $U(-130) = 0$, $U(-100) = 0,07$, $U(60) = 0,40$, $U(90) = 0,45$, $U(670) = 0,99$ e $U(700) = 1$.

a. Analise a árvore de decisão revisada correspondente à Figura 9.28 para obter a nova política ideal.

b. Use o TreePlan para elaborar e resolver esta árvore de decisão revisada.

9.36.* Você vive em uma área onde há a possibilidade de acontecer um grande terremoto, de modo que você está pensando em contratar um seguro contra terremotos para sua casa pelo custo anual de $180. A probabilidade de um terremoto danificar a sua casa em um ano é de 0,001. Se isso acontecer, você estima que o custo dos danos (totalmente cobertos pelo seguro contra terremotos) será de $160 mil. Seus ativos totais (incluindo a sua casa) valem $250 mil.

a. Aplique a regra de decisão de Bayes para determinar qual alternativa (ter o seguro ou não) maximiza seus recursos esperados após um ano.

b. Agora você elaborou uma função utilitária que mede o quanto você valoriza ter ativos totais que valem x $ (x ≥ 0). Esta função utilitária é $U(x) = \sqrt{x}$. Compare a utilidade de reduzir seus ativos totais do ano seguinte pelo custo do seguro contra terremotos com a utilidade esperada do ano seguinte em não contratar o seguro contra terremotos. Você deve contratar o seguro?

9.37. Para o seu presente de formatura da faculdade, seus pais estão oferecendo-lhe duas alternativas. A primeira é um presente em dinheiro de $19 mil. A segunda é fazer um investimento em seu nome que terá rapidamente os seguintes dois resultados possíveis:

Resultado	Probabilidade
Receber $ 10 mil	0,3
Receber $ 30 mil	0,7

Sua utilidade para receber milhares de $ M é dada pela função utilitária $U(M) = \sqrt{M} + 6$. Que escolha você deve fazer para maximizar a utilidade esperada?

9.38. Reexamine o Problema 9.37. Neste momento, você está inseguro sobre sua verdadeira função utilitária para receber o dinheiro, por isso você está no processo de elaboração dessa função utilitária pelo método da loteria equivalente e unidades de milhares de $. Você concluiu que é indiferente entre as duas alternativas oferecidas. Use essa informação para encontrar $U(19)$ após configurar $U(10) = 0$ e $U(30) = 1$.

9.39. Você deseja elaborar a sua função utilitária pessoal $U(M)$ para receber M milhares de $. Depois de definir $U(0) = 0$, você define $U(10) = 1$ como sua utilidade para receber $10 mil. Em seguida, você deseja encontrar $U(1)$ e, depois, $U(5)$.

a. Você oferece a si mesmo as seguintes duas alternativas hipotéticas:

A_1: Obter $10 mil com probabilidade p.
Obter 0 com probabilidade $(1 - p)$.

A_2: Obter com certeza $ 1.000.

Em seguida, você se pergunta: Qual o valor de p me torna indiferente entre essas duas alternativas? Sua resposta é $p = 0,125$. Encontre $U(1)$ usando o método da loteria equivalente.

b. A seguir, você repete a parte a, exceto por alterar a segunda alternativa para receber com certeza $5 mil. O valor de p que torna você indiferente entre essas duas alternativas agora é p = 0,5625. Encontre $U(5)$.

c. Repita as partes a e b, mas agora utilize as *suas* escolhas pessoais para p.

9.40. Você recebe a seguinte tabela de retorno:

Alternativa	Estado da natureza	
	E_1	E_2
A_1	25	36
A_2	100	0
A_3	0	49
Probabilidade a priori	p	$1 - p$

a. Suponha que a sua função utilitária para os retornos é $U(x) = \sqrt{x}$. Trace a utilidade esperada de cada alternativa de decisão em relação ao valor de p no mesmo gráfico. Para cada alternativa de decisão, encontre o intervalo de valores de p sobre o qual esta alternativa maximiza a utilidade esperada.

A b. Agora suponha que a sua função utilitária é exponencial com tolerância a riscos de R = 50. Use o TreePlan para elaborar e resolver a árvore de decisão resultante com $p = 0,25$, $p = 0,5$ e $p = 0,75$.

A9.41. A Dra. Switzer tem uma paciente gravemente doente, mas teve problemas para diagnosticar a causa específica da doença. Agora, a médica diminuiu as chances da causa para duas alternativas: doença A ou doença B. Com base nas evidências até agora, ela pensa que as duas alternativas são igualmente prováveis.

Além do exame já realizado, não há nenhum outro para determinar se a causa é a doença B. Há um teste disponível para a doença A, mas existem dois grandes problemas. O primeiro é que se trata de um exame muito caro. O segundo é que o procedimento é pouco confiável, dando um resultado preciso em apenas 80% das aplicações. Assim, o exame vai dar um resultado positivo (indicando a doença A) em apenas 80% dos pacientes que tiveram a doença A, enquanto vai dar resultado positivo em 20% dos pacientes que na verdade tiverem a doença B.

Esta é uma muito séria, sem nenhum tratamento conhecido. Às vezes, é fatal, e aqueles que sobrevivem permanecem com a saúde debilitada e com má qualidade de vida depois disso. O prognóstico é semelhante para as vítimas da doença A, se não for tratada. No entanto, existe um tratamento bastante caro que elimina o perigo para quem sofre com a doença A e pode devolver-lhe saúde. Infelizmente, é um tratamento relativamente radical, que sempre conduz à morte se, em vez da doença A, o paciente na verdade sofrer da doença B.

A distribuição de probabilidade para o prognóstico para este paciente é dada para cada caso na tabela a seguir, em que os títulos de coluna (após a primeira) indicam a doença por paciente.

	Probabilidades dos resultados			
	Sem tratamento		Com tratamento para doença A	
Resultados	A	B	A	B
Morte	0,2	0,5	0	1,0
Sobreviver com saúde comprometida	0,8	0,5	0,5	0
Voltar a ter boa saúde	0	0	0,5	0

O paciente atribuiu as seguintes utilidades para os resultados possíveis:

Resultado	Utilidade
Morte	0
Sobreviver com saúde comprometida	10
Voltar a ter boa saúde	30

Além disso, essas utilidades devem ser incrementadas em –2 se o paciente tiver o custo do exame para a doença de A e em –1 se o paciente (ou o patrimônio do paciente) tiver o custo do tratamento para a doença A.

Utilize a análise de decisão com uma árvore de decisão completa para determinar se o paciente deve realizar o exame para a doença A e, em seguida, como proceder (receber o tratamento para a doença A?) para maximizar a utilidade esperada do paciente.

9.42. Examine a árvore de decisão a seguir, em que as probabilidades para cada nó de evento estão entre parênteses.

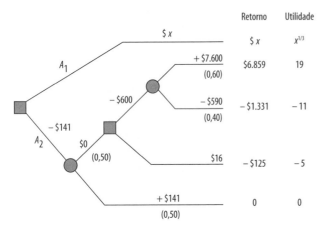

A quantia em dinheiro dada ao lado de cada ramo é o fluxo de caixa gerado ao longo desse ramo, em que esses fluxos de caixa intermediários se somam ao fluxo de caixa líquido total mostrado à direita de cada ramo terminal. (A quantia desconhecida para o ramo superior é representada pela variável x.) O tomador de decisão tem uma função de utilidade $U(y) = y^{1/3}$ em que y é o fluxo de caixa líquido total depois do ramo terminal. As utilidades resultantes para os vários ramos terminais são exibidos à direita da árvore de decisão.

Use essas utilidades para analisar a árvore de decisão. Em seguida, determine o valor de x para o qual o tomador de decisão fica indiferente entre as alternativas de decisão A_1 e A_2.

A9.43. Reexamine o estudo de caso da Goferbroke Co. ao usar utilidades, como apresentado na Seção 9.9.

a. Começando com a árvore de decisão mostrada na Figura 9.28 (disponível em um dos arquivos de Excel deste capítulo), prepare-se para realizar a análise de sensibilidade por meio da expansão e organização da planilha para (1) consolidar os dados e resultados em uma seção e (2) incorporar o modelo de Excel de probabilidades a posteriori em outra seção (similar ao que foi feito na Figura 9.18).

b. Realize uma análise de sensibilidade, resolvendo as probabilidades da árvore de decisão (após usar o modelo de Excel para probabilidades a posteriori para revisar essas probabilidades) quando a probabilidade a priori de haver petróleo mudar para para 0,15, 0,2, 0,3 e 0,35.

Caso 9-1
Quem quer ser um milionário?

Você é um competidor em "Quem Quer Ser um Milionário?". Você já respondeu corretamente à pergunta de $250 mil e agora deve decidir se quer responder à pergunta de $500 mil. Você pode optar por ir embora com $250 mil garantidos ou pode decidir responder à pergunta de $500 mil. Se responder à pergunta de $500 mil corretamente, você pode optar por sair com os $500 mil ganhos ou seguir em frente e tentar responder à pergunta de $1 milhão. Se responder à pergunta de $1 milhão corretamente, o jogo acaba e você ganha o prêmio. Se responder incorretametne à pergunta de $500 mil ou à de $1.000 milhão, o jogo termina imediatamente e você leva para casa "apenas" $32 mil.

Uma característica do jogo "Quem Quer Ser um Milionário?" é que você tem três "tábuas de salvação", ou seja, "50-50", "perguntar ao público" e "telefonar para um amigo". Neste momento (depois de responder à pergunta de $250 mil), você já usou duas dessas tábuas de salvação, mas ainda lhe resta a de "telefonar para um amigo". Com esta opção, você pode telefonar a um amigo para obter conselhos sobre a resposta correta para uma pergunta antes de dar sua resposta. Você pode usar esta opção apenas uma vez (ou seja, você pode usá-lo para a pergunta de $500 mil ou para a pergunta de $1 milhão, mas não para as duas). Como alguns de seus amigos são mais espertos do que você, "telefonar para um amigo" aumenta significativamente suas chances de responder corretamente a uma pergunta. Sem "telefonar para um amigo", se você optar por responder a pergunta de $500 mil, terá uma chance de 65% de dar uma resposta correta, e, se optar por responder à pergunta de $1 milhão, terá uma chance de 50% de responder corretamente (as perguntas ficam progressivamente mais difíceis). Com "telefonar para um amigo", você tem 80% acertar a resposta da pergunta de $500 mil e 65% de chance de acertar a questão de $1 milhão.

a. Use o TreePlan para elaborar e resolver uma árvore de decisão para decidir o que fazer. Qual é o melhor curso de ação, supondo que o seu objetivo é maximizar os seus ganhos *esperados*?

b. Use o método da loteria equivalente para determinar a sua função utilitária pessoal (em especial, seus valores de utilidade para todos os retornos possíveis do jogo).

c. Resolva a árvore de decisão, substituindo os retornos pelos valores das utilidades a fim de maximizar a sua utilidade esperada. Houve alguma alteração no curso da ação ideal?

Caso 9-2
A University Toys e os bonecos colecionáveis Business Professor

A **University Toys** desenvolveu uma nova linha de produtos, uma série de Business Professor Action Figures (BPAFs – bonecos colecionáveis do professor de administração), apresentando sósias de populares professores da faculdade local de administração. A administração tem de decidir a forma de comercializar os bonecos.

Uma opção é aumentar a produção imediatamente e ao mesmo tempo lançar uma campanha publicitária no jornal da universidade. Esta opção custaria $1 mil. De acordo com experiências passadas, figuras de ação novas são bem-sucedidas de imediato ou viram um tremendo fracasso. Assim, a previsão é ter um dos dois possíveis resultados: vendas totais de 2.500 unidades ou um total de vendas de apenas 250 unidades. A University Toys tem uma renda de $2 por unidade vendidas. A administração atualmente pensa que há uma chance de aproximados 50% de o produto sair-se bem (vender 2.500 unidades) e uma chance de 50% de sair-se mal (vender 250 unidades).

Outra opção é realizar um teste de mercado do produto. A empresa poderia fabricar algumas unidades, colocar um mostruário na livraria do *campus* e ver como seria a venda sem qualquer tipo de publicidade adicional. Isso exigiria menos capital para o ciclo de fabricação e não haveria custos de publicidade. Mais uma vez, a previsão é ter um dos dois resultados possíveis para o teste de mercado, ou seja, o produto sair-se bem (vender 200 unidades) ou sair-se mal (vender 20 unidades). O custo dessa opção é estimado em $100. A University Toys igualmente recebe uma receita de $2 por unidade vendida no teste de mercado. A empresa muitas vezes testa brinquedos comercializados dessa forma. Produtos que vendem bem, quando totalmente comercializados, também vão bem em testes de mercado em 80% das ocasiões. Produtos que vendem mal, quando totalmente comercializados, também vão mal em testes de mercado em 60% das ocasiões.

Contudo, existe uma complicação com a opção pelo teste de mercado. Segundo rumores, uma fabricante de brinquedos rival está considerando a opção de desenvolver Law School Professor Action Figures (LSPAF – bonecos colecionáveis de professores de direito). Depois de fazer o teste, se a University Toys decidir seguir em frente, aumentar a produção e comercializar completamente o BPAF, o custo de fabricação ainda seria de $1 mil. No entanto, as perspectivas de vendas dependem do lançamento ou não do LSPAF no mercado. Se ele não for feito, as perspectivas de venda serão as mesmas já descritas (isto é, 2.500 unidades, se o BPAF sair-se bem, ou 250 unidades, se o BPAF sair-se mal, além de qualquer quantidade vendida no teste de mercado). No entanto, se o LSPAF for lançado, o aumento da concorrência vai diminuir as vendas de BPAF. Em particular, a administração espera, neste caso, vender mil unidades se o BPAF sair-se bem ou cem, se sair-se mal (além das vendas no mercado de teste). Note-se que a probabilidade de o BPAF sair-se bem ou mal não é afetada pelo LSPAF, apenas as vendas totais de cada possibilidade. A probabilidade de que o LSPAF entre no mercado *antes do final* do teste de mercado é de 20%. Por outro lado, se a University Toys comercializar o BPAF imediatamente, está garantido que irão vencer o LSPAF no mercado (tornando, assim, o LSPAF um não fator).

a. Supunha que o teste de mercado foi realizado. Use o modelo de probabilidades a posteriori para determinar a probabilidade de que o BPAF se saia bem nas vendas se lançado no mercado, dado que as vendas no mercado de teste tenham sido boas e, em seguida, dado que as vendas no teste de mercado tenham sido ruins.

b. Use o TreePlan para desenvolver e resolver uma árvore de decisão para auxiliar a University Toys na decisão do melhor curso de ação e o retorno esperado.

c. Agora, suponha que a Universit Toys não tem certeza quanto à probabilidade de os LSPAFs serem lançados no mercado antes de concluído o teste de mercado (se for feito). Como você espera que o retorno esperado varie na medida em que varia a probabilidade de que os LSPAFs entrem no mercado?

d. Gere uma tabela de dados que mostre como o retorno esperado e a decisão pelo teste de mercado mudam na medida em que varia a probabilidade de que os LSPAFs entrem no mercado de 0% a 100% (em incrementos de 10%).

e. Em que probabilidade a decisão pelo teste de mercado muda?

Caso 9-3
Negócios inteligentes

Enquanto El Niño provoca chuvas no norte da Califórnia, Charlotte Rothstein, CEO, principal acionista e fundadora da **Cerebrosoft**, está em seu escritório, pensando na decisão que ela enfrenta em relação ao mais novo produto proposto da sua empresa, o Brainet. É uma decisão especialmente difícil. O Brainet pode "pegar" e vender muito bem. No entanto, Charlotte está preocupada com o risco envolvido. Neste mercado competitivo, comercializar o Brainet também pode levar a perdas substanciais. Ela deveria ir em frente assim mesmo e iniciar a campanha de marketing? Ou apenas abandonar o produto? Ou talvez comprar informações adicionais de pesquisas de marketing de uma empresa de pesquisa de mercado local antes de se decidir pelo lançamento do produto? Ela tem que tomar uma decisão muito em breve. Enquanto toma lentamente sua bebida de proteína com multivitaminas, ela reflete sobre os acontecimentos dos últimos anos.

A Cerebrosoft foi fundada por Charlotte e dois amigos depois de formados em Administração. A empresa está localizada no coração de Silicon Valley. Charlotte e seus amigos conseguiram ganhar dinheiro desde o segundo ano com a empresa. A Cerebrosoft foi uma das primeiras empresas a vender software pela internet e a desenvolver ferramentas de software baseadas em PC para o setor multimídia. Dois produtos geram 80% das receitas da empresa: Audiatur e Videatur. Cada um já vendeu mais de 100 mil unidades durante o último ano. O negócio é feito via internet: os clientes podem baixar uma versão de teste do software, testá-la e, se ficarem satisfeitos, podem comprar o produto (usando uma senha que lhes permite desativar o contador de tempo na versão de teste). Os dois produtos custam $75,95 e são vendidos exclusivamente pela internet.

Embora a este meio seja uma rede de computadores de diferentes tipos, que executam diferentes tipos de software, um protocolo padronizado entre os computadores permite a comunicação entre eles. Os usuários podem navegar na internet e visitar computadores distantes milhares de quilômetros, acessando informações disponíveis naquele local. Eles também podem criar arquivos disponíveis para a internet, e é assim que a Cerebrosoft consegue suas vendas. A venda de software virtual elimina muitos dos fatores tradicionais de custo dos produtos de consumo: embalagem, armazenamento, distribuição, mão de obra e assim por diante. Em vez disso, os potenciais clientes podem baixar uma versão de testes, experimentá-la (isto é, usar o produto) antes do seu período de avaliação expirar e posteriormente decidir se querem comprar. Além disso, a Cerebrosoft sempre pode disponibilizar os arquivos mais recentes para o cliente, evitando o problema de ter o software desatualizado no canal de distribuição.

Charlotte tem seus pensamentos interrompidos pela chegada de Jeannie Korn, responsável pela comercialização online de produtos e deu ao Brainet atenção especial desde o início. Ela está mais do que pronta para dar o conselho que Charlotte lhe pediu. "Charlotte, acho que realmente devemos ir em frente com o Brainet. Os engenheiros de software me convenceram de que a versão atual é robusta e queremos estar no mercado com isso o mais rapidamente possível! A partir dos dados de lançamentos dos nossos produtos durante os últimos dois anos, podemos obter uma estimativa bastante confiável de como o mercado vai reagir ao novo produto, você não acha? E olhe só!" Ela mostra alguns slides de apresentação. "Durante esse tempo, lançamos 12 produtos no total e 4 deles venderam mais de 30 mil unidades apenas durante os primeiros seis meses! Melhor ainda: os dois últimos que lançamos venderam mais de 40 mil exemplares durante os dois primeiros trimestres!" Charlotte conhece esses números tão bem quanto Jeannie. Afinal, dois desses lançamentos foram de produtos que ela mesma ajudou a desenvolver. Mas ela se sente desconfortável com o lançamento do novo produto em particular. A empresa cresceu rapidamente nos últimos três anos e as sua capacidade financeira está no limite. O lançamento de um produto ruim pela Brainet custaria à empresa muito dinheiro, algo que não está disponível no momento devido aos investimentos recentes da Cerebrosoft.

No final da tarde, Charlotte se reúne com Reggie Ruffin, pau para toda obra e gerente de produção. Reggie tem um sólido histórico em seu campo e Charlotte quer sua opinião sobre o projeto Brainet.

"Bem, Charlotte, francamente, acho que existem três fatores principais que são relevantes para o sucesso deste projeto: concorrência, unidades vendidas e custo. Ah, e, claro, os nossos preços. Você já decidiu qual será o preço?"

"Ainda estou pensando em qual das três estratégias seria a mais benéfica. Vender por $50 e tentar maximizar as receitas ou vender por $30 e tentar maximizar a participação de mercado. Claro, há ainda a sua terceira alternativa: poderíamos vender por $40 e tentar fazer as duas coisas."

Neste ponto, Reggie se concentra na no papel à sua frente. "Ainda acredito que a alternativa de $40 é a melhor. Quanto aos custos, verifiquei os registros. Basicamente, temos de amortizar os custos de desenvolvimento que teremos com o Brainet. Até agora, gastamos $800 mil e esperamos gastar outros $50 mil por ano para suporte e transporte dos CDs para aqueles que quiserem uma cópia física com seu software baixado". Reggie mostra um relatório para Charlotte. "Aqui temos alguns dados sobre o setor. Acabei de receber isso ontem, novo em folha. Vamos ver o que podemos aprender sobre o setor aqui". Ele mostra a Charlotte alguns dos destaques. Reggie concorda em compilar as informações mais relevantes contidas no relatório e prepará-las para Charlotte na manhã seguinte. Isso o mantém ocupado durante toda a noite para reunir os dados das páginas do relatório, mas no final ele produz três tabelas, uma para cada uma das três estratégias alternativas de preços. Cada tabela mostra a probabilidade correspondente de várias quantidades de vendas, dado o nível de concorrência (forte, moderado ou fraco) que se desenvolve a partir de outras empresas.

TABELA 1
Distribuição de Probabilidade de Vendas por Unidade, dado um preço alto ($ 50)

Vendas	Nível de competição		
	Forte	Moderado	Fraco
50.000 unidades	0,2	0,25	0,3
30.000 unidades	0,25	0,3	0,35
20.000 unidades	0,55	0,45	0,35

TABELA 2
Distribuição de Probabilidade de Vendas por Unidade, dado um preço médio ($ 40)

Vendas	Nível de competição		
	Forte	Moderado	Fraco
50.000 unidades	0,25	0,30	0,40
30.000 unidades	0,35	0,40	0,50
20.000 unidades	0,40	0,30	0,10

TABELA 3
Distribuição de Probabilidade de Vendas por Unidade, dado um preço baixo ($ 30)

Vendas	Nível de competição		
	Forte	Moderado	Fraco
50.000 unidades	0,35	0,40	0,50
30.000 unidades	0,40	0,50	0,45
20.000 unidades	0,25	0,10	0,05

Na manhã seguinte, Charlotte está tomando outra bebida energética. Jeannie e Reggie estarão em sua sala a qualquer momento e, com ajuda de ambas, terá de decidir o que fazer com o Brainet. Devem lançar o produto? Se assim for, por qual preço?

Quando Jeannie e Reggie entram no escritório, Jeannie imediatamente explode: "Gente, acabei de falar com a nossa empresa de pesquisa de marketing. Disseram que podem fazer um estudo para nós sobre a situação da concorrência para o lançamento do Brainet e entregar os resultados dentro de uma semana".

"Quanto eles querem pelo estudo?"

"Sabia que você ia perguntar isso, Reggie. Estão pedindo $10 mil, que acho um valor justo".

Neste ponto, Charlotte entra na conversa: "Temos alguma informação sobre a qualidade do trabalho desta empresa?"

"Tenho alguns relatórios aqui. Depois de analisá-los, cheguei à conclusão de que as previsões da empresa são muita boas: em uma competição forte, previram com 80% de acerto, enquanto alcançaram 15% de acerto em uma concorrência moderada naquela conjuntura. Na competição moderada, fizeram uma previsão de 15% de que seria e de 80% de que seria moderada. Finalmente, para o caso de concorrência fraca, os números foram corretos em 90% das ocasiões, 7% indicavam concorrência 'moderada' e 3%, concorrência 'forte'".

Charlotte sente que todos esses números são demais para ela. "Não temos uma estimativa simples de como o mercado vai reagir?"

"Quer dizer, algumas probabilidades a priori? Claro. A partir da nossa experiência, a probabilidade de enfrentar forte concorrência é de 20%, 70% para concorrência moderada e 10% para concorrência fraca", diz Jeannie, com seus números sempre prontos.

Tudo o que resta fazer agora é sentar e entender tudo isso...

a. Para a análise inicial, ignorar a oportunidade de obter mais informações com a empresa de pesquisa de marketing. Identifique as alternativas de decisão e os estados da natureza. Elabore a tabela de retorno. Em seguida, formule o problema de decisão em uma árvore de decisão. Diferencie claramente entre a decisão e os nós de evento e inclua todos os dados relevantes.
b. Qual será a decisão de Charlotte se usar o critério de máxima verossimilhança?
c. Qual será a decisão de Charlotte se usar a regra de decisão de Bayes?
d. Agora, considere a possibilidade de fazer a pesquisa de mercado. Desenvolva a árvore de decisão correspondente. Calcule as probabilidades relevantes e analise a árvore de decisão. A Cerebrosoft deve pagar os $10 mil pela pesquisa de marketing? Qual é a política ideal geral?

Caso 9-4
Suporte à direção inteligente

Em uma manhã ensolarada de maio, Marc Binton, CEO da **Bay Area Automobile Gadgets (BAAG)**, entra na sala de conferências no 40° andar do prédio Gates, em São Francisco, sede da BAAG. Os demais diretores da empresa já se reuniram. O encontro tem apenas um item na agenda: planejar um projeto de pesquisa e desenvolvimento para desenvolver um novo sistema de suporte para motoristas (DSS, na sigla em inglês). Brian Huang, gerente de Pesquisa e Desenvolvimento, está andando nervosamente. Ele tem de informar o grupo sobre a estratégia de P&D que desenvolveu para o DSS. Marc considera o DSS o novo produto estratégico para a empresa. Julie Aker, vice-presidente de Marketing, falará depois de Brian. Ela dará informações detalhadas sobre o segmento-alvo, as vendas esperadas e os custos de marketing associados ao lançamento do DSS.

A BAAG fabrica equipamentos eletrônicos *non-audio* para carros de luxo. Fundada por um grupo de alunos egressos de Stanford, a empresa vendeu seu primeiro produto – um sistema de roteamento de carro com tecnologia de satélites de posicionamento global (GPS) – alguns anos atrás. Esses sistemas de roteamento ajudam os motoristas a encontrar orientações para trajetos por meio de satélites que determinam a exata posição do carro. Para ficar a par da tecnologia e satisfazer os desejos de seus clientes, a empresa acrescentou uma série de novos recursos ao seu roteador nos últimos anos. O DSS será um produto completamente novo, incorporando os recentes desenvolvimentos de GPS, bem como reconhecimento de voz e tecnologias de visualização. Marc apoia intensivamente o produto, pois ele vai dar à BAAG uma vantagem competitiva sobre os concorrentes asiáticos e europeus da empresa.

Os sistemas de suporte para motoristas são um campo de pesquisas intensas há mais de uma década. Eles proporcionam uma ampla gama de informações, como endereços, condições da estrada, atualizações de tráfego, entre outros. O intercâmbio de informações pode acontecer verbalmente ou pela projeção do texto no para-brisas. Outros recursos ajudam o motorista a evitar os obstáculos na estrada identificados pelos carros à frente (estes transmitem a informação aos veículos seguintes). Marc quer incorporar todos esses recursos e outras tecnologias em um sistema de suporte que passaria, então, a ser vendido a clientes da BAAG na indústria automobilística.

Depois de todos os participantes sentarem, Brian começa a apresentação: "Marc me pediu para informá-los sobre os nossos esforços com o sistema de suporte para motoristas, em especial o dispositivo de varredura de estradas. Chegamos a um estágio em que basicamente temos de tomar a decisão de seguir ou parar com a pesquisa para o dispositivo, que, como todos vocês já sabem, é um recurso fundamental no DSS. Já integramos os outros dispositivos, como o posicionamento baseado em GPS e o sistema de orientação. A questão com a qual temos de lidar é a possibilidade de financiar a pesquisa básica para o dispositivo de varredura de estradas. Se essa pesquisa for bem-sucedida, teremos de decidir se queremos desenvolver um produto com base nesses resultados, ou se queremos apenas vender a tecnologia sem desenvolver o produto. Se decidirmos desenvolver o produto nós mesmos, há uma chance de que o desenvolvimento não seja bem-sucedido. Nesse caso, ainda poderíamos vender a tecnologia. No caso do desenvolvimento bem-sucedido do produto, teríamos de decidir se iríamos comercializá-lo. Se decidirmos não comercializar o produto desenvolvido, poderíamos, pelo menos, vender o conceito do produto que resultou de nossa pesquisa e esforços de desenvolvimento bem-sucedidos. Fazer isso renderia mais do que simplesmente vender a tecnologia prematuramente. Se, por outro lado, decidirmos comercializar o sistema de apoio para motoristas, então, enfrentaremos a incerteza sobre como o produto será recebido por nossos clientes".

"Você me deixou completamente perdido", observa Marc.

Max, assistente de Julie, apenas balança a cabeça e murmura: "Esses tecno-nerds..."

Brian começa a se explicar: "Desculpe pela confusão. Vamos repassar isso, passo a passo".

"Boa ideia! Desta vez, quem sabe você dá passos mais curtos!" Julie obviamente não gosta do estilo de apresentação de Brian.

"OK, a primeira decisão que estamos enfrentando é determinar se devemos investir em pesquisa para o dispositivo de varredura de estradas".

"Qual seria o nosso custo?", pergunta Marc.

"Nosso orçamento estimado para isso é de $300 mil. Depois de investir esse dinheiro, o resultado do esforço de pesquisa é um tanto incerto. Nossos engenheiros avaliam a probabilidade de êxito da pesquisa em 80%".

"Essa é uma previsão muito otimista, não acha?" comenta Julie, sarcasticamente. Ela ainda se lembra do desastre com o último projeto de Brian, o sistema de segurança de veículos baseado em impressão digital. Depois de gastar $500 mil, os engenheiros de desenvolvimento concluíram que seria impossível produzir o sistema de segurança por um preço atraente.

Brian percebe a hostilidade de Julie e revida: "Em engenharia, estamos bastante acostumados com essas previsões de sucesso, algo que não podemos dizer sobre o marketing..."

"Qual seria o próximo passo?", intervém Marc.

"Desculpe-me. Se a pesquisa não for bem-sucedida, então só poderemos vender o DSS em seu formato atual".

"A estimativa de lucro para esse cenário é $2 milhões", acrescenta Julie.

"Se, no entanto, o esforço de pesquisa for bem-sucedido, então teremos de tomar outra decisão, ou seja, se passamos para a fase de desenvolvimento".

"Se não quisermos desenvolver o produto nesse momento, isso significa que teríamos de vender o DSS como ele está hoje?", pergunta Max.

"Sim, Max. Só que ainda iríamos ganhar cerca de $200 mil com a venda de nossos resultados de pesquisa para a GM. A divisão de pesquisa deles está muito interessada em nosso trabalho e oferecerá esse valor por nossos resultados".

"Ah, isso é que é uma boa notícia", comenta Julie.

Brian continua: "Se, no entanto, após concluída com sucesso a fase de pesquisa, decidirmos desenvolver o novo produto, então, vamos ter de gastar mais $800 mil nessa tarefa, com uma chance de 35 % de não sermos bem-sucedidos".

"Então você está dizendo que vamos ter de gastar $ 800 mil por um bilhete de loteria em que temos uma chance de 35% de não ganhar nada?", pergunta Julie.

"Julie, não se concentre nas perdas, mas nos ganhos potenciais! A chance de ganhar nesta loteria, como você a chamou, é de 65%. Acredito que isso é muito mais do que com um bilhete de loteria normal", diz Marc.

"Obrigado, Marc", diz Brian. "Depois de investir esse dinheiro em desenvolvimento, teremos dois resultados possíveis:

ou seremos bem-sucedidos em desenvolver o dispositivo de varredura de estradas ou não. Se falharmos, então mais uma vez vamos vender o DSS em sua forma atual e levar os $200 mil da GM pelos resultados da pesquisa. Se o processo de desenvolvimento for bem-sucedido, então teremos de decidir se vamos comercializar o novo produto".

"Por que não deveríamos comercializá-lo depois de desenvolvê-lo com sucesso?", pergunta Marc.

"É uma boa pergunta. Basicamente o que quero dizer é que podemos decidir não vender o produto nós mesmos, mas, em vez disso, ceder o direito de vendê-lo para um terceiro – a GM, por exemplo. Eles nos pagariam $1 milhão por isso".

"Esse número me agrada!", avisa Julie.

"Depois de decidirmos fabricar o produto e comercializá-lo, teremos de enfrentar as incertezas do mercado e estou certo de que Julie tem esses números prontos para nós. Obrigado".

Neste momento, Brian se senta e Julie começa sua apresentação. Imediatamente alguns slides coloridos são projetados na parede atrás dela, enquanto Max opera o computador.

"Obrigado, Brian. Bem, aqui estão os dados que conseguimos reunir a partir de uma pesquisa de marketing. A aceitação do nosso novo produto no mercado pode ser alta, média ou baixa". Julie fica apontando para algumas figuras projetadas. "Nossas estimativas indicam que a aceitação alta resultaria em lucros de $8 milhões e que a aceitação média nos daria $4 milhões. Na infelicidade de uma má recepção por parte de nossos clientes, ainda teríamos $2,2 milhões de lucro. Devo mencionar que esses lucros não incluem os custos adicionais de comercialização ou gastos de P&D".

"Então, você está dizendo que na pior das hipóteses vamos ganhar um pouco mais de dinheiro do que com o produto atual?", pergunta Brian.

"Sim, foi isso que eu disse".

"Qual é o orçamento necessário para a comercialização de nosso DSS com o sistema de varredura de estradas?", pergunta Marc.

"Para isso, precisaríamos de um adicional de $200 mil além do que já foi incluído nas estimativas de lucro", responde Julie.

"Quais são as chances de termos uma aceitação alta, média ou baixa do novo DSS?", pergunta Brian.

"Podemos ver esses números na parte inferior do slide", diz Julie, enquanto se volta para a projeção na parede. Há uma chance de 30% de alta aceitação no mercado e de 20% de baixa.

Neste momento, Marc se mexe na poltrona e pergunta: "Com todos esses números e pedaços de informação, o que vocês estão sugerindo que façamos?"

a. Organize os dados disponíveis sobre as estimativas de custo e lucro em uma tabela.

b. Formule o problema em uma árvore de decisão. Diferencie claramente entre a decisão e nós de eventos.

c. Calcule os retornos esperados para cada nó na árvore de decisão.

d. Qual é a política ideal para a BAAG de acordo com a regra de decisão de Bayes?

e. Qual seria o valor esperado da informação perfeita do resultado do esforço de pesquisa?

f. Qual seria o valor esperado da informação perfeita do resultado do esforço de desenvolvimento?

g. Marc é um tomador de decisão avesso ao risco. Em uma série de entrevistas, a sua função utilitária para o dinheiro foi avaliada como

$$U(M) = \frac{1 - e^{-\frac{M}{12}}}{1 - e^{-\frac{1}{12}}}$$

onde M é o lucro líquido da empresa em unidades de centenas de milhares de \$ (p. ex., $M = 8$ indica um lucro líquido de \$800 mil). Usando a função utilitária de Marc, calcule a utilidade para cada ramo terminal da árvore de decisão.

h. Calcule os retornos esperados para todos os nós na árvore de decisão.

i. Com base na função utilitária de Marc, qual é a política ideal da BAAG?

j. Com base na função utilitária de Marc, qual seria o valor esperado da informação perfeita do resultado do esforço de pesquisa?

k. Com base na função utilitária de Marc, qual seria o valor esperado da informação perfeita do resultado do esforço de desenvolvimento?

Casos adicionais

Casos adicionais para este capítulo estão disponíveis para compra no *site* da School of Business, da University of Western Ontario, **cases.ivey.uwo.ca/case**, no segmento da área de CaseMate designada para este livro.

PREVISÃO

10

OBJETIVOS DE APRENDIZAGEM

OA1 Descrever alguns dos principais tipos de aplicações de previsão.

OA2 Identificar duas medidas comuns da precisão dos métodos de previsão.

OA3 Ajustar os dados de previsão para examinar os padrões sazonais.

OA4 Descrever diversos métodos de previsão que utilizem o padrão de dados históricos para prever um valor futuro.

OA5 Aplicar esses métodos à mão ou com o software fornecido.

OA6 Comparar esses métodos para identificar as condições em que cada um deles é particularmente adequado.

OA7 Descrever e aplicar uma abordagem de previsão que relacione a quantidade de lucro a uma ou mais quantidades.

OA8 Descrever vários métodos de previsão que utilizem avaliação especializada.

Quanto a economia vai crescer no próximo ano? Para onde o mercado de ações está se dirigindo? E quanto às taxas de juros? Como será a mudança de preferências do consumidor? Quais serão os novos produtos que farão sucesso?

Os analistas têm respostas para todas essas perguntas. Infelizmente, a probabilidade de as respostas estarem erradas é muito grande. Ninguém consegue prever o futuro acertadamente em todas as ocasiões.

No entanto, o sucesso futuro de qualquer empresa depende bastante de sua gestão ser inteligente para detectar tendências e desenvolvimento de estratégias adequadas. Os líderes das melhores empresas muitas vezes parecem ter um sexto sentido para quando mudar de direção e ficar um passo à frente da concorrência, mas esse sexto sentido é, na verdade, guiado pelo uso frequente das melhores técnicas de previsão. Essas empresas raramente arranjam problemas ao evitar estimativas errôneas sobre qual será a demanda de seus produtos. Várias outras empresas o fazem. A capacidade de prever acertadamente faz a diferença.

Com os dados históricos de vendas disponíveis, alguns **métodos de previsão estatística** foram desenvolvidos para a utilização desses dados a fim de se prever a demanda futura. Esses métodos supõem que as tendências históricas irão continuar, logo, a gestão precisa fazer ajustes para refletir as mudanças atuais no mercado.

Vários **métodos de previsão de julgamento** que usam apenas a avalição de especialista também estão disponíveis. Esses métodos são particularmente valiosos quando há pouca ou nenhuma disponibilidade de dados históricos de vendas ou quando mudanças notáveis no mercado derruba a credibilidade dos dados para o propósito de previsão.

A previsão de demanda de produtos é uma aplicação importante dos métodos de previsão. Para outras aplicações, as previsões podem ser necessárias para avaliar a necessidade de peças de reposição, os rendimentos de produção agrícola e as necessidades dos funcionários. As técnicas de previsão também são muito utilizadas para prever tendências econômicas regionais, nacionais ou mesmo internacionais.

Vamos começar o capítulo com uma visão geral das técnicas de previsão em sua forma mais simples. A Seção 10.2, em seguida, apresenta um estudo de caso típico que será realizado ao longo da maior parte do capítulo, a fim de ilustrar como essas técnicas normalmente precisam ser adaptadas para incorporar considerações práticas, como os padrões de demandas sazonais. As Seções 10.3 a 10.5 se concentram em métodos de previsão estatística e a Seção 10.6, em métodos de previsão de julgamento. O suplemento deste capítulo no CD-ROM descreve uma extensão de Excel chamado CB Predictor, projetado para executar previsões estatísticas em um ambiente de planilha. O CB Predictor, os modelos do Excel para vários métodos de previsão e um módulo de previsão que faz parte dos seus Módulos Interativos de Ciência da Gestão estão incluídos em seu MS Courseware.

10.1 VISÃO GERAL DAS TÉCNICAS DE PREVISÃO

Para mostrar diversas técnicas de previsão, examine o problema a seguir.

Problema de previsão

A **Fastchips** é uma empresa líder na produção de microprocessadores. Seis meses atrás, começou a vender o seu mais recente microprocessador. As vendas (em milhares) mês a mês do microprocessador durante os primeiros seis meses foram

$$17 \quad 25 \quad 24 \quad 26 \quad 30 \quad 28$$

Neste mercado altamente competitivo, as vendas podem mudar rapidamente, dependendo de quando os concorrentes lançam a versão mais recente de seus microprocessadores. Portanto, é sempre importante ter uma previsão das vendas do mês seguinte para orientar o nível de produção.

Vejamos algumas maneiras alternativas de obter essa previsão.

Algumas técnicas de previsão

A técnica mais simples é o **método de previsão do último valor** (chamado de *método ingênuo*), que simplesmente diz para usar as vendas do mês anterior como previsão para as vendas do mês seguinte. Para a Fastchips, isso resulta em

$$\text{Previsão} = 28$$

Este é um método de previsão razoável quando as circunstâncias tendem a mudar tão rapidamente que os resultados do último mês não são confiáveis para indicar as vendas futuras.

O **método de previsão média** diz para usar a média de *todas* as vendas mensais até o momento como previsão para o próximo mês. Isso dá

$$\text{Previsão} = \frac{17 + 25 + 24 + 26 + 30 + 28}{6} = 25$$

para a Fastchips. Este é um método de previsão razoável quando as circunstâncias tendem a permanecer bastantes estáveis, a ponto de os mais recentes resultados servirem como indicador confiável das vendas futuras (uma suposição duvidosa para a Fastchips).

O **método de previsão de média móvel** fornece um meio termo entre o método de último valor e o de previsão média, utilizando a média das vendas mensais apenas dos meses mais recentes como previsão para o próximo mês. O número de meses usados deve ser especificado. Por exemplo, uma previsão média móvel de três meses para a Fastchips é

$$\text{Previsão} = \frac{26 + 30 + 28}{3} = 28$$

Este é um método de previsão razoável quando as condições tendem a mudar ocasionalmente, mas não de forma extremamente rápida.

O **método de previsão de suavização exponencial** fornece uma versão mais sofisticada do método de média móvel, de modo que dispensa maior consideração às vendas dos meses mais recentes apenas. Em particular, em vez de dar peso igual às vendas dos meses mais recentes, o método de suavização exponencial dá maior peso ao último mês e, em seguida, pesos progressivamente menores para os meses mais antigos. (A fórmula deste método será dada na Seção 10.3.) Trata-se de um método de previsão razoável sob as mesmas condições descritas para o método de média móvel.

Há um acréscimo de sofisticação ao método de previsão de suavização exponencial quando se usa o **suavização exponencial com tendência**. Este, mais recente, ajusta o suavização exponencial ao também considerar diretamente qualquer tendência atual para cima ou para baixo nas vendas. (As fórmulas são dadas na Seção 10.3.)

Se os dados de vendas mostrarem uma tendência relativamente consistente em alguma direção, então a **regressão linear** fornecerá um método de previsão razoável. Este método utiliza um gráfico bidimensional com as vendas medidas ao longo do eixo vertical e o tempo medido ao longo do horizontal. Após traçar os dados de vendas mês a mês, encontra uma linha de passagem, por entre os dados, do modo mais próximo possível. A extensão da linha para os meses futuros fornece a respectiva previsão de vendas.

A seção 10.5 apresenta de forma completa o método de regressão linear. Os outros métodos de previsão já referidos são descritos em detalhes na Seção 10.3. O exame em ambas situa-se no contexto do estudo de caso apresentado na Seção 10.2.

Qual dessas técnicas de previsão a Fastchips deve usar? Com base nos dados de vendas até agora, parece que tanto o método de previsão de média móvel quanto o de previsão de suavização exponencial seriam uma escolha razoável. No entanto, à medida que o tempo passa, deve ser feita uma análise posterior para ver qual deles fornece os menores **erros de previsão** (a diferença entre as vendas reais e as previstas). Depois de determinar o erro de previsão em cada um de vários meses de qualquer método de previsão, a medida comum da precisão do método é a *média* desses erros de previsão. (Esta média é chamada de **desvio absoluto médio**, que é abreviado para **DAM**). Como os grandes erros de previsão são muito mais graves do que os pequenos, outra medida popular da precisão de um método de previsão é a média do *quadrado* dos seus erros de previsão. (Esta média é chamada de **erro quadrático médio**, que é abreviado para **EQM**). Ao longo deste capítulo, os valores de DAM e EQM serão usados para ajudar a decidir o método de previsão a ser usado no estudo de caso.

Para alguns tipos de produtos, as vendas a serem antecipadas em determinado mês são influenciadas pela época do ano. Por exemplo, um produto que é popular como presente de Natal poderia muito bem vender o dobro do que vende em janeiro. Para qualquer produto influenciado por fatores sazonais, é importante incorporá-los nas previsões. Isso desempenha um papel fundamental na análise do estudo de caso em todo o capítulo.

Embora tenhamos descrito as várias técnicas de previsão em termos de previsões de vendas mês a mês para o problema da Fastchips, outras aplicações de previsão podem ser um pouco diferentes. A quantidade prevista pode ser um pouco diferente do que as vendas e os prazos envolvidos podem ser em trimestres ou em anos, em vez de em meses. Por exemplo, o estudo de caso deste capítulo envolve previsões do número de chamadas para um *call center* em período trimestral.

Quando se utiliza qualquer uma dessas técnicas de previsão, também é importante examinar os números com cuidado para tentar compreender o que está conduzindo a grandeza a ser prevista, de modo a ajustar a previsão fornecida pela técnica de previsão de modo adequado. Esta é uma lição importante da análise do estudo de caso. Quando existem fatores impulsionando mudanças na grandeza a ser prevista, os métodos de previsão de julgamento descritos na Seção 10.6 também pode desempenhar um papel útil.

Um resumo das fórmulas de todas as técnicas de previsão descritas (e elaboradas ao longo de todo o capítulo) é fornecido no final do capítulo.

Perguntas de revisão

1. O que é o método de previsão do último valor e quando pode ser um método razoável?
2. O que é o método de previsão média e quando pode ser um método razoável?
3. O que é o método de previsão de média móvel e quando pode ser um método razoável?
4. Como o método de previsão de suavização exponencial difere do método de previsão de média móvel?
5. Como a previsão de suavização exponencial com tendência difere do método de previsão de suavização exponencial?
6. Como o método de previsão de regressão linear obtém as previsões?
7. Quais as duas principais medidas de precisão de um método de previsão?

10.2 ESTUDO DE CASO: PROBLEMA DO COMPUTER CLUB WAREHOUSE (CCW)

O **Computer Club Warehouse** (geralmente chamado de **CCW**) vende vários produtos de informática a preços baixos por pedidos feitos diretamente pelos clientes por telefone, *site* e fax. A empresa vende computadores de mesa e laptops, periféricos, acessórios de hardware, suprimentos, softwares (incluindo jogos) e móveis para computadores. Ela envia catálogos para seus clientes e inúmeros potenciais clientes várias vezes por ano, além de publicar minicatálogos em revistas de informática exibindo com destaque o número do call center da empresa para receber pedidos gratuitamente.

Call Center do CCW

O call center nunca fecha. Durante horas movimentadas, fica tomado por dezenas de operadores cuja única função é receber e processar os pedidos. (Uma segunda função é a de call center muito menores, que usam outro número 0800 para que os clientes façam perguntas e relatem problemas. Este estudo de caso se concentra apenas no principal tipo de call center.)

Os novos operadores recebem uma semana de treinamento antes de começar a trabalhar. Esta formação enfatiza como, de forma eficiente e cortês, processar um pedido. Espera-se que a média de duração de uma chamada operador não ultrapasse os cinco minutos por operador. Os registros são mantidos e um operador que não cumprir essa meta até o final do período de estágio não permanecerá. Embora os operadores sejam bem pagos, a pressão e o tédio associados ao trabalho conduzem a uma taxa de erros bastante elevada.

Muitas linhas de telefone são fornecidas para as chamadas. Se um operador não estiver livre quando a chamada chega, ela é colocada em espera, com uma mensagem gravada e música de fundo. Se todas as linhas estiverem em uso (o que se chama de *saturação*), a chamada de entrada receberá um sinal de ocupado.

Apesar de alguns clientes que recebem um sinal de ocupado, ou que desligam depois de ficarem em espera por muito tempo, tentarem novamente até conseguir, muitos não o fazem. Desse modo, é muito importante ter operadores suficientes para minimizar esse problema. Por outro lado, por causa dos elevados custos trabalhistas dos operadores, o CCW tenta evitar ter operadores de serviço em quantidade que leve a significativo tempo de inatividade.

Consequentemente, a obtenção de previsões de demanda dos agentes é fundamental para a empresa.

Lydia Weigelt, gerente do Call Center

A atual gerente do call center é Lydia Weigelt. Como melhor aluna da sua turma de formandos da faculdade de administração, ela foi cortejada por várias empresas de ponta antes de escolher o CCW. Extremamente brilhante e ambiciosa, Lydia está sendo preparada para entrar na alta gerência do CCW nos próximos anos.

Quando foi contratada há pouco mais de três anos, Lydia foi designada para sua posição atual, a fim de aprender o negócio a partir do zero. O call center é considerado o centro nervoso de todas as operações do CCW.

Antes da chegada de Lydia, a empresa sofria de sérios problemas de gerenciamento com o call center. Os pedidos não eram processados com eficiência. Alguns até mesmo se extraviavam. Os níveis de pessoal nunca pareciam ajustados. As diretrizes de gestão para ajustá-los mantinham-se na direção oposta. Os dados necessários para lidar com esse problema se mantinham. O moral estava baixo.

Tudo isso mudou com a chegada de Lydia. Uma de suas primeiras medidas foi instalar procedimentos de obtenção dos dados necessários para tomar decisões sobre os níveis de pessoal. Os principais dados incluíam um registro detalhado do volume de chamadas e quanto desse era tratado por cada operador. A eficiência melhorou substancialmente. Apesar de comandar com firmeza, Lydia fazia grandes esforços para elogiar e recompensar um bom trabalho. O moral aumentou de modo impressionante.

> Melhores previsões do volume de chamadas são necessárias.

Embora satisfeita com a grande melhoria no funcionamento do call center, Lydia ainda tem uma grande frustração. No final de cada trimestre, quando sabe quantos operadores não permanecerão após o final do período de estágio, ela toma uma decisão sobre quantos novos operadores contratar para passar pela próxima sessão de treinamento (realizada no início de cada trimestre). Ela desenvolveu um excelente procedimento para calcular o nível de pessoal necessário para cobrir qualquer volume de chamadas específico, no entanto, todas as vezes em que o utiliza, com base em sua previsão do volume de chamadas, a previsão geralmente se revela consideravelmente errada. Portanto, ela ainda não está considerando os níveis adequados de pessoal.

Lydia concluiu que seu próximo projeto deve ser o de desenvolver um método de previsão melhor para substituir o atual.

Método de previsão atual de Lydia

Graças aos procedimentos inaugurados por Lydia para a coleta de dados logo após sua chegada, há agora dados confiáveis sobre o volume de chamadas dos últimos três anos.

VINHETA DE APLICAÇÃO

A **L. L. Bean, Inc.** é uma conhecida rede de bens e vestuário de alta qualidade para atividades ao ar livre, com volume anual de vendas de mais de 1,4 bilhão de dólares. A empresa comercializa seus produtos principalmente por meio do envio de milhões de cópias de vários catálogos a cada ano. Assim, a maioria das vendas é gerada pelas ordens recebidas no call center da empresa, em operação sete dias por semana. O volume de vendas é sazonal, com um pico maior durante a época de Natal. As vendas de cada semana tendem a diminuir lentamente de segunda-feira a domingo, exceto por uma forte queda em um feriado e um aumento acentuado imediatamente após a chegada de um catálogo.

A alocação de pessoal no nível adequado no call center dia após dia é fundamental para a empresa. A falta de pessoal resulta em vendas perdidas de clientes não atendidos que, então, desistem. O excesso resulta em custos de trabalho exagerados. Portanto, são necessárias previsões precisas do volume de chamadas diárias.

Porque os métodos de previsão subjetivos anteriores foram insatisfatórios, a gestão da L.L. Bean contratou uma equipe de consultores científicos da gestão para *melhorar os procedimentos de previsão*. Depois que os gerentes de call center da L.L. Bean compilaram uma ampla lista dos 35 possíveis fatores que afetariam logicamente o volume de chamadas, essa equipe desenvolveu e ajudou a implementar um método de previsão de série temporal altamente sofisticado (o modelo autorregressivo/integrado de média móvel de Box e Jenkins). Esta metodologia incorpora todos os fatores importantes, incluindo padrões sazonais, o efeito de férias e da chegada de catálogos. A cada semana, são obtidas previsões dos volumes de chamadas diárias para as três semanas seguintes. As previsões para a última delas são, então, usadas para determinar o horário de trabalho de segunda a domingo no call center com duas semanas de antecedência.

Estima-se que a maior precisão do método de previsão tenha *economizado à L.L. Bean* **$300 mil** *anualmente* com o aprimoramento da eficiência de programação. A computadorizarão da metodologia também reduziu enormemente os custos de mão de obra para elaborar a previsão de cada semana.

Fonte: B. H. Andrews e S. M. Cunningham, "L. L. Bean Improves Call-Center Forecasting," Interfaces 25, n. 6 (novembro a dezembro de 1995), pp. 1–13. (Um link para esse artigo é fornecido nos *site* **www.mhhe.com/hillier4e**.)

A Figura 10.1 mostra o número médio de chamadas recebidas por dia em cada um dos trimestres desses anos. O lado direito também exibe esses mesmos dados para mostrar o padrão graficamente. Este gráfico foi gerado selecionando-se os dados em D4:D15 e, em seguida, selecionando-se um gráfico de linhas da guia Inserir (para o Excel 2007 ou 2010) ou escolhendo Gráfico no menu Inserir do Excel e selecionando um tipo de gráfico de linha (para outras versões do Excel).

Note-se que as vendas do 4º Trimestre dão um salto a cada ano devido às compras de Natal. Quando Lydia entrou para o CCW, o presidente lhe contou sobre a "regra de 25%" que a empresa utilizava para prever o volume de chamadas (e de vendas).

As previsões precisam levar em conta o padrão sazonal do aumento de vendas no 4º trimestre devido ao Natal.

FIGURA 10.1
Número médio de chamadas recebidas por dia no call center do CCW em cada um dos quatro semestres dos três anos anteriores.

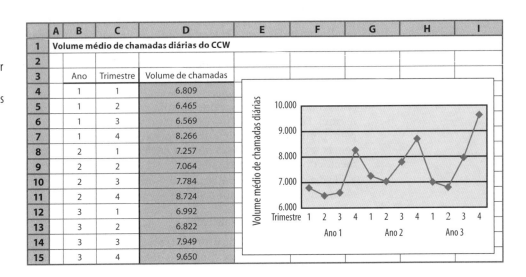

FIGURA 10.2
Esta planilha registra os resultados da aplicação da regra de 25% nos últimos três anos para prever o volume médio de chamadas diárias para o próximo trimestre.

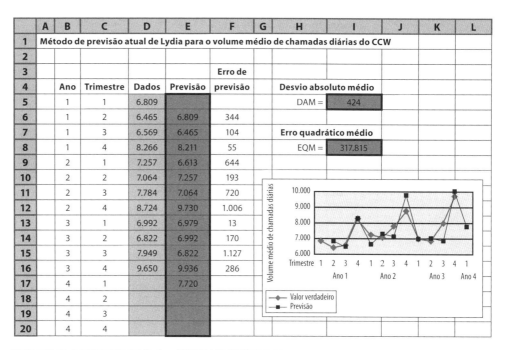

	A	B	C	D	E	F	G	H	I
1	Método de previsão atual de Lydia para o volume médio de chamadas diárias do CCW									
2									
3						Erro de			
4		Ano	Trimestre	Dados	Previsão	previsão		Desvio absoluto médio	
5		1	1	6.809				DAM =	424
6		1	2	6.465	6.809	344			
7		1	3	6.569	6.465	104		Erro quadrático médio	
8		1	4	8.266	8.211	55		EQM =	317.815
9		2	1	7.257	6.613	644			
10		2	2	7.064	7.257	193			
11		2	3	7.784	7.064	720			
12		2	4	8.724	9.730	1.006			
13		3	1	6.992	6.979	13			
14		3	2	6.822	6.992	170			
15		3	3	7.949	6.822	1.127			
16		3	4	9.650	9.936	286			
17		4	1		7.720				
18		4	2						
19		4	3						
20		4	4						

Nomes de intervalo	Células
Dados	D5:D20
Previsão	E5:E20
Erro de previsão	F5:F20

	E	F
3		Erro de
4	Previsão	previsão
5		
6	=D5	=ABS(D6-E6)
7	=D6	=ABS(D7-E7)
8	=1.25*D7	=ABS(D8-E8)
9	=D8/1.25	=ABS(D9-E9)
10	=D9	=ABS(D10-E10)
11	:	:
12	:	:

	H	I
5	DAM =	=MÉDIA(ErroDePrevisão)

	H	I
8	EQM =	=SOMAQUAD(ErroDePrevisão)/ CONTAGEM(PrevisãoDeErro)

A regra de 25%: Como as vendas permanecem relativamente estáveis ao longo do ano, exceto por um aumento substancial na época do Natal, vamos supor que o volume de chamadas de cada trimestre será o mesmo do trimestre anterior, exceto por um acréscimo de 25% no 4º Trimestre. Assim,

Previsão para o semestre 2 = Volume de chamadas do semestre 1
Previsão para o semestre 3 = Volume de chamadas do semestre 2
Previsão para o semestre 4 = 1,25(Volume de chamadas do semestre 3)

A previsão para o trimestre 1 do ano seguinte seria, então, obtida do semestre 4 do ano corrente por

$$\text{Previsão para o próximo semestre 1} = \frac{\text{Volume de chamadas para semestre 4}}{1,25}$$

Este é o método de previsão que Lydia tem utilizado.

A Figura 10.2 mostra as previsões que Lydia obteve com ele. A coluna F dá o **erro de previsão** (o desvio da previsão do valor verdadeiro do volume de chamadas), em cada caso. Uma vez que o total dos 11 erros de previsão é 4.662, a média é

$$\text{Erro médio de previsão} = \frac{4.662}{11}$$
$$= 424$$

Como mencionado na Seção 10.1, o erro médio de previsão é comumente chamado de **DAM**, que é o **desvio absoluto médio**. Sua fórmula é

DAM é apenas o erro médio de previsão.

$$\text{DAM} = \frac{\text{Soma de erros de previsão}}{\text{Número de previsões}}$$

Assim, neste caso, a célula 15 dá

$$DAM = 424$$

Para colocar este valor de DAM = 424 em perspectiva, observe que 424 é 5% a mais que o volume médio de chamadas diárias na maioria dos trimestres. Com erros de previsão que variam em até 1.127, dois dos erros estão bem acima de 10%. Embora os erros dessa magnitude sejam comuns em aplicações de previsão típicas, é necessária maior precisão para esta aplicação em particular. Erros de 5% e 10% impossibilitam definir corretamente o nível de pessoal para o trimestre. Não é de admirar que Lydia esteja *louca* com o resultado miserável que a regra de 25% obteve. É necessário um método de previsão melhor.

Outra popular medida da precisão de métodos de previsão é chamada de **erro quadrático médio**, abreviado para **EQM**. Sua fórmula é

EQM é a média quadrática de erros de previsão.

$$EQM = \frac{\text{Soma do quadrado dos erros de previsão}}{\text{Número de previsões}}$$

Assim, na Figura 10.2,

$$EQM = \frac{(344)^2 + (104)^2 + \ldots + (286)^2}{11}$$
$$= 317{,}815$$

Um erro de previsão grotesco aumenta amplamente o valor do EQM.

como dado na célula 18. A vantagem de elevar ao quadrado os erros de previsão é que isso aumenta o peso dos grandes erros em relação ao peso dado aos pequenos erros. Os pequenos erros são de se esperar, mesmo com os melhores métodos de previsão e, uma vez que não têm consequências graves, diminuir o seu peso é desejável. São os grandes erros de previsão que têm consequências graves. Portanto, é bom penalizar de modo relativamente sério um método de previsão que, ocasionalmente, permite grandes erros de previsão e recompensar um método de previsão que consistentemente mantém os erros em uma margem razoavelmente pequena. Comparar esses dois métodos pode fazer o primeiro tipo receber o maior valor de EQM, mesmo que tenha o menor valor de DAM. Assim, o EQM oferece um complemento útil ao DAM, fornecendo informações adicionais sobre o quão consistentemente um método de previsão evita seriamente grandes erros. No entanto, a desvantagem do EQM em comparação com o DAM é uma maior dificuldade na interpretação do significado do seu valor para um método de previsão individual. Desse modo, Lydia (que está familiarizada com as duas medidas) vai concentrar a maior parte de sua atenção nos valores de DAM e também ficar de olho nos valores de EQM.

Plano para encontrar um método de previsão melhor

Lydia se lembra de ter feito um curso de ciência da gestão na faculdade. Lembra-se de que um dos tópicos do curso foi a *previsão*, por isso decide rever seu livro e anotações de aula sobre o tema.

Ao fazer essa revisão, vê que está lidando com o que se chama de *série temporal*.

> **Série temporal** é uma série de observações ao longo do tempo de alguma quantidade de interesse. Por exemplo, a série de observações do volume médio de chamadas diárias para os 12 trimestres mais recentes, como apresentada na Figura 10.1, constitui uma série temporal.

Ela também lembra que vários métodos estatísticos estão disponíveis para a utilização dos dados históricos de uma série temporal para prever uma observação futura na série. Estes tipos de métodos de previsão estatística são conhecidos como **métodos de previsão de séries temporais**. A tarefa de Lydia agora é fazer uma revisão desses métodos, juntamente com outros métodos de previsão estatística, e avaliar qual deles é mais adequado para seu problema particular de previsão.

Para ajudá-la nessa tarefa por algumas semanas, Lydia conseguiu a aprovação do presidente do CCW para contratar os serviços de um consultor (um ex-colega) de uma empresa de consultoria de ciência da gestão cuja especialidade é previsão.

A próxima seção descreve a abordagem do problema.

Perguntas de revisão

1. Como funciona o Computer Club Warehouse (CCW)?
2. Quais são as consequências de não ter agentes suficientes disponíveis no call center do CCW? E no caso de ter agentes em quantidade excessiva?

3. Qual a principal frustração atual de Lídia?
4. O que é a regra de 25% do CCW?
5. O que é o DAM?
6. O que é o EQM?
7. O que é uma série temporal?

10.3 APLICAÇÃO DE MÉTODOS DE PREVISÃO DE SÉRIES TEMPORAIS NO ESTUDO DE CASO

Como mencionado no final da seção anterior, os *métodos de previsão de séries temporais* são métodos estatísticos de previsão que utilizam uma série temporal (série de observações ao longo do tempo de alguma quantidade de interesse) para prever uma observação futura na série com base em seus valores anteriores. Vários destes métodos foram apresentados na Seção 10.1. Nós nos concentramos nesta seção em descrever de modo mais detalhado esses métodos e aplicá-los ao estudo de caso, no qual a quantidade de interesse a ser prevista é o volume médio de chamadas diárias para o trimestre seguinte.

A Figura 10.1 na seção anterior destaca o padrão sazonal dos volumes de chamada do CCW, com um grande salto a cada quarto trimestre, devido às compras de Natal. Portanto, antes de examinar métodos de previsão determinados, Lydia e o consultor pensam na abordagem desse padrão sazonal.

Exame dos efeitos sazonais

Por muitos anos, a lenda no CCW dizia que o volume de chamadas (e de vendas) vai ser bastante estável ao longo dos três primeiros trimestres do ano e depois vai dar um salto em cerca de 25% no 4º trimestre. Essa tem sido a base da regra de 25%.

Para verificar o quanto a lenda é verdadeira, o consultor utiliza os dados apresentados na Figura 10.1 para calcular o volume médio de chamadas diárias para cada trimestre ao longo dos últimos três anos. Por exemplo, a média do trimestre 1 é

$$\text{Média (Trimestre 1)} = \frac{6.809 + 7.257 + 6.992}{3}$$
$$= 7.019$$

Estas médias de todos os quatro trimestres são mostradas na segunda coluna da Tabela 10.1. Debaixo desta coluna, a *média global* de todos os quatro trimestres é calculada como 7.529. Dividir a média para cada trimestre por esta média global dá o *fator sazonal* mostrado na terceira coluna.

Em geral, o **fator sazonal** de qualquer período de um ano (um trimestre, um mês etc.) mede como aquele período se compara com a média global de um ano inteiro. Especificamente, utilizando dados históricos, o cálculo do fator sazonal deve ser

$$\text{Fator sazonal} = \frac{\text{Média do período}}{\text{Média geral}}$$

A planilha do Excel calcula fatores sazonais de modo mensal ou trimestral.

Seu MS Courseware inclui uma planilha do Excel para o cálculo desses fatores sazonais. A Figura 10.3 mostra este modelo aplicado ao problema do CCW.

TABELA 10.1
Cálculo dos fatores sazonais do problema do CCW

Trimestre	Média de três anos	Fator sazonal
1	7.019	$\frac{7.019}{7.529} = 0{,}93$
2	6.784	$\frac{6.784}{7.529} = 0{,}90$
3	7.434	$\frac{7.434}{7.529} = 0{,}99$
4	8.880	$\frac{8.880}{7.529} = 1{,}18$
Total =	30.117	
Média =	$\frac{30.117}{4} = 7.529$	

FIGURA 10.3
Planilha do Excel em seu MS Courseware para calcular fatores sazonais é aplicada aqui para o problema do CCW.

	A	B	C	D	E	F	G
1	Cálculo de fatores sazonais para o CCW						
2							
3				Valor			
4		Ano	Trimestre	verdadeiro		Tipo de sazonalidade	
5		1	1	6.809		Trimestral	
6		1	2	6.465			
7		1	3	6.569			
8		1	4	8.266			Estimativa para
9		2	1	7.257		Trimestre	fator sazonal
10		2	2	7.064		1	0,9323
11		2	3	7.784		2	0,9010
12		2	4	8.724		3	0,9873
13		3	1	6.992		4	1,1794
14		3	2	6.822			
15		3	3	7.949			
16		3	4	9.650			

Nomes de intervalo	Células
FatorSazonal	G10:G21
ValorVerdadeiro	D5:D41
TipoDeSazonalidade	F5

	G
8	Estimativa para
9	fator sazonal
10	=MÉDIA(D5,D9,D13)/MÉDIA(ValorVerdadeiro)
11	=MÉDIA(D6,D10,D14)/MÉDIA(ValorVerdadeiro)
12	=MÉDIA(D7,D11,D15)/MÉDIA(ValorVerdadeiro)
13	=MÉDIA(D8,D12,D16)/MÉDIA(ValorVerdadeiro)

Observe as diferenças significativas entre os fatores sazonais para os três primeiros trimestres, com o trimestre 3 consideravelmente acima dos outros dois. Isso faz sentido para Lydia, que há muito suspeitava de que as compras no período de volta às aulas deviam dar um pequeno impulso para as vendas do 3º trimestre.

Em contraste com a regra de 25%, o fator sazonal para o trimestre 4 é apenas 19% mais elevado do que para o trimestre 3. (No entanto, o fator trimestre 4 *é* cerca de 25% acima de 0,94, que é a *média* dos fatores sazonais dos primeiros três trimestres.)

Embora os dados sobre os volumes de chamadas não estejam disponíveis para o período anterior aos últimos três anos, foram mantidos dados de vendas confiáveis. Ao verificar aqueles de vários anos atrás, Lydia encontra os mesmos padrões sazonais.

> **Conclusão:** Os fatores sazonais dados na Tabela 10.1 parecem refletir com precisão as diferenças sutis, mas importantes, em todas as temporadas. Portanto, esses fatores agora serão utilizados, em vez da regra de 25%, para indicar padrões sazonais até o momento em que os dados futuros indiquem uma mudança nesses padrões.

Série temporal ajustada sazonalmente

É muito mais fácil analisar dados de vendas e detectar novas tendências se os dados forem primeiramente ajustados para remover o efeito de padrões sazonais. Para removê-los da série temporal mostrada na Figura 10.1, cada um desses volumes médios de chamadas diários deve ser dividido pelo fator sazonal correspondente apresentado na Tabela 10.1 e na Figura 10.3. Assim, sua fórmula é

$$\text{Volume de chamadas ajustado sazonalmente} = \frac{\text{Volume real de chamadas}}{\text{Fator sazonal}}$$

Aplicar essa fórmula para todos os doze volumes de chamadas da Figura 10.1 apresenta os volumes de chamadas com ajuste sazonal mostrados na coluna F da planilha do Excel da Figura 10.4.

FIGURA 10.4
Série temporal ajustada sazonalmente para o problema do CCW obtida dividindo-se cada volume médio de chamadas diárias real da Figura 10.1 pelo fator sazonal correspondente obtido na Figura 10.3.

	A	B	C	D	E	F	G	H	I	J
1	Série temporal ajustada sazonalmente para o CCW									
2										
3				Fator	Volume real	Volume de chamadas				
4		Ano	Trimestre	Sazonal	de chamadas	ajustado sazonalmente				
5		1	1	0,93	6.809	7.322				
6		1	2	0,90	6.465	7.183				
7		1	3	0,99	6.569	6.635				
8		1	4	1,18	8.266	7.005				
9		2	1	0,93	7.257	7.803				
10		2	2	0,90	7.064	7.849				
11		2	3	0,99	7.784	7.863				
12		2	4	1,18	8.724	7.393				
13		3	1	0,93	6.992	7.518				
14		3	2	0,90	6.822	7.580				
15		3	3	0,99	7.949	8.029				
16		3	4	1,18	9.650	8.178				

	F
3	Volume de chamadas
4	ajustado sazonalmente
5	=E5/D5
6	=E6/D6
7	=E7/D7
8	=E8/D8
9	:
10	:

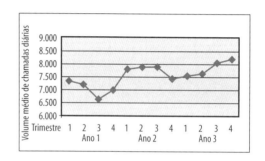

Remover os efeitos sazonais fornece uma imagem muito mais clara das tendências.

De fato, esses volumes de chamadas ajustados sazonalmente mostram como seriam os volumes de chamadas se elas, que específicas de determinada época do ano (compras de Natal, compras na época de volta às aulas etc.), se distribuíssem uniformemente ao longo do ano. Compare os gráficos das Figuras 10.4 e 10.1. Depois de considerar a menor escala vertical da Figura 10.4, observe como é menor a flutuação deste número do que a da Figura 10.1 por causa da remoção dos efeitos sazonais. No entanto, essa figura ainda está longe de ser totalmente plana, pois as flutuações no volume de chamadas ocorrem por outros motivos além dos efeitos sazonais. Por exemplo, novos produtos com apelo atraem uma enxurrada de chamadas. Também ocorrem saltos logo após o envio de um catálogo. Algumas flutuações aleatórias ocorrem sem qualquer explicação aparente. A Figura 10.4 permite ver e analisar essas flutuações do volume de vendas que não são causadas por efeitos sazonais.

O padrão dessas flutuações restantes na **série temporal ajustada sazonalmente** (especialmente o padrão dos pontos de dados mais recentes) é particularmente útil para prever onde recairá o próximo ponto de dados. Assim, na Figura 10.4, os pontos de dados recaem na gama entre 6.635 e 8.178, com uma média de 7.529. No entanto, os últimos poucos pontos de dados estão tendendo para cima acima dessa média, e o último ponto é o mais elevado em toda a série. Isso sugere que o próximo ponto de dados para o próximo trimestre provavelmente será superior aos 7.529 médios e pode muito bem estar próximo ou mesmo acima do último ponto de dados de 8.178.

Os vários **métodos de previsão de séries temporais** usam diferentes abordagens para projetar o futuro do padrão da série temporal ajustada sazonalmente a fim de prever o próximo ponto de dados. Os principais métodos serão apresentados nesta seção.

Depois de obter uma previsão da série temporal ajustada sazonalmente, todos esses métodos a convertem em uma previsão do volume real de chamadas (sem ajustes sazonais), como descrito a seguir.

Se os ajustes sazonais não forem necessários, você pode obter a sua previsão diretamente da série temporal original e, em seguida, pular a etapa 3.

Esboço para prever o volume de chamadas

1. Selecione um método de previsão de séries temporais.
2. Aplique esse método para a série temporal ajustada sazonalmente a fim de obter uma previsão do volume de chamadas ajustado sazonalmente para o próximo semestre[1].
3. Multiplique essa previsão pelo fator sazonal correspondente da Tabela 10.1 para obter uma previsão do volume real de chamadas (sem ajuste sazonal).

As descrições de métodos de previsão a seguir se concentram em como executar a etapa 2, isto é, como prever o próximo ponto de dados para uma determinada série temporal. Também incluímos uma planilha em cada caso em que foram aplicados os passos 2 e 3 nos últimos três anos e, em seguida, calcula o DAM (o erro médio de previsão) e o EQM (a média dos quadrados dos erros de previsão). Lydia e o consultor estão prestando atenção especial aos valores de DAM para avaliar qual método parece mais adequado para a previsão de volumes de chamadas do CCW.

Método de previsão do último valor

O **método de previsão de último valor** ignora todos os pontos de dados em uma série temporal, exceto o último. Em seguida, usa-o como a previsão de qual será o próximo ponto de dados; assim a fórmula é simplesmente

$$\text{Previsão} = \text{Último valor}$$

A Figura 10.5 mostra o que teria acontecido se esse método tivesse sido aplicado ao problema do CCW nos últimos três anos. (Estamos supondo que os fatores sazonais dados na Tabela 10.1 já estivessem sendo usados.) A Coluna E dá os valores reais dos volumes de chamadas ajustados sazonalmente da coluna F da Figura 10.4. Cada um desses valores torna-se, então, a previsão ajustada sazonalmente para o semestre *seguinte*, como mostrado na coluna F.

As linhas 22 a 33 mostram gráficos separados desses valores nas colunas E e F. Observe como o gráfico das previsões ajustadas sazonalmente segue exatamente o mesmo caminho que o gráfico dos volumes de chamadas com ajuste sazonal, mas deslocado para a direita em um trimestre. Portanto, cada vez que houver uma grande mudança para cima ou para baixo no volume de chamadas, as projeções atrasarão um trimestre para acompanhá-la.

Multiplicar cada previsão ajustada sazonalmente da coluna F pelo fator sazonal correspondente da coluna K dá a previsão do volume real de chamadas (sem ajuste sazonal) apresentada na coluna G. A diferença entre essa previsão e o volume real de chamadas da coluna D dá o erro de previsão da coluna H.

Assim, a coluna G está usando a seguinte fórmula:

$$\text{Previsão real} = \text{Fator sazonal} \times \text{Previsão ajustada sazonalmente}$$

como indicado pelas equações na parte inferior da figura. Por exemplo, uma vez que a célula K9 dá 0,93 como fator sazonal para o trimestre 1, a previsão do volume real de chamadas para o Ano 2, Trimestre 1 dada na célula G10 será

$$\text{Previsão real} = (0{,}93)(7.005) = 6.515$$

Uma vez que o verdadeiro valor deste volume de chamadas acabou por ser 7.257, o erro de previsão calculado na célula H10 para esse trimestre é

$$\text{Erro de previsão} = 7.257 - 6.515 = 742$$

Somar esses erros de previsão em todos os onze trimestres de previsões dá um total de 3.246, de modo que o erro médio de previsão dado na célula K23 é

$$\text{DAM} = \frac{3.246}{11} = 295$$

---

[1] Esta previsão também pode ser projetada para frente para os trimestres seguintes, mas estamos nos concentrando apenas no próximo trimestre.

FIGURA 10.5

Planilha do Excel em seu MS Courseware para o método do último valor com ajustes sazonais é aplicada aqui para o problema do CCW.

	A	B	C	D	E	F	G	H	I	J	K
1		**Método de previsão do último valor com sazonalidade para o CCW**									
2											
3					**Valor**	**Previsão**					
4				**Valor**	**ajustado**	**ajustada**	**Previsão**	**Erro de**			
5		**Ano**	**Trimestre**	**verdadeiro**	**sazonalmente**	**sazonalmente**	**real**	**previsão**			**Tipo de sazonalidade**
6		1	1	6.809	7.322						Trimestral
7		1	2	6.465	7.183	7.322	6.589	124			
8		1	3	6.569	6.635	7.183	7.112	543		**Trimestre**	**Fator sazonal**
9		1	4	8.266	7.005	6.635	7.830	436		1	0,93
10		2	1	7.257	7.803	7.005	6.515	742		2	0,90
11		2	2	7.064	7.849	7.803	7.023	41		3	0,99
12		2	3	7.784	7.863	7.849	7.770	14		4	1,18
13		2	4	8.724	7.393	7.863	9.278	554			
14		3	1	6.992	7.518	7.393	6.876	116			
15		3	2	6.822	7.580	7.518	6.766	56			
16		3	3	7.949	8.029	7.580	7.504	445			
17		3	4	9.650	8.178	8.029	9.475	175			
18		4	1			8.178	7.606				
19		4	2								
20											
21											
22										**Desvio absoluto médio**	
23										DAM =	295
24											
25										**Erro quadrático médio**	
26										EQM =	145.909
27											
28											
29											
30											
31											
32											
33											
34											
35											

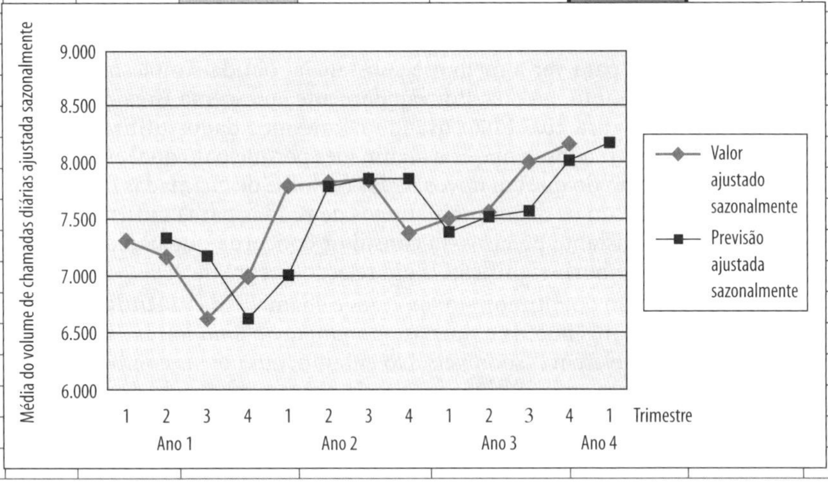

Nomes de intervalo	**Células**
PrevisãoReal	G6:G30
ErroDePrevisão	H6:H30
DAM	K23
EQM	K26
FatorSazonal	K9:K20
PrevisãoAjustadaSazonalmente	F6:F30
ValorAjustadoSazonalmente	E6:E30
ValorVerdadeiro	D6:D30
TipoDeSazonalidade	K6

	E	F	G	H
3	**Valor**	**Previsão**		
4	**ajustado**	**ajustada**	**Previsão**	**Erro de**
5	**sazonalmente**	**sazonalmente**	**real**	**previsão**
6	=D6/K9			
7	=D7/K10	=E6	=K10*F7	=ABS(D7-G7)
8	=D8/K11	=E7	=K11*F8	=ABS(D8-G8)
9	=D9/K12	=E8	=K12*F9	=ABS(D9-G9)
10	=D10/K9	=E9	=K9*F10	=ABS(D10-G10)
11	=D11/K10	=E10	=K10*F11	=ABS(D11-G11)
12	:	:	:	:
13	:	:	:	:

	J	K
23	DAM =	=MÉDIA(ErroDePrevisão)

	J	K
26	EQM =	=SOMAQUAD(ErroDePrevisão)/CONTAGEM(ErroDePrevisão)

Isso se compara com DAM = 424 para a regra de 25% que Lydia tem utilizado (como descrito na seção anterior).

Similarmente, a média do *quadrado* destes erros de previsão é calculada na célula K26 como

$$EQM = \frac{(124)^2 + (543)^2 + \ldots + (175)^2}{11}$$
$$= 145.909$$

Este valor também é consideravelmente menor que o valor correspondente, EQM = 317.815, mostrado na Figura 10.2 para a regra de 25%.

Exceto por seu gráfico, a Figura 10.5 exibe um dos modelos no arquivo de Excel deste capítulo. Na verdade, o MS Courseware inclui dois modelos do Excel para cada um dos métodos de previsão apresentados nesta seção. Um modelo realiza todos os cálculos para você, para o caso em que sejam desnecessários ajustes sazonais. O segundo modelo faz o mesmo quando estiverem incluídos ajustes sazonais, como mostrado na figura. Com todos os modelos do segundo tipo, você tem total flexibilidade para inserir o que preferir como fatores sazonais. Uma opção é *calculá-los* com base em dados históricos (como foi feito com a outra planilha do Excel da Figura 10.3) Outra é *estimar* esses modelos com base na experiência histórica, como acontece com a regra de 25%.

A regra de 25% é, na verdade, um *método de previsão do último valor* igualmente, mas com diferentes fatores sazonais. Como essa regra afirma que o volume de chamadas do 4º trimestre será em média 25% maior que o de *cada* um dos três primeiros semestres, os seus fatores sazonais são essencialmente 0,94 para os semestres 1, 2 e 3 e 1,18 (acréscimo de 25% em 0,94) para o trimestre 4. Assim, o menor valor de DAM da Figura 10.5 é inteiramente devido ao refinamento dos fatores sazonais da Tabela 10.1.

Lydia está animada para ver a melhoria substancial obtida simplesmente refinando os fatores sazonais. No entanto, o consultor rapidamente acrescenta uma nota de cautela. As previsões obtidas na Figura 10.5 estão usando os mesmos dados utilizados para calcular esses fatores sazonais refinados, o que cria algum viés por meio do qual esses fatores tendem a ter melhor desempenho do que em novos dados (volume de chamadas futuras). Felizmente, Lydia também verificou os dados mais antigos de vendas para confirmar que esses fatores sazonais parecem bastante precisos. O consultor concorda que parece que esses fatores devem fornecer uma melhoria significativa em relação à regra de 25%.

O método de previsão do último valor às vezes é chamado de **método ingênuo**, pois os estatísticos consideram ingênuo usar apenas o *tamanho de uma única amostra* quando novos dados relevantes estiverem disponíveis. No entanto, quando as condições estão mudando rapidamente, pode ser que o último valor seja o único ponto de dados relevantes para prever o próximo valor nas condições atuais. Portanto, os gestores, que são tudo menos ingênuos, ocasionalmente usam este método em tais circunstâncias.

> Trata-se de um bom método para se usar quando as condições estão mudando rapidamente.

Método de previsão média

O **método de previsão média** vai para o outro extremo. Em vez de usar apenas o tamanho de uma única amostra, este método usa *todos* os pontos da série temporal e apenas *calcula a média* entre eles. Assim, a previsão de o que será o próximo ponto de dados é

Previsão = Média de todos os dados até o momento

Usar a planilha do Excel correspondente para aplicar este método ao problema do CCW nos últimos três anos dá as previsões ajustadas sazonalmente mostradas na coluna F da Figura 10.6. Na parte inferior da figura, a equação inserida em cada uma das células da coluna F é apenas a média das células da coluna E das linhas anteriores. O meio da figura mostra um gráfico dessas previsões com ajuste sazonal para todos os três próximos anos junto aos valores reais dos volumes de chamadas ajustados sazonalmente. Observe como cada previsão encontra-se na média dos volumes de chamadas anteriores. Portanto, cada vez que houver uma grande mudança no volume de chamadas, as previsões posteriores demorarão muito para acompanhar a mudança.

Multiplicar todas as previsões ajustados sazonalmente da coluna F pelos fatores sazonais correspondentes da coluna K dá as *previsões dos volumes de chamadas reais* mostradas na coluna G. Com base nos erros de previsão decorrentes constantes da coluna H, o erro médio de previsão neste caso (célula K23) é

$$MAD = 400$$

FIGURA 10.6
Planilha do Excel em seu MS Courseware para o método de média com ajustes sazonais é aplicada aqui para o problema do CCW.

	A	B	C	D	E	F	G	H	I	J	K
1		Método de previsão média com sazonalidade para o CCW									
2											
3					Valor	Previsão					
4				Valor	ajustado	ajustada	Previsão	Erro de			
5		Ano	Trimestre	verdadeiro	sazonalmente	sazonalmente	real	previsão			Tipo de sazonalidade
6		1	1	6.809	7.322						Trimestral
7		1	2	6.465	7.183	7.322	6.589	124			
8		1	3	6.569	6.635	7.252	7.180	611		Trimestre	Fator sazonal
9		1	4	8.266	7.005	7.047	8.315	49		1	0,93
10		2	1	7.257	7.803	7.036	6.544	713		2	0,90
11		2	2	7.064	7.849	7.190	6.471	593		3	0,99
12		2	3	7.784	7.863	7.300	7.227	557		4	1,18
13		2	4	8.724	7.393	7.380	8.708	16			
14		3	1	6.992	7.518	7.382	6.865	127			
15		3	2	6.822	7.580	7.397	6.657	165			
16		3	3	7.949	8.029	7.415	7.341	608			
17		3	4	9.650	8.178	7.471	8.816	834			
18		4	1			7.530	7.003				
19		4	2								

Desvio absoluto médio
DAM = 400

Erro quadrático médio
EQM = 242.876

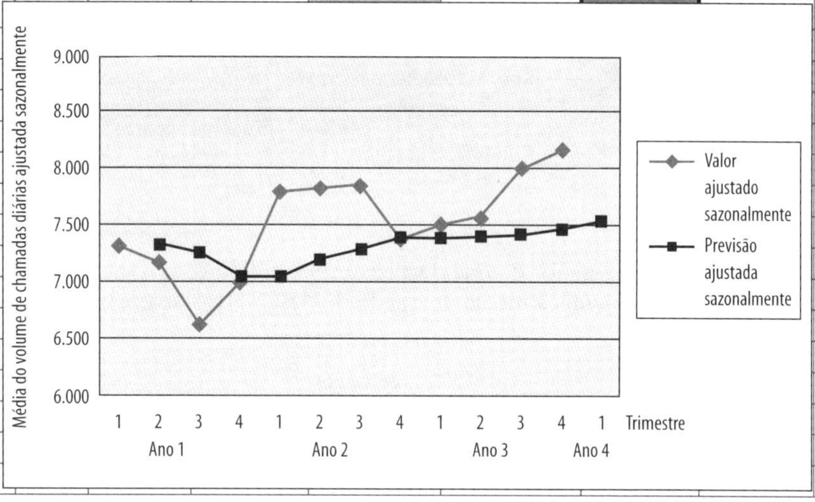

Nomes de intervalo	Células
PrevisãoReal	G6:G30
ErroDePrevisão	H6:H30
DAM	K23
EQM	K26
FatorSazonal	K9:K20
PrevisãoAjustadaSazonalmente	F6:F30
ValorAjustadoSazonalmente	E6:E30
ValorVerdadeiro	D6:D30
TipoDeSazonalidade	K6

	E	F	G	H
3	Valor	Previsão		
4	ajustado	ajustada	Previsão	Erro de
5	sazonalmente	sazonalmente	real	previsão
6	=D6/K9			
7	=D7/K10	=MÉDIA(E$6:E6)	=K10*F7	=ABS(D7-G7)
8	=D8/K11	=MÉDIA(E$6:E7)	=K11*F8	=ABS(D8-G8)
9	=D9/K12	=MÉDIA(E$6:E8)	=K12*F9	=ABS(D9-G9)
10	=D10/K9	=MÉDIA(E$6:E9)	=K9*F10	=ABS(D10-G10)
11	=D11/K10	=MÉDIA(E$6:E10)	=K10*F11	=ABS(D11-G11)
12	:	:	:	:
13	:	:	:	:

	J	K
23	DAM =	=MÉDIA(ErroDePrevisão)

	J	K
26	EQM =	=SOMAQUAD(ErroDePrevisão)/CONTAGEM(ErroDePrevisão)

VINHETA DE APLICAÇÃO

A **Taco Bell Corporation** possui mais de 6.500 restaurantes de serviço rápido nos Estados Unidos e um mercado internacional crescente. A empresa serve aproximadamente 2 bilhões de refeições por ano, gerando cerca de $5,4 bilhões em receita anual de vendas.

Em cada restaurante Taco Bell, o volume de negócios é altamente variável ao longo do dia (e de um dia para o outro), com uma grande concentração durante os horários das refeições regulares. Portanto, determinar quantos funcionários devem ser agendados para desempenhar determinadas funções em determinado restaurante e em determinado horário é um problema complexo e enfadonho.

Para enfrentá-lo, a administração da Taco Bell encarregou uma equipe de cientistas da gestão (incluindo vários consultores) para desenvolver um novo sistema de trabalho de gestão do trabalho. A equipe concluiu que o sistema precisava de três componentes principais: (1) um modelo de previsão para antever as transações de clientes a qualquer momento; (2) um modelo de simulação (como os descritos nos capítulos 12 e 13) para traduzir as transações dos clientes para exigências de trabalho; e (3) um modelo de programação integral para agendar empregados a fim de satisfazer as exigências trabalhistas e diminuir a folha de pagamento.

Para usar a aplicação de um *modelo de previsão* em cada restaurante, é necessário um procedimento para continuamente recolher dados do número de transações de cliente em cada intervalo de quinze minutos ao longo do dia, todos os dias da semana. Portanto, a equipe de ciência da gestão desenvolveu e implementou um banco de dados renovável com transações na loja e no *drive-through* de seis semanas para ser oo computador de cada restaurante. Depois de testar alguns métodos de previsão alternativos, a equipe concluiu que uma média móvel de seis semanas era o melhor. Em outras palavras, a previsão do número de transações em um determinado período de 15 minutos em um determinado dia da semana deve ser a média do número de transações durante o período correspondente nas seis semanas anteriores. No entanto, o gerente do restaurante tem autoridade para modificar a previsão se eventos incomuns distorcerem os dados a serem utilizados.

A implementação deste procedimento de previsão, juntamente com os outros componentes do sistema de gestão do trabalho, rendeu à Taco Bell uma *economia* de **$13 milhões** *por ano* em custos trabalhistas.

Fonte: J. Hueter e W. Swart, "An Integrated Labor–Management System for Taco Bell," *Interfaces* 28, n. 1 (janeiro a fevereiro de 1998), p. 75–91. (Um link para esse artigo é fornecido no *site* **www.mhhe.com/hillier4e.**)

É bom adotar o método de previsão média quando as condições são bastante estáveis, o que não é o caso do CCW.

o que é consideravelmente maior do que o valor de 295, obtido com o método de previsão do último valor. Similarmente, a média do quadrado destes erros de previsão dados na célula K26 é

$$EQM = 242.876$$

o que também é consideravelmente maior do que o valor correspondente de 145.909 do método de previsão do último valor.

Lydia está bastante surpresa, pois esperava que uma média fosse muito melhor do que um tamanho único de amostra. O consultor concorda que média deve se sair consideravelmente melhor se as condições permanecerem as mesmas ao longo da série temporal. No entanto, parece que as condições que afetam o volume de chamadas do CCW têm se alterado significativamente nos últimos três anos. O volume de chamadas era um pouco maior no ano 2 do que no ano 1, e depois aumentou novamente no final do ano 3, aparentemente porque novos produtos populares ficaram disponíveis. Portanto, os valores do ano 1 não foram muito relevantes para a previsão de acordo com as condições que mudaram nos anos 2 e 3. Incluir os volumes de chamadas do ano 1 na média geral tornou *todas* as previsões dos anos 2 e 3 muito baixas, às vezes por grandes quantidades.

Método de previsão de média móvel

Em vez de usar os dados antigos que podem não ser mais relevantes, o **método de previsão de média móvel** calcula a média de dados apenas para os períodos mais recentes. Consideremos

n = Número de períodos mais recentes mais relevantes para a previsão do próximo período

Então, essa previsão é

$$\text{Previsão} = \text{Média dos últimos } n \text{ valores}$$

Lydia e o consultor decidem usar n = 4, pois as condições parecem ser relativamente estáveis para apenas cerca de quatro trimestres (um ano) de cada vez.

FIGURA 10.7
Planilha do Excel em seu MS Courseware para o método de média móvel com ajustes sazonais é aplicada aqui para o problema do CCW.

	A	B	C	D	E	F	G	H	I	J	K
1		Método de previsão de média móvel com sazonalidade para o CCW									
2											
3					Valor	Previsão					
4				Valor	ajustado	ajustada	Previsão	Erro de		Número de períodos anteriores	
5		Ano	Trimestre	verdadeiro	sazonalmente	sazonalmente	real	previsão		n =	4
6		1	1	6.809	7.322						
7		1	2	6.465	7.183						
8		1	3	6.569	6.635					Tipo de sazonalidade	
9		1	4	8.266	7.005					Trimestral	
10		2	1	7.257	7.803	7.036	6.544	713			
11		2	2	7.064	7.849	7.157	6.441	623		Trimestre	Fator sazonal
12		2	3	7.784	7.863	7.323	7.250	534		1	0,93
13		2	4	8.724	7.393	7.630	9.003	279		2	0,90
14		3	1	6.992	7.518	7.727	7.186	194		3	0,99
15		3	2	6.822	7.580	7.656	6.890	68		4	1,18
16		3	3	7.949	8.029	7.589	7.513	436			
17		3	4	9.650	8.178	7.630	9.004	646			
18		4	1			7.826	7.279				
19		4	2								
22										Desvio absoluto médio	
23										DAM =	400
25										Erro quadrático médio	
26										EQM =	242,876

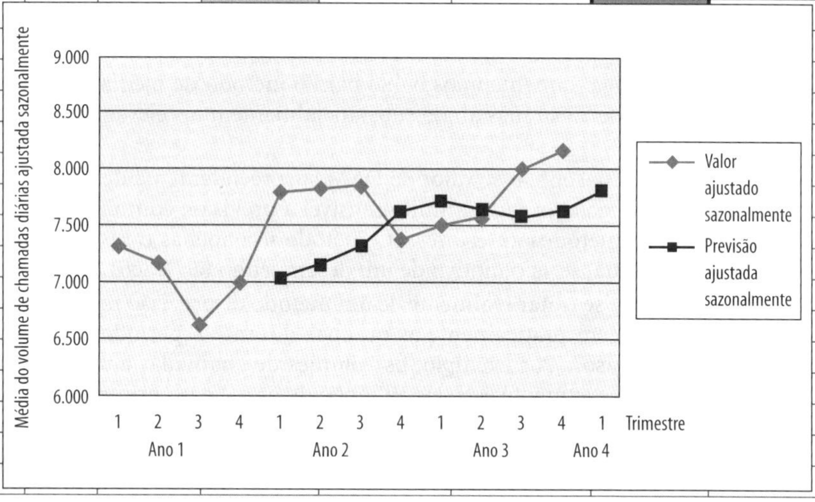

Nomes de intervalo	Células
PrevisãoReal	G6:G30
ErroDePrevisão	H6:H30
DAM	K23
EQM	K29
NúmeroDePeríodos	K6
FatorSazonal	K12:K23
PrevisãoAjustadaSazonalmente	F6:F30
ValorAjustadoSazonalmente	E6:E30
ValorVerdadeiro	D6:D30
TipoDeSazonalidade	K9

	E	F	G	H
3	Valor	Previsão		
4	ajustado	ajustada	Previsão	Erro de
5	sazonalmente	sazonalmente	real	previsão
6	=D6/K12			
7	=D7/K13			
8	=D8/K14			
9	=D9/K15			
10	=D10/K12	=MÉDIA(E$6:E9)	=K12*F10	=ABS(D10-G10)
11	=D11/K13	=MÉDIA(E$7:E10)	=K13*F11	=ABS(D11-G11)
12	=D12/K14	=MÉDIA(E$8:E11)	=K14*F12	=ABS(D12-G12)
13	=D13/K15	=MÉDIA(E$9:E12)	=K15*F13	=ABS(D13-G13)
14	=D14/K12	=MÉDIA(E$10:E13)	=K12*F14	=ABS(D14-G14)
15	=D15/K13	=MÉDIA(E$11:E14)	=K13*F15	=ABS(D15-G15)
16	:	:	:	:
17	:	:	:	:

	J	K
23	DAM =	=MÉDIA(ErroDePrevisão)

	J	K
26	EQM =	=SOMAQUAD(ErroDePrevisão)/CONTAGEM(ErroDePrevisão)

Com $n = 4$, a primeira previsão torna-se disponível depois de observado quatro trimestres de volumes de chamadas. Assim, as previsões iniciais ajustadas sazonalmente das células F10:F12 da Figura 10.7 são

$$\text{A2, T1:} \quad \text{Previsão aj. saz.} = \frac{7.322 + 7.183 + 6.635 + 7.005}{4} = 7.036$$

$$\text{A2, T2:} \quad \text{Previsão aj. saz.} = \frac{7.183 + 6.635 + 7.005 + 7.803}{4} = 7.157$$

$$\text{A2, T3:} \quad \text{Previsão aj. saz.} = \frac{6.635 + 7.005 + 7.803 + 7.849}{4} = 7.323$$

Observe como cada previsão é atualizada a partir da precedente, cortando uma observação (a mais antiga) e adicionando uma nova (a observação mais recente).

A coluna F da Figura 10.7 mostra todas as previsões ajustadas sazonalmente obtidas desta forma, com as equações na parte inferior. Para cada uma dessas previsões, observe no gráfico como ele está na média dos quatro volumes de chamadas precedentes (com ajuste sazonal). Consequentemente, para cada grande mudança que houver no volume de chamadas, levará quatro trimestres para que as previsões se igualem plenamente a ela (momento em que outra mudança já poderá ter ocorrido). Desse modo, a média dos oito erros de previsão da coluna H é

$$\text{DAM} = 437$$

o mais elevado de qualquer um dos métodos até agora, incluindo a regra de 25%. A média do quadrado dos erros de previsão dados é um pouco melhor no

$$\text{EQM} = 238.816$$

uma vez que esse EQM é ligeiramente mais baixo para o método de média e consideravelmente baixo para a regra de 25%, mas ainda substancialmente mais elevado do que para o método do último valor.

Lydia está muito confusa sobre esse valor de DAM surpreendentemente alto. O método de média móvel parecia uma abordagem muito sensível à previsão, com mais consistência do que qualquer um dos métodos anteriores. (O método usa apenas o histórico recente *e* múltiplas observações.) Qual seria o motivo de um desempenho tão fraco?

O consultor explica que se tratar realmente de um método de previsão muito bom quando as condições permanecem praticamente as mesmas durante *n* períodos de tempo (ou quatro trimestres, neste caso). Por exemplo, os volumes de chamadas ajustados sazonalmente permaneceram razoavelmente estáveis ao longo do ano 2 e no primeiro semestre do ano 3. Consequentemente, o erro de previsão caiu para 68 (célula H15) no último desses seis trimestres. No entanto, quando as condições mudam acentuadamente, como com o grande salto dos volumes de chamadas no início do ano 2, e depois novamente no meio de ano 3, os próximos erros de previsão imediatos tendem a ser muito grandes.

Assim, o método de média móvel é um pouco lento para reagir às mudanças de condições. Uma razão para isso é que ele coloca o *mesmo* peso em cada um dos últimos valores de *n* na série temporal, mesmo que os valores mais antigos possam ser menos representativos das condições atuais do que o último valor observado.

O próximo método corrige esse defeito de ponderação.

É bom usar o método de previsão de média móvel quando as condições não mudam muito ao longo dos períodos de tempo incluídos na média.

Método de previsão de suavização exponencial

O **método de previsão de suavização exponencial** modifica o método de média móvel ao dar maior peso no último valor da série temporal e, em seguida, pesos progressivamente menores aos valores mais antigos. No entanto, no lugar de calcular uma *média ponderada* de cada vez, ele usa uma fórmula mais simples para obter o mesmo resultado.

Esta fórmula para prever o próximo valor da série temporal combina o *último valor* e a *última previsão* (aquela utilizada um período de tempo antes para prever este último valor), como segue:

$$\text{Previsão} = \alpha(\text{Último valor}) + (1 - \alpha)(\text{Última previsão})$$

onde α (a letra alfa do alfabeto grego) é uma constante entre 0 e 1 chamada **constante de suavização**. Por exemplo, se o último valor em uma série temporal (não a série temporal do CCW) for 24, a última previsão será 20, e $\alpha = 0{,}25$, então

$$\text{Previsão} = 0{,}25(24) + 0{,}75(20)$$
$$= 21$$

Há duas planilhas do Excel (um sem ajustes sazonais e outro com) disponíveis em seu MS Courseware para se aplicar essa fórmula e gerar uma série de previsões (período a período) para uma série tempo quando você especificar o valor de α.

A escolha do valor para a constante de suavização α tem um efeito substancial na previsão, de modo que a escolha deve ser feita com cuidado. Um valor pequeno (digamos, $\alpha = 0{,}1$) é adequado se as condições se mantiverem relativamente estáveis. No entanto, um valor maior (p. ex., $\alpha = 0{,}3$) será necessário se alterações significativas nas condições ocorrerem com relativa frequência. Por causa das mudanças frequentes na série temporal com ajuste sazonal do CCW, Lydia e o consultor chegaram à conclusão de que $\alpha = 0{,}5$ seria um valor adequado. (Os valores selecionados para a maioria das aplicações estão entre 0,1 e 0,3, mas um valor maior pode ser usado neste tipo de situação.)

Ao fazer a primeira previsão, não há qualquer *última previsão* disponível para ligar ao lado direito da fórmula descrita. Portanto, para começar, uma abordagem razoável é fazer uma *estimativa inicial* do valor médio esperado para a série temporal. Esta estimativa inicial é utilizada como a previsão do primeiro valor, e, em seguida, a fórmula é utilizada para prever o segundo valor subsequente.

Os volumes de chamadas do CCW foram, em média, pouco mais de 7.500 nos últimos três anos, e o nível de negócios pouco antes do primeiro ano foi comparável. Consequentemente, Lydia e o consultor decidiram usar

$$\text{Estimativa inicial} = 7.500$$

para começar a gerar retrospectivamente as previsões dos últimos três anos. Lembre-se que os primeiros volumes de chamadas com ajuste sazonal são 7.322, 7.183 e 6.635. Assim, usando a fórmula acima com $\alpha = 0{,}5$ para o segundo trimestre em diante, as primeiras previsões ajustadas sazonalmente são

A1, T1:   Previsão aj. saz. = 7.500
A1, T2:   Previsão aj. saz. = 0,5(7.322) + 0,5(7.500) = 7.411
A1, T3:   Previsão aj. saz. = 0,5(7.183) + 0,5(7.411) = 7.297
A1, T4:   Previsão aj. saz. = 0,5(6.635) + 0,5(7.297) = 6.966

Para ver por que tais previsões são médias ponderadas dos valores temporais da série até o momento, olhe os cálculos dos trimestres 2 e 3. Como

$$0{,}5(7.322) + 0{,}5(7.500) = 7.411$$

a previsão para o Trimestre 3 pode ser descrita como

$$\begin{aligned}
\text{Previsão aj. saz.} &= 0{,}5(7.183) + 0{,}5(7.411) \\
&= 0{,}5(7.183) + 0{,}5[0{,}5(7.322) + 0{,}5(7.500)] \\
&= 0{,}5(7.183) + 0{,}25(7.322) + 0{,}25(7.500) \\
&= 7.297
\end{aligned}$$

De modo semelhante, a previsão para o semestre 4 é

$$\begin{aligned}
\text{Previsão aj. saz.} &= 0{,}5(6.635) + 0{,}5(7.297) \\
&= 0{,}5(6.635) + 0{,}5[0{,}5(7.183) + 0{,}25(7.322) + 0{,}25(7.500)] \\
&= 0{,}5(6.635) + 0{,}25(7183) + 0{,}125(7.322) + 0{,}125(7.500) \\
&= 6.966
\end{aligned}$$

Assim, essa última previsão coloca um peso de 0,5 no último valor, 0,25 sobre o valor próximo ao último e 0,125 sobre o próximo valor anterior (o primeiro), com o peso restante na estimativa inicial. Com outros valores de α, estes pesos seriam α, $\alpha(1-\alpha)$, $\alpha(1-\alpha)^2$, e assim por diante.

Portanto, a escolha do valor de α equivale a utilizar este padrão para escolher a progressão de pesos desejada sobre os valores das séries temporais. Com mudanças frequentes na série temporal, um grande peso necessita ser colocado sobre o valor mais recente, com pesos que diminuem rapidamente nos valores mais antigos. No entanto, com uma série temporal relativamente estável, é desejável colocar um peso significativo sobre muitos valores, a fim de ter um tamanho de amostra grande.

Uma visão mais aprofundada sobre a escolha de α é fornecida por uma forma alternativa da fórmula de previsão.

Quanto mais instáveis as condições, maior deverá ser a constante de suavização α (mas jamais maior do que 1).

O método de previsão de suavização exponencial coloca o peso maior sobre o último valor e, em seguida, diminui os pesos na medida em que os valores ficam mais antigos.

$$\begin{aligned}
\text{Previsão} &= \alpha(\text{Último valor}) + (1-\alpha)(\text{Última previsão}) \\
&= \alpha(\text{Último valor}) + \text{Última previsão} - \alpha(\text{Última previsão}) \\
&= \text{Última previsão} + \alpha(\text{Último valor} - \text{Última previsão})
\end{aligned}$$

onde o valor absoluto (Último valor − Última previsão) é simplesmente o último erro de previsão. Portanto, a forma na parte de baixo desta fórmula indica que cada nova previsão está ajustando a última previsão, adicionando ou subtraindo a quantidade α *vezes* o último erro de previsão. Se o erro geralmente se deve em especial a flutuações aleatórias nos valores das séries temporais, então apenas um pequeno valor de α deve ser usado para este ajuste. No entanto, se o erro de previsão geralmente se deve em grande parte a uma mudança na série temporal, então é necessário um valor elevado de α para um ajuste substancial rapidamente.

Ao usar $\alpha = 0{,}5$, a planilha do Excel da Figura 10.8 fornece todos os resultados para o CCW com este método de previsão. As linhas 22 a 32 mostram um gráfico de todas as previsões com ajuste sazonal junto aos valores verdadeiros dos volumes de chamadas ajustados sazonalmente. Observe como cada previsão está entre o volume da chamada anterior e a previsão anterior. Portanto, cada grande mudança no volume de chamadas será acompanhada pelas previsões muito rapidamente. A média resultante dos erros de previsão da coluna H é dada na célula K28 como

$$\text{DAM} = 324$$

Valor significativamente menor do que métodos de previsão anteriores, exceto para o valor de DAM = 295, do método de previsão de último valor. A mesma comparação vale para a média do quadrado desses erros de previsão, a qual é calculada na célula K31 como

$$\text{EQM} = 157.836$$

Lydia está um pouco frustrada, sente que precisa de um método com erros médios de previsão bem abaixo de 295. Percebendo que o método de previsão do último valor é considerado o método *ingênuo*, ela esperava que um método popular e sofisticado como o da suavização exponencial o superaria facilmente.

O consultor também está um pouco surpreso. No entanto, ele ressalta que a diferença do DAM = 324 para a suavização exponencial e do MAD = 295 para a previsão do último valor é realmente muito pequena para ser estatisticamente significativa. Se os mesmos dois métodos fossem aplicados nos *próximos* três anos, a suavização exponencial poderia sair na frente. Lydia não está impressionada.

Embora não esteja pronto para falar com Lydia sobre o assunto, o consultor está começando a desenvolver uma ideia para uma nova abordagem que possa dar-lhe a previsão mais precisa. Mas, primeiro, ele tem mais um método de previsão de séries temporais para apresentar.

Para lançar as bases deste método, o consultor explica a razão principal pela qual a suavização exponencial não se saiu bem. Olhe para o gráfico dos volume de chamadas ajustados sazonalmente da Figura 10.8. Observe a tendência de diminuição nos primeiros três trimestres, depois uma forte tendência ascendente para os próximos dois, e, finalmente, uma maior tendência de alta durante os últimos cinco trimestres. Além disso, note a grande diferença entre os dois gráficos (ou seja, erros de previsão de grande porte) até o final de cada uma dessas tendências. A razão para esses grandes erros é que as previsões de suavização exponencial ficam bem atrás de tendências desse tipo, pois colocam um peso significativo em valores próximos ao início da tendência. Embora um grande valor de $\alpha = 0{,}5$ ajude, as previsões de suavização exponencial tendem a ficar mais para trás de tendências desse tipo do que as previsões de último valor.

O próximo método ajusta a suavização exponencial ao também calcular a tendência atual e depois projetá-la para a frente auxiliando na previsão do próximo valor da série temporal.

Suavização exponencial com tendência

A **suavização exponencial com tendência** usa os valores recentes da série temporal para estimar qualquer **tendência** atual para cima ou para baixo desses valores. Foi especialmente concebido para o tipo de série temporal representada na Figura 10.9, em que uma tendência para cima (ou para baixo) tende a continuar por uma considerável quantidade de períodos (mas não necessariamente de modo indefinido). A figura mostra a população estimada de um determinado estado dos Estados Unidos em meados do ano durante uma série de anos. A linha da figura (geralmente chamada de *linha de tendência*) mostra a tendência básica que a série temporal está seguindo, mas com as flutuações de ambos os lados da linha. Como a tendência básica é ascendente neste caso, as previsões com base em qualquer dos métodos de previsão anteriores tenderiam a ser consideravelmente muito baixas. No entanto, com o desenvolvimento de uma estimativa da inclinação atual da linha de tendência, e depois ajustando a previsão para considerar essa inclinação, devem ser obtidas previsões consideravelmente mais precisas. Essa é a ideia básica por trás da suavização exponencial com tendência.

FIGURA 10.8
Planilha do Excel em seu MS Courseware para o método de suavização exponencial com ajustes sazonais é aplicada aqui para o problema do CCW.

	A	B	C	D	E	F	G	H	I	J	K
1		Método de previsão de suavização exponencial com sazonalidade para o CCW									
2											
3					Valor	Previsão					
4				Valor	ajustado	ajustada	Previsão	Erro de		Constante de suavização	
5		Ano	Trimestre	verdadeiro	sazonalmente	sazonalmente	real	previsão		$\alpha=$	0,5
6		1	1	6.809	7.322	7.500	6.975	166			
7		1	2	6.465	7.183	7.411	6.670	205		Estimativa inicial	
8		1	3	6.569	6.635	7.297	7.224	655		Média =	7.500
9		1	4	8.266	7.005	6.966	8.220	46			
10		2	1	7.257	7.803	6.986	6.497	760		Tipo de sazonalidade	
11		2	2	7.064	7.849	7.394	6.655	409			Trimestral
12		2	3	7.784	7.863	7.622	7.545	239			
13		2	4	8.724	7.393	7.742	9.136	412		Trimestre	Fator sazonal
14		3	1	6.992	7.518	7.568	7.038	46		1	0,93
15		3	2	6.822	7.580	7.543	6.789	33		2	0,90
16		3	3	7.949	8.029	7.561	7.486	463		3	0,99
17		3	4	9.650	8.178	7.795	9.199	451		4	1,18
18		4	1			7.987	7.428				
19		4	2								

Desvio absoluto médio
DAM = 324

Erro quadrático médio
EQM = 157.836

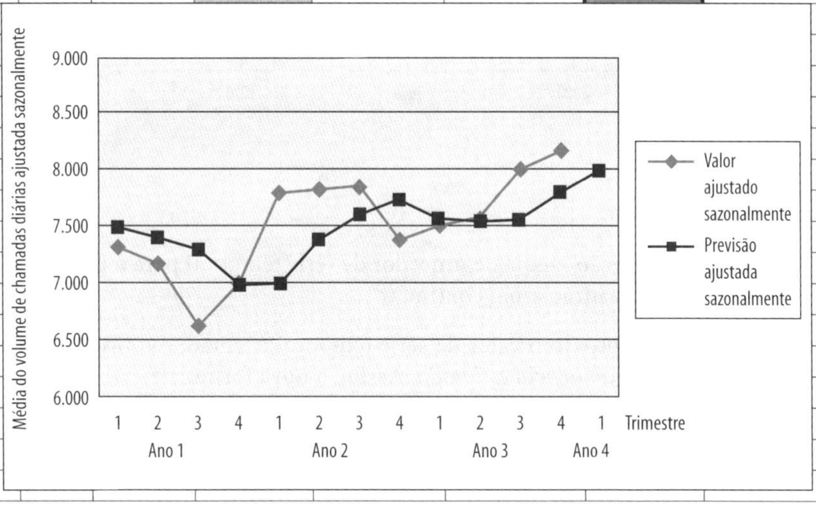

Nomes de intervalo	Células
PrevisãoReal	G6:G30
Alfa	K5
ErroDePrevisão	H6:H30
EstimativaInicial	K8
DAM	K28
EQM	K31
FatorSazonal	K14:K25
PrevisãoAjustadaSazonalmente	F6:F30
ValorAjustadoSazonalmente	E6:E30
ValorVerdadeiro	D6:D30
TipoDeSazonalidade	K11

	E	F	G	H
3	Valor	Previsão		
4	ajustado	ajustada	Previsão	Erro de
5	sazonalmente	sazonalmente	real	previsão
6	=D6/K14	=EstimativaInicial	=K14*F6	=ABS(D6-G6)
7	=D7/K15	=Alpha*E6+(1-Alpha)*F6	=K15*F7	=ABS(D7-G7)
8	=D8/K16	=Alpha*E7+(1-Alpha)*F7	=K16*F8	=ABS(D8-G8)
9	=D9/K17	=Alpha*E8+(1-Alpha)*F8	=K17*F9	=ABS(D9-G9)
10	=D10/K14	=Alpha*E9+(1-Alpha)*F9	=K14*F10	=ABS(D10-G10)
11	=D11/K15	=Alpha*E10+(1-Alpha)*F10	=K15*F11	=ABS(D11-G11)
12	:	:	:	:
13	:	:	:	:

	J	K
23	DAM =	=MÉDIA(ErroDePrevisão)

	J	K
26	EQM =	=SOMAQUAD(ErroDePrevisão)/CONTAGEM(ErroDePrevisão)

FIGURA 10.9
Linha temporal que mostra a população estimada de determinado estado dos Estados Unidos durante uma série de anos. A linha de tendência mostra a tendência básica de alta da população.

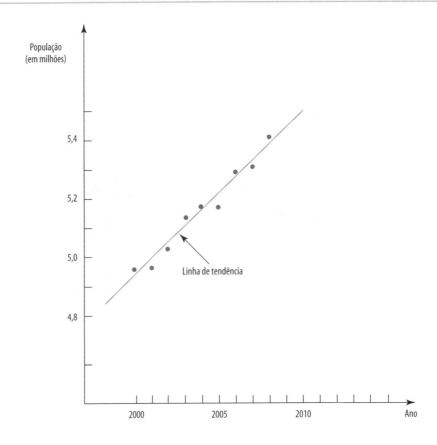

Tendência é definida como

Tendência = Variação média de um valor de série temporal para o próximo, se o padrão atual continuar

A fórmula para prever o próximo valor da série temporal é, então, modificado do método anterior ao se *adicionar a tendência estimada*. Assim, a nova fórmula é

Previsão = α(Último valor) + $(1 - \alpha)$ (Última previsão) + Tendência estimada

(A caixa separada descreve como a fórmula pode ser facilmente modificada para igualmente prever para *além* do próximo valor da série temporal.)

Adicionar a tendência estimada permite que a previsão se mantenha no mesmo nível da tendência atual nos dados.

> **Previsão de mais de um período de tempo à frente**
>
> Nós nos concentramos até o momento em prever o que vai acontecer no *próximo* período de tempo (o próximo trimestre do caso do CCW). No entanto, os gerentes às vezes precisam ampliar a previsão. Como os vários métodos de previsão de séries temporais podem ser adaptados para fazer isso?
>
> No caso dos métodos de último valor, de média, de média móvel e de suavização exponencial, a previsão para o próximo período também é também a melhor previsão disponível para os períodos subsequentes. No entanto, quando houver uma *tendência* nos dados, é importante levá-la em conta para previsões de longo alcance. A *suavização exponencial com tendência* proporciona uma maneira de fazer isso. Em particular, após a determinação da *tendência estimada*, a previsão deste método para n períodos de tempo no futuro é
>
> Previsão para n períodos a partir de agora = α(Último valor) + $(1 - \alpha)$ (Última previsão) + $n \times$ (Tendência estimada)

Suavização exponencial também é usado para obter e atualizar a *tendência estimada* de cada vez. Sua fórmula é

Tendência estimada = β(Última tendência) + $(1 - \beta)$(Última estimativa da tendência)

A constante de suavização de tendência β é usada na aplicação da suavização exponencial para estimar a tendência.

onde β (a letra grega beta) é a **constante de suavização de tendência**, que, como α, deve estar compreendida entre 0 e 1. A *tendência mais recente* refere-se àquela baseada apenas nos últimos dois valores da série temporal e nas duas últimas previsões. Sua fórmula é

Última tendência = α (Último valor – Penúltimo valor)
+ $(1 - \alpha)$(Último previsão – Penúltima previsão)

Iniciar este método de previsão requer fazer duas estimativas iniciais sobre o status da série temporal pouco antes de começar a previsão. Essas estimativas iniciais são

1. A estimativa inicial do *valor médio* da série temporal, se as condições pouco antes do início da previsão se mantiverem inalteradas sem qualquer tendência.
2. A estimativa inicial da *tendência* da série temporal pouco antes do início da previsão.

Assim, a previsão para o primeiro período a ser previsto é

Primeira previsão = Estimativa inicial do valor médio + Estimativa inicial da tendência

A segunda estimativa é obtida a partir das fórmulas descritas, em que a *estimativa inicial de tendência* é usada como última estimativa de tendência na fórmula de tendência estimada e a *estimativa inicial de valor médio* é usada como penúltimo valor e penúltima previsão na fórmula para a tendência mais recente. Essas fórmulas são, em seguida, utilizadas diretamente para se obter as previsões subsequentes.

O suplemento do Excel para este método faz o cálculos para você.

Uma vez que os cálculos envolvidos com este método são relativamente complicados, geralmente usa-se um computador para implementar o método. Seu MS Courseware inclui dois modelos do Excel (um com e outro sem ajustes sazonais) para este método.

As considerações envolvidas na escolha da constante de suavização de tendência β são semelhantes às de α. Um grande valor de β (digamos, β = 0,3) é mais sensível às mudanças recentes na tendência, enquanto um valor relativamente pequeno (digamos, β = 0,1) usa mais dados de forma significativa para estimar a tendência.

Depois de tentar várias combinações de α e β no problema do CCW, o consultor conclui que α = 0,3 e β = 0,3 funcionam quase tão bem como qualquer outro valor. Ambos os valores estão na extremidade superior do intervalo normalmente utilizado (0,1 a 0,3), mas as mudanças frequentes na série temporal do CCW implicam em grandes valores. No entanto, baixar α do valor 0,5 usado com o método anterior parece justificado, uma vez que incorporar a tendência na análise ajudaria a reagir mais rapidamente às mudanças.

Ao aplicar a suavização exponencial *sem* a tendência anterior, Lydia e o consultor escolhem 7.500 como a estimativa inicial do valor médio dos volumes de chamada ajustados sazonalmente. Eles agora observam que não havia nenhuma tendência perceptível nesses volumes de chamadas imediatamente antes da geração retrospectiva das previsões três anos atrás. Portanto, para aplicar a suavização exponencial com tendência, eles decidem usar

Estimativa inicial do valor médio = 7.500
Estimativa inicial da tendência = 0

Funcionando com os volumes de chamadas ajustados sazonalmente em vários números recentes, essas estimativas iniciais levam às seguintes previsões ajustadas sazonalmente.

A1, T1: Previsão aj. saz. = 7.500 + 0 = 7.500
A1, T2: Tendência mais recente = 0.3(7.322 – 7,500) + 0,7(7.500 – 7.500) = – 53,4
         Tendência estimada = 0.3(-53,4) + 0,7(0) = – 16
         Previsão aj. saz. = 0,3(7.322) + 0,7(7.500) = 16 = 7.431
A1, T3: Tendência mais recente = 0.3(7.183 – 7.322) + 0,7(7.431 – 7.500) = – 90
         Tendência estimada = 0.3(-90) + 0,7(-16) = – 38,2
         Previsão aj. saz. = 0,3(7.183) + 0,7(7.431) = 38,2 = 7.318

A planilha do Excel da Figura 10.10 mostra os resultados desses cálculos para todos os 12 trimestres dos últimos três anos, bem como para o trimestre seguinte. O meio da figura mostra os gráficos de todos os volumes de chamadas com ajuste sazonal e as previsões com ajuste sazonal. Observe como cada tendência para cima ou para baixo nos volumes de chamadas faz as previsões irem gradualmente para a mesma direção, mas, depois, a tendência nas previsões demora alguns trimestres para virar quando a tendência no volume

402 PREVISÃO

FIGURA 10.10
Planilha do Excel em seu MS Courseware para a suavização exponencial com tendência com ajustes sazonais é aplicada aqui para o problema do CCW.

	A	B	C	D	E	F	G	H	I	J	K	L	M
1		Método de previsão de suavização exponencial com tendência com sazonalidade para o CCW											
2													
3					Valor	Tendência		Previsão					
4				Valor	ajustado	mais	Tendência	ajustada	Previsão	Erro de		Constante de suavização	
5		Ano	Trimestre	verdadeiro	sazonalmente	recente	estimada	sazonalmente	real	previsão		$\alpha =$	0,3
6		1	1	6.809	7.322		0	7.500	6.975	166		$\beta =$	0,3
7		1	2	6.465	7.183	−54	−16	7.430	6.687	222			
8		1	3	6.569	6.635	−90	−38	7.318	7.245	676		Estimativa inicial	
9		1	4	8.266	7.005	−243	−100	7.013	8.276	10		Média =	7.500
10		2	1	7.257	7.803	−102	−100	6.910	6.427	830		Tendência =	0
11		2	2	7.064	7.849	167	−20	7.158	6.442	622			
12		2	3	7.784	7.863	187	42	7.407	7.333	451			Tipo de
13		2	4	8.724	7.393	179	83	7.627	9.000	276			sazonalidade
14		3	1	6.992	7.518	13	62	7.619	7.085	93			Trimestral
15		3	2	6.822	7.580	32	53	7.642	6.877	55			
16		3	3	7.949	8.029	34	47	7.670	7.594	355		Trimestre	Fator sazonal
17		3	4	9.650	8.178	155	80	7.858	9.272	378		1	0,93
18		4	1			176	108	8.062	7.498			2	0,90
19		4	2									3	0,99
20												4	1,18

Desvio absoluto médio
DAM = 345

Erro quadrático médio
EQM = 180.796

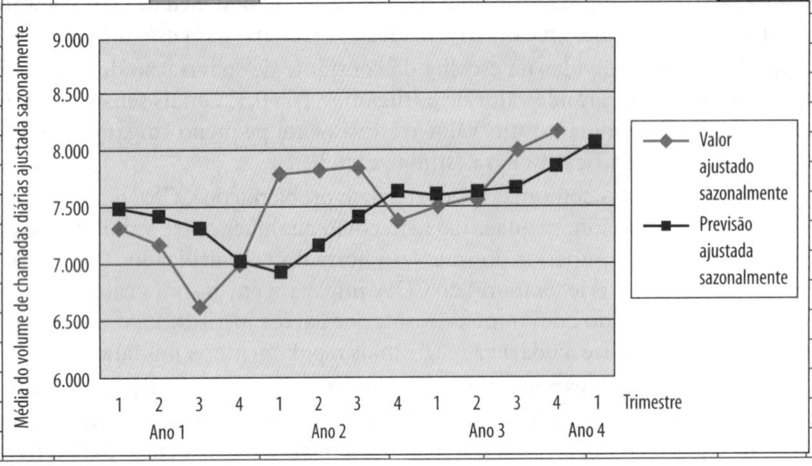

	E	F	G	H	I	J
3	Valor	Tendência		Previsão		
4	ajustado	mais	Tendência	ajustada	Previsão	Erro de
5	sazonalmente	recente	estimada	sazonalmente	real	previsão
6	=D6/M16		=TendênciaDeEstimativaInicial	=MédiaDeEstimativaInicial+TendênciaDeEstimativaInicial	=M16*H6	=ABS(D6-I6)
7	=D7/M17	=Alfa*(E6-=MédiaDeEstimativaInicial)+(1-Alfa)*(H6-=MédiaDeEstimativaInicial)	=Beta*F7+(1-Beta)*G6	=Alfa*E6+(1-Alfa)*H6+G7	=M17*H7	=ABS(D7-I7)
8	=D8/M18	=Alfa*(E7-E6)+(1-Alfa)*(H7-H6)	=Beta*F8+(1-Beta)*G7	=Alfa*E7+(1-Alfa)*H7+G8	=M18*H8	=ABS(D8-I8)
9	=D9/M19	=Alfa*(E8-E7)+(1-Alfa)*(H8-H7)	=Beta*F9+(1-Beta)*G8	=Alfa*E8+(1-Alfa)*H8+G9	=M19*H9	=ABS(D9-I9)
10	=D10/M16	=Alfa*(E9-E8)+(1-Alfa)*(H9-H8)	=Beta*F10+(1-Beta)*G9	=Alfa*E9+(1-Alfa)*H9+G10	=M16*H10	=ABS(D10-I10)
11	=D11/M17	=Alfa*(E10-E9)+(1-Alfa)*(H10-H9)	=Beta*F11+(1-Beta)*G10	=Alfa*E10+(1-Alfa)*H10+G11	=M17*H11	=ABS(D11-I11)
12	:	:	:	:	:	:

Nomes de intervalo	Células	Nomes de intervalo	Células
PrevisãoReal	I6:I30	EQM	M33
Alfa	M5	FatorSazonal	M16:M27
Beta	M6	PrevisãoAjustadaSazonalmente	H6:H30
ErroDePrevisão	J6:J30	ValorAjustadoSazonalmente	E6:E30
MédiaDeEstimativaInicial	M9	ValorVerdadeiro	D6:D30
TendênciaDeEstimativaInicial	M10	TipoDeSazonalidade	M13
DAM	M30		

	L	M
25	DAM =	=MÉDIA(ErroDePrevisão)

	L	M
28	EQM =	=SOMAQUAD(ErroDePrevisão)/CONTAGEM(ErroDePrevisão)

TABELA 10.2
Erro médio de previsão (DAM) e erro quadrático médio (EQM) para os diversos métodos de previsão de séries temporais na previsão do volume de chamadas do CCW

Método de previsão	DAM	EQM
Regra de 25% do CCW	424	317.815
Método do último valor	295	145.909
Método de média	400	242.876
Método de média móvel	437	238.816
Suavização exponencial	324	157.836
Suavização exponencial com tendência	345	180.796

de chamadas abruptamente muda de direção. A média resultante dos erros de previsão da coluna J dá, então, o erro médio de previsão (célula M30) de

$$DAM = 345$$

um pouco acima do valor de 324 para suavização exponencial regular e 295 para previsão de último valor. Um resultado semelhante é obtido quando se utiliza o quadrado dos erros de previsão com o erro quadrático médio dado na célula M33,

$$EQM = 180.796$$

também está um pouco acima dos valores de EQM para estes outros dois métodos de previsão.

A Tabela 10.2 resume os valores de DAM e EQM para todos os métodos de previsão até o momento. Esta é a reação de Lídia ao grande valor de DAM para a suavização exponencial com tendência.

Lydia: Estou muito desanimada. Estes métodos de previsão de séries temporais simplesmente não estão fazendo o trabalho de que preciso. Pensei que este faria. Parecia um excelente método, que também lidaria com as tendências que continuamos encontrando.

Consultor: Sim, é um método muito bom sob as circunstâncias corretas. Quando você tem tendências que podem, ocasionalmente, mudar um pouco ao longo do tempo, ele deve funcionar muito bem.

Lydia: Então, o que deu errado aqui?

Consultor: Bem, olhe para as tendências que você tem aqui nas séries temporais ajustadas sazonalmente. Você tem uma tendência bastante acentuada de queda nos três primeiros trimestres e, de repente, uma tendência muito acentuada de alta durante alguns trimestres. Em seguida, ela se achata antes de uma grande queda no oitavo trimestre. Então, de repente, está subindo de novo. É muito difícil acompanhar essas grandes mudanças bruscas nas tendências. Este método é mais adequado para mudanças muito mais graduais.

Lydia: OK. Mas não existem outros métodos? Nenhum desses vai funcionar.

Consultor: Há um outro método importante de previsão de séries temporais. É o método **ARIMA**, uma sigla para *AutoRegressive Integrated Moving Average* (modelo autorregressivo integrado de média móvel). Às vezes, também é chamado de Modelo de Box-Jenkins, em homenagem a seus fundadores. É muito sofisticado, mas é necessário um software de excelência para implementá-lo. Outro recurso interessante é que ele é bastante adequado para lidar com fortes padrões sazonais.

Lydia: Parece bom. Então, não deveríamos experimentar esse método ARIMA?

Consultor: Não agora. É um método tão sofisticado que requer uma grande quantidade de dados antigos, digamos, um mínimo de cinquenta períodos de tempo. Nós não temos dados suficiente.

Lydia: Que pena. Então, o que vamos fazer? Não vi nada que possa realizar a tarefa.

Consultor: Anime-se. Tenho uma ideia de como podemos usar um desses métodos de previsão de séries temporais de uma forma diferente, que pode realizar a tarefa que você deseja.

Lydia: Mesmo? Conte mais.

Consultor: Bem, deixe-me omitir os detalhes até que possamos verificar se isso vai funcionar. O que gostaria que você fizesse é contatar o gerente de marketing do CCW e marcar uma reunião entre nós três. Além disso, envie-lhe os dados dos volumes de chamadas dos últimos três anos. Peça-lhe para examinar os dados de vendas do mesmo período que ele tem e compará-los com os que você tem.

Lydia: OK. O que devo dizer sobre o objetivo da reunião?

Consultor: Explique que estamos tentando aperfeiçoar a previsão dos volumes de chamadas. E diga que estamos tentando entender melhor o que vem causando essas mudanças bruscas nos

---

Quando a tendência nos dados repentinamente inverte a direção, é preciso um pouco de tempo para a tendência estimada virar.

ARIMA é outro bom método de previsão, mas requer muito mais dados do que os disponíveis atualmente pelo CCW.

volumes de chamadas. Ele sabe mais sobre o que tem impulsionando as vendas para cima ou para baixo do que qualquer outra pessoa. Nós só queremos saber o que ele acha disso.

Lydia: OK. Vou fazer isso.

Reunião com o gerente de marketing

A reunião é feita alguns dias depois. Enquanto acompanha a conversa (após as preliminares), você vai achar útil consultar os dados de volumes de chamadas em uma das planilhas recentes, como a da Figura 10.10.

Lydia: Recebeu os dados sobre os volumes de chamadas que enviei para você?

Gerente de marketing: Recebi, sim.

Consultor: Como eles se comparam com os seus próprios dados de vendas desses três anos?

Gerente de marketing: Os seus dados acompanham os meus bem de perto. Vejo os mesmos altos e baixos nos dois conjuntos de dados.

Lydia: Isso faz sentido, já que são as chamadas para o meu call center que geram essas vendas.

Gerente de marketing: Exatamente.

Consultor: Agora, deixe-me verificar o que causou os altos e baixos. Há três anos, o que rotulamos como Ano 1 nos nossos dados, houve uma tendência precisa de queda durante a maior parte do ano. O que causou isso?

Gerente de marketing: É, lembro-me muito bem de todo esse ano. Não foi um ano muito bom. O lançamento do novo sistema operacional Klugman havia sido agendado para o começo daquele ano. Então, a data de lançamento era sempre adiada. As pessoas ficaram esperando. Não pudemos lançá-lo antes do início do ano seguinte, por isso perdemos a oportunidade das vendas de Natal.

Lydia: Mas o nosso volume de chamadas teve um salto real um pouco maior do que o habitual durante aquela época de festas.

Gerente de marketing: Teve, sim. O mesmo aconteceu com as vendas. Lembro-me de que lançamos uma nova ferramenta de rede, com rápida transferência de dados, a tempo para a época do Natal. Ela agradou muito durante alguns meses. Ela realmente nos socorreu durante aquele período de estagnação.

Consultor: Então, o sistema operacional Klugman foi lançado e as vendas aumentaram no ano seguinte.

Gerente de marketing: Exatamente.

Lydia: O que aconteceu no final do ano? Não trabalhamos tanto quanto esperávamos.

Gerente de marketing: Presumo que a maioria das pessoas já havia feito a atualização para o novo sistema operacional até aquela época. Não houve nenhuma mudança importante no nosso *mix* de produtos durante aquele período.

Consultor: Então as vendas voltaram a subir no ano seguinte. No ano passado.

Gerente de marketing: É, o ano passado foi muito bom. Tivemos alguns produtos novos que se saíram muito bem. Um deles era um novo dispositivo de armazenamento de dados lançado no início do ano. Era muito barato. O outro era uma impressora colorida para papel simples lançada em julho. Conseguimos oferecê-la por um preço muito competitivo e os nossos clientes acabaram com o estoque.

Consultor: Obrigado. Isso realmente esclarece o que está por trás desses números de volumes de chamadas com que estamos trabalhando. Agora eu tenho outra questão crucial para você. Quando olha para os dados de vendas e faz a sua própria previsão, o que você considera ser os principais fatores que impulsionam as vendas totais para cima ou para baixo?

Gerente de marketing: Na verdade, há apenas um grande fator: Lançamos algum produto atraente no mercado? Temos bem mais de cem produtos. Mas a maioria deles apenas preenche um pequeno nicho do mercado. Muitos deles são antigos produtos de reserva que, com as atualizações, vão se manter do mesmo modo indefinidamente. Todos estes produtos de nicho pequeno, juntos, formam a maior parte das nossas vendas totais. Uma base de mercado perfeitamente estável. Então, além disso, devemos ter três ou quatro novos produtos principais no mercado. Talvez um ou dois lançados há alguns meses, mas que ainda despertam alguma expectativa. E um ou dois recém-lançados, que esperamos que se saíam muito bem.

> O grande fator que impulsiona o total de vendas para cima ou para baixo é se a empresa acabou de lançar quaisquer novos produtos atraentes.

Consultor: Entendo. Uma grande base de mercado e, além disso, três ou quatro novos produtos principais.

Gerente de marketing: É esse o nosso objetivo.

Consultor: Você consegue prever se um novo produto principal se sairá bem?

Gerente de marketing: Posso tentar. Já fui melhor nisso. Geralmente chego bem perto da reação inicial, mas é difícil prever por quanto tempo o produto irá funcionar. Gostaria de ter um melhor controle sobre isso.

Consultor: Muito obrigado por todas as informações. Elas confirmaram o que eu suspeitava já havia algum tempo.

Lydia: O que é?

Consultor: Que precisamos realmente nos coordenar diretamente com o que estiver impulsionando as vendas, a fim de fazer um melhor trabalho de previsão do volume de chamadas.

Lydia: Bem pensado!

Consultor: Vocês dois concordariam em se ajustar para desenvolver melhores procedimentos para a previsão de vendas e dos volumes de chamadas?

Lydia: Pode apostar.

Gerente de marketing: Parece boa ideia.

Voltaremos a esta história nas próximas duas seções após a apresentação de um útil software de previsão a seguir.

Software educacional útil

Um módulo de previsão útil está incluído em seus Módulos Interativos de Ciência da Gestão no MS Courseware do CD-ROM.

Este módulo inclui todos os métodos de previsão de séries temporais apresentados nesta seção (e também na Seção 10.5). Tudo que você precisa fazer é selecionar um método de previsão, digitar os dados de séries temporais a partir dos quais deseja obter uma previsão e, em seguida, apertar o botão Previsão. (O procedimento não realiza explicitamente ajustes sazonais, de modo que você precisará informar os dados ajustados sazonalmente se essas ajustes se fizerem necessários.) Além de listar as previsões e erros de previsão período por período, o módulo também traça um gráfico que mostra os dados de séries temporais (em pontos azuis) e as previsões resultantes (em pontos vermelhos).

O que é único neste software é o seu recurso gráfico interativo que imediatamente mostra de modo gráfico como as previsões irão se alterar na medida em que você mudar qualquer parte dos dados. Você move o mouse sobre o ponto azul que corresponde a um dado e, em seguida, arrasta o ponto verticalmente para alterar seu valor. Conforme você arrasta o ponto azul, os pontos vermelhos correspondentes às previsões se alteram instantaneamente, de acordo com o movimento. O objetivo é permitir que você jogue com os dados e obtenha uma ideia melhor de como as previsões funcionam com as várias configurações de dados para cada um dos métodos de previsão. Assim, este módulo é projetado principalmente para ser uma ferramenta educacional, em vez de um software de previsão profissional. Ele se limita a lidar com pequenos problemas, como os deste livro.

A previsão do volume de chamadas requer melhor coordenação direta com o fator que estiver impulsionando as vendas.

Perguntas de revisão

1. O que faz uma medida de fator sazonal?
2. Qual a fórmula para o cálculo do volume de chamadas com ajuste sazonal a partir do volume real de chamadas e o fator sazonal?
3. Qual a fórmula para o cálculo da previsão do volume real de chamadas a partir do fator sazonal e da previsão ajustada sazonalmente?
4. Por que o método de previsão do último valor é, às vezes, chamado de *método ingênuo*?
5. Por que o método de previsão média não funcionou muito bem no estudo de caso?
6. Qual a justificativa para substituir o método de previsão média pelo método de previsão de média móvel?
7. Como o método de previsão de suavização exponencial modifica o método de previsão de média móvel?
8. Com a suavização exponencial, quando é apropriado um pequeno valor da constante de suavização? E um valor maior?
9. Qual a fórmula para se obter a previsão com a suavização exponencial seguinte? O que é acrescentado a esta fórmula quando se utiliza a suavização exponencial com tendência?
10. O que o gerente de marketing diz ser o fator mais importante a impulsionar o total de vendas do CCW para cima ou para baixo?

10.4 MÉTODOS DE PREVISÃO DE SÉRIES TEMPORAIS EM PERSPECTIVA

A Seção 10.3 apresentou vários métodos para prever o próximo valor de uma série temporal no contexto do estudo de caso do CCW. Agora vamos retroceder uma etapa para colocar em perspectiva o que esses métodos estão tentando realizar. Depois de obter essa perspectiva, o consultor do CCW dará a sua recomendação para a criação de um sistema de previsão.

Objetivo dos métodos de previsão

É realmente um tanto impróprio falar sobre prever *o* valor da próxima observação em uma série temporal (como o volume de chamadas do CCW para o próximo trimestre). É impossível prever *o valor* precisamente, pois este valor seguinte pode vir a ser qualquer coisa ao longo de algum intervalo. O que ele será depende de circunstâncias futuras além do nosso controle.

> O valor seguinte de uma série temporal não pode ser previsto com certeza, pois tem uma distribuição de probabilidade em vez de um valor fixo que certeamente ocorrerá.

Em outras palavras, o valor seguinte que ocorrerá em uma série temporal é uma *variável aleatória*. Tem uma certa *distribuição de probabilidade*. Por exemplo, a Figura 10.11 mostra uma distribuição de probabilidade típica para o volume de chamadas do CCW em um trimestre futuro em que a média desta distribuição passa a ser 7.500. Esta distribuição indica a probabilidade relativa dos diversos valores possíveis do volume de chamadas. Ninguém pode dizer de antemão qual o valor que realmente ocorrerá.

Então, qual é o significado do número que é selecionado como "previsão" do próximo valor da série temporal? Se possível, gostaríamos que esse número fosse a *média* da distribuição. A razão é que observações aleatórias da distribuição tendem a aglomerar em torno da média da distribuição. Portanto, usar a média como previsão tenderia a minimizar o erro médio de previsão.

Infelizmente, não sabemos realmente o que é esta distribuição de probabilidade, muito menos sua média. O melhor que podemos fazer é usar todos os dados disponíveis (valores passados da série temporal) para estimar a média, tanto quanto possível.

> O objetivo dos métodos de previsão de séries temporais é estimar a *média* da distribuição de probabilidade subjacente ao valor seguinte da série temporal, tanto quanto possível.

Dadas algumas observações aleatórias de uma única distribuição de probabilidade, a melhor estimativa da sua média é a *média da amostra* (a média de todas essas observações). Portanto, se uma série temporal tiver exatamente a mesma distribuição para todos e cada período de tempo, então o *método de previsão média* proporcionará a melhor estimativa da média.

No entanto, outros métodos de previsão geralmente são usados no lugar, pois a distribuição pode mudar ao longo do tempo.

Problemas causados pelas distribuições de mudanças

No início da Seção 10.3, começamos a considerar os efeitos sazonais, o que nos levou a estimar os fatores sazonais do CCW como 0,93, 0,90, 0,99 e 1,18 para os trimestres 1, 2, 3 e 4, respectivamente.

Se o volume médio geral das chamadas diárias para um ano é 7.500, esses fatores sazonais implicam que as distribuições de probabilidade para os quatro trimestres daquele ano caiam aproximadamente como mostrado na Figura 10.12. Uma vez que essas distribuições

FIGURA 10.11
Distribuição de probabilidade típica do que será o volume médio de chamadas diárias para o CCW no trimestre quando a média for 7.500.

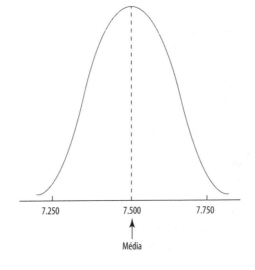

FIGURA 10.12
Distribuições típicas de probabilidade do volume médio de chamadas diárias do CCW nos quatro trimestres de um ano em que a média global é 7.500.

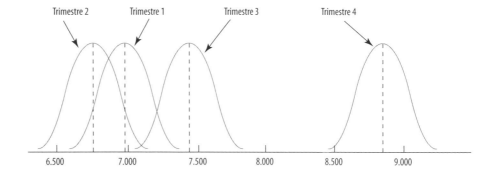

FIGURA 10.13
Comparação de distribuições de probabilidades típicas do volume médio de chamadas diárias do CCW (com ajuste sazonal) nos anos 1 e 2.

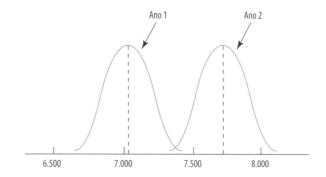

Quando a distribuição de probabilidade para uma série temporal muda com frequência, dados recentes rapidamente tornam-se obsoletos para efeitos de previsão.

têm médias diferentes, não devemos mais apenas fazer a média das chamadas aleatórias (os volumes de chamadas observados) de todos os trimestres para estimar a média para qualquer uma dessas distribuições.

Esta complicação é o motivo pelo qual a seção anterior efetuou o ajuste sazonal das séries temporais. Dividir o volume de chamadas de cada trimestre pelo seu fator sazonal muda a distribuição desse volume de chamadas com ajuste sazonal sobre a distribuição mostrada na Figura 10.11, com uma média de 7.500. Isso permite fazer a média dos valores ajustados sazonalmente para estimar essa média.

Infelizmente, mesmo após o ajuste sazonal da série temporal, a distribuição de probabilidade não pode permanecer a mesma de um ano para o outro (ou mesmo de um trimestre para o outro). Por exemplo, como explicou o gerente de marketing do CCW, as vendas totais deram um salto substancial no início do ano 2, quando o novo sistema operativo Klugman foi lançado. Isso também aumentou o volume médio de chamadas diárias em cerca de 10%, de pouco mais de 7.000 no ano 1 para mais de 7.700 no ano 2. A Figura 10.13 compara as distribuições resultantes dos trimestres típicos (ajustados sazonalmente) nos dois anos.

Observações aleatórias da distribuição do ano 1 nesta figura fornecem uma base fraca para estimar a média da distribuição do ano 2. No entanto, exceto para o método do último valor, *cada* um dos métodos de previsão apresentados na seção anterior colocou pelo menos algum peso nessas observações do ano 1 para estimar a média para *cada* trimestre do ano 2. Esta foi uma razão importante pela qual ambos os erros de previsão média (DAM) e os erros quadráticos médios (EQM) foram maiores com esses métodos do que com o método do último valor.

A julgar pelas informações do gerente de marketing, parece que também ocorreu alguma mudança na distribuição várias vezes de apenas um trimestre para o outro. Isso também se acrescentou aos erros de previsão.

Comparação dos métodos de previsão

A Seção 10.3 apresenta cinco métodos para prever o valor seguinte em uma série temporal. Qual deses métodos é especialmente adequado para uma dada aplicação depende grandemente de o quão *estável* é a série temporal.

> Diz-se que uma série temporal é **estável** se a sua distribuição de probabilidade subjacente geralmente permanece a mesma de um período de tempo para o próximo. (Todas as mudanças que ocorrem na distribuição são raras e insignificantes.) Uma série temporal é **instável** se mudanças frequentes e consideráveis na distribuição tendem a ocorrer.

As séries temporais ajustadas sazonalmente do CCW mostradas na Figura 10.4 (e em várias figuras seguintes) parecem ter sofrido várias mudanças na distribuição, incluindo aquela bastante grande representada na Figura 10.13. Portanto, esta série temporal é um exemplo de uma série relativamente *instável*.

Aqui está um resumo de qual tipo de séries temporais se encaixa em cada um dos métodos de previsão.

> O fator-chave na escolha de um método de previsão é a estabilidade da série temporal.

Método do último valor: Adequado para uma série temporal tão instável que até mesmo o penúltimo valor não é considerado relevante para prever o valor seguinte.

Método da média: Adequado para uma série temporal muito estável, em que até mesmo os primeiros e poucos valores sejam considerados relevantes para a previsão do valor seguinte.

Método da média móvel: Adequado para uma série temporal moderadamente estável, em que até mesmo os últimos e poucos valores sejam considerados relevantes para a previsão do valor seguinte. A quantidade de valores incluídos na média móvel reflete o grau de estabilidade previsto na série temporal.

Método de suavização exponencial: Adequado para uma série temporal no intervalo compreendido entre instável até bastante estável, em que o valor da constante de suavização precisa ser ajustado para o grau de estabilidade prevista. Refina o método da média móvel, colocando o maior peso sobre os valores mais recentes, mas não é tão facilmente compreendido por gerentes quanto o método de média móvel.

Suavização exponencial com tendência: Adequado para uma série temporal em que a média da distribuição segue uma tendência para cima ou para baixo, desde que as mudanças na tendência ocorram apenas ocasional e gradualmente.

Infelizmente para o CCW, a sua série temporal ajustada sazonalmente provou ser um pouco demasiado instável para qualquer um destes métodos, exceto o método do último valor, que é considerado o menos poderoso entre esses métodos de previsão. Mesmo quando se utiliza a suavização exponencial com tendência, as mudanças na tendência ocorreram com muita frequência e de forma muito aguda.

À luz dessas considerações, o consultor já está pronto para apresentar suas recomendações a Lydia para um novo procedimento de previsão.

Recomendações do consultor

1. A previsão deve ser feita mensalmente, e não trimestralmente, a fim de reagir mais rapidamente às mudanças de condições.
2. Contratação e treinamento de novos agentes também devem ser feitos mensalmente em vez de trimestralmente, a fim de ajustar os níveis dos funcionários para atender as necessidades de mudança.
3. Devem ser oferecidas oportunidades de trabalho em tempo parcial para agentes recentemente aposentados, na forma de plantões, como ferramenta de apoio para os funcionários atuais que precisem de ajuda extra.
4. Uma vez que as vendas dirigem o volume de chamadas, o processo de previsão deve começar pela previsão de vendas.
5. Para fins de previsão, as vendas totais devem ser repartidas pelos principais componentes descritos pelo gerente de marketing, ou seja, (1) a base de mercado relativamente estável de numerosos nichos de pequenos produtos e (2) *cada* um dos poucos (talvez três ou quatro) novos produtos importantes cujo sucesso ou fracasso pode significativamente impulsionar as vendas totais para cima ou para baixo. Estes novos produtos importantes devem ser identificados pelo gerente de marketing de modo contínuo.

> A previsão do volume de chamadas deve começar pela previsão em separado dos principais componentes das vendas totais.

6. Sugere-se a suavização exponencial com uma constante de suavização relativamente pequena para previsão de vendas da base de mercado dos numerosos produtos de nichos pequenos. No entanto, antes de tomar a decisão final quanto ao método de previsão, devem ser realizados testes retrospectivos para verificar o quão bem esse determinado método teria se saído nos três anos anteriores. Os testes também devem orientar a seleção do valor da constante de suavização.
7. Sugere-se a suavização exponencial com tendência, com constantes de suavização relativamente grandes, para a previsão de vendas de *cada* um dos principais novos produtos. Mais uma vez, devemser realizados testes retrospectivos para verificar essa decisão e orientar a escolha dos valores das constantes de suavização. Deve-se solicitar ao gerente de marketing a estimativa inicial de vendas antecipadas no primeiro mês de um novo produto, que ele

verifique as previsões de suavização exponencial seguinte e faça os ajustes que achar apropriados, de acordo com seu conhecimento do que está acontecendo no mercado.

8. Devido ao forte padrão de vendas sazonal, as séries temporais ajustadas sazonalmente devem ser usadas para cada aplicação desses métodos de previsão.

9. Depois de obter separadamente as previsões de vendas reais para cada um dos componentes principais das vendas totais identificados na recomendação 5, essas previsões devem ser somadas para obtenção da previsão das vendas totais.

A seção a seguir descreve como obter uma previsão do volume de chamadas a partir de uma previsão das vendas totais.

10. A *previsão causal com regressão linear* (como descrita na próxima seção) deve ser usada para se obter uma previsão do volume de chamada a partir desta previsão das vendas totais.

Lydia aceita essas recomendações com bastante entusiasmo, também concorda em trabalhar com o gerente de marketing.

Leia mais para ver como a última recomendação foi implementada.

Perguntas de revisão

1. Que tipo de variável é o valor seguinte que irá ocorrer em uma série temporal?
2. Qual o objetivo dos métodos de previsão de séries temporais?
3. A distribuição de probabilidade do volume médio de chamadas diárias do CCW é a mesma para todos os trimestres?
4. Qual a explicação para os erros médios de previsão serem maiores para os outros métodos de previsão de séries temporais do que para um método de último valor supostamente menos poderoso?
5. Qual a distinção entre uma série temporal *estável* e uma *instável*?
6. Qual a recomendação do consultor sobre o que deve ser previsto em vez do volume de chamadas para iniciar o processo de previsão?
7. Quais os componentes principais das vendas totais do CCW?

10.5 PREVISÃO CAUSAL COM REGRESSÃO LINEAR

Nós nos concentramos até o momento nos *métodos de previsão de séries temporais*, isto é, métodos que preveem o próximo valor em uma série temporal com base em seus valores anteriores. Esses métodos têm sido utilizados retrospectivamente na Seção 10.3 para prever o volume de chamadas do CCW no trimestre seguinte, com base em seus volumes de chamadas anteriores.

Previsão causal

No entanto, a última recomendação do consultor sugere outra abordagem para a previsão. É verdade que as vendas orientam o volume de chamadas – e as vendas podem ser previstas consideravelmente com mais precisão do que o volume de chamadas. Portanto, deve ser possível obter uma melhor previsão de volume de chamadas, relacionando-a diretamente às vendas previstas. Este tipo de abordagem é chamada de *previsão causal*.

Para o problema do CCW, o volume de chamadas é a variável dependente e as vendas totais são as variáveis independentes.

A **previsão causal** obtém uma previsão da quantidade de interesse (**variável dependente**), relacionando-o diretamente a uma ou mais outras quantidades (**variáveis independentes**) que orientam a quantidade de interesse.

A Tabela 10.3 mostra alguns exemplos dos tipos de situação em que a previsão causal às vezes é usada. Em cada um dos quatro primeiros casos, pode-se esperar que a variável dependente indicada suba ou desça diretamente com a(s) variável(eis) independente(s) listada(s) na coluna mais à direita. O último caso também se aplica quando alguma quantidade de interesse (p. ex., as vendas de um produto) tende a seguir uma tendência constante para cima (ou para baixo) com a passagem do tempo (a variável independente que orienta a quantidade de interesse).

TABELA 10.3
Exemplos possíveis de previsão causal

Tipo de Previsão	Variável dependente possível	Variáveis independentes possíveis
Vendas	Vendas de um produto	Quantia de propaganda
Peças sobressalentes	Demanda pelas peças sobressalentes	Uso de equipamentos
Tendências econômicas	Produto interno bruto	Fatores econômicos variados
Volume de chamadas do CCW	Volume de chamadas	Vendas totais
Quantidade qualquer	A mesma quantidade	Tempo

FIGURA 10.14
Dados necessários na previsão causal para o problema do CCW, relacionando o volume de chamadas a vendas.

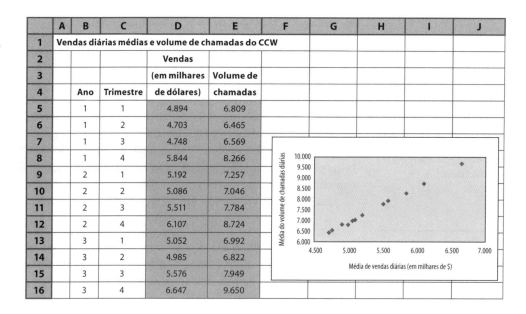

	A	B	C	D	E
1	Vendas diárias médias e volume de chamadas do CCW				
2				Vendas	
3				(em milhares	Volume de
4		Ano	Trimestre	de dólares)	chamadas
5		1	1	4.894	6.809
6		1	2	4.703	6.465
7		1	3	4.748	6.569
8		1	4	5.844	8.266
9		2	1	5.192	7.257
10		2	2	5.086	7.046
11		2	3	5.511	7.784
12		2	4	6.107	8.724
13		3	1	5.052	6.992
14		3	2	4.985	6.822
15		3	3	5.576	7.949
16		3	4	6.647	9.650

Regressão linear

A pedido de Lydia, o gerente de marketing trouxe os dados de vendas dos últimos três anos para a última reunião. Os resultados são mostrados na Figura 10.14. Em particular, a coluna D dá as vendas diárias médias (em unidades de milhares de dólares) para cada um dos 12 últimos trimestres. A Coluna E repete os dados apresentados anteriormente sobre os volumes médios de chamadas diárias. Nenhum dos dados foi ajustado sazonalmente.

O lado direito da figura foi gerado selecionando-se os dados em D5:E16 e, em seguida, selecionando-se um gráfico de dispersão X-Y da guia Inserir (para o Excel 2007 ou 2010) ou escolhendo Gráfico no menu Inserir do Excel e selecionando um tipo de gráfico (dispersão) X-Y (para outras versões do Excel). Ele mostra dados das colunas D e E em um plano bidimensional. Assim, cada um dos 12 pontos no gráfico mostra a combinação de vendas e de volume de chamadas para um dos 12 trimestres (sem identificar o trimestre).

Mostra também a estreita relação entre o volume de chamadas e as vendas. Cada aumento ou diminuição de vendas é acompanhado por um aumento ou diminuição mais ou menos proporcional do volume de chamadas. Isso não é surpreendente, pois as vendas são feitas pelas chamadas para o call center.

Depreende-se desse gráfico que a relação entre o volume de chamadas e as vendas pode ser aproximada por uma linha reta, exibida pela Figura 10.15. Esta linha foi gerada clicando no gráfico da Figura 10.14 e escolhendo *Mais opções de linha de tendência* no menu Linha de tendência da aba Layout de Ferramentas de Gráfico (para o Excel 2007 ou 2010) ou *Adicionar linha de tendência* do menu Gráfico (para outras versões do Excel) e, em seguida, especificando Tendência *linear*. A equação acima da linha é adicionada ao se escolher *Exibir Equação no gráfico* (esta opção está disponível na caixa de diálogo principal do Excel 2007 e 2010, ou na guia Opções de outras versões). Esta linha é chamada de *linha de regressão linear*.

Uma linha de regressão linear estima qual deve ser o valor da variável dependente para qualquer valor particular da variável independente.

> Ao se fazer a previsão causal com uma única variável independente, a **regressão linear** envolverá aproximar a relação entre a variável dependente (volume de chamadas do CCW) e a variável independente (vendas do CCW) por meio de uma linha reta. A **linha de regressão linear** é desenhada em um gráfico com a variável independente sobre o eixo horizontal e a variável dependente sobre o eixo vertical. Ela é construída depois de traçados vários pontos que mostram cada valor observado da variável independente e o valor correspondente da variável dependente.

Assim, a linha de regressão linear da Figura 10.15 pode ser utilizada para estimar qual deve ser o volume de chamadas para um determinado valor de vendas. Em geral, a equação para a linha de regressão linear tem a forma

$$y = a + bx$$

FIGURA 10.15
Figura 10.14 modificada pela adição de uma linha de tendência ao gráfico.

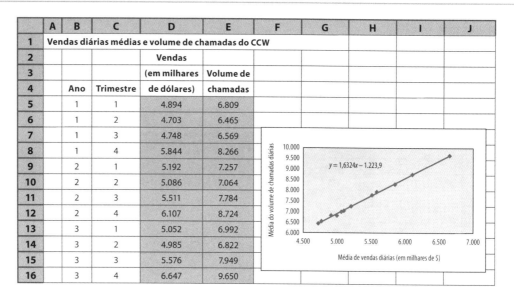

em que

y = valor estimado da variável dependente, conforme determinado pela linha de regressão linear
a = intercepção da linha de regressão linear com o eixo y
b = inclinação da linha de regressão linear
x = valor da variável independente

A equação para uma linha de regressão linear é chamada de equação de regressão.

(Se houver mais de uma variável independente, então esta **equação de regressão** tem um termo, uma constante vezes a variável, adicionado no lado direito para *cada* uma dessas variáveis.) Para a linha de regressão linear desta figura, os valores exatos de a e b vêm a ser

$$a = -1.223,9 \qquad b = 1,6324$$

A Figura 10.16 mostra a planilha de Excel do seu MS Courseware que também pode ser utilizado para encontrar estes valores de a e b. Você precisa inserir todos os valores observados da variável independente (vendas) e da variável dependente (volume de chamadas) das colunas C e D e, em seguida, o modelo executa todos os cálculos. À direita, observe que você tem a opção de inserir um valor para x (vendas) na célula J10 e, em seguida, o modelo calcula o valor correspondente de y (volume de chamadas), que se situa na linha de regressão linear. Este cálculo pode ser repetido para tantos valores de x conforme desejado. Além disso, a coluna E já mostra estes cálculos para cada valor de x da coluna C, de modo que cada célula da coluna E dá a estimativa do volume de chamadas fornecido pela linha de regressão linear para o nível de vendas correspondente da coluna C. A diferença entre esta estimativa e o volume de chamadas real da coluna D informa o erro de estimativa da coluna F. O *quadrado* deste erro é mostrado na coluna G.

O método dos mínimos quadrados escolhe os valores de a e b que perfazem a soma dos números resultantes da coluna G tão pequenos quanto possível.

O procedimento utilizado para se obter a e b é chamado de **método dos mínimos quadrados**. Estes método dos mínimos quadrados escolhe os valores de a e b que *minimizam* a soma do *quadrado dos erros de estimativa* dado na coluna G da Figura 10.16. Assim, a soma dos números da coluna G (22.051) é o mínimo possível. Quaisquer valores significativamente diferentes de a e b dariam diferentes erros de estimativa que poderiam fazer essa soma ser maior.

A *média* do quadrado dos erros de estimativa da coluna G(1.838) tem uma interpretação interessante. Suponha que as vendas do trimestre pudessem ser conhecidas de antemão (por causa de encomendas antecipadas ou de uma previsão exata). Neste caso, usar a linha de regressão linear para prever o volume de chamadas daria um erro quadrático médio (EQM) de 1.838. O que o método dos mínimos quadrados tem feito é colocar a linha de regressão linear exatamente onde ela minimizaria o EQM nesta situação. Note que este valor mínimo de **EQM = 1.838** é aproximadamente 1% dos valores de EQM dados anteriormente na Tabela 10.2 para os métodos de previsão de séries temporais apresentados na Seção 10.3.

FIGURA 10.16
Planilha do Excel em seu MS Courseware para fazer previsões causais com regressão linear, conforme mostrado aqui para o problema do CCW.

	A	B	C	D	E	F	G	H	I	J
1		Regressão linear do volume de chamadas *vs.* volume de vendas do CCW								
2										
3			Período	Variável	Variável		Erro	Quadrado		Linha de regressão linear
4			de tempo	independente	dependente	Estimativa	amostral	do erro		$y = a + bx$
5			1	4.894	6.809	6.765	43,85	1.923		$a =$	–1.223,86
6			2	4.703	6.465	6.453	11,64	136		$b =$	1,63
7			3	4.748	6.569	6.527	42,18	1.780			
8			4	5.844	8.266	8.316	49,93	2.493			
9			5	5.192	7.257	7.252	5,40	29		Avaliador	
10			6	5.086	7.064	7.079	14,57	212		se $x =$	5.000
11			7	5.511	7.784	7.772	11,66	136			
12			8	6.107	8.724	8.745	21,26	452		então $y =$	6.938,18
13			9	5.052	6.992	7.023	31,07	965			
14			10	4.985	6.822	6.914	91,70	8.408			
15			11	5.576	7.949	7.878	70,55	4.977			
16			12	6.647	9.650	9.627	23,24	540			
17			13								
18			14								
19			15								
20			16								
21			17								
22			18								
23			19								
24			20								
25			21								
26			22								
27			23								
28			24								
29			25								
30			26								
31			27								
32			28								
33			29								
34			30								

Nomes de intervalo	Células
a	J5
b	J6
VariávelDependente	D5:D34
Estimativa	E5:E34
ErroAmostral	F5:F34
VariávelIndependente	C5:C34
QuadradoDoErro	G5:G34
x	J10
y	J12

	E	F	G
3		Erro	Quadrado
4	Estimativa	amostral	do erro
5	$=a+b*C5$	$=ABS(D5-E5)$	$=F5\wedge2$
6	$=a+b*C6$	$=ABS(D6-E6)$	$=F6\wedge2$
7	$=a+b*C7$	$=ABS(D7-E7)$	$=F7\wedge2$
8	$=a+b*C8$	$=ABS(D8-E8)$	$=F8\wedge2$
9	$=a+b*C9$	$=ABS(D9-E9)$	$=F9\wedge2$
10	:	:	:
11	:	:	:

	I	J
5	$a =$	=INTERCEPÇÃO(VariávelDependente, VariávelIndependente)
6	$b =$	=INCLINAÇÃO(VariávelDependente, VariávelIndependente)

	I	J
12	então $y =$	$=a+b*x$

Os números da coluna F também são interessantes. A respectiva média revela que o *erro amostral médio* dos 12 trimestres é de apenas 35. Isso indica que se as vendas para o trimestre forem conhecidas de antemão (ou previstas com exatidão), então usar a linha de regressão linear para prever o volume de chamadas daria um erro médio de previsão (DAM) de apenas 35. Isso é apenas cerca de 10% dos valores de DAM obtidos para os vários métodos de previsão de séries temporais da Seção 10.3.

Para algumas aplicações de previsão causal, o valor da variável independente será conhecido antecipadamente. Este não é o caso aqui, em que a variável independente é o total de vendas para o período de tempo seguinte. No entanto, o consultor está confiante que uma previsão muito boa do total de vendas pode ser obtida seguindo as suas recomendações. Esta previsão poderá então ser utilizada como o valor da variável independente para a obtenção de uma boa previsão doe volume de chamada a partir da linha de regressão linear.

Novo procedimento de previsão do CCW

1. Obter uma previsão do total (média diária) de vendas para o próximo mês com a implementação das recomendações do consultor.
2. Utilizar essa previsão como o valor das vendas totais na previsão do volume médio de chamadas diárias para o próximo mês a partir da linha de regressão linear identificada nas Figuras 10.15 e 10.16.

Os ajustes sazonais desempenham um papel no passo 1 deste procedimento, mas não no passo 2. Com base nas recomendações do consultor apresentadas no final da seção anterior (veja a recomendação n. 8), os ajustes sazonais devem ser incorporados em qualquer método de previsão utilizado na etapa 1. No entanto, uma previsão de vendas com ajuste sazonal, será então convertida novamente em uma previsão de vendas reais para uso no passo 2. Usando uma previsão de vendas reais, a previsão de volume de chamadas obtida a partir da linha de regressão linear do passo 2 será a previsão desejada do volume de chamadas real em vez do volume de chamadas com ajuste sazonal.

Essa aplicação da regressão linear para o problema do CCW envolve apenas uma variável independente (vendas totais) que orienta a variável dependente (volume de chamadas). Como mencionado no início desta seção, algumas aplicações de previsão causal com regressão linear envolvem múltiplas variáveis independentes que, juntas, orientam a variável dependente. Por exemplo, o uso de regressão linear para prever o produto interno bruto do país (variável dependente) para o próximo trimestre, as variáveis independentes podem incluir esses indicadores principais de desempenho econômico futuro, como o nível atual do mercado de ações, o índice atual de confiança do consumidor, o índice atual de atividade comercial (medição de pedidos realizados), e assim por diante. Se houver, por exemplo, duas variáveis independentes, a equação de regressão teria a forma

$$y = a + b_1 x_1 + b_2 x_2$$

onde x_1 e x_2 são as variáveis independentes, com b_1 e b_2 como seus respectivos coeficientes. A linha de regressão linear correspondente agora estaria em um gráfico tridimensional com y (variável dependente) como o eixo vertical e x_1 e x_2 como eixos horizontais nas outras duas dimensões. À parte o número de variáveis independentes, o *método dos mínimos quadrados* ainda pode ser usado para escolher o valor de a, b_1, b_2, etc., que minimiza a soma dos quadrados dos erros amostrais quando comparados os valores da variável dependente nos vários pontos de dados com as previsões correspondentes dadas pela equação de regressão. No entanto, não vamos aprofundar ainda mais esse tópico mais avançado.

Estudo de caso do CCW um ano depois

Um ano após a implementação das recomendações do consultor, Lydia liga para ele.

Lydia: Só queria que você soubesse como as coisas estão indo. E para lhe dar os parabéns pelo grande trabalho que você fez por nós. Você lembra que a regra de 25% estava nos dando valores de DAM acima de 400? E que os vários métodos de previsão de séries temporais também estavam se saindo muito mal?

Consultor: Lembro bem disso. Você estava bastante desanimada na ocasião.

Lydia: Claro que estava! Mas estou muito melhor agora. Acabei de calcular o DAM para o primeiro ano de acordo com o novo procedimento que você providenciou. 120. Apenas 120!

Consultor: Excelente. Esse é o tipo de melhora que gostamos de constatar. O que você acha que fez a maior diferença?

Lydia: Acho que foi relacionar a nossa previsão com a previsão de vendas. Nunca tivemos a percepção exata de para onde se dirigiam os volumes de chamadas. Mas temos um controle muito melhor de quanto serão as vendas porque, com a ajuda do gerente de marketing, podemos ver o que está causando as mudanças.

Regressão linear com múltiplas variáveis independentes é muitas vezes chamada de *regressão linear múltipla*.

Fator-chave para a previsão bem-sucedida é entender o que está causando alterações logo que ocorram.

Um bom procedimento de previsão combina um procedimento de previsão estatística bem elaborado e um gerente mais experiente que entenda o que está orientando os números e, assim, possa fazer os ajustes apropriados nas previsões.

Consultor: Acho que isso é uma das chaves para a previsão bem-sucedida. Você viu que se nós simplesmente aplicarmos um método de previsão de séries temporais aos dados históricos sem entender o que está causando as mudanças, não conseguiremos nada que preste. Você tem que chegar por trás dos números e ver o que realmente está acontecendo, projetar o procedimento de previsão para capturar as mudanças à medida que ocorram, como fizemos, com o gerente de marketing identificando os principais produtos novos que causem impacto nas vendas totais e, em seguida, fazendo previsões separadas de vendas para cada um deles.

Lydia: Exatamente. Trazer o gerente de marketing para isso foi uma grande jogada. Agora ele torce de verdade pelo novo procedimento, aliás. Ele diz que o procedimento também está lhe dando informações valiosas.

Consultor: Muito bom. Ele está fazendo ajustes nas previsões estatísticas, com base no conhecimento do que está acontecendo no mercado, como recomendei?

Lydia: Está, sim. Você ganhou alguns fãs por aqui. Nós realmente adoramos o grande trabalho que você fez por nós.

Perguntas de revisão

1. O que é previsão causal?
2. Ao aplicar a previsão causal para o problema do CCW, qual a variável dependente e qual a independente?
3. Ao fazer a previsão causal com uma única variável independente, o que envolve a regressão linear?
4. Qual é a forma da equação para uma linha de regressão linear com uma única variável independente? E com mais de uma variável independente?
5. Qual é o nome do método para a obtenção do valor das constantes *a* e *b* para uma linha de regressão linear?
6. Como o valor de DAM para o novo procedimento de previsão do CCW se compara com aquele do antigo procedimento que utilizava a regra de 25%?

10.6 MÉTODOS DE PREVISÃO DE JULGAMENTO

Nós nos concentramos até o momento nos **métodos estatísticos de previsão** que baseiam a previsão em dados históricos. No entanto, esses métodos não podem ser utilizados se não existirem dados disponíveis, ou se os dados não forem representativos das condições correntes. Nesses casos, em vez deles, é possível utilizar os **métodos de previsão de julgamento**.

Métodos de previsão de julgamento usam a opinião de especialistas para fazer previsões.

Mesmo quando há bons dados disponíveis, alguns gerentes preferem um método de julgamento em vez de um método estatístico formal. Em vários outros casos, uma combinação de ambos pode ser usada. Por exemplo, no estudo de caso do CCW, o gerente de marketing usa o seu julgamento, com base em sua longa experiência e em seu conhecimento do que está acontecendo no mercado, para ajustar as previsões de vendas obtidas a partir de métodos de previsão de séries temporais.

Aqui está um breve resumo dos principais métodos de previsão de julgamento.

1. **Opinião do gerente:** O mais informal dos métodos, pois envolve simplesmente um único gerente que usa o seu melhor julgamento para fazer a previsão. Em alguns casos, alguns dados podem estar disponíveis para ajudá-lo nisso. Em outros, o gerente conta apenas com a experiência e um profundo conhecimento das condições atuais que impulsionam a quantidade prevista.
2. **Opinião do colegiado dos executivos:** Semelhante ao primeiro, só que agora envolve um pequeno grupo de gerentes de alto nível que concentram os seus melhores julgamentos para fazer a previsão coletivamente. Pode ser usado para previsões mais críticas, para as quais a responsabilidade é compartilhada por vários executivos, que podem fornecer diferentes tipos de *expertise*.
3. **Força de vendas composta:** Método frequentemente utilizado para a previsão de vendas quando a empresa emprega uma força de vendas para ajudar a gerá-las. É uma *abordagem bottom-up*, em que cada vendedor fornece uma estimativa de quanto serão as vendas em sua região. Essas estimativas, em seguida, são enviadas à cadeia corporativa de comando, com revisão gerencial em cada nível, para serem agregadas em uma previsão corporativa de vendas.

O método de força de vendas composta utiliza uma abordagem de baixo pra cima.

4. **Pesquisa de mercado sobre o consumidor:** Vai ainda mais longe que o anterior, adotando uma abordagem de previsão *grass-roots* para a previsão de vendas. Trata-se de pesquisas com clientes e clientes em potencial sobre os seus planos de compras futuras e como reagem a várias novos recursos dos produtos. Essas informações são particularmente úteis para a concepção de novos produtos e, em seguida, o desenvolvimento das previsões iniciais de suas vendas. Também são úteis para o planejamento de campanhas de marketing.
5. **Método Delphi:** Usa um painel de especialistas, em diferentes locais, que respondem, de modo independente, a uma série de questionários. No entanto, os resultados de cada questionário são fornecidos com o seguinte, de modo que cada perito possa, em seguida, avaliar a informação do grupo para ajustar as próprias respostas da próxima vez. A meta é chegar a uma amplitude relativamente estreita de conclusões da maior parte dos especialistas. Os tomadores de decisão, então, avaliam essa informação do painel de especialistas para desenvolver a previsão. Esse processo complexo normalmente é usado apenas nos níveis mais altos de uma corporação ou governo para desenvolver previsões de longo alcance de tendências amplas.

Perguntas de revisão

1. Em quais circunstâncias os métodos de previsão estatística não podem ser usados?
2. Métodos de previsão de julgamento são utilizados apenas quando os métodos de previsão estatística não podem ser usados?
3. Como o método de opinião do colegiado de executivos difere do método de opinião do gerente?
4. Como começa o método de força de vendas composta?
5. Quando uma pesquisa de mercado sobre o consumidor é especialmente útil?
6. Quando o método Delphi pode ser utilizado?

10.7 RESUMO

O sucesso de qualquer negócio depende fortemente da boa capacidade de previsão da gestão. A previsão pode ser necessária em várias áreas, incluindo vendas, peças de reposição, o rendimento da produção, as tendências econômicas e necessidades de pessoal.

O estudo de caso do Computer Club Warehouse (CCW) mostra uma variedade de abordagens para previsão, alguma das quais se mostram insatisfatórias para esta aplicação em particular. Em última análise, é necessário ir ao fundo dos dados do CCW para entender exatamente o que está impulsionando os volumes de chamadas de seu call center, para o desenvolvimento de um bom sistema de previsão.

A série temporal é uma série de observações ao longo do tempo de alguma quantidade de interesse. Vários métodos de previsão estatística usam essas observações de alguma forma a fim de prever qual será o próximo valor. Estes métodos incluem o de último valor, de média, de média móvel, de suavização exponencial e suavização exponencial com tendência.

O objetivo de todos é estimar a média da distribuição de probabilidade subjacente do valor seguinte da série temporal, tanto quanto possível. Isso pode exigir o uso de fatores sazonais para ajustar sazonalmente a série histórica, bem como identificar outros fatores que podem fazer a distribuição de probabilidades subjacente mudar de um período de tempo para o próximo.

Outra abordagem de previsão estatística é chamada de previsão causal. Ela obtém uma previsão da quantidade de interesse (variável dependente), relacionando-a diretamente a uma ou mais outras quantidades (variáveis independentes) que orientam a quantidade de interesse. Frequentemente, isso envolve o uso da regressão linear para aproximar a relação entre a variável dependente e cada variável independente por meio de uma linha reta.

O software que acompanha este livro inclui modelos do Excel para os vários métodos de previsão estatística, um módulo de previsão nos Módulos Interativos de Ciência da Gestão, e um suplemento comercial do Excel chamado CB Predictor, para a realização de previsões de séries temporais em um ambiente de planilha.

Outra categoria-chave de métodos de previsão é a dos métodos de julgamento. Ela baseia a previsão na opinião de um gerente, de um colegiado de executivos, de uma força de vendas composta, de uma pesquisa de mercado sobre o consumidor ou no método Delphi.

Glossário

suavização exponencial com tendência   Adaptação do método de previsão de suavização exponencial que projeta a tendência atual para a frente para ajudar a prever o próximo valor de uma série temporal (e, talvez, também os valores subsequentes). (Seções 10.1 e 10.3), 382, 398

ARIMA   Sigla para o método *AutoRegressive Integrated Moving Average* (modelo autorregressivo integrado de média móvel), método sofisticado de previsão de séries temporais geralmente chamado de modelo de Box-Jenkins. (Seção 10.3), 403

constante de suavização   Parâmetro do método de previsão de suavização exponencial que dá o peso a ser colocado no último valor da série temporal. (Seção 10.3), 396

constante de suavização de tendência   Constante de suavização para estimar a tendência quando se utiliza alisamento exponencial com tendência. (Seção 10,3), 400

DAM   Sigla para desvio absoluto médio, o erro médio de previsão. (Seções 10.1 e 10.2), 382, 385

desvio absoluto médio (DAM)   Erro médio de previsão. (Seções 10.1 e 10.2), 382, 385

EQM   Sigla do erro quadrático médio, a média do quadrado de erros de previsão. (Seções 10.1 e 10.2), 382, 386

equação de regressão   Equação de uma linha de regressão linear. (Seção 10.5), 411

erro de previsão   Desvio de previsão da quantidade obtida. (Seções 10.1 e 10.2), 382, 385

erro quadrático médio (EQM)   Média quadrática de erros de previsão. (Seções 10.1 e 10.2), 382, 386

fator sazonal   Fator de qualquer período de um ano que mede como aquele período se compara com a média global de um ano inteiro. (Seção 10.3), 387

força de vendas composta   Método de previsão de julgamento que agrega as previsões de venda da força de vendas de suas várias regiões. (Seção 10.6), 414

linha de regressão linear   Aproxima a relação entre a variável dependente e cada variável independente ao se utilizar a previsão causal. (Seção 10.5), 410

método Delphi   Previsão de julgamento que usa informações de um painel de especialistas em diferentes locais. (Seção 10.6), 415

método de previsão de suavização exponencial   Utiliza uma média ponderada do último valor a partir de uma série temporal e da última previsão para obter a previsão do valor seguinte. (Seções 10.1 e 10.3), 381, 396

método de previsão de média móvel   Usa a média das últimas *n* observações de uma série temporal como previsão do próximo valor. (Seções 10.1 e 10.3), 381, 394

método de previsão do último valor   Usa o último valor de uma série temporal como previsão do próximo valor. (Seções 10.1 e 10.3), 381, 390

método de previsão média   Utiliza a média das observações passadas de uma série temporal como previsão do valor seguinte. (Seções 10.1 e 10.3), 381, 392

método dos mínimos quadrados   Procedimento utilizado para obter as constantes na equação de uma linha de regressão linear. (Seção 10.5), 411

método ingênuo   Outro nome para o método de previsão do último valor. (Seção 10.3), 392

métodos de previsão de julgamento   Usam a opinião de especialistas para fazer previsões. (Introdução e Seção 10.6), 380, 414

métodos de previsão de séries temporais   Usam as observações do passado em uma série temporal a fim de prever qual será o próximo valor. (Seções 10.2 e 10,3), 386, 389

métodos de previsão estatística   Utilizam dados históricos para prever quantidades. (Introdução e Seções 10.1 a 10.5), 380, 414

opinião do colegiado dos executivos   Método de previsão de julgamento que envolve um pequeno grupo de gerentes de alto nível que concentram os seus melhores julgamentos para fazer a previsão coletivamente. (Seção 10.6), 414

opinião do gerente   Método de previsão de julgamento que envolve o uso do melhor julgamento de um único gerente para se fazer a previsão. (Seção 10.6), 414

pesquisa de mercado sobre o consumidor   Método de previsão de julgamento que utiliza pesquisas sobre clientes e potenciais clientes (Seção 10.6), 414

previsão causal   Obter uma previsão da variável dependente ao relacioná-la diretamente a uma ou mais variáveis independentes. (Seção 10.5), 409

regressão linear   Aproximação da relação entre a variável dependente e cada variável independente por meio de uma linha reta. (Seções 10.1 e 10.5), 382, 410

série temporal   Série de observações ao longo do tempo de alguma quantidade de interesse. (Seção 10.2), 386

série temporal ajustada sazonalmente   Ajuste da série temporal original que elimina os efeitos sazonais. (Seção 10.3), 389

série temporal estável   Série cuja distribuição de probabilidade subjacente geralmente permanece a mesma de um período de tempo para o próximo. (Seção 10.4), 407

série temporal instável   Tem mudanças frequentes e consideráveis em sua distribuição de probabilidade subjacente. (Seção 10.4), 407

tendência   Variação média de um valor de série temporal para o próximo, se o padrão atual continuar. (Seção 10.3), 398

variável dependente   Quantidade de interesse ao se fazer a previsão causal. (Seção 10.5), 409

variável independente   Quantidade que orienta o valor da variável dependente na previsão causal. (Seção 10.5), 409

Resumo das principais fórmulas

Erro de previsão = $\dfrac{\text{Diferença entre um valor previsto e o valor verdadeiro obtido posteriormente}}{}$ (Seção 10.2)

DAM = $\dfrac{\text{Soma dos erros de previsão}}{\text{Número de previsões}}$ (Seção 10.2)

EQM = $\dfrac{\text{Soma do quadrado erros de previsão}}{\text{Número de previsões}}$ (Seção 10.2)

Fator sazonal = $\dfrac{\text{Média para o período}}{\text{Média geral}}$ (Seção 10.3)

Valor ajustado sazonalmente = $\dfrac{\text{Valor real}}{\text{Fator sazonal}}$ (Seção 10.3)

Método do último valor: (Seção 10.3)
Previsão = Último valor

Método de média: (Seção 10.3)
Previsão = Média de todos os dados até o momento

Método de média móvel (Seção 10.3)
Previsão = Média dos últimos n valores

Método de suavização exponencial: (Seção 10.3)
Previsão = α(último valor) + $(1 - \alpha)$(última previsão)

Suavização exponencial com tendência: (Seção 10.3)
Previsão = α(último valor) + $(1 - \alpha)$(última previsão) + tendência estimada
Tendência estimativa = β(tendência mais recente) + $(1 - \beta)$(última estimativa da tendência)
Tendência mais recente = α(último valor – penúltimo valor) + $(1 - \alpha)$(última previsão – penúltima previsão)

Linha de regressão linear: (Seção 10.5)
$y = a + bx$

Auxiliares de aprendizagem para este capítulo em seu MS Courseware

Capítulo 10: arquivos de Excel
Modelo para fatores sazonais
Modelos para método do último valor (com e sem sazonalidade)
Modelos para método de média (com e sem sazonalidade)
Modelos para método de média móvel (com e sem sazonalidade)
Modelos para método de suavização exponencial (com e sem sazonalidade)
Modelos para suavização exponencial com tendência (com e sem sazonalidade)

Modelo para regressão linear

Suplemento do Excel:
CB Predictor (parte do Crystal Ball)

Módulos Interativos de Ciência da Gestão:
Módulo para previsão

Suplemento para este capítulo no CD-ROM:
Previsão de séries temporais com o CB Predictor

Problema solucionado (consulte o CD-ROM ou o *site* para a solução)

10.S1. Previsão de doações para caridade na Union Mission

As doações em dinheiro (em milhares de $) para a Union Mission para o período 2008-2010 são mostradas abaixo.

a. Ignorando os efeitos sazonais, compare os valores de DAM EQM para o método de último valor, o método de média, o método de média móvel (com base nos quatro trimestres mais recentes), o método de suavização exponencial (com estimativa inicial de 275 e constante de suavização de $\alpha = 0{,}2$), além do método de suavização exponencial com tendência (com estimativas iniciais de 275 para o valor médio, 2 para a tendência, juntamente com constantes de suavização de $\alpha = 0{,}2$ e $\beta = 0{,}2$) quando forem aplicados retrospectivamente aos anos 2008-2010.

b. Determine os fatores sazonais para os quatro trimestres.
c. Repita a parte *a*, mas considere agora os efeitos sazonais.
d. Usando o método de previsão de uma parte *a* ou *c* com o valor mais baixo de DAM, faça previsões de longo alcance para doações para caridade em cada um dos trimestres de 2011.

Trimestre	Doações	Trimestre	Doações	Trimestre	Doações
T1 2008	242	T1 2009	253	T1 2010	270
T2 2008	282	T2 2009	290	T2 2010	286
T3 2008	254	T3 2009	262	T3 2010	271
T4 2008	345	T4 2009	352	T4 2010	378

Problemas

Os primeiros 16 problemas devem ser feitos à mão, sem o uso dos modelos da página 417. À esquerda dos problemas subsequentes (ou suas partes), inserimos o símbolo E (de Excel) para indicar que um dos modelos da página 417 pode ser útil. (O módulo de previsão dos seus Módulo Interativos de Ciência da Gestão deve ser usado para determinados problemas, mas isso será especificado no respectivo enunciado, sempre que necessário.) Um asterisco no número do problema indica que pelo menos uma resposta parcial é dada no Apêndice C.

10.1.* O mais recente produto da Hammaker Company obteve as seguintes vendas durante seus primeiros cinco meses: 5, 17, 29, 41, 39. O gerente de vendas agora quer uma previsão de vendas no próximo mês.
  a. Use o método do último valor.
  b. Use o método de média.
  c. Use o método de média móvel com os três meses mais recentes.
  d. Dado o padrão de vendas até agora, algum desses métodos parece inadequado para a obtenção da previsão? Por quê?

10.2. A venda de fogões tem sido boa para a loja de departamentos Good-Value. Nos últimos cinco meses, elas foram de 15, 18, 12, 17 e 13. Use os métodos a seguir para obter uma previsão de vendas para o próximo mês.
  a. Método do último valor.
  b. Método de média.
  c. Método de média móvel com os três meses.
  d. Se você achar que as condições que afetam as vendas no próximo mês serão iguais às dos últimos cinco meses, qual desses métodos você prefere para a obtenção da previsão? Por quê?

10.3.* Você fez previsões de vendas nos últimos quatro trimestres, elas e os valores verdadeiros que subsequentemente foram obtidos são mostrados a seguir.

Trimestre	Previsão	Valor verdadeiro
1	327	345
2	332	317
3	328	336
4	330	311

Calcule o erro de previsão de cada trimestre. Depois, calcule o DAM e o EQM.

10.4. Sharon Johnson, gerente de vendas da Alvarez Baines-Company, está tentando escolher um de dois métodos de previsão de vendas que ela usou nos últimos cinco meses. Os dois métodos obtiveram previsões mostradas ao lado do produto mais importante da empresa, e as vendas reais subsequentes são mostradas à direita.

Mês	Previsão Método 1	Previsão Método 2	Vendas reais
1	5.324	5.208	5.582
2	5.405	5.377	4.906
3	5.195	5.462	5.755
4	5.511	5.414	6.320
5	5.762	5.549	5.153

  a. Calcule e compare o DAM dos dois métodos de previsão. Depois, faça o mesmo com o EQM.
  b. Sharon está desconfortável com a escolha entre os dois métodos baseada em dados tão limitados, mas também não quer atrasar ainda mais a decisão. Ela tem dados de vendas semelhantes de três anos antes de usar esses métodos de previsão nos últimos cinco meses. Como esses dados mais antigos podem ser usadas para ajudá-la a avaliar os dois métodos e escolher um?

10.5. Leia o artigo de referência que descreve completamente o estudo de ciência da gestão resumido na vinheta de aplicação apresentada na Seção 10.2. Descreva brevemente como a previsão foi aplicada neste estudo. Em seguida, liste os vários benefícios financeiros e não financeiros resultantes.

10.6. A Figura 10.1 mostra o volume médio de chamadas diárias do CCW em cada trimestre dos últimos três anos e a figura 10.4 dá os volumes de chamadas com ajuste sazonal. Lydia Weigelt imagina quais teriam sido os volumes de chamadas com ajuste sazonal se ela tivesse utilizado os fatores sazonais há dois anos, em vez de aplicá-los retrospectivamente agora.
  a. Utilize apenas os volumes de chamadas do ano 1 para determinar os fatores sazonais para o ano 2 (de modo que o volume "médio" de chamadas de cada trimestre seja apenas o volume real de chamadas daquele trimestre do ano 1).
  b. Use esses fatores sazonais para determinar os volumes de chamada ajustados sazonalmente para o ano 2.
  c. Utilize os volumes de chamada dos anos 1 e 2 para determinar os fatores sazonais para o ano 3.
  d. Use os fatores sazonais obtidos na parte *c* para determinar os volumes de chamada ajustados sazonalmente para o ano 3.

10.7. Mesmo quando a economia está firme, a taxa de desemprego tende a flutuar devido a efeitos sazonais. O desemprego, por exemplo, geralmente aumenta no terceiro trimestre (verão no hemisfério norte), quando os estudantes (incluindo os recém-formados) entram no mercado de trabalho. Depois, a taxa de desemprego tende a diminuir no quarto trimestre (inverno no hemisfério norte), quando os estudantes voltam para a escola e inicia-se a contratação de funcionários temporários para a temporada de Natal. Assim, utilizar os fatores sazonais para se obter uma taxa de desemprego ajustada sazonalmente é útil na definição de um retrato mais acurado das tendências econômicas.

Nos últimos 10 anos, as taxas médias de desemprego em um estado (sem ajuste de sazonalidade) nos trimestres 1, 2, 3 e 4 foram de 6,2%, 6,0%, 7,5% e 5,5%, respectivamente. A média geral foi de 6,3%.
  a. Determine os fatores sazonais para os quatro trimestres.
  b. Durante o próximo ano, as taxas de desemprego (não corrigidas sazonalmente) para os quatro trimestres serão de 7,8%, 7,4%, 8,7% e 6,1%. Determine as taxas de desemprego ajustadas sazonalmente para os quatro trimestres. O que essa progressão das taxas sugere sobre a possibilidade de a economia do estado estar melhorando?

10.8. Ralph Billett é gerente de uma imobiliária. Ele pretende realizar uma previsão sobre o número de casas que serão vendidas pela empresa durante o próximo ano.

Os números de vendas da imobiliária trimestre a trimestre nos últimos três anos são mostrados a seguir.

Trimestre	Ano 1	Ano 2	Ano 3
1	23	19	21
2	22	21	26
3	31	27	32
4	26	24	28

a. Determine os fatores sazonais para os quatro trimestres.

b. Depois de examinar os efeitos sazonais, use o método de último valor para a previsão de vendas do 1º trimestre do próximo ano.

c. Supondo que todas as previsões trimestrais estejam corretas, qual seria a previsão do método de último valor para as vendas de cada um dos quatro trimestres do ano que vem?

d. Com base em sua própria avaliação do estado atual do mercado imobiliário, o melhor julgamento de Ralph é que a imobiliária venderá 100 casas no ano que vem. Face a essa previsão, qual é a previsão trimestre a trimestre, de acordo com os fatores sazonais?

10.9.* Você está usando o método de previsão de média móvel com base nas últimas quatro observações. Ao fazer a previsão do último período, a mais antiga das quatro observações foi de 1.945 e a previsão era de 2.083. O valor verdadeiro do último período veio a ser de 1.977. Qual é a sua nova previsão para o próximo período?

10.10. Você está usando o método de previsão de média móvel com base nas vendas dos três últimos meses para prever as vendas do próximo mês. Ao fazer a previsão para o último mês, as vendas o terceiro mês anterior eram de 805. A previsão para o última mês foi de 782 e as vendas reais acabaram sendo de 793. Qual é a sua nova previsão para o próximo mês?

10.11. Depois de se formar na faculdade em Estatística, Ann Preston foi contratada pela Monty Ward Company para usar métodos estatísticos para previsão de vendas da empresa. Para um dos produtos, o método de média móvel com base nas vendas dos dez últimos meses já está sendo usado. A primeira tarefa de Ann é atualizar a previsão do mês anterior a fim de obter a previsão para o próximo mês. Ela fica sabendo que a previsão para o mês passado foi de 1.551 e que as vendas reais acabaram sendo de 1.532. Ela também descobre que as vendas do 10º mês antes do mês passado foram de 1.632. Qual é a previsão de Ann para o próximo mês?

10.12. A J. J. Bone Company utiliza a suavização exponencial para prever o volume médio de chamadas diárias de seu call center. A previsão para o mês passado foi de 782 e o valor real acabou sendo de 792. Faça a previsão para o próximo mês com cada um dos seguintes valores da constante de suavização: $\alpha = 0{,}1, 0{,}3$ e $0{,}5$.

10.13.* Você está usando a suavização exponencial para obter previsões mensais de vendas de um determinado produto. A previsão para o mês passado foi de 2.083 e o valor real acabou sendo de 1.973. Faça a previsão para o próximo mês com cada um dos seguintes valores da constante de suavização: $\alpha = 0{,}1$, $0{,}3$ e $0{,}5$.

10.14. Leia o artigo de referência que descreve completamente o estudo de ciência da gestão resumido na vinheta de aplicação apresentada na Seção 10.3. Descreva brevemente como a previsão foi aplicada neste estudo. Em seguida, liste os vários benefícios financeiros e não financeiros resultantes.

10.15. Três anos atrás, o departamento de matrículas do Ivy College começou a usar a suavização exponencial com constante exponencial de 0.25 para prever a quantidade de matrículas a cada ano. Com base na experiência anterior, o processo foi iniciado com uma estimativa inicial de 5 mil pedidos de matrícula. Posteriormente, o número real de matrículas acabou sendo de 4.600 no primeiro ano. Graças a novas avaliações favoráveis em pesquisas nacionais, esse número cresceu para 5.300 no segundo ano e para 6 mil no ano passado.

a. Determine as previsões que foram feitas para cada um dos últimos três anos.

b. Calcule o DAM e o EQM desses três anos.

c. Determine a previsão do próximo ano.

10.16. Reexamine o problema 10.15. Observe a constante tendência ascendente no número de matrículas ao longo dos últimos três anos – de 4.600 para 5.300 e para 6 mil. Agora suponha que o departamento de matrículas do Ivy College pudesse ter previsto esse tipo de tendência e, por isso, decidiu usar a suavização exponencial com tendência para fazer a previsão. Suponha também que as estimativas iniciais de apenas três anos atrás tenham tido o *valor médio = 3.900* e *tendência = 700*. Assim, com quaisquer valores das constantes de suavização, as previsões obtidas por este método de previsão teriam sido completamente corretas para todos os três anos.

Ilustre esse fato, fazendo os cálculos para obter essas previsões quando a constante de suavização é $\alpha = 0{,}25$ e a constante de suavização de tendência é $\beta = 0{,}25$.

10.17.* A suavização exponencial com tendência, com uma constante de suavização de $\alpha = 0{,}2$ e uma constante de suavização com tendência de $\beta = 0{,}3$, está sendo usado para prever valores em uma série temporal. Neste ponto, os dois últimos valores foram de 535 e, depois, 550. As duas últimas previsões foram de 530 e, depois, 540. A última estimativa de tendência foi de 10. Use essas informações para prever o próximo valor da série temporal.

10.18. A Healthwise Company produz uma variedade de equipamentos de exercício. A administração da Healthwise está muito satisfeita com as vendas crescentes de seu mais novo modelo de bicicleta ergométrica. As vendas durante os últimos dois meses foram de 4.655 e, em seguida, de 4.935.

A direção da empresa está usando a suavização exponencial com tendência, com uma constante de suavização de $\alpha = 0{,}1$ e uma constante de suavização com tendência de $\beta = 0{,}2$, para prever as vendas para o próximo mês de cada vez. As previsões para os últimos dois meses foram de 4.720 e, em seguida, de 4.975. A última estimativa de tendência foi de 240.

Calcule a previsão de vendas para o próximo mês.

10.19.* Ben Swanson, proprietário e gerente da loja de departamento Swanson, decidiu usar a previsão estatística para obter um melhor controle sobre a demanda de seus principais produtos. No entanto, Ben agora precisa decidir qual é o método de previsão mais apropriado para cada categoria de produto. Uma delas reúne os principais aparelhos domésticos, como máquinas de lavar, que têm um nível de vendas relativamente estável. As vendas mensais de máquinas de lavar roupa no ano passado são mostradas a seguir.

Mês	Vendas	Mês	Vendas	Mês	Vendas
Janeiro	23	Maio	22	Setembro	21
Fevereiro	24	Junho	27	Outubro	29
Março	22	Julho	20	Novembro	23
Abril	28	Agosto	26	Dezembro	28

  a. Considerando que o nível de vendas é relativamente estável, qual dos métodos de previsão mais básicos – método de último valor, método de média ou método de média móvel – você considera mais adequado para a previsão de vendas futuras? Por quê?

E b. Use o método de último valor retrospectivamente para determinar quais teriam sido as previsões dos últimos 11 meses do ano passado. Quais são os valores de DAM e EQM?

E c. Use o método de média móvel retrospectivamente para determinar quais teriam sido as previsões dos últimos 11 meses do ano passado. Quais são os valores de DAM e EQM?

E d. Use o método de média móvel com $n = 3$ retrospectivamente para determinar quais teriam sido as previsões para os últimos nove meses do ano passado. Quais são os valores de DAM e EQM?

  e. Use os valores de DAM da empresa para comparar os três métodos.

  f. Use os valores de EQM da empresa para comparar os três métodos.

  g. Você se sente seguro para tirar uma conclusão definitiva sobre qual dos três métodos de previsão deve ser o mais preciso no futuro, com base nesses 12 meses de dados?

E10.20. Reexamine o problema 10.19. Agora, Ben Swanson decidiu usar o método de suavização exponencial para prever as vendas futuras das máquinas de lavar, mas precisa decidir qual constante de suavização usar. Utilizando uma estimativa inicial de 24, aplique este método retrospectivamente aos 12 meses do ano passado com $\alpha = 0{,}1,\ 0{,}2,\ 0{,}3,\ 0{,}4$ e $0{,}5$. Compare o DAM desses cinco valores da constante de suavização α. Em seguida, faça o mesmo com o EQM.

10.21. Reexamine o problema 10.19. Para cada um dos métodos de previsão especificados nas partes b, c, e d, use o módulo de previsão dos eus Módulos Interativos de Ciência da Gestão para obter as previsões solicitadas. Depois, use o gráfico de acompanhamento que mostra os dados de vendas e as previsões para responder as perguntas a seguir sobre esses métodos de previsão.

  a. Com base na sua análise dos gráficos dos três métodos de previsão, qual o método está fazendo o melhor trabalho de previsão com os dados fornecidos? Por quê?

  b. Ben deseja saber qual das previsões originais mensais mudaria com a alteração do valor das vendas de abril. Responda a pergunta, arrastando verticalmente o ponto azul que corresponde às vendas de abril e observando qual dos pontos vermelhos (correspondente às previsões mensais) se move.

  c. Repita a parte a com as vendas de abril mudando de 28 para 16.

  d. Repita a parte a com as vendas de abril mudando de 28 para 40.

10.22. A direção da Jackson Manufacturing Corporation pretende escolher um método de previsão estatística para a previsão do total de vendas. As vendas totais (em milhões de $) de cada mês do ano passado são mostradas a seguir.

  a. Observe como o nível de vendas está mudando significativamente de um mês para o outro; primeiramente, com uma tendência ascendente e, em seguida, descendo bastante antes de voltar a subir. Supondo-se que padrões semelhantes continuem no futuro, avalie como você acha que cada um dos cinco métodos de previsão apresentados na Seção 10.3 se sairia na previsão de vendas futuras.

E b. Aplique o método do último valor, o método de média e o método de média móvel (com $n = 3$) retrospectivamente para as vendas do ano passado e compare seus valores de DAM. Em seguida, compare seus valores de EQM.

E c. Utilizando uma estimativa inicial de 120, aplique o método de suavização exponencial retrospectivamente às vendas do ano passado com $\alpha = 0{,}1,\ 0{,}2,\ 0{,}3,\ 0{,}4$ e $0{,}5$. Compare o DAM e o EQM desses cinco valores da constante de suavização α.

E d. Usando as estimativas iniciais de 120 para o valor médio e de 10 para a tendência, aplique a suavização exponencial com tendência retrospectivamente às vendas do ano passado. Use todas as combinações de constantes de suavização, em que $\alpha = 0{,}1,\ 0{,}3$, ou $0{,}5$ e $\beta = 0{,}1,\ 0{,}3$, ou $0{,}5$. Compare o DAM e o EQM dessas nove combinações.

  e. Qual dos métodos de previsão acima você recomendaria para a administração? Usando este método, qual é a previsão do total de vendas de janeiro do novo ano?

Mês	Vendas	Mês	Vendas	Mês	Vendas
Janeiro	126	Maio	153	Setembro	147
Fevereiro	137	Junho	154	Outubro	151
Março	142	Julho	148	Novembro	159
Abril	150	Agosto	145	Dezembro	166

10.23. Reexamine o problema 10.22. Use as lições do estudo de caso do CCW para abordar as seguintes questões.

  a. O que pode estar causando as mudanças significativas no total de vendas de um mês para o outro, que foram observadas no ano passado?

  b. Conforme a sua resposta na parte *a*, como a abordagem estatística para a previsão do total de vendas poderia ser melhorada?

  c. Descreva o papel do julgamento gerencial na aplicação da abordagem estatística desenvolvida na parte *b*.

10.24. Reexamine o problema 10.22. Para cada um dos métodos de previsão especificados nas partes *b*, *c*, e *d* (com constantes de suavização $\alpha = 0{,}5$ e $0{,}3$ e $\beta = 0{,}5$, conforme necessário), use o módulo de previsão dos seus Módulos Interativos de Ciência da Gestão para obter as previsões solicitadas. Depois, use o gráfico de acompanhamento que mostra os dados de vendas e as previsões para responder as perguntas a seguir sobre esses métodos de previsão.

  a. Com base na sua análise dos gráficos dos cinco métodos de previsão, qual o método está fazendo o melhor trabalho de previsão com os dados fornecidos? Por quê?

  b. Agora a direção foi informada que um erro foi cometido no cálculo das vendas de abril, mas os valores de vendas corrigidos ainda não foram obtidos. Assim, para cada um dos cinco métodos de previsão, a direção deseja saber qual das previsões originais mensais mudaria com a alteração do valor das vendas de abril. Responda a pergunta, arrastando verticalmente o ponto azul que corresponde às vendas de abril e observando qual dos pontos vermelhos (correspondente às previsões mensais) se move.

  c. Repita a parte *a* com as vendas de abril mudando de 150 para 125.

  d. Repita a parte *a* com as vendas de abril mudando de 150 para 175.

E10.25. Escolher um valor apropriado para a constante de suavização α é uma decisão importante na aplicação do método de alisamento exponencial. Quando há dados históricos relevantes, uma abordagem para tomar essa decisão é aplicar o método retrospectivamente a esses dados com valores diferentes de α e escolher o valor de α que resulta no menor DAM. Use essa abordagem para escolher α com cada uma das seguintes séries temporais que representam as vendas mensais. Em cada caso, utilize uma estimativa inicial de 50 e compare a $\alpha = 0{,}1; 0{,}2; 0{,}3; 0{,}4$ e $0{,}5$.

  a. 51, 48, 52, 49, 53, 49, 48, 51, 50, 49
  b. 52, 50, 53, 51, 52, 48, 52, 53, 49, 52
  c. 50, 52, 51, 55, 53, 56, 52, 55, 54, 53

E10.26. A escolha das constantes de suavização, α e β, tem um efeito considerável sobre a precisão das previsões obtidas com o uso da suavização exponencial com tendência. Para cada uma das seguintes séries temporais, fixe $\alpha = 0{,}2$ e, em seguida, compare o DAM obtido com $\beta = 0{,}1; 0{,}2; 0{,}3; 0{,}4$ e $0{,}5$. Comece com estimativas iniciais de 50 para o valor médio e de 2 para a tendência.

  a. 52, 55, 55, 58, 59, 63, 64, 66, 67, 72, 73, 74
  b. 52, 55, 59, 61, 66, 69, 71, 72, 73, 74, 73, 74
  c. 52, 53, 51, 50, 48, 47, 49, 52, 57, 62, 69, 74

10.27. A Andes Mining Company extrai e transporta minério de ferro. Juanita Valdes, gerente de vendas da empresa, tem utilizado o método de média móvel com base na vendas dos últimos três anos para a previsão da demanda do próximo ano. No entanto, ela está insatisfeita com as previsões imprecisas fornecidas pelo método.

As demandas anuais (em toneladas de minério de cobre) dos últimos 10 anos são 382, 405, 398, 421, 426, 415, 443, 451, 446 e 464.

  a. Explique por que esse padrão de demanda conduziu inevitavelmente a imprecisões significativas nas previsões de média móvel.

E b. Determine as previsões de média móvel dos últimos sete anos. Quais são os valores de DAM e EQM? Qual é a previsão do próximo ano?

E c. Determinar quais teriam sido as previsões dos últimos 10 anos se o método de suavização exponencial tivesse sido usado com estimativa inicial de 380 e constante de suavização de $\alpha = 0{,}5$. Quais são os valores de DAM e EQM? Qual é a previsão do próximo ano?

E d. Determine quais teriam sido as previsões nos últimos 10 anos se a suavização exponencial com tendência tivesse sido utilizado. Utilize estimativas iniciais de 370 para o valor médio e de 10 para a tendência, com constantes de suavização $\alpha = 0{,}25$ e $\beta = 0{,}25$.

  e. Com base nos valores de DAM e EQM, qual desses três métodos você recomendaria usar de agora em diante?

10.28. Reexamine o problema 10.27. Para cada um dos métodos de previsão especificados nas partes *b*, *c*, e *d*, use o módulo de previsão dos seus Módulos Interativos de Ciência da Gestão para obter as previsões solicitadas. Depois de examinar o gráfico de acompanhamento que mostra os dados de demanda e as previsões, redija uma breve descrição de cada método, quer a medida das previsões do método tendam a estar abaixo, acima ou no mesmo nível à medida que as demandas são previstas. Em seguida, use essas conclusões para selecionar um dos métodos e recomendar seu uso de agora em diante.

E10.29.* A Pentel Microchip Company iniciou a produção de seu novo microchip. A primeira fase é o processo de fabricação de *wafers*. Devido à grande dificuldade de fabricação de wafers aceitáveis, muitos deles devem ser rejeitados por conta de defeitos. Portanto, a gestão coloca grande ênfase na melhoria contínua do processo de fabricação de wafers a fim de aumentar o *rendimento de produção* (percentual de wafers fabricadas no lote atual cuja qualidade é aceitável para a produção de microchips).

Até agora, os rendimentos de produção dos respectivos lotes respectivos foram de 15%, 21%, 24%, 32%, 37%, 41%, 40%, 47%, 51% e 53%. Use a suavização exponencial com tendência para prever o rendimento de produção do próximo lote. Comece com estimativas iniciais de 10% para o valor médio e de 5% para a tendência. Use constantes de suavização de $\alpha = 0{,}2$ e $\beta = 0{,}2$.

10.30. O departamento de águas de Centerville fornece água para toda a cidade e zonas periféricas. A quantidade de água (em acre-pé) consumida em cada uma das quatro estações dos três últimos anos é mostrada a seguir.

Estação	Ano 1	Ano 2	Ano 3
Inverno	25	27	24
Primavera	47	46	49
Verão	68	72	70
Inverno	42	39	44

E a. Determine os fatores sazonais para as quatro estações.

E b. Depois de examinar os efeitos sazonais, use o método de último valor para a previsão do consumo de água no próximo inverno.

E c. Supondo que todas as previsões trimestrais para as próximas três estações estejam corretas, qual seria a previsão do método de último valor para o consumo de água de cada uma das quatro estações do ano que vem?

E d. Depois de examinar os efeitos sazonais, use o método de média para a previsão do consumo de água no próximo inverno.

E e. Depois de examinar os efeitos sazonais, use o método de média móvel baseado nas quatro estações para a previsão do consumo de água no próximo inverno.

E f. Depois de examinar os efeitos sazonais, use o método de suavização exponencial com uma estimativa inicial de 46 e uma constante de suavização de $\alpha = 0,1$ para prever o consumo de água no próximo inverno.

E g. Compare os valores de DAM e EQM desses quatro métodos de previsão quando aplicados retrospectivamente aos últimos três anos.

10.31. Reexamine o problema 10.8. Ralph Billett percebe que o método do último valor é ingênuo, por isso questiona se não deveria usar outro método. Então, escolheu os modelos disponíveis do Excel, que consideram os efeitos sazonais para aplicar vários métodos de previsão estatística retrospectivamente aos últimos três anos de dados, e comparar os seus valores de DAM e EQM.

E a. Determine os fatores sazonais para os quatro trimestres.

E b. Use o método do último valor.

E c. Use o método de média.

E d. Use o método de média móvel de acordo com os quatro trimestres de dados mais recentes.

E e. Aplique o método de suavização exponencial com uma estimativa inicial de 25 e uma constante de suavização de $\alpha = 0,25$.

E f. Aplique a suavização exponencial com tendência com constantes de suavização de $\alpha = 0,25$ e $\beta = 0,25$. Utilize estimativas iniciais de 25 para o valor médio e de 0 para a tendência.

E g. Compare os valores de DAM e EQM desses métodos. Use aquele com o menor DAM para prever as vendas do 1º trimestre do próximo ano.

h. Use a previsão da parte g e os fatores sazonais para fazer previsões de longo alcance das vendas nos trimestres restantes do ano seguinte.

E10.32. A Transcontinental Airlines mantém um sistema de previsão computadorizado para prever a quantidade de clientes em cada classe de tarifa em cada voo, a fim de alocar corretamente reservas disponíveis em suas respectivas tarifas. Por exemplo, pense nos *clientes da classe econômica* viajando no meio da semana no voo do meio-dia de Nova York para Los Angeles. A tabela a seguir mostra a quantidade média desses passageiros durante cada mês do ano recém-concluído, e o fator sazonal atribuído a cada mês, com base em dados históricos.

Mês	Quantidade média	Fator sazonal	Mês	Quantidade média	Fator sazonal
Janeiro	68	0,90	Julho	94	1,17
Fevereiro	71	0,88	Agosto	96	1,15
Março	66	0,91	Setembro	80	0,97
Abril	72	0,93	Outubro	73	0,91
Maio	77	0,96	Novembro	84	1,05
Junho	85	1,09	Dezembro	89	1,08

a. Após examinar os efeitos sazonais, compare os valores de DAM EQM para o método de último valor, o de média, o de média móvel (com base nos três meses mais recentes) e o de suavização exponencial (com estimativa inicial de 80 e constante de suavização de $\alpha = 0,2$), quando aplicados retroativamente ao ano anterior.

b. Use o método de previsão com o menor valor de DAM para prever a quantidade média desses passageiros voando em janeiro do novo ano.

10.33. Reexamine o problema 10.32. A economia está começando a melhorar e a administração da Transcontinental Airlines prevê que a quantidade de pessoas que viajam aumentará de modo sólido este ano em relação ao nível relativamente estável (sazonalmente ajustado) do ano passado. Como os métodos de previsão examinados no Problema 10.32 são relativamente lentos em se ajustar a essa tendência, tomou-se cuidado com a mudança para a suavização exponencial com tendência.

Posteriormente, à medida que o ano transcorre, a previsão da administração se prova verdadeira. A tabela a seguir mostra a quantidade média de passageiros correspondente durante cada mês do novo ano.

Mês	Quantidade média	Mês	Quantidade média
Janeiro	75	Julho	107
Fevereiro	76	Agosto	108
Março	81	Setembro	94
Abril	84	Outubro	90
Maio	85	Novembro	106
Junho	99	Dezembro	110

E a. Repita a parte *a* do Problema 10.32 para os dois anos de dados.

E b. Depois de examinar os efeitos sazonais, use a suavização exponencial com tendência apenas para o novo ano. Utilize estimativas iniciais de 80 para o valor médio e de 2 para a tendência, com constantes de suavização α = 0.2 e β = 0,2. Compare o DAM para este método com o os valores de DAM obtidos na parte *a*. Em seguida, faça o mesmo com o EQM.

E c. Repita a parte *b* quando a suavização exponencial com tendência começou no início do primeiro ano e depois aplique a ambos os anos, assim como os outros métodos de previsão da parte *a*. Use as mesmas estimativas iniciais e constantes de suavização, mas altere a estimativa inicial de tendência para 0.

  d. Com base nesses resultados, qual método de previsão você recomendaria que Transcontinental Airlines usasse de agora em diante?

10.34. A Quality Bikes é uma empresa atacadista especializada na distribuição de bicicletas. Antigamente, mantinha grandes estoques de bicicletas a fim de atender aos pedidos imediatamente, de modo que previsões informais aproximadas da demanda eram suficientes para tomar as decisões sobre o momento de reabastecer o estoque. No entanto, a nova presidente da empresa, Marcia Salgo, pretende melhorar os procedimentos. A gestão científica do estoque deverá ser usada para reduzir os níveis e minimizar os custos totais variáveis do estoque. Ao mesmo tempo, Marcia ordenou o desenvolvimento de um sistema de previsão computadorizado baseado em previsão estatística que leva em conta os efeitos sazonais. A média dessas três previsões para cada mês será usada para fins de gestão do estoque.

A tabela a seguir apresenta os dados disponíveis das vendas mensais de bicicletas de dez marchas nos últimos três anos. A última coluna mostra também as vendas mensais deste ano, que é o primeiro ano de funcionamento do novo sistema de previsão.

Mês	Vendas antigas Ano 1	Ano 2	Ano 3	Vendas atuais deste ano
Janeiro	352	317	338	364
Fevereiro	329	331	346	343
Março	365	344	383	391
Abril	358	386	404	437
Maio	412	423	431	458
Junho	446	472	459	494
Julho	420	415	433	468
Agosto	471	492	518	555
Setembro	355	340	309	387
Outubro	312	301	335	364
Novembro	567	629	594	662
Dezembro	533	505	527	581

E a. Determine os fatores sazonais para os doze meses de acordo com as vendas antigas.

E b. Depois de examinar os efeitos sazonais, use o método de média móvel baseado nos últimos três meses para a previsão de vendas mensais de cada mês deste ano.

E c. Depois de examinar os efeitos sazonais, use o método de suavização exponencial para prever as vendas mensais deste ano. Use uma estimativa inicial de 420 e uma constante de suavização de α = 0,2.

E d. Depois de examinar os efeitos sazonais, use a suavização exponencial com tendência para prever as vendas mensais deste ano. Utilize estimativas iniciais de 420 para o valor médio e de 0 para a tendência, com constantes de suavização α = 0,2 e β = 0,2.

  e. Compare os valores de DAM e EQM obtidos nas partes *b*, *c* e *d*.

  f. Calcule a previsão combinada para cada mês medindo as previsões para cada mês obtidas nas partes *b*, *c*, e *d*. Em seguida, calcule o DAM dessas previsões combinadas.

  g. De acordo com esses resultados, qual é a sua recomendação para fazer as previsões no próximo ano?

10.35.* Líder tradicional em fabricação de maquinário pesado, a Spellman Corporation recentemente teve um aumento constante nas vendas de seu novo torno mecânico. As vendas dos últimos dez meses são mostradas a seguir.

Mês	Vendas	Mês	Vendas
1	430	6	514
2	446	7	532
3	464	8	548
4	480	9	570
5	498	10	591

Devido a esse aumento constante, a direção decidiu usar a *previsão causal*, com o mês como variável independente e as vendas como variável dependente, a fim de prever as vendas dos próximos meses.

  a. Ponha esses dados em um gráfico bidimensional com o mês no eixo horizontal e as vendas no eixo vertical.

E b. Encontre a fórmula para a linha de regressão linear que combine com esses dados.

  c. Trace esta linha no gráfico construído na parte *a*.

  d. Use esta linha para prever as vendas no mês 11.

  e. Use esta linha para prever as vendas no mês 20.

  f. O que indica a fórmula para a linha de regressão linear é aproximadamente a média de crescimento das vendas a cada mês?

10.36. Reexamine os problemas 10.15 e 10.16. Como o número de pedidos de matrículas enviados ao Ivy College tem aumentado a uma taxa constante, a previsão causal pode ser usada para prever o número de matrículas nos próximos anos, tomando o ano como variável independente e o número de matrículas como variável dependente.

a. Ponha esses dados dos anos 1, 2 e 3 em um gráfico bidimensional com o ano no eixo horizontal e o número de matrículas no vertical.

b. Como os três pontos desta linha se juntam em uma linha reta, esta linha reta é a linha de regressão linear. Desenhe-a.

E c. Encontre a fórmula desta linha de regressão linear.

d. Use esta linha para prever o número de matrículas de cada um dos próximos cinco anos (anos 4 a 8).

e. À medida que passam os próximos anos, as condições pioram para o Ivy College. As classificações favoráveis nas pesquisas nacionais que haviam impulsionado o crescimento das matrículas se transformam de modo desfavorável. Consequentemente, o número de matrículas acaba sendo de 6.300 no ano 4 e de 6.200 no 5, seguido por quedas consideráveis para 5.600 no ano 6 e 5.200 no 7. Ainda faz sentido usar a previsão para o ano 8 obtida na parte *d*? Explique.

E f. Trace os dados de todos os sete anos. Encontre a fórmula para a linha de regressão linear de acordo com esses dados e trace-a. Use esta fórmula para prever o número de matrículas para o ano 8. A linha de regressão linear fornece um bom ajuste para os dados? Dada a resposta, você confia plenamente na previsão para o ano 8? Faz sentido continuar a usar uma linha de regressão linear quando alterar as condições causa uma grande mudança na tendência subjacente aos dados?

E g. Aplique a suavização exponencial com tendência para todos os sete anos de dados para prever o número de matrículas no ano 8. Use estimativas iniciais de 3.900 para a média e 700 para a tendência, com constantes de suavização de $\alpha = 0{,}5$ e $\beta = 0{,}5$. Quando a tendência subjacente nos dados permanece a mesma, a previsão causal fornece a melhor linha de regressão linear possível (de acordo com o método dos mínimos quadrados) para fazer previsões. No entanto, quando as condições de mudança causam uma alteração na tendência subjacente, que vantagem a suavização exponencial com tendência têm sobre a previsão causal?

10.37 Reexamine o problema 10.27. Apesar de algumas flutuações de ano para ano, observe que tem havido uma tendência ascendente basilar no aumento da demanda anual por minério de cobre nos últimos dez anos. Desse modo, ao projetar essa tendência para frente, a previsão causal pode ser usada para prever demandas nos próximos anos, permitindo que o ano seja a variável independente e a demanda, a variável dependente.

a. Ponha os dados dos últimos dez anos (anos 1 a 10) em um gráfico bidimensional com o ano no eixo horizontal e a demanda no vertical.

E b Encontre a fórmula para a linha de regressão linear que combine com esses dados.

c. Trace esta linha no gráfico construído na parte *a*.

d. Use esta linha para prever a demanda do próximo ano (ano 11).

e. Use esta linha para prever as vendas do ano 15.

f. O que indica a fórmula para a linha de regressão linear é aproximadamente a média de crescimento da demanda a cada ano?

g. Use o módulo de previsão em seus Módulos Interativos de Ciência da Gestão para gerar um gráfico dos dados e a linha de regressão linear. Em seguida, tente usar os dados para ver como a linha de regressão linear muda à medida que você arrasta qualquer um dos pontos de dados para cima ou para baixo.

10.38. A Luxury Cruise Lines tem uma frota de navios que viajam para o Alasca frequentemente na temporada de verão (e para outros lugares durante outras épocas do ano). É feita uma quantidade considerável de publicidade a cada inverno para ajudar a conseguir passageiros suficientes para o verão. Com a chegada de outro inverno, é preciso tomar uma decisão sobre a quantidade de publicidade a se fazer este ano.

A tabela a seguir mostra a quantidade de publicidade (em milhares de $) e as vendas resultantes (em milhares de passageiros com reserva para um cruzeiro) de cada um dos últimos cinco anos.

Quantia em publicidade (em milhares de dólares)	225	400	350	275	450
Vendas (milhares de passageiros)	16	21	20	17	23

a. Para usar a previsão causal para a previsão de vendas com uma determinada quantidade de publicidade, quais devem ser a variável dependente e a variável independente?

b. Ponha os dados no gráfico.

E c. Encontre a fórmula para a linha de regressão linear que combine com estes dados. Em seguida, trace esta linha no gráfico construído na parte *b*.

d. Faça a previsão da vendas que seriam alcançadas com um gasto de $300 mil em publicidade.

e. Faça uma estimativa da quantidade de publicidade que seria necessária para se atingir uma reserva de 22 mil passageiros.

f. De acordo com a linha de regressão linear, de quanto pode ser o aumento das vendas alcançado em média com o aumento de $1 mil na quantidade de publicidade?

10.39. Reexamine o problema 10.38. Use o módulo de previsão dos seus Módulos Interativos da Ciência da Gestão para gerar uma linha de regressão linear. No gráfico resultante que mostra essa linha e os cinco pontos de dados (como pontos azuis), observe que o ponto de dados mais à esquerda, o ponto de dados do meio e o ponto de dados à direita situam-se muito perto da linha. Você pode ver como a linha de regressão linear muda à medida que qualquer um desses pontos de dados se move para cima ou para baixo, movendo o mouse sobre o ponto azul neste ponto e arrastando-o verticalmente.

Para cada um desses três pontos de dados, determine se a linha de regressão linear se desloca para cima ou para baixo daquele ponto, ou, ainda, se passa essencialmente por ele quando a seguinte alteração é feita em um desses pontos de dados (mas em nenhum dos outros).

a. Altere as vendas de 16 para 19 quando a quantidade de publicidade for de 225.

b. Altere as vendas de 23 para 26 quando a quantidade de publicidade for de 450.

c. Altere as vendas de 20 para 23 quando a quantidade de publicidade for de 350.

10.40. Para garantir o suporte à sua grande frota, a North American Airlines mantém um extenso estoque de peças de reposição, incluindo *flaps* de asas. A quantidade necessária de flaps de asas em estoque para substituir os danificados a cada mês depende parcialmente do número de horas de voo da frota naquele mês, uma vez que o aumento do uso aumenta as chances de danos.

A tabela a seguir mostra o número de flaps de reposição necessários e o número de milhares de horas de voo de toda a frota de cada um dos últimos meses.

Milhares de horas de voo	162	149	185	171	138	154
Número de flaps de asa necessários	12	9	13	14	10	11

a. Identifique a variável dependente e a variável independente para realizar a previsão causal do número de flaps de asas necessários para um determinado número de horas de voo.
b. Trace os dados no gráfico.
E c. Encontre a fórmula desta linha de regressão linear.
d. Trace esta linha no gráfico construído na parte *b*.
e. Faça a previsão do número médio de flaps necessários em um mês em que estão planejadas 150 mil horas de voo.
f. Repita a parte *e* para 200 mil horas de voo.
g. Use o módulo de previsão em seus Módulos Interativos de Ciência da Gestão para gerar um gráfico dos dados e a linha de regressão linear. Em seguida, tente usar os dados para ver como a linha de regressão linear muda à medida que você arrasta qualquer um dos pontos de dados para cima ou para baixo.

E10.41. Joe Barnes é o dono da Standing Tall, uma das principais empresas de telhados da cidade. Grande parte dos negócios da empresa vem da construção de telhados em casas novas. Joe aprendeu que os empreiteiros gerais que constroem as novas casas geralmente subcontratam o trabalho de telhados cerca de dois meses após o inícios das obras. Portanto, para ajudá-lo a desenvolver programações de longo prazo para suas equipes de trabalho, Joe decidiu usar os registros municipais do número de licenças para construção de moradias emitidas mensalmente a fim de prever a quantidade de postos de trabalho para a construção de telhados em casas novas que ele terá dois meses depois.

Joe já reuniu os dados de cada mês do ano passado, conforme se vê a seguir, em que a segunda coluna apresenta o número de licenças de construção emitidas naquele mês e a terceira coluna mostra o número de postos de trabalho para construção de telhados em casas novas que foram subcontratados pela Standing Tall naquele mês.

Mês	Licenças	Postos	Mês	Licenças	Postos
Janeiro	323	19	Julho	446	34
Fevereiro	359	17	Agosto	407	37
Março	396	24	Setembro	374	33
Abril	421	23	Outubro	343	30
Maio	457	28	Novembro	311	27
Junho	472	32	Dezembro	277	22

Use um método de previsão causal para desenvolver um procedimento de previsão para Joe usar de agora em diante.

Caso 10-1
Ludibriar as previsões

Mark Lawrence está em busca de uma visão há mais de dois anos. Essa procura começou quando ele se sentiu frustrado como diretor de recursos humanos da **Cutting Edge**, um grande fabricante de computadores e periféricos. Naquela época, o departamento de recursos humanos fornecia registros e administração de benefícios para os 60 mil funcionários da Cutting Edge nos Estados Unidos inteiros, e havia 35 outros centros de administração de relatórios e benefícios em todo o país. Os funcionários entravam em contato com esses centros de registros e benefícios para obter informações sobre planos odontológicos e de opções de ações, alterar formulários fiscais e informações pessoais e processar documentos de licenças e aposentadorias. A descentralização desses centros administrativos causou muitas dores de cabeça a Mark. Ele tinha frequentemente de lidar com reclamações dos funcionários, pois cada centro interpretava de forma diferente as políticas da empresa, dando respostas inconsistentes e, por vezes, imprecisas aos empregados. Seu departamento também sofria com os altos custos operacionais, uma vez que o funcionamento dos 35 diferentes centros resultava ineficiente.

A visão de Mark? Centralizar a administração de registros e benefícios pela criação de um único centro de administração. Essa administração centralizadas de registros e benefícios iria realizar duas tarefas distintas: gestão de dados e atendimento aos clientes. A função de gestão de dados deverá incluir a atualização de registros de funcionários após as avaliações de desempenho e a manutenção do sistema de gestão de recursos humanos. A função de atendimento ao cliente deverá incluir o estabelecimento de um *call center* para responder perguntas de funcionários sobre registros e benefícios e processar os registros e alterações de benefícios pelo telefone.

Um ano depois de propor sua visão para a direção, Mark recebeu o sinal verde da sede corporativa da Cutting Edge. Ele preparou sua lista de "o que fazer": especificar os requisitos de informática e telefonia, instalar hardware e software, integrar dados provenientes dos 35 centros administrativos separados, padronizar a manutenção de registros e os procedimentos de resposta e gerenciar o pessoal do call center. Mark delegou as tarefas de requisitos de sistemas, instalação e integração a um competente grupo de especialistas em tecnologia. Ele mesmo assumiu a responsabilidade de padronizar os procedimentos e a gestão de pessoal do call center.

Mark tinha passado muitos anos nos recursos humanos e, portanto, enfrentou poucos problemas com a padronização da manutenção de registros e dos procedimentos de resposta. No entanto, o diretor encontrou problemas para determinar a quantidade de agentes necessários para compor o pessoal do call center. Ele estava especialmente preocupado com a composição do pessoal do call center, uma vez que os agentes de atendimento por telefone interagem diretamente com clientes – os 60 mil funcionários da Cutting Edge. Os agentes de atendimento ao cliente receberiam treinamento intensivo para que pudessem conhecer as políticas de registros e benefícios de trás para frente, permitindo-lhes responder as perguntas com precisão e processar as alterações de forma eficiente. O excesso de pessoal traria a Mark prejuízos pelos altos custos de treinamento de agentes desnecessários e o pagamento aos excedentes dos altos salários devidos a um trabalho tão intenso. A falta de pessoal faria com que Mark continuasse a ter dor de cabeça com as queixas dos clientes – algo que ele definitivamente queria evitar.

A quantidade de agentes de atendimento ao cliente que Mark precisava contratar dependia do número de chamadas que o call center de registros e benefícios recebesse. Assim, o diretor precisava prever a quantidade de chamadas que o novo call center centralizado receberia. Ele abordou o problema de previsão usando a previsão de julgamento. Examinou os dados de um dos 35 call centers descentralizados e descobriu que o call center descentralizada atendia 15 mil clientes e recebia 2 mil ligações por mês. Mark concluiu que, uma vez que o novo call center iria atender quatro vezes o número de clientes – 60 mil clientes –, ele receberia quatro vezes o número de chamadas – 8 mil chamadas por mês.

Mark aos poucos realizava os itens de sua lista "o que fazer", e o centro de administração centralizado de registros e benefícios foi inaugurado um ano após ele ter recebido o sinal verde da sede corporativa.

Agora, depois de o novo call center funcionar durante 13 semanas, as previsões de Mark estão provando ser terrivelmente imprecisas. A quantidade de chamadas que o call center recebe é cerca de três vezes maior que as 8 mil ligações previstas. Devido à sobrecarga, o call center está lentamente entrando em total colapso. Os clientes que ligam devem esperar uma média de cinco minutos para falar com um agente, e Mark está recebendo numerosas queixas. Ao mesmo tempo, os agentes de atendimento ao cliente estão descontentes e na iminência de desistir por causa do stress criado pela sobrecarga de demanda. Até mesmo a sede corporativa ficou ciente dos problemas de pessoal e do atendimento, e os executivos estão de olho em Mark à espera de melhorias.

Mark precisa de ajuda e pede a você para prever a demanda do call center com mais precisão.

Felizmente, quando Mark inaugurou o call center, ele percebeu a importância de manter os dados operacionais, podendo, assim, fornecer a você a quantidade de chamadas recebidas em cada dia da semana durante as últimas 13 semanas. Os dados (mostrados a seguir) começam na semana 44 do ano passado e continuam até a quinta semana do ano em curso.

Mark indica que os dias em que não houve chamadas foram na época de férias.

a. Primeiramente, Mark pede que você faça a previsão da demanda diária para a próxima semana, usando os dados das últimas 13 semanas. Você deve fazer as previsões para todos os dias da semana que vem neste momento (no final de semana 5), mas deve fornecer uma previsão diferente para cada dia, tratando a previsão para um único dia como o volume real de chamadas daquele dia.

1. Por trabalhar no centro de administração de registros benefícios, você sabe que a demanda segue padrões "sazonais" durante a semana. Por exemplo, mais funcionários ligam no início da semana, quando estão descansados e produtivos, do que no final da semana, quando já estão planejando o fim de semana. Você percebe, portanto, que deve levar em conta os padrões sazonais e ajustar os dados que Mark lhe forneceu. Qual é o volume de chamadas com ajuste sazonal das últimas 13 semanas?
2. Usando o volume de chamadas com ajuste sazonal, faça a previsão da demanda diária da próxima semana com o método de previsão do último valor.

	Segunda	Terça	Quarta	Quinta	Sexta
Semana 44	1.130	851	859	828	726
Semana 45	1.085	1.042	892	840	799
Semana 46	1.303	1.121	1.003	1.113	1.005
Semana 47	2.652	2.825	1.841	0	0
Semana 48	1.949	1.507	989	990	1.084
Semana 49	1.260	1.134	941	847	714
Semana 50	1.002	847	922	842	784
Semana 51	823	0	0	401	429
Semana 52/1	1.209	830	0	1.082	841
Semana 2	1.362	1.174	967	930	853
Semana 3	924	954	1.346	904	758
Semana 4	886	878	802	945	610
Semana 5	910	754	705	729	772

3. Usando o volume de chamadas com ajuste sazonal, faça a previsão da demanda diária da próxima semana com o método de previsão de média.
4. Usando o volume de chamadas com ajuste sazonal, faça a previsão da demanda diária da próxima semana com o método de previsão de média móvel. Você decide usar os cinco dias mais recentes nessa análise.
5. Usando o volume de chamadas com ajuste sazonal, faça a previsão da demanda diária da próxima semana com o método de previsão de suavização exponencial. Você decide usar uma constante de suavização de 0,1 porque acredita que a demanda sem efeitos sazonais permanece relativamente estável. Use a média diária do volume de chamadas durante as últimas 13 semanas como estimativa inicial.

b. Depois de uma semana, o período que você previu passou. Você percebe que consegue determinar a precisão de suas previsões, porque agora dispõe dos volumes reais de chamadas da semana que você tinha previsto. Os volumes reais de chamadas são exibidos a seguir.

Depois de entender essa relação, você poderá usar os volumes de chamadas do centro descentralizado para prever os volumes de chamadas para o centro centralizado.

	Segunda	Terça	Quarta	Quinta	Sexta
Semana 6	723	677	521	571	498

Para cada um dos métodos de previsão, calcule o desvio absoluto médio do método e avalie o respectivo desempenho. Ao calcular o desvio absoluto médio, você deve usar as previsões reais que encontrou na parte *a* acima. Você não deve recalcular as previsões com base nos valores reais. Em sua avaliação, dê uma explicação para a eficácia ou ineficácia do método. Você percebe que os métodos de previsão examinados não têm um alto grau de precisão; desse modo, você decide usar uma abordagem criativa para a previsão que combine as abordagens estatística e de julgamento. Você sabe que Mark usou os dados de um dos 35 centros descentralizados da administração de registros e benefícios para realizar sua previsão original. Portanto, é possível que os dados do volume de chamadas sejam válidos para este centro descentralizado. Como os centros descentralizados realizavam as mesmas funções que o novo centro centralizado atualmente executa, você decide que os volumes de chamadas oriundos do centro descentralizado irão ajudá-lo a prever os volumes de chamadas do novo centro centralizado. Você apenas precisa entender como os volumes descentralizados se relacionam com os novos volumes centralizados.

Você se dirige a Mark e pergunta se há dados do call center para o centro descentralizado. Ele diz que os dados existem, mas não há dados no formato de que você precisa. Há dados do volume de casos, mas não há dados do volume de chamadas. Você não entende a diferença, então Mark continua a sua explicação. Existem dois tipos de dados de demanda: dados de volume de casos e dados de volume de chamadas. Os primeiros contam as ações tomadas pelos agentes no call center. Os segundos contam a quantidade de chamadas respondidas pelos agentes no call center. Um caso pode exigir uma ou várias chamadas para ser resolvido. Assim, o número de casos é sempre menor ou igual ao número de chamadas.

Você sabe que só tem dados de volume de casos para o centro descentralizado e certamente não deseja comparar maçãs com laranjas. Portanto, você questiona se há dados do volume de casos para o novo centro centralizado. Mark reage com um sorriso perverso e acena com a cabeça. Ele percebe para onde você vai com as previsões e lhe diz que terá os dados disponíveis em uma hora.

	Volume no caso descentralizado	**Volume no caso centralizado**
Semana 44	612	2.052
Semana 45	721	2.170
Semana 46	693	2.779
Semana 47	540	2.334
Semana 48	1.386	2.514
Semana 49	577	1.713
Semana 50	405	1.927
Semana 51	441	1.167
Semana 52/1	655	1.549
Semana 2	572	2.126
Semana 3	475	2.337
Semana 4	530	1.916
Semana 5	595	2.098

c. Ao final desse prazo, Mark lhe traz dois conjuntos de dados: volumes de casos semanais para o centro descentralizado e volumes de casos semanais para o centro centralizado. Você lhe pergunta se ele tem dados dos volumes de casos diários e Mark responde que não tem. Portanto, você primeiro tem de prever a demanda semanal da próxima semana e, em seguida, dividir essa demanda semanal em demandas diárias.

O centro descentralizado foi fechado no ano passado, quando o novo centro centralizado abriu, então você tem os dados de casos descentralizados que vão desde a semana 44 de dois anos atrás até a semana 5 do ano passado. Você compara esses dados descentralizados com os dados centralizados que vão desde a semana 44 do ano passado até a semana 5 deste ano. Os volumes de casos semanais são apresentados na tabela a seguir.

1. Encontre uma relação matemática entre os dados de volume de casos descentralizados e os dados de volume de casos centralizados.
2. Agora que dispõe de uma relação entre o volume de casos semanais descentralizados e o volume de casos semanais centralizados, você pode prever o volume de casos por semana para o novo centro. Infelizmente, você não precisa do volume de casos por semana: você precisa do volume diário de chamadas. Para calcular o volume de chamadas a partir do volume de casos, você executa outra análise e determina que

cada caso gere uma média de 1,5 chamadas. Para calcular o volume diário de chamadas a partir do volume semanal de chamadas, você decide usar os fatores sazonais como fatores de conversão. Considerando os seguintes dados do volume de casos do centro descentralizado para a 6ª semana do ano passado, faça a previsão do volume diário de chamadas para a semana 6 deste ano do novo centro.

	Semana 6
Volume de caso descentralizado	613

3. Utilizando os volumes reais de chamadas dados na parte *b*, calcule o desvio absoluto médio e avalie a eficácia deste método de previsão.

d. Qual o método de previsão que você recomendaria a Mark e por quê? Já que o call center continua a funcionar, o que você recomendaria para a melhoria do procedimento de previsão?

Casos adicionais

Casos adicionais para este capítulo estão disponíveis para compra no *site* da School of Business, da University of Western Ontario, **cases.ivey.uwo.ca/case**, no segmento da área de CaseMate designada para este livro.

MODELOS DE FILA

11

OBJETIVOS DE APRENDIZAGEM

OA1 Descrever os elementos de um modelo de fila.

OA2 Identificar as características das distribuições de probabilidade comumente usadas em modelos de filas.

OA3 Dar vários exemplos de diferentes tipos de sistemas de filas comumente encontrados.

OA4 Identificar as principais medidas de desempenho para sistemas de fila e as relações entre elas.

OA5 Descrever os principais tipos de modelos de fila básicos.

OA6 Determinar o modelo de fila mais adequado a partir da descrição de um determinado sistema de fila.

OA7 Aplicar um modelo de fila para determinar as principais medidas de desempenho para um sistema de fila.

OA8 Descrever como o grau de importância dos clientes pode ser incorporado nos modelos de fila de prioridade.

OA9 Descrever algumas visões principais que os modelos de fila oferecem sobre como os sistemas de filas devem ser designados.

OA10 Aplicar análises econômicas para determinar como vários servidores devem ser oferecidos em um sistema de filas.

Filas são parte da vida diária. Todos esperamos em filas para comprar a entrada do cinema, fazer um depósito bancário, pagar as compras, fazer uma remessa pelo correio, pegar a comida em uma rotisseria, entrar no brinquedo em um parque de diversões, e assim por diante. Acabamos nos acostumados a consideráveis de espera, mas ainda ficamos irritados com esperas longas incomuns.

Porém, ter de esperar não é apenas um aborrecimento pessoal insignificante. O tempo que a população perde esperando em filas é um fator importante tanto para a qualidade de vida do país quanto para a eficiência de sua economia.

> Fazer clientes, empregados ou trabalhos esperarem por muito tempo em uma fila pode ter várias consequências graves para qualquer negócio.

Outras grandes ineficiências resultam também de outros tipos de espera. Por exemplo, *máquinas* que precisam esperar pelo conserto redundam em perda de produção. Os *veículos* (incluindo navios e caminhões) que precisam esperar para serem descarregados podem atrasar os carregamentos seguintes. Os *aviões* esperando para decolar ou pousar podem atrapalhar a tabela de horários dos voos posteriores. Atrasos em transmissões de *telecomunicações* devido a linhas saturadas podem causar pequenos defeitos nos dados. Etapas *de produção* esperarem pela conclusão pode atrapalhar as subsequentes. Fornecer serviços após o prazo combinado pode resultar em perda de negócios.

A *teoria das filas* é o estudo da espera em todos esses casos variados. Ela usa os *modelos de fila* para representar os tipos variados de *sistemas de fila* (sistema que envolve filas de determinado tipo) que surgem na prática. As fórmulas para cada modelo indicam como o sistema de fila correspondente deve ser realizado, incluindo a quantidade média de espera que ocorrerá, de acordo com circunstâncias variadas.

> Modelos de fila são muitas vezes usados para determinar a capacidade de serviço de uma fila e, assim, para evitar espera excessiva.

Portanto, esses modelos de fila são muito úteis para determinar como operar um sistema de fila da maneira mais eficaz. Fornecer grande capacidade de serviço para operar o sistema envolve custos excessivos. Mas não fornecer capacidade suficiente resulta em espera excessiva e em todas suas infelizes consequências. Os modelos permitem encontrar um equilíbrio adequado entre o custo de serviço e a quantidade de espera.

As três primeiras seções deste capítulo descrevem os elementos dos modelos de fila, dão vários exemplos de importantes sistemas de filas para os quais esses modelos podem ser aplicar e apresentam medidas de desempenho para esses sistemas. A seção 11.4 introduz um estudo de caso desenvolvido na maior parte do capítulo. Três seções subsequentes apresentam os modelos de fila mais importantes no contexto de análise do estudo de caso. A Seção 11.8 resume algumas visões principais a partir do estudo de caso para projetar os sistemas de fila, e a Seção 11.9 descreve como as análises econômicas podem ser usadas para determinar o número de servidores adequado para um sistema de fila. Modelos de fila adicionais são descritos no suplemento deste capítulo no CD-ROM.

11.1 ELEMENTOS DE UM MODELO DE FILA

Começamos descrevendo o tipo básico de sistema de fila assumido pelos modelos de fila neste capítulo.

Em alguns sistemas de fila os clientes são veículos, máquinas ou tarefas em vez de pessoas.

Sistema de fila básico

A Figura 11.1 descreve um **sistema de fila** típico. Os **clientes** chegam para receber algum tipo de serviço. Se este não pode ser realizado imediatamente, esse cliente entra em uma **fila** (fila de espera) para esperar. (A fila não inclui os clientes já em atendimento.) Um ou mais **servidores** na unidade de serviço oferecem-no. Cada cliente é servido por um dos atendentes e, então, vai embora. Você pode ver um sistema de fila em ação observando o módulo de Fila de Espera em seus Módulos Interativos de Ciências da Gestão no CD-ROM.

Para alguns sistemas de fila, os clientes são *pessoas*. Porém, em outros casos, os clientes podem ser *veículos* (p. ex., aviões esperando para decolar), *máquinas* (p. ex., máquinas esperando conserto), ou outros *itens* (p. ex., tarefas esperando conclusão).

Um servidor geralmente é uma *pessoa* só. Porém, também pode ser um *grupo* de pessoas trabalhando juntas para servir cada cliente. O servidor também pode ser uma *máquina*, um *veículo*, um *dispositivo eletrônico* e assim por diante.

Na maioria dos casos, a fila é apenas uma fila de espera comum. Porém, não é preciso que os clientes fiquem esperando na fila em frente de uma estrutura física que constitui a unidade de serviço. Eles se sentar em uma sala de espera. Podem até ficar espalhados em uma área de espera para que um servidor vá até eles (p. ex., máquinas paradas precisando de conserto).

A próxima seção apresenta muitos mais exemplos de sistemas de fila importantes que se encaixam na Figura 11.1 e na descrição feita até aqui. Todos os modelos de fila neste capítulo também são baseados nessa figura.

FIGURA 11.1
Sistema de fila básico, em que cada cliente é indicado por C e cada servidor por S. Embora a figura mostre quatro servidores, alguns sistemas de fila (inclusive o exemplo desta seção) possuem apenas um servidor.

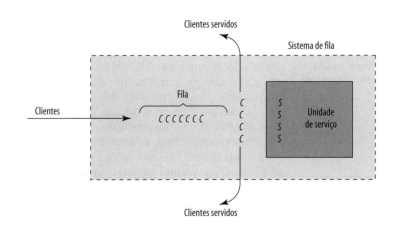

TABELA 11.1
Dados para os primeiros cinco clientes do Herr Cutter.

Cliente	Hora de chegada	Início do corte	Duração do corte	Fim do corte
1	8:03	8:03	17 minutos	8:20
2	8:15	8:20	21 minutos	8:41
3	8:25	8:41	19 minutos	9:00
4	8:30	9:00	15 minutos	9:15
5	9:05	9:15	20 minutos	9:35
6	9:43	—	—	—

Porém, devemos mencionar que tipos mais complicados de sistemas de fila, algumas vezes, surgem durante a prática. Por exemplo, um servidor pode servir a um grupo de clientes simultaneamente. Os clientes também podem chegar em grupo em vez de separadamente. Clientes impacientes podem ir embora antes do atendimento. O sistema de fila pode incluir várias filas, uma para cada servidor, com clientes trocando de filas, ocasionalmente. Ele pode incluir várias unidades de serviço, em que alguns clientes precisam ir para mais de uma unidade para obter todos os serviços necessários. (Esse último tipo de sistema de fila é chamado de rede de fila.) Esses sistemas de fila também são muito importantes, mas não vamos nos aprofundar em modelos de fila mais complicados desenvolvidos para lidar com eles. Os próximos dois capítulos descreverão outra técnica (simulação por computador), muitas vezes usada para analisar sistemas de fila complexos.

Exemplo

Herr Cutter é um barbeiro alemão que administra uma barbearia com um barbeiro apenas. Dessa forma, sua barbearia tem um sistema de fila básico no qual ele é o único servidor.

Ele abre o estabelecimento às 8h todas as manhãs durante a semana. A Tabela 11.1 mostra seu sistema de fila em ação no início de uma manhã comum. Para cada um dos primeiros cinco clientes, a tabela indica quando chegou, quando seu corte de cabelo se inicia e quanto tempo leva para ser concluído.

A Figura 11.2 esboça o número de clientes no sistema de fila nos primeiros cem minutos. Esse número inclui tanto os clientes na espera quanto o cliente em atendimento. Dessa forma, o número de clientes na fila (somente os na espera para início do corte) tem um a menos (exceto se esse número for zero quando o número de clientes no sistema de fila é zero).

FIGURA 11.2
Evolução do número de clientes na barbearia Herr Cutter sobre os cem primeiros minutos (das 8h às 9h40), seguindo os dados da Tabela 11.1.

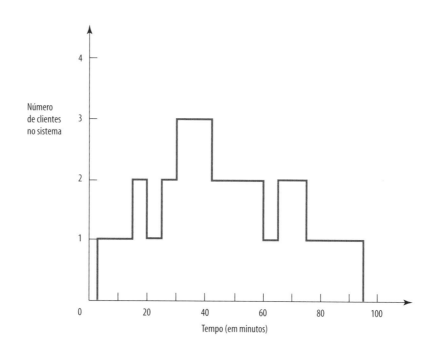

*Intervalos entre chegadas consecutivas em um sistema de fila (chamados de **intervalo mínimo entre execuções**, geralmente variam muito.*

Remetendo a esse exemplo, vamos observar os tipos de pressupostos que os modelos de fila fazem sobre as diferentes partes do sistema de fila básico.

Chegadas

Intervalos entre chegadas consecutivas em um sistema de fila são chamados de **intervalo mínimo entre execuções (interarrival times)**. Para a barbearia de Herr Cutter, a segunda coluna da Tabela 11.1 indica que os intervalos mínimos entre execuções nessa manhã específica são 12, 10, 5, 35 e 38 minutos.

Essa alta oscilação nos intervalos entre execuções é comum em sistemas de fila. No caso de Herr Cutter, geralmente é impossível prever o tempo com precisão até a chegada do próximo cliente.

Porém, depois de reunir muito mais dados como na segunda coluna da Tabela 11.1, é possível fazer duas coisas:

1. Estimar o *número esperado* de chegadas por unidade de tempo, normalmente referido como a **taxa média de chegadas**. (O símbolo para essa quantidade é λ, ou seja, a letra grega lambda.)
2. Estimar a *forma* da distribuição de probabilidade dos intervalos mínimos entre execuções.

A média dessa distribuição atualmente vem direto do item 1. Uma vez que

$$\lambda = \text{Taxa média de chegadas para clientes ao sistema de fila}$$

a média da distribuição de probabilidade de tempo entre

$$\frac{1}{\lambda} = \text{tempo esperado entre chegadas}$$

Por exemplo, depois de reunir mais dados, Herr Cutter descobre que 300 clientes chegaram em um período de cem horas[1]. Portanto, a estimativa de λ é

$$\lambda = \frac{300 \text{ clientes}}{100 \text{ horas}} = 3 \text{ clientes por hora na média}$$

A estimativa correspondente do intervalo mínimo entre execuções é

$$\frac{1}{\lambda} = \frac{1}{3} = \text{hora entre clientes na média}$$

A maioria dos modelos de fila assume que a *forma* da distribuição de probabilidade dos intervalos mínimos entre execuções é uma *distribuição exponencial*, como explicado abaixo.

Distribuição exponencial para o intervalo mínimo entre execuções

A Figura 11.3 mostra o formato de uma distribuição exponencial, em que a altura da curva em vários tempos representa a relativa probabilidade de esses tempos ocorrerem. Observe, na figura, como os pontos mais altos na curva estão em tempos bem pequenos, e, depois, a curva cai "exponencialmente" conforme o tempo aumenta. Isso indica uma alta probabilidade de pequenos intervalos mínimos entre execuções, bem abaixo da média. Porém, a longa cauda da distribuição também indica uma pequena chance de um grande intervalo mínimo entre execuções, muito maior que a média. Tudo isso é característica dos intervalos mínimos entre execuções observados na prática. Vários clientes podem chegar em uma sequência rápida, como também pode haver uma longa pausa até a próxima chegada.

Essa oscilação nos intervalos mínimos entre execuções permite prever com exatidão quando chegadas futuras ocorrerão. Quando a oscilação é tão grande quanto a da distribuição exponencial, considera-se que ela tem *chegadas aleatórias*.

---

[1] A contagem de 300 chegadas inclui os clientes que entram na barbearia, mas decidem não ficar porque a espera seria muito longa. O efeito dessas saídas imediatas é analisado no suplemento deste capítulo no CD-ROM.

FIGURA 11.3
Formato de uma distribuição exponencial comumente usada nos modelos de filas como a distribuição do intervalo mínimo entre execuções (e, algumas vezes, como a distribuição dos períodos de atendimento também).

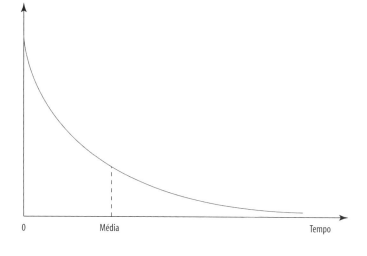

Na maioria dos sistemas de fila, os servidores não têm controle sobre quando os clientes irão chegar. Nesse caso, os clientes geralmente chegam *aleatoriamente*. As chegadas aleatórias significam que os tempos das chegadas são completamente imprevisíveis no sentido de que a chance de a chegada ocorrer no próximo minuto é o mesmo (nem a mais, nem a menos) para qualquer outro minuto. Não interessa quanto tempo passou desde a última chegada. A única distribuição dos intervalos mínimos entre execuções que aceita ter chegadas aleatórias é a exponencial.

Intervalos mínimos entre execuções têm uma distribuição exponencial quando os clientes chegam aleatoriamente. Nesse caso, o tempo da próxima chegada é sempre completamente livre de influência de quando a última chegada ocorreu (chamado de propriedade de memória insuficiente).

O fato de que a probabilidade de uma chegada no próximo minuto é completamente livre da influência de quando a última chegada ocorreu é chamado de **propriedade de memória insuficiente** (ou *Propriedade de Markov*). Essa é uma propriedade estranha porque implica que a distribuição de probabilidade do *tempo restante a partir de agora* até a próxima chegada ocorrer é sempre a mesma, independentemente de a última chegada ter ocorrido agora há pouco ou há um bom tempo. Portanto, essa distribuição do tempo restante a partir de agora é a mesma da distribuição do *total do intervalo mínimo entre execuções* dado na Figura 11.3. (Isso é o que faz a probabilidade de uma chegada no próximo minuto ser sempre a mesma). Embora esse conceito de propriedade de memória insuficiente demore até que se torne familiar, é uma parte integral do que se intenciona ao se ter chegadas aleatórias.

Fila

A fila é onde os clientes esperam antes o atendimento. Para a barbearia de Herr Cutter, os clientes na fila sentam em cadeiras (outras que não a cadeira do barbeiro) enquanto esperam para começar o corte.

Por existirem duas maneiras de contar os clientes, os modelos de fila se distinguem entre eles com a terminologia a seguir.

Fila não inclui os clientes já em atendimento.

O **número de clientes na fila** (ou, resumindo, *tamanho da fila*) é o número de clientes esperando o serviço começar. O **número de clientes no sistema** é o número na fila *mais* o número de clientes em atendimento.

Por exemplo, a Figura 11.1 mostra 7 clientes na fila mais 4 em atendimento pelos 4 servidores, portanto, há um total de 11 clientes no sistema. Uma vez que Herr Cutter é o único servidor do seu sistema de fila, o número de clientes em sua fila é um a menos que o número de clientes no sistema mostrado na Figura 11.2 (exceto se o número na fila for zero quando o número no sistema for zero).

A **capacidade da fila** é o número máximo de clientes que podem ser mantidos na fila. Uma **fila infinita** é uma na qual, para todos os fins práticos, pode ser mantido um número ilimitado de clientes. Quando a capacidade é pequena o suficiente para precisar ser levada em conta, a fila é chamada de **fila finita** Enquanto a fila finita estiver cheia, qualquer cliente que chegar irá imediatamente embora.

Na verdade, a fila de Herr Cutter é uma fila finita. A capacidade da fila é três, uma vez que ele fornece apenas três cadeiras (outras que não a cadeira do barbeiro) para esperar. (Ele descobriu que seus clientes geralmente não estão dispostos a esperar quando já há três deles esperando).

434 MODELOS DE FILA

Todos os modelos de fila neste capítulo assumem uma fila infinita, assim, nenhum limite é inserido no número de clientes que podem ser mantidos nela.

A menos que especificado de outra maneira, os modelos de fila convencionalmente assumem que a fila é *infinita*. (Todos os modelos neste capítulo usam esse pressuposto, mas o suplemento do capítulo no CD-ROM introduz um modelo que assume uma fila finita e só depois o aplica para analisar a barbearia do Herr Cutter).

A **disciplina de fila** se refere à ordem em que os membros da fila são selecionados para começar o serviço. O modelo mais comum é o *por ordem de chegada* (*first-come, first-served*, FCFS). Porém, outras possibilidades incluem *seleção aleatória*, alguns *procedimentos de prioridade* ou mesmo *ordem de chegada invertida* (*last-come, first served*). (Essa última situação ocorre, por exemplo, quando as tarefas de uma máquina são empilhadas sobre as anteriores e, então, é realizada primeiro a do topo da pilha). A Seção 11.7 vai se concentrar nos modelos de fila de prioridade. De outra forma, os modelos de fila em todo o capítulo usam o pressuposto convencional de que a disciplina de fila é por ordem de chegada.

Serviço

Em um sistema de fila básico, cada cliente é servido por um dos servidores. Um sistema com mais de um servidor é chamado de *sistema com vários servidores*, enquanto um *sistema de servidor único* tem apenas um servidor (como para a barbearia de Herr Cutter).

Quando um cliente entra em serviço, o tempo decorrido do início ao fim do atendimento é chamado de **período de atendimento**, que geralmente varia de um cliente para outro. Porém, os modelos de fila básicos assumem que o período de atendimento tem uma distribuição de probabilidade particular, independentemente de qual servidor está fornecendo o serviço.

O símbolo usado para a *média* da distribuição do período de atendimento é

$$\frac{1}{\mu} = \text{Período de atendimento esperado}$$

em que μ é a letra grega mu. A interpretação de μ por si é

μ = Número esperado de conclusões de serviços por unidade de tempo para um servidor único continuamente ocupado

em que essa quantidade é chamada de **taxa média de serviço**. Por exemplo, o tempo esperado para Herr Cutter fazer um corte de cabelo é

$$\frac{1}{\mu} = 20 \text{ minutos} = \frac{1}{3} \text{ horas por cliente}$$

então, a taxa media de serviço é

$$\mu = 3 \text{ clientes por hora}$$

Modelos diferentes de fila fornecem uma escolha de distribuições do tempo de serviço, como descrito a seguir.

Algumas distribuições por período de atendimento

A escolha mais popular para a distribuição de probabilidade dos períodos de atendimento é a **distribuição exponencial**, que já teve o formato exibido na Figura 11.3. O principal motivo para tal escolha é que essa distribuição é *muito* mais fácil de analisar do que qualquer outra. Embora ela forneça um excelente ajuste dos *intervalos mínimos entre execuções* para a maioria das situações, isso é muito menos verdade para os *períodos de atendimento*. Dependendo da natureza do sistema de fila, a distribuição exponencial pode fornecer tanto uma aproximação razoável quanto uma distorção grossa da verdadeira distribuição de período de atendimento. É preciso cuidado.

Conforme sugerido pela Figura 11.3, a distribuição exponencial implica que muitos dos períodos de atendimento são bastante curtos (consideravelmente menos que a média), mas períodos de atendimento ocasionais são bastante longos (bem mais que a média). Isso descreve precisamente o tipo de sistema de fila em que muitos clientes têm apenas uma pequena quantidade de negócios para fazer com o servidor, mas clientes ocasionais têm vários negócios. Por exemplo, se o servidor é um caixa de banco, muitos clientes têm apenas um cheque ou dinheiro para depositar, mas clientes ocasionais têm muitas transações.

> Para alguns sistemas de fila, os períodos de atendimento têm muito menos oscilação do que implica a distribuição exponencial, assim, modelos de fila que usam outras distribuições devem ser considerados.

Porém, a distribuição exponencial é um ajuste pobre para o tipo de sistema de fila em que o serviço consiste basicamente em uma sequência fixada de operações que exigem aproximadamente o mesmo tempo para cada cliente. Por exemplo, isso descreve a situação em que o servidor está em um caixa eletrônico. Embora possa haver pequenas variações nos períodos de atendimento entre um cliente e o próximo, esses períodos geralmente são os mesmos.

Para o último tipo de sistema de fila, uma aproximação muito melhor seria assumir **períodos de atendimento constantes**, ou seja, o mesmo período de atendimento para cada cliente. (Isso também é referido como uma *distribuição degenerada* para períodos de atendimento.)

Outras distribuições de probabilidade também podem ser usadas para representar períodos de atendimento. Por exemplo, a *distribuição Erlang* permite que a quantidade da oscilação nos períodos de atendimento caia entre os períodos das distribuições exponenciais e degeneradas. A distribuição Erlang é descrita mais amplamente no suplemento do capítulo no CD-ROM. Infelizmente, essas outras possibilidades para as distribuições do período de atendimento como a distribuição Erlang não estão próximas de modo conveniente para se trabalhar como estão as distribuições exponencial e degenerada.

Rótulos para modelos de fila

Para identificar qual distribuição de probabilidade assumida para períodos de atendimento (e para intervalos mínimos entre execuções), um modelo de fila para um sistema de fila básico convencionalmente é rotulado conforme a seguir:

$$\underset{\nearrow}{\overset{\swarrow}{—/—/—}} \begin{array}{l}\text{Distribuição de períodos de atendimento}\\ \leftarrow\text{Número de servidores}\\ \text{Distribuição de intervalos mínimos entre execuções}\end{array}$$

Os símbolos usados para as distribuições possíveis (tanto para períodos de atendimento quanto para intervalos mínimos entre execuções) são

M = Distribuição exponencial (Markov)
D = Distribuição degenerada (períodos constantes)

> O primeiro símbolo identifica a distribuição dos intervalos mínimos entre execuções e o segundo, a distribuição dos períodos de atendimento.

Por exemplo, $M/M/1$ é o modelo de servidor único que assume que ambos os intervalos mínimos entre execuções e períodos de atendimento têm uma distribuição exponencial. $M/M/2$ é o modelo correspondente com dois servidores. Deixando s ser o símbolo que representa o número de servidores, $M/M/s$ é o modelo correspondente que permite qualquer número de servidores. De modo semelhante, $M/D/s$ possui intervalos exponenciais mínimos entre execuções, períodos de atendimento constantes e qualquer número desejado de servidores.

Os intervalos mínimos entre execuções também podem possuir uma distribuição degenerada em vez de uma distribuição exponencial. O modelo $D/M/s$ possui intervalos mínimos entre execuções constantes, períodos de atendimento exponenciais e qualquer número desejado de servidores.

Todos os modelos de filas mencionados acima serão considerados brevemente mais tarde, neste capítulo, juntamente com os resultados de quão bem esses sistemas de fila são realizados.

Existem até modelos de fila (com resultados limitados) que permitem escolher *qualquer* distribuição de probabilidade para o intervalo mínimo entre execuções ou dos períodos de atendimento. Os símbolos usados nesses casos são

GI = Distribuição do intervalo mínimo entre execuções geral e independente (qualquer distribuição arbitrária permitida)
G = Distribuição do período de atendimento geral (qualquer distribuição arbitrária permitida)

Portanto, o modelo $GI/M/s$ permite qualquer distribuição de intervalos exponenciais mínimos entre execuções (com intervalos mínimos entre execuções independentes), períodos de atendimento exponenciais e qualquer número desejado de servidores. O modelo $M/G/1$ tem um intervalo mínimo entre execuções exponencial e um servidor, mas permite qualquer distribuição de período de atendimento (vamos falar, mais tarde, apenas do último modelo).

Resumo do modelo de pressupostos

Para resumir, listamos a seguir os pressupostos feitos geralmente pelos modelos de filas de um sistema de filas básico. Cada um desses pressupostos deve ser familiar a menos que um modelo declare explicitamente outra forma.

1. Os intervalos mínimos entre execuções são independentes e identicamente distribuídos de acordo com uma distribuição de probabilidade especificada.
2. Todos os clientes que chegam entram no sistema de fila e permanecem lá até que o serviço esteja completo.
3. O sistema de fila tem uma única *fila infinita*, de forma que a fila irá comportar um número ilimitado de clientes (para todos os propósitos práticos).
4. A disciplina de fila é por ordem de chegada.
5. O sistema de fila tem um número especificado de servidores, em que cada servidor pode servir qualquer cliente.
6. Cada cliente é servido por qualquer um dos servidores.
7. Os períodos de atendimento são independentes e identicamente distribuídos de acordo com uma distribuição de probabilidade especificada.

Perguntas de revisão

1. Além de pessoas, que outros tipos de clientes um sistema de fila pode ter?
2. O que o servidor de um sistema de fila pode ser além de uma única pessoa?
3. Qual a relação entre a taxa média de chegada e a média da distribuição de probabilidade dos intervalos mínimos entre execuções?
4. Qual o formato da distribuição exponencial?
5. Como você caracterizaria a quantidade da oscilação nos períodos dados pela distribuição exponencial?
6. O que significa dizer que os clientes chegam *aleatoriamente*? Qual distribuição de intervalos mínimos entre execuções corresponde a chegadas aleatórias?
7. Qual a diferença entre o número de clientes na fila e o número no sistema?
8. Qual o pressuposto convencional feito pela maioria dos modelos de fila sobre a capacidade de fila? E sobre sua disciplina?
9. Qual a relação entre a média da distribuição do período de atendimento e a taxa média de serviço para um servidor único continuamente ocupado?
10. Quais as duas distribuições de período de atendimento mais importantes?
11. Quais informações são fornecidas pelas três partes do rótulo dos modelos de fila?

11.2 EXEMPLOS DE SISTEMAS DE FILA

Nossa descrição de sistemas de filas na seção anterior pode parecer relativamente abstrata e aplicável apenas a situações práticas especiais. Ao contrário, os sistemas de filas são surpreendentemente prevalentes em uma variedade de contextos. Para ampliar seus horizontes quanto à aplicabilidade dos modelos de fila, vamos dar uma rápida olhada na variedade de exemplos dos sistemas de fila.

> Sistema de serviço comercial é um sistema de fila em que uma organização comercial fornece um serviço para um cliente externo.

Uma classe importante dos sistemas de fila que todos nós encontramos em nossas vidas diárias são os **sistemas de serviços comerciais**, em que clientes externos recebem o serviço de organizações comerciais. A primeira coluna da Tabela 11.2 lista sistemas de serviços comercias típicos. Cada um deles é um sistema de fila cujos clientes e servidores são identificados na segunda e terceira colunas.

A maioria desses exemplos envolve clientes chegando até o servidor em um local fixado, onde uma fila física se forma se os clientes precisam esperar para obter o serviço. Porém, para os exemplos de serviços de encanamento e de cobertura, o servidor vai até os clientes, então, os clientes na fila estão geograficamente dispersos. Em muitos outros casos, o serviço é realizado pelo telefone, talvez depois de alguns clientes terem ficado na espera (a fila).

TABELA 11.2
Exemplos de sistemas de serviços comerciais que são sistemas de filas

Tipo de sistema	Clientes	Servidor(es)
Barbearia	Pessoas	Barbeiro
Serviço de caixa de banco	Pessoas	Caixa
Serviço de caixa eletrônico	Pessoas	Caixa eletrônico
Pagamento em uma loja	Pessoas	Caixa
Serviços de encanamento	Canos entupidos	Encanador
Bilheteria de um cinema	Pessoas	Caixa
Balcão de *check-in* em um aeroporto	Pessoas	Agente de companhia aérea
Serviço de corretagem	Pessoas	Corretor
Posto de gasolina	Carros	Bomba de gasolina
Central de atendimento para compra de mercadorias	Pessoas	Telefonista
Central de atendimento para assistência técnica	Pessoas	Representante técnico
Agência de viagem	Pessoas	Agente de viagem
Oficina de conserto de carros	Donos de carros	Mecânico
Serviço de venda automática	Pessoas	Máquinas de venda automática
Serviços odontológicos	Pessoas	Dentista
Serviços em telhados	Telhados	Reparador de telhados

TABELA 11.3
Exemplos de sistemas de serviços internos que são sistemas de filas

Tipo de sistema	Clientes	Servidor(es)
Serviços de secretariado	Empregados	Secretária
Serviços de cópias	Empregados	Fotocopiadora
Serviços de programação de computador	Empregados	Programador
Computador central	Empregados	Computador
Centro de primeiros socorros	Empregados	Enfermeira
Serviços de fax	Empregados	Máquina de fax
Sistema de manuseio de materiais	Carregamentos	Unidade de manuseio de materiais
Sistema de manutenção	Máquinas	Equipe de conserto
Estação de inspeção	Itens	Inspetor
Sistema de produção	Trabalhos	Máquina
Máquinas semiautomáticas	Máquinas	Operador
Depósito de ferramentas	Operadores de máquina	Auxiliar

Sistema de serviço interno é um sistema de fila em que os clientes que recebem e o serviço são internos na empresa que o realiza.

As empresas também possuem **sistemas de serviço internos**, em que os clientes que recebem o serviço são funcionários internos da empresa. Conforme os exemplos na Tabela 11.3 indicam, esses também são sistemas de fila. Em alguns casos, os clientes são funcionários das empresas. Em outros exemplos, os clientes são carregamentos a serem movidos, máquinas a serem consertadas, itens a serem inspecionados, trabalhos a serem realizados e assim por diante.

Os **sistemas de serviço de transporte** fornecem outra categoria importante de sistemas de filas. A Tabela 11.4 dá alguns exemplos. Para muitos dos casos, os veículos envolvidos são os clientes. Para outros, cada veículo é um servidor. Alguns dos exemplos vão além do tipo básico do sistema de fila descrito na seção anterior. Particularmente, os exemplos de serviços de companhia aérea e o de elevador envolvem servidores que servem um grupo de clientes simultaneamente e não um por vez. A fila no exemplo estacionamento tem capacidade zero porque os carros que chegam (clientes) vão para algum lugar para estacionar se todas as vagas do estacionamento estão ocupadas (todos os servidores estão ocupados).

Sistema de serviço de transporte é um sistema de fila envolvendo o transporte, de forma que tanto os clientes quanto o(s) servidor(es) são veículos.

TABELA 11.4
Exemplos de estações de serviços de transporte que são sistemas de filas

Tipo de sistema	Clientes	Servidor(es)
Pedágio de estrada	Carros	Caixa
Doca de carregamento de caminhão	Caminhões	Equipe de carregamento
Área de descarregamento do porto	Navios	Equipe de descarregamento
Aviões esperando para decolar	Aviões	Pista de decolagem
Aviões esperando para pousar	Aviões	Pista de decolagem
Serviço de companhia aérea	Pessoas	Avião
Serviço de táxi	Pessoas	Táxi
Serviço de elevador	Pessoas	Elevador
Departamento de bombeiro	Incêndios	Caminhão de bombeiros
Estacionamento	Carros	Espaço de estacionamento
Serviço de ambulância	Pessoas	Ambulância

Há muitos exemplos adicionais de importantes sistemas de fila que podem não se ajustar facilmente em qualquer uma das categorias descritas. Por exemplo, um sistema judicial é uma rede de fila em que as cortes são unidades de serviço, os juízes (ou júri) são os servidores, e os casos esperando julgamento são os clientes. Muitos sistemas de saúde, como salas de emergência de hospitais, também são sistemas de filas. Por exemplo, máquinas de raio X e camas de hospital podem ser vistas como servidores em seus próprios sistemas de filas. As aplicações iniciais da teoria de fila eram telefonar para a engenharia, e a área geral das telecomunicações continua a ser de aplicação muito importante. Além disso, nós todos temos nossas próprias filas – tarefas domésticas, livros para ler, e assim por diante. Sistemas de fila realmente impregnam muitas áreas da sociedade.

Perguntas de revisão

1. O que são sistemas de serviços comerciais? Cite um novo exemplo (não contemplado na Tabela 11.2) de um sistema desses, incluindo a identificação de clientes e servidor.
2. O que são sistemas de serviços internos? Cite um novo exemplo (não contemplado na Tabela 11.3) de um sistema desses, incluindo a identificação de clientes e servidor.
3. O que são sistemas de serviços de transporte? Cite um novo exemplo (não contemplado na Tabela 11.4) de um sistema desses, incluindo a identificação de clientes e servidor.

11.3 MEDIDAS DE DESEMPENHO PARA SISTEMAS DE FILAS

Gerentes que supervisionam os sistemas de fila estão preocupados principalmente com dois tipos de medidas de desempenho:

1. Quantos clientes geralmente estão esperando no sistema de fila?
2. Quanto tempo esses clientes geralmente têm de esperar?

Essas medidas estão relacionadas de alguma forma, uma vez que o tempo que o cliente tem de esperar é determinado, parcialmente, por quantos clientes já estão lá quando outro chega. Qual medida é de grande preocupação, dependendo da situação.

Escolha de uma medida de desempenho

Quando os clientes são internos na empresa que fornece o serviço (sistemas de serviço interno), a primeira medida tende a ser mais importante. Nessa situação, forçar os clientes a esperar os torna membros improdutivos da empresa durante a espera. É esse o caso dos operadores de máquina esperando em um depósito de ferramentas ou é o caso de máquinas que estão quebradas esperando conserto. A espera desses clientes gera *perda de produtividade*, cuja quantidade é diretamente proporcional ao número de clientes em espera. O número ativo de membros da organização pode substituir um ou dois membros ociosos, mas não mais do que isso.

Fazer clientes esperarem em um sistema de serviço interno gera perda de produtividade.

Os sistemas de serviços comerciais (em que clientes de fora recebem serviço de organizações comerciais) tendem a dar grande importância à segunda medida. Para esses sistemas de fila, uma meta importante é manter os clientes felizes de forma que eles voltem novamente. Os clientes estão mais preocupados com quanto tempo eles têm de esperar do que com quantos clientes estão lá. A consequência de fazer clientes esperar muito tempo pode ser a *perda de negócios*.

Fazer clientes esperarem muito tempo em um sistema de serviço comercial pode resultar na perda de negócios.

Definição das medidas de desempenho

As duas medidas de desempenho geralmente são expressas em termos de seus *valores esperados* (no sentido estatístico). Para fazer isso, é necessário esclarecer se estamos contando clientes apenas enquanto estão na fila (ou seja, antes de o serviço começar) ou enquanto estão em qualquer lugar dentro do sistema de fila (ou seja, tanto na fila quanto em atendimento).

Com isso, essas duas formas de definição dos dois tipos de medidas nos dão quatro medidas de desempenho. Estas e seus símbolos são exibidos a seguir.

L = **Número** esperado **de clientes no sistema,** incluindo aqueles em atendimento (o símbolo L vem de comprimento de Linha)

Essas são quatro medidas principais de desempenho para qualquer sistema de fila.

L_q = **Número** esperado **de clientes na fila,** que exclui clientes em atendimento

W = **Tempo de espera** previsto **no sistema** (inclui o período de atendimento) para um cliente individual (o símbolo W vem de *Waiting time*, em português, tempo de espera)

W_q = **Tempo de espera** previsto **na fila** (exclui o período de atendimento) para um cliente individual

Essas definições assumem que o sistema de fila está em uma **condição de estado de equilíbrio**, ou seja, o sistema está na sua condição normal depois de operar por algum tempo. Durante o *período de início* depois de o sistema de fila abrir sem clientes esperando, leva um tempo até o número esperado de clientes alcançar seu nível normal. Depois que isso ocorre, diz-se que o sistema está em uma condição de estado de equilíbrio. (Essa condição também exclui condições de operação anormais como um pulo temporário da "hora do rush" na taxa média de chegadas).

A escolha entre se concentrar no sistema de fila inteiro (L ou W) ou apenas na fila (L_q ou W_q) depende na natureza do sistema de fila. Para uma sala de emergência de hospital ou para um departamento de incêndio, a fila (o tempo até que o serviço possa começar) provavelmente é mais importante. Para um sistema de serviço interno, o sistema de fila inteiro (o número total de membros da organização que estava ocioso no local) pode ser mais importante.

Relações entre L, W, L_q e W_q

A única diferença entre W e W_q é que W inclui o período de atendimento esperado e W_q não. Portanto, uma vez que $1/\mu$ é o símbolo para o período de tempo esperado (em que μ é chamado de *taxa média de serviço*),

$$W = W_q + \frac{1}{\mu}$$

Por exemplo, se

W_q = ¾ de hora esperando na fila, em média

$\frac{1}{\mu}$ = ¼ de hora de período de atendimento, em média

então

W = ¾ de hora + ¼ de hora
  = 1 hora esperando no sistema de fila, em média

Essa é uma fórmula muito útil para a obtenção imediata de L ou W, um a partir do outro.

Talvez a fórmula mais importante na teoria de fila forneça uma relação direta entre L e W. Essa fórmula é

$$L = \lambda W$$

em que

λ = Taxa média de chegadas para clientes chegando para o sistema de fila

Isso é chamado de **fórmula de Little**, em honra ao eminente cientista da gestão John D. C. Little (um membro da faculdade de MIT de longa data), que forneceu a primeira prova rigorosa da fórmula de 1961.

Para ilustrar a fórmula, suponha que

W = 1 hora esperando no sistema de fila, em média
λ = 3 clientes chegam por hora, em média

Depois, segue dessa forma

L = (3 clientes/hora) (1 hora)
  = 3 clientes no sistema de fila, em média

Aqui vai uma forma intuitiva de visualizar a fórmula de Little. Uma vez que L é o número esperado de clientes no sistema de fila a qualquer momento, um cliente olhando para trás no sistema depois de concluir o serviço deve ver L clientes em média. Com uma disciplina de fila por ordem de chegada, todos os L clientes ali normalmente teriam chegado durante o tempo de espera desses clientes no sistema de fila. Esse tempo de serviço é W, em média. Uma vez que λ é o número esperado de chegadas por unidade de tempo, λW é o número esperado de chegas durante o tempo de espera desse cliente no sistema. Portanto, $L = \lambda W$.

A prova do Professor Little de que $L = \lambda W$ também se aplica à relação entre L_q e W_q. Portanto, outra versão da fórmula de Little é

$$L_q = \lambda W_q$$

Por exemplo, se

$W_q = $ ¾ de hora esperando na fila, em média

$\lambda = $ 3 clientes chegam por hora, em média

então

$L_q = $ (3 clientes/hora)(¾ de hora)

$= $ 2¼ clientes na fila, em média

Combinar as relações citados também dá a relação direta a seguir entre L e L_q.

$$L = \lambda W = \lambda \left(W_q + \frac{1}{\mu} \right)$$
$$= L_q + \frac{\lambda}{\mu}$$

Por exemplo, se $L_q = 2¼$, $\lambda = 3$, e $\mu = 4$, então

$L = 2¼ + ¾ = 3$ clientes no sistema, em média

Essas relações são extremamente importantes porque permitem que todas as quatro quantidades fundamentais – L, W, L_q e W_q – sejam imediatamente determinadas assim que uma for encontrada analiticamente. Essa situação foi favorável porque algumas dessas quantidades são muito mais fáceis de encontrar do que outras quando um modelo de fila é solucionado a partir de princípios básicos.

> Essas expressões mostram as relações entre todas as quatro medidas de desempenho.

Uso das probabilidades como medidas de desempenho

Gerentes frequentemente estão interessados em mais do que acontece *em média* em um sistema de fila. Além de querer que L, L_q, W e W_q não excedam os valores de destino, eles também podem estar preocupados com *os piores cenários possíveis*. Qual será o número *máximo* de clientes no sistema (ou na fila) que será excedido apenas em uma pequena fração de tempo (ou seja, com uma pequena probabilidade)? Qual será o tempo *máximo* de espera de clientes no sistema (ou na fila) que será excedido apenas em uma pequena fração de tempo? Um gerente pode especificar que o sistema de fila deve ser projetado de forma que os números máximos não excedam determinados valores.

Atender essa meta requer o uso de uma *distribuição de probabilidade* de estado de equilíbrio dessas quantidades (o número de clientes e o tempo de espera). Por exemplo, suponha que a meta é ter não mais que três clientes no sistema por pelo menos 95% do tempo. Usando a notação

$P_n = $ Probabilidade de estado de equilíbrio de ter exatamente n clientes no sistema

(para $n = 0, 1, 2,...$)

para atender essa meta é preciso que

$$P_0 + P_1 + P_2 + P_3 \geq 0{,}95$$

Uma vez que os tempos de espera variam de cliente para cliente, *W* tem uma distribuição de probabilidade, enquanto *W* é a média dessa distribuição.

De modo semelhante, suponha que outra meta é que o tempo de espera no sistema não deva exceder duas horas para pelo menos 95% dos clientes. Faça com que a *variável aleatória* W seja o tempo de espera no sistema para um cliente individual enquanto o sistema está em uma condição de estado de equilíbrio. (Portanto, *W* é o valor esperado dessa variável aleatória). Usar a distribuição de probabilidade para a variável aleatória para atingir a meta exige que

$$P(W \leq 2 \text{ horas}) \geq 0{,}95$$

Se a meta, ao contrário, é declarada em termos do tempo de espera na *fila*, então uma variável aleatória W_q diferente representando esse tempo de espera seria usada da mesma forma.

Fórmulas estão disponíveis para calcular ao menos algumas dessas probabilidades para vários dos modelos de fila considerados mais tarde no capítulo. Os modelos de Excel no seu MS Courseware realizarão esses cálculos para você.

Perguntas de revisão

1. Qual tipo de medida de desempenho dos sistemas de fila tende a ser mais importante quando os clientes são internos na empresa?
2. Qual tipo de medida de desempenho tende a ser mais importante para sistemas de serviço comercial?
3. Quais as quatro medidas básicas de desempenho com base em valores esperados? Quais são seus símbolos?
4. O que significa dizer que um sistema de fila está em uma condição de estado de equilíbrio?
5. Qual a fórmula que relaciona W e W_q?
6. Qual a fórmula de Little que relaciona L e W? E a que relaciona L_q e W_q?
7. Qual a fórmula que relaciona L e L_q?
8. Quais tipos de probabilidades também podem ser usados como medidas de desempenho de sistemas de fila?

11.4 ESTUDO DE CASO: PROBLEMA DA DUPIT CORP.

A **Dupit Corporation** é uma empresa que há muito tempo é líder do mercado de fotocopiadoras de escritório. Um dos motivos dessa posição de liderança é o serviço que a empresa fornece a seus clientes. A Dupit desfruta de uma reputação de excelência de serviço e pretende mantê-la.

Pequeno histórico

A empresa tem uma divisão de serviço responsável pelo suporte de alta qualidade aos clientes da empresa com o reparo imediato das máquinas da Dupit quando necessário. Esse trabalho é feito no local do cliente pelos *representantes do serviço técnico*, mais conhecidos como **técnicos**.

Atualmente, cada técnico tem seu próprio território designado para prestar serviço às máquinas.

Cada agente tecnológico é responsável por um território específico. Isso permite o fornecimento de serviço personalizado, uma vez que um cliente vê o mesmo técnico em cada chamada de serviço. O técnico geralmente sente-se como um gerente único de um território e orgulha-se de seu papel.

John Phixitt é o vice-presidente sênior da Dupit, encarregado da divisão de serviço. Ele construiu sua carreira inteira na empresa e recentemente começou a trabalhar como técnico. Nesse estágio inicial, John teve aulas à noite durante vários anos para chegar a essa posição de negócios. Desde então, subiu firmemente na escada corporativa. É muito respeitado por seu julgamento sólido e pleno entendimento de todos os negócios da empresa.

Os anos de John como agente tecnológico lhe ensinaram a importância do papel técnico desse profissional como um embaixador da empresa para seus clientes. Ele continua a pregar essa mensagem regularmente, estabeleceu altos padrões de pessoal, permaneceu como técnico e definiu os salários proporcionalmente. O moral na divisão é bastante alto devido amplamente a seus esforços.

John também enfatiza a obtenção de *feedback* regular de uma amostra aleatória dos clientes da empresa sobre a qualidade do serviço oferecido. Ele prefere se referir a isso como manter-se atento. O *feedback* do cliente é encaminhado aos técnicos e à gestão para que se mantenham informados.

Outro dos interesses de John é a importância de não sobrecarregar os técnicos. Quando era um técnico deles, a política da empresa era a de designar máquinas suficientes para cada agente em seu território ativo, consertando as máquinas 90% do tempo (durante uma jornada de trabalho de oito horas). A intenção era manter uma alta utilização de pessoal caro e fornecer algumas folgas para que os clientes não tivessem que esperar muito tempo pelos consertos. A experiência própria de John foi que isso não funcionou muito bem. Ele teve seus períodos de ociosidade em cerca de 10% do tempo, o que foi útil para atualizar o trabalho administrativo e fazer a manutenção do equipamento. Porém, ele também tinha períodos ocupados frequentemente, com muitas solicitações de conserto, incluindo alguns bastante longos, e um grande acúmulo de clientes não satisfeitos esperando por consertos.

Técnicos precisam de um tempo de folga considerável para garantir o fornecimento de serviço imediato aos seus clientes.

Portanto, quando ele foi apontado para sua posição atual, um dos seus primeiros movimentos foi mostrar para a alta gestão da Dupit que os técnicos precisavam ter mais tempo de folga para garantir o serviço imediato aos clientes. Grande parte desse argumento foi que o *feedback* do cliente indicou que a empresa não estava conseguindo cumprir a segunda e terceira partes do slogan da empresa mostrado a seguir.

1. Produtos de alta qualidade.
2. Serviço de alta qualidade.
3. Todos entregues de modo eficaz.

O presidente da empresa promoveu esse slogan por anos, achando esse argumento persuasivo. Apesar de continuar pressionando para manter os custos baixos, John ganhou a aprovação para alterar a política da empresa a respeito dos técnicos, conforme resumido a seguir.

Cada território do técnico tem aproximadamente 150 máquinas, o que mantém esse profissional ocupado em solicitações de serviço aproximadamente 75% do tempo.

Política atual: Deve ser designado o número suficiente de máquinas para cada território do técnico de forma que esse agente estará consertando máquinas (ou viajando até o local do conserto) em aproximadamente 75% do tempo. Ao trabalhar continuamente, cada técnico deve consertar uma média de quatro máquinas por dia (com uma média de duas horas por máquina, incluindo o tempo de deslocamento). Portanto, para minimizar os tempos de espera do cliente, a meta é ter uma média de três solicitações de conserto por dia de trabalho. Uma vez que as máquinas na empresa estão agora com uma média de 50 dias de trabalho entre consertos necessários, o objetivo é designar aproximadamente 150 máquinas para cada território do técnico.

Sob essa política, a empresa agora tem perto de 10 mil técnicos, com uma folha de pagamento total (incluindo benefícios) de aproximadamente $ 600 milhões por ano.

Problema enfrentado pela alta gestão

Uma longa sucessão de vários produtos de sucesso ajudou a Dupit a manter sua posição como líder de mercado por muitos anos. Além disso, seu último produto tem sido particularmente um grande vencedor. É uma impressora multifuncional, inclusive recursos de fax. Portanto, é uma copiadora moderna e multifuncional para um escritório moderno. As vendas até excederam as predições otimistas feitas pelo vice-presidente de marketing.

A nova impressora colorida multifuncional da empresa é uma peça tão vital para cada escritório de compras que um nível muito maior de serviço é necessário para reduzir o tempo ocioso.

Porém, esse sucesso também tem trazido problemas. O fato de a máquina realizar tantas funções importantes faz dela uma peça vital do escritório do comprador. O proprietário tem uma grande dificuldade de trabalhar sem ela, mesmo apenas por algumas horas, quando está inativa, esperando conserto. Consequentemente, mesmo que os técnicos estejam fornecendo o mesmo nível de serviço de sempre, as reclamações sobre as esperas intoleráveis subiram bastante.

Essa crise levou a uma reunião de emergência da alta gestão, com John Phixitt como figura central. Ele garante a seus colegas que o serviço não se deteriorou nem um pouco. Há o entendimento de que a empresa é vítima do seu próprio sucesso. A nova máquina é tão valiosa que um nível de serviço muito maior é necessário.

Depois de uma discussão considerável sobre como alcançar o serviço necessário, o presidente da Dupit sugere a abordagem a seguir de quatro etapas para lidar com o problema.

1. Concordar com um novo padrão experimental para o nível de serviço que precisa ser fornecido.
2. Desenvolver algumas propostas de abordagens alternativas que podem alcançar esse padrão.
3. Ter uma equipe de trabalho de ciência da gestão com John Phixitt para analisar essas abordagens alternativas detalhadamente para avaliar a efetividade e o custo de cada uma.
4. Reunir novamente esse grupo de alta gestão para tomar uma decisão final sobre o que fazer.

O grupo concordou.

> A proposta é reduzir os tempos médios de espera de seis para duas horas antes de o processo de conserto começar.

A discussão então se volta para qual deve ser o novo padrão para o nível de serviço. John propõe que esse padrão determine que o tempo médio de espera de um cliente antes que o técnico responda à solicitação de conserto não deve ultrapassar um limite. O gerente de relações com o cliente concorda e argumenta que esse tempo médio de espera não deve exceder duas horas (*versus* cerca de seis horas agora). O grupo concorda em adotar duas horas como o padrão experimental, com futuras análises mais profundas pelo time de ciência da gestão.

> **Novo padrão de serviço proposto:** o tempo médio de espera dos clientes antes de o técnico iniciar a viagem até o local do conserto da máquina não deve ultrapassar duas horas.

Abordagens alternativas ao problema

Depois da discussão profunda de várias ideias sobre como atingir esse serviço padrão, a reunião termina. O presidente pede aos participantes que propuseram alguma abordagem para pensar mais sobre sua ideia. Se eles concluírem que ela deve ser uma abordagem particularmente sólida para o problema, devem enviar um memorando a ele, apoiando-a.

O presidente recebe subsequentemente quatro memorandos apoiando as abordagens, os quais são resumidos abaixo.

Abordagem sugerida por John Phixitt: modificar a política atual com a redução da porcentagem de tempo empregado pelos técnicos consertando máquinas. Isso envolve simplesmente a redução do número de máquinas designadas para cada técnico e reunir mais técnicos. Essa abordagem permitiria continuar o modo de operação da divisão de serviço que se adaptou tão bem à empresa no passado enquanto aumenta o nível de serviço para atender as novas demandas do mercado.

Abordagem sugerida pelo vice-presidente de engenharia: fornecer equipamento novo e moderno para os técnicos que reduziria substancialmente o tempo necessário para os consertos mais longos. Embora caro, isso reduziria significativamente o tempo médio de conserto. Talvez ainda mais importante, reduziria a oscilação dos tempos de conserto, o que pode diminuir os tempos médios de espera para consertos.

Abordagem sugerida pelo diretor financeiro (CFO): substituir os atuais territórios de técnicos individuais por territórios maiores servidos por vários técnicos. Ter equipes de técnicos para apoiar uns aos outros durante os períodos de maior movimento pode diminuir os tempos médios de espera para consertos o suficiente para que a empresa não precise contratar mais técnicos.

Abordagem sugerida pelo vice-presidente de marketing: priorizar os proprietários da nova impressora multifuncional para receber consertos em relação a outros clientes da empresa. Uma vez que as reclamações de serviço lento são provenientes principalmente desses proprietários, essa abordagem pode proporcionar a eles o serviço de que necessitam enquanto prestam serviço adequado a outros clientes.

> Modelos de fila serão usados para analisar cada uma das quatro abordagens propostas.

O presidente está feliz por ter quatro abordagens para considerar. Como previamente acordado, seu passo seguinte é montar uma equipe de cientistas da gestão (três da companhia, mais um consultor externo) para trabalhar com John Phixitt na análise dessas abordagens em detalhe. Eles devem enviar um relatório à alta gestão com seus resultados e recomendações em seis semanas.

Antes de continuar a leitura, sugerimos que você pense sobre essas quatro abordagens alternativas e decida qual parece mais promissora. Em seguida, você poderá comparar as suas conclusões com os resultados do estudo da ciência da gestão.

Visão da equipe de ciência da gestão do problema

A equipe de ciência da gestão rapidamente reconhece que a *teoria de filas* será uma técnica fundamental para analisar esse problema. Particularmente, cada território do técnico pode ser visualizado incluindo o sistema de filas básico descrito a seguir.

Sistema de fila para cada técnico

1. **Clientes:** máquinas precisando de conserto.
2. **Chegadas dos clientes:** ligações para o celular de cada técnico solicitando consertos.
3. **Fila:** máquinas esperando pelo início do conserto nos seus locais.
4. **Servidor:** técnico.
5. **Período de atendimento:** tempo total em que o técnico está ocupado com uma máquina, seja viajando até o respectivo local ou consertando-a. (Assim, a saída de uma máquina da fila e sua entrada em serviço se dão quando o técnico começa a viagem até o local da máquina.)

Com a abordagem sugerida pelo diretor financeiro (ampliar os territórios com vários técnicos para cada território), esse sistema de filas de servidor único teria de ser alterado para um sistema de filas com vários servidores.

A equipe de ciência da gestão agora precisa decidir qual modelo de filas específico é mais apropriado para analisar cada uma das quatro abordagens. Você vai ver essa história se desenrolar nas próximas seções enquanto apresentamos vários modelos de filas importantes.

Perguntas de revisão

1. Qual a política atual da empresa em relação à carga de trabalho dos técnicos?
2. Qual o problema que a alta gestão enfrenta atualmente?
3. Qual o novo padrão de serviço proposto?
4. Quantas abordagens alternativas foram sugeridas para lidar com o problema enfrentado pela alta gestão?
5. Na interpretação do sistema de filas desse problema, quais são os clientes? Quem é o servidor?

11.5 ALGUNS MODELOS DE FILA DE SERVIDOR ÚNICO

Usando o histórico sobre os elementos da fila modelos apresentado na Seção 11.1, esta seção foca em modelos de sistemas de filas básicos que têm apenas um servidor. Os símbolos-chave introduzidos na Seção 11.1 que continuarão a ser usados aqui (e em todo o restante do capítulo) são

$$\begin{aligned}\lambda = &\ \text{Taxa média de chegadas para clientes chegando para o sistema de fila} \\ = &\ \text{Número esperado de chegadas por unidade de tempo} \\ \mu = &\ \text{Taxa média de serviço (para um servidor continuamente ocupado)} \\ = &\ \text{Número esperado de serviços concluídos por unidade de tempo}\end{aligned}$$

Lembre-se também que $1/\lambda$ é o *intervalo mínimo entre execução esperado* (a média de tempo entre a chegada de clientes consecutivos) e que $1/\mu$ é o *período de atendimento esperado* para cada cliente.

Um novo símbolo para esta seção é

$$\rho = \frac{\lambda}{\mu}$$

Fator de utilização desempenha um papel importante na eficiência de um sistema de fila.

em que ρ é a letra grega rho. Essa quantidade ρ é chamada de **fator de utilização** porque representa a fração média de tempo que o servidor permanece em uso para atender os clientes.

No estudo de caso da Dupit Corp., sob a política atual da empresa, um técnico faz

$\lambda = 3$ clientes (máquinas precisando de reparo) chegando por dia, em média

$\mu = 4$ conclusões de serviço (conclusão de conserto) por dia, em média, quando o técnico está ocupado continuamente

Uma vez que

$$\rho = \frac{3}{4} = 0{,}75$$

o técnico está consertando as máquinas em 75% do tempo.

Para cada um dos modelos de filas, vamos considerar as medidas de desempenho introduzidas na Seção 11.3. Por causa das relações entre as quatro medidas básicas – L, L_q, W e W_q –, incluindo a fórmula de Little dada naquela secção, lembre que todas as quatro quantidades podem ser facilmente calculadas assim que um dos seus valores for determinado. Portanto, às vezes vamos nos concentrar em apenas uma dessas medidas de desempenho para os seguintes modelos.

Modelo *M/M/*1

Ao usar as etiquetas para os modelos de filas dados próximos à extremidade da Seção 11.1, lembre que o primeiro símbolo (*M*) na etiqueta *M/M/*1 identifica a distribuição de probabilidade de *intervalos mínimos entre execuções*, o segundo (*M*) indica a distribuição dos *períodos de atendimento*, e o terceiro (1) dá o número de servidores. Uma vez que *M* é o símbolo utilizado para a *distribuição exponencial*, o modelo *M/M/*1 cria os seguintes pressupostos.

Pressupostos

1. Os *intervalos mínimos entre execuções* têm uma distribuição exponencial com uma média de $1/\lambda$. (Veja a Figura 11.3 e a descrição dessa distribuição na Seção 11.1.)
2. Os *períodos de atendimento* têm uma distribuição exponencial com uma média de $1/\mu$.
3. O sistema de fila tem um servidor.

> Embora a segunda suposição seja por vezes questionável, este modelo é amplamente utilizado porque fornece muitos resultados úteis.

Conforme discutido na Seção 11.1, o primeiro pressuposto corresponde a clientes que chegam *aleatoriamente*. Consequentemente, esse pressuposto é válido comumente para os sistemas de filas reais.

O segundo pressuposto também é razoável para as filas de espera, em que muitos períodos de atendimento são bastante curtos (bem abaixo da média), mas os períodos de atendimento ocasionais são muito longos. Alguns sistemas de filas se adaptam a essa descrição, mas outros não chegam nem perto.

Junto a sua contraparte de vários servidores (considerada na Seção 11.6), *M/M/*1 é o modelo de filas mais amplamente utilizado. (É até usado, por vezes, para sistemas de fila que não se encaixam muito bem no segundo pressuposto.) Uma das principais razões é que esse modelo tem a maioria dos resultados disponíveis. Por serem relativamente simples, usamos as fórmulas para todas as medidas de desempenho a seguir. (Todas essas medidas assumem que o sistema de filas está em uma condição de *estado de equilíbrio*.)

Fórmulas para o Modelo M/M/1

Usando $\rho = \lambda/\mu$, duas fórmulas equivalentes para o *esperado número de clientes no sistema* são

$$L = \frac{\rho}{1-\rho} = \frac{\lambda}{\mu - \lambda}$$

Por causa da fórmula de Little ($L = \lambda W$), o *tempo de espera previsto no sistema* é

$$W = \frac{1}{\lambda} L = \frac{1}{\mu - \lambda}$$

Portanto, o *tempo previsto de espera na fila* (excluído o período de atendimento) é

$$W_q = W - \frac{1}{\mu} = \frac{1}{\mu-\lambda} - \frac{1}{\mu} = \frac{\mu-(\mu-\lambda)}{\mu(\mu-\lambda)}$$

$$= \frac{\lambda}{\mu(\mu-\lambda)}$$

Aplicando a outra versão da fórmula de Little novamente ($L_q = \lambda W_q$), o *número esperado de clientes na fila* (excluídos clientes em atendimento) é

$$L_q = \lambda W_q = \frac{\lambda^2}{\mu(\mu-\lambda)} = \frac{\rho^2}{1-\rho}$$

Mesmo as fórmulas para as várias probabilidades são relativamente simples. A probabilidade de ter exatamente *n* clientes no sistema é

$$P_n = (1-\rho^2)\rho^n \qquad \text{para } n = 0, 1, 2,\ldots$$

Portanto,

$$P_0 = 1 - \rho$$
$$P_1 = (1-\rho)\rho$$
$$P_2 = (1-\rho)\rho^2$$
$$\vdots$$

A probabilidade de que o *tempo de espera no sistema* exceda certa quantidade de tempo *t* é

$$P(W > t) = e^{-\mu(1-\rho)t} \qquad \text{para } t \geq 0$$

em que *e* (aproximadamente igual a 2,718) é um número especial amplamente utilizado na matemática.

A probabilidade correspondente que o *tempo de espera na fila* exceda *t* é

$$P(W_q > t) = \rho e^{-\mu(1-\rho)t} \qquad \text{para } t \geq 0$$

Uma vez que esse tempo de espera na fila é 0 se não existirem clientes no sistema quando uma chegada ocorre,

$$P(W_q = 0) = P_0 = 1 - \rho \qquad \text{para } t \geq 0$$

Todas essas fórmulas assumem que o servidor tem um fator de utilização gerenciável ($\rho = \lambda/\mu$), isto é, que

$$\rho < 1$$

(*Todos* os modelos de fila de servidor único do sistema de filas básico descrito na Seção 11.1 tem esse mesmo pressuposto). Quando $\rho > 1$, de forma que a taxa média de chegada λ ultrapasse a taxa média de serviço μ, o servidor não é consegue acompanhar as chegadas para que o sistema de filas nunca chegue a uma condição de estado de equilíbrio. (Isso é ainda tecnicamente verdade quando $\rho = 1$).

Alguns Softwares úteis

A planilha do Excel para *M/M/s* pode ser aplicada ao *M/M/1* com a definição de s = 1.

Embora essas fórmulas para o modelo *M/M/1* sejam relativamente simples, existem muitas delas. Felizmente, há uma **planilha do Excel** para o modelo *M/M/s* em seu MS Courseware que irá calcular todas essas medidas de desempenho para você, incluindo até mesmo as probabilidades de tempo de espera, se você desejar. Como ilustrado na Figura 11.4 no estudo de caso, tudo que você precisa fazer é definir *s* = 1 e especificar os valores de λ e μ (mais o valor *t*, se você quiser as probabilidades de tempo de espera). Uma vez que λ e μ são os valores *estimados* da taxa de chegada média e da taxa média de serviço, respectivamente, então você pode realizar a análise de sensibilidade em λ e μ reexecutando o modelo para vários outros valores possíveis. Tudo isso pode ser feito em questão de segundos.

Além disso, uma **demonstração animada** de um sistema de filas do tipo *M/M/s* em ação – mostrando os clientes chegando, esperando no sistema e saindo quando o serviço for concluído – é fornecida pelo módulo de Fila de Espera em seus Módulos Interativos de Ciência da Gestão no CD-ROM. Depois de definir os valores de s, λ e μ e visualizar o sistema de fila em ação (repetidamente, se desejado), o modulo calculará as *estimativas* de L, L_q, W e W_q usando as médias para os clientes que chegaram até aquele momento. Se o sistema de filas fosse executar um tempo extremamente longo, essas estimativas seriam muito próximas dos valores exatos para as medidas de desempenho fornecidas pelo complemento do Excel para esse modelo.

Aplicação do modelo *M/M*/1 para o estudo de caso sob a política atual

A equipe de ciência da gestão da Dupit começa o estudo recolhendo alguns dados sobre as experiências de alguns técnicos. Os dados indicam que a política atual da empresa para as cargas de trabalho do técnico (supõe-se que eles estejam ocupados consertando máquinas em 75% do tempo) está operando basicamente como previsto. Embora haja alguma variação de um técnico para outro, normalmente eles estão na média de cerca de três chamadas diárias solicitando consertos. Eles também têm em uma média de cerca de duas horas por conserto (incluindo um pequeno tempo de viagem), e, assim, podem ter uma média de quatro consertos por cada dia de oito horas de trabalho, consertando máquinas continuamente. Isso confirma que as melhores estimativas das taxas diárias para um típico sistema de fila do técnico (em que técnico esse profissional é o servidor, e as máquinas que precisam de conserto são os clientes) são uma taxa média de chegada de $\lambda = 3$ clientes por dia e uma taxa média de serviço de $\mu = 4$ clientes por dia (assim, $\rho = \lambda/\mu = 0{,}75$), assim como assumido sob a política atual. (Outras unidades de tempo, tais como taxas *horárias* em vez de taxas *diárias*, poderiam ser usadas para λ e μ, mas é essencial que as *mesmas* unidades de tempo sejam usadas para ambos.)

> Sob essa política atual, cada técnico é o servidor para o seu próprio sistema de fila, no qual as máquinas que precisam de conserto são os clientes.

A equipe também conclui que as chegadas dos clientes (chamadas solicitando consertos) estão ocorrendo *aleatoriamente*, de modo que o primeiro pressuposto do modelo *M/M/1* (uma distribuição exponencial para intervalos entre execuções) é bom para essa situação. A equipe está menos confortável com o segundo pressuposto (uma distribuição exponencial para os períodos de atendimento), uma vez que o *tempo de total de serviço* (tempo de viagem mais o tempo de conserto) nunca é extremamente curto como o permitido pela distribuição exponencial. Porém, muitos períodos de atendimento são, pelo menos, bastante curtos (bem abaixo da média) e períodos de atendimento muito longos são ocasionais, logo, a distribuição exponencial se encaixa razoavelmente bem. Portanto, a equipe decide que é razoável usar o modelo *M/M/1* para representar um sistema de filas típico de técnico sob a política atual.

> O modelo *M/M*/1 com $\lambda = 3$ e $\mu = 4$ fornece uma representação racional do sistema de fila de cada técnico.

O modelo de Excel na Figura 11.4 mostra os resultados da aplicação das várias fórmulas para esse modelo nesse sistema de filas. Observe primeiro os resultados no topo da coluna G. O número esperado de máquinas que necessitam de conserto é $L = 3$. Ao excluir qualquer máquina que esteja sendo consertada, o número esperado de máquinas esperando para iniciar o serviço é $L_q = 2{,}25$. O tempo médio que uma máquina espera, medido a partir de quando a solicitação de serviço é submetida ao técnico até que o conserto esteja completo, é $W = 1$ dia. Ao excluir o período de conserto, o tempo médio de espera para iniciar o serviço é $W_q = 0{,}75$ dia. (Esses resultados consideram a máquina seguindo o movimento a partir da fila até o serviço, quando o técnico começa a viagem até o local da máquina.)

Enquanto coletava os dados, a equipe de ciência da gestão descobriu que o tempo médio de espera de clientes até que o serviço de conserto das máquinas comece é de aproximadamente seis das oito horas de uma jornada de trabalho (ou seja, 3/4 de um dia de trabalho). O fato de que esse tempo esteja de acordo com o valor de W_q gerado pelo modelo dá ainda mais credibilidade ao modelo para essa aplicação.

Agora olhe os resultados na coluna G para P_n (a probabilidade de ter exatamente n clientes no sistema). Com $P_0 = 0{,}25$, o técnico só estará ocupado consertando máquinas 75% do tempo (como indicado pelo fator de utilização de $\rho = 0{,}75$). Uma vez que $P_0 + P_1 + P_2 = 0{,}58$, o técnico não terá mais do que duas máquinas precisando de reparo (incluindo a que está sendo consertada), bem mais da metade do tempo. No entanto, o agente também terá atrasos *muito* maiores com alguma frequência. Por exemplo, $P_0 + P_1 + P_2 + \ldots + P_7 = 0{,}9$, o que indica que o técnico terá, *no mínimo*, oito máquinas que necessitem de consertos (cerca de dois dias de trabalho ou mais), 10% do tempo. Com toda a aleatoriedade inerente a esse sistema de filas (a grande oscilação nos intervalos mínimos entre execuções e os períodos de atendimento), esses atrasos muito grandes (e muitos clientes insatisfeitos) vão ocorrer ocasionalmente, apesar de o técnico ter apenas um fator de utilização de 0,75.

> Todos os resultados do modelo *M/M*/1 indicam que os atrasos inaceitavelmente longos no conserto de máquinas avariadas irão ocorrer com muita frequência sob a política atual.

FIGURA 11.4
Esta planilha mostra os resultados da aplicação do modelo $M/M/1$ com $\lambda = 3$ e $\mu = 4$ para o estudo de caso da Dupit sob a política atual. As equações para o modelo $M/M/1$ foram introduzidas nas células de saída correspondentes, como mostrado na parte inferior da figura.

	A	B	C	D	E	F	G
1		Modelo de fila $M/M/1$ para o Problema da Dupit Corp.					
2							
3			Dados				Resultados
4		$\lambda =$	3	(taxa média de chegada)		$L =$	3
5		$\mu =$	4	(taxa média de serviço)		$L_q =$	2,25
6		$s =$	1	(# servidores)			
7						$W =$	1
8		$Pr(W>t) =$	0,368			$W_q =$	0,75
9		quando $t =$	1				
10						$\rho =$	0,75
11		$Prob(W_q>t) =$	0,276				
12		quando $t =$	1			n	P_n
13						0	0,2500
14						1	0,1875
15						2	0,1406
16						3	0,1055
17						4	0,0791
18						5	0,0593
19						6	0,0445
20						7	0,0334
21						8	0,0250
22						9	0,0188
23						10	0,0141

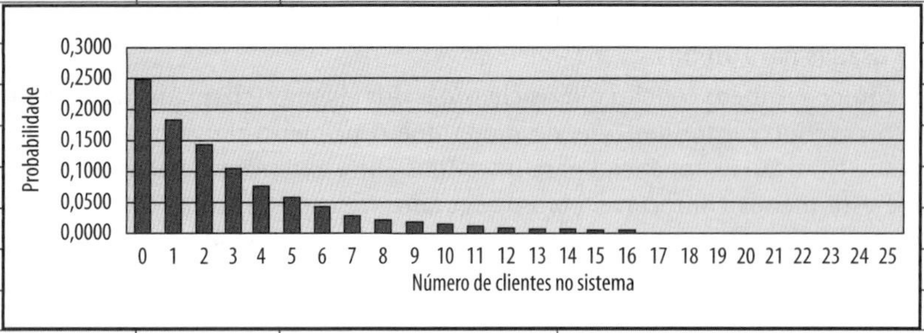

Nomes de intervalo	Células
L	G4
Lambda	C4
L_q	G5
Mu	C5
n	F13:F38
P_0	G13
P_n	G13:G38
Rho	G10
s	C6
Tempo1	C9
Tempo2	C12
W	G7
W_q	G8

	B	C
8	$Pr(W>t) =$	=EXP(-Mu*(1-Rho)*C9)

	B	C
11	$Prob(W_q>t) =$	=Rho*EXP(-Mu*(1-Rho)*C12)

	F	G
4	$L =$	=Lambda/(Mu-Lambda)
5	$L_q =$	=Lambda)^2/(Mu*(Mu-Lambda)
6		
7	$W =$	=1/(Mu-Lambda)
8	$W_q =$	=Lambda/(Mu*(Mu-Lambda))
9		
10	$\rho =$	=Lambda/Mu
11		
12	n	P_n
13	0	=1-Rho
14	1	=(1-Rho)*Rho^n
15	2	=(1-Rho)*Rho^n
16	3	:
17	4	:

Finalmente, observe os resultados nas células C8:C12. Ao definir $t = 1$, a probabilidade de que um cliente tenha que esperar mais de um dia (oito horas de trabalho) antes que uma máquina avariada esteja operacional novamente é dada como $P(W > \text{dia } 1) = 0{,}368$. A probabilidade de esperar mais do que um dia antes de a reparação começar é $P(W_q > 1 \text{ dia}) = 0{,}276$.

Ao ver todos esses resultados, João Phixitt comenta que agora entende melhor a razão de tantas reclamações. Nenhum proprietário de uma máquina tão vital como a nova impressora multifuncional deve ter que esperar mais de um dia (ou mesmo um) para o conserto.

Aplicação do modelo *M/M*/1 à abordagem sugerida por John Phixitt

A equipe de ciência da gestão agora está pronta para começar a analisar cada uma das abordagens sugeridas para reduzir para duas horas (¼ dia de trabalho) o tempo médio de espera antes de o serviço começar. Assim, a nova restrição é que

$$W_q \leq \text{¼ dia}$$

Para atender o novo padrão de serviço proposto de que $W_q \leq$ ¼ dia, John Phixitt sugere reduzir o número de 150 máquinas designadas a cada técnico de 150.

A primeira abordagem, sugerida por John Phixitt, é modificar a política atual, diminuindo o fator de utilização de um técnico o suficiente para atender a nova solicitação de serviço. Isso envolve diminuir o número de 150 máquinas designadas a cada técnico. Considerando que cada máquina precisa de consertos cerca de uma vez a cada 50 dias de trabalho, em média, reduzir o número de máquinas no território de um técnico resulta na diminuição da taxa média de chegada λ de 3 para

$$\lambda = \frac{\text{Número de máquinas designadas ao técnico}}{50}$$

Com µ fixado em quatro, essa diminuição em λ diminuirá o fator, ρ = λ/µ.

Uma vez que diminuir λ diminui W_q, o maior valor de λ que tem $W_q \leq$ ¼ dia é um que torna W_q igual a ¼ dia. A maneira mais fácil de encontrar esse λ é por tentativa e erro com o modelo de Excel, tentando vários valores de até que seja encontrado um em que W_q = 0,25. A Figura 11.5 mostra o modelo que dá esse valor de W_q definindo **λ = 2**. (Usando a fórmula para W_q, também é possível solucionar algebricamente para encontrar λ = 2).

Diminuir λ de três para dois exigiria diminuir a meta do número de máquinas designadas para cada técnico de 150 para 100. O número 100 é o *máximo* que satisfaria o requisito de $W_q \leq$ ¼ dia. Com λ = 2 e µ = 4, o fator de utilização para cada técnico seria apenas

O modelo M/M/1 indica que o número de máquinas designadas a cada técnico teria de ser reduzido para 100 com a abordagem de John Phixitt.

$$\rho = \frac{\lambda}{\mu} = \frac{2}{4} = 0,5$$

Lembre-se que a folha de pagamento da empresa (incluindo benefícios) para os seus cerca de 10 mil técnicos é de cerca de $ 600 milhões anuais. Diminuir o número de máquinas designadas a cada técnico de 150 para 100 exigiria a contratação de cerca de mais 5 mil técnicos para cobrir todas as máquinas. O custo adicional da folha de pagamento seria de cerca de $ 270 milhões anualmente. (É pouco menos da metade do custo da folha de pagamento

FIGURA 11.5
Essa aplicação da planilha na Figura 11.4 mostra que, quando µ = 4, o modelo *M/M*/1 da um período de tempo esperado para início do serviço de W_q = 0,25 dia (o maior valor a satisfazer o novo padrão de serviço proposto da Dupit) quando λ é alterado de λ = 3 para λ = 2.

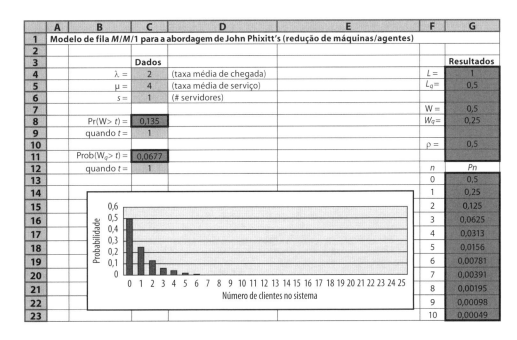

atual, pois os novos técnicos teriam menor tempo de serviço do que os outros.) No entanto, a equipe de ciência da gestão estima que os custos adicionais de contratação e treinamento dos novos técnicos, para cobrir suas despesas de trabalho, para fornecer o equipamento e adicionar mais gerentes de serviço de campo para administrá-los seriam equivalentes a cerca de $ 30 milhões por ano.

Total de Custo Adicional da Abordagem Sugerida por João Phixitt: aproximadamente $ 300 milhões por ano.

Modelo M/G/1

Esse modelo de fila difere do modelo M/M/1 apenas no segundo dos pressupostos resumidos a seguir.

Pressupostos

1. Os *intervalos mínimos entre execuções* têm uma distribuição exponencial com uma média de $1/\lambda$.
2. Os *períodos de atendimento* podem ter *qualquer* distribuição de probabilidade. Nem é necessário determinar a forma dessa distribuição. Você apenas precisa estimar a média $(1/\mu)$ e o desvio padrão (σ) dela.
3. O sistema de fila tem um servidor.

> Agora você também precisa estimar σ, o desvio padrão da distribuição de período de atendimento.

Dessa forma, esse é um modelo extremamente flexível que exige apenas a situação comum de *chegadas aleatórias* (equivalente ao primeiro pressuposto) e um servidor único, mais estimativas de λ, μ e σ.

Fórmulas para o modelo M/M/1

Usando $\rho = \lambda/\mu$, aqui estão as fórmulas disponíveis para esse modelo.

$$\begin{aligned} P_0 &= 1 - \rho \\ L_q &= \frac{\lambda^2 \sigma^2 + \rho^2}{2(1-\rho)} \\ L &= L_q + \rho \\ W_q &= \frac{L_q}{\lambda} \\ W &= W_q + \frac{1}{\mu} \end{aligned}$$

Essas medidas de estado de equilíbrio de desempenho requerem apenas que $\rho < 1$, o que permite que o sistema de filas atinja uma condição de estado de equilíbrio.

Para ilustrar as fórmulas, suponha que a distribuição de período de atendimento é a distribuição exponencial com média $1/\mu$. Então, uma vez que o desvio padrão σ é

$$\sigma = \text{média} = \frac{1}{\mu} \quad \text{para a distribuição exponencial}$$

a fórmula para L_q indica que

$$L_q = \frac{\lambda^2 \left(\frac{1}{\mu^2}\right) + \rho^2}{2(1-\rho)} = \frac{\rho^2 + \rho^2}{2(1-\rho)} = \frac{\rho^2}{(1-\rho)}$$

assim como para o Modelo M/M/1. Ter $\sigma = 1/\mu$ também faz as fórmulas L, W_q e W reduzirem-se algebricamente àquelas dadas anteriormente no modelo M/M/1. Na verdade, o modelo M/M/1 é apenas o caso especial do M/G/1, em que $\sigma = 1/$. (No entanto, o modelo M/M/1 produz alguns resultados que não estão disponíveis no M/G/1).

Visões oferecidas pelo modelo *M/G/1*

Outro caso especial importante do modelo *M/G*/1 é o *M/D*/1, que assume que a distribuição de período de atendimento é a distribuição degenerada (período de atendimento constante).

Uma vez que

$$\sigma = 0 \text{ para a distribuição degenerada}$$

a fórmula para L_q produz

$$L_q = \frac{\lambda^2(0) + \rho^2}{2(1-\rho)} = \frac{1}{2} \frac{\rho^2}{1-\rho}$$

que é apenas metade daquela para o modelo *M/M/1*. Assim, ir de uma distribuição de período de atendimento que tem oscilação elevada (a distribuição exponencial) para uma que não tem oscilação nenhuma (a distribuição degenerada) tem um efeito drástico na redução de L_q.

Como isso ilustra, a fórmula L_q para o modelo *M/G/1* é esclarecedora porque revela qual efeito a oscilação da distribuição do período de atendimento tem sobre essa medida de desempenho. Com valores fixados de λ, μ e ρ diminuindo essa oscilação (ou seja, diminuindo σ) definitivamente diminui L_q. O mesmo acontece com L, W e W_q. Portanto, a consistência do servidor tem uma grande influência sobre o desempenho do sistema de filas. Dada a escolha entre dois servidores com a mesma velocidade média (o mesmo valor de $1/\mu$), aquele com menor oscilação (menor que σ) definitivamente deve ter preferência sobre o outro. (Vamos discutir isso mais profundamente na Seção 11.8.)

> Diminuir a oscilação da distribuição de período de atendimento tem o efeito benéfico de diminuir L_q, L, W e W_q.

Considerando a complexidade envolvida na análise de um modelo que permite *qualquer* distribuição de período de atendimento, é notável que uma fórmula tão simples possa ser obtida para L_q. Essa fórmula é um dos resultados mais importantes na teoria de filas por causa de sua facilidade de uso e a prevalência de sistemas de filas *M/G/1* na prática. Essa equação de L_q (ou sua contraparte para W_q) é comumente referida como a fórmula Pollaczek-Khintchine, em homenagem a dois pioneiros no desenvolvimento da teoria de filas que derivaram a fórmula no início dos anos 1930.

Aplicação do modelo *M/G/1* para a abordagem sugerida pelo vice-presidente de engenharia

O vice-presidente de engenharia da Dupit sugeriu o fornecimento do moderno equipamento aos técnicos, o que reduziria substancialmente o tempo necessário para os consertos mais longos. Isso diminui um pouco o tempo médio de conserto, e também diminuiria substancialmente a oscilação dos períodos de conserto.

> O equipamento novo e moderno sugerido pelo vice-presidente de engenharia reduziria substancialmente tanto a média quanto o desvio padrão da distribuição do período de atendimento.

Depois de reunir mais informações desse vice-presidente e analisá-las mais profundamente, a equipe de ciência da gestão faz as seguintes estimativas sobre o efeito dessa abordagem sobre a distribuição do período de atendimento.

A média diminuiria de 1/4 dia para 1/5 dia.

O desvio padrão diminuiria de 1/4 dia para 1/10 dia.

Assim, o desvio padrão diminuiria do estado de igualar a média anterior (como para a distribuição exponencial) para ser apenas metade da nova média. Uma vez que $\mu = 1/$média, agora temos que $\mu = 5$ em vez de $\mu = 4$.

> O modelo *M/G/1* indica que o novo padrão de serviço proposto seria atingido facilmente por essa abordagem.

Com $\sigma = 0,1$, o complemento do Excel para o modelo *M/G/1* em seu MS Courseware dá os resultados da Figura 11.6. Observe que $W_q = 0,188$ dia. Essa grande redução de $W_q = 0,75$ dia sob a política atual (conforme indicado na Figura 11.4) se dá, em grande parte, devido à grande diminuição de σ. Se a distribuição de período de tempo continuou a ser exponencial, então, ao aumentar μ de 4 para 5, diminuiria W_q de 0,75 dia para 0,3 dia. A redução adicional de 0,3 dia para 0,188 dia resulta da grande redução na oscilação dos períodos de atendimento.

FIGURA 11.6
Planilha do Excel para o modelo $M/G/1$ mostra os resultados da aplicação deste modelo na abordagem sugerida pelo vice-presidente de engenharia da Dupit para usar o moderno equipamento.

	A	B	C	D	E	F	G
1		Modelo $M/G/1$ para a abordagem do VP de engenharia (novo equipamento)					
2							
3			Dados				Resultados
4		$\lambda =$	3	(taxa média de chegada)		$L =$	1,163
5		$1/\mu =$	0,2	(tempo de serviço esperado)		$L_q=$	0,563
6		$\sigma =$	0,1	(desvio padrão)			
7		$s =$	1	(# servidores)		$W =$	0,388
8						$W_q=$	0,188
9							
10						$\rho =$	0,6
11							
12						$P_0 =$	0,4

Nomes de intervalo	Células
L	G4
Lambda	C4
L_q	G5
UmAcimaDeMu	C5
Rho	G10
S	C7
Sigma	C6
W	G7
W_q	G8

	F	G
4	$L =$	$=L_q+$Rho
5	$L_q=$	$=((\text{Lambda})A2)*(\text{SigmaA2})+(\text{RhoA2}))/(2*(1-\text{Rho}))$
6		
7	$W =$	$=W_q+$UmAcimaDeMu
8	$W_q=$	$=L_q/$Lambda
9		
10	$\rho =$	$=$Lambda*UmAcimaDeMu
11		
12	$P_0 =$	$=1-$Rho

Lembre-se de que o novo padrão de serviço proposto é $W_q \leq 0{,}25$ dias. Portanto, a abordagem sugerida pelo vice-presidente de engenharia iria cumprir essa norma.

Infelizmente, a equipe de ciência da gestão também determina que essa abordagem seria cara, como resumido a seguir.

Total do custo adicional da abordagem sugerida pelo vice-presidente de engenharia:
Um custo único de aproximadamente $ 500 milhões (cerca de $ 50 mil dólares para novos equipamentos por técnico).

Perguntas de revisão

1. O que representam os símbolos λ e μ? E $1/\lambda$ e $1/\mu$? E ρ?
2. Quais os pressupostos do modelo $M/M/1$?
3. Para quais medidas de desempenho (valores e probabilidades esperados) as fórmulas estão disponíveis no modelo $M/M/1$?
4. Quais valores de ρ correspondem ao servidor em um sistema de filas de servidor único com um fator de utilização gerenciável que permite que o sistema atinja uma condição de estado de equilíbrio?
5. Sob a política atual da Dupit, qual o tempo médio de espera de clientes até que o serviço em suas máquinas avariadas comece?
6. Custaria quanto mais à Dupit para reduzir esse tempo de espera médio para ¼ de dia de trabalho com a diminuição do número de máquinas designadas a cada técnico?
7. Como o modelo $M/G/1$ difere do modelo $M/M/1$?
8. Qual a distribuição de período de atendimento assumida pelo modelo $M/D/1$?
9. Para o modelo $M/G/1$, qual o efeito da diminuição do desvio padrão da distribuição de período de atendimento sobre L_q, L, W e W_q?
10. Qual o custo adicional total para a abordagem sugerida pelo vice-presidente de engenharia da Dupit?

11.6 ALGUNS MODELOS DE FILA DE VÁRIOS SERVIDORES

Muitos sistemas de filas têm mais de um servidor, de modo que, agora, voltamos nossa atenção para eles. Em particular, vamos discutir quais resultados estão disponíveis para as contrapartes de vários servidores dos modelos de servidor único introduzidos na seção anterior.

Lembre-se de que o terceiro símbolo no rótulo para um modelo de filas indica o número de servidores. Por exemplo, o modelo $M/M/2$ tem dois servidores. O modelo $M/M/s$ permite a escolha de qualquer número de servidores, em que s é o símbolo para esse número.

Lembre-se também que ρ $(=\lambda/s\mu)$ era o símbolo usado para o *fator de utilização* no servidor de um sistema de filas de servidor único. Com vários servidores, a fórmula para esse símbolo muda para

$$\rho = \frac{\lambda}{s\mu} \quad \textbf{(fator de utilização)}$$

em que λ continua a ser a taxa média de chegada (assim, $1/\lambda$ ainda é o intervalo esperado entre execuções) e μ continua a ser a taxa média de serviço para um único servidor continuamente ocupado (assim, $1/\mu$ ainda é o período de atendimento esperado). Os modelos assumem que todos os servidores têm a mesma distribuição de período de atendimento, então μ é o mesmo para todos os servidores. Uma vez que

$\lambda = $ Número esperado de chegadas por unidade de tempo

$s\mu = $ Número esperado de conclusões de serviços por unidade de tempo quando todos os servidores s estão continuamente ocupados,

isso resulta em $\rho = \lambda/s\mu$ sendo, de fato, a fração média de tempo em que os servidores individuais estão sendo utilizados no atendimento aos clientes.

> Como acontece com os modelos de fila de servidor único, o fator de utilização ρ ainda é a fração média de tempo em que os servidores individuais são utilizados no atendimento aos clientes.

Para que os servidores tenham um fator de utilização gerenciável, é necessário novamente que

$$\rho < 1$$

Todos os modelos de vários servidores do sistema básico de filas descrito na Seção 11.1 fazem esse pressuposto para permitir que o sistema de filas atinja uma condição de estado de equilíbrio.

Dos três modelos de um único servidor considerados anteriormente ($M/M/1$, $M/G/1$ e $M/D/1$), $M/G/1$ é o único cuja contraparte de vários servidores não produz resultados analíticos úteis. Combinando a complicação de vários servidores com a complicação de permitir a escolha de qualquer distribuição de período de atendimento é complicação demais para se lidar.

Começamos com o modelo $M/M/s$, incluindo a sua aplicação ao estudo de caso da Dupit. Em seguida, mencionamos os resultados limitados disponíveis para o modelo $M/D/s$.

Modelo $M/M/s$

Com exceção do último, os pressupostos são os mesmos do modelo $M/M/1$.

Pressupostos

1. Intervalos mínimos entre execuções têm uma distribuição exponencial com uma média de $1/\lambda$.
2. Períodos de atendimento têm uma distribuição exponencial com uma média de $1/\mu$.
3. Qualquer número de servidores (indicado por s) pode ser escolhido para o sistema de filas.

Fórmulas explícitas estão disponíveis para todas as medidas de desempenho (incluindo as probabilidades) consideradas para o modelo $M/M/1$. Porém, quando $s > 1$, é entediante fazer as fórmulas manualmente. Portanto, você deve usar a planilha do Excel para o modelo $M/M/s$ (como demonstrado anteriormente nas Figuras 11.4 e 11.5) para gerar todos esses resultados. (Você pode ver uma demonstração de um sistema de fila $M/M/s$ em ação no módulo de Fila de Espera em seus Módulos Interativos de Ciência da Gestão no CD-ROM).

> A planilha do Excel para o modelo $M/M/s$ fornece todas as medidas de desempenho que foram descritas na Seção 11.5 para o modelo $M/M/1$.

Outra alternativa é utilizar a Figura 11.7, que mostra os valores de L *versus* o fator de utilização para vários valores de s. (Esteja ciente de que o eixo vertical usa uma escala logarítmica, por isso você precisa se referir aos pontos para determinar o valor ao longo desse eixo). Por intermédio da estimativa de L a partir desse gráfico, você pode usar a fórmula de Little ($L = \lambda W$ e $L_q = \lambda W_q$), mais $W = W_q + 1/\mu$, para calcular W, W_q e L_q.

VINHETA DE APLICAÇÃO

A **KeyCorp** é uma companhia Fortune 500 com sede em Cleveland, Ohio. É o 13º maior banco dos Estados Unidos com 19 mil empregados, ativos de $ 93 bilhões e receitas anuais de $ 6,7 bilhões. A empresa se concentra no cliente bancário e tem mais de 2,4 milhões de clientes em mais de 1.300 agências bancárias, além de muitos escritórios afiliados.

Para ajudar a aumentar seus negócios, a gestão da KeyCorp iniciou um amplo estudo de ciência da gestão para determinar como aprimorar o serviço ao consumidor (definido primariamente como a redução do tempo de espera do cliente antes de iniciar o serviço), mantendo o quadro de funcionários com boa relação custo-benefício. Uma meta de qualidade de serviço foi definida para que pelo menos 90% dos clientes devam esperar menos de cinco minutos.

A principal ferramenta de análise desse problema foi o *modelo de fila M/M/s*, o qual provou se ajustar muito bem a essa aplicação. Para aplicá-lo, foram coletados dados que revelaram que o tempo médio de serviço exigido para atender um cliente era angustiantemente alto, de 246 segundos. Com esse tempo médio de serviço e taxas médias típicas de chegadas, o modelo indicou que seria necessário um aumento de 30% no número de caixas para atender a meta de qualidade de serviço. Essa solução proibitivamente cara levou a gerência a concluir que uma ampla campanha precisava ser realizada para reduzir drasticamente o tempo médio de serviço para realizar a reengenharia do atendimento ao cliente e obter a melhor gestão da equipe. Depois de um período de três anos, essa campanha reduziu o tempo médio de serviço para 115 segundos. A frequente reaplicação do modelo *M/M/s* revelou como a meta da qualidade do serviço pode ser substancialmente ultrapassada enquanto também reduz o quadro de pessoal com a melhoria do cronograma de trabalho nas muitas filiais bancárias.

Os resultados líquidos foram *economias próximas a* **$ 20 milhões** *por ano com o serviço amplamente melhorado*, o que permite que 96% dos clientes esperem menos que cinco minutos. Essa melhoria se estendeu por toda a companhia à medida que a porcentagem de filiais bancárias que atingiu a meta de qualidade de serviço aumentou de 42% para 94%. Pesquisas também confirmam um grande aumento na satisfação do cliente.

Fonte: S. K. Kotha, M. P. Barnum, and D. A. Bowen, "KeyCorp Service Excellence Management System," *Interfaces* 26, no. 1 (January–February 1996), p. 54-74. Um link para esse artigo é fornecido no *site* **www.mhhe.com/hillier4e**.

Aplicação desses modelos à abordagem sugerida pelo diretor financeiro (CFO)

O diretor financeiro (CFO) da Dupit sugeriu combinar os atuais territórios de técnicos individual por territórios maiores que seriam servidos por vários técnicos. A esperança é que, sem alterar o número total de técnicos, essa reorganização possa diminuir suficientemente W_q de seu valor atual ($W_q = 0{,}75$ dias) para satisfazer um novo padrão de serviço proposto ($W_q \leq 0{,}25$ dias).

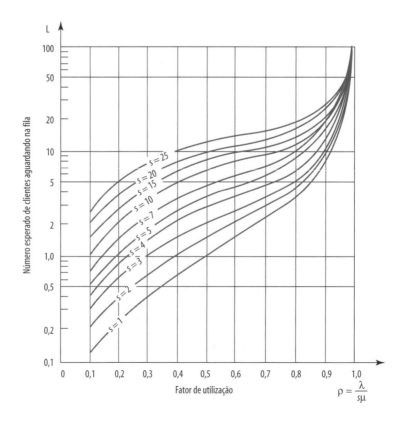

FIGURA 11.7
Valores de *L* para o modelo *M/M/s* para vários valores de *s*, o número de servidores.

11.6 Alguns modelos de fila de vários servidores

FIGURA 11.8
Esta planilha do Excel para o modelo *M/M/s* mostra os resultados de sua aplicação na abordagem sugerida pelo diretor financeiro (CFO) da Dupit, com dois técnicos designados para cada território.

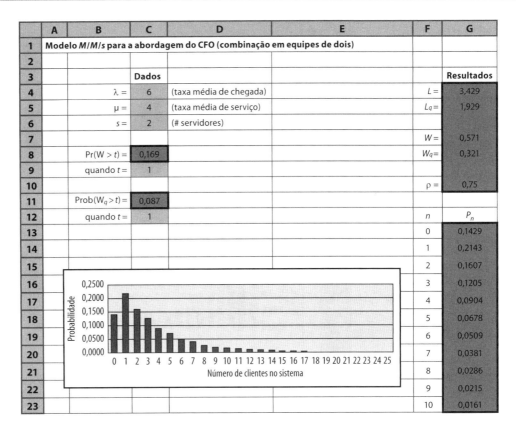

Vamos, primeiro, tentar com *dois* técnicos designados para cada território.

Território com dois técnicos

Número de máquinas:	300	(*versus* 150 antes)
Taxa média de chegada:	$\lambda = 6$	(*versus* $\lambda = 3$ antes)
Taxa média de serviço:	$\mu = 4$	(mesmo que antes)
Número de serviços:	$s = 2$	(*versus* $s = 1$ antes)
Fator de utilização:	$\rho = \dfrac{\lambda}{s\mu} = 0{,}75$	(mesmo que antes)

Aplicando a planilha do Excel para o modelo *M/M/s* com esses dados produzem-se os resultados mostrados na Figura 11.8, incluindo $W_q = 0{,}321$ dias. (As equações inseridas nas células de saída não são dadas nesta figura porque são muito complicadas, mas podem ser vistas no arquivo de Excel deste capítulo que contém esse modelo.)

Essa é uma melhoria muito grande em relação ao valor atual de $W_q = 0{,}75$ dias, mas não satisfaz completamente o serviço padrão de $W_q \leq 0{,}25$ dias. Por isso, vamos ver a seguir o que aconteceria se *três* técnicos fossem designados para cada território.

Território com três técnicos

Número de máquinas:	450	(*versus* 150 antes)
Taxa média de chegada:	$\lambda = 9$	(*versus* $\lambda = 3$ antes)
Taxa média de serviço:	$\mu = 4$	(mesmo que antes)
Número de serviços:	$s = 3$	(*versus* $s = 1$ antes)
Fator de utilização:	$\rho = \dfrac{\lambda}{s\mu} = 0{,}75$	(mesmo que antes)

Com esse fator de utilização, a Figura 11.7 indica que *L* é muito próximo a 4. Usando 4 como o valor aproximado e aplicando as relações dadas na Seção 11.3 (fórmula de Little etc.).

FIGURA 11.9
Planilha do Excel que modifica os resultados na Figura 11.8 designando três técnicos para cada território.

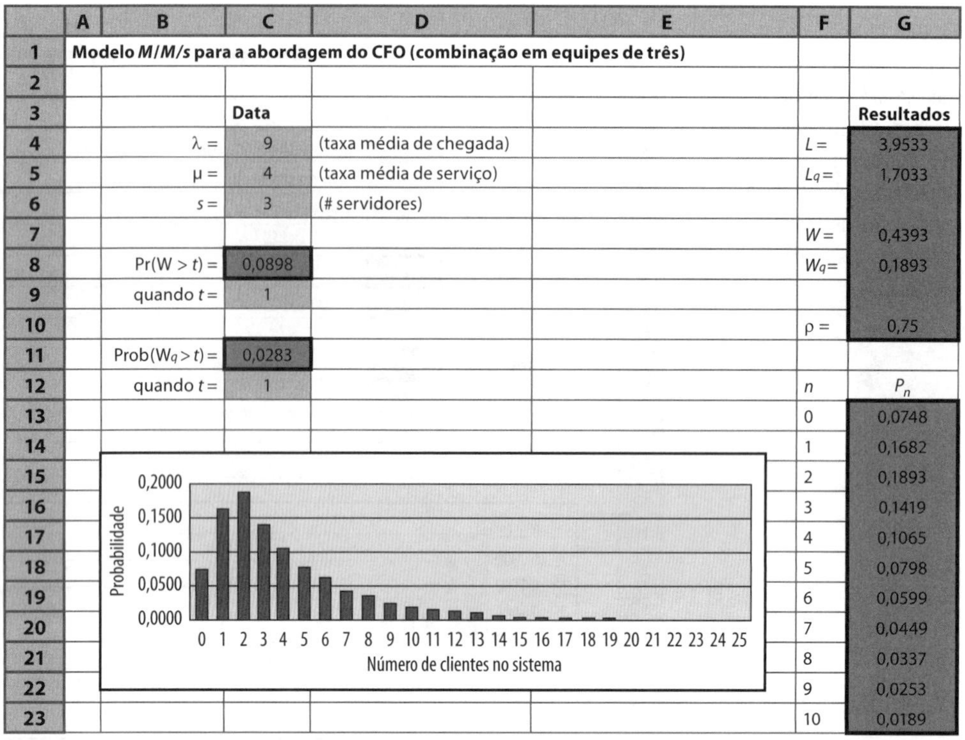

	A	B	C	D	E	F	G
1		Modelo *M/M/s* para a abordagem do CFO (combinação em equipes de três)					
2							
3			Data				Resultados
4		$\lambda =$	9	(taxa média de chegada)		$L =$	3,9533
5		$\mu =$	4	(taxa média de serviço)		$L_q =$	1,7033
6		$s =$	3	(# servidores)			
7						$W =$	0,4393
8		$\Pr(W > t) =$	0,0898			$W_q =$	0,1893
9		quando $t =$	1				
10						$\rho =$	0,75
11		$\text{Prob}(W_q > t) =$	0,0283				
12		quando $t =$	1			n	P_n
13						0	0,0748
14						1	0,1682
15						2	0,1893
16						3	0,1419
17						4	0,1065
18						5	0,0798
19						6	0,0599
20						7	0,0449
21						8	0,0337
22						9	0,0253
23						10	0,0189

TABELA 11.5
Comparação dos valores de W_q com territórios de tamanho diferentes para o problema Dupit.

Número de agentes de tecnologia	Número de máquinas	λ	μ	s	ρ	W_q
1	150	3	4	1	0,75	0,75 dia de trabalho (6 horas)
2	300	6	4	2	0,75	0,321 dia de trabalho (2,57 horas)
3	450	9	4	3	0,75	0,189 dia de trabalho (1,51 hora)

O modelo *M/M/s* indica que o novo padrão de serviço proposto seria confortavelmente satisfeito pela combinação de três territórios de um único técnico em um único território maior que seria servido em conjunto por todos os três técnicos.

$$W = \frac{L}{\lambda} = \frac{4}{9} = 0,44 \text{ dia}$$

$$Wq = W - \frac{1}{\mu} = 0,44 - 0,25 = 0,19 \text{ dia}$$

Mais precisamente, a planilha do Excel na Figura 11.9 dá que $L = 3,953$ e $W_q = 0,189$ dias. Uma vez que um dia de trabalho é de oito horas, esse tempo de espera previsto é convertido para pouco mais de uma hora e e meia.

Consequentemente, territórios de três pessoas satisfariam facilmente o novo padrão de serviço proposto de $W_q \leq 0,25$ de dia de trabalho (duas horas). Mesmo considerando que esses territórios maiores iriam aumentar modestamente os tempos de viagem dos técnicos, eles ainda satisfariam confortavelmente o padrão de serviço.

A Tabela 11.5 resume os dados e os valores de W_q para territórios com um, dois e três técnicos. Observe como W_q diminui bastante à medida que o número de técnicos (servidores) aumenta sem alterar o fator de utilização. Na verdade, W_q para $s = 2$ está logo abaixo da *metade* daquele para $s = 1$, e W_q para $s = 3$ é de cerca de *um quarto* daquele para $s = 1$.

Esses resultados sugerem que uma ampliação maior dos territórios pela designação de quatro ou mais técnicos para cada território diminuiria W_q ainda mais. No entanto, também existem desvantagens com a ampliação dos territórios. Uma deles é a possibilidade de um aumento significativo no tempo médio necessário para um técnico viajar ao local em que uma máquina sofreu avaria. Ao combinar apenas dois ou três territórios de um técnico em um único território conjunto, os tempos médios de viagem não devem aumentar muito, uma vez que os técnicos podem coordenar efetivamente a divisão dos trabalhos de conserto com base na proximidade aos seus locais atuais. No entanto, a dificuldade aumenta com mais técnicos em um território ainda maior, assim, os tempos de viagem ocasionais podem

Combinar muitos técnicos pode gerar tempos de viagem excessivos, além de outros problemas.

se tornar excessivos. Uma vez que o tempo de viagem para um local de conserto é parte do tempo total que um técnico deve dedicar para um conserto, a *taxa média de serviço* μ pode diminuir ligeiramente dos quatro consertos por dia assumidos na Tabela 11.5, quando o número de técnicos é maior do que três.

Para qualquer número determinado de técnicos, diminuir μ aumenta W_q. Portanto, não está claro quanto mais W_q pode ser diminuído, se totalmente, aumentando o número de técnicos por território para mais de três.

A designação de mais técnicos em cada um dos territórios tem inconvenientes práticos também. A coordenação entre os técnicos se torna mais difícil. Os clientes não têm mais a sensação de receber um serviço personalizado quando são visitados por muitos e diferentes técnicos. Além disso, os técnicos perdem o orgulho de propriedade de quando gerenciam o próprio território e lidavam com "seus" clientes. Conflitos pessoais ou profissionais entre técnicos também podem surgir quando compartilham o mesmo território, e o risco para isso aumenta com equipes maiores.

Por todas essas razões, João Phixitt conclui que designar normalmente três técnicos para cada território forneceria o melhor equilíbrio entre minimizar essas desvantagens de grandes territórios e reduzir W_q a um nível satisfatório.

> **Conclusão:** a abordagem sugerida pelo diretor financeiro (CFO) satisfaria o novo padrão de serviço proposto ($W_q \leq 0,25$ dias) se os territórios contíguos de três técnicos fossem combinados em um grande território servido conjuntamente pelos mesmos três técnicos. Uma vez que o número total de técnicos não muda, não haveria nenhum custo adicional significativo com a aplicação dessa abordagem, além das desvantagens já citadas dos territórios maiores. Para minimizar essas desvantagens, os territórios não devem ser aumentados para mais de três técnicos por território.

Modelo *M/D/s*

Períodos de atendimento em muitos sistemas de filas têm muito menos oscilação do que é assumido pelo modelo *M/M/s*. Em alguns casos, pode não haver oscilação nenhuma (ou quase nenhuma) nos períodos de atendimento. O modelo *M/D/s* é projetado para esses casos.

> **Pressupostos:** O mesmo que para o modelo *M/M/s*, exceto que agora todos os períodos de atendimento são os *mesmos*. Esse *período de atendimento constante* é denotado por $1/\mu$. (Isso é referido com uma distribuição de período de atendimento *degenerada*, que fornece o símbolo *D* para a etiqueta modelo).

Os períodos de atendimento constantes surgem quando exatamente o mesmo trabalho está sendo realizado para atender a clientes diferentes. Quando os servidores são *máquinas*, pode não haver oscilação nenhuma nos períodos de atendimento. O pressuposto dos períodos de atendimento constantes também pode ser uma aproximação razoável aos *servidores humanos* se eles estiverem executando a mesma tarefa de rotina para todos os clientes.

> Assim como para os sistemas de fila de servidor único, eliminar a oscilação dos períodos de atendimento aumenta substancialmente a eficiência dos sistemas de fila de vários servidores.

Vimos, na seção anterior que, quando $s = 1$, o valor de L_q para o modelo *M/D/1* é apenas *metade* daquele para o modelo *M/M/1*. Diferenças assim, em L_q entre os dois modelos, também ocorrem quando $s > 1$ (especialmente com valores maiores do fator de utilização ρ). Diferenças substanciais entre os modelos também ocorrem para W_q, *W* e *L*.

Essas grandes diferenças enfatizam a importância de usar o modelo que melhor se ajusta ao sistema de filas em estudo. Por ser mais conveniente o modelo *M/M/s*, é prática comum usá-lo rotineiramente para a maioria das aplicações. No entanto, fazer isso quando há pouca ou nenhuma oscilação nos períodos de atendimento gera um grande erro em algumas medidas de desempenho.

Os procedimentos para calcular as várias medidas de desempenho para o modelo *M/D/s* são muito mais complicados do que para o modelo *M/M/s*, assim, nenhuma planilha do Excel está disponível quando $s > 1$. Porém, projetos especiais têm sido realizados para calcular as medidas. A Figura 11.10 mostra os valores de *L* contra ρ para muitos valores de *s*. As outras medidas principais (*W*, W_q e L_q) podem então ser obtidas a partir de *L*, usando a fórmula de Little, e assim por diante (como descrito na Seção 11.3).

Perguntas de revisão

1. Para os modelos de fila com vários servidores, qual a fórmula para o fator de utilização ρ? Qual a interpretação de ρ em termos de como os servidores usam seu tempo?

FIGURA 11.10
Valores de L para o modelo $M/D/s$ para vários valores de s, o número de servidores.

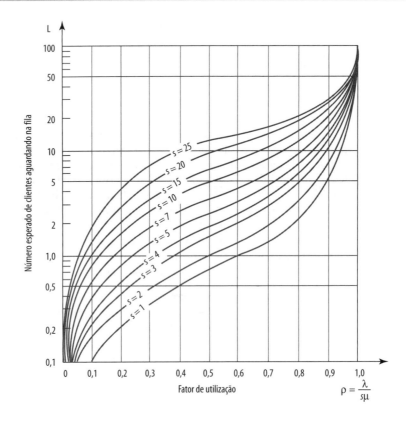

2. Quais valores de ρ correspondem aos servidores com um fator de utilização gerenciável que permite ao sistema atingir uma condição de estado de equilíbrio?
3. Existem medidas de desempenho que podem ser calculadas para o modelo $M/M/1$, mas não para o modelo $M/M/s$?
4. Quantos territórios com um técnico precisam ser combinados em um grande território a fim de satisfazer o novo padrão de serviço proposto da Dupit?
5. Compare os modelos $M/M/s$ e $M/D/s$ em termos da quantidade de oscilação nos períodos de atendimento.

11.7 MODELOS DE FILAS DE PRIORIDADE

Estes modelos são usados quando clientes de alta prioridade são atendidos antes de outros que esperaram por mais tempo.

Todos os modelos de filas apresentados até agora assumem que os clientes são atendidos por ordem de chegada. Nem todos os sistemas de fila operam da mesma maneira. Em alguns, os clientes mais importantes são atendidos antes de outros, que esperaram por mais tempo. A gestão pode querer que alguns clientes especiais tenham prioridade. Em alguns casos, os clientes no sistema de filas são trabalhos a serem realizados, e os diferentes prazos para os trabalhos ditam a ordem em que esses clientes são atendidos. Trabalhos urgentes precisam ser feitos antes dos rotineiros.

Uma *sala de emergência de hospital* é um exemplo de um sistema de filas em que as prioridades são usadas automaticamente. Naturalmente, um paciente que chega em estado grave vai ser atendido antes de um paciente de rotina que já estava esperando.

Os modelos para esses sistemas de filas geralmente fazem os pressupostos gerais a seguir.

Pressupostos gerais

1. Há duas ou mais categorias de clientes. Cada uma é designada a uma **classe de prioridade**. Os clientes na classe de prioridade 1 têm prioridade para receber o serviço antes dos clientes na classe de prioridade 2. Se houver mais de duas classes de prioridade, os clientes da classe de prioridade 2 têm prioridade sobre aqueles na classe de prioridade 3, e assim por diante.
2. Depois de preteridos pelos clientes de maior prioridade, os clientes dentro de cada classe de prioridade são atendidos por ordem de chegada. Assim, dentro de uma classe de prioridade, esta é baseada no tempo já gasto esperando no sistema de filas.

Há dois tipos de prioridades, conforme descrito a seguir.

Prioridades não preemptivas: Uma vez que o servidor começou a atender um cliente, o serviço deve ser concluído sem interrupção, mesmo se um cliente de maior prioridade chegar enquanto o serviço estiver em andamento. No entanto, uma vez que serviço esteja concluído, se houver clientes na fila, as prioridades são aplicadas para selecionar aquele a ser atendido. Consensualmente, o selecionado é aquele da classe de prioridade *mais alta* esperando na fila há mais tempo.

Prioridades preemptivas: O cliente de menor prioridade a ser atendido é *precedido* (ejetado de volta para a fila) sempre que um cliente de maior prioridade entrar no sistema de fila. Com isso, um servidor é liberado para começar a atender o recém-chegado imediatamente. Sempre que um servidor *conclui* um serviço com sucesso, o próximo cliente é selecionado tal como ja descrito quanto às prioridades não preemptivas. (O cliente precedido passa para a classe de prioridade que está na fila há mais tempo, assim, espera-se que isso faça com que ele volte a ser atendido em breve e, talvez depois de outras antecipações, o serviço seja finalmente concluído).

Esta seção inclui um modelo de filas básico para cada um dos dois tipos de prioridades.

Modelo de fila de prioridades preemptivas

Junto com os pressupostos gerais sobre as prioridades dadas, esse modelo faz ainda outros.

Pressupostos adicionais

1. Prioridades preemptivas são usadas como acabamos de descrever. (Deixe *n* denotar o número de classes de prioridade).
2. Para a classe de prioridade *i* (*i* = 1, 2, ..., *n*), os *intervalos mínimos entre execuções* de clientes nessa classe têm uma distribuição *exponencial* com uma média de $1/\lambda_i$.
3. Todos os *períodos de atendimento* têm uma distribuição *exponencial* com uma média de $1/\mu$, independentemente da classe de prioridade envolvida.
4. O sistema de fila tem um servidor único.

> Este modelo se encaixa no *M/M/1*, exceto por também ter prioridades preemptivas.

Assim, exceto pela complicação da utilização de prioridades preemptivas, os pressupostos são os mesmos do modelo *M/M/1*.

Uma vez que λ_i é a taxa média de chegada para os clientes na classe de prioridade *i* (*i* = 1, 2, ..., *n*), $\lambda = (\lambda_1 + \lambda_2 + ... + \lambda_n)$ é a taxa média de chegada geral para todos os clientes. Portanto, o *fator de utilização* para o servidor é

$$\rho = \frac{\lambda_1 + \lambda_2 + ... + \lambda_n}{\mu}$$

Como acontece com os modelos anteriores, $\rho < 1$ é necessário para permitir que o sistema de filas chegue a uma condição de estado de equilíbrio em todas as classes de prioridade.

O motivo da utilização de prioridades é *diminuir* os tempos de espera de clientes de alta prioridade. Isso é alcançado à custa do *aumento* dos tempos de espera para os clientes de baixa prioridade.

Assumindo que $\rho < 1$, fórmulas estão disponíveis para calcular os principais parâmetros de desempenho (L, W, L_q e W_q) para *cada uma* das classes de prioridade. Uma planilha do Excel em seu MS Courseware rapidamente executa todos esses cálculos para você.

Modelo de fila de prioridades não preemptivas

Junto com os pressupostos gerais dadas anteriormente, este modelo faz ainda outros.

Pressupostos adicionais

1. Prioridades não preemptivas são utilizadas como descrito anteriormente na seção. (Novamente, deixe *n* denotar o número de classes de prioridade).
2. e 3. O mesmo que para o modelo de fila de prioridades preemptivas.
4. O sistema de filas pode ter qualquer número de servidores.

Exceto para a utilização de prioridades não preemptivas, esses pressupostos são os mesmos do modelo *M/M/s*.

O fator de utilização para os servidores é

$$\rho = \frac{\lambda_1 + \lambda_2 + \ldots + \lambda_n}{s\mu}$$

Novamente, $\rho < 1$ é necessário para permitir que o sistema de filas alcance uma condição de estado de equilíbrio para todas as classes de prioridade.

Como antes, uma planilha do Excel está disponível em seu MS Courseware para calcular todas as principais medidas de desempenho para *cada uma* das classes de prioridade.

Aplicação do modelo de fila de prioridades não preemptivas para a abordagem sugerida pelo vice-presidente de marketing

Chegamos agora à última das quatro abordagens que estão sendo investigadas pela equipe de ciência da gestão da Dupit. O vice-presidente de marketing sugeriu priorizar as impressoras multifuncionais em detrimento das outras para o atendimento. Em outras palavras, sempre que um técnico terminar um conserto, se houver impressoras multifuncionais e outras máquinas ainda esperando para serem consertadas, ele deve sempre escolher entre as do primeiro grupo (e a que esperou por mais tempo), mesmo que as do segundo grupo tenham esperado mais.

A justificativa para a sugestão é que a impressora multifuncional executa tantas funções vitais que seus proprietários não toleram ficar sem ela pelo mesmo tempo que toleram ficar sem as outras máquinas. Na verdade, quase todas as reclamações sobre a espera excessiva para reparos partem desses proprietários, mesmo que outras máquinas esperem o mesmo tempo. Portanto, o vice-presidente de marketing acha que a proposta do novo padrão de serviço ($W_q \leq 2$ horas) só precisa ser aplicada às impressoras multifuncionais. Espera-se que, dando-lhes prioridade para o serviço, o resultado seja atingir esse padrão, enquanto ainda se continua a fornecer um serviço satisfatório para outras máquinas.

Para investigar isso, a equipe de ciência da gestão está aplicando o modelo de fila de prioridades não preemptivas. Existem duas classes de prioridade.

Classe de prioridade 1:   Impressoras multifuncionais.
Classe de prioridade 2:   Outras máquinas.

Portanto, é feita uma distinção entre esses dois tipos de clientes que chegam (máquinas que necessitam de reparos) para o sistema de filas em cada território do técnico. Para determinar a *taxa média de chegada* para cada uma dessas duas classes de prioridade (denotado por λ_1 e λ_2, respectivamente), a equipe verificou que cerca de um terço das máquinas designadas aos técnicos atualmente são impressoras multifuncionais. Cada uma precisa de conserto praticamente com a mesma frequência que outras máquinas (aproximadamente uma vez a cada 50 dias úteis). Consequentemente, uma vez que a taxa média de chegada *total* para todas as máquinas em um território com apenas um técnico é de três máquinas por dia,

$\lambda_1 =$ 1 cliente (impressora multifuncional) por dia útil   (agora)
$\lambda_2 =$ 2 clientes (outras máquinas) por dia útil   (agora)

No entanto, espera-se que a proporção de máquinas que são impressoras multifuncionais aumente gradualmente até atingir um pico de cerca de *metade* em alguns anos. Nesse ponto, as taxas médias de chegada terão mudado para

$\lambda_1 =$ 1,5 cliente (impressora multifuncional) por dia útil   (depois)
$\lambda_2 =$ 1,5 clientes (outras máquinas) por dia útil   (depois)

A *taxa média de serviço* para cada técnico não é alterada com a aplicação de prioridades, assim, a sua melhor estimativa continua sendo $\mu = 4$ clientes por dia de trabalho. Sob a política atual da empresa de territórios com apenas um técnico, o sistema de filas para cada território tem um único servidor ($s = 1$). Uma vez que $(\lambda_1 + \lambda_2) = 3$ agora e mais tarde, o valor do fator de utilização continuará a ser

$$\rho = \frac{\lambda_1 + \lambda_2}{s\mu} = \frac{3}{4}$$

> Este modelo se encaixa no *M/M/s*, exceto por também ter prioridades não preemptivas.

> A sugestão do vice-presidente de marketing é aplicar o novo padrão de serviço proposto apenas às impressoras multifuncionais e, então, dar-lhes prioridade não preemptiva sobre as outras máquinas.

FIGURA 11.11
Esta planilha de Excel aplica o modelo de fila de prioridades não preemptivas para o problema da Dupit, *agora* sob a abordagem sugerida pelo vice-presidente de marketing para dar prioridade às impressoras multifuncionais.

	A	B	C	D	E	F	G
1	Modelo de prioridades não preemptivas para a abordagem do VP de Marketing (taxas de chegadas atuais)						
2							
3							
4			n =	2	(# de classes de prioridade)		
5			μ =	4	(taxa média de serviço)		
6			s =	1	(# servidores)		
7							
8							
9				λj	L	L_q	W	W_q
10		Classe de prioridade 1	1	0,5	0,25	0,5	0,25
11		Classe de prioridade 2	2	2,5	2	1,25	1
12							
13							
14							
15							
16			λ =	3			
17			ρ =	0,75			

FIGURA 11.12
Modificação da Figura 11.11 que aplica o mesmo modelo para a versão *posterior* do problema da Dupit.

	A	B	C	D	E	F	G
1	Modelo de prioridades não preemptivas para a abordagem do VP de Marketing (taxas de chegadas futuras)						
2							
3							
4			n =	2	(# de classes de prioridade)		
5			μ =	4	(taxa média de serviço)		
6			s =	1	(# servidores)		
7							
8							
9				λj	L	Lq	W	Wq
10		Classe de prioridade 1	1,5	0,825	0,45	0,55	0,3
11		Classe de prioridade 2	1,5	2,175	1,8	1,45	1,2
12							
13							
14							
15							
16			λ =	3			
17			ρ =	0,75			

A Figura 11.11 mostra os resultados obtidos com a aplicação da planilha do Excel do modelo de prioridades não preemptivas a esse sistema de filas *agora* ($\lambda_1 = 1$ e $\lambda_2 = 2$). A Figura 11.12 faz o mesmo sob as condições esperadas *depois* ($\lambda_1 = 1,5$ e $\lambda_2 = 1,5$).

A equipe de ciência da gestão está interessada, particularmente, nos valores de W_q, o tempo médio de espera na fila previsto, dados na última coluna dessas duas figuras. Esses valores estão resumidos na Tabela 11.6, em que a primeira linha vem da Figura 11.11, e a segunda vem da Figura 11.12.

Para as impressoras multifuncionais, observe que, agora, $W_q = 0,25$ dia de trabalho, o que mal atende o novo padrão de serviço proposto de $W_q \leq 0,25$ dias de trabalho, mas esse tempo esperado previsto se deterioraria mais tarde para 0,3 dia de trabalho. Portanto, essa abordagem cai um pouco. Além disso, o tempo médio de espera antes do início do serviço para as outras máquinas iria de $W_q = 1$ dia de trabalho agora para $W_q = 1,2$ dias de trabalho depois. Esse grande aumento a partir dos tempos médios de espera ocorridos sob a política atual de $W_q = 0,75$ dia de trabalho (como mostrado na Figura 11.4) tem chance de alienar uma quantidade considerável de clientes.

TABELA 11.6
Tempos de espera* previstos quando prioridades não preemptivas são aplicadas no problema da Dupit

s	Quando	λ_1	λ_2	µ	ρ	W_q para impressoras multifunc.	W_q para outras máquinas
1	Agora	1	2	4	0,75	0,25 dia útil (2 h)	1 dia útil (8 h)
1	Depois	1,5	1,5	4	0,75	0,3 dia útil (2,4 h)	1,2 dia útil (9,6 h)
2	Agora	2	4	4	0,75	0,107 dia útil (0,86 h)	0,429 dia útil (3,43 h)
2	Depois	3	3	4	0,75	0,129 dia útil (1,03 h)	0,514 dia útil (4,11 h)
3	Agora	3	6	4	0,75	0,063 dia útil (0,50 h)	0,252 dia útil (2,02 h)
3	Depois	4,5	4,5	4	0,75	0,076 dia útil (0,61 h)	0,303 dia útil (2,42 h)

*Obtidos em unidades de *dias úteis* (consistindo em oito horas cada), convertidos para horas.

A Tabela 11.5 na seção anterior demonstrou qual o grande impacto que combinar um território de um único técnico em territórios maiores tem na diminuição dos tempos de espera previstos. Portanto, a equipe de ciência da gestão decide investigar a combinação dessa abordagem com a aplicação de prioridades não preemptivas.

Uma vez que a designação de prioridades não preemptivas não ajuda o suficiente (principalmente depois), vamos também tentar combinar um território de um técnico com territórios conjuntos maiores.

Combinando pares de territórios com apenas um técnico em territórios únicos com dois técnicos dobram as taxas médias de chegada de ambas as classes prioritárias (λ_1 e λ_2) para cada novo território. Uma vez que o número de servidores também dobra (de $s = 1$ para $s = 2$), sem nenhuma alteração na µ (a taxa média de serviço para cada servidor), o fator de utilização ρ permanece o mesmo. Esses valores de agora e de depois são mostrados na terceira e na quarta linhas da Tabela 11.6. Aplicando o modelo de fila de prioridades não preemptivas produzem-se os tempos de espera previstos mostrados nas últimas duas colunas.

Essas grandes reduções nos valores W_q do caso $s = 1$ resultam em tempos de espera razoáveis. Tanto agora quanto depois, W_q para impressoras multifuncionais é apenas cerca da *metade* do máximo sob a proposta do novo padrão de serviço ($W_q \leq 2$ horas). Embora W_q para as outras máquinas esteja um pouco acima desse máximo, tanto agora quanto depois, esses tempos de espera também estão um pouco abaixo dos tempos médios ocorridos (6 horas) sem muitas reclamações dos membros dessa classe de prioridade. A reação de John Phixitt é favorável. Ele considera que o padrão de serviço de $W_q \leq 2$ horas realmente foi proposto privilegiando as impressoras multifuncionais e que os outros membros da alta gestão provavelmente também ficarão satisfeitos com os valores de W_q mostrados na terceira e na quarta linhas da Tabela 11.6.

Territórios de dois técnicos com prioridades reduzem os tempos de espera para níveis satisfatórios.

Uma vez que os resultados analíticos relatados na Tabela 11.5 foram tão favoráveis para territórios de três técnicos sem prioridades, a equipe de ciência da gestão decide investigar essa opção também *com prioridades*. As duas últimas linhas da Tabela 11.6 mostram os resultados para esse caso. Observe que esses valores W_q para $s = 3$ são ainda menores do que para $s = 2$. Na verdade, até mesmo os valores W_q para outras máquinas quase satisfazem o novo padrão de serviço proposto nesse momento. No entanto, John Phixitt aponta que territórios de três agentes têm desvantagens substanciais em relação a territórios de dois agentes. Uma é o tempo de viagem maior aos locais das máquinas. Outra é que os clientes sentem que o serviço é consideravelmente menos personalizado quando eles veem três técnicos diferentes chegando para consertar a máquina em vez de apenas dois. Outra desvantagem, talvez a mais importante, é que três técnicos teriam muito mais dificuldade em coordenar o seu trabalho do que dois. John não acha que as reduções nos valores W_q para $s = 3$ valem essas desvantagens (e afins).

Territórios de três técnicos com prioridades reduzem os tempos de espera ainda mais, mas têm desvantagens substanciais em relação a territórios de dois agentes.

Conclusão: Uma vez que a necessidade de alta prioridade é melhorar o serviço para as impressoras multifuncionais, deve ser considerada a prioridade a essas máquinas para consertos. No entanto, os tempos de espera tanto para a impressora multifuncional quanto para as outras máquinas permanecerá insatisfatório se os atuais territórios de um técnico continuarem utilizados. Fazer a ampliação para territórios de dois agentes reduziria esses tempos de espera para níveis que parecem satisfatórios, sem custos (monetários) adicionais significativos. Fazer a ampliação ainda maior dos territórios provavelmente não valeria a pena, levando-se em conta as desvantagens de grandes territórios.

Conclusões da gestão

Tendo sido estabelecido pelo presidente da Dupit que as quatro abordagens sugeridas para o problema da empresa fossem estudadas, foi pedido à equipe de ciência da gestão e a John Phixitt que apresentassem, em seis semanas, um relatório ao grupo da alta gestão sobre

TABELA 11.7
Quatro abordagens em consideração pela gerência da Dupit

Proponente	Proposta	Custo adicional
John Phixitt	Manter territórios com um agente, mas reduzir o número de máquinas designadas para cada um de 150 para 100	$300 milhões por ano
Vice-presidente de engenharia	Manter territórios com um agente, mas fornecer equipamentos novos e modernos aos agentes de tecnologia	Custo único de $500 milhões
Diretor financeiro (CFO)	Mudar para territórios com três agentes	Nenhum, exceto desvantagens de grandes territórios
Vice-presidente de marketing	Mudar para territórios com dois agentes, com prioridade de conserto às impressoras multifuncionais	Nenhum, exceto desvantagens de grandes territórios

como eles lidaram com o problema. Relatório pronto, cada membro do grupo recebeu uma cópia. O relatório apresenta conclusões (como já indicado nesta e nas seções anteriores) sobre cada uma das quatro abordagens estudadas. Também estão incluídas as medidas de desempenho projetadas (como nas Tabelas 11.5 e 11.6) para essas abordagens.

A Tabela 11.7 as resume depois de aperfeiçoadas pela equipe de ciência da gestão.

Nesse ponto, o presidente se reuniu novamente com seu grupo de alta gestão (incluindo John Phixitt). A reunião começa com uma apresentação breve (e bem ensaiada) pelo chefe da equipe de ciência da gestão, resumindo a análise e as conclusões da equipe. A apresentação é interrompida frequentemente por comentários e perguntas do grupo. Em seguida, o presidente pede a John Phixitt que apresente as suas recomendações.

John começa enfatizando as muitas vantagens do sistema atual de territórios de um agente. As duas primeiras propostas na Tabela 11.7 permitiriam continuar com esse sistema, mas a um custo muito elevado. Em seguida, ele admite que o custo seria muito alto e que o tempo veio para modificar o sistema a fim de prestar o serviço de forma mais eficiente do que ocorre hoje no mercado. (Uma breve discussão revela uma forte concordância do grupo quanto a esse ponto.)

Embora as duas primeiras propostas retenham as muitas vantagens de territórios de um agente, são muito caras, assim, a escolha está entre a terceira e a quarta propostas.

Isso põe a terceira e a quarta propostas da Tabela 11.7 em consideração. John repete os argumentos dados anteriormente para a equipe de ciência da gestão sobre as importantes vantagens dos territórios de dois agentes em relação aos de três. E, então, afirma que a quarta proposta não só forneceria territórios de dois agentes, como também resultaria em uma média menor de espera para consertos das impressoras multifuncionais em comparação à terceira proposta. Quando o gerente de relações com o cliente fez uma objeção, dizendo que os tempos médios de espera de *outras máquinas* não atenderiam o novo padrão de serviço proposto (máximo de duas horas), John enfatiza que esses tempos de espera ainda diminuiriam substancialmente dos níveis atuais, e que os proprietários dessas máquinas não estão nem sequer reclamando agora. Concluindo, John recomenda a adoção da quarta proposta.

Algumas preocupações menores são levantadas na discussão subsequente, incluindo a possibilidade de que os proprietários de outras máquinas possam sentir que estão sendo tratados como clientes de segunda classe. No entanto, John indica que a nova política não seria divulgada, e que, se descoberta, poderia ser facilmente justificada a um cliente. O grupo logo concorda com a recomendação de John.

> **Decisão:** Adotar a quarta proposta da Tabela 11.7.

Por fim, John afirma que existe um número relativamente pequeno de territórios de um agente, e que são tão escassamente povoados que combiná-los em territórios de dois agentes geraria tempos excessivos de viagem para os técnicos. Uma vez que isso contrariaria o objetivo da nova política, ele sugere a adoção da segunda proposta para esses territórios e, em seguida, usar a experiência com o novo equipamento para tomar futuras decisões sobre qual equipamento fornecer a todos os técnicos à medida que as demandas do serviço aumentem. O grupo concordou.

> **Decisão:** Como exceção à nova política, a segunda proposta da Tabela 11.7 é adotada apenas para os territórios atuais de um agente, particularmente pouco povoados. A experiência com o novo equipamento será acompanhada de perto para ajudar a orientar futuras decisões de compra de equipamentos para todos os técnicos.

O presidente agradece a John Phixitt e à equipe de ciência da gestão pelo excelente trabalho em apontar o caminho para o que parece ser uma excelente resolução de um grave problema da empresa. John graciosamente afirma que a verdadeira chave eram as visões obtidas pela equipe de ciência da gestão com o uso eficaz dos modelos de filas adequados. O presidente sorri e pensa em pedir o conselho de John com mais frequência.

Perguntas de revisão

1. Como usar prioridades diferentes de serviço aos clientes em uma base de ordem de chegada?
2. Qual é a diferença entre as prioridades não preemptivas e as preemptivas?
3. Exceto pelo uso de prioridades preemptivas, os pressupostos do modelo homônimo são os mesmos para qual modelo de filas básico?
4. Exceto pela utilização de prioridades não preemptivas, os pressupostos do modelo homônimo são os mesmos para qual modelo de filas básico?
5. Para esses modelos, quais valores do fator de utilização ρ permitem que o sistema de filas atinja uma condição de estado de equilíbrio em todas as classes de prioridade?
6. Ao aplicar o modelo de fila de prioridades não preemptivas no estudo de caso da Dupit, quais são as duas classes de prioridade?
7. Para essa aplicação, qual é a conclusão sobre quantos técnicos por território são necessários para reduzir os tempos de espera de consertos para níveis satisfatórios?
8. Qual é a decisão da alta gestão da Dupit em relação a qual das quatro abordagens propostas será adotada (exceto para os territórios de baixa densidade populacional)?

11.8 ALGUMAS VISÕES SOBRE COMO PROJETAR SISTEMAS DE FILA

O estudo de caso da Dupit ilustra algumas visões principais que os modelos de filas fornecem sobre como os sistemas de filas devem ser projetados. Esta seção as destaca em um contexto mais amplo.

Há quatro visões apresentadas aqui. Cada uma foi apreciada pela primeira vez ao analisar uma das quatro abordagens propostas para o problema da Dupit. Após resumir cada uma, faremos uma breve revisão da sua aplicação ao estudo de caso e, em seguida, vamos descrevê-la em termos gerais.

> **Visão 1:** Ao projetar um sistema de filas de servidor único, lembre que dar um fator de utilização relativamente alto (carga de trabalho) para o servidor fornece medidas surpreendentemente pobres de desempenho para o sistema.[2]

Essa visão surgiu na Seção 11.5 ao analisar a abordagem sugerida por John Phixitt de diminuir o fator de utilização ρ para cada técnico suficientemente para atender a proposta do novo padrão de serviço (uma média do tempo máximo de espera para consertos de duas horas). O ρ = 0,75 atual apresentou tempos médios de espera de seis horas, o que fica muito aquém desse padrão. Era necessário diminuir ρ até ρ = 0,5 para atender o padrão.

Para demonstrar essa visão mais a fundo, utilizamos a planilha do Excel para o modelo $M/M/s$ (mostrado anteriormente nas Figuras 11.8 e 11.9), com $s = 1$ e $\mu = 1$ (de modo que o fator de utilização ρ é igual a), para gerar a tabela de dados na Figura 11.13. Aqui estão os passos para realizar isso. Primeiro, crie uma tabela com os títulos das colunas mostradas nas colunas I, J e K na Figura 11.13. Na primeira coluna da tabela (I5:I16), liste os valores de avaliação para a célula de dados (a taxa média de chegada, ou equivalente, o fator de utilização), exceto deixar em branco a primeira linha. Os títulos das próximas colunas especificam qual saída será avaliada. Para cada uma dessas colunas, utilize a primeira linha da tabela (células J4:K4) para escrever uma equação que se refere à célula de saída relevante. Nesse caso, as células de interesse são o número esperado de clientes no sistema (L) e na fila (L_q), de modo que as equações para J4:K4 são aquelas mostradas abaixo da planilha da Figura 11.13.

---

[2] A exceção é um sistema de fila que tem intervalos mínimos entre execuções ou períodos de atendimento constantes (ou quase constantes). Esse sistema irá funcionar muito bem com um alto fator de utilização.

FIGURA 11.13
Esta tabela de dados demonstra a Visão 1 na Seção 11.8.

	A	B	C	D	E	F	G
1		Modelo para o modelo de fila *M/M/s*					
2							
3			Data				Resultados
4		λ =	0,5	(taxa média de chegada)		L =	1,0000
5		μ =	1	(taxa média de serviço)		L_q =	0,5000

	H	I	J	K	L	M	N	O
1		Tabela de dados demonstrando o efeito do aumento de ρ em L_q e L para *M/M/1*						
2								
3		λ = ρ	L	L_q				
4			1	0,5				
5		0,01	0,010	0,000				
6		0,25	0,333	0,083				
7		0,5	1	0,5				
8		0,6	1,5	0,9				
9		0,7	2,333	1,633				
10		0,75	3	2,25				
11		0,8	4	3,2				
12		0,85	5,667	4,817				
13		0,9	9	8,1				
14		0,95	19	18,05				
15		0,99	99	98,01				
16		0,999	999	998,001				
17								
18		Selecione a tabela inteira (I4:K16) antes de escolher a Tabela no menu Dados.						
19								
20								

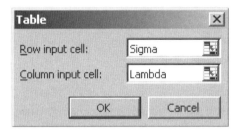

	J	K
3	L	L_q
4	=L	=L_q

Nomes de intervalo	Células
L	G4
Lambda	C4
L_q	G5

O número médio de clientes esperando em um sistema de filas (*L*) aumenta rapidamente mesmo com pequenos aumentos no fator de utilização ρ, de modo que ρ deve ser mantido bem abaixo de 1.

Em seguida, selecione a tabela inteira (I4:K16) e depois escolha a tabela de dados a partir do menu Análise "E Se" da guia Dados (para o Excel 2007 ou 2010) ou Tabela no menu Dados (para outras versões do Excel). Na caixa de diálogo Tabela de dados (como mostrado no lado esquerdo inferior da Figura 11.13), indique a célula de entrada da coluna (Lambda ou C4), que se refere à célula de dados que está sendo alterada na primeira coluna da tabela. Nada é inserido na célula de entrada de linha porque nenhuma linha está sendo usada para listar os valores de avaliação de uma célula de dados nesse caso.

Clicando em OK gera a tabela de dados mostrada na Figura 11.13. Para cada valor de avaliação da célula de dados listado na primeira coluna da tabela, os valores das células correspondentes de saída são calculados e exibidos nas outras colunas da tabela. (Os números na primeira linha da tabela vêm da solução original da planilha.)

Observe nessa tabela de dados como L_q e L aumentam rapidamente, mesmo com pequenos aumentos em ρ. Por exemplo, L triplica quando ρ é aumentado de 0,5 para 0,75, e, em seguida, triplica novamente quando se aumenta ρ de 0,75 para 0,9. À medida que ρ aumenta acima de 0,9, L_q e L crescem astronomicamente. (Embora essa tabela de dados tenha sido gerada com μ = 1, os mesmos valores de L_q e L seriam obtidos com qualquer outro valor de μ, bem como quando os números da primeira coluna são o fator de utilização ρ = λ/μ.)

Os gestores normalmente se esforçam por um alto fator de utilização para seus funcionários, suas máquinas, seus equipamentos e assim por diante. Essa é uma parte importante da administração de uma empresa eficiente. Um fator de utilização de 0,9 ou superior seria desejável.

FIGURA 11.14
Esta tabela de dados demonstra a Visão 2 na Seção 11.8.

	A	B	C	D	E	F	G	H	I
1	Modelo para o modelo de fila $M/G/1$								
2									
3			Data				Resultados		
4		$\lambda =$	0,5	(taxa média de chegada)		$L =$	0,8125		
5		$1/\mu =$	1	(tempo de serviço esperado)		$L_q=$	0,3125		
6		$\sigma =$	0,5	(desvio padrão)					
7		$s =$	1	(# servidores)		$W =$	1,625		
8						$W_q=$	0,625		
9									
10						$\rho =$	0,5		
11									
12						$P_0 =$	0,5		
13									
14	Tabela de dados demonstrando o efeito da redução σ em L_q para $M/G/1$								
15									
16				Corpo da tabela mostra valores L_q					
17									
18					σ				
19			0,3125	1	0,5	0			
20			0,5	0,500	0,313	0,250			
21		$\rho (= \lambda)$	0,75	2,250	1,406	1,125			
22			0,9	8,100	5,063	4,050			
23			0,99	98,010	61,256	49,005			

Selecione a tabela inteira (C19:F23) antes de selecionar Tabela no menu Dados.

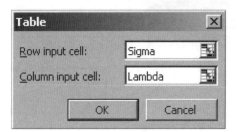

Nomes de intervalo	Células
Lambda	C4
Lq	G5
Sigma	C6

No entanto, tudo isso deve mudar quando o funcionário, a máquina ou equipamento é o servidor em um sistema de filas de servidor único que tem uma oscilação considerável nos seus intervalos mínimos entre execuções e períodos de atendimento (como um sistema $M/M/1$). Para a maioria desses sistemas, o gerente que tem conhecimento consideraria inaceitável ter uma *média* de nove clientes esperando no sistema ($L = 9$ com $\rho = 0,9$). Se for assim, seria necessário um fator de utilização um pouco menor (talvez muito menor) do que 0,9. Por exemplo, acabamos de mencionar que o novo padrão de serviço da Dupit com a abordagem original proposta por John Phixitt exigiu a redução do fator de utilização para $\rho = 0,5$.

Visão 2: Diminuir a *oscilação* dos tempos de serviço (sem qualquer alteração na média) melhora o desempenho de um sistema de filas de servidor único substancialmente. (Isso também tende a ser verdade para sistemas de fila com vários servidores, especialmente com fatores de utilização mais altos.)

Essa percepção foi encontrada no estudo da Dupit ao analisar a proposta do vice-presidente de engenharia de fornecer equipamentos novos e modernos a todos os técnicos. Como descrito no final da Seção 11.5, essa abordagem diminuiria a *média* e o *desvio padrão* da distribuição do período de atendimento. Diminuir a média também diminuiu o fator de utilização, o que diminuiu o tempo médio de espera W_q. Diminuir o desvio padrão λ (que mede a quantidade de oscilação) causou uma redução *adicional* de 37,5% em W_q. A Visão 2 refere-se a essa última melhoria substancial em W_q (e nas outras medidas de desempenho).

A tabela de dados bidirecional nas células C19:F23 da Figura 11.14 demonstra o efeito sobre L_q ao diminuir o desvio padrão σ da distribuição do período de atendimento para qualquer sistema de filas $M/G/1$. (Esta tabela foi gerada a partir da planilha de Excel introduzido na Figura 11.6 para o modelo de $M/G/1$.)

11.8 Algumas visões sobre como projetar sistemas de fila

Para criar essa tabela de dados bidirecional, elabore uma tabela com títulos de coluna e de linha, como mostrado nas linhas 19-23 da planilha na Figura 11.14. No canto superior esquerdo da tabela (C19), escreva uma equação que se refira à célula de saída da qual você está interessado em ver os resultados ($= L_q$ ou G5). Na primeira coluna da tabela (coluna C, abaixo da equação na célula C19), insira todos os valores diferentes na primeira célula de dados variáveis (λ). Na primeira linha da tabela (linha 19, à direita da equação na célula C19), insira todos os valores diferentes na segunda célula de dados variáveis (σ).

Em seguida, selecione a tabela inteira (C19:F23) e escolha Tabela de dados a partir do menu Análise "E Se" da guia Dados (para o Excel 2007 ou 2010) ou da guia Tabela no menu Dados (para outras versões do Excel). Na caixa de diálogo da Tabela de dados (mostrada no lado esquerdo inferior da Figura 11.14), indique quais células de dados estão sendo alteradas simultaneamente. A célula de entrada de coluna refere-se à célula de dados cujos diferentes valores são indicados na primeira coluna da tabela (Lambda, ou célula C4), enquanto a célula de entrada de linha refere-se à célula de dados cujos diferentes valores são indicados na primeira linha da tabela (Sigma, ou célula C6).

A tabela de dados mostrada na Figura 11.14 é gerada automaticamente clicando em OK. Para cada par de valores da célula de entrada indicado na primeira linha e primeira coluna da tabela, o Excel determina o valor correspondente da célula de saída referida no canto esquerdo superior da tabela. Esses valores são, então, inseridos no corpo da tabela.

Antes de gerar essa tabela de dados, a média da distribuição de período de atendimento foi definida na célula C5 a $1/\mu$ (que cria $\rho = \lambda$), assim, os cabeçalhos da coluna de $\sigma = 1$, $\sigma = 0,5$, e $\sigma = 0$ correspondem a $\sigma =$ média, $\sigma =$ média 0,5, e $\sigma = 0$, respectivamente. Portanto, à medida que você lê os valores de L_q na tabela da esquerda para a direita, ρ diminui em relação à média da distribuição (como para o modelo $M/M/1$) para ser *metade* da média e depois para $\sigma = 0$ (como para o modelo de $M/D/1$). Se a média fosse alterada para um valor diferente de 1, os mesmos valores de L_q ainda seriam obtidos para cada valor do fator de utilização $\rho = \lambda/\mu$ listado nas células C20:C23, enquanto os valores de σ para as respectivas colunas são $\sigma =$ média, $\sigma =$ média 0,5, e $\sigma = 0$.

Se os períodos de atendimento são altamente variáveis, eliminar essa oscilação pode reduzir L_q pela metade.

Em cada linha dessa tabela, o valor na coluna $\sigma = 0$ é apenas *metade* daquele na coluna $\sigma = 1$, assim, eliminando completamente a oscilação dos períodos de atendimento, cria-se uma grande melhoria. Porém, o valor na coluna $\sigma = 0,5$ é apenas 62,5% daquele na coluna $\sigma = 1$, logo, até mesmo cortar a oscilação pela metade a elimina completamente Portanto, qualquer coisa que puder ser feita para reduzir a oscilação, mesmo que modestamente, vai melhorar o desempenho do sistema de forma significativa.

> **Visão 3:** Sistemas de fila com *vários servidores* podem funcionar satisfatoriamente com fatores de utilização um pouco mais elevados em comparação aos sistemas de fila com um único servidor. Por exemplo, criar *servidores interativos* com combinação de sistemas de fila com servidor único separados em um sistema de filas com vários servidores (sem alterar o fator de utilização) melhora as medidas de desempenho.

Essa visão foi obtida pela Dupit enquanto investigava a proposta do diretor financeiro (CFO) de combinar territórios de um agente em territórios maiores servidos em conjunto por vários técnicos. A Tabela 11.5 na Seção 11.6 resume o grande impacto que essa abordagem teria na melhora dos tempos médios de espera para os inícios (W_q). Particularmente, W_q para territórios de dois agentes está bem abaixo da *metade* daquele para territórios de um agente, e W_q para territórios de três agentes é de cerca de um *quarto* daqueles territórios de um agente, apesar de o fator de utilização ser o mesmo para todos esses casos.

Essas melhorias expressivas não são incomuns. Na verdade, verificou-se que criar *servidores interativos* como descrito a seguir *sempre* proporcionam melhorias semelhantes.

> **Impacto de servidores interativos:** Suponha que você tenha um número (denotado por n) de idênticos sistemas de fila com um único servidor que se encaixa no modelo $M/M/1$. Suponha que você combine esses n sistemas (sem alterar o fator de utilização) em um único sistema de fila que se encaixa no modelo $M/M/s$, em que o número de servidores é $s = n$. Essa mudança *sempre* melhora o valor de W_q para *mais* do que dividindo por n, isto é,

Aqui está uma maneira de reduzir drasticamente os tempos de espera.

$$W_q \text{ (para sistemas combinados)} < \frac{W_q \text{ (para cada sistema com um único servidor)}}{n}$$

Embora não seja garantido que essa desigualdade se mantenha se essas filas de espera não se encaixem nos modelos $M/M/1$ e $M/M/s$, a melhoria em W_q com a combinação dos sistemas ainda vai ser muito importante para outros modelos também.

Visão 4: Aplicar *prioridades* ao escolher os clientes para iniciar o serviço pode melhorar significativamente as medidas de desempenho para clientes de alta prioridade.

Essa visão tornou-se evidente quanto Dupit estudava a proposta do vice-presidente de marketing de dar maior prioridade (não preemptiva) para consertar as impressoras multifuncionais em detrimento do conserto de outras máquinas. A Tabela 11.6 na seção anterior dá os valores de W_q para as impressoras multifuncionais e para as outras máquinas sob essa proposta. Comparar esses valores com aqueles da Tabela 11.5 sem prioridades mostra que priorizar as impressoras multifuncionais reduziria o tempo de espera expressivamente agora (mas também aumentaria os tempos de espera para as outras máquinas). Mais tarde, à medida que as impressoras multifuncionais se tornam a maior proporção das máquinas em conserto (metade em vez de um terço), a redução do seu tempo de espera não seria tão grande.

> Aplicar as prioridades pode reduzir drasticamente os tempos de espera para clientes de alta prioridade, mas vai aumentar o tempo de espera para os de baixa prioridade.

Para outros sistemas de fila também, o impacto da aplicação de prioridades depende, de alguma forma, da proporção dos clientes nas respectivas classes de prioridade. Se a proporção na classe de prioridade mais alta for pequena, as medidas de desempenho para esses clientes vão melhorar muito. Se a proporção for muito grande, a melhoria será mais modesta.

Prioridades *preemptivas* dão uma preferência ainda maior para os clientes de alta prioridade do que as prioridades *não preemptivas* usadas para o problema da Dupit. Portanto, aplicar prioridades preemptivas melhora as medidas de desempenho para os clientes da classe de prioridade alta em nível maior do que aplicar as prioridades não preemptivas.

Perguntas de revisão

1. Qual o efeito de dar um fator de utilização relativamente grande (carga de trabalho) para o servidor em um sistema de filas com servidor único?
2. O que acontece com os valores de L_q e L para o modelo *M/M/1* quando ρ é aumentado bem acima de 0,9?
3. Qual o efeito de diminuir a oscilação dos períodos de atendimento (sem alterar a média) sobre o desempenho de um sistema de filas com servidor único?
4. Para um sistema de filas *M/G/1*, cortar a oscilação (desvio padrão) dos períodos de atendimento pela metade fornece a maior parte do aperfeiçoamento que seria conseguida pela eliminação completa da oscilação?
5. Qual o efeito da combinação de diferentes sistemas de fila com servidor único em um sistema de filas com vários servidores (sem alterar o fator de utilização)?
6. Qual o efeito da aplicação de prioridades ao escolher os clientes para iniciar o serviço?
7. Quais prioridades, preemptivas ou não preemptivas, provocam a maior melhoria nas medidas de desempenho para os clientes na classe de prioridade alta?

11.9 ANÁLISE ECONÔMICA DO NÚMERO DE SERVIDORES A FORNECER

Ao projetar um sistema de filas, uma questão fundamental, muitas vezes, é quantos servidores fornecer. Fornecer muitos gera custos excessivos. Fornecer poucos faz os clientes esperarem mais. Portanto, a escolha do número de servidores envolve a descoberta de um equilíbrio adequado entre o custo dos servidores e o tempo de espera.

Em muitos casos, as consequências para uma empresa fazer seus clientes esperarem podem ser expressas como um **custo de espera**. Isso é especialmente verdadeiro quando os clientes são *internos* à organização, tal como os funcionários de uma empresa. Fazer os próprios funcionários esperarem resulta em *produtividade perdida*, o que resulta em *lucro perdido*. Esse lucro perdido é o custo de espera.

Um gerente está interessado em minimizar o custo total. Assim

TC = Custo total esperado por unidade de tempo
SC = Custo de serviço esperado por unidade de tempo
WC = Custo de espera previsto por unidade de tempo

Então, o objetivo é escolher o número de servidores, de modo a

$$\text{Minimizar} \quad TC = SC + WC$$

Quando cada servidor custa o mesmo, o **custo de serviço** é

$$SC = C_s s$$

em que

C_S = Custo de um servidor por unidade de tempo
s = Número de servidores

Quando o custo de espera é proporcional à quantidade de espera, ele pode ser expresso como

$$WC = C_W L$$

em que

C_W = O custo de espera por unidade de tempo para cada cliente no sistema de fila
L = Número esperado de clientes no sistema de fila

Portanto, depois de estimar as constantes C_S e C_W, o objetivo consiste em escolher o valor de s de modo a

$$\text{Minimizar} \quad TC = C_S s + C_W L$$

Ao escolher o modelo de filas que se encaixa no sistema de filas, o valor de L pode ser obtido para vários valores de s. Aumentar s diminui L, primeiro, rapidamente e, em seguida, gradualmente.

A Figura 11.15 mostra a forma geral das curvas de SC, WC, e TC *versus* o número de servidores s. (Para melhor conceituação, desenhamo-nas como curvas suaves mesmo que os únicos valores viáveis de s sejam $s = 1, 2,...$). Ao calcular TC para valores consecutivos de s até que TC pare de diminuir e comece a aumentar, é fácil encontrar o número de servidores que minimiza o custo total. O exemplo a seguir ilustra esse processo.

> Calcule TC para valores consecutivos de s até que TC pare de diminuir para encontrar o número ideal de servidores.

Exemplo

A **Acme Machine Shop** tem um depósito de ferramentas para as que são exigidas pelos mecânicos da loja. Dois funcionários o administram depósito. As ferramentas são entregues à medida que os mecânicos chegam e as solicitam, e são devolvidas aos funcionários quando não são mais necessárias. Tem havido reclamações dos supervisores de que os mecânicos perderam muito tempo esperando atendimento no depósito de ferramentas, assim, parece que deveria haver *mais* funcionários. Por outro lado, a gestão está exercendo pressão para reduzir a sobrecarga na fábrica, e essa redução levaria a *menos* funcionários. Para resolver esses conflitos, um estudo de ciência da gestão determinará quantos funcionários o depósito de ferramentas deve ter.

FIGURA 11.15
Forma das curvas de custo para a determinação do número de servidores.

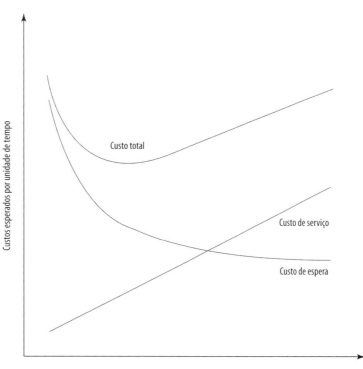

O depósito constitui um sistema de filas, com os funcionários como servidores e os mecânicos, clientes. Depois de recolher alguns dados sobre intervalos mínimos entre execuções e períodos de atendimento, a equipe de ciência da gestão concluiu que o modelo de filas que melhor se encaixa nesse sistema é o *M/M/s*. As estimativas da taxa média de chegada λ e da taxa média de serviço (por servidor) μ são

$\lambda = 120$ clientes por hora
$\mu = 80$ clientes por hora

assim, o fator de utilização para os dois funcionários é

$$\rho = \frac{\lambda}{s\mu} = \frac{120}{2(80)} = 0{,}75$$

O custo total para a empresa de cada funcionário do depósito de ferramentas é de cerca de $ 20 por hora, assim, $C_s = \$20$. Enquanto um mecânico está ocupado, o valor para a empresa de sua saída tem média de $ 48 por hora, então $C_W = \$48$. Portanto, a equipe de ciência da gestão precisa agora encontrar o número de servidores (funcionários do depósito de ferramentas) *s* que vai

$$\text{Minimizar} \quad TC = \$20\,s + \$48\,L$$

Uma planilha do Excel foi fornecida na sua MS Courseware para calcular esses custos com o modelo *M/M/s*. Tudo que você precisa fazer é inserir os dados do modelo junto com a unidade de custo de serviço C_s, o custo de espera da unidade C_W e o número de servidores *s* que você quer avaliar. O modelo então calcula SC, WC e TC. Isso é ilustrado na Figura 11.16 com *s* = 3 para esse exemplo. Por inserir valores alternativos de *s* repetidamente, o modelo pode revelar qual valor minimiza TC em questão de segundos.

FIGURA 11.16
Planilha do Excel para o uso da análise econômica para escolher o número de servidores com o modelo *M/M/s* aplicada para o exemplo da Acme Machine Shop com *s* = 3.

Seu MS Courseware inclui uma planilha do Excel que irá calcular TC para você.

	A	B	C	D	E	F	G
1		Análise econômica do exemplo da Acme Machine Shop					
2							
3			Data				Resultados
4		$\lambda =$	120	(taxa média de chegada)		$L =$	1,736842105
5		$\mu =$	80	(taxa média de serviço)		$L_q =$	0,236842105
6		$s =$	3	(# servidores)			
7						$W =$	0,014473684
8		$\Pr(W > t) =$	0,02581732			$W_q =$	0,001973684
9		quando $t =$	0,05				
10						$\rho =$	0,5
11		$\text{Prob}(W_q > t) =$	0,00058707				
12		quando $t =$	0,05			n	P_n
13						0	0,210526316
14		Análise econômica:				1	0,315789474
15		$C_s =$	$20,00	(custo/servidor/unidade de tempo)		2	0,236842105
16		$C_w =$	$48,00	(custo de espera/unidade de tempo)		3	0,118421053
17						4	0,059210526
18		Custo de serviço	$60,00			5	0,029605263
19		Custo de espera	$83,37			6	0,014802632
20		Custo total	$143,37			7	0,007401316

	B	C
18	Custo de serviço	= C_s *s
19	Custo de espera	= C_w *L
20	Custo total	= CustoDeServiço+CustoDeEspera

Nomes de intervalo	Células
CustoDeServiço	C18
CustoDeEspera	C19
C_s	C15
C_w	C16
L	G4
s	C6
CustoTotal	C20

FIGURA 11.17
Esta tabela de dados compara os custos de hora esperados a várias quantidades alternativas de funcionários designados para o depósito de ferramentas de Acme Machine shop.

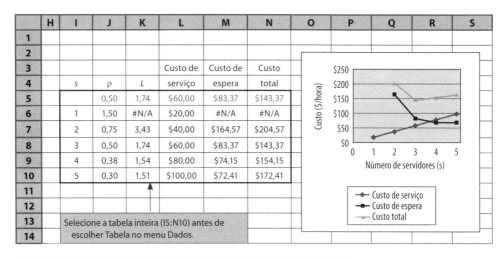

A Figura 11.17 mostra uma tabela de dados gerada a partir desse modelo, repetindo os cálculos para $s = 1, 2, 3, 4,$ e 5. (Veja a Seção 11.8 para obter mais informações sobre a geração de tabelas de dados). Uma vez que o fator de utilização para $s = 1$ é $\rho = 1,5$, um funcionário único não conseguiria acompanhar o ritmo de clientes (como indicado por #N/A nas células K6 e M6:N6), por isso essa opção está descartada. Todos os valores maiores de s são viáveis, mas $s = 3$ tem o menor custo total. Além disso, $s = 3$ diminuiria o custo total atual para $s = 2$ para $62 por hora. Portanto, apesar da tendência da gestão em reduzir a sobrecarga (que inclui o custo de funcionários do depósito de ferramentas), a equipe de ciência da gestão recomenda que um terceiro funcionário seja adicionado ao depósito. Observe que essa recomendação diminuiria o fator de utilização dos funcionários de um modesto 0,75 para 0,5. No entanto, devido à grande melhoria na produtividade dos mecânicos (que são muito mais caros do que os funcionários) com a diminuição do tempo desperdiçado na espera no depósito de ferramentas, a gestão adota a recomendação.

Um fator de utilização baixo, de 0,5, é melhor para os funcionários do depósito de ferramentas porque reduz expressivamente o tempo de espera dos caros mecânicos no depósito.

Perguntas de revisão

1. Qual o equilíbrio envolvido na escolha do número de servidores para um sistema de fila?
2. Qual a natureza do custo de espera quando os clientes do sistema de filas são funcionários da própria empresa?
3. Qual é uma possível expressão para o custo de espera quando este é proporcional à quantidade de espera?
4. O que o exemplo da Acme Machine Shop demonstra sobre a oportunidade de manter sempre um fator de utilização relativamente alto para os servidores de um sistema de fila?

11.10 RESUMO

Sistemas de fila são predominantes em toda a sociedade. A adequação desses sistemas pode ter um efeito importante sobre a qualidade de vida e sobre a produtividade da economia.

Os principais componentes de um sistema de filas são os *clientes que chegam*, a *fila* em que se espera para o serviço e os *servidores* que prestam o serviço. Um modelo de filas representando um sistema de filas precisa especificar o número de servidores, a distribuição de intervalos mínimos entre execuções e a distribuição de tempos de serviço. Uma distribuição *exponencial* geralmente é escolhida para a distribuição de intervalos mínimos entre execuções porque isso corresponde ao fenômeno comum de chegadas que ocorrem aleatoriamente. Algumas vezes, uma distribuição exponencial proporciona um ajuste razoável também para a distribuição de período de atendimento, e é uma escolha particularmente conveniente em termos de facilidade de análise. Outras distribuições de probabilidade usadas, algumas vezes, para a distribuição de período de atendimento incluem a distribuição *degenerada* (tempos de serviço constantes).

As principais medidas do desempenho dos sistemas de filas são os valores esperados do número de clientes na fila ou no sistema (este último acrescenta os clientes em atendimento) e do tempo de espera de um cliente na fila ou no sistema. As relações gerais entre os valores esperados, incluindo a fórmula de Little, permitem que todos os quatro valores sejam determinados imediatamente, assim que um seja encontrado. Além dos valores esperados, as distribuições de probabilidade dessas quantidades são, algumas vezes, usadas também como medidas de desempenho.

O estudo de caso deste capítulo apresenta a alta gestão da Dupit Corporation lidando com uma questão difícil. Os clientes da empresa agora estão exigindo um nível muito mais elevado do serviço de consertar prontamente as fotocopiadoras (e, particularmente, uma nova impressora multifuncional). A Dupit já está gastando $ 600 milhões por ano com a manutenção dessas máquinas. Cada território de um técnico inclui um sistema de filas tendo esse profissional como o servidor, e as máquinas que necessitam de reparos, como os clientes. A equipe de ciência da gestão considera que os modelos *M/M/1*, *M/G/1*, *M/M/s* e um de prioridades não preemptivas permitem analisar as abordagens alternativas para redesenhar esse sistema de filas. Essa análise leva a alta gestão a adotar uma política de combinar pares de territórios de um técnico com territórios de dois técnicos, que dão prioridade ao conserto das novas impressoras multifuncionais, o que propicia o nível necessário de serviço sem um aumento significativo no custo.

Outros modelos de filas discutidos no capítulo incluem *M/D/1* e *M/D/s*, bem como um modelo de prioridades preemptivo. Um suplemento para esse capítulo no CD-ROM também apresenta a variação de fila finita e a variação de população finita do modelo *M/M/s*, bem como modelos que usam outro serviço de distribuição de tempo (a distribuição Erlang), os quais permitem que a quantidade de oscilação nos tempos de serviço caia em algum lugar entre aqueles para as distribuições exponencial e degenerada.

A Seção 11.8 apresenta quatro visões principais que os modelos de fila oferecem sobre como os sistemas de filas devem ser projetados. Cada uma delas também é ilustrada pelo caso de estudo da Dupit.

Uma questão fundamental na elaboração de sistemas de filas é, frequentemente, a quantidade de servidores a fornecer. A Seção 11.9 descreve como determinar o número de servidores que irão minimizar o custo total esperado do sistema de filas, incluindo o custo de fornecimento dos servidores e o custo associado a fazer os clientes esperarem.

Glossário

capacidade da fila   Número máximo de clientes que podem ser mantidos na fila. (Seção 11.1), 433

classes de prioridade   Categorias de clientes às quais são dadas prioridades diferentes para receber o serviço. (Seção 11.7), 458

clientes   Termo genérico que se refere a qualquer tipo de entidade (pessoas, veículos, máquinas, itens etc.) que chega ao sistema de filas para receber o serviço. (Seção 11.1), 430

condição de estado de equilíbrio   Condição normal em de um sistema de filas após operar algum tempo com um fator de utilização fixado inferior a um. (Seção 11.3), 439

custo de espera   Custo associado a manter clientes em um sistema de filas. (Seção 11.9), 468

custo de serviço   Custo associado ao fornecimento de servidores em um sistema de filas. (Seção 11.9), 468

disciplina de fila   Regra para determinar a ordem em que os membros da fila são selecionados para iniciar o serviço. (Seção 11.1), 434

distribuição exponencial   Escolha mais popular para a distribuição de probabilidade do intervalo mínimo entre execuções e períodos de atendimento. Sua forma é mostrada na Figura 11.3. (Seção 11.1), 434

fator de utilização   Fração média de tempo em que os servidores são utilizados para atender os clientes. (Seções 11.5, 11.6), 444, 453

fila   Fila de espera em um sistema de filas. Ela não inclui os clientes em atendimento. (Seção 11.1), 430

fila finita   Pode conter somente um número limitado de clientes. (Seção 11.1), 433

fila infinita   Pode conter um número ilimitado de clientes. (Seção 11.1), 433

fórmula de Little $L = \lambda W$, ou $L_q = \lambda W_q$. (Seção 11.3), 439

intervalo mínimo entre execuções   Tempo decorrido entre as chegadas consecutivas a um sistema de filas. (Seção 11.1), 432

número de clientes na fila   Clientes que estão à espera do início do serviço. (Seções 11.1, 11.3), 433, 439

número de clientes no sistema Número total de clientes no sistema de filas, aguardando ou em atendimento. (Seções 11.1, 11.3), 433, 439

período de atendimento Tempo decorrido desde o início até ao final do serviço de um cliente. (Seção 11.1), 434

períodos de atendimento constantes Todos os clientes têm o mesmo período de atendimento. (Seção 11.1), 435

prioridades não preemptivas Prioridades para a escolha do próximo cliente para iniciar o serviço quando um servidor fica livre. No entanto, essas prioridades não afetam os clientes que já iniciaram o serviço. (Seção 11.7), 459

prioridades preemptivas Prioridades para servir os clientes que incluem enviar o cliente de menor prioridade em atendimento de volta para a fila a fim de atender um cliente de maior prioridade que acaba de entrar no sistema de filas. (Seção 11.7), 459

propriedade de memória insuficiente Ao se referir a chegadas, essa propriedade determina que o tempo da próxima chegada é totalmente influenciado por quando ocorreu a última chegada. Também chamado de propriedade de Markov. (Seção 11.1), 433

servidor Entidade que está servindo os clientes que chegam a um sistema de fila. (Seção 11.1), 430

sistema de fila Local onde os consumidores recebem algum tipo de serviço, talvez depois de esperar em uma fila. (Seção 11.1), 430

sistema de serviço comercial Sistema de fila em que uma organização comercial fornece um serviço para cliente externo. (Seção 11.2), 436

sistema de serviço de transporte Sistema de fila envolvendo o transporte, em que tanto os clientes quanto o(s) servidor(es) são veículos. (Seção 11,2), 437

sistema de serviço interno Sistema de fila em que os clientes que recebem e o serviço são internos na empresa que o realiza. (Seção 11.2), 437

taxa média de chegada Número esperado de chegadas a um sistema de filas por unidade de tempo. (Seção 11.1), 432

taxa média de serviço Número esperado de conclusões de serviços por unidade de tempo para um único servidor continuamente ocupado. (Seção 11.1), 434

técnico Agente de serviços técnicos no estudo de caso da Dupit. (Seção 11.4), 441

tempo de espera na fila Tempo que um cliente individual gasta na fila de espera até o serviço começar. (Seção 11.3), 439

tempo de espera no sistema Tempo que um cliente individual gasta no sistema de fila até o serviço começar e durante sua realização. (Seção 11.3), 439

Símbolos-chave

λ = Taxa média de chegadas	(Seção 11.1)	
μ = Taxa média de serviço	(Seção 11.1)	
s = Número de servidores	(Seção 11.1)	
L = Número esperado de clientes no sistema	(Seção 11.3)	
L_q = Número esperado de clientes na fila	(Seção 11.3)	
W = Tempo de espera previsto no sistema	(Seção 11.3)	
W_q = Tempo de espera esperado na fila	(Seção 11.3)	
ρ = Fator de utilização para os servidores	(Seções 11.5 e 11.6)	

Auxiliares de aprendizagem para este capítulo em seu Ms Courseware

Capítulo 11: arquivos do Excel
Complemento para o modelo M/M/s
Complemento para o modelo M/G/1
Complemento para o modelo M/D/1
Complemento para modelos de prioridades não preemptivas
Complemento para modelos de prioridades preemptivas
Complemento para a análise econômica M/M/s do número de servidores

Módulos Interativos de Ciência da Gestão:
Módulo de fila de espera

Suplementos para este Capítulo no CD-ROM:
Complementos de fila adicionais

Suplemento dos Arquivos de Excel do Capítulo 11:
Complemento para variação de fila finita do modelo M/M/s
Complemento para a variação finita de população de chamada do modelo M/M/s
Complemento para o modelo M/Ek/1

Problema solucionado (consulte o CD-ROM ou o *site* para a solução)

11.S1. Gerenciamento de filas de espera no First Bank de Seattle

Sally Gordon acaba de concluir seu MBA e se orgulha da promoção para Vice-presidente de Atendimento ao Cliente no First Bank de Seattle. Uma de suas responsabilidades é gerenciar o atendimento dos caixas aos clientes, por isso ela está observando atentamente essa área de operações do banco. Os clientes que necessitam de serviço no caixa chegam aleatoriamente a uma taxa média de 30 por hora. Eles esperam em uma fila única e são atendidos pelo primeiro caixa disponível quando chega sua vez. Cada serviço precisa de um tempo variável (assuma uma distribuição exponencial), mas, em média, a operação pode ser concluída em três minutos. Os caixas ganham um salário médio de $ 18 por hora.

a. Se dois caixas são usados, qual será o tempo médio de espera para um cliente antes de ser atendido? Em média, quantos clientes estarão no banco, incluindo aqueles já em atendimento?

b. A política da empresa é de não ter mais de 10% de risco de que um cliente esperará mais de cinco minutos antes de ser atendido. Quantos caixas têm de ser utilizados a fim de satisfazer esse padrão?

c. Por causa de potenciais negócios perdidos, Sally acha que há um custo significativo ao fazer um, que ela estima em $ 0,50 para cada minuto que um cliente gasta no banco, contando o tempo de espera e o de atendimento. Dado esse custo, quantos caixas Sally deve empregar?

d. O First Bank tem dois tipos de clientes: comerciais e comuns. A taxa média de chegada para cada tipo é de 15 por hora. Atualmente os dois tipos de clientes esperam na mesma fila e são servidos pelos mesmos caixas com o mesmo tempo médio de serviço. No entanto, Sally está pensando em mudar isso. O novo sistema que ela está considerando teria duas linhas: uma para clientes comerciais e outra para clientes comuns. Haveria um caixa único para atender cada fila. Qual seria o tempo médio de espera para cada tipo de cliente antes de ser atendido? Em média, qual o total de clientes que estariam no banco, incluindo aqueles já em atendimento? Como esses resultados se comparam com os da parte *a*?

e. Sally acha que se os caixas são divididos em de comerciantes e normais, eles seriam mais eficientes e poderiam atender os clientes em uma média de 2,5 minutos em vez de 3 minutos. Responda as perguntas da parte *d* novamente com esse novo tempo médio de serviço.

Problemas

À esquerda dos problemas a seguir (ou suas partes), inserimos o símbolo E (para Excel) sempre que um dos modelos puder ser útil. Um asterisco no número do problema indica que ao menos uma resposta parcial é dada no Apêndice C.

11.1. Considere uma típica sala de emergência de hospital.
   a. Descreva por que ela é um sistema de fila.
   b. Qual é a *fila* nesse caso? Descreva como você esperaria que a disciplina da fila funcionasse.
   c. Você esperaria que houvesse *chegadas aleatórias*?
   d. Quais são os *períodos de atendimento* nesse contexto? Você esperaria muita oscilação nos períodos de atendimento?

11.2. Identifique os clientes e os servidores no sistema de fila em cada uma das situações a seguir.
   a. O local do caixa em um depósito.
   b. Um posto de bombeiros.
   c. O pedágio de uma ponte.
   d. Uma mecânica de bicicleta.
   e. Uma doca portuária.
   f. Um grupo de máquinas semiautomáticas designadas a um operador.
   g. O equipamento de manutenção de materiais em uma área fabril.
   h. Uma loja de encanamentos.
   i. Uma loja de produção por encomenda de produtos personalizados.
   j. Um grupo administrativo de processamento de texto.

11.3. * Classifique cada uma das afirmações a seguir sobre o uso da distribuição exponencial como a distribuição de probabilidade de intervalos mínimos entre execuções verdadeira ou falsa e, em seguida, justifique sua resposta fazendo referência a uma frase específica no capítulo.
   a. É a única distribuição dos intervalos mínimos entre execuções que aceita ter chegadas aleatórias.
   b. Possui a propriedade de memória insuficiente porque não consegue lembrar quando a próxima chegada ocorrerá.
   c. Fornece um excelente ajuste para intervalos mínimos entre execuções na maioria das situações.

11.4. Classifique cada uma das afirmações a seguir sobre o uso da distribuição exponencial como a distribuição de probabilidade de períodos de atendimento como verdadeira ou falsa e, em seguida, justifique sua resposta fazendo referência a uma frase específica do capítulo.
   a. Geralmente fornece uma excelente aproximação da verdadeira distribuição de tempo de serviço.
   b. Sua média e variância são sempre iguais.
   c. Representa um caso particularmente extremo em relação à quantidade de oscilação nos períodos de atendimento.

11.5. Classifique cada uma das seguintes afirmações sobre a fila em um sistema de filas como verdadeira ou falsa e, em seguida, justifique sua resposta fazendo referência a uma frase específica do capítulo.
   a. A fila é onde os clientes esperam no sistema de filas até que o serviço seja concluído.
   b. Modelos de filas convencionalmente assumem que a fila pode conter apenas um número limitado de clientes.
   c. A disciplina de fila mais comum é por ordem de chegada.

11.6. O Banco Midtown tem sempre dois caixas em serviço. Clientes chegam para receber o serviço de um caixa com uma taxa média de 40 por hora. Um caixa requer uma média de dois minutos para atender um cliente. Quando ambos os caixas estão ocupados, o cliente que chega entra em uma fila única. A experiência tem mostrado que os clientes ficam na fila na média de um minuto antes de ser atendido.
   a. Descreva por que isso é um sistema de fila.
   b. Determine as medidas básica de desempenho – W_q, W, L_q e L – para esse sistema de fila. (*Dica:* Não conhecemos as distribuições de probabilidade de intervalos mínimos entre execuções e os períodos de atendimento desse sistema de filas, portanto, você vai precisar usar as relações entre essas medidas de desempenho para ajudar a responder a pergunta.)

11.7. A Mom-and-Pop's Grocery Store tem um pequeno estacionamento adjacente com três vagas reservadas para clientes da loja. Durante o horário de funcionamento, quando o estacionamento não está lotado, os carros que chegam usam uma das vagas com uma taxa média de dois por hora. Quando o estacionamento está lotado, os carros que chegam acabam indo embora e não voltam. Para $n = 0, 1, 2, 3$, a probabilidade P_n de que exatamente *n* vagas estejam ocupadas no momento é $P_0 = 0,2$, $P_1 = 0,3$, $P_2 = 0,3$, $P_3 = 0,2$.
   a. Descreva como esse estacionamento pode ser interpretado como um sistema de filas. Particularmente, identifique os clientes e os servidores. Qual é o serviço sendo prestado? O que constitui um período de atendimento? Qual é a capacidade da fila? (*Dica:* Consulte a Tabela 11.4.)

b. Determine as medidas básica de desempenho – L, L_q, W e W_q – para esse sistema de fila. (*Dica:* Você pode usar as probabilidades dadas para determinar o número médio de vagas de estacionamento ocupadas.)

c. Use os resultados da parte *b* para determinar a duração média de tempo que um carro permanece em uma vaga.

11.8. * Newell e Jeff são os dois funcionários de uma barbearia que possuem e operam. Eles oferecem duas cadeiras para os clientes que estão esperando na fila para começar a cortar o cabelo, assim, o número de clientes na barbearia varia entre 0 e 4. Para $n = 0, 1, 2, 3, 4$, a probabilidade P_n de que exatamente n clientes estejam na loja é de $P_0 = 1/16$, $P_1 = 4/16$, $P_2 = 6/16$, $P_3 = 4/16$, $P_4 = 1/16$.

a. Use a fórmula $L = 0P_0 + 1P_1 + 2P_2 + 3P_3 + 4P_4$ para calcular L. Como você descreveria o significado de L para Newell e Jeff?

b. Para cada um dos valores possíveis do número de clientes no sistema de filas, especifique quantos clientes estão na fila. Para cada um dessas possíveis quantidades, multiplique por sua probabilidade e, em seguida, adicione esses produtos para calcular L_q. Como você descreveria o significado de L_q para Newell e Jeff?

c. Dado que, em média, quatro clientes por hora chegam e permanecem para receber um corte de cabelo, determine W e W_q. Descreva essas duas grandezas em termos significativos para Newell e Jeff.

d. Dado que Newell e Jeff são igualmente rápidos ao realizar cortes de cabelo, qual é a duração média de um corte de cabelo?

11.9. Explique por que o fator de utilização ρ para o servidor em um sistema de filas de servidor único deve ser igual a $1 - P_0$, em que P_0 é a probabilidade de ter 0 cliente no sistema.

11.10. A Friendly Neighbor Grocery Store tem apenas um balcão de pagamento com um caixa em tempo integral. Os clientes chegam aleatoriamente no balcão com uma taxa média de 30 por hora. A distribuição de período de atendimento é exponencial, com uma média de 1,5 minuto. Essa situação resultou em longas filas ocasionais e em reclamações de clientes. Portanto, uma vez que não há espaço para um segundo balcão de pagamento, o gerente está considerando a alternativa de contratar outra pessoa para ajudar o caixa no empacotamento das compras. Essa ajuda reduziria o tempo esperado necessário para atender um cliente para 1 minuto, mas a distribuição ainda seria exponencial.

O gerente gostaria que a porcentagem de tempo em que há mais de dois clientes no caixa ficasse abaixo de 25%. Também gostaria de ter não mais do que 5% dos clientes precisando esperar pelo menos cinco minutos antes do início do serviço, ou, pelo menos, sete minutos antes de terminá-lo.

a. Use as fórmulas do modelo $M/M/1$ para calcular L, W, W_q, L_q, P_0, P_1 e P_2 para o modo atual de operação. Qual é a probabilidade de ter mais de dois clientes no balcão de pagamento?

E b. Use a planilha do Excel desse modelo para verificar suas respostas na parte *a*. Além disso, encontre a probabilidade em que o tempo de espera até o serviço começar exceda cinco minutos, e a probabilidade em que o tempo de espera antes de o serviço terminar exceda sete minutos.

c. Repita a parte *a* para alternativa considerada pelo gerente.

E d. Repita a parte *b* para essa alternativa.

e. Qual abordagem o gerente deve usar para satisfazer seus critérios o máximo possível?

11.11. * A 4M Company tem um único torno semiautomático como a principal estação de trabalho na fábrica. Os serviços chegam aleatoriamente a ela em uma taxa média de dois por dia. O tempo de processamento para executar cada tarefa tem uma distribuição exponencial com uma média de 1/4 dia. Uma vez que os trabalhos são volumosos, aqueles que não estão sendo realizados são armazenados em uma sala longe da máquina. No entanto, para poupar tempo na respectiva realização, o gerente de produção está propondo adicionar espaço suficiente para o estoque junto ao torno semiautomático para acomodar três trabalhos, além daquele em processo. (Trabalhos em excesso continuarão sendo armazenados temporariamente na sala distante). Segundo essa proposta, qual porcentagem de tempo esse espaço de armazenamento ao lado do torno semiautomático será suficiente para acomodar todos os trabalhos em espera?

a. Use as fórmulas disponíveis para calcular a sua resposta.

E b. Use uma planilha do Excel para obter as informações necessárias para responder a pergunta.

11.12. Jerry Jansen, gerente de manuseio de materiais da nova fábrica da Casper-Edison Corporation, precisa decidir se compra um pequeno trator-reboque articulado ou uma empilhadeira para carga pesada para transportar mercadorias pesadas entre centros produtores na fábrica. As solicitações à unidade de manuseio de materiais para transportar uma carga viriam aleatoriamente, com uma taxa média de quatro por hora. O tempo total necessário para transportar uma carga tem uma distribuição exponencial, em que o tempo de espera seria de 12 minutos para o trator-reboque articulado e 9 minutos para a empilhadeira. O custo equivalente total uniforme e por hora (custo de capital de recuperação mais o custo operacional) seria de $ 50 para o trem-reboque e $ 150 para a empilhadeira. O custo estimado de mercadorias ociosas (esperando ser transportadas ou em trânsito) por causa do aumento de estoque em processo é de $ 20 por carga horária.

Jerry também estabeleceu certos critérios que gostaria que a unidade de manuseio de materiais satisfizesse a fim de manter a produção fluindo dentro do cronograma tanto quanto possível. Ele gostaria que a média fosse de não mais que meia hora para completar o movimento de uma carga após receber a chamada solicitando o transporte. Ele também gostaria que o tempo para completar o transporte não fosse mais do que uma hora em 80% do tempo. Por fim, ele gostaria de ter não mais do que três cargas esperando para iniciar o transporte em pelo menos 80% do tempo.

E a. Obtenha as diversas medidas de desempenho se o trator-reboque fosse escolhido. Avalie quão bem essas medidas satisfazem os critérios acima.

E b. Repita a parte *a* se a empilhadeira fosse escolhida.

c. Compare as duas alternativas em termos de custo total esperado por hora (incluindo o custo das mercadorias ociosas).

d. Qual alternativa você acha que Jerry deve escolher?

E11.13. Suponha que um sistema de filas que ajuste o modelo $M/M/1$ tenha $W = 120$ minutos e $L = 8$ clientes. Use esses fatos (e a fórmula para W) para encontrar λ e μ. Em seguida, encontre as várias outras medidas de desempenho para esses sistemas de filas.

11.14.* A Seabuck and Roper Company tem um grande depósito no sul da Califórnia para armazenar seu estoque de mercadorias até que estas sejam solicitadas pelas várias lojas de móveis da rede. Uma única equipe de quatro membros é acionada para descarregar e/ou carregar cada caminhão que chega à plataforma de carregamento do depósito. Atualmente, a gerência está reduzindo de tamanho para cortar custos, portanto, precisa ser tomada uma decisão sobre o futuro tamanho dessa equipe.

Os caminhões chegam aleatoriamente na plataforma de carregamento em uma taxa média de um por hora. O tempo exigido por uma equipe para descarregar e/ou carregar um caminhão tem uma distribuição exponencial (independentemente do tamanho da equipe). A média dessa distribuição com a equipe de quatro membros é de 15 minutos. Se o tamanho da tripulação fosse mudado, estima-se que a taxa média de serviço da equipe (agora $\mu = 4$ clientes por hora) seria *proporcional* ao novo tamanho.

O custo da prestação de cada membro da equipe é de $ 20 por hora. O custo atribuível a ter um caminhão ocioso (isto é, um caminhão parado na plataforma de carregamento) é estimado em $ 30 por hora.

a. Identifique os clientes e os servidores desse sistema de filas. Quantos servidores ele tem atualmente?
E b. Encontre as várias medidas de desempenho desse sistema de filas com quatro membros na equipe. (Defina $t = 1$ hora no modelo de Excel para as probabilidades de tempo de espera).
E c. Repita b com três membros.
E d. Repita a parte b com dois membros.
e. Uma equipe de apenas um membro deveria ser considerada? Explique.
f. Dados os resultados anteriores, qual tamanho de equipe você acha que a gerência deve escolher?
g. Use os valores de custo para determinar qual tamanho de equipe minimizaria o custo esperado total por hora.

11.15. A Jake's Machine Shop contém um esmeril para afiar as ferramentas de corte da máquina. Agora, uma decisão deve ser feita sobre a velocidade definida do esmeril.

O tempo do esmeril necessário por um operador da máquina para afiar a ferramenta de corte tem uma distribuição exponencial, em que a média $1/\mu$ pode ser fixada em 1 minuto, 1,5 minutos, ou 2 minutos, dependendo da velocidade do esmeril. Os custos de funcionamento e de manutenção sobem rapidamente com a velocidade do esmeril, assim, o custo estimado por minuto é de $ 1,60 para proporcionar uma média de 1 minuto, $ 0,90 para uma média de 1,5 minutos, e $ 0,40 para uma média de 2 minutos.

Os operadores de máquinas chegam aleatoriamente para afiar suas ferramentas a uma taxa média de uma cada dois minutos. O custo estimado de um operador que está com sua máquina longe do esmeril é de $ 0,80 por minuto.

E a. Obtenha as diversas medidas de desempenho para esse sistema de filas para cada uma das três velocidades alternativas do esmeril. (Defina $t = 5$ minutos no modelo de Excel para as probabilidades de tempo de espera).

b. Use os valores de custo para determinar qual a velocidade do esmeril minimiza o custo total esperado por minuto.

E11.16. O Centerville International Airport tem duas pistas, uma utilizada exclusivamente para decolagens e outra exclusivamente para pousos. Os aviões chegam aleatoriamente no espaço aéreo de Centerville para solicitar instruções de pouso a uma velocidade média de 10 por hora. O tempo necessário para um avião pousar depois de receber autorização tem uma distribuição exponencial com uma média de três minutos, e esse processo deve ser concluído antes de se dar autorização para outro avião pousar. Os aviões que aguardam a autorização devem circundar o aeroporto.

A Federal Aviation Administration tem vários critérios em relação ao nível seguro de congestionamento de aviões esperando para pousar. Esses critérios dependem de certo número de fatores relativos ao aeroporto envolvido, tais como o número de pistas disponíveis para aterrissagem. Para Centerville, os critérios são (1) o número médio de aviões esperando para receber autorização para pousar não deve passar de um, (2) em 95% do tempo, o número real de aviões esperando para receber autorização para pousar não deve passar de quatro, (3) para 99% dos aviões, a quantidade de tempo gasto circundando o aeroporto antes de receber autorização para pousar não deve passar de 30 minutos (uma vez que, para ultrapassar essa quantidade de tempo, seria necessário redirecionar o avião para outro aeroporto para um pouso de emergência antes de ele ficar sem combustível).

a. Avalie como esses critérios são satisfeitos atualmente.
b. Uma grande companhia aérea está considerando adicionar esse aeroporto como um de seus centros. Isso aumentaria a taxa média de chegada para 15 aviões por hora. Avalie o quão bem os critérios citados seriam satisfeitos se isso acontecesse.
c. Para atrair negócios adicionais (incluindo a grande companhia aérea mencionada na parte *b*), a gestão do aeroporto está considerando adicionar uma segunda pista para pousos. Estima-se que isso aumentaria a taxa média de chegada para 25 aviões por hora. Avalie como os critérios citados seriam satisfeitos se isso acontecesse.

11.17.* Considere o modelo $M/G/1$. Qual é o efeito sobre L_q e W_q se $1/\lambda$, $1/\mu$ e σ se forem reduzidos pela metade? Explique.

11.18. Considere o modelo $M/G/1$ com $\lambda = 0{,}2$ e $\mu = 0{,}25$.

E a. Use a planilha do Excel para esse modelo para gerar a tabela de dados que fornece as principais medidas de desempenho — L, L_q, W, W_q — para cada um dos valores a seguir de σ: 4, 3, 2, 1, 0.
b. Qual é a proporção de L_q com $\sigma = 4$ para L_q com $\sigma = 0$? O que isso diz sobre a importância da redução da oscilação dos tempos de serviço?
c. Calcule a redução em L_q quando σ é reduzido de 4 para 3, de 3 para 2, de 2 para 1, e de 1 para 0. Qual é a maior redução? Qual é a menor?
E d. Use tentativa e erro com o modelo para ver, aproximadamente, quando μ precisaria ser aumentado com $\sigma = 4$ para alcançar o mesmo L_q de com $\mu = 0{,}25$ e $\sigma = 0$.
E e. Use o modelo para gerar uma tabela de dados que fornece o valor de L_q com $\sigma = 4$ quando μ aumenta a níveis de 0,01 a partir de 0,25 até 0,35.
E f. Use o modelo para gerar uma tabela de dados bidirecional que dá o valor de L_q para as várias combinações de

valores de μ e σ quando μ = 0,22, 0,24, 0,26, 0,28, 0,3 e σ = 4, 3, 2, 1, 0.

11.19. Considere as frases a seguir sobre o modelo de fila M/G/1, em que σ^2 é a variância de períodos de atendimento. Classifique cada afirmativa como verdadeira ou falsa, e, em seguida, justifique sua resposta.

a. Aumentar σ^2 (com λ e μ fixados) aumentará L_q e L, mas não mudará W_q e W.

b. Quando a escolha é entre uma tartaruga (μ e σ^2 pequenos) e uma lebre (μ e σ^2 grandes) para ser servidor, a tartaruga sempre ganha, fornecendo um L_q menor.

c. Com λ e μ fixados, o valor de L_q com uma distribuição exponencial de período de atendimento tem duas vezes o tamanho do que com os períodos de atendimento constantes.

11.20. Marsha opera um estande de café expresso. Os clientes chegam aleatoriamente, em uma taxa média de 30 por hora. O tempo necessário para Marsha servir um cliente tem uma distribuição exponencial em uma média de 75 segundos.

E a. Use o modelo de Excel para o modelo M/G/1 para encontrar L, L_q, W e W_q.

E b. Suponha que Marsha seja substituída por uma máquina de venda automática de café expresso que precisa de 75 segundos exatamente para atender cada cliente. Encontre L, L_q, W e W_q.

c. Qual a proporção de L_q na parte b em relação a L_q na parte a?

E d. Use tentativa e erro com o modelo para ver, aproximadamente, quanto Marsha precisaria reduzir seu tempo de serviço esperado para atingir o mesmo L_q com a máquina de venda automática de expresso.

E e. Use o modelo para gerar uma tabela de dados que forneça o valor de L_q quando Marsha está servindo com os seguintes valores (em segundos) para seu tempo de serviço esperado: 75, 70, 65, 64, 63, 62, 61, 60.

11.21. Leia o artigo de referência que descreve completamente o estudo de ciência da gestão resumido na vinheta de aplicação apresentada na Seção 11.6. Descreva brevemente como a teoria de filas foi aplicada neste estudo. Em seguida, liste os vários benefícios financeiros e não financeiros que resultaram desse estudo.

11.22. * A produção de tratores na Jim Buck Company envolve a produção de diversos subconjuntos, para, em seguida, usar uma linha de montagem para montar os subconjuntos e as outras peças até obter tratores finalizados. São produzidos aproximadamente três tratores por dia dessa maneira. Uma estação de inspeção em processo é usada para inspecionar os subconjuntos antes que entrem na linha de montagem. Atualmente, existem dois inspetores na estação trabalhando juntos para inspecionar cada subconjunto. O tempo de inspeção tem uma distribuição exponencial, com uma média de 15 minutos. O custo de fornecimento desse sistema de inspeção é de $ 40 por hora.

Foi feita uma proposta para simplificar o procedimento de inspeção para que possa ser realizado por apenas um inspetor. Esse inspetor começaria inspecionando visualmente o exterior do subconjunto, e usaria, então, novos equipamentos eficientes para completar a inspeção. Embora esse processo com apenas um inspetor aumentasse ligeiramente a média da distribuição dos períodos de inspeção de 15 para 16 minutos, ele também reduziria a oscilação dessa distribuição para apenas 40% do seu valor atual. O custo seria de $ 30 por hora.

Os subconjuntos chegam aleatoriamente à estação de inspeção, com uma taxa média de três por hora.

O custo de espera dos subconjuntos na estação de inspeção (aumentando, assim, o estoque em processo e, possivelmente, interrompendo a produção subsequente) é estimado em $ 20 por hora para cada subconjunto.

Agora a gestão precisa tomar uma decisão sobre se deve continuar o *status quo* ou adotar a proposta.

E a. Encontre as medidas básicas de desempenho – L, L_q, W e W_q – para o sistema de fila atual.

E b. Repita a parte a para o sistema de filas proposto.

c. Quais conclusões você pode tirar sobre o que o gerenciamento deve fazer a partir dos resultados das partes a e b?

d. Determine e compare o custo total esperado por hora para o *status quo* e para a proposta.

E11.23. O Security & Trust Bank emprega quatro caixas para atender os clientes. Estes chegam aleatoriamente, a uma taxa média de dois por minuto. No entanto, os negócios estão crescendo e o gerente projeta que a taxa média de chegada será de três por minuto daqui a um ano. O tempo de transação entre o caixa e o cliente tem uma distribuição exponencial com média de um minuto.

A gestão estabeleceu as seguintes orientações para um nível satisfatório de serviço aos clientes. O número médio de clientes na fila de espera para iniciar o serviço não deve passar de um. Em pelo menos 95% do tempo, o número de clientes na fila de espera não deve passar de cinco. Para pelo menos 95% dos clientes, o tempo gasto na fila de espera até iniciar o serviço não deve passar de cinco minutos.

a. Use o modelo M/M/s para determinar o quão bem essas orientações estão sendo atendidas atualmente.

b Avalie o quão bem as orientações serão satisfeitas daqui a um ano se nenhuma alteração for feita no número de caixas.

c. Determine quantos caixas serão necessários daqui a um ano para atender completamente essas orientações.

E 11.24. Considere o modelo M/M/s. Para cada um dos dois casos a seguir, gere uma tabela de dados que dê os valores de L, L_q, W, W_q e $P\{W > 5\}$ para as seguintes taxas médias de chegada: 0,5, 0,9 e 0,99 clientes por minuto.

a. Suponha que exista um servidor e que o período de atendimento esperado seja de um minuto. Compare L para os casos em que a taxa média de chegada é de 0,5, 0,9, e 0,99 clientes por minuto, respectivamente. Faça o mesmo para L_q, W, W_q e $P\{W > 5\}$. Quais conclusões você tirar sobre o impacto do aumento do fator de utilização ρ, desde valores pequenos (p. ex., ρ = 0,5) até valores bastante grandes (p. ex., ρ = 0,9), e, depois, para valores ainda maiores, muito próximos de 1 (p. ex., ρ = 0,99)?

b. Agora suponha que existam dois servidores e que o período de atendimento esperado seja de dois minutos. Siga as instruções da parte a.

E11.25 Considere o modelo M/M/s com uma taxa média de chegada de 10 clientes por hora e um período de atendimento esperado de cinco minutos. Use a planilha do Excel para esse modelo para imprimir as diferentes medidas de desempenho (com $t = 10$ e $t = 0$, respectivamente, para as duas probabilidades de tempo de espera) quando o número de servidores for um, dois, três, quatro e cinco. Depois, para cada um dos seguintes possíveis critérios para um nível satisfatório de serviço (em que a unidade de tempo é de um minuto), use os resultados impressos para determinar quantos servidores são necessários para satisfazer esse critério.

  a. $L_q \leq 0,25$
  b. $L \leq 0,9$
  c. $W_q \leq 0,1$
  d. $W \leq 6$
  e. $P\{W_q > 0\} \leq 0,01$
  f. $P\{W > 10\} \leq 0,2$
  g. $\sum_{n=0}^{s} P_n \geq 0,95$

11.26. Greg está fazendo planos para abrir um novo restaurante de fast-food em breve estima que os clientes chegarão aleatoriamente, a uma taxa média de 150 por hora durante os períodos de maior movimento do dia. Para atendê-los, Greg planeja ter três funcionários e agora precisa tomar uma decisão sobre como organizá-los.

A opção 1 é ter três caixas registradoras com um funcionário em cada uma para pegar os pedidos e buscar a comida e as bebidas. Nesse caso, estima-se que o tempo médio para servir cada cliente seria de um minuto, e assume-se que a distribuição dos períodos de atendimento seja exponencial.

A opção 2 é de ter uma caixa registradora com os três funcionários trabalhando juntos para atender a cada cliente. Um pegaria o pedido; o segundo buscaria a comida; e o terceiro, as bebidas. Greg estima que isso reduziria o tempo médio para servir cada cliente em até 20 segundos, com o mesmo pressuposto dos períodos de atendimento exponenciais.

Greg quer escolher a opção que presta o melhor serviço aos seus clientes. Porém, como a opção 1 tem três caixas registradoras, as duas opções serviriam os clientes com uma taxa média de três por minuto quando todos estão ocupados servindo os clientes, portanto, não está claro qual opção é melhor.

E a. Use as medidas básica de desempenho – L, L_q, W e W_q – para comparar as duas opções.

  b. Explique por que essas comparações fazem sentido intuitivamente.

  c. Qual medida você acha que seria a mais importante para os clientes de Greg? Por quê? Qual é a melhor opção em relação a essa medida?

E*11.27. Na Blue Chip Life Insurance Company, as funções de depósito e retirada, associadas a um determinado produto de investimento, são separadas entre dois funcionários. Os comprovantes de depósito chegam aleatoriamente à mesa da secretária Clara a uma taxa média de 16 por hora. Os comprovantes de retirada chegam aleatoriamente à mesa da secretária Clarence a uma taxa média de 14 por hora. O tempo necessário para processar qualquer transação tem uma distribuição exponencial com uma média de três minutos. A fim de reduzir o tempo médio de espera no sistema para os comprovantes de depósito e de retirada, o Departamento Atuarial fez as seguintes recomendações: (1) treinar cada secretária para lidar com depósitos e retiradas; (2) colocar os dois tipos de comprovantes em uma fila única acessada pelas duas secretárias.

  a. Determine o tempo médio de espera no sistema de acordo com os procedimentos atuais para cada tipo de comprovante. Em seguida, combine esses resultados (multiplique W para comprovantes de depósito por $16/30$, multiplique W para comprovantes de retirada por $14/30$ e adicione esses dois produtos) para calcular o tempo médio de espera no sistema para uma chegada aleatória de qualquer tipo de comprovante.

  b. Se as recomendações forem adotadas, determine o tempo médio de espera no sistema para os comprovantes que chegam.

  c. Agora, suponha que a adoção das recomendações resultaria em um ligeiro aumento no tempo esperado de processamento. Use a planilha do Excel para esse modelo para determinar, por tentativa e erro, o tempo de processamento esperado (dentro de 0,01 minuto), que faria com que o tempo médio de espera no sistema para uma chegada aleatória fosse essencialmente o mesmo de acordo com os procedimentos atuais e de acordo com as recomendações.

E11.28. A People's Software Company acaba de criar uma central de atendimento para prestar assistência técnica em seu novo pacote de software. Dois representantes técnicos estão atendendo as ligações, nas quais o tempo necessário para cada representante responder as perguntas de um cliente tem uma distribuição exponencial com uma média de oito minutos. As ligações chegam aleatoriamente, a uma taxa média de 10 por hora.

Até o próximo ano, a taxa média de chegada de ligações deverá diminuir para cinco por hora, assim, o plano é reduzir o número de representantes técnicos para um. Determine L, L_q, W e W_q para o sistema de filas atual para o do próximo ano. Para cada uma dessas quatro medidas de desempenho qual sistema produz o menor valor?

11.29. A Southern Railroad Company tem terceirizado a pintura de seus vagões, conforme necessário. No entanto, a gerência decidiu que a empresa pode economizar dinheiro fazendo esse trabalho internamente. A decisão agora precisa ser tomada para escolher entre duas formas alternativas de se fazer isso.

A alternativa 1 é oferecer duas oficinas onde a pintura é feita à mão (um vagão por vez em cada oficina), para um custo total de $ 70 por hora. O tempo para a pintura de um vagão seria de seis horas. A alternativa 2 é oferecer uma oficina de pulverização que envolva um custo por hora de $ 100. Nesse caso, o tempo de pintura de um vagão seria de três horas. Em ambas as alternativas, os vagões chegam aleatoriamente, a uma taxa média de 1 a cada 5 horas. O custo do tempo ocioso por vagão é de $ 100 por hora.

  a. Use a Figura 11.10 para estimar L, L_q, W e W_q para a alternativa 1.

E b. Encontre essas mesmas medidas de desempenho para a alternativa 2.

  c. Determine e compare o custo total esperado por hora para essas alternativas.

11.30.* A Southeast Airlines é uma pequena companhia aérea comercial. Seu guichê em um dos seus aeroportos tem apenas um vendedor de passagem. Existem duas linhas distintas: uma para passageiros de primeira classe e outra para passageiros da classe econômica. Quando o atendente está pronto para outro cliente, o próximo passageiro de primeira classe é atendido, se houver algum na fila. Caso não haja nenhum, o próximo passageiro de classe econômica é atendido. Os períodos de atendimento têm uma distribuição exponencial com uma média de três minutos para ambos os tipos de clientes. Durante 12 horas por dia em que o guichê está aberto, os passageiros chegam aleatoriamente, a uma taxa média de 2 por hora para passageiros da primeira classe e de 10 por hora para passageiros da segunda classe.

a. Que tipo de modelo de fila se ajusta a esse sistema?

E b. Encontre as principais medidas de desempenho – L, L_q, W e W_q – para ambas as classes: primeira e econômica.

c. Qual é o tempo médio de espera antes de o serviço começar para clientes de primeira classe como uma fração desse tempo de espera para os clientes de classe econômica?

d. Determine o número médio de horas por dia que o vendedor de passagens está ocupado.

11.31. A sala de emergência do County Hospital tem sempre um médico de plantão. No passado, isso era o suficiente. No entanto, por causa da tendência crescente de os casos de emergência ocuparem essas instalações em vez de um médico particular, a quantidade de atendimentos de emergência tem aumentado. No próximo ano, estima-se que os pacientes chegarão aleatoriamente a uma taxa média de dois por hora durante o horário de pico (início da noite). Portanto, uma proposta foi feita para designar um segundo médico para a sala de emergência no próximo ano, durante o período. A gestão do hospital (um HMO) está resistindo a essa proposta, mas pediu a um cientista da gestão (você) que analise se um único médico continuará a ser suficiente no próximo ano.

Os pacientes não são tratados por ordem de chegada. Em vez disso, a enfermeira da recepção os divide em três categorias: (1) casos *críticos*, em que o tratamento imediato é vital para a sobrevivência; (2) casos *graves*, em que o tratamento precoce é importante para evitar uma maior deterioração; e (3) casos *estáveis*, em que o tratamento pode ser adiado sem consequências médicas adversas. Os pacientes são tratados nessa ordem de prioridade, em que os da mesma categoria são normalmente atendidos por ordem de chegada. Um médico irá interromper o tratamento de um paciente se um novo caso de uma categoria de maior prioridade chegar. Aproximadamente 10% dos pacientes se situam na primeira categoria; 30%, na segunda; e 60%, na terceira. Como os casos mais graves serão encaminhados para o hospital para maiores cuidados após receber o tratamento de emergência, o tempo médio de tratamento por um médico na sala de emergência não difere muito entre as categorias. Para todos eles, o tempo de tratamento pode ser aproximado por uma distribuição exponencial com uma média de 20 minutos.

A gestão do hospital estabeleceu as seguintes orientações. O tempo médio de espera na sala de emergência antes do início do tratamento não deve passar de dois minutos para os casos críticos, de 15 minutos para os casos graves, e de duas horas para os casos estáveis.

a. Que tipo de modelo de fila se ajusta a esses sistema?

E b. Use esse modelo para determinar se as orientações da gestão seriam satisfeitas no próximo ano, continuando a ter apenas um único médico de plantão.

c. Use a fórmula de W_q para o modelo $M/M/1$ para determinar se essas orientações seriam satisfeitas se o tratamento fosse realizado por ordem de chegada.

E d. A taxa média de chegada de dois pacientes por hora durante o horário de pico no próximo ano é apenas uma estimativa. Realize a análise de sensibilidade repetindo a parte *b* se essa taxa média de chegada se tornasse 2,25 pacientes por hora.

E11.32. A fábrica da Becker Company vem registrando longos atrasos em trabalhos que passam pelo departamento de torno semiautomático por causa da capacidade inadequada. O chefe desse departamento alega que cinco máquinas são necessárias, ao contrário das três que ele tem agora. No entanto, por causa da pressão da gestão para controlar os gastos de capital, apenas uma máquina adicional será autorizada, a menos que haja evidências sólidas de que uma segunda é necessária.

Esse estabelecimento faz três tipos de trabalhos: públicos, comerciais e produtos padrão. Sempre que um operador de torno semiautomático conclui um trabalho, ele inicia um trabalho público se houver um na espera; se não, ele inicia um trabalho comercial; se houver um na espera; se não, ele inicia um produto padrão se houver um na espera. Trabalhos do mesmo tipo são realizados por ordem de chegada.

Embora sejam necessárias muitas horas extras atualmente, a gestão quer que o departamento de torno semiautomático opere em uma base de oito horas por dia, cinco dias por semana. A distribuição de probabilidade do tempo necessário para um operador do torno semiautomático realizar um trabalho parece ser aproximadamente exponencial, com uma média de dez horas. Os trabalhos chegam à oficina aleatoriamente a uma taxa média de seis por semana para trabalhos públicos, quatro por semana para trabalhos comerciais, e dois por semana para produtos padrão. (Esses números deverão manter-se os mesmos para o futuro indefinido.)

A gerência considera que o tempo médio de espera antes que o trabalho inicie no departamento do torno semiautomático não deve passar de 0,25 dias (úteis) para trabalhos públicos, 0,5 dias para trabalhos comerciais, e dois dias para produtos padrão.

a. Determine quantos tornos semiautomáticos adicionais precisam ser obtidos para atender a essas orientações da gestão.

b. Vale cerca de $750, $450 e $150 evitar um atraso de um dia (útil) adicional em um trabalho público, comercial e padrão, respectivamente. Estima-se que o custo capitalizado incremental do fornecimento de cada torno semiautomático (incluindo o operador e assim por diante) é de $250 por dia útil. Determine o número de tornos semiautomáticos adicionais que deve ser obtido para minimizar o custo total esperado.

E11.33. Ao descrever a análise econômica do número de servidores a fornecer em um sistema de filas, a Seção 11.9 introduz um modelo de custo em que o objetivo é minimizar TC = $C_s s$ + $C_W L$. O objetivo desse problema é permitir que você possa explorar o efeito que os tamanhos relativos de C_S e C_W tem sobre o número ideal de servidores.

Suponha que o sistema de filas em consideração se ajuste ao modelo $M/M/s$ com λ = 8 clientes por hora, e com μ = 10 clientes por hora. Use a planilha do Excel para a análise econômica com o modelo $M/M/s$ para encontrar o número ideal de servidores para cada um dos seguintes casos.

a. C_S = $100 e C_W = $10.

b. C_S = $100 e C_W = $100.

c. C_S = $10 e C_W = $100.

d. Para cada um desses três casos, gere uma tabela de dados que compare os custos esperados por hora com vários números alternativos de servidores.

E11.34. * Jim McDonald, gerente do restaurante de fast-food de hambúrguer McBurger, percebe que o fornecimento de um serviço rápido é a chave para o sucesso do restaurante. Os clientes que têm de esperar muito tempo tendem a ir para um dos outros restaurantes de fast-food da cidade na próxima vez. Ele estima que cada minuto que um cliente tem de esperar na fila antes de lhe custa uma média de $ 0,30 em negócios perdidos. Assim, Jim quer garantir que sempre haja caixas registradoras suficientes abertas para manter a espera em nível mínimo. Cada caixa registradora é operada por um funcionário de meio período que busca o alimento pedido por cada cliente e recebe o pagamento. O custo total para cada funcionário desses é de $ 9 por hora.

Durante a hora de almoço, os clientes chegam aleatoriamente, a uma taxa média de 66 por hora. Estima-se que o tempo necessário para servir um cliente seja uma distribuição exponencial com uma média de dois minutos.

Determine quantas caixas registradoras Jim deve abrir durante o almoço para minimizar seu custo total esperado por hora.

E11.35. A Garrett-Tompkins Company oferece três máquinas copiadoras em sua sala de cópias para o uso de seus funcionários. No entanto, devido às reclamações recentes sobre haver um tempo considerável desperdiçado à espera de uma copiadora ficar livre, a gestão está considerando adicionar uma ou mais máquinas de cópia.

Durante as 2 mil horas de trabalho por ano, os funcionários chegam aleatoriamente na sala de cópia a uma taxa média de 30 por hora. Acredita-se que o tempo que cada um precisa para utilizar uma máquina de cópia tenha uma distribuição exponencial com uma média de cinco minutos. Estima-se que a perda de produtividade devido ao tempo que um funcionário gasta na sala de cópia custe à empresa uma média de $ 25 por hora. Cada máquina de cópia é alugada por $ 3 mil por ano.

Determine quantas máquinas copiadoras a empresa deve ter para minimizar o seu custo total esperado por hora.

Caso 11-1
Dilema de fila
Sequência do caso 10-1

Nunca é maçante. Assim você descreveria o seu trabalho na central de administração de benefícios e registro da **Cutting Edge**, uma grande empresa que fabrica computadores e periféricos. Desde a abertura da unidade, há seis meses, você e Mark Lawrence, o diretor de Recursos Humanos, resistiram a uma montanha-russa. Receber o sinal verde da sede da empresa para estabelecer o centro de administração de registros e benefícios centralizados foi definitivamente um estímulo. Ficar no meio do fogo cruzado de clientes irritados (todos os funcionários da Cutting Edge) por causa da sobrecarga de demanda da central de atendimentos de registros e benefícios foi definitivamente destimulante. Prever acertadamente a demanda da central de atendimento foi estimulante.

E agora você dá de cara com outro desestímulo. Mark vem até sua mesa com uma expressão nada amistosa.

Ele começa a reclamar imediatamente: "Simplesmente não consigo entender. O trabalho de previsão que você fez para nós há dois meses permitiu que entendêssemos a demanda semanal da central, mas ainda não conseguimos entender o problema de pessoal. Usamos os dados históricos e suas previsões para calcular a demanda média semanal da central de atendimento. Transformamos essa demanda média semanal em uma demanda média horária dividindo a primeira pelo número de horas da semana de trabalho. Depois, incluímos pessoal na central para satisfazer essa demanda média horária levando em conta o número médio de ligações com que um funcionário pode lidar por hora.

Mas algo saiu muito errado. Os registros de dados operacionais mostram que mais de 35% dos clientes esperam mais de quatro minutos até que um alguém atenda a ligação! Os clientes ainda estão enviando um monte de reclamações, e os executivos da sede da empresa continuam no meu pé! Preciso de ajuda!" Você acalma Mark e explica que que sabe qual é o problema. O número de ligações recebidas em determinada hora pode ser muito maior (ou muito menor) do que a média devido à natureza estocástica da procura. Além disso, o número de ligações com que um funcionário pode lidar por hora pode ser muito menor (ou muito maior) do que a média, dependendo do tipo das ligações recebidas.

Então, você diz para ele não ter medo, pois você tem o problema sob controle. Você anda lendo sobre o sucesso da aplicação da teoria de filas para a operação de centrais de atendimentos e decide que os modelos de filas que aprendeu na escola vão ajudar a determinar o nível adequado de pessoal.

a. Você pede a Mark que descreva a taxa de demanda e serviço. Ele diz que as ligações são recebidas aleatoriamente pela central de atendimento em uma média de 70 ligações por hora. O sistema de computadores instalado para atender e manter as ligações em espera é tão avançado que a capacidade é muito superior à demanda. Como a natureza de uma ligação é aleatória, o tempo necessário para processá-la também é aleatório: geralmente pequeno, também pode ser muito maior ocasionalmente. Em média, porém, os representantes podem lidar com seis ligações por hora. Qual modelo de fila parecer ser o adequado para essa situação? Dado que um pouco mais de 35% dos clientes esperam mais de quatro minutos para ter sua ligação atendida, use esse modelo para estimar quantos funcionários Mark emprega atualmente.

b. Mark diz que não estará satisfeito a menos que 95% dos clientes esperem apenas um minuto ou menos para um funcionário atender a ligação. Dados esse nível de atendimento ao cliente e as taxas médias de chegada e de serviço da parte *a*, quantos funcionários Mark deve ter?

c. Cada atendente recebe um salário anual de $ 30 mil, e Mark diz que não tem esses recursos disponíveis para contratar o número de representantes necessários para atingir o nível desejado de atendimento ao cliente da parte *b*. Ele pede que você execute a análise de sensibilidade. De quantos funcionários ele precisaria para garantir que 80% dos clientes esperem um minuto ou menos? Quantos seriam necessários para garantir que 95% dos clientes esperem 90 segundos ou menos? Como você recomendaria que Mark escolhesse um nível de serviço ao cliente? Os critérios de decisão seriam diferentes se a central de atendimento de Mark atendesse clientes externos (não ligados à empresa) em vez de clientes internos (funcionários)?

d. Mark diz que não está feliz com o número de funcionários necessários para alcançar um alto nível de serviço ao cliente. Ele quer, portanto, explorar alternativas para simplesmente contratar representantes adicionais. A alternativa que ele está considerando é a de instituir um programa de treinamento que vai ensinar os representantes a usar, de forma mais eficiente, as ferramentas de informática para atender ligações. Ele acredita que essa alternativa vai aumentar o número médio de ligações com que um funcionário pode lidar por hora de seis para oito. O programa de treinamento vai custar $ 2.500 por funcionário por ano, uma vez que o conhecimento deles terá de ser atualizado anualmente. Quantos funcionários Mark tem que empregar e treinar para atingir o nível desejado de serviço ao cliente na parte *b*? Você prefere essa alternativa de simplesmente contratar funcionários adicionais? Por quê ou por que não?

e. Mark percebe que a teoria de filas o ajuda somente na determinação do número de funcionários necessários. Ele percebe que os modelos de filas não fornecerão respostas precisas se os insumos utilizados nos modelos são imprecisos. Quais insumos você acha que precisa de reavaliação? Como você faria para estimar esses insumos?

Caso 11-2
Redução de estoque em processo

Jim Wells, vice-presidente de produção da **Northern Airplane Company**, está irritado. A visita que ele fez esta manhã pela a fábrica mais importante da empresa lhe deixou de mau humor. No entanto, agora ele pode descarregar sua raiva em Jerry Carstairs, o gerente de produção, que acaba de ser chamado à sala de Jim.

"Jerry, acabei de voltar de uma visita pela fábrica e estou muito preocupado".

"Qual é o problema, Jim?"

"Bem, você sabe o quanto eu tenho enfatizado a necessidade de reduzir nosso estoque em processo".

"Sim, estamos trabalhando pesado nisso", responde Jerry.

"Mas não o suficiente!" Jim aumenta ainda mais a voz.

"Você sabe o que eu encontrei nas prensas?"

"Não".

"Cinco folhas de metal ainda esperando para serem transformadas em seções de asa. E depois, logo ao lado da porta seguinte, na estação de inspeção, 13 seções de asa! O inspetor estava inspecionando uma delas, mas as outras 12 estavam ali, paradas. Você sabe que temos algumas centenas de milhares de dólares presas em cada uma dessas seções de asa. Portanto, entre as prensas e a estação de inspeção, temos um valor de alguns milhões de dólares em metal muito caro simplesmente ali, parado. Não podemos admitir isso!"

Constrangido, Jerry tenta responder. "Sim, Jim, sei bem que a estação de inspeção é um gargalo. Ela nunca está tão ruim quanto você viu esta manhã, mas é um gargalo. Muito menos em relação às prensas. Você realmente nos pegou em uma manhã ruim".

"Espero, sinceramente, que sim," replica Jim, "mas você precisa evitar que aconteça qualquer situação próxima a essa, ainda que ocasionalmente. O que você propõe fazer sobre isso?"

Agora Jerry tem, visivelmente, uma resposta clara. "Bom, na verdade, já venho trabalhando nesse problema. Tenho algumas propostas em estudo e pedi um cientista de gestão para a minha equipe, para analisar essas propostas e apresentar um relatório com recomendações".

"Ótimo," responde Jim, "bom saber que você está resolvendo o problema. Dê total prioridade a isso e me comunique o mais rápido possível".

"Farei isso", promete Jerry.

Esse é o problema que Jerry e seu cientista de gestão estão enfrentando. Cada uma das 10 prensas idênticas está sendo usada para fabricar seções de asa a partir de amplas folhas de metal especialmente processado. As folhas chegam aleatoriamente, a uma taxa média de sete por hora. O tempo necessário para uma prensa produzir uma seção de asa a partir de uma folha tem uma distribuição exponencial com uma média de uma hora. Ao serem concluídas, as seções de asa chegam aleatoriamente a uma estação de inspeção com a mesma taxa média que as folhas de metal chegavam às prensas (sete por hora). Um inspetor único trabalha em tempo integral na inspeção dessas seções de asa para assegurar que atendem as especificações. Cada inspeção leva $7^{1}/2$ minutos, portanto, é possível inspecionar oito seções de asa por hora. Essa taxa de inspeção resultou em uma quantidade média substancial de estoque em processo na estação de inspeção (isto é, o número médio de folhas de asa esperando pela conclusão da inspeção é bastante grande), além daquelas que já se encontram no grupo de máquinas.

O custo desse inventário em processo é estimado em $ 8 por hora para cada folha de metal nas prensas ou para cada seção de asa na estação de inspeção. Portanto, Jerry Carstairs fez duas propostas alternativas para reduzir o nível médio de estoque em processo.

A proposta 1 é utilizar uma potência ligeiramente menor nas prensas (o que iria aumentar o tempo médio de produção de uma seção de asa para 1,2 horas), de modo que o inspetor possa manter melhor o ritmo de produção. Isso também reduziria o custo de cada máquina (custo operacional mais custo de recuperação de capital) de $ 7 para $ 6,50 por hora. (Em contraste, o aumento da potência máxima elevaria esse custo para $ 7,50 por hora e reduziria o tempo médio para produzir uma seção da asa para 0,8 hora).

A proposta 2 é substituir determinado jovem inspetor na realização dessa tarefa. Ele é um pouco mais rápido (embora tenha certa oscilação nos tempos de inspeção em virtude de ter menos experiência), então, deveria manter o ritmo melhor. (O seu tempo de inspeção teria uma distribuição de probabilidade com uma média de 7,2 minutos e um desvio padrão de 5 minutos). Esse inspetor está em uma classificação de cargo que exige uma remuneração total (incluindo benefícios) de $ 19 por hora, enquanto o inspetor atual está em uma classificação mais baixa, em que a remuneração é de $ 17 por hora. (Os tempos de inspeção para cada um desses inspetores são típicos daqueles nas mesmas classificações de cargo).

Você é o cientista da gestão do pessoal de Jerry Carstair chamado para analisar esse problema. Ele quer que você "use as mais recentes técnicas de ciência da gestão para ver quanto cada proposta reduziria o estoque em processo e, depois, faça suas recomendações".

a. Para fornecer uma base de comparação, comece avaliando o *status quo*. Determine a quantidade esperada de estoque em processo nas prensas e na estação de inspeção. Em seguida, calcule o custo total esperado por hora do estoque em processo, das prensas e do inspetor.

b. Qual será o efeito da proposta 1? Por quê? Faça comparações específicas com os resultados da parte *a*. Explique esse resultado para Jerry Carstairs.

c. Determine o efeito da proposta 2. Faça comparações específicas com os resultados da parte *a*. Explique esse resultado para Jerry Carstairs.

d. Faça suas recomendações para reduzir o nível médio de estoque em processo na estação de inspeção e no grupo de máquinas. Seja específico em suas recomendações e as fundamente com uma análise quantitativa como a que foi feita na parte *a*. Faça comparações específicas com os resultados da parte *a* e cite as melhorias que suas recomendações propiciariam.

Casos adicionais

Casos adicionais para este capítulo estão disponíveis para compra no *site* da School of Business, da University of Western Ontario, **cases.ivey.uwo.ca/case**, no segmento da área de CaseMate designada para este livro.

SIMULAÇÃO POR COMPUTADOR
conceitos básicos

12

OBJETIVOS DE APRENDIZAGEM

OA1 Descrever o conceito básico da simulação por computador.

OA2 Descrever o papel que a simulação por computador exerce nos estudos de ciência da gestão.

OA3 Usar números aleatórios para gerar eventos aleatórios que têm uma distribuição discreta simples.

OA4 Usar o Excel para realizar simulações básicas por computador em uma planilha.

OA5 Usar o Simulador de Fila para realizar simulações por computador de sistemas básicos de fila e interpretar os resultados.

OA6 Descrever e usar os blocos de construção de um modelo de simulação para um sistema estocástico.

OA7 Esboçar os passos de um estudo importante de simulação por computador.

Neste capítulo, estamos prontos para nos concentrarmos nas últimas técnicas-chave da ciência da gestão. A *simulação por computador* tem um patamar bastante elevado entre as técnicas mais usadas. Além disso, por ser uma ferramenta tão flexível, poderosa e intuitiva, ela continua a crescer rapidamente em popularidade. Muitos gerentes a consideram uma de suas ferramentas de tomada de decisão mais importantes.

Essa técnica usa um computador para *imitar* (simular) a operação de um processo ou sistema inteiro. Por exemplo, a simulação por computador é frequente em análises de risco em processos financeiros imitando a evolução das transações envolvidas na geração de um perfil dos possíveis resultados. A simulação por computador também é amplamente usada para analisar sistemas que continuarão operando indefinidamente. Para estes, o computador gera aleatoriamente e salva as ocorrências dos diversos eventos que guiam o sistema como se ele fosse operado fisicamente. Por causa da sua velocidade, o computador pode simular até anos de operação em questão de segundos. Salvar o desempenho da operação simulada do sistema para um número de alternativas de projetos ou operar procedimentos que permitam avaliar e comparar essas alternativas permite, então, avaliar e comparar essas alternativas antes de escolher uma. Para muitos processos e sistemas, tudo isso pode ser feito com uma planilha.

> Ao imitar a operação de um sistema proposto, um computador pode simular anos de operação em questão de segundos e salvar seu desempenho.

A gama de aplicações de simulações de computador tem sido extraordinária. O estudo de caso neste capítulo ilustrará como são utilizadas para o projeto e para a operação dos sistemas de filas. Uma variedade de aplicações envolveu o projeto e a operação de sistemas de produção, bem como os mesmos procedimentos de sistemas de distribuição. Algumas áreas mais específicas de aplicação incluem gerenciar sistemas de estoque e estimar a probabilidade de completar um projeto até o prazo final. A análise do risco financeiro é uma área particularmente ativa da aplicação. As aplicações no campo da saúde também se fazem presentes. A lista é muito grande.

A primeira seção deste capítulo descreve e ilustra a essência da simulação por computador. O estudo de caso deste capítulo (uma revisitação à barbearia Herr Cutters do capítulo anterior) é discutido e analisado nas seções 12.2 e 12.3. A seção seguinte esboça o procedimento geral para aplicação da simulação por computador. O Capítulo 13 expandirá ainda mais a aplicação da simulação por computador descrevendo como aplicar a Crystal Ball, um suplemento proeminente para a realização eficiente de simulações bastante complicadas em planilhas.

12.1 ESSÊNCIA DA SIMULAÇÃO POR COMPUTADOR

A técnica de *simulação* há tempos tem sido uma ferramenta importante dos designers. Por exemplo, simular um voo de um avião em um túnel de vento é uma prática padrão quando um novo avião é alocado. Teoricamente, as leis da física podem ser usadas para obter informações sobre como o desempenho dos aviões muda à medida que os parâmetros de projeto são alterados, mas, como uma questão prática, a análise seria muito complicada para realizar isso tudo. Outra alternativa seria construir aviões reais com projetos alternativos e testá-los em voos reais para escolher o design final, mas isso seria muito caro (além de inseguro). Portanto, depois de realizar uma análise teórica preliminar para desenvolver um projeto bruto, simular um voo em um túnel de vento é uma ferramenta vital para a experimentação com projetos específicos. Essa simulação equivale a imitar o desempenho de um avião real em um ambiente controlado a fim de estimar qual será seu desempenho real. Depois de desenvolver um projeto detalhado nesse rumo, um protótipo pode ser construído e testado em um voo real para ajustar o design final.

Papel da simulação por computador

A *simulação por computador* exerce essencialmente esse mesmo papel em muitos estudos de ciência da gestão. Contudo, em vez de projetar um avião, a equipe de ciência da gestão está preocupada em desenvolver um proejto ou operar um procedimento para algum sistema. Em muitos casos, trata-se de um *sistema estocástico*, conforme definido a seguir.

> Um **sistema estocástico** é aquele que evolui ao longo do tempo, de acordo com uma ou mais distribuições de probabilidade. Por exemplo, os sistemas de filas descritos no capítulo anterior são estocásticos porque tanto o intervalo mínimo entre execuções quanto os períodos de atendimento ocorrem de acordo com distribuições de probabilidade.

Simulação por computador usa distribuições de probabilidade para gerar aleatoriamente os vários eventos que ocorrem em um sistema.

A simulação por computador imita a operação de um sistema usando as distribuições de probabilidade correspondentes para *gerar aleatoriamente* os diversos eventos que ocorrem no sistema (p. ex., as chegadas e as conclusões de atendimento em um sistema de filas). Porém, em vez de literalmente operar um sistema físico, o computador está apenas gravando as ocorrências dos eventos *simulados* e o desempenho resultante desse sistema simulado.

Quando a simulação por computador é usada como parte de um estudo de ciência da gestão, é comum que ela seja precedida e sucedida pelos mesmos passos para o design de um avião. Algumas análises preliminares são feitas antes (talvez com modelos matemáticos aproximados) para desenvolver um projeto bruto do sistema (incluindo seus procedimentos de operação). Aí a simulação por computador é usada nos testes de projetos específicos para estimar o desempenho de cada um. Depois de desenvolver um design detalhado e selecioná-lo nesse rumo, o sistema provavelmente é testado em um uso real para ajustar o design final.

Ao lidar com sistemas relativamente complexos, a simulação por computador tende a ser um procedimento relativamente caro. Para começar, um modelo detalhado deve ser formulado para descrever a operação do sistema de interesse e como ele deve ser simulado. Então, um tempo considerável é necessário, muitas vezes, para desenvolver e depurar os programas de computador necessários para executar a simulação. Depois, várias e longas execuções do computador podem ser necessárias para obter boas estimativas do desempenho de todas as alternativas de projetos do sistema. Finalmente, todos esses dados devem ser cuidadosamente analisados antes de esboçar quaisquer decisões finais. Todo esse processo exige bastante tempo e esforço. Portanto, a simulação por computador não deve ser usada quando um procedimento menos dispendioso está disponível e pode oferecer as mesmas informações.

12.1 Essência da simulação por computador

Simulação por computador pode prever o desempenho dos sistemas propostos que são complexos demais para serem analisados por outros modelos matemáticos.

A simulação por computador é usada geralmente quando o sistema estocástico envolvido é muito complexo para ser analisado satisfatoriamente pelos tipos de modelos matemáticos (p. ex., sistema de filas) descritos nos capítulos anteriores. Uma das maiores forças de um modelo matemático é que ele abstrai a essência do problema e revela sua estrutura adjacente, fornecendo uma visão da relação de causa e efeito dentro do sistema. Portanto, se o modelador consegue construir um modelo matemático que é tanto uma aproximação razoável para o problema quanto passível de solução, essa abordagem normalmente é superior à simulação por computador. Porém, muitos problemas são complexos demais para permitir essa abordagem. Portanto, a simulação por computador muitas vezes fornece a única abordagem prática para um problema.

Agora observaremos alguns exemplos para ilustrar as ideias básicas da simulação por computador. Esses exemplos têm se mantido mais simples que a aplicação habitual dessa técnica a fim de destacar as principais ideias mais prontamente. Isso também nos permitirá obter soluções analíticas para o desempenho dos sistemas envolvidos para comparar com as estimativas do desempenho fornecido pela simulação por computador.

Exemplo 1: jogo de cara ou coroa

Você é o sortudo ganhador de um concurso de apostas. Seu prêmio é uma viagem com todas as despesas pagas para um hotel em Las Vegas, incluindo algumas fichas para jogar no cassino do hotel.

Ao entrar no cassino, você descobre que, além dos tradicionais (blackjack, roleta etc.), é oferecido um novo e interessante jogo com as regras a seguir.

Regras do jogo

1. Cada jogada envolve jogar cara ou coroa repetidamente com uma moeda até que a *diferença* entre o número de caras lançadas e o de coroas seja de três.
2. Se você decidir participar do jogo, terá de pagar $1 por cada lançamento da moeda. Não é permitido desistir no meio de um jogo.
3. Você recebe $8 no final de cada jogo.

Portanto, você ganha dinheiro se o número de lançamentos necessários for menor que oito, mas você perde se mais de oito lançamentos forem necessários. Aqui vão alguns exemplos (em que A denota cara e B denota coroa).

AAA	3 lançamentos	Você ganha $5
BABBB	5 lançamentos	Você ganha $3
BAABABABBBB	11 lançamentos	Você perde $3

Como você decidirá se participará desse jogo?

Muitas pessoas baseariam sua decisão na *simulação*, embora não a chamassem dessa forma. Nesse caso, a simulação equivale a nada mais do que jogar sozinho várias vezes até que fique claro se vale a pena jogar a dinheiro. Meia hora gasta lançando a moeda repetidamente e registrando os ganhos e as perdas que teriam acontecido deve ser suficiente. Essa é uma simulação verdadeira porque você está *imitando* o jogo real sem realmente ganhar ou perder dinheiro.

Uma vez que o tópico deste capítulo é a simulação por *computador*, veremos como um computador pode ser usado para realizar esse mesmo *experimento simulado*. Embora um computador não possa lançar moedas, ele pode *simular* isso. Ele realiza o ato gerando uma sequência de *números aleatórios*, como definido a seguir.

> Um número é um **número aleatório** entre 0 e 1 se for gerado de uma forma que *todo* número possível nesse intervalo tenha uma chance igual de ocorrer. Por exemplo, se números com quatro casas decimais estão sendo usados, cada um dos 10 mil números entre 0,0000 e 0,9999 tem chance igual de ocorrer. Portanto, um número aleatório entre 0 e 1 é uma *observação aleatória* a partir de uma distribuição *uniforme* entre 0 e 1. (Daqui em diante, vamos excluir a expressão *entre 0 e 1* para referência a esses números aleatórios).

Números aleatórios exercem um papel fundamental na realização das simulações por computador, assim, o Excel usa a função RAND() para gerá-los.

Uma maneira fácil de gerar números aleatórios é usar a função **RAND()** no Excel. Por exemplo, o canto inferior esquerdo da Figura 12.1 indica que =RAND() foi inserida na célula C13 e depois copiada no intervalo C14:C62 (os parênteses precisam ser incluídos com a função, mas nada é inserido entre eles). Isso leva o Excel a gerar os números aleatórios mos-

FIGURA 12.1
Modelo de planilha para uma simulação por computador do jogo de cara ou coroa (Exemplo 1).

	A	B	C	D	E	F	G
1	Jogo de cara ou coroa						
2							
3			Diferença necessária	3			
4			Dinheiro ao final do jogo	$8			
5							
6				**Resumo do jogo**			
7			Número de lançamentos	11			
8			Ganhos	−$3			
9							
10							
11			Número		Total	Total	
12		Lançamento	aleatório	Resultado	cara	coroa	Parar?
13		1	0,3039	Cara	1	0	
14		2	0,7914	Coroa	1	1	
15		3	0,8543	Coroa	1	2	
16		4	0,6902	Coroa	1	3	
17		5	0,3004	Cara	2	3	
18		6	0,0383	Cara	3	3	
19		7	0,3883	Cara	4	3	
20		8	0,6052	Coroa	4	4	
21		9	0,2231	Cara	5	4	
22		10	0,4250	Cara	6	4	
23		11	0,3729	Cara	7	4	Parar
24		12	0,7983	Coroa	7	5	NA
25		13	0,2340	Cara	8	5	NA
26		14	0,0082	Cara	9	5	NA
57		45	0,7539	Coroa	26	19	NA
58		46	0,2989	Cara	27	19	NA
59		47	0,6427	Coroa	27	20	NA
60		48	0,2824	Cara	28	20	NA
61		49	0,2124	Cara	29	20	NA
62		50	0,6420	Coroa	29	21	NA

	C	D
6		Resumo do jogo
7	Número de lançamentos	=CONTAR.VAZIO(Parar?)+1
8	Ganhos	=DinheiroAoFinalDoJogo—NúmeroDeLançamentos

	C	D	E	F
11	Número		Total	Total
12	aleatório	Resultado	cara	coroa
13	=RAND()	=SE(NúmeroAleatório<0,5,"Cara","Coroa")	=SE(Resultados="Cara",1,0)	=Lançamento-TotalCara
14	=RAND()	=SE(NúmeroAleatório<0,5,"Cara","Coroa")	=E13+SE(Resultados="Cara",1,0)	=Lançamento-TotalCara
15	=RAND()	=SE(NúmeroAleatório<0,5,"Cara","Coroa")	=E14+SE(Resultados="Cara",1,0)	=Lançamento-TotalCara
16	:	:	:	:
17	:	:	:	:

	G
12	Parar?
13	
14	
15	=SE(ABS(TotalCara-TotalCoroa)>=DiferençaNecessária,"Parar","")
16	=SE(G15="",SE(ABS(TotalCara-TotalCoroa)>=DiferençaNecessária,"Parar",""),"NA")
17	=SE(G16="",SE(ABS(TotalCara-TotalCoroa)>=DiferençaNecessária,"Parar",""),"NA")
18	:
19	:

Nomes de intervalo	Células
DinheiroAoFinalDoJogo	D4
Lançamento	B13:B62
NúmeroDeLançamentos	D7
NúmeroAleatório	C13:C62
DiferençaNecessária	D3
Resultado	D13:D62
Parar?	G13:G62
TotalCara	E13:E62
TotalCoroa	F13:F62
Ganhos	D8

trados nas células C13:C62 da planilha. (As linhas 27-56 foram ocultadas para economizar espaço na figura.)

Embora esses números nas células C13:C62 tenham todas as propriedades importantes de números aleatórios, o Excel realmente usa uma fórmula fixa para calcular cada número aleatório a partir do número precedente, começando com um *valor inicial* ao processo. Uma vez que a sequência de números aleatórios é previsível no sentido de que pode ser reproduzida usando o mesmo valor inicial novamente (o que, algumas vezes, é vantajoso), esses números são referidos, às vezes, como *números pseudoaleatórios.*

As probabilidades para os resultados do lançamento da moeda são

$$P(\text{cara}) = \tfrac{1}{2} \qquad P(\text{coroa}) = \tfrac{1}{2}$$

Portanto, para simular o lançamento de uma moeda, o computador apenas deixa qualquer metade dos números aleatórios possíveis corresponder ao número de caras e a outra metade ao número de coroas. Para sermos específicos, usaremos a correspondência a seguir.

0,0000 a 0,4999   corresponde a   caras
0,5000 a 0,9999   corresponde a   coroas

Usando a fórmula

= SE(NúmeroAleatório < 0,5, "Cara", "Coroa")

em cada célula da coluna D na Figura 12.1, o Excel insere Cara se o número aleatório é menor que 0,5 e insere Coroa se ocorrer o contrário. Consequentemente, os 11 primeiros números aleatórios gerados na coluna C geram a seguinte sequência de caras (A) e coroas (B):

ABBBAAABAAA

ponto em que o jogo para porque o número de caras (sete) ultrapassou o número de coroas (quatro) em três. As células D7 e D8 registram o número total de lançamentos (11) e ganhos resultantes ($8 – $11 = – $3).

Portanto, a Figura 12.1 registra a simulação do computador de um jogo completo. Para garantir que o jogo será completado, foram simulados 50 lançamentos da moeda. As colunas E e F gravam o número cumulativo de caras e coroas depois de cada lançamento. As equações inseridas nas células da coluna G deixam cada célula em branco até que a diferença nos números de caras e coroas atinja 3, ponto em que Parar é inserido na célula. Depois, NA (de Não Aplicável) é inserido no lugar.

Essas simulações de jogadas podem ser repetidas com essa planilha quantas vezes desejadas. Pressionar a tecla F9 faz o Excel recalcular toda a planilha, incluindo calcular novos números aleatórios nas células C13:C62. Na verdade, qualquer mudança na planilha também faz o Excel recalcular, incluindo a geração de novos números aleatórios. (Se você alguma vez quis corrigir um determinado conjunto de números aleatórios, por exemplo, para salvar um resultado em particular do jogo, selecione o intervalo de números aleatórios, clique com o botão direito do mouse e escolha Copiar, clique com botão direito novamente e escolha Colar Especial e, em seguida, selecione a opção Valores).

As simulações por computador normalmente são repetidas várias vezes para se obter uma estimativa mais confiável de um resultado proporcional. A Figura 12.2 mostra como uma tabela de dados pode ser usada para enganar o Excel para que ele repita a simulação 14 vezes. Primeiro você cria uma tabela com os títulos mostrados nas colunas J, K e L. A primeira coluna da tabela (J7:J20) é usada para rotular as 14 jogadas do jogo, deixando a primeira linha em branco. Os títulos das próximas duas colunas especificam qual saída será avaliada. Para cada uma dessas duas colunas, use a primeira linha da tabela (células K6:L6) para escrever uma equação que se refira à célula de saída relevante. Nesse caso, as células de interesse são o número de lançamentos e ganhos, assim, as equações para K6:L6 são mostradas no lado direito da planilha na Figura 12.2.

O próximo passo é selecionar a tabela inteira (J6:L20) e depois escolher a Tabela de Dados do menu da Análise "E Se" da guia Dados (para Excel 2007 ou 2010) ou Tabela do menu Dados (para outras versões do Excel). Na caixa de diálogo da Tabela de Dados (como mostrado no lado direito da Figura 12.2), escolha qualquer célula em branco para a célula de entrada da coluna (p. ex., E4), mas não insira na célula de entrada da linha. Clicar em OK gera a tabela de dados mostrada na Figura 12.2.

FIGURA 12.2
Tabela de dados que grava os resultados da realização de 14 repetições de uma simulação por computador com a planilha na Figura 12.1.

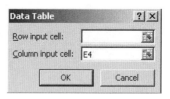

	I	J	K	L	M
1		Tabela de dados para jogo de cara ou coroa			
2		(14 repetições)			
3					
4				Número de	
5		Jogada	lançamentos	Ganhos	
6			3	$5	
7		1	9	– $1	Selecione a
8		2	5	$3	tabela inteira
9		3	7	$1	(J6:L20), antes
10		4	11	– $3	de escolher
11		5	5	$3	Tabela no menu
12		6	3	$5	de Dados.
13		7	3	$5	
14		8	11	– $3	
15		9	7	$1	
16		10	15	– $7	
17		11	3	$5	
18		12	7	$1	
19		13	9	– $1	
20		14	5	3	
21					
22		Média	7,14	$0,86	

	J	K	L
22	Média	=MÉDIA(K7:K20)	=MÉDIA(L7:L20)

A primeira coisa que o Excel faz enquanto gera a tabela de dados é inserir os números na primeira coluna da tabela (J7:J20), uma por vez, na célula de entrada de coluna (E4), o que não tem impacto direto na simulação. No entanto, cada vez que um novo número é inserido na célula de entrada de coluna, o Excel recalcula a planilha original inteira (Figura 12.1) nas células C13:G62 e, então, insere os números resultantes nas células de saída, NúmeroDeLançamento (D7) e Ganhos (D8) na linha correspondente da tabela de dados. Essencialmente, enganamos o Excel, fazendo-o repetir a simulação 14 vezes, em cada uma delas gerando novos números aleatórios na coluna C para realizar uma simulação totalmente nova.

A célula K22 demonstra que essa amostra de 14 jogadas dá uma média de 7,14 lançamentos. A média da amostra fornece uma *estimativa* da *média* verdadeira da distribuição de probabilidade subjacente ao número de lançamentos necessários para uma jogada. Assim, essa média da amostra de 7,14 pareceria indicar que, na média, você deve ganhar cerca de $0,86 (célula L22) cada vez que jogar. Portanto, se você não tem uma aversão relativamente alta ao risco, parece que você deve escolher participar do jogo, de preferência, um número alto de vezes.

Pelo menos centenas de partidas simuladas desse jogo são necessárias para obter uma estimativa razoavelmente confiável de uma média de resultado.

Porém, *tenha cuidado*! Um erro comum ao usar a simulação por computador é que as conclusões são baseadas em amostras extremamente pequenas, pois a análise estatística estava inadequada. É muito importante usar um estatístico qualificado para ajudar a projetar os experimentos a serem realizados com a simulação por computador. Nesse caso, a análise estatística cuidadosa (usando intervalos de confiança etc.) indicaria que centenas de jogadas simuladas seriam necessárias antes de qualquer conclusão sobre suas chances de ganhar ou de perder este jogar jogo disputando-o várias vezes.

Acontece então que a verdadeira média do número de lançamentos necessários para jogar é nove (essa média pode ser encontrada analiticamente, mas não facilmente). Assim, a longo prazo, você iria perder uma média de $1 cada vez que jogasse. Parte da razão de o experimento simulado ter falhado ao tirar essa conclusão é que você tem uma pequena chance de uma perda muito grande em qualquer participação do jogo, mas você nunca pode ganhar mais de $5 a cada vez. No entanto, 14 jogadas simuladas não foram suficientes para obter todas as observações na cauda da distribuição de probabilidade da quantia ganha ou perdida em uma partida do jogo. Somente uma partida simulada obteve uma perda de mais de $3 e foi apenas de $7.

FIGURA 12.3
Esta tabela de dados melhora a confiança da simulação por computador gravada na Figura 12.2 pela realização de mil repetições em vez de apenas 14.

	I	J	K	L	M
1		Tabela de dados para jogo de cara ou coroa			
2		(1.000 repetições)			
3					
4			Número de		
5		Jogada	lançamentos	Ganhos	
6			5	$3	
7		1	3	$5	
8		2	3	$5	
9		3	7	$1	
10		4	11	–$3	
11		5	13	–$5	
12		6	7	$1	
13		7	3	$5	
14		8	7	$1	
15		9	3	$5	
16		10	9	–$1	
1001		995	5	$3	
1002		996	27	–$19	
1003		997	7	$1	
1004		998	3	$5	
1005		999	9	–$1	
1006		1.000	17	–$9	
1007					
1008		Média	8,97	–$0,97	

A Figura 12.3 dá os resultados de executar a simulação para mil jogadas (com as linhas 17 a mil não mostradas). A célula K1008 grava o número médio de lançamentos como 8,97, muito próximo do verdadeiro número médio que é 9. Com esse número de repetições, a média de ganhos de –$0,97 na célula L1008 agora fornece uma base confiável para concluir que esse jogo não ganhará de você a longo prazo. (Você pode apostar que o cassino usou a simulação por computador para verificar esse fato antecipadamente.)

Exemplo 2: manutenção corretiva *versus* manutenção preventiva

A **Heavy Duty Company** acabou de comprar uma grande máquina para um novo processo de produção, o motor que a impulsiona quebra de vez em quando e requer uma constante revisão. Portanto, o fabricante da máquina também fornece um segundo motor prontamente. O uso dos motores é alternado, ficando cada um no interior da máquina até que seja removido para a revisão e substituído por outro.

Dada a utilização planejada para a máquina, o fabricante forneceu à empresa informações sobre a *durabilidade* dos motores (o número de dias de uso até que uma avaria ocorra), mostradas nas duas primeiras colunas da Tabela 12.1. A primeira coluna lista o número de dias que a máquina atual esteve em uso. Para cada um deles, a segunda coluna dá a probabilidade de a avaria ocorrer naquele dia. Uma vez que essas probabilidades são 0, exceto para os dias 4, 5 e 6, a avaria sempre ocorrerá no quarto, quinto ou sexto dia.

Felizmente, o tempo necessário para revisar um motor nunca passa de três dias, assim, uma substituição do motor sempre está pronta quando uma avaria ocorre. Quando isso acontece, o restante do dia (mais horas extras, se necessário) é usado para remover o motor que falhou e instalar o motor de substituição, assim, a máquina está pronta para operar de novo no início do dia seguinte. Os custos médios incorridos durante cada *ciclo de substitui-*

TABELA 12.1
Distribuição de probabilidade de avarias para os motores da Heavy Duty e os números aleatórios correspondentes

Dia	Probabilidade de avarias	Números aleatórios correspondentes
1, 2, 3	0	
4	0,25	0,0000 a 0,2499
5	0,5	0,2500 a 0,7499
6	0,25	0,7500 a 0,9999
7 ou mais	0	

ção (o tempo a partir de quando uma substituição de um motor começa até pouco antes de outra substituição ser necessária) são resumidos a seguir.

Custo de um ciclo de substituição iniciado com uma avaria	
Substituir um motor	$2.000
Perda de produção durante uma substituição	5.000
Revisão de um motor	4.000
Total	$11.000

Uso da simulação por computador

A simulação por computador pode ser usada para estimar o *custo diário médio* para a substituição de motores conforme necessário. Isso requer o uso de números aleatórios para determinar quando avarias ocorrem no processo *simulado*. Usando as probabilidades na segunda coluna da Tabela 12.1: 25% dos números aleatórios possíveis precisam corresponder a uma avaria no dia 4; 50% de chances de avaria no dia 5; e os 25% restantes de chance de avaria no dia 6. A coluna da direita da Tabela 12.1 mostra a forma natural de fazer isso.

> PROCV (*a, B, c*) procura na primeira coluna de *B* (em que *B* é um intervalo de células) pela linha que contém o maior valor que é menor ou igual a *a*. Então, a função retorna o valor na coluna *c* daquela coluna de *B*.

O Excel fornece uma função PROCV conveniente para a implementação dessa correspondência entre um número aleatório e o evento associado. A Figura 12.4 ilustra como isso funciona. Um passo é criar a tabela mostrada nas colunas I, J e K, em que as colunas K e I surgem diretamente das primeiras duas colunas da Tabela 12.1. A coluna J dá a probabilidade cumulativa antes do número de dias na coluna K, então J8 = I7 e J9 = I7 + I8. As células J7:K9 constituem a tabela de pesquisa para a função PROCV. A parte inferior da figura mostra como o comando PROCV foi inserido nas células da coluna D. O primeiro argumento dessa função indica que a célula da mesma linha do NúmeroAleatório (C5:C34) fornece o número aleatório usado. O segundo argumento dá o intervalo para a tabela de pesquisa. O terceiro argumento (2) indica que a coluna 2 da tabela de pesquisa está fornecendo o número a ser inserido nessa célula na coluna D. A escolha do número na coluna 2 da tabela de pesquisa é baseada onde o número aleatório cai dentro dos intervalos entre as linhas da coluna 1 da presente tabela. Particularmente, as três escolhas possíveis são

> A tabela de pesquisa nas células J7:K9 fornece essa correspondência entre um número aleatório e o tempo até que uma avaria ocorra.

se $0 \leq \text{RAND}() < 0{,}25$ escolha 4 dias
se $0{,}25 \leq \text{RAND}() < 0{,}75$ escolha 5 dias
se $0{,}75 \leq \text{RAND}() < 1$ escolha 6 dias

que é precisamente o correspondente indicado na Tabela 12.1.

Ao gerar 30 avarias simuladas dessa forma na coluna D da Figura 12.4, as colunas E, F e G mostram o número resultante cumulativo de dias, o custo estimado para cada ciclo de substituição, e o custo cumulativo para os ciclos de substituição correspondentes. (Em uma simulação por computador mais detalhada, números aleatórios também poderiam ser usados para gerar os custos exatos com cada avaria simulada). Uma vez que o número total de dias nessa simulação (célula E34) é 153, e que o custo cumulativo é $330 mil, o custo médio diário é calculado na célula J34 como

$$\text{Custo médio por dia} = \frac{\$330.000}{153} = \$2.157$$

Comparações com o exemplo 1

Comparar essa simulação por computador com as que executaram o jogo de cara ou coroa revela algumas diferenças interessantes. Uma é que a função SE foi usada para gerar cada lançamento de moeda simulado a partir de um número aleatório (ver as equações inseridas nas células na coluna D da Figura 12.1), enquanto a função PROCV acaba de ser usada aqui para gerar os resultados simulados. Na verdade, a função PROCV poderia ter sido usada no lugar dos lançamentos da moeda, mas a função SE era mais conveniente. De modo oposto, a função SE poderia ter sido usada para o exemplo atual, mas a função PROCV era mais conveniente. Em geral, nós preferimos utilizar a função SE para gerar uma observação aleatória a partir de uma distribuição de probabilidade que tem apenas dois valores possíveis, enquanto preferimos a função PROCV quando a distribuição tem mais de dois valores possíveis.

Uma segunda diferença surge na forma com as repetições das duas simulações por computador foram registradas. Para o jogo de cara ou coroa, simular uma partida única do jogo

FIGURA 12.4
Modelo de planilha para uma simulação por computador de realização de manutenção corretiva nos motores da Heavy Duty Co.

	A	B	C	D	E	F	G	H	I	J	K
1		Simulação de manutenção corretiva da Heavy Duty Company									
2											
3			Número	Tempo desde a	Dias		Custo		Distribuição de		
4		Avaria	aleatório	última avaria	acumulados	Custo	acumulado		tempo entre avarias		Número
5		1	0,7142	5	5	$11.000	$11.000				de dias
6		2	0,4546	5	10	$11.000	$22.000		Probabilidade	Acumulado	
7		3	0,3142	5	15	$11.000	$33.000		0,25	0	4
8		4	0,1722	4	19	$11.000	$44.000		0,5	0,25	5
9		5	0,0932	4	23	$11.000	$55.000		0,25	0,75	6
10		6	0,3645	5	28	$11.000	$66.000				
11		7	0,1636	4	32	$11.000	$77.000		Custo de avaria	$11.000	
12		8	0,7572	6	38	$11.000	$88.000				
13		9	0,3067	5	43	$11.000	$99.000				
14		10	0,9520	6	49	$11.000	$110.000				
30		26	0,8548	6	131	$11.000	$286.000				
31		27	0,7464	5	136	$11.000	$297.000				
32		28	0,9781	6	142	$11.000	$308.000				
33		29	0,6584	5	147	$11.000	$319.000			Custo médio por dia	
34		30	0,8829	6	153	$11.000	$330.000			$2.157	

	C	D	E	F	G
3	Número	Tempos desde a última	Dias		Custo
4	aleatório	avaria	acumulados	Custo	acumulado
5	=RAND()	=PROCV(NúmeroAleatório,$J$7:$K$9,2)	=TempoDesdeÚltimaAvaria	=CustoDaAvaria	=Custo
6	=RAND()	=PROCV(NúmeroAleatório,$J$7:$K$9,2)	=E5+TempoDesdeÚltimaAvaria	=CustoDaAvaria	=G5+Custo
7	=RAND()	=PROCV(NúmeroAleatório,$J$7:$K$9,2)	=E6+TempoDesdeÚltimaAvaria	=CustoDaAvaria	=G6+Custo
8	:	:	:	:	:
9	:	:	:	:	:

	J
33	Custo Médio por Dia
34	=CustoAcumulado/DiaAcumulado

Nomes de intervalo	Células
CustoMédioPorDia	J34
Avaria	B5:B34
CustoDaAvaria	J11
Custo	F5:F34
CustoAcumulado	G5:G34
DiaAcumulado	E5:E34
NúmeroAleatório	C5:C34
TempoDesdeÚltimaAvaria	D5:D34

envolveu usar a planilha com 62 linhas mostrada na Figura 12.1. Portanto, para registrar várias repetições, essa mesma planilha foi usada para gerar a tabela de dados na Figura 12.2, que resumiu os resultados de cada repetição em uma única linha. Para o exemplo atual, nenhuma tabela de dados separada foi necessária porque cada repetição poderia ser executada e exibida em uma única linha da planilha original na Figura 12.4.

Porém, uma semelhança entre os dois exemplos é que nós mantivemos cada um propositalmente simples de forma que uma solução analítica está disponível para comparar os resultados da simulação. Na verdade, é muito fácil obter a solução analítica para a versão atual do problema da Heavy Duty Co. Usando as probabilidades na Tabela 12.1, o número esperado de dias até que uma avaria ocorra é

$$E \text{(tempo até a avaria)} = 0{,}25 \text{ (4 dias)} + 0{,}5 \text{ (5 dias)} + 0{,}25 \text{ (6 dias)}$$
$$= 5 \text{ dias}$$

Portanto, o valor *esperado* (no sentido estatístico) do custo por dia é

$$E(\text{custo por dia}) = \frac{\$11.000}{5 \text{ dias}} = \$2.200 \text{ por dia}$$

O custo médio diário de $2.157 obtido por simulação por computador (célula J34 da Figura 12.4) é uma estimativa desse valor verdadeiro esperado.

O fato de a simulação por computador não ter sido realmente necessária para analisar essa versão do problema da Heavy Duty Co. ilustra uma possível armadilha com essa ténica. A simulação por computador é tão fácil de usar que muitas vezes ela é adotada apressadamente, quando uma análise cuidadosa precedente poderia fornecer todas as informações de maneira mais precisa (e talvez mais rápida). Em outros casos, começar com um modelo analítico simples possibilita percepções importantes como um prelúdio para o uso da simulação por computadores para refinar as análises com uma formulação mais precisa do problema.

Algumas opções de manutenção preventiva

> O objetivo da manutenção preventiva é fornecer manutenção o mais cedo possível para evitar uma avaria.

Até aqui, assumimos que a empresa usará uma política de *manutenção corretiva*. Isso quer dizer que o motor na máquina será removido e reformado apenas depois de quebrado. Porém, muitas empresas usam a política de *manutenção preventiva*, o que envolve agendar a remoção (e substituição) do motor para uma revisão em certo período, mesmo que a avaria não tenha ocorrido. O objetivo é fazer a manutenção o mais cedo possível para evitar uma avaria. Agendar a revisão também permite a remoção e a substituição do motor em um momento conveniente, quando a máquina não estivesse em uso, de forma que não haja produção perdida. Por exemplo, pagando horas extras para a remoção e a substituição, esse trabalho pode ser feito depois que o dia de trabalho normal termine, assim a máquina estaria pronta no começo do dia seguinte. Uma possibilidade é fazer isso no final do dia 3, que definitivamente estaria em tempo para prevenir a avaria. Outras opções são fazer isso no final do dia 4 ou 5 (se uma avaria ainda não ocorreu) a fim de prevenir a pausa na produção com uma avaria em futuro bem próximo. A simulação por computador pode ser usada para avaliar e comparar cada um desses pontos (juntamente com a política de manutenção corretiva) quando soluções analíticas não estão disponíveis.

Considere a opção de remoção (e substituição) do motor para uma revisão no final do dia 3. O custo médio de cada vez que isso é feito acaba sendo o seguinte.

Custo de um ciclo de repetição que começa sem uma avaria	
Substituir um motor em hora extra	$3.000
Perda de produção durante uma substituição	0
Revisão de um motor antes da avaria	3.000
Total	$6.000

Uma vez que o custo total de $6 mil ocorra a cada três dias, o custo diário esperado para essa opção seria

$$E(\text{custo por dia}) = \frac{\$6.000}{3 \text{ dias}} = \$2.000 \text{ por dia}$$

Uma vez que esse custo foi obtido analiticamente, a simulação por computador não é necessária.

Agora considere as duas opções restantes de remoção (e substituição) do motor depois do dia 4 ou 5 se uma avaria ainda não ocorreu. Uma vez que é, de certa forma, mais difícil encontrar o custo esperado por dia analiticamente para essas opções, vamos usar a simulação por computador. Para os dois casos, o custo médio durante o ciclo de substituição depende de se a substituição começou antes ou depois de a avaria ter ocorrido. Como descrito antes, esses custos médio são

Custo de um ciclo de substituição que começa com uma avaria = $11.000
Custo de um ciclo de substituição que começa sem uma avaria = $6.000

A Figura 12.5 mostra o uso de uma simulação por computador para a opção de agendar a substituição de cada motor após quatro dias. Os períodos até que 30 motores consecutivos tivessem quebrado sem as substituições são obtidos na coluna D (exceto as linhas 15-29, que estão ocultas). Os casos em que esse período for quatro (indicando uma avaria *durante* o dia 4) correspondem a um motor quebrando antes de sua substituição. (Isso ocorre nas linhas 6, 9, 13-14 e em cinco das linhas ocultas). O primeiro ciclo conclui com a substituição do primeiro motor depois de quatro dias, como mostrado na linha 5. A coluna G mostra o número cumulativo de dias ao final de cada ciclo. A coluna F indica se cada ciclo termina com uma avaria ou com uma substituição que acontece em tempo para evitá-la, e a coluna H mostra o custo resultante. A coluna I acumula esses custos. Uma vez que 30 ciclos duram 120 dias (célula G34) e tem um custo total de $225 mil (célula I34), essa simulação rende

$$\text{Custo médio por dia} = \frac{\$225.000}{120} = \$1.875$$

conforme a *estimativa* do custo diário esperado (que é, na verdade, $1.812) para essa opção.

A Figura 12.6 mostra o uso de uma simulação correspondente para a opção de agendar a substituição de cada motor após cinco dias. Portanto, se a avaria ocorrer no sexto dia do período (como indicado na coluna D), a substituição é feita em tempo para evitar a avaria (como indicado na coluna F). Uma vez que a maioria dos períodos na coluna D é de quatro ou cinco, a maioria dos ciclos se encerra com uma avaria. Isso leva a um custo total mais alto para os 30 ciclos de $300 mil, juntamente com um tempo total maior de 141 dias. Portanto, a *estimativa* do custo esperado por dia para essa opção é

$$\text{Custo médio por dia} = \frac{\$300.000}{141} = \$2.128$$

(O custo verdadeiro esperado por dia é $2.053).

> Execuções de simulação mais longas e detalhadas são comumente conduzidas.

Com base em todos os resultados expostos, a escolha certa para a opção menos dispendiosa é a única que agenda a substituição de cada motor, depois de quatro dias, já que seu custo diário esperado é de apenas $1.875. Embora essa estimativa com base na simulação na Figura 12.5 superestime o verdadeiro custo esperado de $63 por dia, essa opção ainda é a menos dispendiosa para uma margem ampla.

Na prática, as execuções da simulação geralmente seriam consideravelmente mais longas do que as mostradas nas Figuras 12.4, 12.5 e 12.6 a fim de obterem-se estimativas mais precisas dos verdadeiros custos para as opções alternativas. Essas simulações também incluiriam mais detalhes, como quando ocorre uma avaria durante um dia, e o custo resultante de produção perdida naquele dia.

Ambos os Exemplos 1 e 2 usaram números aleatórios para gerar observações aleatórias a partir das distribuições de probabilidade *discretas*. Ao contrário, muitas simulações por computador requerem uma geração de observações aleatórias a partir de distribuições contínuas. Depois, descrevemos um método geral para fazer isso com distribuições *tanto* contínuas *como* discretas.

Geração de observações aleatórias a partir de uma distribuição de probabilidade

Ambos os exemplos 1 e 2 geram observações aleatórias a partir de uma distribuição de probabilidade *discreta*. Conforme ilustrado no Exemplo 2, a função PROCV do Excel pode ser útil para fazer isso para cada distribuição discreta.

Porém, muitas simulações por computador requerem uma geração de observações aleatórias a partir de distribuições *contínuas*. Um procedimento matemático geral chamado de **método de transformação inversa** está disponível para a geração de observações aleatórias a partir de distribuições *tanto* discretas *quanto* contínuas. Esse procedimento é descrito no suplemento deste capítulo no CD-ROM.

Porém, para distribuições contínuas relativamente complicadas, mesmo o método de transformação inversa se torna difícil de aplicar. Um exemplo é a *distribuição normal*. Essa distribuição é tão importante que métodos especiais mais convenientes foram desenvolvidos para gerar observações a partir dessa distribuição. Particularmente, o Excel usa essa função

> Essa é uma função do Excel muito útil para gerar uma observação aleatória a partir da distribuição normal.

$$\text{NORMINV}(\text{RAND}(), \mu, \sigma)$$

FIGURA 12.5
Modelo de planilha para uma simulação por computador de realização de manutenção preventiva (substituição após quatro dias) nos motores da Heavy Duty Co.

	A	B	C	D	E	F	G	H	I	J	K	L	M
1	Simulação de manutenção preventiva da Heavy Duty Company (substituir após 4 dias)												
2													
3											Distribuição do		
4		Ciclo	Número aleatório	Tempo até a avaria	Tempo programado até a substituição	Evento que conclui o ciclo	Dia acumulado	custo	Custo acumulado		tempo entre avarias		
5		1	0,7861	6	4	Substituição	4	$6.000	$6.000		Probabilidade	Acumulado	Número de dias
6		2	0,0679	4	4	Avaria	8	$11.000	$17.000		0,25	0	4
7		3	0,9296	6	4	Substituição	12	$6.000	$23.000		0,5	0,25	5
8		4	0,4430	5	4	Substituição	16	$6.000	$29.000		0,25	0,75	6
9		5	0,1223	4	4	Avaria	20	$11.000	$40.000				
10		6	0,4530	5	4	Substituição	24	$6.000	$46.000				
11		7	0,3972	5	4	Substituição	28	$6.000	$52.000		Custo da avaria	$11.000	
12		8	0,9289	6	4	Substituição	32	$6.000	$58.000		Custo de substituição	$6.000	
13		9	0,2195	4	4	Avaria	36	$11.000	$69.000				
14		10	0,0706	4	4	Avaria	40	$11.000	$80.000		Substituição após	4	dias
30		26	0,8720	6	4	Substituição	104	$6.000	$201.000				
31		27	0,8902	6	4	Substituição	108	$6.000	$207.000				
32		28	0,3839	5	4	Substituição	112	$6.000	$213.000				
33		29	0,7404	5	4	Substituição	116	$6.000	$219.000		Custo médio por dia		
34		30	0,7264	5	4	Substituição	120	$6.000	$225.000			$1.875	

	C	D
3	Número	Tempo até a
4	aleatório	avaria
5	=RAND()	=PROCV(NúmeroAleatório,$L$7:$M$9,2)
6	=RAND()	=PROCV(NúmeroAleatório,$L$7:$M$9,2)
7	=RAND()	=PROCV(NúmeroAleatório,$L$7:$M$9,2)
8	⋮	⋮
9	⋮	⋮

	E	F
3	Tempo programado	Evento que
4	até a substituição	conclui o ciclo
5	=SubstituiçãoApós	=SE(TempoAtéAvaria<=TempoProgramadoAtéSubstituição,"Avaria","Substituição")
6	=SubstituiçãoApós	=SE(TempoAtéAvaria<=TempoProgramadoAtéSubstituição,"Avaria","Substituição")
7	=SubstituiçãoApós	=SE(TempoAtéAvaria<=TempoProgramadoAtéSubstituição,"Avaria","Substituição")
8	⋮	⋮
9	⋮	⋮

	G	H	I
3	Dia		Custo
4	acumulado	Custo	acumulado
5	=MIN(D5,E5)	=SE(Evento="Avaria",CustoAvaria,CustoSubstituição)	=Custo
6	=G5+MIN(D6,E6)	=SE(Evento="Avaria",CustoAvaria,CustoSubstituição)	=I5+Custo
7	=G6+MIN(D7,E7)	=SE(Evento="Avaria",CustoAvaria,CustoSubstituição)	=I6+Custo
8	⋮	⋮	⋮
9	⋮	⋮	⋮

	L
33	Custo médio por dia
34	=CustoAcumulado/DiaAcumulado

Nomes de intervalo	Células
CustoMédioPorDia	L34
CustoAvaria	L11
Custo	H5:H34
CustoAcumulado	I5:I34
DiaAcumulado	G5:G34
Ciclo	B5:B34
Evento	F5:F34
NúmeroAleatório	C5:C34
SubstituiçãoApós	L14
CustoSubstituição	L12
TempoProgramadoAtéSubstituição	E5:E34
TempoAtéAvaria	D5:D34

FIGURA 12.6
Revisão da Figura 12.5 para agendar a substituição dos motores após cinco dias em vez de quatro.

	A	B	C	D	E	F	G	H	I
1		Simulação de manutenção preventiva da Heavy Duty Company (após 5 dias)							
2									
3			Número	Tempo até a	Tempo programado	Evento que	Dia		Custo
4		Ciclo	aleatório	avaria	até a substituição	conclui o ciclo	acumulado	Custo	acumulado
5		1	0,0558	4	5	Avaria	4	$11.000	$11.000
6		2	0,0690	4	5	Avaria	8	$11.000	$22.000
7		3	0,1889	4	5	Avaria	12	$11.000	$33.000
8		4	0,9471	6	5	Substituição	17	$6.000	$39.000
9		5	0,9173	6	5	Substituição	22	$6.000	$45.000
10		6	0,3541	5	5	Avaria	27	$11.000	$56.000
11		7	0,7035	5	5	Avaria	32	$11.000	$67.000
12		8	0,0350	4	5	Avaria	36	$11.000	$78.000
13		9	0,5755	5	5	Avaria	41	$11.000	$89.000
14		10	0,8910	6	5	Substituição	46	$6.000	$95.000
30		26	0,7386	5	5	Avaria	122	$11.000	$261.000
31		27	0,2648	5	5	Avaria	127	$11.000	$272.000
32		28	0,6239	5	5	Avaria	132	$11.000	$283.000
33		29	0,9988	6	5	Substituição	137	$6.000	$289.000
34		30	0,0061	4	5	Avaria	141	$11.000	$300.000

	K	L	M
1			
2			
3	Distribuição de		
4	tempo entre avarias		
5			Número
6	Probabilidade	Acumulado	de dias
7	0,25	0	4
8	0,5	0,25	5
9	0,25	0,75	6
10			
11	Custo de avaria	$11.000	
12	Custo substituição	$6.000	
13			
14	Substituição após	5	dias
30			
31			
32			
33		Custo médio por dia	
34		$2.128	

para fazer isso depois de você substituir os valores numéricos pelo desvio médio m e padrão σ da distribuição. A próxima seção descreve como gerar observações aleatórias a partir de duas outras distribuições contínuas – a distribuição uniforme e a distribuição exponencial.

Vários complementos do Excel foram desenvolvidos para ampliar as capacidades de simulação do respectivo pacote padrão, incluindo funções especiais para gerar imediatamente observações aleatórias a partir de ampla variedade de distribuições de probabilidade. Duas delas (Crystal Ball e RiskSim) estão incluídas no seu MS Courseware. Crystal Ball será descrita no próximo capítulo. RiskSim é um shareware desenvolvido pelo professor Michael Middleton. Embora não tão elaborado ou poderoso como o Crystal Ball, o RiskSim é fácil de usar e é bem documentado no CD-ROM. (Se você quer continuar a usá-lo após este curso, deve se registrar e pagar uma taxa pelo shareware). Como qualquer suplemento do Excel, esses precisam ser instalados.

Perguntas de revisão

1. Como a simulação por computador imita a operação de um sistema estocástico?
2. Por que a simulação por computador tende a ser um procedimento relativamente dispendioso?
3. Quando a simulação por computador é usada normalmente apesar de ser relativamente dispendiosa?
4. O que é um número aleatório? Ele é usado para qual propósito?

12.2 ESTUDO DE CASO: BABEARIA DO HERR CUTTER (REVISITADO)

Se você já examinou o capítulo anterior, provavelmente lembra-se da curta descrição na Seção 11.1 da barbearia Herr Cutter como um exemplo de um tipo básico de um sistema de fila (um sistema de fila é um local onde os consumidores recebem algum tipo de atendimento de um servidor, talvez depois de esperar em uma linha chamada de fila). **HerrCutter** administra sozinho a própria barbearia. Ele abre o estabelecimento às 8h. Os clientes chegam aleatoriamente a uma frequência média de dois por hora. Ele precisa de uma média de 20 minutos para cada corte de cabelo. (Você não precisa consultar a Seção 11.1 para outros detalhes.)

O estudo de caso se preocupa com o problema descrito a seguir.

Decisão de Herr Cutter

Herr Cutter administra sua barbearia no mesmo local há quase 25 anos. Embora seus parentes quisessem que ele seguisse os passos do pai, um médico, ele nunca se arrependeu da sua decisão de seguir sua carreira mais modesta. Ele gosta do ambiente calmo de trabalho, as horas regulares e a oportunidade de bater papo com seus clientes.

Ao longo dos anos, formou uma clientela leal. Ele é um excelente barbeiro que se orgulha de seu trabalho. Como o negócio cresceu, os clientes agora têm de esperar um pouco, muitas vezes (algumas vezes, mais de meia hora) para cortar o cabelo e os antigos estão dispostos a isso.

A barbearia está em uma cidade em desenvolvimento. Como o ritmo de vida se acelerou, Herr Cutter notou que os novos clientes estão muito menos propensos a retornar em comparação aos dos primeiros anos, especialmente se tiveram de esperar por muito tempo. Ele atribui isso a uma menor tolerância à espera. Porém, uma vez que ele não está conquistando muitos clientes novos, seu volume de negócios caiu até uma média estável de dois clientes por hora.

A decisão que Herr Cutter precisa tomar é convidar ou não um sócio para dividir a carga de trabalho na barbearia.

À medida que envelhece, Herr Cutter tem pensado mais na possibilidade de ter um sócio para compartilhar a carga de trabalho. Ele também gostaria de ter uma companhia, bem como uma flexibilidade na carga horária. Um segundo barbeiro reduziria consideravelmente o tempo de espera dos clientes, então, um benefício adicional seria que o total de volume de negócios para a barbearia aumentaria bem.

Porém, o que sempre o detém em procurar um sócio é o medo de diminuir sua renda particular no negócio. Ele precisa poupar um dinheiro considerável para a aposentadoria e realmente não tem como arcar com uma queda significativa na sua renda já modesta. Dados o salário e a comissão que ele precisaria pagar para um sócio, os negócios teriam praticamente que dobrar só para manter seu nível atual de renda. (Esclareceremos os detalhes financeiros na próxima seção, quando a análise for realizada). Ele tem dúvidas de que os negócios aumentariam tanto.

Mas agora a oportunidade veio bater à sua porta. Um companheiro de profissão (e amigo) na cidade decidiu se aposentar e fechar a barbearia. Ele sugere a Herr Cutter que contrate o bom jovem que teve como sócio por vários anos. Esse amigo o recomenda bastante e também assinala que o sócio levaria uma boa quantidade de clientes com ele.

Então, agora Herr Cutter está em dúvida se deve contratá-lo.

Felizmente, ele ganha uma ajuda para decidir. O amigo mostrou a Herr Cutter um interessante e recente artigo no *The Barber's Journal* que descreve um estudo feito com barbearias em relação ao tempo que os clientes estão dispostos a esperar para cortar o cabelo. O artigo conclui com dois princípios básicos.

Primeiro princípio básico: Em uma barbearia bem administrada, com uma clientela estabelecida, esses clientes fiéis estão dispostos a tolerar um tempo médio de espera de cerca de 20 minutos até cortar o cabelo.

Herr Cutter acha que essa descrição se encaixa na sua situação. Ele nunca tentou estimar o tempo de espera de seus clientes, mas acredita que uma média de 20 minutos parece definir bem.

Segundo princípio básico: Em uma barbearia bem administrada, novos clientes estão dispostos a tolerar um tempo médio de espera de cerca de 10 minutos até cortar o cabelo. (Com esperas maiores, a tendência é que eles procurem outros locais.)

De novo, Herr Cutter sente que esse princípio básico se assemelha à sua experiência própria.

Com um sócio, o tempo médio de espera seria de 10 minutos para o cliente começar a cortar o cabelo.

Esse segundo princípio básico deu uma boa ideia a ele para decidir. Com essa clientela atual, ter um sócio provavelmente reduziria o tempo médio de espera para menos de 10 minutos. Esse serviço rápido ajudaria a atrair e reter novos consumidores gradualmente (incluindo alguns dos clientes do sócio da barbearia que está fechando). De acordo com o princípio básico, o nível de negócios deverá aumentar até atingir o ponto em que o tempo médio de espera antes do corte de cabelo tenha aumentado para cerca de 10 minutos. Estimar o nível de negócios naquele momento indicaria o novo nível de renda da barbearia e sua parte nela. O dilema é que ele não vê como estimar esse nível de negócios antecipadamente.

Herr Cutter pede conselho para o seu sobrinho Fritz, um estudante universitário de administração, que responde com entusiasmo que sabe a abordagem certa a usar. Simulação por computador.

Recentemente, Fritz fez um curso de ciência da gestão. Na verdade, ele tem uma cópia do MS Courseware, que inclui o Simulador de Fila para os sistemas de fila como a barbearia de seu tio. Embora não tão sofisticado quanto pacotes comerciais caros de software para realizar simulações por computador, Fritz explica ao tio como sua rotina pode dar uma boa estimativa antecipadamente de qual seria o nível de negócios com um sócio.

Aqui está o plano para usar a simulação para estimar qual seria a nova situação com um sócio.

Fritz propõe gastar um tempinho com seu tio para coletar alguns dados e desenvolver um *modelo de simulação* simulações por computador. Sua primeira simulação será da barbearia nesse modo de operação atual (sem um sócio) para estimar o tempo médio de espera atual. Comparando os resultados com o que está acontecendo de verdade na barbearia também ajudará a testar a validade do modelo de simulação. Se necessário, o modelo será ajustado para representar melhor o sistema real. As simulações subsequentes serão quanto a administrar a barbearia com um sócio. Essas simulações assumirão que a rapidez do sócio em realizar um corte de cabelo é exatamente a mesma de Herr Cutter. Médias diferentes de intervalos mínimos entre execuções (inter-arrival times) serão experimentadas para determinar cada média (ou seja, qual nível de negócio) levaria a um tempo de espera médio de 10 minutos.

Fritz pergunta ao tio se ele deve prosseguir com esse plano. Herr Cutter o encoraja a fazê-lo. O restante desta seção descreve a execução do plano, incluindo a mecânica de realização dessas simulações. A próxima seção apresenta, então, os resultados das simulações por computador atuais e a análise do que Herr Cutter deve fazer.

Reunião de dados

Como com outros sistemas básicos de fila, os eventos principais para essa barbearia são as *conclusões do serviço (corte de cabelo)* e a *chegada de clientes*. A Tabela 11.1 (na Seção 11.1) grava o número de vezes em que tais eventos ocorreram durante uma manhã típica. A Figura 11.2 mostra esses dados de uma forma diferente, organizando o número de clientes no sistema (uma medida básica de desempenho) durante essa mesma manhã.

Observando a barbearia por longo tempo, puderam ser reunidos muitos dados do mesmo tipo para estimar várias medidas de desempenho para a barbearia sob o modo atual de operação. Porém, não é preciso perder meses ou anos para reunir esses dados. Uma vez que tenham sido definidos em um computador, a simulação por computador pode realizar a mesma coisa em questão de segundos, por meio da *simulação* da operação da barbearia durante um período prolongado (até anos, se desejado). Porém, realizar essa simulação requer a reunião de alguns outros dados antes.

498 SIMULAÇÃO POR COMPUTADOR: conceitos básicos

São necessárias estimativas de distribuições de probabilidade do tempo necessário para realizar um corte de cabelo (o "tempo de atendimento") e do tempo entre as chegadas consecutivas de clientes (o "intervalo mínimo entre execuções").

Particularmente, é necessário estimar as *distribuições de probabilidade* que envolvem os eventos aleatórios (conclusões de atendimentos e chegadas de clientes) no sistema. Essas distribuições de probabilidade dos tempos de atendimento (o tempo necessário para realizar um corte de cabelo) e a distribuição dos *intervalos mínimos entre execuções* (os intervalos entre chegadas consecutivas).

Herr Cutter descobriu que o tempo necessário para realizar um corte de cabelo varia entre 15 e 25 minutos, dependendo da quantidade de cabelo do cliente, do estilo de corte desejado e assim por diante. Além disso, sua melhor estimativa é que os períodos entre 15 e 25 minutos sejam igualmente prováveis, o que indica a distribuição seguinte.

> **Distribuição estimada de tempos de atendimento:** A *distribuição uniforme* sobre o intervalo de 15 a 25 minutos.

Uma vez que a barbearia apresenta *chegadas aleatórias* de clientes, a Seção 11.1 mostra que a distribuição dos intervalos mínimos entre execuções deve ser exponencial.

> **Distribuição estimada de intervalos mínimos entre execuções:** Uma *distribuição exponencial* (descrita na Seção 11.1) com uma média de 30 minutos.

A forma de uma distribuição exponencial é mostrada na Figura 11.3 (Seção 11.1).

Geração de observações aleatórias a partir dessas distribuições de probabilidade

Uma simulação por computador de uma operação em uma barbearia requer a geração de uma série de *observações aleatórias* a partir dessas distribuições identificadas. Como sempre, serão usados *números aleatórios* para isso. Porém, uma vez que essas distribuições de probabilidade são *contínuas*, não é tão conveniente usar números aleatórios nas formas descritas para as distribuições *discretas* nos Exemplos 1 e 2 (que empregam as funções do Excel SE e PROCV, respectivamente).

Felizmente, é relativamente fácil gerar uma observação aleatória a partir de qualquer distribuição uniforme, incluindo essa do intervalo entre 15 e 25 minutos. A chave é que um número aleatório entre 0 e 1 seja, de fato, uma observação de uma distribuição uniforme entre 0 e 1. Portanto, a função do Excel RAND() gera uma observação aleatória. De modo semelhante, 10 RAND() gera uma observação aleatória a partir de uma distribuição uniforme entre 0 e 10. Adicionar 15 a essa observação aleatória gera, então, uma observação a partir de uma distribuição uniforme entre 15 e 25.

Portanto, ao desenvolver um modelo de simulação para a operação da barbearia do Herr Cutter, a equação a ser inserida em cada célula que recebe uma observação aleatória desta distribuição uniforme é

$$= 15 + 10 * \text{RAND}()$$

A equação do Excel para uma observação aleatória a partir de uma distribuição uniforme durante o intervalo entre a e b é $= a + (b - a)$ RAND().

Para uma distribuição uniforme com limites inferior e superior diferentes de 15 e 25, o limite inferior seria substituído por 15 nessa equação e a diferença entre os dois limites seria substituída por 10. (Esse é um exemplo simples de como o *método de transformação inversa* é usado para gerar uma observação aleatória a partir de uma distribuição de probabilidade.)

Embora a distribuição exponencial seja mais complicada do que a distribuição uniforme, uma equação do Excel também está disponível para gerar uma observação aleatória a partir de uma distribuição exponencial com uma média de 30 minutos (a distribuição entre os intervalos mínimos de execução para a barbearia de Herr Cutter). O suplemento deste capítulo no CD-ROM descreve como o método de transformação inversa é usado para produzir essa equação usando a função do Excel LN(), a qual calcula o *logaritmo natural* de qualquer quantidade que esteja dentro dos parênteses.

Particularmente, para cada célula em um modelo de planilha que recebe uma observação aleatória dessa distribuição exponencial, a equação do Excel a ser inserida é

$$= -30 * \text{LN}(\text{RAND}())$$

Depois de substituir 30 pela média, essa é a equação do Excel para gerar uma observação aleatória a partir de uma distribuição exponencial.

Para uma distribuição exponencial com uma média diferente, essa média seria substituída por 30 na equação.

VINHETA DE APLICAÇÃO

A **Federal Aviation Administration (FAA)** dos Estados Unidos gerencia o tráfego no espaço aéreo nacional. Os controladores estão acostumados a orientar voos individuais para mantê-los em espaço seguro entre todo os outros voos. Além disso, os controles do FAA agregam fluxos de voos para manter as chegadas em cada aeroporto dentro dos níveis gerenciáveis e para adaptação às condições adversas do clima, refazendo a rota aérea conforme necessário. Quando o clima está ruim ou houver congestionamentos, os gerentes de tráfego costumam decidir quais voos devem ser mantidos no chão e quais já em andamento devem ter sua rota refeita.

Um problema particularmente difícil para os gerentes surge quando linhas estendidas de tempestades bloqueiam as principais rotas de voos. Um clima rigoroso em uma ampla área pode resultar em interrupções grandes e em todo o sistema, levando a bilhões de dólares por ano em custos com melhoria de operações e em receita perdida pelas linhas aéreas, bem como à grande inconveniência para os passageiros. Portanto, em 2005, a FAA pôs em prática um estudo de simulação de um ano por uma equipe de ciência da gestão para desenvolver melhores procedimentos de operação para gerentes de tráfego nessa situação.

O *modelo de simulação* resultante, muito complexo, incorporou as ações e interações de centenas e milhares de voos controlados pela infraestrutura da FAA. Por muitos meses, esse modelo foi usado para testar vários procedimentos de operação propostos sob condições climáticas rigorosas típicas para determinar o melhor desses procedimentos. Essas conclusões eram, então, incorporadas em um sistema de apoio à decisão computadorizado que os gerentes de tráfego usariam a partir daí para orientar suas decisões sob tais condições climáticas.

Estimou-se que essa inovação traga uma *economia aos operadores de aeronaves* de **1 a 3 bilhões de dólares** em custos de operação por meio da redução de atrasos e cancelamentos durante a primeira década de uso. Também se estima que *reduza os atrasos de passageiros em mais de um milhão de horas por ano.*

Fonte: V. P. Sud, M. Tanino, J. Wetherly, M. Brennan, M. Lehky, K. Howard, and R. Oiesen, "Reducing Flight Delays through Better Traffic Management," *Interfaces* 39, no. 1 (January—February 2009), pp. 35—45. (Um link para esse artigo é fornecido no *site* **www.mhhe.com/hillier4e.**)

Blocos de construção de um modelo de simulação para um sistema estocástico

Com essas múltiplas distribuições de probabilidade, o estudo de caso tem algumas das complicações clássicas dos sistemas estocásticos para os quais muitas simulações por computador são realizadas. Ao se preparar para uma simulação relativamente complexa desse tipo, algumas vezes é de grande auxílio desenvolver um *modelo formal de simulação*.

> Um **modelo de simulação** é uma representação do sistema a ser simulado que também descreve como a simulação será realizada.

Aqui estão os blocos de construção básicos de um modelo de simulação para um sistema estocástico.

1. Descrição dos componentes do sistema, incluindo como se presume que eles operem e se inter-relacionem.
2. Relógio de simulação.
3. Definição do estado do sistema.
4. Método para geração aleatória de eventos (aleatórios) que ocorrem ao longo do tempo.
5. Método para mudar o estado do sistema quando um evento ocorre.
6. Procedimento para avançar o tempo no relógio de simulação.

Vamos usar o estudo de caso para ilustrar cada um desses blocos de construção.

Como descrito na Seção 11.1, a barbearia Herr Cutter é um tipo básico de sistema de fila de servidor único. Os respectivos *componentes* são os clientes, a fila e Herr Cutter como o servidor (a fila é a de espera dos clientes aguardando para cortar o cabelo). As distribuições presumidas dos tempos de atendimento e do intervalo mínimo entre execuções foram descritas anteriormente nesta seção.

Uma vez que a simulação por computador está em prática, é necessário ficar atento à passagem de tempo no sistema em simulação. Começando no tempo 0, assim

$$t = \text{Quantidade de tempo } simulado \text{ que passou até agora}$$

O *t* variável no programa de computador é referido como o **relógio de simulação**. O programa atualiza continuamente o valor atual dessa variável à medida que a simulação progride. Com os computadores poderosos de hoje, o tempo simulado progride milhões de vezes mais rapidamente do que o tempo de execução no computador.

Para a barbearia Herr Cutter, o relógio de simulação grava a quantidade de tempo simulado (em minutos) que desde que a barbearia abriu, às 8h00. Uma simulação precisa, então, começaria novamente para cada dia sucessivo de operação simulada da barbearia. (A próxima seção descreve um pressuposto simplificador que Fritz cria nesse ponto.) Uma pequena quantidade de tempo de execução pode simular anos de operação.

A informação principal que define o status atual do sistema é chamada de **estado do sistema**. Para a barbearia de Herr Cutter (o sistema desse caso), o estado do sistema é

$$N(t) = \text{Número de clientes na barbearia no tempo } t$$

O programa de computador para a simulação grava a quantidade cumulativa de tempo que o sistema gasta em casa estado, bem como outras medidas de desempenho (p. ex., o tempo de espera dos clientes).

Para os sistemas de filas, como essa barbearia, os eventos principais são as chegadas de consumidores e as conclusões de atendimento (cortes de cabelo). A subseção anterior descreve como esses eventos são gerados aleatoriamente em uma simulação por computador mediante observações aleatórias das distribuições de intervalos mínimos entre execuções e dos tempos de atendimento.

Ambos os tipos de eventos mudam o estado do sistema. O método usado para ajustá-lo é

$$\text{Reiniciar} \quad N(t) = \begin{cases} N(t) + 1 & \text{se uma chegada ocorre no tempo } t \\ N(t) - 1 & \text{se uma conclusão de atendimento ocorre no tempo } t \end{cases}$$

> Sempre que um cliente chega ou que um corte de cabelo é concluído, o programa de computador ajusta o número de clientes na barbearia dessa forma.

O principal procedimento para avançar o tempo no relógio de simulação é chamado de **avanço para o instante do próximo evento**. Veja como isso funciona.

Procedimento de avanço para o instante do próximo evento

1. Observe o tempo atual *t* no relógio de simulação e os tempos gerados aleatoriamente da próxima ocorrência de cada tipo de evento que pode ocorrer depois. Determine qual evento ocorrerá primeiro.
2. Avance o tempo no relógio de simulação até o tempo do próximo evento.
3. Atualize o sistema determinando seu novo estado como um resultado desse evento e gerando aleatoriamente o tempo até a próxima ocorrência de qualquer tipo de evento que pode ocorrer a partir desse estado (se não gerado previamente). Também grave as informações desejadas sobre o desempenho desse sistema. Então, retorne ao passo 1.

Esse processo continua até que a simulação por computador tenha sido executada o quanto se desejasse.

Ilustração do processo de simulação por computador

A planilha do Excel na Figura 12.7 mostra uma simulação por computador da operação da barbearia Herr Cutter (sem um sócio) durante um período em que 100 clientes chegam. Os dados pertinentes em relação a cada cliente são gravados em uma linha única da planilha (em que as linhas para clientes de 11 a 95 estão ocultas). Todo os tempos estão em minutos. Conforme indicado pelas equações na parte inferior da figura, as fórmulas dadas anteriormente são usadas para gerar observações aleatórias para os intervalos mínimos entre execuções e tempos de atendimento nas colunas C e F. Esses dois tempos permitem calcular os outros tempos pertinentes para cada cliente na ordem. A coluna H grava o tempo de espera *antes* do corte de cabelo para cada cliente e a coluna I dá o total do tempo de espera na barbearia (incluindo o corte de cabelo) para o cliente.

O procedimento de avanço para o instante do próximo evento é usado para realizar essa simulação. O procedimento foca nos dois tipos-chave de eventos, chegadas e conclusões de atendimento, sendo gravados nas colunas D e G, e depois se move cronologicamente por entre eles. Para começar, $t = 0$ e $N(t) = 0$ (não há nenhum cliente na barbearia quando ela abre). Uma vez que nenhuma conclusão de atendimento pode ocorrer sem

FIGURA 12.7
Simulação por computador da barbearia de Herr Cutter (como operado atualmente) durante um período de 100 chegadas de clientes.

	A	B	C	D	E	F	G	H	I
1		**Barbearia do Herr Cutter**							
2									
3				(exponencial)					
4		Intervalo médio entre execuções		30	minutos				
5									
6				(uniforme)					
7		Tempo mín de serviço		15	minutos				
8		Tempo máx de serviço		25	minutos				
9									
10		Tempo médio na fila (W_q)		12,8	minutos				
11		Tempo médio no Sistema (W)		33,0	minutos				
12									
13				Tempo	Tempo para		Tempo para	Tempo	Tempo
14		Chegada	Intervalo entre	de	iniciar o	tempo de	fim do	na	no
15		do cliente	execuções	chegada	serviço	serviço	serviço	fila	sistema
16		1	0,5	0,5	0,5	21,9	22,3	0,0	21,9
17		2	45,6	46,0	46,0	21,9	67,9	0,0	21,9
18		3	2,6	48,6	67,9	20,8	88,8	19,4	40,2
19		4	1,5	50,1	88,8	18,9	107,7	38,7	57,6
20		5	27,6	77,7	107,7	17,2	124,9	30,0	47,2
21		6	29,2	106,9	124,9	16,3	141,2	18,0	34,3
22		7	18,6	125,5	141,2	24,6	165,8	15,7	40,3
23		8	21,8	147,4	165,8	22,7	188,6	18,5	41,2
24		9	7,4	154,8	188,6	24,3	212,9	33,8	58,1
25		10	12,1	166,9	212,9	18,4	231,3	46,0	64,4
111		96	48,8	3.132,8	3.132,8	22,2	3.155,0	0,0	22,2
112		97	12,3	3.145,1	3.155,0	25,0	3.180,0	9,9	34,9
113		98	82,7	3.227,7	3.227,7	19,0	3.246,7	0,0	19,0
114		99	4,0	3.231,8	3.246,7	20,1	3.266,8	14,9	35,0
115		100	85,2	3.317,0	3.317,0	19,5	3.336,5	0,0	19,5

Nomes de intervalo	Células
TempoMédioNaFila	D10
TempoMédioNoSistema	D11
IntervaloEntreExecuções	C16:C115
TempoMáxServiço	D8
IntervaloMédioEntre Execuções	D4
TempoMínServiço	D7
TempoServiço	F16:F115
TempoNaFila	H16:H115
TempoNoSistema	I16:I115
TempoDeChegada	D16:D115
TempoParaIniciarServiço	E16:E115
TempoParaFimDoServiço	G16:G115

	C	D
10	Tempo médio na Fila (W_q)	=MÉDIA(TempoNaFila)
11	Tempo médio no Sistema (W)	=MÉDIA(TempoNoSistema)

	C	D	E	F
13		Tempo	Tempo para	
14	Intervalo entre	de	iniciar o	Tempo de
15	execuções	chegada	serviço	serviço
16	=-IntervaloMédioEntreExecuções*LN(RAND())	=IntervaloEntreExecuções	=TempoDeChegada	=TempoMínServiço+(TempoMáxServiço-TempoMínServiço)*RAND()
17	=-IntervaloMédioEntreExecuções*LN(RAND())	=D16+IntervaloEntreExecuções	=MÁX(G16,D17)	=TempoMínServiço+(TempoMáxServiço-TempoMínServiço)*RAND()
18	=-IntervaloMédioEntreExecuções*LN(RAND())	=D17+IntervaloEntreExecuções	=MÁX(G17,D18)	=TempoMínServiço+(TempoMáxServiço-TempoMínServiço)*RAND()
19	:	:	:	:
20	:	:	:	:

	G	H	I
13	Tempo para	Tempo	Tempo
14	fim do	na	no
15	serviço	fila	sistema
16	=TempoParaIniciarServiço+TempoServiço	=TempoParaIniciarServiço-TempoDeChegada	=TempoParaFimDoServiço-TempoDeChegada
17	=TempoParaIniciarServiço+TempoServiço	=TempoParaIniciarServiço-TempoDeChegada	=TempoParaFimDoServiço-TempoDeChegada
18	=TempoParaIniciarServiço+TempoServiço	=TempoParaIniciarServiço-TempoDeChegada	=TempoParaFimDoServiço-TempoDeChegada
19	:	:	:
20	:	:	:

FIGURA 12.8
Esse gráfico mostra a evolução do número de clientes na barbearia de Herr Cutter nos primeiros 100 minutos de simulação por computador da Figura 12.7.

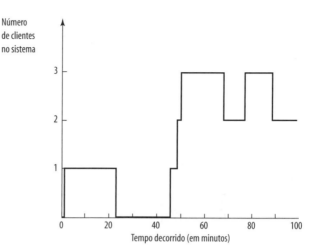

Procedimentos de avanço para o instante do próximo evento se movem cronologicamente por entre as chegadas e as conclusões de atendimento, conforme elas ocorrem.

nenhum cliente lá, o único tipo de evento que pode ocorrer depois é a chegada de um cliente, então, o tempo no relógio de simulação é adiantado até o $t = 0,5$ minuto (célula D16), o momento em que o primeiro cliente chega. Subsequentemente, o relógio é movido à frente até $t = 22,3$ minutos (célula G16 indica uma conclusão de atendimento para esse cliente), depois até $t = 46,0$ (chegada do cliente 2, de acordo com a célula D17), depois até $t = 48,6$ e depois até $t = 50,1$ (chegada dos clientes 3 e 4, de acordo com as células D18 e D19, respectivamente), depois até $t = 67,9$ (conclusão de atendimento para o cliente 2 de acordo com a célula G17), e assim por diante.

A Figura 12.8 mostra a evolução do estado desse sistema (o número de clientes na barbearia nos primeiros 100 minutos de operação simulada. Portanto, o número de clientes na barbearia flutua entre 0 e 3 durante esse período.

Estimativa das medidas de desempenho

O objetivo de realizar uma simulação por computador de um sistema é estimar as medidas de desempenho do sistema. A medida mais importante do desempenho para a barbearia do Herr Cutter (o sistema de interesse aqui) é o tempo de espera previsto antes do corte de cabelo. Calculando a média dos tempos de espera na coluna H, a célula D10 na Figura 12.7 fornece uma estimativa de 12,8 minutos para aquela quantidade. De forma semelhante, a célula D11 calcula a média de tempo na coluna I para dar uma estimativa de 33,0 minutos para o tempo de espera total previsto na barbearia, incluindo o corte de cabelo. (Na nota introduzida para os modelos de fila no capítulo anterior, esses tempos de espera previstos são W_q e W, respectivamente.)

Várias outras medidas de desempenho também podem ser estimadas a partir dessa simulação. Por exemplo, a probabilidade de que um cliente tenha que esperar mais de 20 minutos até o corte de cabelo é estimada pela fração dos clientes com um tempo maior do que 20 na coluna H. Uma estimativa do número esperado de clientes no sistema (incluindo receber um corte de cabelo) é feita pela soma dos números na coluna I, dividida pelo tempo simulado total. O número esperado de clientes esperando pelo corte de cabelo é estimado na coluna H da mesma forma.

Os números nas colunas H e I fornecem estimativas de várias outras medidas de desempenho.

A distribuição de probabilidade do número de clientes no sistema também pode ser de interesse. Como sugerido pela Figura 12.8, a probabilidade de qualquer número particular de clientes no sistema pode ser estimada pela fração de tempo que o sistema simulado gasta naquele estado.

A simulação por computador exibida na Figura 12.7 é particularmente pequena, assim, ela só oferece estimativas bastante aproximadas das medidas desejadas de desempenho. Para obter estimativas relativamente precisas, uma simulação por computador deve ser executada considerando alguns anos de operação simulada (como demonstraremos na seção seguinte).

Simulação da barbearia com um sócio

As Figuras 12.7 e 12.8 ilustraram a simulação da barbearia sob o modo atual de operação (*sem* um sócio). Na maioria dos aspectos, o procedimento para a barbearia com *um* sócio é

Ao adicionar um segundo servidor, o procedimento de simulação permanece o mesmo, exceto pela necessidade de ficar atento às conclusões de atendimento do segundo servidor.

o mesmo. Cada vez que uma chegada ocorre (ou a barbearia abre), o próximo intervalo mínimo entre execuções precisa ser gerado aleatoriamente. De modo semelhante, cada vez que um cliente entra em serviço (corte de cabelo), esse tempo de atendimento precisa ser gerado aleatoriamente.

A única diferença surge quando o procedimento de avanço para o instante do próximo evento está determinando qual evento ocorre depois. Em vez de apenas duas possibilidades para esse próximo evento, agora existem as três seguintes:

1. Uma partida, porque Herr Cutter termina um corte de cabelo.
2. Uma partida, porque o sócio termina um corte de cabelo.
3. Uma chegada.

Porém, exceto pela necessidade de atenção ao controle do tempo até a próxima partida de cada um desses dois tipos, a simulação prossegue basicamente da mesma maneira.

A próxima seção apresenta os resultados de várias simulações extensas de computador da barbearia, com e sem um sócio.

Perguntas de revisão

1. Qual a decisão que Herr Cutter enfrenta?
2. Quais os dois princípios básicos que ajudarão a orientar a decisão?
3. Quais distribuições de probabilidade precisam ser estimadas a fim de aplicar a simulação por computador a esse estudo de caso?
4. O que é um relógio de simulação?
5. Qual o nome do principal procedimento usado para avançar o tempo no relógio de simulação?
6. Qual o estado do sistema da barbearia do Herr Cutter?
7. Qual a diferença básica no procedimento entre fazer a simulação da barbearia de Herr Cutter sem e com um sócio?

12.3 ANÁLISE DO ESTUDO DE CASO

Lembre que a decisão que Herr Cutter tem de tomar é se convida ou não um sócio para trabalhar com ele como segundo barbeiro. A questão fundamental é se ele poderia ao menos manter seu nível de renda se tiver um sócio.

Fatores financeiros

Aqui estão os principais fatores financeiros para abordar essa decisão.

$$\begin{align}
\text{Renda} &= \$15 \text{ por corte de cabelo} \\
\text{Gorjeta média} &= \$2 \text{ por corte de cabelo} \\
\text{Custo de manutenção da barbearia (com ou sem um sócio)} &= \$50 \text{ por dia de trabalho} \\
\text{Salário de um sócio} &= \$120 \text{ por dia de trabalho} \\
\text{Comissão para um sócio} &= \$5 \text{ por corte de cabelo realizado pelo sócio}
\end{align}$$

Além do salário e da comissão, o sócio ficaria com as próprias gorjetas. Normalmente, a renda iria para Herr Cutter.

A barbearia abre às 8h e fecha às 17h, então, ele admite clientes por nove horas. Herr Cutter e qualquer sócio almoçam e fazem outros intervalos somente quando não há cliente esperando. Portanto, qualquer cliente que queira entrar na barbearia a qualquer momento durante as nove horas é bem-recebido pelo barbeiro em serviço.

Análise de continuação sem um sócio

Conforme indicado na seção anterior, a distribuição atual dos intervalos das chegadas tem uma média de 30 minutos. Portanto, Herr Cutter está calculando uma média de dois clientes por hora, ou uma média de 18 clientes por dia. Portanto, depois de subtrair o custo de manutenção da barbearia, a média de renda líquida por dia de trabalho é

$$\begin{aligned}\text{Renda líquida diária} &= (\$15 + \$2)\,(18\text{ clientes}) - \$50 \\ &= \$306 - \$50 \\ &= \$256\end{aligned}$$

O sobrinho de Herr Cutter, Fritz, o está ajudando a analisar sua decisão usando o Simulador de Fila em seu MS Courseware para executar simulações por computador da barbearia. Essa rotina é especificamente projetada para executar simulações longas de maneira eficiente para uma variedade de sistemas de fila. A operação é basicamente conforme ilustrado na Figura 12.7, mas com mais flexibilidade em relação ao tipo de sistema e com mais resposta, conforme demonstrado a seguir.

> O Simulador de Fila está disponível em um dos arquivos de Excel deste capítulo.

Recursos do simulador de fila

1. Pode executar simulações por computador de vários tipos dos sistemas de fila básicos descritos na Seção 11.1.
2. Pode ter qualquer quantidade de servidores até o máximo de 25.
3. Pode usar qualquer uma das distribuições de probabilidade a seguir para os intervalos mínimos entre execuções ou tempos de atendimento:
   a. Período constante (também chamado de distribuição degenerada).
   b. Distribuição exponencial (descrita na Seção 11.1).
   c. Distribuição exponencial traduzida (a soma de um período constante e um período a partir de uma distribuição exponencial).
   d. Distribuição uniforme.
   e. Distribuição Erlang (descrita no suplemento no Capítulo 11).
4. Fornece estimativas de várias medidadas-chave de desempenho descrita na Seção 11.3 para os sistemas de fila, a saber,

L = Número esperado de clientes no sistema, incluindo aqueles em atendimento
L_q = Número esperado de clientes na fila, o que exclui aqueles em atendimento
W = Tempo de espera provável no sistema (inclui o tempo de atendimento) para um cliente individual
W_q = Tempo de espera provável na fila (exclui o tempo de atendimento) para um cliente individual
P_n = Probabilidade de exatamente n clientes no sistema (para $n = 0, 1, 2, \ldots, 10$)

(Se você ainda não estudou o Capítulo 11 para aprender sobre sistemas de filas, pode achar útil ver um sistema de filas em ação fornecida pelo módulo de Fila de espera em seus Módulos Interativos de Ciências da Gestão no seu MS Courseware no CD-ROM).

Em grande parte para ajudar a testar a validade de seu modelo de simulação (descrito na seção anterior), Fritz está começando pela simulação da operação atual da barbearia. Embora a Figura 12.7 já tenha feito isso para praticamente uma semana de operação simulada (100 chegadas de clientes), ele agora quer simular vários anos de operação (100 mil chegadas).

A Figura 12.9 mostra o resultado que Fritz obtém a partir dessa simulação por computador. Se você quiser, pode duplicá-la usando o Simulador de Fila. Você deve obter resultados bem semelhantes, ainda que um pouco diferentes, pois números aleatórios diferentes são usados a cada vez.

As medidas de desempenho na coluna E são as mesmas descritas para qualquer sistema de fila na Seção 11.3. A coluna F dá a **estimativa de ponto**, o número único que é a melhor estimativa da medida para essa execução de simulação. Usando a teoria estatística, as colunas G e H então fornecem um **intervalo de confiança** de 95% para cada medida. Portanto, há uma chance de 95% de que o valor *verdadeiro* das medidas esteja dentro desse intervalo. Por essa execução de simulação ter sido tão longa (100 mil chegadas), cada um desses intervalos de confiança é bem estreito.

> Intervalo de confiança é aquele dentro do qual o valor verdadeiro de uma medida de desempenho tende a ser falso.

Teste da validade do modelo de simulação

Ao iniciar um estudo de ciência da gestão que usará uma simulação por computador, é uma boa ideia primeiro executar o modelo de simulação em uma versão simples do sistema para a qual os resultados analíticos estão disponíveis (se tal versão existir). Comparar os resulta-

> Uma vez que um modelo de fila está disponível para a versão do servidor único, Fritz usará seus resultados para testar a validade do seu modelo de simulação.

FIGURA 12.9
Resultado obtido pelo uso do Simulador de Fila em um dos arquivos de Excel do capítulo para realizar uma simulação por computador da barbearia do Herr Cutter (sem um associado) durante um período de 100 mil chegadas de clientes.

	A	B	C	D	E	F	G	H
1	Simulador de fila para a barbearia do Herr Cutter							
2								
3		Número de servidores	1			Ponto	Intervalo de confiança de 95%	
4						de estimativa	Baixo	Alto
5		**Intervalos mínimos entre execuções**			$L =$	1,358	1,332	1,385
6		Distribuição	Exponencial		$Lq =$	0,689	0,666	0,712
7		Média	30		$W =$	40,582	39,983	41,180
8					$Wq =$	20,577	19,980	21,174
9								
10		**Tempos de serviço**			$P_0 =$	0,330	0,326	0,335
11		Distribuição	Uniforme		$P_1 =$	0,310	0,307	0,313
12		Mínimo	15		$P_2 =$	0,183	0,180	0,185
13		Máximo	25		$P_3 =$	0,0942	0,0920	0,0963
14					$P_4 =$	0,0451	0,0433	0,0469
15		**Extensões das execuções de simulação**			$P_5 =$	0,0206	0,0192	0,0220
16		Número de chegadas	100.000		$P_6 =$	0,00950	0,00849	0,0105
17					$P_7 =$	0,00432	0,00360	0,00503
18					$P_8 =$	0,00219	0,00163	0,00274
19		Executar simulação			$P_9 =$	0,000876	0,000540	0,00121
20					$P_{10} =$	0,000372	0,000165	0,000579

dos dessa execução de simulação com os resultados analíticos fornece, então, um bom teste de validade do modelo de simulação.

Fritz lembra que o modelo de fila $M/G/1$ apresentado na Seção 11.5 fornece alguns resultados analíticos para o mesmo sistema de fila assumido para a execução de simulação da Figura 12.9. Esse modelo usa quatro parâmetros.

$$\lambda = \text{Taxa média de atendimento}$$
$$= 1/30 \text{ cliente por minuto}$$
$$\mu = \text{Taxa média de atendimento}$$
$$= 1/20 \text{ cliente por minuto}$$
$$\rho = \frac{\lambda}{\mu} = \frac{1/30}{1/20} = \frac{2}{3}$$
$$\sigma = \text{Desvio-padrão da distribuição dos períodos de atendimento}$$

Sendo $1/12$ o desvio-padrão da distribuição uniforme do 0 ao 1, o desvio padrão da distribuição do tempo de atendimento (a distribuição uniforme entre 15 e 25) é

$$\sigma = \frac{10}{\sqrt{12}} = 2,887$$

Para garantir que nenhum grande erro tenha sido cometido ao construir um modelo de simulação, seus resultados devem ser verificados com racionalidade por alguém que conheça o sistema simulado.

Depois de inserir os valores de λ, $1/\mu$ e σ, a planilha do Excel para o modelo $M/G/1$ na parte do Capítulo 11 do seu MS Courseware apresenta os resultados mostrados na Figura 12.10. Observe como cada um desses resultados exatos para as medidas de desempenho caem bem dentro do intervalo de confiança de 95% na Figura 12.9. Isso fornece alguma confiança de que o modelo de simulação e a simulação por computador estão operando conforme planejado.

Para testar mais a fundo a validade do modelo de simulação, Fritz mostra os resultados na coluna F da Figura 12.9 para Herr Cutter e pergunta se os números parecem consistentes com o que ele tem visto na barbearia. Embora Herr Cutter não tenha guardado esses dados, sua impressão é de que sim. Ele também aponta o tempo médio de espera de cerca de 20 minutos antes de cortar o cabelo como consistente com o primeiro princípio básico no artigo do *The Barber's Journal* (descrito no começo da seção anterior).

Infelizmente, nenhum modelo de fila apresentando resultados analíticos úteis está disponível para o sistema de fila de *dois servidores* que corresponde à barbearia de Herr Cutter com um sócio. (Nenhum dos modelos de múltiplos servidores apresentado no Capítulo 11 permite uma distribuição de tempo de atendimento ainda mais próximo ao da barbearia).

FIGURA 12.10
Essa planilha do Excel para o modelo M/G/1 mostra as medidas básicas do desempenho para a barbearia do Herr Cutter sem um sócio.

	A	B	C	D	E	F	G
1		Resultados do modelo M/G/1 de filas para o Herr Cutter					
2							
3			Dados				Resultados
4		λ =	0,0333	(Taxa média de chegadas)		L =	1,344
5		1/μ =	20	(Tempo de serviço esperado)		L_q =	0,678
6		σ =	2,887	(Desvio padrão)			
7		s =	1	(# servidores)		W =	40,356
8						W_q =	20,356
9							
10						ρ =	0,666
11							
12						P_0 =	0,334

Nomes de intervalo	Células
L	G4
Lambda	C4
L_q	G5
UmSobreMu	C5
Rho	G10
S	C7
Sigma	C6
W	G7
W_q	G8

	F	G
4	L =	=L_q+Rho
5	L_q =	=((LambdaA2)*(SigmaA2)+(RhoA2))/(2*(1 − Rho))
6		
7	W =	=W_q +UmSobreMu
8	W_q =	=L_q/Lambda
9		
10	ρ =	=Lambda*UmSobreMu
11		
12	P_0 =	=1 − Rho

Portanto, mesmo não sendo realmente necessário para a opção de Herr Cutter continuar *sem* um sócio, será necessário usar uma simulação por computador para obter boas estimativas de como a barbearia funcionaria com um sócio. Porém, após o teste da validade desse modelo de simulação, Fritz está confiante que ele fornecerá, boas estimativas.

Fritz reconhece que esse modelo de simulação (assim como o de fila *M/G/1*) faz duas pressuposições que são apenas aproximações de como a barbearia realmente opera, pressuposições incorporadas no Simulador de Fila.

Simplificar pressuposições

1. O sistema (barbearia) tem uma *fila infinita*, assim, os clientes que chegam sempre entram no sistema, independentemente de quantos clientes estejam lá. (Na verdade, Herr Cutter descobriu que os clientes que chegam normalmente não permanecem se três já estiverem esperando, assim, agora ele só deixa três cadeiras para estes).

2. Uma vez iniciado, o sistema opera continuamente sem nunca fechar e reabrir. (Na verdade, a barbearia funciona das 8h às 17h de todos os dias úteis).

Para avaliar o efeito dessa pressuposição, Fritz nota que os resultados na Figura 12.9 estimam que

$$P_0 + P_1 + P_2 + P_3 + P_4 = 0,330 + 0,310 + 0,183 + 0,094 + 0,045 = 0,962$$

Assim, a execução da simulação ultrapassa o máximo atual de quatro clientes na barbearia (um sendo atendido e três esperando) por menos de 4% do tempo. O máximo atual ser tão pouco frequentemente excedido infla ligeiramente as estimativas de L, L_q, W, e W_q sobre seus valores verdadeiros para a barbearia. Portanto, os números na Figura 12.9 fornecem estimativas conservadoras (preferíveis às estimativas otimistas em excesso). Se Herr Cutter adicionar um sócio, ele forneceria três cadeiras adicionais para clientes em espera. O tempo de espera até o corte de cabelo também seria menor, assim, clientes que chegassem e desistissem de esperar seriam muito incomuns. Portanto, a primeira pressuposição simplificadora parece bastante lógica para simular a barbearia com um sócio.

> É melhor simplificar as pressuposições que fornecem estimativas conservadoras do que aquelas que levam a estimativas excessivamente otimistas.

O efeito da segunda pressuposição simplificadora também é inflar ligeiramente as estimativas de L, L_q, W, e W_q dos valores verdadeiros para a barbearia. O motivo é que o estabelecimento começa vazio cada manhã e então, gradualmente, chega a uma condição estável, em que o modelo de simulação a apresenta operando em uma condição estável por toda a execução da simulação, exceto logo no início. Felizmente, adicionar um sócio tenderia a manter o número de clientes na barbearia baixo, a níveis mínimos, mesmo em uma condição estável (que seria quase alcançada no início do dia). Portanto, a estimativa de erros do uso dessa pressuposição para simular a barbearia com um sócio deveria ser razoavelmente pequena.

Obtendo um pacote de simulação por computador mais caro e dedicando um período de preparação adicional, Fritz poderia simular mais realisticamente a operação da barbearia sem realizar essas duas aproximações. Uma vantagem importante da simulação por computador é a capacidade de incorporar no modelo todos recursos desejados.

Porém, assim como o modelo matemático para qualquer outra técnica de ciência da gestão, sempre há um conflito entre a quantidade de realismo incorporado em um modelo e facilidade com que este pode ser usado. Um modelo de simulação não precisa ser uma representação completamente realística do sistema real. Muitos modelos pecam pelo excesso de realismo ao incluírem detalhes menores que não afetam significativamente as estimativas obtidas pelas execuções de simulação. Tais modelos são, muitas vezes, muito difíceis de ser depurados, podendo nem chegar a ter todos os defeitos sanados. Também é provável que exijam muito tempo de programação e de computador para obter poucas informações. O objetivo deve ser incorporar no modelo apenas os recursos importantes do sistema a fim de gerar informações razoavelmente precisas que permitirão que a gestão tome decisões bem-informadas em tempo hábil.

Fritz acha que esse modelo de simulação atual atende a esse chamado.

Análise da opção de adicionar um sócio

Como descrito no começo da Seção 12.2, Herr Cutter e seu sobrinho, Fritz, concordaram com um plano para analisar a opção de adicionar um sócio. Eles assumem que a distribuição de probabilidade de períodos de atendimento (o tempo exigido para cortar o cabelo) para o sócio seria a mesma para Herr Cutter. Com base no segundo princípio básico dado na Seção 12.2, eles também estão assumindo que a adição do sócio (1) reduziria o tempo médio de espera para menos de 10 minutos e (2) depois, gradualmente, atrairia novos negócios até esse tempo médio de espera atingir cerca de 10 minutos. O nível de negócios (ou seja, o número médio de clientes por dia) determina a média da distribuição de probabilidade do intervalo mínimo entre execuções. Portanto, um número de simulações por computador será executado com médias diferentes dessa distribuição para determinar qual média resultaria em um tempo médio de espera de cerca de 10 minutos. Dado o nível de negócios correspondente, uma análise financeira pode ser conduzida.

A média atual (sem um sócio) da distribuição do tempo mínimo entre execução é de 30 minutos. Portanto, por tentativa e erro, Fritz tenta a série de médias mostrada na primeira coluna da Tabela 12.2. Para focar rapidamente no bairro para atingir a média direita, ele usa o Simulador de Fila para executar simulações por computador de amplitude apenas moderada, ou seja, 10 mil chegadas cada (aproximadamente metade de um ano de operação simulada). As estimativas de ponto de W_q (o tempo médio de espera até o atendimento) na segunda coluna indica que a média que dá um valor verdadeiro de W_q de 10 minutos deve ser algum valor perto de 14,3 minutos. Os intervalos de confiança para W_q na coluna mais à direita sugere que essa média deve estar entre 0,5 e 14,3 minutos.

TABELA 12.2
Estimativas de W_q obtidas pelo uso do simulador de fila para simular a barbearia de Herr Cutter com um sócio para 10 mil chegadas para médias diferentes da distribuição dos intervalos mínimos entre execuções

Média de intervalo mínimo entre execuções	Estimativa de ponto de W_q	Intervalo de confiança de 95% para W_q
20 minutos	3,33 minutos	3,05 a 3,61 minutos
15 minutos	8,10 minutos	6,98 a 9,22 minutos
14 minutos	10,80 minutos	9,51 a 12,08 minutos
14,2 minutos	9,83 minutos	8,83 a 10,84 minutos
14,3 minutos	9,91 minutos	8,76 a 11,05 minutos

Embora alguns pacotes de software permitam adicionar muitos recursos realísticos a um modelo de simulação, detalhes sem importância que tornam o modelo muito complexo devem ser evitados.

Espera-se que o nível de negócios aumente até o ponto em que a média de tempo de espera para o atendimento seja de 10 minutos, assim, as simulações por computador serão executadas para estimar o nível de negócios.

FIGURA 12.11
Resultados obtidos pelo uso do simulador de fila para realizar uma simulação por computador da barbearia do Herr Cutter com um associado durante um período de 100 mil chegadas de clientes.

	A	B	C	D	E	F	G	H
1	Simulador de fila para a barbearia do Herr Cutter com um sócio							
2								
3		Número de servidores	2			Ponto	Intervalo de confiança de 95%	
4						de estimativa	Baixo	Alto
5		**Intervalos mínimos entre execuções**				$L =$	2,126	2,090	2,163
6		Distribuição	Exponencial		$L_q =$	0,719	0,689	0,748
7		Média	14,3		$W =$	30,212	29,833	30,591
8					$W_q =$	10,211	9,834	10,588
9								
10		**Tempos de serviço**				$P_0 =$	0,163	0,160	0,166
11		Distribuição	Uniforme		$P_1 =$	0,266	0,262	0,270
12		Mínimo	15		$P_2 =$	0,233	0,230	0,235
13		Máximo	25		$P_3 =$	0,1541	0,1518	0,1564
14					$P_4 =$	0,0877	0,0855	0,0898
15		**Extensões das execuções de simulação**				$P_5 =$	0,0467	0,0448	0,0487
16		Número de chegadas	100.000		$P_6 =$	0,02417	0,02264	0,0257
17					$P_7 =$	0,01282	0,01162	0,01401
18					$P_8 =$	0,00634	0,00546	0,00722
19		**Executar simulação**				$P_9 =$	0,003208	0,002530	0,00389
20					$P_{10} =$	0,001546	0,001076	0,002017

Em uma estimativa conservadora, o nível de negócios aumentará até o ponto em que os clientes estejam chegando a uma média de um a cada 14,3 minutos.

Para verificar isso mais profundamente, Fritz realiza uma extensa execução de simulação (100mil chegadas) com uma média de 14,3 minutos para a distribuição do intervalo mínimo entre execuções. Os resultados completos para todas as medidas de desempenho são mostrados na Figura 12.11. A estimativa de ponto do W_q (e a maioria do intervalo de confiança de 95 para W_q) está agora levemente acima de 10. Porém, Fritz também lembra que duas pressuposições simples discutidas na subseção anterior levaram essa estimativa a exagerar um pouco quanto ao valor verdadeiro de W_q para a barbearia. Portanto, ele conclui que 14,3 minutos é a melhor estimativa disponível da média que resultaria em um tempo médio de espera de cerca de 10 minutos.

Fritz percebe que ele poderia gastar mais tempo executando longas simulações por computador com médias levemente diferentes a partir de 14,3 minutos a fim de fixar ainda mais aquela estimativa. Porém, ele já sabe a partir dos intervalos de confiança na Tabela 12.2 que 14,3 minutos é, no mínimo, bem próximo. Além disso, dadas as imprecisões do modelo de simulação devido às duas suposições simplificadas, não há por que tentar obter uma estimativa mais precisa da média que a do modelo. Isso só daria uma falsa ideia de precisão. Ele está feliz que 14,3 minutos forneçam uma estimativa muito adequada e moderada da média para fins de análise.

Com base nessa estimativa, Fritz conclui que seu tio ter um sócio deve aumentar gradualmente o nível de negócios para próximo ao ponto em que

$$\text{Média de intervalo mínimo entre execuções} = 14{,}3 \text{ minutos}$$

que resultaria em

$$\text{Taxa média de chegada} = \frac{60}{14{,}3} \text{ clientes por hora}$$
$$= 4{,}2 \text{ clientes por hora}$$
$$= 4{,}2(9) \text{ clientes por dia}$$
$$= 37{,}8 \text{ clientes por dia}$$

Esse nível de negócios seria mais do que o dobro da média atual de 18 clientes por dia para a barbearia. Herr Cutter planejaria dividir os clientes igualmente com o associado, então, cada um teria uma média de 18,9 clientes por dia.

Portanto, usar os fatores de custo dados no início desta seção, a renda líquida média de Herr Cutter por dia de trabalho seria

$$\begin{aligned}
\text{Renda líquida diária} =\ & 37{,}8(\$15) && \text{(renda da barbearia)} \\
& + 18{,}9(\$2) && \text{(gorjetas)} \\
& - \$50 && \text{(manutenção da barbearia)} \\
& - \$120 && \text{(salário do sócio)} \\
& - 18{,}9(\$5) && \text{(comissão do sócio)} \\
=\ & \$567 + \$37{,}80 - \$50 - \$120 - \$94{,}50 \\
=\ & \$340{,}30
\end{aligned}$$

Isso se compara à renda líquida diária atual de Herr Cutter de $256. Assim, estima-se que a mudança em sua renda líquida diária pela adição de um sócio finalmente se tornaria

$$\begin{aligned}\text{Mudança na renda líquida} &= \$340{,}30 - \$256 \\ &= \$84{,}30\end{aligned}$$

Portanto, ele aumentaria sua renda significantemente.

Essa estimativa de aumento de renda precisa ser interpretada com cuidado.

Ao apresentar essa análise ao seu tio, Fritz enfatiza que $84,30 é apenas uma *estimativa* do que acontecerá *depois* de o nível de negócios aumentar gradualmente. Pode demorar um pouco, até mesmo um ano ou dois, para alcançar esse novo patamar. Nesse meio tempo, a renda de Herr Cutter pode iniciar menor do que antes e ir aumentando devagar. Além disso, no final das contas, a conclusão otimista de um aumento substancial na renda é baseada principalmente na instável premissa de que o segundo princípio básico no artigo do *The Barber's Journal* provará ser válido e aplicável à barbearia. Essa premissa leva a uma estimativa de que seu nível de negócios mais do que dobraria, no final. Atingir isso só parece realista se o sócio trouxer um número considerável de clientes e, em seguida, os dois atraírem muitos outros novos clientes.

Herr Cutter está confiante e acha que eles podem conseguir. Esse sócio foi altamente recomendado por seu amigo. Além disso, ele sente que sua própria habilidade como barbeiro já teria atraído muitos novos clientes se ele já não tivesse tanto trabalho para cuidar sozinho. Nessa cidade em desenvolvimento, a oportunidade existe. Ele também gosta do fato de que adicionar um sócio lhe permitiria melhorar o serviço para sua já atual e fiel clientela com a diminuição do tempo médio de espera para o atendimento. Por fim, ele também vê várias vantagens pessoais em ter um bom sócio e que não podem ser medidas em termos monetários. Portanto, ele não se importaria em ter uma queda temporária na renda já que provavelmente, no mínimo, igualaria o nível de renda atual em um ou dois anos. Na verdade, aumentar sua renda seria um agradável bônus.

Herr Cutter decide contratar o sócio.

Baseado nesse contexto, Herr Cutter decide contratar um sócio. Ele também agradece ao sobrinho pela ajuda inestimável com as simulações por computador que o ajudaram a tomar essa decisão.

Perguntas de revisão

1. O que Fritz simulou em sua primeira execução de simulação? Com que propósito?
2. Quais os dois tipos de estimativas de uma medida de desempenho obtida pelo simulador de fila?
3. Quais foram as duas formas pelas quais Fritz testou a validade de seu modelo de simulação?
4. O modelo de simulação de Fritz cria quaisquer pressuposições simplificadoras? É necessário que um modelo de simulação seja uma representação completamente fiel do sistema real?
5. A análise de Fritz estima que a renda de Herr Cutter, no final das contas, aumentará ou diminuirá (em comparação ao nível atual) se ele adicionar um sócio?

12.4 ESBOÇO DE UM GRANDE ESTUDO DE SIMULAÇÃO POR COMPUTADOR

Até aqui, este capítulo focou principalmente no *processo* de realizar uma simulação por computador e sua ilustração por um estudo de caso. Agora colocamos esse material em uma perspectiva mais ampla por meio do esboço breve de todas as etapas clássicas envolvidas quando uma equipe de ciência da gestão realiza um grande estudo baseado na aplicação da simulação por computador. (Praticamente as mesmas etapas também se aplicam quando o estudo é aplicado em outras técnicas da ciência da gestão.)

VINHETA DE APLICAÇÃO

Centrais de atendimento têm sido um dos setores de crescimento mais rápido há muitos anos. Somente nos Estados Unidos, várias centenas de milhares de negócios usam centrais de atendimento localizadas ao redor do mundo para permitir que os clientes façam um pedido simplesmente com um telefonema gratuito a um número 0800.

O mercado da rede 0800 é lucrativo para as companhias de telecomunicação, então elas ficam felizes em vender a tecnologia necessária para clientes corporativos e ajudá-los a projetar centrais de atendimento eficientes. A **AT&T** foi a pioneira no desenvolvimento e venda desse serviço aos seus clientes. Sua abordagem foi desenvolver um *modelo de simulação por computador* altamente flexível e sofisticado, chamado de *Call Processing Simulator (CAPS)*, que permite que seus clientes estudem vários cenários de como projetar e operar suas centrais de atendimento.

O CAPS contém quatro modelos. O *módulo gerador de chamada* simula chamadas recebidas que chegam aleatoriamente, com frequências médias de variando durante o dia. O *módulo rede* simula como um chamada recebida pode ser atendida imediatamente, deixada em espera ou que receba um sinal de ocupado. Nesta última, tanto o cliente pode persistir até ser atendido ou desistir. O *módulo de distribuição automática de chamada* simula como esse sistema da AT&T distribui as chamadas igualmente para agentes disponíveis. O *módulo de serviço de chamada* simula agentes atendendo chamadas e fazendo tudo o que for preciso para acompanhar o trabalho.

O desenvolvimento e refinamento do CAPS durante um período de vários anos seguiram com cuidado as etapas de um grande estudo de simulação por computador descrito nesta seção. Essa abordagem meticulosa deu um bom lucro para a AT&T. A empresa completou perto de 2 mil estudos de CAPS por ano para seus clientes, ajudando-os a aumentar, proteger e *recuperar mais de* **1 bilhão de dólares** em um mercado de rede 0800 de 8 bilhões de dólares. Isso também *gerou mais de* **750 milhões de dólares** em *lucro anual* para os clientes corporativos da At&T que utilizaram os estudos do CAPS. Esse aplicativo sofisticado de simulação por computador levou a AT&T a ganhar o prestigioso prêmio First na competição internacional de 1993, com o Prêmio Franz Edelman pelo Sucesso na Pesquisa Operacional e nas Ciências da Gestão.

Fonte: A. J. Brigandi, D. R. Dargon, M. J. Sheehan, and T. Spencer III, UAT&T's Call Processing Simulator (CAPS) Operational Design for Inbound Call Centers," *Interfaces* 24, no. 1 (January—February 1994), pp.6—28. (Um link para esse artigo é fornecido no *site* **www.mhhe.com/hillier4e.**)

Etapa 1: formular o problema e planejar o estudo

A equipe de ciência da gestão precisa começar a se reunir com a gerência para tratar das seguintes questões:

Estas são perguntas-chave que a gestão deve responder para iniciar qualquer estudo de ciência da gestão.

1. Qual é o problema que a gerência quer estudar?
2. Quais são os objetivos gerais do estudo?
3. Quais principais problemas que devem ser abordados?
4. Que tipos de configurações alternativas do sistema devem ser considerados?
5. Quais medidas de desempenho do sistema são de interesse da gerência?
6. Quais são as restrições de tempo para realizar o estudo?

Além disso, a equipe precisa se reunir com os engenheiros e com o pessoal de operação para conhecer os detalhes de como o sistema operaria. (Geralmente, a equipe também incluirá um ou mais membros com conhecimento de primeira mão do sistema.)

Etapa 2: coletar os dados e formular o modelo de simulação

Simulações por computador devem usar as distribuições de probabilidade das quantidades relevantes antes das médias.

Os tipos de dados necessários dependem da natureza do sistema a ser simulado. Para a barbearia de Herr Cutter, as partes-chave dos dados foram a distribuição de *intervalos mínimos entre execuções* e a distribuição de *períodos de atendimento* (períodos necessários para cortar o cabelo). Para a maioria dos outros casos também, são as *distribuições de probabilidade* das quantidades relevantes necessárias. De modo geral, só será possível *estimar* essas distribuições, mas é importante fazê-lo. A fim de gerar cenários representativos de como um sistema será executado, é essencial para uma simulação por computador gerar *observações aleatórias* a partir dessas distribuições em vez de simplesmente usar médias.

Etapa 3: verificar a precisão do modelo de simulação

Antes de elaborar um programa de computador, a equipe de ciência da gestão deve contratar as pessoas mais intimamente familiarizadas com a forma como o sistema vai operar na checagem da precisão do modelo de simulação. Isso geralmente é feito por meio de um acompanhamento estruturado do modelo conceitual, usando um projetor de transparências, antes de uma reunião com todas as pessoas importantes. Geralmente, em reuniões assim, várias pressuposições de modelos errôneos serão descobertas e corrigidas, algumas novas serão adicionadas e algumas questões serão solucionadas em relação a quantos detalhes são necessários nas diversas partes do modelo.

Etapa 4: selecionar o software e construir um programa de computador

Há várias classes importantes de software usadas para simulações por computador. Uma é o *software de planilha*. A Seção 12.1 descreveu como o Excel pode realizar algumas simulações básicas por computador em uma planilha. Além disso, alguns suplementos excelentes do Excel estão disponíveis para melhorar esse tipo de modelagem de planilha. O Capítulo 13 foca no uso de um desses suplementos em seu MS Courseware.

Outras classes de software para simulações por computador são direcionadas a aplicativos mais abrangentes, com os quais não é mais conveniente usar planilhas. Uma delas é a *linguagem de programação de propósito geral,* como C, FORTRAN, BASIC, Java, e assim por diante. Essa linguagen (e suas predecessoras) geralmente era usada na história inicial do campo por causa de sua grande flexibilidade para programação de qualquer tipo de simulação. Porém, por causa do considerável tempo de programação necessário, elas não são muito usadas hoje.

Muitos pacotes comerciais de software que não usam planilhas também foram desenvolvidos especificamente para realizar simulações por computador. Historicamente, eles foram classificados em duas categorias, linguagem de simulação de propósito geral e simuladores orientados à aplicação. A *linguagem de simulação de propósito geral* fornece muitos dos recursos necessários para programar qualquer modelo de simulação de maneira eficiente. Os *simuladores orientados à aplicação* (ou apenas *simuladores*) são designados para simular tipos muitos específicos de sistemas. Porém, com o passar do tempo, a distinção entre essas duas categorias se tornou cada vez mais tênue. As linguagens de simulação de propósito geral agora podem incluir alguns recursos especiais que fazem delas também adequadas para tipos específicos de aplicações. De modo inverso, os simuladores de hoje tendem a incluir mais flexibilidade do que t anteriormente para tratar de uma classe mais ampla de sistemas.

Outra forma de categorizar esses pacotes de software de simulação é se eles usam uma abordagem de escala de evento ou uma abordagem de processo da modelagem de simulação de evento discreto. A *abordagem de escala de evento* segue de perto o *procedimento de avanço para o instante do próximo evento* descrito na Seção 12.2. A *abordagem do processo* ainda usa o procedimento de avanço para o instante do evento seguinte, mas foca na modelagem em vez de na descrição dos processos que geram os eventos. A maioria dos pacotes de software de simulação atuais usa a abordagem de processo.

> As habilidades de animação de exibir simulações por computador em ação são bastante úteis para comunicar a essência de um modelo de simulação a gerentes e outros profissionais relevantes.

É cada vez mais comum para os pacotes de software de simulação incluir capacidades de **animação** para exibir as simulações por computador em ação. Em uma animação, os elementos-chave de um sistema são representados em um monitor de computador por ícones que alteram a forma, a cor ou a posição quando há uma mudança no estado do sistema de simulação. (Um exemplo de animação de uma simulação por computador de um sistema de fila é fornecido pelo módulo de Fila de Espera em seus Módulos Interativos de Ciências da Gestão no CD-ROM.) O principal motivo para a popularidade da animação é que ela comunica a essência de um modelo de simulação (ou de uma execução de simulação por computador) para gerentes e outros profissionais relevantes.

Etapa 5: testar a validade do modelo de simulação

Depois de o programa de computador ter sido elaborado e limpo de *bugs*, a próxima etapa importante é testar se o modelo de simulação incorporado no programa está oferecendo resultados válidos para o sistema que representa. Especificamente, as medidas de desempenho para o sistema real ficarão muito próximas dos valores dessas medidas geradas pelo modelo de simulação?

Em alguns casos, um modelo matemático pode estar disponível para fornecer resultados para uma versão simples do sistema. Se isso acontecer, os resultados também devem ser comparados aos da simulação.

Por exemplo, no estudo de caso, a barbearia está atualmente em operação com Herr Cutter como único barbeiro. O relatório escrito e a apresentação oral devem destacar as recomendações e suas justificativas. Portanto, como descrito na Seção 12.3 (ver a subseção intitulada "Testando a Validade do Modelo de Simulação"), Fritz comparou os resultados de um modelo de fila aplicável com uma simulação dessa versão atual da barbearia.

Quando não há dados reais disponíveis para comparar os resultados de simulação, uma possibilidade é conduzir um *teste de campo* paracoletá-los. Isso envolveria construir um pequeno protótipo de alguma versão do sistema proposto e colocá-lo em operação.

Outro teste de validação útil é ter um pessoal operacional experiente na verificação da credibilidade de como simular mudanças de resultados à medida que a configuração do sistema simulado seja alterada. Assistir a animações de execuções de simulação é uma forma bastante útil de verificar a validade do modelo de simulação.

Etapa 6: planejar as simulações a serem realizadas

Nesse ponto, você precisa começar a tomar decisões sobre quais configurações do sistema simular. Geralmente esse é um processo evolutivo, em que os resultados iniciais para uma quantidade de configurações o ajudam a se concentrar em quais configurações específicas garantem a investigação detalhada.

As decisões também precisam ser tomadas agora sobre questões como as extensões das execuções de simulação. Lembre-se de que a simulação por computador não produz valores *exatos* para as medidas de desempenho de um sistema. Ao contrário, cada execução de simulação pode ser visualizada como um *experimento estatístico* que gera *observações estatísticas* do desempenho do sistema simulado. Essas observações são usadas para produzir *estimativas estatísticas* das medidas de desempenho. Aumentar a extensão de uma execução aumenta a precisão destas.

A teoria estatística para projetar experimentos estatísticos conduzidos em simulações por computador é um pouco diferente de experimentos conduzidos a partir da observação direta do desempenho de um sistema físico. Portanto, os serviços de um estatístico profissional (ou ao menos um analista experiente de simulação com um sólido histórico estatístico) podem ser inestimáveis nesta etapa.

Etapa 7: conduzir as execuções de simulação e analisar os resultados

O resultado das execuções de simulação agora fornece estimativas estatísticas das medidas desejadas de desempenho para cada configuração de sistema de interesse. Além da *estimativa de ponto* de cada medida, o *intervalo de confiança* normalmente deve ser obtido para indicar a quantidade de valores prováveis da medida (assim como foi feito no estudo de caso).

Esses resultados devem indicar imediatamente que uma configuração de sistema é claramente superior às outras. Mais frequentemente, eles identificarão os poucos candidatos fortes ao título. Em último caso, algumas execuções de simulação mais longas seriam conduzidas para compará-los melhor. Execuções adicionais devem ser usadas para ajustar os detalhes do que parece ser a melhor configuração.

Etapa 8: apresentar as recomendações à gerência

Depois de completar as análises, a equipe de ciência da gestão precisa apresentar suas recomendações. Isso geralmente seria feito por meio de um relatório escrito e de uma apresentação oral formal aos gerentes responsáveis por tomar as decisões com relação ao sistema sob estudo.

O relatório e a apresentação devem resumir como o estudo foi conduzido, incluindo a documentação da validação do modelo de simulação. Uma demonstração da animação de uma execução de simulação pode ser incluída para melhor conduzir o processo de simulação e atribuir-lhe credibilidade. Resultados numéricos que fornecem a justificativa para as recomendações precisam ser incluídos.

A gestão geralmente envolve ainda mais a equipe de ciência da gestão na implementação inicial do novo sistema, incluindo a doutrinação do pessoal afetado.

Um teste de campo de um pequeno protótipo do sistema proposto é usado, algumas vezes, para coletar dados reais para comparação com os resultados da simulação e para ajuste do projeto.

Cada execução de simulação gera observações estatísticas do desempenho do sistema simulado, assim, teorias estatísticas devem guiar o planejamento das execuções.

Depois de identificar as poucas melhores configurações de sistemas, execuções de simulação mais extensas devem ser usadas para selecionar a melhor configuração de todas e ajustar o projeto.

O relatório escrito e a apresentação oral devem destacar as recomendações e suas justificativas.

Perguntas de revisão

1. Ao iniciar um estudo de simulação por computador, com quem a equipe de ciência da gestão deve se reunir para tratar de algumas questões-chave e, assim, conhecer os detalhes de como o sistema operaria?
2. Quem a equipe deve contratar para ajudar a verificar a precisão do modelo de simulação?
3. Qual a diferença entre linguagem de simulação de propósito geral e simuladores orientados à aplicação?
4. Ao usar animações para exibir uma simulação por computador em ação, como os cinco elementos principais do sistema são representados?
5. Qual a questão específica abordada ao testar a validade do modelo de simulação?
6. Uma execução de simulação pode ser visualizada como qual tipo de experimento estatístico?
7. Quais tipos de estimativas são obtidos a partir de execuções de simulação?
8. Quais são as duas formas pelas quais uma equipe de ciência da gestão geralmente apresenta suas recomendações ao gestor?

12.5 RESUMO

Simulação por computador é uma das técnicas mais populares de ciência da gestão por ser uma ferramenta bastante flexível, poderosa e intuitiva. Ela envolve usar um computador para *imitar* (simular) a operação de um processo ou sistema inteiro. Para um sistema que evolui ao longo do tempo de acordo com uma ou mais distribuições de probabilidade, observações aleatórias são geradas a partir dessas distribuições para gerar os vários eventos que ocorrem no sistema simulado ao longo do tempo. Isso fornece uma maneira relativamente rápida de investigar quão bem uma configuração de sistema proposto seria executada sem incorrer nas grandes despesas de construir e operar o sistema de verdade. Portanto, muitas configurações alternativas de sistemas podem ser investigadas e comparadas antes de se escolher qual será utilizada.

A barbearia de Herr Cutter enseja um estudo de caso de como a simulação por computador foi capaz de fornecer as informações necessárias para decidir se esse sistema estocástico seria alterado adicionando um segundo barbeiro. Como tantos outros, ele é um *sistema de filas*, mas um que é muito complicado para ser analisado apenas por meio de modelos de filas.

Esse estudo de caso também ilustra os blocos de construção de um *modelo de simulação* que representa o sistema a ser simulado e descreve como a simulação será realizada. Um bloco de construção principal é um *relógio de simulação* que é a variável no programa de computador que grava a quantidade de tempo simulada decorrida. O *procedimento de avanço para o instante do próximo evento* adianta o tempo no relógio de simulação por meio de repetidos movimentos a partir do evento atual até o próximo evento que ocorrerá no sistema simulado.

Em questão de segundos ou minutos, uma simulação por computador pode simular até mesmo anos de funcionamento de um sistema clássico. Cada execução de simulação gera uma série de observações estatísticas sobre o desempenho do sistema durante o período de tempo simulado. Essas observações são usadas, então, para estimar as interessantes medidas de desempenho do sistema. A *estimativa de ponto* e o *intervalo de confiança* podem ser obtidos para cada medida.

Alguns estudos de simulação por computador podem ser feitos de forma relativamente rápida por um único indivíduo, que pode ser o gerente encarregado do problema. Para um estudo mais extenso, no entanto, o gerente pode querer atribuir um membro da equipe, ou mesmo uma equipe completa de ciência da gestão, para o projeto. Um importante estudo de ciência da gestão baseado em simulação por computador exige uma série de etapas importantes antes de a equipe estar pronta para obter resultados de execuções de simulações. Uma série de perguntas deve ser dirigida à gestão para definir corretamente o problema do seu ponto de vista. Coletar bons dados geralmente é um processo difícil e que toma tempo. Outra grande tarefa é formular o modelo de simulação, verificar sua exatidão, e, em seguida, testar sua validade para aproximá-lo bastante do sistema que está sendo simulado. Uma das decisões mais importantes da equipe é quanto ao software a ser usado. A maioria dos fornecedores de software de simulação oferece uma versão com recursos de *animação*. Ela é mui-

514 SIMULAÇÃO POR COMPUTADOR: conceitos básicos

to útil para ilustrar os resultados de simulação computacional para gerentes e outros profissionais relevantes, o que pode aumentar a credibilidade do estudo.

Mesmo depois de o programa de computador estar pronto para ser executado, a equipe de ciência da gestão precisa projetar os experimentos estatísticos a serem realizados mediante simulação por computador. Então, a execução da simulação pode ser realizada e o resultados, analisados. Por fim, a equipe geralmente necessita preparar um relatório escrito e fazer uma apresentação oral e formal de suas recomendações.

Glossário

animação Monitor de computador com ícones que mostra o que acontece em uma simulação por computador. (Seção 12.4), 511

avanço para o instante do próximo evento Procedimento para avançar o tempo no relógio de simulação por meio de repetidos movimentos a partir do evento atual até o próximo evento que ocorrerá no sistema simulado. (Seção 12.2), 500

estado do sistema Informação principal que define o status atual do sistema. (Seção 12.2), 500

estimativa de ponto Número único que fornece a melhor estimativa de uma medida de desempenho. (Seção 12.3), 504

intervalo de confiança Intervalo dentro do qual o valor verdadeiro de uma medida de desempenho tende a ser falso. (Seção 12.3), 504

método de transformação inversa Método para gerar observações aleatórias a partir de uma distribuição de probabilidade. (Seção 12.1), 493

modelo de simulação Representação do sistema a ser simulado que também descreve como a simulação será realizada. (Seção 12.2), 499

número aleatório Observação aleatória a partir de uma distribuição uniforme entre 0 e 1. (Seção 12.1), 485

relógio de simulação Variável no programa de computador que grava a quantidade de tempo simulada que tenha decorrido até o momento. (Seção 12.2), 500

sistema estocástico Evolui ao longo do tempo para uma ou mais distribuições de probabilidade. (Seção 12.1), 484

Auxiliares de aprendizagem para este capítulo em seu MS Courseware

Capítulo 12: arquivos do Excel
Exemplo do jogo de cara ou coroa. Exemplos da Heavy Duty Co. (3)
Estudo de caso da Barbearia Herr Cutter
Simulador de Fila
Modelo para o modelo de filas M/G/1
Suplementos do Excel:
Crystal Ball (descrição no próximo capítulo)
RiskSim

Rotina:
Simulador de Fila (em um arquivo de Excel)
Módulos Interativos de Ciência da Gestão:
Módulo de fila de espera
Suplemento para este Capítulo no CD-ROM:
Método de transformação inversa para a geração de observações aleatórias

Problema solucionado (consulte o CD-ROM ou o *site* para a solução)

12.S1. Estimativa do custo de reivindicações de seguro

Os funcionários da General Manufacturing Corp. recebem seguro de saúde por meio de um plano de grupo emitido pela Wellnet. No último ano, 40% dos funcionários não registraram nenhuma reivindicação de seguro de saúde, 40% registraram apenas uma pequena reivindicação e 20% registraram uma grande reivindicação. As pequenas reivindicações foram espalhadas uniformemente entre $0 e $2 mil, enquanto as grandes reivindicações foram entre $2 mil e $20 mil.

Com base nessa experiência, a Wellnet agora está negociando o pagamento premium da empresa por funcionário para o próximo ano. Você é o analista de ciência da gestão da companhia de seguros, e foi designada a você a tarefa de estimar o custo médio da cobertura de seguro para os funcionários da empresa.

a. Use os números aleatórios 0,4071, 0,5228, 0,8185, 0,5802 e 0,0193 para simular se cada um dos cinco funcionários registraram nenhuma, pequena ou grande reivindicação. Depois, use os números aleatórios 0,9823, 0,0188, 0,8771, 0,9872, e 0,4129 para simular o tamanho da reivindicação (incluindo zero, se nenhuma reivindicação foi registrada). Calcule a média dessas reivindicações para estimar a média da distribuição geral do tamanho das reivindicações dos funcionários quanto ao seguro de saúde.

b. Formule e aplique um modelo de planilha para simular o custo para 300 reivindicações de funcionários quanto ao seguro de saúde. Calcule a média dessas observações aleatórias.

c. A média verdadeira da distribuição de probabilidade geral do tamanho de uma reivindicação de um funcionário quanto ao seguro de saúde é de $2.600. Compare as estimativas dessa média obtida nas partes *a* e *b* com o valor verdadeiro da distribuição.

Problemas

Os símbolos à esquerda de alguns problemas (ou suas partes) têm o seguinte significado:

E*: Usar o Excel.

Q*: Usar o Simulador de Fila

Um asterisco no número do problema indica que pelo menos uma resposta parcial é dada no Apêndice C.

12.1.* Use os números aleatórios nas células C13:C18 da Figura 12.1 para gerar seis observações aleatórias para cada uma das seguintes situações:

a. Arremessar uma moeda neutra.

b. Um lançador de baseball que faz *strike* 60% das vezes e *ball* 40% das vezes.

c. A cor de um semáforo encontrada por um carro aleatório quando está verde em 40% das vezes, amarelo em 10% das vezes e vermelho em 50% das vezes.

12.2. Reconsidere o jogo de cara ou coroa introduzido na Seção 12.1 e analisado com simulação por computador nas Figuras 12.1, 12.2 e 12.3.

a. Simule jogar várias vezes a moeda até que o jogo termine. Salve seus resultados no formato mostrado nas colunas B, D, E, F e G da Figura 12.1. Quanto você ganharia ou perderia se tivesse sido um jogo de verdade?

E* b. Rever o modelo de planilha na Figura 12.1, utilizando a função PROCV do Excel em vez da função SE para gerar cada lançamento simulado da moeda.. Depois faça uma simulação por computador de uma jogada.

E* c. Use o modelo de planilha revisado para gerar uma tabela de dados com 14 repetições, como na Figura 12.2.

E* d. Repita a parte c com mil repetições (como na Figura 12.3).

12.3. Cada vez que uma moeda neutra é lançada três vezes, a probabilidade de obter 0, 1, 2 e 3 caras é de 1/8, 3/8, 3/8 e 1/8, respectivamente. Portanto, com oito grupos de três lançamentos cada um, *em média*, um grupo obterá nenhuma cara, três grupos obterão uma cara, três grupos obterão duas caras, e um grupo obterá três caras.

a. Usando a sua própria moeda, lance-a 24 vezes, divididas em oito grupos de três lançamentos cada um, e registre o número de grupos sem cara, com uma cara, com duas caras e com três caras.

b. Use números aleatórios na ordem em que são dados na coluna C da Figura 12.4 e, em seguida, nas células C5:C13 da Figura 12.5 para simular os lançamentos especificados na parte *a* e registre a informação indicada na parte *a*.

E* c. Formule um modelo de planilha para a realização de uma simulação por computador de três lançamentos da moeda e registre o número de caras. Repita a simulação uma vez.

E* d. Use essa planilha para gerar uma tabela de dados com oito repetições da simulação. Compare essa distribuição de frequência do número de caras com a distribuição de probabilidade do número de caras com três lançamentos.

E* e. Repita a parte *d* com 800 repetições.

12.4. O tempo pode ser considerado um sistema estocástico porque resulta em uma forma probabilística de um dia para o outro. Suponha que para um determinado local essa evolução probabilística satisfaz a seguinte descrição:

A probabilidade de chover amanhã é de 0,6 se estiver chovendo hoje. A probabilidade de o tempo estar limpo (sem chuva) amanhã é de 0,8 se estiver limpo hoje.

a. Use os números aleatórios nas células C17:C26 da Figura 12.1 para simular a evolução do tempo para 10 dias, começando no dia depois de um dia claro.

E* b. Agora use um computador com os números aleatórios gerados pelo Excel para executar a simulação solicitada na parte *a* em uma planilha.

12.5.* O jogo de dados obriga o jogador a jogar dois dados uma ou mais vezes até que ganhe ou perca. Ele ganha se o primeiro lançamento resultar em uma soma de sete ou 11 ou, alternativamente, se a primeira soma for 4, 5, 6, 8, 9 ou 10 e a mesma soma reaparecer antes de uma soma de sete ter aparecido. Por outro lado, ele perde se o primeiro lançamento resultar em uma soma de 2, 3 ou 12 ou, alternativamente, se a primeira soma for 4, 5, 6, 8, 9 ou 10, e uma soma de 7 aparecer antes de a primeira soma reaparecer.

E* a. Formule um modelo de planilha para a realização de uma simulação por computador do lançamento de dois dados. Realize uma repetição.

E* b. Realize 25 repetições dessa simulação.

c. Continue nas 25 repetições para determinar o número de vezes que o jogador simulado teria ganhado o jogo de dados quando cada jogada começa com o próximo lançamento após a jogada anterior ter terminado.

12.6. Jessica Williams, gerente de utensílios de cozinha da loja de departamento Midtown, percebe que seus níveis de estoque de fogões já estão ficando maiores do que o necessário. Antes de rever a política de estoque, ela registra o número de fogões vendidos a cada dia durante 25 dias, conforme resumido abaixo.

Número vendido	2	3	4	5	6
Número de dias	4	7	8	5	1

a. Use esses dados para estimar a distribuição de probabilidade das vendas diárias.

b. Calcule a média de distribuição obtida na parte *a*.

c. Descreva como números aleatórios podem ser usados para simular vendas diárias.

d. Use os números aleatórios 0,4476, 0,9713 e 0,0629 para simular as vendas diárias de três dias. Compare a média com a obtida na parte *b*.

E* e. Elabore uma planilha para a simulação por computador das vendas diárias. Faça 300 repetições e obtenha a média simulada de 300 dias.

12.7. Gere três observações aleatórias a partir da distribuição uniforme entre –10 e 40, usando os seguintes números aleatórios: 0,0965, 0,5692 e 0,6658.

12.8. Leia o artigo de referência que descreve completamente o estudo de ciência da gestão resumido na vinheta de aplicação da Seção 12.2. Descreva brevemente como a simulação por computador foi aplicada nele. Em seguida, liste os vários benefícios financeiros e não financeiros resultantes.

12.9. A Loja de Bicicletas do Eddie tem um bom ganho com conserto de bicicletas. Trisha administra a recepção em que os clientes registram a entrada das suas bicicletas para serem consertadas, retiram-nas e pagam o serviço. Ela estima que o tempo necessário para atender um cliente em cada visita tem uma distribuição uniforme entre três e oito minutos.

a. Simule os tempos de atendimento para cinco clientes usando os seguintes cinco números aleatórios: 0,6505, 0,0740, 0,8443, 0,4975 e 0,8178.

b. Calcule a média dos cinco tempos de atendimento e compare-a à da distribuição do tempo de atendimento.

E* c. Use o Excel para gerar 500 observações aleatórias e calcule a média. Compare essa media à da distribuição do tempo de aterndimento.

12.10.* Reconsidere a Loja de Bicicletas do Eddie descrita no problema anterior. Quarenta por cento das bicicletas precisam apenas de um conserto menor. O tempo para isso tem uma distribuição entre zero e uma hora. Sessenta por cento das bicicletas precisam de um conserto maior. O tempo para isso tem uma distribuição entre uma e duas horas. Agora você precisa estimar a média da distribuição de probabilidade geral dos tempos de conserto para todas as bicicletas utilizando os seguintes métodos alternativos.

a. Use os números aleatórios 0,7256, 0,0817 e 0,4392 para simular se cada uma das três bicicletas necessita de um conserto maior ou menor. Em seguida, use os números aleatórios 0,2243, 0,9503 e 0,6104 para simular os tempos de conserto dessas bicicletas. Calcule a média desses tempos de conserto para estimar a média da distribuição total de tempos de conserto.

b. Repita a parte a com os complementos dos números aleatórios usados nela, assim, os novos números aleatórios são 0,2744, 0,9183, 0,5608 e depois 0,7757, 0,0497 e 0,3896.

c. Combine as observações aleatórias das partes a e b e calcule a média dessas seis observações para estimar a média da distribuição global dos tempos de conserto. (Isso é referido como o *método de números aleatórios complementares*.)

d. A média verdadeira da distribuição de probabilidade geral dos tempos de conserto é de 1,1. Comparar as estimativas dessa média obtida nas partes a, b e c. Para o método que fornece a estimativa mais próxima, dê uma explicação intuitiva para ele atar tão bem.

E* e. Formule um modelo de planilha para aplicar o método de números aleatórios complementares descritos na parte c. Use 600 números aleatórios e seus complementos para gerar 600 observações aleatórias dos tempos de conserto e calcule a média dessas observações. Compare essa média à média verdadeira da distribuição.

12.11. A William Graham Entertainment Company abrirá uma nova bilheteria em que os clientes podem comprar bilhetes com antecedência para os vários eventos de entretenimento realizados na área. A simulação por computador está sendo usada para analisar a alternativa entre ter um ou dois funcionários trabalhando nas bilheterias.

Durante a simulação do início de um dia nas bilheterias, o primeiro cliente chega cinco minutos depois que ela abre e, em seguida, os intervalos mínimos entre execuções para os próximos quatro clientes (em ordem) são três, nove, um e quatro minutos, depois do qual há uma demora até que o próximo cliente chegue. Os tempos de atendimento para esses primeiros cinco clientes (em ordem) são oito, seis, dois, quatro e sete minutos.

a. Para a alternativa de um único funcionário, desenhe uma figura como a Figura 12.8 que mostre a evolução do número de clientes na bilheteria durante esse período.

b. Use essa figura para estimar as medidas de desempenho usuais – L, L_q, W, W_q, e P_n (como definido na Seção 11.3) – para esse sistema de fila.

c. Repita a parte a para alternativa de dois funcionários.

d. Repita a parte b para alternativa de dois funcionários.

12.12. A Rustbelt Manufacturing Company emprega uma equipe de manutenção para consertar suas máquinas conforme necessário. A gestão quer um estudo de simulação por computador para analisar qual deve ser o tamanho da equipe, em que os tamanhos em consideração são dois, três e quatro membros. O tempo necessário para consertar uma máquina tem uma distribuição uniforme ao longo do intervalo de zero a duas vezes a média, em que esta depende do tamanho da equipe. A média é de quatro horas com dois membros, três horas com três membros e duas horas com quatro membros. O tempo entre avarias de alguma máquina tem uma distribuição exponencial com uma média de cinco horas. Quando uma máquina quebra e necessita de conserto, a gestão quer que a média de tempo de espera para o conserto não seja maior que três horas. Ela também quer que o tamanho da equipe não seja maior do que o necessário para conseguir isso.

a. Desenvolva um modelo de simulação para este problema, descrevendo seus seis blocos básicos de construção listados na Seção 12.2, conforme seriam aplicados nessa situação.

E* b. Formule um modelo de planilha para realizar uma simulação por computador para estimar o tempo médio de espera para o conserto. Realize essa simulação ao longo de um período com cem avarias para cada um dos três tamanhos da equipe em consideração. Esses resultados sugerem que tamanho para a equipe?

Q* c. Use o Simulador de Fila para realizar essa simulação por computador por mais de 10 mil avarias para cada um dos três tamanhos da equipe.

E* d. Use a planilha do Excel para o modelo de filas M/G/1 no arquivo de Excel deste capítulo para obter o tempo médio de espera analiticamente para cada um dos três tamanhos da equipe. Qual tamanho de equipe deve ser usado?

12.13. Consulte os primeiros cem minutos da simulação por computador da operação atual da barbearia de Herr Cutter apresentada na Figura 12.7 e resumida na Figura 12.8. Agora considere a alternativa de adicionar um sócio. Realize uma simulação dessa alternativa manualmente, usando exatamente os mesmos intervalos mínimos entre execuções (na mesma ordem) e exatamente os mesmos tempos de atendimento (na mesma ordem), como na Figura 12.7.

a. Determine o novo tempo de espera de um corte de cabelo para cada um dos cinco clientes que chegam nos primeiros cem minutos. Use esses resultados para estimar W_q, o tempo de espera previsto para o corte de cabelo.

b. Organize a nova versão da Figura 12.8 para mostrar a evolução do número de clientes na barbearia durante esses cem minutos.

12.14. Durante a execução de uma simulação por computador de um sistema de filas de um servidor único, o número de clientes no sistema é zero para os primeiros dez minutos, um para os próximos 17, dois para os próximos 24, um para os próximos 15, dois para os próximos 16 e um para os próximos 18 minutos. Depois desse total de cem minutos, o número volta a ser 0. Com base nesses resultados para os primeiros cem minutos, realize a seguinte análise (usando a notação de modelos de filas introduzidos na Seção 11.3).

   a. Desenhe uma figura semelhante à Figura 12.8, mostrando a evolução do número de clientes no sistema.
   b. Desenvolva as estimativas de P0, P1, P2, P3.
   c. Desenvolva as estimativas de L e Lq.
   d. Desenvolva as estimativas de W e Wq.

12.15. Leia o artigo de referência que descreve completamente o estudo de ciência da gestão resumido na vinheta de aplicação apresentada na Seção 12.4. Descreva brevemente como a simulação por computador foi aplicada. Em seguida, liste os vários benefícios financeiros e não financeiros resultantes.

12.16. Uma grande instituição bancária, a Best Bank, planeja abrir uma nova filial em Littletown. Estimativas preliminares sugerem que deve haver dois caixas (guichês de caixa), mas essa decisão agora aguarda uma análise mais aprofundada.

Pesquisas de marketing indicam que o novo banco de Littletown vai atrair negócios o suficiente para que os clientes que necessitem dos serviços de caixas entrem no banco em uma frequência de cerca de um por minuto em média. Assim, o tempo médio entre as chegadas consecutivas de clientes é estimado em um minuto.

Não é possível estacionar perto do banco, assim, um estacionamento especial somente para os clientes dos bancos será oferecido. Um atendente estará de plantão para validar o ticket de estacionamento de cada cliente antes que ele saia do carro para entrar no banco. Esse processo leva pelo menos 0,5 minuto, assim, o tempo *mínimo* entre chegadas consecutivas de clientes no banco é de 0,5 minuto.

Estima-se que a quantidade para a qual o intervalo mínimo entre execuções ultrapassa 0,5 minuto tem uma distribuição *exponencial* com uma média de 0,5 minutos. Portanto, o intervalo mínimo total entre execuções tem uma distribuição *exponencial traduzida* com uma média de (0,5 + 0,5) = 1,0 minuto. (Uma distribuição exponencial traduzida é apenas uma distribuição exponencial com uma constante adicionada.)

Com base em experiências passadas em outras filiais, sabe-se que o tempo necessário para um caixa atender um cliente varia amplamente de um cliente para outro, mas o tempo médio é de cerca de 1,5 minuto. Essa experiência também indica que o tempo de atendimento tem aproximadamente uma distribuição *Erlang* com uma média de 1,5 minuto e um parâmetro de forma de $k = 4$, que fornece um desvio padrão de 0,75 minuto (metade disso para uma distribuição exponencial com a mesma média).

Esses dados sugerem que dois caixas devem ser capazes de atender os clientes muito bem. No entanto, a gestão quer ter certeza de que os clientes não vão encontrar frequentemente uma longa fila de espera e uma espera excessiva para o atendimento. Portanto, a simulação por computador será utilizada para estudar essas medidas de desempenho.

Q* a. Use o Simulador de Fila com 5 mil chegadas de clientes para estimar as medidas usuais de desempenho para esse sistema de filas se dois caixas forem fornecidos.
Q* b. Repita a parte a se três caixas forem fornecidos.
Q* c. Agora realize alguma análise de sensibilidade, verificando o efeito se o nível de negócios passa a ser ainda maior do que o projetado. Particularmente, suponha que o tempo médio entre chegadas de clientes passe a ser de apenas 0,9 minuto (0,5 minuto mais uma média de apenas 0,4 minuto). Avalie as alternativas de dois e três caixas com essa suposição.
   d. Suponha que *você* é o gerente desse banco. Use os resultados de simulação por computador como base para uma decisão gerencial de quantos caixas oferecer. Justifique sua resposta.

12.17.* A Oficina de Hugh é especializada em carros alemães e japoneses. O estabelecimento tem dois mecânicos, um para cada tipo de carro. Em ambos os casos, o tempo necessário para consertar um carro tem uma distribuição exponencial com uma média de 0,2 dias. O movimento da oficina aumentou gradualmente, especialmente para carros alemães. Hugh projeta que, no próximo ano, os carros alemães chegarão aleatoriamente para serem consertados com uma frequência média de quatro por dia, então, o tempo entre as chegadas terá uma distribuição exponencial com uma média de 0,25 dia. Projeta-se que a taxa média de chegada de carros japoneses seja de dois por dia, então, a distribuição do intervalo mínimo entre execuções será exponencial, com uma média de 0,5 dia.

Para qualquer tipo de carro, Hugh gostaria que o tempo médio de espera na loja até o conserto ser concluído não seja maior de 0,5 dia.

E* a. Formule um modelo de planilha para realizar uma simulação por computador para estimar qual será o tempo médio de espera até que o conserto seja concluído no próximo ano para qualquer tipo de carro.
E* b. Realize essa simulação para carros alemães durante um período de cem chegadas de carro.
E* c. Repita a parte b para os carros japoneses.
Q* d. Use o Simulador de Fila para realizar as partes b e c com 10 mil chegadas de carros em cada caso.
Q* e. Hugh está pensando em contratar um segundo mecânico especialista em carros alemães para que dois desses carros possam ser consertados ao mesmo tempo. Use o Simulador de Fila com 10 mil chegadas de carros alemães para avaliar essa opção.
Q* f. Outra opção é treinar o mecânico dos carros japoneses a trabalhar com os alemães. Isso aumentaria o tempo médio de conserto em 10%, de 0,2 para 0,22 dia. Use o Simulador de Fila com 20 mil chegadas de carros dos dois tipos para avaliar essa opção.
E* g. Uma vez que as distribuições do intervalo mínimo entre execuções e do tempo de atendimento são exponenciais, os modelos de fila $M/M/1$ e $M/M/s$ introduzidos nas Seções 11.5 e 11.6 podem ser usados para avaliar analiticamente todas as opções dadas. Use o modelo $M/M/s$ (com $s = 1$ ou 2) em um arquivo de Excel do Capítulo 11 para determinar W, o tempo médio de espera até que o conserto seja concluído para cada um dos casos considerados nas partes b até f. Para cada caso, compare a estimativa de W obtida por simulação por computador ao valor analítico. O que isso diz sobre o número de chegadas de carros que devem ser incluídos na simulação por computador?
   h. Com base nos resultados obtidos, qual opção você escolheria se você fosse Hugh? Por quê?

12.18. A Vistaprint produz monitores e impressoras para computadores. No passado, apenas alguns deles foram inspecionados em uma base de amostragem. No entanto, o novo plano é que todos o sejam antes de liberados. No âmbito desse plano, os monitores e as impressoras serão levados para o posto de inspeção um por vez assim que concluídos. Para os monitores, o intervalo mínimo entre execução terá uma distribuição uniforme entre 10 e 20 minutos. Para impressoras, o intervalo mínimo entre execução será uma constante de 15 minutos.

O ponto de inspeção tem dois inspetores. Um trabalha somente com monitores e o outro, apenas com computadores. Em ambos os casos, o tempo de inspeção tem uma distribuição exponencial com uma média de 10 minutos.

Antes de iniciar o novo plano, a gestão quer uma avaliação de quanto tempo os monitores e as impressoras ficaram em espera no ponto de inspeção.

E* a. Formule um modelo de planilha para realizar uma simulação por computador para estimar os tempos médios de espera (antes da inspeção e após sua conclusão) para os monitores ou para as impressoras.

E* b. Realize essa simulação para monitores durante um período de cem chegadas.

E* c. Repita a parte *b* para as impressoras.

Q* d. Use o Simulador de Fila para repetir as partes *b* e *c* com 10 mil chegadas em cada caso.

Q* e. A gerência está considerando a opção de fornecer equipamentos de inspeção novos para os inspetores. Esse equipamento não iria alterar o tempo médio para realizar uma inspeção, mas isso diminuiria a variabilidade dos tempos. Particularmente, para ambos os produtos, o tempo de inspeção teria uma distribuição Erlang com uma média de 10 minutos e parâmetro de forma $k = 4$. Use o simulador de fila para repetir a parte *d* com essa opção. Compare os resultados com os obtidos na parte *d*.

12.19. Considere o estudo de caso introduzido na Seção 12.2. Depois de observar a operação da barbearia, Fritz está preocupado que a estimativa do tio de que o tempo necessário para realizar um corte de cabelo tenha uma distribuição uniforme entre 15 e 25 minutos pareça uma aproximação equivocada da distribuição de probabilidade atual do tempo serviço. Com base nos dados que ele reuniu, a melhor estimativa de Fritz é que a distribuição real seja uma distribuição Erlang com uma média de 20 minutos e um parâmetro de forma de $k = 8$.

a. Repita a execução de simulação que Fritz usou anteriormente para obter a Figura 12,9 (com uma média de 30 minutos para a distribuição de intervalo mínimo entre execução), exceto substituir essa nova distribuição de tempos de corte de cabelo.

b. Repita a execução de simulação que Fritz usou anteriormente para obter a Figura 12.11 (com uma média de 14,3 minutos para a distribuição de intervalo mínimo entre execução), menos substituir essa nova distribuição de tempos de corte de cabelo.

12.20. Para o estudo de caso da Dupit Corp., introduzido na Seção 11.4, a equipe de ciência da gestão aplicou uma variedade de modelos de filas, fazendo a seguinte aproximação simplificadora. Exceto para a abordagem sugerida pelo vice-presidente para a engenharia, a equipe assumiu que o tempo total necessário para consertar uma máquina (incluindo o tempo de viagem até o local da máquina) tem uma distribuição exponencial com uma média de duas horas (1/4 de um dia de trabalho). No entanto, a equipe ficou um pouco desconfortável em fazer essa pressuposição, pois os tempos totais de conserto nunca são extremamente curtos, como permitido pela distribuição exponencial. Há sempre um tempo de viagem e depois um tempo de instalação para iniciar o conserto de verdade, assim, geralmente o tempo total é de pelo menos 40 minutos (1/12 dia útil).

Uma das principais vantagens da simulação por computador em relação aos modelos matemáticos é que não é necessário fazer aproximações simplificadoras como esta. Por exemplo, uma das opções disponíveis no Simulador de Fila é usar uma distribuição exponencial *traduzida*, que tem um tempo determinado *mínimo* e, em seguida, o tempo *adicional* tem uma distribuição exponencial com alguma média. (Pacotes comerciais de simulação por computador têm uma variedade ainda maior de opções.)

Use a simulação por computador para refinar os resultados obtidos pelos modelos de fila como determinado pelas planilhas do Excel nos números indicados abaixo. Use uma distribuição exponencial traduzida para os tempos de reparação em que o tempo *mínimo* é 1/12 de dia de trabalho e o tempo *adicional* tem uma distribuição exponencial com uma média de 1/6 de dia de trabalho (80 minutos). Em cada caso, use um tamanho de execução de 25 mil chegadas e compare a estimativa do ponto obtida para W_q (a principal medida do desempenho para este estudo de caso) ao valor de W_q obtido pelo modelo de filas.

Q* a. Figura 11.4.

Q* b. Figura 11.5.

Q* c. Figura 11.8.

Q* d. Figura 11.9.

e. Que conclusão você tira sobre quão perceptíveis os resultados de uma simulação por computador de um sistema de filas podem ser para a pressuposição feita sobre a distribuição de probabilidade dos tempos de atendimento?

Caso 12-1
Planejamento de plainas

Esta foi a primeira vez que Carl Schilling foi convocado para se reunir com os figurões dos escritórios executivos do andar de cima. E ele espera que seja a última. Carl não gosta da pressão. Ele tinha pressão suficiente apenas lidando com todos os problemas que estava encontrando como encarregado do departamento de plaina na fábrica. Que pesadelo tem sido esse último mês!

Felizmente, a reunião foi melhor do que Carl esperava. Os figurões foram muito gentis, na verdade. Explicaram que precisavam do conselho de Carl sobre como lidar com um problema que afetava toda a fábrica. A origem do problema é que o departamento de plaina teve um período difícil para manter a carga de trabalho. Frequentemente, há uma série de peças de trabalho à espera de uma plaina livre. Essa espera prejudicou seriamente o cronograma de produção das operações subsequentes, aumentando, assim, o custo de estoque em processo, bem como o custo do equipamento ocioso e da perda de produção resultante. Eles entenderam que esse problema não era culpa de Carl. No entanto, precisavam saber o que ele achava que era necessário mudar no departamento de plaina para aliviar esse gargalo. Imagine só! Todos esses figurões graduados nas faculdades de administração mais elogiadas do país pedindo o conselho de um mero trabalhador como ele, que mal tinha passado pelo ensino médio. Ele mal podia esperar para contar para sua esposa à noite.

A reunião deu a Carl a oportunidade de perder duas implicâncias. Uma delas é que, por meses, Carl ficou avisando seu chefe que realmente precisava de outra plaina, mas nada foi feito sobre isso. O chefe só dizia que as plainas que Carl já tem não estão sendo utilizadas 100% do tempo, assim, como aumentar ainda mais a capacidade pode ser justificado? O chefe não entende dos grandes acúmulos durante os períodos de movimento?

Depois, tem a outra implicância – todos os picos e baixas de trabalho que chegavam ao seu departamento. De vez em quando, o trabalho apenas ia chegando e um grande acúmulo acabava se criando. Então pode haver uma longa pausa quando não chegam muitos trabalhos, aí as plainas ficam paradas parte do tempo. Se pelo menos os departamentos que estão encaminhando peças para o seu departamento conseguissem se organizar e até mesmo sair do fluxo de trabalho, muitos dos seus problemas de acúmulo desapareceriam.

Carl ficou feliz de os figurões ficarem aparentemente concordando com a cabeça enquanto ele descrevia esses problemas. Parecia realmente que eles entenderam. E eles pareceram bastante sinceros ao agradecer-lhe pelo bom conselho. Talvez algo seja feito de verdade dessa vez.

Aqui estão os detalhes do problema com que Carl e seus "figurões" estão lidando com. A empresa tem duas plainas para cortar superfícies planas lisas de grandes peças. As plainas são usadas para dois propósitos. Um é formar a superfície de cima do *cilindro* para grandes elevadores hidráulicos.

O outro é formar a superfície correspondente da caixa de transmissão *final* para uma grande peça de equipamento de terraplenagem. O tempo necessário para executar cada tipo de trabalho varia um pouco, dependendo bastante do número de operações que devem ser feitas. Particularmente, para cada cilindro ou caixa de transmissão, o tempo necessário por uma plaina tem uma distribuição exponencial traduzida, em que o tempo mínimo é de 10 minutos, e o tempo adicional além de 10 minutos tem uma distribuição exponencial com uma média de 10 minutos. (A distribuição desse tipo é uma das opções no Simulador de Fila no arquivo de Excel deste capítulo.) Peças dos dois tipos chegam uma por vez ao departamento de plaina. Para as peças para a formação dos cilindros, as chegadas ocorrem aleatoriamente com uma taxa média de duas por hora. Para as peças para a formação das caixas de transmissão, as chegadas também ocorrem aleatoriamente com uma taxa média de duas por hora.

Com base no conselho de Carl Schilling, a gerência pediu a um cientista da gestão (você) para analisar as duas propostas para aliviar o gargalo no departamento de plaina:

> *Proposta 1:* Obter uma plaina adicional. O custo total do aumento (incluindo o de recuperação de capital) é estimado em $30 por hora. (Essa estimativa leva em conta o fato de que, mesmo com uma plaina adicional, o tempo total de execução para todas as plainas permanecerá o mesmo.)
>
> *Proposta 2:* Eliminar a variabilidade nos intervalos mínimos entre execuções das peças, de modo que estas cheguem regularmente, uma a cada 15 minutos, alternando entre peças para cilindros e peças para caixas de transmissão. Isso exigiria algumas mudanças nos processos de produção anteriores, com um custo acrescido de $60 por hora.

Essas propostas não são mutuamente exclusivas, portanto, qualquer combinação pode ser adotada.

Estima-se que o custo total associado com peças esperando para serem processadas (incluindo o tempo de processamento) é de $200 por hora para cada cilindro e de $100 por hora para cada caixa de transmissão, desde que a espera não seja excessiva. Para evitar a espera em excesso para qualquer tipo de peça, todas elas são processadas o mais rápido possível segundo o critério primeira a chegar, primeira a trabalhada.

O objetivo da gestão é minimizar o custo total esperado por hora.

Use simulação por computador para avaliar e comparar todas as alternativas, incluindo o estado atual e as várias combinações de propostas. Depois, faça sua recomendação à gestão.

Há qualquer outra alternativa que você recomendaria ser levada em consideração?

Caso 12-2
Redução de estoque em processo (revisitado)

Reconsidere o Caso 11-2. Os sistemas de fila atuais e propostos neste caso devem ser analisados com a ajuda de modelos de filas para determinar como reduzir o máximo possível o estoque em processo. No entanto, esses mesmos sistemas de fila também podem ser analisados de maneira eficaz aplicando a simulação por computador com a ajuda do Simulador de Fila no seu MS Courseware.

Use a simulação por computador para realizar todas as análises necessárias.

Casos adicionais

Casos adicionais para este capítulo estão disponíveis para compra no *site* da Ivey School of Business, da University of Western Ontario, **cases.ivey.uwo.ca/case**, no segmento da área de Case-Mate designada para este livro.

SIMULAÇÃO POR COMPUTADOR COM CRYSTAL BALL

OBJETIVOS DE APRENDIZAGEM

OA1 Descrever o papel do Crystal Ball ao realizar as simulações por computador.

OA2 Usar a Crystal Ball para realizar várias simulações por computador que não podem ser realizadas imediatamente com o pacote padrão do Excel.

OA3 Interpretar os resultados gerados pela Crystal Ball ao realizar uma simulação por computador.

OA4 Usar o recurso do Crystal Ball que permite interromper a execução da simulação depois de atingir o nível desejado de precisão.

OA5 Descrever as características de muitas das distribuições de probabilidade que podem ser incorporadas em uma simulação por computador ao usar a Crystal Ball.

OA6 Usar o procedimento do Crystal Ball que identifica a distribuição contínua que melhor se adapta aos dados históricos.

OA7 Usar o recurso do Crystal Ball que gera uma tabela de decisão e um gráfico de tendência como um auxílio à tomada de decisão.

OA8 Usar a ferramenta do Crystal Ball chamada OptQuest que busca automaticamente uma solução ideal para um modelo de simulação.

O capítulo anterior apresentou os conceitos básicos da simulação por computador. Sua ênfase em todo o capítulo esteve no uso da modelagem de planilha para executar simulações por computador básicas. Exceto para o uso do Simulador de Filas para lidar com sistemas de filas, todas as simulações por computador do Capítulo 12 foram executadas usando nada mais do que o pacote padrão do Excel.

Para estender suas capacidades de simulação básicas, foram desenvolvidos, nos últimos anos, interessantes e poderosos suplementos. Um especialmente popular é o *Crystal Ball*, um produto da Oracle, Inc. A Oracle forneceu generosamente uma licença para baixar e usar a versão mais recente do Crystal Ball para uma experiência de 140 dias. (O código de licença e as instruções de download estão em um cartão incluído no CD-ROM.) Além da acentuada funcionalidade para a realização de simulações por computador, o Crystal Ball inclui dois outros módulos. Um é o CB Predictor, utilizado para gerar as previsões de uma série de dados, conforme descrito e ilustrado na Secção 10.4. O outro é o OptQuest, que aumenta o Crystal Ball, utilizando seu resultado por uma série de execuções de simulação para pesquisar automaticamente uma solução ideal para um modelo de simulação.

Este capítulo foca na descrição e ilustração de avanços da modelagem da simulação de planilha possibilitada pelo Crystal Ball. (Outros suplementos do Excel para modelagem da simulação de planilha fornecem um pouco da mesma funcionalidade.) A Seção 13.1 começa com um estudo de caso revisitado nas Seções 13.7 e 13.8. As Seções de 13.2 a 13.6 apresentam vários outros exemplos de problemas importantes de negócios que podem ser abordados de maneira eficaz pelo uso da simulação com o Crystal Ball. A Seção 13.7 foca na esco-

13.1 ESTUDO DE CASO: PROBLEMA DE FREDDIE, O VENDEDOR DE JORNAL

lha das distribuições de probabilidades corretas como entradas para uma simulação por computador. A Seção 13.8 descreve como as tabelas de decisão (que funcionam como tabelas de dados ou como a Tabela Solver em seu MS Courseware) podem ser construídas e aplicadas para tomar uma decisão sobre o problema que está sendo simulado. Finalmente, a Seção 13.9 discute e ilustra a ferramenta de otimização poderosa fornecida pelo OptQuest.

Este estudo de caso diz respeito a uma banca de jornal em um local proeminente no centro de uma grande cidade. A banca está lá há mais tempo do que a maioria das pessoas consegue se lembrar e foi sempre administrada por Freddie, muito conhecido, emboraninguém saiba seu sobrenome). Seus muitos clientes se referem a ele carinhosamente como Freddie, o garoto do jornal, mesmo que ele seja consideravelmente mais velho do que a maioria deles.

Freddie vende uma grande variedade de jornais e revistas. O mais caro é um grande jornal diário chamado *Financial Journal*. Nosso estudo de caso envolve este jornal.

Problema de Freddie

Os exemplares diários do *Financial Journal* são trazidos cedo para a banca, a cada manhã, por um distribuidor. O que não foi vendido é devolvido ao distribuidor na manhã seguinte. No entanto, para incentivar a encomenda de muitos exemplares, o distribuidor dá um pequeno reembolso para os não vendidos.

Aqui estão os números de custo de Freedie.

Freddie paga $1,50 por exemplar recebido.

Freddie cobra $2,50 por exemplar.

O reembolso de Freedie é de $0,50 por exemplar não vendido.

Em parte por causa do reembolso, Freddie sempre pegou grandes quantidades de jornal. No entanto, é uma preocupação pagar tanto por exemplares que depois têm de ser devolvidos sem serem vendidos, e isso vem ocorrendo quase todos os dias. Agora ele acha que poderia agir melhor, encomendando apenas um mínimo de exemplares e evitar esse custo extra.

Para investigar mais a fundo, Freddie mantém um registro de vendas diárias. Ele encontrou esses resultados.

- Freddie vende algo entre 40 e 70 exemplares em qualquer dia determinado.
- A frequência dos exemplares entre 40 e 70 é praticamente igual.

> O problema de Freddie envolve determinar a quantidade de pedidos que maximizará o seu lucro médio diário.

Freddie precisa determinar quantos exemplares deve encomendar do distribuidor por dia. Seu objetivo é maximizar o lucro diário total.

Se você já estudou gestão de estoques em um curso de gestão de operações, você pode reconhecer nesse problema um exemplo do que é chamado o problema do *vendedor de jornais*. Na verdade, usamos um modelo de estoque básico para analisar uma versão simplificada desse mesmo estudo de caso no Capítulo 19 (um dos capítulos complementares no CD-ROM). Porém, usaremos a simulação por computador para analisar o problema deste capítulo.

Modelo de planilha para este problema

A Figura 13.1 mostra um modelo de planilha para este problema. Dadas as células de dados C4:C6, a variável de decisão é a quantidade de pedido a ser inserida na célula C9. (O número 60 foi inserido arbitrariamente nessa figura como uma estimativa inicial de um valor razoável.) A parte inferior da figura mostra as equações utilizadas para calcular as células de saída C14:C16, utilizadas para calcular a célula de saída Lucro (C18).

> A procura de um dia do *Financial Journal* parece ter uma distribuição uniforme discreta entre 40 e 70.

A única quantidade de entrada incerta nessa planilha é a demanda do dia na célula C12. Essa quantidade pode ser qualquer número entre 40 e 70. Uma vez que a frequência dos números entre 40 e 70 é quase a mesma, a distribuição de probabilidade da demanda do dia pode ser razoavelmente assumida como uma *distribuição uniforme discreta* entre 40 e 70 (assim, todos os valores inteiros entre 40 e 70 são assumidos como igualmente prováveis), conforme indicado nas células D12:F12. Antes de inserir um único número permanente em Demanda (C12), o que o Crystal Ball faz é inserir essa distribuição de probabilidade nessa célula. (Antes de voltar ao Crystal Ball, o número arbitrário 55 foi introduzido temporariamente para esta célula na Figura 13.1.) Ao utilizar o Crystal Ball para gerar uma *observação aleatória* a partir dessa distribuição de probabilidade, a planilha pode calcular as células de saída da forma habitual. Cada vez que isso é feito, é referido como uma **avaliação** por Crystal Ball. Ao executar o número de avaliações especificadas pelo usuário (geralmente centenas ou milhares), a simulação por computador gera o mesmo número de observações aleatórias dos valores nas células de saída. O Crystal Ball grava essas informações para as células de saída de interesse particular (lucro diário de Freddie) que, no final, são exibidas em uma variedade de formas convenientes que revelam uma estimativa da distribuição de probabilidade subjacente de lucro diário de Freddie. (Mais sobre isso mais tarde.)

Aplicação do Crystal Ball

Há quatro passos para usar a planilha na Figura 13.1 na simulação por computador com Crystal Ball. São eles:

1. Definir as células de entrada aleatórias.
2. Definir as células de saída para previsão.
3. Definir as preferências de execução.
4. Executar a simulação.

Descreveremos, agora, cada um deles.

Definir as células de entrada aleatórias

Célula de entrada aleatória é uma célula de entrada que tem um valor aleatório (tal como a demanda diária do *Financial Journal*). Portanto, uma distribuição por probabilidade assumida deve ser inserida na célula em vez de inserir permanentemente um único número. A única célula de entrada aleatória na Figura 13.1 é Demanda (C12). O Crystal Ball refere cada célula de entrada como uma **célula de suposição**.

Dica do Crystal Ball: Antes de definir uma célula de suposição, a célula deve conter um valor. Qualquer número pode ser inserido, uma vez que não será utilizado durante a simulação real. Quando uma execução de simulação é concluída, o Crystal Ball restaura o mesmo valor.

FIGURA 13.1
Modelo de planilha para a aplicação de simulação por computador para este estudo de caso que envolve Freddie, o jornaleiro. A célula de suposição é a Demanda (C12), a célula de previsão é o Lucro (C18), e a decisão variável é QuantidadeDoPedido (C9).

	A	B	C	D	E	F
1	Freddie, o jornaleiro					
2						
3			Dados			
4		Preço unitário de venda	$2,50			
5		Custo unitário de compra	$1,50			
6		Valor unitário de economia	$0,50			
7						
8			Variável de decisão			
9		Quantidade de pedido	60			
10						
11			Simulação		Mínimo	Máximo
12		Demanda	55	Uniforme discreta	40	70
13						
14		Receita de vendas	$137,50			
15		Custo de compra	$90,00			
16		Valor de economia	$2,50			
17						
18		Lucro	$50,00			

	B	C
14	Receita de vendas	=PreçoUnitárioDeVenda*MIN(QuantidadeDoPedido, Demanda)
15	Custo de compra	=CustoUnitárioDeCompra*QuantidadeDoPedido
16	Valor de economia	=ValorUnitárioDeEconomia*MAX(QuantidadeDoPedido-Demanda,0)
17		
18	Lucro	=ValorDeEconomia-CustoDeCompra+ValorDeEconomia

Nomes de intervalo	Células
Demanda	C12
QuantidadeDoPedido	C9
Lucro	C18
CustoDeCompra	C15
ReceitaDeVenda	C14
ValorDeEconomia	C16
CustoUnitárioDeCompra	C5
PreçoUnitárioDeVenda	C4
ValorUnitárioDeEconomia	C6

O procedimento a seguir é usado para definir uma célula de suposição.

Procedimento para definir uma célula de suposição

1. Selecione a célula clicando nela.
2. Se a célula já não contém um valor, insira *qualquer* número na célula.
3. Clique no botão Definir Suposição (🔳) na guia Crystal Ball (para Excel 2007 ou 2010) ou na barra de ferramentas (para versões anteriores do Excel).
4. Selecione uma distribuição de probabilidade para inserir na célula clicando nessa distribuição na Distribution Gallery, mostrada na Figura 13.2.
5. Clique em OK (ou dê um duplo clique na distribuição) para apresentar uma caixa de diálogo para a distribuição selecionada.
6. Use essa caixa de diálogo para inserir os parâmetros para a distribuição, de preferência, referindo-se às células na planilha que contém os valores desses parâmetros. Se desejar, pode ser inserido também um nome para a célula de suposição. (Se a célula já tem um nome próximo a ela ou acima na planilha, ele aparecerá na caixa de diálogo.)
7. Clique em OK.

Galeria de Distribuição inclui 21 distribuições de probabilidades.

A **Galeria de Distribuição** mencionada no passo 4 fornece 21 distribuições de probabilidade a escolher. A Figura 13.2 exibe seis distribuições básicas, mas outras 15 também estão disponíveis clicando no botão Todos. (A Seção 13.7 focará em como escolher a distribuição direita.)

Qual distribuição é apropriada no caso Freedie? Uma vez que a frequência de vendas entre 40 e 70 é aproximadamente igual, as duas distribuições uniformes são possibilidades. A distribuição uniforme assume que *todos* os valores (incluindo valores fracionários) entre um valor mínimo e máximo são igualmente prováveis. A distribuição uniforme discreta assume que apenas os valores de *números inteiros* são possíveis, mas que os valores de números inteiros entre o mínimo e o máximo são igualmente prováveis. Uma vez que as vendas de jornais são sempre de números inteiros, a distribuição uniforme discreta é a distribuição apropriada para Freddie.

Dica do Crystal Ball: Em vez de digitar números brutos, use células de referências para os parâmetros de distribuição (p. ex., digite =E12 e =F12). Isso permite que alterações sejam feitas diretamente na planilha, em vez de trabalhar com caixas de diálogo Crystal Ball.

Clicar duas vezes sobre a distribuição uniforme discreta na Distribution Gallery mostra a caixa de diálogo Distribuição Uniforme Discreta mostrada na Figura 13.3, utilizada para inserir os parâmetros da distribuição. Para cada um dos parâmetros (Mínimo e Máximo), referimo-nos às células de dados em E12 e F12 na planilha digitando as fórmulas E12 e F12 para Mínimo e Máximo, respectivamente. Depois de inserir as referências de células, a caixa de diálogo mostrará o valor real do parâmetro com base na referência de célula (40 e 70, como mostrado na Figura 13.3). Para ver ou fazer uma mudança para uma referência de célula, clicar sobre o parâmetro mostrará a referência da célula subjacente.

FIGURA 13.2
A caixa de dialogo Distribution Gallery (Galeria de Distribuição) do Crystal Ball mostrando as distribuições básicas. Além das 6 distribuições exibidas aqui, mais 15 distribuições podem ser acessadas clicando no botão All (Todos).

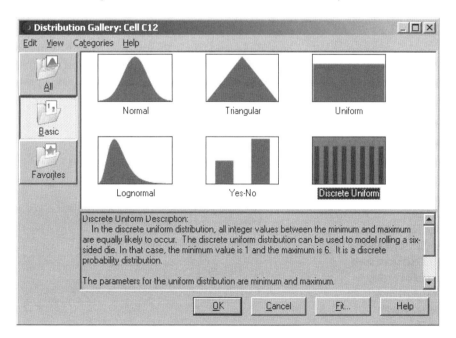

FIGURA 13.3
Caixa de diálogo Discrete Uniform Distribution (Distribuição Uniforme Discreta) do Crystal Ball está sendo usada aqui para inserir uma distribuição uniforme discreta com os parâmetros 40 (= E12) e 70 (= F12) na célula de suposição (C12) no modelo de planilha da Figura 13.1.

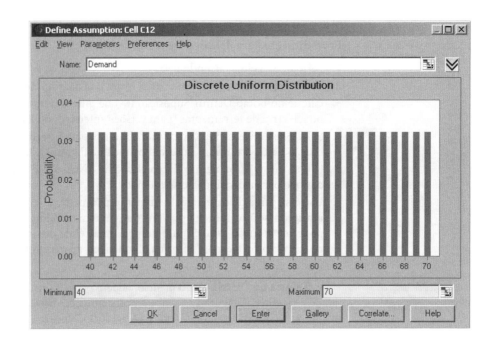

Definir as células de saída para previsão

O Crystal Ball refere-se à saída de uma simulação por computador como uma *previsão*, uma vez que está prevendo a distribuição de probabilidade subjacente para o desempenho do sistema (simulada agora) quando ele realmente está em operação. Assim, cada célula de saída que está sendo usada por uma simulação por computador para prever uma medida do desempenho é referida como uma **célula de previsão**. O modelo de planilha para uma simulação por computador não inclui uma célula-alvo, mas uma célula de previsão desempenha aproximadamente o mesmo papel.

A medida de desempenho de interesse para Freddie, o jornaleiro, é o seu lucro diário da venda do *Financial Journal*, assim, a única célula de previsão na Figura 13.1 é Lucro (C18). O procedimento a seguir é utilizado para definir essa célula de saída como uma célula de previsão.

Procedimento para Definir uma Célula de Previsão

1. Selecione a célula clicando nela.
2. Clique no botão Definir Previsão ( ) na guia Crystal Ball (Excel 2007 ou 2010) ou na barra de ferramentas (outras versões do Excel), o que mostra a caixa de diálogo Definir Previsão (conforme exibido na Figura 13.4 para o problema de Freddie).
3. Essa caixa de diálogo pode ser usada pra definir um nome e unidades (opcionalmente) para a célula de previsão. (Se um nome de intervalo já foi designado para a célula, ele aparecerá como uma escolha padrão na caixa de diálogo.)
4. Clique em OK.

FIGURA 13.4
A caixa de diálogo Define Forecast (Definir Previsão) do Crystal Ball está sendo usada aqui para definir a célula de previsão Profit (Lucro) (C18) no modelo de planilha da Figura 13.1.

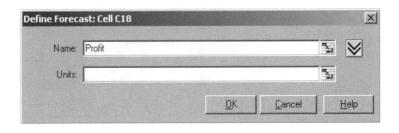

FIGURA 13.5
Caixa de diálogo Run Preferences (Executar Preferências) do Crystal Ball depois de selecionar a guia Trials (Avaliações).

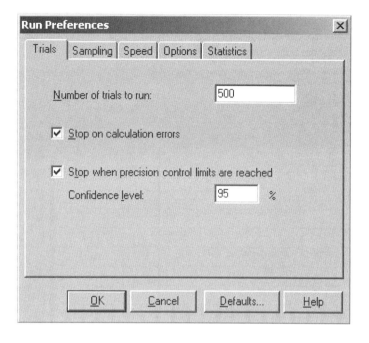

Definir as preferências de execução

O terceiro passo – definir as preferências de execução – refere-se a ações como a escolha do número de avaliações para executar e determinar outras opções sobre como realizar a simulação por computador. Esse passo começa com um clique no botão Preferências de Execução na guia Crystal Ball (para Excel 2007 ou 2010) ou na barra de ferramentas (para versões anteriores do Excel). A caixa de diálogo Preferências de Execução tem as cinco guias mostradas no topo da Figura 13.5. Clicando nessas guias, você pode inserir ou alterar qualquer das especificações controladas pela guia de como executar a simulação por computador. Por exemplo, a Figura 13.5 mostra a versão da caixa de diálogo obtida com a seleção da guia Avaliações. Essa figura indica que 500 foi escolhido como o número máximo de avaliações para a simulação por computador. (A outra opção na caixa de diálogo Avaliações de Preferências de Execução – Parar quando os limites de controle de precisão são atingidos – será descrita mais tarde.)

Executar a simulação

Neste ponto, é iniciada a simulação por computador. Você só precisa clicar no botão Iniciar Simulação (▶). No entanto, se uma simulação por computador tiver sido executada anteriormente, você deve primeiro clicar no botão Reiniciar Simulação (◀◀) para reiniciar a simulação antes de iniciar uma nova.

Uma vez iniciada, uma janela de previsão mostra os resultados da simulação por computador enquanto ela é executada. A Figura 13.6 mostra a previsão para o Lucro (lucro diário de Freddie com a venda do *Financial Journal*) após a conclusão de todos os 500 testes. A visualização padrão da previsão é o gráfico de frequência mostrado no lado esquerdo da figura. A altura das linhas verticais no gráfico de frequência indica a frequência relativa dos vários valores de lucro obtidos durante a execução de simulação. Por exemplo, considere a linha de altura vertical em $60. O lado direito do gráfico indica uma frequência de cerca de 175, ou seja, cerca de 175 das 500 avaliações levaram a um lucro de $60. Assim, o lado esquerdo do gráfico indica que a probabilidade estimada de um lucro de $60 é de 175/500 = 0,350. Esse é o lucro que resulta sempre que a demanda for igual ou superior à quantidade do pedido de 60. No restante do tempo, o lucro foi espalhado de forma bastante equilibrada entre $20 e $60. Esses valores correspondem às avaliações de lucro em que a demanda foi entre 40 e 60 unidades, com valores de lucro mais baixos correspondendo às demandas próximas a 40, e valores de lucro mais altos correspondendo às demandas próximas de 60. A média de 500 valores de lucro é de $45,94, como indicado pela *linha média* nesse ponto.

FIGURA 13.6
Gráfico de frequência e a tabela de estatísticas fornecidas pelo Crystal Ball para resumir os resultados da execução do modelo de simulação na Figura 13.1 para o estudo de caso que envolve Freddie, o jornaleiro.

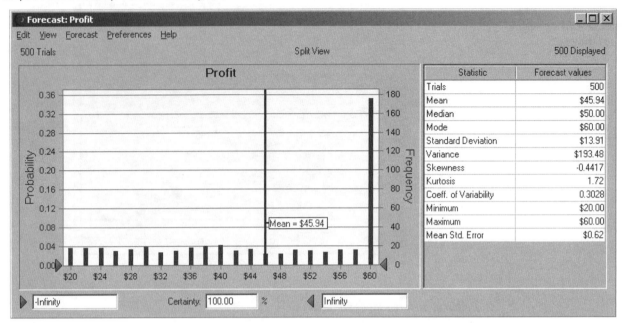

Dica do Crystal Ball: Para exibir a linha média do gráfico de frequência, como na Figura 13.6, escolha essa opção em "Gráfico..." no menu Preferências na guia Tipo de Gráfico.

Dica do Crystal Ball: Para visualizar mais de um gráfico ou tabela na mesma janela (p. ex., um gráfico de frequência e estatísticas, como mostrado na Figura 13.6), escolha Exibição de Divisão no menu Exibir da janela de previsão. Qualquer combinação de gráficos e tabelas pode ser selecionada no menu Exibir para aparecer na exibição de divisão.

Em geral, o percentil de *x* por cento é a linha divisória entre o menor *x* por cento dos valores e o restante dos valores.

A tabela de estatísticas na Figura 13.6 é obtida escolhendo Estatísticas no menu Exibir. Essas estatísticas resumem o resultado das 500 avaliações da simulação por computador. Elas fornecem uma amostra de 500 observações aleatórias da distribuição de probabilidade subjacente do lucro diário de Freddie. As estatísticas mais interessantes sobre essa amostra fornecida pela tabela incluem a *média* de $45,94, a *mediana* de $50,00 (isto é, esse foi o valor de lucro médio das 500 avaliações ao enumerar os lucros do menor para o maior), o *modo* de $60 (isto é, esse era o valor de lucro que ocorreu mais frequentemente), e o *desvio padrão* de $13,91 (uma medida da variabilidade dos valores de lucro das avaliações). A informação perto da parte inferior da tabela em relação aos valores de lucro *mínimo* e *máximo* também é particularmente útil.

Além do gráfico de frequência e da tabela de estatísticas apresentados na Figura 13.6, o menu Exibir fornece algumas outras maneiras úteis de exibir os resultados de uma execução de simulação, incluindo uma tabela de percentil, um gráfico cumulativo e um gráfico de cumulativo reverso. Essas exposições alternativas são mostradas em uma visualização dividida na Figura 13.7. A tabela de percentis é baseada na lista dos valores de lucro gerados pelas 500 avaliações do menor para o maior, dividindo essa lista em dez partes iguais (50 valores em cada), e, em seguida, registrando o valor no final de cada parte. Assim, o valor de 10% sobre a lista é de $24; o de 20% é de $30; e assim por diante. (P. ex., a interpretação intuitiva do percentil de 10% de $24 é que 10% dos ensaios têm valores de lucro inferior ou igual a $24, e 90% das avaliações têm valores de lucro maiores do que ou igual a $24, assim, $24 é a linha divisória entre os 10% menores dos valores e os 90% maiores). O gráfico cumulativo na parte superior esquerda da Figura 13.7 fornece informações semelhantes (mas mais detalhadas) sobre esda mesma lista dos valores de lucro menor-ao-maior O eixo horizontal mostra todo o intervalo de valores a partir do menor valor de lucro possível ($20) ao maior valor de lucro possível ($60). Para cada valor nesse intervalo, o gráfico acumula o número de lucros reais gerados pelas 500 avaliações menores ou iguais a esse valor. Esse número é igual à frequência mostrada à direita ou, quando dividida pelo número de avaliações, a probabilidade mostrada à esquerda. O gráfico cumulativo reverso na parte inferior esquerda da Figura 13.7 é construído da mesma maneira que o gráfico cumulativo, exceto pela seguinte diferença crucial. Para cada valor nesse intervalo de $20 a $60, o gráfico cumulativo reverso acumula o número de lucros reais gerados pelas 500 avaliações que são *maiores* ou iguais a esse valor.

FIGURA 13.7
Três outras formas em que o Crystal Ball exibe os resultados da execução do modelo de simulação na Figura 13.1 para o estudo de caso que envolve Freddie, o jornaleiro.

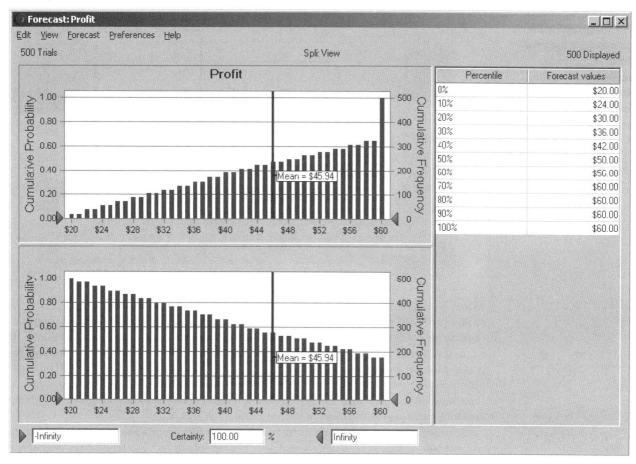

A caixa de Certeza dá a porcentagem de avaliações que geraram valores entre aqueles nas caixas adjacentes.

A Figura 13.8 ilustra outra das muitas formas úteis fornecidas pelo Crystal Ball para a extração de informação importante dos resultados de uma execução de simulação. Freddie, o jornaleiro, sabe que teve um dia razoavelmente bem-sucedido se obtiver um lucro de pelo menos $40 com a venda do *Financial Journal*. Por isso, ele gostaria de saber a porcentagem de dias que poderia esperar para alcançar esse lucro se adotasse uma quantidade de pedido atualmente em análise (60). Uma estimativa dessa porcentagem (65,80%) é mostrada na caixa de Certeza abaixo do gráfico de frequência na Figura 13.8. O Crystal Ball pode fornecer essa porcentagem de duas maneiras. Primeiro, o usuário pode arrastar o triângulo do lado esquerdo logo abaixo do gráfico (originalmente em $20 na Figura 13.6) para a direita até que ele esteja em $40 (como na Figura 13.8). De modo alternativo, $40 pode ser digitado diretamente na caixa, no canto inferior esquerdo. Se desejado, a probabilidade de obter um lucro entre quaisquer dois valores também pode ser estimada imediatamente, arrastando os dois triângulos até esses valores.

Quão precisos são os resultados da simulação?

Um número importante fornecido pela Figura 13.6 é a média de $45,94, calculada como a *média* das 500 observações aleatórias da distribuição de probabilidade subjacente de lucro diário de Freddie geradas pelas 500 avaliações. Essa *média da amostra* de $45,94 proporciona, assim, uma *estimativa* da *média verdadeira* dessa distribuição. A média verdadeira pode desviar um pouco a partir de $45,94. Qual a precisão que podemos esperar dessa estimativa?

O *erro padrão médio* especifica o quão perto uma média obtida em uma execução de simulação pode estar do valor verdadeiro.

A resposta a essa questão-chave é fornecida pelo *erro padrão médio* de $0,62 dado na parte inferior da tabela de estatísticas na Figura 13.6. Particularmente, a média verdadeira pode desviar-se prontamente da média da amostra por qualquer quantidade até o erro padrão médio, mas, na maior parte do tempo (cerca de 68% do tempo), não desviará mais do que isso.

FIGURA 13.8
Depois de definir um limite inferior de $40 para os valores desejáveis de lucro, a caixa Certainty (Certeza) abaixo deste gráfico de frequência revela que 65,80% das avaliações da execução de simulação de Freddie forneceram um lucro desse valor.

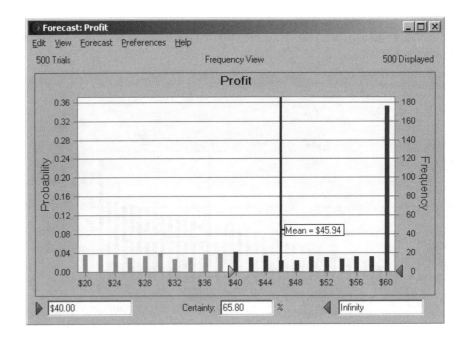

Assim, o intervalo de $45,94 − $0,62 = $45,32 a $45,94 + $0,62 = $46,56 é um *intervalo de confiança* de 68% para a média verdadeira. Da mesma forma, um maior intervalo de confiança pode ser obtido usando um múltiplo apropriado do erro padrão médio para subtrair da média da amostra e, em seguida, adicionar à média da amostra. Por exemplo, o múltiplo apropriado para um intervalo de confiança de 95% é 1,965, então, esse intervalo de confiança tem um intervalo a partir de $45,94 a 1,965 ($0,62) = $44,72 a $45,94 + 1,965 ($0,62) = $47,16. (Esse múltiplo de 1,965 alterará ligeiramente se o número de avaliações for diferente de 500.) Portanto, é muito provável que a média verdadeira seja algo entre $44,72 e $47,16.

Se maior precisão for necessária, o erro padrão médio normalmente pode ser reduzido aumentando as avaliações com a simulação. No entanto, a redução tende a ser pequena, a menos que as avaliações aumentem substancialmente. Por exemplo, cortar o erro padrão médio pela metade requer aproximadamente a quadruplicação das avaliações. Assim, uma quantidade surpreendentemente grande de avaliações pode ser necessária para obter o grau desejado de precisão.

Uma vez que as avaliações necessárias para obter o grau desejado de precisão não podem ser previstas antes da simulação, a tentação é especificar uma quantidade extremamente grande de avaliações, que pode vir a ser muitas vezes tão grande quanto necessário e, assim, provocar uma execução excessivamente longa no computador. Felizmente, o Crystal Ball tem um método especial de controle de precisão para interromper a execução de simulação assim que a precisão desejada tenha sido atingida. Esse método é acionado escolhendo a opção "Parar quando os limites de controle de precisão sejam alcançados" na caixa de diálogo Avaliações de Preferências de Execução mostrada na Figura 13.5. A precisão especificada é inserida na caixa de diálogo Definir Previsão Expandida apresentada na Figura 13.9. (Essa caixa de diálogo é mostrada clicando no botão Mais (⊠) na caixa de diálogo Definir Previsão mostrada na Figura 13.4.) A Figura 13.9 indica que o controle de precisão está sendo aplicado à média (mas não para o desvio padrão ou para um percentil especificado). As preferências de execução na Figura 13.5 indicam que um intervalo de confiança de 95% está sendo usado. A largura de metade do intervalo de confiança, medida a partir do seu ponto médio até uma ou outra extremidade, é considerada a precisão alcançada. A precisão desejada pode ser especificada tanto em termos absolutos (utilizando as mesmas unidades que as do intervalo de confiança) quanto em termos relativos (expressos como uma porcentagem do ponto médio do intervalo de confiança).

A Figura 13.9 indica que a decisão foi tomada para especificar a precisão desejada em termos absolutos como $1. O intervalo de confiança de 95% para a média depois de 500 avaliações foi identificado em $45,94 mais ou menos $1,22, então $1,22 é a precisão alcançada depois de todas essas avaliações. O Crystal Ball também calcula o intervalo de confiança (assim como a

FIGURA 13.9
Esta caixa de diálogo, Define Forescast (Definir Previsão), expandida, está sendo usada para especificar quanto a precisão é desejada na execução de simulação do Freddie.

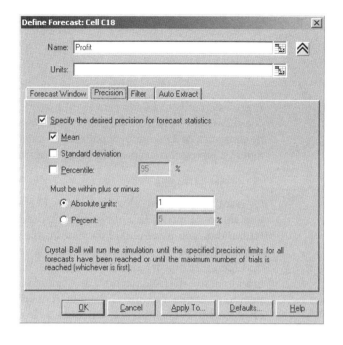

FIGURA 13.10
Resultados obtidos depois de continuar a execução de simulação de Freddie até a precisão especificada na Figura 13.9 ser alcançada.

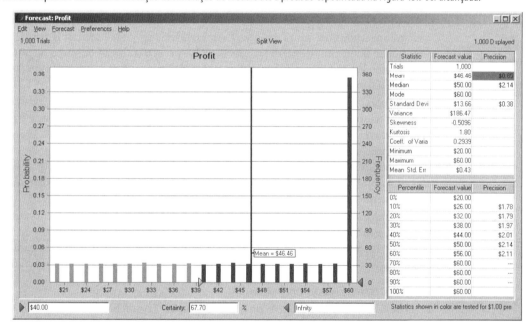

Mil avaliações foram necessárias para ter um intervalo de confiança de 95% de que o valor verdadeiro da média está dentro de $1 da média obtida na execução da simulação.

precisão atual) periodicamente para verificar se a precisão atual está sob $1, caso em que a execução seria interrompida. No entanto, isso nunca aconteceu, então, o Crystal Ball permitiu que a simulação fosse executada até o número máximo de avaliações (500) ser atingido.

Para obter a precisão desejada, a simulação teria de ser reiniciada para gerar avaliações adicionais. Isso é feito introduzindo um número maior (como 5 mil) para o número máximo de avaliações (incluindo o 500 já obtido) na caixa de diálogo Preferências de Execução (mostrada na Figura 13.5) e depois clicando no botão Iniciar Simulação (▶). A Figura 13.10 mostra os resultados dessa ação. A primeira linha indica que a precisão desejada foi obtida depois de apenas 500 avaliações adicionais, para um total de 1.000. (O valor padrão para a frequência de verificar a precisão é a cada 500 avaliações, de modo que a precisão de $1 realmente foi alcançada em algum momento entre 500 e mil avaliações.) Por causa das avaliações adicionais, algumas das estatísticas foram alteradas ligeiramente a partir dos dados na Figura 13.6. Por exemplo, a melhor estimativa da média agora é $46,46, com uma precisão de $0,85. Assim, é muito provável (confiança de 95%) que o verdadeiro valor da média esteja entre $0,85 e $46,46.

Intervalo de confiança de 95%: $45,61 £ Média £ $47,31

A precisão também é dada para as estimativas atuais da mediana e do desvio padrão, bem como para as estimativas dos percentis dados na respectiva tabela. Portanto, um intervalo de confiança de 95% também pode ser calculado para cada uma dessas quantidades adicionando e subtraindo sua precisão da sua estimativa.

Conclusões de Freddie

Os resultados apresentados nas Figuras 13.6 e 13.10 eram de uma execução de simulação que ajustou a quantidade do pedido de ordem diária de 60 cópias do *Financial Journal* (como indicado na célula C9 da planilha da Figura 13.1). Freddie queria tentar primeiro essa quantidade de pedido porque poderia satisfazer plenamente a demanda por muitos dias (cerca de dois terços deles) enquanto, muitas vezes, não terá muitos exemplares sobrando nesses dias. No entanto, os resultados obtidos não revelam se 60 é a quantidade de pedido *ideal* que maximizaria seu lucro médio diário. Muito mais execuções de simulação com outras quantidades de pedido serão necessárias para determinar (ou pelo menos estimar) a quantidade de pedido ideal. A Seção 13.8 descreverá como essa pesquisa da quantidade de pedido ideal pode ser feita por Freddie com a ajuda de uma tabela de decisão e um gráfico de tendência. A Seção 13.9, descreve, então, como o módulo OptQuest no pacote de software Crystal Ball utiliza uma técnica de otimização poderosa para procurar sistematicamente pela quantidade de pedido ideal. Essa apresentação trará um fechamento para o estudo de caso.

> Freddie agora tem 95% de confiança que uma quantidade de encomenda de 60 daria um lucro médio diário entre 45,61 e 47,31 dólares a longo prazo.

Embora ainda haja muito mais para vir, Freddie já aprendeu com a Figura 13.10 que uma quantidade de pedido de 60 daria um bom lucro médio diário de cerca de $46,46. Essa é apenas uma estimativa, mas Freddie também aprendeu com o intervalo de confiança de 95% que o lucro médio diário provavelmente viria a ser algo entre $45,61 e $47,31.

Contudo, esses valores de lucro fornecidos por uma simulação por computador são baseados na suposição no modelo de planilha (ver as células D12:F12 na Figura 13.1) de que a demanda tem uma distribuição uniforme discreta entre 40 e 70. Portanto, esses valores de lucro estarão corretos somente se esta hipótese for válida. Mais trabalho é necessário para verificar que essa distribuição assumida é a mais adequada ou para identificar outra distribuição de probabilidade que fornece um melhor ajuste para os dados de demandas diárias reais. Essa questão será mais explorada na Seção 13.7.

A simulação por computador com o Crystal Ball é uma ferramenta extremamente versátil, que pode enfrentar um grande número de questões gerenciais. Portanto, antes de continuar o estudo de caso nas Seções 13.7 e 13.8, voltamo-nos às seções intermediárias para apresentar cinco outros exemplos da aplicação da simulação por computador com o Crystal Ball.

Perguntas de revisão

1. Qual decisão Freddie precisa tomar?
2. O que é uma *célula de suposição* quando se usa o Crystal Ball?
3. O que é introduzido na célula de suposição no modelo de planilha de Freddie?
4. O que é uma *célula de previsão* quando se usa o Crystal Ball?
5. O que é introduzido na célula de previsão no modelo de planilha de Freddie?
6. Que tipo de informação é fornecido por um gráfico de frequência quando se usa o Crystal Ball?
7. Quais os principais dados estatísticos fornecidos pela tabela de estatísticas quando se usa o Crystal Ball?
8. Qual o significado do erro médio padrão dos resultados de uma simulação por computador?
9. Qual condição o Crystal Ball fornece para talvez parar uma execução de simulação antes de o número especificado de avaliações ter sido concluído?
10. O que Freddie aprendeu até agora sobre qual deve ser sua quantidade de pedido?

13.2. LICITAÇÃO PARA UM PROJETO DE CONSTRUÇÃO: PRELÚDIO DO ESTUDO DE CASO DA RELIABLE CONSTRUCTION CO.

Gestores frequentemente devem tomar decisões cujos resultados serão muito afetados pelas decisões correspondentes de empresas concorrentes. Por exemplo, decisões de marketing frequentemente se enquadram nessa categoria. Para exemplificar, considere o caso em que um gestor deve determinar o preço de um produto novo no mercado. O acerto dessa decisão dependerá muito das decisões de preços tomadas quase que simultaneamente por outras empresas anunciando novos produtos concorrentes. Da mesma forma, o sucesso de uma decisão sobre qual o menor tempo para comercializar um produto em desenvolvimento será determinado pelo fato de se esse produto consegue chegar ao mercado antes que os produtos da concorrência sejam lançados por outras empresas.

Quando uma decisão deve ser tomada antes de se conhecerem as decisões correspondentes dos concorrentes, a análise precisa levar em conta a incerteza em torno destas. A simulação por computador propicia uma maneira natural de fazer isso usando células de suposição para representar as decisões dos concorrentes.

O exemplo a seguir ilustra esse processo, considerando uma situação em que a decisão a ser tomada é o lance a ser enviado em um projeto de construção, enquanto outras três empresas estão, simultaneamente, preparando os próprios lances.

Problema de licitação da Reliable Construction Co.

Esta seção revela como a empresa escolheu o lance de $5,4 milhões que ganhou o contrato.

O estudo de caso realizado em todo o Capítulo 16 no CD-ROM envolve a Reliable Construction Co. e seu projeto para construir uma nova fábrica para um grande fabricante. Este capítulo descreve como o gerente de projeto (David Perty) fez uso extensivo dos modelos PERT/CPM para orientar-se no seu trabalho.

Como a frase de abertura da Seção 16.1 indica, este estudo de caso começa assim que a empresa acabou de fazer o lance vencedor de $5,4 milhões para realizar este projeto. Agora, voltaremos no tempo para descrever como a gestão da empresa usou a simulação por computador com o Crystal Ball para chegar a esse valor. Você não terá que rever o estudo de caso no Capítulo 16 para seguir este exemplo.

O primeiro passo da Reliable neste processo foi estimar qual seria o custo total da empresa se realizasse o projeto determinado em $4,55 milhões. (Valor que exclui a pena de perder o prazo para conclusão do projetoassim como o bônus para a conclusão bem antes do prazo, uma vez que a administração considera ambos os eventos como relativamente improváveis.) Há também um custo adicional de aproximadamente $50 mil para a preparação do lance, incluindo a estimativa do custo do projeto e para a análise das estratégias de licitação da competição.

Três outras construtoras também foram convidadas para apresentar lances para o projeto. Todas elas têm sido concorrentes de longa data da Reliable Construction Co., por isso, a empresa teve uma grande experiência observando suas estratégias de licitação. Um analista veterano no escritório de preparação de lances assumiu a tarefa de estimar o lance individual que os concorrentes apresentarão. Uma vez que existe tanta incerteza no presente processo, o analista determinou que cada uma dessas estimativas precisa estar na forma de uma distribuição de probabilidade. O concorrente 1 é conhecido por usar uma margem de lucro de 30% acima do custo total (direto) de um projeto em definir seu lance. No entanto, ele também é particularmente imprevisível por não estimar os custos reais de um projeto com muita precisão. Sua margem de lucro real em ofertas anteriores variou de um mínimo de −5% até um máximo de 60%. O concorrente 2 usa uma margem de lucro de 25% e é um pouco mais preciso do que o concorrente 1 em estimar os custos do projeto, mas ainda não definiu os lances do passado que erraram essa margem de lucro em até 15% em qualquer direção. Por outro lado, o concorrente 3 é excepcionalmente preciso em estimar custos do projeto (assim como a Reliable Construction Co.). Ele também é adepto do ajuste da sua estratégia de lances, por isso é igualmente provável que defina sua margem de lucro entre 20% e 30%, dependendo de sua avaliação da concorrência, seu registro atual de trabalho e vários outros fatores. Portanto, as distribuições de probabilidade estimadas dos lances que os três competidores apresentarão, expressas como uma porcentagem de avaliação da Reliable do custo total do projeto, são como seguem.

Concorrente 1: Distribuição triangular com um valor mínimo de 95%, um valor mais provável de 130%, e um valor máximo de 160%.

Concorrente 2: Distribuição triangular com um valor mínimo de 110%, um valor mais provável de 125%, e um valor máximo de 140%.

Concorrente 3: Distribuição uniforme entre 12% e 130%.

Modelo de planilha para aplicação de simulação por computador

Os lances que outras empresas apresentarão são incertos, por isso, precisam ser células de suposição.

A Figura 13.11 mostra o modelo de planilha formulado para avaliar qualquer possível lance que a Reliable pode apresentar. Uma vez que há incerteza sobre quais serão os lances dos concorrentes, esse modelo precisa que LancesDosConcorrentes (C8:E8)

FIGURA 13.11
Modelo de planilha para a aplicação de simulação por computador do problema de licitação de contrato da Reliable Construction Co. A célula de suposição é LancesDosConcorrentes (C8:E8), a célula de previsão é Lucro (C29), e a decisão variável é NossoLance (C25).

	A	B	C	D	E
1		Licitação de contrato da Reliable Construction Co.			
2					
3		Dados			
4		Custo do nosso projeto ($milhões)	4,550		
5		Custo do nosso lance ($milhões)	0,050		
6					
7		Lances dos concorrentes	Concorrente 1	Concorrente 2	Concorrente 3
8		Lance ($milhões)	5,839	5,688	5,688
9					
10		Distribuição	Triangular	Triangular	Uniforme
11					
12		Parâmetros da distribuição do concorrente (proporção do custo do nosso projeto)			
13		Mínimo	95%	110%	120%
14		Mais provável	130%	125%	
15		Máximo	160%	140%	130%
16					
17		Parâmetros da distribuição do concorrente ($milhões)			
18		Mínimo	4,323	5,005	5,460
19		Mais provável	5,915	5,688	
20		Máximo	7,280	6,370	5,915
21					
22		Concorrente mínimo			
23		Lance ($milhões)	5,688		
24					
25		Nosso lance ($milhões)	5,400		
26					
27		Lance vencedor?	1	(1=sim, 0=não)	
28					
29		Lucro ($milhões)	0,800		

Nomes de intervalo	Células
LancesDosConcorrentes	C8:E8
LanceMínimoDoConcorrente	C23
NossoLance	C25
CustoDoNossoLance	C5
CustoDoNossoProjeto	C4
Lucro	C29
LanceVencedor?	C27

	B	C	D	E
18	Mínimo	=CustoDoNossoProjeto*C13	=CustoDoNossoProjeto*D13	=CustoDoNossoProjeto*E13
19	Mais provável	=CustoDoNossoProjeto*C14	=CustoDoNossoProjeto*D14	
20	Máximo	=CustoDoNossoProjeto*C15	=CustoDoNossoProjeto*D15	=CustoDoNossoProjeto*D15

	B	C
22	Concorrente mínimo	
23	Lance ($milhões)	=MIN(C8:E8)
24		
25	Nosso lance ($milhões)	5,4
26		
27	Lance vencedor?	=SE(NossoLance<LanceMínimoDoConcorrente,1,0)
28		
29	Lucro ($milhões)	=LanceVencedor?*(NossoLance-CustoDoNossoProjeto)-CustoDoNossoLance

sejam as *células de suposição*, assim, as distribuições de probabilidade citadas são inseridas nessas células. Conforme descrito na seção anterior, isso é feito selecionando cada célula por vez, inserindo qualquer número na célula e, em seguida, clicando sobre a distribuição adequada na Galeria de Distribuição, o que mostra a caixa de diálogo para aquela distribuição. A Figura 13.12 mostra a caixa de diálogo Distribuição Triangular que tem sido usada para definir os valores dos parâmetros (Mínimo, Provável e Máximo) do concorrente 1, e o concorrente 2 seria tratado da mesma forma. Os valores de parâmetros para o concorrente 1 vêm das células C18:C20, em que os parâmetros em termos percentuais (células C13:C15) foram convertidos para $, multiplicando-os pelo CustoDoNossoProjeto (C4). A caixa de diálogo Distribuição Uniforme é usada em vez de definir os valores dos parâmetros para a célula E8.

O LanceMínimoDoConcorrente (C23) registra o menor dos lances dos concorrentes para cada avaliação da simulação por computador. A empresa ganha o lance em uma dada avaliação somente se a quantidade que entrou em NossoLance (C25) for menor que o menor lance dos concorrentes. A função SE inserida em LanceVencedor? (C27) então retorna para 1 se isso ocorrer, e para 0 em caso contrário.

O objetivo é determinar o lance que maximizaria o lucro resultante esperado.

Uma vez que a gestão quer maximizar o lucro esperado de todo o processo de determinação de um lance (se o lance ganhar) e depois fazer o projeto, a célula de previsão nesse modelo é o Lucro (C29). O lucro obtido em uma dada avaliação depende de a empresa ganhar a licitação. Se não, o lucro é, na verdade, uma perda de $50 mil (o custo de compra). No entanto, se o lance ganhar, o lucro é o montante pelo qual o lance excede a soma do custo do projeto e do custo do lance. A equação inserida no Lucro (C29) realiza esse cálculo para qualquer caso em que se aplica.

Segue um resumo das principais células do modelo.

Células de suposição: LancesDosConcorrentes (C8:E8)
Variável de decisão: NossoLance (C25)
Célula de previsão: Lucro (C29)

Resultados de simulação

Para avaliar um possível lance de $5,4 milhões inserido em NossoLance (C25), uma simulação por computador desse modelo executou mil avaliações. A Figura 13.13 mostra os resultados sob a forma de um gráfico de frequência e uma tabela de estatísticas, enquanto a Figura 13.14 exibe a tabela de percentis correspondente e o gráfico cumulativo. Usando unidades de milhões de $, o lucro em cada avaliação tem apenas dois valores possíveis, ou seja, uma perda

FIGURA 13.12
Caixa de diálogo Triangular Distribution (Distribuição Triangular) é usada aqui para inserir uma distribuição triangular discreta com os parâmetros 4,323 (=C18), 5,915 (=C19) e 7,280 (=C20) na célula de suposição C8 no modelo de planilha da Figura 13.11.

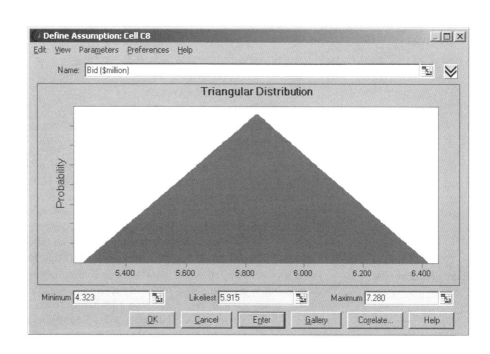

FIGURA 13.13
Gráfico de frequência e tabela de estatísticas que resumem os resultados da execução do modelo de simulação na Figura 13.11 para o problema de licitação de contrato da Reliable Construction Co.

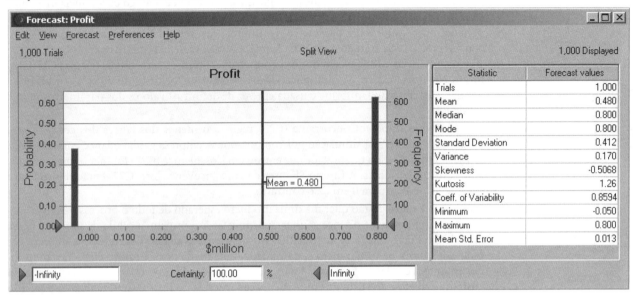

FIGURA 13.14
Outros resultados para o problema de licitação de contrato da Reliable Construction Co.

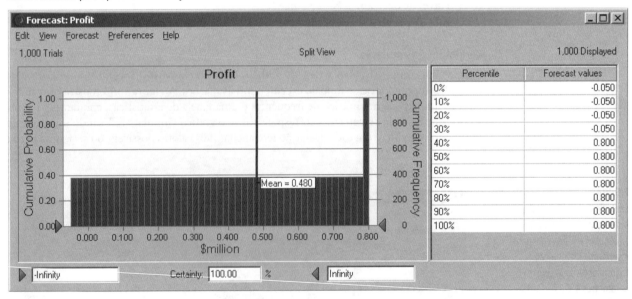

mostrada como –0,050 nesses valores (se o lance perder) ou um lucro de 0,800 (se o lance ganhar). O gráfico de frequência indica que essa perda de $50 mil ocorreu em cerca de 380 das mil avaliações, enquanto o lucro de $800 mil ocorreu nas outras 620. Isso resultou em um lucro médio de 0,480 ($480 mil) de todas as mil avaliações, bem como das outras estatísticas registradas na tabela de estatísticas. Na Figura 13.14, observe como a possibilidade de apenas dois valores de lucro resulta nesses valores indicados na tabela de percentis, resultando também em um gráfico cumulativo plano até que o valor superior seja alcançado.

Essa história continuará na Seção 13.8.

Por si só, esses resultados não mostram que $5,4 milhões é a melhor proposta a apresentar. Ainda precisamos estimar com simulações adicionais se poderia ser obtido um lucro esperado maior com outro valor de lance. A Seção 13.8 demonstrará como o ato de realizar isso com uma tabela de decisão leva a escolher o lance de $5,4 milhões que acabou sendo o lance vencedor da Reliable Construction Co., que depois levou ao estudo de caso do Capítulo 16.

Perguntas de revisão

1. Qual o projeto para o qual a Reliable Construction Co. está apresentando um lance?
2. Os lances dos concorrentes são estimados de que forma?
3. Quais as quantidades nas células de suposição no modelo de planilha desse exemplo para a aplicação da simulação por computador?
4. Qual quantidade aparece na célula de previsão para esse modelo de planilha?
5. Quais os possíveis resultados em cada avaliação dessa simulação por computador?

13.3 GERENCIAMENTO DE PROJETO: RETORNO AO ESTUDO DE CASO DA RELIABLE CONSTRUCTION CO.

Simulação por computador é melhor que um método PERT/CPM para estimar a probabilidade de conclusão de um projeto dentro do prazo.

Uma das responsabilidades mais importantes de um gerente de projeto é cumprir o prazo definido para o projeto. Portanto, um gerente de projeto hábil ajustará a condução do projeto conforme necessário para garantir uma forte probabilidade de cumprir o prazo. Mas como ele estima a probabilidade de cumprir o prazo com qualquer plano determinado? A Seção 16.4 descreve um método fornecido pelo PERT/CPM. Agora, ilustraremos como a simulação por computador fornece um método melhor.

Esse exemplo ilustra um papel comum para simulação por computador – refinar os resultados de uma análise preliminar conduzida com modelos matemáticos aproximados. Você também poderá dar uma olhada em células de suposição em que as entradas aleatórias são *tempos*. Outra característica interessante desse exemplo é o uso de um tipo especial de gráfico Crystal Ball chamado de *gráfico de sensibilidade*. Esse quadro fornecerá uma visão importante sobre como o plano de projeto deve ser revisado.

Problema abordado

Como o exemplo da seção anterior, esse também gira em torno do estudo de caso da Reliable Construction Co. introduzido na Seção 16.1 e abordado durante todo o Capítulo 16. Porém, em vez de abordar a parte da história descrita no Capítulo 16, esse exemplo surge no meio do estudo de caso. Particularmente, a Seção 16.4 discute como um procedimento PERT/CPM foi usado para obter uma aproximação grosseira da probabilidade de cumprir os prazos do projeto Reliable Construction Co. Em seguida, foi salientado que a simulação por computador pode ser usada para obter uma aproximação melhor. Estamos agora em posição de descrever como isso é feito.

O prazo final para completar o projeto é de 47 semanas a partir de agora.

Aqui estão os fatos essenciais sobre o estudo de caso para o exemplo atual. (Não há necessidade de você consultar o Capítulo 16 para obter mais detalhes.) A Reliable Construction Company acaba de dar o lance vencedor para construir uma nova fábrica para um grande fabricante. Porém, o contrato inclui uma multa pesada se a construção não for concluída dentro do prazo de 47 semanas a partir de agora. Portanto, um elemento fundamental na avaliação dos planos de construção alternativos é a *probabilidade de cumprir o prazo* de cada plano. Há 14 atividades principais envolvidas no projeto de construção, conforme listadas no lado direito da Figura 13.15 (repetido na Figura 16.1 para sua conveniência). A rede do projeto nessa figura representa as relações de precedência entre as atividades. Assim, há seis sequências de atividades (caminhos através da rede) e todas devem ser cumpridas para terminar o projeto. Elas estão listadas a seguir.

Caminho 1: Início → A → B → C → D → G → H → M → Fim
Caminho 2: Início → A → B → C → E → H → M → Fim
Caminho 3: Início → A → B → C → E → F → J → K → N → Fim
Caminho 4: Início → A → B → C → E → F → J → L → N → Fim
Caminho 5: Início → A → B → C → I → J → K → N → Fim
Caminho 6: Início → A → B → C → I → J → L → N → Fim

Os números próximos às atividades da rede de projeto representam as *estimativas* do número de semanas que as atividades precisarão se forem conduzidas normalmente, com as quantidades de trabalhadores habituais, e assim por diante. A adição desses tempos ao longo de cada um dos caminhos (tal como foi feito na Tabela 16.2) revela que o 4 é o *caminho mais longo*, que requer um total de 44 semanas. A conclusão do projeto no tempo previsto pelo maior caminho indica que ela pode se dar em 44 semanas, 3 semanas antes do prazo.

FIGURA 13.15
Rede de projeto para o projeto da Reliable Construction Co.

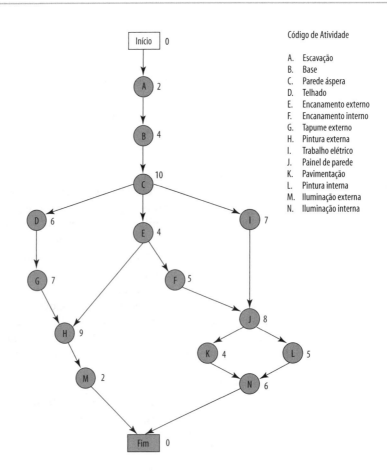

Simulação por computador tem duas vantagens fundamentais sobre métodos analíticos como PERT/CPM.

Agora chegamos ao ponto crucial do problema. Os horários para as atividades na Figura 13.15 são apenas estimativas, e realmente existe uma incerteza considerável sobre qual será a duração de cada atividade. Portanto, a duração de todo o projeto poderia muito bem diferir substancialmente da estimativa de 44 semanas, assim, há uma possibilidade distinta de não cumprir o prazo de 47 semanas. Qual é a *probabilidade* de descumprir esse prazo? Para estimá-la, precisamos aprender mais sobre a distribuição de probabilidade da duração do projeto.

Esse é o motivo para a abordagem de três estimativas de PERT descrita na Seção 16.4. Essa abordagem envolve a obtenção de três estimativas – uma *mais provável*, outra *otimista* e uma terceira *pessimista* – de duração de cada atividade. (A Tabela 16.4 lista essas estimativas para todas as 14 atividades do projeto em consideração.) Essas três quantidades estimam a duração mais provável, o tempo mínimo e a duração máxima, respectivamente. Usando-as, a PERT assume (um pouco arbitrariamente) que a forma da distribuição de probabilidade da duração de uma atividade é uma *distribuição beta*. Por também fazer três aproximações simplificadoras (descritas na Seção 16.4), isso leva a um método analítico para uma aproximação frágil da probabilidade de cumprir o prazo do projeto.

Uma vantagem fundamental da simulação por computador é que ela não precisa realizar a maioria das aproximações simplificadoras que podem ser necessárias para os métodos analíticos. Outra razão é que há uma grande flexibilidade sobre qual das distribuições de probabilidade usar. Não é necessário escolher uma analiticamente conveniente.

Ao lidar com a duração de uma atividade, as simulações por computador costumam usar uma *distribuição triangular* como a distribuição da duração. Uma distribuição triangular da duração de uma atividade tem sua forma mostrada na Figura 13.16, em que *o*, *m* e *p* são os rótulos para a estimativa otimista, para a mais provável e para a pessimista, respectivamente. Para cada *célula de suposição* contendo essa distribuição, uma caixa de diálogo da Distribuição Triangular (tal como a mostrada na Figura 13.12) é usada para inserir os valores de *o*, *m* e *p*, inserindo as suas respectivas referências de células nas caixas Mínimo, Mais provável e Máximo.

FIGURA 13.16
Forma de uma distribuição triangular da duração de uma atividade, em que o mínimo encontra-se na estimativa otimista *o*, o valor mais provável está na estimativa mais provável *m*, e o máximo está na estimativa pessimista *p*.

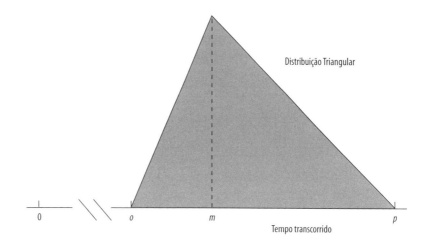

Modelo de planilha para aplicação da simulação por computador

A Figura 13.17 mostra um modelo de planilha para simular a duração do projeto Reliable Construction Co. Os valores de *o*, *m* e *p* nas colunas D, E e F são obtidos diretamente da Tabela 16.4. As equações inseridas nas células nas colunas G e I dão as horas de início e os horários de conclusão para as respectivas atividades. Para cada avaliação da simulação, o máximo dos tempos de conclusão para as duas últimas atividades (M e N) dá a duração do projeto (em semanas), o que entra na célula de previsão ConclusãoDoProjeto (I21).

Tempos variáveis da atividade precisam ser células de suposição.

Uma vez que os tempos de atividade geralmente são variáveis, todas as células H6:H19 precisam ser *células de suposição* com exceção da H16. Uma vez que $o = m = p = 4$ para a atividade K, seu tempo de atividade, na verdade, é uma constante 4, assim, essa constante é introduzida na célula H16. (Crystal Ball daria uma mensagem de erro se a célula H16 fosse especificada como uma célula de suposição com uma distribuição triangular em que Mínimo = Mais Provável = Máximo). A Figura 13.18 mostra a caixa de diálogo Distribuição Triangular depois de usada para especificar os parâmetros para a primeira célula de suposição H6. Em vez de repetir esse processo para todas as outras células de suposição, é mais rápido simplesmente copiar e colar os parâmetros para as demais. Isso é iniciado com a seleção da célula H6 e clicando no botão Copiar Dados na guia ou barra de ferramentas do Crystal Ball. Em seguida, selecione as células nas quais devem ser colados os dados (H7:H15 e H17:H19) e escolha Colar Dados, clicando nesse botão na guia ou na barra de ferramentas do Crystal Ball. As referências de células para os parâmetros na Figura 13.18 são inseridas como =D6, =E6 e =F6 (referências relativas sem os sinais $). Portanto, os números de linha se atualizarão adequadamente para se referir às células de dados na linha correta durante esse processo de copiar e colar. Por exemplo, as referências de células para os parâmetros da distribuição triangular na célula H7 serão atualizadas para =D7, =E7 e =F7.

Segue um resumo das principais células do modelo.

Células de suposição: H6:H15 e H17:H19

Célula de previsão: ConclusãoDoProjeto (I21)

Resultados de simulação

Agora estamos prontos para realizar uma simulação por computador do modelo de planilha na Figura 13.17. Usando a caixa de diálogo Preferências de Execução para especificar mil avaliações, a Figura 13.19 mostra os resultados sob a forma de um gráfico de frequência, uma tabela de estatísticas e uma tabela de percentis. Esses resultados mostram uma gama muito ampla de durações possíveis do projeto. Das mil avaliações, a tabela de estatísticas e a tabela de percentis indicam que uma avaliação teve uma duração de 35,98 semanas, enquanto outra teve 58,81 semanas. O gráfico de frequência indica que a duração que ocorreu mais frequentemente durante as mil avaliações está perto de 47 semanas (o prazo final do projeto), mas as muitas outras durações até algumas semanas tanto mais curtas ou mais longas do que essa também ocorreram com frequência considerável. A média é de 46,20 semanas, o que é muito próximo do prazo de 47 semanas para deixar muita margem para deslizes no cronograma do projeto. (O pequeno erro médio padrão de 0,12 semanas relatado

FIGURA 13.17
Modelo de planilha para aplicação da simulação por computador ao problema de cronograma do projeto da Reliable Construction Co. As células de suposição são H6:H15 e H17:H19. A célula de previsão é ConclusãoDoProjeto (I21).

	A	B	C	D	E	F	G	H	I
1	Simulação do projeto da Reliable Construction Co.								
2									
3								Tempo de	
4			Predecessor	Estimativas de tempo			Tempo	atividade	Tempo
5		Atividade	imediato	o	m	p	de início	(triangular)	de conclusão
6		A	—	1	2	3	0	2	2
7		B	A	2	3,5	8	2	4,5	6,5
8		C	B	6	9	18	6,5	11	17,5
9		D	C	4	5,5	10	17,5	6,5	24
10		E	C	1	4,5	5	17,5	3,5	21
11		F	E	4	4	10	21	6	27
12		G	D	5	6,5	11	24	7,5	31,5
13		H	E, G	5	8	17	31,5	10	41,5
14		I	C	3	7,5	9	17,5	6,5	24
15		J	F, I	3	9	9	27	7	34
16		K	J	4	4	4	34	4	38
17		L	J	1	5,5	7	34	4,5	38,5
18		M	H	1	2	3	41,5	2	43,5
19		N	K, L	5	5,5	9	38,5	6,5	45
20									
21							Conclusão do projeto		45

	G	H	I
3		Tempo de	
4	Tempo de	atividade	Tempo de
5	início	(triangular)	conclusão
6	0	2	=AInício+ATempo
7	=AConclusão	4,5	=BInício+BTempo
8	=BConclusão	11	=CInício+CTempo
9	=CConclusão	6,5	=DInício+DTempo
10	=CConclusão	3,5	=EInício+ETempo
11	=EConclusão	6	=FInício+FTempo
12	=DConclusão	7,5	=GInício+GTempo
13	=MAX(EConclusão,GConclusão)	10	=HInício+HTempo
14	=CConclusão	6,5	=IInício+ITempo
15	=MAX(FConclusão,IConclusão)	7	=JInício+JTempo
16	=JConclusão	4	=KInício+KTempo
17	=JConclusão	4,5	=LInício+LTempo
18	=HConclusão	2	=MInício+MTempo
19	=MAX(KConclusão,LConclusão)	6,5	=NInício+NTempo
20			
21		Conclusão do projeto	=MAX(MConclusão,NConclusão)

Nomes de intervalo	Células
AConclusão	I6
AInício	G6
ATempo	H6
BConclusão	I7
BInício	G7
BTempo	H7
CConclusão	I8
CInício	G8
CTempo	H8
DConclusão	I9
DInício	G9
DTempo	H9
EConclusão	I10
EInício	G10
ETempo	H10
FConclusão	I11
FInício	G11
FTempo	H11
GConclusão	I12
GInício	G12
GTempo	H12
HConclusão	I13
HInício	G13
HTempo	H13
IConclusão	I14
IInício	G14
ITempo	H14
JConclusão	I15
JInício	G15
JTempo	H15
KConclusão	I16
KInício	G16
KTempo	H16
LConclusão	I17
LInício	G17
LTempo	H17
MConclusão	I18
MInício	G18
MTempo	H18
NConclusão	I19
NInício	G19
NTempo	H19
ConclusãoDoProjeto	I21

na parte inferior da tabela de estatísticas mostra que a média da amostra de 46,20 semanas a partir das mil avaliações provavelmente é extremamente próximo da média real da distribuição de probabilidade subjacente de duração do projeto.) O percentil de 70% de 48,05 semanas na tabela percentis revela que 30% das avaliações perderam o prazo de pelo menos uma semana.

Uma estatística de especial interesse para a gerência da Reliable é a probabilidade de cumprir o prazo de 47 semanas com o plano do projeto atual. (Lembre-se de que o contrato inclui uma multa pesada de $300 mil pelo não cumprimento desse prazo.) O percentil de

13.3 Gerenciamento de projeto: retorno ao estudo de caso da Reliable Construction Co. 539

FIGURA 13.18
Distribuição triangular com os parâmetros 1 (= D6), 2 (= E6) e 3 (= F6), inserida na primeira célula de suposição H6 no modelo de planilha da Figura 13.17.

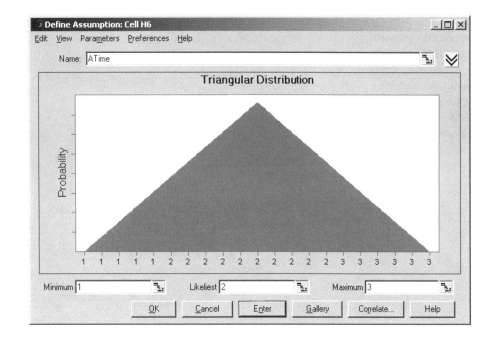

FIGURA 13.19
Gráfico de frequência, tabela de estatísticas e tabela de percentis que resumem os resultados de execução do modelo de simulação na Figura 13.17 para o problema de cronograma de projeto da Reliable Construction Co.

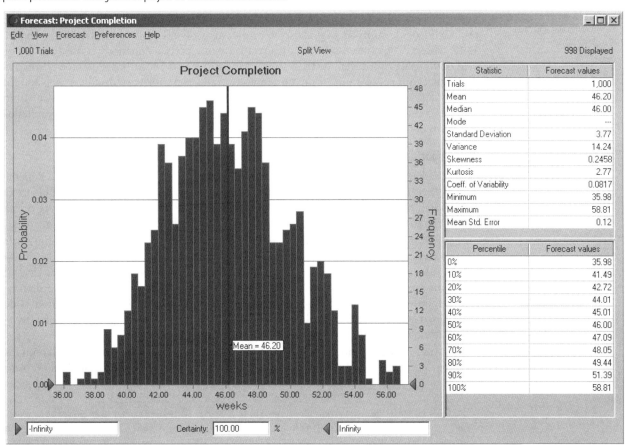

FIGURA 13.20
Depois de inserir o prazo final do projeto de 47 semanas na caixa no canto inferior direito, a caixa Certainty (Certeza) revela que 58,88% das avaliações resultaram no projeto concluído no prazo.

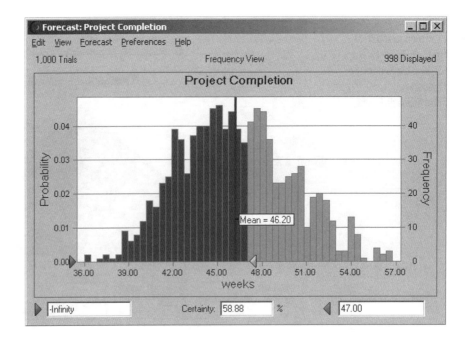

A simulação por computador fornece uma estimativa aproximada da probabilidade de cumprir o prazo do projeto (0,588) que é muito menor que a estimativa aproximada da PERT/COM (0,84).

60% de 47,09 semanas na tabela de percentis sugere que praticamente 60% das avaliações cumpriram o prazo, mas nada mais na Figura 13.19 define esse percentual mais próximo. A Figura 13.20 mostra que tudo que você precisa fazer para identificar o percentual exato é digitar o prazo final de 47,00 na caixa no canto inferior direito do gráfico de frequência. A caixa de Certeza revela, então, que 58,88% das avaliações cumpriram o prazo.[1]

Se a execução de simulação fosse repetida com outras mil avaliações, essa porcentagem provavelmente se alteraria um pouco. No entanto, com um número tão grande de avaliações, a diferença das porcentagens deve ser pequena. Portanto, a probabilidade de 0,588 fornecida pela caixa de Certeza na Figura 13.20 é uma estimativa aproximada da verdadeira probabilidade de cumprir os prazos sob os pressupostos do modelo de planilha na Figura 13.17. Observe o quanto essa estimativa relativamente precisa é menor que a estimativa de 0,84 obtida pela abordagem de três estimativas da PERT na Seção 16.4. Assim, a estimativa de simulação fornece à gestão uma orientação muito superior para decidir se o plano do projeto deve ser alterado para melhorar as chances de cumprir o prazo. Isso ilustra como simulação por computador pode ser útil para refinar os resultados obtidos por resultados analíticos aproximados.

Visão importante fornecida pelo gráfico de sensibilidade

Dada essa baixa probabilidade (0,588) de cumprir o prazo, o gerente de projeto da Reliable (David Perty) desejará rever o plano para melhorar substancialmente a probabilidade. O Crystal Ball tem outra ferramenta, chamada de *gráfico de sensibilidade*, que fornece ótima orientação para identificar quais as revisões no plano do projeto seriam as mais benéficas.

Para abrir um gráfico de sensibilidade após a execução de uma simulação, escolha Abrir Gráfico de Sensibilidade no menu Previsão da caixa de diálogo Gráfico de Previsão, ou escolha Gráfico Sensitivo no menu Exibir Gráficos da guia ou da barra de ferramentas Crystal Ball. Uma contribuição para o gráfico de variância e um gráfico de correlação de ordem ficam disponíveis no menu Exibir, conforme mostrado na Figura 13.21. Usando nomes de intervalo, o lado esquerdo de ambos os gráficos identifica várias células de suposição (tempos de atividade) na coluna H do modelo de planilha na Figura 13.17.

A outra célula-chave no modelo de planilha considerada nos gráficos sensitivos (como indicado na parte superior de ambos os gráficos) é a célula de previsão da Conclusão do Projeto

---

[1] Na verdade, 588 das mil avaliações cumpriram o prazo. A certeza é mostrada como 58,88 em vez de 58,8 porque o Crystal Ball refina ainda mais a estimativa de certeza com base em onde o prazo de 47 semanas cai em relação à 588ª avaliação mais longa (que mal cumpriu o prazo) e a 589ª mais longa (que quase não cumpriu).

FIGURA 13.21
Este gráfico de sensibilidade mostra quão fortemente vários tempos de atividades no projeto da Reliable Construction Co. estão influenciando o tempo de conclusão do projeto.

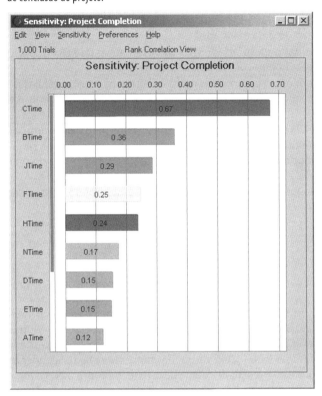
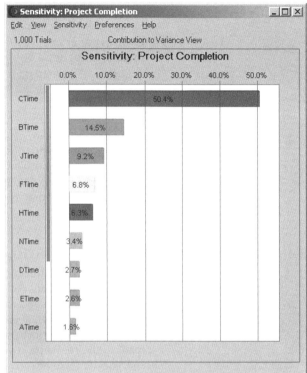

O gráfico de sensibilidade revela que reduzir o tempo da atividade C aumentaria as chances de concluir o projeto antes do prazo.

(I21) que dá a duração do projeto. A contribuição para o gráfico de variância indica a porcentagem da variabilidade que existe na célula de previsão que se dá em razão da variabilidade de cada célula de suposição. As linhas do gráfico estão listadas em ordem decrescente. Por exemplo, cerca de metade da variabilidade no tempo de conclusão do projeto é devido à variabilidade em TempoDeC (o tempo para concluir a Atividade C: Parede Áspera).

O gráfico de correlação de ordem dá o coeficiente de correlação (com base em valores da ordem) entre cada célula de suposição e célula de previsão. Um coeficiente de correlação entre duas variáveis mede a força da relação entre elas. Assim, cada coeficiente de correlação na Figura 13.21 mede a intensidade com que esse tempo de atividade está influenciando o tempo de conclusão do projeto. Quanto maior o coeficiente de correlação, mais forte é essa influência. Portanto, as atividades com os maiores coeficientes de correlação são aquelas em que o maior esforço deve ser feito para reduzir os tempos de suas atividades.

A Figura 13.21 indica que TempoDeC tem uma contribuição muito maior para o coeficiente de variância e de correlação que os tempos para quaisquer das outras atividades. Uma análise das Figuras 13.15 e 13.17 sugere o motivo. A Figura 13.15 mostra que a atividade C precede *todas* as outras atividades, exceto as atividades A e B, portanto, qualquer atraso na conclusão da atividade C atrasaria o início de todas as outras atividades. Além disso, as células D8:F8 na Figura 13.17 indicam que o TempoDeC é altamente variável, com uma margem excepcionalmente grande de nove semanas entre a estimativa mais provável e a estimativa pessimista, assim, atrasos longos que vão além da estimativa mais provável também podem ocorrer.

Essa contribuição muito elevada para o coeficiente de variância e de correlação para o TempoDeC sugere que a melhor maneira de reduzir o tempo de conclusão do projeto (e da sua variabilidade) é concentrando-se em reduzir esse tempo de atividade (e suas variações). Isso pode ser feito mediante a revisão do plano do projeto para atribuir à atividade C mais pessoal, melhores equipamentos, uma supervisão mais segura e assim por diante. O gráfico de sensibilidade do Crystal Ball destaca claramente essa perspectiva na qual o plano do projeto precisa ser revisado.

Perguntas de revisão

1. Qual o projeto em consideração no exemplo desta seção?
2. Um procedimento PERT/CPM pode obter apenas uma aproximação grosseira de certa quantidade fundamental, assim, a simulação por computador é usada para obter uma estimativa muito mais próxima da quantidade. Qual é essa quantidade?
3. Simulações por computador geralmente usam qual tipo de distribuição de probabilidade como distribuição da duração de uma atividade?
4. Quais as três estimativas fornecidas pela abordagem de três estimativas da PERT que dão os parâmetros dessa distribuição da duração de uma atividade?
5. O que pode ser feito para inserir esses parâmetros rapidamente em todas as células de suposição depois de usar a caixa de diálogo para a distribuição da duração apenas da primeira atividade?
6. Qual quantidade aparece na célula de previsão do modelo de planilha para esse exemplo?
7. O que precisa ser feito para identificar a porcentagem exata de avaliações de uma simulação por computador desse modelo de planilha que resultará no cumprimento do prazo de conclusão do projeto?
8. Que tipo de gráfico é utilizado para destacar em que um plano de projeto precisa ser revisado para melhorar as chances de cumprir o prazo do projeto?

13.4 GERENCIAMENTO DO FLUXO DE CAIXA: RETORNO AO ESTUDO DE CASO DA EVERGLADE GOLDEN YEARS COMPANY

Muitas aplicações de simulação por computador envolvem cenários que evoluem a longo prazo. Uma vez que ninguém pode prever o futuro com precisão, a simulação por computador é necessária para levar as incertezas futuras em consideração. Por exemplo, as empresas normalmente têm uma grande incerteza sobre como serão seus fluxos de caixa futuros. Muitas vezes, uma tentativa é feita para prever esses fluxos de caixa futuros como primeiro passo para a tomada de decisões sobre o que deve ser feito (p. ex., dispor de empréstimos) para atender às necessidades do fluxo de caixa. Contudo, a gestão de caixa eficaz requer dar um passo a mais para considerar o efeito da incerteza nos fluxos de caixa futuros. Aqui é onde a simulação por computador surge, com células de suposição usadas para os fluxos de caixa em vários períodos futuros. Esse processo é ilustrado pelo exemplo seguinte.

Problema de gestão de fluxo de caixa da Everglade

O estudo de caso analisado no Capítulo 4 envolve a Everglade Golden Years Company (que opera comunidades luxuosas para idosos) e seus esforços para gerir seus problemas de fluxo de caixa. Particularmente, por causa de um declínio temporário nos negócios e de alguns custos de construção atuais ou futuros, a empresa está enfrentando alguns fluxos de caixa negativos nos próximos anos, bem como em alguns anos mais distantes. Como visto primeiro na Tabela 4.1, a Tabela 13.1 mostra o fluxo de caixa líquido planejado ao longo dos próximos dez anos (2011 a 2020). A empresa tem algumas novas comunidades de idosos que abrirão dentro de dez anos, por isso prevê-se (ou pelo menos se espera) que haverá um grande fluxo de caixa positivo em 2020. Portanto, o problema que a gestão da Everglade enfrenta é como melhor organizar as finanças para manter a empresa até que seus investimentos em novas comunidades possam começar a compensar.

TABELA 13.1
Fluxo de caixa líquido planejado para a Everglade Golden Years Company para os próximos dez anos.

Ano	Fluxo de caixa líquido planejado (milhões de dólares)
2011	−8
2012	−2
2013	−4
2014	3
2015	6
2016	3
2017	−4
2018	7
2019	−2
2020	10

13.4 Gerenciamento do fluxo de caixa: retorno ao estudo de caso da Everglade Golden Years Company

O Capítulo 4 descreve como foi tomada uma decisão para combinar a realização de um empréstimo a longo prazo (dez anos) agora (início de 2011) e uma série de empréstimos de curto prazo (um ano) necessário para manter um saldo positivo de pelo menos $500 mil (conforme ditado pela política da empresa) ao longo dos dez anos. Assumindo que não há desvio no fluxo de caixa planejado mostrado na Tabela 13.1, a programação linear foi utilizada para otimizar o tamanho tanto do empréstimo a longo prazo quanto daqueles a curto prazo de modo a maximizar o equilíbrio de caixa da empresa no início de 2021, quando todos os empréstimos estarão pagos. A Figura 4.5 no Capítulo 4 mostra o modelo de planilha completo depois de usar o Excel Solver para obter a solução ideal. Para sua conveniência, a Figura 4.5 é repetida aqui como Figura 13.22. As células de mudança, EmpréstimoLP (D11) e EmpréstimoCP (E11:E20), dão as dimensões do empréstimo de longo prazo e os empréstimos de curto prazo no início dos vários anos. A célula-alvo EquilíbrioFinal (J21) indica que o equilíbrio de caixa resultante no final dos dez anos (o início de 2021) seria de $2,92 milhões. Sendo esta a célula que está sendo maximizada, qualquer outro plano para os tamanhos dos empréstimos resultaria em um menor equilíbrio de caixa no final dos dez anos.

> *A desvantagem da solução de programação linear na Figura 13.22 é que ela não avalia o efeito da grande incerteza quanto aos fluxos de caixa futuros, assim, a simulação por computador é necessária para fazer isso.*

A obtenção do plano de financiamento "ideal" apresentado na Figura 13.22 é um excelente primeiro passo no desenvolvimento de um plano final. No entanto, a desvantagem do modelo de planilha na Figura 13.22 é que ele não faz nenhuma concessão para os inevitáveis desvios de fluxos de caixa planejados na Tabela 13.1. O fluxo de caixa atual para o primeiro ano (2011), provavelmente será muito próximo da projeção. Porém, é difícil prever os fluxos de caixa com grande precisão mesmo nos segundo e terceiro anos, muito menos daqui a dez anos. A simulação por computador é necessária para avaliar o efeito dessas incertezas.

Modelo de planilha para aplicar a simulação por computador

A Figura 13.23 mostra a modificação do modelo de planilha da Figura 13.22, necessária para aplicar a simulação por computador. Uma diferença chave é que as constantes em FluxoDeCaixa (C11:C20) na Figura 13.22 transformaram-se em entradas aleatórias em FluxoDeCaixa (F12:F21) na Figura 13.23. Assim, as últimas células, FluxoDeCaixa (F12:F21), são *células de suposição*. (Os números indicados nessas células foram inseridos arbitrariamente como um primeiro passo na definição dessas *células de suposição*.) Como indicado nas células D9:E9, a suposição foi feita de forma que cada um dos fluxos de caixa tenha uma distribuição triangular. Foram feitas estimativas dos três parâmetros dessa distribuição (mínimo, mais provável e máximo) para cada um dos anos, como apresentado nas células C12:E21.

> *Os incertos fluxos de caixa futuros precisam ser células de suposição.*

O número 6,65 inserido em EmpréstimoLP (G12) é o tamanho do empréstimo a longo prazo (em milhões de $) obtido na Figura 13.22. No entanto, devido à variabilidade nos fluxos de caixa, ele não faz mais sentido para bloquear os tamanhos dos empréstimos a curto prazo que foram obtidos em EmpréstimoCP (E11:E20) na Figura 13.22. É melhor ser flexível e ajustar esses tamanhos com base nos fluxos de caixa reais que ocorrem nos anos anteriores. Se o saldo no início de um ano [calculado em EquilíbrioAntesDoEmpréstimoCP (L12:L22)] já supera o saldo mínimo exigido de $500 mil, então não há necessidade de realizar nenhum empréstimo de curto prazo nesse ponto. No entanto, se o equilíbrio não é tão grande, então um empréstimo de curto prazo suficientemente grande deve ser realizado para trazer o equilíbrio até $500 mil. Isso é feito pelas equações inseridas em EmpréstimoCP (M12:M22), mostradas na parte inferior da Figura 13.23.

> *Uma questão-chave é a probabilidade de alcançar um saldo de caixa positivo no final dos dez anos.*

A célula-alvo EquilíbrioFinal (J21) na Figura 13.22 se torna a célula de previsão EquilíbrioFinal (N22) na Figura 13.23. Em qualquer ensaio da simulação em computador, se os fluxos de caixa simulados em FluxoDeCaixa (F12:F21) na Figura 13.23 são mais favoráveis do que o fluxo de caixa planejado dado na Tabela 13.1 (como é o caso para os números atuais na Figura 13.23), então EquilíbrioFinal (N22) na Figura 13.23 seria maior do que EquilíbrioFinal (J21) na Figura 13.22. No entanto, se os fluxos de caixa simulados são menos favoráveis do que as projeções, então EquilíbrioFinal (N22) na Figura 13.23 pode até ser um número negativo. Por exemplo, se todos os fluxos de caixa simulados estão próximos dos valores mínimos correspondentes dados nas células C12:C21, os empréstimos a curto prazo necessários irão se tornar tão grandes que o pagamento do último no início de 2021 (juntamente com o pagamento do empréstimo de longo prazo, portanto) resultará em um número negativo muito grande em EquilíbrioFinal (N22). Isso significaria sérios problemas para a empresa. A simulação por computador revelará a probabilidade relativa de isso acontecer contra um resultado favorável.

Segue um resumo das células fundamentais no modelo.

Células de suposição: FluxoDeCaixa (F12:F21)
Célula de previsão: EquilíbrioFinal (N22)

FIGURA 13.22
Modelo de planilha que utilizou a programação linear no Capítulo 4 (Figura 4.5) para analisar o problema de gestão de fluxo de caixa da Everglade Golden Years Company sem levar em consideração a incerteza quanto aos fluxos de caixa futuros.

	A	B	C	D	E	F	G	H	I	J	K	L
1	**Problema de gestão de fluxo de caixa da Everglade ao aplicar a programação linear**											
2												
3		Taxa LP	7%									
4		Taxa CP	10%									
5						(todos os valores de caixa em milhões de dólares)						
6		Saldo inicial	1									
7		Saldo mínimo	0,5									
8												
9			Fluxo de	Empréstimo	Empréstimo	Juro	Juro	Pagamento	Pagamento	Saldo		Saldo
10		Ano	caixa	LP	CP	LP	CP	LP	CP	final		mínimo
11		2011	-8	6,65	0,85					0,50	≥	0,5
12		2012	-2		3,40	-0,47	-0,09		-0,85	0,50	≥	0,5
13		2013	-4		8,21	-0,47	-0,34		-3,40	0,50	≥	0,5
14		2014	3		6,49	-0,47	-0,82		-8,21	0,50	≥	0,5
15		2015	6		1,61	-0,47	-0,65		-6,49	0,50	≥	0,5
16		2016	3		0	-0,47	-0,16		-1,61	1,27	≥	0,5
17		2017	-4		3,70	-0,47	0		0	0,50	≥	0,5
18		2018	7		0	-0,47	-0,37		-3,70	2,97	≥	0,5
19		2019	-2		0	-0,47	0		0	0,50	≥	0,5
20		2020	10		0	-0,47	0	-6,65	0	10,03	≥	0,5
21		2021				-0,47	0		0	2,92	≥	0,5

Nomes de intervalo	Células
FluxoDeCaixa	C11:C20
SaldoFinal	J21
SaldoFinal	J11:J21
EmpréstimoLP	D11
TaxaLP	C3
SaldoMínimo	L11:L21
SaldoMínimo	C7
SaldoInicial	C6
EmpréstimoCP	E11:E20
TaxaCP	C4

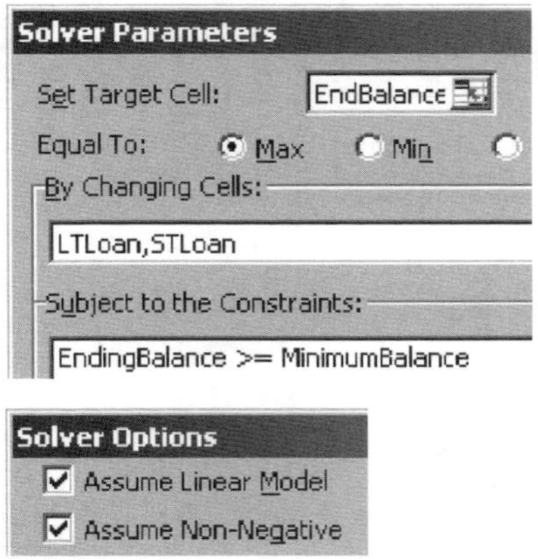

	F	G	H	I	J	K	L
9	Juro	Juro	Pagamento	Pagamento	Saldo		Saldo
10	LP	CP	LP	CP	final		mínimo
11					=SaldoInicial+SOMA(C11:I11)	≥	=SaldoMínimo
12	=-TaxaLP*EmpréstimoLP	=-TaxaCP*E11		=-E11	=J11+SOMA(C12:I12)	≥	=SaldoMínimo
13	=-TaxaLP*EmpréstimoLP	=-TaxaCP*E12		=-E12	=J12+SOMA(C13:I13)	≥	=SaldoMínimo
14	=-TaxaLP*EmpréstimoLP	=-TaxaCP*E13		=-E13	=J13+SOMA(C14:I14)	≥	=SaldoMínimo
15	=-TaxaLP*EmpréstimoLP	=-TaxaCP*E14		=-E14	=J14+SOMA(C15:I15)	≥	=SaldoMínimo
16	=-TaxaLP*EmpréstimoLP	=-TaxaCP*E15		=-E15	=J15+SOMA(C16:I16)	≥	=SaldoMínimo
17	=-TaxaLP*EmpréstimoLP	=-TaxaCP*E16		=-E16	=J16+SOMA(C17:I17)	≥	=SaldoMínimo
18	=-TaxaLP*EmpréstimoLP	=-TaxaCP*E17		=-E17	=J17+SOMA(C18:I18)	≥	=SaldoMínimo
19	=-TaxaLP*EmpréstimoLP	=-TaxaCP*E18		=-E18	=J18+SOMA(C19:I19)	≥	=SaldoMínimo
20	=-TaxaLP*EmpréstimoLP	=-TaxaCP*E19		=-E19	=J19+SOMA(C20:I20)	≥	=SaldoMínimo
21	=-TaxaLP*EmpréstimoLP	=-TaxaCP*E20	=-EmpréstimoLP	=-E20	=J20+SOMA(C21:I21)	≥	=SaldoMínimo

Solver Parameters

Set Target Cell: EndBalance
Equal To: ⦿ Max ◯ Min
By Changing Cells: LTLoan,STLoan
Subject to the Constraints:
EndingBalance >= MinimumBalance

Solver Options
☑ Assume Linear Model
☑ Assume Non-Negative

FIGURA 13.23

Modelo de planilha para aplicação da simulação por computador ao problema de gestão de fluxo de caixa da Everglade Golden Years Company. As células de suposição são FluxoDeCaixa (F12:F21) e a célula de previsão é EquilíbrioFinal (N22).

	A	B	C	D	E	F	G	H	I	J	K	L	M	N	O	P
1	**Problema de gerenciamento de fluxo de caixa da Everglade ao aplicar a programação linear**															
2																
3		Taxa LP	7%													
4		Taxa CP	10%													
5																
6	Saldo inicial		1					(todos os valores de caixa em milhões de dólares)								
7	Saldo mínimo		0,5													
8																
9			Fluxo de caixa (distribuição triangular)			Fluxo de						Saldo				
10		Ano	Mínimo	Mais provável	Máximo	caixa Simulado	Empréstimo LP	Juro LP	Juro CP	Pagamento LP	Pagamento CP	antes do empréstimo CP	Empréstimo CP	Saldo final		Saldo mínimo
11		2011	−9	−8	−7	−8,00	6,65					−0,35	0,85	0,50	≥	0,50
12		2012	−4	−2	1	−1,67		−0,47	−0,09		−0,85	−2,57	3,07	0,50	≥	0,50
13		2013	−7	−4	0	−3,67		−0,47	−0,31		−3,07	−7,01	7,51	0,50	≥	0,50
14		2014	0	3	7	1,33		−0,47	−0,75		−7,51	−4,89	5,39	0,50	≥	0,50
15		2015	3	6	9	6,00		−0,47	−0,54		−5,39	0,11	0,39	0,50	≥	0,50
16		2016	1	3	5	3,00		−0,47	−0,04		−0,39	2,60	0,00	2,60	≥	0,50
17		2017	−6	−4	−2	−4,00		−0,47	0		0	−1,86	2,36	0,50	≥	0,50
18		2018	4	7	12	7,67		−0,47	−0,24		−2,36	5,10	0,00	5,10	≥	0,50
19		2019	−5	−2	4	−1,00		−0,47	0		0	3,64	0,00	3,64	≥	0,50
20		2020	5	10	18	11,00		−0,47	0		0	14,17	0,00	14,17	≥	0,50
21		2021						−0,47	0	−6,65	0	7,05		7,05	≥	0,50

Nomes de intervalo	Células
SaldoAntesEmpréstimoCP	L12:L22
FluxoDeCaixa	F12:F21
SaldoFinal	N22
SaldoFinal	N12:N22
EmpréstimoLP	G12
TaxaLP	C3
SaldoMínimo	P12:P22
SaldoMínimo	C7
SaldoInicial	C6
EmpréstimoCP	M12:M22
TaxaCP	C4

	H	I	J	K	L	M	N	O	P
10	Juro	Juro	Pagamento	Pagamento	Antes do	Empréstimo	Saldo		Saldo
11	LP	CP	LP	CP	empréstimo CP	CP	final		mínimo
12					=SaldoInicial+SOMA(F12:K12)	=MAX(SaldoMínimo−SaldoAntesEmpréstimoCP,0)	=SaldoAntesEmpréstimoCP+EmpréstimoCP	≥	=SaldoMínimo
13	=−TaxaLP*EmpréstimoLP	=−TaxaCP*M12		=−M12	=N12+SOMA(F13:K13)	=MAX(SaldoMínimo−SaldoAntesEmpréstimoCP,0)	=SaldoAntesEmpréstimoCP+EmpréstimoCP	≥	=SaldoMínimo
14	=−TaxaLP*EmpréstimoLP	=−TaxaCP*M13		=−M13	=N13+SOMA(F14:K14)	=MAX(SaldoMínimo−SaldoAntesEmpréstimoCP,0)	=SaldoAntesEmpréstimoCP+EmpréstimoCP	≥	=SaldoMínimo
15	=−TaxaLP*EmpréstimoLP	=−TaxaCP*M14		=−M14	=N14+SOMA(F15:K15)	=MAX(SaldoMínimo−SaldoAntesEmpréstimoCP,0)	=SaldoAntesEmpréstimoCP+EmpréstimoCP	≥	=SaldoMínimo
16	=−TaxaLP*EmpréstimoLP	=−TaxaCP*M15		=−M15	=N15+SOMA(F16:K16)	=MAX(SaldoMínimo−SaldoAntesEmpréstimoCP,0)	=SaldoAntesEmpréstimoCP+EmpréstimoCP	≥	=SaldoMínimo
17	=−TaxaLP*EmpréstimoLP	=−TaxaCP*M16		=−M16	=N16+SOMA(F17:K17)	=MAX(SaldoMínimo−SaldoAntesEmpréstimoCP,0)	=SaldoAntesEmpréstimoCP+EmpréstimoCP	≥	=SaldoMínimo
18	=−TaxaLP*EmpréstimoLP	=−TaxaCP*M17		=−M17	=N17+SOMA(F18:K18)	=MAX(SaldoMínimo−SaldoAntesEmpréstimoCP,0)	=SaldoAntesEmpréstimoCP+EmpréstimoCP	≥	=SaldoMínimo
19	=−TaxaLP*EmpréstimoLP	=−TaxaCP*M18		=−M18	=N18+SOMA(F19:K19)	=MAX(SaldoMínimo−SaldoAntesEmpréstimoCP,0)	=SaldoAntesEmpréstimoCP+EmpréstimoCP	≥	=SaldoMínimo
20	=−TaxaLP*EmpréstimoLP	=−TaxaCP*M19		=−M19	=N19+SOMA(F20:K20)	=MAX(SaldoMínimo−SaldoAntesEmpréstimoCP,0)	=SaldoAntesEmpréstimoCP+EmpréstimoCP	≥	=SaldoMínimo
21	=−TaxaLP*EmpréstimoLP	=−TaxaCP*M20		=−M20	=N20+SOMA(F21:K21)	=MAX(SaldoMínimo−SaldoAntesEmpréstimoCP,0)	=SaldoAntesEmpréstimoCP+EmpréstimoCP	≥	=SaldoMínimo
22	=−TaxaLP*EmpréstimoLP	=−TaxaCP*M21	=−EmpréstimoLP	=−M21	=N21+SOMA(F22:K22)	=MAX(SaldoMínimo−SaldoAntesEmpréstimoCP,0)	=SaldoAntesEmpréstimoCP+EmpréstimoCP	≥	=SaldoMínimo

FIGURA 13.24
Gráfico de frequência e gráfico cumulativo que resumem os resultados da execução do modelo de simulação na Figura 13.23 para o problema de gestão de fluxo de caixa da Everglade Golden Years.

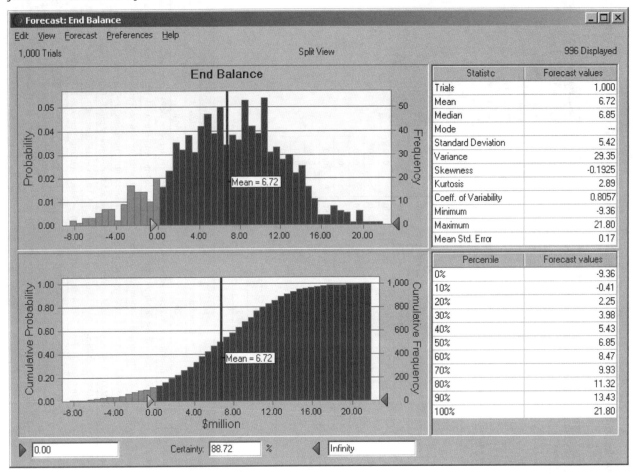

A caixa Certeza no gráfico de frequência revela que cerca de 89% dos ensaios resultaram em um equilíbrio de caixa positivo ao fim dos dez anos.

Resultados de simulação

A Figura 13.24 mostra os resultados da aplicação de simulação por computador com mil avaliações. Como a gestão de Everglade está particularmente interessada em saber quais as chances de o plano de financiamento atual resultar em um saldo de caixa positivo no final de dez anos, o número 0 foi inserido na caixa inferior esquerda do gráfico de frequência. A caixa Certeza na caixa no meio da parte de baixo indica, então, que cerca de 89% das avaliações resultaram em um equilíbrio de caixa positivo no final. Além disso, o gráfico de frequência e o gráfico cumulativo mostram que muitos desses equilíbrios de caixa positivos são razoavelmente grandes, com mais de $10 milhões. A média geral é de $6,72 milhões.

Por outro lado, é preocupante que mais que 11% das avaliações tenham resultado em um equilíbrio de caixa negativo no final. Apesar de enormes perdas serem raras, a maioria desses equilíbrios de caixa negativos foi bastante significativa, variando de $1 a 3 milhões.

Conclusões

A gestão da Everglade está feliz com os resultados da simulação indicam que o plano de financiamento proposto tem chances de conduzir a um resultado favorável no final de dez anos. Ao mesmo tempo, ela considera prudente adotar medidas para reduzir a chance de 11% de um resultado desfavorável.

Uma possibilidade seria a de aumentar o tamanho do empréstimo de longo prazo, já que isso reduziria os juros mais altos dos empréstimos de curto prazo necessários nos últimos anos se os fluxos de caixa não forem tão bons quanto esperado. Essa possibilidade é investigada no Problema 13.19.

Um plano de expansão mais cauteloso é necessário para melhorar as chances de finalizar com um equilíbrio de caixa positivo.

Os cenários que levariam a um equilíbrio negativo no final dos dez anos são aqueles em que as comunidades de idosos da companhia não conseguem atingir a ocupação total por causa da superestimação da demanda desse serviço. Portanto, a gestão da Everglade conclui que deve ser mais cautelosa quanto a levar adiante os planos atuais para a construção de mais comunidades de idosos nos próximos dez anos. Em cada caso, as decisões finais sobre a data de início para a construção e o tamanho da comunidade de idosos devem ser tomadas somente após a obtenção e a avaliação cuidadosa de uma previsão detalhada das tendências da demanda para esse serviço.

Depois de adotar essa política, a gestão da Everglade aprova o plano de financiamento que está incorporado no modelo de planilha na Figura 13.23. Particularmente, um empréstimo de dez anos de $6,65 milhões será realizado agora (início de 2011). Além disso, um empréstimo de um ano será realizado no início de cada ano entre 2011 e 2020, se for necessário para trazer o equilíbrio de caixa para esse ano até o nível de 500 mil dólares exigido pela política da empresa.

Perguntas de revisão

1. Qual o problema de gestão do fluxo de caixa que os gestores da Everglade Golden Years Company estão enfrentando?
2. Qual técnica de ciência da gestão foi usada anteriormente para resolver esse problema antes de aplicar a simulação por computador?
3. Qual aspecto do problema a simulação por computador leva em conta e que essa técnica de ciência da gestão anterior não considerou?
4. Quais são as quantidades nas células de suposição nesse modelo de planilha do exemplo para a aplicação da simulação por computador?
5. Como os tamanhos dos empréstimos de curto prazo são determinados nesse modelo de planilha?
6. O que pode acontecer em um estudo da simulação por computador que resultaria em um equilíbrio negativo no final de dez anos?
7. Qual porcentagem das avaliações realmente resultou em um equilíbrio negativo no final de dez anos?
8. Que política a gestão da Everglade adotou para reduzir a possibilidade de ter um equilíbrio negativo no final de dez anos?

13.5 ANÁLISE DE RISCO FINANCEIRO: RETORNO AO PROBLEMA DA THINK-BIG DEVELOPMENT CO.

Uma das primeiras áreas de aplicação da simulação por computador, e continua a sê-lo, que remonta à década de 1960, foi a *análise de risco financeiro.*

Ao avaliar qualquer investimento financeiro (ou um portfólio de investimentos), o principal conflito é entre o *retorno* do investimento e o *risco* associado. Dos dois aspectos, o menos difícil de determinar é o retorno que seria obtido se tudo evoluísse como planejado. e é relativamente difícil avaliar o risco. Felizmente, a simulação por computador é ajustada para realizar essa análise de risco mediante a obtenção de um **perfil de risco**, a saber, uma *distribuição de frequência* do retorno do investimento. A porção da distribuição de frequência que reflete um retorno desfavorável descreve claramente o risco associado ao investimento.

O exemplo a seguir ilustra essa abordagem no contexto de investimentos imobiliários. Como o exemplo da Everglade na seção anterior, você verá uma simulação por computador sendo utilizada para refinar a análise prévia feita por programação linear porque essa análise anterior foi incapaz de levar em conta a incerteza dos fluxos de caixa futuros.

Problema da análise de risco financeiro da Think-Big

Como introduzido na Seção 3.2, a Think-Big Development Co. é um dos principais investidores em projetos comerciais de desenvolvimento imobiliário. Foi pensando em tomar uma participação em três projetos de uma grande construção de um edifício de escritórios de muitos andares, um hotel e um centro comercial. Em cada caso, os parceiros no projeto gastariam três anos com a construção, em seguida, manteriam a respectiva posse por mais três enquanto estabelecessem a propriedade, e depois venderiam o imóvel no sétimo ano. Usando estimativas de fluxos de caixa esperados, a Seção 3.2 descreve como a programação linear foi aplicada para obter a proposta a seguir de participação da Think-Big em cada um desses projetos.

VINHETA DE APLICAÇÃO

Por quase um século após sua fundação em 1914, a **Merrill Lynch** foi uma empresa líder de serviços financeiros completos que se esforçou para trazer Wall Street à Main Street, tornando os mercados financeiros acessíveis a todos. A empresa foi comprada em 2008 pelo Bank of America Corporation e recebeu o novo nome de *Merrill Lynch Wealth Management,* como parte da fusão do banco corporativo e de investimento agora chamado *Bank of America Merrill Lynch.*

Antes dessa fusão, a Merrill Lynch empregou uma força de vendas altamente treinada de mais de 15 mil consultores financeiros nos Estados Unidos, mas trabalhando também em 36 países. A companhia Fortune 100 com receita líquida de 26 bilhões de dólares em 2005, conseguiu ativos de clientes que totalizaram mais de 1,7 trilhão de dólares.

Confrontada com a crescente concorrência de empresas de desconto de corretagem e corretoras eletrônicas, a empresa formou uma força-tarefa no final de 1998 para recomendar um produto ou serviço como resposta ao desafio do mercado. O sólido grupo de ciência da gestão da Merrill Lynch foi encarregado de fazer a análise detalhada de duas novas opções em potencial de preços para os clientes. Uma opção substituiria o carregamento para o comércio individualmente mediante a cobrança de um percentual fixo dos ativos de um cliente na Merrill Lynch e, então, permitindo um número ilimitado de transações e acesso completo a um consultor financeiro. A outra opção permitiria que os clientes investissem diretamente online por uma taxa baixa e fixa por negócio sem consultar um assessor financeiro.

O grande desafio que o grupo enfrentava era determinar um "ponto ideal" para os preços dessas opções que poderia expandir os negócios da empresa e aumentar suas receitas enquanto minimizaria o risco de perder receita. A *simulação por computador* provou ser ferramenta fundamental para trabalhar com esse problema. Para realizar um importante estudo de simulação por computador, o grupo montou e avaliou um volume extenso de dados de 5 milhões de clientes sobre os ativos e atividades de negócios com a empresa. Para cada segmento da base de clientes, foi feita uma análise cuidadosa de sua oferta, usando o critério gerencial, a pesquisa de mercado e a experiência com os clientes. Com essa informação, o grupo formulou e executou um *modelo de simulação por computador* com vários cenários de preços para identificar o ponto ideal destes.

A implementação dos resultados teve um profundo impacto sobre a posição competitiva da Merrill Lynch, devolvendo-lhe um papel de liderança na indústria. Em vez de continuar a perder terreno para a nova concorrência feroz, *os ativos de clientes geridos pela empresa tinham aumentado em* **22 bilhões de dólares** *e sua receita alcançou* **80 milhões de dólares** *em de 18 meses*. O CEO da Merrill Lynch chamou a nova estratégia de "a decisão mais importante que tomamos como uma empresa (nos últimos 20 anos)."

Fonte: S. Altshuler, D. Batavia, J. Bennett, R. Labe, B. Liao, R. Nigam, and J. Oh, "Pricing Analysis for Merrill Lynch Integrated Choice," *Interfaces* 32, no. 1 (January—February 2002), pp. 5—19. (Um link para esse artigo é fornecido no *site* www.mhhe.com/hillier4e.)

Proposta

Não pegar nenhuma parte do projeto do prédio de muitos andares.

Pegar uma parte de 16,50% do projeto do hotel.

Pegar uma parte de 13,11% do projeto do shopping center.

Estima-se que essa proposta retorne um *valor líquido atual* (NPV) de $18,11 milhões para a Think-Big.

Contudo, a gestão da Think-Big entende muito bem que tais decisões não devem ser feitas sem levar em conta o risco. São projetos muito arriscados, uma vez que não está claro como essas propriedades vão competir no mercado quando entrarem em operação em alguns anos. Embora os custos de construção durante os três primeiros anos possam ser razoavelmente bem estimados, os rendimentos líquidos durante os três anos seguintes de operação são muito incertos. Consequentemente, há um intervalo extremamente amplo de valores possíveis para cada preço de venda no ano 7. Portanto, os gestores querem que as *análises de risco* sejam realizadas da forma habitual (com a simulação por computador) para obter um *perfil de risco* do que o NPV total pode realmente vir a ser com essa proposta.

> A gestão precisa de um perfil de risco da proposta para avaliar se a probabilidade de um lucro considerável justifica o risco de possíveis grandes perdas.

Para realizar a análise, a equipe da Think-Big dedica um tempo considerável estimando a incerteza nos fluxos de caixa para cada projeto durante os próximos sete anos. Esses dados estão resumidos na Tabela 13.2 (em unidades de milhões de $) para 100% de cada projeto. Assim, quando se pega uma parte de porcentagem menor de um projeto, os números na tabela devem ser reduzidos proporcionalmente para obter os números relevantes para a Think-Big. No ano de 1 a 6 para cada projeto, a distribuição de probabilidade do fluxo de

TABELA 13.2
Fluxo de caixa estimado para 100% dos projetos hotel e shopping center

	Projeto hotel		Projeto shopping center
Ano	**Fluxo de caixa ($1.000.000s)**	**Ano**	**Fluxo de caixa ($1.000.000s)**
0	– 80	0	– 90
1	Normal (– 80, 5)	1	Normal (– 50, 5)
2	Normal (– 80, 10)	2	Normal (– 20, 5)
3	Normal (– 70, 15)	3	Normal (– 60, 10)
4	Normal (+30, 20)	4	Normal (+15, 15)
5	Normal (+40, 20)	5	Normal (+25, 15)
6	Normal (+50, 20)	6	Normal (+40, 15)
7	Uniforme (+200, 844)	7	Uniforme (160, 600)

caixa é assumida como uma *distribuição normal*, em que o primeiro número apresentado é a *média* estimada, e o segundo número é o *desvio padrão* estimado da distribuição. No ano 7, assume-se que a renda da venda da propriedade tem uma *distribuição uniforme* sobe o intervalo do primeiro número mostrado para o segundo número mostrado.

Para calcular o NPV, um custo de capital de 10% ao ano está sendo usado. Assim, o fluxo de caixa no ano n é dividido por 1.1^n antes de adicionar esses fluxos de caixa descontados para obter o NPV.

Modelo de planilha para aplicação da simulação por computador

Um modelo de planilha foi formulado para esse problema na Figura 13.25. Não há incerteza sobre o fluxo de caixa imediato (Ano 0) aparecendo nas células D6 e D16, então essas são as células de dados. No entanto, por causa da incerteza para os Anos 1-7, as células D7:D13 e D17:D23 contendo os fluxos de caixa simulados para esses anos precisam ser células de suposição. (Os números nessas células na Figura 13.25 acabam sendo valores médios inseridos apenas para iniciar o seu processo de definição.) A Tabela 13.2 especifica as distribuições de probabilidade e seus parâmetros estimados para esses fluxos de caixa, assim, a forma das distribuições foi registrada nas células E7:E13 e E17:E23 enquanto inserem-se os parâmetros correspondentes nas células F7:G13 e F17:G23. A Figura 13.26 mostra a caixa de diálogo Distribuição Normal usada para inserir os parâmetros (média e desvio padrão) para a distribuição normal na primeira célula de suposição D7, referenciando as células F7 e G7. Os parâmetros para as outras distribuições normais são, então, copiados e colados nas células de suposição correspondentes. A caixa de diálogo Distribuição Uniforme (como a semelhante apresentada anteriormente na Figura 13.3 para uma distribuição uniforme discreta) é usada de maneira semelhante para inserir os parâmetros (mínimo e máximo) para esse tipo de distribuição nas células de suposição D13 e D23.

Os fluxos de caixa simulados nas células D6:D13 e D16:D23 são para 100% do projeto do hotel e shopping center, respectivamente, assim, a parte da Think-Big desses fluxos de caixa deve ser reduzida proporcionalmente com base em suas ações nesses projetos. A proposta em análise é assumir as ações mostradas nas células H28:H29. As equações inseridas nas células D28:D35 (ver parte inferior da Figura 13.25) dão, então, o fluxo de caixa total da Think-Big nos respectivos anos para a sua parte dos dois projetos.

Dica do Excel: A função NPV *(taxa de desconto, fluxos de caixa)* calcula o valor líquido atual de uma corrente de fluxos de caixa *futuros* em intervalos regulares (p. ex., anualmente) em um intervalo de células *(fluxos de caixa)*, utilizando a *taxa de desconto* especificada por intervalo.

A gestão da Think-Big pretende obter um perfil de risco do que o valor líquido atual (NPV) total pode ser com essa proposta. Portanto, a célula de previsão é ValorLíquidoAtual (D37).

Segue um resumo das células fundamentais no modelo.

Células de suposição: Células D7:D13 e D17:D23
Variáveis de decisão: ParteHotel (H28) e ParteShoppingCenter (H29)
Célula de previsão: ValorLíquidoAtual (D37)

Resultados de simulação

Gráfico de frequência fornece o perfil de risco para a proposta

Usando a caixa de diálogo Preferências de Execução para especificar mil avaliações, a Figura 13.27 mostra os resultados de aplicar uma simulação por computador para o modelo de planilha na Figura 13.25. O gráfico de frequência na Figura 13.27 fornece o perfil de risco para a proposta, uma vez que mostra a probabilidade relativa dos vários valores de NPV, incluindo aqueles em que o NPV é negativo. A média é de $18,117 milhões, o que é muito

FIGURA 13.25

Modelo de planilha para aplicação da simulação por computador para o problema de análise do risco financeiro da Think-Big Development Co. As células de suposição são D7:D13 e D17:D23, a célula de previsão é ValorLíquidoAtual (D37), e as variáveis de decisão são ParteHotel (H28) e ParteShoppingCenter (H29).

	A	B	C	D	E	F	G	H
1	Simulação do problema da Think-Big Development Co.							
2								
3				Fluxo de caixa do				
4				projeto simulado				
5	Projeto hotel:			($milhões)				
6			Custos de construção:	Ano 0	-80			
7				Ano 1	-80	Normal	-80	5	(média, dp)
8				Ano 2	-80	Normal	-80	10	(média, dp)
9				Ano 3	-70	Normal	-70	15	(média, dp)
10			Receita por parte	Ano 4	30	Normal	30	20	(média, dp)
11				Ano 5	40	Normal	40	20	(média, dp)
12				Ano 6	50	Normal	50	20	(média, dp)
13			Preço de venda por parte	Ano 7	522	Uniforme	200	844	(mín,máx)
14								
15	Projeto shopping center:							
16			Custos de construção:	Ano 0	-90			
17				Ano 1	-50	Normal	-50	5	(média, dp)
18				Ano 2	-20	Normal	-20	5	(média, dp)
19				Ano 3	-60	Normal	-60	10	(média, dp)
20			Receita por parte	Ano 4	15	Normal	15	15	(média, dp)
21				Ano 5	25	Normal	25	15	(média, dp)
22				Ano 6	40	Normal	40	15	(média, dp)
23			Preço de venda por parte	Ano 7	387,5	Uniforme	160	615	(mín,máx)
24								
25				Fluxo de caixa				
26				simulado da Think-Big				
27				($milhões)				Parte
28				Ano 0	-24,999			Hotel	16,50%
29				Ano 1	-19,755			Shopping center	13,11%
30				Ano 2	-15,822				
31				Ano 3	-19,416			Custo de capital	10%
32				Ano 4	6,917				
33				Ano 5	9,878				
34				Ano 6	13,494				
35				Ano 7	136,931				
36								
37			Valor líquido atual ($milhões)	18,120				

	C	D
25		Fluxo de caixa
26		total simulado
27		($milhões)
28	Ano 0	=ParteHotel*D6+ParteShoppingCenter*D16
29	Ano 1	=ParteHotel*D7+ParteShoppingCenter*D17
30	Ano 2	=ParteHotel*D8+ParteShoppingCenter*D18
31	Ano 3	=ParteHotel*D9+ParteShoppingCenter*D19
32	Ano 4	=ParteHotel*D10+ParteShoppingCenter*D20
33	Ano 5	=ParteHotel*D11+ParteShoppingCenter*D21
34	Ano 6	=ParteHotel*D12+ParteShoppingCenter*D22
35	Ano 7	=ParteHotel*D13+ParteShoppingCenter*D23
36		
37	Valor líquido atual ($milhões)	=FluxoDeCaixaAno0+NPV(CustoDeCapital,FluxoDeCaixaAno1ao7)

Nomes de intervalo	Células
FluxoDeCaixaAno0	D28
FluxoDeCaixaAno1Ao7	D29:D35
CustoDeCapital	H31
ParteHotel	H28
ValorLíquidoAtual	D37
ParteShoppingCenter	H29

FIGURA 13.26
Uma distribuição normal com os parâmetros –80 (=F7) e 5 (=G7) é inserida na primeira célula de suposição D7 no modelo de planilha na Figura 13.25.

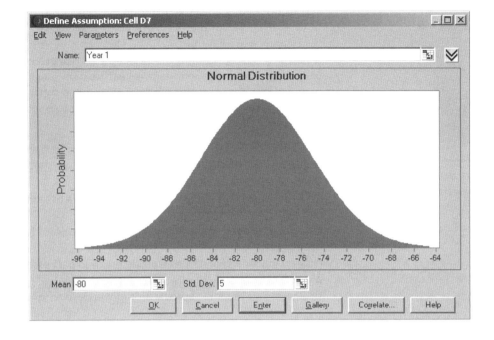

FIGURA 13.27
Gráfico de frequência e tabela de estatísticas que resumem os resultados da execução do modelo de simulação na Figura 13.25 para o problema de análise do risco financeiro da Think- Big Development Co. A caixa Certeza no gráfico de frequência revela que 81,39% das avaliações resultaram em um valor positivo do valor líquido atual.

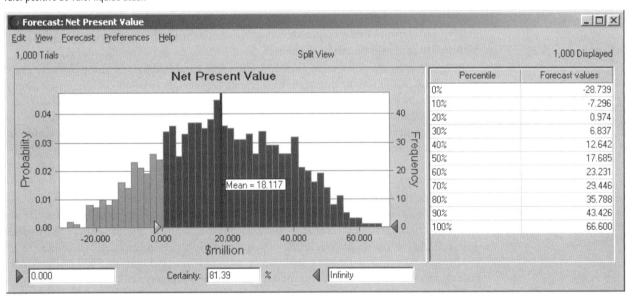

atraente. Porém, as mil avaliações geraram um intervalo extremamente amplo de valores do NPV, sempre de cerca de –$29 milhões para mais de $66 milhões. Assim, há uma chance significativa de sofrer uma grande perda. Ao inserir 0 na caixa no canto inferior esquerdo do gráfico de frequência, a caixa Certeza indica que 81,39% das avaliações resultaram em lucro (um valor positivo de NPV). Isso também dá a má notícia de que há uma chance de quase 19% de incorrer em uma perda de algum tamanho. A porção levemente sombreada do gráfico à esquerda de 0 mostra que a maioria das avaliações envolveu perdas de até cerca de $10 milhões, mas que muito poucas avaliações tiveram perdas que variaram desse valor até quase $30 milhões.

A tabela de percentis na Figura 13.27 também fornece à gestão alguns números específicos para uma melhor avaliação do risco. O percentil de 10% de –7,296 indica uma chance de

10% de incorrer em uma perda maior do que cerca de $7,3 milhões. Por outro lado, o percentil de 90% de 43,426 indica uma probabilidade de 10% de alcançar um lucro enorme (NPV) superior a $43,4 milhões.

A partir de todas essas informações, uma decisão gerencial agora pode ser tomada se a probabilidade de um lucro considerável justifica o risco significativo de uma perda e, talvez, até mesmo de uma perda muito substancial. Assim, o papel da simulação por computador é proporcionar a informação necessária para uma decisão sólida, mas é a gestão que utiliza o seu melhor julgamento para tomar a decisão.

Perguntas de revisão

1. O que é *perfil de risco* para um investimento (ou um portfólio de investimentos)?
2. Qual a proposta de investimento que a gestão da Think-Big Development Co. precisa avaliar?
3. Quais as estimativas que precisam ser feitas para preparar a aplicação da simulação por computador nesse exemplo?
4. Quais quantidades aparecem na célula de suposição do modelo de planilha para esse exemplo?
5. Qual quantidade aparece na célula de previsão para esse exemplo?
6. A simulação por computador indica uma chance significativa de incorrer em uma perda se a gestão da Think-Big aprovar a proposta de investimento?

13.6 GESTÃO DE RECEITAS NA INDÚSTRIA DE VIAGENS

Uma das áreas mais importantes para a aplicação da ciência da gestão nos últimos anos tem sido na melhoria da gestão *de receitas* no setor de viagens. A gestão de receitas refere-se às várias formas de aumentar o fluxo de receitas por meio de dispositivos como a definição de classes de tarifas diferentes para diferentes categorias de clientes. O objetivo é maximizar a renda total estabelecendo as tarifas que estão na margem superior do que os diferentes segmentos do mercado estão dispostos a pagar e, depois, distribuindo os lugares adequadamente para as classes de tarifas diferentes.

Como o exemplo nesta seção ilustrará, uma área fundamental da gestão de receitas é o *overbooking*, isto é, aceitar um número um pouco maior de reservas do que o de assentos disponíveis. Normalmente, há um número pequeno de não comparecimento, assim, o *overbooking* aumentará a receita preenchendo, essencialmente, os assentos disponíveis. No entanto, há também custos incorridos caso o número de clientes que chegam exceda o número de lugares disponíveis. Portanto, a quantidade de *overbooking* precisa ser definida cuidadosamente de forma a alcançar o equilíbrio no preenchimento de assentos, evitando que clientes com reserva fiquem sem viajar.

Um novo modelo de *overbooking* aumentou as receitas anuais da American Airlines em cerca de $225 milhões.

A American Airlines foi a pioneira em fazer uso extensivo da ciência da gestão para melhor gerir suas receitas. O lema orientador foi "vender os assentos certos para os clientes certos e na hora certa". Esse trabalho ganhou o Prêmio Franz Edelman 1991 como a melhor aplicação de ciência da gestão do ano em qualquer lugar do mundo. A essa aplicação foi creditado o aumento da receita anual da American Airlines em mais de $500 milhões. Metade desse valor veio do uso de um modelo novo de *overbooking*.

Após essa descoberta na American Airlines, outras companhias aéreas rapidamente intensificaram o uso da ciência da gestão de formas semelhantes. Esses aplicativos para gestão de receitas espalharam-se, então, para outros segmentos da indústria de viagens (viagens de trem, linhas de cruzeiros, aluguel de carros, hotéis etc.) em todo o mundo. Nosso exemplo abaixo envolve o *overbooking* de uma companhia aérea.

Problema de *overbooking* da Transcontinental Airlines

A Transcontinental Airlines tem um voo diário (excluindo fins de semana) de São Francisco para Chicago, procurado principalmente por quem viaja a negócios. Há 150 lugares disponíveis na cabine simples. A tarifa média por assento é de $300. Valor não reembolsável, por isso o não comparecimento acarreta perda da tarifa inteira. O custo fixo para operar o voo é de $30 mil, assim, mais de 100 reservas são necessárias para gerar lucro em qualquer dia particular.

Para a maioria desses voos, o número de pedidos de reservas excede largamente o de assentos disponíveis. O grupo de ciência da gestão da empresa compilou os dados sobre o número de pedidos de reserva por voo dos últimos meses. O número médio foi 195, mas com uma variação considerável entre os voos para mais ou para menos. Ao organizar um gráfico de frequência para esses dados, sugere-se que sigam uma curva em forma de sino. Portanto, o grupo estima que o número de solicitações de reserva por voo tem uma *distribuição normal* com uma média de 195. Um cálculo a partir dos dados estima que o desvio padrão é de 30.

A política da empresa é aceitar 10% a mais de reservas do que o número de assentos disponíveis em quase todos os seus voos, uma vez que cerca de 10% de todos os seus clientes que fazem reservas acabam não comparecendo. No entanto, se a sua experiência com um voo em particular é muito diferente dessa, então, é feita uma exceção, e o grupo de ciência da gestão é chamado para analisar qual deve ser a política de *overbooking* para aquele voo. Isso foi o que acabou de acontecer em relação ao voo diário de São Francisco para Chicago. Mesmo quando a cota total de 165 reservas é atingida (que acontece para a maioria dos voos), normalmente há um número significativo de lugares vazios. Ao reunir os seus dados, o grupo de ciência da gestão descobriu o motivo. Em média, apenas 80% dos clientes que fazem reservas para esse voo realmente embarcam. Os outros 20% perdem a passagem (ou, na maioria dos casos, permitem que a sua empresa o faça) porque seus planos mudaram.

> Um aumento incomum de 20% da taxa de não comparecimento exige o desenvolvimento de uma política especial de *overbooking* para esse voo em particular.

Agora que os dados foram reunidos, o grupo de ciência da gestão decide começar a análise investigando a opção de aumentar as reservas para 190. Se as reservas para um determinado dia chegarem a esse nível, ele deve ser grande o suficiente para evitar muitos lugares vazios. Além disso, deve ser pequeno o suficiente para que não haja muitos casos em que uma quantidade significativa de clientes não possa embarcar porque a quantidade de passageiros que chegou excedeu o número de assentos (150). Assim, 190 parece ser um bom primeiro palpite para um equilíbrio adequado entre evitar muitos lugares vazios e evitar impedir o embarque de muitos clientes.

Quando um cliente tiver o embarque impedido nesse voo, a Transcontinental Airlines se organiza para colocá-lo no próximo voo disponível para Chicago em outra companhia aérea. O custo médio da empresa para fazer isso é de $150. Além disso, a empresa dá ao cliente um *voucher* no valor de $200 para uso em um voo futuro. A empresa também acha que um adicional de $100 deve ser avaliado pelo custo intangível da insatisfação do cliente que teve que ser realocado. Portanto, o custo total de realocação de um cliente é estimado em $450.

O grupo de ciência da gestão agora quer investigar a opção de aceitar 190 reservas usando uma simulação por computador para gerar gráficos de frequência para as três seguintes medidas de desempenho para o voo de cada dia:

1. O lucro.
2. O número de assentos preenchidos.
3. O número de clientes com embarque cancelado.

Modelo de planilha para aplicação da simulação por computador

> Ter três medidas de desempenho significa que o modelo de simulação precisa de três células de previsão.

A Figura 13.28 mostra um modelo de planilha para esse problema. Por existirem três medidas de interesse aqui, o modelo de planilha precisa de três células de previsão. Elas são Lucro (F23), NúmeroAssentosPreenchidos (C20) e NúmeroEmbarquesImpedidos (C21). A variável de decisão ReservasParaAceite (C13) foi fixada em 190 para investigar esse ponto atual. Alguns dados básicos foram inseridos perto do topo da planilha, nas células C4:C7.

Cada avaliação da simulação por computador corresponderá ao voo de um dia. Existem duas entradas aleatórias associadas a cada voo, ou seja, o número de clientes solicitando reservas (abreviado como Demanda de Bilhetes na célula B10) e o número de clientes que realmente chegam para embarcar (abreviado como Número que Comparece na célula B17). Assim, as duas células de suposição nesse modelo são DemandaDeBilheteSimulada (C10) e NúmeroQueComparece (C17).

> **Dica do Excel:** A função do Excel ROUND(*x*, 0) arredonda o valor de *x* para o número de valor inteiro mais próximo. O zero especifica que 0 dígito depois do ponto decimal deve ser incluído após o arredondamento.

Uma vez que o grupo de ciência da gestão estimou que o número de clientes que solicitam reservas tem uma distribuição normal com uma média de 195 e um desvio padrão de 30, a informação foi inserida nas células D10:F10. A caixa de diálogo Distribuição Normal (mostrada anteriormente na Figura 13.26) foi usada, então, para inserir essa distribuição

FIGURA 13.28
Modelo de planilha para a aplicação da simulação por computador ao problema de *overbooking* da Transcontinental Airlines. As células de suposição são DemandaDeBilheteSimulada (C10) e NúmeroQueComparece (C17). As células de previsão são Lucro (F23), NúmeroAssentosPreenchidos (C20) e NúmeroEmbarquesNegados (C21). A variável de decisão é ReservasParaAceitar (C13).

	A	B	C	D	E	F
1		*Overbooking* da companhia aérea				
2						
3			Dados			
4		Assentos disponíveis	150			
5		Custo fixo	$30.000			
6		Preço médio 1 assento	$300			
7		Custo impedir embarque	$450			
8						
9					Média	Desvio Padrão
10		Demanda de bilhetes	195	Normal	195	30
11		Demanda (arrendondada)	195			
12						
13		Reservas para aceitar	190			
14						
15					Bilhetes	Probabilidade
16					comprados	de comparecimento
17		Número que comparece	152	Binomial	190	80%
18						
19						
20		Número de acentos preenchidos	150		Receita do bilhete	$45.000
21		Número de embarques negados	2		Custo impedir embarque	$900
22					Custo fixo	$30.000
23					Lucro	$14.100

	B	C
11	Demanda (arredondada)	=ARRED(DemandaBilheteSimulada,0)

	E
15	Bilhetes
16	comprados
17	=MIN(Demanda,ReservasParaAceite)

	B	C
20	Número de acentos preenchidos	=MIN(AssentosDisponíveis, NúmeroQueComparecem)
21	Número de embarques negados	=MAX(0,NúmeroQueComparecem–AssentosDisponíveis)

Nomes de intervalo	Células
AssentosDisponíveis	C4
PreçoMédio	C6
CustoImpedimentoEmbarque	F21
CustoImpedimentoEmbarque	C7
Demanda	C11
CustoFixo	C5
NúmeroEmbarqueNegado	C21
NúmeroAssentosPreenchidos	C20
NúmeroQueComparece	C17
Lucro	F23
ReservasParaAceite	C13
DemandaBilheteSimulada	C10
ReceitaBilhete	F20
BilhetesComprados	E17

	E	F
20	Receita de bilhete	=PreçoMédio*NúmeroAssentosPreenchidos
21	Custo embarque impedido	=CustoImpedimentoEmbarque*CustoImpedimentoEmbarque
22	Custo fixo	=CustoFixado
23	Lucro	=ReceitaBilhete–CustoImpedimentoEmbarque–CustoFixado

com esses parâmetros em DemandaDeBilheteSimulada (C10). Por ser a distribuição normal uma distribuição contínua, enquanto o número de reservas deve ter um valor inteiro, Demanda (C11) usa a função ROUND do Excel para arredondar o número de DemandaDeBilheteSimulada (C10) para o número de valor inteiro mais próximo.

A entrada aleatória para a segunda célula de suposição NúmeroQueComparece (C17) depende de duas quantidades fundamentais. Uma é BilhetesComprados (E17), que é o mínimo de Demanda (C11) e ReservasParaAceite (C13). A quantidade fundamental é a probabilidade que um indivíduo que faz uma reserva realmente aparecerá para embarcar. Essa probabilidade foi fixada em 80% na célula F17, uma vez que essa é a porcentagem *média* dos que compareceram para o voo nos últimos meses.

No entanto, a porcentagem *real* dos que comparecem em qualquer determinado dia pode variar um pouco de cada lado dessa porcentagem média. Portanto, mesmo que se es-

FIGURA 13.29
Distribuição binomial com parâmetros 0,8 (=F17) e 190 (=E17) é inserida na célula de suposição NúmeroQueComparece (C17).

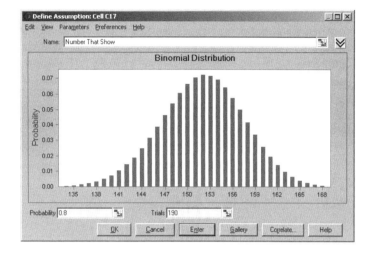

perasse que o NúmeroQueComparece (C17) ficasse muito próximo ao produto das células E17 e F17, haverá alguma variação de acordo com alguma distribuição de probabilidade. Qual é a distribuição adequada para essa célula de suposição? A Seção 13.7 descreverá as características de várias distribuições. A única que tem as características para se ajustar a ela acaba por ser a *distribuição binomial*.

Essas características da distribuição binomial são apenas o que é necessário para a célula de suposição NúmeroQueComparece (C17).

Como indicado na Seção 13.7, a distribuição binomial dá a distribuição do número de vezes que um determinado evento ocorre fora de um certo número de possibilidades. Nesse caso, o *evento* de interesse é um passageiro comparecendo para embarcar. A *oportunidade* para que ocorra surge quando um cliente faz uma reserva para o voo. Essas oportunidades são convencionalmente referidas como *ensaios* (não confundir com uma avaliação de uma simulação por computador). A distribuição binomial assume que os ensaios são estatisticamente independentes e que, em cada um, há uma probabilidade fixada (80%, nesse caso) que o evento ocorrerá. Os parâmetros da distribuição são essa probabilidade fixada e o número de ensaios.

A Figura 13.29 exibe a caixa de diálogo Distribuição Binomial que insere essa distribuição em NúmeroQueComparece (C17) referenciando os parâmetros nas células F17 e E17. O valor real nos Ensaios para a distribuição binomial variará de um ensaio de simulação para outro porque depende do número de bilhetes comprados, os quais, por sua vez, dependem da demanda de bilhete, a qual é aleatória. O Crystal Ball, portanto, deve determinar o valor para BilhetesCmoprados (E17) *antes* de gerar aleatoriamente o NúmeroQueComparece (C17). Felizmente, o Crystal Ball automaticamente cuida da ordem para gerar as várias células de suposição, de modo a que isso não é um problema.

As equações inseridas em todas as células de saída e células de previsão são dadas na parte inferior da Figura 13.28.

Segue um resumo das células fundamentais no modelo.

Células de suposição: DemandaDeBilheteSimulada (C10) e NúmeroQueComparece (C17)
Variável de decisão: ReservasParaAceite (C13)
Células de previsão: Lucro (F23), NúmeroAssentosPreenchidos (C20) e NúmeroEmbarquesImpedidos (C21)

Resultados de simulação

A Figura 13.30 mostra o gráfico de frequência obtido para cada uma das três células de previsão depois de aplicar a simulação por computador para mil avaliações para o modelo de planilha da Figura 13.28, com ReservasParaAceite (C13), fixado em 190.

Os resultados de lucro estimam que o lucro médio por voo seria de $11.693. No entanto, essa média é um pouco menor do que os lucros que tiveram as maiores frequências. O motivo é que um pequeno número de avaliações teve lucros muito abaixos da média, incluindo até mesmo alguns que incorreram em perdas, o que levou a média um pouco para baixo. Ao inserir 0 na caixa na parte inferior, no lado esquerdo, a caixa Certeza relata que 98,87% das avaliações resultaram em um lucro para o voo do dia.

FIGURA 13.30
Gráficos de frequência que resumem os resultados para as células de previsão – Lucro (F23), NúmeroAssentosPreenchidos (C20) e NúmeroEmbarquesImpedidos (C21) – a partir da execução do modelo de simulação na Figura 13.28 para o problema de *overbooking* da Transcontinental Airlines. A caixa de Certeza abaixo do primeiro gráfico de frequência revela que 98,87% das avaliações resultaram em um lucro positivo.

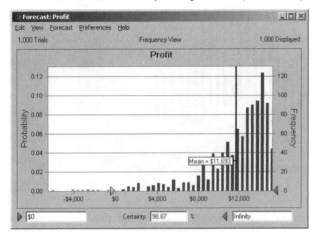
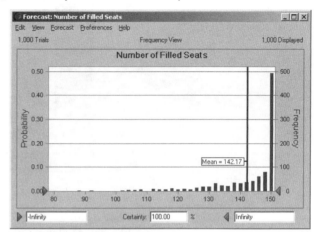
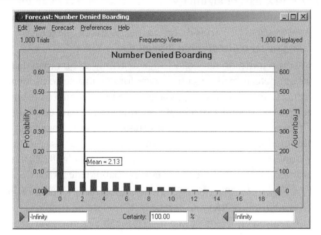

O gráfico de frequência para NúmeroAssentosPreenchidos (C20) indica que quase metade das mil avaliações resultaram em todos os 150 lugares sendo preenchidos. Além disso, a maioria das avaliações restantes teve pelo menos 130 assentos preenchidos. O fato de a média de 142,17 ser tão peto de 150 mostra que uma política de aceitar 190 reservas faria um excelente trabalho de preencher lugares.

O preço que seria pago para preencher lugares tão bem é que alguns clientes teriam de não embarcar em alguns dos voos. O gráfico de frequência para NúmeroEmbarquesImpedidos (C21) indica que isso ocorreu por 40% do tempo. Em quase todas essas avaliações, o número variou entre 1 e 10. Considerando que o embarque não foi negado a nenhum cliente em 60% das avaliações, o número médio é de apenas 2,13.

Voltaremos a esse exemplo na Seção 13.8 para avaliar melhor quantas reservas aceitar.

Embora esses resultados sugiram que uma política de aceite de 190 reservas seria uma opção atraente para a maior parte, eles não demonstram que essa é, necessariamente, a melhor opção. As execuções de simulação adicionais são necessárias com outros números inseridos no ReservasParaAceite (C13) para definir o valor ideal dessa variável de decisão. Demonstraremos como fazer isso de forma eficiente com a ajuda de uma tabela de decisão na Seção 13.8.

Perguntas de revisão

1. O que é entendido por *gestão de receita* na indústria de viagens?
2. Na aplicação pioneira da ciência da gestão para a gestão de receita na American Airlines, qual foi o aumento alcançado nas receitas anuais?
3. Qual problema está sendo abordado pelo grupo de ciência da gestão na Transcontinental Airlines no exemplo desta seção?

4. Qual equilíbrio deve ser considerado ao lidar com esse problema?
5. Qual a decisão variável para esse problema?
6. Quais quantidades aparecem na célula de previsão do modelo de planilha para esse exemplo?
7. Quais quantidades aparecem na célula de suposição do modelo de planilha?
8. Quais os parâmetros de uma distribuição binomial?
9. Os resultados de simulação obtidos nesta seção determinam quantas reservas devem ser aceitas para o voo em consideração?

13.7 ESCOLHA DA DISTRIBUIÇÃO CERTA

Conforme mencionado na Seção 13.1, a **Galeria de Distribuição** do Crystal Ball oferece uma riqueza de escolhas. Qualquer uma das 21 distribuições de probabilidades pode ser selecionada como a única a ser inserida em qualquer célula suposição. Nas seções anteriores, ilustramos o uso de cinco dessas distribuições (a uniforme discreta, a uniforme, a triangular, a normal e a binomial). No entanto, não foi dito muito *por que* qualquer distribuição particular foi escolhida.

Nesta seção, focamos na questão de como escolher a distribuição certa. Começamos pesquisando as características de muitas das 21 distribuições e como ajudam a identificar a melhor escolha. A seguir, descrevemos uma característica especial do Crystal Ball para criar uma distribuição personalizada quando nenhuma das outras 20 opções na Galeria de Distribuição o fará. Em seguida, retornamos para o estudo de caso apresentado na Seção 13.1 para ilustrar outra característica especial do Crystal Ball. Quando os dados históricos estão disponíveis, esse recurso irá identificar qual das distribuições contínuas disponíveis fornece o melhor ajuste a esses dados ao mesmo tempo em que estima os parâmetros dessa distribuição. Se você não gosta dessa escolha, ela até identificará qual das distribuições fornece o segundo melhor ajuste, o terceiro melhor e assim por diante.

Características das distribuições disponíveis

A distribuição de probabilidade de qualquer variável aleatória descreve a probabilidade relativa dos valores possíveis da variável aleatória. A distribuição *contínua* é usada se *quaisquer* valores forem possíveis, incluindo os números inteiros e os fracionários, em todo o intervalo de valores possíveis. Uma distribuição *discreta* é usada se apenas determinados valores específicos (p. ex., apenas os números inteiros em algum intervalo) são possíveis. No entanto, se os únicos valores possíveis são números inteiros em um intervalo relativamente amplo, uma distribuição contínua pode ser utilizada como uma aproximação pelo arredondamento de qualquer valor fracionário para o número inteiro mais próximo. (Essa aproximação foi utilizada nas células C10:C11 do modelo de planilha na Figura 13.28). A Galeria de Distribuição inclui as distribuições contínuas e discretas. Começaremos observando as distribuições contínuas.

O lado direito da Figura 13.31 mostra a caixa de diálogo para três distribuições contínuas populares da Galeria de Distribuição. A figura escura em cada caixa de diálogo exibe uma típica *função densidade de probabilidade* para aquela distribuição. A altura da função densidade de probabilidade para os vários pontos mostra a probabilidade relativa dos valores correspondentes ao longo do eixo horizontal. Cada uma dessas distribuições tem um valor mais provável em que a função densidade de probabilidade atinge um pico. Além disso, todos os outros pontos relativamente elevados estão perto do pico. Isso indica a tendência para que um dos valores centrais localizados perto do valor mais provável seja aquele que ocorrerá. Portanto, essas distribuições são referidas como *distribuições de tendência central*. As características de cada uma delas são listadas no lado esquerdo da Figura 13.31.

Distribuição normal

A distribuição normal é amplamente utilizada por cientistas da gestão e outros profissionais porque descreve vários fenômenos naturais. Um motivo que surge frequentemente é que a soma de muitas variáveis aleatórias tende a ter uma distribuição normal (aproximadamente), mesmo quando as variáveis aleatórias individuais não têm. Usar essa distribuição requer estimar a média e o desvio padrão. A média coincide com o valor mais provável

FIGURA 13.31

Características e caixas de diálogo para as três distribuições populares de tendência central na Distribution Gallery (Galeria de Distribuição) do Crystal Ball: (1) distribuição normal, (2) distribuição triangular, e (3) distribuição lognormal.

Distribuições populares de tendência central

Distribuição normal:
- Algum valor mais provável (a média)
- Valores próximos da média mais provável
- Simétrico (provável tanto acima como a média abaixo)
- Valores extremos possíveis, mas raros

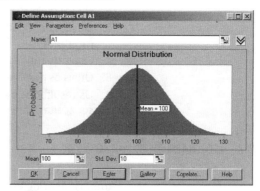

Distribuição triangular:
- Algum valor mais provável
- Valores próximos ao valor mais provável mais comum
- Pode ser assimétrico
- Máximo fixado e limite inferior

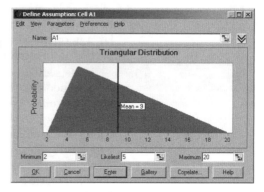

Distribuição lognormal:
- Algum valor mais provável
- Positivamente assimétrica (abaixo da média mais provável)
- Valores não podem cair abaixo de zero
- Valores extremos (final alto apenas) possíveis, mas raros

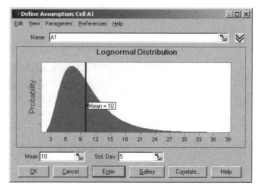

porque essa é uma distribuição simétrica. Assim, a média é uma quantidade muito intuitiva que pode ser prontamente estimada, mas o desvio padrão não. Cerca de dois terços da distribuição encontram-se dentro de um desvio padrão da média. Portanto, se os dados históricos não estão disponíveis para calcular uma estimativa do desvio padrão, uma estimativa aproximada pode ser obtida a partir de um indivíduo instruído pedindo uma determinada quantidade em que o valor aleatório estará dentro dessa quantidade da média por cerca de dois terços do tempo.

Distribuição normal permite valores negativos, o que não é apropriado para algumas aplicações.

Um perigo com o uso da distribuição normal para algumas aplicações é que ele pode dar valores negativos, mesmo quando tais valores são realmente impossíveis. Felizmente, só pode dar valores negativos com uma frequência significativa se a média for menor que três desvios padrão. Por exemplo, considere a situação em que uma distribuição normal foi inserida em uma célula de suposição na Figura 13.28 para representar o número de clientes solicitando uma reserva. Um número negativo não faria sentido nesse caso, mas isso não foi um problema, uma vez que a média (195) era muito maior do que três desvios padrão (3 x 30 = 90), assim, um valor negativo, essencialmente, poderia nunca ocorrer. (Quando distribuições normais foram inseridas em células de suposição na Figura 13.25 para representar os fluxos de caixa, as médias eram pequenas ou até negativas, mas isso também não foi problema, já que os fluxos de caixa podem ser negativos ou positivos.)

Distribuição triangular

Uma comparação das formas das distribuições triangulares e normais na Figura 13.31 revela algumas diferenças essenciais. Uma é que a distribuição triangular tem um valor mínimo fixado e um valor máximo fixado, enquanto a distribuição normal permite valores extremos raros até os limites. Outra é que a distribuição triangular pode ser assimétrica (como mostrado na figura), pois não é necessário o valor mais provável estar no meio do caminho entre os limites, enquanto a distribuição normal sempre é simétrica. Isso proporciona uma flexibilidade adicional à distribuição triangular. Outra diferença fundamental é que todos os seus parâmetros (o valor mínimo, o valor mais provável e o valor máximo) são intuitivos, então são relativamente fáceis de serem estimados.

Os parâmetros da distribuição triangular são relativamente fáceis de estimar porque são muito intuitivos.

Essas vantagens fizeram da distribuição triangular uma escolha popular para simulações por computador. Elas são a razão pela qual essa distribuição foi usada nos exemplos anteriores para representar as propostas dos concorrentes para um contrato de construção (na Figura 13.11), tempos de atividade (na Figura 13.17) e fluxos de caixa (na Figura 13.23).

No entanto, a distribuição triangular também tem certas desvantagens. Uma delas é que, em muitas situações, valores extremos raros até os limites são possíveis, por isso, é bastante artificial ter valores mínimos e máximos fixados. Isso também torna difícil desenvolver estimativas significativas dos limites. Outra desvantagem é que uma curva com uma inclinação com alteração gradual, como a curva em forma de sino para a distribuição normal, deve descrever a verdadeira distribuição de forma mais precisa do que os segmentos de linha reta na distribuição triangular.

Distribuição lognormal

A distribuição lognormal mostrada na parte inferior da Figura 13.31 combina algumas das vantagens das distribuições normais e triangulares. Tem uma curva com uma inclinação com alteração gradual. Também permite valores extremos raros no lado superior. Ao mesmo tempo, não permite valores negativos, assim, ajusta-se automaticamente a situações em que isso seja necessário. Isso é particularmente vantajoso quando a média é inferior a três desvios padrão e quando a distribuição normal não deve ser utilizada.

A distribuição lognormal tem uma extremidade longa à direita, mas não permite valores negativos à esquerda.

Essa distribuição sempre é "positivamente assimétrica", significando que a extremidade longa é sempre para a direita. Isso força o valor mais provável a ir para o lado esquerdo (assim, a média está à sua direita). Dessa forma, essa distribuição é menos flexível que a distribuição triangular. Outra desvantagem é que ela tem os mesmos parâmetros que a distribuição normal (a média e o desvio padrão), logo, o menos intuitivo (o desvio padrão) é difícil de ser estimado, a menos que os dados históricos estejam disponíveis.

Quando uma distribuição positivamente assimétrica que não permite valores negativos é necessária, a distribuição lognormal fornece uma opção atraente. É por isso que essa distribuição é frequentemente usada para representar os preços das ações ou os preços imobiliários.

Distribuições uniforme e uniforme discreta

Embora as últimas três distribuições sejam de tendência central, as distribuições uniformes mostradas na Figura 13.32 definitivamente não o são. Elas têm um valor mínimo e um máximo fixados. Caso contrário, elas dizem que nenhum valor entre esses limites é mais provável do que qualquer outro valor possível. Portanto, essas distribuições têm mais variabilidade do que as distribuições de tendência central com o mesmo intervalo de valores possíveis (excluindo valores extremos raros).

A escolha entre essas duas distribuições depende de quais valores entre os valores mínimo e máximo são possíveis. Se *quaisquer* valores nesse intervalo são possíveis, incluindo até valores *fracionários*, então, seria preferível a distribuição uniforme em relação à distribuição uniforme discreta. Se apenas valores inteiros são possíveis, a distribuição uniforme discreta seria a preferível.

Qualquer dessas distribuições é particularmente conveniente porque ela tem apenas dois parâmetros (o valor mínimo e o valor máximo) e ambos são muito intuitivos. Essas distribuições têm uso considerável por essa razão. No início deste capítulo, a distribuição uniforme discreta foi usada para representar a demanda por um jornal (na Figura 13.1), enquanto a distribuição uniforme foi usada na geração do lance para um projeto de construção por um concorrente (na Figura 13.11), e para o preço futuro de venda de imóveis (na Figura 13.25).

FIGURA 13.32
Características e caixas de diálogo para a distribuição uniforme na Distribution Gallery (Galeria de Distribuição) do Crystal Ball.

Distribuições uniforme e uniforme discreta

Distribuição uniforme:
- Valor fixado mínimo e máximo
- Todos os valores igualmente prováveis

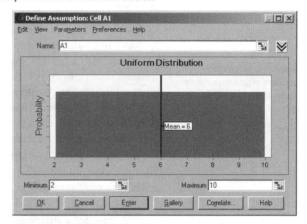

Distribuição uniforme discreta:
- Valor fixado mínimo e máximo
- Todos os valores igualmente prováveis

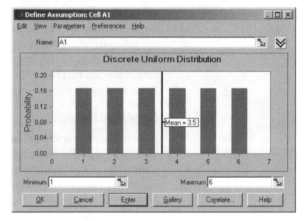

A distribuição uniforme é fácil de usar, mas é geralmente apenas uma aproximação grosseira da distribuição verdadeira.

A desvantagem dessa distribuição é que, quase sempre, é apenas uma aproximação grosseira da verdadeira distribuição. É raro que tanto o valor mínimo quanto o valor máximo sejam tão prováveis como qualquer outro valor entre esses limites enquanto qualquer valor pouco fora desses limites é impossível.

Distribuições Weibull e Beta

Descreveremos as distribuições de Weibull e beta juntas porque, como sugerido pelas suas formas semelhantes na Figura 13.33, elas têm características semelhantes. Em contraste com a distribuição uniforme, ambas são distribuições de tendência central. Em contraste com as distribuições normal, lognormal e uniforme, elas têm mais do que dois parâmetros. Os três (para Weibull) ou quatro (para beta) parâmetros geram grande flexibilidade no ajuste da forma da curva para se adaptar à situação. Isso permite fazer a distribuição positivamente assimétrica, simétrica ou negativamente assimétrica, conforme desejado. Essa flexibilidade é a principal vantagem dessas distribuições. Outra vantagem é que elas têm um valor mínimo, de modo que valores negativos podem ser evitados. O parâmetro de localização define o valor mínimo para a distribuição de Weibull. A distribuição de Weibull permite valores extremos raros para a direita, enquanto a distribuição beta tem um valor máximo fixado.

As distribuições de Weibull e beta são flexíveis o suficiente para se adaptarem a muitas situações, mas geralmente exigem dados históricos para calcular boas estimativas de seus parâmetros.

Certos parâmetros, como o de localização mencionado para a distribuição de Weibull ou o parâmetro mínimo e máximo para a distribuição beta, têm uma interpretação intuitiva. O parâmetro de escala para a distribuição de Weibull simplesmente define a largura da distribuição (excluindo valores extremos raros). No entanto, nem a forma de parâmetro para a distribuição de Weibull nem os parâmetros alfa e beta para a distribuição beta são particularmente intuitivos. Portanto, essas distribuições são usadas principalmente apenas quando os dados históricos estão disponíveis para calcular estimativas desses parâmetros. (Uma exceção é o uso inovador da distribuição beta pela abordagem PERT de três estimativas descrita

FIGURA 13.33
Características e caixas de diálogo para distribuições de três e quatro parâmetros na Distribution Gallery (Galeria de Distribuição) do Crystal Ball: (1) distribuição de Weibull e (2) distribuição beta.

Distribuições de três e quatro parâmetros

Distribuição de Weibull:
- Valor aleatório acima de algum número (local)
- Forma > 0 (geralmente 10)
- Forma < 3 torna-se mais positivamente assimétrica (abaixo da média mais provável) até que lembre a distribuição exponencial (equivalente na Forma = 1)
- Simétrico na Forma = 3,25, torna-se mais negativamente assimétrico acima disso
- Escala define a largura

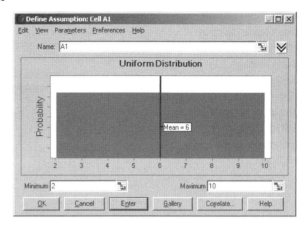

Distribuição beta:
- Valor aleatório entre algum mínimo e máximo
- Forma especificada usando valores positivos (alfa, beta)
- Alfa < beta: positivamente assimétrica (abaixo da média mais provável)
- Beta < alfa: negativamente assimétrica

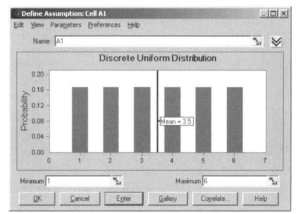

na Seção 16.4, que usa os valores mínimo, mais provável e máximo para calcular valores aproximados da média e desvio padrão.) Com os dados históricos disponíveis, a escolha entre essas duas distribuições (e outras opções também), então, pode ser baseada em qual fornece o melhor ajuste com os dados após obter as estimativas estatísticas dos seus parâmetros. Descreveremos um pouco mais tarde como o Crystal Ball pode fazer tudo isso para você.

Distribuição exponencial

Se você estudou o Capítulo 11 sobre modelos de filas, talvez lembre que os modelos de filas de modo geral usados assumem que o tempo entre as chegadas consecutivas de clientes para receber um serviço particular tem uma distribuição exponencial. A razão para essa hipótese é que, na maioria dessas situações, as chegadas de clientes são eventos aleatórios e a distribuição exponencial é a distribuição de probabilidade do tempo entre os eventos aleatórios. A Seção 11.1 descreve essa propriedade da distribuição exponencial com alguns detalhes.

Como representado anteriormente na Figura 11.3, essa distribuição tem a forma incomum mostrada na Figura 13.34. Particularmente, o pico é de 0, mas há uma longa cauda para a direita. Isso indica que os tempos mais prováveis são curtos e bem abaixo da média, mas que tempos muito longos também são possíveis. Essa é a natureza do tempo entre os eventos aleatórios.

Uma vez que o único parâmetro é a frequência em que os eventos aleatórios ocorrem em média, essa distribuição é relativamente fácil de usar.

Distribuição de Poisson

Embora a distribuição exponencial (como a maioria das anteriores) seja uma distribuição contínua, a distribuição de Poisson é uma distribuição discreta. Os únicos valores possíveis são inteiros não negativos: 0, 1, 2... No entanto, é natural parear essa distribuição com a distribuição exponencial pela seguinte razão.

FIGURA 13.34
Características e caixas de diálogos usadas para duas distribuições que envolvem eventos aleatórios. Essas distribuições na Distribution Gallery (Galeria de Distribuição) do Crystal Ball são (1) distribuição exponencial e (2) distribuição de Poisson.

Distribuições para eventos aleatórios

Distribuição exponencial:
- Amplamente usada para descrever os tempos entre eventos aleatórios (ex.: o tempo entre chegadas)
- Eventos são independentes
- Frequência = número médio de eventos por unidade de tempo (ex.: chegadas por hora)

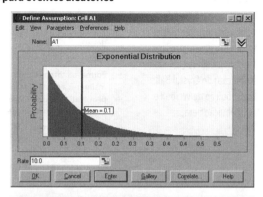

Distribuição de Poisson:
- Descreve o número de vezes que um evento ocorre durante um dado espaço ou período
- Ocorrências são independentes
- Qualquer número de eventos é possível
- Frequência = número médio de eventos durante um período (ex.: chegadas por hora), assumindo a constante sobre o tempo

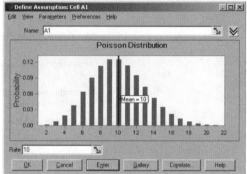

Se o tempo entre os eventos consecutivos tem uma distribuição exponencial (isto é, os eventos ocorrem aleatoriamente), então o número de eventos que ocorrem dentro de um determinado período tem uma distribuição de Poisson. Essa distribuição também tem algumas outras aplicações.

Ao considerar o número de eventos que ocorrem em um determinado período, a "Frequência" a ser inserida no campo de um parâmetro na caixa de diálogo deve ser o número médio de eventos que ocorreu naquele intervalo de tempo.

Distribuições sim-não e binomial

A distribuição sim-não é uma distribuição discreta muito simples, com apenas dois valores possíveis (1 ou 0), como mostrado na Figura 13.35. Ela é usada para simular se um determinado evento ocorre ou não. O único parâmetro da distribuição é a probabilidade de que o evento ocorra. A distribuição sim-não dá um valor de 1 (representando sim) com essa probabilidade, caso contrário, dá um valor de 0 (representando não).

A distribuição binomial é uma extensão da distribuição de sim-não para quando um evento possa ocorrer certo número de vezes. A distribuição binomial dá a distribuição de probabilidade do número de *vezes* que um determinado evento ocorre, dado o número de possibilidades independentes (chamado tentativas) para o evento ocorrer, em que a probabilidade da ocorrência do evento permanece a mesma de avaliação para avaliação. Por exemplo, se o evento de interesse é tirar cara ao lançar uma moeda, a distribuição binomial (com Prob. = 0,5) dá a distribuição do número de caras em um determinado número de lançamentos da moeda. Cada lançamento consiste em uma tentativa em que existe uma oportunidade para que o evento (caras) ocorra com uma probabilidade fixada (0,5). A distribuição binomial é equivalente à distribuição sim-não quando o número de tentativas é igual a 1.

Você viu outro exemplo na seção anterior, quando a distribuição binomial foi inserida na célula de suposição NúmeroQueComparece (C17) na Figura 13.28. Nesse exemplo de *overbooking* da companhia aérea, os eventos são clientes comparecendo para o voo e as tentativas são clientes que fazem reservas, em que existe uma probabilidade fixada de que um cliente que fez uma reserva realmente chegará para embarcar.

Os únicos parâmetros para essa distribuição são o número de tentativas e a probabilidade de o evento ocorrer em uma tentativa.

FIGURA 13.35
Características e caixa de diálogo para as distribuições sim-não e binomial na Distribution Gallery (Galeria de Distribuição) do Crystal Ball.

Distribuições para um número de vezes que um evento ocorre

Distribuição sim-não:
- Descreve se um evento ocorre ou não
- Dois resultados possíveis: 1 (Sim) ou 0 (Não)

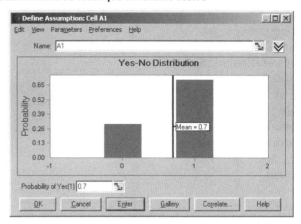

Distribuição binomial:
- Descreve o número de vezes que um evento ocorre em um número fixo de tentativas (p. ex., número de caras em dez lançamentos de uma moeda)
- Para cada tentativa, apenas dois resultados são possíveis
- Tentativas independentes
- A probabilidade permanece a mesma para cada tentativa

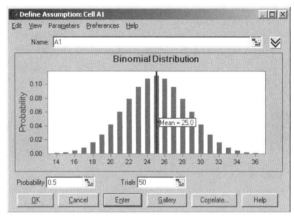

Distribuições geométrica e binomial negativa

As duas distribuições indicadas na Figura 13.36 estão relacionadas com a distribuição binomial porque envolvem novamente ensaios em que há uma probabilidade fixada em cada tentativa em que o evento ocorrerá. A *distribuição geométrica* dá a distribuição do número de ensaios até que o acontecimento ocorra pela primeira vez. Depois de introduzir um número inteiro positivo no campo de Forma na sua caixa de diálogo, a *distribuição binomial negativa* dá a distribuição do número de tentativas até o evento ocorrer o número de vezes especificado no campo Forma. Assim, a forma é um parâmetro para essa distribuição, e a probabilidade fixada de o evento ocorrer em uma tentativa é um parâmetro para as duas distribuições.

Para ilustrar essas distribuições, suponha que você esteja novamente interessado no evento de obter caras em um lançamento de uma moeda (uma tentativa). A distribuição geométrica (com Prob. = 0,5) dá a distribuição do número de lançamentos até que ocorra a primeira cara. Se você quer cinco caras, a distribuição binomial negativa (com Prob. = 0,5 e Forma = 5) dá a distribuição do número de lançamento até cara ter ocorrido cinco vezes.

Da mesma maneira, considere um processo de produção com um rendimento de 50%, de modo que cada unidade produzida tenha uma probabilidade de 0,5 de ser aceitável. A distribuição geométrica (com Prob. = 0,5) dá a distribuição do número de unidades que precisam ser produzidas para a obtenção de uma unidade aceitável. Se um cliente encomendou cinco unidades, a distribuição binomial negativa (com Prob. = 0,5 e Forma = 5) dá a distribuição do tamanho de ciclo de produção necessário para cumprir essa encomenda.

Outras distribuições

A Galeria de Distribuição inclui oito distribuições adicionais: gama, extremo máximo, extremo mínimo, logística, *t* de Student, Pareto, hipergeométrica e personalizada. A distribuição personalizada é especialmente útil porque permite que você crie sua própria distribuição

FIGURA 13.36
Características e caixas de diálogo usadas para duas distribuições que envolvem o número de tentativas até que o evento ocorra. Essas distribuições na Distribution Gallery (Galeria de Distribuição) do Crystal Ball são (1) distribuição geométrica e (2) distribuição binomial negativa.

Distribuições para um número de tentativas até que o evento ocorra

Distribuição geométrica:
- Descreve o número de tentativas até que um evento ocorra (ex.: número de vezes que a roleta é girada até que você ganhe)
- A probabilidade é a mesma para cada tentativa
- Continue até conseguir
- Número de tentativas ilimitado

Distribuição binomial negativa:
- Descreve o número de tentativas até que um evento ocorra *n* vezes
- O mesmo que a geométrica quando Forma = *n* = 1
- A probabilidade é a mesma para cada tentativa
- Continue até conseguir *n*th
- Número de tentativas ilimitado

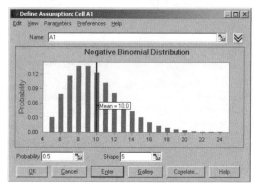

quando nenhuma das outras 20 distribuições na Galeria de Distribuição funcionará. A próxima subseção se concentrará em como isso é feito.

As sete distribuições restantes não são amplamente utilizadas em simulações por computador, assim, não serão discutidas a fundo.

Distribuição personalizada

Das 21 distribuições de probabilidades incluídas na Galeria de Distribuição, 20 são tipos padrão que podem ser discutidas em um curso sobre probabilidade e estatística. Na maioria dos casos, uma dessas distribuições padrão será exatamente o que é necessário para uma célula de suposição. No entanto, circunstâncias únicas surgem ocasionalmente onde nenhuma das distribuições padrão se adapta à situação. É aqui que o 21º membro da Galeria de Distribuição, chamado de "distribuição personalizada", entra no quadro.

Escolher a distribuição personalizada a partir da galeria de distribuição permite que você projete sua própria distribuição para atender a uma situação especial.

A distribuição personalizada, na verdade, não é uma distribuição de probabilidades até que você a transforme numa. Particularmente, a escolha desse membro da Galeria de Distribuição desencadeia um processo que permite que você projete e personalize sua própria distribuição de probabilidade para se adaptar a quase qualquer situação original que encontre. Ao projetar sua distribuição, você terá cinco opções no menu de Parâmetros: os valores não ponderados, valores ponderados, faixas contínuas, intervalos discretos e intervalos inclinados. A escolha determina quantos parâmetros estão disponíveis. Para valores não ponderados, há apenas um parâmetro (*Valor*). Uma lista de valores é inserida, e cada um é assumido como igualmente provável. Para valores ponderados, existem dois parâmetros (*Valor* e *Probabilidade*), permitindo que cada valor tenha uma probabilidade diferente. Intervalos contínuos têm três parâmetros (*Mínimo*, *Máximo* e *Probabilidade*) para especificar o intervalo (ou intervalos) da distribuição e a probabilidade total de cada intervalo. Intervalos discretos adicionam um quarto parâmetro (*Passo*) para especificar a distância entre os valores discretos possíveis no intervalo. Por fim, intervalos inclinados têm dois parâmetros (*Altura Mínima* e *Altura Máxima*) para permitir que a distribuição incline-se do mínimo ao máximo. Além disso, esses valores ou intervalos podem ser combinados de qualquer maneira possível, tal como uma combinação de um conjunto de valores discretos com um intervalo contínuo. Mostraremos dois exemplos.

FIGURA 13.37
Seguindo as instruções à sua esquerda, essa caixa de diálogo ilustra como a distribuição personalizada do Crystal Ball pode permitir que você projete e personalize sua própria distribuição para inserir um conjunto de valores discretos e suas probabilidades

- Inserir um conjunto de valores com probabilidades variadas
- Para cada valor discreto, insira *Valor* e *Probabilidade*

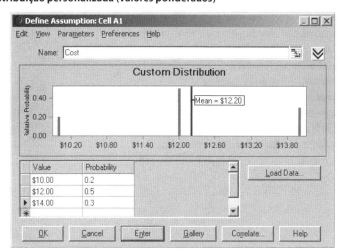

No primeiro exemplo, uma empresa está desenvolvendo um novo produto, mas não está claro qual dos três processos de produção será necessário para fabricá-lo. O custo de produção da unidade será $10, $12 ou $14, dependendo do processo. As probabilidades para esses valores individuais discretos do custo são as seguintes.

20% de chance de $10
50% de chance de $12
30% de chance de $14

Para inserir essa distribuição, primeiro escolha valores ponderados sob o menu Parâmetros na caixa de diálogo Distribuição Personalizada. Cada valor e probabilidade discretos (expressos como um número decimal) é, então, inserido nas colunas Valor e Probabilidade, como mostrado na Figura 13.37.

Os outros tipos de distribuição (valores não ponderados, intervalos contínuos, intervalos discretos e intervalos inclinados) são inseridos de forma semelhante, escolhendo a opção apropriada no menu de Parâmetro. A seguir, ilustramos como inserir uma combinação de um valor ponderado e um intervalo contínuo.

O exemplo é uma variação da distribuição de probabilidade da receita de perfuração para petróleo no estudo de caso da Goferbroke Company, apresentado na Seção 9.1. Nele, havia uma probabilidade de 0,75 de não se encontrar petróleo (assim, como uma renda de $0) e uma probabilidade de 0,25 de encontrar petróleo, caso em que a receita seria de $800 mil. No entanto, há realmente uma incerteza sobre a receita recebida se o petróleo fosse encontrado, então, a distribuição a seguir seria mais realista.

Receita de $0 tem probabilidade de 0,75
Um intervalo de valores de receita: de $600 mil a $1.000 mil
Os valores sobre esse intervalo são igualmente prováveis
Probabilidade de um valor nesse intervalo: 0,25

Essa distribuição combina um único valor discreto de $0 com uma parcela permanente entre $600 mil e $1 milhão. Para inserir tal distribuição de combinação, escolha o membro da combinação no menu Parâmetros com a maioria dos parâmetros necessários. O valor ponderado requer dois parâmetros (*Valor* e *Probabilidade*), enquanto o intervalo contínuo requer três (*Mínimo*, *Máximo* e *Probabilidade*), então, escolha Intervalo Contínuo sob o menu Parâmetros. Isso conduz à caixa de diálogo da Distribuição Personalizada com três colunas de dados (*Mínimo*, *Máximo* e *Probabilidade*), como mostrado na Figura 13.38.

Para um valor discreto, apenas dois parâmetros são necessários (*Valor* = $0 e *Probabilidade* = 0,75), assim, a coluna do meio é deixada em branco na primeira linha da caixa de dados na Figura 13.38. Para a faixa contínua, inserimos o *Mínimo* ($600 mil), o *Máximo* ($1.000 milhão) e a *Probabilidade* (0,25) na segunda linha da caixa de dados na Figura 13.38.

FIGURA 13.38
Seguindo as instruções à sua esquerda, essa caixa de diálogo para a distribuição personalizada demonstra a combinação de duas das opções na Figura 13.37: (1) insere um valor discreto em $0 e (2) insere uma distribuição uniforme entre $600 mil e $1 milhão.

Para valores discretos, insira
- Valor e Probabilidade

Para intervalo contínuo, insira
- Mínimo, Máximo e Probabilidade

Combinações com a distribuição personalizada

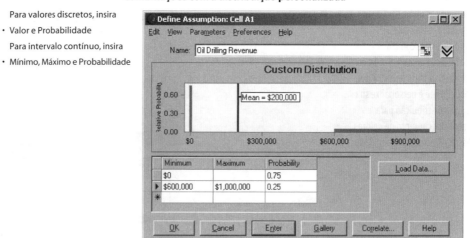

Se você não sabe qual distribuição contínua deve ser escolhida para uma célula de suposição, o Crystal Ball pode fazer isso por você se os dados históricos estiverem disponíveis.

Identificação da distribuição contínua que melhor se adapta aos dados históricos

Mencionamos todos os 21 tipos de distribuições de probabilidade na Galeria de Distribuição e descrevemos as características de muitos deles. Isso nos leva à questão de como identificar qual distribuição é a melhor para uma determinada célula de suposição. Quando os dados históricos estão disponíveis, o Crystal Ball oferece um recurso poderoso para fazer isso usando o botão de ajuste na caixa de diálogo Galeria de Distribuição mostrada na Figura 13.2. Ilustraremos esse próximo recurso retornando ao estudo de caso apresentado na Seção 13.1.

Lembre-se de que um dos jornais mais populares que Freddie, o jornaleiro, vende em sua banca é o *Financial Journal*. Freddie compra cópias do seu distribuidor no início de cada manhã. Uma vez que as cópias excedentes no final do dia representam uma perda para o jornaleiro, ele está tentando decidir qual quantidade de encomenda deve ser feita no futuro. Isso conduziu ao modelo de planilha na Figura 13.1, mostrado anteriormente na Secção 13.1. Ele inclui a célula de suposição Demanda (C12). Para começar, uma distribuição discreta uniforme entre 40 e 70 foi inserida nela.

Para orientar melhor sua decisão sobre qual deve ser a quantidade de encomenda, Freddie mantém um registro da *demanda* (o número de clientes solicitando uma cópia) diária para esse jornal. A Figura 13.39 mostra uma porção dos dados que ele reuniu nos últimos 60 dias nas células F4:F63, juntamente com a parte do modelo de planilha original a partir da Figura 13.1. Esses dados indicam uma grande variação nas vendas de um dia para outro – de cerca de 40 até 70 cópias. No entanto, é difícil dizer, a partir desses números, qual a distribuição na Galeria de Distribuição melhor ajusta esses dados.

O Crystal Ball fornece o seguinte procedimento para abordar essa questão.

Procedimento para a instalação da melhor distribuição de dados

1. Reúna os dados necessários para identificar a melhor distribuição para inserir em uma célula de suposição.
2. Insira os dados na planilha que contém seu modelo de simulação.
3. Selecione a célula que você deseja definir como de suposição contendo a distribuição que melhor ajusta os dados.
4. Escolha Definir Suposição na guia ou barra de ferramentas Crystal Ball, que traz a caixa de diálogo da Galeria de Distribuição.
5. Clique no botão Ajustar nessa caixa de diálogo, que abre a caixa de diálogo Ajustar Distribuição.
6. Use a caixa Intervalo nessa caixa de diálogo para introduzir o intervalo de dados históricos em sua planilha.
7. Especifique as distribuições consideradas para o ajuste.
8. Também use essa caixa de diálogo para selecionar qual método de classificação a ser usado para avaliar o quão bem uma distribuição se ajusta aos dados. (O padrão é o teste do qui-quadrado, uma vez que essa é a escolha mais popular.)

FIGURA 13.39
As células F4:F63 contêm os dados de demanda históricos coletados para o estudo de caso envolvendo Freddie, o jornaleiro, apresentado na Seção 13.1. As colunas B e C surgem a partir do modelo de simulação para esse estudo caso na Figura 13.1.

	A	B	C	D	E	F
1	Freddie, o jornaleiro					Demanda
2						histórica
3			Dados		Dia	Dados
4		Preço unitário de venda	$2,50		1	62
5		Custo unitário de compra	$1,50		2	45
6		Valor unitário de salvados	$0,50		3	59
7					4	65
8			Variável de decisão		5	50
9		Quantidade de pedido	60		6	64
10					7	56
11			Simulação		8	51
12		Demanda simulada	55		9	55
13		Demanda (arredondada)	55		10	61
14					11	40
15		Receita de vendas	$137,50		12	47
16		Custo de compra	$90,00		13	63
17		Valor de economia	$2,50		14	68
18					15	67
19		Lucro	$50,00		16	67
20					17	68
58					55	41
59					56	42
60					57	64
61					58	45
62					59	59
63					60	70

9. Clique em OK para mostrar o gráfico comparativo que identifica a distribuição (incluindo os valores de seus parâmetros) que melhor ajusta os dados.
10. Se desejar, você pode clicar o botão Avançar repetidamente para identificar os outros tipos de distribuições (incluindo os seus valores de parâmetros) que estão a seguir, na linha para ajustar bem os dados.
11. Depois de escolher a distribuição (a partir das etapas 9 e 10) que você quer utilizar, clique no botão Aceitar enquanto essa distribuição é mostrada. Isso inserirá os parâmetros apropriados para a caixa de diálogo para essa distribuição. Clique em OK e, em seguida, insira essa distribuição na célula de suposição.

Uma vez que a Figura 13.39 já inclui os dados necessários nas células F4:F63, aplicar esse procedimento para o problema de Freddie começa com a seleção de DemandaSimulada (C12) para a célula que desejamos definir como uma de suposição que contém a distribuição que melhor ajusta seus dados. Aplicar as etapas 4 e 5, então, mostra a caixa de diálogo Ajustar Distribuição, exibida na Figura 13.40. O intervalo F4:F63 dos dados na Figura 13.39 é inserido na caixa Intervalo dessa caixa de diálogo. Ao decidir quais distribuições devem ser consideradas para o ajuste, a opção padrão de considerar todas as distribuições contínuas na Galeria de Distribuição foi selecionada aqui. A opção padrão do teste do qui-quadrado foi selecionada também para o método de classificação. Clicar em OK mostra, então, o gráfico de comparação apresentado na Figura 13.41.

O lado esquerdo do gráfico de comparação na Figura 13.41 mostra o gráfico de frequência para os dados na Figura 13.39. O lado direito identifica as distribuições melhor ajustadas, classificadas de acordo com o teste do qui-quadrado. Esse é um teste amplamente usado em estatísticas em que os valores menores indicam um melhor ajuste. O valor-p, é uma medida estatística de quanta evidência há de que os dados não se ajustam à distribuição

FIGURA 13.40
A caixa de diálogo Fit Distribution (Ajustar Distribuição) especifica o intervalo de dados na Figura 13.39 para o estudo de caso, quais distribuições contínuas serão consideradas (todas) e qual o método de classificação será usado (o teste do qui-quadrado) para avaliar o quão bem cada uma das distribuições ajusta os dados.

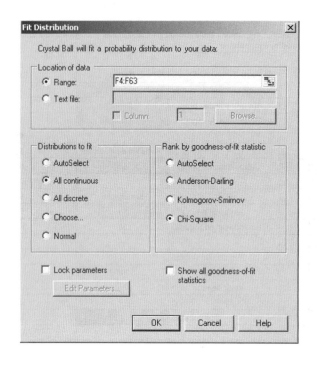

FIGURA 13.41
À direita, o Comparison chart (gráfico de comparação) identifica a distribuição contínua que fornece o melhor ajuste com os dados históricos de demanda na Figura 13.39. Essa distribuição, então, é traçada (a linha horizontal) de modo que pode ser comparada com a distribuição de frequência dos dados históricos de demanda.

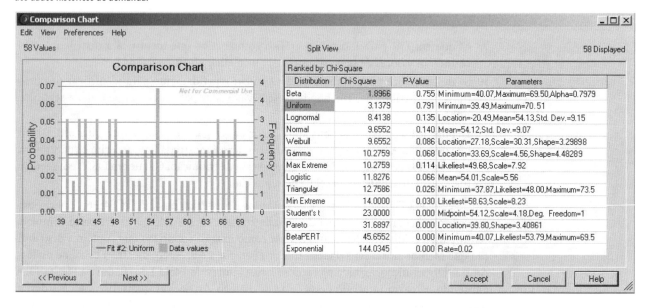

dada, também é mostrado. Um pequeno valor-p (p. ex., menos de 0,05 ou 0,01) significa que não há evidência estatística forte que os dados não se ajustem à distribuição. Um grande valor-p (p. ex., maior do que 0,5) indica um bom ajuste. Com base nos valores-p, parece que tanto a distribuição beta quanto a distribuição uniforme seriam um bom ajuste. Juntamente com o fato de que a demanda deve ser de valor inteiro, isso confirma que a escolha feita no modelo de planilha do Freddie Figura 13.1 para ser inserida na distribuição uniforme discreta na célula de suposição Demanda (C12) foi lógica.

Perguntas de revisão

1. Quantas distribuições de probabilidade estão disponíveis na Galeria de Distribuição no Crystal Ball?
2. Qual a diferença entre uma distribuição contínua e uma distribuição discreta?
3. Qual perigo é possível com a escolha da distribuição normal para ser inserida em uma célula de suposição?
4. Cite algumas vantagens da escolha da distribuição triangular.
5. Como a distribuição lognormal se compara com as distribuições normal e triangular?
6. Por que a distribuição uniforme é, algumas vezes, a escolha conveniente para uma célula de suposição?
7. Qual seria a vantagem principal de escolher a distribuição de Weibull ou a distribuição beta para uma célula de suposição?
8. A distribuição binomial gera a distribuição de probabilidade do quê?
9. O que a escolha da distribuição personalizada da Galeria de Distribuição permite que você faça?
10. Qual procedimento o Crystal Ball fornece para ajudar a identificar a melhor distribuição a ser inserida em uma célula de suposição?

13.8 TOMADA DE DECISÃO COM TABELAS DE DECISÃO

Muitos modelos de simulação incluem pelo menos uma variável de decisão. Por exemplo, aqui estão algumas das variáveis de decisão encontradas neste capítulo.

Estudo de caso: QuantidadeDePedido (C9) na Figura 13.1
Exemplo de lance: NossoLance (C25) na Figura 13.11
Exemplo de *overbooking*: ReservasParaAceite (C13) na Figura 13.28

Em cada um desses casos, você viu quão bem a simulação por computador com o Crystal Ball pode *avaliar* um determinado valor da variável de decisão, fornecendo uma riqueza de saída para a(s) célula(s) de previsão. No entanto, em contraste com muitas das técnicas de ciência da gestão apresentadas nos capítulos anteriores (incluindo programação linear e análise de decisão), essa abordagem não identificou uma *solução ideal* para a(s) variável(is) de decisão. Felizmente, o Crystal Ball oferece um recurso especial chamado **ferramenta de Tabela de Decisão** que aplica sistematicamente a simulação por computador para identificar, pelo menos, uma aproximação de uma solução ideal para problemas com apenas uma ou duas variáveis de decisão. Nesta seção, descrevemos essa ferramenta valiosa e a ilustramos aplicando-a nas três variáveis de decisão listadas anteriormente. (A próxima seção ainda apresentará outra opção oferecida pelo Crystal Ball para a busca de uma solução ideal para modelos de simulação.)

A ferramenta Tabela de Decisão aplica a simulação por computador sistematicamente em um intervalo de valores de uma ou duas variáveis de decisão e, em seguida, exibe os resultados em uma tabela.

Uma abordagem intuitiva para fazer isso seria usar tentativa e erro. Tente valores diferentes da variável de decisão(s), execute uma simulação para cada um e veja qual deles oferece a melhor estimativa da medida de desempenho escolhida. Isso é o que a ferramenta Tabela de Decisão faz e de forma sistemática. Suas caixas de diálogo permitem que você rapidamente especifique o que quer fazer. Então, depois que você clicar em um botão, todas as simulações desejadas são executadas e os resultados logo aparecem bem na Tabela de Decisão. Se desejar, você também pode ver alguns gráficos, incluindo um *de tendência* esclarecedora, que fornecem detalhes adicionais sobre os resultados.

Se você já usou uma tabela de dados do Excel ou a Tabela Solver incluída no seu MS Courseware para a realização de análise de sensibilidade sistematicamente, a Tabela de Decisão funciona da mesma maneira. Particularmente, o *layout* para uma Tabela de Decisão com uma ou duas variáveis de decisão é semelhante ao de qualquer Tabela Solver unidimensional ou bidimensional (descrito no Apêndice A). Dois é o número máximo de variáveis de decisão que pode ser variado simultaneamente em uma Tabela de Decisão.

Vamos começar voltando ao estudo de caso deste capítulo para aplicar a ferramenta Tabela de Decisão.

Aplicação da ferramenta tabela de decisão para o estudo de caso

Lembre-se de que o jornaleiro Freddie quer determinar a sua quantidade diária de encomenda para as cópias do *Financial Journal*. As Figuras 13.1 a 13.10, na Secção 13.1, mostram a *aplicação da simulação por computador para avaliar a opção* de usar uma quantidade de encomenda de 60. A estimativa final do lucro médio diário que seria obtida com esta quantidade é de $46,46. Como indicado na Figura 13.39, o número de cópias que os clientes de Freddie desejam comprar varia muito de um dia para o outro. O gráfico de comparação do teste do qui-quadrado na Figura 13.41 sugere que a distribuição de probabilidade que melhor descreve essa variabilidade é a distribuição uniforme discreta entre 40 e 70. Dado um grau tão elevado de variabilidade, não está claro onde a quantidade da encomenda deve ser definida na faixa entre 40 e 70. Poderia ser obtido um lucro médio diário superior a $46,46 escolhendo uma quantidade de encomenda diferente de 60? Que quantidade entre 40 e 70 maximizaria o lucro médio diário?

Para responder a essas questões, parece sensato começar por tentar uma amostragem das quantidades de encomenda possíveis, digamos, 40, 45, 50, 55, 60, 65 e 70. Para fazer isso com a ferramenta Tabela de Decisão, o primeiro passo é definir a variável de decisão a ser investigada, a saber, QuantidadeDoPedido (C9) na Figura 13.1, usando o procedimento a seguir.

Procedimento para definir uma variável de decisão

> Antes de aplicar a Tabela de Decisão para qualquer problema, uma ou duas variáveis de decisão sendo investigadas devem ser definidas.

1. Selecione a célula que contém a variável de decisão clicando sobre ela.
2. Se a célula já não contém um valor, insira *qualquer* número nela.
3. Clique no botão Definir Decisão (🎯) na guia ou barra de ferramentas do Crystal Ball que traz a caixa de diálogo Definir Variável de Decisão (como mostrado na Figura 13.42 para o problema de Freddie).
4. Insira o limite inferior e o superior do intervalo de valores a ser simulado para a variável de decisão.
5. Clique em Contínuo ou Discreto para definir se a variável de decisão é contínua ou discreta.
6. Se Discreto for selecionado no passo 5, utilize a caixa Passo para especificar a diferença entre os valores sucessivos possíveis (não apenas aqueles a serem simulados) da variável de decisão. (O valor padrão é 1.)
7. Clique em OK.

A Figura 13.42 mostra a aplicação desse procedimento para o problema de Freddie. Uma vez que as simulações serão executadas por encomenda de quantidades que variam de 40 a 70, esses limites para o intervalo foram inseridos. A quantidade de encomenda pode ter qualquer valor inteiro nessa faixa, assim, Discreto com um Passo de 1 é inserido.

Agora estamos prontos para escolher Tabela de Decisão do menu Mais Ferramentas do Crystal Ball. Isso traz a sequência de três caixas de diálogo mostrada na Figura 13.43.

A primeira caixa de diálogo é usada para escolher uma das células de previsão listadas lá para serem a célula-alvo para a Tabela de Decisão. O modelo de planilha de Freddie na Figura 13.1 tem apenas uma célula de previsão, Lucro (C18), então a selecione e, depois, clique no botão Avançar.

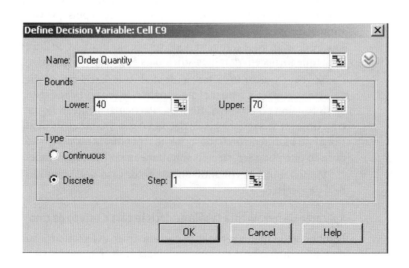

FIGURA 13.42
A caixa de diálogo Define Decision Variable (Definir Variável de Decisão) especifica as características da variável de decisão QuantidadeDoPedido (C9) no modelo de simulação na Figura 13.1 para o estudo de caso que envolve Freddie.

FIGURA 13.43
Para preparar a geração de uma Decision Table (Tabela de Decisão), essas três caixas de diálogo especificam (1) qual célula de previsão será a de destino, (2) quais uma ou duas variáveis de decisão serão variadas e (3) as opções de execução. As escolhas feitas aqui são para o estudo de caso de Freddie.

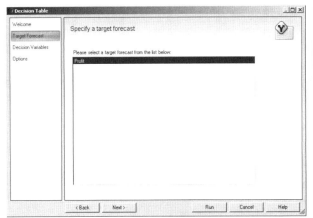
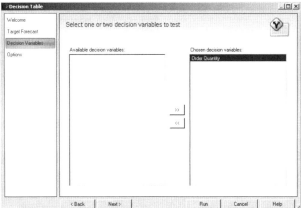
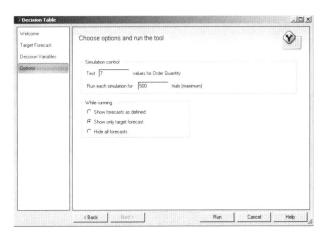

Inicialmente, o lado esquerdo da segunda caixa de diálogo inclui uma lista de todas as células definidas como variáveis de decisão. Isso consiste na única variável de decisão, QuantidadeDoPedido (C9), para o problema de Freddie. A finalidade dessa caixa de diálogo é escolher quais uma ou duas variáveis de decisão para variar para a Tabela de Decisão. Isso é feito selecionando essas variáveis de decisão no lado esquerdo e, em seguida, clicando nas setas duplas para a direita (>>) entre as duas caixas, o que traz essas variáveis de decisão para o lado direito. A Figura 13.43 mostra o resultado disso com a variável de decisão de Freddie.

Depois de especificar o número de valores de uma variável de decisão a ser considerada, o Crystal Ball os distribui igualmente ao longo do intervalo de valores especificado na caixa de diálogo Definir Variável de Decisão.

A terceira caixa de diálogo é usada para especificar as opções para a Tabela de Decisão. A primeira caixa de entrada registra o número de valores da variável de decisão para quais simulações serão executadas. O Crystal Ball distribui, então, os valores igualmente ao longo do intervalo de valores especificados na caixa de diálogo Definir Variável de Decisão (Figura 13.42). Para o problema de Freddie, o intervalo de valores é de 40 a 70, então, inserir 7 na primeira caixa de entrada no Passo 3 resulta na escolha de 40, 45, 50, 55, 60, 60 e 70 como os sete valores da quantidade de encomenda para os quais as simulações serão executadas. Depois de selecionar o tamanho de execução para cada simulação e de especificar o que você quer ver enquanto as simulações estão rodando, o último passo é clicar no botão Executar.

Depois de o Crystal Ball executar as simulações, a Tabela de Decisão é criada em uma nova planilha, como mostrado na Figura 13.44. Para cada uma das quantidades de encomenda mostradas na parte superior, a linha 2 dá a média dos valores da célula-alvo, Lucro (C18), obtida em todos as avaliações dessa execução de simulação. A Células D2:F2 revelam que uma quantidade de encomenda de 55 alcançou o maior lucro médio de $47,27, enquanto as quantidades de 50 e 60 essencialmente ligadas ao segundo maior lucro médio.

FIGURA 13.44
Tabela de decisão para o estudo de caso apresentado na Seção 13.1.

	A	B	C	D	E	F	G	H
1	Gráfico de Tendência / Gráfico de Sobreposição / Gráficos de Previsão	Quant. da Encomenda (40)	Quant. da Encomenda (45)	Quant. da Encomenda (50)	Quant. da Encomenda (55)	Quant. da Encomenda (60)	Quant. da Encomenda (65)	Quant. da Encomenda (70)
2		$40,00	$44,04	$46,46	$47,27	$46,46	$44,04	$40,01
3		1	2	3	4	5	6	7

FIGURA 13.45
Overlay Chart (Gráfico de sobreposição) que compara as distribuições de frequência para quantidades de encomenda de 55 e 60 para o problema de Freddie.

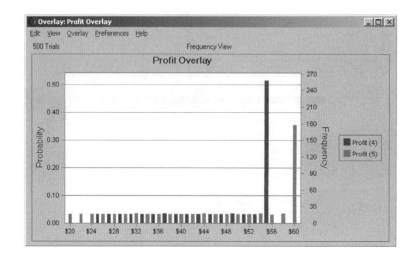

Essa é uma tabela de decisão unidimensional, pois o problema só tem uma variável de decisão. Para os problemas em que forem definidas e selecionadas duas variáveis de decisão, a tabela de decisão resultante será bidimensional, com uma variável mudando nas linhas e outra nas colunas.

A queda acentuada em lucros médios em ambos os lados dessas quantidades praticamente garante que o número ideal situa-se entre 50 e 60 (e provavelmente perto de 55). Para fixar melhor essa queda, o próximo passo lógico seria gerar outra Tabela de Decisão que considera todas as quantidades de encomenda de valores inteiros entre 50 e 60. Você deve fazer isso no Problema 13.14.

O canto superior esquerdo da Tabela de Decisão fornece três opções para obter informações mais detalhadas sobre os resultados da execução de simulação para as células que você seleciona. Uma opção é ver o gráfico de previsão de interesse como um gráfico de frequência ou um gráfico cumulativo, optando por uma célula de previsão na linha 2 e, em seguida, clicando no botão Gráficos de Previsão. Outra opção é ver os resultados de duas ou mais execuções de simulação em conjunto. Isso é feito selecionando um conjunto de células de previsão, digamos as células E2:F2 na Figura 13.44, e, depois, clicando no botão Gráfico de Sobreposição. O gráfico de sobreposição resultante é mostrado na Figura 13.45. As linhas escuras mostram o gráfico de frequência para a célula E2 (uma quantidade de encomenda de 55), enquanto as linhas luminosas fazem o mesmo para a célula F2 (uma quantidade de encomenda de 60), então os resultados para os dois casos podem ser comparados lado a lado. (Em um monitor colorido, você verá diferentes cores usadas para distinguir entre os diferentes casos.)

A terceira opção é selecionar todas as células de previsão de interesse (células B2:H2 na Figura 13.44) e clicar no botão Gráfico de Tendência. Isso gera um gráfico interessante, chamado o *gráfico de tendência*, mostrado na Figura 13.46. Os pontos-chave ao longo do eixo horizontal são as sete linhas verticais da grade que correspondem aos sete casos (quantidades de encomenda de 40, 45...70) para os quais as simulações foram executadas. O eixo vertical apresenta os valores de lucro obtidos nas avaliações dessas execuções de simulação. As faixas no gráfico resumem as informações sobre a distribuição de frequência dos valores de lucro de cada execução de simulação. (Em um monitor colorido, as faixas aparecem em cor – azul claro para a faixa central, vermelho para o par adjacente de faixas, verde para o par seguinte e azul escuro para o par mais exterior de faixas.) Essas faixas estão centralizadas

FIGURA 13.46
Trend Chart (Gráfico de tendência) que mostra a tendência no intervalo de várias porções da distribuição de frequência à medida que a quantidade de pedidos aumenta para o problema de Freddie.

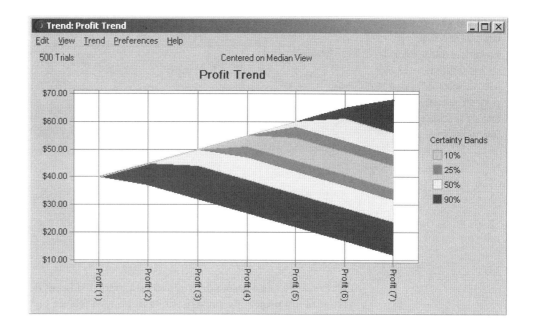

sobre as *medianas* das distribuições de frequência. Em outras palavras, o centro da faixa do meio (o mais claro) dá o valor do lucro de modo que a metade das avaliações deu um valor maior, e metade deu um valor menor. Essa faixa do meio contém os 10% do meio dos valores de lucro (assim, 45% estão em cada lado da faixa). Semelhantemente, as três faixas centrais contêm os 25% do meio dos valores de lucro, as cinco faixas do meio contêm os 50% do meio dos valores de lucro, e todas as sete faixas contêm os 90% do meio dos valores de lucro. (Essas porcentagens estão listadas à direita do gráfico de tendência.) Assim, 5% dos valores de lucro gerados nas avaliações de cada execução de simulação situam-se acima da faixa superior, e 5% situam-se abaixo da faixa inferior.

Um gráfico de tendência mostra as tendências graficamente à medida que o valor de uma variável de decisão aumenta.

O gráfico de tendência recebeu esse nome porque mostra as tendências graficamente à medida que o valor da variável de decisão (a quantidade de encomenda, nesse caso) aumenta. Na Figura 13.46, por exemplo, considere a faixa do meio (escondida na parte estreita do gráfico, no lado esquerdo). Ao passar da terceira quantidade de encomenda (50) para a quarta (55), a faixa do meio está tendendo para cima, mas depois tende para baixo. Assim, o valor médio dos valores de lucro gerados na execução de simulação respectiva aumenta à medida que a quantidade de encomenda também aumenta, até que a mediana atinja o seu pico a uma quantidade de encomenda de 55, depois da qual a mediana tende para baixo. Da mesma forma, a maioria das outras faixas também tende para baixo à medida que a quantidade de encomenda aumenta acima de 55. Isso sugere que uma quantidade de encomenda de 55 é particularmente atraente em termos da sua distribuição inteira de frequência e não apenas do seu valor médio. O fato de o gráfico de tendência estar em expansão à medida que se move para a direita mostra que a variabilidade dos valores de lucro aumenta à medida que a quantidade de encomenda é aumentada. Embora as maiores quantidades de encomenda forneçam alguma chance de lucros particularmente elevados em dias ocasionais, elas também fornecem alguma probabilidade de obtenção de lucro excepcionalmente baixo em um determinado dia. Esse perfil de risco pode ser relevante para Freddie se ele estiver preocupado com a variabilidade de seus lucros diários.

Voltaremos a este estudo de caso na seção seguinte, quando outra característica especial do Crystal Ball, chamada OptQuest, é usada para pesquisar a quantidade de encomenda ideal.

Aplicação da ferramenta tabela de decisão para o problema de licitação da Reliable Construction Co. Bidding

Passamos agora para a aplicação da ferramenta Tabela de Decisão para o problema de licitação da Reliable Construction Co., apresentado na Seção 13.2. Uma vez que o processo de geração de uma Tabela de Decisão já foi apresentado na subseção anterior, nosso foco aqui é resumir os resultados.

FIGURA 13.47
Essa caixa de diálogo especifica as características da variável de decisão NossoLance (C25) na Figura 13.11 para o problema de licitação do contrato da Reliable Construction Co.

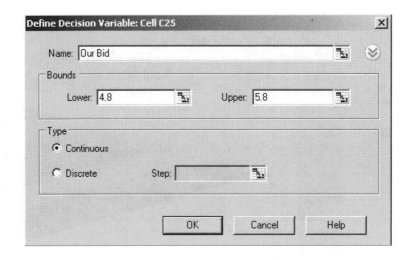

Lembre-se de que a gestão da empresa está preocupada em determinar qual lance deve enviar para um projeto de construção de uma nova fábrica para uma grande indústria. Portanto, a variável de decisão no modelo de planilha da Figura 13.11 é NossoLance (C25). A caixa de diálogo Definir Variável de Decisão na Figura 13.47 é usada para descrever mais essa variável de decisão. A gestão sente que o lance deve estar na faixa entre $4,8 e $5,8 milhões, assim, esses são os números (em unidades de milhões de $) que são inseridos nas caixas de entrada para os Limites nessa caixa de diálogo. Por o lance poder ser *qualquer* quantidade (até em centavos) dentro desse intervalo, a variável foi classificada como uma variável contínua na parte inferior da caixa de diálogo.

A gestão quer escolher o lance que maximize o seu lucro esperado. Consequentemente, a célula de previsão no modelo de planilha é Lucro (C29). Na primeira caixa de diálogo Tabela de Decisão mostrada na Figura 13.48, essa célula de previsão foi selecionada para ser a de destino. Na segunda caixa de diálogo, a variável de decisão NossoLance (C25) já foi trazida para o lado direito como a variável a ser considerada. A decisão foi tomada na terceira caixa de diálogo para testar seis valores para essa variável de decisão. Os seis valores são distribuídos automaticamente e igualmente ao longo do intervalo especificado na Figura 13.47, assim, simulações serão executadas para os lances de 4,8, 5,0, 5,2, 5,4, 5,6 e 5,8 (em milhões de $). A terceira caixa de diálogo também foi usada para especificar que cada simulação será executada por mil avaliações.

A oferta de $5,4 milhões foi o lance vencedor para a Reliable Construction Co. no estudo de caso para o Capítulo 16.

A Figura 13.49 mostra a Tabela de Decisão resultante. Um lance de $5,4 milhões apresenta o maior valor médio dos lucros obtidos nas mil avaliações da execução de simulação. Esse valor médio de $480 mil na célula E2 deve ser uma estimativa do lucro esperado por usar esse lance. O estudo de caso no Capítulo 16 começa com a empresa tendo acabado de ganhar o contrato submetendo esse lance.

O Problema 13.17 pede que você refine essa análise, gerando uma Tabela de Decisão que considere todos os lances entre $5,2 milhões e 5,6 milhões em múltiplos de $0,05 milhões.

Aplicação da ferramenta tabela de decisão para o problema de *overbooking* da Transcontinental Airlines

Conforme descrito na Seção 13.6, a Transcontinental Airlines tem um voo diário popular de São Francisco para Chicago com 150 lugares disponíveis. O número de pedidos de reservas geralmente excede o de assentos em uma quantidade considerável. No entanto, apesar de a tarifa não ser reembolsável, uma média de apenas 80% dos clientes que fazem reservas realmente aparecem para embarcar, por isso parece apropriado aceitar mais reservas do que podem ser usadas. Ao mesmo tempo, os custos significativos são gerados se os clientes com reservas não forem autorizados a embarcar. Portanto, o grupo de ciência da gestão da empresa está analisando qual número de reservas deve ser aceito para maximizar o lucro esperado do voo.

A variável de decisão na Figura 13.28 é ReservasParaAceite (C13).

No modelo de planilha da Figura 13.28, a variável de decisão é ReservasParaAceite (C13), e a célula de previsão é Lucro (F23). O grupo de ciência da gestão quer considerar

FIGURA 13.48
Três caixas de diálogo Decision Table (Tabela de decisão) para a o problema de licitação do contrato da Reliable Construction Co.

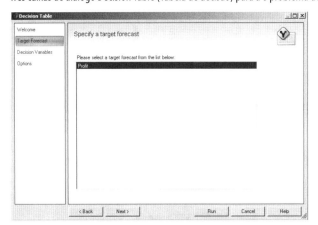
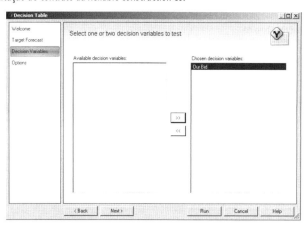
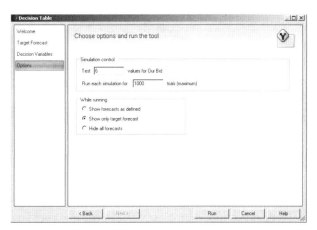

FIGURA 13.49
Tabela de decisão para o problema de licitação do contrato da Reliable Construction Co. descrito na Seção 13.2.

	A	B	C	D	E	F	G
1	Gráfico de Tendência / Gráfico de Sobreposição / Gráficos de Previsão	NossoLance (4.800)	NossoLance (5.000)	NossoLance (5.200)	NossoLance (5.400)	NossoLance (5.600)	NossoLance (5.800)
2		0,188	0,356	0,473	0,480	0,241	0,025
3		1	2	3	4	5	6

valores inteiros da variável de decisão sobre o intervalo entre 150 e 200, assim, a caixa de diálogo Definir Decisão Variável é utilizado da maneira habitual para especificar esses limites na variável e para definir a variável como discreta. As três caixas de diálogo Tabela de Decisão também são usadas na forma usual. Na terceira caixa de diálogo, a decisão é feita para testar 11 valores de ReservasParaAceite (C13), assim, simulações serão executadas para valores em intervalos de cinco entre 150 e 200. O número de avaliações para cada execução de simulação também é fixado em mil nessa caixa de diálogo.

Os resultados são mostrados na Figura 13.50. A Tabela de Decisão na figura revela que a média dos valores de lucro obtidos na execução de simulação respectiva sobe rapidamente à medida que ReservasParaAceite (C13) aumenta até que a média atinja um pico de $11.926 em 185 reservas; depois disso, começa a cair. Apenas as médias de 180 e 190 reservas estão

FIGURA 13.50
Tabela de decisão e gráfico de tendência para o problema de *overbooking* da Transcontinental Airlines descrito na Seção 13.6.

	A	B	C	D	E	F	G	H	I	J	K	L
1	Gráfico de Tendência / Gráfico de Sobreposição / Gráficos de Previsão	ReservasParaAceite (150)	ReservasParaAceite (155)	ReservasParaAceite (160)	ReservasParaAceite (165)	ReservasParaAceite (170)	ReservasParaAceite (175)	ReservasParaAceite (180)	ReservasParaAceite (185)	ReservasParaAceite (190)	ReservasParaAceite (195)	ReservasParaAceite (200)
2		$5.792	$6.898	$7.973	$9.006	$9.984	$10.889	$11.613	$11.926	$11.693	$11.063	$10.303
3		1	2	3	4	5	6	7	8	9	10	11

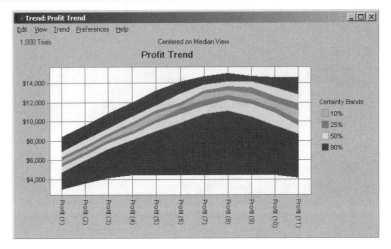

perto desse pico, por isso, parece claro que o número mais rentável de reservas situa-se em algum lugar entre 180 e 190. (Agora que o intervalo de números que precisam ser considerados foi reduzido tanto, o Problema 13.21 pede que você continue essa análise gerando uma Tabela de Decisão que considere todos os valores inteiros ao longo desse intervalo.)

O gráfico de tendência na Figura 13.50 fornece informações adicionais. Todas as sete faixas nesse gráfico tendem para cima até que o número de reservas para aceite atinja cerca de 185, quando começam a tender lentamente para baixo. Isso indica que a distribuição de frequência *inteira* a partir da respectiva execução de simulação permanece se deslocando para cima até que a oitava execução (a para 185 reservas) e, em seguida, começa a se deslocar para baixo. Note também que a largura do conjunto todo de sete faixas aumenta até cerca da oitava execução de simulação e, então, permanece próxima a mesma depois disso. Isso indica que a quantidade de variabilidade dos valores de lucro também aumenta até cerca da oitava execução de simulação e, então, permanece próxima à mesma depois disso.

Perguntas de revisão

1. O que a ferramenta Tabela de Decisão permite que você faça que uma única execução de simulação com um valor da variável de decisão não permite?
2. Quais são as vantagens de usar a ferramenta Tabela de Decisão, em vez de simplesmente usar tentativa e erro para avaliar diferentes valores da variável de decisão e executando uma simulação para cada uma?
3. Qual é o número máximo de variáveis de decisão que pode ser variado simultaneamente em uma Tabela de Decisão?
4. Qual procedimento precisa ser usado antes de escolher Tabela de Decisão do menu Ferramentas do Crystal Ball?
5. Depois de escolher a Tabela de Decisão nesse menu, qual o propósito da primeira caixa de diálogo?
6. Qual o propósito da segunda caixa de diálogo?
7. Qual o propósito da terceira caixa de diálogo?
8. O que um gráfico de sobreposição mostra?
9. Que tipo de informação é resumido pelas faixas em um gráfico de tendência?

10. Depois de uma Tabela de Decisão ter sido usada para limitar o intervalo de valores de uma variável de decisão que precisam ser considerados, como pode outra Tabela de Decisão ser usada para melhor se aproximar ao valor ideal da variável de decisão?

13.9 OTIMIZAÇÃO COM OPTQUEST

Na seção anterior, você viu como a ferramenta Tabela de Decisão, algumas vezes, pode ser usada para encontrar pelo menos uma resposta próxima de uma solução ideal. Os três exemplos apresentados ilustram o tipo de problema em que a ferramenta Tabela de Decisão pode fazer isso bem. Todos os três exemplos tinham apenas uma *única* variável de decisão. (Lembre-se de que uma Tabela de Decisão pode considerar um máximo de apenas duas variáveis de decisão.) Além disso, em dois desses exemplos (o caso de estudo envolvendo Freddie e o exemplo de *overbooking* da companhia aérea), a única variável de decisão era uma variável *discreta*, que tinha apenas um número moderado de valores possíveis necessitando de uma análise (ou seja, números de valores inteiros ao longo de um intervalo razoavelmente pequeno). Isso permitiu usar uma Tabela de Decisão para identificar um pequeno intervalo de valores que proporcionam as melhores soluções. Se desejado, uma segunda Tabela de Decisão pode ser gerada para avaliar *todo* valor possível da variável de decisão nesse pequeno intervalo.

No entanto, essa abordagem não funciona tão bem quando a única variável de decisão é uma variável contínua ou uma variável discreta com uma grande variedade de valores possíveis. Também é mais difícil com duas variáveis de decisão. Não é nem um pouco viável para problemas maiores com mais de duas variáveis de decisão e inúmeras soluções possíveis. Muitos problemas na prática se enquadram nessas categorias.

Felizmente, o Crystal Ball inclui outro módulo chamado **OptQuest**, que procura automaticamente a solução ideal para os modelos de simulação com qualquer número de variáveis de decisão. Com base em anos de pesquisa em otimização e inteligência artificial, o OptQuest fornece um poderoso motor de busca para conduzir uma pesquisa inteligente e eficiente para a melhor solução. (As ideias são semelhantes às descritas na Seção 8.5 para os algoritmos genéticos.) A pesquisa é conduzida por meio de uma série de execuções de simulação para avaliar uma sequência de candidatos principais a uma solução ideal, em que os resultados determinam o candidato restante mais promissor para ser avaliado em seguida. O OptQuest não pode garantir que a melhor solução encontrada será literalmente uma solução ideal. No entanto, dado tempo suficiente, muitas vezes ele encontrará uma solução ideal e, se não, geralmente, uma solução próxima à ideal. Para problemas com apenas algumas variáveis de decisão discretas, com frequência, oferecerá uma solução ideal relativamente cedo no processo e depois passar o resto do tempo descartando outros candidatos a soluções. Assim, embora o OptQuest não possa dizer quando encontrou uma solução ideal, pode estimar (no intervalo de precisão fornecido por execuções de simulações) que outros candidatos principais não são melhores que a melhor solução encontrada até agora.

Para ilustrar como usar o OptQuest, começamos com um problema com o qual ele pode lidar com extrema facilidade, ou seja, o estudo de caso com Freddie. Após resumir o procedimento geral, podemos então recorrer a um exemplo mais desafiador que envolve a seleção de projetos.

Aplicação do OptQuest ao estudo de caso

Na seção anterior, a Tabela de Decisão gerada na Figura 13.44 indicou que o jornaleiro Freddie deve pedir entre 50 e 60 cópias do *Financial Journal* por dia. Agora, veremos como OptQuest pode estimar qual a quantidade de encomenda específica maximizaria seu lucro médio diário.

Antes de abrir o OptQuest, os passos iniciais são os mesmos descritos na Seção 13.1 para preparar o começo de uma única execução da simulação. Assim, após a formulação do modelo de simulação de uma planilha, como mostrado na Figura 13.1, o Crystal Ball é utilizado para definir as células de suposição Demanda (C12) e a célula de previsão Lucro (C18), incluindo a especificação da precisão para a célula de previsão (como na Figura 13.9). As caixas de diálogo Preferências de Execução também são utilizadas na forma habitual. Essas definições e preferências de execução definidas no Crystal Ball são as que serão usadas pelo OptQuest.

FIGURA 13.51
Três caixas de diálogo que mostram as Run Preferences (Preferências de execução) recomendadas para a maioria das aplicações do OptQuest.

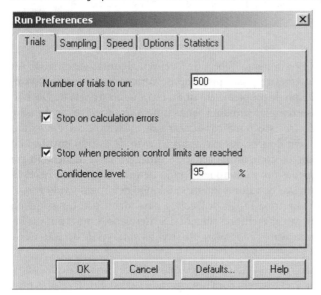
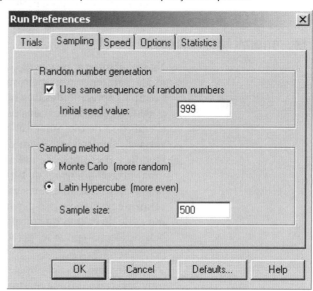
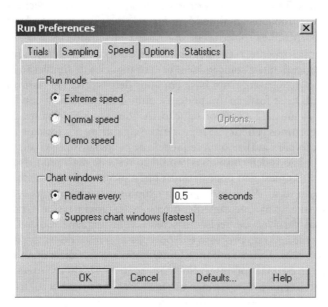

As caixas de diálogo na Figura 13.51 mostram as preferências de execução recomendadas para a maioria das aplicações do OptQuest. A caixa de Avaliações com a parte superior esquerda da figura indica que o número máximo de avaliações para cada execução de simulação foi fixado em 500. Esse número representa um equilíbrio entre dois objetivos valiosos. Um objetivo é conseguir um elevado grau de precisão por ter muitas avaliações em cada execução de simulação. O objetivo conflitante é deixar tempo para várias execuções de simulação de modo que inúmeros candidatos a uma solução ideal possam ser avaliados. Quando a estatística principal que está sendo obtida a partir de cada execução de simulação é a *média* dos valores na célula de previsão, 500 avaliações fornecem um bom equilíbrio entre esses dois objetivos porque a média tende a se estabilizar suficientemente para esse número de avaliações. No entanto, quando a estatística principal de interesse é uma mais difícil de ser estimada precisamente, como um percentil em uma extremidade da cauda da distribuição de frequência (ou até mesmo o valor máximo ou mínimo nessa distribuição), um maior número de avaliações (pelo menos mil) deve ser usado.

Na caixa de diálogo Amostra de Preferências de Execução exibida na parte direita superior da Figura 13.51, a opção de utilizar a mesma sequência de números aleatórios (com um

FIGURA 13.52
Tela de boas-vindas do OptQuest. Os outros painéis dessa caixa de diálogo (Objetivos, Variáveis de Decisão, Restrições e Opções) podem ser visitados sequencialmente clicando em Avançar na parte inferior da caixa de diálogo, ou escolhidos diretamente clicando no título apropriado, no lado esquerdo da caixa de diálogo.

FIGURA 13.53
O painel Objectives (Objetivos) da caixa de diálogo OptQuest é usado para especificar o objetivo da otimização e, opcionalmente, adicionar requisitos de que quaisquer estatísticas não fiquem abaixo de um limite inferior ou acima de um limite superior.

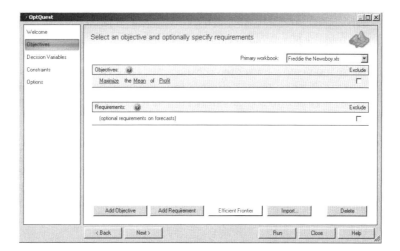

valor inicial de 999) para cada execução de simulação a ser escolhida. Isso permite que o padrão dos números aleatórios afete cada execução de simulação da mesma maneira, o que aumenta a precisão quando se comparam os resultados a partir de diferentes avaliações de simulação. O método de amostragem por hipercubo latino também é recomendável. Ele garante que uma amostragem representativa de toda a distribuição de probabilidade foi inserida em cada célula de suposição, o que melhora a qualidade dos resultados (especialmente a média) de cada execução de simulação.

Na caixa de diálogo Velocidade das Preferências de Execução exibida na parte inferior da Figura 13.51, recomenda-se escolher velocidade Extrema. Ela executa simulações até 100 vezes mais rápidas que a velocidade Normal, mas tem problemas de compatibilidade com algumas funções esotéricas do Excel.

O passo final antes de abrir o OptQuest é definir as variáveis de decisão para o problema utilizando o procedimento apresentado na Seção 13.8. Nesse caso, a única variável de decisão é QuantidadeDoPedido (C9). A Figura 13.42 (na Seção 13.8) mostra a caixa de diálogo utilizada para defini-la, incluindo seus limites de 40 e 70.

Agora estamos prontos para abrir o OptQuest. Isso é feito escolhendo o OptQuest da faixa Crystal Ball (para o Excel 2007 ou 2010) ou Executar menu (para versões anteriores do Excel). O que traz a tela de boas-vindas do OptQuest exibida na Figura 13.52. Os vários painéis dessa caixa de diálogo (Objetivos, Variáveis de Decisão, Restrições e Opções) podem ser visitados sequencialmente clicando em Avançar na parte inferior da caixa de diálogo, ou escolhidos diretamente clicando no título apropriado no lado esquerdo da caixa de diálogo.

O painel de Objetivos da caixa de diálogo OptQuest, exibido na Figura 13.53, é usado para especificar o objetivo da otimização. Clicar no botão Adicionar Objetivo adiciona a função objetivo padrão de maximizar a média da célula de previsão (o Lucro, nesse exemplo). Você pode alterar isso clicando em qualquer parte do objetivo. Por exemplo, clicar em "Maximizar" lhe dá a opção de maximizar, minimizar ou definir um valor de destino determinado para o objetivo. Clicar em "Média" lista muitas estatísticas possíveis (incluindo Média, Mediana, Modo, Desvio Padrão e Certeza), enquanto clicar em "Lucro" lista todas as células de previsão. Selecione a que você deseja otimizar. No nosso exemplo, a função objetivo padrão de maximizar a média de Lucro é o que queremos.

Se você desejar adicionar o requisito de que uma solução não deve ser considerada se uma estatística específica para ela ficar abaixo de um limite inferior ou acima de um limite superior, isso pode ser feito clicando no botão Adicionar Requisito e, aí, especificando a estatística e o limite. Isso podia ter sido utilizado, por exemplo, para eliminar quaisquer quantidades de encomenda cuja variabilidade (desvio padrão) dos seus lucros diários é muito grande, mas Freddie escolheu não adicionar esse requisito.

A Figura 13.54 mostra o painel Variáveis de Decisão da caixa de diálogo OptQuest. Ele é usado para selecionar as variáveis de decisão a variar (clicando na coluna Selecionar) e para definir seus limites nas terceira e quinta colunas. Todas as variáveis de decisão que tenham sido definidas serão listadas aqui, juntamente com os seus limites, tipo variável e (se discreta) tamanho do passo. Todas essas informações para a única variável de decisão de Freddie vêm da caixa de diálogo Definir Variável de Decisão na Figura 13.42 (na Seção 13.8). A entrada de 60 na coluna Caso Base vem do valor que estava na planilha utilizada na simulação anterior executada na Seção 13.1. As entradas nas colunas Limite devem ser verificadas nesse momento para ver se você quer mudá-las. O OptQuest considerará apenas os valores entre os limites, assim, definir os limites o menor possível sem eliminar o valor ideal acelerará a busca de uma solução ideal. Para ilustrar melhor o que o OptQuest pode fazer sem a ajuda

FIGURA 13.54
O painel Decision Variables (Variáveis de Decisão) da caixa de diálogo OptQuest é usado para especificar o objetivo da otimização e, opcionalmente, adicionar requisitos que nenhuma estatística fique abaixo de um limite inferior ou acima de um limite superior.

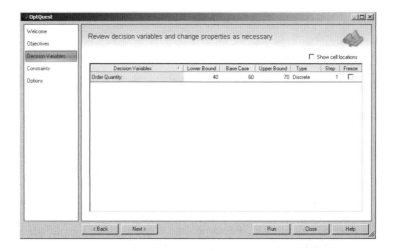

FIGURA 13.55
O painel Constraints (Restrições) da caixa de diálogo do OptQuest é utilizado para inserir quaisquer restrições relevantes do tipo utilizado em programação linear.

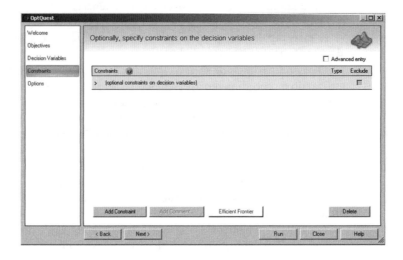

de uma Tabela de Decisão, ignoraremos os resultados da Seção 13.8 e, assim, ficaremos com os valores mostrados na Figura 13.54.

Clicar Avançar leva ao painel Restrições da caixa de diálogo do OptQuest exibida na Figura 13.55. Esse painel é utilizado para inserir quaisquer restrições relevantes do tipo utilizado em programação linear. O problema de Freddie não tem nenhuma dessas limitações,

FIGURA 13.56
O painel Options (Opções) da caixa de diálogo OptQuest é usado para especificar várias opções ao executar a otimização.

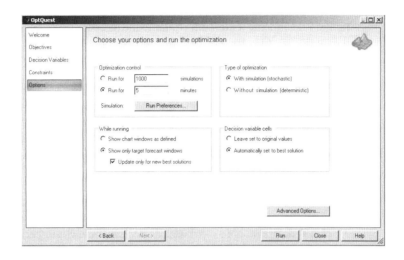

FIGURA 13.57
Resultados de otimização fornecidos pelo OptQuest para o estudo de caso introduzido na Seção 13.1. A melhor solução encontrada para Freddie é usar uma quantidade de encomenda de 55.

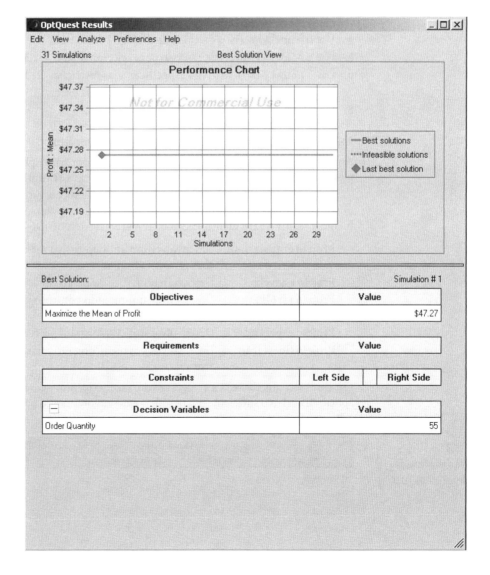

assim, deixamos vazia essa caixa de diálogo para o painel de restrições. (O nosso exemplo a seguir ilustrará a inclusão de uma restrição.)

Clicar em Avançar leva ao painel Opções da caixa de diálogo do OptQuest exibido na Figura 13.56. Ele é usado para controlar o tempo de execução da otimização (cinco minutos para o problema de Freddie).

Nesse momento, clicar em Executar na caixa de diálogo OptQuest inicia a busca por uma solução ideal. A Figura 13.57 mostra os resultados do OptQuest ao concluir a pesquisa. O OptQuest inicialmente tentou uma quantidade de encomenda de 55, o que previa um lucro médio de $47,27 . O gráfico de desempenho no topo da Figura 13.57 aponta o melhor valor de lucro médio encontrado até agora ao longo do processo de pesquisa. A execução de simulação subsequente tentou outras quantidades de encomenda, mas não conseguiu melhorar essa média de lucro, de modo que a otimização foi encerrada e o OptQuest relatou que a melhor solução, encontrada. Assim, uma quantidade de encomenda de 55 foi (em toda a probabilidade) a solução ideal para o problema de Freddie. Ela é, então, copiada para a planilha do Excel.

Aqui está um resumo de todo o procedimento para a aplicação do OptQuest que acaba de ser ilustrado para o problema de Freddie.

Procedimento para aplicar o OptQuest

1. Formule seu modelo de simulação em uma planilha.
2. Use o Crystal Ball para completar a sua formulação, definindo as suas células de suposição, as de previsão e as variáveis de decisão, bem como para definir suas preferências de execução.
3. Selecione OptQuest da faixa Crystal Ball (para o Excel 2007 ou 2010) ou no menu Executar (para versões anteriores do Excel) para abrir a caixa de diálogo do OptQuest.
4. Use o painel Objetivos da caixa de diálogo para especificar o objetivo.
5. Use o painel Variáveis de Decisão para selecionar suas variáveis de decisão.
6. Use o painel Restrições para especificar suas restrições (se houver).
7. Use o painel Opções para especificar o tempo de execução.
8. Clique em Executar para executar a otimização.

Aplicação do OptQuest em um exemplo de seleção de projeto

Agora voltamo-nos para um exemplo mais desafiador para aplicar o OptQuest. Esse exemplo é baseado nos Casos 3 a 7, no final do Capítulo 3. A seguir, os fatos principais.

A Tazer Corp., uma fábrica de produtos farmacêuticos, está começando a pesquisar um novo medicamento importante. Os cinco projetos em potencial de pesquisa e desenvolvimento a seguir foram identificados na tentativa de desenvolvê-lo.

Projeto entusiasmo: Desenvolver um antidepressivo mais eficaz que não cause alterações graves de humor.
Projeto estável: Desenvolver um medicamento voltado para o maníaco-depressivo.
Projeto escolha: Desenvolver um método contraceptivo menos intrusivo para as mulheres.
Projeto esperança: Desenvolver uma vacina para prevenir a infecção pelo HIV.
Projeto libertação: Desenvolver um medicamento mais eficaz para reduzir a pressão arterial.

Em contraste aos Casos 3 a 7, a gestão da Tazer concluiu agora que a companhia não pode aplicar dinheiro o suficiente em pesquisa e desenvolvimento para realizar todos esses proje-

TABELA 13.3
Dados para o problema de seleção de projeto da Tazer

Projeto	Investimento P&D ($milhões)	Taxa de sucesso	Receita ($milhões) se bem-sucedido Média	Desvio Padrão
Entusiasmo	400	50%	1.400	400
Estável	300	35%	1.200	400
Escolha	600	35%	2.200	600
Esperança	500	20%	3.000	900
Libertação	200	45%	600	200

tos. Apenas 1,2 bilhão está disponível, o que será o suficiente apenas para dois ou três dos projetos. A segunda coluna da Tabela 13.3 mostra a quantidade necessária (em milhões de $) para cada um deles. A terceira coluna estima a probabilidade de cada projeto ser capaz de desenvolver um medicamento bem-sucedido. Se um projeto é bem-sucedido, é totalmente incerto o quanto de receita seria gerada pelo medicamento. A estimativa da receita (em milhões de $) é que ela tem uma *distribuição normal* com a média e o desvio padrão dado nas últimas duas colunas da tabela.

A gestão da Tazer agora quer determinar quais desses projetos devem ser realizados para maximizar o seu lucro total esperado a partir das receitas resultantes (se houver). Por causa da incógnita que o lucro total passará a ser, os gestores também gostariam de ter uma probabilidade razoavelmente alta em alcançar um lucro satisfatório total (pelo menos $100 milhões).

A Figura 13.58 mostra um modelo de planilha para esse problema. Os dados da Tabela 13.3 foram transferidos para as células C7:F11. As células na coluna a seguir, Sucesso? (G7:G11) são células de suposição que terão um valor de 0 ou 1 para cada avaliação de uma execução de simulação. (Os valores temporários inseridos na coluna G na Figura 13.58 antes de uma execução de simulação são baseados na coluna D.) Esse valor indica se o projeto correspondente falharia (um valor de 0) ou teria sucesso (um valor de 1) nessa avaliação, se fosse realizada. Assim, a distribuição de probabilidade inserida em cada uma dessas células de suposição precisa ser uma *distribuição binomial* (como descrito na Seção 13.7), em que os parâmetros são que o número de avaliações para essa distribuição é 1, e a probabilidade de um sucesso sobre essa avaliação é na coluna D. As células na coluna H, Receita (H7:H11), também são células de suposição. A distribuição de probabilidade para cada é uma *distribuição normal* com os parâmetros dados nas colunas E e F.

As células na coluna J, Decisões (J7:J11), são as variáveis de decisão para o modelo. Cada uma dessas variáveis de decisão é uma *variável binária*, isto é, uma variável cujos únicos

FIGURA 13.58
Modelo de planilha para a aplicação da simulação por computador ao problema de seleção de projeto da Tazer Corp. As células de suposição são Sucesso? (G7:G11) e Receita (H7:H11), as variáveis de decisão são Decisões (J7:J11) e a célula de previsão é LucroTotal (I13).

	A	B	C	D	E	F	G	H	I	J
1		Seleção de projeto de orçamento limitado								
2										
3					Receita estimada					
4			P&D		$milhões se bem-sucedido					
5			investimento	Taxa de	(Distribuição Normal)			Receita ($milhões)		
6		Projeto	($milhões)	sucesso	Média	Desvio padrão	Sucesso?	(se bem-sucedido)	Lucro	Decisões
7		Entusiasmo	400	50%	1.400	400	0,5	1.400	0,00	0
8		Estável	300	35%	1.200	400	0,35	1.200	0,00	0
9		Escolha	600	35%	2.200	600	0,35	2.200	0,00	0
10		Esperança	500	20%	3.000	900	0,2	3.000	0,00	0
11		Libertação	200	45%	600	200	0,45	600	0,00	0
12										
13		Investido	0					Lucro total ($milhões)	0,00	
14				<=						
15		Orçamento	1.200							

Nomes de intervalo	Células
Orçamento	C15
Decisões	J7:J11
Investido	C13
Lucro	I7:I11
InvestimentoPeD	C7:C11
Receita	H7:H11
Sucesso?	G7:G11
LucroTotal	I13

	I
6	Lucro
7	=Decisões*(Sucesso?*Receita-InvestimentoPeD)
8	=Decisões*(Sucesso?*Receita-InvestimentoPeD)
9	=Decisões*(Sucesso?*Receita-InvestimentoPeD)
10	=Decisões*(Sucesso?*Receita-InvestimentoPeD)
11	=Decisões*(Sucesso?*Receita-InvestimentoPeD)
12	
13	=SOMAR(Lucro)

	B	C
13	Investido	=SOMARPRODUTO(InvestimentoPeD,Decisões)

valores possíveis são 0 e 1. Por exemplo, a decisão Definir caixa de diálogo Variáveis na Figura 13.59 mostra como a variável de decisão na célula J7 é definida dessa forma, dando-lhe limites de 0 e 1 e, em seguida, especificando que é uma variável discreta com um tamanho de passo de 1. As outras quatro variáveis de decisão são definidas da mesma maneira. Para cada projeto listado na coluna B, a variável de decisão correspondente na coluna J tem a seguinte interpretação.

FIGURA 13.59
Caixa de diálogo Define Decision Variable (Definir Variável de Decisão), especifica as características da primeira variável de decisão Projeto Entusiasmo no modelo de simulação da Figura 13.58. As outras variáveis de decisão são definidas da mesma maneira.

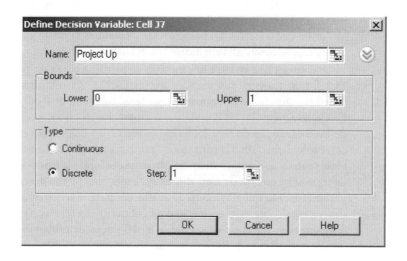

FIGURA 13.60
Os quatro painéis da caixa de diálogo OptQuest mostram as escolhas necessárias para aplicá-lo ao problema de seleção de projeto da Tazer Corp. formulado na Figura 13.58.

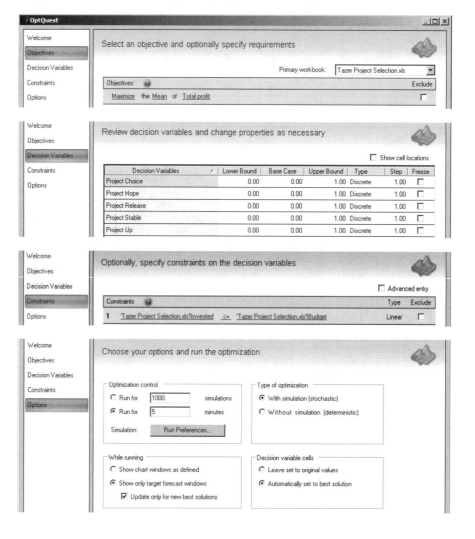

$$\text{Variável de decisão} = \begin{cases} 1, \text{ se aprovar o projeto} \\ 0, \text{ se rejeitar o projeto} \end{cases}$$

Orçamento (C15) dá a quantidade máxima que pode ser investida nesses projetos de pesquisa e desenvolvimento. A célula de saída Investido (C13) registra o valor total investido nos projetos, dadas as decisões pelas quais são aprovados. A equação inserida nessa célula é mostrada sob a folha de cálculo do lado esquerdo da Figura 13.58. O orçamento limitado significa que as variáveis de decisão devem satisfazer a restrição que

$$\text{Investido (C13)} \leq \text{Orçamento (C15)}$$

As células de saída Lucro (I7:I11) dão o lucro (receita menos investimento) de cada projeto em cada tentativa de uma execução de simulação. O lucro de um projeto é 0 se ele for rejeitado. Se aprovada, a receita é 0 se o projeto não for bem-sucedido (como seria indicado por um 0 na linha correspondente da coluna G). Se o projeto for bem-sucedido (como seria indicada por um 1 em sua linha da coluna G), a receita dessa avaliação será o valor aleatório que aparece na linha correspondente da coluna H. Portanto, as equações inseridas no lucro (I7:I11) são as mostradas no canto inferior direito da Figura 13.58. Observe também que SOMAR (Lucro) dá o valor na *célula de previsão* LucroTotal (I13).

Depois de usar o Crystal Ball para definir as células de suposição e as de previsão da forma habitual (junto com as variáveis de decisão), escolha OptQuest na faixa Crystal Ball (para o Excel 2007 ou 2010) ou no menu Executar (para versões anteriores do Excel). Os quatro painéis principais da caixa de diálogo OptQuest são mostrados na Figura 13.60.

A gestão da Tazer está buscando uma solução que maximize a média de LucroTotal (I13) na Figura 13.58, assim, esse objetivo é inserido no painel Objetivos na Figura 13.60. O painel Variáveis de Decisão lista as cinco variáveis de decisão, usando os nomes dados a eles na caixa de diálogo Definir Variáveis de Decisão. As entradas de 0 na coluna Caso Base surgem das entradas arbitrárias de 0 nas Decisões (J7:J11) no modelo de planilha mostrado na Figura 13.58. Inserir uma melhor estimativa para uma boa solução na coluna Caso Base aceleraria o OptQuest, mas ficaremos com os valores de 0 para dar mais um desafio ao OptQuest.

Além dos limites sobre as variáveis de decisão individuais, o orçamento limitado impõe outra restrição. As variáveis de decisão devem satisfazer a restrição em que Investido (C13) <= Orçamento (C15). Essa restrição está inserida no painel Restrições da caixa de diálogo OptQuest. Primeiro, clique em Adicionar Restrição, em seguida, escolha a célula C13 (Investido), o tipo de restrição <=, e célula C15 (Orçamento) para inserir a restrição. Um tempo de execução de cinco minutos foi especificado no painel Opções da caixa de diálogo.

A Figura 13.61 resume os resultados obtidos pelo OptQuest durante essa execução. A trama na Figura 13.61 indica que OptQuest encontrou a melhor solução com a simulação 1. Muitas simulações subsequentes não conseguiram encontrar qualquer melhoria adicional, como representado graficamente pela longa e plana linha no topo do gráfico de desempenho. Nesse ponto, o OptQuest determinou que não estavam disponíveis soluções melhores, de modo que a otimização foi terminada. Consequentemente, a conclusão é que essa solução

Escolher Projeto Escolha, Projeto Libertação e Projeto Entusiasmo.
Média do lucro total = $584,41 milhões

é, com em toda a probabilidade, a ideal.

A Figura 13.62 mostra o gráfico de frequência obtido com a execução de simulação que utilizou a melhor solução. Ele exibe um elevado grau de variabilidade nos valores de lucro obtidos durante as várias atividades da execução de simulação. Há uma probabilidade substancial de realmente incorrer em uma perda a partir dos projetos de pesquisa e de desenvolvimento selecionados (o que é bastante comum nessa indústria). De fato, 85 das 500 avaliações resultaram em uma perda de $1,2 bilhão porque os três projetos fracassaram. Felizmente, também há uma boa chance de colher lucros extremamente grandes. Uma vez que a gestão da Tazer gostaria de ter uma alta probabilidade de obtenção de um lucro total de pelo menos $100 milhões, essa quantidade foi inserida na caixa no canto inferior esquerdo. A caixa Certeza indica que 58,78% das avaliações chegaram, ao menos, a esse valor.

A administração da Tazer esperava ter uma maior probabilidade de obtenção de um lucro total de pelo menos 100 milhões de dólares. Portanto, a questão levantada é se poderia haver outra combinação de projetos de pesquisa e de desenvolvimento que a aumentariam.

FIGURA 13.61
Resultados de otimização fornecidos pelo OptQuest para o problema de seleção de projeto da Tazer Corp. A melhor solução encontrada é aprovar o Projeto escolha, o Projeto libertação e o Projeto entusiasmo.

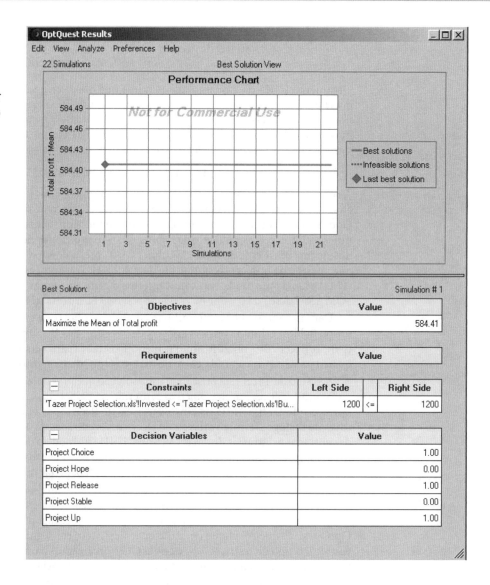

FIGURA 13.62
Gráfico de frequência para a melhor solução encontrada na Figura 13.61. A caixa Certeza mostra a porcentagem de avaliações que deram um lucro de pelo menos $100 milhões.

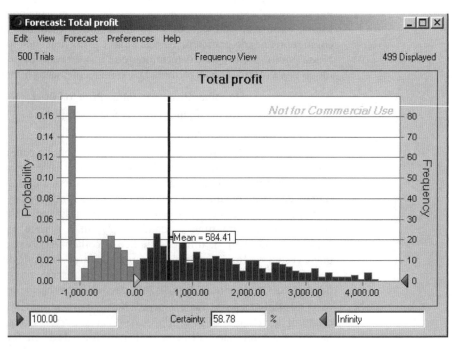

Para abordar essa questão, escolha o painel Objetivos na caixa de diálogo do OptQuest. Em vez de maximizar a média, escolha Certeza. Em seguida, insira um limite inferior de 100 e um limite superior de Infinito. Uma vez que as unidades de milhões de $ estão sendo usadas, isso muda o objetivo do painel Objetivos (como mostrado na Figura 13.63) para encontrar a solução que maximiza a *probabilidade* (certeza) que o lucro total será de pelo menos $100 milhões.

Reexecutar o OptQuest com esse novo objetivo conduz aos resultados mostrados na Figura 13.64. As simulações 7 e 15 tiveram sucesso na melhoria da melhor solução anterior. O gráfico de desempenho descreve o progresso realizado. A melhor solução encontrada no final da execução teve 61,91% dos ensaios, proporcionando um lucro total de pelo menos $100 milhões. Essa solução é

Escolha Projeto Entusiasmo e Projeto Estável

61,91% de certeza do lucro total ≥ $100 milhões

FIGURA 13.63
As escolhas feitas no painel Objetivos permitirão que o OptQuest maximize a probabilidade de que a Tazer Corp. obterá um lucro de pelo menos $100 milhões a partir da sua escolha de projetos de pesquisa e de desenvolvimento.

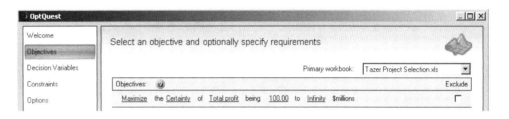

FIGURA 13.64
Resultados de otimização fornecidos pelo OptQuest para a revisão do problema de seleção de projeto da Tazer Corp. que usa o objetivo especificado na Figura 13.63. A melhor solução é aprovar o Projeto Entusiasmo e o Projeto Estável.

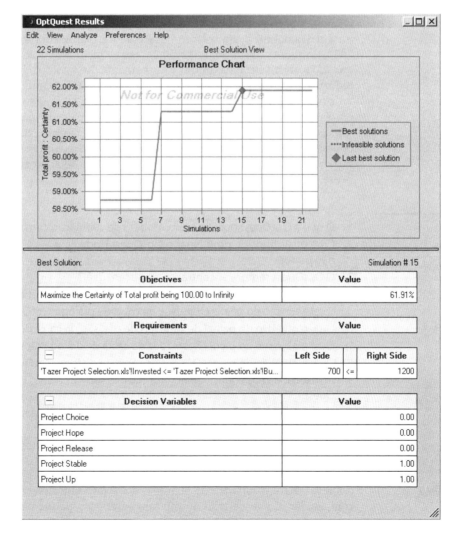

FIGURA 13.65
Gráfico de frequência para os valores de lucro obtidos na execução de simulação que forneceu a melhor solução na Figura 13.64. A caixa Certeza mostra a porcentagem dos ensaios que deram um lucro de pelo menos $100 milhões.

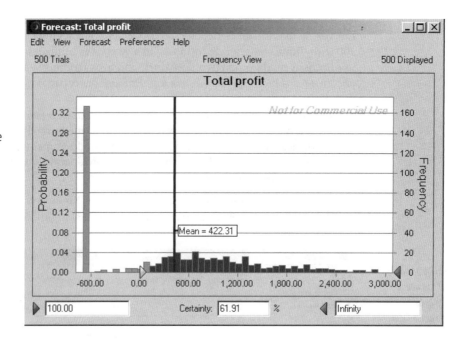

Ao mudar a partir da solução encontrada na Figura 13.61, essa solução mais conservadora conseguiu aumentar a probabilidade estimada de alcançar um lucro total satisfatório de 58,78% até 61,91%.

No entanto, depois de copiar a melhor solução na Figura 13.64 para o Excel e exibir os resultados para essa execução de simulação, o gráfico de frequência na Figura 13.65 revela uma desvantagem dessa solução conservadora. Sua média do lucro total era de apenas $422,31 milhões contra $584,41 milhões para a melhor solução encontrada na Figura 13.61, quando o objetivo era maximizar esse montante. Ao mesmo tempo, a solução conservadora reduziu a perda máxima possível de $1,2 bilhão para $700 milhões.

Como conclusão, o OptQuest submeteu à escolha da gestão da Tazer dois tipos diferentes de soluções, com informações consideráveis sobre cada uma. Uma parece ser a melhor solução de alto risco e alta recompensa disponível, pois maximiza o lucro total que seria obtido na média. A outra parece ser a melhor solução conservadora disponível, pois maximiza as chances de obter um lucro satisfatório. Ao avaliar o equilíbrio entre risco e recompensa, a gestão poderá decidir.

Perguntas de revisão

1. O que o OptQuest busca em um modelo de simulação com variáveis de decisão?
2. Com quais tipos de problemas o OptQuest pode lidar e a ferramenta Tabela de Decisão não pode?
3. O OptQuest sempre encontra uma solução ideal?
4. Quais passos iniciais precisam ser concluídos antes de abrir o OptQuest?
5. Qual a função do painel Objetivos da caixa de diálogo OptQuest?
6. Qual o objetivo do painel de variáveis de decisão da caixa de diálogo OptQuest?
7. Qual o objetivo do painel Restrições da caixa de diálogo OptQuest?
8. Qual o objetivo do painel Opções da caixa de diálogo OptQuest?
9. Ao executar o OptQuest, quais informações são fornecidas na janela Resultados do OptQuest?
10. Ao executar o OptQuest, qual a orientação sobre quando é razoável terminar a execução manualmente?
11. As variáveis de decisão para o exemplo de seleção dos projetos precisavam ser de que tipo?

13.10 RESUMO

Cada vez mais, o software de planilha está sendo utilizado para realizar simulações por computador. Como descrito no capítulo anterior, o pacote padrão do Excel, por vezes, é suficiente para tanto. Além disso, alguns suplementos do Excel estão disponíveis e aumentam muito essas capacidades. O Crystal Ball é um suplemento desse tipo especialmente poderoso.

Quando se utiliza o Crystal Ball, cada célula de entrada que tem um valor aleatório é referida como uma *célula de suposição*. O procedimento para defini-la inclui selecionar um dos 21 tipos de distribuição de probabilidade de uma Galeria de Distribuição para inserir na célula. Quando os dados históricos estão disponíveis, o Crystal Ball também tem um procedimento para identificar qual a distribuição contínua melhor encaixa os dados.

Uma célula de saída usada para prever uma medida do desempenho é chamada de *célula de previsão*. Cada avaliação de uma execução de simulação gera um valor em cada célula de previsão.

Quando a execução de simulação é completada, o Crystal Ball fornece os resultados de uma variedade de formas úteis, incluindo uma distribuição de frequência, uma tabela de estatísticas, uma tabela de percentis e um gráfico cumulativo.

Quando um modelo de simulação tem uma ou duas variáveis de decisão, o Crystal Ball disponibiliza uma ferramenta de *Tabela de Decisão* que sistematicamente aplica a simulação por computador para identificar, pelo menos, uma aproximação de uma solução ideal. Um *gráfico de tendência* também fornece visões adicionais para auxiliar na tomada de decisão.

Além disso, o Crystal Ball inclui um módulo de otimização poderoso chamado OptQuest, baseado em anos de pesquisa em otimização e inteligência artificial. Ele utiliza de maneira eficaz uma série de execução de simulação para procurar uma solução ideal para um modelo de simulação com qualquer número de variáveis de decisão.

A disponibilidade de um software poderoso permite que os gestores adicionem a simulação por computador ao seu *kit* de ferramenta pessoal de técnicas de ciência da gestão para a análise de alguns problemas fundamentais de gestão. Uma variedade de exemplos neste capítulo ilustra algumas das muitas possibilidades de aplicações importantes de simulação por computador.

Glossário

avaliação Única aplicação do processo de geração de uma observação aleatória de cada distribuição de probabilidade inserida na planilha e, em seguida, calculando as células de saída da forma habitual e gravando os resultados de interesse. (Seção 13.1), 522

célula de previsão Célula de saída que está sendo usada por uma simulação por computador para prever uma medida de desempenho. (Seção 13.1), 524

célula de suposição Célula de entrada que tem um valor aleatório, de forma que uma distribuição de probabilidade assumida deve ser inserida na célula em vez de inserir um único número permanentemente. (Seção 13.1), 522

Ferramenta Tabela de Decisão Módulo do Crystal Ball que sistematicamente aplica a simulação por computador em um intervalo de valores de uma ou duas variáveis de decisão e, em seguida, exibe os resultados em uma tabela. (Seção 13.8), 569

Galeria de Distribuição Galeria Crystal Ball de 21 de distribuições de probabilidade de onde uma é escolhida para ser inserida em qualquer célula de suposição. (Seções 13.1 e 13.7), 523, 557

OptQuest Módulo do Crystal Ball que procura automaticamente por uma solução ideal para um modelo de simulação com qualquer número de variáveis de decisão. (Seção 13.9), 577

perfil de risco Distribuição de frequência do retorno de um investimento. (Seção 13.5), 547

Auxiliares de aprendizagem para este capítulo em seu MS Courseware

Capítulo 13: arquivos do Excel
Estudo de caso de Freddie, o jornaleiro
Exemplo de licitação da Reliable Co.
Exemplo de cronograma de projeto da Reliable Co.
Programação linear do fluxo de caixa da Everglade Co.
Exemplo de gerenciamento do fluxo de caixa da Everglade Co.
Exemplo de análise de risco financeiro da Think-Big Co.

Exemplo de overbooking da Transcontinental Airlines
Exemplo de seleção de projeto da Tazer Corp.
Dados de vendas 1
Dados de vendas 2
Suplemento do Excel:
Crystal Ball

Problema solucionado (consulte o CD-ROM ou o *site* para a solução)

13.S1. Economizar para a aposentadoria

Patrick Gordon está a dez anos da aposentadoria. Ele acumulou um pé-de-meia de $100 mil que gostaria de investir em seus anos dourados. Além disso, está confiante de que pode investir $10 mil a mais por ano até a aposentadoria. Ele está curioso sobre que tipo de pé-de-meia pode esperar acumular na aposentadoria daqui a dez anos.

Patrick planeja dividir seus investimentos de forma uniforme entre quatro investimentos: um fundo de mercado monetário, um de ações doméstico, um global de ações e um fundo de crescimento agressivo. Com base nos resultados anteriores, Patrick espera que cada um desses recursos dê um retorno em cada um dos próximos dez anos de acordo com as distribuições mostradas na tabela a seguir.

Fundo	Distribuição
Mercado financeiro	Uniforme (mínimo = 2%, máximo = 5%)
Ação doméstica	Normal (média = 6%, desvio padrão = 5%)
Ação global	Normal (média = 8%, desvio padrão = 10%)
Crescimento agressivo	Normal (média = 11%, desvio padrão = 16%)

Suponha que o pé-de-meia inicial ($100 mil) e que o montante do primeiro ano de investimento ($10 mil) seja aplicado agora (ano 0), dividido igualmente entre os quatro fundos (ou seja, $27.500 em cada fundo). Admite-se que os retornos de cada fundo acumulem (isto é, sejam reinvestidos) no mesmo fundo, e nenhuma redistribuição será feita antes da aposentadoria. Além disso, nove investimentos adicionais de $10 mil serão feitos e divididos igualmente entre os quatro fundos ($2.500 cada) no ano 1, ano 2, ..., ano 9.

Um consultor financeiro disse a Patrick que ele pode se aposentar confortavelmente se conseguir acumular $300 mil até o ano 10 para completar suas outras fontes de renda de aposentadoria. Use uma simulação do Crystal Ball de 2 mil avaliações para estimar cada item a seguir.

a. Qual será o valor esperado (média) do pé-de-meia de Patrick no ano 10?
b. Qual será o desvio padrão do pé-de-meia de Patrick no ano 10?
c. Qual é a probabilidade de que o pé-de-meia total no ano 10 seja de pelo menos $300 mil?

Problemas

O Crystal Ball deve ser usado para todos os problemas a seguir. Um asterisco no número do problema indica que uma resposta parcial é dada no Apêndice C.

13.1. Os resultados de uma execução de simulação são inerentemente aleatórias. O problema demonstrará esse fato e investigar o impacto do número de avaliações sobre essa aleatoriedade. Considere o estudo de caso envolvendo o jornaleiro Freddie, apresentado na Seção 13.1. O modelo de planilha está disponível em seu CD-ROM, no MS Courseware. Certifique-se de que a opção "Usar a Mesma Sequência de Número Aleatórios" *não* esteja marcada e que o Método de Amostragem de Monte-Carlo esteja selecionado na guia de amostragem das Preferências de Execução. Use uma quantidade de pedido de 60.

a. Defina o número de avaliações em 100 em Preferências de Execução e execute a simulação do problema de Freddie cinco vezes. Observe o lucro médio para cada execução da simulação.
b. Repita a parte *a* definindo o número de avaliações em mil nas Preferências de Execução.
c. Compare os resultados das partes *a* e *b* e comente cada diferença.

13.2. Considere o exemplo do cronograma de projeto da Reliable Construction Co. apresentado na Seção 13.3. Lembre-se de que a simulação por computador foi usada para estimar a probabilidade de cumprir o prazo, e que a Figura 13.20 revelou que o prazo foi cumprido em 58,88% das avaliações de uma execução de simulação. Como discutido ao interpretar esse resultado, a porcentagem de avaliações em que o projeto será concluído dentro do prazo variará de uma execução de simulação a outra. O problema demonstrará esse fato e investigará o impacto do número de avaliações nessa aleatoriedade. O modelo de planilha está disponível em seu CD-ROM do MS Courseware. Certifique-se de que a opção "Usar a Mesma Sequência de Número Aleatórios" *não* esteja marcada e que o Método de Amostragem de Monte-Carlo esteja selecionado na guia de amostragem das Preferências de Execução.

a. Defina o número de avaliações em 100 em Preferências de Execução e execute a simulação do projeto cinco vezes. Observe o tempo de conclusão médio e a porcentagem de avaliações em que o projeto será concluído dentro do prazo de 47 semanas para cada execução de simulação.
b. Repita a parte *a* definindo o número de avaliações em mil nas Preferências de Execução.
c. Compare os resultados das partes *a* e *b* e comente cada diferença.

13.3.* Considere os dados históricos contidos no arquivo do Excel "Dados de vendas 1" em seu CD-ROM do MS Courseware. Use o Crystal Ball para ajustar todas as distribuições contínuas nesses dados.

a. Qual distribuição apresenta o ajuste mais próximo a esses dados? Quais são os parâmetros da distribuição?
b. Qual distribuição apresenta o segundo ajuste mais próximo a esses dados? Quais são os parâmetros da distribuição?

13.4. Considere os dados históricos contidos no arquivo do Excel "Dados de vendas 2" em seu CD-ROM do MS Courseware. Use o Crystal Ball para ajustar todas as distribuições contínuas nesses dados.

a. Qual distribuição apresenta o ajuste mais próximo a esses dados? Quais são os parâmetros da distribuição?
b. Qual distribuição apresenta o segundo ajuste mais próximo a esses dados? Quais são os parâmetros da distribuição?

13.5. A Aberdeen Development Corporation (ADC) está reconsiderando o projeto Aberdeen Resort Hotel. Ele seria situado nas margens pitorescas de Grays Harbor e teria o seu próprio campo de golfe de nível de competição.

O custo de compra do terreno seria de $1 milhão, a pagar agora. Os custos de construção seriam de aproximadamente $2 milhões, a pagar no final do ano 1. No entanto, esses custos são incertos, podendo ser até 20% mais altos ou mais baixos do que a estimativa de $2 milhões. Suponha que os custos sigam uma distribuição triangular.

A ADC não tem clareza sobre os lucros (ou perdas) operacionais anuais que seriam gerados uma vez construído o hotel. Sua melhor estimativa para o lucro operacional anual que seria gerado nos anos 2, 3, 4 e 5 é de $700 mil. Devido à grande incerteza, a estimativa do desvio padrão do lucro operacional anual em cada ano também é de $700 mil. Suponha que os lucros anuais sejam estatisticamente independentes e sigam a distribuição normal.

Após o ano 5, a ADC planeja vender o hotel. É provável que o preço de venda seja algo entre $4 e $8 milhões (assuma uma distribuição uniforme). A ADC usa uma taxa de desconto de 10% para calcular o valor presente líquido. (Para fins desse cálculo, assuma que os lucros de cada ano são recebidos no final do ano.) Use o Crystal Ball para realizar mil avaliações de simulação por computador desse projeto em uma planilha.

a. Qual é o valor líquido atual (NPV) médio do projeto? (*Dica*: A função NPV (taxa, fluxo de caixa) no Excel retorna o NPV de um fluxo de fluxos de caixa presumidos para começar daqui a um ano. Por exemplo, o NPV (10%, C5:F5) retorna o NPV a uma taxa de desconto de 10% quando C5 é um fluxo de caixa no final do ano 1; D5, no final do ano 2; E5, no final do ano 3; e F5 no final do ano 4).
b. Qual é a probabilidade estimada de que o projeto trará um NPV maior que $2 milhões?
c. A ADC também está preocupada com o fluxo de caixa nos anos 2, 3, 4 e 5. Use o Crystal Ball para gerar uma previsão da distribuição do lucro operacional anual *mínimo* (sem desconto) ganha em qualquer dos quatro anos. Qual é o valor médio do lucro operacional mínimo anual ao longo dos quatro anos?
d. Qual é a probabilidade de o lucro operacional anual ser de $0 em todos os quatro anos de operação?

13.6. A Ivy University está planejando construir um novo edifício para a sua escola de negócios. Esse projeto exigirá a conclusão de todas as atividades na tabela abaixo. Para a maioria dessas atividades, um conjunto de atividades anteriores deve ser concluído antes de a atividade começar. Por exemplo, a base não pode ser disposta até que o edifício seja projetado e o local, preparado.

Atividade		Predecessores
A.	Assegurar o financiamento	—
B	Projetar o edifício	A
C.	Preparação do local	A
D.	Base	B,C
E.	Estrutura	D
F.	Rede elétrica	E
G.	Encanamento	E
H.	Parede e telhado	F,G
I.	Finalizar construção	H
J.	Paisagismo	H

Obter o financiamento provavelmente levará cerca de seis meses (com um desvio padrão de um mês). Assuma que esse tempo tem uma distribuição normal. O arquiteto estimou que o tempo necessário para projetar o edifício pode estar em qualquer lugar entre seis e dez meses. Assuma que esse tempo tem uma distribuição uniforme. O empreiteiro geral apresentou três estimativas para cada uma das tarefas de construção – um cenário otimista (tempo mínimo exigido se o clima estiver bom e tudo correr bem), um cenário mais provável e um cenário pessimista (tempo máximo necessário se tiver problemas com o clima e outros). Essas estimativas são fornecidas na tabela que se segue. Assuma que cada um dos tempos de construção tem uma distribuição triangular. Por fim, o paisagista garantiu que seu trabalho se concluirá em cinco meses.

Estimativas do tempo de construção (em meses)			
Atividade	Cenário otimista	Cenário mais provável	Cenário pessimista
C. Preparação do local	1,5	2	2,5
D. Base	1,5	2	3
E. Estrutura	3	4	6
F. Rede elétrica	2	3	5
G. Encanamento	3	4	5
H. Parede e telhado	4	5	7
I. Fazer o trabalho final	5	6	7

Use o Crystal Ball para gerar mil avaliações de simulação por computador para o projeto. Use os resultados para responder o seguinte:
a. Qual é o tempo médio de conclusão do projeto?
b. Qual é a probabilidade de que o projeto possa ser concluído em 36 meses ou menos?
c. Gere um gráfico de sensibilidade. Com base nele, quais atividades têm o maior impacto sobre a variabilidade no tempo de conclusão do projeto?

13.7.* Considere o Problema 16.12 (ver Capítulo 16 no CD-ROM), que abrange estimar a duração de um projeto e a probabilidade de que se concluirá no prazo. Suponha agora que a duração de cada atividade tem uma distribuição triangular que se baseia nas três estimativas mostradas no Problema 16.12. Use o Crystal Ball para realizar mil avaliações de simulação por computador do projeto em uma planilha.
a. Qual é o tempo médio de conclusão do projeto?
b. Qual é a probabilidade de que o projeto possa ser concluído em 22 meses?
c. Gere um gráfico de sensibilidade. Com base nele, quais as duas atividades com o maior impacto sobre a variabilidade no tempo de conclusão do projeto?

13.8. Os funcionários da General Manufacturing Corp. têm seguro de saúde de um plano de grupo da Wellnet. Durante o último ano, 40% deles não registraram nenhuma reivindicação de seguro de saúde, 40% registraram apenas uma pequena reivindicação e 20% registraram uma grande reivindicação. As pequenas reivindicações foram distribuídas uniformemente entre $0 e $2 mil, enquanto as grandes reivindicações foram entre $2 mil e $20 mil.

Com base nessa experiência, a Wellnet está negociando o pagamento premium da empresa por funcionário para o próximo ano. Para obter uma estimativa aproximada do custo médio de cobertura de seguro para os funcionários, use o Crystal Ball com uma planilha para realizar 500 avaliações de uma simulação por computador de uma experiência de seguro de saúde de um empregado. Gere um gráfico de frequência e uma tabela de estatísticas.

13.9. Reconsidere o problema da Heavy Duty Co. apresentado no Exemplo 2 na Seção 12.1. Para cada uma das três opções a seguir, nas partes de *a* até *c* obtenha uma estimativa do custo esperado por dia usando o Crystal Ball para realizar mil avaliações de uma simulação por computador do problema em uma planilha. Gere um gráfico de frequência e uma tabela de estatísticas.
a. A opção de não substituir um motor até que ocorra uma quebra.
b. A opção de agendar a substituição de um motor depois de quatro dias (mas substituindo-o mais cedo se ocorrer uma avaria).

Use o Crystal Ball para realizar mil avaliações de simulação por computador para esse projeto. Use os resultados para responder as questões a seguir.
a. Qual é o tempo médio de conclusão do projeto?
b. Qual é a probabilidade de o projeto ser concluído em 36 meses ou menos?
c. A opção de agendar a substituição de um motor depois de cinco dias (mas substituindo-o mais cedo se ocorrer uma avaria).
d. Um resultado analítico de $2 mil por dia está disponível para o custo esperado por dia se um motor for substituí-

do a cada três dias. Comparando essa opção e as três acima, qual parece minimizar o custo esperado por dia?

13.10. A fábrica da Avery Co. tem tido um problema de manutenção com o painel de controle para um dos seus processos de produção. Esse painel de controle contém quatro relés idênticos eletromecânicos que têm sido a causa do problema. O problema é que os relés falham com bastante frequência, forçando o desligamento do painel de controle (e do processo de produção que controla) enquanto uma substituição é feita. A prática atual é a de substituir os relés somente quando falham. O custo total médio para isso é de $3,19 por hora. Para tentar reduzir tal custo, uma proposta foi feita para substituir os quatro relés sempre que qualquer um deles não consegue reduzir a frequência com que o painel de controle deve ser desligado. Isso iria reduzir o custo de verdade?

Os dados pertinentes são os seguintes: para cada relé, o tempo de operação até a falha tem aproximadamente uma distribuição uniforme de mil a duas mil horas. O painel de controle deve ser desligado por uma hora para substituir um relé ou por duas horas para substituir todos os quatro. O custo total associado com o desligamento do painel de controle e a substituição de relés é de $1 mil por hora mais $200 para cada novo relé.

Use a simulação por computador em uma planilha para avaliar o custo da proposta e compare-o com a prática atual. Use o Crystal Ball para realizar mil avaliações (em que o final de cada avaliação coincide com o fim de um desligamento do painel de controle) e determine o custo médio por hora.

13.11. Para um novo produto produzido pela Aplus Company, os casquilhos têm de ser perfurados em um bloco de metal e os eixos cilíndricos têm de ser inseridos nos casquilhos. Os eixos são obrigados a ter um raio de, pelo menos, 1,0000 polegadas, mas o raio deve ser um pouco maior que isso, conforme seja possível. Com o processo de produção proposto para a produção dos eixos, a distribuição de probabilidade do raio de um eixo tem uma distribuição triangular com um mínimo de 1,0000 polegadas; um valor mais provável de 1,0010 polegadas; e um valor máximo de 1,0020 polegadas. Com o método proposto de perfuração dos casquilhos, a distribuição de probabilidade do raio de um casquilho tem uma distribuição normal com uma média de 1,0020 polegadas e um desvio padrão de 0,0010 polegadas. A folga entre um casquilho e um eixo é a diferença em seus raios. Porque eles estão selecionados de forma aleatória, há ocasionalmente uma interferência (ou seja, uma folga negativa) entre um casquilho e um eixo a ser acoplado.

A gestão está preocupada com a interrupção na produção do produto novo causada por essa interferência ocasional. Talvez os processos de produção para os eixos e casquilhos devam ser melhorados (com um custo considerável) para diminuir a chance de interferência. Para avaliar a necessidade dessas melhorias, a gestão pediu que você determine a probabilidade de uma frequência de interferência ocorrer com os processos de produção atualmente propostos.

Estime a probabilidade de interferência usando o Crystal Ball para realizar 500 avaliações de uma simulação por computador em uma planilha.

13.12. Referente ao exemplo de análise de risco financeiro apresentado na Seção 13.5, incluindo os seus resultados mostrados na Figura 13.27, a gestão da Think-Big está bastante preocupada com o perfil de risco para a proposta. Duas estatísticas estão causando uma preocupação particular. Uma delas indica que existe uma possibilidade de quase 20% de perda de dinheiro (um NPV negativo). Pela outra, há uma chance de 10% de perder mais de um terço ($7 milhões), tanto quanto o ganho médio ($18 milhões). Portanto, a gestão está se perguntando se não seria mais prudente ir adiante com apenas um dos dois projetos.

Assim, em adição à opção 1 (a proposta), a opção 2 é ter uma participação de 16,50% apenas do projeto do hotel (sem participação no projeto do shopping center) e a opção 3 é ter uma participação de 13,11% apenas no shopping center (sem participação no projeto do hotel). A gestão quer escolher uma das três opções. Os perfis de risco agora são necessários para avaliar as duas últimas.

a. Gere um gráfico de frequência e uma tabela de percentis para a opção 2 depois de realizar uma simulação por computador com mil ensaios para essa opção.
b. Repita a parte a para a opção 3.
c. Suponha que *você* é o CEO da Think Big Development Co. Use os resultados da Figura 13.27 para a opção 1, junto com os correspondentes resultados obtidos para as outras duas opções como a base para uma decisão gerencial sobre qual das três opções escolher. Justifique sua resposta.

13.13. Reconsidere o Problema 12.5 envolvendo o jogo de dados. Agora, o objetivo é estimar a probabilidade de ganhar uma partida. Se a probabilidade é maior do que 0,5, você desejará ir para Las Vegas para jogar o jogo várias vezes até que você finalmente ganhe um bom dinheiro. Porém, se a probabilidade for inferior a 0,5, você ficará em casa.

Você decidiu realizar uma simulação por computador em uma planilha para calcular essa probabilidade. Use o Crystal Ball para realizar as avaliações (partidas do jogo) indicadas abaixo.

a. 100 avaliações.
b. 1 mil avaliações.
c. 10 mil avaliações.
d. A probabilidade verdadeira é 0,493. Com base nas simulações acima, qual número de tentativas parece ser necessário para dar uma garantia razoável de obter uma estimativa dentro de 0,007 da probabilidade verdadeira?

13.14. Considere o estudo de caso envolvendo o jornaleiro Freddie, apresentado na Seção 13.1. O modelo de planilha está disponível em seu CD-ROM do MS Courseware. A Tabela de Decisão gerada na Seção 13.8 (ver Figura 13.44) para o problema de Freddie sugere que 55 é a melhor quantidade de encomenda, mas essa tabela considerou apenas quantidades de encomenda múltiplas de 5. Refine a busca gerando uma Tabela de Decisão para o problema de Freddie que considere todas as quantidades de encomenda de valores inteiros entre 50 e 60.

13.15.* Michael Wise tem uma banca de jornais em um cruzamento movimentado no centro da cidade. A demanda para o *Sunday Times* tem média de 300 cópias com um desvio padrão de 50 cópias (assuma uma distribuição normal). Michael compra os jornais por $0,75 e vende por $1,25. Quaisquer jornais que sobraram no final do dia são reciclados sem retorno financeiro.

a. Suponha que Michael compre 350 cópias todos os domingos de manhã. Use o Crystal Ball para realizar 500 avaliações de simulação por computador em uma planilha. Qual será o lucro médio de Michael com a venda do *Sunday Times*? Qual é a probabilidade de Michael conseguir, pelo menos, $0 de lucro?
b. Gere uma Tabela de Decisão para considerar cinco quantidades de encomendas possíveis entre 250 e 350. Qual quantidade de encomenda maximiza o lucro médio de Michael?

c. Gere um gráfico de tendência para as cinco quantidades de encomendas consideradas na parte *b*.

d. Use o OptQuest para pesquisar a quantidade de encomenda que maximiza o lucro médio de Michael.

13.16. Susan é uma cambista que compra os ingressos para jogos do Los Angeles Lakers antes do início da temporada por $100 cada. Uma vez que os jogos tenham os ingressos esgotados, ela pode vendê-los por $150 no dia do jogo. Os ingressos que a cambista não consegue vender nesse dia não têm valor. Com base em experiências passadas, Susan previu a distribuição de probabilidade de quantos ingressos poderá vender, como mostrado na tabela a seguir.

Ingressos	Probabilidade
10	0,05
11	0,10
12	0,10
13	0,15
14	0,20
15	0,15
16	0,10
17	0,10
18	0,05

a. Suponha que Susan compre 14 ingressos para cada jogo. Use o Crystal Ball para realizar 500 avaliações de simulação por computador em uma planilha. Qual será o lucro médio de Susan com a venda de ingressos? Qual é a probabilidade de Susan conseguir, pelo menos, $0 de lucro? (*Dica*: Use a Distribuição Personalizada para simular a demanda por ingressos.)

b. Gere uma Tabela de Decisão para considerar todas as nove quantidades de ingressos possíveis entre 10 e 18. Qual quantidade de compra maximiza o lucro médio de Susan?

c. Gere um gráfico de tendência para as nove quantidades de compra consideradas na parte *b*.

d. Use o OptQuest para pesquisar a quantidade de compra que maximiza o lucro médio de Susan.

13.17. Considere o problema de licitação da Reliable Construction Co. discutido na Seção 13.2. O modelo de planilha está disponível em seu CD-ROM do MS Courseware. A Tabela de Decisão gerada na Seção 13.8 (ver Figura 13.49) para esse problema sugere que $5,4 milhão é o melhor lance, mas essa tabela considerou apenas as propostas que eram múltiplos de $0,2 milhão.

a. Refine essa pesquisa, gerando uma Tabela de Decisão para esse problema que considere todos os lances entre $5,2 milhões e $5,6 milhões em múltiplos de $0,05 milhões.

b. Use o OptQuest para pesquisar o lance que maximiza o lucro médio da Reliable Construction Co. Assuma que o lance pode ser qualquer valor entre $4,8 e $5,8 milhões.

13.18. A Road Pavers, Inc., (RPI) está considerando a licitação em um projeto de construção de estrada do condado. A RPI estimou que o custo desse trabalho em particular seria de $5 milhões. O custo de formar um lance é estimado em $50 mil. O condado também receberá quatro outros lances para o projeto dos concorrentes da RPI. A experiência passada com esses concorrentes sugere que o lance de cada competidor tem mais probabilidade de ser de 20% sobre o custo, mas poderiam ser tão baixos quanto 5% como tão altos quanto 40% sobre o custo. Assuma uma distribuição triangular para cada um desses lances.

a. Suponha que o lance da RPI seja de $5,7 milhões para o projeto. Use o Crystal Ball para realizar 500 avaliações de simulação por computador em uma planilha. Qual é a probabilidade de a RPI ganhar a licitação? Qual é o lucro médio da RPI?

b. Gere uma Tabela de Decisão para considerar oito possíveis lances entre $5,3 e $6 milhões e a previsão de lucro médio da RPI. Qual lance maximiza o lucro médio da RPI?

c. Gere um gráfico de tendência para os oito lances considerados na parte *b*.

d. Use o OptQuest para pesquisar o lance que maximiza o lucro médio da RPI.

13.19. Considere o problema de fluxo de caixa da Everglade analisado na Seção 13.4. O modelo de planilha está disponível em seu CD-ROM do MS Courseware.

a. Gere uma Tabela de Decisão para considerar cinco possíveis quantias de empréstimo a longo prazo entre $0 milhão e $20 milhões e preveja o saldo final médio da Everglade. Qual o valor do empréstimo a longo prazo maximiza o saldo final médio da Everglade?

b. Gere um gráfico de tendência para os cinco valores de empréstimos a longo prazo considerados na parte *a*.

c. Use o OptQuest para procurar o valor de empréstimo a longo prazo que maximize o saldo final médio da Evergreen.

13.20. Leia o artigo de referência que descreve completamente o estudo de ciência da gestão resumido na vinheta de aplicação apresentada na Seção 13.5. Descreva brevemente como a simulação por computador foi aplicada. Em seguida, liste os vários benefícios financeiros e não financeiros resultantes.

13.21. Considere o problema de *overbooking* da companhia aérea discutido na Seção 13.6. O modelo de planilha está disponível em seu CD-ROM do MS Courseware. A Tabela de Decisão gerada na Seção 13.8 (ver Figura 13.50) para esse problema sugere que 185 é o melhor número de reservas a serem aceitas para maximizar o lucro, mas os números considerados foram apenas os múltiplos de cinco.

a. Refine a busca gerando uma Tabela de Decisão para o *overbooking* que considere todos os valores inteiros para o número reservas a serem aceitas entre 180 e 190.

b. Gere um gráfico de tendência para as 11 previsões consideradas na parte *a*.

c. Use o OptQuest para pesquisar o número de reservas a serem aceitas que maximiza o lucro médio da companhia. Assuma que o número de reservas a serem aceitas possa ser qualquer valor inteiro entre 150 e 200.

13.22. O voo 120 entre Seattle e São Francisco é um voo popular entre os viajantes de lazer e de negócios. O avião mantém 112 passageiros em uma cabine única. São oferecidos tanto um desconto de tarifa para antecedência de sete dias como uma tarifa de preço integral. A gestão da companhia aérea está tentando decidir (1) quantos lugares alocar para o desconto de tarifa com sete dias de antecedência e (2) quantos bilhetes emitir no total.

O bilhete com desconto é vendido por $150 e não é reembolsável. A demanda das tarifas de sete dias de antecedência é tipicamente entre $50 e $150, mas é mais provável que seja perto de 90. (Assuma uma distribuição triangular.) A tarifa de preço integral (sem exigência de compra antecipada e totalmente reembolsável antes do check-in) é de $400. Excluindo os clientes que compram o bilhete e cancelam antes do check-in, a demanda tem a mesma probabilidade de estar em qualquer lugar entre 30 e 70 para esses bilhetes (com toda a demanda ocorrendo dentro de uma semana do voo). A taxa média de não comparecimento é de 5% para os bilhetes com desconto não reembolsáveis e de 15% para os bilhetes de preço total reembolsáveis. Se comparecem mais passageiros com bilhetes emitidos do que há lugares disponíveis, os passageiros a mais devem ter o embarque impedido. Um passageiro nessa condição é remarcado para outro voo e recebe um *voucher* para um bilhete grátis em um voo futuro. O custo total para a companhia aérea para impedir o embarque de um passageiro é de $600. Há um custo fixo de $10 mil para operar o voo.

Há duas decisões a serem tomadas. Primeiro, anterior a uma semana antes do voo, quantos bilhetes devem ser disponibilizados com a tarifa de desconto? Muitos, e os riscos da companhia de perder clientes de valor integral em potencial. Muito poucos, e a companhia pode ter o voo com lugares vazios. Segundo, quantos bilhetes devem ser emitidos no total? Muitos, e os riscos da companhia precisar impedir o embarque de passageiros. Muito poucos, e os riscos da companhia ter um voo com lugares vazios.

a. Suponha que a companhia aérea disponibilize um máximo de 75 bilhetes com desconto e um máximo de 120 bilhetes no total. Use o Crystal Ball para gerar uma previsão de mil avaliações da distribuição do lucro, o número de assentos preenchidos, e o número de passageiros com embarque impedido.

b. Gere uma Tabela de Decisão bidimensional que dá o lucro médio para todas as combinações dos seguintes valores das duas variáveis de decisão: (1) o número máximo de bilhetes disponibilizados com a tarifa de desconto é um múltiplo de 10 entre 50 e 90 e (2) o número máximo de bilhetes disponibilizados para qualquer tarifa é de 112, 117, 122, 127 ou 132.

c. Use o OptQuest para tentar determinar o número máximo de bilhetes com desconto e o número máximo total de ingressos para disponibilizar de forma a maximizar o lucro esperado da companhia aérea.

13.23. Agora que Jennifer está no ensino médio, seus pais decidiram que realmente devem começar a economizar para sua educação universitária. Eles têm $6 mil para investir no momento. Além disso, planejam economizar outros $4 mil por ano até que a filha comece a faculdade em cinco anos. Pensam em dividir seus investimentos uniformemente entre um fundo de ações e um fundo de obrigações. Historicamente, o fundo de ações teve um retorno médio anual de 8%, com um desvio padrão de 6%. O fundo de obrigações teve um retorno médio anual de 4%, com um desvio padrão de 3%. (Assuma uma distribuição normal para ambos.)

Suponha que o investimento inicial ($6 mil) e o investimento do primeiro ano ($4 mil) sejam feitos agora (ano 0), divididos igualmente entre os dois fundos (ou seja, $5 mil em cada fundo). Os retornos de cada fundo podem acumular (ou seja, são reinvestidos) no mesmo fundo, e nenhuma redistribuição será feita antes de Jennifer começar a faculdade. Além disso, quatro investimentos adicionais de $4 mil serão realizados e divididos igualmente entre os dois fundos ($2 mil cada) nos anos 1, 2, 3 e 4. Use uma simulação de mil avaliações do Crystal Ball para estimar as seguintes questões.

a. Qual será o valor esperado (média) do fundo da faculdade no ano 5?

b. Qual será o desvio padrão do fundo da faculdade no ano 5?

c. Qual é a probabilidade de que o fundo da faculdade no ano 5 seja de pelo menos $30 mil?

d. Qual é a probabilidade de que o fundo da faculdade no ano 5 seja de pelo menos $35 mil?

Caso 13-1
Aventuras de ação

A **Adventure Toys Company** fabrica uma linha popular de bonecos de ação e os distribui para lojas de brinquedos com preço de atacado de $10 por unidade. A demanda por bonecos de ação é sazonal, com as maiores vendas ocorrendo antes do Natal e durante a primavera. As menores vendas ocorrem durante os meses de verão e inverno.

A cada mês a "base" de vendas mensal segue uma distribuição normal com média igual à "base" de vendas real do mês anterior e com um desvio padrão de 500 unidades. As vendas reais em qualquer mês são as vendas de base mensal multiplicadas pelo fator de sazonalidade para o mês, como mostrado na tabela a seguir. As vendas de base em dezembro de 2010 foram 6.000, com as vendas reais iguais a (1,18) (6.000) = 7.080. Agora é 1º de janeiro de 2011.

Mês	Fator sazonal	Mês	Fator sazonal
Janeiro	0,79	Julho	0,74
Fevereiro	0,88	Agosto	0,98
Março	0,95	Setembro	1,06
Abril	1,05	Outubro	1,10
Maio	1,09	Novembro	1,16
Junho	0,84	Dezembro	1,18

Vendas à vista são responsáveis por cerca de 40% das vendas mensais, mas esse valor diminuem para 28% e sobem para 48% em alguns meses. O restante das vendas é feito em uma base de crédito de 30 dias sem juros, com pagamento integral recebido um mês após a entrega. Em dezembro de 2010, 42% das vendas foram à vista e 58%, a crédito.

Os custos de produção dependem dos custos de trabalho e material. Os preços dos plásticos necessários para fabricar os bonecos flutuam de mês a mês, dependendo das condições do mercado. Devido a essas flutuações, os custos de produção podem estar em qualquer lugar entre $6 e $8 por unidade. Além desses custos variáveis de produção, a empresa incorre em um custo fixo de $15 mil por mês para a fabricação de bonecos de ação.

A empresa monta os produtos sob encomenda. Quando um lote de um determinado boneco é encomendado, ele é imediatamente produzido e distribuído em alguns dias.

Oito máquinas são utilizadas para moldar os bonecos de ação. Essas máquinas ocasionalmente quebram e exigem uma peça de reposição de $5 mil. A probabilidade de cada máquina exigir uma peça de reposição é de 10% por mês.

A empresa tem uma política de manutenção de um saldo de caixa mínimo de pelo menos $20 mil no final de cada mês. O saldo no final de dezembro de 2010 (ou equivalente, no início de janeiro de 2011) é de $25 mil. Se necessário, a empresa pedirá um empréstimo de curto prazo (um mês) para cobrir as despesas e manter o saldo mínimo. Os empréstimos devem ser pagos no mês seguinte com juros (usando a taxa de juros do mês atual do empréstimo). Por exemplo, se a taxa anual de juros de março é de 6% (portanto, 0,5% por mês), e um empréstimo de $1 mil é feito em março, então, são devidos $1.005 em abril. Porém, um novo empréstimo pode ser feito a cada mês.

Qualquer saldo remanescente no final de um mês (incluindo o saldo mínimo) é transportado para o mês seguinte e também rende juros de poupança. Por exemplo, se o saldo final em março é de $20 mil, e os juros de poupança de março são de 3% ao ano (portanto, 0,25% ao mês), então são ganhos $50 de juros de poupança em abril.

A taxa de juros do empréstimo e a de juros de poupança são definidas mensalmente de acordo com a taxa básica de juros. A taxa de juros do empréstimo é definida primeiramente como +2% e a e juros de poupança, em -2%. Contudo, a taxa de juros do empréstimo é limitada a (não pode exceder) 9%, e a taxa de juros de poupança nunca cairá abaixo de 2%.

Em dezembro de 2010 a taxa básica de juros foi de 5% ao ano. Essa taxa depende dos caprichos do Conselho de Reserva Federal. Particularmente, para cada mês há uma chance de 70% de permanecer inalterada, uma chance de 10% que aumentará em 25 pontos base (0,25%), uma chance de 10% que diminuirá em 25 pontos base, uma chance de 5% que aumentará em 50 pontos base, e uma chance de 5% vai diminuir em 50 pontos base.

a. Formule um modelo de simulação em uma planilha para controlar os fluxos de caixa da empresa mês a mês. Indique as distribuições de probabilidade (o tipo e os parâmetros) para as células de suposição diretamente na planilha. Use o Crystal Ball para simular mil avaliações para o ano de 2011 e cole os resultados na planilha.

b. A gestão da Adventure Toys quer informações sobre qual pode ser o patrimônio líquido da companhia no final de 2011, incluindo a probabilidade de que o patrimônio líquido será superior a $0 dólar. (O patrimônio líquido é aqui definido como o saldo final de caixa *mais* os juros de poupança e contas a receber *menos* os empréstimos e juros devidos.) Mostre os resultados de sua execução de simulação da parte *a* nas várias formas que você acha que seriam úteis para a gestão analisar essa questão.

c. Precisam ser feitos acordos para obter um limite de crédito específico para os empréstimos de curto prazo que possam ser necessários em 2011. Portanto, a gestão da Adventure Toys também gostaria de obter informações sobre o tamanho máximo do empréstimo de curto prazo que pode ser necessário em 2011. Mostre os resultados de sua execução de simulação da parte *a* nas várias formas que você acha que seriam úteis para a gestão analisar essa questão.

Caso 13-2
Preço sob pressão

Elise Sullivan se mudou para Nova York em setembro para começar seu primeiro emprego como analista na Divisão de Serviços ao Cliente da FirstBank, um grande banco de investimento que presta serviços de corretagem em todos os Estados Unidos. No momento em que ela chegou à Big Apple, depois de receber seu diploma de graduação em administração, já começou a trabalhar. Elise passou as primeiras seis semanas em treinamento, quando conheceu novos analistas do FirstBank como ela e aprendeu o básico da abordagem do banco sobre contabilidade, análise de fluxo de caixa, atendimento ao cliente e regulamentos federais.

Depois de completar o treinamento, Elise mudou-se para seu espaço de trabalho, no 40° andar do edifício Manhattan FirstBank para começar a trabalhar. Seus primeiros trabalhos permitiram que aprendesse os truques do trabalho, colocando-a sob a direção de altos funcionários que delegam tarefas específicas para ela.

Hoje, no entanto, ela tem a oportunidade de ser reconhecida em sua carreira. Seu chefe, Michael Steadman, deu-lhe uma tarefa que está sob sua direção e controle completo. Um cliente muito excêntrico, rico e investidor ávido com o nome de Emery Bowlander está interessado em adquirir uma opção de compra europeia que lhe dá o direito de comprar ações da Fellare por $44,00 no dia primeiro de fevereiro – 12 semanas a partir de hoje. Fellare é uma fabricação ndústria aeroespacial operando na França, e o Sr. Bowlander tem um forte pressentimento de que a Agência Espacial Europeia concederá à Fellare um contrato para construir uma parte da Estação Espacial Internacional em algum momento em janeiro.

Caso isso aconteça, o Sr. Bowlander acredita que as ações dispararão, refletindo a confiança dos investidores na capacidade e no crescimento da Fellare. Se ela não ganhar o contrato, porém, ele acredita que as ações manterão sua tendência atual de queda lenta. Para se proteger contra esse último resultado, o Sr. Bowlander não quer fazer uma compra definitiva das ações de Fellare agora.

Michael pediu a Elise para determinar o preço dessa opção. Ele espera pelo valor antes que o mercado de ações feche para que, caso o Sr. Bowlander decida comprar a opção, a transação possa ocorrer hoje.

Infelizmente, o curso de ciência do investimento que Elise fez para complementar sua graduação em administração não cobriu teoria de opções, abrangendo apenas a avaliação, o risco, o orçamento de capital e a eficiência do mercado. Dos seus estudos de avaliação, ela se lembra que deve descontar o valor da opção em 1º de fevereiro pela taxa de juros adequada para obter o valor atual da opção. Por descontar ao longo de um período de 12 semanas, a fórmula que ela deve usar para descontar a opção é (Valor da Opção! [1 + Taxa de Juros Semanal]^{12}). Como ponto de partida para seus cálculos, Elise decide usar uma taxa de juros anual de 8%. Mas ela agora precisa decidir como calcular o valor da opção em 1º de fevereiro.

Elise sabe que em 1 de fevereiro o Sr. Bowlander tomará uma dessas duas atitudes: ou exercerá a opção e comprar ações da Fellare, ou não exercerá a opção. O Sr. Bowlander comprará se o preço das ações da Fellare em 1º de fevereiro estiver acima de seu preço de opção de 44,00. Nesse caso, ele adquire ações da Fellare por esse valor e, logo em seguida, vende a preço de mercado em 1º de fevereiro. Nesse cenário, o valor da opção seria a diferença entre o preço das ações e o preço de opção. O Sr. Bowlander não exercerá a opção se o preço das ações Fellare estiver abaixo de seu preço de opção de $44. Nesse caso, ele não faz nada, e o valor da opção seria de $0.

O valor da opção é, por conseguinte, determinado pelo valor das ações da Fellare em 1º de fevereiro. Elise sabe que o valor das ações em 1º de fevereiro é incerto e, portanto, é representado por uma distribuição de probabilidade de valores. Ela lembra de um curso de ciência da gestão na faculdade que ela pode usar a simulação para estimar a média da distribuição dos valores das ações. Antes de ela construir o modelo de simulação, no entanto, precisa saber o movimento do preço das ações. Elise lembra, de um curso de probabilidade e estatística, que o preço de uma ação pode ser modelado para seguir um passeio aleatório, crescendo ou decaindo, de acordo com uma distribuição lognormal. Portanto, de acordo com esse modelo, o preço das ações no final da próxima semana é o preço das ações no final da semana atual multiplicado por um fator de crescimento. Esse fator de crescimento é expresso como o número e elevado a uma potência que é igual a uma variável aleatória com distribuição normal. Em outras palavras:

Em que

$$s_n = e^N s_c$$

s_n = O preço da ação no final da próxima semana
s_c = O preço da ação no final da semana atual
N = Uma variável aleatória que tem uma distribuição normal

Para começar sua análise, Elise lê o jornal para descobrir que o preço das ações da Fellare para a semana atual é $42,00. Ela decide usar esse valor para iniciar a sua análise de 12 semanas. Assim, o preço no final da primeira semana é o atual multiplicado pelo fator de crescimento. Depois, ela estima a média e o desvio padrão da variável aleatória com distribuição normal utilizada no cálculo do fator de crescimento. Essa variável aleatória determina o grau de mudança (volatilidade) das ações, portanto, Elise decide usar a taxa de juros anual atual, a volatilidade histórica anual das ações como base para estimar a média e o desvio padrão.

A taxa de juro anual atual é de $r = 8\%$, e a volatilidade histórica anual das ações aeroespaciais é de 30%. Mas Elise lembra estar calculando a variação *semanal* em ações – *não* a mudança *anual*. Portanto, ela precisa calcular a taxa de juros semanal e a volatilidade semanal histórica das ações para obter as estimativas para a média e desvio padrão do fator de crescimento semanal. Para obter a taxa de juros semanal w, Elise deve fazer o seguinte cálculo:

$$w = (1 + r)^{(1/52)} - 1$$

A volatilidade histórica semanal das ações se iguala à volatilidade histórica anual, dividida pela raiz quadrada de 52. Ela calcula a média da variável aleatória com distribuição normal subtraindo uma metade do quadrado da volatilidade semanal das ações da taxa de interesse semanal w. Em outras palavras:

Média = $w - 0,5$(Volatilidade Histórica Semanal)^2

O desvio padrão da variável aleatória com distribuição normal é simplesmente igual à volatilidade semanal das ações.

Elise está pronta para construir seu modelo de simulação.

a. Construa um modelo de simulação em uma planilha para calcular o montante da opção em valores de hoje. Use o Crystal Ball para executar três simulações distintas para estimar o valor da opção de compra e, por consequência, o preço da opção em valores de hoje. Para a primeira simulação, execute 100 avaliações da simulação. Para a primeira simulação, execute 500 avaliações da simulação. Para a terceira simulação, execute mil avaliações da simulação. Para cada simulação, registre o preço da opção em valores de hoje.

b. Elise entrega seus cálculos e preço recomendado para Michael. Ele está muito impressionado, mas ri e indica que existe uma simples abordagem de forma fechada para o cálculo do valor de uma opção: a fórmula Black-Scholes. Michael pega um livro de ciência do investimento da prateleira acima de sua mesa e revela a muito poderosa e muito complicada fórmula Black-Scholes:

$$V = N[d_1]P - N[d_2]\text{PV}[K]$$

em que

$$d_1 = \frac{\ln[P / PV[K]]}{\sigma\sqrt{t}} + \frac{\sigma\sqrt{t}}{2}$$
$$d_2 = d_1 - \sigma\sqrt{t}$$

$N[x]$ = A função do Excel NORMSDIST (x), em que $x = d_1$ ou $x = d_2$
P = Preço atual das ações
K = Preço de opção
$PV[K]$ = Valor atual do preço de opção = $\dfrac{K}{(1 + w)^t}$
t = Número de semanas para a data da opção
σ = Volatilidade semanal da ação

Use a fórmula Black-Scholes para calcular o valor da opção de compra e, portanto, o preço da opção. Compare esse valor ao obtido na parte *a*.

c. No caso específico das ações da Fellare, você acha que um passeio aleatório, conforme descrito acima, descreve completamente o movimento do preço das ações? Por quê ou por quê não?

Casos adicionais

Casos adicionais para este capítulo estão disponíveis para compra para compra no *site* da School of Business, da University of Western Ontario, **cases.ivey.uwo.ca/case**, no segmento da área de CaseMate designada para este livro.

COMO USAR O SOLVER TABLE

Apêndice A

O Solver Table é um complemento desenvolvido pelos autores útil para a análise de sensibilidade em qualquer modelo de planilha resolvido com a utilização do Solver. Em particular, ele permitirá que você varie uma ou duas células de dados em um modelo e veja o impacto sobre os valores ideais das células variáveis, célula-alvo e/ou quaisquer outras de saída de interesse. O complemento Solver Table e as instruções de instalação estão contidos no CD-ROM fornecido com este livro. Esse apêndice fornece instruções para usar o complemento Solver Table. Também usaremos o problema da Wyndor Glass Co. dos Capítulos 2 e 5 para ilustrar o uso do Solver Table.

COMO USAR O SOLVER TABLE NA A ANÁLISE DE SENSIBILIDADE UNIDIRECIONAL (*ONE-WAY*)

O Solver Table é utilizado para mostrar os resultados nas células variáveis e/ou células de saída determinadas para vários valores de amostragem em uma célula de dados. Para cada valor de amostragem na célula de dados, o Solver é acionado para resolver o problema.

Antes de utilizar o Solver Table, o modelo deve primeiramente ser desenvolvido na planilha da forma habitual, incluindo a digitação de todos os parâmetros apropriados no Solver (p. ex., a localização da célula-alvo, células variáveis, restrições etc.). A Figura A.1 mostra a solução de planilha para o problema da Wyndor Glass Co. Embora este exemplo em particular seja um modelo de programação linear, o Solver Table também pode ser usado em modelos de programação de números inteiros e modelos não lineares, bem como em qualquer outro modelo que possa ser resolvido com a utilização do Solver.

Após a formulação do modelo em uma planilha, o Solver Table poderá ser usado para determinar como a solução ideal irá mudar de acordo com os valores de amostragem diferentes de uma célula de dados (p. ex., o lucro por unidade da fabricação de portas no problema da Wyndor). Para usar o Solver Table, faça uma tabela na planilha, com títulos de coluna para a célula de dados que vai mudar, seguidos de quaisquer células de saída de interesse, como as células variáveis e/ou célula-alvo. Para o exemplo da Wyndor, a tabela pode ser exibida como na Figura A.2.

FIGURA A.1
Modelo de planilha para o problema de *mix* de produtos da Wyndor Glass Co.

	A	B	C	D	E	F	G
1	Problema do *mix* de produtos da Wyndor Glass Co.						
2							
3			Portas	Janelas			
4		Lucro unitário	US$ 300	US$ 500			
5					Horas		Horas
6			Horas usadas por unidade produzida		usadas		disponíveis
7		Fábrica 1	1	0	2	<=	4
8		Fábrica 2	0	2	12	<=	12
9		Fábrica 3	3	2	18	<=	18
10							
11			Portas	Janelas			Lucro total
12		Unidades produzidas	2	6			US$ 3.600

FIGURA A.2
Tabela em uma planilha criada para o Solver Table determinar a solução ideal para valores de amostragem diferentes de uma célula de dados.

	B	C	D	E
16	Lucro unitário	Unidades produzidas ideais		Lucro
17	de portas	Portas	Janelas	total
18		=C12	=D12	=G12
19	US$ 100			
20	US$ 200			
21	US$ 300			
22	US$ 400			
23	US$ 500			
24	US$ 600			
25	US$ 700			
26	US$ 800			
27	US$ 900			
28	US$ 1.000			

Na primeira coluna da tabela (células B18:B28 da Figura A.2), liste os valores de amostragem para a célula de dados (o lucro unitário das portas, neste nesse exemplo), mas deixe em branco a primeira linha. Os títulos das próximas colunas especificam qual saída será avaliada. Para cada uma dessas duas colunas, use a primeira linha da tabela (células C18:E18 na Figura A.2) para escrever uma equação que se refira à célula variável ou às células de saída relevantes. Neste exemplo, as células de interesse são as portas produzidas (C12), as janelas produzidas (D12) e o lucro total (G12), de modo que as equações para C18:E18 sejam aquelas mostradas na Figura A.2.

Em seguida, selecione a tabela inteira (sem os títulos de texto). Para este exemplo, você deverá clicar e arrastar da célula B18 até a E28. Em seguida, escolha Solver Table na guia Suplementos (para Excel 2007 ou 2010) ou no menu Ferramentas (para outras versões do Excel). Na caixa de diálogo do Solver Table (mostrada na Figura A.3), indique a célula de entrada da coluna (C4 para este exemplo), que se refere à célula de dados que está sendo alterada na primeira coluna da tabela. Nada é inserido para a célula de entrada de linha, porque nenhuma linha está sendo usada para listar os valores de amostragem de uma célula de dados, neste caso.

Clicar no botão OK gera, em seguida, o Solver Table automaticamente. Um de cada vez, os valores de amostragem indicados na primeira coluna da tabela são colocados dentro da célula de entrada da coluna e, em seguida, o Solver Table aciona o Solver para resolver o problema. Depois, uma vez que a primeira linha do Solver Table tem equações que apontam para as células de saída que agora retêm a nova solução ideal, a primeira linha do Solver Table também mostra os resultados ideais para aquele valor de amostragem determinado da célula de entrada da coluna. O Solver Table copia esses resultados da primeira linha da tabela para a linha correspondente da tabela daquele valor de amostragem. O processo é repetido automaticamente para cada valor de amostragem restante na primeira coluna da tabela. O resultado final quando o Solver Table é concluído (o que acontece muito rapidamente para pequenos problemas) é que ele estará completamente preenchido (como mostrado na Figura A.4) e exibirá os resultados ideais para todos os valores de amostragem da célula de entrada da coluna. (O números exibidos atualmente na primeira linha da tabela da Figura A.4 vêm da solução original na planilha antes de se alterar o valor original da célula de entrada de coluna.)

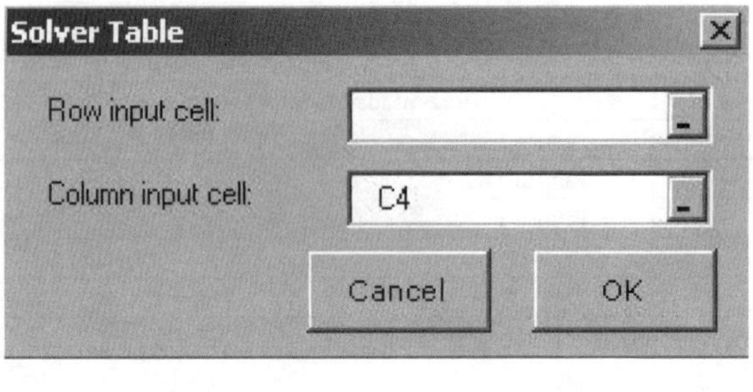

FIGURA A.3
Caixa de diálogo do Solver Table.

FIGURA A.4
Solver Table completo, mostrando a solução ideal para o problema do *mix* de produtos da Wyndor Glass Co. para vários valores de amostragem de uma célula de dados.

	B	C	D	E
16	Lucro unitário	Unidades produzidas ideais		Lucro
17	de portas	Portas	Janelas	de portas
18		2	6	US$ 3.600
19	US$ 100	2	6	US$ 3.200
20	US$ 200	2	6	US$ 3.400
21	US$ 300	2	6	US$ 3.600
22	US$ 400	2	6	US$ 3.800
23	US$ 500	2	6	US$ 4.000
24	US$ 600	2	6	US$ 4.200
25	US$ 700	2	6	US$ 4.400
26	US$ 800	4	3	US$ 4.700
27	US$ 900	4	3	US$ 5.100
28	US$ 1.000	4	3	US$ 5.500

Síntese dos passos para criar um Solver Table Unidirecional

1. Crie um título de coluna para a célula de dados ser mudada e as células de saída de interesse.
2. Na primeira coluna da tabela (pulando a primeira linha), liste os valores de amostra para a célula de dados a ser mudada.
3. Na primeira linha da tabela, escreva as equações referentes às células de saída de interesse.
4. Selecione a tabela inteira (sem os títulos).
5. Escolha Solver Table na guia Suplementos (para Excel 2007 ou 2010) ou no menu Ferramentas (para outras versões do Excel).
6. Digite o local da célula de dados a ser mudada na caixa Célula de Entrada da Coluna e aperte OK.

COMO USAR O SOLVER TABLE NA ANÁLISE DE SENSIBILIDADE BIDIRECIONAL (*TWO-WAY*)

Um Solver Table *bidirecional* proporciona uma forma de investigar sistematicamente o efeito da mudança simultânea de duas células de dados diferentes (p. ex., o lucro unitário *tanto* para portas *quanto* para janelas no problema da Wyndor Glass Co.). Esse tipo de Solver Table mostra os resultados de uma única célula de saída para os diversos valores de amostragem em duas células de dados. Por exemplo, ele pode ser usado para mostrar como o lucro total (G12 na Figura A.1) varia ao longo de um intervalo de valores de amostragem nas duas células de dados, como a de lucros por unidade. Para cada par de valores de amostragem nas células de dados, o Solver é acionado para resolver o problema.

Para criar um Solver Table bidirecional para o problema, expanda a planilha original para fazer uma tabela com títulos nas colunas e linhas, como as mostradas na Figura A.5. Na parte superior do lado esquerdo da tabela (C17 na Figura A.5), escreva as equações referentes às células de saída de interesse. Neste exemplo da Wyndor, =G12 é inserido na célula C17 para mostrar os resultados da célula-alvo. Na primeira coluna da tabela (coluna C, abaixo da equação na célula C17 da Figura A.5), insira os vários valores de amostragem para a primeira célula de dados de interesse (o lucro unitário das portas, neste exemplo). Na primeira coluna da tabela (linha 17, à direita da equação na célula C17 da Figura A.5), insira os valores de amostragem para a segunda célula de dados de interesse (o lucro unitário das janelas, neste exemplo).

FIGURA A.5
Tabela em planilha criada para o Solver Table determinar o lucro total ideal para o problema do *mix* de produtos da Wyndor Glass Co. para valores de amostragem diferentes de duas células de dados.

	B	C	D	E	F	G	H
16	Lucro total				Lucro unitário de janelas		
17		=G12	US$ 100	US$ 200	US$ 300	US$ 400	US$ 500
18		US$ 300					
19	Lucro unitário	US$ 400					
20	de portas	US$ 500					
21		US$ 600					

Em seguida, selecione a tabela inteira (sem os títulos de texto). Para este exemplo, você deverá clicar e arrastar da célula C17 até a H21. Em seguida, escolha Solver Table na guia Suplementos (para Excel 2007 ou 2010) ou no menu Ferramentas (para outras versões do Excel). Na caixa de diálogo do Solver Table (mostrada na Figura A.6), indique quais células de dados estão sendo alteradas simultaneamente. A célula de entrada da coluna C4 refere-se à célula de dados cujos diferentes valores de amostragem estão listados na primeira coluna da tabela (C18:C21), enquanto a célula de entrada de linha refere-se à célula de dados cujos diferentes valores de amostragem estão listados na primeira linha da tabela (D17:H17).

Clicar no botão OK gera, em seguida, o Solver Table automaticamente. Um de cada vez, um par de valores de amostragem listados na primeira coluna e na primeira linha da tabela são colocados na célula de entrada da coluna e da célula de entrada da linha, respectivamente; em seguida, o Solver Table aciona o Solver para resolver o problema. Então, uma vez que a célula no canto superior esquerdo do Solver Table (C17 para este exemplo) tem uma equação referindo-se à célula de saída de interesse (a célula-alvo para este exemplo) que agora contém a nova solução ideal, a célula no canto superior esquerdo agora também mostra o resultado ideal para aquele determinado par de valores de amostragem. O Solver Table copia esse resultado para a entrada correspondente na primeira linha e coluna da tabela para aquele do valor de amostragem. O processo é repetido automaticamente para cada para valor de amostragem restante. O resultado final quando Solver Table é concluído é que o Solver Table estará completamente preenchido (como mostrado na Figura A.7) e mostrará os resultados ideais para todos os pares de valores de amostragem. (O números exibidos atualmente em C17 da Figura A.7 vêm da solução original na planilha antes de se alterar os valores originais das células de entrada da coluna e da linha.)

FIGURA A.6
Caixa de diálogo do Solver Table.

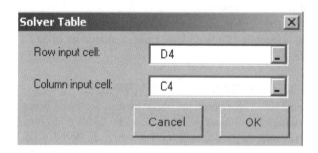

FIGURA A.7
Solver Table bidirecional completo, mostrando o lucro total ideal para o problema do *mix* de produtos da Wyndor Glass Co. para vários valores de amostragem de duas células de dados.

	B	C	D	E	F	G	H
16	Lucro total				Lucro unitário de janelas		
17		US$ 3.600	US$ 100	US$ 200	US$ 300	US$ 400	US$ 500
18		US$ 300	US$ 1.500	US$ 1.800	US$ 2.400	US$ 3.000	US$ 3.600
19	Lucro unitário	US$ 400	US$ 1.900	US$ 2.200	US$ 2.600	US$ 3.200	US$ 3.800
20	de portas	US$ 500	US$ 2.300	US$ 2.600	US$ 2.900	US$ 3.400	US$ 4.000
21		US$ 600	US$ 2.700	US$ 3.000	US$ 3.300	US$ 3.600	US$ 4.200

Síntese dos passos para criar um Solver Table Bidirecional

1. Na primeira coluna da tabela, liste os valores de amostra para a primeira célula de dados a ser mudada.
2. Na primeira coluna da tabela, liste os valores de amostra para a segunda célula de dados a ser mudada.
3. No canto superior esquerdo da tabela, escreva uma equação referente à célula de saída de interesse.
4. Selecione a tabela inteira (sem os títulos).
5. Escolha Solver Table na guia Suplementos (para Excel 2007 ou 2010) ou no menu Ferramentas (para outras versões do Excel).
6. Digite o local da célula da primeira célula de dados a ser mudada na caixa Célula de Entrada da Linha.
7. Digite o local da célula da segunda célula de dados a ser mudada na caixa Célula de Entrada da Coluna e aperte OK.

DICAS PARA USAR O MICROSOFT EXCEL PARA MODELAGEM

Apêndice B

O Microsoft Excel é uma ferramenta poderosa e flexível, com uma infinidade de recursos. Certamente não é necessário dominar todos seus recursos para construir modelos de planilhas. No entanto, existem alguns deles são particularmente úteis para a modelagem que destacaremos aqui. Este apêndice não foi projetado para ser um tutorial básico do Excel, mas para alguém com conhecimento prático do Excel (pelo menos em nível básico) que queira tirar vantagem de alguns dos recursos mais avançados do Excel úteis para a construção mais eficaz de modelos.

ANATOMIA DA JANELA DO MICROSOFT EXCEL

Quando o Microsoft Excel é aberto pela primeira vez (p. ex., ao se escolher o Microsoft Excel a partir do menu Iniciar), uma planilha em branco aparece na respectiva janela. Os vários componentes da janela do Excel são mostrados e rotulados na Figura B.1.

O arquivo do Excel é chamado de *pasta de trabalho*. Ela consiste em uma série de *planilhas*, ou *worksheets*, identificadas nos separadores de abas na parte inferior da tela (Plan1, Plan2 e Plan3 da Figura B.1). É exibida apenas uma planilha por vez na janela, com a planilha atual apresentada em destaque na guia da planilha (Plan1 da Figura B.1). Para mostrar uma planilha diferente (p. ex., Plan2 ou Plan3), clique na guia respectiva.

Cada planilha consiste em uma grade enorme, com várias linhas e colunas. As linhas são indicadas, no lado esquerdo da grade, por números (1, 2, 3, ...). As colunas são indicadas, no lado superior da grade, por letras (A, B, C, ...). Cada elemento da grade é chamado de *célula* e classificado por sua linha e coluna (p. ex., a célula C7). A célula atual selecionada é realçada pelo cursor da célula (a borda escura ou colorida). Outra célula pode ser selecionada, clicando nela ou movendo o cursor da célula com as setas.

É exibida apenas uma parte da planilha a qualquer momento determinado. Por exemplo, na Figura B.1, apenas as primeiras nove colunas e as primeiras dezessete linhas são exibidas. As barras de rolagem podem ser utilizadas para mostrar uma parte diferente da planilha.

TRABALHAR COM PASTAS DE TRABALHO

Quando o Microsoft Excel é aberto pela primeira vez (p. ex., ao se escolher o Microsoft Excel a partir do menu Iniciar), é criada uma nova pasta de trabalho que recebe um nome padrão, visível na Barra de Título (p. ex., Pasta1 na Figura B.1). Para dar um nome diferente à pasta de trabalho, salve-a com outro nome, escolhendo Salvar como no botão Office (para Excel 2007 ou 2010) ou no menu Arquivo (para outras versões do Excel).

Para abrir uma pasta de trabalho existente salva anteriormente, selecione Abrir a partir do botão Office (Excel 2007 ou 2010) ou no menu Editar (outras versões). É possível ter mais de uma pasta de trabalho aberta ao mesmo tempo no Excel. Isso pode ser desejável se você quiser copiar pastas de trabalho de uma para outra, se quiser ver o conteúdo de uma pasta de trabalho enquanto estiver trabalhando em outra. Quando várias pastas de trabalho estão abertas, algumas podem ficar ocultas atrás de outra pasta exibida. Para mover qual-

FIGURA B.1
Acima está a janela do Microsoft Excel 2010 (a do Excel 2007 é similar). Abaixo, a janela que serve para outras versões (p. ex., do Excel 2003).

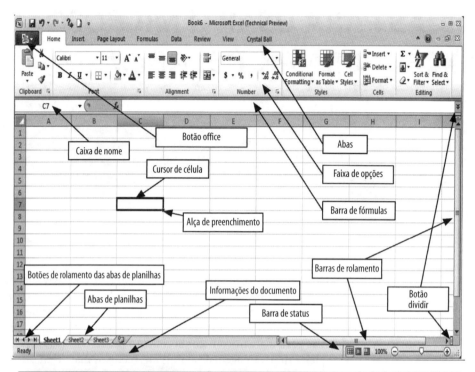

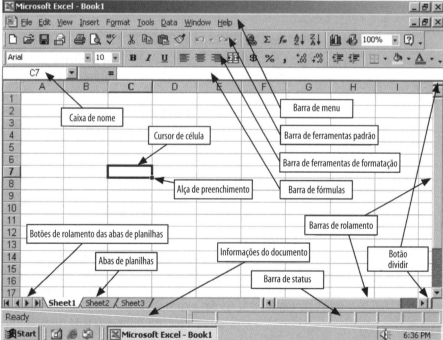

quer pasta de trabalho para a frente, selecione-a no menu Alternar janelas da guia Exibir (Excel 2007 ou 2010) ou no menu Janela (outras versões). As pastas de trabalho também podem ser organizadas na tela (p. ex., uma sobre outra ou uma ao lado da outra), escolhendo Organizar tudo na guia Exibir (Excel 2007 ou 2010) ou Organizar no menu Janela (outras versões).

TRABALHAR COM PLANILHAS

Por padrão, uma nova pasta de trabalho do Excel é composta por algumas planilhas intituladas Plan1, Plan2, Plan3 e assim por diante. A planilha exibida atualmente fica em destaque nas guias de planilha. Para exibir uma planilha diferente, clique na aba apropriada. Se a guia desejada não estiver visível por haver mais guias do que o número limite de exibição, a lista de guias pode ser rolada, utilizando os botões da barra de rolagem da planilha.

As planilhas podem receber nomes descritivos ao se clicar duas vezes na guia da planilha e digitar um novo nome. É possível adicionar uma planilha à pasta de trabalho escolhendo Inserir planilha no menu Inserir do grupo Células na guia Início (para o Excel 2007 ou 2010) ou escolhendo Planilha no menu Inserir (para outras versões do Excel). As guias de planilha podem ser reordenadas, clicando e arrastando uma guia para um novo local. Para fazer a cópia de uma planilha, pressione *CTRL* e clique com o mouse (pressione *option* e clique com o mouse no Mac) e arraste a guia. Se várias pastas de trabalho estiverem abertas, você também pode clicar (ou pressionar CTRL e clicar) e arraste a guia da planilha para outra pasta de trabalho para mover (ou copiar) a planilha para uma pasta de trabalho diferente.

Usar planilhas com o Solver

O modelo deve ser confinado a uma única planilha. Quando se utiliza o Solver do Excel, todas as referências de células (p. ex., a célula-alvo, as células variáveis, etc.) devem estar na planilha exibida no momento. Assim, os diferentes componentes do modelo do Solver não podem ser espalhados entre as diversas planilhas.

A informação do Solver é salva juntamente com a planilha. Quando os dados são inseridos na caixa de diálogo do Solver (p. ex., a célula-alvo, as células variáveis, etc.), toda essa informação é guardada com a planilha quando a pasta de trabalho é guardada.

Planilhas separadas podem conter modelos separados. Informações separadas da caixa de diálogo do Solver (p. ex., a célula-alvo, as células variáveis, etc.) são mantidas para cada planilha. Assim, cada planilha de uma pasta de trabalho pode conter um modelo separado e independente. Ao clicar no botão Resolver do Solver, apenas o modelo da planilha exibida atualmente é resolvido.

Copie a planilha inteira e não apenas as células relevantes para copiar modelos. Para copiar um modelo para outra pasta de trabalho ou dentro da pasta de trabalho atual, é importante pressionar CTRL e clicar no mouse e arrastar a guia da planilha em vez de simplesmente selecionar as células que contenham o modelo e usar o copiar e colar. Copiar a planilha (pressionando CTRL e clicando no mouse e arrastando a guia da planilha) copiará *todo* o conteúdo da planilha (fórmulas, dados *e* informações da caixa de diálogo do Solver). Usar o copiar e colar faz cópias apenas das fórmulas e dados, mas *não* inclui as informações da caixa de diálogo do Solver.

Usar planilhas com o TreePlan

Planilhas separadas podem conter árvores de decisão do TreePlan separadas. Se a planilha exibida atualmente não contiver uma árvore de decisão do TreePlan existente, selecione Árvore de Decisão na guia Suplementos (para o Excel 2007 ou 2010) ou no menu Ferramentas (para outras versões do Excel) para mostrar a opção de adicionar uma nova árvore para a planilha existente. No entanto, se já existir uma árvore de decisão na planilha, escolha Árvore de Decisão em vez de apresentar opções para modificar a árvore existente. Para criar uma árvore de decisão, primeiramente mude para (ou adicione) uma nova planilha. Uma pasta de trabalho pode conter árvores de decisão separadas por tanto tempo quanto elas estejam em planilhas separadas.

Usar planilhas com o Crystal Ball

A pasta de trabalho inteira é tratada como modelo único para o Crystal Ball. Ao contrário do que fazem o Solver e o TreePlan, o Crystal Ball trata a pasta de trabalho inteira como parte de um único modelo. Células de pressuposição, variáveis de decisão e células de previsão podem ser definidas em qualquer ou em todas as diversas planilhas da pasta de trabalho. Quando uma simulação é executada, todas as células de pressuposição são geradas aleatoriamente e é exibida uma janela de previsão de todas as células de previsão, independentemente de estarem ou não na planilha exibida atualmente. Isso pode ser uma vantagem com modelos de simulação complicados, uma vez que permite dividir o modelo em diferentes componentes gerenciáveis de planilhas diversas.

Embora seja possível criar modelos separados em planilhas diferentes com a aplicação do Crystal Ball na mesma pasta de trabalho, seria confuso fazer isso. Quando você começar a executar uma simulação em uma pasta de trabalho contendo modelos separados em diferentes planilhas, *todos* os modelos de *todas* as planilhas serão executados na simulação. Para evitar a confusão, o melhor é manter modelos de simulação separados para a aplicação do Crystal Ball em pastas separadas e manter apenas uma única pasta de trabalho aberta ao mesmo tempo.

TRABALHAR COM CÉLULAS

Selecionar células

Para fazer qualquer alteração em uma célula ou intervalo de células, como a digitação ou edição de dados ou alterar a formatação, a célula ou células envolvidas primeiramente precisam ser selecionadas. O cursor de célula mostra a célula (ou intervalo de células) selecionada atualmente. Para selecionar uma única célula diferente, clique nela ou use as setas para mover o cursor até o local. Para selecionar uma linha inteira ou uma coluna inteira, clique na linha ou coluna (isto é, o A, B, C na parte superior da planilha ou o 1, 2, 3 à esquerda da planilha). Para selecionar a planilha inteira, clique na caixa em branco no canto superior esquerdo da pasta de trabalho.

Há três maneiras de selecionar um intervalo de células em uma planilha, que ilustraremos, considerando um intervalo de células de 3 por 3, de A1 a C3:

1. Clique em um canto do intervalo (A1) e, sem soltar o botão do mouse, arraste para o canto oposto do intervalo (C3).
2. Clique em um canto do intervalo (A1) e, em seguida, mantenha pressionada a tecla SHIFT e clique no canto oposto do intervalo (C3).
3. Clique em um canto do intervalo (A1), mantenha a tecla SHIFT pressionada ou pressione F8 para ativar o modo estendida, use a seta para alargar o intervalo até o outro canto (C3) e solte a tecla SHIFT ou pressione F8 novamente para desativar o modo estendida.

Digitar ou editar dados, texto e fórmulas em células

Há algumas maneiras de digitar e editar os conteúdos de uma célula:

1. **Use a barra de fórmulas:** o conteúdo da célula selecionada atualmente é exibido na barra de fórmulas (ver Figura B.1). Para inserir dados, textos ou fórmulas em uma célula, clique na célula e digite ou edite o conteúdo na barra de fórmulas. Pressione Enter quando tiver terminado.
2. **Clique duplo:** o duplo clique em uma célula (ou pressionar F2) exibirá o conteúdo da célula e permitirá digitar ou editar diretamente dentro da célula na planilha. Se a célula contiver uma fórmula, as células referidas na fórmula serão destacadas em diferentes cores na planilha. A fórmula pode ser modificada clicando e digitando dentro da célula ou arrastando os marcadores de células destacados para novos locais.
3. **Inserir função:** Em uma célula vazia, pressionar o botão *fx* ao lado da barra de fórmulas (para Excel 2007 ou 2010) ou na barra de ferramentas padrão (para outras versões do Excel), uma caixa de diálogo se abrirá mostrando todas as funções disponíveis no Excel classificadas por tipo. Depois de escolher uma função da lista, a função será inserida na célula e todos os parâmetros da função serão exibidos em uma pequena janela.

Mover ou copiar células

Para mover uma célula ou intervalo de células na planilha, primeiro selecione a(s) célula(s). Para mover a(s) célula(s) por uma curta distância na planilha (p. ex., baixar algumas linhas), é geralmente mais conveniente utilizar o método de arrastamento. Clique em um canto do cursor de células e, sem soltar o botão do mouse, arraste a(s) célula(s) para um novo local. Para mover a(s) célula(s) por uma grande distância (p. ex., cem linhas para baixo, ou para uma planilha diferente), geralmente é mais conveniente usar Recortar e Colar na guia Início (para o Excel 2007 ou 2010) ou no menu Editar (para outras versões do Excel).

É possível usar métodos semelhantes para copiar uma célula ou intervalo de células. Pressione CTRL (option no Mac) enquanto clica na borda do cursor de célula e arraste, ou usar Copiar e Colar na guia Início (Excel 2007 ou 2010) ou no menu Editar (outras versões).

Preencher células

Ao elaborar uma planilha, é comum a necessidade de uma série de números ou datas em uma linha ou coluna. Por exemplo, a Figura B.2 mostra uma planilha que calcula o fluxo de caixa anual projetado e os impostos devidos para 2011 a 2015, com base em fluxos de caixa mensais.

Em vez de digitar todos os 12 rótulos de coluna dos meses nas células B2:M2, a alça de preenchimento (a pequena caixa no canto inferior direito do cursor de células) pode ser usada para preencher a série. Depois de digitar os dois primeiros elementos da série (p. ex., jan na

FIGURA B.2
Planilha simples para calcular o fluxo de caixa anual projetado e o imposto devido.

	A	B	C	D	E	F	G	H	I	J	K	L	M	N	O
1						Fluxo de caixa ($000)								Fluxo de	Imposto
2		Jan	Fev	Mar	Abr	Mai	Jun	Jul	Ago	Set	Out	Nov	Dez	caixa anual	devido
3	2011	10	–2	4	5	4	6	8	10	12	3	–4	8		
4		15	3	–4	3	10	4	6	10	3	6	–2	12		
5		8	4	2	–3	–5	7	4	8	8	11	–3	11		
6		7	5	5	3	2	6	10	12	14	8	2	8		
7		5	2	2	–4	9	7	12	14	3	–	6	10	64	16.0
8															
9														Taxa de imposto	25%

	N	O
1	Fluxo de	Imposto
2	caixa anual	devido
3	=SOMA(B3:M3)	=N3*$O$9
4	=SOMA(B4:M4)	=N4*$O$9
5	=SOMA(B5:M5)	=N5*$O$9
6	=SOMA(B6:M6)	=N6*$O$9
7	=SOMA(B7:M7)	=N7*$O$9
8		
9	Taxa de imposto	0,25

célula B2 e fev na célula C2), selecione as células B2:C2 e clique e arraste a alça de preenchimento para a célula M2. O restante da série (mar, abr, mai etc.) será preenchido automaticamente. Os rótulos de ano das células A3:A7 podem ser preenchidos de forma similar. Depois de digitar os dois primeiros anos, 2011 em A3 e 2012 em A4, selecione as células A3:A4 e clique e arraste para baixo a alça de preenchimento até A7. De acordo com os dados das células selecionadas, a alça de preenchimento tentará adivinhar o restante da série.

A alça de preenchimento também é útil para copiar fórmulas semelhantes para células adjacentes em uma linha ou coluna. Por exemplo, a fórmula para calcular os fluxos de caixa anuais em N3:N7 é basicamente a mesma fórmula para todos os anos. Depois de digitar a fórmula para 2011 na célula N3, selecione-a e clique e arraste a alça de preenchimento para copiar a fórmula até a célula N7. Do mesmo modo, a fórmula para impostos devidos da célula O3 pode ser copiada até as células O4:O7. De fato, as fórmulas de fluxo de caixa anual e de impostos devidos podem ser copiadas de uma vez, selecionando ambas as células N3 e O3 (o intervalo N3:O3) e arrastando a alça de preenchimento até a célula O7. Isso preencherá as duas fórmulas para as células N4:O7.

Referências relativas e absolutas

Ao usar a alça de preenchimento, é importante entender a diferença entre referências relativas e absolutas. Pense na fórmula da célula N3 (= SOMA(B3:M3)). As referências a células da fórmula (B3:M3) baseiam-se na posição relativa delas em relação à célula que contém a fórmula. Assim, B3:M3 são tratadas como as 12 células imediatamente à esquerda. Isso é conhecido como **referência relativa**. Quando essa fórmula é copiada para novas células utilizando-se a alça de preenchimento, as referências são ajustadas automaticamente para se referirem à(s) nova(s) célula(s) no mesmo local relativo (as 12 células imediatamente à esquerda). Por exemplo, a fórmula em N4 se torna = SOMA(B4:M4), a fórmula em N5 se torna = SOMA(B5:M5), e assim por diante.

De modo contrário, a referência à taxa de imposto ($O$9) na fórmula da célula O3 é chamado de **referência absoluta**. Essas referências não mudam quando preenchidas em outras células. Assim, quando a fórmula da célula O3 é copiada para as células O4:O7, a referência ainda indica a célula O9.

Para fazer uma referência absoluta, coloque símbolos de cifrão ($) na frente da letra e número da referência da célula (p. ex., $O$9). Da mesma forma, você pode tornar a coluna absoluta e a linha relativa (ou vice-versa), colocando um símbolo de $ na frente de apenas uma letra (ou número) da referência da célula. Depois de digitar uma referência de célula, pressionar repetidamente a tecla F4 (ou command-T no Mac) alternará entre as quatro possibilidades de referências relativas e absolutas (p. ex., O9, $O$9, O$9, $O9).

Usar nomes de intervalos

Um bloco de células relacionadas pode receber um nome de intervalo. Então, em vez de referir-se às células por seus endereços de células (p. ex., L11:L21 ou C3), é possível utilizar um nome mais descritivo (p. ex., Lucro-Total). Para dar um nome de intervalo a uma célula ou intervalo de células, primeiramente selecione a(s) célula(s). Em seguida, clique na Caixa de Nome (ver Figura B.1) e digite um nome. Por exemplo, na planilha da Figura B.2, poderíamos definir um nome de intervalo para a taxa de impostos, selecionando a célula O9 e digitando TaxaDeImpostos na caixa de nome. Não são permitidos espaços em nomes de intervalo, portanto, use letras maiúsculas ou caracteres sublinhados para separar as palavras do nome.

Depois de definir o nome de intervalo, em vez de digitar a referência da célula (p. ex., O9) quando for utilizado em uma fórmula, será possível usar o nome do intervalo (p. ex., TaxaDeImpostos). Se clicar em uma célula (ou células) para usá-la(s) em uma fórmula, o nome do intervalo será usado automaticamente em vez da referência da célula. Isso pode tornar a fórmula de mais fácil interpretação (p. ex., = SOMA(B3:M3)* TaxaDeImpostos em vez de = SOMA(B3:M3)*$O$9). Ao usar um nome de intervalo em uma fórmula, ele será tratado como referência absoluta. Para fazer uma referência relativa em uma célula que tem um nome de intervalo, digite o endereço da célula (p. ex., O9), em vez de digitar o nome do intervalo ou clicar sobre a célula (que usará automaticamente o nome de intervalo).

Formatar células

Para fazer mudanças de formatação em uma célula ou intervalo de células na planilha, primeiro selecione a(s) célula(s). Se um intervalo de células for selecionado, as alterações de formatação serão aplicadas a cada célula do intervalo. Os tipos mais comuns de formatação de células (p. ex., alterar a fonte, colocar o texto em negrito ou itálico ou alterar as bordas ou o sombreamento de uma célula) podem ser realizado usando-se a guia Início (para o Excel 2007 ou 2010) ou a barra de ferramentas de formatação (para outras versões do Excel).

Clicar nos botões .0→.00 ou .00→.0 altera o número de casas decimais exibidas na célula. Observe que isso muda apenas como o número é exibido, já que o Excel sempre usa toda a precisão quando essa célula é utilizada em outras fórmulas.

Para obter tipos tipos de formatação mais avançados, escolha Formatar Células no menu Formatar do grupo Células na guia Início (Excel 2007 ou 2010) ou Células no menu Formatar (outras versões). No PC, o atalho é pressionar CTRL-1; ou command-1, no Mac. Isso traz a caixa de diálogo Formatar células mostrada na Figura B.3. Na guia Números, você pode escolher exibir o conteúdo da célula como número com a quantidade de casas decimais (p. ex., 123,4 ou 123,486), como moeda (p. ex., US$ 1.234,10), como data (p. ex., 12/10/2013 ou Dez. 2013) e assim por diante.

As outras guias são usadas para alterar o alinhamento do texto (p. ex., justificado à esquerda ou à direita, impresso na vertical ou horizontal etc.), fontes, bordas, padrões e proteção.

Se uma célula apresenta ####, significa que a coluna não é suficientemente larga para mostrar seu conteúdo. Para alterar a largura das colunas ou alturas de linha, clique e arraste as linhas horizontais ou verticais entre os rótulos de coluna ou linha. Dar um duplo clique na linha vertical entre os rótulos de coluna tornará a coluna larga o suficiente para mostrar todo o conteúdo de cada célula da coluna.

FIGURA B.3
Caixa de diálogo Format Cells (Formatar Células).

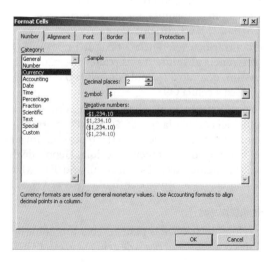

RESPOSTAS PARCIAIS PARA PROBLEMAS SELECIONADOS

CAPÍTULO 2

2.6. *d.* Fração de 1ª = 0,667, fração de 2ª = 0,667. Lucro = US$ 6.000.

2.13. *b.* $x_1 = 13$, $x_2 = 5$. Lucro = US$ 31.

CAPÍTULO 3

3.2. *c.* 3,333 de Atividade 1, 3,333 de Atividade 2. Lucro = US$ 166,67.

3.5. *d.* 26 de Produto 1, 54,76 de Produto 2, 20 de Produto 3. Lucro = US$ 2.904,76.

3.11. *d.* 1,14 kg de milho, 2,43 kg de alfafa. Custo = US$ 2,42.

3.16. *b.* Custo = US$ 410.000.

Quantidades de envio	Cliente 1	Cliente 2	Cliente 3
Fábrica 1	300	0	100
Fábrica 2	0	200	300

3.18. *c.* $ 60.000 em Investimento A (ano 1), $ 84.000 em Investimento A (ano 3), $ 117.600 em Investimento D (ano 5). Acúmulo total no ano 6 = $ 152.880.

3.21. *a.* Lucro = $ 13.330.

Colocação da Carga	Frente	Centro	Fundo
Carga 1	0	5	10
Carga 2	7,333	4,167	0
Carga 3	0	0	0
Carga 4	4,667	8,333	0

CAPÍTULO 4

4.2. *d.* 0 mesas de canto, 40 mesas de café, 30 mesas de sala de jantar. Lucro = $ 10.600.

4.4. *e.* 19% de participação no Projeto A, 0% de participação no Projeto B e 100% de participação no Projeto C. Saldo final = $ 59,5 milhões.

4.9. *d.* 4 FT (8AM–4PM), 4 FT (12PM–8PM), 4 FT (4PM–meia-noite), 2 PT (8A–12PM), 0 PT (12PM–4PM), 4 PT (4PM–8PM), 2 PT (8PM–meia-noite). Custo total por dia = $ 1.728.

CAPÍTULO 5

5.1. *e.* Faixa permitida para lucro unitário da fabricação de brinquedos: $ 2,50 a $ 5,00. Faixa permitida para lucro unitário da fabricação de subconjuntos: –$ 3,00 a –$ 1,50.

5.4. *f.* (*Parte a*)

Solução ideal não muda (dentro de aumento permitido de $ 10).

(*Parte b*)

Solução ideal não muda (fora de diminuição permitida e $ 5).

(*Parte c*)

De acordo com a regra de 100% para mudanças simultâneas na função objetivo, a solução ideal pode variar ou não.

C_{8AM}: $ 160 → $ 165   % de aumento permitido = $100 \left(\dfrac{165 - 160}{10} \right) = 50\%$

C_{4PM}: $ 180 → $ 170   % de diminuição permitida = $100 \left(\dfrac{180 - 170}{5} \right) = 200\%$

Soma = 250%

5.11. *a.* Fabricação de dois mil brinquedos e mil peças de subconjuntos. Lucro = $ 3.500.

b. O preço-sombra do subconjunto A é de $ 0,50, prêmio máximo que a empresa deseja pagar.

5.15. *a.* A quantidade total esperada de exibições pode ser aumentada em 3 mil para cada $ 1 mil adicionais acrescidos ao orçamento de publicidade.

b. Isso continua válido para aumentos de até $ 250 mil.

e. De acordo com a regra de 100% para mudanças simultâneas em lados direitos, o preço-sombra continua válido. Usando unidades de milhares de $,

C_A: $ 4.000 → $ 4.100   % de aumento permitido = $100 \left(\dfrac{4.100 - 4.000}{250} \right) = 40\%$

C_P: $ 1.000 → $ 1.100   % de aumento permitida = $100 \left(\dfrac{1.100 - 1.000}{450} \right) = 22\%$

Soma = 62%

CAPÍTULO 6

6.2. *b.* 0 S1-D1, 10 S1-D2, 30 S1-D3, 30 S2-D1, 30 S2-D2, 0 S2-D3. Custo total = $ 580.

6.5. *c* $ 2.187 milhões.

6.9. Fluxo máximo = 15.

6.15. *b.* Substituir após ano 1. Custo total = $ 29 mil.

CAPÍTULO 7

7.3. *b.* Compras no mercado e lavar louça com Eve; cozinhar e lavar roupa com Steven. Tempo total = 18,4 horas.

7.7. Caminho total = OADT. Distância total = 10 milhas.

CAPÍTULO 8

8.7. *c.* Investir $ 46.667 na Ação 1 e $ 3.333 na Ação 2 para lucro esperado de $ 13 mil. Investir $ 33.333 na Ação 1 e $ 16.667 na Ação 2 para lucro esperado de $ 15 mil.

8.11. *d.* Dorwyn deve fabricar 1 janela e 1 porta.

CAPÍTULO 9

9.4. *a.* Investimento especulativo.

d. Investimento anticíclico.

9.7 *b.* A_3

c. A_2

9.12. *a.* A_1
 b. $ 18.
9.17. *c.* VEIP = $ 3 mil. A organização de avaliação de crédito não deve ser usada.
9.22. *c.* Escolher fabricar computadores (retorno esperado de $ 27 milhões).
 f. Devem fabricar quando $p \leq 0{,}722$ e vender quando $p > 0{,}722$.
9.23. *a.* VEIP = $ 7,5 milhões.
 c. P(Vender 10.000 I Venda Prevista 10.000) = 0,667.
 P(Vender 100.000 I Venda Prevista 100.000) = 0,667.
9.24. *a.* A política ideal é não realizar a pesquisa de mercado e fabricar os computadores.
9.27. *c.* $ 800 mil.
 f, g. A Leland University deve contratar William. Se ele prever uma temporada vencedora, eles devem manter a campanha. Se prever uma temporada perdedora, eles não devem manter a campanha.
9.31. *a.* Escolher lançar o novo produto (retorno esperado de $ 12,5 milhões).
 b. $ 7,5 milhões.
 c. A política ideal é não testar, mas lançar o novo produto.
 g. Os dois gráficos indicam que o retorno esperado é sensível a ambos os parâmetros, mas é, de algum modo, mais sensível a mudanças no lucro se houver sucesso do que a mudanças nas perdas se houver insucesso.
9.36. *a.* Escolher não adquirir o seguro (retorno esperado de $ 249.840).
 b. Escolher adquirir o seguro (utilidade esperada de 499,82).

CAPÍTULO 10

10.1. *a.* 39.
 b. 6.
 c. 36.
10.3. DAM = 15.
10.9. 2.091.
10.13. Quando $\alpha = 0{,}1$, previsão = 2,072.
10.17. 552.
10.19. *b.* DAM = 5,18.
 c. DAM = 3.
 d. DAM = 3,93.
10.29. 62%.
10.35. *b.* $y = 410 + 17{,}6x$.
 d. 604.

CAPÍTULO 11

11.3. a. Verdadeiro.
 b. Falso.
 c. Verdadeiro.
11.8. *a.* $L = 2$
 b. $Lq = 0{,}375$
 c. $W = 30$ minutos, $Wq = 5{,}625$ minutos.
11.11. *a.* 96,9% do tempo.
11.14. *b.* $L = 0{,}333$
 g. Dois membros.

11.17. L_q não é alterado e W_q é reduzido pela metade.

11.22. *a.* $L = 3$

    d. TC (*status quo*) = $ 85/hora.

       TC (proposta) = $ 73/hora.

11.27. *a.* 0,211 horas.

    c. Aproximadamente 3,43 minutos.

11.30. *c.* 0,4.

    d. 7,2 horas.

11.34. Jim deve operar 4 caixas registradoras. Custo esperado por hora = $ 80,59.

CAPÍTULO 12

12.1. *b.* Deixar os números de 0,0000 a 0,5999 corresponder a *strikes* e os números 0,6000 a 0,9999 corresponder a *balls*. As observações aleatórias para *pitches* são 0,3039 = strike, 0,7914 = ball, 0,8543 = ball, 0,6902 = ball, 0,3004 = strike, 0,0383 = strike.

12.5. *a.* Repetição da amostra.

Resumo de resultados:	
Vitória? (1 = Sim, 0 = Não)	0
Quantidade de lançamentos =	3

Lançamentos simulados				Resultados		
Lançamento	Dado 1	Dado 2	Soma	Vitória?	Derrota?	Continuar?
1	4	2	6	0	0	Sim
2	3	2	5	0	0	Sim
3	6	1	7	0	1	Não
4	5	2	7	ND	ND	Não
5	4	4	8	ND	ND	Não
6	1	4	5	ND	ND	Não
7	2	6	8	ND	ND	Não

12.10. *a.* Deixar os números de 0,0000 a 0,3999 corresponder a reparo pequeno e de 0,4000 a 0,9999 corresponder a reparo grande. O tempo médio de reparo será de (1,224 + 0,950 + 1,610)/3 = 1,26 horas.

12.17. *b.* O tempo médio de espera deverá ser de aproximadamente 1 dia.

    c. O tempo médio de espera deverá ser de aproximadamente 0,33 dias.

CAPÍTULO 13

13.3. *a.* Distribuição triangular (Mín. = 293,51, Mais provável = 501,00, Máx. = 599,72).

13.7. *a.* O tempo médio de conclusão do projeto deverá ser de aproximadamente 33 meses.

    c. As Atividades B e J causam o maior impacto na variabilidade do tempo de conclusão do projeto.

13.15. *a.* O lucro médio deverá ser de cerca de $ 107, com aproximadamente 96,5% de chance de conseguir pelo menos $ 0.

ÍNDICE

A

Alden, H., 156
Abbink, E., 242
Abordagem de escala de evento, 511
Abordagem de previsão *bottom-up*, 414
Abordagem de previsão *grass-roots*, 414-415
Abordagem PERT de três estimativas, 536, 561
Ação
    desvio padrão de retornos, 280
    distribuição de probabilidade de retornos, 280
    na Bolsa de Valores de Nova York, 297
Agentes de tecnologia, 441
Algoritmos
    de propósito especial, 197
    genéticos, 295
        recurso de mutação, 295
    para programação quadrática, 276
    restrição TudoDiferente, 301
    Solver não linear, 272
Allen, S. J., 130
Alternativas
    mutualmente excludentes, 231-232
    na tomada de decisões, 316
Altschuler, S., 548
American Airlines, 552
Análise da decisão, 314-379; *ver também* Sequência de decisões
    análise de sensibilidade com árvores de decisão, 325-330
    aplicação prática da, 360-361
    árvores de decisão, 322-325
    atualização de probabilidades, 333-337
    casos, 374-379
    com a função utilitária para dinheiro, 350
    critérios de decisão, 317-322
    diagrama de influência, 360
    obtenção de mais informações, 330-333
    papel de funções utilitárias, 351
    parceria em tomada de decisão, 361
    problema do valor da terra, 315-316
    seminários de decisão, 360
    sequência de decisões
        análise da árvore de decisão, 337-343
        análise de sensibilidade, 343-349
    sistema de suporte à decisão em grupo, 360
    software DISCOVERY, 358
    terminologia
        alternativas, 316
        compensação, 317
        estados da natureza, 316-317
        probabilidades anteriores, 317
        tabela de compensação, 317
        tomador de decisão, 316
    utilidade e valor das compensações, 349-360
    valor esperado de informações perfeitas, 329-332
Análise de planilha
    efeito de mudanças simultâneas em coeficiente de função objetivo, 155-157
    efeito de mudança única em restrições funcionais, 163-165
    para efeito das mudanças em um coeficiente de função objetivo, 149-150
    para efeito de mudanças simultâneas em restrições funcionais, 170
    Teorema de Bayes, 320
Análise de ponto de equilíbrio
    análise de problema, 8-9
    análise de sensibilidade, 9-10
    custos envolvidos, 5-6
    modelo de planilha, 6-7
    modelo matemático, 7-8
    ponto de equilíbrio, 8-9
    ponto de equilíbrio em modelo de planilha, 10-11
    problema matemático completo, 9
Análise de sensibilidade
    bidirecional, 599-600
    definição, 10
    de modelos matemáticos, 9-10
    em programação binária com número inteiro, 234
    excessiva para grandes problemas, 360
    na análise "e se...", 146
    one-way, 597-599
    Pacific Lumber Company, 156
    para sequência de decisões
        organização de planilha, 343-345
        usando o Sensit, 345-349
    planilha para, 149-150
    Solver Table para, 150-152, 597-600
    usando árvores de decisão, 325-330
    usando tabelas de dados, 327
Análise econômica
    problema de manutenção, 493
    problema do barbeiro, 503, 509
    problema do jornaleiro, 580
Análise "e se...", 42, 47, 66, 75, 129, 144-188, 235
    análise de sensibilidade, 146
    efeito da mudança em um coeficiente de função objetivo
        planilha para análise de sensibilidade, 149-150
        relatório de sensibilidade para faixa permitida, 152-155
        Solver Table para análise de sensibilidade, 150-152
    casos, 183-188
    efeito de mudança em restrição única
        análise de planilha, 163-165
        relatório de sensibilidade, 167-169
        Solver Table para, 165-167
    efeito de mudanças simultâneas em coeficiente de função objetivo
        análise de planilha, 155-156
        comparação de abordagens, 161-163
        relatório de sensibilidade, 159-161
        Solver Table bidirecional para, 157-159
    efeito de mudanças simultâneas em restrições, 169-173
        análise de planilha, 170
        relatório de sensibilidade, 171-173
        Solver Table para, 170-171
    e parâmetros do modelo, 145
    funções, 144
    importância para gerentes, 145-146
    importância para programação linear, 96
    Pacific Lumber Company, 156
    para alteração de decisões de política de gerenciamento, 146
    parâmetros sensitivos, 145
    primeiro benefício de, 145-146
    problema do *mix* de produtos
        discussão de gerenciamento, 147-148
        resumo de questões "e se...", 149
        solução ideal, 147
    segundo benefício de, 146
    terceiro benefício de, 146
    valor das planilhas, 149
Angelis, D. P., 156
Animação
    capacidades, 511
    Modelo de fila M/M/1 com servidor único, 446-447
Aplicações, programação não linear × linear, 265
Arcos, 192
Arguello, M., 248

612 ÍNDICE

Árvore de decisão
   análise da sequência de decisões
      construção da árvore de decisão, 337-338
      execução da análise, 339-341
      TreePlan para, 341-343
      valor esperado de informações de amostragem, 341
      Westinghouse Science and Technology Center, 339
   análise de sensibilidade com, 325-330
   atualização de probabilidades, 333-337
   consolidação de dados, 325-326
   construção, 337-338
   definição, 322
   diagrama da árvore de probabilidade, 334-335
   exibição gráfica, 337
   obtenção de mais informações, 330-332
   para analisar utilitários, 354-357
   para executar a análise de sensibilidade, 343-349
   probabilidades anteriores, 326-327
   software de planilha, 322-325
   terminologia, 322
   usando tabelas de dados, 327
   Workers' Compensation Board of British Columbia, 323
Atividades, problema de conflito entre custos e benefícios das, 78
AT&T, 13, 510
Avaliação, 521-522
Avaliações/oportunidades, 555
Avanço para o instante do próximo evento, 500, 511
Avriel, M., 280

B

Bank Hapoalim Group, 13, 280
Bank of America Merrill Lynch, 548
Barnum, M. P., 454
Batavia, D., 548
Bayes, Thomas, 321, 335
Benefícios, problema de conflito entre custos e benefícios, 78
Bennett, J., 548
Berkey, B. G., 339
BIP; *ver* Programação binária com número inteiro
   misto, 228
   puro, 228
Bixby, A., 23
Boeing Company, 297
Bowen, D. A., 454
Brennan, M., 499
Brigandi, A. J., 499
Byrne, J. E., 77

C

Call Processing Simulator, 510
Caminho mais longo, 536
Camm, J. D., 91
Campanha de propaganda, 42-43
Canadian Pacific Railway, 13, 205
Capacidade, 192
Carlson, W., 12
Caso de análise de risco financeiro, 594-595
   definição do problema, 547-549
   Merrill Lynch, 548
   perfil de risco, 547
   Simulação com Crystal Ball
      modelo de planilha, 549-550

      resultados da simulação, 549-552
CB Predictor, 17
Célula de dados, 25
   distinção, 133
Célula de objetivo/destino, 29
   usando o Excel
Célula de previsão, 524-525
   gerenciamento de fluxo de caixa, 546
   problema de *overbooking*, 555
   problema de projeto de construção, 541
   problema de seleção de projeto, 585
Célula de saída, 26, 29
   distintiva, 133
   versus alternar células, 128
Células de destino, 29
   distintivas, 133
   usando o Excel, 37
Células de entrada aleatória, 522
Células de pressuposição, 523
   gerenciamento de fluxo de caixa, 543, 546
   problema de *overbooking*, 555
   problema de projeto de construção, 537, 541
Células, no Excel, 604-507
Células variáveis, 25, 29
   distintivas, 133
   problema do *mix* de propaganda, 62
   problemas de alocação, 94
   usando o Excel, 37
   versus células de saída, 128
Centros de atendimento, 510
Chegadas
   aleatórias, 432-433
   em sistemas de filas, 432
   taxa média de, 432
Chorman, T. E., 91
Ciclo de substituição, 490
Ciência da gestão
   análise de ponto de equilíbrio
      análise de sensibilidade do modelo, 9-10
      definição do problema, 89
      expressão matemática, 7-8
      modelo de planilha, 6-7
      ponto de equilíbrio em modelo de planilha, 10-11
      problema matemático completo, 9
   como matéria de ensino, 2-3
   como pesquisa operacional, 3
   definição, 2
   e matemática, 1
   estudos de caso, 14-15
   exemplos de aplicação, 12-13
   fatores quantitativos, 5
   impacto na eficiência e produtividade, 11-15
   impacto na rentabilidade, 1
   método científico, 3-5
   modelos de planilha, 4
   modelos matemáticos, 4
   natureza da, 2-5
   negócio/setor externo, 12
   no marketing, 12
   objetivos de aprendizagem, 2
   para tomada de decisão, 3
   software de planilha, 1
   técnicas de seleção de portfólio, 12
   treinamento em, 2
Ciência da Gestão, 3
Classe de prioridade, 458
   papel de gerenciamento, 460

Classificação de modelos de filas, 435
Clientes, 430; *ver também* Modelo de filas
   classe de prioridade, 458
   na fila, 433
   no sistema, 433
Cobertura de conjunto
   problema de, 240, 244
   restrição(ões) a, 239-240, 244
Coeficiente de correlação entre duas variáveis, 541
   caso, 111-112
   comparado a problemas de alocação de recursos, 75
   dados necessários, 75
   definição, 75
   e objetivos gerenciais, 75
   escala de pessoal, 76-80
   problema de conflito entre custos e benefícios
   problema do *mix* de propaganda, 76
   restrições de benefícios, 75
   seleção de portfólio, 279, 282
   United Airlines, 77
Coeficiente de função objetivo
   efeito de mudanças em um
      análise de planilha, 149-150
      análise de sensibilidade, 150-152
      relatório de sensibilidade, 152-155
   efeito de mudanças simultâneas em um
      comparação de abordagens, 161-163
      análise de planilha, 155-157
      relatório de sensibilidade, 159-161
      Solver Table bidirecional para, 157-159
   faixa permitida, 151-152
   parâmetros do modelo, 145
   regra de 100% para mudanças simultâneas em, 159-161
Coeficientes em função objetivo; *ver* Coeficiente de função objetivo
Compensação
   critério de máxima verossimilhança, 319
   critério maximax, 318
   critério maximin, 318-319
   definição, 317
   do teorema de Bayes, 320-321
   e critérios de decisão, 317-319
   esperada, 320, 324
   método da loteria equivalente, 354
   tabela de, 317
   valor esperado de informações perfeitas, 329-330
Computador Macintosh, 17
Condição de estado de equilíbrio, 439, 445
Condições de não negatividade, 31
ConocoPhillips, 13, 358
Conservação de fluxo, 192
Considerações gerenciais, problema do *mix* de propaganda, 83-84
Constante de suavização, 396
Consultores, 3
Continental Airlines, 13, 248
Controladores de tráfego aéreo, 499
Coordenação de *mix* de produtos, 195-196
Copeland, D., 12
Corner, J. L., 361n
Critérios de decisão
   de arrependimento minimax, 318
   de máxima verossimilhança, 319
   de realismo, 318
   do igualmente provável, 318
   do valor monetário esperado, 321

maximax, 318
maximin, 318-319
Regra de decisão de Bayes, 320-231
Crystal Ball, 496, 520-596
    avaliações, 521-522
    análise de risco financeiro
        definição do problema, 547-549
        modelo de planilha, 549
        perfil de risco, 547
        resultados da simulação, 549-552
    caixa de diálogo Fit Distribution, 568
    Distribuição Uniforme Discreta
        caixa de diálogo, 524
    casos, 594-596
    distribuições disponíveis, 557-569
    Distribution Gallery, 523-524, 557
    escolha da distribuição certa, 566-569
    etapas de simulação
        definir célula de entrada aleatória, 522-524
        definir célula de previsão, 524-526
        definir células de pressuposição, 523-524
        definir preferências de execução, 526
        simulação run, 526-528
    Ferramenta Decision Table
        caixa de diálogo Define Forecast, 529
        função, 569
        problema de *overbooking*, 574-577
        problema de projeto de construção, 573-574
        problema do jornaleiro, 570-573
    formatos do modelo de simulação, 527
    gerenciamento da receita
        modelo de planilha, 553-555
        problema de *overbooking*, 552-553
        resultados da simulação, 555-556
    gerenciamento de fluxo de caixa
        conclusões, 546-547
        definição do problema, 542-543
        gráfico de frequência, 546
        modelo de planilha, 543-545
        resultados da simulação, 546
    gerenciamento de projeto
        insight do gráfico de sensibilidade, 540-542
        modelo de planilha, 537
        prazo da reunião, 535-537
    gráfico de frequência, 526
    Gráfico de sensibilidade, 540-541
    identificar a melhor distribuição contínua, 566-569
    linha média, 526
    Merrill Lynch, 548
    módulo OptiQuest, 577-588
    módulos em, 520
    problema do jornaleiro
        conclusões, 530
        etapas de simulação, 522-528
        modelo de planilha, 521-522
        precisão de resultados, 528-530
    projeto de construção
        modelo de planilha, 532-533
        problema de cobrança, 531-532
        resultados da simulação, 533-535
    resultados da simulação, 537-540
    usando folhas de trabalho com, 603-604
Custo(s)
    controle de, 77
    de cafeteria, caso, 55-56
    de espera, 468-469
    de hora extra, 288-291
    de marketing, não lineares, 288-291

fixados, 5-6
gráficos de
    função convexa, 266n
    funções, 267-268
marginal, 5-6
não lineares de marketing, 288-291
tabela de, 94
variáveis, 5-6

D

Dados
    bancos de, 5
    entrada de, 129-130
    identificação do melhor ajuste, 566-569
    organizados e identificados, 130-131
    por célula, 130-131
    problema de conflito entre custos e benefícios, 75, 78
    problema de orçamento de capital, 71
    problema do *mix* de propaganda, 62
    problema revisado do *mix* de propaganda, 84
    separados das fórmulas, 131
    tabelas de, 327
Dantzig, George, 3
Dargon, D. R., 499
Decisão
    contingente, 232
    seminários de, 360
    tomador de decisão, 316
Decisões
    problema de conflito entre custos e benefícios, 78
    problema de orçamento de capital, 71
    problema do *mix* de propaganda, 62
    problema revisado do *mix* de propaganda, 86
    "quanto custa", 228, 229
Decisões gerenciais
    efeito da análise "e se...", 146
    restrições funcionais como, 163
    tomadas sob incerteza, 314-315
Decisões sim-ou-não, 228
    alternativas mutuamente excludentes, 231-232
    decisão contingente, 232
    problema de custos de configuração, 247-250
    problema de escala de equipe, 240
    problema de seleção de local, 238
    variáveis binárias para, 231-232
Definição do problema, 3-4
    alocação de recursos da TBA Airlines, 67
    escala de pessoal, 77-78
    problema do *mix* de propaganda, 62
Descontinuidades, 267
Desconto de fluxos de caixa futuros, 70
Destino, 207
    "dummy" (fictício), 211
Desvio absoluto médio, 382, 385-386, 412
Desvio padrão
    da distribuição, 549
    de retornos, 280
    no problema do jornaleiro, 526
Diagrama
    da árvore de probabilidade, 334-335
    de influência, 360
Dill, F. A., 91
Discussão de gerenciamento, problema do *mix* de produtos, 147-148
Distribuição Beta, 536, 560-561
Distribuição binomial, 555, 562-563, 583
    negativa, 563, 564

Distribuição
    com melhor ajuste, 566-569
    de frequência de retornos, 547
    de Poisson, 561-562
    de probabilidade de estado de equilíbrio, 440-441
    de tendência central, 557
    de Weibull, 560-561
    discreta, 557
    Erlang de tempos de serviço, 435
    geométrica, 563, 564
    log-normal, 558, 559
    positivamente assimétrica, 559
    tipo "sim-não", 562-563
    triangular, 536-537, 539, 558, 559
    uniforme, 499, 521, 559-560
    uniforme discreta, 559-560
Distribuição contínua, 557
    para melhor ajuste a dados históricos, 566-569
Distribuição degenerada
    intervalo mínimo entre execuções (*inter-arrival times*), 435
    períodos de serviço, 435
Distribuição de probabilidade
    de intervalo mínimo entre execuções (*inter-arrival times*), 432
    de períodos de serviço, 435
    de retornos, 280
    em Distribution Gallery, 523-524
    em modelo de simulação, 510
    em previsão para série temporal, 406
    em simulação por computador, 484
    estado de equilíbrio, 440-441
    gerar observações aleatórias de, 493-496, 498-499
    jogo de cara ou coroa, 487-489
    mudança, 406-407
Distribuição exponencial
    de intervalo mínimo entre execuções (*inter-arrival times*), 432-433
    de períodos de serviço, 434-435
    descrição do, 561, 562
    versus distribuição uniforme, 499
Distribuição normal, 496, 549, 583
    definição, 557-558
Distribuição personalizada, 564-566
    exemplos, 565-566
Distribuições, em Crystal Ball
    beta, 560-561
    binomial, 562-563
    binomial negativa, 563
    contínuas, 557
    de Poisson, 51-562
    discretas, 557
    distribuição personalizada, 564-566
    e função densidade de probabilidade, 557
    exponenciais, 561
    geométricas, 563
    identificar a melhor distribuição, 566-569
    log-normal, 558, 559
    normal, 557-558
    sim-não, 562-563
    tendência central, 557
    tipos adicionais, 563-564
    triangular, 558, 559
    uniforme, 559-560
    uniformemente discretas, 559-560
    Weibull, 560-561
Distribution Gallery, 523-524
    distribuições disponíveis em, 557-566

Downs, B., 23
Duração, 207
  do ciclo, 45
Dyer, J. S., 358

E

Efeito relatório de sensitividade de mudanças
  simultâneas em restrições funcionais, 171-173
  efeito de mudanças simultâneas em coeficiente
    de função objetivo, 159-161
  efeito de mudança única em restrições
    funcionais, 167-169
  para encontrar a faixa permitida para o
    coeficiente da função objetivo, 152-155
Eficiência, impacto da ciência da gestão na, 11-12
Eidesen, B. H., 201
Empresas norueguesas, 13
Equação de regressão, 411
Equipe de ciência da gestão, 3
  formulação do modelo pela, 96
  implementação de novos procedimentos, 5
  planejamento da simulação por computador, 510
  problema do *mix* de produtos, 23-24
  uso do método científico, 3-5
  visão do problema de serviço do consumidor, 446
Equipes internas, 3
Equipes, para ciência da gestão, 3
Erro de previsão
  desvio absoluto médio, 382
  erro quadrático médio, 382, 386, 411
  problema da central de atendimento, 385-386
Erro padrão médio, 528
Erros amostrais
  média, 412
  quadrado médio dos, 411
  soma dos quadrados dos, 411
Estado do sistema, 500
Estado(s) da natureza, 316-317
  critério de máxima verossimilhança, 319
  descobertas em cada, 333
  probabilidade condicionada, 333, 335
  probabilidade conjunta, 333-335
  probabilidades anteriores, 337-338
  probabilidades posteriores, 335-338
Estatística(s)
  estimativas, 512
  observações, 512
Estimativas
  de ponto, 504, 512
  mais prováveis, 536
  otimistas, 536
  pessimistas, 536
Estimativas de tempo, 536
  caminho mais longo, 536
Estoque em andamento, caso, 481-482
Estudo de simulação por computador
  analisar resultados, 512
  apresentar recomendações, 512
  conduzir simulação, 512
  elaborar programa de computador, 511
  formulação e planejamento do problema, 510
  formular modelo, 510
  planejar simulações, 512
  precisão do modelo, 511
  reunião de dados, 510
  seleção do software, 511
  testar validade do modelo, 511-512

Estudos de caso, 2, 14, 15, 16
Etapa de análise para planilhas, 126
Etapa de construção para planilhas
  expandir para alcance completo, 125-126
  versão reduzida, 124
Etapa de planejamento para planilhas
  cálculos feitos à mão, 122-123
  esboço de planilha, 123-124
  ver acabamento, 121-122
Etapa de teste para planilhas
  versão integral, 126
  versão reduzida, 125
Etzenhouser, M. J., 156
Evans, J. R., 91
Evolutionary Solver
  algoritmo genético, 295
  geração de população, 295
  problema do caixeiro viajante, 299-302
  seleção de portfólio, 296-299
  vantagens e desvantagens, 302
Excel, 16-17; *ver também* Crystal Ball; TreePlan
  anatomia da janela, 601
  caixa Solver Parameters, 39
  complemento Sensit, 345
  construção de fórmula não lineares, 269-270
  depuração de planilhas, 135-138
  diretrizes de modelagem de planilha, 129-135
  Evolutionary Solver, 295-302
  ferramentas de auditoria, 137
  ferramenta Solver, 37-42
  função alternar, 136
  função PROCV, 490-491
  função SOMARPRODUTO, 30
  método de ajuste de curva, 269-270
  modelo de fila M/M/1 com servidor único,
    448-449
  modelo de método de média móvel, 395
  modelo de método de último valor, 391
  modelo de prioridades não preemptivas, 461
  modelo de suavização exponencial, 399
  modelo do método da média, 393
  modelo M/G/1, 452, 506
  modelo M/M/s, 455, 456
  modelo para análise econômica dos serviços,
    470-471
  opção Assumir Modelo Linear, 37-39
  opção Assumir Não Negativo, 37-39
  para geração de números aleatórios, 485-489
  para problema de manutenção, 490-492
  para programação BIP, 228-229
  para resolver problemas de programação
    linear, 36-42
  pastas de trabalho, 601-602
  planilhas
    com Crystal Ball, 603-604
    com Solver, 603
    com TreePlan, 603
  Premium Solver para Ensino, 297
  previsão causal com modelo de regressão
    linear, 412
  problemas de fluxo de custo mínimo, 193-195
  Solver não linear, 272-273
  Solver Table, 150-152
  Solver Table bidirecional, 157-159
  suavização exponencial com modelo de
    tendência, 402
  suplemento RiskSim, 496
  trabalhando com células
    digitando ou editando, 604

  formatando, 606-607
  movendo ou copiando, 604
  nomes de intervalo, 606
  preenchendo, 604-605
  referências relativas ou absolutas, 605
  seleção, 604
Experimento estatístico, 512

F

Faixa permitida, 147-148
  para o coeficiente da função objetivo, 151-152
  para o lado direito, 156-167
Fator de utilização
  alto na concepção de sistemas de filas, 464-466
  modelos de fila com servidor único, 444
  modelos de fila com vários servidores, 453
Fatores quantitativos, 5
Fator sazonal, 387-388
Fattedad, S. O., 323
Federal Aviation Administration, 13, 499
Federal Express, 12, 13
Ferramentas de auditoria, 137
Fila finita, 433-434
Fila infinita, 433-434, 506
Fila(s), 429
  capacidade de, 433
  características, 433-434
  disciplina de, 434
  infinitas ou finitas, 433-434
  procedimento de prioridade, 434
  simulador de, 504-505
  tempo de espera na, 439, 441
  tempo gasto em, 429
  teoria das, 429
Fischetti, M., 242
Fletcher, L. R., 156
Fodstad, M., 201
Fonte, 200
Forma quadrática, 275, 276
Formulação algébrica
  alocação de recursos da TBA Airlines, 69
  em método gráfico, 32
  modelo de programação linear, 45-46
  para ponto de equilíbrio, 8-9
  problema de transporte, 93
  problema do *mix* de produtos, 30-31
  problema do *mix* de propaganda, 63
  vantagens, 31-32
Fórmulas
  de Little, 439-440, 445-446, 453
  de Pollaczek-Khintchine, 451
  em planilhas, 132
  Modelo de fila M/M/1 com servidor único,
    445-446
  Modelo de fila M/M/1 com servidor único,
    450-451
  não linear, 265, 269-270
  programação não linear, 265
  referência relativa ou absoluta, 133
Fórmulas não lineares, 265
  construção, 269-270
  método de ajuste de curva para valores, 269
Fronteira eficiente, 282
Frontline Systems, Inc., 17
Função
  alternar, 135
  côncava, 266n
  convexa, 266n

objetivo côncava, 268, 274
objetivo linear, 265
objetivo não linear, 267
Função de utilitário exponencial
   ConocoPhillips, 358
   definição e fórmula, 357
   desvantagem, 357
   usando TreePlan, 357-359
Função objetivo, 9, 31, 35-36
   côncava, 268
   forma quadrática, 276
   linear, 265
   não linear, 268
   propriedades-chave, 36
   rendimentos decrescentes, 274
Função SOMARPRODUTO, 26-27, 30, 131, 132
   problema do *mix* de propaganda, 64-65
Função utilitária para dinheiro
   amantes do risco, 350
   construção, 351-352
   e utilidade marginal decrescente para dinheiro, 349
   e valores do tomador de decisão, 350
   função de utilitário exponencial, 357-358
   indivíduo com aversão a risco, 349
   indivíduos com neutralidade de risco, 350
   ponto de indiferença, 353-354
   problema do valor da terra, 352-354
Funções utilitárias
   análise da árvore de decisão, 354-357
   em análise de decisão, 351
   propriedade fundamental de, 351
   valor da compensação
      análise da árvore de decisão, 354-357
      ConocoPhillips, 358
      e o Teorema de Bayes, 349
      função de utilitário exponencial, 357-359
      função utilitária para dinheiro, 349
      método da loteria equivalente, 354
      propriedade fundamental de funções utilitárias, 351

G

General Electric, 297
Geração de população, 295
Gerenciamento da fazenda, caso, 186-188
Gerenciamento da receita
   problema de *overbooking*, 552-553
   simulação com Crystal Ball
      modelo de planilha, 553-555
      resultados da simulação, 554-556
Gerenciamento de fluxo de caixa, 196
   definição do problema, 542-543
   fluxos de caixa futuros, 542-543
   modelo de planilha, 119-120, 126-129
   Simulação com Crystal Ball
      conclusões, 546-547
      gráfico de frequência, 546
      modelos de planilha, 544-545
      resultados da simulação, 546
      versus programação linear, 544
Gerenciamento de resíduo sólido, 195
Gerente(s)
   e programação linear, 47
   método da opinião do, 414
   visão de problemas de programação linear, 96
Governo, ciência da gestão no, 12

Gráfico de frequência, 526, 539
   problema de análise financeira, 551
   problema de escala de projeto, 539
   problema de gerenciamento de fluxo de caixa, 546
   problema de *overbooking*, 557
   problema de projeto de construção, 534
   problema de seleção de projeto, 586, 588
   problema do jornaleiro, 526
Gráfico(s)
   de lucro liso, 282-288, 291
   de sensibilidade, 540-541
   de tendência, 572-573, 576
   radar de fator único, 347
   tornado de fator único, 347-348
Gráficos de análise de sensibilidade, 345-348
   entradas múltiplas/saída única, 345, 346-347
   gráfico radar, 347
   gráfico tornado, 347-348
   saída única *versus* entrada única, 345-346
Gráficos de lucro
   com relacionamentos não proporcionais, 267
   com rendimentos decrescentes, 266
   descontinuidades, 267
   forma quadrática, 270
   função côncava, 266n
   linear por partes, 267, 283
   máximas locais, 272
   máximo global, 272
   problema do *mix* de produtos, 288-291
   programação para, 287-288
   usos de, 267

H

Hellmo, L., 201
Holloran, T. J., 77
Holman, S. P., 156
Howard, K., 499
Hueter, J., 394
Huisman, D., 242

I

Ideais locais, 272
   múltiplas, 293
Incerteza na tomada de decisões, 314-315
Índice Composto da Bolsa de Valores de Nova York, 297
Informação, valor esperado da perfeita, 329-332
Informações perfeitas, 330
INFORMS; *ver* Institute for Operational Research and the Management Sciences
Instalação intermediária de armazenamento, 195
Instalações de processamento, 195
Institute for Operational Research and the Management Sciences, 3, 12
Interfaces, 3, 13
International Federation of Operational Research Societies (Federação Internacional das Sociedades de Pesquisa Operacional), 11
Intervalo de confiança, 504, 512, 528
Intervalo mínimo entre execuções (*inter-arrival times*)
   definição, 432
   distribuição degenerada, 435
   distribuição exponencial, 432-433
   em modelo de simulação, 510

modelo de fila de prioridades preemptivas, 459
modelo de fila M/D/1 com servidor único, 445
modelo de fila M/M/1 com servidor único, 450
modelo de fila M/M/s com vários servidores, 453
   problema do barbeiro, 498
Intervenção de gestão de sinistros, 323
Investigação sistemática, 3
Investimento(s)
   consultores de, 280
   distribuição de frequência de retornos, 547
   internacional, 311-313
   mix de, 70
   retorno esperado, 279
   risco, 279
Investimentos internacionais, 311-313
Ivey School of Business, 16

J

Jogo de cara ou coroa; *ver* Simulação por computador

K

Keefer, D. L., 361n
KeyCorp, 13, 454
Kim, B.-I., 230
Kim, S., 230
King, P. V., 339
Kirkwood, C. W., 361n
Kong, J., 45
Kotha, S. K., 454
Krass, B., 230
Krishnamurthy, Rakshit N., 192
Kroom, L., 242

L

Labe, R., 548
Lado direito das restrições funcionais, 145
   como decisões de política de gerenciamento, 163
   efeito de mudanças simultâneas em, 169-173
   efeito de mudança única em, 163-169
   faixa permitida para, 165-167
Lado esquerdo das restrições funcionais, 163
Leachman, R. C., 45
   método dos mínimos quadrados, 411, 413
Lehky, M., 499
Liao, B., 548
Limite de restrição
   equação de, 34
   linha de, 34
Limites de uso de recurso, 76
Linear por partes, 283
   gráfico de lucro, 267
Linguagem de programação de propósito geral, 511
Linguagem de simulação de propósito geral, 511
Linha, equação de, 35-36
Linha média, 526
Links, 205, 207
Lin, Y., 45
Little, John D. C., 439-440
L. L. Bean, Inc., 13, 384
Logaritmo natural, 499
Lucratividade, de ciência da gestão, 1
Lucro
   efeito de mudança única em restrições funcionais, 163-169
   e preço-sombra, 165, 167-169

perdido, 438, 468
esperado, problema de seleção de projeto, 236
total, 66, 167
Lucro de unidade
  efeitos de estimativas imprecisas
    análise de planilha, 149-150
    análise de sensibilidade, 150-152
    relatório de sensibilidade, 152-155
  faixa permitida, 147-148

M

MAD (DAM); *ver* Desvio absoluto médio
Marketing, ciência da gestão no, 12
Maroti, G., 242
Mason, R. O., 12
Matemática, 1
Máximas locais, 272
Máximo global, 272
McCallister, W. J., 339
McDonald's, 297
McGowan, S. M., 248
McKenney, J. L., 12
Média de amostra, 406, 528
Média de distribuição de probabilidade
  subjacente, 488
Medição do desempenho
  lucro total, 66
  número de clientes no sistema, 438-439
  para sistemas de filas
    fórmula de Little, 439-440
    número de clientes na fila, 439
    seleção de medida, 438
    valores esperados, 438
  problema de conflito entre custos e benefícios, 80
  problema de orçamento de capital, 73
  problema do barbeiro, 501
  problema do *mix* de propaganda, 62-63
  problema revisado do *mix* de propaganda, 86
  relacionamento entre medidas, 439-440
  tempo de espera na fila, 439
  tempo de espera no sistema, 439
  usando probabilidades, 440-441
Meiri, R., 280
Merrill Lynch, 13, 548
Metas específicas, 84
Método científico
  em guerra, 2-3
  na ciência da gestão
    definição do problema, 3-4
    formulação do modelo, 4
    implementar recomendações, 5
    modelo de aplicação, 4-5
    modelo de teste, 4
    reunião de dados, 3-4
    sistema de suporte à decisão, 5
    soluções baseadas em computador, 4
Método
  da loteria equivalente, 354
  de força de vendas composta, 414
  Delphi, 415
  dos mínimos quadrados, 411, 413
  ingênuo, 381, 392
  simplex, 194-195
  simplex de rede, 195, 197
Método de previsão de média móvel, 381
  descrição, 394-396
  fator-chave na escolha, 408

modelo do Excel, 395
na Taco Bell, 394
Método de previsão de suavização exponencial, 381
  constante de suavização, 396
  descrição, 396-398
  fator-chave na escolha, 408
  modelo do Excel, 399
  teste retrospectivo, 408
Método de previsão do último valor, 381
  como método ingênuo, 392
  descrição, 390-392
  fator-chave na escolha, 408
  modelo do Excel, 391
  regra dos 25%, 392
Método de previsão média, 381, 406
  descrição, 392-394
  fator-chave na escolha, 408
  modelo do Excel, 393
Método de transformação inversa, 493-496
  para gerar observações aleatórias, 499
Método gráfico
  etapas, 36
  gráficos bidimensionais, 32-33, 34-35
  limitações, 36
  linha de função objetivo, 35-36
  para ponto de equilíbrio, 8
  para problemas de duas variáveis, 32-36
  preferência de formulação algébrica, 32
  restrições funcionais, 34
  solução ideal, 35-36
  solução viável, 32-33, 34-35
Métodos de previsão
  abordagem *bottom-up*, 414
  abordagem *grass-roots*, 414-415
  comparação de, 407-408
  L. L. Bean, Inc., 384
  meta dos, 406
  método de média, 381, 392-394
  método de média móvel, 381
  método de último valor, 381, 390-392
  métodos de julgamento, 414-415
  métodos para série temporal, 386
  previsão para série temporal, 387-409
  problema da central de atendimento, 382-387, 403-405, 413-414
  regressão linear, 381-382
  suavização exponencial, 381
  suavização exponencial com tendência, 381, 398-403
Métodos de previsão de julgamento
  definição, 380
  força de vendas composta, 414
  método Delphi, 415
  opinião do colegiado dos executivos, 414
  opinião do gerente, 414
  pesquisa de mercado sobre o consumidor, 414-415
Métodos de previsão estatística; *ver também*
  Métodos de previsão para série temporal
  definição, 380
  versus métodos de julgamento, 414
Métodos de previsão para série temporal, 386
  comparação de métodos, 407-408
  fator sazonal, 387-388
  mais de um período de tempo, 400
  meta dos métodos, 406
  método da suavização exponencial, 396-398
  método de média, 392-394

método de média móvel, 394-396
método de último valor, 390-392
problemas para distribuições de mudança, 406-407
recomendações do consultor, 408-409
série temporal ajustada sazonalmente, 388-390
software para, 405
suavização exponencial com tendência, 398-403
Microsoft Excel; *ver* Excel
Middleton, Michael, 17, 322, 496
Minimização do custo total, 207-209
Minimização do período total, 208-213
Ministério do Trabalho, 3
Modelagem de planilha
  depuração, 135-138
  análise do modelo, 126
  diretrizes
    bordas, sombreamento e cores, 133
    dados por célula, 131-132
    entrada de dados, 139-130
    mostrar todo o modelo, 133-134
    nomes de intervalo, 132, 133
    organizar e identificar dados, 130-131
    referências relativas e absolutas, 133
    separar dados de fórmulas, 132
    simplicidade, 132
  erros de solução de problemas, 118-119
  etapa de construção
    versão de escala integral, 125-126
    versão reduzida, 124
  etapa de planejamento
    cálculos feitos à mão, 122-123
    esboço de planilha, 123-124
    ver acabamento, 121-122
  etapa de teste
    versão de escala integral, 126
    versão reduzida, 125
  etapas gerais de processo, 118, 121
  exemplo insuficiente, 134-135
  falta de procedimentos sistemáticos, 118
  visão geral do processo, 120-126
Modelo(s), 4
  enriquecimento, 96
  linguagens, 17
  para tomada de decisão, 15-16
  processo, 4
  teste de, 4-5
  validação do, 96
Modelo BIP misto, 244-246
  problema de custos de configuração, 246-250
  problema de escala de equipe, 248
  problema do *mix* de produtos, 246
Modelo de Black-Scholes, 596
  caso, 596
Modelo de fila de prioridades não preemptivas, 459
  modelo do Excel, 461
  pressuposições, 459-460
  problema de serviço ao cliente, 460-464
Modelo de fila M/D/1 com servidor único
  fórmulas, 450-451
  insights fornecidos pelo, 451
  modelo do Excel, 452
  pressuposições, 450
  problema de serviço ao cliente, 451-452
Modelo de fila M/D/s com vários servidores, 457-458
Modelo de fila M/M/1 com servidor único
  fórmulas, 445-446

pressuposições, 445
problema de serviço ao cliente, 447-450
software para, 446-447
Modelo de fila M/M/s com vários servidores
   para problema de serviço ao cliente, 454-457
   pressuposições, 453
Modelo de planilha
   alocação de recursos da TBA Airlines
      definição do problema, 67
      forma algébrica, 69
      formulação, 67-69
   análise de sensibilidade da sequência de decisões, 343-349
   para análise de ponto de equilíbrio
      incorporação de ponto de equilíbrio, 10-11
      nomes de intervalo, 6
      software, 6-7
   baseado em modelo matemático, 6-7
   caso, 142-143
   célula de objetivo/destino, 27, 37
   células de saída, 26r
   células variáveis, 37
   células variáveis versus células de saída, 128
   como modelo de programação linear
      características, 28-29
      resumo de procedimento de formulação, 29-30
   definição, 4
   e modelo de programação de número inteiro, 29
   em simulação por computador
      jogo de cara ou coroa, 486
      problema de manutenção, 491, 494-495
      problema do barbeiro, 501
   escala de pessoal
      dados, 78
      decisões, 78
      definição do problema, 77p-78
      formulação, 78
      medir o desempenho, 80
      restrições, 78-80
      resumo de formulação, 80
      solução, 80
   função SOMARPRODUTO, 26-27, 64-65
   gerenciamento de fluxo de caixa, 543-545
   modelo de problema misto, 88
   para análise "e se...", 129
   parâmetros do modelo, 145
   para resolução de modelos de programação não linear, 270-273
   problema da central de atendimento, 385
   problema de análise financeira, 549-550
   problema de conflito entre custos e benefícios, 81
   problema de fluxo de caixa, 119-120, 126-129
   problema de orçamento de capital
      dados, 71
      decisões, 71
      medidas de desempenho, 73
      problema de alocação de recursos, 70-71
      restrições, 72
      solução, 73
   problema de overbooking, 553-555
   problema de projeto de construção, 537-538
   problema de seleção de projeto, 583
   problema de transporte, 91-93
   problema do caminho mais curto, 206-207
      minimização do custo total, 210
      minimização do período total, 212-213
   problema do fluxo máximo, 200, 203
   problema do jornaleiro, 521-522

problema do mix de produtos, 24-30
   células de dados, 25
   células variáveis, 25
   nomes de intervalo, 25
   perguntas a responder, 25
problema do mix de propaganda, 60-65
   avaliação da adequação do modelo, 63-65
   componentes, 60-61
   dados, 62
   decisões, 62
   formulação, 43-45
   medida de desempenho, 62-63
   modelo matemático em, 45-46
   restrições, 62
   resumo de formulação, 63
   solução, 63
   usando o Solver, 45
problema revisado do mix de propaganda
   dados, 84
   decisões, 86
   medir o desempenho, 86
   restrições, 86
   resumo, 86-87
   solução, 87
problemas de alocação, 93-95
problemas de fluxo de custo mínimo, 193-195
programação binária com número inteiro
   problema de custos de configuração, 245-246
   problema de empresa de fabricação, 232-233
   problema de escala de equipe, 244, 245
   problema de seleção de projeto, 237-238
programação não linear, 290-291
   problema do caixeiro viajante, 300-301
   problema do mix de produtos, 276-279
   programação separável, 286-287, 292
   seleção de portfólio, 281-283, 296-299
progressão lógica para, 124
referência absoluta, 27
referência relativa, 27
restrições, 29
solução ideal para problema de mix de produtos, 148
usando o Excel Solver, 37-42
vantagens, 31-32
Welch's, Inc., 130
Modelo de precificação de opções de Black-Scholes, 596
Modelo de programação com número inteiro, 29, 64, 69
   e modelos de programação linear, 228-229
   modelo BIP como tipo de, 228
Modelo de programação linear, 21-48
   clássico, 280
   caso de montagem de automóveis, 54-55
   caso de problema de atribuição, 113-114, 115-117
   caso do pessoal da central de atendimento, 56-57
   caso dos custos de cafeteria, 55-56
   com duas variáveis de decisão, 46
   desafio para a Pacific Lumber Company, 156
   diversidade da, 58
   efeito de mudança em parâmetros, 146
   evolução contínua da, 87
   formulação algébrica, 30-31
   formulação da equipe da ciência da gestão, 96
   função SOMARPRODUTO, 64-65
   gerenciamento de fluxo de caixa, 544
   limitações do método gráfico, 36

modelo de programação com número inteiro, 64, 69
para lidar com a duração do ciclo, 45
parâmetros do modelo, 145
parâmetros sensitivos, 155
perguntas "e se...", 96
problema de alocação de recursos
   características, 66
   caso, 109-110, 114-115
   definição de restrições a recurso, 74
   orçamento de capital, 69-73
   problema da TBA Airlines, 67-69
   problema do mix de produtos, 66-67
   problema do mix de propaganda, 65-66
   resumo de procedimento de formulação, 74-75
problema de transporte
   caso, 108-109
   formulação, 89-91
   formulação de planilha, 91-93
problema dinâmico, 120
problema do mix de produtos
   discussão de gerenciamento, 22-23
   formulação algébrica, 30-31
   modelo matemático, 30-31
   planilha, 24-30
   segundo plano, 22
   trabalho da equipe de ciência da gestão, 23-24
problema do mix de propaganda
   análise, 60-63
   avaliação do modelo, 63-65
   formulação de planilha, 60-63
   modelo de planilha, 43-44
   modelo matemático em planilha, 45-46
   natureza do problema, 59-60
   planejamento da campanha, 42-43
   solução, 63
   usando o Solver, 44
problemas de conflito entre custos e benefícios, 110-112
   definição, 75
   escala de pessoal, 76-80
   problema do mix de propaganda, 76
   resumo de procedimentos de formulação, 81
problemas de exigências fixadas, 82
problemas mistos
   problema do mix de propaganda, 81-87
   resumo de procedimento de formulação, 87-88
recursos de identificação, 58
restrição a recurso, 74
restrições a exigências fixadas, 81
restrições de benefícios, 75
solução ideal, 96
soluções fracionadas, 63-64
uso do Excel, 36-42
visão gerencial dos problemas, 96
Modelo de rede
   problema do caminho mais curto, 204-207
   problema do fluxo máximo, 199
   problemas de fluxo de custo mínimo, 191
Modelo de simulação
   Call Processing Simulator, 510
   definição, 499
   Federal Aviation Administration, 499
   precisão do, 511
   reunião de dados, 510
   testar validade do, 505-507
Modelo matemático
   como representação aproximada, 63

definição, 4
em programação linear, 21
fatores quantitativos, 5
formulação, 4
função objetivo, 8
modelo de planilha baseado em, 6-7
para análise de ponto de equilíbrio
    análise de sensibilidade, 9-10
    função objetivo, 9
    parâmetro, 9
    restrições, 9
    solução para, 9
parâmetros, 8
problema do *mix* de produtos, 30-31
problema do *mix* de propaganda, 45-46
restrições, 8
soluções baseadas em computador, 4
vantagens do, 484-485
variáveis de decisão, 7
versus simulação por computador, 486
Modelos de filas, 429-482; *ver também* Modelos de filas de prioridade
caso, 480-482
chegadas, 432
distribuição exponencial de intervalo mínimo entre execuções (*inter-arrival times*), 432-433
distribuições de período de serviço, 434-435
e distribuição exponencial, 561
exemplo, 431-432
filas, 433-434
intervalo mínimo entre execuções (*inter-arrival times*), 432
multisservidor
    fator de utilização, 453
    modelo M/D/s, 457-458
    modelo M/M/s, 453-457
para teste de modelo de simulação, 505-507
períodos de serviço, 434
problema de serviço ao cliente
    abordagens alternativas, 443
    política atual, 442
    problema em face ao gerenciamento, 442-443
    segundo plano, 441-442
    visão da equipe de ciência da gestão, 444
propriedade de memória insuficiente, 433
resumo de pressuposições, 436
rótulos para, 435
servidor único
    fator de utilização, 444
    modelo M/G/1, 450-452
    modelo M/M/1, 444-450
sistema básico, 430-431
taxa média de chegadas, 432
usos, 429-430
vários servidores *versus* servidor único, 467
Modelos de fila com servidor único; *ver* Modelos de filas
Modelos de fila com vários servidores; *ver* Modelos de filas
Modelos de filas de prioridade
classe de prioridade, 458
modelo não preemptivo, 459-464
modelo preemptivo, 459
pressuposições gerais, 458-459
prioridades não preemptivas, 459
prioridades preemptivas, 459
Modelos lineares
definição, 263

formulação de planilha, 263
versus modelos não lineares, 263-264
Modelo verbal, 4
Módulo Interativos de Ciência da gestão, 154, 405, 430
Montagem de automóveis, caso, 54-55
Morakan, G. T., 358
MS Courseware, 6, 16
MSE (EQM); *ver* Erro quadrático médio
Mutuação, 295

N

Netherlands Railways, 13
Nigam, R., 548
Nível de benefícios mínimos aceitáveis, 75
Nomes de intervalo, 6, 25, 37
    células do Excel, 606
    definição limitada de, 132
    usos de, 132-133
Nó(s), 22, 192
    de baldeamento, 192
    de decisão, 22, 337
    de demanda, 192, 195
    de evento, 22, 337
    de fornecimento, 192
Número de clientes
    na fila, 433, 439, 441
    no sistema, 433, 439, 445
Número esperado
    de clientes na fila, 441
    de clientes no sistema, 445
Número inteiro
    propriedade de soluções de, 193
    relação de, 64
    valores de, 29, 69
Números
    aleatórios, 485, 498
    pseudoaleatórios, 487

O

Observações aleatórias
    de distribuição de probabilidade, 493-496, 498-499
    definição, 485
    em Crystal Ball, 521-522
    em modelo de simulação, 510
Oh, J., 548
Oiesen, R., 499
Opinião do colegiado dos executivos, 414
OptQuest, 17
    definição de variáveis de decisão, 580-581
    mais de uma variável de decisão, 577
    objetivos de otimização, 579-580
    pesquisa por solução ideal, 577, 580-582
    preferências de execução, 578
    problema de seleção de projeto, 582-588
    problema do jornaleiro, 577-582
    procedimentos para aplicação, 582
    restrições, 581
Oracle Corporation, 17, 520
Orçamento de capital
    cálculo do valor líquido atual, 70
    compartilhamentos de participação, 70
    definição, 69
    definição do problema, 69
    desconto de fluxos de caixa futuros, 70
    formulação de planilha, 70-73
    mix de investimento, 70

problema de alocação de recursos, 69
solução, 73
valor temporário do dinheiro, 70
Ordem de chegada invertida (*last-come, first served*), 434
Organizações de serviços comerciais, 436-437
Origem, 207

P

Pacific Lumber Company, 13, 156
Parâmetros, 9, 31
    sensitivos, 145, 155
Parâmetros do modelo, 145
    decisões de política de gerenciamento, 146
    efeito de mudanças da solução ideal, 146
Pedersen, B., 201
Perdue, R. K., 339
Peretz, A., 280
Perguntas "e se...", 144
    problema do *mix* de produtos, 149
Período de início, 439
Períodos de serviço
    constantes, 435
    distribuição de Erlang, 435
    distribuição degenerada, 435
    distribuição exponencial, 434-435
    em modelo de simulação, 510
    em sistemas de filas, 434
    modelo de fila de prioridades preemptivas, 459
    modelo de fila M/G/1 com servidor único, 450
    modelo de fila M/M/1 com servidor único, 445
    modelo de fila M/M/s com vários servidores, 453
    problema do barbeiro, 498
    variabilidade na concepção de sistemas de filas, 466-467
Pesquisa
    de mercado sobre o consumidor, 414-415
    e desenvolvimento, análise da árvore de decisão, 339
    operacional, 3, 11; *ver também* Ciência da gestão
Pessoal da central de atendimento, caso, 56-57
Phillips Petroleum, 358
Pior cenário possível, 440
Planejamento financeiro, 69
Planilha
    análise de sensibilidade, 326, 328, 329
    com TreePlan, 341-342
    fórmulas não lineares *versus* fórmulas lineares, 264
    modelo de fila M/M/1 com servidor único, 448-449
    para análise da árvore de decisão
    para modelos lineares, 263
    valor na análise "e se...", 149
Poluição do ar, caso, 185-186
Ponto de equilíbrio
    definição, 8
    incorporado à planilha, 10-11
    procedimento algébrico, 8-9
    procedimento gráfico, 8
Ponto de indiferença, 353, 354
Popov, A., Jr., 230
População, 295
Por ordem de chegada (*first-come, first served*), 434
Precificação de opções, 548
Preço-sombra, 165, 167-169, 173
Preferências de execução
    em Crystal Ball, 525
    em OptQuest, 578

ÍNDICE

Premium Solver para Ensino, 297
Pressuposição de proporcionalidade, 266
Previsão, 380-428
　aplicações, 380
　casos, 425-428
　de vendas, 410-411
　de volume de atendimento, 409-413
　métodos de julgamento, 380
　métodos estatísticos, 380
　volume de chamada, 409-413
Previsão causal
　dados necessários, 410
　exemplos, 409
　variáveis independentes, 409
　variável dependente, 409
Previsão causal com regressão linear
　equação de regressão, 411
　erro quadrático médio, 411
　erros amostrais, 411-412
　e valor da variável independente, 413
　linha de regressão linear, 410-411
　método dos mínimos quadrados, 411
　planilha, 412
　por volume de atendimento, 409-413
　problema da central de atendimento, 413-414
Prioridades, na concepção de sistemas de filas, 467-468
Prioridades não preemptivas, 459, 468
Pri-Zam, H., 280
Probabilidade(s); ver também Probabilidades posteriores; Probabilidades anteriores
　condicionada, 333, 335
　condicionais, 333, 335
　conjuntas, 333-335
　e medida de desempenho, 440-441
　função densidade de, 557
　incondicionais, 335
Probabilidades anteriores, 317
　de estados da natureza, 337-338
　do teorema de Bayes, 320
　em árvores de decisão, 326-327
　em informações perfeitas, 330
　incerteza, 321
　subjetivas por natureza, 321
Probabilidades posteriores, 332, 333-337
　de estados da natureza, 338
　modelo para, 336
　teorema de Bayes, 335
Problema da central de atendimento, 413-414
　métodos de previsão
　　L. L. Bean, Inc., 384
　　método usado, 382-386
　　plano para o melhor método, 386
　　Regra dos 25%, 383
　métodos de previsão para série temporal, 387-403
Problema de alocação, 82
　características, 93-95
　caso, 113-114, 115-117, 188, 262
　como problema de fluxo de custo mínimo, 196
　como problema de otimização de rede, 189
　como problemas de requisitos fixos, 83
　definição, 83
　exemplo, 83
　modelo de planilha, 93-95
　opção Assumir Modelo Linear, 37-39
　opção Assumir Não Negativo, 37-39
Problema de alocação de recursos
　características, 66

caso, 108-110, 114-115
comparado a problemas de conflito entre custos e benefícios, 75
definição, 65
definição de restrições a recurso, 73-74
definição do problema, 67
formulação de planilha, 67-69
orçamento de capital como, 69-73
problema da TBA Airlines, 67-69
problema do *mix* de produtos como, 66-67
problema do *mix* de propaganda como, 59-65, 65-66
recursos de identificação, 65
resumo de procedimento de formulação, 74-75
tipos de dados, 66
Problema de baldeamento, 196
　capacitado, 196n
Problema de cobrança, 531-532
Problema de custos de configuração
　caso, 262
　modelo BIP misto
　　modelo de planilha, 249-250
　　variáveis binárias, 247-250
Problema de empresa de fabricação
　alternativas mutuamente excludentes, 231-232
　conclusões de gerenciamento, 234-235
　decisão contingente, 232
　declaração de, 229-230
　programação binária com número inteiro
　　análise de sensibilidade, 234
　　modelo de planilha, 232-235
　　variáveis binárias de decisão, 231
　segundo plano, 230-235
Problema de escala de equipe
　modelo BIP misto, 248
　Netherlands Railways, 242
　programação binária com número inteiro, 240-244
　　definição do problema, 242-243
　　modelo de planilha, 244, 245
　　variáveis binárias de decisão, 243-244
Problema de escala de equipe
　problema de conflito entre custos e benefícios, 76-80
　United Airlines, 77
Problema de gerenciamento de projeto
　prazos finais, 535-537
　problema de cobrança, 531-532
　simulação com Crystal Ball
　　gráfico de sensibilidade, 540-542
　　modelo de planilha, 537
　　resultados da simulação, 537-538
Problema de manutenção; ver Simulação por computador
Problema de *overbooking*, 552-556
Problema de pensão, caso, 142-143
Problema de projeto de construção
　como problema de cobrança, 531-532
　Simulação com Crystal Ball
　　com a ferramenta Decision Table, 573
　　modelo de planilha, 532-533
　　resultados da simulação, 533-535
Problema de seleção de local
　caso, 259-261
　programação binária com número inteiro
　　decisões sim-ou-não, 238
　　definição do problema, 238-239
　　modelo de planilha, 240, 241

problema de cobertura de conjunto, 240
restrição a cobertura de conjunto, 239-240
variáveis binárias de decisão, 239-240
Problema de seleção de projeto
　caso, 257-259
　programação binária com número inteiro
　　formulação com variáveis binárias, 236-237
　　formulação do problema, 236
　　modelo de planilha, 237-238
Problema de serviço ao cliente
　KeyCorp, 454
　Modelo de fila M/M/1 com servidor único, 447-450
　modelo de filas, 441-444
　novo padrão proposto, 443
　política atual, 442
　problema em face ao gerenciamento, 442-443
　segundo plano, 441-442
　soluções alternativas, 443
　visão da equipe da ciência da gestão, 446
Problema de transporte, 82
　caso, 108-109
　como problema de fluxo de custo mínimo, 196
　como problemas de otimização de rede, 189
　como problemas de requisitos fixos, 89
　definição, 89
　exigências fixadas, 90-91
　formulação de programação linear, 89-91, 90
　identificação de atividades, 89
Problema dinâmico, 120
Problema do barbeiro
　modelo de filas
　　capacidade de fila, 433
　　distribuição exponencial de intervalo mínimo entre execuções (*inter-arrival times*), 432-433
　　fila, 433-434
　　intervalo mínimo entre execuções (*inter-arrival times*), 431-432
　　períodos de serviço, 434, 613
　　taxa média de chegadas, 432
　simulação por computador
　　avaliação de medição de desempenho, 503
　　definição do problema, 496-498
　　fatores financeiros, 503
　　gerar observações aleatórias, 498-499
　　ilustração do problema, 500-502
　　opção de adicionar sócio, 507-509
　　reunião de dados, 498
　　sem sócios, 502-503, 503-505
　　testar validade do modelo, 505-507
Problema do caixeiro viajante, 299-301
Problema do caminho mais curto, 190
　aplicações, 207
　Canadian Pacific Railway, 205
　caso, 226-227
　como problema de fluxo de custo mínimo, 196
　exemplo, 204-207
　formulação do modelo, 205
　minimização do custo total, 207-209
　minimização do período total, 209-213
　pressuposições, 207
　terminologia, 207
Problema do fluxo máximo, 190
　aplicações, 202
　caso, 221-223
　como problema de fluxo de custo mínimo, 196
　estudo de caso, 197-199, 201-202

formulação do modelo, 199-200
formulação do problema, 198
modelo de planilha, 200, 203
modelo de rede, 199
na Gassco, 201
na StatoilHydro, 201
pressuposições, 200-201
resolução de grandes problemas, 203-204
terminologia, 200
Problema do jornaleiro
　com Decision Table, 570-573
　com OptQuest, 577-582
　simulação com Crystal Ball
　　conclusões, 530
　　etapas de simulação, 522-528
　　modelo de planilha, 521-522
　　natureza do, 521
　　precisão de resultados, 538-30
Problema do *mix* de produtos
　análise "e se..."
　　efeito das mudanças em um coeficiente de função objetivo, 149-155
　　efeito de mudanças simultâneas em coeficiente de função objetivo, 155-162
　como problema de alocação de recursos, 66-67
　comparação de vantagens de modelo, 31-32
　custos de hora extra, 288-291
　custos de marketing, 288-291
　discussão de gerenciamento, 22-23, 147-148
　efeito de mudanças simultâneas em restrições funcionais, 169-173
　efeito de mudança única em restrições funcionais, 163-169
　formulação algébrica, 30-31
　modelo BIP misto, 246
　modelo de planilha, 23-30
　na Swift & Company, 23
　perguntas "e se...", 149
　programação separável, 283-287
　rendimentos decrescentes, 274-279
　segundo plano, 22
　solução ideal, 147
　trabalho da equipe de ciência da gestão, 23-24
　usando o Excel, 36-42
Problema do *mix* de propaganda
　caso, 183-184, 309-310
　como problema de alocação de recursos, 65-66
　como problema de conflito entre custos e benefícios, 76
　como problema misto, 82-87
　considerações gerenciais, 83-84
　declaração de problema, 58-60
　formulação de planilha, 84-87
　　avaliação da adequação do modelo, 63-65
　　dados, 62
　　decisões, 62
　　medir o desempenho, 62-63
　　restrições, 62
　　resumo do desempenho, 63
　　solução, 63
　medir o desempenho, 60
　melhor *mix* de atividades, 60
　modelo de planilha, 43-45
　modelo matemático em planilha, 45-46
　número esperado de exposições, 60, 62, 64
　planejamento da campanha, 42-43
　uso do Solver como solução, 45
Problema do prazo final, 535-542

Problemas da árvore de extensão mínima, 190
Problemas de exigências fixadas
　problemas de alocação, 82, 93-95
　problemas de transporte, 82, 89-93
　recursos de identificação, 82
Problemas de fluxo de custo mínimo, 189
　aplicações
　　coordenação de *mix* de produtos, 195-196
　　gerenciamento de fluxo de caixa, 196
　　gerenciamento de resíduo sólido, 195
　　instalações de processamento, 195
　　instalações intermediárias de armazenamento, 195
　características gerais, 192-193
　caso, 223-226
　exemplo, 190-191
　método simplex de rede para, 197
　modelo de rede, 191
　na United Airlines, 192
　propriedade de soluções de número inteiro, 193
　propriedade de soluções viáveis, 193
　terminologia, 192
　tipos de, 196
Problemas de otimização de rede
　avanços algorítmicos, 189
　casos, 221-227
　método simplex de rede, 195, 197
　problema de fluxo de custo mínimo
　　aplicações típicas, 195-196
　　características gerais, 192-193
　　exemplo, 190-191
　　pressuposições, 192-193
　　propriedade de soluções de número inteiro, 193
　　propriedade de soluções viáveis, 193
　　resolução de grandes problemas, 194-195
　　tipos especiais, 196-196
　　United Airlines, 192
　　usando o Excel, 193-194
　problema do caminho mais curto
　　aplicações, 207
　　exemplo, 204-205
　　formulação do modelo, 204-207
　　minimização do custo total, 207-209
　　pressuposições, 207
　　resumo do tempo total, 209-213
　　terminologia, 207
　problema do fluxo máximo
　　aplicações, 202
　　características gerais, 200-201
　　estudo de caso, 197-199, 201-202
　　formulação do modelo, 199-200
　　pressuposições, 200-201
　　resolução de grandes problemas, 203-204
　problemas de alocação, 189
　problemas de transporte, 189
　terminologia, 192
Problemas mistos, 81-88
　definição, 82
　formulação de planilha, 84-87
　problema do *mix* de propaganda, 82-87
　resumo de procedimento de formulação, 87-88
Problemas resolvidos, 16
Procedimento de prioridade, 434
Procter & Gamble, 13, 91, 297
　modelo de planilha, 91-93
Produção
　instalações de, 69

　planejamento de, 69
　taxas de, 25
Produtividade
　impacto da ciência da gestão na, 11-12
　perdida, 438, 468
Programação, 21
Programação binária com número inteiro, 228
　análise de sensibilidade, 234
　alternativas mutuamente excludentes, 231-232
　casos, 257-262
　conclusões de gerenciamento, 234-235
　decisão contingente, 232
　modelo, 232-234
　problema de cobertura de conjunto, 240
　problema de custos de configuração
　　definição do problema, 246-247
　　formulação com variáveis binárias, 247-250
　　modelo de planilha, 249-250
　problema de empresa de fabricação, 229-235
　problema de escala de equipe, 240-244
　　definição do problema, 242-243
　　formulação com variáveis binárias, 243-244
　　modelo de planilha, 244, 245
　　Netherlands Railways, 242
　problema de seleção de local
　　definição do problema, 238-239
　　formulação com variáveis binárias, 239-240
　　modelo de planilha, 240, 241
　problema de seleção de projeto
　　definição do problema, 236
　　formulação com variáveis binárias, 236-237
　　modelo de planilha, 237-238
　restrição à cobertura de conjunto, 239-240
　variáveis de decisão, 231
　Waste Management, Inc., 230
Programação linear, 3; *ver também*
　alcance de usos, 46-47
　análise "e se..."
　como planejamento de atividades, 21
　distinta de programação não linear, 265
　e modelo de programação de número inteiro, 228-229
　enriquecimento do modelo, 96
　e programação separável, 283
　equação de limite de restrição, 34
　escopo de, 21
　linha de função objetivo, 35-36
　linha de limite de restrição, 34
　método simplex, 194-195
　na Swift & Company, 23
　pressuposição de proporcionalidade, 266
　recursos de identificação de problemas, 47
　região viável, 32-3, 35
　restrições, 29
　terminologia para, 31
　uso do modelo matemático, 21
　validação do modelo, 96
Programação Linear Gráfica e Análise de sensibilidade, 36, 154
Programação não linear, 263-313
　com rendimentos decrescentes
　　características, 273
　　função objetivo, 274
　　problema do *mix* de produtos, 274-279
　　seleção de portfólio, 279-283
　casos, 309-313
　com algoritmos genéticos, 295
　com Evolutionary Solver, 295-302

problema do caixeiro viajante, 299-301
seleção de portfólio, 296-299
vantagens e desvantagens, 302
desafios
construção de fórmula não lineares, 269-270
modelos de resolução, 270-273
relacionamentos não proporcionais, 265-268
distinta de programação linear, 265
problemas difíceis, 293-295
programação quadrática, 276
programação separável
com gráficos de lucro liso, 287-288
custos de hora extra, 288-282
custos de marketing, 288-282
problema do *mix* de produtos, 283-287
seleção de portfólio, 280
variedade de problemas, 293
versus programação linear, 263-264
Programação quadrática, 276
para seleção de portfólio, 282
Programação separável
com gráficos de lucro liso, 287-288
custos de hora extra, 288-292
custos de marketing, 288-292
e programação linear, 28y3
função, 283
problema do *mix* de produtos, 283-287
técnicas, 285
Propriedade
de Markov, 433
de memória insuficiente, 433
de soluções viáveis, 193
fundamental de funções utilitárias, 351
Puterman, M. L., 323

R

Ramos, 22
Receita esperada, problema de seleção de projeto, 236
Recursos de identificação
definição, 58
problema de alocação de recursos, 65
problemas de conflito entre custos e benefícios, 75, 81
puros problemas de alocação de recursos, 82
puros problemas de conflito entre custos e benefícios, 82
puros problemas de exigências fixadas, 82
Redes, 189
Referências
absolutas, 27, 133, 605
relativas, 27, 133, 605
Região viável, em método gráfico, 32-33
Regra de 100%
para mudanças simultâneas em coeficiente de função objetivo, 159-161
para mudanças simultâneas no lado direito, 171, 173
Regra de decisão de Bayes, 318
críticas à, 321
e a função utilitária para dinheiro, 349
e o papel de funções utilitárias, 351
para sequência de decisões, 340-341
para TreePlan, 324
probabilidades anteriores, 320
retorno esperado, 320

Regra dos 25%, 384
método de previsão do último valor, 392
Regressão linear, 381-382, 410
linha de, 410
Relacionamento proporcional, 265
Relacionamentos não proporcionais
descontinuidades, 267
gráficos de lucro com, 267
ocorrência de, 266
programação não linear, 265-269
Rendimentos crescentes, 267
Rendimentos decrescentes, 266
gráficos de lucro com, 266
programação não linear com, 273-283
características, 273
formulação de planilha, 276-279
função objetivo, 274
problema do *mix* de produtos, 274-276
seleção de portfólio, 279-283
programação separável para, 283-292
Representante técnico de serviço, 441
Restrições, 9, 29
a capacidade, 193
de não negatividade, 31
estruturais, 31
funcionais, 31
problema de conflito entre custos e benefícios, 78-80
problema de orçamento de capital, 72
problema do *mix* de propaganda, 62
problema revisado do *mix* de propaganda, 86
Restrições a exigências fixadas, 81
problema do *mix* de propaganda, 84
problemas de alocação, 94
problemas de transporte, 89
Restrições a recurso, 64, 81
definição, 73-74
Restrições de benefícios, 75, 81
e enriquecimentos modelo, 96
problema de conflito entre custos e benefícios, 78-80
problema do *mix* de propaganda, 83
Restrições de não negatividade, 31
usando o Excel, 37-39
Restrições funcionais, 31, 37, 74
como decisões de política de gerenciamento, 163
efeito de mudanças simultâneas em, 169-173
análise de planilha, 170
relatório de sensibilidade, 171-173
Solver Table, 170-171
efeito de mudança única em
análise de planilha, 163-165
razão para interesse em, 163
relatório de sensibilidade, 167-169
Solver Table para, 165-167
em método gráfico, 34
faixa permitida para o lado direito, 156-167
lado direito, 145
lado esquerdo, 163
preço-sombra para, 165, 167-169
problemas de alocação, 94
problemas de alocação de recursos, 81
problemas de conflito entre custos e benefícios, 81
problemas de exigências fixadas, 82
Regra de 100% para mudanças simultâneas no lado direito, 17, 173
restrições a exigências fixadas, 81

Restrições, problema do *mix* de propaganda, 76
Retorno esperado, 279, 320, 324
cálculo para cada nó de evento, 339-340
entradas múltiplas/saída única, 346-347
saída única *versus* entrada única, 345-346
Retornos, distribuição de frequência de, 547
Reunião de dados, 3-4
para modelo de simulação, 510
Revolução por computador, 3
Risco, 279
amantes do, 350
análise do, 518-519, 548
aversão a, 349
de investimentos, 547
de portfólio, 280-281
neutralidade de, 350
perfil de, 547, 548
RiskSim, 496
Romo, F., 201

S

Sahoo, S., 230
Samsung Electronics, 13, 45
Schrijver, A., 242
Schuster, E. W., 130
Seif, M., 23
Seleção aleatória, 434
Seleção de portfólio
caso, 310-313
desvio padrão de retornos, 280
distribuição de probabilidade de retornos, 280
e Bank Hapoalim Group, 280
Evolutionary Solver para, 297-299
fator de risco, 279
formulação algébrica, 281
modelo de planilha, 281-282
modelo de programação quadrática, 282
para vencer o mercado, 296-297
problema de conflito entre custos e benefícios, 279, 282
programação não linear para, 279-283
retorno esperado, 279
técnicas, 12
variação do retorno, 279
variáveis de decisão, 279-280
Sensit, para gráficos sensitivos, 345-348
Sequência de decisões
análise da árvore de decisão, 337-343
análise de sensibilidade, 34-349
Série temporal, 386
ajustada sazonalmente, 388-403
distribuição de probabilidade, 406
estável, 407
instável, 407
variável aleatória, 406
Série temporal ajustada sazonalmente, 388-390
e distribuição de probabilidade, 407
previsão de média móvel, 394-396
previsão de suavização exponencial, 396-398
previsão de último valor, 390-392
previsão média, 392-394
seleção de método de previsão, 408
suavização exponencial com tendência, 398-403
Serviço(s)
análise econômica
custo de espera, 468-469

custo do serviço, 468-469
  exemplo, 469-471
custo do, 468-469
disciplina de fila, 434
interativos, na concepção de sistemas de filas, 467
humanos ou mecânicos, 457
ordem de chegada invertida (*last-come, first served*), 434
por ordem de chegada (*first-come, first-served*), 434
seleção aleatória, 434
sistema com vários servidores, 434
taxa média de serviço, 434
Servidores
  em sistemas de filas, 430
  interativos, 467
Sheehan, M. J., 499
Simulação
  de evento discreto, 511
  de Monte Carlo, 17
  estimativas de ponto, 512
  ferramenta para designers, 484
  intervalo de confiança, 512
  orientada à aplicação, 511
  planejamento
    como experimento estatístico, 512
    formulação, 510
  relógio de, 500
  testar validade do, 511-512
  teste de campo, 512
Simulação por computador, 73, 129, 483-519; *ver também* Crystal Ball
  avaliação de medidas de desempenho, 502
  análise de risco financeiro, 548
  avanço para o instante do próximo evento, 500
  casos, 518-519
  centros de atendimento, 510
  como ferramenta de *design*, 484
  distribuições de probabilidade, 484
  etapas de simulação
    definição do problema, 496-498
    estado do sistema, 500
    gerar observações aleatórias, 498-499
    reunião de dados, 498
    sistema estocástico, 484
    usos e aplicações, 483
  Federal Aviation Administration, 499
  ilustração do processo, 500-502
  jogo de cara ou coroa, 485-498
    Excel para, 487-489
    geração de números aleatórios, 485-487
    regras, 485
    repetições, 487
  método de transformação inversa, 493-496
  modelo de simulação, 499-500
  observações aleatórias da distribuição de probabilidade, 493-496
  papel de, 484-485
  para sistemas complexos, 484-485
  problema de manutenção
    comparada ao jogo de cara ou coroa, 490-492
    Excel para, 490-491
    opções de manutenção preventiva, 492-493
  problema do barbeiro
    adicionar sócio, 502-503
    análise de adicionar sócio, 507-509

fatores financeiros, 503
sem sócios, 503-505
simplificar pressuposições, 506-507
teste de validade do modelo, 505-507
relógio de simulação, 500
simulador de filas, 504-505
versus modelos matemáticos, 484-485
Sistema(s)
  com servidor único, 434
  com vários servidores, 434
  de assistência médica, 438
  de informações de gerenciamento, 5
  internos de serviço, 437
  internos de transporte, 437-438
  judiciais, 438
  Opti-Money, 280
Sistema de saúde, ciência da gestão no, 12
Sistema de suporte à decisão, 5
  ferramenta Decision Table, 569-575
  para consultores de investimento, 280
Sistema de suporte à decisão em grupo, 360
  computadorizado, 360
Sistema estocástico
  definição, 484
  modelo de simulação para, 499-500
Sistemas de fila, 429
  básicos, 430-431
  clientes, 430
  condição de estado de equilíbrio, 439, 445
  de dois servidores, 506
  disciplina de fila, 434
  exemplo, 431-432
  intervalo mínimo entre execuções (*inter-arrival times*), 432-433
  medidas de desempenho
    definição de medidas, 438-439
    fórmula de Little, 439-440
    relacionamento entre medidas, 439-440
    seleção de medida, 438
    usando probabilidades, 440
  multisservidor, 434
  natureza das filas, 433-434
  número de servidores
    custo de espera, 468-469
    custo do serviço, 468-469
    exemplo, 469-471
  período de início, 439
  períodos de serviço, 434-435
  períodos de serviço constantes, 435
  pior cenário possível, 440
  projeto de
    alto fator de utilização, 464-466
    aplicação de prioridades, 467-468
    diminuição de variabilidade de período de serviço, 466-467
    servidores interativos, 467
  propriedade de memória insuficiente, 433
  serviço interno, 437
  serviços comerciais, 436-437
  serviços de transporte, 437-438
  servidores, 430
  servidor único, 434
  sistema de assistência médica, 438
  sistemas judiciais, 438
  tipos complicados de, 431

Software de planilha, 1-2; *ver também* Crystal Ball; Excel; OptQuest; Solver; TreePlan
  para árvores de decisão, 322-325
  para modelo de simulação, 511
Software DISCOVERY, 358
Solução baseada em computador, 4
Solução(ões) ideal/ideais, 31, 96
  análise após descoberta, 144
  e análise "e se...", 144
  efeitos da análise "e se...", 145-146
  em método gráfico, 32, 35-36
  localização de mudanças em, 160-161
  para problema do *mix* de propaganda, 45
  problema do *mix* de produtos, 147, 148
Solução viável, 31
  para problemas de programação linear, 34-35
Soluções, 31
  dificuldades de programação não linear, 270-273
  exequíveis, 295
  fracionadas, 63-64
    em problemas de transporte, 92
Solver, 37-42
  modelos de programação não linear, 270-273
  não linear, 295
  para modelo de programação com número inteiro, 69
  para otimizar modelo, 124
  para problema de empresa de fabricação, 235
  para problema de orçamento de capital, 73
  para problema do *mix* de propaganda, 45
  para programação BIP, 228-229
  problema de conflito entre custos e benefícios, 80
  problema do *mix* de propaganda, 63
  problema revisado do *mix* de propaganda, 87
  problemas de fluxo de custo mínimo, 194-195
  usando folhas de trabalho com, 603
Solver não linear, 295
  versus Evolutionary Solver, 302
Solver Table
  efeito de mudança única em restrições funcionais, 165-167
  limitações, 171
  para análise de sensibilidade bidirecional, 599-600
  para análise de sensibilidade *one-way*, 597-599
  para diferentes pontos de partida, 293-294
  para efeito das mudanças em um coeficiente de função objetivo, 150-152
  para efeito de mudanças simultâneas em restrições funcionais, 170-171
Solver Table bidirecional, 157-159
Song, C., 248
Spencer, T., Jr., 499
Steenveck, A., 242
Suavização exponencial com tendência, 381
  atualização de tendência estimada, 406-407
  constante de suavização de tendência, 401
  descrição, 398-403
  fator-chave na escolha, 408
  linha de tendência, 398
  planilha do Excel, 402
  tendência, 400
  teste retrospectivo, 408
Sud, V. P., 499
Sumidouro, 200

Swart, W., 394
Sweeney, D. J., 91
Swift & Company, 13

T

Taco Bell Corporation, 394
Tanino, M., 499
Taxa média de chegadas, 432
  por classe de prioridade, 460
Taxa média de serviço, 434, 439, 460
Tecnologia da informação
  corporativa, 4
  empresa de, 3-4
Tempo de espera esperado
  na fila, 441
  no sistema, 445-446
Tempo de espera no sistema, 439, 445-446
Tendência, 400
  constante de suavização de, 401
  linha de, 398
Teorema de Bayes, 335
Teste chi-quadrado, 568-569
Teste de campo, 512
Tomada de decisão
  ciência da gestão para, 3
  com probabilidades
    critério de máxima verossimilhança, 319
    Regra de decisão de Bayes, 320-321
  modelagem para, 374-379
  sem probabilidades
    critério maximax, 318
    critério maximin, 318-319
  sob incerteza, 314-315
  usando a ferramenta Decision Table
    operação de, 569
    problema de empresa de construção, 573-574
    problema de *overbooking*, 574-576
    problema do jornaleiro, 570-573
Tomada de decisão em grupo, 360
Tomasgard, A., 201
TreePlan, 17
  caso, 374-375
  com função de utilitário exponencial, 357-359
  e o Teorema de Bayes, 324
  operação de, 322-324

para analisar funções de utilitários, 355-357
para análise da sequência de decisões, 341-343
para valor esperado de informações perfeitas, 331-332
usando folhas de trabalho com, 603

U

Unidade de propaganda, 42
United Airlines, 13, 77, 192, 248
University of Ontario Ivey School of Business, 16
Urbanovich, E., 323
Utilidade marginal decrescente para dinheiro, 349
Utilitários esperados, 355

V

Valor(es) esperado(s), 438
  de informações de amostragem, 341
  do cálculo de informações perfeitas, 330-332
  definição, 329-330
Valores fracionados, 69
Valor inicial, 487
Valor líquido atual, 548, 549-551
  cálculo, 70
  de investimentos, 232-233
  desvios, 73
Valor temporário do dinheiro, 70
Variação dos retornos, 279
Variáveis binárias, 228
  problema de custos de configuração, 247-248
Variáveis binárias de decisão, 228
  para decisões sim-ou-não, 231-232
  problema
    de custos de configuração, 247-250
    de escala de equipe, 243-244
    de seleção de local, 239-240
    de seleção de projeto, 236-237
Variável aleatória, 406
Variável(eis) de decisão, 7, 31
  na ferramenta Decision Table, 570
  problema de *overbooking*, 555
  problema de seleção de portfólio, 279-280
  programação separável, 285
Vinhetas de aplicação, 2, 16
  Bank Hapoalim Group, 280

Canadian Pacific Railway, 205
central de atendimento da AT&T, 510
ConocoPhillips, 358
Continental Airlines, 248
Federal Aviation Administration, 499
Federal Express, 12
KeyCorp, 454
L. L. Bean, Inc., 384
Merrill Lynch, 548
Netherlands Railways, 242
organizações usando, 13
Pacific Lumber Company, 156
Procter & Gamble, 91
Samsung Electronics, 45
Swift & Company, 23
Taco Bell Corporation, 394
United Airlines, 77, 192
Waste Management, Inc., 230
Welch's, Inc., 130
Westinghouse Science and Technology Center, 339
Workers' Compensation Board of British Columbia, 323

W

Walt Disney Company, 297
Waste Management, Inc., 13, 230
WCB; *ver também* Workers' Compensation Board (WCB) of British Columbia
Wegryn, G. W., 91
Welch's, Inc., 13, 130
Wells, M. R., 358
Westinghouse Corporation, 13
Westinghouse Science and Technology Center, 339
Wetherly, J., 499
White, A., 248
Workers' Compensation Board (WCB) of British Columbia, 13, 323
Wyndor Glass Company; *ver* Problema do *mix* de produtos

Y

Ybema, R., 242
Young, E. E., 323
Yu, G., 192, 248